国家出版基金项目
NATIONAL PUBLICATION FOUNDATION

中国文化遗产
ZHONGGUO WENHUA YICHAN

中国文物志

文献辑存 III

国家文物局文件（选录）·领导讲话

中国文物志编纂委员会 编

董保华 总 编 纂

何 洪 副总编纂

文物出版社

总 目 录

本册目录

国家文物局文件（选录）

文物保护经费

政务、人事

其他

领导讲话

文物安全监管

关于加强古建筑博物馆等文物单位
安全防火工作的通知

（〔1988〕文物字894号）

各省、自治区、直辖市文化厅（局）、文物局、各计划单列市文化（文物）局：

去年全国部分省、自治区、直辖市古建筑防火安全管理工作经验交流会议后，各级领导对古建筑安全防火工作十分重视。今年一至十月份，据不完全统计，古建筑发生火灾事故5起，比去年同时期下降37.5%，古建筑安全防火工作取得了较好成绩。但仍存在一定问题和漏洞，古建筑博物馆失火事故还时有发生。

1月10日，山西省佛光寺（香风花雨楼）因山墙两架梁距烟囱太近，烟囱内积烟煤甚多复燃，引起火警发生。

2月28日，浙江省杭州市福兴关玉皇大殿发生火灾。

4月29日，河南省白云寺西厢房作客房使用，因客户入睡未熄灭蜡烛而酿成火灾。

5月16日，安徽省黄山市一座清代祠堂因烟头引起火灾。

7月3日晚，湖北省博物馆曾侯乙编钟展厅起火。烧毁厅内部分装饰展壁、吊顶等，陈列在厅内封闭房中的曾侯乙编钟（全套原件）幸未受损失。事故发生后，经调查组现场勘察调查，并经有关专家技术鉴定，确认"这是一起电器（电焊机）设备没有断电，长时间处于过流状态下引起的火灾事故"。

这五起火灾（火警）事故虽未酿成重大损失，但必须引起各级文物部门领导的高度重视。特别是冬季空气干燥，柴草枯萎，是火灾事故多发季节。为了吸取教训，进一步做好古建筑防火工作，特做如下通知：

一、各级领导要十分重视古建筑安全防火工作，把安全防火工作列入议事日程。教育干部、职工和群众提高认识，增强防火安全意识，克服各种松懈麻痹思想。

二、文物部门要协同当地公安消防部门进行一次冬季安全防火检查，查组织、查制度、查措施、查落实。尤其要突出对电器设备、生活用火、取暖用火、用气、用油的安全防火检查。找出防火死角，对发现的隐患漏洞一定要认真研究解决。一时整改不了的，要采取有效措施，切实保证安全。

三、建立、健全值班、巡逻、安全检查等各项行之有效的规章制度。把安全防范规章制度落到实处。

四、加强施工现场的管理，协助外包施工队伍做好安全防火工作。把安全防火工作作为施工合同的一项重要承包内容，随时检查。凡不符合规定要求的，要采取果断措施，直至中止合同。

外包施工队在动用电和明火时，必须经过有关部门审批后，方可使用。

五、各文物单位要继续贯彻《古建筑消防管理规则》和《关于加强古建筑消防工作、落实消防岗位责任制的通知》。（包括博物馆、文物商店、考古单位、文物库房等）。坚持"谁使用，谁负责"的原则，建立健全义务消防组织，层层落实消防工作责任制。今后，凡发生火灾的单位和部门，应查明情况。追究主管领导和有关人员的责任，直至依法追究刑事责任。

国家文物局

一九八八年十一月一日

关于加强田野石刻文物安全工作的紧急通知

（文物综函〔1997〕221 号）

各省、自治区、直辖市文化厅、文物局、文管会；各计划单列市文化局、文物局；局直属各单位：

自去年下半年刮起的盗割田野石刻文物之风，今年以来愈演愈烈。至今年四月底，不完全统计，全国又有 12 处石窟寺、田野石刻文物被盗割，被盗割石雕造像约 80 尊。其中国家重点文物保护单位被盗严重，发案 6 起，为石窟寺、田野石刻被盗案 50%。作案分子盗窃的石刻造像品级高，体积大，作案呈技术化、现代化、团伙化。

面对如此猖獗的盗窃田野石刻文物之风，各地务必予以高度重视。针对当前盗窃文物犯罪活动的新动向，采取切实可行的安全保护措施，不给犯罪分子可乘之机。文物部门要以学习贯彻国务院《关于加强和改善文物工作的通知》为契机，加强文物安全保护管理工作。按照国务院通知精神，主动向当地政府反映文物保护面临的严峻形势以及文物保护工作中存在的问题和困难，提出加强文物安全保护的措施，由当地政府做出决定，组织实施。对本辖区内的田野石刻文物进行登记造册，做到心中有数。全国重点文物保护单位和重点省级文物保护单位要建立专门的文物保护机构或设专人保管；其他文物保护单位和分散单个的田野石刻造像，要由文物机构保护管理并建立群众性的文物安全保护组织保证其安全。各文博单位在加强田野石刻文物工作的同时不能放松馆藏文物的安全，要认真落实安全岗位责任制，做到责任到人，巡逻到位，及时发现和整改安全隐患，堵塞漏洞，确保馆藏文物安全。凡是发生文物被盗案件的地区或单位，要认真总结教训，加强防范，积极配合公安机关破案。今后文博单位发案后要及时上报，以便抓住时机，及时破案。若隐匿不报的视案情大小，责任轻重，予以追究有关人员的责任。

望各地接此通知后，认真贯彻落实。

国家文物局

一九九七年四月二十八日

关于进一步加强文物行政执法工作的通知

（文物办发〔2003〕47号）

各省、自治区、直辖市文化厅（局）、文物局，文管会：

新修订的《中华人民共和国文物保护法》（以下简称《文物保护法》）与《中华人民共和国文物保护法实施条例》（以下简称《实施条例》）已经颁布实施，两部法规进一步明确了文物行政部门依法行政的职责与任务。各级文物行政部门要结合本地区、本单位的实际情况，积极、有效开展文物行政执法工作，维护法律的尊严，提高行政执法水平。为保证法律、法规全面、正确、有效地实施，坚决制止各种违法犯罪活动，确保国家文物不受损失，现就加强文物行政执法工作通知如下：

一、加大宣传贯彻《文物保护法》的力度

各级文物行政部门必须高度重视文物行政执法工作，带头学习《文物保护法》及《实施条例》，认真贯彻"保护为主、抢救第一、合理利用、加强管理"的文物工作方针，把做好本区域内的文物保护宣传工作作为一项大事来抓。要利用各种新闻媒体，加大宣传力度，扩大宣传范围，使《文物保护法》深入人心，使全社会树立保护文物有责、破坏文物违法的观念。对具有典型意义、社会影响较大的违法行为要充分运用新闻媒体公开曝光，为开展文物行政执法工作创造良好氛围。

二、加强文物行政执法队伍建设

开展行政执法工作的关键是执法机构和人员的落实。各级文物行政部门要根据本地区、本部门的实际情况，依据《文物保护法》的规定在县级以上文物行政部门建立行政执法机构，暂不具备条件的要设立专职文物行政执法人员，行使《文物保护法》赋予的行政执法职责和任务，处理文物行政违法事件。

文物行政执法人员应具有良好的政治素质，掌握一定的法律、法规和文物博物馆专业知识。执法人员必须定期接受培训，实行持证上岗制度，行使行政执法职能时必须出示有效证件。禁止使用合同工、临时工实施行政执法工作。各级文物行政部门要对文物执法队伍建设和配置必要装备所需经费给予保障，使执法人员积极、有效地履行法律、法规赋予的职责。

三、加大行政执法力度，落实执法责任制

文物行政执法要遵循公正、公开的原则，依据《文物保护法》的规定，坚持过错与处罚相适应，惩戒与教育相结合的原则。严格依法办事，做到有法必依、执法必严、违法必究。要建立行政执法定期报告制度，增强执法人员的法律意识和责任意识。

各级文物行政执法部门和人员，要按照执法权限和职责，建立健全执法岗位责任制和目标责任制，签订行政执法责任书，逐级分解执法目标和法律责任，使之落实到具体岗位、具体人，使违法事件做到早发现、早制止、早处理。

四、规范行政执法程序

各级文物行政执法部门要按照《文物保护法》等有关法律、法规的规定，制定文物行政执法程序，并结合实际情况细化，使其具有可操作性，从而有效保障各项执法工作正常运行。

文物行政执法人员在执行公务时，应认真执行听证制度、调查取证与处罚决定分开制度；要规范行政处罚决定、执行及登记、备案工作；在进行行政处罚时应严格执行国务院"罚缴分离"和"收支两条线"的规定。

五、建立健全行政执法监督机制

各级文物行政部门要完善文物行政执法内外监控制度，在行政执法过程中，要自觉接受各级政府和社会各界的监督，逐步形成立体化、全方位、多层次监控体系。执法过程中应实行行政执法公开明示制度、执法审核制度；落实行政执法评议考核制度，行政执法检查制度和举报、投诉回访制度；坚持行政执法过错责任追究制度；对于因执法人员执法过错，而给公民人身或财产造成损害、给法人或者其他组织造成损失的，应依法予以赔偿，对负责的主管人员和其他直接责任人员依法追究责任。

特此通知。

国家文物局

二〇〇三年七月十五日

关于加强文物行政执法工作的指导意见

（文物督函〔2011〕265 号）

各省、自治区、直辖市文物局（文化厅）：

行政执法是文物行政部门的重要职责。2002 年，《中华人民共和国文物保护法》修订施行以来，各地不断加强文物行政执法工作，完善机制，强化措施，执法力度逐步加大，执法效果显著，有力保障了文物事业的发展繁荣。

当前，文物行政执法工作面临的形势依然严峻，仍存在许多困难和问题。一方面文物违法行为屡禁不止，必须继续加大执法力度；另一方面，文物行政执法机构不健全、执法人员素质不高，有法不依、执法不严、违法不究等现象仍不同程度地存在。进一步加强文物行政执法工作，有利于履行主管部门职责、维护法律权威和文化遗产尊严，有利于提高文物保护意识、团结全社会力量积极参与，有利于树立法治政府的形象、体现为人民群众服务的宗旨。现就加强文物行政执法工作提出如下意见。

一、提高思想认识强化组织领导

（一）加强文物行政执法工作的总体要求

坚持以邓小平理论和"三个代表"重要思想为指导，深入贯彻落实科学发展观，贯彻"保护为主、抢救第一、合理利用、加强管理"的文物工作方针，坚持"有权必有责、用权受监督、违法受追究、侵权须赔偿"的基本要求，完善规章制度，健全执法队伍，加强能力建设，规范执法监督，提高执法质量，提升执法效能，完善执法体制机制。

（二）充分认识文物行政执法工作的重要性

文物行政执法工作是贯彻文物工作方针、履行文物工作各项法定职能的重要手段之一。各地必须充分认识加强行政执法工作的重要性，正确处理执法与文物保护、执法与行政管理、执法与事业发展的关系。其中心任务就是要贯彻文物保护法律法规，运用执法手段，查处违法违规行为，促进文物保护与管理政策措施的落实，保障国家文化权益，保障文物安全。

（三）加强对文物行政执法工作的组织领导

各级文物行政部门必须把贯彻执行文物保护法律法规提到本部门工作的重要位置上，把严肃查处各种文物违法行为，强化文物执法监督作为文物行政执法工作的重点。各级文物行政部门的负责人要切实承担起领导文物行政执法工作的责任，组织、协调、监督行政区域内的文物行政执法工作；对行政执法工作中的重大问题和难点，要主动出面解决，抓典型，出经验，全面推动本部门的文物行政执法工作；要建立本部门的行政执法责任制，把执法业绩作为工作考核的主要内容。

二、理顺执法体制加强队伍建设

（四）理顺文物行政执法体制

文物行政执法工作要按照属地管理的原则，减少文物行政执法层级，执法重心适当下移，逐步建立健全以地市、县区级文物执法机构为执法主体的执法体制。省级文物执法机构主要负责监督检查指导本行政区域内的文物执法工作。情节严重、影响恶劣的重大违法案件，可由省级文物行政执法机构直接负责。

（五）文物行政执法工作的范畴

文物行政执法是指文物行政部门依照法律法规赋予的职责，督促检查文物保护与管理情况，查处违法违规行为等工作。主要有以下形式：一是上级文物行政部门对下级文物行政部门开展文物行政执法工作的检查指导；二是文物行政部门对本行政区域内文物、博物馆单位贯彻执行文物保护法律法规情况开展检查、巡查和督察等；三是文物行政部门依法处理文物违法行为，并实施行政处罚；四是文物行政部门及时向司法机关移交涉嫌犯罪的文物违法案件；五是文物行政部门在行政检查和行政处罚过程中作出责令改正等行政决定。具体工作范畴各地可根据实际情况自行制定。

（六）加强文物行政执法机构建设

各省级文物行政部门应结合当地实际，积极推动本行政区域内各级文物行政执法机构队伍建设，充实执法人员，规范执法行为，提升执法能力。各级文物行政部门应内设文物执法督察的专职机构，强化监管责任，切实履行职责。各地要积极会同有关部门研究落实文物行政执法人员配置、执法装备与经费问题等。

（七）强化文物行政执法人员培训

各地要积极开展文物行政执法人员培训工作。以法律、法规、相关政策、案例分析和工作方式与程序为主要培训内容，采取灵活多样的方式，重点培训各级文物行政执法人员，进一步明确岗位职责，全面提升队伍素质。各地要制定培训计划，培训工作要保质保量铺网式进行，力争在5年内使本辖区内文物行政执法人员整体轮训一遍。同时，要对热心于文物保护工作的业余文保员、志愿者和信息员进行培训，引导全社会积极参与文物行政执法工作。

三、完善工作机制创新工作方法

（八）积极开展文物行政执法巡查

巡查工作是实现文物行政执法关口前移的有效方法。各地应积极组织力量定期对文物、博物馆单位的保护管理情况开展日常检查，监管视角前移，及时发现和整改隐患，及时制止与查处违法行为，防患于未然。要积极研究制定文物行政执法日常巡查办法，明确相关要求、职责和工作量化标准，巡查情况要如实记录，逐步建立辖区内文物、博物馆单位巡查基本档案。文物行政执法巡查要坚持"属地管理、分级负责"原则，充分发挥文物行政部门主体地位。

（九）积极建立和推行执法信息公示、公告制度

信息公开是推进依法行政、提高工作透明度的有效举措。各地应通过多种方式及时公开执法信息，切实做到行政执法依据公开、权限公开、程序公开以及行政执法相对人依法应享有的权利和应履行的义务公开；应定期汇总并上报本辖区内文物行政执法工作基本情况，完善执法信息系统建设。通过公示、公告制度，形成长效监督制约机制，促进各级地方人民政府和各部门切实履行文物保护职责，警示、震慑文物犯罪和违法违规行为。

（十）加强部门协作和区域合作

部门协作和区域合作是推动文物行政执法工作的重要保障。各级文物行政部门要积极与公安、海关、工商、建设、国土、环保等部门沟通配合，逐步建立联合执法工作机制，共同研究加强文物行政执法的政策措施，形成文物行政执法协调体系和长效机制；要研究建立区域性的文物行政执法工作沟通协调机制，沟通情况，统一认识，共同研究执法中遇到的新情况、新问题，协调解决疑难问题。

（十一）及时移送涉嫌犯罪的文物违法案件

各地在行政执法过程中查处的文物违法案件，依照法律规定，凡是达到刑事追诉标准、涉嫌犯罪的，应按照有关规定，及时向公安机关移送，切实防止"以罚代刑"现象的发生；对于在查处过程中不移送涉嫌犯罪案件的，应依法依纪追究相关责任。

四、强化执法监督规范执法行为

（十二）规范文物行政执法主体

各地要进一步规范文物行政执法主体，明确责任，履行法定职责，要坚决纠正将文物行政执法权交由不具备文物行政执法资格的单位和组织行使的做法。文物行政执法人员必须持证上岗，经培训合格方可取得执法证件。省级文物行政部门要监督实施，定期检查、清理不具备行政执法资格的机构、队伍、人员等，确保实施具体文物行政执法行为时，主体有效、人员合法、行为规范。

（十三）明确文物行政执法责任

行政执法责任制是规范和监督行政机关行政执法活动的一项重要制度。各地要通过依法界定执法职责，明确执法权限，促使执法主体依法履行职责，既不越权又不失职；通过分解执法职责，把执法责任层层落实到具体的执法机构、执法岗位和执法人员，将责任落到实处；通过评议考核和责任追究，加强对执法活动的监督。对实施不当或者违法的行政执法行为应责令限期整改，依法依纪应采取组织处理措施的，按照干部管理权限和规定程序办理；涉嫌犯罪的，移送司法机关处理。

（十四）逐步建立文物行政执法评议考核机制

行政执法评议考核是评价行政执法工作情况的重要机制。各地要逐步建立健全相关制度、办法和标准等，遵循公开、公平、公正原则，定期对文物行政执法工作和行政执法人员进行评议考核，对行政执法绩效突出的行政执法机构和行政执法人员予以表彰，充分调动行政执法机构和行政执法人员提高行政执法质量和水平的积极性。

（十五）强化文物行政执法监督

要强化上级文物行政执法机构对下级文物行政执法机构的监督、检查和指导职能，进一步加强对文物行政执法机构和执法人员的监督，重点对文物行政执法过程中执法不严、违法不究、执法程序不当等行为进行监督。要建立健全社会监督机制，逐步完善群众举报投诉制度，拓宽群众监督渠道，自觉接受社会舆论和人民群众的监督。对群众举报、新闻媒体反映的违法行为要认真调查、核实，并依法及时作出处理。

五、广泛宣传动员营造执法氛围

（十六）积极争取政府及相关部门的重视和支持

各级文物行政部门要定期向当地党委、人大、政府、政协上报和向相关部门通报执法信息，进一步加大文物法制宣传，以执法依据、执法目的和执法效果为主要宣传内容，争取上级领导和各部门重视与支持。

（十七）努力营造良好的执法氛围

要充分利用国际博物馆日和中国文化遗产日等节日，组织开展形式多样的宣传活动，运用新闻媒体宣传法律法规，定期公布文物行政执法检查、督察和文物违法行为处理信息，加大对故意违法以及社会影响恶劣的违法行为的曝光力度，提高全社会文物保护意识，形成良好的执法氛围和执法环境。

请各地根据上述意见制定具体实施办法，确保各项政策措施落到实处，及时将贯彻落实上述意见的办法和实施情况上报我局。

国家文物局

二〇一一年三月十六日

文物消防安全检查规程（试行）

（文物督发〔2011〕17号　2011年9月20日）

第一章　总　则

第一条　为预防和减少文物、博物馆单位火灾危害，规范文物消防安全检查工作，提高消防安全管理水平，依据《中华人民共和国文物保护法》《中华人民共和国消防法》等相关法律、法规，制定本规程。

第二条　文物消防安全检查工作贯彻"预防为主、防消结合"的方针，坚持"从严管理、防患未然"的原则。

第三条　上级文物行政部门对下级文物行政部门实施消防安全督察、文物行政部门实施消防安全检查和文物、博物馆单位实施消防安全自查，适用本规程。

第四条　文物消防安全检查的范围包括：

（一）具有火灾危险性的文物保护单位和经县级人民政府文物行政部门登记并公布的其他不可移动文物；

（二）博物馆、纪念馆、陈列馆等文物收藏单位；

（三）文物库房、文物修复室、文物科技保护室等文物保管和科技保护场所；

（四）文物保护工程施工工地；

（五）其他文物、博物馆单位。

第五条　实施文物消防安全检查，要落实文物保护和消防安全管理的法律、法规、规章和行业标准，切实增强检查与消除火灾隐患能力、组织扑救初起火灾能力、组织人员疏散逃生能力、消防宣传教育培训能力、文物抢救能力。

第六条　各文物、博物馆单位的消防安全责任人和消防安全管理人负责组织和实施消防安全检查，督促和落实火灾隐患整改工作。

第七条　各级文物行政部门和文物、博物馆单位要配合当地公安机关消防机构确定本地区文物消防安全重点单位或者文物、博物馆单位的消防安全重点部位，按当地公安机关消防机构的要求做好文物消防安全工作。

第二章　检查内容

第八条　文物消防安全检查的基本内容包括：

（一）消防安全责任制和组织机构建设

1. 消防安全责任人和消防安全管理人履行消防安全职责情况；

2. 距离当地公安消防队较远的列为全国重点文物保护单位的大型古建筑群消防队伍建设情况，其他文博单位的兼职消防队伍建设情况；

3. 文物、博物馆单位消防安全责任制建立情况，消防安全责任书签订及安全责任落实情况。

（二）消防安全管理制度

1. 消防安全制度和保障消防安全的操作规程制定情况；

2. 确保消防安全管理制度和操作规程落实的保障措施情况；

3. 消防安全管理制度在具体工作中的实际执行情况。

（三）人员管理

1. 消防安全责任人、消防安全管理人、专兼职消防工作人员、消防控制室操作人员接受消防安全专门培训情况；

2. 工作人员对消防安全法规、消防安全知识、消防安全管理制度的掌握情况；

3. 工作人员对消防设施、设备、器材的操作技能情况；

4. 消防控制室操作人员持证上岗情况；

5. 消防安全工作人员值班情况。

（四）消防设施设备和消防车通道

1. 消防水源和消防给水设施建设情况；

2. 火灾报警、灭火等设施设备建设情况；

3. 灭火器材配置及有效情况；

4. 消防安全标志的设置情况；

5. 消防设施设备检测和日常维护保养情况；

6. 消防车通道设置情况。

（五）用火、用电、用油、用气管理

1. 是否存在违反规定用火、用电、用油、用气情况；

2. 用于文物保护必要的电器设备和电气线路是否规范安装敷设，是否采取有效阻燃措施；

3. 对电器设备和电气线路是否进行定期安全检查；

4. 是否存有易燃易爆物品及其管理情况。

（六）火灾隐患整改

1. 消防安全检查发现火灾隐患的记录；

2. 火灾隐患整改结果；

3.《文物火灾隐患整改情况记录表》内容和归档情况。

（七）周边防火环境

1. 文物、博物馆单位周边的企事业单位和人民群众生产生活可能引发文物火灾危害情况；

2. 对周边可能引发火灾危害的预防和应对措施情况；

3. 对周边企事业单位和人民群众文物防火宣传工作情况。

（八）防雷措施

1. 避雷设施安装和验收情况；

2. 避雷设施日常维护和检测情况。

（九）与公安机关消防机构联动

1. 文物、博物馆单位与当地公安机关消防机构就文物防火工作的联系、沟通情况；

2. 文物、博物馆单位与当地公安机关消防机构建立火灾扑救联动机制情况。

（十）灭火和应急疏散预案

1. 灭火和应急疏散预案制订情况；

2. 内容和程序是否科学、有效，具有可操作性；

3. 日常演练情况；

4. 现场演练是否符合程序并具有防火、灭火效能。

（十一）消防安全档案

1. 档案内容是否规范、完整；

2. 档案的更新情况；

3. 档案的保管情况。

（十二）文物、博物馆单位消防安全工作的其他情况

第九条 对古建筑（包括具有火灾危险性的近现代文物建筑）除按本规程第八条规定内容检查外，重点检查以下内容：

（一）古建筑殿屋内是否存在用于生产生活的用火、用电问题，在古建筑厢房、走廊、庭院等处确需用火、用电的，是否采取有效的防火安全措施；

（二）是否存在古建筑之间及毗连古建筑私搭乱建棚、房问题；

（三）是否存在古建筑本体上直接安装电源开关、电线，或者在古建筑内使用电气设备等问题；

（四）在古建筑附属设施上或者保护范围内架设电线、安装电气设备，是否对古建筑消防安全构成危害；

（五）非宗教活动场所的古建筑内是否存在燃灯、烧纸、焚香问题，指定为宗教活动场所的古建筑是否在指定地点内燃灯、烧纸、焚香，是否采取有效防火措施；

（六）保护范围内是否堆放柴草、木料等可燃易燃物品；

（七）古建筑与毗连的其他建筑之间防火分隔墙建设或者消防通道设置情况，坐落在森林区域或者位于郊野的古建筑周边是否有防火隔离带；

（八）古寺庙、道观、庙堂内悬挂的帐幔、伞盖等易燃物品防火处理情况；

（九）可能引发古建筑火灾的其他情况。

第十条 对博物馆（包括纪念馆、陈列馆）除按本规程第八条规定内容检查外，重点检查以下内容：

（一）新建博物馆在投入使用前其消防设施、设备经公安机关消防机构验收情况；

（二）内装与布展工程现场防火措施情况；

（三）展柜、展台、展墙等展具和装饰材料防火性能情况；

（四）展厅照明灯具、音响、闭路电视、电动模型、放映机等电器设备的使用与管理情况；

（五）用于陈列展览的电动图表、模型、沙盘、布景箱和装在壁板上的灯光箱、显示图表箱等设计、安装是否符合防火要求；

（六）可能引发博物馆火灾的其他情况。

第十一条 对文物保护工程施工工地除按本规程第八条规定内容检查外，重点检查以下内容：

（一）承建工程项目合同是否约定防火安全内容；

（二）施工方法和施工技术是否符合消防要求；

（三）施工现场用火作业、易燃可燃材料堆场、仓库、易燃废品集中站和生活区等区域划分是否符合防火要求；

（四）施工作业期间搭设的临时性建筑的防火措施；

（五）施工所需焊、割作业点、氧气瓶、乙炔瓶、易燃易爆物品的安全隔离措施；

（六）施工使用的焊灯、喷灯等明火作业安全管理情况；

（七）施工现场废料、垃圾等可燃物品清理情况；

（八）可能引发文物保护工程施工工地火灾的其他情况。

第十二条 对文物库房除按本规程第八条规定内容检查外，重点检查以下内容：

（一）存放文物的柜、箱、架、囊、匣等是否用非易燃材料制作或者作阻燃处理；

（二）是否存在易燃材料包装物同文物一起进入库房问题；

（三）除湿、照明、通讯等电器设备安全管理情况；

（四）可能引发文物库房火灾的其他情况。

第十三条 对文物修复室、文物科技保护室除按本规程第八条规定内容检查以下内容：

（一）文物修复和科技保护设施、设备的防火性能情况；

（二）用于文物修复或者科技保护的易燃易爆物品储存、保管是否符合安全要求；

（三）可能引发文物修复室、文物科技保护室火灾的其他情况。

第十四条　对已向社会开放的文物、博物馆单位，除分别检查本规程第九条、第十条规定内容外，还需重点检查以下内容：

（一）安全出口、疏散通道是否畅通；

（二）安全疏散指示标志是否醒目，应急照明灯是否完好；

（三）参观游览人员携带火种的检查和监管措施情况；

（四）保证参观人员和文物安全的其他消防安全措施情况。

第十五条　文物、博物馆单位自行组织扑灭的初起火灾，要认真检查火场，彻底扑灭和清除不易完全熄灭的物品，设专人在火灾现场值守，防止死灰复燃。

第三章　检查形式和方式

第十六条　文物、博物馆单位按本规程规定组织实施以下形式的消防安全自查：

（一）防火巡查：由消防安全工作人员对本单位消防安全重点部位防火工作进行每日巡查；

（二）定期检查：由消防安全管理人组织对本单位消防安全工作情况实施定期检查，至少每月检查一次；

（三）随机抽查：由消防安全管理人组织对本单位所属各部门和安全重点岗位实施随机抽查，检验各项防火制度和措施的落实情况；

（四）重要节日或重大活动前检查：国家法定节假日前，文物、博物馆单位举办重大活动前，气候干旱的火灾易发期、多发期，由消防安全管理人提前组织开展消防安全重点检查。

第十七条　文物行政部门按本规程规定组织实施以下形式的消防安全检查：

（一）定期检查：对本辖区的文物、博物馆单位组织定期检查，市、县级文物行政部门至少每季度检查一次，省级文物行政部门至少每半年检查一次；

（二）重点抽查：对本辖区内文物、博物馆单位实施不定期抽查；

（三）专项督察：对辖区内文物消防安全管理存在严重问题或者文物火灾隐患突出的地区，集中实施消防安全专项督察。

第十八条　文物消防安全检查采取以下方式：

（一）现场排查：对文物、博物馆单位及其周边环境进行全面排查，查找可能引发文物火灾的安全隐患；

（二）查阅档案记录：查看文物、博物馆单位消防安全档案和各项消防安全工作记录，了解消防安全制度建设和安全管理情况；

（三）座谈、问询、问卷：举办座谈会，随机问询工作人员，发放调查问卷，了解消防安全组织机构和人员队伍建设情况；

（四）现场设置火情：检验文物、博物馆单位对初起火灾事故应急处置能力；

（五）观摩消防演练：检验消防安全预案的科学性和防范与扑救火灾效能；

（六）启动设施设备：检验消防设施、设备的性能；

（七）查看检测标识：检查消防设备、器材检测情况；

（八）其他方式。

第四章　检查程序

第十九条　文物、博物馆单位开展消防安全巡查，要将巡查情况记入《防火巡查记录表》，发现火灾隐患要及时处理，并向本单位消防安全责任人和消防安全管理人报告。

第二十条　文物、博物馆单位开展消防安全自查按以下程序进行：

（一）组织检查组：由具有消防安全管理经验和消防安全专业知识、技能的人员组成检查组；

（二）确定检查范围：消防安全检查范围既要全面，又要根据本单位防火工作实际突出检查的重点部位；

（三）现场检查：对文物、博物馆单位及周边环境进行全面检查，将检查情况填入《文物消防安全检查记录》，并由检查组人员签字；

（四）总结报告：检查结束后，对检查情况进行全面认真总结，分析查找存在的问题和隐患，提出改进工作的意见和建议，报本单位消防安全责任人和消防安全管理人；

（五）记入档案：将《文物消防安全检查记录》、消防安全检查总结以及火灾隐患整改情况记入消防安全检查档案。

第二十一条　各级文物行政部门对文物、博物馆单位开展消防安全检查按以下程序进行：

（一）人员组织：由具有消防安全管理经验和消防安全专业知识、技能的人员组成消防安全检查组；

（二）制定检查实施方案：确定本辖区内被检查的文物、博物馆单位范围、重点单位、检查工作步骤和具体要求等；

（三）实地检查：对下级文物行政部门文物消防安全工作和辖区内文物、博物馆单位开展检查；

（四）当场反馈意见：检查组要现场向被检查的文物、博物馆单位反馈检查情况，提出具体的整改意见和要求；

（五）汇总检查结果：检查结束后，检查组要对检查结果进行归纳总结，形成书面检查报告，报组织消防安全检查的文物行政部门；

（六）反馈书面意见：组织消防安全检查的文物行政部门根据检查组的书面检查报告，向被检查地区文物行政部门下发书面意见。

第二十二条 各级文物行政部门和各文物、博物馆单位要建立消防安全检查档案，将消防安全检查情况登记入档。

第五章　火灾隐患整改

第二十三条 文物、博物馆单位要对消防安全自查中发现的安全隐患进行逐项登记，逐项整改。能当场整改的要立即整改；不能当场立即整改的，在火灾隐患未消除前，应当落实防范措施，确保隐患整改期间的消防安全。对本单位自身不能解决的重大火灾隐患，要提出解决方案并向其上级文物行政主管部门或者当地人民政府报告。

火灾隐患整改完毕，文物、博物馆单位应当填写《文物火灾隐患整改情况记录表》，由消防安全责任人和消防安全管理人签名后存档备查。

第二十四条 各级文物行政部门在检查中发现文物、博物馆单位存在火灾隐患的，要向被检查单位发《火灾隐患整改通知书》，提出具体的整改意见和要求；发现严重危害文物安全的重大火灾隐患的，要向当地人民政府通报；发现文物、博物馆单位对发生的火灾事故未按要求上报或者未依法处理的，要及时提出处理意见，并将处理情况向当地人民政府通报。

第二十五条 各级文物行政部门要对文物、博物馆单位存在的重大火灾隐患整改实施挂牌督办，发《重大文物火灾隐患整改挂牌督办单》。督办单包括火灾隐患内容、督办要求与期限、整改责任单位等内容。

文物行政部门挂牌督办的重大火灾隐患，要由专人负责跟踪督促整改。重大火灾隐患整改完毕经督办单位检验合格后，挂牌督办程序结束。火灾隐患挂牌督办整改情况存档备查。

第六章　责任追究

第二十六条 各级文物行政部门和文物、博物馆单位要建立文物消防安全责任制，明确消防安全管理职责和工作职责，实施责任追究。

第二十七条 文物、博物馆单位不按本规程规定认真实施消防安全自查的，或者对存在的火灾隐患不按要求整改的，由文物行政部门责令改正，并予以通报。

文物行政部门不按本规程要求开展文物消防安全检查的，或者对文物、博物馆单位火灾隐患整改督办不力的，由上级文物行政部门责令改正，并予以通报。

由于不认真实施文物消防安全检查，不按要求整改火灾隐患，对文物消防安全工作放任自流、玩忽职守，以致发生火灾事故造成文物损失的，依法追究法律责任。

第七章　附　则

第二十八条　本规程附表由各地文物行政部门和文物、博物馆单位在消防安全检查及管理工作中应用。

第二十九条　本规程自印发之日起试行。

国家文物局文物安全案件督察督办管理规定（试行）

（文物督发〔2011〕18号　2011年9月22日）

第一条　为加强文物安全监管工作，依法督察、督办各类文物安全案件，依据《中华人民共和国文物保护法》等法律、法规和规章，制定本规定。

第二条　国家文物局督察、督办文物安全案件适用本规定。

第三条　文物安全案件包括文物、博物馆单位发生的下列案件：

（一）盗窃、盗掘、抢劫、走私等文物犯罪案件；

（二）火灾事故；

（三）文物安全责任事故；

（四）其他文物安全案件。

第四条　督察、督办文物安全案件要按照有关法律、法规、规章和文件的规定，坚持"原因不查清不放过、责任者得不到处理不放过、整改措施不落实不放过、教训不吸取不放过"。

第五条　国家文物局开展文物安全案件信息收集与舆情监控工作。对从以下途径获知并需由国家文物局督察、督办的文物安全案件，及时填写《文物安全案件登记表》：

（一）在文物安全检查或者专项督察中发现的；

（二）相关部门转办的；

（三）各级文物行政部门上报的；

（四）通过舆情收集的；

（五）公民、法人或者其他组织举报的；

（六）其他途径获知的。

第六条　对已登记的文物安全案件，及时向案发地省级文物行政部门发《国家文物局文物安全案件督察通知》，由案发地省级文物行政部门调查核实，依法处理，限时上报。

对未按《国家文物局文物安全案件督察通知》要求时限上报案件情况及处理结果的，向案发地省级文物行政部门发《国家文物局文物安全案件督办单》，要求查清和说明未报原因，并再次提出限时办理要求。

第七条　对下列文物安全案件，国家文物局可以派督察组，会同案发地省级文物行政部门进行现场督察、督办：

（一）世界文化遗产地、全国重点文物保护单位发生的重大文物安全案件；

（二）省级文物保护单位发生的特大文物安全案件；

（三）国有博物馆发生的重大文物安全案件；

（四）其他重大文物安全案件。

第八条　国家文物局督察组会同省级文物行政部门现场督察、督办文物安全案件，按以下程序进行：

（一）查看案件现场、听取汇报、查阅资料，了解案发过程、案发原因、文物损失及案件处理等情况；

（二）对涉案的文物、博物馆单位实施安全检查，查找文物安全隐患；

（三）需要当场处置的，现场对文物安全案件提出处理意见和要求，对案发的文物、博物馆单位存在的安全隐患提出整改意见；

（四）现场督察结束后，向案发地省级文物行政部门提出书面督察、督办意见。

第九条　根据文物安全案件性质，需要由相关部门督察、督办或者联合督察、督办的，及时将案件情况通报相关部门，提出督察、督办建议，并配合或者联合相关部门做好督察、督办工作。

第十条　建立文物安全案件档案。文物安全案件档案内容包括：案发单位简介、案件基本情况、调查处理和督办情况、处理结果、媒体报道等文字和图片资料。

第十一条　对连续多次发生文物安全案件、文物安全监管工作需要加强的地区，组织实施文物安全专项督察。

第十二条　文物安全专项督察按以下程序进行：

（一）制订督察方案，明确督察时间、地域、范围、主要内容、工作日程和督察组组成人员等事项，事先通知被督察地区省级文物行政部门；

（二）采取现场检查、观摩演练、听取报告、进行座谈、查阅档案资料等形式，检查文物安全工作存在的问题；

（三）当场向被督察地区文物行政部门和被督察单位反馈督察意见；

（四）全面汇总专项督察情况，起草并提交书面督察报告；

（五）向被督察地区省级文物行政部门书面通报专项督察意见，指出文物安全工作存在的主要问题，提出意见、建议和整改要求；

（六）要求省级文物行政部门限时上报整改落实情况，并适时对被督察地区进行实地核查。

第十三条　在督办文物安全案件、实施文物安全专项督察或者在其他工作中，发现文物、博物馆单位存在严重安全隐患的，可直接向被检查单位发《文物安全隐患整改通知书》。

第十四条　对按本规定提出的督察、督办意见和文物安全隐患整改要求的落实情况进行跟踪督办。

有下列行为之一的，向案发地省级人民政府通报情况，提出督察建议：

（一）对发生的文物安全案件，不及时处置或者因处置不力造成文物损失扩大的；

（二）瞒报、迟报文物安全案件，造成不良社会影响的；

（三）不按国家文物局督察、督办意见落实安全隐患整改措施的。

第十五条 按照文物安全监管与行政执法情况公示公告制度的要求，及时对各省、自治区、直辖市文物安全工作情况及文物安全案件进行专项通报、季度通报和年度通报。

第十六条 《国家文物局文物安全案件督察通知》《国家文物局文物安全案件督办单》《文物安全隐患整改通知书》加盖国家文物局行政执法督察专用章，并存档备查。

第十七条 各省、自治区、直辖市文物行政部门督察、督办文物安全案件，可参照本规定执行。

第十八条 本规定自印发之日起试行。

文物保护单位执法巡查办法

（文物督发〔2011〕21 号　2011 年 12 月 20 日）

第一条　为了规范文物保护单位执法巡查工作，推动各地文物行政部门、文物执法机构依法履行文物行政执法监管职责，提高监管效率与能力，及时发现、制止并依法查处文物违法行为，根据《中华人民共和国文物保护法》《中华人民共和国文物保护法实施条例》等法律、法规制定本办法。

第二条　本办法所称文物保护单位执法巡查工作，是指各级文物行政部门、文物执法机构，对本行政区域内各级文物保护单位进行的日常性检查工作。

第三条　文物保护单位执法巡查工作按照属地管理、分级负责的原则实施。各地可根据实际情况，参照本办法制定相应的实施细则，开展文物保护单位执法巡查工作。

第四条　国家文物局负责对全国重点文物保护单位进行抽查；对各地开展的文物保护单位执法巡查工作进行督察。

第五条　各省、自治区、直辖市文物行政部门、文物执法机构负责对本行政区域内省级以上（含省级）的文物保护单位进行巡查、抽查；对本行政区域内各设区市、县（市、区）文物行政部门、文物执法机构开展的文物保护单位执法巡查工作进行督察。

第六条　各设区市的文物行政部门、文物执法机构重点负责对本行政区域内市级以上（含市级）文物保护单位进行巡查，每年对每个市级以上（含市级）文物保护单位至少巡查一次；对本行政区域内县级文物保护单位进行抽查；对本行政区域内县（市、区）文物行政部门、文物执法机构开展的文物保护单位执法巡查工作进行督察。

第七条　各县（市、区）文物行政部门、文物执法机构负责对本行政区域内各级文物保护单位进行巡查，每年对本行政区域内每处文物保护单位至少巡查一次。

第八条　文物保护单位的管理使用单位（人）或者产权单位（人）应当配合各级文物行政部门、文物执法机构开展执法巡查，不得拒绝、阻碍。

文物保护单位的管理使用单位（人）或者产权单位（人）应当定期对文物保护单位的保护管理状况开展自查，对发现的问题及时整改，对发现的违法行为及时向所在地文物行政部门、文物执法机构报告。

第九条 上级文物行政部门、文物执法机构对文物保护单位执法巡查工作进行督察的内容包括：

（一）该行政区域内文物保护单位执法巡查工作的总体情况；

（二）对下级文物行政部门、执法机构开展的文物保护单位执法巡查工作进行抽查、督察的情况；

（三）在文物保护单位执法巡查和有关抽查、督察工作中发现的问题及整改意见的落实情况。

第十条 上级文物行政部门、文物执法机构对文物保护单位执法巡查工作进行督察，可采取以下方法：

（一）查看文物保护单位执法巡查、督察的工作计划；

（二）查看文物保护单位执法巡查工作相关文件和措施；

（三）查看文物保护单位执法巡查的电子与纸质档案；

（四）查看文物保护单位执法巡查工作抽查、督察的材料；

（五）实地检查。

第十一条 文物行政部门、文物执法机构开展文物保护单位执法巡查，应当重点检查以下内容：

（一）文物保护单位是否划定保护范围和建设控制地带，是否做出标志说明，是否建立记录档案，是否设置专门机构或者专人负责管理；

（二）文物保护单位内及其保护范围、建设控制地带内是否发生违法建设行为；

（三）是否发生擅自迁移、拆除文物保护单位或者擅自修缮文物保护单位，明显改变文物原状的违法行为；

（四）是否发生擅自在原址重建已全部毁坏的文物保护单位，造成文物破坏的违法行为；

（五）是否发生施工单位未取得文物保护工程资质证书，擅自从事文物修缮、迁移、重建的违法行为；

（六）是否发生擅自改变国有文物保护单位的用途、转让或者抵押国有文物保护单位或者将国有文物保护单位作为企业资产经营的违法行为；

（七）是否发生将非国有文物保护单位转让或者抵押给外国人的违法行为；

（八）是否发生考古发掘单位未经批准擅自在文物保护单位内进行考古发掘的违法行为；

（九）是否发生未经批准擅自在文物保护单位开展经营性活动的违法行为；

（十）其他涉及文物保护单位的违法违规行为。

第十二条 开展文物保护单位执法巡查工作时，巡查人员应当做好以下工作：

（一）如实记录被巡查文物保护单位的名称、类别、级别、地址、管理机构、使用或者所有权人、所有权属，以及巡查时间、巡查人员、发现的情况和采取的相应措施等；

（二）对被巡查文物保护单位的外观全景、主要组成部分和重要构件、标志说明、保护范围与建设控制地带状况及发现的违法行为现场等进行摄影、摄像；

（三）查阅被巡查文物保护单位的监测措施、维护保养记录、记录档案、依法开展有关工作的审批文件及其他书面材料，必要时应当复制存档。

第十三条 巡查、督察工作结束后，文物行政部门、文物执法机构应当及时以书面形式向被检查单位反馈意见。反馈意见应当明确指出存在的问题、违反的相关规定，并提出整改要求。

第十四条 各级文物行政部门、文物执法机构应当及时查处巡查、督察中发现的违法行为，对涉嫌构成犯罪的依法移交司法机关。

第十五条 文物保护单位执法巡查工作结束后，巡查人员要将基本工作情况、发现的问题、采取的措施和有关建议书面报告所属文物行政部门或者文物执法机构。

第十六条 文物行政部门、文物执法机构应当及时将巡查记录、文字和影像资料等整理归档，建立电子与纸质档案。

巡查档案示范文本，由国家文物局制定。

第十七条 本办法自发布之日起施行。

文物安全与行政执法信息上报与公告实施办法

（文物督发〔2012〕1号 2012年2月15日）

第一条 为加强文物安全监管，推进文物行政执法，及时汇总和公告全国文物安全与行政执法工作以及文物案件情况，依据《中华人民共和国文物保护法》等法律、法规和文件，制定本办法。

第二条 本办法所称文物案件包括文物安全案件和文物行政违法案件。

国家文物局按本办法规定对文物案件进行公告。

第三条 县级以上文物行政部门按本办法规定上报文物安全与行政执法工作情况和文物案件信息，确保报送信息及时准确。

第四条 文物、博物馆单位应当在知道文物案件发生后2小时内，向主管的文物行政部门报告已掌握的案件情况。

有下列情形之一的，县级以上文物行政部门应当在接到报告2小时内，向同级人民政府和上级文物行政部门报告。省级文物行政部门应当在接到报告2小时内通过电话或者传真形式报告国家文物局督察司，并在3日内正式行文报国家文物局：

（一）世界文化遗产地、全国重点文物保护单位和省级文物保护单位发生的文物案件；

（二）核定、公布为三级以上风险单位的博物馆、纪念馆等文物收藏单位发生的文物案件；

（三）尚未核定公布为三级以上风险单位的博物馆、纪念馆和其他文物收藏单位发生的一级文物丢失或者损毁案件；

（四）其他重大文物案件。

第五条 文物安全案件报告主要包括以下内容：

（一）涉案文物、博物馆单位名称、级别、保护机构和保护管理现状；

（二）发案时间、地点、经过，文物损失和人员伤亡情况；

（三）涉案可移动文物名称、数量、级别和受损情况；

（四）案件原因分析及处理结果；

（五）案发现场和文物受损等图片资料；

（六）其他情况。

第六条 文物行政违法案件报告主要包括以下内容：

（一）涉案文物、博物馆单位名称、级别、保护机构和保护管理现状；

（二）违法相对人名称、违法性质；

（三）违法行为发生的时间、地点和违法事实；

（四）违法行为对文物造成的损失；

（五）违法行为的调查处理情况；

（六）案发现场、文物受损等图片资料；

（七）其他情况。

第七条 省级文物行政部门每半年向国家文物局报送《文物安全与行政执法工作情况统计表》《文物安全案件统计表》和《文物行政违法案件统计表》。上半年于当年 6 月 15 日前报送，下半年于当年 12 月 15 日前报送。

省级文物行政部门同时报送各项报表的书面和电子文本，电子文本通过国家文物局"文物安全与行政执法管理信息系统"报送。

第八条 国家文物局按以下形式实施公告：

（一）专项通报：不定期对重大文物案件处理情况进行通报。

（二）年中通报：每年 6 月 30 日前，通报上半年全国文物安全与行政执法工作情况。

（三）年度通报：每年 12 月 31 日前，通报本年度全国文物安全与行政执法工作情况。

第九条 国家文物局实施的专项通报、年中通报和年度通报印发各省级文物行政部门，印送全国文物安全工作部际联席会议各成员单位，并按有关规定进行信息公开。

第十条 对于下列行为，国家文物局进行通报批评，情节严重的，向当地人民政府通报或者提出行政处理建议：

（一）不按本办法规定的时限、内容、形式和要求，报送文物案件和各项统计报表的；

（二）对国家文物局通报的文物案件负有调查处理责任的文物行政部门或者文物、博物馆单位，不按通报要求认真调查处理，不按时限要求报送调查处理结果的。

（三）对国家文物局督察、督办的文物安全与行政执法工作事项，无正当理由不予落实或者不及时报告落实结果的。

第十一条 省级文物行政部门根据本办法，制定本省行政区域内的文物安全与行政执法信息上报与公告办法。

第十二条 本办法自印发之日起施行。

文物建筑消防安全管理十项规定

（文物督发〔2015〕11号　2015年6月26日）

一、切实落实消防安全责任

文物建筑的产权人或者管理、使用人是消防安全责任主体。

文物建筑产权单位或者管理、使用单位应当依法建立并落实逐级消防安全责任制，明确各级、各岗位的消防安全职责。单位主要负责人为消防安全责任人，统筹安排本单位消防安全管理工作。属于消防安全重点单位的文物建筑应当确定消防安全管理人，负责组织实施日常消防安全管理工作，主要履行制定落实消防工作计划和消防安全制度，组织开展防火巡查和检查、火灾隐患整改、消防安全宣传教育培训、灭火和应急疏散演练等职责。

二、建立完善专门机构和专兼职消防队伍

文物建筑产权单位或者管理、使用单位应当设置（确定）内设专门机构，或者确定专（兼）职消防管理人员，具体实施消防安全管理工作。应当依法建立专职或者志愿消防队伍，结合实际配备相应的消防装备和灭火器材，定期开展防火灭火训练。

三、严格消防设施管理

对文物建筑应根据防火需要和实际情况，确定消防车通道（消防道路），配置必要的消防给水系统、消防设施、设备和器材，确定疏散通道、安全出口，保持防火间距。用于参观、游览和经营场所的文物建筑，要切实采取人员的安全保障措施。

文物建筑毗邻区域和保护范围内不得擅自扩建或搭建建（构）筑物、占用防火间距和消防车通道（消防道路）。对文物建筑消防设施、设备和器材要加强日常保养维护和定期检测，确保使用功能。

四、严格用火管理

文物建筑内严格控制使用明火。用于宗教活动场所或者民居建筑等确需使用明火时，应加强火源管理，采取有效防火措施，并由专人看管，必须做到人离火灭。

五、严格用电管理

文物建筑内配电设备、电气线路、电器选型、安装等应符合相关规范和防火要求，并配备适用的电器火灾防控装置。文物建筑内宜使用低压弱电供电和冷光源照明，一般不得使用电热器具和大功率用电器具。确需使用的，要采取安全防护措施，制定并严格落实使用管理制度。严禁私拉乱接电气线路，室内外电气线路应采取穿金属管等保护措施。对电气线路和电器要定期检查检测，确保使用安全。

六、严格危险品管理

文物建筑保护范围内严禁生产、使用、储存和经营易燃易爆危险品，严禁燃放烟花爆竹。 用于居民生产生活的民居类文物建筑和其他作为住宿、餐饮等功能的文物建筑，因生产生活需要使用燃气，堆放柴草等可燃物，要采取切实有效的安全防护措施。其他文物古建筑内，严禁使用燃气，不得铺设燃气管线，不得堆放柴草、木料等可燃物，并应明显设立"禁止燃放烟花爆竹""禁止吸烟""禁止烟火"等标志。

七、严格大型活动管理

在文物建筑保护范围内举办祭祀、庙会、游园、展览等大型活动，主办单位应进行防火检查，增设必要的消防设施、设备和灭火器材，同时制定灭火和应急疏散预案并预先组织演练。要按规定事先将活动情况和消防措施报当地公安部门审核同意后，方可举办活动。

八、全面开展防火巡查检查

文物建筑的消防安全责任人或管理人每季度应至少组织 1 次防火检查，重点检查以下内容：

（一）消防安全管理制度落实情况，管理使用单位负责人和其他员工防火意识和消防知识、技能的掌握情况；

（二）开展日常防火巡查情况；

（三）疏散通道、安全出口和消防车通道（消防道路）是否畅通，防火间距是否被占用情况；

（四）消防设施、设备和器材完好有效情况；

（五）消防水源是否满足使用需求；

（六）有无违章用火、用电、用油、用气情况；

（七）电器产品的安装、使用及其线路、管线的敷设是否符合消防技术标准和管理规定；

（八）按规定允许烧香、点蜡等使用明火的场所，是否符合相关规范，并落实安全防护措施；

（九）重点部位的消防安全措施情况；

（十）火灾隐患整改和防范措施落实情况；

（十一）其他消防安全管理情况。

专（兼）职消防管理人员应当对前款规定的第（三）（四）（六）（七）（八）（九）项内容开展日常的防火巡查；文物建筑对社会开放期间，至少每 2 小时进行一次防火巡查，并强化夜间巡查。

九、切实开展消防演练

文物建筑产权单位和管理使用单位应当制定本单位灭火和应急疏散预案，明确每班次、各岗位人员及其报警、疏散、扑救初起火灾的职责，每半年至少开展一次演练。在宗教活动、民俗活动等人员集中的重点时段，应当结合实际制定专门预案。

十、认真开展消防安全宣传教育

文物建筑产权单位和管理使用单位应当开展经常性消防安全教育培训，增强防火安全意识，掌握防火技能。单位人员应当懂得本单位、本岗位的火灾危险性和防火措施，会报警、会扑救初起火灾，会疏散逃生自救。要结合实际对公众开展消防宣传，在醒目位置设立消防安全警示标识，张挂消防安全宣传图标。

文物违法行为举报管理办法（试行）

（文物督发〔2015〕13号　2015年8月10日）

第一条　为规范文物违法行为举报管理工作，推动各地文物行政部门主动接受社会监督，依法履行文物行政执法职责，及时查处文物行政违法案件，根据《中华人民共和国文物保护法》等法律法规，制定本办法。

第二条　本办法所称文物违法行为举报管理，是指各级文物行政部门对公民、法人和其他组织举报的涉嫌违反文物保护法律法规、应由文物行政部门调查处理的文物违法行为信息，依法开展的受理、核查与信息反馈等工作。

第三条　文物违法行为举报管理工作按照"属地管理，分级负责，便民高效、公开公正"的原则实施。

第四条　鼓励公民、法人和其他组织举报文物违法行为。各级文物行政部门保障举报人依法行使举报权利，保护举报人个人信息安全。

举报人应保证举报信息的真实性，不得虚假举报。故意虚构或歪曲事实，应承担相应法律后果。

第五条　国家文物局指导全国文物违法行为举报管理工作，受理涉及全国重点文物保护单位、馆藏一级文物，以及涉嫌损毁省级文物保护单位的违法行为举报信息，并予督办、转办，对重大案件线索组织调查核实。

国家文物局设立文物违法举报中心，承担文物违法行为举报受理的具体工作，并对各地工作情况进行统计分析。

第六条　各省、自治区、直辖市文物行政部门负责本行政区域内文物违法行为举报管理工作，受理涉及省级以上（含省级）文物保护单位、馆藏珍贵文物，以及涉嫌损毁不可移动文物本体的违法行为举报信息，并予督办、转办。对重大案件线索组织调查核实。

第七条　设区的市级文物行政部门对辖区内各县（市、区）文物违法行为举报受理工作进行督促检查，受理辖区内各级文物保护单位、馆藏文物，以及涉嫌损毁不可移动文物本体的违法行为举报信息，并组织调查处理。

第八条　各县（市、区）文物行政部门受理、核查辖区内不可移动文物、馆藏文物违法行为举报信息，并依法处理。

第九条 各级文物行政部门应建立信函、电话、网络等多种举报受理渠道，并主动对社会公开。适时开通文物违法举报热线。

第十条 文物违法行为信息举报受理范围：

（一）涉嫌损毁不可移动文物本体的行为；

（二）在文物保护单位的保护范围或者建设控制地带内发生的违法建设行为；

（三）擅自迁移、拆除不可移动文物或者擅自修缮不可移动文物，明显改变文物原状的违法行为；

（四）擅自在原址重建已全部毁坏的不可移动文物，造成文物破坏的违法行为；

（五）施工单位未取得文物保护工程资质证书，擅自从事文物修缮、迁移、重建的违法行为；

（六）涉及考古发掘的违法行为；

（七）涉及国有文物收藏单位和馆藏文物的违法行为；

（八）其他违反文物保护法律法规、应由文物行政部门调查处理的违法行为。

第十一条 对属于下列情形的举报信息，各级文物行政部门不予受理，登记后予以存档：

（一）不属于文物行政部门行政执法职责范围的；

（二）未提供违法行为信息或者无具体违法事实的；

（三）同一举报已经受理，举报人再次举报，但未提供新的违法事实的；

（四）已经或者依法应当通过诉讼、仲裁或行政复议等法定途径解决的；

（五）已经信访终结的；

（六）案发时间超出行政处罚时效的。

不属于受理范围的举报事项，应及时一次性告知举报人有权处理机关及相应举报途径。

第十二条 国家文物局和省级文物行政部门受理并督办、转办的举报信息，按照逐级交转原则，交由属地文物行政部门核查处理。重大案件线索，或属地文物行政部门应予回避的举报信息，国家文物局和省级文物行政部门可指定举报信息核查单位，或直接组织调查核实。

第十三条 设区市和县（市、区）文物行政部门受理举报信息，或接到上级督办、转办的举报信息后，应在 15 个工作日内完成实地核查。上级文物行政部门明确有核查时限的，应在时限要求内办结；情况复杂的，经上级交办部门同意，可适当延长办理期限。

举报信息经实地核查不属实的，由举报受理单位存档结项；属实或部分属实，确有违法行为的，由具有管辖权的文物行政部门依法实施行政处罚。

第十四条 各级文物行政部门受理举报信息后，对于实名举报，应自受理之日起 60 个工作日内，将办理情况反馈举报人。举报人对办理结果不满意的，应认真做好解释；举报人提供新的证据、需要进一步核实的，可进行复查并反馈。举报人对复查结果仍不满意，并以同一事实和理由重复举报的，不再受理。

第十五条 举报人对案件办结报告或执法文书申请信息公开的，应告知其案件文书基本信息，由文书制作单位负责具体信息公开事宜。

第十六条 各级文物行政部门应将文物违法行为举报管理经费纳入行政办公经费。鼓励各级文物行政部门建立文物违法行为举报奖励制度，设立举报奖励经费，对因举报使文物得到有效保护或免于重大损失的，给予举报人精神或物质奖励。

第十七条 各级文物行政部门应建立文物违法举报信息档案管理制度，妥善保管受理、核查及信息反馈过程中形成的资料，并及时整理归档。

第十八条 各级文物行政部门应建立文物违法举报信息季度、年度统计分析制度。各省、自治区、直辖市文物行政部门应将工作情况纳入《文物安全与行政执法工作情况统计表》，按照规定时限要求统计上报国家文物局。

第十九条 各地应根据实际情况，参照本办法制定实施细则。各级文物行政部门可将文物违法行为举报相关具体工作委托文物行政执法机构实施，并加强监督管理。

第二十条 本办法由国家文物局负责解释，自公布之日起实施。

关于指定北京市文物进出境鉴定所等 13 家机构开展涉案文物鉴定评估工作的通知

（文物博函〔2015〕3936 号　2015 年 12 月 31 日）

各省（自治区、直辖市）文物局（文化厅）：

《最高人民法院、最高人民检察院关于办理妨害文物管理等刑事案件适用法律若干问题的解释》于 2016 年 1 月 1 日起施行。依据该司法解释，我局现指定北京市文物进出境鉴定所等 13 家机构（机构名单详见附件）为第一批涉案文物鉴定评估机构，开展妨害文物管理等刑事案件涉及的文物鉴定和价值认定工作。

请相关省（自治区、直辖市）文物局（文化厅）进一步加强上述单位的机构和专业人员队伍建设，积极配合司法机关，认真做好涉案文物鉴定评估工作。

国家文物局

二〇一六年一月四日

附：涉案文物鉴定评估机构名单（第一批）

1. 北京市文物进出境鉴定所
2. 天津市文物管理中心
3. 山西省文物鉴定站
4. 内蒙古博物院
5. 辽宁省文物保护中心
6. 浙江省文物鉴定审核办公室
7. 安徽省文物鉴定站
8. 山东省文物保护与收藏协会
9. 国家文物出境鉴定河南站

10. 湖南省文物鉴定中心

11. 广东省文物鉴定站

12. 国家文物出境鉴定四川站

13. 陕西省文物鉴定研究中心

长城执法巡查办法

（文物督发〔2016〕1号 2016年1月28日）

第一条 为促进长城所在地县级以上地方人民政府及其文物主管部门依法履行长城保护职责，规范长城执法巡查工作，根据《中华人民共和国文物保护法》《长城保护条例》等法律法规，制定本办法。

第二条 本办法所称长城执法巡查，是指各级文物主管部门，及依法被授权或受委托承担文物行政执法职能的机构（以下简称"执法机构"），对本行政区域内的长城及保护管理工作进行的监督检查活动。

第三条 各级文物主管部门、执法机构，应当对由国务院文物主管部门认定并公布的长城段落进行执法巡查。长城段落，包括长城的墙体、城堡、关隘、烽火台、敌楼等。

第四条 长城执法巡查按照整体保护、属地管理的原则，落实执法巡查主体。长城段落为行政区域边界的，由毗邻各方协商进行执法巡查。

第五条 国务院文物主管部门负责长城执法巡查整体工作，协调、解决长城执法巡查中的重大问题，组织开展长城执法专项督察及交叉执法巡查，监督检查长城所在地各级地方政府及文物主管部门的长城保护工作。

长城所在地省级文物主管部门、执法机构负责本行政区域内的长城执法巡查工作，每年对各地开展的长城执法巡查工作实地检查不少于一次。

长城所在地设区市文物主管部门、执法机构负责本行政区域内长城执法巡查工作，每年对所属区县开展的长城执法巡查工作实地检查不少于两次。

长城所在地县级文物主管部门、执法机构每年应制定本行政区域内的长城执法巡查工作方案并负责实施，每年对全部长城段落至少巡查一次，每月对重点长城段落进行抽查，并经常性检查长城保护机构、保护员工作开展情况。

第六条 文物主管部门、执法机构开展长城执法巡查，应当重点检查以下内容：

（一）长城段落公布为文物保护单位，划定保护范围和建设控制地带，做出标志说明，建立记录档案，设置专门机构或者指定专人进行巡查、看护等情况；

（二）破坏、损毁、拆除、穿越、迁移及擅自修缮、重建长城等情况；

（三）在长城的保护范围或者建设控制地带内进行建设工程或者爆破、钻探、挖掘等作业情况；

（四）辟为参观游览区的长城段落是否符合开放条件，接待游客是否超过旅游容量指标等情况；

（五）是否在长城上从事下列禁止性活动：

1. 取土、取砖（石）或者种植作物；

2. 刻划、涂污；

3. 架设、安装与长城保护无关的设施、设备；

4. 驾驶交通工具，或者利用交通工具等跨越长城；

5. 展示可能损坏长城的器具；

6. 有组织地在未辟为参观游览区的长城段落举行活动；

7. 破坏、损毁或擅自迁移、拆除长城保护标志和防护设施等情况；

8. 长城安全管理和安全防护措施落实情况；

9. 其他涉及长城的违法违规情况。

第七条　长城执法巡查采取定期检查、重点抽查、上级督察、交叉巡查、联合巡查等方式进行。

长城执法巡查应积极利用遥感监测、无人机、信息通信等新技术、新手段开展工作。

第八条　各级文物主管部门、执法机构开展长城执法巡查，应如实做好长城执法巡查工作记录，发现违法行为及时进行处置。

巡查结束后，文物主管部门、执法机构应当及时将巡查结果书面反馈被检查单位，必要时可反馈地方政府。反馈意见应当明确指出存在的问题，并提出整改要求。

被检查单位对反馈意见应及时落实、限期整改，整改结果应书面报告检查单位。

第九条　长城执法巡查中发现的构成行政违法案件的违法行为，所在地文物主管部门、执法机构应当立案查处并按照规定上报；涉嫌犯罪的，应依法及时移交公安、司法机关处理。

第十条　文物主管部门、执法机构应及时将长城执法巡查记录、反馈意见、整改结果等文字和影像资料整理归档，建立电子和纸质档案。

第十一条　各级文物主管部门、执法机构应建立长城执法巡查信息定期报告制度。长城所在地省级文物主管部门、执法机构应将长城执法巡查情况纳入《文物安全与行政执法工作情况统计表》，按规定上报国务院文物主管部门。

第十二条　各级文物主管部门、执法机构要组织开展长城执法巡查人员业务培训，使长城执法人员掌握文物法律法规和规章制度，熟练使用配备的执法巡查设备。

第十三条　长城所在地县级以上人民政府应将长城执法巡查经费纳入长城保护经费，保障各级文物主管部门、执法机构开展执法巡查工作所需的交通、通讯、设备、宣传、培训等资金，为执法巡查人员购买必要的人身意外伤害保险。

第十四条　各级文物主管部门、执法机构应将长城执法巡查工作纳入文物工作考核内容。

县级以上文物主管部门、执法机构对长城执法巡查工作中成绩突出的单位和个人，应予以表彰和奖励。

第十五条　上级文物主管部门、执法机构对下级文物主管部门、执法机构开展长城执法巡查工作不力的，应对予以通报批评。单位、个人在开展长城执法巡查工作中有违纪违法行为的，应追究相应责任。

第十六条　国家和省级文物主管部门应为长城执法巡查工作提供数据、技术等支持，通过长城资源信息管理系统实现信息共享。

第十七条　鼓励社会监督，畅通监督渠道，"12359"文物违法举报平台设立长城保护专线。

第十八条　各地可根据自身实际制定长城执法巡查实施细则。

第十九条　本办法自印发之日起施行。

长城保护员管理办法

（国家文物局　文物督发〔2016〕2号　2016年1月28日）

第一条　为加强长城保护员队伍的建设和管理，充分发挥长城保护员作用，促进长城保护工作，根据《中华人民共和国文物保护法》和《长城保护条例》等法律法规，制定本办法。

第二条　地处偏远、未设立长城保护机构的长城段落，长城所在地县级人民政府或者其文物主管部门可以聘请长城保护员对长城进行巡查、看护。

应当根据长城段落的地理位置、自然环境、交通状况和长城遗存基本情况，确定需聘请长城保护员的数量，保证每个长城段落有人员巡查、看护。

第三条　长城所在地县级人民政府或者其文物主管部门聘请长城保护员应当遵循公开、自愿、平等、择优的原则，可结合本地实际，制定长城保护员聘请程序和办法。

被聘请的长城保护员应当具备下列条件。熟悉长城资源情况，或者已志愿长期从事长城保护工作的，可优先聘请：

（一）十八周岁以上，六十五周岁以下，身体健康，具备初中以上文化程度；

（二）长城所在地居民，无违纪违法犯罪记录；

（三）具有一定的长城保护知识，具备巡查、看护长城的工作能力；

（四）热心长城保护工作，责任心强。

由于工作变动或者因年龄、健康等原因不再适合担任长城保护员的，以及长城保护员本人提出不再担任长城保护员的，长城所在地县级人民政府或者其文物主管部门应当解除聘请，并及时调整和补充相应长城段落的长城保护员。

第四条　长城所在地县级人民政府及其文物主管部门应当为聘请的长城保护员提供必要的巡查、看护工具，给予适当补助，补助标准可参考当地最低工资标准，并将前述所需经费纳入长城保护经费。

有条件的地方可以将长城保护员纳入当地社会公益性岗位管理。

第五条　长城所在地县级人民政府或者其文物主管部门应当为聘请的长城保护员发放国家统一制式的证件。长城保护员证件遗失或者损坏的，应当及时申请发证单位换发。

第六条　长城所在地县级人民政府及其文物主管部门应当完善长城记录档案、明确长城保护范围和建设控制地带边界、设立长城保护标志等基础工作，为长城保护员实施长城巡查、看护工作提供依据。

长城所在地县级文物主管部门应当对长城保护员进行岗前培训和日常业务培训，使长城保护员熟悉长城保护法规政策、安全形势和工作要求，了解长城基本情况，掌握长城看护和巡查工作技能。

第七条 长城所在地县级文物主管部门应当建立健全长城保护员档案，指导长城保护员开展工作，及时核查处理长城保护员报告的长城保护情况。应当定期监督检查长城保护员履行职责情况，并对长城保护员履行职责情况进行年度考核，考核情况作为长城保护员奖惩依据。

第八条 长城保护员应当履行下列工作职责：

（一）巡查、看护长城本体及其历史环境风貌、长城保护标志和有关长城防护设施；

（二）定期向长城所在地县级文物主管部门报告长城保护状况和工作情况；及时报告长城自然损坏或者遭受环境地质灾害情况；

（三）发现破坏长城本体，在长城保护范围和建设控制地带内违法建设，擅自移除、破坏长城保护标志和其他有关防护设施，盗窃长城构件等违法犯罪行为，以及法律法规禁止在长城上从事的活动，及时向长城所在地县级文物主管部门或者公安机关报告，并积极协助做好相关工作；

（四）协助长城所在地县级文物主管部门做好长城日常养护、长城保护宣传等工作；

（五）编写工作日志，如实记录长城巡查、看护情况以及发现的问题。

（六）按照聘请约定应当履行的其他工作职责。

第九条 有下列行为之一的长城保护员，由长城所在地县级以上人民政府或者其文物主管部门给予表彰或者奖励：

（一）长期担任长城保护员工作成绩突出的；

（二）及时发现并报告自然或者人为损毁长城情况，积极采取有效措施，使长城免遭破坏或减少损失的；

（三）积极配合文物、公安等部门，在查处破坏长城违法犯罪活动中成绩显著的；

（四）在其他长城保护工作中有突出贡献的。

第十条 有下列行为之一的长城保护员，由长城所在地县级人民政府或者其文物主管部门解除聘请；构成违法犯罪的，依法追究法律责任：

（一）年度考核不合格的；

（二）发现破坏长城违法犯罪行为不及时报告的；

（三）利用担任长城保护员之便，谋取非法私利，造成不良社会影响的；

（四）不履行长城保护员职责，造成严重后果的。

第十一条 各地可依据本办法，结合本地实际制定长城保护员管理实施细则。

第十二条 本办法自印发之日起施行。

关于指定第二批涉案文物鉴定评估机构的通知

（文物博函〔2016〕1661号　2016年9月29日）

各省、自治区、直辖市文物局（文化厅）：

根据《最高人民法院、最高人民检察院关于办理妨害文物管理等刑事案件适用法律若干问题的解释》（法释〔2015〕23号）的规定，为满足司法机关对涉案文物鉴定评估工作的需要，充分发挥文物鉴定评估对依法打击文物违法犯罪活动的支撑作用，我局于近期组织开展了第二批涉案文物鉴定机构申报遴选工作，现将遴选结果和有关事项通知如下：

一、指定北京市古代建筑研究所等29家机构（机构名单详见附件）为第二批涉案文物鉴定评估机构，开展妨害文物管理等刑事案件涉及的文物鉴定和价值认定工作。

二、第一批涉案文物鉴定评估机构名单中的山东省文物保护与收藏协会因不符合涉案文物鉴定评估机构的相关条件，不再开展涉案文物鉴定评估工作。

三、各省级文物行政部门和各涉案文物鉴定评估机构要从打击文物犯罪，保护文物安全的高度，加强机构和专业人员队伍建设，积极配合司法机关及行政执法机关，认真做好涉案文物鉴定评估工作。

四、我局将对涉案文物鉴定评估机构和文物鉴定人员实施动态管理，各省级文物行政部门和各涉案文物鉴定评估机构应及时将机构和人员基本信息的变化情况报我局备案。

特此通知。

国家文物局

二〇一六年九月三十日

附件：涉案文物鉴定评估机构名单（第二批）

序号	机构名称	机构法人	电话	地址	邮编
1	北京市古代建筑研究所	许立华	010-83168738	北京市西城区东经路21号（神仓院）	100050
2	河北省博物院	罗向军	0311-86045642	河北省石家庄市长安区东大街4号	050011
3	山西省文物交流中心	赵志明	0351-7225133	山西省太原市迎泽区小南关西街6号	030012
4	辽宁省文物总店	薛继红	024-23224679	辽宁省沈阳市和平区民主路68号文新大厦6楼	110001
5	吉林省博物院	李 刚	0431-81959567	吉林省长春市净月高新产业开发区永顺路1666号	130117
6	黑龙江省博物馆	王 军	0451-53636187	黑龙江省哈尔滨市南岗区红军街50号	150001
7	上海市文物保护研究中心	褚晓波	021-54651200	上海市徐汇区岳阳路48号	200031
8	南京博物院	龚 良	025-84800448	江苏省南京市玄武区中山东路321号	210016
9	苏州文物商店	杨振彬	0512-65224972	江苏省苏州市姑苏区人民路1208号	215000
10	淮安市博物馆	王 剑	0517-83645659	江苏省淮安市清河区健康西路146-1	223001
11	福建省文物鉴定中心	王永平	0591-87118174	福建省福州市台江区白马中路15号	350005
12	江西省文物商店	赵中朝	0791-86778942	江西省南昌市东湖区民德路349号	330008
13	山东省文物鉴定中心	郭思克	0531-85058086	山东省济南市历下区经十路11899号	250014
14	湖北省博物馆	方 勤	027-86783171	湖北省武汉市武昌区东湖路160号	430077
15	湖南省文物考古研究所	郭伟民	0731-84531102	湖南省长沙市开福区东风路东风二村巷18号	410008
16	广西壮族自治区博物馆	吴伟峰	0771-2707025	广西壮族自治区南宁市青秀区民族大道34号	530022
17	国家文物进出境审核海南管理处	王亦平	0898-66961649	海南省海口市龙华区龙昆南路76号金霖花园45栋	570206
18	重庆市文化遗产研究院	邹后曦	023-63526660	重庆市渝中区枇杷山正街72号	400013
19	重庆中国三峡博物馆	程武彦	023-63679011	重庆市渝中区人民路236号	400015
20	贵州省博物馆	王红光	0851-86822214	贵州省贵阳市云岩区北京路168号	550004
21	云南省文物总店有限公司	王 昆	0871-63158542	云南省昆明市五华区青年路371号4楼	650021

序号	机构名称	机构法人	电话	地址	邮编
22	西藏文物鉴定中心	索南航旦	0891-6826335	西藏自治区拉萨市城关区天海路 16 号	850000
23	甘肃省文物考古研究所	王　辉	0931-2138656	甘肃省兰州市城关区和平路 165 号	730000
24	甘肃省博物馆	俄　军	0931-2346308	甘肃省兰州市七里河区西津西路 3 号	730050
25	青海省博物馆	祝　君	0971-6118691	青海省西宁市城西区西关大街 58 号	810000
26	青海省文物考古研究所	任晓燕	0971-8176135	青海省西宁市城东区为民巷 15 号	810007
27	宁夏回族自治区博物馆	李进增	0951-5015460	宁夏回族自治区银川市金凤区人民广场东街 6 号	750021
28	新疆维吾尔自治区文物总店	张　蕾	0991-2825161	新疆维吾尔自治区乌鲁木齐市天山区解放南路 39 号	830001
29	新疆维吾尔自治区博物馆	于志勇	0991-4533451	新疆维吾尔自治区乌鲁木齐市沙依巴克区西北路 581 号	830091

文物人才队伍建设

国家文物局文博人才培训基地管理办法（试行）

（文物人发〔2016〕6号　2016年3月24日）

第一章　总　则

第一条　为深入推进文博人才培养，加强行业教育培训管理，贯彻《干部教育培训工作条例》《国家中长期人才发展规划纲要2010～2020》和《全国文博人才发展中长期规划纲要（2014～2020年）》，根据《专业技术人员继续教育规定》和《国家文物局文博人才培养"金鼎工程"实施方案》等，制定本管理办法。

第二条　国家文物局文博人才培训基地（以下简称培训基地）应坚持行业指导、协同创新、需求导向、突出特色的原则，构建多层次、多类型的文博人才培养体系，推动文博事业全面发展。

第二章　管理机构和职责

第三条　培训基地实行国家文物局、省级文物行政部门和依托单位三级管理。依托单位为国家文物局直属单位的，由国家文物局直接管理。

第四条　国家文物局是培训基地的宏观管理部门，主要职责是：

（一）组织编制和实施培训基地总体规划和发展计划，制定相关政策和规章制度；

（二）培训基地的认定、撤销；

（三）组织审定培训基地的培训工作计划和发展规划，审核培训基地申报的项目，并安排必要经费；

（四）指导及监督培训基地的运行和管理；组织对培训基地进行检查、评估；

国家文物局委托中国文化遗产研究院承担培训基地管理的具体工作。

第五条　省级文物行政部门是培训基地的组织单位，主要职责是：

（一）负责辖区内培训基地的申报审核和推荐工作；

（二）指导辖区内培训基地的管理和运行，对培训基地的年度工作计划、培训项目计划及申报的项目进行初审；

（三）在政策、经费和项目等方面，对培训基地建设和发展给予支持；

（四）配合国家文物局对培训基地进行检查评估。

第六条 依托单位具体负责培训基地的管理和运行，主要职责是：

（一）加强对培训基地建设发展的统筹规划，将基地发展规划纳入本单位发展规划；

（二）对培训基地进行建设，提供办公培训场所、后勤保障、配套经费等，并不断改善培训基地基础设施；

（三）建立健全培训基地的管理机构，配备专门人员，负责培训基地运行管理的具体工作；

（四）建立完善培训基地运行管理的相关制度；

（五）加强师资队伍建设，组织相关专家、学者充实师资队伍，组织开展师资培训；

（六）按要求配合做好对培训基地的检查评估工作。

第三章 申报与认定

第七条 相关高等院校、科研院所、企事业单位、社会团体、专业培训机构、社会力量办学机构等均可申报培训基地，应具备以下条件：

（一）有专门的培训场所及与所承担的培训专业方向和层次相适应的教学、实操训练设施或条件，以及相应的专业教材或培训资料；

（二）有与所承担的培训专业方向和层次相适应的相对稳定的专兼职教师队伍，各专业教师不少于 4 名；所有专兼职教师应具备较丰富的教学和实践经验，是本行业、本领域的学术（技术）带头人或业务骨干；

（三）有健全的管理机构，专、兼职管理人员；

（四）有健全的教学组织管理、学员考核管理、教学科研管理、培训登记管理、培训经费管理、后勤保障管理、安全管理制度以及规范的培训效果评估、跟踪反馈等管理制度，近三年内无重大安全事故发生；

（五）近三年内承办文博行业培训项目不少于 5 个。

第八条 申报单位需提交下列材料：

（一）培训基地申请报告及《国家文物局文博人才培训基地申请表》；

（二）有关管理制度、管理机构、师资力量、从事文博行业教学培训等情况说明；

（三）有关证照和办学资质复印件。

第九条 申报及审核程序：

（一）申报单位将第八条列出的相关材料提交省级文物行政部门，经其初步审核提出推荐意见后，报送国家文物局；

（二）国家文物局组织相关专家，对申报材料进行审核，对申报条件进行现场评估，形成推荐意见，经局务会审议通过后公布培训基地名单，并颁发培训基地牌匾。

第四章　培训基地管理

第十条　各培训基地应于获得基地称号后 3 个月内组建基地管理办公室，并将相关人员组成报国家文物局。培训基地管理办公室包括主任 1 名，由依托单位主管领导担任；副主任 1-2 名，由承担培训基地任务的部门领导担任；办事人员若干，由熟悉文博教育培训的业务人员担任。

第十一条　培训基地的主要工作内容包括：

（一）根据国家文博人才培养的相关要求，结合自身特色，制定培训基地年度工作计划和中长期发展规划；

（二）承担国家文博人才培养项目；承办各级文物主管部门、行业协会、企事业单位等委托的培训班、研修班或进修班；

（三）开展教育教学体系建设，编制系统的教学大纲，进行科学的课程设计，编制相关培训资料和教材；

（四）开展文物保护、考古、博物馆及文博人才培训方面学术理论研究，并提供相关咨询；

（五）配合文博网络教学工作；

（六）举办教育培训交流服务活动等。

第十二条　培训基地应突出办学特点，明确培训方向和重点，集中优势力量推出主体班次、精品课程；同时积极探索结合重大文物保护工程实施人才培养项目的机制。可采取自建或与相关文博单位合作的形式，建设人才培养实训基地，为培训实习创造良好条件。

第十三条　各培训基地应于每年 1 月 31 日前，向国家文物局报送上一年度工作总结和本年度工作计划。申请列入国家文物局年度培训计划的培训项目，应于上一年度 6 月 30 日前报送至国家文物局；培训项目应填报项目申报书。

第十四条　国家文物局组织有关专家，对培训基地的培训项目计划及项目申报书进行审核。对于满足国家文博人才培养需求及其他相关要求的培训项目，将列入国家文物局年度培训计划，并准予核发国家文物局培训结业证书。

第十五条　经审核同意开展的其他培训项目可以培训基地名义举办，并颁发培训基地培训结业证书。未经审核同意，任何单位不得以培训基地的名义举办培训项目。

第十六条　培训项目经费应按照《中央和国家机关培训经费管理办法》和其他相关要求，并考虑实际需要，由培训基地进行管理和核算，不得擅自提高收费标准。

第十七条　各培训基地应及时对培训效果进行评估，于培训项目结束后 1 个月内，将培训总结材料报送国家文物局，并做好培训材料的建档登记工作。

第十八条　培训基地管理实行检查评估制度。国家文物局每年不定期对培训基地进行检查，每三年组织对培训基地进行一次评估。国家文物局可委托省级文物行政部门对辖区内的培训基地进行检查与评估。检查评估的主要内容包括：培训基地设施配套情况、师资队伍建设情况、制度执行情况、经费使用情况、培训质量、培训效果及后续跟踪情况等。检查评估细则由国家文物局另行制定。

第十九条 对评估不合格的培训基地，或者违反有关规定，出现乱办班、乱收费、乱发证现象的培训基地，将责令其整改，整改不合格的取消其培训基地称号。情节严重者应依法追究其单位领导和当事人的责任。

第五章 附 则

第二十条 本办法由国家文物局负责解释。

第二十一条 本办法自公布之日起实行。

国家文物局培训项目管理办法（试行）

（文物人发〔2017〕22 号　2017 年 11 月 13 日）

第一条　为推动文博人才培养和队伍建设，加强培训项目管理，制定本办法。

第二条　本办法所称培训项目，是指国家文物局及其直属单位、国家文物局文博人才培训基地举办的三个月以内的各类培训。

第三条　培训项目实行计划管理，由国家文物局人事司（以下简称"人事司"）负责统筹，各司室主办。国家文物局举办的培训项目应纳入年度培训计划（以下简称"局培训计划"）；各直属单位及国家文物局文博人才培训基地举办的培训项目应纳入相应的年度培训计划（以下简称"其他培训计划"）。

每年 7 月 1 日前，主办司室及承办单位需提交下一年度"局培训计划"需求；人事司结合文博人才培养需求和年度工作重点，根据年度培训经费预算制订"局培训计划"，经征求机关各部门意见、财务部门审核、报国家文物局局务会议批准后实施。国家文物局一般应于次年 3 月 31 日前在政府网站公布年度培训计划，同时报中组部、财政部、国家公务员局备案。

每年 11 月 30 日前，国家文物局直属单位和国家文物局文博人才培训基地需提交下一年度"其他培训计划"需求及培训项目实施方案。人事司根据有关规定，组织对项目必要性、可行性、经费支出范围和标准等进行审核，制定"其他培训计划"，经财务部门审核，报国家文物局局务会议审议通过后公布，由各单位组织实施。

第四条　年度培训计划一经批准，原则上不得调整。因工作需要确需增加培训项目的，由主办单位报国家文物局主要负责同志审批后实施。

第五条　培训项目主、承办单位应加强研究，根据培训对象的特点和需求，科学编制教学大纲，系统安排课程设计，采取灵活多样的培训方法，加强培训的针对性和有效性；应加强培训管理，严格执行中央八项规定精神，注重学风建设，强化学员管理，保证良好的教学秩序；严肃讲坛纪律，确保培训师资对党忠诚、导向正确、严谨治学；加强经费监管，厉行节约，勤俭办学。

第六条　主办司室应至少提前 30 个工作日启动"局培训计划"培训项目报批手续，报送培训项目实施方案、培训通知、合同或协议等，经人事、财务等部门审核，报国家文物局主管领导审批后实施。培训项目结束后 30 个工作日内，承办单位应将培训总结材料报送至人事司。

第七条　如需委托相关专业机构承办"局培训计划"培训项目，应优先选择国家文物局局务会议或局长办公会认可的培训机构。培训机构应具备举办培训所需的教学场地、师资、教学研究、实习等方面的条件。选择其他单位承办"局培训计划"培训项目，应在履行报批手续时说明必要性和可行性。

第八条　实施"局培训计划"培训项目，应严格按照财政部　中央组织部　国家公务员局2016年12月27日印发的《中央和国家机关培训费管理办法》（以下简称《培训费管理办法》）规定的范围、标准开支和结算。培训对象以高级职称人员为主的培训项目，参照二类培训综合定额标准执行。

如需提前拨付培训经费，应与培训承办机构签订委托合同或协议，首笔款拨付不超过培训费（含师资费）的80%，结算尾款应填写《国家文物局培训项目尾款结算明细表》，并开具相关票据。委托培训机构承办的培训项目，师资费以外的培训费凭培训通知、学员签到表等，按实际参训人数综合定额报销；师资费凭专家讲课费签收单，异地授课的城市间交通费、住宿费、伙食费按照差旅费标准提供相关凭据（复印件，须经财务部门盖章）据实报销；自行实施的培训项目，凭原始票据，依照相关标准据实报销。一般应在培训项目结束20个工作日内完成培训费报销手续。

"其他培训计划"的培训项目应参照《培训费管理办法》规定的范围、标准开支和结算。

第九条　充分运用"互联网＋"等现代信息技术手段开展培训和管理，培训项目主、承办单位应对网络培训的建设提供内容、技术等方面的支持。

第十条　人事司会同办公室对各培训项目和培训费管理使用情况进行监督检查，有下列情况的培训项目，将不得列入下一年度培训工作计划，并按照有关规定追究相关单位和直接责任人的责任：

（一）未经批准，在计划外擅自举办培训项目的；

（二）未按时启动培训项目、提交培训总结材料，影响年度培训计划实施的；

（三）未按时结算培训经费、影响预算执行的；

（四）违反《培训费管理办法》有关要求的。

第十一条　国家文物局组织的援外培训以及出国（境）培训项目按有关规定执行，不适用本办法。

第十二条　本办法由人事司会同办公室负责解释。

第十三条　本办法自印发之日起施行。

考古调查、勘探、发掘经费预算定额管理办法

（国家文物局、国家计划委员会、财政部〔1990〕文物字248号　1990年4月20日）

第一章　总　则

第一条　为加强考古经费管理，保证考古工作正常进行，根据《中华人民共和国文物保护法》和有关法规制定本办法。

第二条　本办法适用于文物考古单位为科学研究和配合建设工程及其他动土工程而进行的考古调查、勘探和考古发掘经费预算编制工作。

第二章　考古调查、勘探预算定额

第三条　考古调查是为了解地面、地下的古代文化遗存而进行的查阅文献、实地踏勘、采集标本并做出文字、绘图、摄影记录，提出勘探或考古发掘计划等工作。调查经费预算定额的内容有：调查人员的交通、住宿、补助费、民工费、技术工人费、文具及工具损耗费、设备更新折旧费、文物包装运输费、资料整理费及不可预见费。调查经费按每平方公里500～1000元编列。调查面积不足1平方公里按1平方公里计。调查面积超过10平方公里，由文物部门核收10%的管理费。

第四条　考古勘探是为了解地下古代文化遗存的性质、结构、范围、面积等基本情况而进行的钻探工作。勘探经费预算定额内容有：勘探人员的交通费、住宿费、补助费、民工费、技术工人费、文具及工具损耗费、设备更新折旧费、资料整理费、回填费、不可预见费等。

第五条　普探指采用每平方米布孔5个的梅花点布孔法而进行的勘探工作。普通土质、孔深在2.5米深之内的普探定额标准以每百平方米用工数量为6～8工／日计算。

第六条　重点勘探指为了解墓葬及其他遗迹现象并在地面做出形状标记而必须进行的钻探工作。普通土质、孔深在2.5米深之内的重点勘探预算定额标准以每百平方米用工数量为80～120工／日计算。

第七条　较软土质以上述定额标准为基数最多核减25%。较硬、特硬土质或带水操作以此为标准增加50%～150%。孔深在2.5米以上，深度每增加0.5米，预算定额相应递增10%。

第八条　普探面积最低从100平方米起计算。重点勘探面积最低从10平方米计算。

第三章　考古发掘经费预算定额

第九条　考古发掘经费预算内容包括：

（一）人工费用：

1. 民工费；

2. 技术工人费；

（二）其他发掘费用：

1. 消耗材料费；

2. 器材、设备更新折旧费；

3. 记录资料费；

4. 运输费；

5. 占地补偿费；

6. 临时建筑设施费；

7. 标本测试鉴定费；

（三）发掘工作管理费；

（四）安全保卫费；

（五）不可预见费。

第十条　人工费用：是指雇用的民工和技术工人所需的费用。

（一）民工费用：日工资标准按当地有关规定执行，用工数量标准每平方米 8～12 工／日。

（二）技术工人费用：依其从事的工种和熟练程度确定日工资标准，一般为当时当地民工日工资额的 150%～250%。技术工人用工数量标准为民工用工数量的 15%～25%。

第十一条　消耗材料是指在田野发掘、文物修复和资料整理等工作中自然损耗的小型工具、文具、包装、覆盖材料等的费用开支。

第十二条　器材、设备更新、折旧费指对发掘单位拥有的固定资产，如照相机、录像机、测绘仪器、小型运输工具、柜架等用于田野发掘、文物修复、资料整理工作等而损耗的补偿费用。

第十三条　资料记录费是指田野发掘、文物修复、资料整理等工作所必需的文字、录像、摄影、照相、绘图、测量等工作的费用及印刷费用。

第十四条　交通运输费是指田野发掘、资料整理过程中民工和技术工人往来，器材设备、消耗材料、出土文物及生活资料的运输所需费用。

第十五条　占地补偿费是指田野发掘中临时占用耕地的补偿。补偿面积一般为实际发掘面积的 100%～300%。补偿数额视实际情况按季计算，经济作物可按特殊情况处理，但最多不得超过发掘费总数的 12%。

第十六条 临时建筑设施费是指田野发掘进驻期间所必需的临时性建筑设施。包括民工和技术工人住宿房、伙房、值班房、工作用房、文物库房及水电设施等。

第十七条 文物标本测试鉴定费指必须送往专门科研单位或由有关专家对文物标本进行测试鉴定的费用。

第十八条 上述费用预算定额见附表一，各项费用在考古发掘工作各个阶段中所占比例见附表二。

第十九条 管理费指持有《中华人民共和国考古发掘证照》进行考古发掘工作的单位所必须列支的人员及管理费用，包括工作人员的办公、交通、住宿、补助、补贴及民工和技术工人的医疗、劳动保险、有关部门收取的劳动管理费等项费用。其定额标准为人工费用及其他发掘所需费用总数的 20%。

第二十条 发掘现场的安全保卫费用指为保证考古发掘现场及出土文物安全而雇用的专门保卫人员及购置必要的保卫器械、设施所需费用，其定额标准为人工费用及其他发掘所需费用总数的 10%。

第二十一条 不可预见费定额标准为人工费用及其他发掘所需费用总数的 3% ～ 5%。

第二十二条 以上预算定额适用于耕土层及文化层平均厚度在 1 ～ 2 米以内的古代遗址。文化层平均厚度不足 1 米者，以此为基数递减 30%，文化层平均厚度不足 0.5 米者以此为基数递减 50%。文化层平均厚度在 2 米以上，每增加 0.5 米预算定额相应递增 15%。

第二十三条 发掘对象为耕土层及覆土层平均厚度在 0.5 米以上遗址时，按每立方米用工数量为 2 工／日，另外编制清理耕土及覆土层预算定额。耕土层及覆土层在 2 米以上时，每增加 0.5 米，该预算定额相应递增 15%。

第二十四条 一般考古发掘的面积最低从 10 平方米起计算。

第四章　考古发掘特殊项目预算定额

第二十五条 发掘对象为大中型墓葬或其他特殊遗迹时，可按发掘对象的形制、规模计算劳动力投入量，以此为基数另加 200% ～ 300% 的其他发掘费用。其中符合下列条件之一者可视实际需要单独计算发掘定额：

（一）形制特殊；

（二）规模巨大；

（三）出土文物可能特别丰富或需进行特殊保护；

（四）其他如洞穴、沙漠、贝丘、悬棺、地下水位较高等特殊遗址。

第二十六条 发掘工作中可能有塌陷、滑坡等一定危险时，可列支一定数额的安全加固费，定额标准不得超过发掘费总额的 5%。

第二十七条　发掘对象符合下列条件之一者，应额外增加不超过发掘费总额 20% 的文物保护费和不超过发掘费总额 10% 的资料出版费：

（一）发掘总面积超过 5000 平方米的古代遗址；

（二）发掘总数在 200 座以上的古代墓葬；

（三）出土文物特别珍贵、丰富或遗迹特别重要的。

第二十八条　从考古发掘单位驻在地到考古发掘工地间的距离超过 25 公里时，增编远征费，标准为预算定额总数的 2% ～ 3%。增编远征费后，应适当核减临时建筑设施费预算定额。

第二十九条　考古发掘中发现特殊重要遗迹现象，因建设工程等原因不能就地保存，需要易地保护，视实际需要编制预算。

第五章　附　则

第三十条　各省、自治区、直辖市文物行政管理部门可视本地实际情况，根据本办法制定当地考古调查、勘探、发掘预算定额管理办法，报国家文物局备案。

第三十一条　本办法自颁布之日起实行。

文物保护特批项目经费安排暂行规定

（办发〔2005〕3号　2005年8月25日）

第一条　为了规范文物保护特批项目经费（管理）安排程序，解决文物保护中的紧迫问题，根据《中华人民共和国文物保护法》《财政部、国家文物局关于全国重点文物保护专项经费管理办法》等国家相关法规，结合文物保护工作的特点，制定本规定。

第二条　特批项目是指：

（一）党和国家领导人批示的项目；

（二）文化部主要领导批示的项目；

（三）财政部有关部门领导批示的项目；

（四）国家文物局扶贫单位的项目。

第三条　特批项目经费是指在国家重点文物保护专项补助经费中用于文物保护特批项目的经费。

第四条　特批项目的报批程序：按照党和国家领导人、文化部主要领导、财政部有关部门领导批示或国家文物局确定的扶贫单位项目批示，由相关司提出意见后报办公室汇总，并依据年度切块规模提出经费安排建议报局长办公会审核批准。

第五条　特批项目应履行正常的方案报批程序。特殊情况下，可根据领导批示先行安排经费，之后补报相关材料。

第六条　特批项目经费原则上每项控制在50万元以内。项目经费的使用，必须接受国家文物局和财政、审计等部门的监督和检查，按规定报送财务统计报表和决算资料。纳入绩效考评范围。

第七条　已批准并拨款的特批项目，应尽快组织实施，在拨款到位后第二年度仍未实施的项目，国家文物局将对该项目进行调整或予以注销。

第八条　本规定由国家文物局负责解释。

第九条　本规定自发布之日起实施。

政务、人事

文物、博物馆工作科学研究人员定职升职试行办法

（〔79〕文物字第 300 号　1979 年 11 月 13 日）

第一条　文物、博物馆工作科学研究人员的学术职称定为：研究员、副研究员、助理研究员、研究实习员四级。

第二条　文物、博物馆工作各级研究人员必须拥护中国共产党的领导、热爱社会主义祖国，自觉地学习马列主义、毛泽东思想，为社会主义服务、为四个现代化服务。

第三条　文物、博物馆工作科学研究人员的定职、升职，应当以学识水平、业务能力和工作成就为主要依据。同时，也必须适当考虑从事专业工作的资历。

第四条　定职与升职的业务标准。

一、研究实习员

高等院校毕业或具有同等学力，工作期满一年，具备下列条件者，可定为研究实习员：

1. 具有中国通史、中国革命史和中国古代文物或革命文物的基础知识。博物馆工作人员要初步掌握博物馆陈列内容设计和资料调查汇编的方法。从事考古工作的要具有中国考古学基础知识并初步掌握田野考古的方法。

2. 在有经验的研究人员的指导下，从事科研工作，能够写出一般的科学论文或调查报告；从事博物馆陈列工作的，应能草拟陈列设计方案；从事田野考古工作的，应能写出一般的清理发掘简报。

3. 具有一定的古代汉语水平，能阅读一般的历史古籍，会使用本专业的工具书，并粗通一门外文。

二、助理研究员

1. 具有本专业较坚实的理论基础和系统的专业知识。治学态度严谨。掌握较丰富的专业资料，或对某一种古文物有一定的鉴定水平。

2. 具有独立进行科研工作的能力，写出过一些较好的论文或调查报告。从事博物馆陈列工作的，应能独立从事陈列设计工作，熟练地完成所承担的设计任务。从事田野考古工作的，应能严

格按照科学操作规程，独立进行古墓葬的发掘和古遗址的试掘工作。

3. 能够借助字典较顺利地阅读本专业的外文书刊。应具有较高的古代汉语水平。从事少数民族研究的人员，应当懂得本专业的民族语言和民族文字。

三、副研究员

1. 对本专业有较高的理论水平和较丰富的专业知识，治学态度严谨。

2. 在某一学术领域有专门研究，写出过水平较高的论文与专著，或对某种古代文物有相当的鉴定水平。

3. 对博物馆陈列中某些重大的问题，能提出切实可行的解决方案，成绩显著。从事考古工作的，要有丰富的田野考古经验，能主持较重要的考古发掘工作。

4. 能够培养青年研究人员，指导专题研究或博物馆陈列的设计工作。

5. 熟练地掌握一门或两门外国语。

四、研究员

1. 对本专业具有较高的理论水平和丰富的专业知识，在学术上造诣较深。

2. 对本专业的某一学术领域的研究工作，有独到的见解，写出高水平的论文和专著，或对某一种古文物有很高的鉴定水平，在学术界有一定的声望。

3. 能指导博物馆陈列的总体设计或科学研究工作，在培养科学研究人才方面成绩显著，对文物博物馆事业有较大的贡献。

4. 外国语要求与副研究员同。

（各级研究人员的外语要求，对老的专业人员目前可不列为必备条件）。

第五条 科学研究人员在本专业上工作成绩卓著或有特殊贡献者，可以越级提升。研究实习员的工作期限一般定为三年，经过考核、评定，长期不能晋级者，可以根据本人志愿另行分配其他适当的工作。

第六条 科学研究人员职称的定职或升职，应当在党委领导下，贯彻群众路线、实行领导与群众相结合的原则，并组织学术委员会，（包括社会上的专家）进行考核评定。

研究实习员的确定，由各博物馆、文物工作队批准（包括地县一级文物机构），确定和提升为助理研究员由本单位评定提名报所在省、市、自治区文物局（文化局）、文管会批准，确定或提升为副研究员、研究员由各单位考核评定提名。副研究员报请所在省、市、自治区文物局（文化局）、文管会审核转报主管部门批准，并报国家文物事业管理局备案；研究员报国家文物事业管理局批准。

国家文物事业管理局各直属单位的研究实习员、助理研究员由各单位审核批准，确定和提升助理研究员报国家文物事业管理局备案。确定或提升为副研究员、研究员，由各单位评定提名报国家文物事业管理局批准。

第七条　各级文物行政管理部门的专业干部可按本办法确定职称。在文物系统工作的自然科学研究人员、科技人员、工程技术人员应参照有关方面的规定，确定相应的职称。

文物工作人员守则

（〔1981〕文物字 187 号　1981 年 4 月 28 日）

为了贯彻执行党的十一届三中全会确定的路线、方针、政策，坚持四项基本原则，全体文物工作人员必须遵纪守法，严格执行国家各项有关规定，并在工作中切实遵守以下各项守则：

一、热爱本职工作，坚守岗位，严格执行岗位责任制，努力完成任务。

二、爱护文物，要像战士爱护武器一样，千方百计确保文物不受损伤。

三、严禁将文物化公为私，监守自盗。

四、严禁将国家文物作为礼品赠送任何个人（包括上级领导）。

五、对私人向文博单位出售的文物，严禁利用职权，为自己或亲友收购。

六、经上级批准可以处理的文物，只能卖给文物商店，不准以任何形式处理给个人。

七、严禁倒卖文物从中得利的活动。

八、严禁将国家收藏的文物，出借给个人。

九、在涉外工作中，不许利用与外国人、华侨、港澳同胞、驻港澳工作人员接触的机会，谋取私利和相互赠送礼品。

十、不准以公款宴请我驻港澳工作人员。

关于加强督促检查工作的实施意见

（文物办发〔2002〕72 号　2002 年 10 月 15 日）

办公室、文保司、博物馆司、机关党委、机关服务中心、各直属单位：

根据中共中央、国务院和文化部关于加强督促检查工作有关文件规定并结合我局实际情况，现就加强督促检查工作提出以下实施意见：

一、督查工作的原则及要求

（一）突出重点

主要围绕中共中央、国务院关于文物工作的重大方针政策、中央领导同志关注的重大问题以及局党组重大决策和中心工作进行督查。督促检查工作的目的是：为党组决策的制定和实施服务，为重点文物工作的部署和执行服务，并按照党组一个时期的中心任务，确定工作重点，紧抓不放，跟踪督查，务求落实。

（二）讲求时效

对确定的督查事项，必须明确提出时限要求，督促承办单位及时办理，按时反馈。办公室秘书处要定期通报督查工作情况。对中共中央、国务院及文化部领导同志交办重大事项的落实，要及时向中共中央、国务院和文化部报告。

（三）协同配合

办公室秘书处要指定专人具体负责全局督查工作，要坚持以了解情况、反馈情况、督促催办为主，在充分尊重和依靠各职能司、处的基础上，为各司、处提供服务和帮助，联系和协调办公室和两司对分管业务进行督查。各司也要切实加强督查工作，司长对督促检查工作负总责，并要亲自负责中共中央、国务院重大决策和局党组重要部署的落实工作。各司（室）秘书应负责指导、检查、协调本司、室的督查工作，办理本司、室重要督查事项。

（四）重在落实

落实是衡量督查工作效果的唯一标准。督查工作要做到事事有着落，件件有结果，注重质量和效果，不搞表面文章。

（五）实事求是

督查工作必须严格遵循实事求是的原则，做到有喜报喜，有忧报忧。要在全面准确地反馈情况的基础上，善于发现和敢于反映决策落实中出现的问题。对一些一时难以查实解决或需要时间进行整改的问题，要及时向有关部门、领导主动说明原因并提出督查建议，报送有关安排，待问题查实或整改结束后，再综合反馈全面情况。

二、督查工作的主要内容

（一）决策督查

1. 中共中央、国务院会议或文件中有关文物工作的重大方针和政策；

2. 局党组重大决策和重要工作部署；

3. 局领导的重要批示。

（二）专项督查

1. 中共中央、国务院及中共中央办公厅、国务院办公厅文件中，要求国家文物局报告贯彻落实情况或需要督查的事项；

2. 中共中央、国务院领导同志召开会议决定事项中，要求国家文物局报告执行和落实情况或需要督查的事项；

3. 中共中央、国务院领导同志批示件中，需要国家文物局报告执行和落实情况或需要督查的事项；

4. 中共中央、国务院领导同志交办的需要督查的事项；

5. 局党组会议、局长办公会议议定的事项；

6. 中央、国家各部委和各省、自治区、直辖市及有关单位的来文（正式函、信）、来电（电报、电话），需我局协办、回复的事项；

7. 内参及新闻媒体反映或披露的文物工作热点、难点问题，需要督查解决并及时反馈的事项。

（三）其他需督查的事项

三、督查事项的办理程序

中共中央、国务院重大方针政策，以及文化部党组、国家文物局党组重要决策和中心工作部署后，或在接到中共中央、国务院领导同志明确要求国家文物局办理并报告结果的批示和交办事项后，由办公室有关负责人提出拟办意见。拟办意见包括承办单位（牵头单位、协办单位）、承办时限和工作要求等。其中重大和复杂事项，在提出初步拟办意见后，应征求有关方面的意见，并报领导审定。

办公室秘书处根据局领导的意见和有关规定，将工作任务落实到各司、处、直属单位和各有关地方文物部门，要做到任务量化细化、时限具体化、责任要求明确化，特急件和事项按规定时限反馈结果，一般急件和事项要在 7 个工作日内反馈结果，需要进行督查调研或征求专家意见并起草有关文件上报的，要在 20 个工作日内反馈结果。领导同志有专门要求的，要按要求特事特办。

为及时了解督查事项的运行情况和办理情况，秘书处根据缓急程度和承办时限要求，可采用电话催办、实地督办、发《督查催办通知单》等多种形式，对承办单位进行全程跟踪，及时了解情况，适时催办查办。被催办司、处要如实反映办理情况，并抓紧办理报办公室。

四、督查反馈

由局办公室秘书处定期编写《督查情况》，对中共中央、国务院领导和部领导、局领导的重要批示，要逐项进行跟踪督查，及时将查办情况、办结情况、领导反馈意见等进行总结整理，经办公室领导审核后，以《督查情况》形式定期报局党组成员，分送各司、处及有关直属单位、有关地方文物部门。

国家文物局

二〇〇二年十月十五日

附 1：国家文物局督查催办通知单

来文机关							
发文号		收文时间	年 月 日	密级		缓急	
收文号		交办时间	年 月 日		办理期限		天
文件标题（事由）							
领导批示							
主办单位	协办单位						
督查催办记录							
请于 年 月 日前将办理结果告督查催办单位							

督查催办单位： 承办人： 电话：

年 月 日

附 2：国家文物局落实批示件阅办单

编号		收文日期		年 月 日
来文单位				
来文事由				
交办人		交办日期		年 月 日
交办人批示				

续表

交办人			交办日期		年 月 日
交办人批示					
拟办意见		拟办人	拟办日期		年 月 日
局领导批示					
	批示人		批示日期	年 月 日	
收件人		反馈时间	年 月 日	转办日期	年 月 日
承办部门			承办人		
承办部门			承办人		
承办部门			承办人		
备注					

附 3：月份领导交办件办理情况一览表

编号及来文日期	内容	领导批示	局领导批示	承办处室	办理进度	备注

续表

国家文物局突发事件应急工作管理办法

（文物办发〔2003〕87号　2003年11月21日）

第一条　为了有效预防、及时处理和解决文物保护工作中的突发事件，确保文物安全，制定本办法。

第二条　本办法所称突发事件，是指由人为或自然因素引起的突发性的危及文物安全和文物保护工作秩序的事件。

第三条　突发事件应急工作，应当贯彻统一领导、分级负责、反应及时、措施果断、加强合作的原则。

第四条　县级以上文物行政主管部门及其国有的文物事业单位，应当建立严格的突发事件防范和应急处理责任制，切实履行各自职责，保证突发事件应急处理工作的正常进行。

第五条　县级以上文物行政主管部门及其国有的文物事业单位，应当依照法律、行政法规的规定，做好文物安全保卫工作，防范突发事件的发生。

县级以上文物行政主管部门应当定期对突发事件应急处理人员进行相关知识的培训；应当对公众开展突发事件应急知识的专门教育，增强社会对突发事件的防范意识和应对能力。

第六条　县级以上文物行政主管部门应当指定专门机构或人员负责开展突发事件的日常监测工作。

第七条　在监测过程中发现的潜在隐患以及可能发生的突发事件，应当及时采取措施进行处理，并依照本办法规定的报告程序和时限及时报告。

第八条　国有文物事业单位应当在知道突发事件发生后或者应当知道突发事件发生后2小时内向所在地县级以上文物行政主管部门报告。

第九条　有下列情形之一的，县级以上文物行政主管部门应当在接到报告2小时内，向同级人民政府和上级文物行政主管部门报告，并同时向国家文物局报告：

（一）属于一级风险单位的文物收藏单位发生文物丢失或者损坏的；

（二）其他文物收藏单位发生一级文物丢失或者损坏的；

（三）全国重点文物保护单位因人为因素导致发生严重破坏事件的；

（四）未经报批在全国重点文物保护单位保护范围内施工的；

（五）施工中发现重要文物、经文物部门制止、施工单位拒不停工的；

（六）因自然灾害或其他不可预知因素造成全国重点文物保护单位严重损坏的；

（七）法律法规规定的其他重大安全事故。

除此之外的突发事件，由省、自治区、直辖市文物行政主管部门在接到报告后，视事件严重程度报国家文物局备案。与省级文物保护单位有关的突发事件应当报国家文物局备案。

第十条　突发事件报告应包括如下内容：

（一）事件发生或可能发生的地区（单位、部门）、时间、地点和现场情况；

（二）事件的简要经过和文物损失情况的初步估计；

（三）事件原因的初步分析；

（四）事件发生后已经采取的措施及效果；

（五）其他需要报告的事项。

第十一条　任何单位和个人对突发事件，不得隐瞒、缓报、谎报或者授意他人隐瞒、缓报、谎报。

第十二条　接到报告的文物行政主管部门依照本办法报告的同时，应当立即组织力量对报告事项调查核实、确证，采取必要的控制措施，并及时向有关部门报告调查情况。

第十三条　国家文物局根据突发事件发生的情况，及时向国务院有关部门和各省、自治区、直辖市政府及文物行政主管部门通报。

突发事件发生地的省、自治区、直辖市文物行政主管部门，应根据突发事件发生的情况，向相关单位通报。

第十四条　县级以上文物行政主管部门应当建立突发事件报告、举报制度，并向社会公布突发事件报告、举报电话。

接到报告、举报的文物行政主管部门，应当立即就有关问题进行调查处理。

第十五条　省级以上文物行政主管部门接到突发事件报告后，应当视事件严重程度，决定是否有必要组成突发事件应急处理小组对突发事件进行调查处理。

突发事件应急处理小组人员构成应当包括突发事件所涉及的有关部门负责人以及相关的文物专家。

省级以上文物行政主管部门应当确定突发事件应急处理小组的专家预备清单。

第十六条　县级以上文物行政主管部门对未依照本办法规定履行其相应职责的有关责任人，依法给予行政处分；构成犯罪的，依法追究刑事责任。

第十七条　县级以上文物行政主管部门应当对参加突发事件应急处理工作做出贡献的机构和个人，给予表彰和奖励。

第十八条　本办法自公布之日起施行。

关于贯彻落实《文物认定管理暂行办法》的通知

（文物政发〔2009〕29号）

各省、自治区、直辖市文物局（文化厅、文管会）：

《文物认定管理暂行办法》（以下简称《办法》）已于2009年8月10日经文化部部长蔡武签发，并将于10月1日起施行。为切实做好《办法》的贯彻落实工作，现就有关事项通知如下：

一、充分认识《办法》的重要意义。文物认定是文物保护、管理、利用的前提和基础，是保护文化遗产的重要举措，更是文物行政部门的法定职责。各级文物行政部门要加强学习，充分认识贯彻落实本《办法》对文物工作的重要性和紧迫性。

二、结合实际，贯彻落实。对于本《办法》的施行，各地要给予高度重视，并结合本地区的实际情况采取有效措施，为文物认定工作顺利开展创造有利条件。省级文物行政部门可以根据本《办法》，制定具体工作细则和实施方案，明确工作要求，进行科学管理，确保《办法》各项规定得到落实。

三、积极开展宣传教育，使人民群众充分了解《办法》的内容和意义。要通过宣传教育，合理引导公众文物保护的热情，使公众自觉维护文物管理秩序，推动我国文化遗产保护工作再上新台阶。

四、国家文物局将通过开展专项督察活动，监督检查《办法》各项规定贯彻落实情况。

五、请各地将贯彻落实《办法》过程中的经验及出现的问题及时汇总并上报我局。

国家文物局

二〇〇九年八月二十六日

国家文物局关于贯彻实施《文物认定管理暂行办法》的指导意见

（文物政发〔2009〕45号）

各省、自治区、直辖市文物局（文化厅、文管会）：

《文物认定管理暂行办法》已于2009年10月1日起施行。为配合该办法的实施，现提出以下指导意见：

一、关于文物认定的标准

按照《中华人民共和国文物保护法》，各地在开展文物认定工作过程中，可以考虑将中华人民共和国成立作为文物认定的年代依据之一。文物认定的对象可以包括中华人民共和国成立以前制作或形成的各类可移动和不可移动的文化资源，以及中华人民共和国成立以后制作或形成的具有重要或代表性的可移动和不可移动的文化资源。

二、关于文物认定的机构和人员

文物认定的决定由县级以上地方文物行政部门作出。县级以上地方文物行政部门可以直接进行文物认定，也可以设置专门机构或委托有条件的文物博物馆事业单位开展认定工作，但是不得委托社会中介机构。同时，文物行政部门应当加强对现有机构和人员的培训，不断提高文物认定工作水平。

三、关于文物认定工作的经费

文物认定是县级以上地方文物行政部门履行职能的行政行为。根据有关规定，国家行政机关在职责范围内办理公务，除国家法律、法规另有规定外，不许收费。各级文物行政部门要积极向同级人民政府争取经费支持，将文物认定工作经费列入财政预算。

四、关于认定工作的程序

文物认定的主体是县级以上地方文物行政部门，包括省、市、县级文物行政部门。除文物行政部门已设置或委托办理机构外，申请人可以向上述任一文物行政部门提出文物认定申请。

申请人依法要求认定可移动文物的，应向其户籍所在地的县级以上地方文物行政部门提出。申请人依法要求认定不可移动文物的，应向认定对象所在地的县级以上地方文物行政部门提出。

县级以上地方文物行政部门受理文物认定申请后，原则上应在 20 个工作日内作出决定并予以答复。需要委托专业机构或者专家评估论证，以及需要以听证会形式听取公众意见的，所需时间不计算在 20 个工作日内。

五、关于文物认定申请书的内容

申请人依法要求认定文物的，所提交的书面材料除包括申请人的基本情况外，还应包括申请对象的基本信息。要求认定可移动文物的，申请人应当提供认定对象的合法来源说明。各地可根据工作实际需要，补充收集其他必要信息。

六、关于听取公众意见

听取公众意见可根据需要采取不同形式，如书面调查、实地走访、座谈会、听证会、网络征求意见等。听证会是听取公众意见的方式之一，可根据实际需要决定是否召开。

七、关于馆藏文物备案

各级文物行政部门应当高度重视馆藏文物的备案工作，积极要求文物收藏单位完善藏品档案，及时依法备案，严格履行法律规定的工作程序。

文物认定工作能够推动文物保护的各项基础工作，能够提高全社会的文物保护意识。地方各级文物行政部门要增强法治意识，切实做好文物认定工作。

后附相关表格，供开展认定工作时参考。

国家文物局

二〇〇九年十二月十七日

关于公布继续有效失效和废止
规范性文件的通知

（文物政函〔2010〕1280 号　2010 年 12 月 2 日）

各省、自治区、直辖市文物局（文化厅）：

　　按照国务院办公厅关于做好规章清理工作有关问题的通知精神和要求，国家文物局对历年发布的规范性文件进行了清理，现将清理结果予以公布。

国家文物局

二〇一〇年十二月二日

附 1：国家文物局继续有效的规范性文件目录

序号	文件名称	发布单位	文号	发布日期
1	拓印古代石刻的暂行规定	国家文物事业管理局	（79）文物字第 143 号	1979 年 9 月 4 日
2	文物商店工作条例（试行）	国家文物事业管理局	（81）文物字第 343 号	1981 年 7 月 17 日
3	全国重点文物保护单位保护范围、标志说明、记录档案和保管机构工作规范（试行）	国家文物局	（91）文物字第 185 号	1991 年 3 月 25 日
4	国家文物局田野考古奖励办法（试行）	国家文物局	（93）文物文字第 545 号	1993 年 8 月 1 日
5	考古发掘管理办法	国家文物局	国家文物局令第 2 号	1998 年 7 月 15 日
6	文物复制暂行管理办法	国家文物局	国家文物局令第 3 号	
7	文物保护科学和技术研究课题管理办法	国家文物局	国家文物局令第 2 号	1998 年 7 月 15 日
8	文物系统安全保卫人员上岗条件暂行规定	国家文物局	文物博发〔2000〕020 号	2000 年 4 月 9 日

序号	文件名称	发布单位	文号	发布日期
9	文物拍摄管理暂行办法	国家文物局	文物办发〔2001〕027号	2001年6月6日
10	文物拍卖管理暂行规定	国家文物局	文物办发〔2003〕46号	2003年7月14日
11	国家文物局突发事件应急工作管理办法	国家文物局	文物办发〔2003〕87号	2003年11月21日
12	文物保护科学和技术研究课题招标评标暂行办法	国家文物局	文物办发〔2003〕86号	2003年11月21日
13	国家文物局行政许可管理办法	国家文物局	文物办发〔2004〕23号	2004年5月18日
14	文物保护科学和技术创新奖励办法	国家文物局	文物博发〔2004〕40号	2004年7月6日
15	全国重点文物保护单位保护规划编制审批办法	国家文物局	文物办发〔2003〕87号	2004年8月2日
16	国家文物局重点科研基地管理办法（试行）	国家文物局	文物博函〔2004〕1081号	2004年8月13日
17	文物保护行业标准管理办法（试行）	国家文物局	文物博发〔2004〕48号	2004年9月3日
18	文物出境展览管理规定	国家文物局	文物办发〔2005〕13号	2005年5月27日
19	文物保护工程勘察设计资质管理办法	国家文物局	文物保发〔2005〕18号	2005年8月22日
20	文物保护工程施工资质管理办法	国家文物局	文物保发〔2005〕18号	2005年8月22日
21	文物保护科学和技术研究课题评审程序暂行规定	国家文物局	文物博发〔2005〕19号	2005年8月23日
22	文物保护科学和技术评审与咨询专家管理办法（试行）	国家文物局	文物博发〔2005〕20号	2005年8月23日
23	文物保护优秀工程奖评选办法	国家文物局	文物保发〔2005〕23号	2005年11月2日
24	国家文物鉴定委员会管理规定	国家文物局	文物博发〔2006〕2号	2006年1月12日
25	中国文化遗产标志管理办法	国家文物局	文物政发〔2006〕5号	2006年2月9日
26	国家文物局高级专业技术资格评定管理办法	国家文物局	文物人函〔2006〕101号	2006年8月9日
27	中国世界文化遗产监测巡视管理办法	国家文物局	文物保发〔2006〕92号	2006年12月8日
28	中国世界文化遗产专家咨询管理办法	国家文物局	文物保发〔2006〕92号	2006年12月8日
29	关于加强基本建设工程中考古工作的指导意见	国家文物局	文物保发〔2006〕42号	2007年1月16日
30	文物保护工程监理资质管理办法（试行）	国家文物局	文物保发〔2007〕14号	2007年4月16日

续表

序号	文件名称	发布单位	文号	发布日期
31	文化遗产保护领域国家科技支撑计划课题管理暂行办法	国家文物局	文物博发〔2007〕17 号	2007 年 4 月 18 日
32	文化遗产保护领域国家科技支撑计划第三方机构评估咨询管理暂行办法	国家文物局	文物博发〔2007〕16 号	2007 年 4 月 18 日
33	可移动文物技术保护设计资质管理办法（试行）	国家文物局	文物博发〔2007〕24 号	2007 年 5 月 11 日
34	可移动文物修复资质管理办法（试行）	国家文物局	文物博发〔2007〕25 号	2007 年 5 月 11 日
35	国家文物局重点科研基地运行评估规则	国家文物局	文物博发〔2007〕23 号	2007 年 5 月 11 日
36	全国博物馆评估办法（试行）	国家文物局	文物博发〔2008〕6 号	2008 年 2 月 5 日
37	国家文物局二级域名管理办法	国家文物局	文物博发〔2006〕31 号	2006 年 12 月 5 日
38	国家文物局社会组织管理暂行办法	国家文物局	文物人发〔2008〕49 号	2008 年 7 月 21 日
39	田野考古工作规程	国家文物局	文物保发〔2009〕6 号	2009 年 2 月 17 日
40	国家考古遗址公园管理办法（试行）	国家文物局	文物保发〔2009〕44 号	2009 年 12 月 17 日
41	秦俑出国（境）展览管理暂行规定	国家文物局	文物政发〔2010〕20 号	2010 年 4 月 7 日
42	文物入境展览管理暂行规定	国家文物局	文物博发〔2010〕23 号	2010 年 6 月 8 日
43	世界文化遗产申报项目审核管理规定	国家文物局	文物保发〔2010〕27 号	2010 年 7 月 6 日
44	考古调查、勘探、发掘经费预算定额管理办法	国家文物局、国家计委、财政部	（90）文物字第 248 号	1990 年 4 月 20 日
45	依法没收、追缴文物的移交办法	国家文物局、财政部、公安部、海关总署、国家工商总局	文物保函〔1999〕060 号	1999 年 4 月 5 日
46	关于禁止擅自改变文物保护单位管理体制的通知	文化部、国家文物局	文物发〔2001〕24 号	2001 年 7 月 10 日
47	关于加强和改善世界遗产保护管理工作的意见	文化部、国家文物局、国家计委、财政部、教育部、建设部、国土资源部、环保总局、国家林业局	文物发〔2002〕16 号	2002 年 4 月 25 日
48	关于进一步做好文物保护"五纳入"的通知	国家文物局、中央编办、国家发展改革委、财政部、建设部、文化部、国家税务总局	文物办发〔2003〕26 号	2003 年 6 月 2 日
49	南水北调东、中线一期工程文物保护管理办法	国家文物局、国务院南水北调办公室	文物保发〔2008〕8 号	2008 年 2 月 4 日

续表

序号	文件名称	发 布 单 位	文号	发布日期
50	关于加强革命文物工作的若干意见	国家文物局、中宣部、发展改革委、教育部、民政部、财政部、住房城乡建设部、文化部、国家旅游局、共青团中央	文物博发〔2008〕22号	2008年3月20日
51	关于促进民办博物馆发展的意见	国家文物局、民政部、财政部、国土资源部、住房和城乡建设部、文化部、国家税务总局	文物博发〔2010〕11号	2010年1月19日

附2：国家文物局废止和失效的规范性文件目录

序号	文件名称	发布单位	发布日期	说明
1	省、市、自治区博物馆工作条例	国家文物事业管理局	1979年6月29日	博物馆管理办法（文化部令第35号）代替
2	国家文物局文物科研项目课题及经费管理办法（试行）	国家文物局		文物保护科学和技术研究课题管理办法等代替
3	国家文物局文物科学技术进步奖励办法（试行）	国家文物局	1991年6月17日	文物保护科学和技术创新奖励办法代替
4	文物、博物馆单位接受国外及港澳台地区捐赠管理暂行规定	国家文物局	1998年6月3日	
5	考古发掘品移交管理办法（试行）	国家文物局	1998年7月31日	
6	考古发掘资格审定办法	国家文物局		考古发掘管理办法代替
7	全国文物、博物馆系统人文社会科学重点研究课题管理暂行办法	国家文物局	2000年4月28日	文物保护科学和技术研究课题管理办法等代替
8	国家文物局社会团体管理暂行办法	国家文物局	2000年10月8日	国家文物局社会组织管理暂行办法代替
9	国家文物局古建工程系列研究员级高级工程师专业技术职务任职资格评审管理办法（试行）			已不适应现实需要，实际已经失效

国家文物局行政许可项目说明

（文物政发〔2011〕2号　2011年1月20日）

省级和全国重点文物保护单位保护范围内其他建设工程或者爆破、钻探、挖掘等作业许可

一、事项名称：省级和全国重点文物保护单位保护范围内其他建设工程或者爆破、钻探、挖掘等作业

二、依据：《中华人民共和国文物保护法》第十七条

三、许可程序：由秘书处决定是否受理；由文物保护与考古司相关处室负责人审查，拟定准予或不予行政许可的决定；由文物保护与考古司负责人审核后报局领导批准；由秘书处将行政许可决定送达申请人。

四、许可期限：20个工作日

五、申请人需要提交的材料目录：

（一）省级人民政府的征求意见文件。

（二）必须进行该工程的理由说明材料及工程方案。

（三）确保文物安全的措施方案。

（四）涉及地下埋藏文物的，须提供考古勘探发掘资料。

（五）省级文物行政部门制定的该文物保护单位的具体保护措施；涉及世界遗产的，需提供申报文本或有关说明材料。

（六）文物影响评估报告。

全国重点文物保护单位建设控制地带内建设工程设计方案许可

一、事项名称：全国重点文物保护单位建设控制地带内建设工程设计方案

二、依据：《中华人民共和国文物保护法》第十八条

三、许可程序：由秘书处决定是否受理；由文物保护与考古司相关处室负责人审查，拟定准予或不予行政许可的决定；由文物保护与考古司负责人审核后报局领导批准；由秘书处将行政许可决定送达申请人。

四、许可期限：20 个工作日

五、申请人需要提交的材料目录：

（一）申请书，内容包括：申请人名称及相关证明材料；工程名称、地点、规模、用途。

（二）工程位置图和工程设计方案。

（三）省级人民政府公布的关于该文物保护单位建设控制地带的具体管理规定和要求。

（四）省级人民政府负责文物保护单位建设控制地带管理工作的部门对该工程设计方案是否符合具体管理规定和要求的意见。

（五）涉及地下埋藏文物的，应提供考古勘探发掘资料。

（六）文物影响评估报告。

全国重点文物保护单位原址保护措施许可

一、事项名称：全国重点文物保护单位原址保护措施

二、依据：《中华人民共和国文物保护法》第二十条

三、许可程序：由秘书处决定是否受理；由文物保护与考古司相关处室负责人审查，拟定准予或不予行政许可的决定；由文物保护与考古司负责人审核后报局领导批准；由秘书处将行政许可决定送达申请人。

四、许可期限：20 个工作日

五、申请人需要提交的材料目录：

（一）申请书，内容包括：申请人名称及相关证明材料；保护措施名称、理由及主要内容。

（二）建设工程选址批准文件。

（三）保护措施具体方案。

（四）保护措施具体方案中涉及文物保护工程的，应附我局批准该工程方案的文件。

省级文物保护单位的迁移或拆除许可

一、事项名称：省级文物保护单位的迁移或拆除

二、依据：《中华人民共和国文物保护法》第二十条

三、许可程序：由秘书处决定是否受理；由文物保护与考古司相关处室负责人审查，拟定准予或不予行政许可的决定；由文物保护与考古司负责人审核后报局领导批准；由秘书处将行政许可决定送达申请人。

四、许可期限：20 个工作日

五、申请人需要提交的材料目录：

（一）省级人民政府的征求意见文件。

（二）必须迁移或拆除文物保护单位的理由及论证评估材料。

（三）迁移或拆除文物保护单位的具体方案。

全国重点文物保护单位修缮许可

一、事项名称：全国重点文物保护单位修缮

二、依据：《中华人民共和国文物保护法》第二十一条

三、许可程序：由秘书处决定是否受理；由文物保护与考古司相关处室负责人审查，拟定准予或不予行政许可的决定；由文物保护与考古司负责人审核后报局领导批准；由秘书处将行政许可决定送达申请人。

四、许可期限：20个工作日

五、申请人需要提交的材料目录：

（一）申请书，内容包括：申请人名称及相关证明材料；工程名称、位置、类别和规模。

（二）我局批准该修缮项目设计方案的文件。

由政府出资修缮的非国有全国重点文物保护单位的转让、抵押或者改变用途许可

一、事项名称：由政府出资修缮的非国有全国重点文物保护单位的转让、抵押或者改变用途

二、依据：《中华人民共和国文物保护法》第二十五条

三、许可程序：由秘书处决定是否受理；由文物保护与考古司相关处室负责人审查，拟定准予或不予行政许可的决定；由文物保护与考古司负责人审核后报局领导批准；由秘书处将行政许可决定送达申请人。

四、许可期限：20个工作日

五、申请人需要提交的材料目录：

（一）申请书，内容包括：申请人名称及相关证明材料；受让、转让、抵押人的名称及相关证明材料；文物保护单位名称、位置及修缮情况；转让、抵押或者改变用途的理由。

（二）转让、抵押或者改变用途的具体情况说明及相关证明材料。

（三）由出资修缮的政府有关部门签署意见的有关修缮情况说明。

文物保护工程资质许可

一、事项名称：文物保护工程资质

二、依据：《中华人民共和国文物保护法》第二十一条第三款，《中华人民共和国文物保护法实施条例》第十五、十六、十七条

三、许可程序：由秘书处决定是否受理；由文物保护与考古司相关处室负责人审查，拟定准予或不予行政许可的决定；由文物保护与考古司负责人审核后报局领导批准；由秘书处将行政许可决定送达申请人。

四、许可期限：30 个工作日

五、由省级文物行政部门初审后，向我局提交的材料目录：

（一）省级文物行政部门的初步审查意见。

（二）省级文物行政部门受理的全部申请材料。

考古发掘资质许可

一、事项名称：考古发掘资质

二、依据：《中华人民共和国文物保护法》第二十七条，《中华人民共和国文物保护法实施条例》第二十条、第二十一条

三、许可程序：由秘书处决定是否受理；由考古处负责人审查，拟定准予或不予行政许可的决定；由文物保护与考古司负责人审核后报局领导批准；由秘书处将行政许可决定送达申请人。

四、许可期限：30 个工作日

五、申请人需要提交的材料目录：

（一）《中华人民共和国考古发掘团体资格申请书》。

（二）4 名以上取得考古发掘领队资格人员的证明材料。

（三）取得文物博物专业技术职务人员的证明材料（专业技术职称证书复印件以及代表性学术成果介绍等）。

（四）从事文物安全保卫专业人员的名单及简介（专业背景、工作经历等）。

（五）从事考古发掘所需技术设备配备情况的具体说明。

（六）保障文物安全的设施和场所的具体说明。

（七）已开展的有关工作情况报告。

（八）申请单位主管部门出具的关于同意申请的书面材料。

考古发掘计划许可

一、事项名称：考古发掘计划

二、依据：《中华人民共和国文物保护法》第二十八条、第三十条，《中华人民共和国文物保护法实施条例》第二十四条

三、许可程序：由秘书处决定是否受理；由考古处负责人审查，征求社会科学研究机构及其他科研机构和有关专家意见，拟定准予或不予行政许可的决定；由文物保护与考古司负责人审核

后报局领导批准；由秘书处将行政许可决定送达申请人。

四、许可期限：30个工作日。征求社会科学研究机构及其他科研机构和有关专家意见所需时间另行告知申请人。

五、由省级文物行政部门初审后，向我局提交的材料目录：

（一）《中华人民共和国考古发掘申请书》。

（二）省级文物行政部门的初步审查意见。

（三）省级文物行政部门受理的全部申请材料。

水下文物的考古勘探和发掘活动许可

一、事项名称：水下文物的考古勘探和发掘活动

二、依据：《中华人民共和国文物保护法》第二十八条、第三十条，《中华人民共和国文物保护法实施条例》第二十四条，《中华人民共和国水下文物保护管理条例》第七条

三、许可程序：由秘书处决定是否受理；由考古处负责人审查，征求社会科学研究机构及其他科研机构和有关专家意见，拟定准予或不予行政许可的决定；由文物保护与考古司负责人审核后报局领导批准；由秘书处将行政许可决定送达申请人。

四、许可期限：30个工作日。征求社会科学研究机构及其他科研机构和有关专家意见所需时间另行告知申请人。

五、申请人需要提交的材料目录：

（一）申请书，内容包括申请单位的名称及法定代表人姓名、项目简介；

（二）勘探或发掘对象的详细介绍，包括名称、时代、具体地点、范围、示意图、照片等内容；

（三）前期准备情况，对先前或初步研究的结果进行评估；

（四）年度勘探或发掘项目完成时间表；

（五）年度勘探或发掘项目的说明和目标；

（六）准备采用的方法和技术；

（七）经费来源及数额；

（八）人员组成情况，每位成员的资历、责任和经验，其中应有不少于4名国家文物局认可的水下考古专业人员；

（九）实地考察工作后的分析工作和其他活动的计划；

（十）勘探及发掘活动期间遗址的管理和保护措施；

（十一）安全措施；

（十二）环境保护措施；

（十三）出水文物保护的技术准备情况；

（十四）报告编写、出版计划；

（十五）其他需要说明的问题；

（十六）由项目所在地省级文物行政部门出具的关于该项目可能对当地文物保护产生的各种影响的评估意见。

外国人或者外国团体在中国境内考古调查、勘探、发掘许可

一、事项名称：外国人或者外国团体在中国境内考古调查、勘探、发掘

二、依据：《中华人民共和国文物保护法》第三十三条，《中华人民共和国水下文物保护管理条例》第七条

三、许可程序：由秘书处决定是否受理；由考古处负责人审查，征求社会科学研究机构及其他科研机构和有关专家意见，提出审查意见；由文物保护与考古司负责人审核后报局领导审查，形成意见与申请材料一并上报国务院。

四、许可期限：20 个工作日。征求社会科学研究机构及其他科研机构和有关专家意见所需时间另行告知申请人。

五、申请人需要提交的材料目录：

（一）外方单位负责人致国家文物局的申请，内容包括合作基本构想、研究对象、范围和学术目的等。

（二）由中外合作单位双方草签的合作意向书，内容包括：

1. 合作意向、范围和目的；

2. 合作内容、对象及研究方法；

3. 外方合作机构的基本情况，主要参加人员的学术经历、研究方向和主要研究成果；

4. 中方参加合作的项目人员组成、分工和项目主持人的学术经历与主要成果；

5. 合作工作计划，合作项目的经费、设备来源及管理方式；

6. 文物的安全保护措施，意外事故的处理及风险承担等。

（三）由合作项目所在地省级文物行政部门出具的关于该合作项目在当地实施的可行性研究材料。此材料应附有地方外事、公安、安全、军事等部门的意见。

考古发掘单位保留少量出土文物留作科研标本许可

一、事项名称：考古发掘单位保留少量出土文物留作科研标本

二、依据：《中华人民共和国文物保护法》第三十四条，《中华人民共和国文物保护法实施条例》第二十七条

三、许可程序：由秘书处决定是否受理；由考古处负责人审查，拟定准予或不予行政许可的决定；由文物保护与考古司负责人审核后报局领导批准；由秘书处将行政许可决定送达申请人。

四、许可期限：20 个工作日

五、申请人需要提交的材料目录：

（一）申请书，内容包括申请单位名称，申请项目名称、目的及理由；

（二）有关考古发掘项目的所有出土文物的目录；

（三）拟留作科研标本的出土文物目录及简介。内容应包括文物名称、质地、时代、出土的具体地点、尺寸、完残状况以及照片；

（四）考古发掘地的省级文物行政部门出具的评估意见。

考古发掘领队资格许可

一、事项名称：考古发掘领队资格

二、依据：《中华人民共和国文物保护法实施条例》第二十二条

三、许可程序：由秘书处决定是否受理；由考古处负责人审查，拟定准予或不予行政许可的决定；由文物保护与考古司负责人审核后报局领导批准；由秘书处将行政许可决定送达申请人。

四、许可期限：20 个工作日

五、申请人需要提交的材料目录：

（一）《中华人民共和国考古发掘领队资格申请书》。

（二）申请人的本科以上学历、学位证书复印件；中级以上文物博物专业技术职务证明材料。非考古专业人员需提交国家田野考古考核合格证书复印件。

（三）1～2 篇田野发掘简报和代表性学术论文。

国际合作考古调查、勘探、发掘的文物或自然标本送到境外进行分析化验或技术鉴定许可

一、事项名称：国际合作考古调查、勘探、发掘的文物或自然标本送到境外进行分析化验或技术鉴定

二、依据：《中华人民共和国考古涉外工作管理办法》第十一条

三、许可程序：由秘书处决定是否受理；由考古处负责人审查，拟定准予或不予行政许可的决定；由文物保护与考古司负责人审核后报局领导批准；由秘书处将行政许可决定送达申请人。

四、许可期限：20 个工作日

五、申请人需要提交的材料目录：

（一）合作双方共同提出的申请书，内容包括申请单位名称，申请项目名称、目的及理由；境

外检测机构的情况介绍；

（二）出境文物及自然标本清单。内容包括文物或标本的名称、质地、时代、来源、尺寸、完残状况以及照片；

（三）国际合作考古调查、勘探、发掘项目的批准文件；

（四）考古发掘地的省级文物行政部门出具的评估意见。

非国有文物收藏单位和其他单位借用国有馆藏一级文物许可

一、事项名称：非国有文物收藏单位和其他单位借用国有馆藏一级文物

二、依据：《中华人民共和国文物保护法》第四十条

三、许可程序：由秘书处决定是否受理；由博物馆处负责人审查，拟定准予或不予行政许可的决定；由博物馆与社会文物司负责人审核后报局领导批准；由秘书处将行政许可决定送达申请人。

四、许可期限：20个工作日

五、向我局提交的材料目录：

（一）省级文物行政部门的审查意见。

（二）省级文物行政部门受理的全部申请材料，包括：

1. 申请书（借用原因、去向用途、文物建档说明、保存环境达标说明、补偿方式、借用期限）；

2. 文物目录（名称、质地、年代、级别、来源、尺寸、完残状况，附文物照片）；

3. 借用协议草案（应含文物安全责任条款）；

4. 借入方情况说明（单位性质、文物安全条件和措施）；

5. 出借方及其上级行政主管部门意见。

已建立馆藏文物档案的国有文物收藏单位之间交换馆藏一级文物许可

一、事项名称：已建立馆藏文物档案的国有文物收藏单位之间交换馆藏一级文物

二、依据：《中华人民共和国文物保护法》第四十一条

三、许可程序：由秘书处决定是否受理；由博物馆处负责人审查，拟定准予或不予行政许可的决定；由博物馆与社会文物司负责人审核后报局领导批准；由秘书处将行政许可决定送达申请人。

四、许可期限：20个工作日

五、向我局提交的材料目录：

（一）省级文物行政部门的审查意见。

（二）省级文物行政部门受理的全部申请材料，包括：

1. 申请书（交换原因、去向用途、文物建档说明、保存环境达标说明、补偿方式）；

2. 文物目录（名称、质地、年代、级别、来源、尺寸、完残状况，附文物照片）；

3. 交换文物协议草案（应含文物安全责任条款）；

4. 交换双方情况说明（单位性质、文物安全条件和措施）；

5. 交换双方上级行政主管部门意见。

馆藏一级文物的修复、复制、拓印许可

一、事项名称：馆藏一级文物的修复、复制、拓印

二、依据：《中华人民共和国文物保护法实施条例》第三十二条

三、许可程序：由秘书处决定是否受理；由博物馆与社会文物司相关处室负责人审查，拟定准予或不予行政许可的决定；由博物馆与社会文物司负责人审核后报局领导批准；由秘书处将行政许可决定送达申请人。

四、许可期限：20 个工作日

五、向我局提交的材料目录：

（一）省级文物行政部门的审核意见。

（二）省级文物行政部门受理的全部申请材料，包括：

1. 申请书（原因、用途、文物数量、复制或拓印品数量）；

2. 文物目录（名称、质地、年代、级别、来源、尺寸、完残状况，附文物照片）；

3. 协议草案（应含文物安全责任条款）；

4. 复制、拓印方案及论证报告；

5. 修复、复制、拓印单位资质及操作人员资格证件复印件或证明。

（三）我局批准该修复项目设计方案的文件。

博物馆一级藏品取样分析许可

一、事项名称：博物馆一级藏品取样分析

二、依据：《国务院对确需保留的行政审批项目设定行政许可的决定》（国务院令第 412 号）附件第 464 项

三、许可程序：由秘书处决定是否受理；由博物馆处负责人审查，拟定准予或不予行政许可的决定；由博物馆与社会文物司负责人审核后报局领导批准；由秘书处将行政许可决定送达申请人。

四、许可期限：20 个工作日

五、向我局提交的材料目录：

（一）省级文物行政部门的审查意见。

（二）省级文物行政部门受理的全部申请材料，包括：

1. 申请书（目的、用途、文物数量）；

2. 文物目录（名称、质地、年代、级别、来源、尺寸、完残状况，附文物照片）；

3. 协议草案（应含文物安全责任条款）；

4. 取样方案及论证报告；

5. 申请单位上级行政主管部门意见。

局直属文物收藏单位处理不够入藏标准、无保存价值的文物或标本许可

一、事项名称：局直属文物收藏单位处理不够入藏标准、无保存价值的文物或标本

二、依据：《国务院对确需保留的行政审批项目设定行政许可的决定》（国务院令第 412 号）附件第 465 项

三、许可程序：由秘书处决定是否受理；由博物馆处负责人审查，拟定准予或不予行政许可的决定；由博物馆与社会文物司负责人审核后报局领导批准；由秘书处将行政许可决定送达申请人。

四、许可期限：20 个工作日

五、申请人需要提交的材料目录：

（一）申请书。申请书内容应包括：申请单位名称及相关证明材料；处理的原因和方式；需处理的文物或标本数量。

（二）文物或标本目录。内容包括名称、质地、年代、级别、来源、尺寸、完残状况、相关照片。

（三）本单位学术委员会或其他有关专家的意见。

文物拍卖许可证核发

一、事项名称：文物拍卖许可证核发

二、依据：《中华人民共和国文物保护法》第五十四条，《中华人民共和国文物保护法实施条例》第四十一条、第四十二条

三、许可程序：由秘书处决定是否受理；由社会文物处负责人审查，拟定准予或不予行政许可的决定；由博物馆与社会文物司负责人审核后报局领导批准；由秘书处将行政许可决定送达申请人。

四、许可期限：30 个工作日

五、申请人需要提交的材料目录：

（一）《文物拍卖许可证申请表》一式三份。

（二）《文物拍卖专业人员资格申报表》一式三份。

（三）《文物拍卖记录表》一式三份。

（四）工商部门核发的拍卖经营许可证副本及复印件。

（五）公安部门核发的特种行业经营许可证副本及复印件。

（六）有 1000 万元人民币以上注册资金的验资证明。

（七）5 名以上取得高级文物博物专业技术职务的文物拍卖专业人员的资格证明等材料。

文物拍卖标的许可

一、事项名称：文物拍卖标的审核

二、依据：《中华人民共和国文物保护法》第五十六条

三、许可程序：由秘书处决定是否受理；由社会文物处负责人审查，拟定准予或不予行政许可的决定；由博物馆与社会文物司负责人审核后报局领导批准；由秘书处将行政许可决定送达申请人。

四、许可期限：20 个工作日

五、向我局提交的材料目录：

（一）省级文物行政部门的初步审核意见。

（二）省级文物行政部门受理的全部申请材料。

文物出境许可证核发

一、事项名称：文物出境许可证核发

二、依据：《中华人民共和国文物保护法》第六十一条，《中华人民共和国文物保护法实施条例》第四十七条

三、许可程序：由我局指定的文物进出境审核机构（北京、天津、上海、广东、江苏、云南、福建、浙江、陕西、河北、河南、四川、安徽、辽宁、山东、湖北，共 16 个）决定是否受理；由相关文物进出境审核机构具体审核并作出行政许可决定；经审核允许出境的文物，由相关文物进出境审核机构发给由我局签发的文物出境许可证。

四、许可期限：15 个工作日

五、申请人需要提交的材料目录：

（一）申请人有效身份证件。

（二）文物合法来源证明。

（三）文物及有关资料。

文物出境展览许可

一、事项名称：文物出境展览

二、依据：《中华人民共和国文物保护法》第六十二条，《中华人民共和国文物保护法实施条例》第四十八条

三、许可程序：由秘书处决定是否受理；由博物馆处负责人审查，拟定准予或不予行政许可的决定；由博物馆与社会文物司负责人审核后报局领导批准；由秘书处将行政许可决定送达申请人。

四、许可期限：30 个工作日

五、申请人需要提交的材料目录：

（一）申请书，内容包括：申请机构名称及相关证明材料；拟举办展览的期限、地点，参展文物数量及等级，展览费用情况、人员派出情况；境外合作机构名称及联系方式。

（二）境外举办展览邀请信及资信证明。

（三）展览协议书草案。

（四）文物出境展品汇总表、展品目录及估价。

境外机构和团体拍摄考古发掘现场许可

一、事项名称：境外机构和团体拍摄考古发掘现场

二、依据：《国务院对确需保留的行政审批项目设定行政许可的决定》（国务院令第 412 号）附件第 461 项

三、许可程序：由秘书处决定是否受理；由新闻宣传处负责人审查，拟定准予或不予行政许可的决定；由政策法规司负责人审核后报局领导批准；由秘书处将行政许可决定送达申请人。

四、许可期限：20 个工作日

五、申请人需要提交的材料目录：

（一）申请书，内容包括：申请机构名称及相关证明材料；拍摄项目名称及目的；拍摄时间及地点；项目负责人姓名及联系方式。

（二）具体拍摄清单、工作方案及保证文物安全的防护措施。

（三）有关管理部门意见。

境外机构和团体拍摄文物许可

一、事项名称：境外机构和团体拍摄文物

二、依据：《国务院对确需保留的行政审批项目设定行政许可的决定》（国务院令第 412 号）

附件第 460 项

三、许可程序：由秘书处决定是否受理；由新闻宣传处负责人审查，拟定准予或不予行政许可的决定；由政策法规司负责人审核后报局领导批准；由秘书处将行政许可决定送达申请人。

四、许可期限：20 个工作日

五、申请人需要提交的材料目录：

（一）申请书，内容包括：申请机构名称及相关证明材料；拍摄项目名称及目的；拍摄时间及地点；项目负责人姓名及联系方式。

（二）具体拍摄清单、工作方案及保证文物安全的防护措施。

（三）有关管理部门意见。

外国公民、组织和国际组织参观未开放的文物点和考古发掘现场许可

一、事项名称：外国公民、组织和国际组织参观未开放的文物点和考古发掘现场

二、依据：《中华人民共和国考古涉外工作管理办法》第十三条

三、许可程序：由秘书处决定是否受理；由新闻宣传处负责人审查，拟定准予或不予行政许可的决定；由政策法规司负责人审核后报局领导批准；由秘书处将行政许可决定送达申请人。

四、许可期限：20 个工作日

五、申请人需要提交的材料目录：

（一）申请书，内容包括：申请机构名称及相关证明材料；参观项目名称及目的；参观时间及地点；项目负责人姓名及联系方式。

（二）具体参观计划及保证文物安全的防护措施。

（三）有关管理部门意见。

关于宣布废止一批政策性文件的决定

（文物政发〔2016〕10号　2016年4月18日）

各省、自治区、直辖市文物局：

　　按照《国务院办公厅关于做好行政法规部门规章和文件清理工作有关事项的通知》（国办函〔2016〕12号）要求，经国家文物局第14次党组会议审议通过，决定对国家文物局发布的不利于稳增长、促改革、调结构、惠民生以及与法律法规不一致、已被新的规定涵盖或代替、制定依据已失效、调整对象已消失、工作任务已完成、时效已过的21件政策性文件宣布废止。宣布废止的文件，自本决定印发之日起一律停止执行，不再作为行政管理的依据。

国家文物局

二〇一六年四月十八日

附：宣布废止的政策性文件目录（21件）

序号	文件号	文件名称	发文日期
1	文物博发〔2000〕044号	关于加强安全技术防范工程设计、施工管理有关问题的通知	2000年9月1日
2	文物保发〔2001〕052号	关于整顿和规范文物市场秩序的通知	2001年9月17日
3	文物办发〔2002〕30号	关于在河南省试验开展规范整治对外开放文物保护单位管理工作的通知	2002年5月17日
4	文物保发〔2002〕56号	关于转发财政部、国家税务总局、海关总署《国有文物收藏单位接受境外捐赠、归还和从境外追索的中国文物进口免税暂行办法》的通知	2002年8月9日
5	文物办发〔2002〕52号	关于进一步加强文物宣传工作管理的通知	2002年8月22日
6	文物博发〔2002〕55号	关于对文博考古院系（专业）、美术院校在校大学生、研究生有组织的教学实习实行免票优惠的通知	2002年8月28日
7	文物保发〔2003〕69号	关于进一步做好西气东输工程沿线文物保护工作的通知	2003年10月24日
8	文物办发〔2004〕3号	关于印发《关于贯彻实施行政许可法加强文物法制工作的意见》的通知	2004年1月20日

续表

序号	文件号	文件名称	发文日期
9	文物博发〔2004〕19	关于文物系统博物馆及爱国主义教育基地对未成年人免费开放和建立辅导员队伍的通知	2004 年 4 月 9 日
10	文物博发〔2006〕14 号	关于加强文物拍卖标的审核工作的通知	2006 年 6 月 22 日
11	文物博发〔2006〕35 号	关于加强文化遗产保护领域国家科技支撑计划重点项目管理工作的通知	2006 年 11 月 8 日
12	文物保发〔2008〕26 号	关于进一步加强大运河文化遗产及其环境景观保护工作的通知	2008 年 4 月 7 日
13	文物人发〔2008〕30 号	关于推进地市文博单位管理干部和全国重点文物保护单位保护管理机构负责人培训工作的意见	2008 年 4 月 22 日
14	文物办发〔2008〕43 号	关于做好汶川地震灾后文物抢救保护工作的意见	2008 年 6 月 19 日
15	文物办发〔2008〕45 号	关于做好强降雨等灾害性天气文化遗产保护工作的通知	2008 年 6 月 25 日
16	文物博发〔2008〕52 号	关于加强文物拍卖标的审核备案工作的通知	2008 年 9 月 11 日
17	文物政发〔2009〕3 号	关于进一步加强文物管理机构建设确保文物安全的紧急通知	2009 年 1 月 22 日
18	文物博发〔2009〕35 号	关于全面推进"指南针计划—中国古代发明创造的价值挖掘与展示"专项的意见	2009 年 11 月 4 日
19	文物人发〔2010〕3 号	国家文物局关于加强和改进文物、博物馆行业作风建设的意见	2010 年 1 月 15 日
20	文物博函〔2012〕1484 号	关于进一步做好文物拍卖标的审核工作的通知	2012 年 7 月 2 日
21	文物督发〔2013〕18 号	关于改革全国重点文物保护单位防雷工程管理工作的通知	2013 年 12 月 12 日

关于宣布废止一批规范性文件的决定

(文物政发〔2016〕12号　2016年6月2日)

各省、自治区、直辖市文物局、新疆生产建设兵团文物局:

　　按照《国务院办公厅关于做好行政法规部门规章和文件清理工作有关事项的通知》(国办函〔2016〕12号)要求,经征得有关部门同意并经国家文物局第17次党组会议审议通过,决定对国家文物局会同有关部门或者单独发布的与法律法规不一致、已被新的规定涵盖或代替、制定依据已失效、调整对象已消失、时效已过的12件规范性文件宣布废止。宣布废止的文件,自本决定印发之日起一律停止执行,不再作为行政管理的依据。

国家文物局

二〇一六年六月二日

附:宣布废止的文件目录(12件)

序号	文件名称	发布单位	文　号	发布日期
1	海关总署　国家文物局关于发布《暂时进境文物复出境管理规定》的通知	海关总署　国家文物局	文物文字〔1995〕第295号	1995年4月5日
2	文物系统安全保卫人员上岗条件暂行规定	国家文物局	文物博发〔2000〕020号	2000年4月9日
3	文物拍摄管理暂行办法	国家文物局	文物办发〔2001〕027号	2001年6月6日
4	关于采取切实措施加强世界文化遗产地保护管理工作的通知	国家文物局	文物办发〔2003〕17号	2003年3月28日
5	文物保护科学和技术研究课题招标评标暂行办法	国家文物局	文物办发〔2003〕86号	2003年11月21日
6	国家文物局关于印发《国家文物局行政许可项目说明》的通知	国家文物局	文物办发〔2004〕36号	2004年6月12日
7	文物保护工程勘察设计资质管理办法	国家文物局	文物保发〔2005〕18号	2005年8月22日
8	文物保护工程施工资质管理办法	国家文物局	文物保发〔2005〕18号	2005年8月22日
9	文物保护科学和技术研究课题评审程序暂行规定	国家文物局	文物博发〔2005〕19号	2005年8月23日

序号	文件名称	发布单位	文　号	发布日期
10	文物保护优秀工程奖评选办法	国家文物局	文物保发〔2005〕23 号	2005 年 11 月 2 日
11	文物保护工程监理资质管理办法（试行）	国家文物局	文物保发〔2007〕14 号	2007 年 4 月 16 日
12	关于修订公布《国家文物局行政许可项目说明》的通知	国家文物局	文物政发〔2010〕2 号	2010 年 12 月 10 日

国家文物局立法工作规定

（办政发〔2016〕2号　2016年8月1日）

第一条　为规范国家文物局立法工作，根据《中华人民共和国立法法》及其他相关法律、法规，制定本规定。

第二条　本规定所称立法工作包括：

（一）编制中长期立法规划和年度立法计划；

（二）起草、审议有关文物工作的法律、行政法规、部门规章、规范性文件（以下简称"文物法规"）草案；

（三）起草、审议文物法规的解释；

（四）其他与立法有关的工作。

第三条　立法工作原则：

（一）符合宪法、法律、行政法规；

（二）坚持科学立法、民主立法；

（三）坚持文物工作方针，符合文物工作实际；

（四）实行党组统一领导、部门分工负责。

第四条　拟列入中长期立法规划和年度立法计划的项目，由提出立项建议的部门进行立法评估，说明必要性、可行性以及起草工作计划安排。

第五条　中长期立法规划和年度立法计划，由政策法规司汇总编制，报局党组会议审议通过后公布实施。

中长期立法规划和年度立法计划，应当报文化部备案；其中拟制定的法律、行政法规和部门规章，分别报请国务院法制办公室和文化部研究列入相关立法计划。

第六条　综合性文物法规草案由政策法规司牵头研究起草；专门性文物法规草案按照职能分工由相应的部门牵头研究起草。

起草法律、行政法规草案，应当成立由局领导牵头的起草工作机构。

第七条　起草文物法规，应当开展调查研究，广泛听取意见。法律法规规章草案要通过网络、报纸等媒体向社会公开征求意见，期限一般不少于30日。

文物法规草案拟设定行政许可、行政处罚、行政强制事项的，应当组织听证会或论证会，听取有关部门、单位和个人的意见。

规范性文件不得设定行政许可、行政处罚、行政强制等事项，不得减损公民、法人和其他组织合法权益或者增加其义务。

第八条 文物法规草案应当与现行有效的法律、行政法规、部门规章相衔接和协调。

法律、行政法规、部门规章已经作出明确规定的，部门规章和规范性文件草案原则上不作重复规定。

第九条 文物法规草案起草完成后，应当送政策法规司进行合法性审查。政策法规司应当就以下方面提出审查意见：

（一）是否符合现行法律、行政法规、部门规章和国家政策的规定；

（二）调研论证、征求意见是否充分；

（三）是否符合立法技术规范要求。

政策法规司与起草部门对文物法规草案有重大分歧的，报请分管政策法规司的局领导召开局长办公会议讨论。

第十条 文物法规草案经合法性审查后，由起草部门报请分管局领导召开局长办公会议讨论。

第十一条 文物法规草案经局长办公会议讨论通过的，提请局党组会议审议。

局党组会议审议通过的文物法规草案，属于国家文物局立法权限内的，以决定形式予以公布；须由上级机关审议的，按照立法工作程序报审。

第十二条 开展立法项目所需经费，由项目牵头部门列入本部门经费预算予以保障。

第十三条 文物法规制定后的解释、评估、清理工作，由政策法规司会同有关部门负责办理。

第十四条 本规定自公布之日起施行。国家文物局 2011 年 4 月 6 日印发的《国家文物局立法工作规定》（办政发〔2011〕2 号）同时废止。

关于废止 12 件规范性文件的决定

（文物政发〔2017〕28 号　2017 年 12 月 27 日）

各省、自治区、直辖市文物局（文化厅），新疆生产建设兵团文物局：

根据《国务院办公厅关于进一步做好"放管服"改革涉及的规章、规范性文件清理工作的通知》（国办发〔2017〕40 号）要求，经国家文物局 2017 年 11 月 24 日第 19 次党组会议研究决定，对国家文物局发布的 12 件规范性文件予以废止。自本决定印发之日起，予以废止的 12 件规范性文件停止执行，不再作为行政管理的依据。

请结合"放管服"改革实际，认真梳理与此次废止的规范性文件相关的工作内容，研究有效衔接、规范管理、提升服务的具体举措，确保文物领域相关改革取得实效。

国家文物局

二〇一七年十二月二十七日

附：予以废止的规范性文件目录

序号	文件名称	发布单位	发文文号	发布日期
1	文物商店工作条例（试行稿）	国家文物局	（81）文物字第 343 号	1981 年 7 月 17 日
2	国家文物局田野考古奖励办法（试行）	国家文物局	（93）文物文字第 545 号	1993 年 7 月 13 日
3	文物保护科学和技术研究课题管理办法	国家文物局	文物办发〔2003〕63 号	2003 年 9 月 11 日
4	文物保护科学和技术创新奖励办法（试行）	国家文物局	文物博发〔2004〕40 号	2004 年 7 月 6 日
5	全国博物馆评估办法（试行）、博物馆评估暂行标准和博物馆评估申请书	国家文物局	文物博发〔2008〕6 号	2008 年 2 月 5 日
6	文物建筑防雷工程施工资质管理办法（试行）	国家文物局	文物保发〔2010〕5 号	2010 年 1 月 20 日
7	文物建筑防雷工程勘察设计资质管理办法（试行）	国家文物局	文物保发〔2010〕7 号	2010 年 1 月 20 日
8	文物拍卖企业资质年审管理办法	国家文物局	文物博函〔2011〕2 号	2011 年 1 月 5 日
9	国有文物保护单位经营性活动管理规定（试行）	国家文物局	文物政发〔2011〕16 号	2011 年 8 月 25 日

序号	文件名称	发布单位	发文文号	发布日期
10	出境展览文物安全规定（试行）	国家文物局	文物博函〔2013〕1612号	2013年8月27日
11	全国重点文物保护单位文物保护工程申报审批管理办法（试行）	国家文物局	文物保函〔2014〕64号	2014年1月17日
12	全国重点文物保护单位文物保护项目咨询评估机构管理办法（试行）	国家文物局	文物保函〔2014〕65号	2014年1月17日

其他

关于加强在假日旅游中做好文物
保护宣传工作的意见

（文物办发〔2000〕30号）

各省、自治区、直辖市文化厅、文物（文化）局、文管会，各直属单位：

最近，国务院办公厅转发了国家旅游局等部门《关于进一步发展假日旅游若干意见的通知》（国办发〔2000〕46号），对做好假日旅游工作进行了部署。根据国务院文件精神，为积极配合国务院各有关部门的组织协调工作，现就加强在假日旅游中的文物保护宣传工作提出以下意见：

一、我国众多的文物古迹是旅游业的重要基础，假日旅游的蓬勃发展对充分发挥博物馆、纪念馆和其他文物古迹的宣传教育功能，提高公众的文物保护意识，弘扬我国传统文化起着极大的促进作用。因此，各级文物部门要采取积极的态度，适应假日旅游形势需要，积极做好文物保护宣传工作。

二、各级、各类文物开放单位，应做出相应计划，加强组织引导，做好宣传工作。在对文物安全无不良影响的情况下，博物馆、陈列馆、纪念馆等单位可在节假日适当延长开放时间。被其他单位占用的文物保护单位，局部可以对外开放参观的，应积极创造条件，在节假日向社会开放。暂时不具备开放条件的单位，也要抓住机遇，以保护维修好文物和整治周边环境风貌为基础，做好发展规划，并争取列入当地经济发展计划。

三、要注意到假日旅游给文物保护工作带来的影响。鉴于大量游客短期内集中涌入文物保护单位会造成环境污染并导致对文物的侵害的情况，同时考虑到文物和游客的人身安全，各级文物部门和各文物开放单位要切实加强对文物的监测和管理，制定对文物本体及游客安全的防护措施和应急计划，加强安全、警卫工作。同时要积极协同公安部门，加大对违法犯罪行为的打击力度，防止各类突发性事件发生。

四、在假日旅游中要考虑到已开放文物单位的游客容纳量。如北京故宫、临潼秦兵马俑博物馆、敦煌莫高窟等游客较多的重点文物保护单位应进行每日临界游客数量控制，可采取暂停售票、预约参观等措施。对于存在重大隐患和不利于文物安全、不利于游客人身安全因素的文物景点，要采取暂停开放措施。

　　五、不具备开放条件的文物遗迹，可在省级文物行政管理部门统一安排部署下，接待少量的旅游团体，但暂不对散客开放。接待团队的数量也应有明确的限制。一些暂时不宜对公众开放的文物遗迹，要加强管理，避免文物遭受破坏的情况发生。

国家文物局

二〇〇〇年八月二十一日

国家文物局社会团体管理暂行办法 *

（文物人发〔2000〕50 号　2000 年 10 月 8 日）

第一章　总　则

第一条　为了保障公民的结社自由，维护文博类全国性社会团体（以下简称社团）的合法权益，加强对社团的监督管理，促进社团健康发展，发挥其在文博事业发展中的积极作用，根据国务院《社会团体登记管理条例》和国家有关政策，结合文博类社团的实际情况，制定本办法。

第二条　本办法适用于国家文物局主管业务范围内的全国性学会、协会、研究会、基金会等社团组织。

第三条　社团必须遵守宪法、法律、法规和国家政策，不得危害国家统一、安全和民族的团结，不得损害国家利益、社会公共利益以及其他组织和公民的合法权益，不得违背社会道德风尚。国家文物局鼓励社团在登记的业务范围内积极开展有利于繁荣和发展文博事业的活动。

社团不得从事营利性经营活动。

第四条　社团具有独立的法人资格，独立承担民事责任，依照法律、法规及其章程开展活动和管理内部事务，任何组织和个人不得非法干涉。

第五条　国家文物局是其管辖的社团的业务主管单位。国家文物局人事劳动司（以下简称局人事劳动司）是国家文物局负责管理社团的办事机构，履行对社团的监督管理职能。国家文物局有关司室作为社团的业务指导单位（以下简称局业务指导司室），负责对有关社团的业务指导和管理。国家文物局可以指定局有关直属事业单位或委托地方文物行政管理部门指定的文博事业单位作为挂靠单位（以下简称挂靠单位），负责对社团的日常监督管理。

第二章　成立、变更和注销登记

第六条　申请成立社团，应当具备下列条件：

（一）由文博事业单位、团体法人或在文博界有较高知名度的、具有行为能力的个人自愿发起，有 50 个以上的个人会员或者 30 个以上的单位会员，会员应具有代表性和广泛性；

---

* 已于 2010 年 12 月 2 日废止。

（二）属于国家文物局主管的业务范围，由国家文物局指定或国家文物局委托地方文物行政管理部门指定的文博事业单位作为挂靠机构，有规范的名称、相应的组织机构和固定的办公场所；

（三）有与其业务活动范围相适应的专职工作人员；

（四）有符合法律、法规，以促进文博事业的繁荣与发展为宗旨并代表本社团会员意志的章程；

（五）有合法的资产和经费来源，有人民币 10 万元以上活动资金。基金会应有人民币 210 万元（或者有与 210 万元人民币等值的外汇）以上的注册基金；

（六）有独立承担民事责任的能力；

（七）业务主管单位或社团登记管理机关要求的其他条件。

第七条 申请成立社团的程序：

（一）成立社团，应当组成社团筹备组织，社团筹备组织应有固定的人员和联络方式；

（二）社团筹备组织在征得挂靠单位同意的基础上，经局业务指导司室审核同意后，向局人事劳动司提出成立申请并上报下列材料：

1 社团筹备组织负责人签署的成立申请书；

2 挂靠单位意见；

3 章程草案；

4 办公场所使用证明和当地派出所出具的同意接纳管辖证明；

5 社团筹备组织负责人组成及其个人简历、身份证复印件、户口所在地证明；

6 会员名册；

7 资金来源；

8 拟设办事机构、分支机构和代表机构的名称、业务范围及活动地域；

9 拟担任社团的领导人本人申请；

10 其他所需材料。

（三）局人事劳动司根据有关规定对申请成立的社团进行认真审查，并征求有关司室意见，确定业务指导司室；

（四）社团筹备组织应在局人事劳动司指定日期将所规定注册资金汇入指定账户，进行验资；

（五）通过审查的，局人事劳动司将审查材料及有关意见报国家文物局党组（以下简称局党组）研究决定；

（六）经局党组核准，社团筹备组织可到社团登记管理机关办理有关登记手续；

（七）已办结注册登记手续、刻制公章、设立账号的社团，应当在注册登记后 30 日内到挂靠单位、局业务指导司室和局人事劳动司备案；

（八）对获准注册登记的，办结备案手续后将注册资金的本金转入社团开立的账户；未获准注册登记或自行放弃申请登记的，经社团筹备组织申请及时返还注册资金的本金。验资期间的注册资金利息留作社团管理经费，专款专用。

第八条 未经登记和虽获登记但未经备案的社团，不得以社团名义进行活动。

第九条 社团拟设立分支机构、代表机构的，应当征求挂靠单位和局业务指导司室的意见，经局人事劳动司审查并报经局党组同意后，向社团登记管理机关申请登记。

社团撤销其所属分支机构、代表机构的，经局人事劳动司审查同意后，办理注销手续。

第十条 社团的登记事项、备案事项需要变更的，应逐级向挂靠单位、局业务指导司室、局人事劳动司上报，经局党组审查同意后，于 30 日内向社团登记管理机关申请变更登记、变更备案。

社团修改章程，应当逐级征求挂靠单位、局业务指导司室的意见，经局人事劳动司审查并报经局党组同意后，于 30 日内报社团登记管理机关核准。

社团变更法定代表人，由社团、挂靠单位、局业务指导司室或局人事劳动司推荐候选人，报经局党组同意后，社团按规定的程序提交理事会或常务理事会讨论通过，到社团登记管理机关办理变更登记。

第十一条 社团有下列情形之一的，应当逐级向挂靠单位、局业务指导司室、局人事劳动司上报申请，经局党组审查同意后，向社团登记管理机关申请注销登记、注销备案：

（一）完成社团章程规定的宗旨的；

（二）自行解散的；

（三）分立、合并的；

（四）不再具备本办法第六条所规定条件的；

（五）由于其他原因终止的。

第十二条 社团在办理注销登记前，应当在局人事劳动司、挂靠单位及其他有关机关的指导下，成立清算组织，完成清算工作。清算工作结束后，社团应当向局人事劳动司提交法定代表人签署的注销登记申请书，报经局党组审查同意后，发给注销登记审查文件。社团持注销登记申请书、注销登记审查文件和清算报告书，到社团登记管理机关办理注销登记。

第十三条 社团终止的，应成立善后组织，妥善处理善后工作。处分注销后的剩余财产，按照国家有关规定办理。

第十四条 社团一经终止或有重大变更事项与原社团名称、宗旨、性质、业务范围等不相一致的，不得再以原组织机构、名称进行活动。

第十五条 社团变更、终止，经社团登记管理机关审批，办理手续 10 日内，向挂靠单位、局业务指导司室和局人事劳动司备案。

第三章　社团组织及其活动

第十六条　社团在法律、法规及其章程规定范围内，有自主管理内部事务的权利和义务。社团应健全自我管理、自我约束的机制，依法建立社团内部的各项规章制度，明确内部分工职责。社团应履行以下职责：

（一）依法参与社会事务管理和自律管理；

（二）引导会员尽各种社会义务，承担社会责任；

（三）接受国家文物局委托的各项工作；

（四）配合文博单位开展活动，推动文博事业发展；

（五）依法对政府部门提出咨询意见和建议；

（六）按照国家规定取得合法收入，合法接受资助、捐赠，经批准后，按照有关规定接受境外捐助；

（七）按照章程开展活动、管理内部事务；

（八）接受挂靠单位的监督管理和局业务司室的业务指导和管理；

（九）每年 12 月底前对社团工作、财务情况进行自查，按规定写出年度检查报告书；

（十）每年 3 月 31 日前，分别向挂靠单位、局业务指导司室和局人事劳动司报送上年度工作报告和下年度工作计划，经局人事劳动司初审同意后，于 5 月 31 日前报社团登记管理机关，接受年度检查。

第十七条　社团最高权力机构是会员大会或会员代表大会，大会活动按照国家有关规定和本社团章程进行。

第十八条　理事会或常务理事会是会员大会或会员代表大会的执行机构，由会员大会或会员代表大会选举产生，对会员大会或会员代表大会负责。

会员大会或会员代表大会闭会期间，社团重大事项由理事会或常务理事会决定。理事会或常务理事会中的理事人数应为单数，实行民主表决制度。

第十九条　理事会设理事长（会长）1 名，设副理事长（副会长）一般不超过 6 名。根据工作需要，可设名誉理事长（会长）若干名。

社团设秘书长 1 名，副秘书长一般不超过 5 名。

社团法定代表人为理事长（会长）或秘书长，法定代表人一般应是文博系统内的工作人员（现职国家公务员除外），且只能担任一个社团的法定代表人。

第二十条　秘书长以上负责人（不含名誉职务）应身体健康，能坚持正常工作，任期一般不超过两届，年龄一般不超过 70 周岁，确因工作需要，超过规定年龄的，需征得社团登记管理机关同意，报经局党组审批。

第二十一条　社团换届或更换秘书长以上负责人之前，应分别征求挂靠单位和局业务指导司室对拟任候选人的意见，经局人事劳动司审核并报经局党组同意后，按社团章程规定的程序进行选举，并向局人事劳动司备案。其中法定代表人要报局党组审批。

第二十二条　现职国家公务员一般不兼任社团领导职务，也不得兼任社团工作人员。确因工作需要兼任社团领导职务或工作人员的，中央管理的干部需报中央组织部批准，正处级（含正处级）以上干部需报局党组批准，副处级（含副处级）以下干部需报局人事劳动司批准。

第二十三条　社团应按国家有关规定申请核定社团编制，配备专职工作人员。专职工作人员实行聘任制。专职工作人员的人事关系在聘任期间可由挂靠单位代管。社团终止的，其专职工作人员由社团自行负责安置。

第二十四条　社团专职工作人员的工资和保险福利待遇，参照国家对事业单位的有关规定执行。

第二十五条　社团负责人和专职工作人员实行亲属回避制度。

第二十六条　社团必须执行国家财政部门的有关规定，建立健全财务管理制度，聘用有执业资格的财会人员从事财务工作，定期公布财务收支情况，并接受财政部门和审计机关的监督。

第二十七条　社团经费原则上自筹。业务主管单位、挂靠单位用于社团管理的必要支出应由社团负责。社团应当有偿使用业务主管单位、挂靠单位的国有资产。

社团应当加强财务管理，防止社团资产流失，每年按期向常务理事会或理事会报告有关财务收支情况。社团经费应主要用于发展文博事业。

第二十八条　社团设立与其章程规定的宗旨和业务范围相适应的实体机构，应当经局人事劳动司审核同意，按国家有关规定进行工商注册登记，所取得的合法收入，必须用于章程规定的业务活动和弥补社团事业发展，不得在会员中分配。社团不得接受社会有关实体的挂靠。

第二十九条　社团接受捐赠、资助，必须符合章程规定的宗旨和业务范围，定期向局人事劳动司报告接受、使用捐赠、资助的有关情况，并接受审计机关的监督。经国家文物局批准建立的社团发展基金，社团不得以任何理由使用本金。

第三十条　社团开展重大活动，应事先申报，说明活动时间、地点、参加人员、范围、组织机构、活动负责人及经费情况等事项。经挂靠单位、局业务指导司室同意，局人事劳动司审核并报局党组批准后方可进行活动。

第三十一条　社团与国外或港澳台的机构、个人进行交往活动或工作人员申请公务出国（境），须经挂靠单位审核同意，报局人事劳动司审查，由挂靠单位或局办公室外事处办理有关审批手续。

第三十二条　具备建立党组织条件的社团，应按照《中国共产党章程》和中共中央组织部、民政部《关于在社会团体中建立党组织有关问题的通知》（组通字〔1998〕6号）的规定建立党组织，并接受局直属机关党委和挂靠单位党组织的领导；暂不具备单独建立党组织条件的社团，其党员的组织关系可转入挂靠单位的党组织，参加党的活动。

第四章　监督管理

第三十三条　国家文物局授权局人事劳动司对社团履行下列监督管理职责：

（一）负责社团筹备申请、成立登记、变更登记、注销登记前的审查；

（二）负责社团的财务和人事管理、研讨活动、对外交往、接受境外捐赠资助；

（三）监督、指导社团遵守宪法、法律、法规和国家政策，依据其章程开展活动；

（四）负责社团年度检查的初审；

（五）协助社团登记管理机关和其他有关部门查处社团的违法行为；

（六）会同有关机关指导社团的清算事宜。

第三十四条　挂靠单位职责：

（一）确定一名主要领导干部具体负责社团管理工作，并明确社团管理机构；

（二）负责社团筹备申请、成立登记、变更登记、注销登记前的初审工作；

（三）对社团人事、财务工作中的重要问题实施管理和监督；

（四）指导、监督社团正常发展和开展业务活动；

（五）对社团工作进行检查。督促社团对工作人员的违纪问题进行处罚或建议上级机关处罚；

（六）督促社团进行年检工作；

（七）向国家文物局报告社团的有关情况；

（八）对发生问题的社团，经报主管部门批准，可停止其活动、吊扣其公章、查封账目；

（九）有权根据本办法制定社团管理规章；

（十）配合局人事劳动司和有关机关指导社团的清算事宜；

（十一）负责社团的思想政治工作、党的建设，并领导其工作；

（十二）负责国家文物局委托范围内的监督管理工作。

第三十五条　局业务指导司室职责：

（一）对业务相关的社团筹备申请、成立登记、变更登记、注销登记及社团主要负责人选提出意见；

（二）对社团开展重大业务活动进行指导并提出审核意见；

（三）对社团的业务工作进行指导、监督、检查和管理。

第三十六条　局办公室计财处职责：

（一）对社团财务管理工作进行监督指导；

（二）对社团来源于财政拨款或其他公有财产的使用进行监督管理。

第三十七条 局审计室职责：

（一）监督指导挂靠单位对社团的审计工作，必要时可对社团直接进行审计；

（二）审计社团年检审计报告和换届审计报告；

（三）参与社团的清算事宜。

第三十八条 局直属机关党委职责：

（一）负责社团的思想政治工作；

（二）负责社团党的建设，并领导其工作。

第三十九条 局直属机关纪委职责：

（一）指导督促挂靠单位对社团违纪问题的查处；

（二）必要时可直接对社团违纪问题进行查处。

第五章 罚 则

第四十条 社团有下列情形之一的，挂靠单位可给予批评、通报、暂停其业务活动并限期整顿，直至向国家文物局申请解除挂靠关系等处罚。对情节严重或拒不改正的社团，可由局人事劳动司报局党组同意后，向社团登记管理机关建议给予警告，责令改正，限期停止活动，责令撤换直接负责的主管人员；情节严重的，予以撤销登记；构成犯罪的，依法追究刑事责任：

（一）弄虚作假、隐瞒事实骗取登记或上报有关情况的；

（二）涂改、出租、出借、转让、出售《社会团体法人登记证书》，或者出租、出借、伪造社团印章及有关活动批件的；

（三）不按程序报批或未经批准擅自开展活动的；

（四）违反法律、法规和有关政策或超出章程规定的宗旨和业务范围进行活动的；

（五）拒不接受或者不按照规定接受监督检查的；

（六）一年中未开展业务活动的；

（七）不按规定上报社团管理情况或办理变更、备案和审批手续的；

（八）擅自设立分支机构、代表机构的；

（九）不再具备本办法第六条所规定的条件而又拒不在指定期限内改正的；

（十）对印章疏于管理造成严重后果的；

（十一）从事营利性的经营活动的；

（十二）违反规定接受实体挂靠的；

（十三）侵占、私分、挪用社团资产或者所接受的捐赠、资助的；

（十四）违反国家有关规定收取费用、筹集资金或者接受、使用捐赠、资助的；

（十五）对设立的实体机构疏于管理造成严重后果的；

（十六）财务管理混乱、社团资产流失的；

（十七）内部管理混乱，组织机构、规章制度不健全的；

（十八）其他违反法规、章程的。

第四十一条 挂靠单位不履行职责或违反国家有关规定，造成社团出现第四十条有关情形的，国家文物局对其提出批评，并限期改正。

第四十二条 挂靠单位为社团出具虚假证明材料，或纵容、支持、包庇、参与社团进行违法违纪活动的，应对挂靠单位主要负责人员追究相应责任。构成犯罪的，依法追究刑事责任。

第四十三条 国家文物局负责社团管理的办事机构和业务指导司室的工作人员滥用职权、徇私舞弊、玩忽职守构成犯罪的，依法追究刑事责任；尚不构成犯罪的，依法给予行政处分。

第六章 附 则

第四十四条 社团会员大会、会员代表大会及理事会或常务理事会表决的有效事项，由挂靠单位监督实施，执行中发生争议，难以解决的，可由局人事劳动司负责裁定。

第四十五条 本办法未尽事宜，依照《社会团体登记管理条例》和国家有关规定执行。

第四十六条 本办法由国家文物局人事劳动司负责解释。

第四十七条 本办法自发布之日起施行。

关于文博单位暂不参加旅游区（点）
质量等级划分与评定工作的紧急通知

（文物办发〔2000〕63号　2000年11月24日）

各省、自治区、直辖市文化厅（局）、文物局、文管会、各直属单位：

日前，国家有关部门正在进行涉及文物保护单位和博物馆的旅游区（点）等级划分与评定申报工作。由国家质量技术监督局公布的《旅游区（点）质量等级的划分与评定》，其标准内容包括"旅游景区、景点、主题公园、度假区、保护区、风景区、森林公园、动物园、植物园、博物馆、美术馆等"，细目中已明确含有文物保护单位，建设部、国家环保总局、国家林业局均对该标准的制订和内容提出异议。各地文博单位对此亦反映强烈，经研究，我局意见如下：

一、《中华人民共和国文物保护法》明确规定"国家文化行政管理部门主管全国文物工作"。划分与评定旅游区（点）等级工作涉及文化、文物部门的管理职能，与现行的管理体制发生矛盾。

二、该标准规定，"国家旅游局和各省、自治区、直辖市旅游局分别是全国和地方旅游区（点）质量标准评定工作的领导机构"，但其工作进程势必涉及许多文物管理工作，影响到文物部门履行职能和管理工作。

三、《中华人民共和国文物保护法》明确规定，根据文物保护单位的历史、艺术、科学价值，分别确定了国家级、省级、县（市）级等级别划分标准。多年来的实践表明，这一划分标准是科学有效的。如果再由旅游部门按照其行业标准对文物保护单位进行划分和评定，势必会造成某种混乱，影响到文物管理工作的正常秩序，而且也可能因为片面追求旅游质量等级，导致文物保护单位服务设施的过度开发，造成不良后果。同样，博物馆工作也有其特殊形式和内容，有其特殊要求和规律，仅从旅游质量等级方面提出要求，是片面的。

四、鉴于划分与评定旅游区（点）质量等级一事尚有大量法律、政策问题和协调性工作没有解决，我局要求各省、自治区、直辖市各级文物保护单位、博物馆等单位暂不参与旅游区（点）质量等级的划分与评定工作。已经参与的要立即停止。

五、各开放的文物保护单位和博物馆，应努力改善设施，优化环境，提高管理水平和服务质量，为发展旅游做出积极贡献。

　　特此通知。

国家文物局

二〇〇〇年十一月二十四日

关于在文物保护工作中加强法律咨询和审核的通知

（文物办发〔2001〕48号）

各省、自治区、直辖市文化厅（局）、文物局、文管会，各直属单位：

随着社会主义市场经济体制的建立完善和我国文博事业的发展，自觉地运用法律手段从事各项业务活动，尊重他人权利，维护自身利益，已成为推动工作顺利进行和事业发展的重要条件。然而，由于工作责任心不强，依法管理的意识淡薄，近期一些文博单位在解决重大问题和处理法律事务时出现了不同程度失误，对文物事业和本部门的合法权益及其形象造成了一定程度的损害。为进一步加强在文物保护和博物馆事业发展中的法律咨询和审核工作，特提出以下要求：

一、各文博单位的干部职工，尤其是领导干部，要增强依法管理、依法办事的观念，高度重视法律咨询工作。在作出重要决策之前，应当进行法律咨询。有条件的单位应当聘请常年法律顾问。文博单位要注意对法律顾问进行文物保护政策和知识的介绍。对法律顾问提出的咨询意见，文博单位应充分重视。

二、各文博单位在开展重要工作时与他人发生经济行为或利益往来的，应当依法通过合同形式明确各方的权利、义务和责任，以确保工作的顺利开展。各文博单位签订合同，应当请法律顾问或律师严格审核把关，防止文物受损、国有资产流失和本部门的合法权益遭到侵害。签订合同是具有法律效力的行为，必须慎重对待。应当严格履行法律法规和其他有关文件规定的报批等程序，严格审核各方的履约能力。合同生效后要认真履行，不得随意毁约。因情况发生变化确需变更、中止或解除合同的，应当及时通过法律规定的途径和方式解决。

三、各文博单位在工作中与他人发生法律纠纷时，应当首先进一步研究掌握相关的法律法规，做好充分的法律咨询工作，本着合法与公平、公正的原则妥善解决。引起法律诉讼的，应当积极充分做好应诉工作，切实保护文物事业不受侵害并维护自己的合法权益。

四、行政复议和行政诉讼是公民维护自身合法权益的重要手段，也是文物部门强化法律意识和完善管理的有效途径。严格依法开展行政复议和行政诉讼工作，事关文物行政管理工作是否合法有效。有关单位和领导应该切实重视，在制度、人员和专业知识上加以保证。

五、对违反上述要求，在文物保护工作中法律意识淡薄，不经严格审核把关擅自签订合同，不严格依法开展行政复议和行政诉讼工作，造成文物行政管理工作混乱，文物受损，国有资产流失和本部门的合法权益遭到侵害的，要坚决追究单位主要领导和当事人的政纪责任。触犯刑律的，应当依法追究刑事责任。

　　以上各项要求，请各地、各单位在实际工作中认真贯彻执行。

　　特此通知。

国家文物局

二〇〇一年九月六日

关于在旅客列车上自行携带或按包裹运输文物申请免检有关事项的通知

(文物博发〔2002〕54 号)

各省、自治区、直辖市文化厅、文物局、文管会；各计划单列市文化（文物）局；各直属单位：

根据铁道部、公安部、国防科工委、总参谋部、总后勤部、总装备部《关于〈科学尖端保密产品、重要保密物资铁路运输保密代号及运输条件〉的通知》（铁公安〔2001〕109 号）和铁道部《关于在旅客列车上自行携带或包裹运输科学尖端保密产品、重要保密物资办法的通知》（铁公安〔2001〕122 号）的规定，为加强铁路运输文物过程中的安全保密工作，将文物纳入铁路运输保密代号范围内，并按有关规定铁路部门免予检查，优先办理包裹托运和乘降车手续，现就具体事项通知如下：

一、文物部门所属各有关单位在铁路列车上自行携带或按包裹托运少量文物申请免检，须持地、市以上公安机关开具的证明，向发站所属铁路公安局（处）提出申请，由铁路公安局或铁路公安处确认后，发给一次性免于检查物品证明书。各车站、列车工作人员，对持有免予检查证明的物品，准予带上列车、办理托运。

二、携带或托运免检文物人员必须两人以上。自行携带免检文物乘坐列车时，每人不得超过20 公斤；按包裹托运时，每件不得超过 50 公斤。免检文物的包装，须执行铁道部《铁路旅客运输规程》和国家文物局《出国（境）文物展品包装工作规范》（文物办发〔2001〕036 号）。国际列车不准携带、承运免检文物。

三、携带或托运文物人员须持免检物品证明书，在上车之前通知列车长、列车行李员、乘警，依照铁路运输押运规定，放置在客车或行李车适当地点，由携带人或托运人自行看管、看押。

四、免检文物需在中途车站换乘和换装时，携带人或托运人应与车站和车站公安派出所取得联系，选择适当地点存放，由托运人自行看管。

五、托运文物单位应在铁路运输、公安部门协助下做好安全保卫保密工作，并做好文物的防火、防震、防潮、防冲击等处理，防止丢失，被盗和损坏，一旦发生丢失、被盗和损坏，有关人员要及时报告铁路公安机关和有关领导。

六、严禁在免检文物中夹带易燃、易爆、剧毒、放射性等危险物品，如因托运单位和携带人违反规定，所携带或托运的文物在车站或列车上发生事故灾害，其后果一律由托运文物单位、携带人和出具证明的机关负责。

特此通知。

国家文物局

二〇〇二年八月十四日

关于贯彻落实全国加强和改进未成年人思想道德建设工作会议精神的意见

（文物博发〔2004〕27号）

各省、自治区、直辖市文物局（文化厅、局）、文管会，各直属单位：

党中央日前召开全国加强和改进未成年人思想道德建设工作会议（以下简称会议），从推进新世纪新阶段党和国家事业发展、实现党和国家长治久安出发，就进一步加强和改进未成年人思想道德建设作出了战略部署。为贯彻落实这次会议精神，充分发挥文物博物馆工作在加强和改进未成年人思想道德建设中的重要作用，为未成年人提供良好文化氛围和优质服务，现提出如下意见：

一、认真学习领会会议精神，充分认识加强和改进未成年人思想道德建设的重要性和紧迫性

进一步加强和改进未成年人思想道德建设，为未成年人的身心健康发展创造良好的条件和社会环境，是党中央综合研究分析当前国际国内形势所作出的重大决策，是实现亿万家庭最大希望的民心工程。胡锦涛总书记在会议上的重要讲话，站在党和国家前途、民族命运的高度，深刻阐明了当前形势下加强和改进未成年人思想道德建设的重要性和紧迫性，明确提出了加强和改进未成年人思想道德建设的指导思想、重要原则和主要任务，具有很强的思想性、政治性和针对性。各级文物行政部门、各类文博单位和广大文物、博物馆工作者要结合自身实际，认真组织会议文件的学习，深刻领会和牢牢把握讲话的精髓，全面理解党中央关于加强和改进未成年人思想道德建设的方针原则，充分认识加强和改进未成年人思想道德建设的重要性和紧迫性，把思想和行动统一到中央的决策和部署上来，切实抓紧抓好贯彻落实工作。

二、充分认识和发挥文物、博物馆工作的特有优势，为加强和改进未成年人思想道德建设提供"个性化"服务

我国历史悠久，文化灿烂，丰富多彩的文物遗存，记载着全国各族人民认识世界、改造世界的光辉历程，凝聚着中华民族团结统一、爱好和平、勤劳勇敢、自强不息的民族精神。以保护、展示历史文化遗产和人类环境物证为己任的文物、博物馆工作，在传承历史文明，弘扬民族精神，培育爱国主义情感等方面具有不可替代的作用。未成年人是社会的特殊群体，他们身心的健康成长，关系着中国特色社会主义事业的兴旺发达、后继有人，关系着中华民族的复兴大计。各级文物开放部门和文物、博物馆工作者，都要充分认识自身在加强和改进未成年人思想道德建设中承担的特殊使命和责任，从未成年人身心成长的特点和需求出发，从树立和培育他们的正确理想信念入手，以"三个代表"重要思想为指针，按照"贴近实际、贴近生活、贴近群众"的要求，紧紧把握时代脉搏，唱响主旋律，打好主动仗，捕捉兴奋点，服务个性化，创造性地发挥文物藏品的实物性、生动性的教育功能，不断增强博物馆、纪念馆等文物开放单位对未成年观众的吸引力和感染力，将文物这一凝聚着丰富历史文化内涵的文化载体真正转化为提高未成年人思想道德素质、科学文化素质的精神食粮。

三、正确处理文物展示利用和有效保护的关系，积极稳妥地推进文物、博物馆单位等爱国主义教育基地的免费开放工作

各级文物部门、各文博单位和广大文物、博物馆工作者要根据会议精神和《中共中央、国务院关于进一步加强和改进未成年人思想道德建设的若干意见》（中发〔2004〕8号）的总体要求，按照《文化部、国家文物局关于公共文化设施向未成年人等社会群体免费开放的通知》（文社图发〔2004〕7号）、《文化部、国家文物局关于贯彻落实〈中共中央 国务院关于进一步加强和改进未成年人思想道德建设的若干意见〉的通知》（文办发〔2004〕9号）和国家文物局《关于文物系统博物馆及爱国主义教育基地对未成年人免费开放和建立辅导员队伍的通知》（文物博发〔2004〕19号）的具体部署，坚持"保护为主、抢救第一，合理利用，加强管理"的文物工作方针，结合当地实际，制定本地区、本单位对未成年人参观实行免费或优惠的具体方案、实施步骤和保障措施。要学习借鉴国内外相关经验，针对免费开放后出现的困难和问题，认真研究，不断探索，积累经验，妥善处理好扩大开放和有效保护文物的关系。要在确保文物安全和正常参观秩序的前提下，最大限度地向社会开放，为未成年人健康成长创造良好的社会教育环境。

四、不断提高文博工作者的素质，大力加强文博单位辅导员队伍建设

文博工作者是社会主义精神文明的建设者，是加强和改进未成年人思想道德建设的重要力量。育人者先自育，教人者先自明。各级文物部门、各文博单位要高度重视工作人员队伍，特别是讲解员、辅导员队伍的建设，采取切实有力的措施，引导和鼓励文博工作者提高自身业务素质，树立良好职业道德和高度敬业精神，为他们的学习、研究、工作提供方便，使他们真正成为加强和改进未成年人思想道德建设中的合格工作者。

全国文物系统被列为爱国主义教育基地的各类博物馆、纪念馆和其他文物开放单位，要根据自身具体情况，采取聘请专业人才、招募志愿者等方式，建立和完善由本单位人员与外聘人员相结合、专兼职相结合的辅导员队伍，为未成年人参观、学习、开展活动提供辅导和服务。未列为爱国主义教育基地的博物馆、纪念馆等文博单位，也应积极创造条件，充分调动和发挥老干部、老战士、老专家、老教师、老模范等相关人士的积极性，引导他们积极投身到文博单位的讲解和辅导工作中来。辅导人员应当思想品德高尚，专业学识丰富，热心青少年教育，了解青少年的心理特点和教育需求，切实承担起帮助青少年增长知识，牢固树立正确人生观、价值观的重要历史使命。

五、积极创意和推出丰富多彩的博物馆文化产品，满足未成年人的特殊需求

陈列展览是博物馆和爱国主义教育基地直接面对未成年人的博物馆文化产品，是开展宣传教育的重要方式。要认真总结国内外优秀陈列展览特别是针对青少年展览的成功经验，不断提高陈列展览水平。要按照贴近实际、贴近生活、贴近未成年人的原则，加强陈列展览的预见性和计划性。在展览内容设计上，要考虑满足未成年人的需求。努力实现思想性与艺术性、科学性与观赏性、教育性与趣味性的完美结合。要针对未成年人的兴趣爱好，积极探索新的展示艺术和表现手段，注重高新技术和材料的合理运用，不断增强陈列展览的吸引力和感染力。

六、努力提高服务意识和服务水平，为未成年人营造良好的参观环境

博物馆、纪念馆等文博单位要努力贴近未成年人的实际需求，体现以人为本的精神，注重营造高雅的人文环境和优美的生态环境，完善服务设施，强化服务意识，提高服务质量，把优美的参观环境，高质量的陈列展览和良好的服务奉献给未成年人，使他们在潜移默化中得到教育和启迪。

要正确处理社会效益和经济效益的关系，把社会效益放在首位，突出自身特色和优势，向未成年人提供独具特色的精神食粮。针对未成年人身心成长的特点和接受能力，精心组织各种参观、瞻仰和考察活动。用祖国的名胜古迹、辉煌悠久的历史、优良革命传统和现代化建设成就教育未成年人，用鲜活通俗的语言，生动典型的事例，喜闻乐见的形式，将深刻严肃的教育内容融入生动引人的参观考察等活动中。要研究设计适合未成年人参与的活动项目，激励和培养未成年人的参与意识和探索精神，实现博物馆、纪念馆等与未成年人的相互认知，建立良好的互动关系。

七、密切与教育部门及共青团、少先队组织的联系，共同开创未成年人社会教育工作的新局面

加强和改进未成年人思想道德建设是一项系统工程，是全社会必须共同承担的重大任务，需要构建学校、家庭和社会相结合的教育网络，强化社区和家庭的责任。各级各类博物馆要充分发挥自身特有的社会教育功能，密切与学校、社区及共青团、少先队组织的联系，面向社会，深入学校，走进社区，为未成年人开展教育活动创造条件。结合学校教育的特点和实际，利用文物藏品和场馆优势，组织开展丰富多彩、适合青少年身心健康成长的教育活动，使博物馆真正成为未成年人的"第二课堂"。结合社区生活的特点，举办各种形式的巡回展览和讲座，向更多的未成年人进行爱国主义、集体主义、社会主义、民族精神和科学文化教育，培养广大未成年人热爱祖国、积极向上、团结友爱、文明礼貌、崇尚科学的精神境界。结合六一儿童节、五四青年节、寒

暑长假等未成年人的节假日，有针对性地设计和开展参观、考察、征文、讲座等适合青少年特点的活动，倡导先进、文明、健康的生活方式和行为规范，为促进青少年的全面发展创造良好的文化环境。

八、切实加强和改善对未成年人教育服务工作的领导，积极争取各级财政部门的支持

加强和改进未成年人思想道德建设是社会主义精神文明建设的重中之重，各级文物部门要切实承担起这一政治责任，把该项工作摆在更加突出的位置，列入重要的议事日程。要确定相应机构和人员负责针对未成年人的文物工作，在各级党委政府的统一领导下，认真部署，制定规划，采取措施，重在落实，发挥文博工作的潜能和优势，针对未成年人思想道德建设中的突出问题，开展有针对性、时代性、实效性的教育和引导活动。

各地文物部门要积极争取财政部门的支持，落实因免费或优惠开放所需的补偿资金，以及配套设施建设和设备更新经费，保证博物馆、纪念馆等文博公益性单位的正常运转。要认真策划和精心组织针对未成年人的活动项目，寻求和动员社会力量的参与，逐步形成政府投入为主，社会多渠道筹资为辅的投入格局，以及全社会齐抓共管的领导体制和工作体制，努力开创未成年人思想道德建设的新局面。

国家文物局

二〇〇四年五月二十六日

文物保护行业标准管理办法（试行）

（文物博发〔2004〕48号　2004年9月3日）

第一章　总　则

第一条　为加强文物保护行业标准的管理，根据《中华人民共和国标准化法》《中华人民共和国文物保护法》等法律法规，制定本办法。

第二条　本办法适用于文物保护行业标准的制定（修订）、审批和发布工作。

第三条　文物保护行业标准是指文物保护和博物馆行业范围内的技术标准、规范等。文物保护行业标准分为强制性标准和推荐性标准，范围包括：

（一）不可移动文物；

（二）可移动文物；

（三）文物调查与考古发掘；

（四）博物馆；

（五）文物保护、博物馆信息化及信息建设；

（六）文物保护行业内的其他领域。

第四条　文物保护行业标准应当与国家相关标准相符，当与国家标准不一致时，必须有充分的法律依据和科学依据，并经国家标准审批部门批准。

第五条　文物保护行业标准属于科技成果。对文物保护行业标准中技术水平高，取得显著效益的，可以纳入科技奖励范围，予以奖励。

第二章　组织管理

第六条　文物保护行业标准工作的组织管理，采取国家文物局、专业标准化技术委员会、标准编制单位三级管理的方式。

第七条　国家文物局是文物保护行业标准的归口管理部门，履行下列职责：

（一）贯彻国家标准化工作的法律、法规、方针、政策，并制定在文物保护行业实施的具体办法；

（二）制定文物保护行业的标准化工作规划、计划；

（三）承担国家下达的草拟国家标准的任务，组织制定文物保护行业标准；

（四）指导省、自治区、直辖市文物行政主管部门的行业标准工作；

（五）组织文物保护行业实施标准；

（六）对标准实施情况进行监督检查；

（七）管理文物保护行业的质量认证工作。

国家文物局行业标准管理办公室（以下简称标准办）负责文物保护行业标准的日常管理工作。

第八条 国家文物局设立专业标准化技术委员会，负责提出本行业标准计划的建议，参加标准草案的审查工作。

第九条 国家文物局确定行业标准（或某项标准）的编制单位，负责标准的草拟和修改。凡有能力承担标准起草的单位，经批准立项后均可以编制标准。

第三章　行业标准的编制与审批

第十条 标准的编制，必须贯彻执行国家的有关法律、法规、方针、政策，适应文物保护行业的特点和技术发展的要求。

第十一条 标准的编制，应积极采用成熟的新理念、新技术、新工艺和新材料等方面的成果。

第十二条 标准的编制，应及时了解和掌握国内外先进标准的发展动态。经过分析论证或测试验证，符合我国国情的国外先进技术经验可纳入标准。

第十三条 标准的条文应严谨明确，文字简练，其术语、符号、代号、计量单位和制图方法等应符合有关规定和标准。

第十四条 制定或修订行业标准的工作程序，分为立项、调研起草、讨论、送审和报批五个阶段。

第十五条 专业标准化技术委员会提出制定、修订本行业标准的规划和年度计划。标准办组织有关专家进行咨询后，报国家文物局审定，下达实施。

第十六条 标准编制单位根据下达的年度计划，在前期调研工作的基础上提出标准制定或修订工作大纲，经专业标准化技术委员会讨论通过后，方可实施。

第十七条 在编制过程中，工作大纲内容有较大变动或编写组成员发生变化，应由编制单位报国家文物局批准。

第十八条 编制单位根据工作大纲开展必要的调研工作。对标准中存在分歧的主要技术问题，需召开专题研讨会，并形成会议纪要。

第十九条 编制单位在完成各项准备工作的基础上，编写标准征求意见稿。

第二十条 标准征求意见稿应由编制单位发送 20 个以上有关单位和专家征求意见，形成标准送审稿。

第二十一条 专业标准化委员会按《全国专业标准化技术委员会章程》的规定，组织审查标准送审稿，形成标准报批稿，报国家文物局批准。

第二十二条 标准送审稿应附有"标准编制说明""意见汇总处理表"和其他有关附件。采用国际标准时，应附有该标准的原文和译文。

第二十三条 文物保护行业标准由国家文物局审批、编号、发布。

行业标准报批时，应有"标准报批稿""标准编制说明""标准审查会议纪要"或"函审结论"及其"函审单""意见汇总处理表"和其他附件。采用国际标准或国外先进标准时，应附有该标准的原文或译文。

行业标准的审批必须尊重"审查会议纪要"或"函审结论"。对报批稿进行修改应有充分科学论据，并征求专业标准化技术委员会的意见。对报批稿有重大修改时，应进行重新审查。

确定行业标准的强制性或推荐性，应由专业标准化技术委员会提出意见，由国家文物局审定。

第四章 标准的发布和复审

第二十四条 文物保护行业标准代号为：WW。行业标准的编号由行业标准代号、标准顺序号及年号组成。

（一）强制性行业标准编号

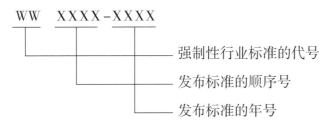

WW XXXX-XXXX
————— 强制性行业标准的代号
————— 发布标准的顺序号
————— 发布标准的年号

（二）推荐性行业标准编号

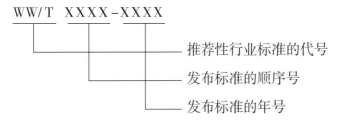

WW/T XXXX-XXXX
————— 推荐性行业标准的代号
————— 发布标准的顺序号
————— 发布标准的年号

第二十五条 国家文物局在行业标准发布后三十日内，将已发布的行业标准及编制说明连同发布文件各一份，送国务院标准化行政主管部门备案。

第二十六条 国家文物局确定行业标准的出版，局部修订的标准以文件形式发布，在相关媒体上公布。

第二十七条 标准发布实施后，标准的解释和管理工作由国家文物局负责。

第二十八条 行业标准实施后，应根据科学技术的发展和经济建设的需要适时进行复审；复审周期一般不超过五年，确定其继续有效、修订或废止。行业标准的复审工作由国家文物局组织专业标准化技术委员会或专业标准化技术归口单位进行。

行业标准的复审也可采用会议审查或函审。复审时一般要有参加过该标准审查工作的单位和人员参加。

标准复审后，应提出"复审报告"，报送国家文物局审批。

第五章　附　则

第二十九条　本办法由国家文物局负责解释。

第三十条　本办法自发布之日起施行。

关于紧急制止并坚决纠正用国有文物送礼的
违法行为的通知

（文物办发〔2005〕17号）

各省、自治区、直辖市文物局（文化厅、文管会）：

最近，一些地方出现用国有文物送礼的违法现象，特别是个别革命老区所在地的政府机关和文物单位工作人员，也采用拿国有文物向上级部门负责同志送礼的方法，跑项目要经费。这些行为不仅严重违反了《文物保护法》，而且败坏了党风，破坏了文物保护和管理秩序，使国有财产和重要的文物资源遭到流失，也丧失了文博工作者的职业道德，必须及时制止并坚决纠正。

《文物保护法》明确规定，国有文物收藏单位以及其他国家机关、部队和国有企业、事业组织等收藏、保管的文物，属于国家所有。国有文物所有权受法律保护，不容侵犯。依法拆除的国有不可移动文物中具有收藏价值的雕塑和建筑构件等，由文物行政部门指定的文物收藏单位收藏。考古发掘的文物，应当登记造册，由国有文物收藏、保护和研究机构妥善保管。国有文物收藏单位不得将馆藏文物赠与或者出售给其他单位和个人。法律的尊严必须得到维护，有关规定必须得到切实遵守。

请你们接此通知后，认真组织有关单位深入学习《文物保护法》的有关规定，并开展自查活动，完善有关管理制度并严格执行。各地文物、博物馆单位也要积极向有关领导部门和同志宣传法律、法规和各项管理制度的具体要求，以及本通知的精神，使此类违法行为切实得以杜绝。

特此通知。

国家文物局

二〇〇五年七月三十日

关于贯彻落实《国务院关于加强文化遗产保护的通知》的意见

（文物政发〔2006〕1号）

各省、自治区、直辖市文物局（文化厅、局）、文管会，各直属单位：

为进一步加强我国文化遗产保护，继承和弘扬中华民族优秀传统文化，推动社会主义先进文化建设，国务院近日下发了《国务院关于加强文化遗产保护的通知》（以下简称《通知》），决定自2006年起每年六月的第二个星期六为我国"文化遗产日"。《通知》还明确提出了今后一个时期我国文化遗产保护的指导思想、基本方针和总体目标，是现阶段指导我国文化遗产保护事业健康稳步发展的纲领性文件。为切实贯彻落实《通知》精神和工作部署，特提出以下意见：

一、各级文物行政部门要及时组织各文博单位和广大文物、博物馆工作者，认真学习《通知》内容，深刻领会《通知》精神，充分把握《通知》的各项要求，进一步认识加强文化遗产保护工作在建设社会主义先进文化，贯彻落实科学发展观和构建社会主义和谐社会中的重要作用，准确把握今后一个时期我国加强文化遗产保护的指导思想、基本方针和总体目标，把认识统一到《通知》精神上来。要进一步明确当前我国文化遗产保护工作所面临的突出问题，充分认识加强保护文化遗产的重要性和紧迫性。从对国家、民族和历史负责的高度，从维护国家文化安全的高度，增强大局意识和责任意识，切实做好文化遗产保护的各项工作。

二、各地文物行政部门要紧紧依靠当地党委、政府，密切配合各有关部门，切实加强对文化遗产保护工作的领导，明确岗位，落实责任，将文化遗产保护纳入当地经济、社会发展规划和城乡建设规划，纳入各级领导责任制。落实组织机构，积极组建由地方各级人民政府领导牵头的文化遗产保护协调机构。形成完善科学有效的文化遗产保护管理系统，逐步建立和完善本地区文化遗产保护信息通报制度、专家咨询制度、公众和舆论监督机制。充分发挥有关学术机构、大专院校、社会团体等各方面的作用，充分调动社会各界保护文化遗产的积极性，鼓励、引导社会力量进入文化遗产保护领域，推进文化遗产保护事业的社会化进程，推动全社会共同参与文化遗产保护体制的进一步完善。

三、各级文物行政部门要着力研究解决文化遗产保护面临的突出问题和矛盾，做好文物资源调查和文物保护规划的制定实施，主动与有关部门研究提出改进和完善重大建设工程中的文物保护工作的意见和措施，严格执行重大建设工程项目审核、备案制度。要切实抓好重点文物维修工程，重视对历史文化名城（街区、村镇）保护，提高馆藏文物保护和展示水平，规范文物流通市场管理。坚持全面、协调、可持续发展战略，处理好文化遗产保护、管理和利用的关系，处理好文化遗产保护和经济建设的关系。

四、加快文化遗产保护法制建设进程，健全法规体系，坚持依法办事，加大执法力度，加强执法能力。各地要结合贯彻落实《通知》精神，逐条逐项落实各项具体任务。各级文物行政部门等行政执法机关有权依法抵制和制止违反文化遗产保护法律法规的决定和行为，严厉打击各种破坏文化遗产的违法犯罪活动。

五、要切实加强调查研究工作，特别是对关系文化遗产保护事业大局的创新意识和理论、促进文化遗产保护事业发展的政策和措施、国际先进文化遗产保护的理论与实践等进行调研，为指导文化遗产保护工作提供思想理论支撑。

六、各地应结合编制文物博物馆事业发展"十一五"规划工作，将落实《通知》精神作为今后几年文化遗产保护工作的中心内容，按照《通知》提出的指导思想和方针、目标，科学制订本地区文化遗产保护发展规划，并采取有效措施，保障规划实施。各级人民政府要将文化遗产保护经费纳入本级财政预算，要从加强文化遗产保护的实际出发，加大文化遗产保护管理机构和专业队伍的建设，加强科技研究和科研成果推广，为推进文化遗产保护的可持续发展提供科技和人才保障。

七、各地要结合本地区文化遗产保护实际，采取多种形式，开展文化遗产保护的宣传教育，增强民众参与保护的使命感与责任感，使热爱、珍视、保存、维护和抢救文化遗产的理念深入人心。要充分利用"文化遗产日"等主题纪念日，加大力度集中开展阶段性宣传，做好相应活动安排。要利用各地文化遗产资源搭建多种平台，开展群众喜闻乐见的展陈与阐释。通过举办学术论坛和专题讲座，开辟广播电视专题和报纸杂志专栏等方式，宣传文化遗产保护意义、保护政策和保护措施等，不断提高人民群众尤其是广大青少年的文化遗产保护意识。

八、各地文物行政部门要加强与当地有关部门的沟通与合作，在做好物质文化遗产保护的同时，共同做好非物质文化遗产和自然遗产的保护工作。要结合本地区实际，抓紧制订落实《通知》精神的工作计划和实施方案，认真组织实施，掀起学习贯彻《通知》精神的高潮，推进各地文化遗产保护工作健康、快速、协调发展。我局将适时对各地贯彻落实《通知》的情况进行督促检查。

国家文物局

二〇〇六年一月十六日

中国文化遗产标志管理办法

（文物政发〔2006〕5号　2006年2月6日）

第一条　为规范中国文化遗产标志的保护和管理工作，保障中国文化遗产标志权利人的权益，制定本办法。

第二条　本办法所称中国文化遗产标志，是指由国家文物局确定并发布的中国文化遗产图形标志。

第三条　国家文物局是中国文化遗产标志的权利人。国家文物局授权中国文物信息咨询中心对中国文化遗产标志及其使用进行保护和管理，维护中国文化遗产标志权利人的权益。

中国文物信息咨询中心应当履行中国文化遗产标志保护的法律手续，加强对中国文化遗产标志使用的管理。

第四条　任何单位、组织和个人使用中国文化遗产标志，应当遵守本办法的规定。

第五条　使用中国文化遗产标志，应当根据本办法附件一规定的式样，按比例放大或缩小，不得更改图形的比例关系和样式。

第六条　中国文化遗产标志可用于公益活动和商业活动。

中国文化遗产标志权利人鼓励将标志用于文化遗产保护公益活动。中国文物信息咨询中心应当引导并监督中国文化遗产标志用于公益活动。

使用人将中国文化遗产标志用于商业活动，应当事前向中国文物信息咨询中心提出申请，并取得许可。

第七条　将中国文化遗产标志用于商业活动，是指以营利为目的，以下列方式使用中国文化遗产标志：

（一）将中国文化遗产标志用于商品、商品包装或者容器以及商品交易文书上；

（二）将中国文化遗产标志用于服务项目中；

（三）将中国文化遗产标志用于广告宣传、商业展览和营业性演出活动中；

（四）销售、出口含有中国文化遗产标志的商品；

（五）制造或者销售中国文化遗产标志；

（六）可能使人认为行为人与中国文化遗产标志权利人之间有赞助或者其他支持关系而使用中

国文化遗产标志的其他行为。

第八条 将中国文化遗产标志用于商业活动，应当向中国文物信息咨询中心提供《中国文化遗产标志使用申请书》（见附件二）一式两份，以及申请人法人营业执照或法人资格证明文件的副本原件或复印件。申请人法人营业执照或法人资格证明文件的复印件应加盖申请人公章。

申请经审核同意的，申请人应当与中国文物信息咨询中心签订中国文化遗产标志许可使用协议。协议双方应当按照协议的具体约定，行使权利，承担义务。

第九条 中国文物信息咨询中心应当按照法律、行政法规和权利人的要求，处理中国文化遗产标志用于商业活动的有关事务。所得收入，应当全部用于文化遗产保护。

第十条 中国文物信息咨询中心应当定期将中国文化遗产标志保护和管理工作的情况，报送中国文化遗产标志权利人备案。

第十一条 本办法自发布之日起实施。

关于加强 20 世纪遗产保护工作的通知

（文物保发〔2008〕28 号）

各省、自治区、直辖市文物局（文化厅、文管会）：

20 世纪遗产是 20 世纪文明创造的历史见证，是文化遗产的重要组成部分，对于研究这一时期的政治、经济和社会发展历程具有重要意义。保护 20 世纪遗产可以使人类发展记录更加完整，社会教育功能更加完善，城市特色更加鲜明，是文化遗产保护理念发展的必然要求，具有重大的现实意义和深远的历史意义。

当前，我国正处在经济高速发展时期，城市化进程不断加快，一些地方的 20 世纪遗产面临着被遗弃、拆毁和改造的威胁。由于保护观念的滞后、认定标准的空白、法律支撑的缺失、技术手段的匮乏以及一些不合理的利用方式，导致大量具有重要价值的 20 世纪遗产正在加速消亡，抢救和保护工作日趋紧迫。为了进一步加强 20 世纪遗产保护，特就相关工作通知如下：

一、提高认识，充分重视 20 世纪遗产的保护工作

各地文物行政部门应当统一思想，提高认识，充分认识到 20 世纪遗产保护工作的重要性和紧迫性，及时将 20 世纪遗产保护作为当前文化遗产保护工作的重要内容，制订切实可行的 20 世纪遗产保护工作计划。同时积极争取各级地方人民政府的支持，会同并配合有关部门，将 20 世纪遗产保护纳入当地经济和社会发展规划以及城乡建设总体规划。

二、加强研究，积极探索 20 世纪遗产保护理论和方法

各地文物行政部门应积极加强与高校、科研机构及其他相关单位的合作，组织多学科研究，吸收和借鉴国外相关研究成果与经验，在整体把握 20 世纪遗产产生的历史背景和社会条件的基础上，逐步建立和完善 20 世纪遗产保护的理论和技术体系。应重点加强 20 世纪遗产认定标准与价值评估体系等基础理论、方法的研究，同时应针对 20 世纪遗产广泛采用新材料、新工艺和新设计理念的特点，抓紧制订相关的保护标准和技术规范，积极探索有效的保护技术手段。

三、积极开展 20 世纪遗产的普查和评估工作

各地文物行政部门应抓紧部署，将 20 世纪遗产普查作为第三次全国文物普查的一项重要工作内容。通过普查，力求全面准确掌握我国 20 世纪遗产的保存现状，并在科学评估的基础上，对

20 世纪遗产予以登记，认定为不可移动文物，并将其中具有重要价值的部分公布为相应级别的文物保护单位，并积极做好重要 20 世纪遗产申报第七批全国重点文物保护单位的准备工作。

各地还应该结合实际情况，制订工作计划，逐步开展 20 世纪遗产中可移动文物和非物质文化遗产的调查与评估工作。

四、有效开展 20 世纪遗产的合理利用工作

各地文物行政部门应结合城市文化建设，积极引导对 20 世纪遗产的合理利用，规范对 20 世纪遗产的改造和功能转换，避免由于不当的干预或使用，导致遗产价值的损失。应积极探索对已丧失原使用功能的 20 世纪遗产的保护实践，确保其延续性。应依托 20 世纪遗产大力推进 20 世纪历史题材博物馆建设，并争取将其列为爱国主义教育基地或学生素质教育基地。应重视各级文物保护单位中 20 世纪遗产的保护和管理工作，积极采取必要的保护措施，避免因得不到及时有效的保护而遭受破坏。

五、广泛宣传，引导公众关注和参与 20 世纪遗产保护工作

各级文物行政部门应积极采取多种形式，向公众介绍和展示 20 世纪遗产丰富的历史价值和文化内涵，宣传保护 20 世纪遗产的重要意义，增强公众的保护意识。同时，应采取必要措施，拓宽公众参与保护的渠道，充分调动公众参与 20 世纪遗产保护工作的积极性和主动性，形成广泛的合力，为 20 世纪遗产保护营造有利的社会环境，奠定坚实的群众基础，推动我国 20 世纪遗产保护工作的顺利开展。

特此通知。

国家文物局

二〇〇八年四月二十二日

国家文物局社会组织管理暂行办法

（文物人发〔2008〕49 号　2008 年 7 月 21 日）

第一章　总　则

第一条　为了加强对以国家文物局为业务主管（指导）单位的文博社会组织（以下简称文博社会组织）的管理，促进文博社会组织健康发展，根据《社会团体登记管理条例》《基金会管理条例》等法律和行政法规，制定本办法。

第二条　本办法所称文博社会组织，是指以国家文物局为业务主管（指导）单位的社会团体、基金会和民办非企业单位。

第三条　民政部是社会组织的登记管理机关。本办法只对文博社会组织管理中由国家文物局管辖的事项进行规范，其他事项，依照民政部的有关规定执行。

法律、行政法规对社会组织的监督管理另有规定的，按其规定执行。

第四条　国家文物局人事部门负责对文博社会组织的日常监督和指导。

第五条　国家文物局财务、审计部门负责对文博社会组织的财务监督工作。

第六条　文博社会组织党的建设工作由国家文物局直属机关党委或该文博社会组织的挂靠单位党组织指导。

第二章　成立登记

第七条　申请成立文博社会组织，除具备民政部规定的条件外，还应当具备下列条件：

（一）以促进文化遗产事业的发展为宗旨，符合文化遗产保护工作需要，符合社会组织布局结构要求；

（二）由文博企业、事业单位或在文博界有较高知名度的、具有行为能力的个人自愿发起；

（三）属于国家文物局主管的业务范围，有规范的名称、组织机构、固定的办公场所和相应的专职工作人员，有独立承担民事责任的能力。

第八条　申请成立文博社会组织，申请人应当向国家文物局提交下列文件：

（一）申请书；

（二）章程草案；

（三）场所使用权证明；

（四）申请人和拟任负责人的基本情况、身份证明。

第九条 国家文物局应当自收到本办法第八条所列全部有效文件之日起 20 个工作日内，作出同意或者不同意的决定。经审查同意的，出具同意文件；不同意的，应当书面说明理由。

第十条 新成立的文博社会组织应当在登记后 20 个工作日内到国家文物局备案。

第十一条 未经登记的不得以社会组织名义进行活动。

第三章 变更登记、注销登记

第十二条 文博社会组织变更下列事项，应当报国家文物局审查同意后，向登记管理机关申请变更登记：

（一）名称；

（二）业务范围；

（三）业务主管单位；

（四）秘书长以上领导人员；

（五）办公场所；

（六）注册资金；

（七）分支机构、代表机构的名称、业务范围、主要负责人、活动地域、办公场所。

第十三条 文博社会组织有下列情形之一的，应当报国家文物局审查同意后，向登记管理机关申请注销登记：

（一）完成或改变社会组织章程规定的宗旨的；

（二）分立、合并或自行解散的；

（三）由于其他原因终止的。

第十四条 文博社会组织在办理注销登记前，应当在国家文物局及其他有关机关的指导下，成立清算组织，完成清算工作。

第十五条 文博社会组织成立后拟设立分支机构、代表机构的，应当经国家文物局审查同意后，向登记管理机关提交有关分支机构、代表机构的名称、业务范围、办公场所和主要负责人情况等文件，申请登记。

第四章 组织机构

第十六条 文博社会组织法定代表人一般由会长（理事长）担任。如因特殊情况需要副会长（副理事长）或秘书长担任法定代表人的，应当报国家文物局审查，并经社会组织登记管理机关同意。

第十七条 文博社会组织法定代表人、秘书长原则上应由文博系统内的工作人员（包括离退休人员）担任。

第十八条　秘书长以上负责人（不含名誉职务）应身体健康，能坚持正常工作，任期一般不超过两届，年龄一般不超过 70 周岁。

秘书长以上负责人人选依据文博社会组织章程规定的程序，由理事会选举产生，经国家文物局审查同意后，到登记管理机关办理登记事宜。

第五章　监督管理

第十九条　文博社会组织经费原则上自筹。

第二十条　文博社会组织活动涉及下列重大事项的，应当在活动开展至少 20 个工作日之前将活动时间、地点、内容、参加人员、范围、组织机构、活动负责人及经费筹集使用等情况报国家文物局备案，经备案后方可开展活动：

（一）召开会员大会或会员代表大会，召开换届改选会议；

（二）涉及常务理事会成员和秘书长以上人员的变更；

（三）举办涉及与外国政府或非政府组织合作、签订协议等事项的重要外事活动，或涉及港澳台地区的重要活动；

（四）开展全国性的或跨地区的论坛、评比、达标、表彰等具有重大社会影响的活动；

（五）其他重要事项。

文博社会组织不得冠以国家文物局的名义开展活动。

第二十一条　国家文物局应当自收到关于本办法第二十条所列事项的有效备案文件之日起 20 个工作日内，反馈同意或者不同意的意见。超过 20 个工作日未表明意见的，视为同意。

第二十二条　文博社会组织应当及时提交年度检查有关材料，经国家文物局审查同意后，报社会组织登记管理机关，接受年度检查。

第二十三条　对运行规范并产生良好影响的文博社会组织，国家文物局通过适当形式予以表彰。

第二十四条　文博社会组织违反《社会团体登记管理条例》《基金会管理条例》等社会组织有关法律、行政法规以及本办法有关规定的，由国家文物局进行通报批评，或提请登记管理机关依法予以处罚。

第六章　附　则

第二十五条　本办法由国家文物局负责解释。

第二十六条　本办法自发布之日起施行。2000 年 10 月 8 日发布的《国家文物局社会团体管理暂行办法》同时废止。

关于进一步发挥文化遗产保护志愿者作用的意见

（文物政发〔2010〕28号）

各省、自治区、直辖市文物局（文化厅、文管会）：

中共中央政治局常委李长春同志在今年文化遗产日发表《保护发展文化遗产 建设共有精神家园》重要文章指出："要加强宣传普及工作，广泛介绍文化遗产知识，增强公民依法保护意识，积极培养文化遗产保护志愿者。营造保护文化遗产人人有责、文化遗产保护成果人人共享的社会环境，形成有利于文化遗产保护的舆论氛围。"

文化遗产事业作为文化建设的重要组成部分，是全社会的共同事业，必须充分调动各方面的积极性，努力形成文化遗产保护的强大合力和长效机制。多年来，在社会各界的共同努力下，我国文化遗产保护志愿者队伍正在逐步形成。在志愿者的积极参与和艰辛努力下，许多文化遗产地免遭破坏，文化遗产保护理念逐步深入人心。我国的文化遗产保护志愿者为建设中华民族共有精神家园做出了重要贡献。

当前，文化遗产事业发展站在了一个新的历史起点上。与全面建设小康社会的新要求相比，与人民群众日益旺盛的精神文化需求相比，与传承中华文明的事业需要相比，文化遗产保护的强大合力和长效机制尚未形成，文化遗产保护志愿者的队伍尚未壮大，作用尚未充分发挥。我们必须进一步认识文化遗产事业面临的新形势新要求，认识志愿者工作对社会进步和文化遗产事业发展的重要意义，充分发挥文化遗产保护志愿者的作用。为此，提出意见如下：

一、要将支持、协调志愿者开展工作纳入议事日程。文物部门是国家保护文化遗产的主导力量，志愿者是全社会参与保护文化遗产的生力军。组织、鼓励志愿者开展工作，是文物行政部门的工作职责。文物行政部门应当主动培育志愿者队伍，与志愿者紧密合作，深入细致地帮助志愿者解决困难，共同为文化遗产事业努力奋斗。

二、要积极、及时地向志愿者通报信息，使广大志愿者充分了解文化遗产保护工作的成就以及面临的困难。只有广大志愿者充分了解党和政府对文化遗产事业的高度重视和大力支持，充分了解文化遗产事业取得的成就、进步以及面临的阻力、挑战，充分了解各级文物行政部门的工作重点和计划，才能够鼓舞士气充满干劲，才能够更好地服务于文化遗产事业发展大局。

三、要更多地为志愿者搭建参与平台，提供发挥作用的机会。目前，志愿者施展才华和热情的空间还不够宽广，开展工作的渠道有限，发挥志愿者作用的社会环境亟待改善。要保护和鼓励志愿者工作的积极性，要在法律允许的范围内充分提供志愿者发挥作用的途径和机会。要通过媒体等平台使志愿者的事迹得到更广泛传播，从而感动并带动更多的民众参与到文化遗产事业中来。

四、要更耐心诚恳地倾听志愿者的意见和建议，把志愿者的智慧和积极性化作推动文化遗产事业发展的资源和动力。志愿者来自社会各界，他们的意见建议具有代表性和创造性，能够切中弊端，帮助我们解决突出问题。志愿者意见、建议的角度、方法可能与文物部门不尽相同，我们要善于理解并积极借鉴、吸纳，用于完善相关工作。

五、要进一步肯定志愿者工作的成果和作用，大力鼓励志愿者队伍，表彰优秀志愿者。志愿者为创建国家保护为主、全社会共同参与的文化遗产保护新体制做出了重要贡献，并将继续发挥更大作用。进一步肯定志愿者工作的成果和作用，不仅有利于培养文化遗产保护志愿者，有利于形成文化遗产保护的舆论氛围，也是贯彻实施《中华人民共和国文物保护法》的具体体现。

以上意见，请参照执行。

国家文物局

二○一○年七月二十日

关于进一步加强科普工作的通知

（文物博发〔2014〕22 号）

各省、自治区、直辖市文物局（文化厅）、新疆生产建设兵团文物局，本局各直属单位，国家文物局重点科研基地：

为贯彻落实习近平同志关于推动中华文明创造性转化和创新性发展的重要讲话精神，实施《国家中长期科学和技术发展规划纲要（2006～2020 年）》和《全民科学素质行动计划纲要（2006～2010～2020 年）》。现就进一步做好文博单位的科普工作，通知如下。

一、我国丰富的文化遗产资源中蕴含着珍贵的历史价值、艺术价值和科学价值。通过对以"四大发明"为代表的中国古代发明创造以及遗留下的珍贵文物实证进行价值发掘和展示，可以在弘扬科学精神、培育科学文化、普及科学知识、反对封建迷信等方面起到积极且不可替代的重要作用。

二、全国广大博物馆、文物保护单位、文物保护和科研机构（以下称文博单位），应该尽量创造条件，利用文物保护设施、场所等科技资源向社会开放，开展科普活动，让科技进步和文物保护成果惠及广大公众。

三、文博单位向社会开放要坚持公益性原则，不以营利为目的，突出社会效益。各单位要根据各地实际，采取喜闻乐见的方式，深入挖掘文化遗产中的科学价值，使公众通过参观文博单位，增进对科学技术的兴趣和理解，提升其使用科技手段分析和解决文物保护问题的能力。

四、有条件实施开放的文博单位要制定科研场所和设施向社会开放的管理办法，明确责任分工和条件保障。要将向社会开放作为一项工作制度，纳入工作规划和年度计划。要整合优势资源，为开放提供资金支持和条件保障。要充分利用 5.18 国际博物馆日、文化遗产日等重要时间节点，以及各种学术交流活动，开展科普宣传。

五、有条件实施开放的文博单位要加强队伍建设，逐步设立科普工作岗位。要加强对从业人员的业务培训，不断提升其科普作品的创作、讲解演示等与公众的沟通能力和技巧，有效地满足公众多层次、多样化的需求。

六、文博单位应通过印发科普图册、制作科普模型等多种形式，进一步强化展示手段。要通过建立宣传网站、与新闻媒体联合制作宣传节目等多种形式，加强宣传工作。要加强与教育部门、城市社区以及其他单位和组织的协调工作，结合自身特色，开展内容丰富的科普宣传活动。要加强开放期间的安全保卫工作，确保人员和文物的安全。

七、文博单位在承担国家科技计划项目以及国家文物局科研课题过程中，要注重科普资源的开发，并将科技成果及知识的传播与扩散等相关科普活动作为科技计划的目标和任务之一。对于非涉密的基础研究、前沿技术及其他易于开展科普活动的国家科技计划项目，在有效保护知识产权的前提下，项目承担单位有义务及时向公众发布成果信息和传播知识，并应作为项目立项和验收考核目标之一。

八、国家文物局已经被增补为全民科学素质纲要实施办公室正式成员单位，请各地文物行政部门主动与当地科学素质纲要实施办公室联系，作为办公室成员单位积极开展系列活动。为做好此项工作，请各省级文物行政部门、各直属单位、各科研基地指派一名分管领导担任此项工作负责同志，一名部门负责同志担任项目联络员，8月25日前将名单报我局，并于每年底向我局报送年度工作情况。

国家文物局

二〇一四年七月三十一日

领导讲话

郭沫若在 1956 年全国考古工作会议上的讲话 *

（1956 年 2 月 21 日）

考古工作会议开幕。这次会议是中国有史以来的第一次考古工作会议。我们大家都非常振奋，有责任把这次会议开好，完成会议的任务。会议的性质，如名称所表示，是工作会议，但它是有关考古发掘的工作会议。

现在我想把我们所预定的会议的任务向大会说明一下。

考古工作在中国是有长远历史的。从北宋吕大临的"考古图"和"宣和博古图"看来，考古工作作为一种具有系统的独立的学问，至少已经有了将近一千年的历史了。"考古图"和"宣和博古图"所处理的范围虽然主要只限于青铜器，但它们对铜器的花纹、形式、度量、时代、铭文的考释都做了比较有系统的考察，有时候联系到历史地理，有时候联系到工艺技术，公平地说，是具备了一个相当严密的学术系统的。

那些古人的业绩和近代考古学比较起来，不消说是有很大的距离；但我们要想到那是将近一千年前的工作的。我们要饮水思源，不应该数典忘祖。

北宋以后，关于这门学问的研究在我们却不幸不仅没有发展，反而衰颓下去了。一直到了近代主要由于西方的考古学的输入，对于这门学问的研究热情又才逐渐恢复了转来。

特别是在解放以后六年多的期间，我们是做了不少的考古工作的。在全国范围内的大规模的基本建设，把丰富的地下博物馆替我们开放了，无论是有史以前的旧石器时代和新石器时代，或者是有史以来的殷周、秦汉、隋唐及其以后的时代，都有大量的遗物遗迹发现。据不完全的统计，各地出土的重要遗物已在 20 万件以上，丰富了并在某种程度上端正了我们的历史知识。

由于需要的迫切，关于考古工作者的训练，我们也做了一些工作。在这里应该特别感谢北京大学，它在历史系里面开设了"考古专门化"，从 1953 年以来已经训练出了 40 多位毕业生；目前在校学习的也还有 40 多位。文化部、中国科学院、北京大学自 1952 年以来每年合办一次的短期训练班已经举行了四次，出了 341 位工作干部。这些新生力量加上我们老一辈的专家。我们的考古工作者已经是有五六百人的一个队伍了。

---

* 原题为《交流经验，提高考古工作的水平》。郭沫若时任全国人民代表大会常务委员会副委员长、中国科学院院长。

我们的同志们是一面学习一面工作，同时也是一面工作一面学习的。我们的工作面很广，遍于全中国。我们所处理的时代也很长，由旧石器时代一直到元、明、清。六年多来我们不敢妄自菲薄，是积累了不少的经验的。把这些经验做了初步的总结，是很有必要的。各地的同志们聚焦在一道，交流经验，彼此观摩，展开讨论，相互学习；这在提高我们的学术水平和改进我们的工作方法上，是有绝对的好处的。这层就是我们召开这次学术性的工作会议的一个主要的目的。

我们已经收到了 20 多种各地的发掘工作报告，将在会上进行讨论。希望同志们本着"知无不言，言无不尽"的精神，尽量交换意见，切磋琢磨，使既得的工作成就能够再锦上添花，使今后的工作能有更好更多的成就。我们要把既得的丰富经验，最好能够提高到原则性的理论水平。六年多来无论在训练干部方面或进行发掘方面都有显著的成就，但这些成就丝毫也不应该引起我们自满的情绪。

我们所发现的遗迹遗物是有惊人的数量的，然而我们的整理石窟工作却做得很少，甚至有好些发掘工作，我们连初步的工作报告都还没有提供出来。机会太多，遗物、遗迹太多，问题太多，而人手却太少，再加上我们大多数同志的业务水平也还并不能说是太高，要应付解放以来突然增加的大量的工作，是有困难的。但是我们不能在困难面前畏缩，我们要想出各种有效的办法来，以最大的力量克服这些困难。假使不这样，我们要知道困难在目前的形势之下是还要大大地增加的，有加无已，而且愈来愈大。

大家都知道，我们的国家建设事业的发展已经呈现出了一个新形势。在今年内全国范围内的半社会主义农业合作化的运动就要基本上完成；再隔三四年，也就是说到 1959 年或者 1960 年，更可以进入全社会主义合作化的阶段。手工业的合作化，私营工商业的社会主义改造工作，即社会主义革命工作的提前完成也就促进社会主义工业化的过程，在规模上日益加大，在速度上日益加快。

各位请想想，农业合作化的结果必然导致农业生产的机械化；再加上工业化的规模加大与速度加快，这必然的结果是怎样呢？这必然的结果就是毛主席在《中国农村的社会主义高潮》序言中所说的"科学、文化、教育、卫生等项事业发展的规模和速度，已经不能完全按照原来所想的那个样子去做了，这些都应当适当地扩大和加快"。中共中央最近召开了一次关于知识分子问题的会议，周恩来总理所作的一个具有历史性的报告各位是看到了的，中共中央向全国的知识分子号召，要在全面规划、加强领导的方针之下，以最紧张的努力争取在 12 年内使落后的中国科学文化接近世界的先进水平。这在我们是光荣而艰巨的任务，但是是必须完成而且能够完成的任务。我们有党的坚强领导全面规划，有苏联和其他兄弟国家的无私的帮助，只要我们能以最紧张的努力进行工作，是一定能够实现党对于我们的号召的。

从考古工作方面来说，我们可以得到更具体的了解。六年多来规模宏大的基本建设已经使考古工作得到蓬蓬勃勃的空前未有的发展，在目前的新形势之下，农业和工业的飞速发展、交通水利等工程的愈来愈大的规模，愈来愈快的速度，还是会把无尽藏的地下博物馆更加大量地更加频繁地为我们开放出来的吗？我们应该做怎样的准备来迎接这个波澜壮阔的新形势呢？

问题提到了我们的面前，答案也就到了我们的面前。我们要想胜任地应付这个新形势，很明显地我们就必须扩大我们的工作队伍，提高我们的业务水平，促进我们政治觉悟，发挥我们的潜在力量。这些都必须有全面的长远规划，有组织、有步骤、有领导地团结一切力量来进行，然后才能使问题得到满意的解决。

响应着党的号召，目前有关各部门都正在集中力量来进行着 12 年远景计划的拟订。我们的考古工作，在目前的新形势之下，也应该有一个 12 年的远景计划。到底应该怎样来扩大我们的队伍，怎样来提高我们的业务水平，怎样来促进我们的政治觉悟，怎样来发挥我们的潜在力量，我们希望到会的各位同志多多考虑一下，尽量提供意见。这在 12 年远景计划的制定上是有很好的帮助的。这层也就是我们召开这次学术性的工作会议的又一个主要目的。

不容讳言，我们的考古工作的队伍还是小得很可怜的。我们大多数工作同志的业务水平离世界的先进水平相距还很远。近代考古学这门科学所涉及的学术部门很多很广，它不仅和许多人文科学密切关联，和许多自然科学和技术科学也有密切的关联。特别到最近，这门科学也进入了原子能时代了。用 X 射线来透视塑像内部，用同位素碳十四来测定古物年代，在别的加速度里已经早在进行了；而我们自己呢？却连许多初步的发掘、整理、研究工作都还没有做到可以满意的程度。我们无论怎样，是必以最紧张的努力，急起直追的。没有任何理由可允许自己有丝毫的骄傲自满。

还有一项初步的拟议须得向各位同志说明一下。那就是我们希望在不长的时间内召开"考古学术会议"，邀请些世界的学者来参加。我们需要在这次会议中取得经验。

对于中国的考古事业，苏联和人民民主国家的学者是异常关心的，同时其他国家的进步学者也有深切的关心。这是因为中国的考古事业具有世界性的深刻意义。人类史和世界史还有很大一片空白，急切需要由地下埋藏极其丰富的中国来加以补填。

特别在目前我们要打破欧美资产阶级的唯心史观和以白种人为中心的世界史体系，地下发掘的遗址、遗物和对于它们的深入研究，在我们是极有效的犀利武器。

我们自己的努力是责无旁贷的，但我们必须认真地学习世界先进经验，欢迎世界的进步学者来一同解决问题，同时也就是拜他们做我们的老师。

同志们，关于这次会议的意义和任务，我们的预定就是这样。

请允许我再概括地说一遍吧。

我们的会议是学术性的工作会议。

会议的任务：

（一）总结和交流六年多来考古工作的经验，提高工作水平；

（二）就考古工作 12 年远景计划的制定，交换意见。

这两项任务事实上也可以归纳成为一项，那就是响应中共中央和毛主席的号召，适应国家建设的新形势，从考古工作方面来进行全面规划、加强领导，以最紧张的努力，争取在 12 年内使我们的考古工作接近世界的先进水平。

我们希望全体同志集中我们的智慧，把这一次会议开好，使这有史以来的第一次考古工作会议能够得到辉煌的胜利。

郑振铎在 1956 年全国考古工作会议上的报告 *

（1956 年 2 月 21 日）

　　光明灿烂的社会主义的文化，是继承了人类所有的最好与值得存留下来的文化遗产而吸取融化，成为自己文化的一部分的。远在第一、二次国内革命战争时期和抗日战争时期，中国共产党就做了不少保护中国古代文化、科学实物资料的工作。在某些敌后解放区里还建立了保护文物古迹的机构。八路军怎样保护山西赵城县的金刻大藏经的事迹已经成为人民所熟知的故事。自从中华人民共和国成立之后，在文化部里就设立了一个文物局，为中央一级的保护古代文物古迹的专责机关。在 1950 年内，中央人民政府政务院就陆续颁布了一系列的保护革命的、历史的、艺术的文物的法令。各个省、市，为了贯彻执行法令，都前后成立了好些文物管理机构，主要的是各省、市的文物管理委员会，做了不少保护、收集和鉴定的工作，有了一定的成绩。但领导关系不明确，组织和工作的范围也不一致，影响了事业的进展。到了 1951 年 5 月之后，方才逐渐地统一起来，领导也加强了。同时，中国科学院的考古研究所，也逐步地壮大起来，能够负起领导全国范围的考古发掘工作和培养干部的事业。北京大学历史学系的考古专业成立了，文化部、中国科学院和北京大学合办的考古人员训练班也从 1953 年起，每年举办一期，由各省、市抽调干部参加学习。除了学习文物政策、法令之外，主要的课程为文物知识和田野考古工作。结业之后，就可以从事一般的田野发掘工作了。第一期毕业七十一人，第二期一百人，第三期一百〇一人，第四期六十九人，一共毕业了三百四十一人，除了考古研究所的研究、技术人员之外，这三百四十一人便是散布全国范围的考古发掘工作的主要力量了。这三百四十一人绝大部分都在省、市文管会里工作，成为各省、市的主要的考古事业的业务干部，少数在各省、市博物馆或博物馆筹备处工作，那些博物馆也做着些考古发掘工作。

　　随着国家大规模的建设事业的发展，考古事业也得到了空前的发展。"地下博物馆"的大门纷纷地被打开。所要发掘清理的古墓不是三两个或十多个，而是数百个，数千个乃至数万个。所有考古干部的力量都动员起来了。成绩是大有可观。自从 1951 年夏季治淮工程开始，接三连四的大规模的水利工程，铁路、公路工程乃至各项基本建设工程都在进行着。1952 在郑州、长沙、洛阳

---

　　* 原题为《考古事业的成就和今后努力的方向》。郑振铎时任文化部副部长。

等地的城市建设工程里，就发现了广大的古代的文化遗址和大量的古墓葬，获得了空前未有的收获。1953 年起的社会主义工业化的伟大事业开始了。156 项的重工业建设全面展开，我们的考古工作队便走在工程队的前面，配合着基建的需要，首先从事地下的古墓葬、古文化遗址的清理工作。同年 10 月间，政务院颁布了《关于在基本建设工程中保护历史及革命文物的指示》，明确地指示着在基本建设工程中保护文物的必要措施。文化部、中国科学院和各个工业部门共同负起了这个在基本建设工程中保证文物不遭到破坏与损失的重要任务。这指示是必要的，也是及时的。由于中国科学院考古研究所和文化部所属的各省、市的文化局、文管会和博物馆的工作人员的努力与各个工业部门的合作，每个重要的工程，在事前都做了钻探和规划工作，所以，一般地都能够完成任务，没有出过什么很大的偏差，古代的和革命的文物遭到破坏和损失的也很少。但因为某些地方的工作干部业务水平不高，旧的作风还遗留着，在发掘清理工作里，除收集一些重要文物外，发掘记录做得十分不够，甚至完全缺少。因之，必须提高业务水平，保证工作质量。又因为大规模的基本建设工程开始之后，考古人员的力量感到远远地不能应付需要。任务和力量的距离一天天地大起来。1955 年，文化部作出了"重点保护""重点发掘"的方针，决定保留不妨碍工程安全与工程进行中不致遭受破坏或损失的古墓葬、古文化遗址，暂时不加以发掘、清理。这是必要的措施，避免力量过于分散，同时，也不使发掘、清理工作，因赶工而粗制滥造，质量低劣。

约略地统计了一下，根据已有的初步材料，这六年以来，从各省、市的古墓葬，古文化遗址里所获得的出土物，共计 219201 件（零星的陶片等一百几十万件未计算在内，没有送报告来的也未计算在内），诚是洋洋大观。在这些出土物里，最可注意的重要发现有：

（一）1951 年在成渝铁路工程中，于四川资阳县黄鳝溪发现了第四纪更新纪晚期的人头骨化石。这是对中国猿人问题的研究上所增添的重要材料。1954 年春天，山西襄汾县丁村发现了一处广大而遗存物非常丰富的旧石器时代遗址，采获打制石核器二千余件，经过我们初步调查研究，肯定这个丁村遗址乃是周口店和鄂尔多斯以外的另一个非常重要的旧石器遗址。将来经过详细的发掘后，必将会有更多的辉煌的收获的。

（二）新石器时代的遗址更有大量的惊人的发现。在黄河流域几乎到处都可以发现这个时代的遗址。现在所已知的，就已经超过解放以前的数字百倍以上。在几种文化分布的看法上也已经有了很大的改变。不少新的情况的发现，如陕西宝鸡发现的，和考古所在西安半坡发掘的仰韶文化遗存有些彩陶罐的形状和花纹，就是从前未曾见过的一种新类型。此外，值得注意的，有长江中游湖北天门、京山、阳新、鄂城等县发现的相当复杂的类似龙山文化和印纹陶系的遗存以及湖北阳新、鄂城、蕲春和湖南长沙发现的印纹陶器，都是研究新石器时代遗址的新园地。长江下游淮河区青莲岗花厅村和南京阴阳营和秦淮河沿岸的龙山文化遗址的发现，福建闽江流域昙石山印纹陶遗址的发现，都扩大了研究我国新石器时代人类活动的范围。

（三）郑州遗址是解放以来遗址中最大的，而且是重要的发现。通过这个遗址的发掘，我们进一步地明确了龙山文化与商代文化的关系。由于骨器、铜器等制作工场遗址的发现，说明了殷商时代的生产力如何突飞猛进地发展着。从铸铜的设备来看，我们可以相信，商代使用这种合金青铜，已经到了非常成熟的阶段。由于这个遗址的发掘，我们对商代文化的分期有了更明确的轮廓。我们是在安阳殷墟之外，又找到一个3500年前的商代的重要遗址。刻字骨的发现使我们对于这个遗址的发掘，有了更大的希望的收获。

（四）西安、洛阳等地西周墓葬的发掘，江苏丹徒以及热河凌源西周铜器的出土，是对于西周史料的重要补充。安徽寿县和山西长治等地的大批春秋战国时代铜器的发现，是研究当时蔡、燕诸国历史、文化的重要资料。而同时，也证明了这一个不平凡的时代，与中国诗歌和散文的高度成就的同时，生产技术和社会经济飞跃前进的情况。热河兴隆县铁范的发现，和辉县、长沙、鞍山各处战国时铁制农具的出土说明了生产工具的改革，引起了生产力的发达，生产量的激增，因而，交通发达，商业繁荣，把中国的社会面貌引到了一个新的阶段。这是最可供研究的珍贵的资料。长沙古墓葬发掘中丰富多彩的收获，使我们知道《离骚》《九歌》的时代，南中国的文化是有其特色和优良的传统的。

（五）两汉三国的墓葬在全国各地基建工程中普遍发现。在广东、广西、云南以及东北各地都发现了大量汉墓。这就说明了汉代的政治、经济势力所及的范围的广大，同时，也就说明了在物质文化方面，汉代继承了战国和秦国之后，有了怎样巨大的发展。郑州的无盖空心砖墓，以及洛阳烧沟和其他各地的汉墓的发掘，对汉代的社会的物质文化的面貌有了更全面的认识。而辽阳、望都、梁山等汉墓壁画的发现，四川汉墓的画像砖、画像石乃至山东沂南汉墓的画像石的出土，不仅使我们对汉代社会生活更为熟悉，而且在中国美术史上增添多少美丽动人的新篇页。而四川的马俑、辉县的兽俑、广州文登的漆器与房屋模型、洛阳的彩画陶器都是十分生动、优秀的作品，代表了汉代建筑与工艺美术的进步的具体例证。

（六）河北曲阳和四川成都发掘出来大批的北朝和南朝的造像，特别是南朝造像的大量出现，为研究中国雕刻史的专家们提供了大量的前所未见的重要资料。洛阳、广州许多晋墓的发现，反映了东西晋的两个社会情况的对比。南京、宜兴、杭州墓葬中出土的许多瓷器，表现了中国陶瓷工业在这时代正欣欣向荣地飞跃前进。

（七）西安、洛阳的隋、唐墓中出土的壁画和陶俑，使已经十分丰富的隋唐文物，更为辉煌灿烂。西安唐墓的壁画，在中国绘画史上将是一种无比重要的研究对象。

（八）经过南唐二主陵和白沙宋墓的发掘，首先是在建筑艺术上，丰富了我们对五代到宋这一时代仿木结构及彩画方式等知识。同时，那些陶俑，使我们和仅存于世的周昉的仕女对照起来，有了新的认识。河南、山西、陕西、浙江、江西、广东、福建等数十处古代窑址的发现，和所获得的遗存的丰富与多样性，说明了宋代瓷器的生产技术是如何的进步，其生产量是如何的大量激增。在沿海地区的古窑址和其遗存物的出现，还证明了许多各式各样的宋瓷在东南亚和印度各地被发掘出来的来源所自。中国陶瓷史有了太大的收获，是不能不全部改写的了。

（九）鞍山陶官屯金元村落遗址，发现了比较完整的遗存，成为研究 12 世纪到 14 世纪东北农民生活的最有意义的材料。西安湖广区园元墓和山东济南市祝店凤凰岗元墓出土的陶俑，又为我们的美术史提供了最好实物例证。北京董四墓村的明代妃嫔墓与南京西善村内官金英墓的发掘，在大量的明墓里是比较有显著的收获的。最不容易保存的日用品和首饰的出土，说明了那个时代工艺美术的发展情况的一斑。

（十）在云南晋宁出土的汉代一个女酋长墓的遗物，贵州盘县等地出土的新石器时代的遗存物，以及我们在新疆维吾尔自治区的调查所得，内蒙古自治区的许多发现，也都证明了在很古老的时候，我们的少数民族文化也正像汉民族一样地在发射着灿烂的金光。

在这里不能一一地叙述所有一切在各地的重要发现。通过那些发现，可以证明，在所有那二十多万件古代遗存的文物，一百多万件的陶片，在对中国历代的物质文化史和历史、艺术、科学的研究上，提供出来的是多么重要的多么丰富的材料。是取之不尽，用之不竭的一个研究的源泉。大量的"地下博物馆"的大门既然被打开了，就得充分地利用它们。但这些还只是一个开端，一个令人兴奋的伟大的开端。不知道将还会有多少惊人的、动人的收获在等待着我们去取得呢！

为了要更好地做我们的工作，为了要和全国人民、全国学术界一同努力地进行社会主义的建设事业，我们今后必须：

（一）纯洁我们的队伍、加强自我改造、彻底地批判存在于考古工作中的资产阶级思想。

在考古工作队伍里，不可怀疑地百分之九十几以上是纯洁的。但如果说没有极少数的坏分子暗藏在里面，则是不可容忍的麻痹大意。所以，纯洁我们的队伍是有必要的。知识分子的自我改造也是必要的。知识分子和工农联盟为建设社会主义社会的基干。如果知识分子还是一脑子的资产阶级的腐朽思想，如何能够和工、农阶级在一道从事社会主义建设事业呢？在考古工作人员里，腐朽的资产阶级思想不能说已彻底肃清，而且，还应该说，是严重地存在着。内部闹不团结，有宗派主义，和群众关系搞不好，在工作中有挖宝思想，把持材料，自己不研究，也不让别人研究，浓厚地存在着分散主义、地方主义，要一举成名，要名利双收，功臣自居骄傲自满，却没有研究如何把中央的政策、法令如何贯彻执行。这些，不是资产阶级的思想在作怪是什么！要知道，发现了重要的古墓葬、古文化遗址，乃是应该感谢我们老祖宗们遗留下来的好财产，如何能够自己居功。还有，我们的考古学，除了继承了宋代以来的金石学传统之外，主要是从欧美搬过来的资产阶级的考古学。存在的资产阶级思想是严重的。在工作上就充分地随时随地地表现出这种资产阶级思想的侵蚀。我们必须彻底的批判并肃清它，才能做好工作。如何才能够批判并肃清资产阶级的腐朽思想呢？当然是只有加紧学习马克思、列宁主义的一条路。考古学是研究人类物质文化的科学，更必须以辩证唯物主义和历史唯物主义为基础。方向偏差了一点，效果就会大为不同。

（二）加强学术研究工作，为在十二年内赶上世界考古学水平的目标而努力。大量培养新生力量。

不可否认，我们的考古工作人员在学术研究上是落后。大批的考古工作人员距离"专家"的称号还很远。必须加紧学习，学习外国的先进经验，学习世界上最新的科学。随着原子学的发展，考古学上应用同位素的时代也到来了。我们必须在这十二年之内赶上世界水平。而大量地培养新生力量更是关键性的问题，必须抓紧地办到、办好。

（三）做好配合国家社会主义工、农业建设的文物清理工作。

我们考古工作在这几年来配合基本建设工程中，获得了一定的成就，也有了相当好的经验。但工作中存在着的缺点还很多。首先是，应该走在工程队之前的，却常常落在后边，不能好好地配合工程进度，陷于被动，在文物保护工作上打了很大的折扣。现在，农业合作化的高潮到来了，考古工作的责任是更大、更重了。我们必须扩大队伍，学习工人阶级的忘我的工作精神来配合工业建设的发展。同时，在全国农业合作化的迅速发展之下，挖井、开沟，修路取肥，建屋开荒等等建设事业，已到处展开。如何在这个全国范围内的农业合作化运动里做好保护古墓葬、古文化遗址的工作，是全国考古工作者们所不能避免的重大责任。要想办法来迎接这个崭新的空前的大局面！

（四）密切联系群众，运用群众的力量，做好考古工作。

在过去考古工作者惯于"孤军作战"，不知道联系群众，运用群众力量，甚至还存在着浓厚的资产阶级思想，看不起群众。这是必须彻底改造过来的。我们应该密切地和群众联系，结合群众的力量，和群众在一道，做好考古工作。只靠着几百个人，甚至几千、几万个人的力量，如何能在全国范围内做好工作呢？如果不结合六亿的工农群众，工作一定做不好。只要群众树立了保护文物的观念，那末考古工作必定会做好。不是有许多重要的发现是依靠工、农群众来报告的么？这是必须抓住的关键性的问题，依靠群众。

（五）做好少数民族地区的考古工作，培养少数民族的考古工作干部。

少数民族有这个要求，我们必须满足这个要求。从今年就开始，计划如何在少数民族地区展开考古工作，并和中央民族学院联系，如何培养少数民族的考古工作干部。

同志们，考古工作的阵地是广阔的，是远大的。我们只要努力工作，依靠群众，运用马克思列宁主义的武器，学习其他国家的先进经验，我们就会有光明灿烂的前途。"专家"的光荣称号，不是轻易能够得到的。全心全意为人民服务，为建设社会主义社会，为赶上世界学术水平而努力，方不愧作为这个时代的"中国专家"。

郑振铎在 1956 年全国基本建设工作会议上的讲话*

（1956 年 2 月）

一、中国是一个地下"文化资源"最丰富的国家

同志们：我今天能有这个机会到你们的大会里来发言，感到十分的荣幸！我们的第一次全国考古工作会议刚刚开过，我是带着新鲜的感觉和最及时的讨论成果来的。可能有好些话诸位听来，也还不会是"老生常谈"。

基本建设工程正在全国范围内进行着，其规模之大，数量之多，是中国历史上所空前未有的。一个两万人的工厂建立起来了，连同工人家属的住宅和其附属的动力设备，福利事业建设等等，就得有可容纳六万人到八万人的一个整体的建筑规划。这是在新建一个不很小的城市！这个六万人到八万人的工业城市，如果在古老的城市里或在其郊外新建起来的时候，肯定地要翻动地面，把厂基打入地下。如果在沙漠上或没有什么历史文化遗存的国家，像美国那里，那是简单不过的事，尽可以不顾一切地把工程进行着。但中国是一个地下"文化资源"最丰富的国家，我们的老祖宗把他们一代代的物质文化遗存深深地埋藏在地下，几乎可以说是"无地无宝藏"。情形就要大为不同了。政务院在 1953 年 10 月 12 日公布了《关于在基本建设工程中保护历史及革命文物的指示》。第一，如何把那些珍贵的历代的物质文化遗存保留下来，不遭到任何损失或破坏，那是需要考古学家们的精耕细作的。不单是把遗存物取出来就算了，还要有科学的精密的记录，才使那些遗存物在科学研究上有全部的价值，否则，就要大打折扣了。这就需要在建厂、建房之前，对于地下埋藏先有一番钻探，和所需要了解的地下水文、地质，地上的风向、地形一样。所以，考古工作的队伍，和所有的建厂的先遣队一样，都是要首先出发到工地上去的。如果对物质文化遗存有所破坏或损失，那便是没有完成"建设"的任务。第二，对基建工程本身说来，如果不把地下埋藏物清理完毕，便冒冒失失地建起厂来，那就会有很大的不幸的后果。少数的惨痛的经验教训，在我们的脑子里记忆犹新。所以，基本建设工程人员和考古工作人员的协力合作是必需的。考古工作人员在事实上是成了工程总队里的先遣队伍之一了。

---

* 原题为《考古工作与基本建设工程的关系》。

二、基本建设工程的进展与地下物质文化遗存的大量出现

随着全国范围的基本建设工程的进展，地下埋藏的物质文化遗存也大量地被发现了。我们于 1954 年 5 月间，在北京历史博物馆举办了一个"全国基本建设工程中出土文物展览"并出版有《图录》两本。这个展览使我们眼界大开。有许多东西是过去从来没有被发现过的。从北京到甘肃，从黑龙江到广东，从山东到四川都随着那些地区的基建工程的进展，而得到了大量的在历史、科学、文化、艺术研究上有重要价值的许多古代的物质文化遗存，许多历代艺术家们遗留下来的优秀的艺术品。譬如，就在北京市内，北京饭店的新址里，我们就得到了一批明代的精美瓷器。那只嘉靖的绿龙碗，已成为故宫博物院陶瓷馆里吸引观众的陈列品之一。河北省唐山市贾各庄出土的战国时代铜器，望都县东关出现汉代壁画墓，曲阳县修德寺出土大批北魏到唐的石刻造像；山西省襄汾县丁村发现旧石器时代遗址；黑龙江依兰县发现新石器时代遗存物；旧热河省兴隆县出土铁质锄范、镐范等；陕西省咸阳市底张湾墓葬里出土北周、隋、唐俑和唐代的壁画；山东省沂南县北寨村出土汉代石刻画像室墓；江苏省淮安县青莲岗，新沂县花厅村出土新石器时代遗址和墓葬；宜兴县周墓墩出土晋代青瓷器；浙江省杭州市老和山出土从新石器时代到宋的遗物；福建省闽侯县昙石山发现新石器时代遗址；河南省郑州市二里岗发现殷代城市遗址，禹县白沙水库出土从新石器时代到殷、汉、唐、宋的遗物，郏县太仆乡墓葬里出土周代铜器群，洛阳市出土大批汉代遗物；湖南省长沙市仰天湖及左家公山出土战国时代遗物（其中有最早的毛笔）；广东省广州市出土大批汉代带釉陶器；四川省资阳县黄鳝溪出现了更新纪晚期的人头骨化石，成都市扬子山出土汉代的许多画像砖，同地西郊铁路局出土大批南朝的石刻造像，广汉县车站出土宋代三彩陶俑等等。以上只是在千百中举几个例子，已足以动人地呈现出中国的地下宝藏是如何的丰富多彩。但这还只是一个"开端"呢。

三、最近的重要收获

更重要的是 1954 年以后到 1955 年底为止的那一段短短时间之内我们所得到的收获。

辽阳三道壕发现了西汉时代的村落遗址，在那里有烧砖瓦的窑址，还有陶制的井圈，铁制的农业工具等，是研究汉代人民生活的重要遗址。

西安半坡村的新石器时代遗址已发掘了两次，初步了解那个远古时代人民的居住村落和墓葬的情况，所得到的画着活泼泼的鱼纹和人脸纹的彩陶以及骨制、石制的鱼钩等等，是极可珍贵的收获。

云南晋宁县出土的一个女酋长墓，其中有铜器不少，表现着那位女酋长的监督生产和处理俘虏的大事件，还有她自己的一尊铜像。

内蒙古自治区发现了好几处细石器文化遗址，像林西县锅撑子山，克什克腾旗敖包山，包头市转轮藏等遗址，其出土的细石器、陶器、骨器等都有其特色。

长安县斗门镇普渡村清理了一个西周墓，其中有好几件铜器是有铭文的。又江苏省丹徒县和

旧热河省凌源县也都出土了一批西周时代的铜器，极可令人注意。

安徽省寿县出土了一批春秋末期蔡国的铜器，山西省长治县出土了一批战国时期赵国的铜器，这是十分重要的历史上的研究资料。

更值得注意的是，中国科学院和文化部合组的黄河水库考古工作队于 1955 年 10 月到今年 1 月底之间在黄河三门峡水库范围内完成了初步的勘察工作。就在这个短短的三个多月的勘察里，他们已经发现了新石器时代遗址 78 处，殷代遗址 6 处，两周遗址 44 处，汉代遗址 53 处，古冢 40 处，元代建筑一处，还有宋代遗址、古城、古窑等 15 处，共计 237 处。这可见我们祖国的地下的物质文化遗存的蕴藏是如何的丰富！

四、重点保护，重点发掘

琐琐碎碎地列举了不少惊人的收获，就是要证明：（一）我国的地下确是"无地无宝藏"。那些一处处的历代物质文化遗存，往往足以当得起"地下博物馆"之称。有哪个国家有我们那末（么）丰富的东西呢？（二）那些地下的物质文化遗存确是精美的，重要的古文物，对于科学研究、文化艺术的推陈出新事业都有很大的帮助。万万破坏不得，损失不起。

但考古工作人员的队伍是不大的，他们的力量是很有限的。比起浩浩荡荡的基建队伍来，那简直是"沧海之一粟"。需要和力量之间，相距得很远。连"洛阳铲子"全都利用上了。我们想在最短期间之内还要用各式各样的培养干部的方法，一方面大量产生出新生的力量，一方面也大量地发掘并使用潜在力量。如在工地上培养工人干部，就是一个例子。但这些还不够。文化部订出一个重点保护、重点发掘的方针来，这是必要的，这是把干部的力量使用在最必需的地方。如一个工厂，厂基是必须加以发掘清理的，空地花园等等就可以暂时不加以发掘。低层建筑的宿舍、学校、合作社、俱乐部等，如果不深深地翻掘到地下去，不破坏地下埋藏，也不影响地上建筑物的安全的话，那也可以暂时不加以清理。这样就可以腾挪出大批的考古工作干部的力量出来，从事重点的、必要的发掘清理工作了。

五、共同努力，做好工作

同志们，作为一个考古工作干部，没有比生活在这个伟大的社会主义建设时代更为愉快的了。经过了天翻地覆的新民主主义革命和社会主义革命，封建把头等等的恶势力整个地倒下去了。考古工作者们再也不会像从前那样处处遇到障碍和拦阻了。几乎在每一个基建工程里，我们都合作得很好。事前做好全面规划，做好钻探工作，做好发掘清理工作，同时做到发掘生产两不耽误。保存了可宝贵的我们的优秀的民族的古代文化遗产，同时，也保证了基建工程的安全。现在，如果还有人说，他们这一项基建工程是不需要事前规划钻探的，那便是狂妄的人，根本上不懂得什么是国家建设规划了。极少数的例子证明，凡是一个基建工程不和文化部门的考古工作队联系，在事前做好钻探工作的，就会既破坏了可宝贵的古代文化遗产、古代物质文化遗存，同时，也就会损失可宝贵的国家的社会主义建设的资金的。那些少数的可惨痛的经验教训，我们必须永远地记住。违反规划，违反法令，违反科学的操作方法必定会招致祸患的。所以，我们与你们之间，必须共同努力，做好工作。

第一件要事，就是文化部门要参加"规划"，——例如黄河水利的综合规划——要走在基建工程队之前，和气象学家，地球物理学家，地质学家，水文学家等一同是基建工程的先遣队。不钻探好地下的物质文化遗存，正如不钻探好地下的地质和水文情况，那如何能够动工建厂呢？所以，我们是必须密切配合地工作着的，必须密切合作地从事社会主义建设的。

第二，在一般的施工中，如果偶然发现古物，像古代的陶器、铜器、瓷器和金银首饰等等，那么一定是发现古墓葬或古文化遗址了。必须及时地通知文化部门，以便派遣考古工作队立即加以发掘清理。如果清理不及时，不仅耽误了基建工程的进度，也会损害了发掘清理工作的科学性。

第三，所有地下埋藏的古代文物，全部都是属于国家的公共财产，必须加以爱护，绝对不能任意地加以破坏或处理，甚至加以侵占。所有偶然发现的古代文物，应该一律交到文化部门去。除了极少数的例外，所有工地上都能做到这一点，从各个工程队那里送来的好些历代的物质文化遗存已经成为各个博物馆里光芒四射的宝贵的陈列品了。这些宝贵的陈列品永远地纪念着考古工作与伟大的基本建设工程之间的良好的合作的关系。

我再一次地感谢你们给我一个在这个会议上讲话的机会。

同志们，祝你们的会议胜利成功！

郑振铎在 1956 年全国博物馆工作会议开幕辞（提纲）*

（1956 年 5 月 21 日）

一、在改进和发展中的博物馆事业

中国博物馆事业的历史并不太久。最早的公共博物馆，除了帝国主义者们在沿海地区所办的几个之外，要算是张謇他们办的南通博物苑了。继之，是 1912 年成立的北京古物陈列所。到 1949 年 10 月 1 日中华人民共和国成立之前，全国所有的博物馆实在屈指可数。不仅在数量上太少，在质量上也太差，是古董铺子，也是杂货摊子，参观的人少得可怜。在中华人民共和国成立之后，这样的情况在根本上发生了变化：博物馆的数量急骤地增加了，不仅对旧馆加以改革，同时，并建立若干新馆。博物馆的性质、方针和任务明确了，不再是老古董的保管所，而是向广大人民进行爱国主义与社会主义思想教育和提高科学文化水平的机构了。现在，全国已有五十座比较大的博物馆。每天平均参观的人数，就故宫博物院而论就有五千人。在星期天或节日，往往在一天里就有一万人到四万人进入这个整个古城似的大博物院去。我们应该肯定过去几年来博物馆工作者们的努力和成绩，但我们不能满足于已有的成就。和其他的文化、科学、经济事业一样，我国博物馆事业也是远远地落后于世界上许多先进国家的。博物馆有很多的缺点，特别是为科学研究服务的工作没有做好，甚至，其本身的科学研究工作也还没有很好展开。藏品的鉴定工作、修整工作、保管工作和陈列工作，都存在着非科学的态度与方法。我们必须迎头赶上世界水平，尽快地展开为科学研究服务的事业。

二、怎样地为科学研究服务

第一，要对博物馆里的藏品，建立正确的鉴定制度，分别真伪，并对考古发掘品加以科学地整理，做到任何一件藏品都成为可靠的科学研究的依据与基础。

第二，要联系群众展开搜集和考古发掘工作，使博物馆的藏品日益丰富起来，使能供给科学研究者以更多的研究资料。在这方面，上海博物馆参加在废铜里搜集古铜器的经验和南京博物院的考古发掘工作是值得推广的。

---

* 原题为《博物馆事业应该为科学研究服务》。

第三，要有健全的保管制度和科学的陈列方法，使地上的或从地下发掘出来的藏品，能够得到更好的更科学的保护，能够很好地供给初级的学生们学习资料和高级专家们研究资料。要从长远打算，不要粗暴，更不可因保管、保护不善而招致任何损失。

第四，要尽量给学校的学生、广大的群众及专家们以参观、参考的便利，并把介绍、解释、宣传工作作为经常性的工作。不要怕麻烦。要主动，要负责。除了不能时时暴露或开阔的最珍贵的古文物之外，应该充分地公开各种重要的藏品。

第五，要尽量供给学校、研究机构和专家们以藏品的照片、拓片、复制品（模型）或各种记录性的文件。在这一方面，北京历史博物馆的经验是值得推广的。

第六，要成立学术委员会、延聘馆内外的专家们，特别是延聘所在地的学校教师和研究机构、产业部门里的研究人员组织之。经常要和各部门联系，不能采取关门主义，被动作战。

更重要的是，博物馆应该为工业建设部门的研究事业做出更大的贡献。例如：冶金、陶瓷、造纸、建筑、纺织、农业、药物等等，我们都可以在博物馆里得到重要的资料。又像电影事业和戏剧工作者们，在研究古代的服装和器具的时候，也要取得博物馆的支援。

三、目前的几个问题

第一，集中和分散问题。以中国之大，不宜过分集中。除了特别重要的国宝性文物之外，一般地应该分散各地，保存其地方性，并发挥每个博物馆的积极性与创造性。让地方博物馆有更大的"自治权"。中央不要抓得太紧，扣得太死，譬如，考古发掘工作，对有条件的馆，根据"条例"应该鼓励其积极进行。又像出版刊物、图录，也应该加以鼓励。不过，必须纳入整个国家文化出版规划之内，要有必要的鉴定、审阅制度，以免造成错误和损失。同时，对于各地方馆的规模和计划，也只要有个大体的轮廓就可以了，不要在全国强求划一，而且也不可能划一。因地制宜，要切合地方实情。

第二，学术上要大力提倡自由讨论，做到"百家争鸣"。对学术问题，反对行政性的干涉，反对用行政命令来解决思想问题，在博物馆本身也应该如此。科学研究是要反复讨论的，是要艰苦地不怕失败地反复研究的。鼓励学者们的研究和写作，包括博物馆里的工作人员在内，要给以研究的时间。

第三，在地志博物馆方面，要防止狭隘的地方观念，过分强调地方上的人物，好像通志馆的具体化或先贤祠似的。必须归纳到，并体会到全国范围内的历史发展而把地方经济文化的发展恰当地而又突出地表现出来。在少数民族地区，尤要学习民族政策，一方面要坚决反对大汉族主义，要表现少数民族在中华民族的大家庭里所做的贡献和其特殊的风俗、习惯、信仰和生产，另一方面，也要防止狭隘的民族主义。

第四，学习苏联和先进国家的经验。在陈列方面，保管方面，修整方面，都应该尽量吸取其先进经验。特别在博物馆的科学研究工作方面以及为科学研究服务方面，尤其应该充分地介绍，但必须切合我国当前的实际情况，不要简单搬用。不过，民族的优秀传统的经验，特别在古器物的修整方面，应该继承下来，并加以研究、发扬。

第五，集体领导问题。对各项重要问题必须通过领导机构的集体讨论才能决定，要集体领导，要依靠群众。如何做好为科学研究服务的工作，更应该好好地想想，好好地订出计划，好好地反复讨论、研究。这些都是需要集体的智慧和共同的考虑的。要集体领导和个人负责相结合。

以上的意见和问题，都只是就我自己所想到的而谈。请大家尽量地展开批评和讨论。

王冶秋在 1956 年全国博物馆工作会议上的发言 *

（1956 年 5 月 21 日）

一、博物馆事业基本情况和主要收获

1949 年中华人民共和国成立的时候，文化部接收了 21 所博物馆，基本上不外两种类型：一种是帝国主义者的文化侵略机构在中国所筹办带有侵略性质的博物馆；一种是中国自办的"古物陈列所"。总的说来，旧中国半殖民地半封建社会的特点同样反映在博物馆事业中。

解放后，博物馆事业也随着社会主义经济建设与文化建设的飞跃发展而得到发展。在党和政府正确的领导和全体博物馆工作同志的努力下，经过旧有博物馆的整顿和新馆的筹建，博物馆的性质已经发生了根本变化，它已经成为向广大人民群众进行爱国主义、社会主义思想教育和提高科学文化水平的机构。截至 1955 年，全国博物馆发展达到 50 所，为解放初期的两倍半，其中专门性博物馆 11 所、地志性博物馆 29 所、纪念性博物馆 10 所。目前除青海、西藏外，每个省、自治区、直辖市都有了博物馆或筹备处，基本改变了旧中国博物馆事业忽视边疆和兄弟民族地区的情况；从事博物馆工作的队伍也相应地壮大了，全国博物馆工作人员现在总数达到 2300 多人。

博物馆的陈列、展览工作日益开展，根据 41 个博物馆的不完全统计材料（下同），1955 年内新举办了 85 个陈列、展览，为 1950 年（20 个）的 425%。其中以新民主主义革命和社会主义建设与改造为内容的有 29 个，而 1950 年只有 5 个。

几年来，各博物馆广泛开展了征集工作，六年来共收集了藏品 129 万号。1955 年一年内各博物馆增加藏品 22 万号，为 1950 年（8520 号）的 2628%。截至 1955 年底，各博物馆实有藏品达到 330 万号。

对藏品的保管工作，基本上克服了解放前库房的混乱状态，一般都有了专人负责、专库庋藏，并建立了一些保管制度，保障了藏品的安全，对全部藏品大都进行了初步的清理和整顿，处理了混杂在藏品中没有文物价值的一般物品，对藏品进行了登记、编号、分类、排架等工作；藏品的编目工作，多数博物馆已在开始，个别博物馆已经完成，少数博物馆完成大部分。

各博物馆普遍建立了群众工作部门，凡是举办的陈列、展览大都有人讲解，此外，并主动组

---

* 原题为《发展博物馆事业，为科学研究服务，为广大人民群众服务！》。王冶秋时任文化部文物管理局局长。

织观众参观，利用各种宣传工具如招贴画、广播等广泛宣传了博物馆的活动。这些工作在解放前是少有的。解放前的博物馆是"等人上门"，观众参观懂不懂听随自便。六年来博物馆参观人数逐年有了显著增加，1955 年参观人数达到 7887936 人次，是 1950 年（2772837 人次）的 284%。河南省博物馆 1954 年参观人数达到 280000 人次，占开封市全城人口的 94%。

几个有条件的博物馆配合国家经济建设进行了考古发掘，既保护了祖国的历史文化遗产，又丰富了科学研究的资料，也补充了本馆的陈列品，如南京博物院、东北博物馆 *、原西南博物院等在这方面都做了许多工作。

此外，特别值得提出的，是在提供其他单位科学研究和教学资料方面，在国际文化交流方面，博物馆开始进行了工作，起了一定的作用，例如中央革命博物馆 1955 年供给 49 个单位 4607 件照片。北京历史博物馆 1952 至 1955 年四年中供给 400 多个单位 4 万多件资料与模型。故宫博物院 1955 年接待了 53 个国家的外宾 4832 人参观。六年来博物馆方面参加或举办了多次出国展览（包括到苏联、民主国家、资本主义国家），介绍并宣扬了祖国悠久的历史和灿烂的文化。

六年来博物馆事业的根本变化和博物馆活动的日益开展，取得了以下的主要收获：

（一）博物馆通过陈列、展览、群众工作，宣传了党的方针政策，向广大人民进行了爱国主义和社会主义的教育，增强了民族自尊心，培养了对祖国的热爱和鼓舞着人民参加经济建设、文化建设的劳动热情。

（二）有条件的馆开始向科学研究机关、文化教育机关提供了研究资料；博物馆本身大多进行了初步的科学研究工作，使各项业务逐渐纳入科学的轨道。

（三）通过征集、采集和发掘，将全国的或某一地方的物质文化、精神文化的遗存，以及自然标本逐渐地加以集中、保管，为今后的科学研究、陈列、展览提供了物质基础。

由于进行了以上的基本工作，旧社会所遗留下来的，对于博物馆一套不正确的看法，也改变了，或者正在改变；博物馆工作人员的思想问题，也逐步得到解决。

因此，六年来博物馆事业是取得了一定的成绩，奠定了初步基础，为今后开展工作创造了有利条件。

二、存在的主要问题和缺点

虽然上面肯定了成绩，但由于中国博物馆事业基础差，经验少，干部弱，存在的问题和缺点还是很多的，其中最主要的问题，也是这次会议需要解决的中心问题，是科学研究的问题。不可讳言，我们对这个问题是认识不足，重视不够，甚至于是完全加以忽视的。

自从今年党中央和政府号召向科学进军，要求十二年要接近世界先进科学水平，并且在周总理的报告中把博物馆作为"必须为发展科学研究准备一切必要的条件"之一来提出，我们才意识

---

* 即后来的辽宁省博物馆。

到这个问题确实是博物馆的中心问题。既要求博物馆为科学研究服务，不首先开展博物馆本身的科学研究是无法完成这个任务的。我们在征集、保管、陈列、群众工作，以及修复等本身的业务工作方面，不从科学研究的基础上来进行，也是无法更好地为群众服务的。有人认为博物馆的工作如何叫科学研究工作？我想引一段毛主席的话：

"什么是知识？自从有阶级的社会存在以来，世界上的知识只有两门，一门叫生产斗争知识，一门叫阶级斗争知识。自然科学，社会科学，就是这两门知识的结晶，哲学则是关于自然知识和社会知识的概括和总结。此外还有什么知识呢？没有了。"

我们的博物馆也不外陈列这两门斗争知识以教育人民，若是对这两门科学不进行研究，尤其是不以马克思列宁主义的普遍真理结合中国具体的客观实际来进行研究，则我们的陈列永远不会提高的。而我们对于掌握马克思列宁主义的理论及党的原则作为我们博物馆全部工作的基础，是非常不够的。

例如：我们在历史博物馆中如何表现历史是劳动人民创造的，是阶级斗争的历史，是生产力与生产关系的发展史……不以马列主义的观点方法进行研究，写出陈列计划，然后通过实物、文献等表现出来，是不会有系统的、正确的陈列的。例如：不少博物馆的陈列（展览）只有简单的陈列（展览）提纲，缺乏周密的陈列（展览）计划，没有认识到陈列（展览）是严肃的科学研究工作，制定陈列（展览）计划的过程就是科学研究的过程，而认为陈列（展览）就是把东西排列出来。有的博物馆一个晚上、一个礼拜搞出一个陈列，有什么，摆什么，对陈列品的说明卡片只注名称，不注年代、来源、产地……甚至有些陈列品没有经过科学鉴定，真假不分，年代不确，产地不明。因此，这样的陈列只是罗列文物，罗列现象，缺乏思想性、科学性、艺术性，既无法提供科学研究资料，对群众的教育效果也不会大，甚至产生相反的效果。

有些同志认为征集工作就是简单地把需要的东西拿到馆里来，事先没有经过科学研究定出征集计划，征集的目的不明，也没有调查研究，如何根据实际情况，选择典型地区和典型的工厂、农村……找典型人，征集所需要的代表性文物（标本），往往是大海捞针，心中无数，碰到什么拿什么，给什么要什么。以致有的时候扑空；有的时候虽然征集到不少东西，但有用的很少，或者是由于征集的时候缺乏必要的调查和科学记录，以致有用的东西也完全失掉了科学研究和陈列价值而成为废品，实际上等于破坏了文物。

有些同志认为保管工作就是看摊子，不过是把藏品根据已经规定的老一套办法按部就班地分类、登记、编号、上架……是机械的事务工作，不需要科学研究。因此，有些博物馆的保管工作是：不区别其有无保存价值，有什么，保存什么；交什么，登记什么。对待分类编目工作是：自己知道多少写多少，甚至把大概的估计写下，有的时候只写件数、名称；有的时候不注完整情形，或者有缺写缺，有残写残，而不详细注明缺多少，残哪些……由于保管方法不科学，制度不严密，保管凭记忆，以致需要的材料找不着，或者要找半天。藏品的丢失、损坏、虫蛀、发霉等现象还没有杜绝。至于风化的石刻，古代的竹、木、丝、绸、漆器和书画等如何科学保藏，也都是应该研究解决的问题。而保管方面最主要的问题是把藏品通过科学的鉴定、科学记录，使之成为有价值的材料。

有些同志满足于群众工作争取的观众数量，忽略了讲解工作的效果和质量，认为讲解工作就是背熟已经准备好的一套讲解词，能起留声机的作用就可以，而没有想办法不断提高；对待讲解稿，草草写一下，有些专家还不屑于动手修改或帮助。因此，我们的讲解内容贫乏，一大堆口号和名词、术语，不生动、不深刻。没有认识到讲解工作是博物馆文化教育工作的最前线，讲解的效果直接影响广大观众，讲解员就是观众的老师，作为老师只有进行科学研究，精通自己的业务，熟悉每一件陈列品，并能解答观众提出的问题，才能更好地帮助观众提高思想水平和科学文化水平，才能更好地发挥博物馆的文化教育作用。

上述各项业务工作中的缺点，是在各个博物馆不同方面、不同程度存在的，但是没有把博物馆的业务工作很好地建立在科学研究基础之上是一致的。而这些问题也只有加强科学研究才能够逐步求得解决。

博物馆的科学研究工作所以没有能够开展的原因，首先是作为全国博物馆事业管理机构的文化部，特别是主管的文物局，在过去工作中片面地强调了博物馆的文化教育工作，忽略了科学研究工作，没有认识到博物馆本身既是"文化教育机关"和"物质文化与精神文化遗存以及自然标本的主要收藏室"，同时也是"科学研究机关"，科学研究是博物馆一切活动的基础，博物馆各项业务工作都是科学研究的内容。

三、发展博物馆事业，为科学研究服务，为广大人民群众服务

为了适应社会主义建设的需要和向科学进军的需要，在今后十二年里，博物馆将要增加很多，博物馆工作质量要求提高到接近世界先进水平。这一任务是光荣的，也是艰巨的。为了更好地完成这一任务，必须全面规划，加强领导。兹提出下列几个问题供研究讨论：

（一）十二年规划，尤其是最近两年至五年的规划问题

从文化部文物管理局到各省、自治区、直辖市文化局及各博物馆，都要在统一领导下，根据需要与可能，并在经过科学研究的基础上定出切实可行的博物馆事业十二年远景规划，其中特别是最近两年至五年内的具体规划（包括馆的性质、方针、任务和具体措施），要分别轻重缓急，着重办起并办好几个重点博物馆；各博物馆则着重完成基本陈列或首先办好几个部分，以配合和推进学术研究工作及工农业的生产建设。

例如文化部着重在两年至五年内办好几个具有学术研究价值又可为广大人民服务的专门性博物馆，其中更以自然博物馆和革命博物馆为重点。

对省、自治区、市地志性博物馆，主要由地方负责筹办，文化部将选择其中两三个馆加以重点帮助，以吸取并推广经验，训练干部。

对纪念馆也采用上述办法。

（二）开展科学研究

科学研究是博物馆全部活动的基础，因此，加强博物馆科学研究是不断提高博物馆各项业务工作质量的关键。

博物馆进行科学研究的原则是：必须首先加强政治理论学习，逐步掌握马克思列宁主义的思想武器作为科学研究的基础，必须与本身的业务相结合，必须与本身的特点、条件相结合，理论和实践必须统一。其目的首先是为了不断提高博物馆各项业务工作的质量；其范围涉及博物馆各项业务工作；其内容根据各个博物馆不同性质、方针、任务，应包括：研究学术上没有解决的问题，研究陈列（展览）计划、陈列的空白点和征集计划，鉴定藏品，研究讲解稿、藏品的目录、图录的编辑，以及围绕博物馆学研究陈列、征集、保管、群众工作、美化陈列室等有关方针、原则、技术、方法的问题……

根据我国博物馆目前干部情况，博物馆开展科学研究的方针应该是：从学习马克思列宁主义和党的原则做起，因为这是一切研究工作的基础；从干部现有水平出发，从精通本行业务做起，循序渐进，刻苦钻研。也就是"文化水平低的首先提高文化水平；业务生疏的应当先熟悉业务；科学知识基础缺乏的应当加强科学基础方面的学习；在科学研究上具有独立工作能力的可以专攻自己的专业"。各个博物馆应该根据本馆的性质、方针、任务及干部的不同条件、不同业务，实事求是地订出开展科学研究的计划。

为了顺利地展开博物馆的科学研究工作，应做到以下几点：

1. 必须解决思想认识问题

有些同志把科学研究"神秘化"，认为"高不可攀"，不敢接触；有些同志所做的工作已经是或者包含科学研究的成分，自己还认识不到，其实各个部门、各种业务都不能缺少自己的科学研究。因为不如此，就不能掌握这项业务的客观规律，工作就带有盲目性，也就无法总结工作提高工作。一个科学家和高级知识分子都不是天生的，而是经过不断学习、不断刻苦钻研的结果，是经过由低到高、由浅入深的过程。由此可见，把科学研究"神秘化"，不敢接触的思想是不对的，是妨碍博物馆科学研究的开展的。

另外一方面也要防止把科学研究"庸俗化"，认为一切工作都是科学研究，事实上是取消了科学研究。既然叫"科学研究"，必须有一定的研究对象，经过思考和刻苦钻研来揭示各种现象的客观规律和解释各种现象。因此第二部分所提出的如陈列工作中没计划、没提纲，有什么，摆什么，不能给人以历史发展规律的揭示和解释，便不能叫作科学研究。博物馆各项业务工作本身都基于科学研究，但绝不等于随便怎样做都叫科学研究，这样就把科学研究庸俗化了。

2. 对科学研究工作的领导应该区别于对行政工作的领导。提倡学术上的自由讨论，展开争论和批评与自我批评，做到"百家争鸣"，然后取得较为一致的意见，进行工作。博物馆在过去是

"风平浪静"的，但是不等于我们在学术上、思想上没有问题，恰恰相反，由于争论与批评不够，存在的问题不得解决，大大妨碍了科学研究的开展与提高。争论的目的是为了统一与提高，为了搞好工作。因此借口批评与自我批评，作私人攻击，或者借口争论使工作计划拖延很久而不执行都是不对的。

3. 有条件的馆，要逐步克服一揽子工作方法，做到各有所专，各发挥所长。

4. 准备条件，首先是围绕业务所需，购置必要的图书、杂志及资料、设备等。

（三）总结、交流推广工作中的先进经验，学习外国博物馆先进经验

刘少奇同志在全国先进生产者代表会议上的祝词中指出："目前我国各个生产战线上的先进生产者，各个工作部门中的先进工作者，正是我国社会主义建设事业中的一种最积极的因素。这种因素应当受到我们最大的重视。"又说："人民群众是历史的创造者。人类社会的历史，归根结底，是生产者的历史。生产是永远处在发展变动的状态中的，新的生产技术不断地代替着旧的生产技术。因此，在任何时代，在任何生产部门中，总是有少数比较先进的生产者，他们采用着比较先进的生产技术，创造着比较先进的生产定额。随后，就有愈来愈多的生产者学会了他们的技术，达到了他们的定额。直到最后，原来是少数先进分子的生产水平就成为全社会的生产水平，社会生产就提高了。如果有重大的生产技术的发明，就要引起生产技术的重大改革，创造生产的巨大高涨。因此，先进生产者是人类经济生活向前发展的先驱，也是人类社会历史向前发展的先驱。"

我们应该承认在过去的工作中，从文物局到各博物馆，对博物馆先进工作者所创造的经验，或集体创造出来的先进经验是重视得很不够的，例如这次开会，有些博物馆交不出总结，或是现赶总结，说明我们过去没有进行工作总结，也说明我们对工作总结"清规戒律"太多，强调"十全十美"，强调"水平低"总结不好，而不是实事求是地有一点总结一点。其实有许多博物馆是创造了先进经验而我们没有总结、推广。有关苏联博物馆工作的书籍，虽然译出的还不多，但是有些人根本没有翻；有些人学习了，但没有研究如何贯彻到实际中。我们如果能够重视总结，推广工作中的先进经验，学习外国博物馆，尤其是学习苏联博物馆的先进工作经验，并加以运用，就可以加快提高自己，改进工作，这也就是"迎头赶上"。因此，今后要求每个博物馆随时总结先进经验并加以推广、交流。对合理化建议应予以大力支持帮助；对先进工作者的革新精神、首创精神，应该予以表扬，并号召大家学习这种新的劳动态度，新的道德品质；那种"安于落后，把落后的技术和落后的定额当作先进的东西，或者当作不能更改、至少是目前不能更改的东西"；或者是"口头上甚至于主观上不但不反对先进生产者运动，而且是热烈支持的，但是他们满足于空喊……一般号召……发奖旗，……但是他们很少认真地为先进生产者创造条件，使之不断前进，很少认真地研究先进生产者的经验，认真推广这些经验"的各种各样的官僚主义是应该反对的。

（四）大力训练干部

干部的数量和质量与博物馆事业的发展之间存在很大矛盾。随着博物馆事业的发展，今后必

须壮大博物馆的队伍。在这里主要谈一谈干部的质量与工作的矛盾问题，因为开展博物馆科学研究工作，也必须相应地扩大博物馆科学研究队伍。

干部质量与工作需要的矛盾，是每一位领导或从事博物馆工作的同志都感觉到的迫切问题。都认识到干部不行，工作搞不好，但是如何解决这一矛盾，却存在不同的看法和做法。例如文物局几年来对训练干部停留在一般号召，没有具体措施组织进行此项工作，强调没有成熟的教材，没办法训练，实际上是在训练干部问题上的右倾保守思想。这样做是永远等不出来一套成熟的教材的，应该是在进行训练干部工作中逐渐使得教材完整起来。有些博物馆年年喊干部问题（人数确实少的博物馆还要充实干部），年年向领导伸手要得力干部，要专家，而不积极进行培养馆内干部。因此，这些博物馆这样做了几年的结果是，得力干部和专家没有来，或者来的有限，馆内干部也没有很好提高，工作上更加被动。有的博物馆，例如天津市人民科学馆认识到干部的重要，同时认识到干部问题在各个部门都很紧张，因此采取了"自力更生"的办法，大力进行了训练干部工作，两年多来，使得刚刚从话剧团转来的相当于高中文化水平的同志，学完了有关生物学的基础理论，达到接近大学毕业水平，初步掌握了博物馆的业务，俄文也达到三年级的程度，可以看书。这位同志计划在十二年内继续提高业务，再学会一种外国语，争取达到副博士水平。这一个实际例子，可以告诉我们，关键问题是：只要"领导重视，亲自动手"，问题就可以大部解决了。训练干部工作中，应该注意的是首先要学习马克思列宁主义的基本理论，防止重业务轻政治的做法。训练干部必须与实际工作密切结合，防止脱离业务孤立地学习。除了学习以外，尤其要在工作中大胆放手让这些未来的专家去做，在实际工作中去锻炼。既然四五年可以大学毕业，为什么十二年的时间训练不出新专家？天津市人民科学馆训练干部的精神和经验值得我们学习。为此，要求各博物馆应将训练干部列为中心工作之一，并应保证有一定业务学习时间和制度。要求十二年内，把现有高、初中水平的干部基本上提高到大学文化水平，大学毕业的都应该有不同程度的成就，这个要求是不算高的。

（五）应该依靠社会力量

基础差、干部弱、经验少，而且博物馆业务比较广泛，有些问题也比较专门，有很多问题，尤其是有关科学研究的问题，不是靠博物馆自己就可以很好解决的，必须依靠社会力量。过去这方面也做了一些工作，主要是请有关部门、专家为陈列（展览）提意见，共同合作办展览，以及解决某些学术问题、具体问题等，应该说这方面的工作还是不经常，范围小，做得很不够。今后应该：

1. 用一定组织形式固定下来，首先是把学术委员会建立起来，这个委员会是咨询机构，是由博物馆的负责人、科学工作人员和聘请的馆外专家，以及有关部门代表组成。其任务是：讨论博物馆的年度计划与总结、陈列（展览）计划、科学研究计划，及馆内科学著作、论文、报告等。委员会应该密切结合工作需要，以能起实际作用为原则，不要追求形式，过于庞大。

2. 扩大范围，例如训练干部、征集工作、群众工作、保管工作（尤其是鉴定与修复）等都要依靠社会力量来进行。在这里应该注意的是："依靠"社会力量不等于"依赖"社会力量。

（六）发挥"母机"作用。

从整个博物馆事业来看，是基础差、干部弱、经验少，但是从各个博物馆来看，还是有基础好与差，干部强与弱，经验多与少的区别。因此，应该是基础好的、干部强的、经验多的博物馆在藏品方面，在训练干部、学术问题、技术方法等方面帮助基础差的、干部弱的、经验少的博物馆。此外，十二年内博物馆事业发展得很快，但到现在全国还没有一所培养博物馆干部的学校。文化部计划在 1958 年成立社会文化学院，设博物馆学系，培养博物馆干部。但是博物馆事业发展得很快，仅仅依靠这个学校来培养干部，还是不能适应工作需要的。博物馆的工作需要一定的专业知识，博物馆不可缺少的文物，又有很多是容易散失损坏的，如果第三个五年计划期间建立的博物馆，安下摊子后再征集，必然会有些材料毁掉了，或者征集起来增加很多困难，因此，先建立的博物馆应该发挥学校作用和收藏室的作用，希望先建立的博物馆在征集工作中要考虑到后建立的博物馆的需要，并采取各种方式为将来新建立的博物馆训练干部。这样做，对整个博物馆事业的发展与提高会有很大好处。希望各博物馆发挥互助精神，克服本位主义。

上述六个问题是博物馆事业今后发展的关键问题，同时也是我们过去工作中的缺点。产生这些缺点的根源是一个——右倾保守思想。因此，做好上述六方面工作的先决条件，在于克服右倾保守思想。我们的右倾保守思想主要不是表现在博物馆事业发展的数量、规模等方面，而是表现在提高工作和干部质量方面。因此，归根结底是要在各项工作中不断克服右倾保守思想，树立马克思列宁主义的思想、共产主义的人生观、共产主义的道德品质，反对墨守成规、一成不变，提倡革命的首创精神，充分发挥馆内外积极的因素。只要把潜在力量充分挖掘出来，博物馆事业就可以在不太长的时期内繁荣起来，同时可以把工作质量提高到接近国际先进水平。

郑振铎在 1956 年全国博物馆工作会议总结报告（提纲）

（1956 年 5 月 26 日）

一、会议的收获

在这一次全国博物馆工作会议里，初步检查了博物馆过去的工作。应该肯定各博物馆过去的成绩，它们在基础差，干部缺乏经验，人力、物力、设备、条件有限的情况下，做了很多工作，配合了国家经济建设，对广大人民群众进行了爱国主义和社会主义的思想教育，普及了科学文化知识。所以会有这些成绩，首先应该说是全体博物馆工作同志们艰苦奋斗的结果，同时，也和地方领导同志们的重视博物馆事业分不开。他们是那样热情地支援博物馆事业，解决了博物馆工作者们的物质上和精神上的许多困难。这次也检查出不少存在着的缺点。这些缺点，主要是由于文化部对于博物馆工作重视不够，同时，对于管理博物馆事业也限于一般号召，缺少具体措施和具体帮助也是重要原因之一。随着社会主义文化事业的前进，博物馆应该起更大的作用，博物馆应该负起向人民群众进行社会主义思想教育、普及科学知识的责任。因之，有更进一步加强博物馆工作的必要。在这几天里，我们听了王冶秋局长的报告和夏衍副部长的政治报告，学习了苏联先进经验，交流了我国博物馆的工作经验，尤其是苏联爱米塔什博物馆东方部主任克列切朵娃同志和社会文化事业管理局的苏联专家雷达亚同志在会议上介绍了苏联博物馆的科学研究工作，又为我们解答了所提出的问题，对我们有很大的启发。很多代表在小组讨论中对博物馆事业的发展提出了许多有益的建议。在这一次全国博物馆工作会议中，我们是有收获的。主要的收获是些什么呢？

第一，我们明确了博物馆是一国最高的文化艺术成就的最具体的表现；也明确了博物馆是广大的人民群众的求知之门。我们只要看每一个博物馆门前或在每一次展览的开放时期内，观众都是那么拥挤，那么踊跃地去参观，就知道博物馆的宣传教育作用有多么大了。同时也更明确了博物馆的基本性质——博物馆是"科学研究机关""文化教育机关""物质文化与精神文化遗存和自然标本的主要收藏所"，和基本任务——为科学研究服务，为广大人民服务。看清了博物馆的发展方向和前途，明确了为了更好地完成博物馆的光荣任务必须加强博物馆的科学研究工作。把博物馆的各项业务工作逐步地建立在科学研究基础之上，批判了把科学研究神秘化的"高不可攀"的看法，明确了博物馆进行科学研究必须首先掌握马克思列宁主义，必须与业务相结合。同时要根据各个博物馆不同基础与每个人的不同条件，实事求是地从"现有水平出发""循序渐进"地进行科学研究。

第二，通过会议上和会后的接触，使中央和地方，行政领导和博物馆工作同志们，各地博物馆和博物馆之间互相了解了情况，关系密切了，并加强了团结。故宫博物院吴仲超院长建议学习罗马尼亚的经验，由中央博物馆或条件好的博物馆全面地帮助地方博物馆布置陈列。东北博物馆及福建、广东等地代表都提出来完全拥护中央对藏品作合理的集中与分配，"决不留恋"现有藏品。

第三，通过经验交流与苏联先进经验介绍，业务水平也有所提高，有的代表说："这次会议明确了一些方针原则，也学习了一些具体东西。"

第四，发挥了博物馆工作人员的积极性、创造性，为在博物馆事业中开展社会主义竞赛运动创造了条件。

总之，这次会议开得比较成功，会议进行情形是健康的，代表的精神一直很饱满、很热烈，代表们都在考虑今后如何贯彻会议精神，把博物馆工作做好。

但是，这次会议也有不少缺点，主要是：问题解决得不够具体，大会的工作同志在会议工作中，多半陷于事务主义，和各位代表会下接触少，因此有些代表带来的问题没能"畅所欲言"。准备工作前松后紧，开会前突击，以致文件、资料没能及时地全部印发给每位代表。在文娱、生活方面也照顾不够等。特别是关于博物馆的科学研究工作里所发现的许多问题，没能展开科学辩论。希望在济南继续开会的时候，有时间能够展开几次科学辩论。

二、谈谈几个问题

在小组讨论和大会发言中，有些代表提出了一些问题，反映了一些情况，为了使一些主要问题进一步明确起来，着重下列几个问题再谈一谈，供大家研究参考，同时对大家最关心的一些问题交代一下。

（一）关于博物馆的基本性质问题

在小组讨论中，有的代表提出："科学研究""文化教育""收藏物质文化与精神文化遗存和自然标本"究竟那（哪）一方面更重要？有的代表建议把"文化教育"放在前面，有的代表建议把"收藏物质文化与精神文化遗存"放在前面，还有的代表怕强调科学研究会影响"文化教育工作"。有的代表提出："科学研究与业务工作有矛盾。"主要原因是对博物馆的科学研究、文化教育与征集保藏文物标本三方面的不可分割的辩证关系了解不够。应该说三方面同样重要，削弱了哪一方面，都会使工作受到损失。博物馆的性质特点就是由于同时具备这样三种性质。博物馆的科学研究，就在于博物馆的科学研究不能离开它的文化教育工作和收藏文物、标本工作。而且，在采访、搜集、考古发掘的工作里，在整理、鉴定、庋藏、保管的工作里，在陈列、说明的工作里，哪一个工作是不需要科学研究的？而科学研究保证了文化教育工作的质量。没有文物、标本则博物馆根本无法进行文化教育工作。古语云："深入浅出。"不深入如何能够浅出呢？有的代表提出各个博物馆的基础条件不同，工作重点也不应一样。有些馆应该首先办好陈列、展览；有的馆应该立即征集文物标本。这是各个博物馆不同条件、不同时期的工作重点问题，不要和博物馆的基本性质混淆起来。

（二）关于博物馆的基本任务问题

博物馆的基本任务是为科学研究服务，为广大人民群众服务。二者是统一的，有着提高与普及的辩证关系，提高了广大人民群众的思想水平和科学文化水平也是为科学研究服务，而且向科学进军不只是少数专家的事，需要有广泛的群众基础。为科学研究服务也是为了长远的人民利益服务。任何博物馆不论为科学研究服务，为广大人民群众服务，都需要搞好本身的征集、保管、陈列、群众工作……另一方面由于各博物馆的基础条件各不相同，各地区需要不同，各博物馆的主要任务应该有所不同，或者把重点放在"为科学研究服务"方面为主，或者把重点放在"为广大人民群众服务"方面。但绝不是说，做了这件事就忘了那件事。

三、关于博物馆事业远景规划问题

博物馆事业努力的目标是要求在质量上接近世界先进水平。博物馆事业十二年的基本任务同样是为科学研究服务，为广大人民群众服务。中国历史悠久、地大物博、人口众多，因此发展博物馆应该多样化，每个博物馆都应该因地制宜有自己的特点，不能强求一律。每个地方都需要选择确定重点发展的博物馆。各地方博物馆的性质方针任务不明确的，应组织馆内外有关专家研究提出，既要考虑当前基础，也要考虑将来可能创造的条件，然后由当地党和政府领导机关批准。重要的博物馆的性质方针任务由地方提出方案后报中央批准。应该发挥各地方发展博物馆的积极性和创造性。地方根据需要与可能，办好多种多样的博物馆。

发展博物馆事业还应该有适当的分工，要依靠其他系统（科学院和各产业部门）筹办博物馆的积极性。文化部系统主要发展公共性（对全民服务的）的博物馆，我们要推动专业部门筹办工业博物馆、农业博物馆、技术博物馆……争取把博物馆的科学研究规划列入地方的科学研究规划中。

博物馆事业十二年远景规划只要求明确远景、方向、目标，七年规划应具体一些，两年规划应再具体一些。

四、关于加强博物馆科学研究问题

有的代表怕强调"科学研究"削弱了"文化教育工作"，有的代表提出来各个博物馆基础、条件不同，有些馆主要任务是征集，或者主要任务是举办陈列、展览，因此考虑是否一律强调科学研究。这又是把科学研究和博物馆业务对立起来了。这次会议所以提出"加强科学研究"，正是要解决博物馆实际存在的主要问题和为了更好地完成博物馆今后任务提出的。提出的目的是把各项业务工作逐步建立在科学研究基础之上，也就是为了加强文化教育工作和征集保管工作等。应该在业务基础上搞好科学研究工作，同时，也应该在科学研究基础上改进并搞好博物馆的业务。

五、加强领导，调动一切积极因素办好博物馆

祖国的社会主义建设突飞猛进，农业的半社会主义合作化今年已经基本完成，北京等大城市今年已经进入了社会主义改造的高潮。广大人民群众迫切需要爱国主义与社会主义的思想教育，迫切需要提高科学文化水平。博物馆是向科学进军不可缺少的条件，也是思想战线上的重要武器之一，博物馆事业应该适应这一新的形势发展的需要。

最近毛主席指示："调动一切积极因素来建设社会主义，变消极因素为积极力量。"一年来农业合作化，手工业合作化和资本主义工商业的改造所以取得了出人意料的飞跃发展，就是由于把这些方面的积极因素调动起来了，潜在力量挖掘出来了。天津市人民科学馆训练干部有成绩，也是如此。代表们在讨论和发言中所提出的许多建议，就是利用积极因素和挖掘潜在力量的问题。例如：上海市文化局的代表提出派博物馆干部到中央革命博物馆、北京历史博物馆、鲁迅纪念馆帮助工作，借以实习；江苏省博物馆的代表要求中央革命博物馆到江苏去征集有关新四军的革命文物，派人参加共同工作，互相学习；江西省博物馆的代表认为天津市人民科学馆训练干部的办法，自己也有些条件可以做而过去没有做。此外，有些代表还建议选择条件较好的博物馆作为某一地区的重点馆来帮助附近其他博物馆；组织博物馆专家巡回帮助没有专家的博物馆鉴定藏品和要处理的非文物。河北省根据保定市具体情况（没有大学）计划组织中学校的历史、生物课教员作为博物馆学术委员会成员，帮助博物馆工作。

文化部接受代表们的建议，除了在社会文化学院筹设博物馆系外，并在今后组织短期的专业性质训练班、经验交流会、地区的小型博物馆专业会议，组织馆际观摩实习，加强视导员的工作，加强苏联有关博物馆书籍的翻译工作，组织中央各博物馆和条件好的博物馆帮助基础和条件较差的博物馆，尤其是兄弟民族地区的博物馆，发挥博物馆的"母机"作用。希望各个地方各个博物馆大家一齐动员起来。

我们的任务是光荣的，我们的工作是艰巨的，困难也是很多的，只要我们加强领导，发挥群众力量，调动一切积极因素，挖掘一切潜在力量，就可以很好地完成任务，并使中国的博物馆事业在不太长的时间里接近世界先进水平。

王冶秋在 1956 年全国地志博物馆工作经验交流会议上的发言*

（1956 年 6 月）

我的发言，不能算作总结发言，因为时间赶不及，不能事先写出来请许多同志讨论改正，所以只能是我个人的发言，可能有许多错误的地方，请批评指正。

我们这次到山东来开会，一方面是看一看山东博物馆的陈列，一方面交流地志博物馆的工作经验。几天以来，经过了认真而热烈的讨论，对有关地志博物馆业务上的各个重要的问题，有了较明确的认识，这将使全国地志博物馆事业大大地向前推进一步。

通过这次会议的讨论，可以肯定地志博物馆的方针、任务和方向是正确的。如果一个省地志博物馆不按照自然、历史、社会主义建设三部分来陈列，它就不可能全面地介绍一个地区的各方面情况。如果脱离了这个方向，它也不会得到当地党政领导以及有关单位的重视和支持。从山东博物馆在筹备期间，得到省的党政领导的重视和各有关机关热情地支援的情形，就可以充分说明了这一点，也只有这样才可以发挥博物馆的教育作用，使观众在很短的时间内对整个地区的各方面，有了概括的了解；使观众不仅看到本地区的过去和现在，而且也看到了将来；不仅了解本地区的自然、历史，而且也了解社会主义的建设和发展；既进行了爱国主义教育，又进行了社会主义教育，鼓舞了人民前进的信心。

地志博物馆的性质是地方科学研究机构，文化教育机构，物质文化与精神文化遗存和自然标本的主要收藏室。这三位一体的性质是正确的。科学研究是博物馆一切工作的基础，不进行科学研究工作，就无法进行工作，也无法提高工作质量。山东博物馆在陈列工作中碰到的主要困难，就是缺乏科学研究的资料，以致在陈列中有许多部分缺乏可靠的材料。博物馆是文化教育机构，如山东博物馆这三部分陈列开放以来，受到群众的热烈欢迎，有 10 万多当地和外来的群众参观了博物馆；对山东不熟悉的人，在很短时间内看过了博物馆的陈列以后，对山东有了概括的认识，对山东也有了感情；这种教育对当地人作用更大。最近夏衍副部长写了一篇《知识就是力量》，提出了很多普通的而又都是最容易忽略的知识。例如我们现在在座的人是否都知道山东有多大面积，

---

* 此为会议上的发言记录。

人口多少？这些题目都是参观了地志博物馆后可以迅速得到解答的。博物馆是物质文化与精神文化遗存和地方自然标本的主要收藏室，如山东博物馆几年来征集到不少这几方面的材料，为陈列和科学研究提供了条件。但征集和采集的范围还不够广，如野生动物和野生植物没有着手采集；近百年的生产工具和生活用具征集得不多，还不能满足陈列和研究的需要。今后还必须加强文物征集和标本采集工作。

过去一段时间内我们对于地志博物馆的工作，只是纸上谈兵。1951 年我参观了苏联的赤塔州地志博物馆，回国后不断地进行宣传，文化部也同意这个发展方向。然而，形象化的东西不可能凭嘴说一说就解决问题，必须要拿出个样子来给大家看看。1953 年文化部决定以山东博物馆为地志性博物馆的试点。两年多的功夫，现在已将三部分陈列初步地摆出来了，搭起来的架子虽然不算很合理，但规模大体上已经具备。大家看了以后，对于地志博物馆是什么样子，心中有了数。相信今后几年内各省、自治区，都可以建立起来这样的博物馆。在这方面，山东博物馆是起了很好的示范作用。

山东博物馆的成绩主要表现在如下几方面：

1. 争取领导的重视和搞好有关方面的关系，取得大力支持是工作中最大的收获，也是工作取得成绩的关键。关于这方面的经验，山东博物馆应当总结一下。有很多同志们问，取得各方面的重视和支持的窍门在哪里？我认为关键问题在于我们博物馆的工作表现了当前的社会主义建设。对人民建设社会主义的热情和积极性起了宣传鼓舞的作用。如果我们只搞一些古物陈列，距离现实很远，那就不会得到这样广泛的、各方面的重视和支持。

2. 山东博物馆对于自然、历史、社会主义建设三部陈列已经搭起架子，如同盖房子已经打好基础一样。这个工作很重要。山东博物馆是在一定的科学研究工作的基础上并经过反复修改才完成现在的陈列的。在设计陈列时是经过了一番艰苦而细致的斗争过程。有的馆终年搞展览而没有为正式陈列打下基础。有的馆过急地想把三部分陈列一下搞出来。有的馆筹备了很久，想一切都齐备妥当后再开放。这几种做法都是不适当的。事实上我们可以积极地、有准备地先把陈列的架子搭起来，然后再不断地修改补充，使其逐渐完善。不要企图一下子十全十美，尽美尽善。事实上博物馆的陈列要一下成功地摆出也是不可能的，必须长期地不断地修改和补充。

3. 山东博物馆在实践的过程中对于陈列工作摸到了一些经验，同时也发现和解决了一些问题。从山东博物馆筹备陈列经过的报告中，我们听到很多新的问题和解决问题的方法。这些经验和方法绝不是只念念几本翻译的小册子和只坐在办公室里可以获得的。这是由于认真学习苏联先进经验并结合中国具体情况才搞出这样的陈列的。

4. 解答了"地方小、花钱少、时间短是否可以搞好陈列"的问题。目前山东博物馆的陈列所占的面积是 1800 平方米，用去了一年多的时间（陈列设计工作从 1954 年 8 月开始到 1956 年 2 月正式开放）花了事业费 7 万多元（另外建筑仓库花了 4.5 万元），完成了现在的陈列。虽然还有许多地方利用得不够好，例如有些墙壁、陈列柜和空间还可以更加充分利用。但是这样的事实对其他博物馆有很大启发。

5. 互助合作与帮助别人的精神是值得学习的。山东博物馆自成为全国地志博物馆的试点以后，首先是全国有许多馆支援了干部、力量。其次是全国各省、自治区、市博物馆同志都来参观学习，而山东馆对兄弟馆的帮助是不厌其烦的。这种团结互助是我们博物馆事业发展的重要因素，今后应当大大地发扬。

以上成绩的取得是山东省委、省人民委员会及有关单位重视、领导、帮助以及全馆工作同志辛勤劳动的结果。

下面来谈一谈在山东博物馆的陈列中所存在的一些问题，这些也是各地博物馆共同存在的问题：

1. 地方与全国结合在陈列中如何表现的问题。山东博物馆的陈列中对于这个问题处理得不够好，几位负责同志看了山东博物馆的陈列都指出了这个缺点。这个问题如何解决才算好呢？有的同志提出：应以表现全国为主，表现地方为辅。这样做，很容易表现不出来地方的特点，是不够适当的。但是过分地突出地方而忽略了全国，这是政治上的错误。两种偏向都要防止。我同意第一小组及其他组的意见。有的代表打了比方，说博物馆陈列中表现地方与全国的关系就像《人民日报》与《大众日报》的情况一样。《人民日报》是党中央的机关报，《大众日报》是山东省委机关报。后一种有很明显的地方性，但是它是在党中央的方针政策下办事的，在地方报纸上我们看得到中央的各项事业的方针和政策以及国内国外大事，同时也能看到地方贯彻中央的方针和政策的实施情况。这个例子很好。我们可以体会这个例子的精神，不仅在社会主义建设部分的陈列中要这样，在自然、历史两部分陈列中也必须照顾到这个关系。

2. 历史陈列如何分期的问题。在历史的陈列中是按社会发展的阶段来分期呢？还是按照历代王朝来分期呢？这是一个重大的问题。山东博物馆目前是按王朝来分期的。将来一定要按照社会发展史来分期。但是按社会发展史的分期中，无妨以王朝来代表时间，因为大多数的观众都习惯于按照王朝来计算历史时间。总之，问题的本质，还不是要不要提到王朝，而是在陈列中能否将王朝的时代背景、当时的社会性质、生产力与生产关系、社会的经济结构表现出来。关于按社会发展史来分期，虽然目前还没有定论，我们可以暂时在陈列上先采用郭沫若院长的分法。同时对于这个问题各博物馆的史学专家可以讨论，来"百家争鸣"。博物馆的专家掌握着实物资料，有便利条件来研究这个问题。

3. 历史人物与历史事件的问题，也就是历史人物与历史事件在历史陈列中是否要表现和如何表现的问题。北京历史博物馆过去曾认为历史上一些人物、事件，如秦始皇、孔子、孟子等都没有得到定论，只搞了物质文化史的陈列。周扬同志的意见认为：只有文物，不表现人物、事件，这不能算是历史博物馆。有的同志提到如果要表现历史人物、事件，哪些应当表现？哪些不应当表现？是很难解决的问题。我认为目前历史陈列中的毛病，在于没有反映出阶级斗争的历史，没有反映出劳动人民的历史，反而摆出的只是一些帝王将相的事。历史陈列主要的应表现劳动人民。历史上的帝王将相对于国家人民有功绩的也可以表现。山东博物馆从汉画石刻中选出劳动人民用鼓风炉炼铁的场面，这是很好的。历史陈列应当多表现劳动人民，多表现人民中的无名英雄，少摆帝王将相。不要把陈列变成为帝王、宰相的太庙、祠堂，要使它成为历史创造者——劳动人民的历史的陈列。

4. 陈列中各部分的联系，也就是部与部、组与组、陈列品与陈列品之间相互联系的问题。这也是很多博物馆普遍存在的问题。去年所举办的解放台湾的展览会，虽然是展览会，但它各部分的内容联系得很好，交代得很清楚，逻辑性很强，像一篇文章一样。我们看到山东博物馆的陈列，三部分陈列是三篇文章，而且每篇文章中各部分相互联系得也不够好。陈列中有机的联系是很重要的。苏联的博物馆采取分段分组标出中心的办法。每段有中心，中心材料突出，并不机械地按时间顺序排列。最重要的材料放在最显著最容易使人看到的位置，使观众一进门就知道这间陈列室里要说明的是什么问题。但这并不是容易解决的问题，需要我们今后在实际工作中努力钻研。

5. 陈列中几多几少的问题。在山东博物馆及其他博物馆的陈列中大多表现的是上层建筑多，下层基础少；自然资源多，人类劳动改造自然的作用少。如在自然之部里摆了许多桃、梨，使人感到很好吃，但没有把它的生成环境和人民对它栽培和改造的作用表现出来。自然和社会主义建设二部分的陈列应当适当地分工，自然部分应从自然科学方面来介绍本省自然环境和资源；社会主义建设部分应从经济建设方面着眼。

此外，所陈列的死人用的东西多，活人用的东西少，这也是许多博物馆共同的毛病。山东博物馆虽然陈列摆出一个纺车和一些农具，但是也很少。今后各地博物馆应注意搜集反映近百年来人民生产活动和生活情况的生产工具和生活用具。苏联有一个博物馆将资本主义初期的小商店整个保存下来，按照原状陈列出来。这样可以使观众很清楚地、很真实地看到当时当地人们生活的情形，教育作用很大。鲁迅的小说里所描写的孔乙己常去喝酒的酒店，听说前几年还在开着（在绍兴城里）。后来不知在什么时候倒闭的。可惜我们没有把那家小酒店的家具、用具保留下来。不然，在鲁迅纪念馆里摆出来，不是很好吗？

还有在许多陈列中，贵族使用的东西多，劳动人民使用的东西少，造成陈列中人民性不强。这也是我们今后需要逐渐解决的问题。

6. 自然、历史、社会主义建设三部分陈列应以哪一部分为重点的问题。三部分陈列都重要，但社会主义建设部分更重要，这部分陈列是整个陈列的重点。山东博物馆前两部分陈列比较好，可是越往后越没劲，这是值得注意的问题。因为历史部分虽然是光辉灿烂，但已是过去，对于我们更重要的是现在和将来。因此，我建议各地博物馆首先将社会主义部分陈列出来，以便更好地取得各方面的协助。这样做，肯定地将会得到各方面的协助。

目前各地都在举办各项展览，博物馆应尽可能地参加，并争取能成为组织者之一，以便在展览的设计过程中，根据博物馆需要提出设计意见。展览完了，可以有一部分我们需要的材料拨人博物馆。这样为博物馆积累材料，既省钱又及时。

展览和陈列间主要的区别，前者是临时性的，是为结合中心任务或根据某项工作的需要而举办的；后者是永久性的或至少带有永久性的，是根据博物馆的方针、任务而组织成的。陈列是博物馆活动的主要形式。博物馆举办展览可以为博物馆的基本陈列打下基础。假如一个博物馆只是搞展览，而没有为基本陈列作打算，那将是搞了许多展览，而结果基本陈列搞不出来。

7. 关于搜集材料的问题。材料是博物馆的物质基础，但是目前我们的搜集工作的缺点是：搜集面不广，办法少，要什么才临时搜集什么，缺乏全面和长远的计划。苏联博物馆的搜集工作是多种多样的，如组织征集队、考古发掘队，建立征集站，委托兄弟馆代为征集，发展"博物馆之友"等。像苏联赤塔州博物馆与共青团、少先队建立密切联系，他们利用共青团员、少先队员的假期为博物馆搜集展品标本，作用很大。

关于民族学的文物的搜集工作，各种博物馆今后应抓紧进行。这是研究社会发展史重要的材料。

最后，让我代表全体代表向山东省委、省人民委员会、省文化局对于会议在各方面给予的关怀和支持表示感谢。对山东博物馆的同志们的辛勤劳动、努力工作表示感谢。

郑振铎在 1957 年第一届全国人大
第四次会议上的发言*

各位代表：

我完全同意周恩来总理的报告和李、薄副总理、董必武院长、张鼎丞检察长、彭真副委员长、乌兰夫副总理的报告。

我现在就我所比较熟悉的保护文物工作，作一个报告，证明党和政府是怎样关心与保护地上、地下的古代文物和革命文物以及图书资料的。

各位代表是十分关心图书、文物的保护工作的。让我们回想起解放前的那个黑暗时代，那个帝国主义者们勾结了反动统治者怎样地把祖国的最宝贵的文物盗运出口的辛酸时代吧。到过洛阳龙门的人们都会愤怒地控诉帝国主义者把宾阳洞里最精美的北魏时代的两大幅帝后礼佛图的浮雕凿了下来，盗运到美国去的可鄙可恨的事实。看见一具甜蜜地微笑着的佛头，就会用斧头砍了下来，甚至连一只雕斲得十分秀丽的手，也没有放过了它。许多帝国主义者的博物馆里，私人收藏家里，所陈列着的三代鼎彝、玉器，秦、汉砖瓦，铜镜，南北朝造像，隋唐泥俑和三彩器皿，唐、宋、元、明以来的最精美的绘画、瓷器、家具、装饰品等等，甚至整座的古建筑，那（哪）一件不是明目张胆地被盗运出去的！至于图书资料则偷漏出去的更多了。各省、市的地方志和家谱，在美国国会图书馆收藏得最多。他们为什么要收集中国的这些第一手的原始的资源材料？近代史的资料，他们也罗致得尽可能地多。这些难道不是别有用心，而只是文献资料的收集么？有一个美国人曾经大言道："再过若干年，要研究中国学问的人恐怕非到美国来不可了。"

但他们的幻想并不曾实现，也永远不会实现了！从 1949 年全国解放以来，党和政府就十分重视古代的和革命的文物和图书资料的保护工作。（远在 1949 年之前，在抗日战争的最艰苦的年代里，八路军就曾以血和汗抢救了四千多卷的金代刻本的赵城藏出来。山东省解放后，就立即成立了好几处的文物保管委员会）。在中央文化部，成立了文物局，作为负责保护文物的专门机构，在各省、市成立了文物管理委员会，在重点地区，成立了文物工作队和若干研究所（敦煌文物研究所）、保管所等。政务院公布了好几件有关保护文物的法令和决定，根绝了帝国主义者们盗运我国

* 1957 年 6 月 26 日～7 月 15 日，第一届全国人民代表大会第四次会议在北京举行。文化部副部长郑振铎作题为《党和政府是怎样保护文物的》的发言。

珍贵文物和图书资料出口的道路。从这个时代开始，我们的科学家们和艺术家们才有机会能够看到过去所从来没有机会看到的祖国许多出土的和收集的重要文物和图书资料。

这八年来，随着社会主义改造和社会主义建设，我们的文物工作也有空前的发展。首先是培养干部问题。中国科学院考古研究所，在解放初期，全所只有 37 人，现在已经发展到将近 8 倍，即 292 人。从 1952 年起到 1955 年止，每年都举办一次考古工作人员训练班，抽调各省、市若干干部参加学习，一共训练了 341 人。1956 年后，若干省、市（包括新疆维吾尔自治区）也都举办了考古人员训练班或考古人员讲习会。这就保证了考古发掘工作的质量的不断提高。配合了国家大规模的工业建设和农业生产建设，这些考古工作人员，清理了古文化遗址 165 处，古墓葬 27187 座，获得了除数以百万计的陶片以外的文物 362026 件。这些古文化遗址和古墓葬有许多是十分重要的。像山西襄汾县的丁村和曲沃县的里村西沟两处的旧石器遗址；陕西西安半坡村的新石器时代遗址（现已成为一个新石器时代的博物馆）；三门峡水库范围内发现的西周虢太子墓；河南信阳发现的楚国木椁墓（出土漆器、木器近 300 件，铜器近 200 件，竹简 120 多根）；西安、沣西的西周遗址发现的车马坑；云南晋宁发现的汉代铜器、金器等等，一时也举之不尽。在过去，那些发现的文物，都会流散到帝国主义的国家里的，但如今是完整地、妥善地为我们所保护、保存，并加以整理，予以研究。中国的科学家们、艺术家们是万分兴奋地听到这些重大消息，并且能够很快地就看到这些出土物的。这不是一个空前的考古工作的大时代么？如果没有党和政府的领导绝不会在短时间内有那末大的成绩的。

关于保护古代建筑和革命纪念建筑方面，党和政府也用了很大的力量，做了很多的工作。这是一个艰巨而费用浩大的事业，但党和政府从来没有在困难面前低过头。在精打细算，不浪费、不铺张的方针下，八年来基本上保护了古代重要的寺庙、宫殿、城墙、桥梁、石阙、砖塔、木塔等。像长城，山西五台山的唐代建筑南禅寺和佛光寺，河北赵州的大石桥，河北正定的隆兴寺，曲阜的孔庙、孔林，北京的故宫，苏州的好些园林，南京和其他地方的太平天国遗址等等，不仅予以坚决的保护，妥善的保管，而且加以必要的修缮。全国范围内，由中央主持或设计的古建筑共有 124 处。瑞金、上海、延安等地的革命纪念建筑物，也都已予以保护和修缮。

关于流传有自，散失在全国各地的文物、图书、资料等，党和政府也用了很大的力量在收集、在整理。单是中央文化部所收集到的珍贵的图书、绘画、铜器、瓷器等等就有 155968 件。在上海在收集到的图书文物的基础上，成立了几个规模很大的图书馆和一个陈列品十分灿烂可观的大博物馆。其他地区的图书馆、博物馆，在八年来也都大大地充实起来了。北京图书馆在八年来所收集的善本图书，就比解放前 38 年的总和超过了一倍多！解放时，北京图书馆全部藏书只有 100 万册左右，现在，已经有 450 万册了！

为了进一步做好文物保护工作，文化部在 1956 年就通知各地文化部门，从事文物普查工作。这个工作，动员并组织了各地区的社会力量。在今年这个时候，就有了一个初步的结果。除西藏地区外，全国各省、市所调查并经省、市人民委员会公布的文物保护单位，共为 6726 个。每一个保护单位，都包含有几个或几十个或几百个乃至上万个项目。像在曲阜孔庙这一个"保护单位"项下，就至少包含着二三百个的历代碑碣、汉画像石、汉石人、明清建筑群；还有数以万计的明清档案和衣服及其他日用品等等。

这样的保护工作，有计划、有组织、有方向地大力地进行着，不仅是过去时代所不曾梦想过的，而且也是任何帝国主义或资本主义国家所不能够实现的。

当然，在那末地域广大、工作繁复、人力不足的情况下，若干错误和缺点是难于避免的。像在考古发掘工作方面，质量还是不够理想；在保护古建筑方面，还有些不够细致的地方等等。但我们欢迎一切善意的积极的批评和建议。例如，有好些人提出的关于图书的积压和整理问题，我们就想立即进行扫清积压现象，尽快地编目公开，供给专家们的应用。对这些工作我们是要随时检查，随时加以纠正的。同时，在某些地方，个别领导同志，一部分干部和群众，对文物发掘和保护工作的重大意义还认识不足。这是我们工作的缺点。我们应当继续宣传党和政府保护文物的政策，更好地做好保护和整理文物的工作，使它对我国科学研究事业的发展和对广大人民群众的教育，发挥出更大的作用。

钱俊瑞在 1958 年全国文物、博物馆工作会议上的讲话*

同志们：

此次文物和博物馆开的会，是促进会。文物和博物馆工作要大跃进，要大大地跃进。这些天我去农村看了一下，看见了农业、水利、交通运输各方面都在大大地跃进，农村文化工作也在大跃进。我们文物、博物馆也必须大跃进。我刚回来听说会开得很有劲，很好，因此我想在大会闭幕之前讲几句话。

一、反浪费反保守运动的巨大意义

我们这次的会，必须要取得彻底的胜利。党中央的指示大家已经看见了，必须要把反浪费反保守的运动贯彻到底。最近以来文化部门举行了反浪费反保守的会议，效果很大。正如中央指示的，反浪费反保守，这是一个纲，抓着了这个纲可以带动其他一切。从几个月来的情形来看，只要是反浪费反保守进行得好的地方，整个的工作都有了新的局面。文化部反浪费反保守的重大意义表现在那（哪）里呢？我认为一方面是表现在节约资金方面，省的钱可以拿来搞工农业建设。根据最近节约的情形看来数字很大，最少可有 30%，可节约出六千万元左右，还可以超过。艺术团体的节约如果把增产节约算起来有 87%，就是说今年用钱只合原来的17%。现在绝大部分的艺术团体已不要国家补贴了，青年艺术剧院今年不但不要补贴而且还可以上缴五万元。

这几天我到河北徐水县去看了一下，县里的干劲很大，这个县是个小县，原来亩产量只有一百八十斤到二百斤，经过兴修水利、积肥及其他措施之后可达到七八百斤，有的社可到千斤，增加五六倍。参观了一处试验田，可到三千多斤；八百斤已经跨过了黄河，三千多斤简直是不可想象的事。搞水库热火朝天，县内有三条河川，从前一泛水就淹没，现在完全解决了问题，水库遍布，谓之"满天星"，挖了许多坑，密密相连，叫作"鱼鳞坑"，原来的荒山已种满了果树。我看了一个灌溉二千亩田的水库，农业社花了二十九元，国家才拿出了一角三分钱，买了几张红纸为劳模作光荣花之用。现在全国农业生产最需要的是化学肥料工厂，几千元或几万元就可搞一个，我们想想，如果文化部今年所节约的六千万元拿来搞小型化肥厂要搞多少个，全国的县每县可有

---

* 钱俊瑞时任文化部副部长。

几个小型化肥厂了，这对我们的农业大跃进将有多么大的帮助！

反浪费反保守运动更重要的意义是在思想上。我们应当把浪费认作是可耻的行为，浪费是不劳而获的资产阶级、地主阶级的剥削思想。只有不劳动的人才浪费，如果劳动的人，他绝不会浪费。无产阶级是不会浪费的，因为他知道盘中餐粒粒都是辛苦得来的。因此必须在思想上搞透，认识到剥削是一种罪恶行为。

反浪费运动，还必须要贯彻无产阶级的文化路线，必须贯彻为社会主义服务，为工农兵服务的思想。文物和博物馆工作必须为社会主义服务，为工农兵服务。在这次反浪费运动中必须要挖掉资产阶级铺张浪费的根子。现在有一部分同志把国家的钱看得轻如鸿毛，而把自己的钱则看得重如泰山，因此在替国家办事的时候，任意挥霍，铺张浪费，这就是资产阶级的思想。另外在文物和博物馆工作中还存在一种官僚主义、不接近群众的情况，工农群众的生活情况不了解，文物和博物馆对工农应做些什么事情、工农群众要求什么不了解，对群众的力量不了解。从这次发言中，有的省、市对群众有了解，发动了群众来保护文物，工作就大大地发展，对文物也保护得很好。单靠少数人来保护文物是永远搞不好的。发动群众一起来搞就能多、快、好、省。单是几个人、一个队来搞，那必然是少、慢、差、费。

再有一个问题就是我们的思想僵化。社会在前进，群众在飞跃前进，而我们的思想永远赶不上时代，与时代不合拍。我们这一次在农村中看见了许多很好的展览会，如把饲料集合起来展览。你看了之后就知道那（哪）种是好饲料，如何取得。这对于养猪有多么大的好处！假如我们文物和博物馆工作者能知道如何配合，办展览也上山下乡去，那就大有可为了。有人说某些资本主义国家的博物馆从来没有搞过巡回展览。是的，他们是没有。但是不要忘了，他们是资本主义，而我们是社会主义。博物馆一定要打破陈规，打开大门，把东西给工农群众送上门去。我们每天每小时都在打破常规。艺术界的剧本很困难，今年上海提出八十三本的指标，北京青年艺术剧院的领导人起初认为不可能，但是经过群众讨论后，可以完成一百二十本。京剧院的剧目从前一年三五个已经困难了，但这次运动之后，一年要求六百个。这股干劲是那（哪）里来的呢？是社会主义带来的。这是彻底解放了的人民群众的力量，是生产力大解放出来的力量。

原来的保守思想，经过这一次运动要彻底打掉，要收到政治上的大成果，在政治思想上要坚决把为工农兵服务的方针贯彻下去。各个文艺团体，文物、博物馆工作，经过这一次运动之后要造成这样一种既有集中又有民主、既有纪律又有自由、既有统一意志又有个人心情舒畅的生动活泼的政治局面。所以这一次运动必须要搞好，凡是未搞的要立即行动起来，已搞的必须搞深入，已深入的必须坚持搞透，只许成功，不许失败。真正要搞好文物、博物馆工作，就看此次是否能搞好运动。搞好这次运动的关键，一条是领导上要充分下决心，认识到这是一个纲，下最大的决心来抓，发动群众，引火烧身。对文化部首先要批评部长，对司、局长也要狠狠地批评；另一条是充分发动群众。这一方面文化部门做了一些，但是还不够。方才上海长途电话，出版部门3000

来人贴了 46 万张大字报，北京文化部门 10500 百多人才贴六万张，比上海落后太远，大大不够。上海一人有写五百张的，提出苦战三天三夜写大字报的口号。

二、谈一谈保守问题

反保守反右倾是当前工作中最重要的一项。根本问题是领导落后于群众，订的措施也落后于群众。文物工作也有一部分领导同志对文物和博物馆工作为社会主义建设服什么务不了解，而只是老一套的办法。要深刻认识文物工作是为了今天和明天，不是为了昨天。发掘一个好的古墓是为了以有价值的文物来教育群众，为了更好地建设将来，为了替历史、考古科学提供确切证据，为了科学文化建设，为了教育工农兵、教育全体人民要更爱祖国。绝不是为了考古而考古，不是为了发掘而发掘。是为了使人民看到古人能筑万里长城，我们为什么不能修长江大桥，古人能开运河，我们为什么不能移山倒海，教育人民能更好地建设社会主义。昨天的东西为什么可贵，是因为它能对今天、明天有用。但是有的人把头钻进古物里去了，要拔出来看看，看看工农业发展，快抓住今天看明天。保守思想是太重视过去了，认为过去什么都好，都可贵，有古皆"宝"。中国地大人多，历史久，如果一点不能动那么就不好办了。如果把所有的手推车都保存起来，还要不要汽车、火车，还要不要飞机？我们不但要喷气飞机还要人造卫星。城墙不是所有的都保存，有碍交通的可以拆除一段。可以保留几个城墙，用来说明当时的社会情况，用来说明人民的劳动创造，不是全部都保存的。古话说"好汉不提当年勇"，不能老看过去。有一个小戏里有一个人物开口就是"想当初"，那很不好。我们不要只想当初，要想今天，想明天。

全体文物、博物馆工作者，要认识古物是为今天服务的，绝不能为死人服务，要为今人服务，为下代服务。祖父死了，搞一个相片纪念就算了。要用一切的科学方法利用古为今服务。文物要保护，但是也要建设新的工业、农业，要两利。经济和文化要两利，但是要以经济为主，经济是龙头，文化是龙尾，无头无尾都不成，但还是头在前。不能什么地方都不能动，我们要配合上去，不要拖后腿。

文物和博物馆工作要化整为零，上山下乡。我听说有很多博物馆已这样做了，是很好的，先进的。如江苏、东北等博物馆的办法是很好的，还要好好地做，一切要为工农兵群众着想。

此外纪念馆要多多的办小型多样的，既不花多少钱，教育意义又大，但是要保持原来的面目。如广州的毛主席办的农民讲习所，很多国际朋友看了都受感动，就是保持了原样。而有一部分同志就是想搞大，结果适得其反。在陕北根据地有很多纪念物、小牌子、标语等，群众很爱护，很愿意保护它。你如果设上几个干部、几间房那就是太浪费了。如延安毛主席所住过的很朴实的房子绝不能加以改变。

凡是文物的陈列，不从其本身思想性着想，而只讲装饰，那就是把原来的面目歪曲了，这不只是浪费了钱，而且破坏文物。革命博物馆把原来很艰苦的用品，用了丝绒盒子装起来，失掉了教育的意义。

在保管方面，有的损失很大，如有一个馆的书画，损失了98%，要好好检查，革命博物馆一些革命文献、实物，受到损失，把许多有纪念意义的东西弄成了无用，这都要趁此运动检查纠正。

三、规划问题

反浪费反保守要搞到底，要有规划，各单位看看如何搞法。另外个人也要有规划，要规划业务上要达到什么水平，政治思想上要达到什么水平。规划要先进，不要保守。博物馆原来的观众有多少，是否可再多。指标要先进，措施也要先进，否则要落空。红与专也要有规划，每个单位每个人都要有一个先进的可靠的切实可行的规划。

最后还要提一下，我们发现各单位的运动目前还不平衡，有的单位已先进了，有的单位还未搞起来。如中央革命博物馆、故宫博物院等已搞起来了，东北、上海等也搞得很热烈，是值得表扬的。但有的单位还没有动，有的单位的领导之间还有不团结的现象，一张大字报还没有。上面已经说过了，这次运动搞好只要两条，一是领导下决心，一是充分发动群众。各位同志回去在领导之间团结一致，发动群众，保证七天能赶上先进。有的单位已有一点成绩的，不能睡觉，一不小心就会被别人赶上了，大家要趁此机会，使足干劲，迎头赶上。

我们的文物、博物馆工作一定会为之一新。

（根据录音整理）

郑振铎在 1958 年全国文物、博物馆工作会议上的讲话 *

同志们:

　　首先让我代表文化部欢迎远道来京参加这次会议的同志们和在京各单位的同志们。我认为这一次大会的召开是及时的，必要的，而且是重要的。在这一次会中我们必须要弄清文物和博物馆工作的目的和方向。在大跃进中来开这个会特别有着重大意义。在中共中央号召彻底反浪费反保守的时候，全国已经行动起来了。一切工作都在大跃进，不允许有空白点，不允许有一个人置身事外，不能有落后的一面，人人都将行动起来，当然文物工作者们也不在例外。

　　文物工作和博物馆事业，几年来是有成绩的，而且成绩不少，如北京历史博物馆在午门前面，国民党时期是灰溜溜地，一天没有三五个人入门参观，而这几年来，进步很大、很快，已成为广大群众受教育的重要场所之一。各地的博物馆也是如此，许多博物馆是从无到有或从小到大的。文管会这几年来也做了许多工作，由于他们的努力，为新成立的博物馆、图书馆提供了许多的藏品。上海文物仓库，从成立以来，收到了许多的文物，他们从废纸堆里捡（拣）出的一部明版《长江三峡通志》，对长江水利的规划有很大的帮助。这也说明了文物工作对社会主义建设事业是有很大作用的。

　　应当说我们的成绩是好的，是主要的，但是要从今天全国人民建设社会主义的成绩来看是很渺小的。许多消息都是空前的、惊人的：全国增加的灌溉耕地面积前一个月是一亿四千多万亩，昨天的消息已扩大到一亿八千万亩；农民引水上山，把旱田变为水田；天津专区正在把白碱地变为水稻田。当我们从北京坐火车到天津的时候，从前看见一大片白茫茫的不毛之地，以后将要变成为绿油油的稻田了。当无数工农兄弟正在以百倍的努力来建设我们社会主义祖国的时候，我们必须要迎头赶上去，动员一切力量，鼓起革命干劲，必须把多、快、好、省的方针，在文物博物馆工作中贯彻起来。

　　文物和博物馆方面的浪费现象，昨天同志们已经在展览会上看见了，那是令人触目惊心的。这不仅在经济上是很大的损失，而且最重要的是在政治、思想上的损失。在文物工作方面，如西安半坡村的新石器时代遗址，盖了一个大建筑，花了三十多万元，实际上没有这个必要。这是首

---

* 郑振铎时任文化部副部长。

先要由我作深刻检查的。我前几个月到保加利亚、捷克斯洛伐克、苏联等兄弟国家去看过他们的博物馆和文物工作，人家花钱很少，博物馆人很少，保管所只有几间房子和一两个人。贵重的金器就放在遗址保管所的保险柜里，有一个人拿着钥匙，有人去参观时，才开门。在这方面的浪费上，我们够得上是世界第一了。

在反保守方面，中央已有了明确的指示，一切工作都在大跃进，文教部门也在大跃进，文化部的戏剧方面已走在前面了，前几天在这里开了热烈的反浪费反保守大会，掀起了双反高潮。

文物和博物馆工作方面在这样的时期来召开这个大会，是有很大的启发和推动作用的。

文物、博物馆工作，过去墨守成规，保守得很厉害，甚至于还保存着一些国民党时期的，资本主义的，乃至封建主义的思想、作风（关于这方面的情况，下面王冶秋同志还要作详细的报告，我不多讲了）。如在文物陈列方面，保守得很厉害，我记得才解放时，还有一些表现阶级对比的陈列，后来逐渐变成了追逐于标新立异的美国式的陈列。古代铜器用了很大的玻璃框来罩住，实在没有必要。资本主义的或封建主义把头式的思想作风，把持着材料，自己不用，也不给别人用。在解放前我和郭老（沫若）就会到处碰壁要不到材料，而帝国主义分子则能够随要随给，要多少给多少。这种作风不能说现在已经完全没有了。一批发掘出来的东西就不让别人研究，把文物工作弄成割据的局面，个人主义和本位主义很严重。我相信经过这次反浪费反保守之后，一定能有很大的改变。现在各部门已经出现了新的气象。出版方面，我们已经成立了文物出版社，可以统一安排出版工作。博物馆方面必须扭转那种只看上面不看下面的观点，只看外宾和少数专家而忘了为广大人民服务的方面。我认为这一方面更为重要，因此如何开展普及工作，如何开展对工厂农村的小型展览会，如何向人民群众进行文物的宣传问题和普及问题要特别加以注意。

同志们，在这一次会上要彻底检查各方面的浪费保守现象，制定出大跃进方案，鼓起干劲，力争上游。相信经过这一会后一定能在我们的思想和工作上出现一个更大的跃进，为社会主义的文化建设，做更多、更快、更好、更省的工作。

王冶秋在1958年全国文物博物馆工作会议上的发言*

（1958年3月6日）

文物、博物馆工作八年多来由于党和政府的领导，广大群众的支持，全体工作人员的努力，成绩是巨大的，主要的。

虽有一些重大的成绩，但缺点和错误也是严重的，如不及时纠正，也是危险的。反浪费、反保守运动就是要解决这个问题。

浪费和保守思想根源是一样的，都不是党中央所号召的多、快、好、省，自力更生，增产节约，勤俭建设社会主义的方针，而是一种来自资产阶级，甚至封建落后的思想表现，它所产生的结果就是少、慢、差、费，对生产不是促进，而是促退。有人说浪费是大手大脚，保守则是小手小脚，不会产生浪费，实际上由于工作保守而造成的浪费更大。

文物事业的保守思想是很容易滋长的，我们若是不从六亿人民翻天覆地的建设社会主义出发，不从今天、明天的生产大跃进出发，不是把文物事业紧密地同今天的生产大跃进相结合去安排工作，而是强调文物一点，不及其他，而是孤立地关着门谈文物保护，而是凡"古"皆"保"，无"物"不"护"，要活的服从死的，现在的服从过去的，这就是严重的保守思想在作怪，结果是应该保护的也得不到保护。

其次，保守思想表现在工作上，则是空谈、等待，看不到远景，定不出规划；手中无底，心中无数；强调困难，踟蹰不前；墨守成规，不敢突破；定额定量，少比多好；设计施工，宽打窄用；文物保护，单打独干；陈列展览，不变为妙；库房清理，少动为佳。要求人多、钱多办事少，红的不敢下决心专，专的不愿下决心红。——所有这一切，都是保守思想作怪，都是思想跟不上客观实际的发展的一种落后状态的表现，因而也造成了更大的浪费。

我们今天一定要积极地学习全国工人、农民那种五千年来所未曾有过的生产大跃进和高涨的积极性、创造性；在文物博物馆事业里，来一个思想大跃进，工作大跃进，急起直追，永不落后。

根据在京直属单位在反浪费反保守运动中暴露的及平素了解的情况，主要有以下五个方面：

---

* 报告原题为《反浪费、反保守、思想大跃进、工作大跃进》。王冶秋时任文物管理局局长。

（一）在文物保护方面：中国是一个有五千年历史文化的大国，又处于几亿人民动土和生产、建设大跃进的今天，我们配合国家经济建设，提出"重点保护、重点发掘"的文物保护方针是完全必要的。但是由于文化部文物局领导上的官僚主义，缺乏远见，以旧眼光看新事物；缺乏具体部署，"文物保护单位"的普查公布工作保守，不敢放手进行，以致应该保护的"文物单位"也未及早公布，列为国家保护的历史文化遗产。因此，基本建设单位往往由于不知道哪些是应保护的，就在重要文化遗址上设计建厂，甚至建成后才发觉，只好停止生产、搬家。例如西安丰镐遗址，1954 年上边建成一个砖瓦厂，后是停止生产，损失达 100 万元。河北邯郸赵王城遗址也是工厂搬家，损失也很大。其他如山东曲阜鲁灵光殿遗址、西安大明宫遗址等都有过类似事情，一面使国家基本建设受到损失，一面使文化遗址遭到破坏，这种损失往往不是金钱所能计算出的。

又如河北易县燕下都遗址，在农业生产大跃进的去年，这个五十里宽广，几万人口，有二十几个村子的地区，要兴修水利，计划挖一条水渠，可灌溉 9 万亩土地。去年主渠已挖一半，可灌溉 5 万亩，省里发现后，停下来。目前正等待东边遗址上渠道范围的探测。我们若是不采取积极措施，加倍努力勘察清理，只保留一些必须保留的重点地段，以便农民继续挖渠修水利，那将造成死的妨碍活的。老乡们说，你们要在两周内探测完，我们保证春耕前还可修完另一半渠道。现在我们已派了文物队去，限期两周探完。

（二）在征集、整理、保管工作方面：文物工作中一项最基本的工作，是把祖国过去的、现在的、劳动人民所创造的物质文化与精神文化财富，有批判、有选择地保留一部分具有典型性的资料，通过博物馆的陈列，向广大人民进行爱国主义、社会主义与革命传统教育；另方面提供科学研究资料，解决历史上、学术上一些尚未解决的问题。这本是一项光荣的严肃的任务，而我们这几年在保管工作中一方面由于思想认识不足、责任心不强、方法不定、手续不清、技术落后而造成的浪费、积压、损坏是十分严重的。安徽博物馆共有藏品 17 万件，损坏霉烂的占两万多件，单绘画一项，11188 件就发霉损坏了 10738 件（占 98%），这真是触目惊心。又如中央革命博物馆1955 年接收的一批革命文物，几年来不开箱，有许多已长期挤压弄坏。有的标签脱落，"说明"生锈，找不出来源，失掉文物价值，其中有极为珍贵的烈士遗物。直到这次反浪费才开箱清查。初步计算已有 163 件被损坏变为废物，有 288 件说明签脱落，可能成为没有价值的东西。

其他博物馆藏品除东北博物馆作了较彻底的清理外，大都有类似情况，无底无数；西安、洛阳、郑州、长沙的文物仓库，积压了大批的发掘品，数以万计，写不出报告，文物也无法整理、调配、使用，长期积压，将造成不可收拾的局面。

文物局有个小仓库，八年来经手接受、收购、拨出文物、图书 10 余万件（册），其中多数是国宝性的珍贵文物，而长期登记不科学、拨交不及时、账目不清、方法不对，成为一笔糊涂账。

（三）在陈列工作方面：陈列展览不是以马克思列宁主义作为思想指导，不重视思想性、科学性、艺术性三者的结合，而是追求资产阶级形式主义，铺张浪费。陈列只是文物的罗列，不管主题思想，不管对群众的教育，使观众得不到正确而系统的知识。革命博物馆的陈列多次修改，大部分是挖空心思在美术形式上费功夫。一个代表当时艰苦斗争的土制手榴弹，放在白缎子的软囊上。石头地雷也放在缎子锦囊上。这便冲淡了那种艰苦气氛，使观众对党的斗争历史有一帆风顺的感觉。故宫博物院、自然博物馆等在陈列上都有这种毛病，这实质上是以资产阶级思想在办陈列展览。

（四）在盲目扩大编制、机构臃肿、人浮于事方面：这种盲目增人、铺摊子的风气，已由北京直属单位开始向各大城市的博物馆蔓延。故宫博物院糊里糊涂变为"千人院"，人多了，思想问题也多了，工作反而不好做，每次政治运动都落后。"三个和尚没水吃"，人多没事干，只好找些有损无益的事做，去 100 人到东华门内挖地皮，翻土数尺，说是找明朝地面，要绿化。历史博物馆解放时只 16 个半人，后来发展到 145 人。革命博物馆没开门便到了 97 人。听说安徽博物馆也曾发展到 173 人。人多了使青年人无工作做，浪费光阴。

（五）在基本建设、古建修缮、机关设备、文物调配、文物收购方面：自然博物馆基建上存在很多问题，如跨度太大，陈列厅出现了两排柱子；馆址东西向，日光直晒，既热又对展品不利；形式也不中不西，"大人带个小帽子"；内部设备太讲究，休息室一块地毯价值 4000 元，据说是北京最阔气的地毯了，初步估计已浪费十多万元。

古建修缮，如吉林的农安塔，本来已残毁大半，成为枣核形状，应该拆去的，而盲目修复，修至十层用去 13 万元。老乡意见很大，说："我们这里缺公路、铁路不修，却花钱修塔，又上不去。"后坚决停修，成了个半截塔，非常难看。留着也好，可以做教员，可以经常看到，警惕我们的主观主义。

机关设备一味求多、求新、求好。光文物局照相机就 38 架，在京直属单位共 92 架，照相人员还是每年要买更新式的、更好的，而照相技术却未见提高，胶卷大量浪费。

收购文物，光文物局及故宫博物院买的假字画已查出约 60 多件，价钱有的一万元，有的数千元。群众贴出大字报说："花真钱，买假货"，这笔浪费也很惊人。收购中主要问题除了"错"还有"漏"。如一张元代"大驾卤簿图"很好，本来要 1600 元，未买，后走私至香港，1956 年上海文管会又以高达二三万元价格买回。收购中还有本位主义和抢购的不良现象。结果是高抬了物价，使国家遭到损失。

在文物调配上，问题也很多，主要是有的在大量积压，有的却没有文物可陈列。很多人在北京等地看了历史部分的陈列，反映我们常宣传出土文物很多，为什么陈列的还是些老的传世品？

以上这五个主要方面，浪费都是惊人的，保守思想是严重的。造成这种情况的主要原因有以下几点：

（一）首先文化部文物局领导上的官僚主义、主观主义、资产阶级的思想作风，保守落后的做法是最主要的原因。思想和政治的领导薄弱，没有足够认识到思想和政治既是统帅，又是灵魂；

如果稍有放松，工作就会走上邪路。对党中央的方针政策领会不够，不是多、快、好、省，勤俭办事业，而是滋长着一种铺张浪费、不重思想实质、追求形式的慷国家之慨的资产阶级思想作风，使事业遭到损失。强调文物工作的特殊性，说文物只能细嚼细磨，缺乏干劲。

（二）在工作方法上，不是坚决地通过群众路线来办好我们的事业，而是保守地、落后地、主观地、孤立地来想推动这样广大地区、五千年文化的国家里的文物保护工作。这是绝对达不到的。

再者，不深入基层去调查了解，摸清情况，找出规律，把群众中产生的经验、智慧，经过加工，加以推广，而是在办公室里发号施令，官风官气十足。不了解任何英雄豪杰，他的思想、意见、计划、办法，只能是客观世界的反映，其原料或者半成品只能来自人民群众的实践中，或者自己的科学实验中。头脑只能作为一个加工工厂而起制成完成品的作用，并且这种完成品，要到人民群众中去考验它的正确性。不懂得这一点，只有到处碰钉子。

（三）规划、计划、规章、制度虽发了不少，但有的是应定的未定出，有的是需要修改的没有修改，有的是有了好的计划、制度，而不能坚决贯彻执行，以致成为空文，或者束缚了生产力，束缚了工作的开展，需要拿到群众中去修改。

针对以上情况和主要原因，建议采取以下措施，来坚决反掉浪费，彻底革新机关。

（一）揪住反浪费、反保守运动不放，搞不彻底，决不收兵。通过反浪费把我们思想作风上的三大主义、五股邪气彻底打垮，来纠正一切工作上、作风上、制度上的缺点和错误。中央已指示"以两个月到三个月的时间，在全国进一步普遍地开展反浪费、反保守、比先进、比多快好省地建设社会主义的运动"。以此为纲，带动一切工作的改革，解决长期不能解决的问题。

（二）在业务思想上，首先要解决红与专、政治与业务的关系问题，一方面要反对空头政治家，另一方面要反对迷失方向的实际家。坚决服从政治，坚决贯彻为工农兵服务的方针，一切要从六亿人民出发，要从社会主义建设出发，勤俭办事业，苦干十年；反对资产阶级个人主义的一些想法和做法。

（三）文物保护坚决贯彻配合国家经济建设，重点保护、重点发掘，既对国家建设有利，又对文物保护工作有利的两利方针。文物复查工作，要在今年内把已公布的单位，全部复查完毕。

文物保管整理方面，坚决打破陈规陋习，去掉保守思想，鼓励群众打破那些限制生产力发展的规章制度的创举，如编目登记办法、工作定额等。执行多、快、好、省，加速进行整理。10万件藏品以下的馆，今年全面登记，编出草目；10万件以上的馆，定出限期，早日完成整理工作。重要藏品，做出目录印行。对以后新进馆的文物，做到"随到随编，永无积压"，希望各单位互相挑战。

在陈列展览工作上，要以马克思列宁主义作为指导思想，多举办新的陈列展览，争取更多观众。湖北博物馆已提出"工作翻一番，开支减一半"的口号，要求各大馆在陈列工作上起码翻一番，或翻几番。地志博物馆要配合生产大跃进举办工农业跃进展览，赶快做出社会主义建设部分的陈列计划或补充计划，坚决争取今冬明春把这部分搞起来，以迎接建国十周年。专门博物馆要求完成基本陈列，并举办其他专题展览与流动展览。纪念博物馆各省、自治区、市应多办。小型多样，可不用人不花钱，或少用人少花钱。对革命性的纪念地点、纪念物，也应发动群众，加以保护，发挥教育作用。如湖北红安县就保存了很多革命标语和遗迹。一进红安县境，到处都有一种革命气氛，对青年人进行革命传统教育很有作用；对鼓励生产干劲、劳动热情也有很大作用。又如秋白同志牺牲处，可由当地老乡去保护和做说明。河北地道战遗迹，就应坚决选典型处保护几段，以纪念当时那种与敌人的艰苦斗争，教育青年。全国各地应当广泛地、普遍地办各种形式的纪念馆，并保存革命纪念遗迹、纪念物，开展革命传统教育。

古建修缮，要以"保养维护为主，重点修缮即将倒塌的重要古建筑为辅"。能缓修的不要急修，能小修的不大修，能局部修的不要全部落架修。

新建馆址要精打细算，以朴素、大方、实用为主。

文物收购保证不错不漏，过去已收购的要整理清楚，做出目录。文物调配应大力进行，1958年上半年要初步拟出一个文物调配办法，以减少积压，发挥文物作用。希望大家多提出些意见。

机构编制要接受中央各馆的和以往的教训，力求精简。真正办成事业机关，不要办成"衙门"。

（四）在这次大会上要提出我们的增产节约方案。要节约开支，增加收入，做到部分自给自足，有条件的可做到全部自给自足。中央各馆、院已保证人员要减少 50%，经费要减少 25%，工作还要加番。

最后向大会提出以下 32 字的口号，即"重点发掘，重点保护；打破常规，整理仓库；面向群众，陈列展览；勤俭苦干，又红又专"。

同志们，在这一个社会主义的生产大跃进和文化大跃进，促进全民大干劲的带有决定性的运动里，我们一定按照中共中央"关于开展反浪费、反保守运动的指示"，来掀起一个全国文物、博物馆界的双反大进军。中央指示我们要"抓紧反浪费、反保守运动这条纲，领导得好，安排得好，群众发动得好，完全可以把现阶段的整风运动和生产等工作统一地抓起来，而且，只要发动起群众性的反浪费、反保守运动，就可以有力地揭露出一些干部思想作风上的主观主义、官僚主义和宗派主义，就可以迅速地打掉官气、暮气、阔气、骄气和娇气，就可以进一步密切干部和群众的关系，提高群众的觉悟和积极性，使干部和群众真正打成一片，就可以用同样的人数和同样的财力、物力，办出比原定计划多百分之几十以至数以倍计的事业。"这就是我们在运动中应当遵循的原则和方法。我们保证坚决贯彻执行，把文物事业、博物馆事业推向一个新的阶段。

王冶秋在 1958 年全国文物博物馆工作
会议闭会时的发言摘要

（1958 年 3 月 8 日）

一、这次会是上下夹攻，互相推动的思想跃进、工作跃进的会；是鼓舞革命干劲，发挥革命热情，解放生产力，增产节约的促进会；是交流运动经验，使反浪费反保守运动更深入一步、更彻底、更透的会。

我们看到一些搞得较透的先进单位，运动的经验是从经济问题出发，大鸣大放揭发事实——通过辩论，挖掘思想根源——到经济上工作上定措施，定搞增产节约大跃进方案——最后归到出现了毛主席所说的"造成这样一种既有集中又有民主，既有纪律又有自由，既有统一意志又有个人心情舒畅的生动活泼的政治局面"，使机关大大活跃，思想工作大大跃进。我们有的单位已经深深尝到这个越搞越有劲的滋味和好处。有的单位在发言中可以看出还没尝到这个滋味，还没有感到这个运动是两条路线、两种方法的关键性斗争，是彻底烧掉缺点和错误，得到的却是事业飞跃发展，解放了生产力的新生局面。希望本着中央指示，在当地党委领导下，坚决把这一运动搞到底，不彻底绝不收兵。

二、几天会议，同志们表现了信心和决心，最后产生了向全国挑战的倡议书，反掉慢吞吞的文物气，使我们一向落后保守的文物事业，大大跃进一步，这是非常好的。但是在这里必须提出的，一切增产和节约，绝不是仅仅为了经济目的、经济任务，更主要的是政治上、思想上的大收获。我们一切具体措施，必须从政治出发，不论办陈列、展览，不论整理仓库，不论文物工作，都必须从六亿人民出发，从建设社会主义出发，从鼓舞劳动热情促进生产出发，必须从为满足人民对文化日益增长的需要出发，绝不是不择手段地抓钱赚钱，那样就会脱离政治，就会脱离为工农兵服务，就会走资本主义道路。因此，一切工作必须保证政治质量。

三、如何实现倡议、保证倡议。

按照中央指示，运动在大鸣大放、大争大辩以后，"必须注意，不管过去浪费和保守现象如何严重，成绩总是主要的，缺点和错误只不过是十个指头中的一个指头。因此，应当适时地引导干部和群众把最大的注意力和干劲放在积极地改进工作、发展生产方面，用比先进、比多快好省的具体措施，在实际上清除浪费、保守的现象和思想。"因此，我们必须适时把运动落地，落在跃进的又是切实可行的增产节约方案上、具体措施上，而且马上行动起来，把我们带回去的倡议书、办法、建议，放手交给群众讨论。办法如下：

1. 群众充分讨论。

2. 定出更跃进的方案。

3. 具体措施。

4. 文物局组织交流，交流进度、办法，介绍先进与落后的典型。

5. 组织两三次检查。

6. 年终评比。

四、"工作加倍，观众加番，人钱精减，力争红专"，这就是博物馆的主要倡议，由于我们毕竟不是企业单位，自给问题不可能全部解决，我们在博物馆方面，主要是比工作，比观众，比干劲，比多、快、好、省。

"工作加倍"的问题。在博物馆本身的基本陈列，必须提高思想质量，充实及多开辟陈列，保证思想性、科学性、艺术性，吸引并向更多的观众进行爱国主义、社会主义教育；另一方面必须大力开展流动展览。江苏省博物馆、东北博物馆，都有很好的经验，上山下乡、送上门为工农兵服务，这是博物馆工作中的一个新方向。过去由于文物局的保守主义，没有及时推广，通过这次大会，认识到必须打开这条路。今后像刘介梅这类展览，要由博物馆来进行，以便更加密切地配合当前政治任务、生产跃进。这样做不仅观众可以加一番，而且可以加几番。更加重要的是把一向认为博物馆只能搞阵地战，只能在城市，而且是"以不变应万变"的保守思想打破了，博物馆工作深入到群众中去了，博物馆得到新的力量、新的鼓舞、新的生命。从群众中取得材料来进行展览，将使我国博物馆工作者一面受到教育，一面又进行教育宣传，又红又专的问题，也得到解决。这是一条好的道路。

"人钱精简"问题。为什么原来人钱减一半改为这样？由于还有些小而弱、今明两年工作又重的馆的关系，可以根据实际情况，实事求是地来进行，但是对于大而肥的馆，还是至少要求"人钱减一半"，并保证今年自给一部分或全部自给。

红专问题。是我们事业中的关键问题，必须解决，下最大的决心解决。同志们提出的倡议书很好，我不多说，这里面我补充一下互相学习、互相检查督促，鼓励前进。首先团结在政治上、思想上，再团结在业务、技术上，每个人都以一个普通劳动者自居，打掉官气、暮气、落后、本位，来互相取长补短，搞好学习，解决红专。

文物方面提出的六比："宣传比深透，复查比质量，发掘比两利，资料比清理，修缮比勤俭，学习比红专"。这里面最重要的是：普遍宣传，确定重点文物单位；发掘两利，及时清理资料的问题，也就是贯彻"重点保护、重点发掘"的两利方针问题。我们过去的宣传工作是很差的，地大文物众多，不坚决走群众路线来保护绝不可能的，但是群众不了解，就要进行宣传，一定首先树立相信群众，依靠群众的思想。万不要首先就在思想上认为群众文化低，其实我们是最低的，一不会种地，二不会缝衣，"文不能测字，武不能杀鸡"。当群众了解到保护文物的意义时候，他是一定会来积极保护的。中国人民是有这样好的传统，是有爱护乡土文物的固有热情，并且有批判的、有选择的眼光的，好人、好事，就可以千年不绝；坏人坏事，就会让他遗臭万年。我们通过宣传发挥这种好的传统，一面我们把重点保护单位特别加以复查，将已经公布的作最后的确定，做出标志，定出具体办法，取得档案，交代当地合作社或居民中积极分子负责管理。

有了前一基础，也就为两利创造条件，使基建单位事先可以避免，事后不致停工遭到损失。大遗址的保护，我们以燕下都为试验田，希望南京博物院、河南、长沙也搞一块试验田，推广这个既能对建设有利，又能对保护有利的经验，争取走到工程前面，把基建地区重点文化遗址、墓葬加以事先的清理。

清理积压问题，是个大问题，必须打破陈规，创造先进经验。这方面万不要保守，要放手发动群众想办法，一面我们反对那种烦琐的、形式主义的、神秘化的一套资本主义的办法，一面反对那种封建落后的保守的"绍兴师爷"的办法；提倡社会主义的简便易行、别人很快就能掌握的办法。保证两年之内清理旧账；新账随到随登记，再无积压。

不论文物库房、博物馆库房，那种对劳动人民几千年所创造的历史文化遗产，革命战士、烈士以鲜血生命留下来的革命文物，采取毫无感情、毫不负责的态度，以致造成损失，既往可以不咎，但是今后再有这种情况必须追究。

五、方法问题。工作方法问题，主要是通过群众路线的工作方法。时代在大跃进，我们工作方法上不跃进，一定搞不好工作的。

我们要"全面规划，几次检查，年终评比"。这样使工作有远景，有奔头，有督促检查，有年终的先进落后的评比，规划先搞出几条，通过群众讨论再逐渐丰富。

要"五年看三年，三年看头年，头年看前冬"这样来紧紧地掌握时机。一步逼紧一步，逼上梁山，就可时时刻刻前进，不致成为时代的落后者。

要搞"试验田"。各级负责人必须结合工作亲自搞一块试验田，来抓深抓透，发现问题，解决问题，及时把群众好的经验智慧加以推广，推动全盘。这种办法又是最能清除我们领导上三大主义，几股邪气及解决红专的问题的最好办法，希望坚决实行。

要采用"抓两头带中间"的工作方法，把一头先进、一头落后一抓，中间就可带动起来。

要大力运用社会力量，去掉那种"单打一"的办法。

这次大会是成功的，是上下夹攻、互相推动的会，希望代表们回去以后，把大会的精神带回去，大大地推动一下，再把一股推劲带回来，再向全国推，目的是把文物事业、博物馆事业推到一个新的阶段。

王冶秋在 1958 年全国省级地志博物馆和革命纪念馆馆长会议上的发言

（1958 年 11 月）

一

我们这次在江西开会，参观了南昌"八一"起义地点和井冈山、兴国、瑞金等老革命根据地，爬上了羊肠小道，悬崖峭壁，"一夫当关，万夫莫开"的井冈山五大哨口之一的朱砂冲；到了茨坪和五井中的二井——大井、小井；看了兴国毛主席办青年干部训练班的地方，毛主席在鸡心岭和兴国人民讲话的地方；看了瑞金的叶坪、沙洲坝——中国共产党领导下所建立的第一个全国性政权的"红都"。又听了省委刘俊秀书记的极为深刻、动人、具体、形象的关于第二次国内革命斗争史的报告；听了各地党委、老革命家的报告；听了当时的宣传员、赤卫队、少先队的歌声；看了当时的而且是经过千辛万苦、流血牺牲保存下来的遗物、遗址、遗迹等等，使我们全体代表一致认为是上了一次最深刻的党课，讲了一堂最生动的党史课程；使我们更深切更形象地体会到，当大革命失败以后，中国革命处在"危急存亡之秋"的时候，共产党、毛主席挽救了中国革命，创造了革命军队和农村革命根据地，领导了革命战争，建立了工农民主政权，进行了土地改革，"以武装革命的农村，包围并且最后夺取反革命占据的城市"。这种把马列主义与中国实际相结合的革命理论和在此理论指导下的行动，不但使中国革命不断取得胜利，而且"是对于世界马克思列宁主义的哲学宝库，也作了光辉贡献"。

我们也体会到党团员和革命群众的阶级觉悟和共产主义的觉悟，是前仆后继，英勇牺牲，战胜凶恶敌人，取得最后胜利，并继续"不断革命"来建设社会主义的最为有力的思想保证。

我们还体会到在阶级斗争中的坚忍不拔的革命意志和阶级情感，是要在实际革命斗争中才能锻炼出来的，江西人民和全国各地人民对中国革命做出巨大的牺牲和贡献，就充分证明了这一点。

总之，我们这次会议最大的收获，就是使我们全体代表对中国共产党毛主席领导中国革命进行了艰苦、曲折、复杂而又伟大的斗争，有了一些进一步的认识和体会——这对于我们今后工作和个人的思想觉悟是有极其深远影响的。

二

我们这次所受到的教育，是思想上的"兴无灭资"教育，也正是全国人民和我们的子孙后代所继续不断需要受到的革命传统教育，正如江西省委刘书记所说，我们不传马列主义和毛泽东思想的"教"，剥削阶级就要传他们剥削思想的"教"。从我们的工作岗位来说，我们正是担负一项极其伟大而光荣的政治任务。就是要把这些千千万万人流血牺牲、艰苦奋斗的革命遗址、遗迹、纪念地点，加以全面规划，统一安排，通过调查、研究，首先分批分级公布成为文物保护单位，进一步建立革命纪念馆或其他纪念形式（例如挂说明牌等）；对革命文物也要立即着手，经常不断下去普遍进行征集，把征集到的革命文物，进行展览或组织成革命史的陈列。做好这项工作，就可以成为配合党中央关于开展社会主义和共产主义教育运动的一个有力工具。因为这些实物例证就告诉我们以及青年一代：中华人民共和国的建立绝不是天上掉下来的，而是千千万万具有共产主义觉悟的和共产主义的品质的党团员、革命群众，在以毛主席为首的党中央领导下，经过了近三十年的英勇斗争流血牺牲，才推翻了三个强大而凶恶的敌人，建立了我们国家。这是每一个中国人民都需要知道的历史，都需要时刻铭记着的历史；而我们的工作，正是把这些历史形象教材和实物文献，通过展览和开辟成为纪念馆，来展示在广大人民面前。这是一个多么伟大而光荣的任务！不仅今天要做，明天要做，而且是一直要做到共产主义社会。但是目前的人民公社化，大搞工农业建设时期，我们若不抓紧这项工作，就会遭到不可弥补的损失。我们过去在文物工作中某些"重古轻今"，脱离政治，脱离革命，脱离群众，只能搞古，不能搞今，只能搞三皇五帝，不能搞革命斗争历史的想法和做法都是错误的，必须立即加以纠正。

三

关于革命文物工作中存在的问题与我个人的一些看法和意见：

（一）革命文物工作，是严肃的政治工作，是以党史为中心的文物工作，是向广大人民进行共产主义教育的工作。教育者必先受教育，因此必须学习党史，熟悉党史，钻研党史（包括地方革命史），学习毛主席著作，这是我们能否做好这项工作的关键。我们所以在调查访问中心中无数，在修缮革命纪念建筑中想搞阔气，搞大，搞华丽，总觉得革命遗迹不够"气派"，都是由于我们对党史的学习不够，认识不足所致。我们这次的现场会议就可以看见，凡是认识了中国革命是从极为艰苦、曲折的斗争中壮大的，就可以掌握"恢复当时历史面貌，以存其真"的原则，严肃而认真地恢复了当时历史情况；否则就搞得面目全非，失掉艰苦斗争的意义，这样修一次就破坏一次党史遗址，也就不能起到革命传统教育作用，这是我们必须引为警惕的。

（二）恢复革命遗址，要特别注意到我们党的领袖，他不是个人单独活动的；他是代表真理，在党中央集体领导下进行工作的；他是同革命干部和广大群众血肉相连的；他是与革命重大事件关联在一起的。因此孤立地恢复故居，把故居作为只是个人生活场所，在内部复原上、说明讲解上只注意到一些生活琐事，是与历史真实状况不相符合的，我们必须特别注意这一点。

此外，我们必须尽可能地把当时的党的机关重要会议场所、群众活动场所加以恢复，不可能恢复的就挂牌说明。对于当时武装斗争（如重要的战场）、土地改革（如可以说明当时的阶级对比的遗址遗物等）、政权建设等方面的遗址、遗迹、遗物，或者恢复原貌，或者挂牌说明，或者进行讲解。总之，能够全面地而又有力地说明当时党的方针政策路线的遗址、遗物，加以综合的规划，就更能给人以鲜明而整体的印象。

（三）谁来抓，抓什么？我们进行的这项工作，对于党中央开展社会主义、共产主义教育运动是极其有力的工具。党委和文化主管部门必然会抓这一工作的，关键在于我们的努力工作，上下宣传，群众欢迎，事情就好办。好办不等于办成，必须有具体地抓这项工作的组织和方法。我想，我们的文物保护机构，现有的博物馆，一定要把这项工作列入今后工作的日程，而且是重点项目。那种认为文物保护工作不包括革命文物是完全错误的，只能"考古"，不能考今是不对的；认为博物馆只能搞本身工作，不能担负调查革命文物工作和辅导建立革命纪念馆工作也是错误的，大家应该主动地争取完成这项光荣任务，至于如何分工，可根据当地不同情况，由党委、文化主管部门来决定。

任务到来以后，抓什么？我想主要是五抓：抓宣传，抓调查研究，抓规划，抓组织，抓群众。而且还要能抓能放，大搞群众运动，发挥当地的积极性，才能把工作做好。

（四）严肃的工作态度，鲜明的阶级感情。做革命文物工作的同志，必须是从思想到行动都要不断地提高政治觉悟和锻炼阶级感情才能把工作做好。必须认识到这些革命遗址、遗迹、纪念地点和革命文物，都是无数革命先烈和革命先辈用鲜血和千辛万苦换来的，是世界革命史从来没有的那些凶恶敌人残酷的白色恐怖下，有许多人用生命作牺牲而保存下来的，是许多革命群众在最艰难的岁月里作为"红军会回来""毛主席会回来"这样坚强信念的依托而保存下来的。人民热爱这些遗物、遗址，超过热爱他们宝贵的生命。我们若是以极不负责的态度，敷衍了事的做法，就会引起群众的愤懑，就会使这项工作得不到人民的支持，那就无法进行工作。阶级感情是要在深入群众、深入工作中不断得到培养和锻炼的。我们要使每一件革命文物都能由保存者放心地交到我们手中，而我们能保证每件文物不再受到任何损失，而且延长寿命。对待革命遗址、遗迹也是如此的。

四

关于省级地志博物馆今年的成绩估价和明年方针任务问题：

今年3月会议以后，我们省级博物馆工作有很大进展，突出的是流动展览，既服务政治、服务生产，又反映了人民冲天干劲和更加鼓舞了人民建设社会主义的信心，政治上的收获是极其巨大的。就是对博物馆工作来说，创开了招牌，改变了人们对博物馆的观感，增加了几倍以至一二十倍观众，锻炼了我们的工作干部，为新中国的博物馆事业初步打下了政治上和组织上的基础，这些都是主要的成绩。要说缺点的话，就是大多数的馆还是一条腿走路，搞了流动展览，就丢下基本陈列或展览。这是今后应该特别注意的。

本来打算年底以前进行评比、检查，现在因为会议一个接着一个，工作任务紧迫，拟推迟到明年春季进行。

明年的任务，根据客观形势，一个是工农业更大跃进，一个是建国十周年，一个是社会主义和共产主义教育运动。作为上层建筑中的一个工具——博物馆，必须根据这种情况，部署我们的工作。我看最主要的是两大任务：

（一）陈列、展览工作

这里根据中国之大，发展不平衡，而提出来最高和最低要求，就是：社会主义建设部分的陈列；十年建设成就展览；三年跃进展览；地区革命史的展览。这四项工作根据不同情况，在当地党委、文化主管部门的指示下，自行决定其中一项或两项任务，但无论如何最低要保证一项工作的完成，并保证质量。

（二）辅导工作

省级地志博物馆必须逐步形成为全省的博物馆中心、博物馆网的纲绳。那种设想省博物馆可以"一劳永逸"，可以"不问外事"的想法是不符合中国博物馆事业发展情况的。我们就是这些本钱，不管有无专家，不管内行外行，不管工作搞得过来搞不过来，反正就是这点老本。各馆同志，要学习毛主席把一切问题想到"底"的精神，责无旁贷，精神愉快，勇敢地把这项工作担负起来。许多地方的经验证明，一处搞起，党委一抓，现场会议一开，训练班一办，就可以搞起来一些。然后再从现有基础上加以辅导巩固。对于革命文物工作也要与文物保护机构协作，用上述办法搞，对纪念馆的辅导工作也应如此。

齐燕铭在1960年全国文物博物馆工作会议上的报告*

我们这次会议，一方面是个现场会，主要是总结和交流中国革命博物馆和中国历史博物馆的建馆经验。一方面，是贯彻中央召开的全国文化工作会议的精神，充分肯定文物博物馆事业十年来的巨大成绩，总结十年来，特别是1958年大跃进以来积累的丰富经验；讨论今后工作的规划和计划，提高思想，鼓足干劲，进一步推动文物博物馆事业在两年来大跃进的基础上继续跃进，更好地为工农兵服务，为社会主义建设服务。

一、十年来的巨大成绩

十年来，我们的国家经历了翻天覆地的变化，文物博物馆事业和其他文化事业一样，也随着国家建设事业高速度的发展，经历了不断发展不断提高的十年，经历了与资产阶级思想不断斗争和不断取得胜利的十年，从而出现了大发展、大普及、大提高的新局面。如果回顾一下解放以前的文物和博物馆工作面貌，就会更清楚地看到我们的事业在这十年中是发生了多么巨大的变化。大家知道，解放前的博物馆数量是少得可怜的，只是在某些大城市有21个博物馆，而且就其性质来说，一部分是帝国主义国家借以奴化中国人民思想、掠夺中国资源的侵略工具；一部分是古董摊式的没落统治阶级的点缀品。在文物方面，尤其令人痛心和愤慨，近百年来，由于帝国主义勾结反动政府和封建官僚买办资产阶级等及古玩奸商把祖国大量的珍贵文物盗运出口，构成了一部祖国文物被盗劫、被破坏的历史。

我们的事业就是在旧中国反动派留给我们一堆烂摊子的基础上发展起来的。建国后，我们首先从根本上改造了半封建、半殖民地性质的旧型博物馆，结束了祖国文物被盗劫、被破坏的历史，建立了社会主义性质的新型博物馆，进行了全面的文物保护和管理工作，从而使文物博物馆事业成为社会主义文化事业的重要组成部分，成为党在思想战线上进行宣传教育和理论斗争的有力工具。特别是1958年以来，在党的社会主义建设总路线的光辉照耀下，工农业生产大跃进和人民公社化的推动下，文物博物馆事业适应新形势的新要求也有了飞跃的发展。其规模之大，速度之快都是前所未有的。如果在建国后，对解放以前的文物、博物馆工作来说，是在本质上起了根本性的变化并且有了旧时代所不能比拟的大发展，那么，1958年，是又把我们文物博物馆事业推向了一个新的发展阶段。现在我们来分别谈谈十年来文物博物馆事业所取得的辉煌成就：

---

* 齐燕铭时任文化部副部长。

一、博物馆事业。建国之初，我们在改造旧型博物馆的同时，就开始建立了新型的、全面反映地方自然、历史和社会主义建设面貌的地志性博物馆；以纪念革命运动重大事件、历史事件和人物等为主要内容的纪念性博物馆；以及各种不同内容的专门性博物馆。到1957年底全国的博物馆已经发展到72个，为1949年的342%多。这些博物馆大都根据本身特点，从历史、文化、艺术、自然等方面，结合国家各个时期的政治和经济的中心任务，举办了多种多样的陈列和展览，宣传毛泽东思想和党的方针政策，向广大人民群众进行了爱国主义和社会主义教育，鼓舞了人民参加社会主义建设的劳动热情。特别是以革命遗址恢复原状为主要内容的革命纪念馆，真实具体地给人们以深刻而生动的革命传统教育。

1958年，特别是大跃进以来，是博物馆事业发展的新阶段，首先是各大博物馆打破了过去一些传统的成规，大办流动展览，上山、下乡、下工厂，密切结合实际，及时配合中心工作，并且取得了全面的跃进。如吉林省博物馆在1959年的一年内就完成了自然、历史和社会主义建设的三部分陈列，举办了五个大型展览，馆藏文物由19000件增到35000件。由于总路线、大跃进、人民公社三面红旗招展，全国人民响应了党和毛主席的伟大号召，解放思想，破除迷信，各个战线上都涌现出大量的新人新事，到处表现着共产主义的风格，到处创造出无数的新经验、新技术，在这个新的形势下，学习先进人物、先进事迹以提高政治思想觉悟和掌握那些新经验、新技术以迅速发展生产，已经成为广大群众的迫切要求，因而具有"百闻不如一见"的说服力的展览馆（室）就适应了这种新形势的需要而被广泛应用到城市和农村。两年来，在各地党委直接的领导下和群众积极的参加下，举办了成千上万的小型展览会。这些展览内容广泛，形式多样，不仅是及时地反映了大跃进的面貌和社会主义建设的伟大成就，而且还起到了总结成绩、交流经验、提高觉悟、增强信心的战斗作用。例如，"今昔对比"的展览以活生生的真人真事，教育了广大群众，有力地粉碎了富裕中农思想的进攻；"技术革新"的展览，及时地推广先进经验和技术；"伟大十年成就"和"三个十年"展览，更坚定了广大群众为建设未来美好生活的决心和信心。河南安阳县水冶公社群众反映"三个十年"展览是"哭、笑、跳"的展览，因为看了解放前十年受的苦就要哭，看了解放后十年就高兴得要笑，看了今后十年的幸福远景就情不自禁地要跳起来。安徽省太和县组织各乡领导工业的书记和工业大队长参观了展览馆的工具改革现场比武展览，于是在全县范围内掀起了一个工具改革运动的高潮，不到两个月的时间改制和仿制了各种工具114万件，大大地提高了水利工程进行的效率。这些"展览"和小型馆，是博物馆事业一个新的重要组成部分，而且由于它们的出现，把我国博物馆事业推向一个新阶段。

应该特别提出的是，在各地举办各种展览的过程中，广大农民和基层干部一道热情地参加了展览工作，有的是敲锣打鼓送展品，有的是现身说法作讲解，特别是他们还把群众喜闻乐见的民歌、绘画、说唱、手工艺品等，成功地运用到展览中去，从而大大地丰富了展览形式，加强了宣传的效果，显示出鲜明的民族风格。因而使展览工作具有更加充沛的生命力、敏锐的战斗力和雄辩的说服力，能够更好地为政治、为生产、为中心任务服务。这些事实证明，解放了的广大劳动人民，在党的领导下，不仅是生产建设战线上的英雄，也是文化战线上的能手，为了提高思想，发展生产，他们不仅需要"展览"这一武器，而且也善于运用这一武器。正是广大人民群众的实践有力地粉碎了过去一些资产阶级的"条件论""规格论""神秘论"对博物馆事业发展的束缚，从而使"展览"迅速地在全国范围内遍地开花。到1959年为止，全国县以上的博物馆（展览馆）已经有600个，为1957年的八倍多。1957年全年观众人次为1229万人次，1958年据不完全的统计（包括县、社展览室参观人次）增加到22753万人次，为1957年的18倍多。

中国革命博物馆和中国历史博物馆的建立，是两年来博物馆事业大跃进的集中表现，是博物馆事业大提高的主要标志。在两大馆的建馆过程中，由于中央直接领导，不仅在建馆速度上是史无前例的，而且陈列的思想性、科学性、艺术性也达到了我国博物馆事业前所未有的高度水平；其次，在文物方面、人员方面都得到了全国各地的大力支持，因而它集中了十年来全国文物工作的成果，也集中了十年来全国博物馆工作积累的丰富经验。所以在一定程度上也可以说它是十年来整个文物博物馆事业取得辉煌成就的大检阅，同时又是标志着我国文物博物馆事业进入了发展新阶段的里程碑。

二、文物工作。在建国之初，中央人民政府政务院就颁发了一系列的文物保护法令、指示等文件，并且在中央和地方都设置了保护文物的专门机构。随着国家大规模经济建设的发展，1953年为配合基本建设工程，政务院颁发了"关于在基本建设工程中保护历史及革命文物的指示"，1956年为配合农业生产建设的高潮，国务院又颁发了"关于在农业生产建设中保护文物的通知"。十年来根据这些法令和指示，在文物保护和管理工作方面取得了显著的成就，对于保护和发扬祖国历史文化遗产起了巨大的作用。

配合国家经济建设进行考古发掘工作，是文物保护工作的主要任务之一，据不完全统计，十年来已经发掘了古文化遗地316处、古墓葬23102座，发掘出从旧石器时代到元明各时代的大量珍贵历史文物，极大地丰富了历史文化的科学研究资料。

首先是在一定程度上复原了我国没有文字记载的历史，在解放以前旧石器时代和新石器时代的文化遗存是发现很少的，而且主要是帝国主义学者为它们侵略势力服务而进行的调查发掘。中国考古工作者虽然也做了一些工作，并且发现了著名的"中国猿人"等，但规模很小，空白点很多。解放后，在全国范围内广泛发现了旧石器时代的文化遗存，仅山西一省就有几十处之多。此外则东至吉林，西达青藏高原，北到内蒙古，南抵两广，都有具有重大的科学价值的发现，已经可以使我们看到在我国土地上人类从猿人到新人的发展轮廓。新石器时代遗存的发现更是遍布全国各地，数量超过解放前近百倍，发现达数千处，基本上消灭了以省和自治区为单位的空白地区，使我们不仅对过去发现的文化分布、分期和基本性质有了新的认识，而且还发现了新的文化类型。在河南、河北发现了龙山文化向殷代过渡的迹象，为探索我国历史上的第一个朝代——夏代提供了重要线索。特别是在西安半坡村发现了一个完整的原始公社村落遗址，对我们了解原始公社的生活面貌提供了具体资料，这在世界上也是有数的重要发现。这些旧石器和新石器时代遗址的发现，说明了从五十万年以前的中国猿人到新石器时代的原始公社，在我国广大的土地上，连续不断地一直有着人类的活动，从而彻底粉碎了帝国主义所谓中国文化西来说的谬论。

大量的考古发掘还对我国历史上的一些问题做了补充和修正。如过去我们对殷代的了解除了安阳殷墟以外，资料是很少的，解放以后除了河南以外，在河北、山东、山西、陕西、安徽和湖北都有了殷代文物的发现，大大地扩大了我们过去对殷代文化领域认识的范围，其中郑州殷代遗址规模最大，包括有早、中、晚期的殷代文化，是极为重要的遗址之一。关于周代，陕西省西安、郿县、蓝田，河南省洛阳、上蔡、鲁山；江苏丹徒，安徽屯溪，山西洪赵，石楼、长子，辽宁凌源等地出土的周代铜器群，和陕县上村虢国墓地、安徽寿县蔡侯墓出土的春秋时代的铜器，是对于西周和春秋史料的重要补充。特别值得注意的是山西侯马发现的古城遗址，很可能是晋国都城新田的遗址。

发掘出土的大量文物也表现了我国古代的灿烂文化。郑州殷代遗址发现的骨器、铜器等制作工场说明了当时生产力的发展水平，我们可以从铸铜设备上看到当时使用合金铜，已经到了非常成熟的阶段。热河兴隆战国时代生产工具铁范的发现和辉县、长沙、鞍山各处战国铁制农具的出土，说明了在战国时代我国铁制生产工具不仅普遍应用于文化发达的中原地区，而且也应用到边远地区，证明了我国对于铁的发现和应用是很早的。

十年来的考古新发现是美不胜收的，不仅补充和修正了我国文字记载的历史，而且也为艺术史、建筑史、音乐史、戏曲史等各个方面都提供了丰富的珍贵的数据。例如，信阳战国墓出土的一整套编钟是我国音乐史上的重要发现，侯马发现金墓中的舞台和五个砖俑，为我国戏曲史提供了重要数据。此外，辽阳、望都、梁山发现的汉墓壁画，陕西唐墓的壁画，白沙和济南的宋墓壁画，四川汉墓画像砖，山东沂南汉墓画像石和最近河南密县发现的具有丰富壁画和画像石的汉墓，以及全国各地出土的大量各时代的陶俑、明器等，不仅使我们形象地了解了古代社会生活的面貌，而且也为我国艺术史上增添了动人的新篇页。此外，北京市还发掘了明定陵，开辟了地下宫殿博物馆，揭开了过去帝王陵寝的全部面貌，丰富了历史科学研究资料和人民文化生活。

对革命遗址和革命文物的保护和征集工作，是文物保护工作中的一个重要方面。由于过去在长期的战争环境里和反动派的肆意破坏，使革命遗址及革命文物遭到了巨大的令人痛心的损坏和散失。建国以来，我们进行了大规模的调查和征集工作。特别是 1958 年在全国范围内形成了一个大规模征集革命文物的空前未有的高潮，到 1959 年为止，据不完全的统计，已经征集到自鸦片战争以来的各个革命时期的文物 40 多万件。这些革命文物是中国人民革命斗争，特别是三十多年来在党的领导下的革命斗争的最真实最生动的记录。中国革命博物馆、中国人民革命军事博物馆的全部陈列以及各地革命文物和革命史的陈列，就是十年来征集革命文物工作的成果。

在保护革命遗址方面，已经确定为文物保护单位的重要革命遗址有 358 处。经过修缮的有 56 处。著名的革命遗址如：上海党的第一次代表大会会址、广州农民运动讲习所、井冈山、红都瑞金、遵义会议会址以及革命圣地延安等都建立了博物馆或纪念馆。目前从鸦片战争到辛亥革命，从党的第一次代表大会到中华人民共和国的成立，各个革命时期都保存了具有代表性的重要革命遗址，为建立以革命史为纲的革命史迹网奠定了基础。这样将使人们不仅可以在中国革命博物馆集中地看到中国革命史的缩影，而且还可以在遍布全国各地的真实生动的革命遗址中得到更深刻的感受。

十年来我们还收集了流散的历史文物 80 多万件和古旧图书 180 多万册，仅北京图书馆即增加了馆藏宋元以来的善本图书 11030 种 123565 册，相当于该馆解放前建馆 38 年中收集的善本书 98% 以上。在绘画方面收集的数字也是十分可观的，以故宫博物院来说，旧藏名画原已散佚一部分，解放前蒋介石集团又将所余精华全部劫运台湾。建国以来已经搜集了自隋展子虔以来各时代的杰作数千件，并且专门设立了绘画馆。在收集书画和善本图书方面，上海、东北各地也都在征集工作上取得很大成绩。历史文物和图书的收集，其中不少是在废旧物资中拣选出来的，也有一部分是从海外收回来的，还有不少是私人捐献的。过去私人收藏的珍贵书画和善本图书，大都视为珍秘，不轻示人，现在却有很多收藏家都把毕生辛勤收集的文物图书全部捐献国家，分别由博物馆或图书馆公开陈列或展览了。在这里反映着新的时代人们精神面貌的变化，同时也说明了只有人民当家做主的时代，才有可能使那些珍贵的书画成为全民所有，才有可能使广大人民群众和一切艺术工作者认识和学习祖国的历史文化遗产，得到丰富的数据。

保护和修缮古代建筑也是文物工作中的一项很大的成绩。解放前古建筑是根本无人过问的，到处都是杂草丛生，颓垣败壁。十年来我们已经修缮了重要古建筑 640 处，其中包括著名的世界第一座隋代空撞券桥赵州大石桥、五台山佛光寺金代建筑文殊殿、河北正定隆兴寺宋代建筑转轮藏殿、北京故宫、天坛、十三陵和山西晋祠等。对于一些大的建筑群和石窟寺，如曲阜孔庙、承德外八庙、敦煌莫高窟、龙门、云冈等除了历年都有修缮以外，还开始进行了全面规划的工作，以便有计划地进行修缮工程。此外，我们还配合建设工程进行了古建筑的保护和迁移工作。突出的例子是炳灵寺的防护工程和永乐宫的迁移工程，特别是永乐宫的迁移工程中要把三座大殿的精美壁画剥取下来再重新复原，这种技术在世界上还是创举。目前已经完成了第一阶段的迁移工作。

十年来，我们还在文物普查、复查的过程中发现了 1000 处左右的古建筑，重要的如：在山西五台发现了我国现存最早的木构建筑唐代建中三年所建的南禅寺大殿，福建泰宁宋绍兴十五年所建的一整组建筑群甘露岩寺，广州宋代建筑光孝寺等。这些发现，一方面从年代上排列自唐代南禅寺到宋代光孝寺的五百年间，平均每十年就有一座木构建筑的实例，从而看出我国古代建筑的发展轨迹。一方面在地区上填补了过去一些空白点。例如，解放以前在南方的宋以前的建筑物只知道有苏州一处。解放后发现的最重要的八个宋代以前的建筑中有六处是在南方。这些新发现的古建筑和我们过去保护修缮的大量古建筑，不只是研究我国建筑历史和理论的宝贵数据，而且对美化都市和丰富人民文化生活也起着显著的积极作用。

文物普查和确定文物保护单位工作是几年来文物工作中的一项根本性措施，以上成绩大都是和文物普查工作有联系的。此项工作于 1956 年开始进行。目前全国大部分地区的文物普查已经基本上完成。各省、自治区、直辖市已经公布了文物保护单位八千多处，有些省份的市、县也公布了文物保护单位，从而为文物工作从被动转入主动，纳入有计划管理的轨道奠定了初步基础。

1958 年，是文物工作发展的一个新的转折点，主要表现在，采取了专业队伍与业余队伍相结合两条腿走路的方针，大办训练班，普及文物知识，进一步广泛地开展了群众性文物保护工作。全国各地涌现出大量的群众业余保护文物的组织和保护文物的积极分子，有些地区开始组织了群众性业余的考古发掘队，进行了一般的清理发掘工作。在河南、湖南等省就出现了一些原来完全是外行而又文化水平不高的业余文物工作者，在很短时间就学会并且写出了基本合乎科学要求的发掘报告；在专业队伍方面也有了显著的变化，有些单位在两年中把过去多年积压的大批发掘资料基本整理完毕，并且创造出一些多快好省的先进工作经验。

在文物宣传出版工作上也有很大成绩，各地运用了多种多样的宣传形式，出版了不少文物图录书刊，对于宣传文物政策法令和普及文物知识起了很大作用，其中有些出版物的质量挺高的，在国际上也起到了很好的影响。

综上所述，十年来的文物博物馆事业所取得的成绩是巨大的，也是令人兴奋的。特别是 1958 年以来，文物、博物馆大发展所肯定的新方向，已经为我们文物博物馆事业开辟了广阔的发展前途。我们认为，这些巨大成绩的取得，正是毛泽东思想的胜利，是党的社会主义建设总路线的胜利，是党不断加强对文物博物馆事业领导的结果；同时，也是全体文物、博物馆工作干部辛勤劳动的战果。

但是，在这里还要说明的是，十年来，文物博物馆事业的发展，并不是一帆风顺的，而是在坚持政治挂帅、坚持阶级路线同各种错误思想进行斗争的过程中，在两条道路、两条路线斗争中发展起来的过程。建国初期由于彻底改革旧有的博物馆，使之成为教育人民的工具，黑龙江省博物馆一"专家"就会上书郭老说："一群外行把我陈列的科学系统打乱了"。第一个五年计划期间，有人强调博物馆只能搞"古"不能搞"今"，反对厚今薄古、古为今用的方针；对文物工作则主张"是古皆保"。当党提出向科学进军的号召后，他们又公开地把科学研究和文物资料作为猎取个人名利的工具。不愿搞陈列，不愿下工地，甚至把发掘出来的材料个人收藏起来。1957 年资产阶级右派分子向党猖狂进攻，文物单位和博物馆内部的右派分子也和社会上的右派串通一气，叫嚣文物博物馆事业"今不如昔"，"外行不能领导内行"，反对党对文物博物馆事业的领导，反对文物博物馆事业的社会主义方向。1958 年大跃进以来有人对"展览"是歧视的，甚至诬蔑农村大搞展览是"少数人轰起来的"，是"形式主义"。我们在这一系列的斗争中，特别是 1957 年反右斗争和 1959 年反右倾保守思想的斗争中，依靠党的领导，发动了群众，坚持了文物博物馆事业为政治服务、为工农兵服务的社会主义道路，给予资产阶级反动思想以致命的打击，从而取得了胜利，锻炼了干部，提高了干部的政治思想水平，推动了工作沿着党和毛泽东同志所指引的方向迅速前进。

几年来，我们的队伍已经有了很大的发展。建国以来，在文物工作方面，我们为配合国家建设，早在1952年开始，就连续与中国科学院、北京大学联合举办了四届考古人员训练班，训练了341人，这些人员大都成为几年来各地考古发掘工作中的主要力量。此外还举办了两期古建筑人员训练班，培养了40人。在博物馆方面，干部队伍也有了很大的发展和显著的提高。特别是1958年以来，我们全体文物、博物馆干部也和全国人民一样，以冲天的干劲，破除迷信，解放思想，做出了突出的成绩。我们有不少干部热烈响应党的号召，分批分期地上山下乡参加劳动锻炼和基层工作的锻炼，在阶级斗争和生产斗争中加强了阶级观点、劳动观点、群众观点和集体主义思想，为树立无产阶级世界观打下了比较坚实的基础。不少优秀的文物、博物馆工作者陆续加入了中国共产党，有些被选为先进工作者参加了群英会。据不完全的统计，我们的队伍已经发展到五千人，其中40%以上是党团员。这一切都说明我们的队伍不论在数量上和质量上都已经有了显著的发展和提高，一支又红又专的文物、博物馆工作队伍正在迅速成长，这是我们过去取得巨大成绩的主要原因之一，也是今后工作发展和提高的重要保证。

应该指出，我们的成绩是巨大的，但是在前进的道路上也还存在着一些缺点和问题。主要表现在我们的事业还不能适应国家建设事业高速度发展的需要，我们在大普及的同时，对于系统地调查研究，及时总结经验，推动全面的工作做得还不够，因而对于如何巩固和提高的具体措施没有及时跟上去，同时，因为缺乏全面规划，事业的发展在地区之间存在着不平衡的现象，还有些薄弱环节和空白点，如少数民族地区和边远地区以及一些新兴的工矿区等，我们在过去就注意得不够。特别是在文物工作方面，由于我们工作跟不上形势的飞跃发展，对于各项经济建设工作配合不紧，所以有个别地区还仍然发生了破坏文物的情况。有些还是比较严重的。所有这些，都必须在今后工作中抓紧改进，以便使我们事业在现有基础上全面跃进，全面提高。此外，解放以后帝国主义者对于我国历史文物虽然无法再像解放前那样肆无忌惮地盗劫掠夺，但它的盗劫阴谋也没有完全停止。最近美帝国主义还以借去"展览"为名进行劫夺我国在台湾的文物，其他用各种卑劣手段，勾结国内个别坏分子偷窃我国历史文物、贵重图书的现象还时常发生，我们必须采取有力措施，坚决制止。

二、几点体会

第一，坚持政治挂帅。

政治挂帅还是"实物挂帅"，是文物、博物馆事业中的一个根本问题。用实物做例证来说明人类社会的阶级斗争和生产斗争，以达到教育广大人民的目的是文物，博物馆工作的特点，但有些人片面强调"文物"的重要，以致产生"罗列文物、罗列现象""为征集而征集""为保护而保护"等现象，这些现象都是"实物挂帅"的表现，实质上也就是资产阶级观点的反映。

文物、博物馆的展览和陈列，应当具有明确的政治倾向性。比如说，在现代革命史的陈列中，必须突出党的路线和毛泽东思想的红线；在历史的陈列中，必须突出阶级斗争和人民是历史的创造者的红线。红线就是政治倾向性。任何一个展览和陈列，展出一件展品，布置一张图片，都应当不是为陈列而陈列，而应当有配合当前政治任务、向人民群众进行宣传教育，达到鼓舞人民革命斗争、生产建设的热情的目的。政治第一，实物第二，就是我们的原则。当然，反对"实物挂帅"并不是"实物"不重要，而是说陈列展品应当要从政治出发。有了明确的政治倾向性，才能进一步提高工作中的思想性、战斗性，更有效地将死的物品变为教育群众、推动生产的活教材，才能推陈出新将古物化为今用。

政治倾向性必须与历史真实性相结合，马克思主义者不允许歪曲历史的真实，但是罗列现象并不等于科学地说明了历史。政治倾向性就是要求以辩证唯物主义和历史唯物主义的观点来分析和揭露历史的真实面目，也就是要求透过现象显示历史事物中最本质的东西，以正确的科学的历史知识和革命精神教育人民。因此，我们十年来最基本的体会是：文物博物馆事业，必须坚持政治挂帅，才能真正成为党和国家对人民群众进行社会主义、共产主义教育，促进生产发展的工具。

第二，全面地贯彻党的社会主义建设总路线和"两条腿走路"的一套方针，坚持群众路线。

两年来文物博物馆事业大发展的经验证明：文物博物馆事业必须在党的领导下，贯彻总路线和坚决执行"两条腿走路"的方针。文物博物馆事业中的"两条腿走路"的方针是："中央与地方、大中小文化部门与其他部门、普及与提高、专业与业余、陈列与展览，馆内与馆外"各种并举的方针。两年来博物馆事业的空前繁荣正是坚决执行"两条腿走路"方针的结果。特别是各地方、各部门举办的配合中心任务小型多样的展览，使博物馆事业的面貌为之一新，呈现了生动活泼的新局面，极大地增强了博物馆事业的生命力和战斗作用。各种形式的展览，各有所长，要同时并举，不能互相代替，形式不要死板，不同时期由于主要任务不同，形式和方法也要有所变化。从这里还可以积累文物，吸取经验，锻炼干部。

十年来，特别是两年来的经验还证明：哪里的文物博物馆工作坚持了群众路线、群众运动，哪里工作就轰轰烈烈，获得大丰收，反之则冷冷清清，进展迟缓。两年来广大群众对于文物博物馆工作已经不是"帮忙"的关系，而是以主人翁的姿态出现。群众自己办文物博物馆事业，这是我国文物博物馆事业中最大的特点和优点，只有如此才能使文物、博物馆事业建立在真正的牢固基础之上。在这个事实的面前，那种认为只能专家办，不能让劳动人民办的思想不攻自破。如延安革命纪念馆，博物馆全部人员只有 14 个人，物质条件也不好，1959 年一年里，充实改进了陈列和原状布置，举办了五个展览，全年观众达 2311025 人次；还普查了全市革命遗址 100 多处，征得革命文物 17400 百件。如果不是大搞群众运动，哪里能有这样的成就？总之，没有"两条腿走路"的方针和群众路线、群众运动，实际上就是取消了党的社会主义建设总路线。

第三，继续发展共产主义大协作。

只有无产阶级所领导的国家才可能开展共产主义大协作，只有用共产主义风格、全局观点、国家观点，反对了只顾局部的眼前利益的本位主义，批判了资产阶级的垄断材料的思想，才能做到共产主义大协作。陈列、展览的内容包罗万象，文物保护工作涉及全国各方面的基本建设工程，因此不搞大协作就一定是少慢差费，甚至是寸步难行。

解放以来，我国文物、博物馆工作搞协作是有良好传统的。特别是大跃进的两年来，在协作的规模、范围、程度上，都有了大发展。例如长江流域文物考古队把包括十二个省、市的文化部门、科学院、建设规划部门三者之间拧成一股绳。去年国庆十周年时，各地博物馆、展览馆大办"十年社会主义建设成就"展览，完全是大协作的产物。各省博物馆对县办展览馆，社办展览室也做了很多工作。尤其是中国革命博物馆和中国历史博物馆布置完成只用了一年左右的时间。两馆陈列所需的文物很多是各地方博物馆、文物单位"拔尖子"支持的，直接间接支持的单位遍及全国达一千个以上。这种共产主义新风格是任何资产阶级国家根本不可能具备的。为了多快好省地发展文物、博物馆事业，我们要坚持和发展文物、博物馆内部相互间以及文物博物馆与有关部门，特别是基建部门、有关科学研究机关、教学单位之间的协作关系。

第四，正确贯彻"百花齐放、百家争鸣"的方针。

文物、博物馆工作，是群众性的文化工作，又是科学研究工作。诸如陈列计划、文物鉴定、考古发掘报告、文物保护单位的档案，以及马克思列宁主义的具有民族特点的博物馆学、考古学体系的建立等等，都是科学研究的结果。学术上的问题，从不认识到认识清楚，从是非的争论中得出正确的结论，只有贯彻"百花齐放、百家争鸣"的方针，提倡独立思考、自由讨论，发扬"坚持真理、修正错误"的精神，才能使真理愈辩愈明，问题才能得到正确的解决。任何用行政命令或者单凭专家权威主观下结论的做法来解决科学研究中的问题，都只能妨碍我们事业的发展，压倒新生事物的成长。过去十年来，特别是目前我国文物博物馆事业出现了空前繁荣的新局面，从内容到形式都表现出丰富多彩。内容是古今上下，规模有大中小，方式多种多样，类型各有特点，艺术形式各具有不同的民族风格和地方色彩，这正是我们正确地贯彻了党的"百花齐放、百家争鸣"得到的结果，今后还应当更好地贯彻。

第五，党的领导是最根本的保证。

十年来文物博物馆事业的发展充分证明，党的领导是取得胜利最根本的保证。文物博物馆事业是党在文化战线上的工具之一，是为无产阶级革命的利益、为社会主义和共产主义建设事业服务的。因此，文物博物馆工作者必须认真地学习马克思列宁主义和毛泽东同志的著作，不断提高政治思想水平，不断提高工作质量，以适应党和人民的需要。各级文物、博物馆单位的领导人，必须加强组织性纪律性，在一切方面，紧密依靠从省、市到当地支部各级党组织的领导。听党的话，党委需要我们干什么，就干什么，需要我们怎么干，就怎么干。党是人民利益的集中代表，政治挂帅，也就是党的挂帅。我们只有按照党的指示去工作，才能在具体工作中，很好地完成当前的政治任务，为社会主义建设服务。

三、今后的几项主要工作

目前的国际形势，正如毛主席所英明指出的，是"东风继续压倒西风""敌人一天天烂下去，我们一天天好起来"的形势。我们国家的生产建设，在 1960 年将以更大的规模，高速度地在两年来大跃进的基础上，继续全面跃进，在不太长的时间内，将基本上建成一个具有现代工业、现代农业、现代科学文化和现代国防的伟大的社会主义强国。两年来，人民公社已在各方面显示了它的无比优越性，正以其蓬勃的朝气，为全国人民指出了社会发展无限光明美妙的前途。我们今后工作的根本任务，就是对人民群众进行社会主义、共产主义教育，促进生产的发展。现在全国人民正掀起一个学习马列主义思想、学习毛泽东同志著作的高潮，工农业生产正在以技术革新和技术革命为中心，展开一个新的增产节约运动。技术革命和文化革命，是发展工业所必需，也是发展农业所必需的。我们的工业和农业生产正在以空前的速度向前发展，在全国范围内掀起一个波澜壮阔的群众性的技术革命和文化革命高潮，是全国人民和工人阶级面前的一个伟大的历史任务。

文物博物馆事业应当在这样的新形势下决定今后方针任务。我们认为社会主义的新型的文物博物馆事业必须为对人民群众进行社会主义、共产主义教育和促进生产发展服务，应当千方百计地利用文物、博物馆工作的各种形式，宣传社会主义、共产主义思想，破资产阶级思想；为进行爱国主义和革命传统教育提供实物例证；为推动生产建设，鼓舞人民劳动热情，鼓舞发明创造、技术革新，配合文化革命、技术革命而举行各种展览，为说明社会发展规律的必然性提供历史文物方面的可靠的根据；为批判继承历史遗产、推陈出新，创造新文化提供数据。这里，为了巩固文物博物馆事业的已有成绩，使它更好地为政治为生产服务，在当前文化工作的"全面规划，积极发展，重点建设，提高质量"的方针指导下，提出几项主要工作如下：

（一）进行全面规划

全面规划，这是毛泽东同志经常倡导的一项重要的领导方法。文物博物馆事业在国家各项事业飞跃发展的情况下，急需要定出全面规划，使工作减少盲目性，增加计划性，由被动转入主动，为各项工作按照轻重缓急，完全纳入整个国家规划之中，以求得更顺利的发展。

1. 文物工作的全面规划应该是：长远设想，组成体系，抓紧重点，搞好协作。遗存在地上、地下的丰富历史文化遗产，是历代劳动人民劳动智慧的结晶，是说明社会发展史劳动创造世界最生动具体的最可靠的实物例证。做好对它的保护和管理工作，对于研究祖国历史，向人民进行革命传统教育、历史唯物主义教育、爱国主义教育和创造社会主义的、民族的新文化，都具有重大意义。然而我们绝不是"为陈列而陈列"，"为保护而保护"。因此我们不必要也不可能把一切历史上存在过的东西都保存下来并加以陈列。我们只要对重要的有价值的历史文物、遗址实行"重点保护、重点发掘"，也就可以达到向人民群众提供教育材料和丰富历史科学研究资料的目的。"重点保护、重点发掘"的文物保护原则，今后一定还要继续贯彻。为了更好地贯彻这一方针，做好文物保护工作，现在应当按历史的阶段、文物的不同类型，引出体系，然后按体系确定重点，加以保护。例如，可以设想：按社会发展史的体系：从猿到人，从原始社会到社会主义社会的开始，在地上地下找到应该保存的典型实例，构成为一个社会发展史的典型史迹体系。

按近代革命史的体系：从鸦片战争到中华人民共和国的建立，把历次革命斗争中的重要史迹、遗址，一直到天安门——毛主席宣布中华人民共和国成立的地点，连接起来，构成一个革命史迹体系。

其他如艺术史、古代建筑史等，都可以依据遗址、遗物在全国范围内构成体系。

然后以这些体系为纲，把许多重点文物保护单位串联起来，结成一个全面的系统的文物保护网。

有了体系以后，发掘工作也可以更有计划地进行。目前由于劳动力不足和技术力量、技术条件准备不够，发掘工作还应当以配合生产建设为主，在有了体系全面规划以后，对于配合工作也可以有轻重缓急的安排，工作就比较主动了。

此外，如果文物保护单位的保护规划、革命文物和历史文物的收集规划、科学研究规划都有了全面的有计划的安排，就可以使文物保护工作和科学研究工作走上有计划的道路。

对于重点保护的文物单位，必须坚决加以保护，这就需要与各方面协作，纳入城市和农村的建设规划之中，加以妥善的保护。我们必须反对和防止忽视历史文物任其遭受破坏的现象。

2. 博物馆事业的全面规划应该是：服务政治，服务生产；明确性能，全面安排；大小结合，丰富多彩。

由于目前博物馆、展览馆（室）大量发展，需要作有计划地安排，例如省级地志性博物馆与县、社馆的关系问题；省级馆的革命史部分与另外举办的革命史博物馆的分工问题；省级地志性博物馆与所在市地志性博物馆的性质与分工问题；县、社馆将来的发展方向问题；全国性的专馆与地方同类性质的专馆的关系问题，都需要加以统筹安排，使之能明确方针任务，各具特点，避免重复。这也需要按系统加以组织化，例如：

中国革命博物馆与各地方的革命史博物馆、革命史迹博物馆、纪念馆，联系起来，分工协作，可以构成一个革命博物馆的体系；

中国历史博物馆与各地方的历史博物馆、史迹博物馆和人物事件的纪念馆联系起来，可以构成一个历史博物馆体系；

省级地志性博物馆与县、社地志性博物馆，联系起来可以构成一个地志博物馆的体系；

民族博物馆与各民族地区的博物馆联系起来，可以构成一个民族博物馆的体系；

艺术博物馆与各地的艺术博物馆联系起来，可以构成一个艺术博物馆体系；

其他如自然博物馆、军事博物馆、地质博物馆，还有其他可以组成体系的专馆，都可以考虑进行全面安排。

当然，在此以外，还可以同时存在许多具有各种特点的博物馆、展览馆都发挥它应有的作用。这样既有分工，又有联系，就更可以使中国博物馆（展览馆）事业在全面规划下分头发展，更好地为政治、为生产、为丰富人民文化生活而服务。

（二）关于提高质量问题

1. 博物馆、展览馆是党和国家的向人民群众进行思想教育的工具，每天和千百万观众见面，宣传马克思列宁主义、毛泽东思想和党的总路线、方针、政策，普及科学文化知识，所以必须注意提高它的政治质量和科学质量。陈列、展览的政治性、科学性要通过一定的艺术形式来体现，还有征集、保管、群众工作等各项工作也都会直接或间接影响到陈列的质量和教育效果，因此，提高质量的问题，必须从内容到形式从工作的各个方面全面考虑。当然其中首先是政治质量的问题。只有如此，才能充分发挥博物馆、展览馆为提高思想、发展生产服务的作用。

提高质量是一项细致、长期的工作。为了更好地提高质量，首先应该选择重点单位树立旗帜。毛主席说过："没有重点就没有政策。"重点示范、带动一般是我们党一贯的行之有效的工作方法。文化部计划以中国革命博物馆，中国历史博物馆、故宫博物院等五个单位为第一批重点单位，加强对它们的领导，充实力量和设备，认真提高工作质量，吸取经验，交流推广，以促进全国博物馆工作共同跃进。希望各地方也能选择不同类型的博物馆（展览馆）作为重点单位，树立旗帜。

2. 加强辅导和协作。大馆要以大带小，以老帮新，建立层层辅导的关系。这是共产主义大协作的一种表现，要大大提倡，很多博物馆在这方面已经做了不少工作。辅导工作也要有重点地进行，例如重点单位重点工作，有计划有重点的辅导，应该和带动一般、培养干部工作密切结合起来，这样可以事半功倍。新鲜事物往往是群众首先创造出来，因此，在辅导工作中要提倡先当学生，然后再当先生。这样既可以避免主观，又可以丰富经验，提高自己。

3. 加强文物和博物馆的科学研究工作。科学研究和提高工作质量有直接的关系。例如对本地区革命史搞不清楚，就很难保证革命史陈列的高度思想性。博物馆的各项业务工作都是科学研究的内容，都应该进行研究，但重点应该围绕提高陈列、展览质量。在文物方面，过去在发现和发掘方面的成果已经不少，由于缺乏整理研究，所以这些材料不能得到充分的利用。一些历史问题只有在互相联系比较中才能解决，因此，我们必须开展综合研究工作。进行科学研究必须以马克思列宁主义毛泽东思想为指导，要学习毛泽东同志在革命实践中所写的重要文件和指示，学习毛泽东同志的革命理论，学习他关于批判继承历史和文化遗产的学说。提倡解放思想，敢想、敢干、敢说的共产主义风格。并且要提倡敢于发现问题、提出问题，敢于攻坚，为解决历史上和地区上的空白点进行新的探索（例如夏代文化的探索）。工作方法上，要搞大协作，特别是和有关部门、学校的协作。文物和博物馆的研究工作有许多问题不是本身单独可以解决的，大协作是一种多快好省的办法。反对把材料"保密"起来关门研究的办法。在发掘工作方面，必须革新田野发掘技术，改进工作方法，提高发掘工作效率，以适应配合大规模建设工程进行考古发掘工作的需要。此外，还必须加强文物保护工作中的一些科学技术问题，如岩石风化、壁画剥落、木材加固、漆木器变形等一系列的问题的研究。并且要土洋结合，一方面要吸取我国固有的修复文物的传统技术，一方面也要学习最新的科学技术。今后必须组织专门力量大力进行。

（三）两个具体方针方向问题

1. 省级地志性博物馆和专、县展览馆的发展方向的问题

省级地志性博物馆发展方向，文化部早经确定：按照自然部分、历史部分（包括开国前的革命史）、社会主义革命和建设部分这三个大部分组成地志性的完整陈列体系，使观众可以在短的时间，了解一个省（自治区）的整个面貌。第三部分，即社会主义革命和建设部分是很重要的一个部分，因为在表现毛泽东思想方面，党的方针、政策、路线方面，仅有新民主主义部分的革命史陈列，看不到开国以后的大发展、大胜利，是会使综合性的地志性博物馆缺少了最重要的部分，观众是不会满足的。两年来由于有些省（自治区）建立了工农业展览馆，感觉与地志性博物馆的第三部分，即社会主义革命和建设部分的陈列有重复，有的省就撤销或停止这部分的陈列。我们这次在筹建中国革命博物馆的过程中，也发生了社会主义革命和建设部分的陈列与在首都举办的全国性的工农业展览馆有矛盾，也曾经打算停止这部分的陈列。后经领导指示，才认识到革命博物馆陈列社会主义革命和建设是从毛泽东思想的角度、革命的角度出发，主要表现这个时期党的方针、政策、两条总路线的制定和贯彻，而以少量的典型文物作为例证来说明；工农业展览馆主要是从贯彻党的方针、政策、路线以后所取得的伟大成就，以及交流技术革新经验这个角度来摆，两者是各有重点，可以区别的。因此，我们对于省级地志性博物馆的方向，还是提倡上述三部分综合起来构成完整体系的方向。至于地方在具体贯彻中如有困难，而工农业展览馆从思想的角度可以代替地志性博物馆这部分陈列，也可以因地制宜，请当地党委决定分合，省级地志性博物馆应坚决服从党委的决定，加以贯彻。

专、县、市展览馆两年来配合中心任务举办了许多展览，不论在思想战线上、生产战线上都起了很大作用。经验证明这种小型多样的展览不仅过去两年需要，今后也是需要的。因此过早地把所有展览馆全部转变成固定陈列的博物馆是不妥当的。专、县、市展览馆的主要任务仍然是紧密配合当前中心任务大办展览，同时应该注意选择展览中具有纪念性、历史性、生动性的典型展品保存起来，防止散失。这些材料都是伟大的中国共产党领导中国人民取得英雄事迹的实物例证，随着历史的进程，它将日益发出灿烂的光辉。和解放前文物的保存收集情况根本不同，那时大部分是靠自然积累或幸而保存的。我们今天既能有计划有目的地进

行社会主义建设，我们就有可能也应该有计划、有目的地来收集积累现代文物。有条件的馆可考虑将今后还能起教育作用的展览内容作为陈列固定下来，并不断充实提高。专、县、市博物馆或展览馆较长时期的形式，可能是一部分固定陈列，大部分是结合当前政治运动、生产斗争的展览。总之，目前工作要和长远打算结合起来，要根据本地特点和需要决定，应该多种多样，丰富多彩。

2. 继续贯彻"重点保护，重点发掘"既对基本建设有利，又对文物保护有利的原则方针

过去几年来在文物工作中实行了"重点保护，重点发掘"达到既对建设有利，又对保护文物有利的原则方针，经过实践证明是完全正确的。这个方针既符合于客观的可能，又符合于主观的需要。但是目前的国家建设事业正以更大的规模，更高的速度继续跃进，在全国范围内亿万人民兴工动土，必然要有大量的新的重要文物继续发现，我们地上地下保存的文物是极为丰富的，但是如果在建设中不能及时配合，这些文物也就极易遭到破坏。因此，今后几年内，能否及时地配合建设工程做好保护工作，是文物工作中的一个关键性的问题。这就必须更好地继续贯彻这个方针，鼓足干劲，一方面尽快完成普查，确定重点，将应该公布的文物保护单位迅速公布，做到四有（有范围、有标志、有档案、有人管）；一方面专业与业余相结合，发动群众，组织业余发掘队伍，扩大发掘力量，并且要争取在工程进行之前，提早配合发掘。

只有采取这样全面的措施，主动积极的态度，才能配合上目前建设的进展，完成我们保护祖国文化遗产这个急迫而又艰巨的任务。

（四）关于工作队伍的发展和提高问题

为了适应文物博物馆事业今后的不断发展和提高，就需要迅速地发展一支又红又专的工作队伍。几年来我们的队伍虽然已经有了很大的发展，但是无论在数量上或是质量上都还远不能适应今后事业飞跃发展的需要。因此，干部培养和提高工作必须根据自力更生的原则大力加强。应该坚决贯彻两条腿走路的方针，把长远需要与当前需要密切结合起来，把普及与提高密切结合起来，采取长期培养与短期训练并举，正规培养与业余培养并举，培养新生力量与提高在职干部并举的办法。应该把文物、博物馆培养干部工作纳入整个文化艺术教育工作的体系之中。

关于正规培养方面，文化学院已经决定开办文物、博物馆系，从今年起就开始招生。我们建议各地在省（市、自治区）的文化学院也建立文物、博物馆专业，或者举办文物、博物馆的中等学校。河北省已经办了，其他地区最好也能快点办起来。当然各地区的条件不同，有的地区目前还可能有困难。我们希望能够大力加强各地区之间的共产主义大协作。可以原来大协作区为范例，由条件较好的省（市、自治区）帮助条件较差的，一面训练干部，一面培养师资，以便使条件差的地区能够尽速地自力更生。

我们还要争取在一些综合大学添设文物、博物馆专业或专门化。南开大学已经开始办博物馆

专门化，四川大学、中山大学，西北大学等也已经或正在开始办考古专门化。我们希望能够争取以各大协作区为范围都至少有一个综合大学建立文物、博物馆专业或专门化。

由于我们事业的基础是薄弱的，因此干部培养是我们事业中一项根本性的工作，必须给予极大的重视。师资和教材问题是目前干部培养工作中的困难问题。几年来我们已经培养出一批业务骨干，在工作中也积累了一些经验，但是在我们任务重、人力少的条件下，完全抽调他们去担任教学工作是不可能的。为此，我们建议各地文化领导部门，最好能在工作安排上保证他们一定的时间从事教学工作，并把这项任务列为他们的经常工作任务之一。关于教材，文物方面过去有些基础，博物馆方面就比较少。今年我们准备在文化学院举办一期研究班，主要任务就是要写出两本书，即博物馆工作概论和文物工作概论。各地也可以仿效这种集体创作的方法，主要是与总结经验结合起来，使教材内容更加切合实际。

我们的事业随着国家建设事业高速度的发展必须有相应的发展。因此，完全依靠正规学校培养干部来补充我们的队伍是不能满足需要的，特别是文物工作。因此，大办短期训练班是我们培养干部的一个重要方面。我们今天的文物干部绝大多数都是经过短期训练在工作中培养出来的。1958年以来全国各地大都举办了短期训练班。不仅培养了专业队伍，也培养了大量的业余文物工作者。培养的方法应该是一面工作，一面学习，边干边学，先普及，后提高。各地都已经摸索了一些经验，应当好好总结，及时推广。博物馆方面同样也需要大办各种短期训练班、进修班、辅导班等。方法要多种多样，各地有条件的博物馆自己也应该举办业余专业学校、函授学校或者夜校等。只有千方百计地利用各种方式培养我们目前工作中急需的人才，才可能满足我们事业发展的需要。

为保证在职干部的业务学习，应当制定必要的切实可行的具体措施。

（五）加强学习

为了更好地开展文物、博物馆工作，必须加强学习。首先是学习马克思列宁主义和毛泽东同志的著作，并把学习的理论用到实际中去，不断地提高工作质量，同时也不断地改造着自己。新时代的革命工作者必须树立无产阶级世界观，从而改造原来存在在自己头脑中的非无产阶级的世界观，而不是单从书本上学习字句，才有可能学会运用马克思列宁主义的立场、观点和方法，解决实际问题。马克思列宁主义的学习，首先必须着重毛泽东同志著作的学习。毛泽东思想就是马克思列宁主义普遍真理和中国革命具体实践相结合的典范，是指导中国革命和社会主义建设不断取得胜利的锐利武器，毛泽东同志把马克思列宁主义普遍真理同人民群众创造精神结合起来，他的著作丰富了马克思列宁主义的宝库。文物博物馆事业十年来的巨大成就，就是毛泽东思想的胜利。我们的文物博物馆事业正在沿着毛泽东同志所指引的社会主义建设总路线的光辉道路前进。因此，毛泽东思想是我们进行一切工作的指南。我们应当学习毛泽东同志的革命理论，尤其是有关文化艺术的理论，应当学习他的有关思想方法、工作方法的指示，只有认真学习毛泽东思想，才能透彻地理解党的方针政策，贯彻党的意图，使我们的工作成为更有力的思想教育工作的武器。

十年来，我们的事业在毛泽东思想指引下，在党的领导下，由于全体文物、博物馆工作同志的辛勤努力和广大人民群众的支持，已经取得了辉煌的成就。今后我们更应该鼓足干劲、力争上游，在两年来大跃进的基础上，为文物博物馆事业的更大跃进而奋斗。让我们更高地举起毛泽东思想的红旗前进。

王冶秋在 1971 年筹备出国文物展览
工作人员会上的讲话 *

（1971 年 12 月 4 日）

最近十八个省、市的同志去陕西开会都回来了，今天我向大家谈一些情况和意见。

一、故宫开放问题

图博口是去年 5 月 14 日，总理接见我们后建立的。应该是图博文口，就是管理图书馆、博物馆、文物。现在图博口由国务院办公室直接管。图博口成立后一直搞运动，真正抓业务从今年初开始。先抓故宫开放，原来准备搞一个反帝反封建陈列，在太和殿、中和殿、保和殿三大殿搞。总理批准外国乒乓球队来看了，其他外宾也要看。4 月向外宾开放，总理说，反帝反封建的陈列不在这里搞了，将来在中国历史博物馆搞。所以故宫基本上是原状陈列。故宫向工农兵开放要做些什么事？主要解决两个问题：一是把说明牌整理了一下，殿名、年代、用途等内容都没有动，后边略加批判；第二是编《故宫简介》。《简介》经故宫整改组修改以后连同准备开放的报告报国务院，以为经国务院办公室批就可以了，结果送到国务院业务组，认为这是大事，必须报总理。总理在百忙之中仔细看了《故宫简介》稿，有问题的地方都打了记号，指示由郭老（按：郭沫若）组织人审改后再报他。郭老连夜约请中国近代史研究所、考古研究所及北京的一些单位的专家在故宫开了一个会。郭老说："今天是'殿试'，有意见就在《简介》上写，一个半小时收卷子。"集中大家的意见，对《简介》做了修改。6 月 28 日，总理在百忙中专门接见了图博口的同志，抽出两个小时解决几个馆的开放问题。总理看了报告和《故宫简介》后说："改得好？"并提出了修改意见。郭老又加了一段。请其他有关领导审阅后总理才批发。《故宫简介》重印 50 万册，到 7 月 5 日故宫正式开放，《简介》起了很大作用。今后无论搞什么陈列，首先要搞陈列简介，观众起码可以买一本回去，就可以在班、排、连作为学习材料，家里人也能看。《故宫简介》发售期间有一段脱销，观众几乎要揪斗卖书的人。今后各地开放一个地方，首先要搞一份简介。

---

* 1971 年 12 月 4 日，图博口领导小组副组长王冶秋在北京市对各省市参加筹备"中华人民共和国出土文物展览"工作的同志讲话，指出 17 年的文物博物馆工作虽受到黑线干扰，但主要是红线。

二、出土文物展览问题

故宫开放后，接待了一千多位外宾。一个中心问题是解决帝修反的造谣，说我们"破坏文化遗产"，"故宫也烧掉了"。有些外宾来参观故宫时，拍了电影、照片，说是要回去宣传。听了这些反映，我们考虑是否再搞一个出土文物展览。

在"文化大革命"中，我们不但保护了地上文物，而且进行了考古发掘，所以决定举办十省市参加的出土文物展览。为了赶在"七一"前展出，动员全国各省市参加来不及，主要是中原地区的。其中为什么会有新疆参加，这是针对苏修的。苏修说长城以北是他的地方，其所以叫"新疆"，是新的边疆，所以新疆就是他的了。新疆的同志发掘了一百多座古墓，出土丝绸之路的和有文字的文物很多，有1300多年前的东西，有汉文字的文书，有十二岁小孩抄的汉文《论语》，说明这个地方汉文化影响很深。我们不算老账，苏武牧羊就在贝加尔湖，我们也没有说贝加尔湖就是我们的。我们的十省、市出土文物展览，可以说轰动世界。世界上一些大报纸都登了消息，影响很大。新华社发了报道，这个报道是经过郭老修改、总理批准的。发的图片，总理都一张张看过。总理批准发表这一篇报道，对文博工作人员是一个最大的鼓舞，最大的鞭策，这是22年来从来没有的事。过去的文物工作在文化部根本排不上队，这次党报上大登特登，肯定是中央的声音。这对搞文物工作的来说是一件大事。展览展出后很多中央首长来看，还接待了许多外宾和工农兵观众，反映很好。

三、关于出国文物展览问题

出土文物展览，外宾看后反应很强烈，日本公明党代表首先提出要这个展览到日本展出，说他要向总理建议把文物展览拿到日本去，又说，埃及去了一个木乃伊，几件文物就有两千万人参观，如果你们的展览去，那全日本都要去看。日中文化交流协会理事长中岛健藏也提出希望出土文物展览去日本，我们未同意，说要等佐藤倒台后再去。法国代表团在总理接见时提出要我们的文物展览去法国。总理说，欧洲的问题，首先考虑法国，戴高乐主张同我们建交后，一直是大使级，中法关系好，文物展览我们同意去，而且要去真的，去复制品没有什么意思。后同郭老一块研究，向总理打了个报告，成立了出国文物展览工作组，我是副组长，还有考古研究所的王仲殊、夏鼐，起草了向全国调文物的报告，后面谈到了调干部的问题。"文化大革命"前，文物考古队伍大概有一千人，四期考古工作人员培训班培训的，大学考古专业培训的大约一共有六百人，各省、市还办了些训练班。现在下放的下放，插队的插队，剩不了多少了。国务院后来把文件升了一级，改为国务院文件，专门讲了干部问题，要用他们的一技之长，有历史问题的只要搞清楚还是要用。文件发到全国各省、市、自治区，领导同志十分重视。省委常委都来审查送北京的展品，差不多送来4000件文物了。展览要按出国标准摆，按出国水平摆，要用中、英、法文说明，经过大家努力，争取早日摆出来。

四、关于《文物》月刊问题

郭老向总理写报告时，特别提出三个杂志（指《文物》《考古》《考古学报》）希望复刊，以应国内外之需要。总理批了，同意这三个刊物复刊。《文物》12月15日左右可以出刊。办刊精神是以马列主义、毛泽东思想为指导，来研究出土文物、传世文物；向工农兵群众宣传辩证唯物主义和历史唯物主义；为无产阶级政治服务，为三大革命斗争服务。办刊方针是：学术性、资料性。运动中把《文物》月刊批得狗血淋头，实际上《文物》月刊完全是在无产阶级司令部指导下工作，今后还是搞学术性、资料性。12月中旬出第一期，还是叫1972年第一期，邮局发行。报告给国务院，报印8000本，后与国际书店打招呼，他一订就是一万，说我们太保守了。国内也加到一万，先试试看。一年出六期，一半是我们这里编，一半由各省包，3、5、7、9、11期由各省包，双数的我们编。各省再研究一下，看哪几个省可以包。陕西、新疆答应包一期，河南、山东、江苏也包一期，明年的就包掉了。这个刊物各文物考古工作者都要大力支持。《文物》月刊编辑部编制报的是六人，在全国刊物中人数是最少的，长期工作的只有两个半人，后来加到三个半人。不想搞大编辑部，一期八万字，图片占一半。各省稿子经过有关部门审查，再送我们看一看。

五、关于文物出口问题

文物出口的问题，二十多年来同外贸部门一直扯皮，关系搞得很僵。外贸总公司组织五个人到各地去调查，他们没有让图博口参加。以后外贸部部长向总理写了个报告要继续扩大出口。总理批示要吴德同志主持开个会；让图博口军代表同我参加。我们体会总理的意思是这件事不能由外贸、商业部门去搞，而是要文化部门搞，所以请吴德同志主持开了一次会，还专门找我谈了一次，后来市革委会秘书长又开了一个会，搞了一个文件。文件的内容是：

1. 体制和组织问题要从根本上解决。文化部门管什么，要根据国务院颁布的《文物保护管理暂行条例》第13条，文化部门要对文物商店进行管理。

2. 文件中写了文化部门管理文物商店，历史文物、金石字画……都要归文物商店收购。有的地方把文物商店交由外贸部门领导，这很不合理，等于把国家的文物出口权给外贸部门了。1965年陶瓷出口公司要出口一批瓷器，经鉴定有的不能出口。有的外贸仓库让外国商人到库房里去看，外国来的商人中有"古董鬼子"，他看到有唐瓷、宋瓷，这批货他都要。文化部门说不许出口，外贸部门说有损国家信誉，来回扯皮。后来中央领导同志制止了。要按规定，不许出口。这次文件规定，外贸部门只能收买近现代的珠宝翠钻，现代的手工艺产品，属于文物性质的货源由文化部门提供。希望各地的同志不要怕麻烦，还是要把文物商店管起来。商业部门根本不能收文物。文物不能生产，出口一件就少一件。出口标准原想放宽到明代，看了个内参，英国抢劫圆明园的几件乾隆时期的瓷器，卖了十万美金，还不是好的。1961年搞了个出口标准，一条线是1795年（乾隆六十年）以前的一律不许出口；一条线是1911年以前的若干品种不许出口；一条线是1949年以前的若干品种不许出口；乾隆以后的好的工艺品也不许出口。过去颁布的法令，凡是没有宣布无效的，一律有效。

长沙出土的商代鸮卣盖子不在了，下半截成了宝贝；那个商代牺首兽纹方尊是从废铜中选出来的。

3. 查抄文物要抓紧清理。现在的查抄文物损失很大，乱得很。查抄文物应当归文化部门管。这次"文化大革命"查抄得很彻底了。浙江这些地区有几百万件字画，有的放在地下霉烂；废铜仓库、造纸厂不知冶炼了多少好东西。保护文物要走群众路线，要工人共同来做这个工作。把老工人宣传好了，他主动帮你挑选出来。现在人员不多，还要加强和补充队伍。

4. 总理那天接见图博口的领导同志时说，非文物可以出口，仿制品，假的可以出口。后来先念同志还指示，像蟒袍、玉带都不能出口。文物出口的方针是"少出高汇，细水长流"大量出口，市场价格就压低了，这是个大问题。总是扯皮不清，我说他们外汇挂帅，他说我们是文物挂帅。这次开会后，文件上报总理审批，这就解决了一个大问题。

六、关于文物博物馆工作的问题

先谈文物。文物工作是红线？还是黑线？我认为，文物工作根本上是红线。自从文物局建立以来，首先从政策法令这方面来看，我们一进城，还是华北人民政府时代，就颁布了《禁止珍贵文物图书出口暂行办法》的命令。一百多年来帝国主义侵略中国，把中国变为殖民地、半殖民地，在文物上大量进行破坏盗窃，讲不胜讲。河南建一个厂子，一探有成千上万的墓葬，其中90%经过盗掘，文物都是卖给外国人了。一百多年来对文物的破坏盗窃没有停止过。我们一进城，就颁布了禁止珍贵文物出口令，是董老（董必武——编辑注）批的，我看这是红线。在华北人民政府时代，发布了第二个命令，要征集革命文物和保护革命遗址，主要是征集新民主主义时期革命文物，主席活动的地方如韶山、安源、延安……都要保护起来，文物要赶快征集。中国革命博物馆有这么一批革命文物，主要是从那个时候开始征集的。把一些主要的革命遗址保护起来，也包括对旧民主主义时期的文物征集和遗址保护。后来政务院、国务院又陆续颁布一系列法令。1960年11月，国务院全体会议通过了《文物保护管理暂行条例》和第一批180处全国重点文物保护单位名单（1961年3月4日公布）。这次在陕西开会，这些法令都印了。这180处没有保错，幸亏那个时候宣布，保下来了。这是贯彻毛主席对文化遗产要批判地继承的指示。从政策法令上看是没有问题的。所以我认为从根本上讲，文物工作是红线。当然我们执行起来有时会有偏差，我作为文物局的负责人，这个责任应由我来承担。

其次，这二十多年里，在对待民族文化遗产问题上，我们同"左"的、右的倾向进行了一系列斗争，我认为是站在红线上。文物出口就是斗争之一。1965年就有人要搞文物出口托拉斯，我们坚决顶住了。古代书法家王羲之、王献之、王珣的字，叫"三希堂"，有"一希"被蒋介石带到台湾去了，另"两希"即王献之的《中秋帖》和王珣的《伯远帖》，压在香港一个银行，值十多万港币，一年多涨到48万港币。英国人想搞走，我们得到消息后，报告了总理。总理说，要下决心，花多少钱也得赎回来，但一定要保证是真的，并能安全运回境内。总理还批示"要派负责人员及识别者前往鉴别真伪"。1951年经总理批准派我和徐森玉、马衡三个人去香港，中间不知经过多少曲折，到了澳门过不去，是化装随着卖炭的船过去的。到了香港，花了48万港币，把两件东西弄回来了，上面一共只有四十几个字。1966年初，我又去了一趟香港，花了45万港币，把一批碑帖、书画收购回来。那些唐宋元明画，很大一部分是从外国买回来的，从国内也买了一批，都是经总理批准的。

这次山东的同志来，带来一张元朝的孔子像。谭厚兰等一帮人去挖孔子的坟，在画上写了"打倒孔老二"，在脖子上插了一把刀，是陈伯达批准去挖孔坟的。挖孔坟的影响很坏。他们又去砸"周公庙"，"周公"指谁，很清楚。孔子的坟挖了，掀起一股大挖古坟之风，一个大队就挖几百几千。孔林是从汉代起搞起来的，凡是姓孔的都往那里葬，认为葬在那里最光荣。多少墓被大肆盗掘，我们进行过斗争，那些人是要破坏文物，我们是要保护文物。博物馆工作虽受到黑线的干扰，也主要是红线。如革命纪念馆开了两次会，在长沙开过一次，在江西开过一次，我认为都是红线。我们在指导思想上提出保护革命遗址，一定保持当时的环境，艰苦朴素的作风，反对大拆大改，焕然一新。不主张革命纪念馆都是一部党史，要有自己的特点，韶山也好，延安、瑞金也好，是这样主张的，与今年开的外事旅游会议精神是一致的。韶山纪念馆要保持原状，主席旧居和周围环境一律不能动。有人主张韶山要修，要把旧居搞个玻璃罩罩上，还要搞游泳池，盖个大纪念馆，我坚决不同意，因为这会破坏原貌。可是他说，孙中山能盖公园，为什么主席这里不能盖？你对主席是什么态度？给我扣了个大帽子。其实，保持原来面貌这是主席说的。

主席有一次去参观农讲所，看到里边变了样就说，怎么不是原来那个样子了，艰苦朴素的作风一点没有了。所以我说保持原状是红线，不是黑线。

进城时，我根本不是搞文博工作的，是打入敌人内部搞军事情报、搞武化的。党要我搞文博工作，但如何搞，一点底也没有。那时提倡学苏联，把苏联博物馆那一套搬来了，分历史、社建、自然三部分，在山东搞样板。这里有红的，也有黑的，有修正主义的东西，但不能说都是黑线。

博物馆事业基本上是红线，但有黑线干扰，我们在执行上有偏差。文博战线充满了两条路线斗争，这件事必须闹清楚，错的承认，对的坚持。将来怎么搞法？纪念馆中央直接抓。博物馆如何搞？我看按主席视察安徽省博物馆时的指示办，"每一个省的主要城市都应该有这样的博物馆，人民认识自己的历史和创造的力量是一件很要紧的事"。主席视察安徽省博物馆后，在安徽召开了十六省市文博工作会议。最奇怪的是，最近安徽省来了几位同志说，省展览馆把博物馆吃掉了，安徽省博物馆在9月17日主席视察这一天要纪念，要写出这条语录都不让。不让纪念，为什么？别的省我不敢表态，安徽省馆我敢表态，因为是主席视察过的。现在叫安徽省展览博物馆，不大合适。博物馆应按主席指示办事。在岳飞故里，主席说，你们为人民办了件好事，把岳飞故里保存下来了。1970年的《汤阴县志》把这段话作为头一页，是很对的。安徽省博物馆主要是两大部分，一部分是历史陈列，另一部分是搞社会主义革命和社会主义建设陈列，自然之部可放在社建部。一些省馆我主张搞断代史。陕西已经有了新石器的专馆，我主张省馆搞周秦汉唐。对博物馆陈列我总结了八个字："各有特点，避免重复"。韶山搞主席青少年时期，井冈山搞那一年零三个月，不要都搞党史。"一大"纪念馆就搞"一大"。历史这一部分，先搞断代史，配合地下发掘，文物也有，好办。不要都搞通史，只搞农民战争史，我也不赞成。博物馆主要是宣传党的方针政策，展览馆主要是交流经验技术。

七、组织机构问题

博物馆的组织机构如何搞？不能再搞班、排、连，总得有几个部，部嫌大了，搞成组也可以。还是这么几大部，业务上的陈列、保管、群工，三个部是需要的，对外要有馆长、副馆长。

八、文物考古人员的培养问题

北京大学明年办考古专业，招了30人。有条件的大学也可以办考古专业。建议东北大学负责东北三省，西北大学负责西北各省，中南是中山大学、武汉大学办，华东是南京大学负责办考古专业，每年培养100～150人的考古工作人员。历届的考古专业毕业生，辛辛苦苦培养几年，那些人如没有重大政治历史问题，应该归队。参加过训练的同志也要归队。新疆这么大的地区，只八个人，我想那里应该搞个较大的考古队。大学培养，机关培养，短的训练班还要办。希望各馆自己办点训练班，如修复、拓片、裱字画，要自己办训练班。

考古要搞几个新的课题。要搞边疆考古，配合当前外交形势，很解决问题，如新疆出土的文物，苏联人来看了，哑口无言。搞地震考古，总理亲自抓，有几块碑记载的地震很清楚，对地震长期预报很有参考作用，这就是"古为今用"。搞水文考古，三峡在搞，一些水文考古资料，可以看出历史上的水位变化，对建设三峡也很有用。

九、要认真看书学习

最后一个问题，要认真看书学习，弄通马克思主义，用毛泽东思想指导我们的工作。要用辩证唯物主义、历史唯物主义的眼光来研究。主席对历史的论述，要很好地学习，政治上能辨别真假马列主义，业务上也要按马列主义办事。古代历史、近代史都要学习。不要怕一学业务就叫不突出政治，政治不是空的，搞这一行连唐宋元明清都搞不清，怎么行？现在有人怕是知识分子，填表时文化程度越填得低越好，填小学、文盲。应当敢于提倡读书，为什么还标点二十五史，这是主席批的。将来要添业务学习的课。现在让副教授管点事，有人就说是专家路线，为什么不能用他们的一技之长？章士钊的书还在出嘛！现在出《柳文指要》，我们为什么不敢读书、学业务、写文章、出书？这是极"左"思潮的后遗症。极"左"思潮一定要彻底纠正。

（根据记录整理）

王任重在 1980 年全国文物工作会议上的讲话 *

（1980 年 7 月 4 日）

同志们：

今天主讲是黄镇同志，我最近因为身体不大好，有点低烧，所以没多少话可讲。刚才任质斌同志要我讲一讲。既来了，那就表个态吧。

我看了你们开会的两期简报。我认为会议开得是好的，我们文物工作多年来没开过这样的会议了。文物工作是非常重要的一项工作。解放三十年来，文物工作还存在不少缺点，还存在着很多困难。我们广大的文物工作者是努了力的，工作是有很大成绩的。至于说现在仓库不足，房子也不足，我们有些文物挖出来没处放，这么些问题，这不怪大家，这是我们工作上的缺点。同志们知道，我们多年来搞建设，对经济建设比较重视，对文化、教育、科学这方面建设是重视不够的。对于盖工厂比较重视，我们这个战线拉得很长，对于盖职工宿舍、居民住宅、街道、城市建设这方面，我们是忽视的，所以造成现在住房拥挤，造成这些困难，这只有在今后的长远经济计划当中，由国家统一安排逐年去解决。同志们也了解，一方面国家财政困难，即便有钱，给了点钱，你没有材料也盖不起来。困难不是一朝一夕能够克服的，要经过若干年努力去克服这个困难。

我们做好文物工作，对于提高我们民族自尊心、自信心，提高我们中华人民共和国在国际上的地位都是很有意义的。许多古文物可以证明，我们确实是个文明古国。在一百多年以前，我们国家在世界上并不是落后的国家。只是因为帝国主义的侵略、封建主义的统治，使得我们在经济上、文化上、科学上落后了。我们中华民族对世界人类曾经做出过不少重大的贡献。从这一点，可以增强我们建设四个现代化的社会主义强国的信心。我们中国人，不是自高自大、大民族主义，说中国人比世界上其他国家人民特别聪明，但是，起码我们可以讲，我们绝不比他们落后，我们绝不比他们笨！他们能办到的事情，我们一定可以办到！

解放三十年来，虽然我们工作中犯了些错误，特别是经过林彪、“四人帮”的严重破坏，我们在社会主义建设方面仍然取得很大成绩。现在打倒了“四人帮”，我们全党、全军、全国各族人民要同心同德干四化，力争在本世纪末，使我们的经济、我们的文化、我们的科学和人民生活都有

---

* 王任重时任中共中央书记处书记、国务院副总理。

一个比较大的提高。对这一点，我们是有信心的，我们大家都应当向这个目标去奋斗！

对文物工作我是外行。但我认为，我们做好这一项工作，对于我们建设社会主义现代化的祖国有很大意义。特别是，用无数先烈的革命事迹来教育我们青少年一代，发扬我们中国人民光荣的革命传统，就可以为建设我们国家鼓舞起广大干部、广大党员、广大人民群众的最大的积极性、创造性！我坚信，我们的前途是光辉灿烂的！

（全国文物工作会议秘书处整理）

黄镇在 1980 年全国文物工作会议上的讲话 *

（1980 年 7 月 4 日）

同志们：

刚才任重同志作了指示，很重要。虽然很简短，但许多重要问题都提到了。我根据任重同志的交代，现在代表中共中央宣传部来简单地讲些意见，供同志们参考。

全国文物工作会议这次在北京召开，是很重要的一次会议。这次会议传达了中央书记处的重要指示。同志们都知道，中央书记处成立不久，我记得在四月间，就给我和质斌同志发了通知，让我们准备对文物、图书馆工作写一个报告，中央准备在五月份召开会议，专门听取汇报，讨论这两个工作，所以准备时间是很长的，说明中央书记处非常重视这个工作。到 5 月 26 日，中央书记处开了这个会，并且作了重要指示。这次会议传达了这些重要指示。

这次会议讨论了文物、博物馆、图书馆工作的方针、政策和任务，交流了工作经验。这次会议很好地讨论了任质斌同志作的《加强对文物事业的管理，充分发挥文物事业在四化建设中的作用》的报告和刘季平同志提出的图书馆工作汇报提纲。会议还讨论了文物局草拟的两个文件草稿，这就是《中华人民共和国文物保护法》和《关于文物事业涉外工作的几点意见》。听说这个会议开得生动活泼，大家畅所欲言，开得很好，很成功。我现在代表中央宣传部对这次会议的召开和圆满成功表示热烈祝贺，并且向同志们问好！

文物战线是我国思想文化战线中的一个重要的、绝不可忽视的方面。

谁都知道，中国是世界上有数的文明古国之一。陕西半坡、浙江河姆渡这些六千多年前的村落遗址表明：最晚到那个时候，我们的祖先已经在黄河流域和长江流域过着定居的农业生活。到了三四千年前，更创造出了举世闻名的高度发达的商周青铜器文化。这是人类文明发展史上一颗光彩夺目的明珠。中国的文化发展对整个人类文明做出了重要贡献，是世界公认的。在人类文明发展史上也有许多地区的文化，如巴比伦文化、埃及文化、希腊罗马文化和印度文化，他们对人类文明都做出过伟大的贡献。但是，这些文化后来几乎都中断了。而中国文化的发展却一直没有中断过，相反地，总是在继承前人遗产的基础上，一代接着一代地不断发扬光大。历史事实证明：

---

* 黄镇时任文化部部长。

我们这个现在包括 50 多个兄弟民族的中华民族是一个充满生命活力、富有创造才能的伟大民族。只是到了近代，在清政府、北洋军阀、蒋介石的反动统治下，中国才落后了。但是，中国人民从不甘心忍受这种屈辱。无数革命前辈和先烈，为了祖国的独立，人民的解放，前赴后继，进行了可歌可泣的英勇斗争，写下了足以与日月相辉映的不朽史诗。

在这漫长的历史岁月中，我们的祖先和革命前辈留下了数不清的珍贵的历史文物和革命文物。这是中华民族几千年历史发展的实物见证，是我们向广大人民群众进行历史唯物主义教育、爱国主义教育和革命传统教育的生动教材，是我们国家的无价之宝。党和人民把收集、整理、保管、宣传这些珍贵文物的重要责任托付给我们，这对我们文物战线上的每一个同志都应该感到骄傲，感到光荣，同时也感到自己的重大责任。

在新中国成立以来，文物战线的工作，包括文物工作、博物馆工作、图书馆工作，和其他战线一样，虽然有过这样那样的缺点错误，总的说来路线是正确的。林彪、“四人帮”横行时期，祖国文物遭受了一次空前浩劫。粉碎“四人帮”后，我们的工作很快得到了恢复，并且有了新的进展。因此，我要向成年累月、默默无闻、坚持在条件艰苦的这条战线上工作，对保护祖国文物、发展祖国文化做出贡献的广大文物、博物、图书工作者表示亲切的慰问和敬意。

同志们都知道，我们的国家现在正处在一个继往开来的重要历史时刻。全国人民正在党中央确定的正确的政治路线、思想路线、组织路线的指引下，巩固并发展安定团结的政治局面，努力使已经开始的四个现代化建设能在 80 年代取得决定性的胜利。

这是一个何等鼓舞人心的，需要我们十亿人民同心同德、全力以赴去努力实现的伟大目标！文物战线应该适应新的形势，研究新的情况，解决新的问题，把我们的工作推进到一个新的阶段。

我们应该在全国范围内、在全体人民中，普遍进行保护祖国文物的宣传教育。教育我们人民，懂得珍视祖国的文化、文物，并不是有闲阶级的那种玩古董，而因为它是历史的实证，先人的遗泽。我们不仅要懂得祖国的今天，也要懂得祖国的昨天和前天。看到这些漫长历史岁月中遗留下来的实物，就像重新看到我们的先人是怎样在中国这块辽阔富饶的土地上劳动、斗争、生息；就像重新看到无数革命前辈是怎样抛头颅、洒热血，为反对外国的侵略，为推翻封建王朝，为推翻封建军阀，为推翻国民党反动派，为创建社会主义新中国而英勇奋斗的。多少往事，都历历奔向眼前，使我们对自己作为中华民族的一员充满强烈的自豪感，使广大人民群众对自己的历史和创造的力量有个明晰、正确的认识。这样就会形成一股巨大的精神力量，鼓舞着我们在实现四个现代化的过程中奋勇前进。这些珍贵的历史文物和革命文物，经历了无数沧桑，经历了千难万险，幸而保存到今天，是一件多么不容易的事情！要是在我们这一代手里把它毁掉了，那我们怎么对得起我们的祖先？怎么对得起子孙后代？这些道理，我们应该采取多种多样的形式广泛宣传，使“保护祖国文物，人人有责”这么一种思想真正地深入人心。还要努力普及文物知识，使大家逐渐懂得什么是文物，应该怎样保护它。这样，保护文物的工作才能够收到切实的效果。现在不仅仅广大人民群众，有许多干部根本不懂得什么叫文物，什么是值得保护的，应该保护的，所以要普遍进行宣传教育。林彪、"四人帮"煽动的极"左"的历史虚无主义和无政府主义思潮，是文物保护工作的大敌。它的流毒和影响，到现在我们还不能低估，一定要不断地进行批判和清除。我想在座的同志们，都会想到，"文化大革命"中全国多少宝贵文物遭受破坏。说起来，这方面损失是不可估计的。

为了做好文物管理工作，还必须健全法制，严格制度。需要有一个中央批准的《中华人民共和国文物保护法》，需要大大增强法的观念。应该说清楚，一切埋藏在地下的文物，博物馆收藏的文物以及文物保护单位，都是国家的财富，归全民所有。既然是全民所有，自然就不允许任何单位和任何人把出土文物据为己有。既然是全民所有，自然也就不允许任何单位不经主管机关批准就强行占用古建筑，有的甚至私自拆毁，另建房屋。在立了法以后，就一定要做到：有法必依，违法必究，执法必严。博物馆是收藏、陈列、展览文物的主要机构，必须进行必要的基本建设，认真改善博物馆的收藏、陈列条件，并且在这一基础上，把管理制度严格起来，把各种规章守则和重要文物档案建立并健全起来，明确岗位责任，定期进行检查。这是制止文物破坏活动的重要措施。

文物工作是一项内容极其广泛而又为各方面关心的社会事业。这就必须依靠全党、全国人民共同努力，才能做好。只靠文物部门的少数同志去做，那是做不好的。因此，我们希望各地党委和人民政府都能积极地关心文物工作，热情地支持文物工作。在可能的范围内，大力帮助文物部门解决各方面的困难。

同志们，这次参加会议的还有全国图书馆代表。图书馆战线，也是一条十分重要的战线。三十年来，广大图书馆工作者以自己的辛勤劳动，做出了很大的成绩。我也向这些同志致以亲切的慰问和敬意。最近中央已决定在文化部设立图书馆事业管理局，这是根据刘季平同志向中央书记处提出的解决图书馆管理体制的意见，本着精简国家机构的精神，采取的这样的一个措施。正像刘季平同志在汇报提纲中讲的，最理想的是在国务院下面设一个图书馆管理局，看来现在暂时只能在文化部下面设图书馆事业管理局。这样来管理全国图书馆事业，这对我国图书馆事业的发展，是一个新的起点。

要实现四个现代化，图书馆至少有两方面的作用是任何其他部门所不能代替的：第一，它为科学研究和生产建设提供丰富的书刊资料，提供最新的科技情报，这是发展科学研究的必要前提。世界上任何一个伟大的科学家的科学成就都是在前人和别人的科研成果的基础上取得的。不了解国内外科学技术发展趋势和水平，离开丰富的图书资料的提供，要进行科学研究不是难以下手就是会走弯路。第二，它对广大群众，又起着有力的普及科学文化知识的作用。要做到极大地提高全民族的科学文化技术水平，离开广泛发展图书馆事业，也是很难设想的。因为在一个"科盲"的国家是不能实现现代化的。我们应该从四个现代化这个全局的需要出发，充分认识中央这项措施的深远意义。

图书馆工作划归文化部管理后，希望各级文化部门要认真地重视这项工作，把它放在自己的议事日程的重要位置上，定期加以研究，要在文化局下设置或健全管理机构并有专人负责。一定要把各地的图书馆事业管好。一定要使我们图书馆事业的发展，能够同整个科学、教育和生产事业的发展保持一个恰当的比例。

同志们在这次开会期间提了许多很好的意见，最后整理归纳成迫切需要解决的六个问题。我们认为这些意见都是很好的，是符合实际情况的。我个人了解的情况也不多，了解一些情况，这六点意见有许多我也是有同感的。但是还要请同志们了解，我们国家当前经济还处在非常困难的时期，一下要拨很大款项来解决这些问题，还是不可能做到的。这些问题也不是文物局所能够解决的。我们建议：该由文物局根据这些意见，照顾到国家当前经济困难情况，实事求是，从实际出发，分轻重缓急，写一个报告，送请中央书记处和国务院审批，争取逐步地解决这些问题。

再就是在这次会议中，对有一个问题有不同意见，就是关于在文物发掘方面，怎么样分工的问题。有些重要的发掘是不是都要经过中央？或不经过中央，地方就有权处理这个问题呢？这个问题还没有完全一致。这个问题反映到中宣部和书记处，中宣部领导和书记处有关的领导同志很关心，他们提了这样一个意见，告诉同志们，希望在这个会议以后，由任质斌同志负责，还有夏鼐同志，把到会同志中各地区的少数同志留下，共同地把任质斌同志的发言的那个部分以及在文物保护法中有关条文，在一块儿专门研究一下。应该说，中央强调重要发掘要经过中央是有道理的。但地方觉得什么发掘都要经过中央，这个事情也费时间，也不好办，这个也有道理。怎样在一块共同协商，把这些不同意见统一起来，最后写成文件报国务院审批。这确实是需要很好解决的一个问题。夏鼐同志是考古专家，现在这儿。例如有两个问题：地方和中央有关单位就有不同的意见，一个是秦始皇墓兵马俑，地方同志希望发掘快一点。快一点嘛，在发掘技术方面就可能有些问题，粗糙些，可能把东西搞碎了，碎的或者多了。中央同志希望慢一点儿，把东西比较完整地发掘出来。这就是个不同意见，怎么样把这些意见统一起来，需要很好地协商。还有河北东陵、西陵。东陵是挖了几个，有慈禧太后的，乾隆的。在座同志们可能都知道：是军阀孙殿英搞的，工兵用炸药炸开的，搞了好多宝藏走了。听说为了怕整他，当时还拿了很多好的宝贝去贿赂蒋介石，以后就没追究这件事。但现在西陵一个陵没发掘，西陵地区的地方同志希望也发掘这么一个陵墓，旅游的人也可参观参观，与旅游事业结合起来，他们想发掘雍正的陵，这个问题夏鼐和任质斌同志也去看了看，他们认为现在发掘准备工作还不够充分。如果没盗过，可能有很多宝贵东西，一拿出来，一风化，像丝绸、字画等等就毁了。他们觉得这个问题要慎重，暂时放一放，如果把准备工作搞充分了，科学技术方面一些条件也解决了，保护发掘出来东西更有把握，那时再发掘。我觉得这个事情是值得慎重考虑，很好研究解决。当然地方自决权应该扩大一点，但扩大太多也不行，对国家文物保护不利。但什么问题都集中到中央，不是重要的，连一般的发掘也集中到中央，中央也没这个力量。希望这次会议后，留下的同志与文物局、考古研究所同志好好协商解决。

同志们，我们现在正在为实现四个现代化这个伟大目标而奋斗，尽管我们面前还有很多困难，但是，困难是可以克服的，我们的前进是什么力量也阻碍不了的。让我们团结在党中央周围，同心同德，为实现这个伟大的目标而奋勇前进吧！

任质斌在1980年全国文物工作会议上的工作报告[*]

（1980年6月27日）

　　我国是一个历史悠久、富于光荣革命传统和灿烂文化遗产的国家，保存在地上地下的文物极为丰富。这是我们中华民族勤劳勇敢、聪明智慧的见证，也是我国人民对世界文明所做重大贡献的光辉记录。

　　中华人民共和国成立后，在加强文物管理方面，进行了大量的工作，取得了巨大的成绩。

　　建国后的前十七年，党和政府颁发了一系列保护文物的政策和法令，从中央到地方建立起文物管理的专门机构，结束了一百多年来祖国文物被任意盗劫、破坏的历史。并且利用这些丰富的革命文物和历史文物，向人民群众宣传了革命传统，进行了辩证唯物主义和历史唯物主义教育，普及了科学文化知识，促进了国际文化交流。总的说来，我们的文物工作是沿着正确路线前进的。

　　"文化大革命"中，林彪、康生、"四人帮"推行极"左"路线，煽动极"左"思潮，严重破坏法制，使祖国文物经历了一场浩劫。他们为林彪、江青涂脂抹粉，把许多重要革命旧址搞得面目全非。他们在横扫一切牛鬼蛇神和扫四旧的口号下，把社会上传世的大量文物图书资料和寺庙庵院中保存的精美铜佛，数以百吨计地送往造纸厂、炼铜厂销毁；许多古建筑被拆除、改建或不适当地被部队、机关、工厂、学校占用；大量古遗址、古墓葬遭到破坏、盗掘。他们有时也装扮成要保护历史文物的样子，但实际上却干着大量盗窃文物的卑鄙勾当。只是由于周恩来等无产阶级革命家的关怀、支持，和广大文物工作者对"四人帮"极"左"路线进行了抵制与斗争，才使文物工作减轻了损失。

　　粉碎"四人帮"以后，党和政府从加强管理，加强宣传，培养干部，开展科学研究等方面采取了很多措施，各级文物工作部门和广大文物工作者共同努力，取得了新的成绩。但是由于"四人帮"极"左"路线的流毒和影响一时不可能彻底肃清，由于我们工作中还有不少缺点和薄弱环节，至今仍然存在着不少问题。文物管理制度不严，文物的底数不清；损伤、破坏文物的情况还时有发生；文物市场混乱，投机倒把的情况严重；业务用房不足，库房短缺；各级领导班子不健

＊　原题为《加强对文物事业的管理，充分发挥文物事业在四化建设中的作用》。任志斌时任国家文物事业管理局局长。

全，业务人员严重缺乏；专业人员生活和工作条件很差等，都是亟待解决的问题。不解决这些问题，将严重影响事业的发展。

党的十一届三中全会确定了全党工作着重点的转移，我国进入了一个新的历史时期。我国的政治局面日趋稳定，国际交往日益频繁，在经过几年的调整、整顿、改革、提高以后，我国一定会稳步地兴起一个经济和文化建设的高潮。文物事业必须适应新时期总任务的要求，研究新形势下的新情况和新问题，认真加强管理，积极开展宣传教育和科学研究活动，促进国际文化交流，为四化服务，为提高整个中华民族的科学文化水平贡献力量。这是摆在我们面前的一项极其光荣的任务，我们一定要以最大的努力来完成这一光荣伟大的任务。

一、大力开展宣传工作，提高对文物工作的认识，肃清林彪、"四人帮"的流毒

我国丰富的地上地下文物，是祖国悠久历史的见证，是对人民群众进行历史唯物主义教育和革命传统教育的生动教材，是我们民族的光荣和骄傲。文物是不能再生产的，一旦遭受破坏，就会造成无法弥补的损失。党和人民把文物管理工作这副重担托付给我们。我们必须充分认识自己工作的意义，怀着对人民负责、对子孙后代负责的高度责任感，切实把这项工作做好。

做好文物工作同实现四个现代化建设是有密切关系的。四个现代化建设，首先需要广大干部和群众具有正确的世界观，以历史唯物主义的观点作为行动的指针。文物工作就是以丰富的历史实物说明：历史是人民群众在漫长的岁月中，通过顽强劳动，不断积累智慧，创造出来的，而不是什么神仙皇帝赐给的。有这种正确的世界观作指导，就可以使人们在进行四个现代化的建设中，具有正确的方向和途径。

中国是举世闻名的文明古国之一。大量的历史文物证明：我们的祖先上百万年前就开始在我国这块辽阔而富饶的土地上劳动、生息。他们以世世代代的辛勤劳动，把我们这样一个统一的多民族的国家建设起来。通过祖国文物的宣传，当人们面对这些凝聚着我们祖先智慧和血汗的珍品时，就可以大大激发民族自豪感，产生强烈的爱国主义感情，鼓舞人们在实现四个现代化的过程中发挥无穷无尽的力量。

我国是一个富有革命传统的国家。进行四个现代化的建设是一场伟大的革命。运用革命前辈和先烈不畏强暴、不怕艰险、英勇牺牲、艰苦奋斗的史迹和实物，进行革命传统教育，就能大大鼓舞士气，使人民群众抛弃各种萎靡不振、消极畏难的情绪，奋勇前进，在四个现代化建设中夺取一个又一个的胜利。

许多历史文物，记录着我们的先人长期同自然界进行斗争的成果，反映了他们在冶炼、纺织、建筑、造纸、雕刻等等方面的发明创造。这些创造性的成就，在人类的科学技术发展史上占着重要的位置。利用这些文物，可以对广大人民群众进行有力的科学普及教育，并可在这一基础上，有所发现、有所发明、有所创造、有所前进。

我们必须对做好文物工作同实现四个现代化的关系具有充分的认识，才能自觉地、积极地把自己的工作做好。

在林彪、"四人帮"横行时期，曾经散布过种种历史虚无主义的谬论，煽动无政府主义思潮，使文物管理制度遭受严重破坏。这场浩劫留下的流毒和影响，是不能低估的。至今还有不少单位不注意保护古建筑，把重要的古建筑搞得残破不堪；有的地区在文物保护单位范围内乱拆乱建，破坏了它的原有面貌和环境气氛；有的地方把挖坟掘墓、出售文物当作"副业"来提倡；最近，在北京、河北、甘肃等地区还发生了任意拆毁长城的严重事件。

各级文物部门的一项重要责任就是必须同有关部门密切合作，充分动员各种宣传手段，包括报刊、电影、电视、图书、招贴画等等，采用多种多样容易为群众接受的形式，大力开展保护文物的宣传工作，使"保护祖国文物，人人有责"的思想真正深入人心，把党的政策化为广大群众的自觉行动。文物保护和管理工作，是一项涉及面极为广泛的社会事业。只有在取得社会各方面重视和支持、具有广泛群众基础的条件下，才有可能做好。只依靠少数人的力量，是怎么也无法把这项工作做好的。

二、健全法制，严格文物管理制度

加强法制，严格文物管理制度，采取有力措施，制止目前依然存在的破坏文物活动，是文物工作中一项十分紧迫的任务，也是当前文物管理工作的重点。

我们在 1961 年国务院公布的《文物保护管理暂行条例》的基础上，经过补充和修改已经草拟了《中华人民共和国文物保护法》。这个草稿，在听取了各省、市、自治区文物部门和有关专家学者的意见后，做了修改，现在已提出第二稿。准备在进一步听取社会各方面意见后，再修改一次，争取在 1980 年内报请人大常委会审核公布。《文物保护法》正式公布后，要广泛开展宣传，认真组织执行。

由于《文物保护法》的公布还需要一段时间，中共中央、国务院最近已经发布了一个《关于收回"文化大革命"期间散失的珍贵文物和图书的规定》。国务院也发布了一个《关于加强历史文物保护工作的通知》；并批转了国家文物局与国家建委《关于加强古建筑和文物古迹保护管理工作的意见》。这几个文件，都是针对当前文物保管工作中存在的主要问题提出的，对于有关的政策和原则都做了明确具体的规定。我们应该根据这几个文件，对照我们的实际工作，采取切实的措施，逐条落实。

我们必须通过调查研究，进一步搞清十几年来全国文物破坏和丢失的全部情况。对于在"文化大革命"中被"四人帮"及其同伙盗窃的文物要一律追回。在最近进行的全国性清仓查库、安全防护大检查的基础上，尽可能地改善文物保管、陈列条件，抓紧建立和健全各种规章制度。要建立文物登记、编目和档案制度。特别是重点文物保护单位和一级文物的档案工作一定要不断完善和提高。我们的文物档案工作应该逐步做得像人事部门的档案工作那样健全。要加强文物库房、陈列室和古建筑、石窟寺的安全防护措施。藏品应有固定、专用的库房和专人管理。一级藏品、保密性藏品和贵重藏品应设专库或专柜收藏。要制定文物库房、陈列室安全守则，加强岗位责任制。要定期检查陈列室、文物库房的安全情况，发现问题及时处理。因失职发生的严重事故，今后应追究法律责任。严禁将文物化公为私，或利用职权将文物作为礼品私自送人。违反者，应以贪污盗窃文物论处。

三、运用革命文物，大力宣传老一辈无产阶级革命家的光辉事迹

运用革命文物，实事求是地恢复革命史的本来面貌，宣传老一辈无产阶级革命家的光辉形象，是对林彪、"四人帮"歪曲革命历史、陷害打击老同志的罪行的拨乱反正，也是针对当前社会上出现的一些错误思潮，用以教育青年一代，继承和发扬党的光荣传统和优良作风的一项重要任务。中国人民革命军事博物馆准备继续充实毛主席的革命事迹展览，中国革命博物馆准备继续充实周恩来、朱德、刘少奇同志纪念展览。这些展览可以到全国其他重要城市巡回展出，各地也可以复制后在本地展出。此外，各地博物馆、革命纪念馆还可以分别举办与本地区有关的著名老一辈无产阶级革命家纪念展览或革命文物展览。例如，在北京可以举办李大钊等同志的展览，陕西可以举办彭德怀、刘志丹等同志的展览，江苏、上海可以举办瞿秋白、张闻天、陈毅等同志的展览，湖北可以举办董必武、贺龙等同志的展览，湖南可以举办任弼时、李富春、蔡和森等同志的展览，江西可以举办方志敏等同志的展览，广东可以举办彭湃、张太雷等同志的展览等等。当然，这些只是举例。有些老一辈无产阶级革命家的光辉事迹，还可以在几个地区同时举办展览。请各地文物部门根据实际情况，研究确定计划，积极加以实现。同时，要抓紧对老一辈无产阶级革命家重大革命实践有关的革命文物的调查和征集工作。逐步做到新民主主义革命阶段的每个革命时期，都保存有代表性的重要革命旧址和纪念建筑，在全国范围内，联结起来，形成一个系统反映我国新民主主义革命面貌的革命史迹网。

革命文物的宣传，一定要本着历史唯物主义的原则，采取严格的实事求是的态度。纪念馆要通过历史原状的复原陈列来反映历史事件和人物的活动实况。要保持革命旧址的原状，必要时还要适当保持周围环境的原状，以反映当年革命艰苦奋斗的精神，反对另搞富丽堂皇的新建筑。有些革命旧址，可以只采取树立标志说明的办法进行纪念和宣传，继续使用，不必都办纪念馆。建立新馆一定要按规定履行批准手续。

四、密切配合国家各项生产建设，做好考古发掘工作

我国还有大量文物埋藏在地下，这是一个极为丰富的宝藏。但是，我们的考古发掘力量十分有限。我国目前的科学技术水平也不高，文物保护条件还很差。因此，今后一个相当时期内，考古发掘工作一般地仍然只能配合国家各项生产建设来进行。一些著名的帝王陵墓和大墓，凡是与基建无关的，目前一律不进行发掘。与其过早发掘，引起文物的自然毁坏，不如多埋藏几年，让"土地爷"多尽点保护义务。另一方面，我们则应努力提高科学技术水平，为主动发掘创造更好的条件。坚决反对单纯挖宝思想。至于以解决某些历史问题为目的的主动考古发掘工作，以及有些

占地面积较大的古遗址的发掘工作，只能有计划、有重点地进行。要严格执行报批手续，主动考古发掘工作，都必须报请国家文物局会同中国社会科学院批准。在基本建设中文物已经暴露等紧急情况下，也应一面发掘，一面上报。

考古发掘工作，必须严格按照科学的操作规程进行，并且做好原始记录。发掘出来的文物，必须认真登记，妥善保管。重要的出土文物，应当服从国家文物局的统一调拨，并由国家文物局指定具备保证文物安全条件的单位收藏。省、市、自治区和所属专县的关系也应如此。凡因不服从统一调拨而使文物遭受损失的，各该单位的负责人应负政治责任。绝对不容许任何私人占有或拿走国家文物，违反者要视情况受党纪国法的制裁。

我国各个地区古代文化的发展，相互间有着密切的联系。这对说明中华民族共同体和统一多民族国家的形成，有着重要的意义。因此，必须建立各地区之间考古发掘的协作关系，通盘筹划，互通情况，密切配合，共同做好这项工作。水文、地震考古可以直接为社会主义建设服务，应该继续有计划地开展。

五、加强博物馆的建设

博物馆是收藏、陈列革命文物和历史文物的主要机构，是利用文物进行历史唯物主义和革命传统教育的重要阵地。

各级博物馆的主要任务是利用文物对人民群众进行宣传教育。因此，一定要把文物的陈列、展览组织好。一方面，要努力搞好基本陈列，并在基本陈列中，突出各地的特点，力求做到相对稳定。另一方面，要十分重视各种专题性的临时展览和巡回展览，并有目的地通过临时展览，积累资料，不断丰富和完善基本陈列。

科学研究是博物馆一切业务工作的基础。三十年来，科学研究一直是博物馆的一个薄弱环节，需要妥善安排，组织力量，把加强科学研究工作作为博物馆事业着重点转移的一个重要内容来抓。要加强对中国通史和中国革命史的学习和研究。要从各馆的业务需要出发，着重研究和探索本馆藏品、陈列内容和文物保护管理中的有关问题。必须在时间和条件上给予一定保证。必须通过研究工作，培养出一批精通本门业务，并有创见的文物专家。只有这样，才能不断地提高博物馆各项业务工作的水平。

所有博物馆都应大力加强宣传工作，主动地同工厂、农村、机关、学校联系，有计划地组织他们前来参观。必须把"等客上门"的消极状态改变成"招客上门"的积极状态。

现在，全国各地出土和征集的文物已达一千多万件，但博物馆数量很少。已有的博物馆，多数条件很差，许多文物无法陈列，这个矛盾很突出。特别是，博物馆业务用房不足，文物库房简陋，文物安全缺乏保证，已严重影响业务工作的开展。这种状况，需要在国家财政条件许可下，有计划地加以改变。各地文物部门应与当地党政领导机关密切联系，争取尽可能得到解决。

要使文物事业更好地为"四化"服务，还必须实现文物事业本身的现代化。应该从国家现在的经济条件出发，有计划地逐步利用现代化技术装备文物事业。首先要尽快解决博物馆的防火、防盗、防尘、防霉等安全设备。其他如博物馆陈列室和库房的空气调节问题，陈列采光和讲解说明问题，以及文物年代测定和古遗址、古建筑、石窟寺的航空测量、照相测量等问题，都需要逐步解决。

近年来大量出土文物亟须运用现代化技术进行科学保护。在逐步充实健全文物保护科学技术研究所的专业人员和设备的同时，必须选择有条件的省（市、自治区）博物馆建立和充实文物修复、复制工厂和实验室，增添必要的科研设备，积极培养专业人员，逐步在每个大区形成一个文物保护科技研究中心。

河北、青海、西藏，至今还没有省（自治区）一级的博物馆，应该积极筹办。各地还应从实际出发，根据需要和可能，积极而稳步地发展有关民族、民俗以及具有地方特色的丰富多彩的各种类型博物馆，以适应四个现代化建设的需要和发展旅游事业的需要。

六、做好文物出版宣传工作

文物出版工作是向人民群众进行宣传教育，加强国际文化交流，宣传我国革命传统和悠久历史的重要工具。当前，主要是抓好老一辈无产阶级革命家的图片、革命活动的实物及革命旧址图片、图录的出版。历史文物的出版，应当及时反映文物考古工作的新发现、新成果，要有计划地、分门别类地、系统地出版各种大型图录和考古调查发掘报告，以及文物研究的专门论著。同时，要办好和改进《文物》月刊和《革命文物》双月刊，出版文物知识丛书等各种通俗读物，宣传党的文物政策，普及文物知识，向人民群众进行历史唯物主义教育。

争取尽快改变文物出版事业国内落后于国外的状况，提高出版效率和印刷质量。摸索与外国出版界合作出版文物图录的经验，利用争取的外汇，引进先进技术装备，大力充实文物印刷厂，并大力改善经营管理和技术训练工作，争取在三五年内取得显著成效。

七、调整文物出口政策，改进市场管理

文物出口和文物市场管理是一项政策性很强的工作。当前存在的主要问题，一是外贸出口量过大。据不完全统计，1975～1979年，外贸出口的文物650多万件，平均每年100多万件。长此以往，不仅货源难以为继，而且可能造成近百年某些文物的历史空白。二是多头经营，价格不一，不少地方出现黑市交易和文物走私活动，甚至因为多头经营，盲目竞争，而大大刺激了投机倒把活动的恶性发展。

解决上述问题的根本措施是，在调查研究的基础上，搞清楚文物、外贸、商业部门的现有文物存量，逐步把文物销售的重点，由向国外市场批发转为在国内市场零售，有计划、有控制地供应来我国访问、旅游的外宾，为国家创造更高的外汇。同时，大力加强文物复制品、仿制品的制作和销售，逐步减少文物真品的出口。

文物商业应由文物部门统筹办理。当前文物部门必须和外贸部门密切协作，认真贯彻执行

1974 年国务院 132 号文件的规定，加强海关文物出口鉴定和检查工作，坚持"少出高汇、细水长流"的方针，严格控制文物出口数量。并与有关部门共同制定文物市场的管理办法，真正做到归口经营、统一收购、统一价格、取缔黑市，坚决打击文物走私和投机倒把活动。

文物商店的根本任务是，通过商业手段来收集和保护流散在社会上的文物。它是文物管理事业的一个组成部分，不是一般的商业部门。因此，要克服单纯营利思想，努力做好珍贵文物的收购工作，为博物馆充实藏品。在这个前提下，努力把工作做活做好，以丰富人民的文化生活，并为国家增加收入。文物商店保存的文物，凡符合博物馆馆藏标准的，除留少量资料外，应价拨给博物馆。博物馆库存中不符合馆藏标准，经过批准需要处理的，可以价拨给文物商店，不得自行出售。

特许文物出口，一定要坚决贯彻执行国务院批准的《文物特许出口管理试行办法》，由文物商店总店统筹办理，以防各行其是，造成珍贵文物外流。

文物商店出售真品历史文物的收入，除留少数手续费外，必须如数上交国库，不得自行开支或做奖金分掉。

八、加强外事活动，促进国际文化交流

近些年来，文物工作的外事活动显著加强，特别是出国文物展览，几年来共组织了 20 起，到 14 个国家展出，观众总数达八百万人次，许多国家的首相、总理等重要人物参加展览开幕式，影响很大，宣传了我国灿烂的古代文化，促进了与各国的文化交流和人民之间的友谊，而且从一个侧面配合了外交活动，对争取第二世界，进行反霸斗争起了积极的作用。实践证明，效果是好的。

但是，目前在这方面也遇到一些新的情况和新的问题：随着国际交往的日趋频繁，包括各友好城市之间交往的发展，国外要求我们举办出国文物展览的越来越多，这就需要从长远着眼，从全局着眼，有个通盘的考虑；同时，以往举办出国展览，主要只是考虑它的政治作用，国家花钱很多，这种状况也应该逐步改变。

鉴于这些情况，今后对文物出国展览，应该采取统一规划、细水长流、小型为主、既重政治作用也重经济收益的方针。"统一规划"。这就要求：属于政府之间文化交流项目中的文物展览，以文化部为主统一规划，经国务院批准后，由国家文物局筹办；属于友好城市之间往来项目中的文物展览，要由对外友协统一规划，并经国家文物局会同外交部上报国务院批准；属于商业性的文物展览，由国家文物局统一规划，经国务院批准后，统由中国对外文物展览公司筹办。"细水长流，小型为主"。这就要求：出国展览的项目应以专题性展出为主；每次出国展览的展品数量一般不要超过一百件；为了保证文物的安全，特别珍贵的文物和容易损坏的文物一般不再出国展览。"既重政治作用，也重经济收益"。这就要求：在按照文化协定举办展览的同时，还要举办一些商业性的文物展览，为国家争取更多的外汇。

在文物工作外事活动中，一个值得注意的问题是，近一两年一些国家正在通过各种渠道，要

求独自出版或合作出版中国文物专集，拍摄中国文物照片、电影、电视片。我们认为，在目前我国技术设备落后的情况下，为了加强文物出版，扩大宣传效果，与外国建立一定的合作关系是可以的。但是必须在保护国防安全，保护文物安全，权益不受损失，以及不影响我们自己进行研究工作的前提下进行。究竟如何才能做到这一点，我们还缺乏经验，为此，必须采取积极而又审慎的态度不断地总结经验，摸索前进。我们已起草了一个《关于文物事业涉外工作的几点意见》准备报请中央审批后试行。

九、搞好文物事业的组织建设

为了加强对文物管理工作的领导，建议在文物较多的省（市、自治区）建立文物局。同时，要加强、充实和健全文物事业的各级领导班子，配备和提拔一些坚持社会主义道路、热爱文物事业、具有专业知识和管理能力、年富力强的同志到各级领导岗位上来。这是发展文物事业的重要保证。目前有的地区把文物单位作为安排老弱病残地方的情况，必须坚决改变。

近十几年来，由于"四人帮"反对又红又专，使一些老专业人员不能发挥专长，青年人不敢钻研业务。文物系统一些专业和传统技术已面临青黄不接后继无人的危险。三年来虽然陆续举办了一些短期训练班，但远远不能适应需要，专业干部的培养必须大力加强。今后准备根据专业与业余相结合的方针，一方面与教育部协商加强和调整各大学现有考古专业，建议在有关大学建立博物馆、古建筑等新的专业，积极培养研究古代文化（如甲骨文等）的人才并争取在一两年内建立一所文物、博物馆中专学校和继续举办各种类型的专业训练班，以扩大文物工作专业人员的来源。另一方面，各地文物部门也要根据本身的具体条件，采取系统总结实际工作的经验、参观学习、举办训练班、师傅带徒弟等办法，积极培养文物管理、维修和复原等方面的各种专业人员。这是我们文物管理事业兴旺发达的重要保证。

团结就是力量，必须不断增强文物队伍的团结。要提倡互相谅解、互相尊重、互相学习、互相帮助。为着共同的事业，必须同心同德、取长补短，团结一致向前看，认真把工作做好。这样，我们的事业就有希望。反之，那就只会抵消力量，影响工作，辜负了党和人民的委托。

同志们，目前，文物工作的形势很好。华主席和中央领导同志对文物工作都很关心。1979年4月，叶剑英同志为湖北博物馆题词："认真做好文博工作，为提高全民族科学文化水平而贡献力量。"最近中央书记处又直接听取我们的汇报，讨论文物工作和图书馆工作。各级党委也都加强了对文物工作的领导，许多兄弟部门（例如新闻通讯、电视、广播、旅游、出版、公安等部门）对我们的工作做了极其重要的帮助，这对我们都是很大的鼓舞和支持。随着国家经济建设和文化建设事业的发展，随着国际文化交流和旅游事业的发展，我国的文物工作必将有更大的开展。这次会议以后，希望各地的同志结合本地区的实际情况进一步研究并改进自己的工作。我们应该有决心，有信心，在中央和各级党委领导下，把我们的文物工作做好，为我国四个现代化建设，为极大地提高整个中华民族科学文化水平做出新的、更大的贡献。

邓力群在 1984 年全国文物工作会议上的讲话[*]

（1984 年 5 月 6 日）

同志们：

我们这个会，大家都认为开得很好，开得及时。会议的两个文件，经过两下两上，提交大家讨论，有不少补充、修改的好意见。会议采取了一个办法，请各组各自修改一本，再把大家意见集中起来进行修改，然后提交书记处。会上，井丹同志有一个讲话，是经过调查研究的，提出了问题，也符合实际，是个很好的讲话。特别应该指出的是，在大会小会上，不少专家做了很好的发言，使到会同志得到教益，对解决会议提出的问题帮助很大。这次会议，对于全国文物工作、博物馆工作，一定会起到推动作用。同志们提出，会议的两个文件很重要，但是还需要继续进行调查研究，制订具体的行政法规或实施细则、条例，保证《文物保护法》和两个文件的贯彻落实，这些意见都很好。会后，有关部门要继续做工作，反复地征求各地同志的意见，征求专家的意见。有了好决议，要贯彻执行，还需要大家的共同努力，需要很多工作跟上来。这样，全国的文物博物馆事业，就会很快有大的进步。

我对于文物、博物馆工作，知识很少，很难讲出什么好意见。讲三点想法。

第一，我们的文物博物馆工作已经取得巨大成绩。

中国各族人民在几千年的历史中创造了灿烂的古代文明。建国以后，地上的文物经过修整，地下的文物陆续被发现、发掘出来。这些文物，有的写出了研究专著，有的在国内外展出，大大激发了人民群众的爱国主义热忱和民族自尊心，增进了世界对于中国的了解，使我们的国家有了"文物大国"的美称。特别是党的十一届三中全会以后，文物工作和博物馆事业更加有了很大的发展。这些巨大成就，是在党的领导和各族人民的支持下取得的，也是全体文物博物馆工作者辛勤劳动的结果。这些事实说明，我们已经有一支经过长期考验的，实践证明是很好的文物、博物馆工作者的队伍。这些同志热爱社会主义祖国，献身于社会主义事业，有默默无闻、兢兢业业、埋头苦干、不计个人名利得失的革命精神，又有踏实、认真、严肃的科学态度、工作作风和相当高的专业水平。去年，我到西北几个省调查，亲眼看到许多文物、博物馆工作者甘心情愿离开物质

---

* 邓力群时任中共中央宣传部部长。

生活较为舒适的大城市，十几年、二十年、三十年在艰苦的地方工作，做出了优异的成绩，确实受到感动。我们的党和人民，为有这样一支文物、博物馆工作者的队伍而感到骄傲。我们的文物、博物馆工作者，作为社会主义的知识分子，不愧是工人阶级的一部分。我们应该向这些同志表示由衷的感谢，应该向这些同志致以崇高的敬意！

从文物的发掘、保护、管理来说，还有大量工作要做。这次会议提出，要做到文物工作和基本建设两利，这是很对的。中国的地底下，埋藏着很多确实可以叫作国宝的文物。我们进行建设，要开矿、修路、盖工厂、起房子，不可避免地要涉及地面的文物，也会涉及地下的文物。这也是以后发展的趋势。我们三十多年来建设事业取得很大成绩。三中全会以后，党中央确定把工作着重点转到经济建设，十二大确定了新时期的总路线、总任务，确定本世纪末要争取工农业年总产值翻两番，再到下一个世纪，用若干年时间，使我们真正能够达到世界上经济发达国家的水平。所以今后二十来年、四五十年，我们的城市，我们的农村，以至于现在非常荒凉的地区，都会有各种建设事业发展起来。这些建设不能说在全国地下所有文物都考查得一清二楚之后再来进行。现在有些地区我们已大致清楚，但我们不可能提供全部准确的材料，说这里地下有好东西，你们盖工厂的时候可要注意；那里可能没有，你们到那里去盖。建设要按照计划安排。所以，今后建设和文物的勘探、发掘怎么兼顾，是一件不能忽视的事情。这次原则上提出要做到文物工作和基本建设两利，是很有必要的，而且要广泛地宣传。我们不能因为害怕损害文物而不搞建设，而是要在建设的过程中保护文物。保护文物，不仅是社会主义现代化建设的需要，而且在某种意义上还是这种建设的一个有机的组成部分。建国以来，我们的许多轰动世界的考古成果，都是在基建施工中发现，然后由文物考古部门清理、发掘出来的，其结果，多数情况没有影响建设，又保护和发扬了祖国的古代文明。这说明，进行建设，保护文物，在正确处理两者关系问题上，我们已经积累了不少好经验。需要把这些经验加以总结，进行宣传。从根本上说来，我们是社会主义国家，基本建设也好，文物保护也好，都是造福于全体人民群众的事业，都是党和国家所领导的事业，参加这些不同工作的人员，都有着共同的目标、共同的信念、共同的利益。这就使妥善处理建设和保护文物的关系有了可靠的基础。

我们已经有了《文物保护法》。大家都要遵守《文物保护法》，在法律面前人人平等，任何人也不能有超越法律之上的特权，任何组织和个人都不能做出同法律相抵触的决定。希望各级领导同志和单位能够支持文物部门依照《文物保护法》做好保护文物的工作。我们的文物、博物馆工作者，首先要成为保护文物的模范。井丹同志跟我讲过多次，说郑振铎同志当文物管理局的局长以前，自己收购、收藏了很多的古物，可是从被任命为文物管理局局长，他就正式向全局工作人员宣布，说从今天起，我不再收购任何一件古物。直到去世，他严格地遵守了这个诺言。这应该成为全体从事文物、博物馆工作的同志的模范。本来，召开这次文物会议，乔木同志曾经提出两个议题，一个是文物保护，第二个是文物、博物馆工作者应该遵守什么纪律。郑振铎同志是渊博的学者、称职的领导干部，也是非常守纪律的。

对于重要的地下文物，不具备发掘条件或发掘出来以后不具备保护条件的，要在这些条件具备之后再去发掘。已经发掘出来的文物和地上的文物，务必不能在我们这一代人的手里使它受到损害，即使是很小的损害。我们要尽心尽力地保护文物，使文物发挥积极作用。这种对历史负责、对后代负责的态度，应该是每一个文物工作者、博物馆工作者必须具备的品德。

对于已经发掘出来的文物，对于地上的文物，要进行研究。马克思和恩格斯多次指出过："资产阶级把一切变成商品，对历史学也是如此。资产阶级的本性，它生存的条件，就是要伪造一切商品，因而也要伪造历史。伪造得最符合于资产阶级利益的历史著作，所获得的报酬也最多。""我们根本没有想到要怀疑或轻视'历史的启示'；历史就是我们的一切，我们比任何一个哲学学派，甚至比黑格尔，都更重视历史；在黑格尔看来，历史不过是检验他的逻辑结构的工具。"只有无产阶级，只有用马克思主义作为指导思想进行研究，才能对历史采取科学的态度。文物，首先要经过我们考古学者的发掘和研究，才能成为整个社会的财富。中国是个文物大国，如果仅仅指文物丰富，而不包括在文物研究方面的举世公认的重大成就，我们就有愧于前人，也有愧于后代子孙。

去年，我们去敦煌和其他一些有文物古迹的地方参观，那里的文物工作者用几乎相同的语言，表明了全国文物、博物馆工作者的共同心愿。他们说，有人说敦煌在中国，敦煌学在外国，他们听了都感到难过。因此，下决心奋发工作，做出成绩，让全世界都看到，敦煌在中国，敦煌学的中心理所当然地也在中国。他们为此已经进行了坚持不懈的努力，还将继续努力下去。我们的先人，在剥削制度下，创造了使世界为之震惊的古代文明。我们在社会主义制度下，有了马克思主义的思想指导，就不仅要创造出第一流的现代文明，而且一定要在自己古代文明的科学研究中，当之无愧地居于世界的领先地位。在这个方面，特别是有了十一届三中全会以来的正确的路线、方针、政策，我们的广大文物、博物馆工作者，是有发挥自己聪明才智，进行创造性劳动的无限广阔天地的。

第二，文物、博物馆工作，在建设社会主义精神文明和物质文明中具有重要地位。

这个问题，需要我们大家通过实践，展开讨论，逐步提高认识。希望大家都来进行研究，并且把研究成果在报刊上发表。我只能出点题目，而且题目还出得很不完全，供同志们参考。

（一）文物、博物馆工作，是多学科的、多门类的、多样式的、综合性的事业，是建设社会主义精神文明和物质文明的不可缺少的很重要的一个组成部分。这几年来，因为工作关系，我们接触一些外国人。他们几乎一致认为，中国的古代文明光辉灿烂。我们历史悠久，地域辽阔，民族众多，历史上留下的建筑、珍宝、典籍很多，历史人物、事件也很多。据说乾隆以后的文物，有的经过特许可以出口。乾隆到现在也二百多年了。对我们来说，好像二百多年的文物，算不了什么；可是历史短的国家，几十年、上百年的东西，就宝贵得不得了。英国学者李约瑟著《中国古代科学技术史》七大卷，一直到现在还没写完。文物是我国历史上各族劳动人民进行物质文明和精神文明建设的实物遗存，是中国人民伟大创造力的实物见证，也是我们文明古国的标志。不从我们社会主义精神文明和物质文明建设的重要组成部分这样的高度来重视文物、博物馆工作，甚至采取粗暴的态度，说这些东西破坏了也没有什么可惜，不值得经心，只要把这个厂建设起来、那条路修起来，只要这个学校、那个科研单位有了干部、有了房子就行了。这能够说是全面地理解了社会主义建设的要求吗？显然不能这样看。旅游的人到中国愈来愈多，今后还会更多。大多数是想到我们这里看什么呢？我们有美丽雄伟的山河，也有一些现代化的东西，但是他们中的大多数人仍然是想要了解甚至仰慕我们几千年的文明史。我们有大量的文物古迹，这也是我们对世界文化的重要贡献。

（二）文物、博物馆工作对于社会科学、自然科学各学科的发展，过去起了促进作用，今后还会继续起越来越大的促进作用。在座专家很多，可以从各个方面列举很多事实证明这一点。光就历史科学来讲，中国保存下来的文献资料之多，应该说在世界上是名列前茅的。（夏鼐同志插话：这样久远地连续记载历史的，可能只有中国。）从事历史科学研究的同志都知道，光靠文献资料来研究历史还不行。过去很多问题，争论几百年、上千年，解决不了。有些事情，因为当时记载资料的人受到局限，不可能如实地反映历史的面貌。另外一些事情，由于生产力发展水平等多方面的原因，没有记载下来，长期留着空白。文物考古发掘工作，对于历史科学的发展，可以起很好的作用。由于文物的考古发掘和发现，一些长期争论不休的问题，可以做出结论了；过去被歪曲了的不少事实，现在面貌搞清楚了；过去留下的空白，正在逐步被填补。郭老主张，史学工作者既要重视文献，又要重视文物，特别要重视新发掘出来的文物。他自己的研究，也走这样一条路子。从文物的发掘、保护中间，我们历史科学得到很大的好处，历史科学研究者受到很大的益处。要使我们的历史科学前进，所有历史科学的研究单位和研究人员，都应该关心和高度重视文物工作、博物馆工作。其他学科同样有这样的问题。科学工作者，应该扫除陈腐的、落后的思想，真正用科学的观点来看待文物工作、博物馆工作。这一点，过去我们确实宣传得不够，包括从事文物、博物馆工作的同志，也需要不断提高认识。

（三）文物、博物馆工作，在文化部领导的全部工作中，在宣传部领导的全部工作中，在我们整个思想、文化、宣传战线上，占有重要的地位，与其他各项工作关系都很密切。由于有敦煌壁画，在我们的甘肃省委宣传部领导下，甘肃歌舞团从中汲取营养，搞了一个《丝路花雨》。《丝路花雨》公演以后，得到全国观众的好评，以后又到好多国家公演，得到国外观众的好评。它的创作者们，尊重敦煌壁画，学习敦煌壁画，提炼敦煌壁画。陕西搞了一个《仿唐乐舞》，湖北搞了一个《编钟乐舞》，许多同志看了，外国的观众看了，也都一致称赞。我们很多文艺作品，小说、散文、诗歌、戏剧、电影、电视剧，能够真正做到为人民群众喜闻乐见，没有一样不是从我们古代文化里继承了优秀的东西，其中包括直接从文物中学到的东西。文化艺术工作的创新、发展，不能离开本民族文化的基地。在这方面，我们有成绩，但是做得还不够，可以说前途无量。还有绘画。中国画确有中国画的特点。如果不熟悉中国历代的绘画及其发展，要创作出有中国气派的、为人民所喜欢的绘画，也很难。我们在各方面都要向外国的长处学习，特别是绘画。毛泽东同志就主张学习西方的素描基本功，但是不能离开我们自己的基地。音乐也是这样。总之，文物、博物馆工作已经为我们的文化艺术的繁荣做出了贡献，今后会更加大有作为。

（四）同意王震同志说的，旅游事业的发展，国际文化的交流，我们的文物、博物馆工作会起愈来愈大的作用。他还提到，小平同志 1982 年 8 月去敦煌参观，非常重视敦煌这个宝地。我们同国外进行文化交流，我们老祖宗留下的文化遗产，是能够吸引很多人的。只有保护得好，研究得好，才能吸引愈来愈多的旅游者。要年年有新东西吸引外国朋友。搞得不好，旅游事业会妨碍文物的保护；搞得好，会促进文物事业。（朱穆之同志插话：旅游跟文物的发展，要很好地结合起来。旅游要想办法支援文物工作，文物工作反过来也可以支援旅游。国外有许多是文物和旅游结合在一块儿。）对。这里也包括园林。外国一些公园，确实有引人入胜的地方，但是有的公园找不到什么古建筑。我们的园林、名胜，到处都是，每一个旅游点及其周围都有不同时代的文物、建筑，发生过许多历史事件，出现过许多历史人物。如果园林不只有花草树木，而且有文物古迹，吸引力就大了。人们到这里，就不但锻炼了身体，呼吸了新鲜空气，而且欣赏了古代艺术，得到了知识和精神享受。

（五）做好文物、博物馆工作，有利于提高人民的民族自尊心、民族自信心，有利于培养人民的爱国主义感情，有利于维护民族团结和国家统一。最近一两年来，青年学生中间出现了一种很好的事情，就是做社会调查、长途旅行。大量的是农村调查。他们亲眼看到，三中全会以来的政策非常得人心，很有成绩。这改变了其中一些人的糊涂观念。外出旅游，看看祖国的山河及文物古迹，也好处很大。去年我到甘肃，聂大江同志讲，兰州大学一批青年人准备组织长途自行车旅行，从兰州出发，骑车到敦煌。我相信，这样一种旅行，结合对沿途历史文物的调查，特别对敦煌、酒泉、张掖等地文物及历史的了解，会增强他们对祖国的感情。爱国主义的感情、思想，内容非常丰富。常常有这种情况，一件事、一个东西，对于培养这种感情、思想，可以起很大作用。要通过我们的文物工作、博物馆工作，使不同觉悟、不同知识水平、不同经历的中国人，看到我们的祖先曾经为人类做出过什么样的贡献，看到我们在鸦片战争以后又曾经受过什么样的屈辱。通过这样一种比较，只要不是确实偏见很深，都会从中受到教育。

那天请教夏鼐同志，旧中国有没有有计划、有组织地发掘文物。他说，只是有数的几个点，大多数是奸商盗墓，发掘了以后，卖给商人和外国人。解放后，我们发掘的东西多了。那天也请教了几位同志，解放前夕国民党把一些国宝运到台湾去了。现在，我们和台湾比，究竟哪里国宝多呢？大家一致认为大陆多得多。其中大部分是建国以后发掘出来的。这就是了不起的成绩。几千年积累下来的国宝，一些最好的被他们运走了，而我们在三十多年之内，又发掘出许多稀世珍宝。兵马俑是世界上第几个奇迹？（夏鼐同志插话：有人说是第八。）通过这样一种比较，人民会做出结论：新中国比旧中国好。我们的文化工作者，特别是文物、博物馆工作者不要推卸我们的责任，不要轻视我们的成绩。振兴中华，缺少不了我们的努力，缺少不了我们的贡献。

（六）小平同志讲，我们要走自己的路，建设有中国特色的社会主义。这是我们的总方向、总任务。有中国特色的社会主义，既包括经济，包括政治，也包括文化。如果只是政治上有特色，社会主义搞得好，经济上有特色，社会主义搞得好，就是文化上不行，既没有中国特色，也没有坚持社会主义方向，那么我们的总方向、总任务中，起码缺少一个很大的方面。当然就文化方面说，实现这个总方向、总任务，要做的工作很多。至少必须看到，我们的文物工作、博物馆工作，在文化战线上实现建设有中国特色的社会主义方面，担负着重要的任务，是不可缺少的。鲁迅1934年给陈烟桥写过一封信，讲有地方色彩的东西，倒容易成为世界的，为别国所注意。鲁迅说的，是一种规律性现象。真正民族的东西，才能够是国际的东西。我们文化战线的各行各业、各个方面，都有个民族化的问题。这个问题，朱穆之同志、贺敬之同志都反复讲过。我们不能搞国粹主义，搞排外主义。一切外国的好东西，要大胆地吸收，要有这种气魄。也是鲁迅讲过，历史上的盛世，吸取外来的东西都是气魄很大的，一到了对外来的东西这个也害怕，那个也害怕，这个也不让进，那个也不让进，这个朝代就快没落了，或者已经没落了。我们的新中国正在朝气蓬勃地前进。三中全会以来，党中央一再强调解放思想，实现对外开放的政策。我们要大胆吸收外来一切优秀东西，又要坚持独立自主，自力更生为主，立足于本国，立足于我们自己。文化建设要有中国的特色，要继承和发扬我们多民族国家的优秀的文化传统，来创造出如毛泽东同志所说的，人民大众喜闻乐见的、社会主义内容和民族形式的新文化。这个文化是广义的文化，包括科学研究，包括文化艺术，包括人民的心理感情状态、精神状态。要把中国历代劳动人民长期形成的优良的传统，融化在我们今天和以后的文化建设中。这也就是毛泽东同志说的，洋为中用，古为今用，百花齐放，推陈出新。在所有这些方面，我们文物工作、博物馆工作，都可以发挥重要作用，都可以做出重大贡献，大有用武之地。

第三，加强对文物工作、博物馆工作的领导问题。

同志们要我讲讲这个问题。我认为，从以往的事实来讲，我们各级党委、各级政府对文物工作、博物馆工作是重视的。我们这次会议的召开，也证明党中央、国务院是重视文物工作、博物馆工作的。关于博物馆工作，紫阳同志的报告就提出了要求。党委、政府要加强文物工作、博物馆工作的领导，要讲一点什么新道理，我也确实讲不出来。我想讲一讲，我们这次会议以后，我们从哪些方面来争取党委、政府加强对我们的领导，提那么几条办法，供同志们考虑。

（一）大家希望有个红头文件。我想，我们的任务是把文件修改好，提给书记处讨论。耀邦同志对我们的工作很重视，说要把文件修改好，再拿到书记处来。文件还要经国务院批准，所以下发的时间也可能长一点，也可能短一点。是不是先不等文件，同志们回去以后，先根据带回去的这两个文件，系统地认真地研究一下：本地区、本单位要贯彻执行这两个文件，眼前需要迫切解决的问题是什么。要研究得清清楚楚，实实在在，办法措施也要有效，文件下去了，就结合文件的传达，向省、市、自治区党政领导汇报这次文物工作会议提出的要求，本地迫切需要解决而且能够解决的问题是什么，办法措施是什么，或者请求讨论一下，或者请求分管这项工作的领导同志召集会议听我们的汇报，然后做出决定。如果只是看看文件，不落实到具体问题上，问题还是没解决。如果能够结合本地情况加以落实，那我们的工作就会真正有所前进。

（二）我们自己和许多同志都有个经验，就是正确地加强领导，必须尊重专家，尊重专家的意见。文物、博物馆工作专业性很强，没有知识，又不尊重专家，很难领导得好。我们文物、博物馆工作者自己要尊重专家，并且经过努力使自己逐步成为专家，同时要向党政领导介绍我们这里有哪些专家，他们有什么成就，他们的知识对于我们的工作起了什么好的作用，我们过去是怎样向他们学习、向他们请教的。有些问题没有把握的时候，要建议领导向专家请教。如果本地的专家还没有把握，就向外地专家请教。搞文物不是试制新产品。新产品试验，一次不行可以搞第二次、第三次、第四次，文物是几千年留下的，你用这个办法试验一下，用那个办法试验一下，就破坏得没有办法恢复了。没有把握，千万不要随便决策，包括发掘、陈列、出售、出国展览，都要谨慎。从事文物、博物馆工作的同志要有自知之明，哪些问题有知识，可以下决心，哪些没有知识，要向有知识的专家请教。同样要请党政领导同志采取这样一种态度。郭老是大学问家，开辟中国历史科学新路的，他是第一个。他曾经主张挖武则天墓，以便早点揭露历史上的一些奥秘，解答一些疑难问题。夏鼐同志说，你这个发掘的愿望很好，可是要考虑到我们现在对发掘出来的东西，还缺乏保护的办法，就算发掘出来很多好东西，没有把握用科学方法保护，可能受到很大的损失，这个损失很难弥补。与其这样，不如继续让它留在地下，我们自己看不到，让我们的子孙有把握挖掘的时候看到，也是可以的。夏鼐同志是郭老的下级、学生。郭老一听，这个道理比他那个道理对，就撤销了他的意见。我们要学习郭老的这样一种态度，也要学习夏鼐同志的态度。没把握，不能随便附和，你是领导我也不能附和。周恩来同志对文物的保护一向采取谨慎态度，非常尊重专家。出国展览的展品都经过他一一审查，哪个可以出国，哪个不能出国，这个权力不能下放。所以加强领导，一定要把尊重专家放在重要的位置上。没有这一条，领导愈加强，危险性愈大。大家说我们这次会议文件比较好，比较满意，也就是因为我们吸收了专家的意见，尊重了专家的意见。

（三）现在有个新的形势。老干部从第一线陆续退下来。这些同志身体还不错，都很想做一点工作，其中有些人确实对文物有爱好，也积累了一点知识。我接触过不少这样的同志，在第一线的时候，忙得一塌糊涂，业余爱好可以，想研究就不可能了，想去帮助一下也没有时间。现在各级党委和政府里头，都有一些这样的热心家退出了第一线。他们有了条件，我们又给他们创造条件，他们就有可能用大部分时间来关心文物、博物馆工作。他们有声望，对文物、博物馆工作过去给予了很多支持，现在还继续关心，以后争取他们更多地支持我们，我们的队伍会愈来愈大。

可以通过各种形式，把这些热心家请出来。

（四）从事文物、博物馆工作的同志，要充分考虑到，各级党政领导工作太忙，像目前，就要拿主要精力抓整党，抓经济建设。在这样一种情况底下，我们自己要提出和请求解决什么问题，一定要研究得清清楚楚，扎扎实实，非常可靠。我们自己解决不了而估计上级能够解决的问题，再去请求他们的支持和帮助。事无大小，自己可以办，都随时去问，不是一个办法。比方说，如果一年能够有两次，事先做好准备工作，下点毛毛雨，通通气，然后请他们发言，下决心，就可以真正有助于问题的解决。

（五）耀邦同志讲：责任在身，当仁不让。我想加两句，据理力争，谨慎从事。党和政府让我们管这方面的工作，属于我们工作范围内的事情，不能推推让让，得过且过，该管的也不管，该说的也不说，该办的也不办。如果发现同《文物保护法》及有关正式的条例、条令、细则、规定相违背的事情，要出来讲话，不能顾虑重重。党章规定，党的各级组织和党员必须在宪法和法律的范围内活动，谁违反了宪法、法律，就是违反了党章，我们就有责任出来维护宪法，维护法律，维护党的政策方针。在具体工作中，一定要谨慎从事。现在我们能力和水平达不到的事也不能做，宁肯留给后代。

说来说去，要争取党政领导的支持，工作的重点还是我们自己先把工作做好。

最后讲一件事。

我们经过多次会议讨论，确定要出版一部大型的《中国美术全集》。有两种方案。一种，把现存台湾的好东西，流散在国外的好东西，都选进来。另一种，只选大陆的。不管哪个方案，大陆各省、市、自治区，都要把最宝贵的东西拿出来，力争收到全集里去。凡是地方提供的东西，中央的故宫博物院也好，历史博物馆也好，一件也不调。不要担心：唉呀，我把最好的东西拿出来拍个照片，原来我放在库里头谁也不知道，这一下全国都知道了，谁知道哪一天一个命令下来给我调走呢？一件也不调你的，所以不必担心。不要有过去土财主的心理：有个什么宝贝，可不能让外人知道，知道的人愈少愈好，甚至于死了以后，谁都不知道了。这不是共产党员应该有的心理状态。要把最好的东西贡献出来，向全国献宝，向全世界献宝。这样，才能保证《中国美术全集》真正是高质量的，真正是世界水平的，真正反映中华民族的伟大创造。这是为国争光，也说明你这个省、地、市、县为国家、为世界文化宝库做了贡献。摄制照片的过程中，要严格保护。有些东西用什么光，放在什么环境里照，要十分小心。字画的鉴定，已经组织了几位专家，在北京一个馆、一个馆看。北京完了以后，要到地方去。我们相信，地方的同志一定会把最好的字画拿出来，请他们鉴别。这些专家是我们的宝贵财富，年事已高，如果不趁这几年请他们帮助鉴定一下，若干年以后，你们要后悔的。总之，机会难得，不要打小算盘，要打大算盘。

就讲这些。有不妥当的地方，请同志们指正。

朱穆之在 1984 年全国文物工作会议上的讲话[*]

（1984 年 5 月 7 日）

这次会议就要结束了。我很抱歉，会议开始的时候，没能参加；会议期间，也没能跟大家一起讨论（廖井丹同志插话：另有任务）。对这次会议，力群同志已做了总结，我没有更多的话再讲了，只是在会议结束的时候，讲几句结束语吧。

大家认为，这次会议开得很好，开得很成功。我想，之所以开得很好，开得很成功，主要是因为中央对文物工作十分重视，把它摆到重要的议事日程上来了。中央之所以对文物工作十分重视，把它摆到重要的议事日程上来了，当然有很多原因，我想，其中的一个主要原因，就是因为文物工作对实现我国在新的历史时期的总任务，有着十分重要的作用。关于文物工作的重要性，力群同志、井丹同志，还有其他同志都已做了充分的阐述。如果不嫌重复的话，我想再补充几句。我认为，文物工作对 80 年代、90 年代的三大任务的完成，有着十分重要的作用。文物工作对物质文明和社会主义精神文明建设的作用，大家都讲得很多了；对台湾回归祖国、反对霸权主义和维护世界和平的作用，力群同志在昨天的讲话中也已讲到了，这点很值得大家重视。里根这次来中国访问，我当陪同。里根来访主要是同我们党和国家领导人进行会谈，日程安排得很紧，但他还是长途跋涉去看了长城，看了西安的秦兵马俑。到长城来回路程三个多钟头，他在那里只能停留十五分钟；到西安看秦兵马俑来回路程七个钟头，他在那里只能停留一个钟头。由此可见，长城和西安秦兵马俑对里根有多么大的吸引力。里根和其他的美国人对我们光辉灿烂的古文明、古文化，可以说是佩服得五体投地。在我们的文物古迹面前，他们都说，美国才有两百年的历史，同中国相比，简直是不值得一提。我到过一些伊斯兰国家，这些国家的人常常引用《古兰经》里的一句话，叫作"求知就要不惜远至中国"。这些国家的人一提到这几句话，就感到跟中国特别亲切。所以，中国光辉灿烂的古文明、古文化，不仅会引起各国人民对中国的一种尊敬感，而且也会引起各国人民对中国人民的一种友好亲近感。我国实行开放政策以后，许多外国人都想到中国来看看。今后，想来中国看看的外国人会越来越多。这些人来中国旅游，绝大多数主要是想看看中国的古文明、古文化。对这件事情的影响绝不能低估。一些到中国来过的外国人，回去以后，

---

[*]　朱穆之时任文化部部长。

总是对中国说好话的多。当然，不只是我们的古文明、古文化引起了他们思想上的变化，我们的社会主义建设也引起了他们思想上的变化。既然中国光辉灿烂的古文明、古文化对外国人会有这么重要的影响，那么，对我们的台湾、港澳同胞以及海外的中国人会产生什么样的影响，那就可想而知了。像我们这样的文明古国，世界上的确没有几个，甚至可以说是绝无仅有。像埃及这样的文明古国，也是很值得骄傲的，但它的历史毕竟中断过，没有像我们国家这样几千年一直延续发展下来。我想，爱国不是抽象的，这样一个受到全世界人民敬仰的中国，怎么能使我们中国人不热爱呢？在我们丰富多彩的文物古迹面前，的确使人感到作为一个中国人无比光荣。所以，把文物工作仅仅看作是保存古董，保存稀世珍宝，是还没有从根本上看到我们文物工作的重要意义。

这次会议结束以后，我们的任务就是要贯彻落实会议的精神。我想，首先应该广泛地宣传会议的精神，要向我们各级、各部门的领导同志进行宣传，要向广大的群众进行宣传。这一点，力群同志、井丹同志也都提到了。当然，要求党政领导干部和群众重视文物工作，我们宣传、文化部门的同志首先应该从自己做起。现在，许多省、市、自治区都把过去的文化局、文物局、出版局合并在一起，统一由文化厅来领导。战线很长，怎样弹好这个钢琴，还是一个没有很好解决的问题。特别是在"文化大革命"前，文化部门、包括文化部在内，都有这么一种倾向，就是把主要的力量放在戏曲和电影工作上，对其他许多群众性的文化工作注意得不够，这是不合适的。当然，这并不是说我们不应该重视戏曲工作，不应该重视电影工作。但群众对文化生活的需要，不只是一个戏曲，一个电影，他们除了需要各种健康的艺术享受之外，还需要文化知识。特别是现在，全国人民都在为实现四化而努力奋斗，他们比以往任何时候都更迫切地需要文化知识。群众文化阵地除了戏院、电影院之外，主要还有三个馆，一个是文化馆，一个是图书馆，一个是博物馆。博物馆工作就属于文物工作的范围。由于过去我们对包括文物工作在内的一些群众性的文化工作注意得不够，现在应该把更多的力量放在这一方面。我们应该看到文物工作所起的积极作用，看到文化馆、图书馆和博物馆所起的积极作用，在传播文化知识方面，它们并不比戏曲、电影所起的作用小。我要在这里再强调一下，我绝没有要贬低戏曲和电影工作重要性的意思。

这次会议确定了加强文物工作的方针、任务，起草了两个《决定》。当然，这两个文件还要经过中央来审定。要贯彻落实会议的《决定》，的确还需要做大量的工作。我们不能以为开一次会就算是工作完成了，更艰巨的任务还是如何贯彻落实会议的《决定》。对这个问题，力群同志昨天讲得很多，讲得很透彻。我在这里再补充讲几点意见。

首先，无论是文物的考古发掘工作，还是博物馆工作，根据我国目前的条件，应该把主要力量放在整顿、改革、充实、提高四个方面，在这个基础上加以发展。这也就是说，首先应该把现有的、已经发掘出来的许多文物古迹保存好，把现有的博物馆建设好，然后再量力做新的考古发掘工作和建立新的博物馆。这个方针是比较明确的。这不是一个消极的方针，而是一个积极的方针，当然，也不是一个一刀切的方针。凡是有需要而且有可能的地方，就可以把主要力量放在发展方面。譬如对考古发掘，在今后相当长的时期内，还是以配合基本建设为主，但在有条件的地方，是不是可以作新的发掘呢？我想，只要条件具备，应该允许。譬如秦兵马俑，现在的这个一号坑，大概只发掘了八分之一吧，是不是可以进一步发掘呢？这是可以考虑的。当然，这要总结过去的发掘经验，不能草率从事，要有准备、有计划地来进行。总之，条件一定要具备，如果条件不具备，就不要轻率地去发掘。对博物馆也是这样，只要条件具备，当然可以建新馆。譬如有的地方，没有一个博物馆，如果条件具备，就可以从无到有，从小到大，但不能徒有虚名，不能单纯追求数字，追求比例。现在有一些博物馆，实际上只有一块招牌，有其名而无其实，这就没有什么意思。现在有些工业部门，对新建专业性的博物馆很有积极性，煤炭部门就预备在山西新建一个煤炭博物馆，应该鼓励和支持。我们的工业部门是"财主"，他们愿把一部分钱用在新建博物馆上，这对开展群众文化生活是有益的，对本行业的职工和广大群众进行教育也是有益的。还有一些地方小博物馆，比如有些同志提到的杭州的"胡庆余堂"，它有本来的建筑和一套设备，稍微维修整理一下，就可以作为一个小博物馆开放，这也应该鼓励。总之，只要有可能，我们就应该采取积极的态度。此外，还要准备新建、重建、扩建一些有特殊重要意义的博物馆。譬如乔木同志提出的在宛平——卢沟桥建立一个抗日战争的博物馆。是不是还可以选择一些在我们革命历史上有特殊重要意义的地点，新建、重建、扩建一些博物馆呢？我看是可以的，也是需要的。譬如最近我去过广东虎门，当地的同志就建议在虎门建立一个以鸦片战争为中心的反帝斗争博物馆。

其次，要加强文物工作的计划性，要抓住重点。譬如对文物保护，应该根据轻重缓急，一个一个地解决问题，把许多已有的、珍贵的文物古迹真正保护好。从文化部来说，应该从全国范围考虑，首先要抓哪些重点项目，逐个地进行认真研究，制订出具体的实施方案，一年抓一个，五年就抓了五个，这样可以积累经验，做出成效。对博物馆也是如此，也应该有一个总的安排，抓住一些重点。在《决定》中提出，首先要抓好中央和省、区、市的博物馆。这应该有个具体安排。比如我们究竟要抓好哪几个中央的博物馆？这几个博物馆究竟存在着哪些问题？怎么样改进？我看首先是故宫博物院，大家都非常关心，需要专门研究一下如何进一步改善和提高的问题。总之，要通盘研究，有个规划，一个一个地抓，一个一个地解决，不然的话，一般地号召一下，一般地说说，一般地抓抓，不解决问题，过多少年还是老样子。

再次，对这次会议确定的加强文物工作的方针、任务，特别是一些迫切需要解决的重要问题，在会议以后，要提出具体的贯彻落实的措施，加以具体化。比如《决定》中提到，对历史文化名城，既要注意如何适应现代生产和生活的要求，又能保持其优秀的文化传统风貌。我们现在定的历史文化名城，全国有二十四个，要在建设中达到上述要求，不是一件简单的事情，有大量的工作要做，要具体化。我觉得，至少应该选一、两个地方作为试点，创造一些经验，看究竟怎样才能达到上述要求。否则说来说去，还是一句空话，过多少年，一个适应现代生产和生活要求的城市已经建设起来了，但其优秀的文化传统风貌却在建设中被破坏了，生米煮成熟饭，再来检查就已经晚了，没有什么意义了。北京如何保持其优秀的文化传统风貌？这个问题更突出。北京现在到处都在建高楼大厦，究竟将来在哪一个地方，保存一点老北京的风貌？这是一个迫切需要解决的重要问题。不然这里给你建一幢，那里给你建一幢，老北京的风貌就没有了。有许多外国人也提出过这个问题，希望今后还能够看到一点老北京的风貌。现在我们仅仅搞了琉璃厂一条街，一条街只有几百米长，也还不能完全代表老北京的风貌。这个问题如果我们现在不抓紧解决，不具体落实，将来所谓保存一点老北京的风貌就成了一句空话，一种空想。

还有一些重要的问题，这次会议也提出来了，也要解决。比如文物的外贸问题，文物的内销问题，对这些问题大家意见很多。究竟怎么解决？我觉得也应该有具体的措施，加以具体解决。哪些能卖？哪些不能卖？谁来经营？谁来归口？对这些问题都要有具体的解决办法。此外，文物与园林的关系、与宗教的关系、与旅游的关系等问题，也都要有具体的解决办法。力群同志昨天讲了，中央书记处准备召集文化、旅游、外贸、园林、工商管理等各有关部门开会，专门来解决这方面的问题。这个会议定了原则以后，我们就要研究具体贯彻落实的措施。

关于博物馆的问题，《决定》中提出，要以整顿、改革、充实、提高为主。那么，究竟整顿、改革、充实、提高的具体内容是什么？究竟怎样整顿？怎样改革？怎样充实？怎样提高？应该有个具体要求。我想，一个博物馆，怎样才算合格，应该要有一些具体的要求。现在，有许多博物馆有名无实，说不上是博物馆。有些博物馆有不少馆藏文物，但乱七八糟地堆在一起。至少应该清理一下吧！也有一些博物馆，没有必要的规章制度，馆藏文物有丢了的，也有被偷了的，甚至丢了、偷了还不知道，没有个账。也还有许多博物馆，虽然也有许多陈列，但对陈列的东西没有什么研究，因此，陈列比较零乱，有的甚至连必要的说明也没有。至少应很好地重新研究一下，把陈列搞好。

还有，力群同志昨天提出，搞文物工作的同志，应该像郑振铎同志那样，要遵守这么一个纪律：自己不买文物。这是不是可以作为一条纪律定下来了。

这里，我想特别提一下改革的问题。文物工作同其他各项工作一样，也有一个改革的问题。在文物工作中，同样存在着机构臃肿，人浮于事，吃"大锅饭"，搞平均主义等弊端，存在着某些不合理的规章制度，极大地限制了干部和群众的积极性、主动性，束缚了生产力的发展。这些问题，必须通过改革来解决。那么，究竟应该怎样改革？这一次来不及展开讨论，有待于进一步研究，比如昨天力群同志谈到这么一个问题：现在有很多地方互相封锁文物，不让照相，怕露了宝以后，你就给拿走了。对此，要订出一些切实可行的办法来，不能互相封锁文物，也不能随便把各地展出的文物拿走。还有许多地方，某些文物很多，陈列不需要那么多，某些文物又很缺，没有陈列，或陈列甚少。是不是可以互相支援，互通有无？把多余的支援给没有的地方，使各地的文物陈列更加丰富多彩。中央保存了许多文物，这些文物在各地陈列是很有教育意义的，对群众是很有吸引力的，是不是可以提供给各地一些？至少对省一级的博物馆，应该提供一些。这里也有一个如何搞活的问题。当然，具体怎么办，会议之后大家还要很好地研究。除了文化部文物局的同志要很好地研究这个问题之外，也请各地的同志对这个问题加以研究，提出具体办法。

此外，我还想讲两个大家关心的问题。

一是干部问题。井丹同志讲了这个问题，《决定》中也写了这个问题，都很好。怎样去落实？我想首先要争取做到两条：第一，凡是大学文物专业的毕业生，一定要争取分配到文物部门工作，不能学非所用，用非所学。现在，许多文物单位想要大学文物专业的毕业生而不能要，原因是编制有限。这样，有些大学文物专业的毕业生只好分配到非文物单位去工作。这个问题要同有关部门商量解决。对这一批人，不管文物单位的编制情况怎样，也应该先收下来再说。不然撒出去后，将来就不好收回来了，归队就困难了。国家花了很大的力气培养了这一批人，结果学非所用，用非所学，实在是最大的浪费。第二，凡是不适合做文物工作的人，坚决不要再分配到文物单位去工作。现在，在文物单位而不适合做文物工作的人已经不少，再往文物单位分配这样的人，将来就会积重难返。文物单位现有的不适合做文物工作的人，要争取调离，或者想些其他办法安置，这并不是没有一点办法。各地都有可能有一点自己的办法。许多同志不适合搞文物工作，但还适合搞其他工作嘛！

力群同志昨天提到，要充分发挥现有专家的作用。我们的专家实在太少了，就是这么一点专家，我们也没有能够充分发挥他们的作用。这一点实在令人遗憾。因此，要进一步研究如何充分发挥现有专家的作用问题。特别值得注意的是，要给他们提供传、帮、带的方便条件，使他们能够带出一批徒弟来，这是很迫切的一件事情。像启功同志等一些老专家，现在到各地鉴定书画，就可以带上一些同志当徒弟。鉴定文物的确不能仅靠书本，还有个"临床经验"。应该采取积极的办法，能够让老专家传、帮、带，培养出一批合格的专业人才。现在，有许多特殊的技术、经验要失传，应该赶快抢救。为此，要舍得花一点钱，舍得花一点力量。与此有关的一个问题，就是如何进一步落实知识分子政策的问题。对这个问题，我们文化部门一定要重视，一定要抓紧。

二是物质条件问题，首先是经费问题。文物部门、博物馆是进行社会教育、科学研究和文物收藏保管的机构，不是专门做买卖、赚钱的机构，经费来源主要靠国家的支援，靠各方面的支援。应该说，国家对文物工作是关心的。这次会议发给大家一个统计资料，根据统计，1983年全国文物事业经费的实际支出数比1982年增加了30.3%，这个幅度应该说是不小了。这也说明，国家对文物工作是关心的。但是，根据我们的实际需要，这些经费还是很不够的。有的同志算了一笔细账，1983年全国文物事业经费的总数是12390万元，全国人均只有一角二分。从地区来说，北京人均三角钱，新疆等地人均一角钱，还有十六个省、区人均不足一角钱，广东和云南人均只有两分钱，那实在是可怜了。也应该看到，国家的确比较困难，我们不可能完全靠国家解决我们的经费问题。因此，大家应该动脑子，想办法，广开门路，增加一点收入。文物部门根据国家法令和有关规定所得的正当收入，应该争取全部用来弥补我们的经费不足，作为文物事业的发展基金。只要大家认真动脑子，总还是有办法可想的。我们的古文物，许多是艺术珍品，深得人们的喜爱。如果我们能够学习和掌握古代的技术，多搞一些古文物的仿制品，那还是很有销路的。前几天，我去西安秦兵马俑博物馆时，博物馆同志介绍了一个经验，他们自己办了一个小工厂，搞了一些合同工、临时工，仿制了一些秦兵马俑的小人、小马，结果一年就挣了几十万块钱，还供不应求。他们用这几十万块钱盖了一点房子。我觉得，这是一个好办法。我当时对他们说，既然供不应求，就可以多招几个合同工、临时工，扩大再生产嘛。这里，我要说明一点，搞仿制品问题不大，搞复制品要十分注意，复制品照原模原样搞，可能会以假乱真，最后连自己都分不出来，究竟哪个是真的，哪个是假的，这就成问题了。历史上这种例子不少。所以搞复制品要十分注意。有的同志说，一定要在复制品的背后做上记号，说明这是复制品。相比之下，搞仿制品问题就比较小。许多旅游者到中国来，千里迢迢，总想买一点中国的东西留作纪念，这是人之常情。里根去西安看秦兵马俑，虽然时间很短，但还是顺道去"自由市场"看了一下。有个美国记者对里根夫人说，你怎么不买一点东西？里根马上掏出十块钱，买了个手工制品老虎，其他美国人也都跟着买了。舒尔茨和他夫人买了一大堆东西，有小孩戴的老虎帽，小孩穿的老虎鞋。在飞机上，舒尔茨和他夫人还把老虎帽戴在头上，让记者照相。一顶老虎帽卖给他们二十块钱（笑）。其实，他们也并不把老虎帽当作贵重的东西，但这毕竟是个有中国民族风格的纪念品，带回去很有意思。我们这方面的买卖做得很少，为什么文物部门自己不可以做点这样的买卖呢？我们完全有这个条件嘛！有的同志说，马王堆出土的那些图案，我们自己没有很好地利用，结果让日本人利用这种图案搞了各种东西，大赚其钱。为什么我们自己不可以这样做呢？利用这方面的图案装饰一些轻工产品，比如器皿等等，这不是很好吗？当然，这里还有很多做买卖的道理。比如秦兵马俑的大型的仿制品卖给旅游者就很困难，他们都是轻装，你给他们搞一个大东西，很难带上飞机，而且容易碰坏。可以搞点小东西，便于旅游者携带，薄利多销。在这个方面，还有很多可以做的事情，比如出一些画册、幻灯片等等，将来有条件的话，还可以搞些录像带。学术性较强的专著可能卖得少一点，但有些专著和印刷品，销售量还是较大的。另外，还可以考虑组织巡回展览，国内群众有这个愿望，希望多看一些我们的古文物。我们可以出国举办展览，为什么在国内不可以组织巡回展览呢？这个对群众也是一种宣传教育。老实说，中国人绝大多数都没有看过秦兵马俑，假如组织到上海、广州等地展览，先到大地方，再到小地方，都可以嘛！（夏鼐："博物馆也可以送货上门"）应该送货上门，不要坐等嘛！出国举办展览对国外群众的影响很大，很有意义。在许多国家举办中国的展览，观众都是超纪录的。但出国举办展览，也要注意总结经验。《决定》里规定了许多国宝、孤品不拿出去展览，可以拿一些仿制品、复制品出去展览。可以拿出去展览的文物，应注意不要损坏了。总之，我们要动脑子，想办法，一方面扩大宣传，一方面增加经济收入。这样一举两得的事，是很值得我们来做的。

我还想提一点意见，就是如何同各个与文物有关的部门密切合作的问题。我认为，文物同旅游的关系尤其密切。文物古迹，是旅游的一个很重要的内容。比如里根，刚才说了，来中国别的可以不看，但一定要去看看长城，看看秦兵马俑。所以，发展文物工作，有利于发展旅游。反过来说，要发展旅游，也一定要发展文物工作，保护好文物古迹。因此，我觉得，利用文物工作来发展旅游，和利用旅游来发展文物工作，是个相得益彰、互相促进的好办法。现在，这两者的关系还没有很好地打通，这个很不利。我们应该提出，对旅游的投资，一部分就应该投到文物部门。如果你只是盖一些大旅馆，购置许多旅游车，但没有文物古迹可看，这样的旅游就没有什么搞头。所以说，搞旅游而不发展文物工作，等于是又要马儿跑，又要马儿不吃草。许多国家是把文化和旅游合在一起的，叫文化旅游部。这是有一定道理的。埃及就是这样，土耳其也是这样。这样便于两者互相促进，互相支持。这个问题怎么解决？将来我们要跟韩克华同志一起很好地来讨论这个问题。具体的解决办法有两种，一是由旅游部门直接同文物部门挂钩，向文物部门投资；一是由国家左手把旅游部门上交的钱拿过去，右手再给我们。不这样的话，我看文物工作的开展就不会快，旅游的发展也不会快。许多国家没有什么文物古迹可看的，因此，就搞各种各样的游乐玩意，使旅游者有可看的和可玩的。我们国家有很多的文物古迹，我们应该把这些文物古迹充分利用起来，这比那些转圈的汽车、飞机等游乐玩意，更有意义。总之，要招徕旅游者，就要给他们有玩的地方，有看的地方，整天坐在屋里不行。所以，我们的文物工作还是大有可为的，有很多的文物古迹可以充分利用起来。这还有一个认识上的问题，就是怎样区分正当的经营与"一切向钱看"的界限问题。现在两种情况都有：一是"一切向钱看"，唯利是图；一是经营，增加收入。我觉得，应该很好地把这两者区分开来。这有理论上的问题，这就不说了。我看还是应该分清生财有道，还是生财无道。生财有道，这个"道"，就是要符合我们党和国家的方针、政策、法令，有利于文物工作的开展，这就不能叫作"一切向钱看"。如果是违背党和国家的方针、政策、法令，不利于文物工作的开展，这就是无"道"，就是资产阶级的唯利是图，就是"一切向钱看"。因此，不要一讲到钱，一讲到经济上的利益，就看作是"一切向钱看"。另一方面，也不能为了弥补自己的经费不足，就不择手段地去捞钱，损害文物工作的开展。这两种倾向都要注意防止。我认为，只要生财有道，这不仅不会损害文物工作的开展，而恰恰是促进文物工作发展的必不可少的一个重要条件。

我想讲的最后一点，就是我们对开创文物工作的新局面应该有信心。应该说，三中全会以来，我们的文物工作还是有很大改进，有不小的发展。有些材料可以说明这一点。这几年来，文物被盗案件大大下降。1982年全国发生的大盗窃案56起，1983年减少到23起，下降了59%，比1981年下降了77.2%；1982年丢失的重要文物约有1384件，1983年减少到603件，下降了56.4%，比1981年下降了68.5%。古遗址、古墓葬、古建筑等地上、地下的文物古迹的破坏案件也有所减少，1981年破坏案件有93起，1982年减少到73起，1983年减少到18起。火灾等事故也有所减少，1981 年发生了 7 起，1982 年发生了 9 起，1983 年发生了 5 起。从破案率来看，1981 年的破案率是 21%；1982 年的破案率是 26%；1983 年的破案率是 39.2%。这些都说明我们在文物保护方面，还是有很大的改进的。博物馆工作也是如此，有很大的改进。当然，这并不是说，现在就没有问题了，而是问题还相当多，有的问题还相当严重。比如，文物盗窃案总的是下降了，但是发生在某些博物馆的文物盗窃案的比例却上升了。1981 年省级博物馆发生的文物盗窃案占全部文物盗窃案的 16.4%；1982 年上升为 30%；1983 年上升为 43%。这就是说，文物盗窃案现在下面的减少了，上面的相对增多了，集中到省级博物馆去了。这很值得大家注意和警惕。另外，在基本建设过程中，违反《文物保护法》，破坏古建筑、古墓葬、古遗址的情况，也还是不断发生，甚至还发生了一些群众性的盗掘古墓、古遗址的不幸事件。还有，文物走私活动也还是继续发生。所以问题还不少，有的还很严重。但是，从总的方面看，这些问题属于前进过程中的问题，而且正处在一个被不断克服的过程中。我们应该看到，我们的文物工作现在有很多的有利条件，首先是中央十分重视文物工作，并对文物工作规定了一系列正确的政策，文物工作的发展有明确的方向。其次是我们国家的形势越来越好，首先是经济形势越来越好，人民群众对文化生活的要求也越来越高，文物工作的发展有坚实的物质基础和广阔的群众基础。再次是我们已经有一支经验丰富的文物工作队伍，经过我们现在正在进行的整党，经过各级党、政部门对文物工作的领导的加强，我们这支队伍的政治素质、思想素质、业务素质必将会大大提高，文物工作的发展有强大的原动力。当然，还有其他各种有利条件。这些有利条件，使我们文物工作的开展有了可靠的保证。我们应该充满信心，鼓足干劲，发挥各自的积极性、主动性，迎着各种困难前进，不要为困难所吓倒。我相信，今后我们的文物工作一定会出现新的气象，开创新的局面。作为结束语，今天我重复地讲了一些也许是多余的话，讲得不妥当的地方，请大家批评指正。

王蒙在 1989 年全国文物工作会议上的讲话 *

(1989 年 5 月 19 日)

同志们：

这次全国文物工作会议主要的工作报告，张德勤同志要讲的。井丹同志还要作一些指导。我只是就某些问题谈一点不成熟的个人意见。这次会议是由国家文物局筹备，经文化部党组讨论决定召开的。参加这个会议的，除了各省、自治区、直辖市文物主管部门和博物馆、文物考古研究所、文物商店的负责人以外，我们还特地邀请了部分省、市、自治区政府的领导同志和文物界的老专家、学者到会指导。这个会议，是文化部今年内计划召开的一次重要的全国性会议，也是国家文物局自 1984 年以来第一次召开的全国文物工作会议。会议打算讨论的问题主要是如何贯彻当前文物工作的方针和任务，搞好文物的保护管理和开放利用，适应新的形势。在筹备过程中，各地文物部门和有关方面都很重视，从多方面给予积极的支持。大家都希望开好这次会议，切实解决几个主要问题，更好地发挥文物的优势，把我们的文物工作做得更好，为两个文明建设做出新的贡献。

我想就几点问题谈谈看法。正确地认识文物与文物工作的意义。

中国是一个文物大国。这是我们国家的优势，也是我们建设具有中国特色的社会主义的优势。许多国家都对中国的历史和文物抱着极大的兴趣。他们说：历史文化绵延几千年从来没有中断过，这样的唯一的国家就是中国。世界当然有很多古老的国家，如埃及、希腊，但是它们的历史文化传统都中断了。建国以来，特别是近十年以来，在改革、开放总方针的指导下，我国文物工作取得了很大的成绩。大批古建筑修缮成功，保持和恢复了文物的原貌；考古发掘的丰收，引起了国内外的关注；博物馆数量激增，展示了博物馆事业的广阔前景。文物在社会主义物质文明和精神文明建设中的重要作用正在多方面地发挥出来，文物作为爱国主义的生动教材，正在以它固有的强大的吸引力鼓舞和推进各民族大团结、国家大统一的伟大事业。文物的宣传普及工作已在电台、电影、电视和各类图书、报刊中占住一席之地，成为人们科学研究和精神文化生活的内容之一。许多文物保护区日益成为开放旅游、吸引游客、增收创汇的热点。

---

* 王蒙时任文化部部长。

许多国家兴起的"中国文物热"历久不衰，文物出国展览普遍受到欢迎，日渐成为我国对外文化交流的一项重要内容。现在，文物对于我们国家来说，实际上是增加了我们国家的荣誉和吸引力。许多海外同胞，特别是我所接触的一些台湾同胞，他们回来看到我们这些古老的文物，那种激动的心情，那种作为一个炎黄子孙的骄傲的心情，可以说是非常激动人心的。当然，文物的作用还并不止于这些方面，文物的优势和潜力还很大，还要做好大量的工作，才能广泛、深刻地发挥出来。文物，作为人类自然和社会活动的实物遗存，无论最初它们是精神的还是物质的，先进的还是落后的，乃至于革命的还是反动的，都是历史文化的载体，都有其特定的内涵和意义，都应该成为研究的对象，发挥多方面的作用。

各类文物所揭示的历史现象和场面，都从不同的领域和侧面体现了我国历代先民的思想道德和科学文化水平，并且构成了中华民族上下五千年一脉相承、绵延不断的历史进程。人们通过对各类文物的研究、鉴赏，可以认识中华民族生存、斗争、繁荣和发展的历史及其对人类文明的伟大贡献，也可以得到思想道德的教益和智慧审美的启迪，从而激励人们树立民族的本体意识，继承和发扬民族的优良传统，维护祖国的荣誉和民族的尊严，增强民族的自信心和自豪感。

在这个意义上说，文物在这些方面的功能和作用，是绝对的和永恒的，意思就是说它不受我们对历史评价的影响。作为一个意识形态的评价，我们可以讲那一段历史是停滞的，它实行的政策是反动的。但是那个时期的文物，它的价值并不受对历史的评价、对社会发展的评价的影响，它是超出这些意识形态的评价，乃至于政治的评价的。有许多文物，包括有些科技艺术品，随着时代和地域的变迁，早已失去了当年的功能或实用性的利害意义。例如封建帝王镇压人民用的断头台，这是个罪恶的东西，当人民起义时，是要把它砸掉的。但是，现在如果发现了它，就成了文物，就不能再砸了。通过它可以让老百姓知道当年有这样的镇压人民的东西，认识当时的这种历史现象，这有什么不好呢？法国路易十六的断头台，前些时候在巴黎以数百万美元的重金拍卖，当然不是买来杀人，而是作为重要文物保存。我在墨西哥参观过一个人类博物馆，里面有一个很大的铜钵，那个铜钵是古时候祭太阳神用的，每次都要把活人的心挖出来放在铜钵里边祭太阳神，他们认为如果不用活人的心，太阳有一天就会灭，天就会黑了。听着很可怕，要挖活人的心放在铜钵里。但是，这些现在都是文物了。现在铜钵摆在那里当然不是为了要挖人的心了。作为文物，它的意义已经超越了当时它起的尽管是非常反动，非常残酷，非常坏的作用。不能说因为它是迫害人的东西就把它砸掉，如果你要把他砸掉就变成了红卫兵的破"四旧"。

又比如长城，是我国历史上了不起的军事防御工程，但在今天的现代化的飞机、导弹面前，早已经没有国防上的作用。其实有的作用与政治意义已经成为历史了。然而作为文物，却因时间的流逝和地域的变异而更加显示出了它了不起的价值，显示了我国先人的毅力和精力，创造力量、建筑风格，象征着中华民族的伟大性格和形象，成为海外游子梦寐难忘和国际友人讴歌、神往的对象。当然，现在由于对中国传统文化的讨论各抒己见，也有人批长城，说长城在历史上是悲剧性的，是闭关锁国，保守无能的象征，没有起过进步的作用，甚至说长城是一根锁链，锁住了中国的发展。这样的评价无论正确与否，都无损于长城作为中国悠久历史的见证的性质与意义。评价尽可以不同，也还可以争议下去，但长城的本来面貌与价值是绝对的，我们还要保护。有些宗教性的文物也是如此。对待宗教，对某一种宗教本身也会有不同的学术观点，不同态度，但是宗教的东西变成文物以后，它的价值与意义也是绝对的，不管你对这个宗教怎么评价。没有这样的认识，不了解文物价值的绝对性，就不可能正确地认识和揭示文物的性质与意义，就不可能端正文物工作的指导思想，处理好当前文物工作中的各种问题，因而也就不可能正确地保护和发挥文物的优势。就有可能在社会思潮大变动的情况下，不能够理直气壮地去保护文物。解放以后，我们这方面的教训很多，当然最严重的是"文化大革命"中的破"四旧"。就是不破"四旧"，也往往有这种思潮的影响。比如说，认为反正我们会建设出新的东西，会比文物好得多，甚至于认为中国的文物太多是一种负担。我在比较早的一些年头，曾经和外国人争论过，外国人跟我说，你们保护文物不够，我说我们文物多得很，如果我们到处保护，就没有地方生存了。这是把不同性质的问题混淆起来了。

我们要建设的是最新、最美、最好的，这很好。但是历史上的东西的价值仍然是不可磨灭的。这是我要谈的第一点，就是文物和文物工作的重要意义应该超越一时的社会思潮和各种争论，不管你对这一段历史怎么评价，我们要坚定不移地保护好文物。

世界各国对待文物，把文物看得庄严神圣的这样一种态度，有时候常常使我受到感动，受到影响。比如说匈牙利的一顶王冠，就是证明他们在比较早的时候已经迁移欧洲，在欧洲定居的这样一个王冠。这个王冠在第二次世界大战中被奥地利人拿去了，后来又被美国人拿去了。匈牙利人一再要求美国送还这个王冠，最后在 70 年代的时候，当时美国国务卿是罗杰斯，由罗杰斯送回这个王冠。匈牙利的朋友告诉我，送回王冠的那天下大雨，但是布达佩斯全市的市民几十万人从飞机场站到国家博物馆，在大雨里伫立，卡达尔等当时的匈牙利领导人也都在大雨里伫立，等着王冠送回来。当时，美国对匈牙利的态度并不好，但是，罗杰斯看到这个场面以后感动得都流泪。全布达佩斯的人几乎都站在雨里，等待自己民族的这样一个神圣的纪念物。波兰的大王宫在希特勒撤退的时候被炸平了，然后，波兰人没有国家花钱，波兰人自己花钱修复了大王宫。我去波兰的时候，看到人们进大王宫的时候都是非常肃穆，在门口静静地排着队，然后要换鞋，换上软的套鞋以后，在工作人员的率领下，一队一队，秩序井然地怀着一种虔敬的肃穆的心情参观他们这些文物瑰宝。所以有些外国人批评我们，他们看了大吃一惊，认为不可思议地在故宫里头看到有人衣冠不整躺在地上睡午觉，外国人看了以后太惊讶了，认为怎么可能发生这样的事情。文物工作面临的困难与冲击了解了文物的优势与作用的同时，我们还要对文物工作面临的困难和消极因素有足够的认识。当前文物的保护、维修、发掘、研究和利用的任务仍然很繁重，许多新的情况和问题都需要认真研究，严肃对待。盗窃、盗掘、走私倒卖文物的犯罪活动屡禁不止，十分猖獗。

经济建设与群众生产生活的变革、发展，造成了某些文物破坏的现象仍然很普遍。文物保护与某些宗教活动有协调不够好的地方。文物旅游，本来这事很好。通过文物吸引很多游客，发展旅游事业也是我们国家的一个大局，但是造成的这种人满为患的状态也对许多重要文物古迹造成了威胁，以至于造成了破坏。文物保护管理自身存在的问题也很大，基础工作薄弱，管理混乱。文物的流通与经营出现了突破现行规定，甚至出现了失控的现象。所有这些都迫切需要认真研究，搞好改革，采取对策。

这些问题的存在不是偶然的，有些还是文物事业发展过程中不可避免的。十年来，改革、开放的不断加快和深化，商品经济的出现和发展，一方面给我们各方面的事业，包括文物事业注入了生机、活力，促进了文物工作；另一方面，又出现了种种新的挑战和问题。其中有以下几种：

首先是由于过分地、单纯对金钱的追求，促使一些人的急功近利的短期行为。有的单位脱离文物工作的特点与任务，借口开放搞活，片面追求经济效益，以经济收入为指标，对文物工作实行"招标承包"，把文物的安全保护和研究宣传工作置之度外；有的博物馆利用展室办舞会，设食堂，搞商品展销，有的甚至出租展厅办商场，坐享租金收入。这些地方包括我们自己的有些文物管理部门做得不好。己不正焉能正人。我就看到过在一个很著名的庙宇里文物管理部门办了一个碰碰车游乐场，电动机在那儿响着，然后是红男绿女都在那儿等着排队买票，效果非常坏。好像还有在庙里组织跳舞的，这样做的结果，文物部门就没办法在社会上树立管理文物的权威，你自己把文物就这么糟蹋了。有些地方的领导部门、社会团体和文化新闻单位，都看好文物的经济价值，把文物当"摇钱树"，一个地方发现了文物，就把它当成吸引上面投资的手段，立刻要求修马路，修博物馆，还要修接待室、宾馆等等。有些影、视、书刊出于赚钱目的，搞得太多、太滥，这个拍了那个拍，一家编了又几家合编，使一些物品遭到损害。面对这一类的冲击，我们的态度是：一要端正认识，要正确认识文物的性质和意义，认识文物工作的特点和规律，要以改革、开放的精神和探讨文物工作适应改革、开放，适应商品经济发展的一些途径和办法。但是从根本意义上说，文物不是商品，也不是"摇钱树"，文物工作的基本任务就是把文物保起来，传下去，充分发挥作用，为推动社会主义商品经济发展和生产力发展服务，为提高人的思想道德和科学文化素质服务。

第二是要加强管理，强化文物行政管理部门的职能，坚决执行《文物保护法》和国务院的各项方针、政策，对有损文物的保和用的短期行为，要通过行政管理措施切实加以防止和纠正。对于社会上滥用文物赚钱的现象，要通过法律和各种规章制度严格管理起来。对那些完全为了赚钱进行的项目，文物部门要做好审查评议工作，对其中有损文物安全或国家荣誉的项目，文物部门要拒绝合作，不予提供方便。其次，就是由于无知，也由于过去长期"左"的影响，对文物的价值认识不够，这个表现也很多。或者在建设过程中发现文物遗址隐瞒不报，怕找麻烦，不理解，不重视文物保护的重要意义。

第三是要处理好文物保护与宗教活动之间的关系。关于汉族地区古代宗教建筑恢复宗教活动的问题，文物部门坚决执行国务院 1983 年 60 号文件的规定，全部移交需要移交的寺观、教堂，同时也拒绝了超出 60 号文件规定的要求，这是必要的。但是，几年来也有一些地方还出现了一些摩擦，以至于出现一些宗教界人士进驻文物保护单位的事情。像太昊陵、武侯祠这样一些并不是宗教建筑，也发生了强行进驻的现象。对此，国务院领导同志最近明确指示维持现状，过一两年再协商解决。国务院办公厅按此意见处理了柏林寺等寺庙的问题。目前，宗教部门使用的寺庙，有一些管理工作还需要加强，使文物部门对文物管理的监督能够落实。对于这个问题，我们的基本方针是：充分尊重宗教信仰自由，我们的文物部门可以为正当合法的宗教活动提供服务，但已经成为文物的前宗教活动场所不能随意地再次宗教化。原来属于文物的寺庙，不能再回归成为单纯地宗教活动的场所。已经成为文物的宗教建筑就是文物。恢复宗教活动，落实宗教政策，并不等于要把所有已经成为文物的宗教建筑都变成专门的宗教活动场所。任何一种宗教，在历史的长河中都有消长起伏的过程，乃至兴旺衰落的过程，这是正常的。我们保护一些宗教遗迹，是着眼于它们的文化与历史价值，而并不是为了恢复和扩大宗教活动。对于这一点，任何方面都不应该有误解的。比如说佛教在我们国家非常重要，它在文化上也有很多的贡献，在哲学、绘画、文学、建筑、园林风景这些方面都起过很大的作用。所以对佛教的态度我们当然是尊重的，是重视的。但是，佛教在中国的极盛时期比较早，汉代传入，魏晋南北朝时期及初唐的时候达到高峰，以后就逐渐衰落了。所以我们的庙很多，南方几乎是所有的名山上都有庙，但是，不见得有那么多的宗教，有那么多的和尚，有那么多的信徒。这些庙从文物的意义上来说，都有必要加以修复，加以保护，但我们是把它作为文物，作为一个宗教遗址、一个值得人们凭吊的历史遗迹来修复的，不是作为一个活的宗教活动场所。世界上其他的许多国家也都是这样做的。土耳其、埃及等伊斯兰国家的古清真寺，一律作为文物由文物部门统一管理和使用，有的可以继续进行宗教活动，但宗教部门和宗教信徒必须服从文物部门保护文物的规定，在保护文物安全的前提下进行宗教活动。埃及政府还规定所有古埃及的神庙建筑一律禁止宗教活动。埃及还是宗教国家，是伊斯兰国家，但是它考虑到文物的安全，所以某一部分古代神庙建筑不能够再进行宗教活动。我在巴黎参观过巴黎圣母院，整个的巴黎圣母院只有一间不大的房子可以在那里进行祈祷、进行布道，其他的都是作为文物加以保护和提供参观。这样做是合情合理的，符合建设精神文明需要的。因此，应该坚持这个方针，协调处理这个关系，进一步把文物保护做好。

关于文物的开放、利用问题，是这次会议的三大议题之一。开放、利用的内容和途径正如文物本身的丰富多彩一样，是多种多样的。文物的维修、保护、发掘、研究和宣传都要改革，都要把社会效益放在首位。现在文物经费短缺，是我们工作中的一大困难，国家财政力量有限，不可能大量增加投入，我们可以想一些办法。我们想一些办法首先还是能够发挥文物的作用，它在进行爱国主义教育方面的作用。同时，在广泛地发挥文物应有作用的情况下，某些活动也可以有些收入，使我们的保护力量、保卫力量、维修力量、展览力量能够都有所改善，能更好地发挥文物的作用。我们这些工作如果不想办法，其结果会出现把文物锁在库房里烂掉，或者被偷掉。所以我们出于这样的需要，也还要想些办法，开辟些新的途径，从事文物复制、文物旅游、文物音像、文物展览等多种经营活动，既扩大文物宣传，又增加经济收入，发挥文物的多种功能，作为改革、开放、利用的一个重要方面抓出成效。现在经国家体改委批准，国家文物局已经成立"中国文物交流服务中心"，组织、协调这方面的工作。全国各地也可以相应地搞起来。对于这项工作，我们的原则是：坚持为社会主义服务的方向，以搞好文物保护管理工作为主体，防止有损文物安全和国家利益的急功近利的短期行为，反对一切向钱看，把文物当为"摇钱树"的这种商业化倾向。

文物工作在改革、开放新形势下的方针与任务，国务院文件已有明确的规定。加强保护，改善管理，搞好改革，发挥作用。这里边的关键是改善管理。管理好了，文物的安全保护工作就有了基础。这些年文物犯罪活动屡禁不止，固然执法不严，打击不力是重要原因，但是对文物部门来说，主要还是管理不善。大部分盗掘、盗窃、走私文物案件都发生在管理混乱的地方或单位，发生在热衷于搞旅游经商，增收创汇的单位和部门。建立和健全各级文物管理机构，实行统一管理，强化国家文物行政管理职能，防止各自为政，各行其是的分散行为，是文物工作自身的需要，也是当前实际工作的需要。这几年，各地普遍注重文物的维修、发掘，发现文物，如获至宝。但是，在文物的保护、研究方面做得并不是很够。有的一个地区没有可靠的安全条件，也仍然坚持就地保护，这就造成了保护文物的困难。在文物的维修和发掘当中，也有的地方自作主张，不经审议、报批就动土施工，或者是随意改变维修和发掘的方案，造成了文物的损失。文物工作还要适当地加强集中统一。因为我们国家实在没有条件，如果把文物都分散在每一个地区，它的交通条件、保卫条件、技术条件、设备条件都不够，那会造成一些不应有的损失。也有些地区的文物被盗、被毁没有及时报告，还有不按国家财经规定，挪用维修和发掘专款的现象，反映了文物管理工作中确实存在着一些问题。《文物保护法》规定，一切地下地上的文物归国家所有，受法律的保护。没有统一管理，没有统一的法令、政策、方针的指导和约束，文物保护的各项工作是不可能正常进行的。在当前治理、整顿、深化改革的新情况下，尤其要进一步加强法制建设，建立和健全统一管理的规章制度，做到有法可依，有章可循，宏观控制，微观搞活，实行统一管理和分工负责相结合。

实行分工负责，充分发挥各地文物单位必要的自主权，发挥广大文物工作者的积极性和责任感，是做好文物工作的基础。

文物事业是全民全社会的共同事业，特别是像我们这样的国家历史悠久，幅员辽阔，文物遍布各地城乡，保护任务之大，涉及范围之广，是其他国家难以比拟的。要做好这项事业，仅仅依靠文物部门是远远不够的，还要依靠各部门、各行业，以及全社会、全民族的共同努力。因此，广大文物工作者在尽职尽责做好保护管理工作的同时，必须大力开展宣传教育工作，广泛利用电台、电视，电影、报纸、书刊等多种宣传工具，开展宣传《文物保护法》，普及文物知识，表彰爱护祖国文物的好人好事，揭露破坏文物的违法犯罪活动，对文物管理部门实行舆论监督，唤起民族，唤起民众，树立文物意识，养成爱护祖国文物的美德，使全社会形成"保护文物光荣，破坏文物犯法"的社会风尚，使文物保护这个千秋事业长盛不衰。这方面，今天中宣部的领导同志也参加了会议，中宣部和文物局正在计划搞一个关于保护文物的宣传提纲。我们的广大文物工作者，一向以保护国家文物为己任，勤勤恳恳，兢兢业业，艰苦奋斗，富于献身精神，是一支很好的专业队伍。我们深信，在改革、开放，发展社会主义商品经济的新的历史进程中，一定会坚持和发扬这个优良传统，发挥远见卓识，把文物工作推向新的水平，为国家和民族做出更大的贡献。

张德勤在1989年全国文物工作会议上的工作报告[*]

（1989 年 5 月 3 日）

同志们：

我受文化部、国家文物局的委托向会议作工作报告。

这次全国文物工作会议距上次全国文物工作会议，已经整整五年了。上次会议是在全国开创社会主义现代化建设新局面的形势下召开的，它着重研究解决了如何进一步加强文物保护工作、加强博物馆事业建设、发挥文物在两个文明建设中的作用问题。现在看来，它所坚持的方针政策，它所确定的各项任务，都是正确的，符合当时的实际情况的，对近几年来的文物工作起了积极的推动作用。但是，这五年来我国改革开放的形势又有了新的发展；文物管理工作所处的社会环境和所面临的问题也有了新的变化；有许多新出现的有利条件，需要我们不失时机地抓住大做文章；也有许多新出现的尖锐迫切问题，需要我们及时采取对策加以解决。因此，文化部党组决定召开这次全国文物工作会议，对文物管理工作作出新的部署。国家文物局为了召开这次会议，在半年多以前就开始了紧张的准备工作。文化部党组对会议的主旨和文件做了多次审议。在中央和国务院领导同志的亲切关怀下，这次会议终于顺利召开了。

这次会议的议题和任务是什么呢？概括地说，就是要进一步落实国务院 1987 年所发 101 号文件，就是要继续贯彻这个文件所确定的文物工作的总方针："加强保护，改善管理，搞好改革，充分发挥文物的作用，继承和发扬民族优秀的文化传统，为社会主义服务，为人民服务。"具体一点说，这次会议将着重研究解决三个方面的问题：一是研究如何进一步加强文物保护工作的法制建设；二是研究加强文物保护的基础管理工作；三是研究如何充分发挥文物的作用，加快和深化文物工作的改革开放，增强文物事业自身发展的活力。通过这次会议，我们希望文博部门的同志能够清醒地认识到我们面临的形势和任务，能够明确地树立起我们管理工作的目标，能够在中央方针政策的指引下，统一认识，统一行动，团结奋进，开拓进取，以改革精神，做好文物管理工作。

我的报告共分三个部分：第一部分是对党的十一届三中全会以来，特别是近五年文物管理工作和文物事业发展的回顾；第二部分谈谈文物工作面临的形势和问题；第三部分谈谈当前和今后

---

* 工作报告原题为《以改革精神做好文物工作》。张德勤时任国家文物局局长。

一段时间要抓好的几项重点工作。

一、十年来的历史回顾

1978 年党的十一届三中全会以后，我国进入了一个新的历史发展时期，我国的文物管理工作和文物事业建设也开始了一个新的历史发展阶段。

在这十年的时间里，我们的文物管理工作取得了显著的成绩。正反两方面的经验，集中地体现在关于文物保护的法制建设上。1982 年，在全面总结建国三十多年来文物保护工作实践经验的基础上，全国人大常委会颁布了《中华人民共和国文物保护法》。这是我国第一部文化工作方面的法律。它颁布实施六年多来，对我国文物管理工作和文物保护事业，发挥了极其重要的作用。为了使这部法律的各项条款切实得到贯彻，合理解决实施过程中遇到的各种矛盾和问题，文化部、国家文物局依据《文物保护法》有关条款的基本原则，制定、颁发了一系列的法规性文件。与此同时，许多省、自治区、直辖市的文物行政主管部门，也报请地方人大和地方政府颁发了一批文物保护法规，对地方的文物保护工作发挥了重要的作用。

经过十年的努力，已经初步形成文物保护管理工作的法规体系，它使文物工作在加强管理、协调关系、处理矛盾、制止破坏等方面有法可依；一些过去难于解决的问题，现在已能依法进行合理的处理。

1987 年 12 月，国务院发出了《关于进一步加强文物工作的通知》（即 101 号文件）。这个通知对我国实行改革开放政策以来的文物工作进行了全面的总结，提出了新形势下文物工作的基本方针和任务，对在新的社会历史条件下如何做好文物工作具有重大的、长远的指导意义。

在《文物保护法》公布前后，国务院审批颁布了第二批、第三批全国重点文物保护单位，第一批、第二批全国历史文化名城。地方各级人民政府也相继颁布了一批省、县级文物保护单位。现在共有全国重点文物保护单位 500 处，国家历史文化名城 62 座，省级重点文物保护单位 4000 多处。我国的长城、故宫、敦煌石窟、秦始皇陵、北京猿人遗址，被联合国教科文组织列为"世界文化遗产"。从 1979 ～ 1988 年的十年间，仅中央财政拨款就达近 3 亿元，地方财政也拨出了一部分经费用于文物保护，使遍布全国的各级文物保护单位的保护和维修有了一定的保障。

鉴于我国实行改革开放以来，走私文物、盗掘古墓、盗窃馆藏文物的犯罪活动日益猖獗，国务院在 1987 年 5 月 26 日发布了《关于打击盗掘和走私文物活动的通告》，有力地推动了全国范围内打击文物犯罪活动的斗争，取得了重大的胜利。流散文物的管理工作也有所加强，国家和各地方的文物鉴定机构和队伍进一步健全和充实，有力地配合了文物管理、流通等各项工作的开展。文物拣选工作，为国家抢救了大量的珍贵文物和数以吨计的古钱币。经过文物部门和外贸部门的共同努力，结束了几十年来一般文物大量批发出口的状况；建立了以文物商店为主体的文物商业体系，通过流通渠道，一方面加强了对传世文物的收集、保护、研究和管理，另一方面也初步满足了国内外文物收藏者购买文物的需要，这既有利于扩大我国传统文化艺术的影响，也为文物保护事业筹集了一些资金。

在加强文物管理工作的同时，文物事业得到了很大的发展。

从 1981 年开始，在全国范围内开展了大规模的文物普查工作。经过八年多的努力，已有 24 个省、自治区、直辖市基本结束了田野调查工作，其他省区可望在今后两年内全部结束。在这次规模空前的文物普查工作中，许许多多专业技术人员、科学工作者、行政管理干部跋山涉水、风餐露宿，走遍了祖国的山山水水、村村寨寨，表现了顽强拼搏的艰苦奋斗精神和公而忘私的献身精神。八年来的文物普查，发现了大量的文物点，使在册登记的文物点总数大幅度上升。据目前对 1500 个县级行政单位的不完全统计，全国新查出的不可移动的文物史迹达到十余万处，填补了大量的文物年代的缺环和文物分布的空白。各地目前正在对文物普查成果进行总结、研究、编纂和出版工作。国家文物局组织编制《中国文物地图集》的工作正在有步骤地进行。这次文物普查是建国以来时间最长、规模最大、范围最广、投入人力物力最多、成果最丰富的一项管理基础工作，为我国制定文物保护管理工作的近期和中远期的整体规划和拟订重大的方针政策，提供了可靠的实物资料和科学依据。

十年来，我们立足于文物保护，配合社会主义经济建设，在考古发掘和开展学术研究方面，取得了一系列举世瞩目的重大成就，例如辽宁金牛山猿人化石和云南元谋猿人化石的新发现，河南偃师商城遗址、四川广汉三星堆遗址、广州西汉南越王墓的发掘以及陕西秦陵铜车马和扶风法门寺唐代塔基出土文物的发现等，都在国内外引起了震动。我国作为一个世界文物大国的地位和形象已进一步确立起来。

十年来，我国的博物馆事业也取得了可喜的进展。1976 年底，我国文化系统仅有博物馆 263 所。到 1988 年底，已经建成和正在建设的共达 903 所，连同文化系统外的博物馆，总数已超过千所。博物馆种类也由几种增加到几十种，初步改变了博物馆类型单调、品种较少、不够丰富多彩的局面。全国文物博物馆每年的观众人数达到 15000 万人次以上，博物馆的社会教育作用正在向社会深层次扩展。

十年来，中国文物的对外宣传展览工作取得了重大的成就。这期间，我们先后组织了一百多批各种规模、各种类型的文物展览，到世界 25 个国家和地区展出，受到各国朝野上下和社会各界的热烈欢迎，接待观众达 5000 多万人次。中国文物所到之处，往往要掀起一阵"中国热"。有的外国朋友这样说："你们的每一件珍贵文物都是一位文化大使。"我们的"文化大使"不仅帮助外国人了解中国的古代社会，也有助于他们了解当今的中国社会；不仅了解中国的文化，也有助于了解中国的政治、经济、哲学、宗教和社会生活的种种切切，产生的影响是积极而深远的。

从 1980 年以来，我们一直把文物博物馆系统干部培训作为工作的一个重点。国家文物局和各地方举办了各种不同类型的培训班，与各有关大专院校联合办学，培训了一大批管理人才和专业技术人才。截至 1986 年底，全国共培训干部 16000 余人次，占全国文物系统总人数的 63%。在博物馆业务人员中，大专以上的专业技术人才逐年有所增加。1988 年底，全国文物博物馆系统学术职称和专业技术职称的评定工作基本完成，知识分子特别是中老年知识分子的学习、工作条件、生活待遇有了一定的改善。从 1980 年以来，先后成立了国家文物委员会、中国博物馆学会、国家文物鉴定委员会，恢复了中国文物科学技术保护协会，各省、区、市也相继成立了不少这样的组织和团体，他们对文物博物馆事业的建设和发展提出过许多重要的意见和建议，大大活跃了文物博物馆界的学术空气，取得了一批重大的科研成果，为我国文物博物馆事业的发展做出了重要贡献。

我们简要地回顾了这十年的历史，可以看到：党的十一届三中全会以来改革开放的十年，也是我国文博事业和文物管理工作大大发展和前进的十年。

肯定这十年的成就，首先是肯定了一个重要的事实，即：党中央、国务院和全国人大常委会非常关心和支持文物事业的发展，非常关心和支持文物管理工作的改革和完善。这是我们的文物事业过去、现在和今后取得成就的最根本的保证。

肯定这十年的成就，同时也是肯定了政府各部门、社会各方面对文物工作的大力协作和支持。这里我们要特别提到公安、建设、财政、外贸、旅游、宗教、工商管理、海关等部门，对文物工作给予的热诚的帮助和力所能及的支持。我们对这些兄弟部门最好的答谢方式，是做好自己的本职工作，同时在一切需要合作的地方拿出顾全大局的气度和诚意。

肯定这十年的成就，也是肯定了我们文博部门各级领导和全体干部职工（包括离退休的老领导、老同志）的辛勤劳动和工作成果。文博部门有一批长期甚至终生从事专业工作的老专家、老学者、老技师，他们数十年如一日地献身于田野、馆所，带动起一大批有出息的中青年同志，兢兢业业，艰苦奋斗，成全事业于盛世，"不求闻达于诸侯"，表现出高尚的情操和职业道德。这种高风亮节，影响和培养了一代又一代的文博新人，在文博部门形成了位居中流的优良传统作风，这是值得我们十分自豪的宝贵人力财富和精神财富。

肯定这十年的成就，还意味着肯定了另一个重要的事实，即：我们的文物事业是全社会、全民族的事业，它已经有了相当的规模和基础，它的重要意义、影响、作用和在整个社会主义事业中的地位已经有了明显的扩大和提高。由此，我们每一位在现职岗位上工作的文物工作者，不但会增加历史的责任感和光荣感，也必定会增强继续做好文物工作的信心。

可能有些同志还会抱怨说：我们的文物事业还没有受到社会应有的重视，文博工作的地位还和我们的文物大国地位不相称。我们认为，要解决这个问题，从根本上说还得靠我们自己拿出出色的工作来。如果我们齐心协力地把祖宗传下来的文化财宝保好用好，让文物在两个文明建设中显示出越来越大的作用；如果我们满腔热情地对全体社会成员尽了服务之责，让历史文物和革命文物的光辉烛照着越来越多的人的心灵；如果我们下定决心，锲而不舍地去解决一个个矛盾，去克服一个个困难，把文物事业不断推向前进；我们相信，社会会对我们发出回响的，我们会感动上帝的，各级党政领导部门和广大人民群众一定会更加同情和支持我们的工作。

二、文物工作面临的形势和问题

十年来，我国的社会主义事业按照党中央提出的"一个中心，两个基本点"的指导思想，取得了突飞猛进的发展，整个国家的面貌发生了深刻的变化。去年，党的十三届三中全会又提出了治理整顿和深化改革的方针。从根本上说，这也是创造条件，理顺关系，让改革开放沿着社会主义方向继续健康向前发展。改革开放作为我国的国策和总方针，已经成为不可逆转的历史潮流。

从这个历史发展的总趋势来认识文物工作面临的课题，可以清楚地看到：改革开放所带来的一切积极因素都十分有利于文物事业的发展，给文物事业注入蓬勃的生机和活力。另一方面，在改革开放中出现的一切消极现象，又几乎都对文物事业发生不利的影响，给我们的管理工作带来冲击和困扰。利与弊，得与失，机遇与挑战，往往互相伴生着，交织着，像孪生兄弟一样，一对一对出现在我们的面前。

举例来说：改革开放以来，我国旅游业迅速兴起，去年国内旅游者达三亿人次以上，来华的国外游客达四百多万人次。游客必到地方自然是名胜古迹。这种过去从未出现过的好形势，给我们的历史文物和革命文物提供了大放光彩的机会。可是，跟着而来的问题就是著名的文物古迹场所人满为患，对文物保护造成了严重的危害。故宫、长城、秦俑博物馆、敦煌石窟和其他许多地方，都出现了这种开放后的危机。又例如：这几年商品经济大发展，这当然也是件好事，不但有助于发展社会生产力，而且为我们围绕发挥文物作用而进行的多种经营活动创造了有利条件。可是，跟着而来的是"一切向钱看"的歪风兴起和"唯利是图"的私欲腐蚀人心，不但诱发了挖坟盗墓、盗窃馆藏文物的犯罪活动，连我们的某些文博单位也出现了向商业部门出租场地，甚至自己经销一般日用商品的偏向，遭到社会舆论的批评。再例如：现在社会上出现了热心经营文物复制品和仿制品、文物音像制品、文物出版物，以及组织文物旅游、文物拍卖等多种多样的活动或倡议。如果我们对这些活动引导得好，管理得恰当，既可以调动社会各方面的积极性来弘扬我国的历史文化，丰富人们的精神生活，又可以得到一定的经济收入用于文物保护；如果我们没有正确的对策和管理方法，任其自由发展，则可能造成一片混乱。还有，在文物对外交流与合作方面，总的来说是局面尚未打开，有待进一步探索，而在有些方面又出现了多头对外、急功近利的过热现象，如果调控失当，效果也会适得其反。

对于在改革开放形势下出现的这些利弊共存、喜忧交织的新情况、新问题，我们既不能只看到有利的因素，因而头脑发热，盲目乱干；也不能只看到不利的因素，因而灰心丧气，束手无策。从总体上说，改革开放对文物事业的发展提供了千载难逢的机遇，创造了许多有利的条件。我们一定要把精力集注在如何搞好改革，以改革总揽全局，开启新思路，探索新途径，采取新办法，把一切有利因素都收集、利用起来，加强文物保护的力量；同时我们也要对种种不利的因素有清醒的估计，或预防其干扰于前，或消除其后果于后，或因势利导，变不利为有利，千方百计把不利于保护文物的消极现象减少到最低限度。

关于如何在有利的形势下做好改革的文章，将在报告的第三部分里谈到，这里着重讲一讲文物工作当前存在的几个主要问题。

（一）盗窃文物的犯罪活动猖獗。从 1980 年以来，盗掘古墓、盗窃馆藏文物、走私文物出境的犯罪活动逐年增加，最近几年，在全国范围内蔓延开来。近两年，盗掘古墓的歪风有所收敛，盗窃馆藏文物的犯罪活动却日趋严重。据对二十几个省、区、市 1988 年不完全统计，共发生失盗案件 80 起，失盗文物 786 件，其中一半是珍贵文物。今年 1～3 月份，又发生文物被盗案 22 起，丢失文物 488 件，平均每四天就发生一起。这是对我们文物工作者最尖锐的挑战，也是令人寝食不安的最严重的问题。如果我们不能有效地抵御犯罪分子的这些盗窃活动，将是对国家的渎职，对人民的犯罪。

（二）文物走私活动严重。现在，在香港荷李活道的上百家古董店里，几乎家家都摆着我们内地的出土文物。在欧洲和美国的文物市场上，中国的出土文物和传世文物也比比皆是。有一位坐镇香港的外国古董商说：现在是回收中国文物的最佳时期。我们当然希望这位先生的话是吹嘘之言，遗憾的是恰恰让他言中了。湖北秭归博物馆收藏的战国铜敦，去年 6 月失盗，11 月初就摆到了美国纽约索斯比拍卖行的橱窗里，其倒卖转运的速度之快，着实令人吃惊。所幸这件国宝经过我们多方面的交涉和努力，终于可望回到祖国了，但这一事件留给我们的沉痛教训是永远也不应该忘记的。

与文物走私偷运出境密切相连的是我国城乡各地出现的非法倒卖文物的活动。据说文物走私犯罪集团的触角，一直伸到我国某些边远省份的穷乡僻壤，他们从普通百姓手里以极低的价格把文物收购到手，然后一站一站倒到沿海口岸，再以极其狡黠的手段闯关或雇佣渔船偷运出境。现在，广州、上海、天津、北京等大城市的农贸市场上，已出现了一个个文物黑市，实际上都是偷运文物出境的集散地。

（三）文物古迹正遭受各种人为的破坏。人为的破坏多种多样，不胜枚举，这里只列举几种普遍为害的现象：其一是旅游开放中出现的破坏；其二是在城乡建设中出现的破坏；其三是在维修工作中出现的破坏。这几个方面的问题早已存在，都处在不断解决又不断产生的过程中。在旅游开放方面，国务院和文化部的领导同志亲自过问和研究解决了故宫的问题，这可以作为一个范例，可供存在同样问题的其他地方的同志们参考。现在需要特别提醒注意的有两个问题：一是农村实行生产承包责任制以后，一些农民群众和乡镇企业在生产活动和日常生活中破坏古遗址、古墓葬、古建筑的情况不断发生，破坏文物景观和环境风貌的情况更加严重。要解决这些问题，又往往涉及群众的切身利益，越来越难以协调。北京周口店猿人遗址遭受破坏的事件很有代表性，北京市人民政府对这一事件的处理也是很严肃的，值得各地借鉴。另一个问题是各地在对文物古迹进行维修时，出于急功近利的目的，不遵守法定的维修原则和规范，也不履行报批手续，擅自做主乱改乱建，以致把文物古迹弄得面目全非，或者把文物的景观与环境风貌破坏无余。值得严肃指出的是，干这种事情的有些竟是我们的地方文物主管部门。请想一想，我们自己执法违法，怎么能去管住别人呢？

（四）文物保护管理的基础工作薄弱，少数博物馆和文物管理所处于松散混乱状态。

文物管理部门的基础工作，在十年动乱中遭到严重破坏，近几年来又因为各种原因没有给予足够的重视，一遇到今天层出不穷的新情况、新问题，处处露出破绽，和新形势下迫切需要加强管理的客观要求极不适应。

举例来说：现在全国收藏的一级文物即国宝级文物已达 16 万件。但这只是个"大概齐"的统计数字。因为相当一部分的博物馆和文物收藏单位底数不清，没有完成文物的鉴定分级工作，没有科学的记录档案。八年前，国家文物局就开始进行一级文物的登记建档工作，到现在各地报送来档案资料的一级文物只有一万多件，仅占应完成登记工作的十几分之一。为什么报不上来呢？重要原因之一是基础工作没完成。

又例如：按照《文物保护法》规定，每个文物保护单位都要做到"四有"，即：有保护范围，有保护标志，有科学记录档案，有专门保护组织。现在，不论全国重点文物保护单位还是省级文物保护单位，大部分都没有完成这项基础工作。就是像故宫这样重要的单位，至今也没有制定出一个法定的保护范围。

这些基础工作不健全，所谓依法管理，科学管理，统统谈不上；假如文物被盗了，连报案都报不清楚；假如国际拍卖行答应归还我们被盗的文物，我们也拿不出足够的材料证明文物是我们的；假如我们要对文物购销问题做出一项决断，我们怎么能确切地知道我们哪些东西多余，哪些东西稀缺呢？再说，国家文物局连个国宝级文物的清单都拿不出来，能不令人汗颜吗？

我们的博物馆和文管所大部分是好的，干部、职工的绝大多数是兢兢业业，忠于职守的。但是确有一小部分单位，领导班子不得力、不团结，人员素质差，管理混乱，纪律松弛，弥漫着混官做、混岗位、混饭吃的"三混"现象。文物丢了，不知道什么时候丢的；陈列室着了火，有人幸灾乐祸，有人趁机大泄私愤，闹得乌烟瘴气。这样的单位，在目前的社会环境里，怎么能不被冲得稀里哗啦呢！

关于文物管理体制不适应当前工作需要的问题，是长期解决不了的老问题。目前省、自治区、直辖市的管理机构大多数在文化厅下设文物处，人少任务重，工作很难开展。多数的地、县没有文物管理机构和专职文物管理干部，或者仅在文化馆内配备一名干部兼管。随着事业的发展，这个矛盾日益尖锐，对工作的影响也越来越严重。

在回顾十年来的成就时，我们感到了欣慰和自信；在面对当前存在的这些严重问题时，我们会感到痛惜和压力。事实上，每个有责任感的文物工作者，都意识到了肩头担子的沉重，同时也相信一切困难和问题都会在坚韧的努力中逐步得到解决。

属于文博部门自身工作的薄弱环节，理所当然地要由我们自己治理整顿、填平补齐，下决心在限期内解决。至于社会环境造成的问题，我们也绝不是无能为力的。例如文物走私、文物盗窃等犯罪活动，不论公安部门怎样严打，不论海关、边防部门怎样严查，短期内也无法根本杜绝。我们必须有和文物犯罪活动作长期斗争的思想准备，而最有效的斗争手段就是把我们的队伍建设好，把我们的工作秩序整顿好，把我们的安全防范措施一项一项地落实好，真正做到"兵是精兵，武器是好武器"，我们就必定能够取得对犯罪分子斗争的胜利。至于如何消除社会上各色人等的不文明行为对文物造成的危害（包括最近接连发生的某些宗教界人士非法抢占文物保护单位的行为），我们广大的文物工作者应当理直气壮地依法实行管理，并反复向全社会做宣传，让社会各界的人们都树立起这样一个观念要保护好我国光辉灿烂的古代文明，必须建设起现代的社会主义精神文明。

三、当前和今后一个时期的重点工作

从前面的分析中，我们可以概括地讲：形势很好，问题很多，我们的文物管理工作必须从改革开放形势下的实际情况出发，因势利导，兴利除弊，采取一切有效的手段和措施，调动一切可以调动的力量，更好地完成保护祖国文化遗产的任务，让我们的历史文物和革命文物在四化建设中发挥意义深远的作用和影响。

根据当前我们国家治理整顿、深化改革的总方针和总要求，考虑到文物工作的实际状况，文化部和国家文物局认为，当前和今后一个时期，重点要抓好三个方面的工作。一是加强文物工作的法制建设；二是加强文物保护的基础工作；三是加快和深化文物工作的改革和开放，充分发挥文物多方面的作用，增强文物事业自身发展的活力。这三项大的工作抓好了，文物保护工作就会得到加强，文物事业的发展和建设就有了良好的基础和一定的实力，文物工作就会适应改革开放的形势，出现一个新的局面。

（一）大力加强文物工作的法制建设

现在全国文物部门仅有干部、职工四万人，而要我们管理和保护的文物却遍布全国各地，既有地上的，又有地下的，还有水域的，管理工作中几乎又要涉及每个社会成员的行为。我们靠什么来完成这个任务呢？除了靠教育，靠舆论，就是靠法制了。而法制正是强化管理工作，提高管理工作权威性的最有效的手段。所以，不论从当前和长远着想，我们都要把法制建设作为一项重要工作来抓。

文物工作的法制建设目前需要解决的主要是两个问题，一是进一步加强文物保护的立法工作，进一步完善文物保护工作的法规体系；二是在贯彻实施法律的过程中采取一些硬性的措施，解决"有法不依，违法难究"的问题。

在六年来贯彻《文物保护法》的过程中，我们感到它的实施还需要有一个全面系统的办法；有些条款在实施过程中需要做出更为明确、具体的解释，以便更好地处理、调整文物工作中的各种复杂关系。为此，1987年国家文物局草拟了《文物保护法实施细则》，并且向地方和中央有关部门征求了意见，又做了必要的补充和修改，现在这个实施细则正在国务院审议。在这次会议上，国务院法制局的同志将就《文物保护法实施细则》的审议作一个重要发言，我们也将根据这次会

议对草案提出的意见进行补充和修改。这个《细则》可望在今年年底以前由国务院颁布实施。这样，我们的文物保护法在执行过程中就可以发挥出更大的威力了。

针对目前存在的"有法不依"的问题，文物部门要大力加强《文物保护法》的宣传工作，动员和利用舆论的力量对文物保护进行更为广泛的社会监督。在《文物保护法实施细则》颁布后，文物部门要在全国掀起一次宣传《文物保护法》的高潮，并把《文物保护法》的宣传列入全民普法教育规划。要注意抓正面典型，表彰正气；也要抓反面典型，震慑罪犯。特别是对那些具有法人地位的全民、集体所有制的企事业单位破坏文物的问题，要制定出依法进行处理、处罚以至追究刑事责任的程序和方法，真正做到执法必严，违法必究。

文物部门要密切配合公安、司法、海关、工商等部门，继续严厉打击各种文物犯罪活动，根据最高人民法院、最高人民检察院颁布的《关于当前办理盗窃、盗掘、非法经营和走私文物的案件具体应用法律的若干问题的解释》，依法公审公判，惩处罪大恶极的犯罪分子。

在贯彻执行各项文物保护法规时，各级文物管理部门和文博单位的全体工作人员要带头学法、用法，模范地遵法、执法，自觉地把我们的一切工作都纳入法制的轨道，检查我们的每一项决策和工作是否都不折不扣地执行了各项法规。每一个文物工作者都应当用文物法规的规范来严格地约束自己的言行，做执法守法的表率。

（二）加强文物保护的基础工作

当前要抓的文物保护的基础工作，主要包括全国文物普查、各级文物保护单位的"四有"、文物藏品管理、博物馆的整顿和提高、考古发掘资料的整理研究、文物安全保卫和文物保护的科学技术研究等七个方面的工作。

加强基础工作的意义和迫切性，前面已经说过，这里不再讲了。对这些基础工作的规范性要求和完成任务的期限，在文物局向这次会议提出的各项文件中，都有明确的规定，也不多讲了。比如，关于全国的文物普查工作，国家文物局要求在一九八九年年底以前基本结束田野调查工作；编制《中国文物地图集》的工作，除新疆、西藏以外，其他省、区、市应在 1989～1992 年陆续完稿。关于各级文物保护单位的"四有"工作，要求在今后的一年内完成保护标志的设置；在一至三年内建立各级文物保护组织；在三到五年内划定全国重点文物保护单位保护范围和建设控制地带，并完成批准手续，使之具有法律效力；各级文物保护单位较为完善的科学档案的建档工作也应在三至五年内完成。关于文物藏品的保护管理，要求在最近一两年内对馆藏文物进行一次比较彻底的清理，摸清文物底数；凡已入藏的文物，一律要进行清点，做到账、物、卡核实一致，对尚未入藏和不够入藏标准的文物也一律要清点数目，登记造册；一级藏品档案和目录至迟应在1991 年以前报国家文物局备案；国家文物局将对报送备案的一级文物档案和目录进行汇总、分类、编目，在适当时候编辑出版《全国一级文物总目》。目前各地都有许多考古发掘的文物资料有待整理研究，有的还保存在发掘者个人手里，这些文物资料既要抓紧整理、研究、发表，又要及时提交文物主管部门指定的单位保管展出。此外，流散文物管理，包括私人收藏文物管理、文物出境、文物市场管理等等都是文物管理基础工作的重要方面，都要加强和改善。特别是许多文物商店同样存在家底不清，资料不全的问题，今后要努力改变这种状况。

我们提出这些要求，既考虑到加强文物管理工作的迫切性，也考虑了完成这些任务的可能性。如果大家经过认真讨论认为是切实可行的，那就请大家回去以后组织实施，坚决完成这些任务。

关于文物安全保卫工作，鉴于盗掘、走私的犯罪活动有增无减，我们希望所有的博物馆和保存文物的单位都把它作为头等重要的工作切实抓紧抓好，下决心把文物失窃的案件减少到最低限度。各级文物主管部门要从今年下半年开始组织自下而上的文物安全大检查。先开展各单位的自查，查出的各种隐患，要限期落实各项防患措施，然后由上级文物主管部门会同公安机关验收。对不符合开放条件的，应暂时关闭整顿，待条件成熟后再重新开放。对那些暂时不具备保管珍贵文物条件的单位，应将所存珍贵文物调往安全条件较好的单位保管；如果这些单位拒绝上调文物而又不认真做好安全保卫工作，丢失文物时应加重处分。这种安全大检查的做法，应逐步地制度化，每年至少进行一次。

为了加强安全保卫工作，各文博单位还要进一步建立和健全保卫机构和保卫力量，各单位的保卫干部和保卫人员总数应占职工人数的 10% 左右。要保持保卫队伍的相对稳定，完善各项安全保卫制度，严格执行安全岗位责任制。必须使全体文物博物馆单位的工作人员明确，文物的安全保卫工作不仅仅是保卫人员的责任，每一个工作人员都应有时时防范的警觉，对保障文物的安全都具有不可推诿的责任和义务。对那些工作成绩显著的人员要给予奖励，对因失职造成文物丢失的人员一定要追究责任，直至追究刑事责任，绝不能姑息迁就。

要解决文物失盗的问题，归根到底要靠带好队伍，做好人的思想政治工作，提高警惕性，增强责任感。在历年来馆藏文物失盗的案件中，迄今为止我们几乎没有发现一个案件是在我们的工作人员睁大了眼睛的情况下发生的，恰恰相反，这些案件几乎都是发生在或者无人值班巡逻，或者清场不严，或者关起门来睡大觉的时候。这不很值得我们内疚和深省吗？一个文物主管部门的领导，一个文博单位的领导，如果不能把你所带的队伍唤醒，让他们切实感到犯罪分子和犯罪活动的严重威胁，认识到文物失盗就是对祖国对人民的欠账甚至犯罪，你的日子怎么能过得下去呢？国家文物局决定从今年起，不论哪个单位丢失了珍贵文物，都要经省以上文物主管部门审核，通过新闻报道向全社会公布。这样做，一是为了向国家向人民作个交代，二是要通过社会舆论来施加一点压力，看看能否把一些麻木不仁的同志唤醒，激发出他们保护祖国不可再生的宝贵文化财产的热情。在这同时，我们要通过各种方式表扬那些为保障文物安全而做出贡献的同志。我们国家文物局的同志愿意同全国的文博干部职工命运相连地共同面对眼前的忧患，共同承担保障文物安全的神圣之责。

在强调人的因素的同时，各保存文物的单位也要进一步加强技术防范措施，起码要做到具备

"三铁一器"，即：铁门、铁窗、铁柜、报警器。保存较多珍贵文物的单位，应使用两种以上的技术安全设备，组成多功能的技术防范系统，设立专人监守。要达到这些要求，经费是个严重的问题。我们在同公安部的同志反复讨论商量之后，已经向国务院写了报告，要求今明两年在中央财政十分困难的情况下拨出一笔专款，用来改善文物收藏单位的安全设施。如果中央财政能拿出这笔钱，也只能补助一部分省、市的博物馆和文物收藏单位，全国大部分的市、县级博物馆的安全设施问题，只能由地方财政拨款解决。我们恳切希望地方各级人民政府能本着同样的精神，设法解决一下这个问题，如果有的市、县实在无力解决，那么为了确保文物的安全，只好将不具备安全设施要求的博物馆暂时关闭起来，或者将它陈列和保藏的珍贵文物调往安全场所。

在搞好文物安全保卫工作的基础上，各级各类的博物馆都要进一步做好文物的搜集、保护、管理工作，加强科学研究，提高展览水平，使之成为广大群众汲取知识、丰富精神生活的场所，专家学者科学研究的阵地，学生校外学习的课堂。我们博物馆的陈列要从藏品实际出发，发挥自己的优势，力求内容丰富多彩，形式新颖活泼，把思想性、科学性、艺术性、知识性和趣味性融于一体，有声有色，雅俗共赏。通过陈列展览和宣传教育，使人民群众认识自己的历史和创造力量，接受历史唯物主义、爱国主义和革命传统教育。在现在的博物馆中，有一部分没有开展业务活动，没有文物基础，搞不出陈列展览，不可能长期存在下去，各地文物主管部门要从实际出发，对这类博物馆进行必要的整顿、提高，使之尽快地发挥效益。博物馆建设，要从实际出发，严格按条件和标准办事。凡是既无文物资料，又无馆舍和专业干部的地方，不宜急于建馆。具备条件的新建馆，要扎扎实实地做好文物的收藏保管、科学研究和陈列展览等基础工作，切忌贪大求全，或者挂牌不办事。博物馆建设要侧重于搞一些中、小型的各具特色的博物馆；脱离本乡本土，无米下锅的博物馆，不可能具有地方特点，因而也就不可能为群众所喜闻乐见。博物馆工作是文物事业的一个重要组成部分，应该按国务院 101 号文件精神进一步加强这项工作，使博物馆事业继续向前发展。国家文物局正在酝酿建好一批重点博物馆的计划，即在全国范围内，通过调查研究，确定若干个基础工作好，有发展前途的省级馆作为"种子"队，国家和地方各级人民政府从人力、物力、财力给予重点扶持，使它们充分发挥"种子"作用，推动博物馆事业的全面发展。

在谈到加强基础工作的时候，还有一个问题要强调一下，就是当前文物保护科学技术的研究工作还是一个相当薄弱的环节。随着工业的迅速发展，地震等自然灾害的频繁发生以及世界范围内的气候变化，使自然力对文物的破坏更加显著。因此，必须把防止和控制自然力对文物的破坏作为重要的课题，认真研究，编制短期和中长期规划。文物保护科学技术的研究，既要对我国固有的行之有效的传统技术进行研究、总结，对于一些面临青黄不接，有失传危险的传统技术，要立即采取有效措施，进行抢救；又要加强与科学部门的横向联系，注意科学信息的沟通和交流，引进外资和先进技术设备，把科学技术的最新成果应用于文物保护。要按照轻重缓急，确定一批重大的科研项目，集中一定的人力、物力、财力组织联合攻关。争取在三五年内对壁画剥落、石刻风化、纺织品腐朽、漆器干裂、青铜器锈蚀、纸张老化、古建筑糟朽等科研项目，有较大突破。我国作为一个文物丰富的文明古国，应该在文物科学技术保护的研究工作中取得一些重大成果和实质性的突破，并在某些特殊的领域居于世界领先地位。

（三）加强和深化文物工作的改革开放，开展合理利用文物的经营活动，增强文物事业自身发展的活力。

我们在文物的保护管理工作中遇到的最大困难，一个是事业经费太少，一个是管理手段太软，也就是一些同志所常说的："没钱"，"没权"。在考虑加强法制建设的时候，我们的着眼点是强化管理权威的问题。在确定这项工作重点的时候，我们的着眼点是适应社会主义商品经济大发展的社会环境，通过改革开放，合理地利用文物，弘扬祖国历史文化，同时在这个过程中正当地获取一定的经济收入，为文物保护事业增添一些资金。

第一，改善流散文物的经营管理工作。

现在虽然在全国各地设立了九十家文物商店，初步建立了文物商业体系，但是由于我们的管理办法不能适应改革开放的新形势，经营活动的指导思想不完全符合客观实际，一方面资金匮乏，另一方面又有大量商品文物积压，购销不能平衡，大都处于难以为继的困境。对广大人民群众手里掌握的流散文物，我们的商店无钱收购；同时，由于我们收购文物的价格定得太低，群众也不愿意把文物交售给我们。在这种情况下，非法的文物倒买倒卖活动日益猖獗，文物走私贩子得以大行其道。眼看着大批文物流走了，大量的钱财让文物贩子赚去了，我们也无可奈何。为了改变这种被动的局面，我们设想了一些改革方案，其大致的思路是逐步摸清家底，搞好向博物馆提供藏品的工作，同时调控国内外流通和需求工作，积极开展文物内销，尝试文物拍卖业务，扩大文物的多向流通，大大缩小以至消除倒卖文物的黑市。关于搞好文物流通改革，国家文物局起草了一个文件，印发给了大家，在此我不展开讲了。关于搞好文物多向流通的问题，着眼点是要开拓国内合法的文物市场。最近一两年北京、广州等地开展了内销业务，在社会上产生了较好的反映，取得了一些经验，可以逐步地在全国推广。同时可以在"少出高汇，细水长流"的方针指导下，适当地扩大经销品种的范围，提高经销文物的档次，以满足社会各阶层日益增长的文化需要，并且通过文物流通，加强人民群众的文物意识。关于文物拍卖问题，最近几年社会各界都有些呼声，可以开始尝试进行。文物拍卖是国际通行的一种经营方式，可以提高我国文物在国外的地位，激发群众发现和保护文物的热情。在我国此项拍卖必须由国家文物局指定的单位专营。文物拍卖工作开展以后，将会给文物收购和销售业务带来一定的冲击。因此要适当地调整文物收购价格，文物商店应在国家规定允许的范围内逐步地开展文物的内销寄售业务。我们已经起草了一个《文物拍卖专营条例》，经国务院批准后将开始组织实施。

最近经国务院批准，将原中国文物商店总店改为"中国文物流通协调中心"。它的主要任务是对全国文物商店的业务工作和经营活动全面进行统筹协调，开展统一批量销售、统一特许出口、统一进行拍卖等业务活动。

第二，开展合理利用文物的经营活动。

文物出国展览，已经经营了十多年，总的来说取得了多方面的、很好的效果。今后还将在《文物保护法》允许的前提下，有计划、有节奏、有重点地继续开展下去，并且要力求突破单一的展览形式，形成综合性的交流合作项目，取得更大的影响和效果。除此以外，我们还将逐步地开展以下经营活动，进一步发挥文物多功能的作用：

文物复制：目前文物复制品和仿制品的制作和销售，已经成为"热门"生意，唐三彩、兵马俑、马踏飞燕等珍贵文物的复、仿制品到处都可以看到，但大多数属于粗制滥造，质量低劣，降低了珍贵文物的身价和声誉，又没有形成保护文物的资金来源。为了克服这种混乱现象，首先要加强统一管理，对珍贵文物的复制和销售都要从严控制。在这同时，对那些驰名国内外的特别珍贵的文物，文物部门将分批公布名单，直接掌握其制作和销售的权利。只有这样，才能以精取胜，以少胜多，得到最好的效益。

文物音像制品和书刊出版：我国历史悠久，文物资源丰富，许多历史人物、历史故事在国内外都有很高的知名度。利用这些条件，有计划、分档次、成系列地制作和发行音像制品和文物书刊，就有可能把我国历史文化的精粹成果传播到海内外的每一个家庭，经营活动的潜力和前景是非常可观的。

文物旅游：我们所要组织的旅游，不是一般的观光旅游，而是指国外文物专家、学者、收藏家的高层次、小批量的旅游。组织这些人来华观览文物，我们可以提供特殊的服务，可以由我们的文物专家、学者出面向他们做深入的讲解，也可以进行学术交流。这种活动将有助于把我们整个文物工作的对外交流与合作推动起来。

文物咨询服务：我们文物部门有许多活的"国宝"，即我们的专家、学者、高级工程师和技师。他们独具的丰富知识与绝技，应该也可以向国内外提供咨询服务。文物鉴定、文物修复、技术保护、字画装裱、古建仿造、陈列设计等等，都可以一项一项地运营起来，为保护我们自己的文物做出贡献。

今年年初，经国务院批准，在国家文物局下面成立了"中国文物交流服务中心"。这个"中心"的主要任务，除了受文物局委托行使一部分文物对外交流服务的管理职能之外，就是组织、协调和从事文物出国展览、文物复制、文物旅游、文物影视以及有关文物的咨询、服务等各项经营活动，在各项业务开展起来具有一定基础以后，逐步向各具专业内容的经营实体过渡。

第三，在考古发掘和科研工作方面开展与外国合作。

为了使中国考古学和文物科学保护技术走向世界，我们需要在不损害我国声誉和权益的前提下，在考古发掘和文物保护科学技术方面与外国的合作可以积极、谨慎、稳妥地进行。开始宜迈小步，逐步摸索总结经验，慢慢拓宽路子。对外要一个口子审批，即外国团体和学者向我国文物主管部门提出申请，经审查同意后报请国务院批准立项。近期内先在中央的文物考古机构试点，以后再考虑有条件的省。目前，准备对外开放的考古调查和发掘工作一律都采取中外合作的方式进行，合作发掘的对象限于一般古遗址和古墓葬，帝王陵墓和大型的古墓葬不作为合作项目。埃及这个文明古国也是这样做的。目前在埃及有 60 个外国团组在进行考古发掘。他们一律采取与埃方合作的方式。双方联合组队，埃方对考古项目拥有监督权；合作项目只限于国家计划之内的项目；发掘出土文物，一律为埃方所有，外国人不能带走任何文物，发掘报告联合发表。埃及的这些做法，我们可以借鉴。文物科学技术保护研究和其他的对外开放的合作项目，可以考虑再放得宽一些，国家文物局正在制定这方面工作的管理办法，争取今年内能批准、试行，逐步地摸索出一条既有利于对外开放，又有利于保护管理的路子来。

发展文物事业，加强保护管理，开展合理利用文物的经营活动，能否落到实处，关键问题之一是人才和干部。我们希望各级文物主管部门要特别注意抓好人才的培养和使用。关于文博干部培训的规划，去年已经做了布置，现在的关键问题，是各级文物主管部门要把这项工作作为发展文物事业的战略重点来抓。首先抓好在职干部的培训，采取馆校结合，教育与文博工作相结合，充分调动各级办学的积极性，重点抓好在职人员的岗位培训，同时办好大学的文博专业，培养新生力量。要着力培养一批思想好、作风好、业务精的高、精、尖人才，逐步形成一支具有较高专业水平、有无私奉献精神、愿意终身为保护祖国历史文化遗产而艰苦奋斗的队伍。

以上所讲的这三项重点工作是互相联系、互为条件、互相促进的。加强文物工作的法制建设，是搞好宏观管理和基础工作的重要的保证，是这三项任务中最主要、最根本的工作。加强文物保护的基础工作，也是法律得以正确实施的前提。只有这前两项工作做好了，加快和深化改革的这最后一篇文章才能写好。反过来说，这篇文章写好了，文物事业依靠自身的优势造就了自身发展的活力，也有利于加强文物保护的基础工作和法制建设。

这三项重点工作的提出，文化部和国家文物局是经过反复讨论和研究的，这三项大的工作都是文物工作改革的重要组成部分。各地文物的主管部门，可根据本地区和本单位的实际，作出自己的工作部署。这次会议之后，文化部和国家文物局将继续倾听同志们的意见，接受来自实践的呼声，认真研究，总结各地区单位工作的新的经验，不断补充、完善或修改我们的工作设想，推动文物工作一步一步地向前发展，为提高全民族的思想道德和科学文化素质做出更大的贡献。

同志们：我们正处在一个伟大的历史变革时代。历史赋予我们每一个文物工作者的责任是光荣的，也是艰巨的。我们中华民族五千年文明历史遗存下来的极为丰富的文化遗产要在我们这一代人手中保护好、利用好，并传之子孙后代，这是我们责无旁贷的历史责任。在我们前进的道路上，纵有无数的艰难和险阻，只要一想到这个历史的责任，我们就一定会同心同德，团结一致，共赴艰难，以最大的热忱去开创文物工作的新局面。

谢谢大家！

李铁映在 1992 年全国文物工作会议上的讲话 *

（1992 年 5 月 6 日）

　　这次全国文物工作会议是一次非常重要的工作会议。这次会议的任务是研究如何进一步把文物保护好，使文物工作上一个新台阶。我希望这次会议取得圆满成功，并向全体文物工作者致以诚挚的问候和敬意。

　　我国是一个历史悠久的文明古国，上下五千年的历史长河一脉相承，绵绵不绝，每一段历史都给我们留下了丰富多彩的文物古迹，凝聚着中华民族的智慧和创造力。这些丰厚的历史文化遗产是中华民族的骄傲，是中华民族对人类文明史的伟大贡献。在近代历史上，中华民族的先驱们、先烈们和广大的人民群众为了争取独立、解放和民主、自由，与帝国主义列强和一切反人民的力量进行了殊死的斗争，又给我们留下了大量的革命文物，在我们民族振兴的大业中永远闪耀着真理与正义的光芒。这些历史文物和革命文物是我们宝贵的精神财富。我们这一代人一定要把它保护好，使它世代永存，这是我们光荣的使命和义不容辞的职责。

　　我们党和国家对文物工作历来是十分重视的，无论是在革命战争年代还是社会主义建设时期，都把文物保护工作当作一项历史性的任务来看待。建国以后，特别是党的十一届三中全会以来，随着社会主义事业的发展和改革开放的深入，文物保护事业取得了令人瞩目的成就，愈来愈受到全社会、全民族的重视和关心。但由于历史的欠账和我国经济发展水平还比较低，文物保护工作还存在大量繁重的任务需要完成。为此，党中央和国务院经过认真研究，决定从今年起把中央直拨经费在原有五千万元的基础上，再增加七千万元，从明年起增加八千万元，希望在"八五"期间集中力量，抢救维修一批重要的文物古迹，进一步改善我国文物保护事业的状况。中央增加的这笔资金，表明了党中央和国务院的决心，一定要对子孙后代、对中华民族高度负责，把文物保护好；同时，这也是对全社会、全民族的一个号召，全社会都要把爱护祖国文物当作一件大事来考虑，各级党委和人民政府都必须组织和动员各方面力量保护好我们民族的遗产。特别是一些文物大省，一定要把这个问题摆到重要的议事日程，责无旁贷，进一步加强领导，建立和完善责任制，把文物保护工作落到实处。我们能否建立这样一种责任制，即对各地的重要文物遗迹建立

---

* 原题为《一定要把文物保护好》。李铁映时任中共中央政治局委员、国务委员。

"责任状"制度，根据文物的重要程度，分级管理，各负其责，健全责任制。我有个建议：各级领导同志最好每人都亲自抓一个文物保护项目或文物维修工程，一抓到底，务求必成。也可以把这叫作"首长项目"，当然这与干部特殊化不是一个含义，这是我们各级党政负责同志为子孙造福的德政。

要做好我国的文物保护工作，必须要有改革开放的精神。不改革，文物工作不能加强，也不能完善。文物管理体制，有许多还不能适应改革开放的新形势，希望认真研究一下如何建立责权利相统一的、更有效的保护、利用、弘扬文物的管理体制。要按照最近中央政治局会议和邓小平同志的重要谈话精神，认真研究这些问题。我们要加快改革开放的步伐，集中精力把经济建设搞上去，我们要坚定不移地沿着有中国特色的社会主义道路，在党的"一个中心、两个基本点"的基本路线指引下，毫不动摇地把社会主义事业推上一个新台阶。在这样一个新形势下，必然会对文物工作提供更多有利的条件和机遇，同时也会提出新的情况和问题。在加强文物管理工作和深化改革的过程中，是否有这样几个问题需要大家注意研究：

一、保护问题

我和张德勤同志并和其他一些同志在这几年的接触中谈过，就我国现在的情况来看，还是要把保护放在第一位，把现有的文物保护好，是我们这个时期第一位的任务。保护之中有个抢救问题，中央增加的这笔专款要作为抢救任务落实下来。保护为主、抢救第一，是当前一个时期内文物工作的一个重要指导思想。

二、弘扬问题

要通过我们的文物工作来弘扬中华民族优秀、灿烂的历史文化和民族遗产。不仅要使我们中华民族一代一代都能继承发扬中华民族的优秀传统，同时要向全世界介绍中华民族的优秀文化传统。文物本身是实实在在的历史，是历史的见证和载体，每一件文物上都记载着历史的过程。保护的目的之一就在于弘扬，弘扬才能继承，也更有利于保护。文物是我们宝贵的精神财富，会带来巨大的社会效益和相当的经济效益，弘扬得好其效果是非常大的。要继续做好对外交流工作，可以说，在文物的对外交流中我们具有很强的实力，也是一种特殊的外交活动。我们的文物工作者、专家和政府部门都应很好地研究如何弘扬问题，不仅要在理论上研究，还要建立必要的规章制度、管理体制，造就一批人才。

三、利用问题

文物只有有了使用价值，才有存在的价值。我们如何看待文物的使用价值，这是一个大的问题，文物不利用，也保存不了。中华民族五千年的历史文化遗产这样丰富，用我们现有的财力将其全部保存下来，是有困难的。现在为什么我们的文物没有得到很好的保护？原因当然很多，其中一个原因就是在保护与利用这个问题上，我们没有以改革开放的精神处理好。世界各国的文物保护，没有能离开利用的。利用包括教育、宣传和展示等。在我国960多万平方公里的土地上，文化遗产十分丰富、珍贵文物价值连城，因而仅仅依靠文物部门和国家财政的拨款是不够的。如何利用文物，要解放思想。利用得好，就保护得好；利用得差，保护也难以做好。当然，如何利用，这也是一门复杂的学问，利用必须要有科学的保护，要在保护好文物的原则下，充分发挥文物的社会效益，获得必要的经济效益来造福于民。我们要认真处理好这个复杂的问题。

四、打击违法犯罪问题

当前，文物违法犯罪活动猖獗，屡禁不止，文物盗窃案时有发生，文物的走私黑市十分严重，这是一种愚昧、无知、落后的社会现象，同时也是危害社会的极大的犯罪。尽管公、检、法、海关、工商与文物部门做了大量的工作，但是文物违法犯罪活动却愈演愈烈，还看不到迅速压下去的局面。我希望参加这次会议的同志回去后，能够根据当地的实际，创造性地建立一个社会化的文物监督保护体系，只有依靠人民群众的力量，才能把这股风压下去，而且一定要压下去，否则就是对子孙后代犯罪。每一次盗掘或偷盗，都直接地损害了文物。对此要依法严厉打击，决不能宽容手软。我认为地方的党政部门在这一问题上要认识一致，要采取坚决措施尽快把这股歪风压下去。这件事，文物集中的大省要做出表率。

五、增强全民意识问题

我们要向社会广泛宣传《文物保护法》及其《实施细则》，今年时值《文物保护法》颁布十周年，我们更要抓紧宣传工作。没有全民族的文物保护意识，没有各级党委、政府把保护文物作为精神文明、作为对子孙后代的负责任的大事来抓，文物保护的状况就难以改变。我们在舆论方面，包括广播、电视、报刊等，要多作正面的评论报道，向人民群众进行文物知识和文物保护方面的宣传教育，同时也要揭露那些破坏文物的犯罪分子的丑恶嘴脸，对一切靠盗掘、盗窃文物发财的人，应该让其倾家荡产。要依法严惩，给他们以震慑。

六、培养人才问题

我认为当前不仅存在文物的抢救问题，而且还有一个培养和抢救人才的问题。据我所知，不少文博单位人才匮乏，特别是具有真知灼见的专家十分匮乏。文物工作是一种特殊的岗位。一个人不热爱文物，也不会真正懂得文物；而不懂文物也很难热爱文物。一个既不懂得文物也不热爱文物的人，在文物工作岗位上就不可能保护好文物，也不可能很好地弘扬和利用文物。因此，保护、利用、弘扬文物的一个重要条件，就是要有一大批热爱而且懂得文物的专业队伍。我深为几十年在敦煌从事考古研究工作的专家们对文物事业献身的精神所感动。如果一个人仅仅把从事文物工作作为普通的就业岗位，目的就是找一个"饭碗"，甚至想借此很快地富裕起来，那样的话，文物队伍的建设是搞不好的。

1988年我曾与张德勤同志谈过，你这一任局长拿什么来衡量你的工作成绩呢？抢救、保护一批文物固然十分重要，同时还有一个重要的标准，就是看在你任期内培养、造就了多少既热爱又懂文物的专家队伍。我多次建议有条件的大的博物馆、研究所要以自己收藏的文物及资料文献作为教材，以文物专家作为教员，采取馆校结合、院校结合等方式，经过一段较长的工作、学习过程，培养出一批文物专家。这个问题请各级政府和文物管理部门认真考虑。造就一大批文物工作的专家，形成制度，这要作为一件大事予以落实。目前，文物战线的主要力量还是靠多年来培养出来的一批文物专家，也有一批年轻的专家在成长。许多老专家在文物事业上立了大功，成为驰名中外的专家。我希望在90年代能够有计划地培养出一大批中青年的专家，要把这项工作作为一个重要任务定下来。老专家是文物工作的"国宝"，对于这些做出卓越贡献的老专家，我们一定要保护好，继续为他们创造工作条件，让他们带好徒弟，使他们能够为祖国文物事业的发展做出更多的贡献，他们是我国优秀文化遗产的"保护神"。文物系统要采取适合自己特点的制度、办法，而不要完全照搬学校的办法，我们有自己的传统，也有自己的一套行之有效的办法。

这几年国家文物局、各地文物部门、各有关部门和各地政府，都做了大量卓有成效的工作，才使文物工作取得了这样的成就，也逐步形成了一支团结奋斗、精神振奋的好的队伍。尽管任重道远、任务艰巨，但总的形势是好的。只要我们抓住有利时机，在各级党委和政府的领导下，努力奋斗，完全有可能把文物工作搞得更好，把文物事业推上一个新台阶。

李瑞环在 1992 年全国文物工作会议上的讲话 *

（1992 年 5 月 8 日）

这次全国文物工作会议，是一次很重要的会议。李铁映同志作了重要讲话，张德勤同志作了工作报告，我都赞成。到会同志还就如何搞好文物工作的问题发表了许多很好的意见。我没有多少新话要讲了。这里再重复强调几点。

一、博大精深的历史文物是中华民族的骄傲

我们伟大的祖国，是世界文明古国之一。在漫长的历史岁月中，我们的祖先用自己辛勤的劳动和卓越的智慧，创造了举世瞩目的中华民族文化，留下了极其丰富的文物宝藏。论历史悠久、源远流长，中国文物可以追溯到史前时期。

旧石器时代大量猿人化石和文化遗址的发现，说明中国是世界上少数几个拥有最古老历史文物的国家之一。在人类历史上，不少地方都曾燃起古文明的火炬，但由于各种原因，大都发生过断层，唯我中华文明五千年来一脉相承、经久不衰，作为这一古老文明实物映照的中国文物世代留存、从未间断。如果把我国不同时代的文物排列起来，就是一部完整系统、生动形象、翔实可征的"中国通史"。论规模宏大、广博浩瀚，中国文物遍布祖国各地，从白山黑水到七闽八桂，从东海之滨到西部戈壁，到处都有丰富的文物资源。在我国的文物宝库中，包容了 56 个民族的智慧结晶，吸收了世界众多地区的文明精粹，表现了中华文明强大的向心力和恢宏气度。论丰富多样、技艺精湛，中国文物精品荟萃，蔚为大观，品种之多，门类之全，是世界其他国家难以比拟的，在许多领域都代表了当时人类文明的巅峰。现在保存下来的古器物、古书画、古文献、古建筑、古石刻、文化遗址、历史名城、帝王陵寝和古代园林等等，无不反映出我们祖先高超的思想文化水平和科技艺术才华，至今令人叹为观止。

中华文明对世界各国的文明与进步产生过巨大的影响，大量的文物是这一客观事实的验证。早在汉代，丝织品就源源不断运往国外，著名的丝绸之路遗址使人联想到当时中外交流的繁华景象。在唐代，都城长安是世界性的大都会，现存的许多文物史料充分反映了当时各国商贾云集、学人聚汇的盛况。特别是指南针、造纸术、印刷术和火药四大发明，传播到世界各地，对人类的

---

* 李瑞环时任中共中央政治局常委、书记处书记。

科技和文化进步起到了不可估量的作用。马克思对此曾给予高度评价，他说："火药、指南针、印刷术——这是预告资产阶级社会到来的三大发明。火药把骑士阶级炸得粉碎，指南针打开了世界市场并建立殖民地，而印刷术则变成新教的工具，总的说来变成了科学复兴的手段，变成对精神发展创造必要前提的最强大的杠杆。"在当今世界，人们越来越多地从人类文明总体发展的角度来认识和评价各国文物，中国文物以其独有的民族风格放射出璀璨夺目的光彩。世界各国的文人学者，无论其政治信仰和价值观念如何，都不得不承认中国文物的丰厚珍贵和艺术魅力，都不得不为古代中国人民的巨大创造力所折服。直到今天，世界上仍有许多人花费很大的精力来研究中国古代文化典籍，寻求它对现代社会发展的重要价值。许多达官巨贾和旅游者对中国文物表现出浓厚兴趣，把观赏中国文物当作一种美好的精神享受，都以能够一睹中国珍贵文物的丰采而感到荣耀，都以能够收藏几件中国文物来显示其高雅。

在今天我国社会主义现代化建设和改革开放中，文物仍然发挥着特有的作用。历史文物是我们学习历史唯物主义的直观、生动、形象的教材。它把各个时代的社会制度、社会生产、社会生活以实物的形式展现在人们面前，帮助我们了解社会发展规律和历史演变进程，了解中华民族长期居于世界领先地位的古代文明，了解近百年来中国人民前赴后继、争取民族独立解放的英勇斗争。丰富的历史文物有利于促进文化繁荣和经济发展。随着人们物质生活的提高，欣赏历史文物，参观名胜古迹，已日益成为人们精神生活的一部分。利用文物资源，吸引海内外游客，是发展我国旅游业的一大特色和优势，也是开展国际文化交流的一个重要方面。通过举办文物展览，经营文物商店，发行文物图书，提供参观服务等活动，既可以宣传扩大中国文物的影响，又可以为文物保护筹措资金。历史文物是联结中华民族的强大精神纽带。有些珍贵文物已成为举世公认的中华民族的象征。无论是身居中国本土还是生长在异国他乡的中华儿女，只要提到伟大祖国的文物瑰宝，都会联想到我们勤劳、勇敢、智慧的祖先，联想到中华民族在世界文明史上的历史地位，都会引为骄傲和自豪。历史文物的发掘、保护和展现，必将进一步激发海内外中华儿女的爱国热情，增强民族凝聚力，鼓舞人们在中华民族伟大复兴的旗帜下，为实现祖国统一和四化大业，做出自己应有的贡献。

二、保护好文物是我们的历史责任

我们这个国家历史上发生过无数次战争、灾荒，人民颠沛流离，饱受动乱之苦，历史文物也遭受了严重损失；特别是近代帝国主义列强和文物强盗疯狂掠夺，肆意破坏，历史文物损失更为惨重，或化为灰烬，或沦为废墟，或流落异国，或不明去向，许多稀世瑰宝已荡然无存，有的仅仅剩下文字记载。回想这些，真是叫人痛心疾首，无限惋惜。我国现存的文物，是我们的祖辈一代又一代，付出了巨大代价和牺牲才保留下来的，是非常不容易的。现在这些历经磨难的珍贵遗产传到了我们这一代手里，我们应该怎么办呢？是尽最大努力保护好，继续传给我们的后代子孙，还是不负责任，在我们手里任其毁掉呢？这确是一个值得每个当代中国人严肃思考的重大问题。

我们常讲"历史的人干历史的事"。这句话包含着两层意思：一方面是说我们不要超越历史阶段去干未来才能干的事；另一方面是说我们不能逃避历史责任，不去干我们应当而且可以干的事。如果我们这些"历史的人"没有干"历史的事"，使祖先留下的这份遗产在我们手中糟蹋了，损坏了，那就不是一般的工作失职，而是上无以对祖先，下无以对子孙，成为千古罪人。

强调保护文物是我们应尽的历史责任，还在于这是搞好两个文明建设的重要组成部分，是各级党政领导进行四化建设和改革开放不可忽视的一项工作。当前，我们面临的各方面任务都很繁重，大事、急事、难事很多，但必须明确，保护文物，特别是大规模地抢救文物，绝不是可办可不办的事情，而必须作为一项重要任务，纳入当地经济和社会发展的总体规划，自觉地认真抓好。保护文物是要花一点钱的，我国目前也确实是缺钱，但缺钱并不能只缺文物保护这笔钱。进一步讲，在四化建设的过程中，什么时候才能不缺钱呢？如果以此为理由，对文物保护工作中该办的事一拖再拖，拖上几年、十几年、几十年，那么有些文物还能存在吗？现在世界各国普遍重视文物保护工作。许多西方国家不仅对保护本国的历史文物很重视，而且对他们当年从其他国家抢劫来的文物也保护得很好。如果我们目光短浅，在文物保护方面该花的钱不花，该办的事不办，致使文物保护长期处于一种较低的水平，那么我们还有什么资格自称文物大国，在世界文化舞台上还有什么光彩？我们各级领导，包括各位当省长、当市长、当县长的，都要以对祖国、对民族、对历史、对子孙高度负责的态度，把自己管辖范围内的文物保护好。

历史的责任，时代的责任，也就是全民的责任，全社会的责任。文物是人民群众创造的，保护文物也必须依靠人民群众。事实证明，只有动员广大人民群众关心和参与文物保护工作，实行文物单位、执法部门与广大人民群众相结合，文物保护工作才有广泛的基础，才能真正落到实处。必须看到，长期以来由于"左"的思想影响，由于宣传教育工作薄弱，人们对文物的重要意义缺乏足够的认识。特别是"文化大革命"中把文物当作扫"四旧"的对象，不仅使文物遭受了一场浩劫，而且在人们思想上造成了极大混乱，这种影响迄今仍到处可见，成为做好文物保护工作的一大障碍。我们必须通过艰苦细致的宣传教育工作，唤起全民的文物保护意识，造成"保护文物，人人有责"的强大社会舆论，在广大群众特别是青少年中形成"爱护文物光荣，损坏文物可耻"的良好风尚，使爱惜、保护文物成为每个公民的行为规范，从而开创全民、全社会自觉保护文物的崭新局面。

三、必须把抢救文物放在文物工作的首位

文物事业战线长，涉及面广，各方面的工作无疑都应当抓紧抓好，但是，在当前任务繁重而我们的力量又很有限的情况下，必须坚持保护为主、抢救第一的方针。

我们所以强调保护为主，把抢救放在首位，这是由我国文物事业的特殊性决定的。与一些历史较短的国家相比，我国文物的显著特点一是年代久，二是数量多。由于年代久，许多文物经历了几百年、上千年，称得上饱经风霜，抵御自然侵蚀的能力大大降低，有些抢救一下就保存下来

了，不抢救就没有了；早抢救几年甚至几个月就保存下来了，晚几年甚至几个月就没有了，而历史文物是无法再生的，一时的延误就有可能造成千古遗恨。由于数量多，加上我们过去的欠账又比较多，即使投入的力量有较大增长，与实际需要相比仍然会有相当大的距离，这就需要按轻重缓急进行比较排队，本着"先救命后治病"的原则，抓住重点，急事先办，把有限的力量首先用于抢救那些快"断气"的孤品、珍品上去。只有这样，我们的文物保护工作才能做到有重点、有区别、有标准、有成效。

强调保护为主，把抢救放在首位，也是文物事业当前面临的问题所要求的。近几年来，许多地方盗窃、盗掘、走私文物愈演愈烈，已逐步发展成为一个带有全国性的问题。一些人为了牟取暴利，不惜损害国家和民族利益，有的甚至利用职权，上下串通，内外勾结，结成团伙，形成网络，猖狂地进行犯罪活动，使文物大量破坏和流失，这种状况如不引起高度重视，不采取紧急措施加以制止，必将造成难以想象的严重后果。还有一些严重损害文物的问题，尽管不属于有意破坏，但造成的后果也是不容忽视的。如在大规模基本建设中，各种文物出土面世的速度大为加快，而由于缺乏必要的文物调查和有效的保护措施，往往使许多文物在出土过程中受到损坏。有些地方在古建筑周围乱拆乱建，破坏了文物的环境；有些地方在维修、保护文物过程中由于不懂行、不负责，把真古董修成假古董，造成了"保护性"破坏；还有一些地方只想利用文物赚钱，急功近利，不顾文物的承受能力，实行超负荷、破坏性的利用。上述这些问题虽然性质不同，但都构成了对文物的严重威胁，说明文物保护工作面临着严峻的形势。只有坚定不移地把抢救放在首位，区别情况，采取不同的措施妥善解决好这些问题，大批濒临危亡的文物才能得救；同时，也只有把抢救放在首位，才能引起人们对这些问题的重视，从而动员全社会普遍关心、支持文物的保护和抢救工作。

我们强调保护为主，强调把抢救放在首位，并不是否定文物的合理利用。从一定意义上讲，保护文物的目的最终还是利用。实践证明，合理、适度、科学地利用，不仅不会妨碍保护而且有利于保护。这几年，许多地方领导利用文物发展旅游，增加对外交往，有效地促进了地方经济发展，由此他们也更加关心并有更多的财力支持文物事业。一些地方的文物景点就是随着旅游业的兴旺而在有关部门支持下逐步恢复的。只有结合地方经济的发展，适应人民的实际需要，文物工作才能得到地方的理解和支持。当前，文物部门普遍反映经费困难，可以多想一点利用文物扩大经济效益的办法，以增强文物部门自身"造血能力"。在改革开放的形势下，把文物事业搞得更活一点，大有文章可做，要大力加以研究。比如一些外国人来华必看的珍贵文物点，票价就可以再适当提高一点，一些文物的展出方式也可以更加多样化、高档化、更具吸引力。但是，所有的文物利用，都要服从国家有关法规，在保护文物安全的前提下进行，都应当有助于保护。"无其器则无其道"，有了文物的存在，才谈得上文物的利用，如果文物毁灭、流失了，不仅谈不上利用，连文物工作本身都失去安身立命的基石。

我们强调保护为主，强调把抢救放在首位，也不是否定文物市场的作用。文物市场在世界上有，中国历史上也有，现在也不是没有。当前的问题在于国家文物购销经营比较刻板，许多文物交易缺乏必要的管理。可以有领导、有计划地适当放开国内部分市场，积极探索同国外市场进行流通的路子，包括向国外卖一点富余的、重复的文物。但是，与此同时必须清醒地看到，文物市场是个非常复杂的问题。目前我们管理文物流通的机构还不健全，法规还不完善，队伍还很薄弱，文物经营的经验还很缺乏，社会上不正之风还相当严重，打我们珍贵文物主意的也还大有人在，特别是一些外国人为了把中国文物搞到手，不择手段、不惜重金。如果我们掉以轻心，工作出现漏洞，就可能造成无法挽回的损失。为了使文物市场健康发展，国家文物局要尽快拿出有关文物市场的管理办法，报中央批准。

四、狠抓落实，力争文物工作年年有新进展

党中央、国务院历来重视文物工作，现在又对文物的保护与抢救工作提出了新的更高的要求。各级党政领导和文物部门要认清形势，努力工作，务必做到一年办成几件实事，使文物工作年年有新进展。

第一，要把工作抓实。要在深入调查摸底、弄清情况的基础上，区别轻重缓急，把需要保护、抢救的文物排一个单子，制订一个包括一年干什么、三年干什么、五年干什么的规划和计划。要本着综合平衡、保证重点的原则，对如何使用今年国家增拨的文物抢救专款和地方资金，做出具体部署，做好前期准备。抓紧设计施工，力争迅速拿出成果，把全面抢救文物的"头一炮"打响。要实行严格的项目责任制，分工负责，层层落实到人。要具体抓、抓具体，一抓到底，经常进行监督检查，及时发现和解决工作中存在的问题，确保进度和质量。要坚持勤俭办事，杜绝各种漏洞和浪费，既要防止乱花钱，也要防止钱花不出去，事办不成。

第二，要严格依法办事。要宣传、贯彻好《文物保护法》及其实施细则等有关法律、法规，把这些法律、法规作为搞好文物保护工作、制止文物破坏、打击文物犯罪的强大武器，做到有法必依、执法必严。公安司法机关、海关缉私部门和重要文物单位要紧密配合，协同作战，对各种文物犯罪分子依法严加惩处，特别是对那些破坏严重、危害极大的盗墓帮伙和走私集团，要坚决摧毁，严厉打击，以刹住各种破坏、盗窃、走私文物的歪风。

第三，要加强文物队伍建设。要通过各种形式，下力量培养文物专门人才。要组织各方面力量切实加强文物科研工作，重点突破一些文物保护中的技术难题。要根据当地保护与抢救任务的不同情况，建立健全有关专门机构。要充分发挥老文物专家的作用，使他们的渊博知识和丰富经验通过传、帮、带等形式传下来，做到后继有人。

第四，要加强领导。各级党委、政府要把文物工作摆上议事日程，定期讨论，对于当前急需进行的保护和抢救工作，要及时作出决策。对于涉及许多部门的问题，党政负责同志要亲自出面，做好协调工作，使有关方面各司其职，紧密配合。有的重点项目，主要负责同志还要亲自抓，经

常过问，帮助解决一些实际问题。对于文物工作者在工作和生活中的困难，各级领导要尽可能地帮助排忧解难，为他们安心工作创造必要的条件。

同志们，保护与抢救文物是一项功在当代、荫及子孙的崇高事业，是历史赋予我们的光荣使命。长期以来，文物部门的同志们任劳任怨，尽职尽责，做了大量工作，党和人民感谢你们，历史将铭记你们的业绩。当前，我国文物战线和其他战线一样形势很好。邓小平同志在视察南方时的重要谈话，对建设有中国特色的社会主义具有重大而深远的指导意义，我们要认认真真地学习，全面准确地领会，真心实意地贯彻执行。希望文物战线的同志们进一步解放思想，开拓进取，以改革开放的精神，使自己的工作尽快跨上一个新台阶。

高占祥在1992年全国文物工作会议开幕式上的致辞*

（1992年5月6日）

全国文物工作会议，今天在古城西安开幕了。这次会议，是在党中央、国务院领导同志直接关心和指导下，经国务院批准召开的。铁映同志专程来参加会议，一会儿将给我们做重要讲话；瑞环同志将赶来会见与会代表，并发表重要讲话；国务院副秘书长徐志坚同志、国家计委副主任郝建秀同志、财政部副部长刘积斌同志、陕西省省长白清才同志也亲临会议，指导工作。还有12个省、自治区、直辖市政府和国务院各有关部门的负责同志将和与会的代表们一起讨论文物事业的大计。这对于开好这次会议，可说是一个有力的支持和鼓舞。参加会议的有各省、自治区、直辖市文物行政管理部门、博物馆、文物科研保护机构的负责人和特邀代表共300人，这是新中国成立以来规模最大的一次文物工作会议，也是文物界的一次盛会。我代表文化部和国家文物局向与会代表和全国文物工作者，表示亲切的问候！向为这次会议的筹备工作做出重要贡献的陕西省委、省政府和文物局，表示衷心的感谢！

当前，全国各条战线、各个行业，都在小平同志南方谈话和中共中央政治局全体会议的精神指导下，奋发进取，真抓实干，加快改革开放的步伐，做好自己的事情，推动以经济建设为中心的社会主义事业。全国文物战线，也正在抓住这个大好时机，开拓思路，积极研究加强文物保护工作，加快文物工作改革开放的新课题、新途径。我们召开这次文物工作会议，就是要通过认真讨论，总结经验，分析形势，落实任务，调动一切积极因素，为推动文物工作登上新台阶而努力奋斗。会议期间，我们要根据李瑞环、李铁映同志的讲话精神，根据德勤同志代表国家文物局所做的工作报告，来安排、部署"八五"期间的文物抢救维修、博物馆建设、文物市场管理和加强文物法制等方面的重要任务。我们希望全体代表各抒己见，畅所欲言，为搞好文物保护和文物工作的改革开放出主意，想办法，把会议要讨论、研究的问题和任务，一个一个地解决好，一项一项地落到实处。把这次会议开成一个团结、鼓劲的会；开成一个求实、进取的会。

文物工作作为社会主义文化事业的重要组成部分，历来受到党和国家的关心和重视。新中国建立之初，就在全国范围内建立起文物管理机构，并采取了一系列重大措施，有力地加强了文物保护

---

* 高占祥时任文化部副部长。

工作。党的十一届三中全会以后，特别是近几年来，随着改革开放的不断发展，文物工作得到了全面发展，在法制建设、安全防范、保护维修、博物馆建设和对外交流与合作等方面都取得了可喜的新成果。文物工作的社会地位越来越高，影响也越来越大。与此同时，广大文物工作者的整体素质有了新的提高，他们以保护、研究、宣传祖国文物为己任，年复一年地在艰苦环境中，辛勤劳动，默默奉献，赢得了国内外的赞誉和尊敬。最近，国务院对文物的抢救维修问题，采取了重大措施，大幅度地增拨专款，使长期困扰我们的经费短缺问题，得到了突破性的缓解。这次会议的前夕，国务院又批准颁布了《文物保护法实施细则》，进一步完善了我国的文物法制体系，这对文物保护工作将产生积极的影响，发挥重要作用。所有这些，都是我们克服当前困难，进一步搞好文物保护工作的有利条件，也就是我们进一步加快文物工作改革开放的重要保证。只要我们坚定不移地贯彻执行党的"一个中心，两个基本点"的基本路线，坚持文物工作为人民服务，为社会主义服务的方向，脚踏实地，勤勤恳恳，苦干实干，就一定会在不久的将来，把文物工作推上一个新台阶。

文物事业是关系子孙后代的千秋大业。中华民族在漫长的生存、发展的历程中，以卓越的聪明才智，创造了光辉灿烂的历史文明，对人类做出了举世瞩目的贡献。经历了千百年风风雨雨而遗存至今的祖国文物弥足珍贵，它在人类生活的各个领域中，发挥无可替代的教育和借鉴作用。在建设有中国特色的社会主义的伟大进程中，更需要利用文物对人民群众，特别是青少年一代进行爱国主义、历史唯物主义和革命传统的教育，以帮助青少年认识自己民族的历史和创造力，树立民族自信心和自尊心，提高思想道德和科学文化素质，从而激发人们对祖国的献身精神。社会主义的文艺创作和科技发展，都需要从历史文物中汲取丰富的营养，借鉴前人的知识的精华。在对外文化交流和友好往来中，常常负有"特使"的使命，受到各国人士的欢迎和尊重，所以文物历来被人们称之为"无价之宝"，每个中华儿女和炎黄子孙，无不为此而感到自豪和骄傲。因而在任何时候和任何情况下，我们都将当仁不让，尽职尽责，把现有的各类文物保护好，利用好，使之传于后世，彪炳千秋！

同志们！保护文物，弘扬历史文化，是历史赋予我们的光荣使命，也是党和国家对我们的重托。各级文化行政部门，各级文物管理机构，全体文物工作者一定要下苦功夫，花大力气，一步一个脚印地做好各项工作，完成各项任务。今天参加会议的省、市、自治区文化厅（局）的领导同志，更要以身作则，对文物工作给予更多的理解、关心和支持。尽管在我们面前还会遇到各种各样的挑战与困难，但是只要我们抓住当前的有利时机，以中央二号文件〔1992〕为指针，动员群众，依靠群众，以高度的责任感和紧迫感做好自己的事情，文物事业就一定会大有希望，大有作为，就一定会为祖国的两个文明建设，为社会主义文化事业的繁荣做出新的、更大的贡献！

预祝会议圆满成功！

张德勤在1992年全国文物工作会议上的工作报告*

　　我代表国家文物局向会议作工作报告。这次全国文物工作会议，是在党中央和国务院领导同志的直接关怀下召开的，是继1989年全国文物工作会议之后一次规模空前、任务繁重、机遇良好的盛会。在会期临近之前，我们接连收到有利于文物事业发展的喜讯：《中华人民共和国文物保护法实施细则》，经过长达五年的反复酝酿和磋商，终于由国务院批准颁布施行。长期困扰文物事业发展的经费短缺问题，获得了突破性的解决，国务院已经决定从今年起把文物直拨经费在原有五千万元的基础上再增加七千万元，从明年起增加八千万元，"八五"期间将开展建国以来规模最大的文物抢救保护工作。尤其令人兴奋的是，中共中央政治局会议精神和邓小平同志的重要谈话传达以后，全党全国热烈响应，建设有中国特色的社会主义的伟大事业，将在进一步加快改革开放的过程中展现新的姿容，这不仅对广大文物工作者是巨大的精神鼓舞，而且必将给文物事业的发展注入新的活力，创造更为有利的社会环境和国际环境。我们在这个空前有利的时机召开全国文物工作会议，目的就是进一步动员和组织全国文物工作者，在党中央和国务院的领导下，协同政府各有关部门和社会各界，同心同德，真抓实干，重点搞好文物的抢救维修，严厉打击各种危害文物的违法犯罪活动，加快文物工作的改革开放，充分发挥文物的优势，扩大文物在国内外的影响，从而把我国文物保护事业推上一个新台阶。

　　我的工作报告分三个部分，第一部分是对1989年全国文物工作会议以来工作的回顾；第二部分谈谈文物工作面临的主要问题；第三部分是当前和今后要着力抓好的几项重点工作。

一、1989年以来文物工作的回顾

　　从1989年全国文物工作会议至今，整整三年了。在这段时间里，全国文物工作者团结在以江泽民同志为核心的党中央周围，经受了政治上的考验，提高了全面、正确理解和执行党的"一个中心、两个基本点"的基本路线的自觉性，艰苦创业，努力工作，按照上次会议确定的各项任务和目标，全面加强了文物管理工作，取得了社会公认的显著成绩。法制建设取得重大进展。去年六月，全国人大常委会颁布了《关于惩治盗掘古文化遗址古墓葬犯罪的补充规定》和《关于修改〈中华人民共和国文物保护法〉第三十条第三十一条的决定》；国务院刚刚又颁布了《文物保护法实施细则》。这几个重要的法律法规文件凝结着文物管理工作的实践经验和同志们的心血，体现了

---

*　报告原题为《抓住有利时机 加快改革开放把我国文物保护事业推上新台阶》。张德勤时任国家文物局局长。

党和国家对文物保护事业的高度重视，是继 1982 年《文物保护法》颁布以来，文物法制建设工作取得的最重要的成果，对我国文物事业的建设和发展将产生深远的影响。去年，中央办公厅、国务院办公厅还转发了公安部和国家文物局《关于严厉打击盗掘古墓葬犯罪活动的意见》；经中央宣传部、司法部批准，《文物保护法》已经列入了国家普法教育的第二个五年规划。与此同时，全国已有二十多个省、自治区、直辖市颁布了文物保护的地方法规，国家文物局也相继颁布了一批与《文物保护法》配套的规章，形成了比较完整的文物法规体系。我国的文物保护管理工作正沿着法制的轨道健康发展。安全防范工作成绩显著。近三年来，由于全国各地文物主管部门和文物单位，都以"安全第一"的强烈意识，和公安部门紧密配合，千方百计狠抓安全防范工作，馆藏文物被盗案件连年大幅度下降，1991 年比 1989 年下降了 44%，其中有许多是盗窃未遂案，说明防范能力有所提高。文物主管部门与公、检、法、工商、海关等部门密切配合，打击盗掘、走私文物的犯罪活动取得了一定的成绩。各地相继破获了一批大案要案，捣毁了一批危害极大的盗墓走私团伙。从目前我们掌握的情况来看，一些地方对盗掘古遗址、古墓葬的犯罪活动进行打击以后，情况已开始好转。文物保护维修成果丰硕。最近几年，中央和地方各级人民政府不断增加对文物保护的投入，一大批古建筑、石窟寺、革命纪念建筑物得到妥善维修保护。布达拉宫、曲阜三孔、承德避暑山庄、临潼华清池等大型保护维修工程进展顺利，为海内外所称道。近三年内，文物保护科学技术研究方面有 21 项研究成果获得国家文物局颁发的文物科技进步奖，一批重要的科研成果直接应用于文物的保护、修复、维修，产生了良好的效益。考古调查和考古发掘在有力配合国家基本建设的同时，又有一系列的新发现、新成果。大型遗址的保护问题开始取得实质性的进展，例如，湖北铜绿山古矿冶遗址的就地保护问题争论多年，相持不下，去年终于在国务院的协调下得以解决。博物馆事业蓬勃发展。去年 6 月落成典礼的陕西历史博物馆，规模宏大，独具风采，为海内外人士所瞩目。与该馆规模相当的河南、上海博物馆，正在筹划建设大计。山东、广东两省的博物馆新馆即将落成。西藏新建历史博物馆的议案，已在去年庆祝自治区和平解放四十周年的时候定妥。近几年来，全国新建博物馆以每年近百座的速度发展。一大批老馆经过改革、充实、提高，焕发出新的活力。以中小型专业性博物馆为特色，博物馆的品类越来越多样化。现在全国博物馆总数达到 1400 余座，每年的观众达到 1.5 亿人次。博物馆的社会教育作用正在向更广的面积辐射，向更深的层次发展。在故宫举办的两届中国文物精华展，吸引了国内外的观众，突出地显示了我国文物的优势，弘扬了我国的历史文化。文物对外交流与合作不断扩大。国家对外开放的步伐不断加快，带动了文物部门内部机制的转变，以更加灵活的方式和多样的渠道，大大拓展了文物对外交流与合作的领域。近三年来，每年组织的出国展览都在 25 个以上，观众达到 400 万人次以上。文物出国展览，密切了我国与世界各国人民的友好联系，增进了国际社会对中国的了解，也启动了热爱中国文物的外国官民各方与我们合作保护文物的愿望。最近几年，在考古发掘、壁画保护、石窟保护研究以及文物保护人员培训等方面，我们都开始与外国进行了有益的合作，收到了初步的成效。最近，意大利官方已决定向我提供援助，帮助我们在西安建立文物修复中心，并向我文物研究所提供先进设备；联合国教科文组织驻北京代表也争取日本官方的援助，对我新疆交河故城遗址等几处文物保护单位提供维修保护经费。香港、台湾同胞和爱国人士也纷纷表示愿为保护祖国丰富的文化遗产伸出援手，做出贡献。目前，我们已与五十多个国家和地区建立了联系，官方及专家、学者们的互访越来越频繁。

同志们：以上所列五个方面的成绩，虽然远远不能概括文物工作的全面进展，但是仅举荦荦大端，也足以说明我们的文物管理工作有了明显的加强，文物事业的社会地位有了明显的提高，文物事业作为中华民族振兴、繁荣、强盛的伟大事业的一部分，越来越引起全民族、全社会的关心，并呈现出兴旺发展的良好势头。这是党中央、国务院、全国人大常委会以及各级党政领导与社会各界共同支持和帮助的结果，也是和我们广大文物工作者的努力分不开的。通过三年来的工作回顾，我们更加坚信：只要我们坚持党和国家制定的文物工作的正确方针，顽强拼搏，开拓进取，拿出实实在在的工作成果，向社会多作奉献，就一定能够感动上苍，赢得更加广泛的同情和支持。我们的事业是大有希望的。

二、文物工作面临的主要问题

在肯定文物工作取得进步和成绩的同时，不可否认，我们面前仍然存在着众多的困难，众多的问题。同上次召开全国文物工作会议的时候相比，这些困难和问题有一些虽然得到了某种程度的克服和缓解，有一些又变得尖锐和突出，所以在总量上并不让我们有任何轻松之感。今后，随着国家改革开放步伐的加快加大，对文物事业发展有利的因素和机遇会不断增加，而同时也会不断地给我们带来挑战和冲击。面对这些情况，我们必须清醒地估计形势，冷峻地面对现实，树立起和困难做斗争的必胜信心，集中精力去解决问题，化解矛盾，充分利用一切有利条件，把文物事业推向前进。

我们面临的主要问题和困难是：

（一）大量文物史迹濒临危险状态，急待抢救维修

经过近十年来的大规模文物普查，现在全国已在册登记的古遗址、古墓葬、古建筑、石窟寺和革命纪念建筑物等文物点约 35 万处，收藏在各级各类博物馆里的文物藏品约 1000 万件。新中国成立 40 年来，文物工作者在党和政府的关怀下，辛勤努力，挽救了一大批濒临毁灭的文物史迹。但是，由于我国文物分布范围异常广大，绝大多数古建筑是木质结构，古遗址又多为土质，极易受风雨侵蚀，保护维修难度很大。加上经费短缺，技术力量不足，大量文物史迹已经或正在遭受不可挽回的损失。仅以 500 处全国重点文物保护单位而论，"七五"期间已经进行维修，"八五"期间不需要再做大量工作的只有 194 处，其余 300 多处仍需进行抢救性维修保护。省级文物保护单位有 5000 多处，其中有许多重要的文物史迹将在今后被公布为全国重点保护单位，然而由于国家直拨经费顾及不到，地方财政又很紧张，绝大多数得不到应有的保护，大批古建筑、古

遗址、古墓葬残破不堪，岌岌可危。文物保护与生产建设、旅游、宗教活动等长期存在一定的矛盾，处理得不及时、不恰当，就会对文物造成不合理的开发性破坏和超负荷的使用性破坏。如果再考虑到频繁发生的各种自然灾害和气候、生态环境的变化，必然加剧自然力对文物的破坏，我们的"忧患感"会变得更加沉重。保存在博物馆的文物，有的也并不安全，因为全国半数以上的省级博物馆缺乏合格的库房，地、县级博物馆的绝大多数库房都很简陋，有的甚至摇摇欲坠，文物可能随时毁于一旦。对濒临危险状态的文物史迹进行抢救和保护，实在是一件刻不容缓的大事。

（二）文物违法犯罪活动仍很猖獗，对文物保护构成严重威胁

近几年来，馆藏文物的失盗情况虽然有所好转，但盗窃分子和犯罪团伙每日每时都在伺机而动，只要我们的安全防范工作稍有疏忽，安全岗位上的工作人员稍有懈怠，他们就乘机作案。今年头四个月，各地馆藏文物的失盗案件已发生 11 起，如果不继续保持警惕，真正做到"警钟长鸣，枕戈待旦"，已经好转的形势还会发生逆转。更为严重的是，近两年来盗掘古墓之风又突然刮起，迅速殃及全国二十多个省区。一些犯罪分子公然明火执仗，用炸药炸毁古墓，持枪哄抢文物，殴打和袭击公安干警；一些地方竟然男女老少一齐出动挖墓盗宝，还美其名曰"脱贫致富""让死人为活人服务"。境内外不法分子与盗墓罪犯互相勾结，将大批出土文物走私出境。与此同时，非法倒买倒卖文物的黑市也蔓延到全国城乡各地，严重扰乱了文物流通领域的正常秩序，对盗掘、走私文物起着强烈的诱发作用。所有这些违法犯罪活动，不仅使文物蒙受无可挽回的损失，而且毒害人们的心灵，败坏社会风气，有损国仪国威，是一种必须加以根治的社会公害。

（三）文物主管部门的职能与管理任务不相适应，管理工作亟待改善与加强

我国拥有如此丰厚的文化遗产，是可以激扬民族精神又可以夸耀世人的一个强大优势，而保护工作却由于财力物力和科技水平所限而处于困境。在这种情况下，如果能够健全管理机构，强化管理职能，依法实行集中、统一、高效的管理，文物事业至少能够减少损失。须知科学管理也是一种重要的保护手段。早在四年前，文化部和国家文物局就向中央领导机关建议，各省区市分三个层次建立文物管理机构：一是建立省一级文物管理委员会，二是建立省文物局或在文化厅下设二级局，三是在各地县文化局内设文物科。这样，中央主管部门的行政命令和工作部署将能顺畅地传输到基层，各地出现的问题也能得到适时的处理和解决。这本来是不难做到的一件事，可是现实情况是：至今尚有一部分省区市没有建立文管会，已经建立起来的文管会多数有名无实，没有发挥应有的作用；在省市设立的文物局和二级局只有八个，还有四个三级（处级）局，其余大部分都是文化厅内设文物处，而多数的文物处又由于领导不力或人员不足而难以胜任管理任务，个别省的管理工作甚至长期陷于瘫痪、半瘫痪状态；至于地县级文物管理机构，更加残缺不全，在一些文物史迹较多的县，甚至连一个专职的文物保管员也没有。这种麻木状态，令人感慨系之。

另一方面，就现有的文物管理机构来说，从上到下几乎都有一个管理体制不顺的问题，使本来就很薄弱的力量又消耗于交叉、扯皮、推诿、走过场、拜婆婆等官僚主义的磨盘里。而管理部

门自身又存在诸多问题：工作水平不高，管理不善，部分领导班子软弱涣散，部分干部职工素质较低，有事业心又有能耐的人总嫌太少。特别值得指出的是，文物队伍中的极少数人，经不起社会不良风气的侵蚀，违法乱纪，出卖原则，个别人甚至堕落成罪犯。厦门市文化局副局长利用职权偷窃文物；山东青州市博物馆的一个保卫干部监守自盗；广东新会县文物商店经理非法倒买倒卖文物，畏罪潜逃，就是突出的例证。由于这些原因，文物部门如何适应进一步改革开放的形势，以新的思路、新的眼光做好文物管理工作，以及如何通过进一步的改革开放来完善内部运行机制，以充分发挥自身的潜力和优势，都成了紧迫的课题。

上面所讲三个方面的问题，虽然还不是我们面临问题和困难的全部，但大体上把我们天天遇到、大感力不从心甚至忐忑不安的情况都点到了。这些问题，有的属于历史欠账太多，而依目前的国力又无法超前圆满解决；有的是社会乃至国际大环境所赐予，在改革开放的新形势下，可能长期地伴随着我们；有的看似简单，真要动手解决，盘根错节，人事纷然，难度很大。"冰冻三尺，非一日之寒"。要彻底解决这些问题，需要有一个过程，甚至要经过几代人的努力才能大功告成。因此，我们一定要有坚韧不拔的毅力和长期奋斗的思想准备。同时，这些问题又具有尖锐性和紧迫感，抱着慢吞吞、懒洋洋的不负责任态度，无异于失职、渎职。因此，我们又要有当机立断，说干就干，只争朝夕的过硬作风和实干精神。我们这一代文物工作者，作为继往开来的祖国文化遗产的典守人，就是要有一点"咬定青山不放松"的劲头，以成就事业为快乐，以完成任务为光荣，在遇到挫折的时候多想一想党和国家对我们的殷切期待和巨大支持，在彷徨无主的时候多想一想改革开放给我们提供的机遇和远景，必能增强信心，居于主动，一件事、一件事地去抓，一项任务、一项任务地去完成，日积月累，事业有成，告慰祖先，不负后人。

三、当前和今后要着力抓好的几项重点工作

上次全国文物工作会议所部署的各项工作，特别是文物安全和基础工作，仍然有效，请各地文物部门的同志按照工作的基本要求继续贯彻落实，已经完成的请给国家文物局一个回报，这里我就不再复述了。

这次文物工作会议之前，国家文物局反复讨论了当前的形势特点和面临的问题，遵照中央和国务院领导同志的指示，并经文化部党组同意，确定了当前和今后要抓的四项重点工作。这几项重点工作的内容、要求以及如何操作运行问题，都有专题的会议文件印发给大家，这里只就一些要点作提示和说明。

这几项重点工作是：

（一）集中精力，抓好"八五"期间文物的抢救性维修保护

根据我们国家文物丰盛、保护较差、欠账太多的基本情况，文物工作应当把"保护为主，抢救第一"作为一个方针，长期坚持下去，年年做出新的成绩。

在国家财政非常困难的情况下，中央和国务院领导同志下决心把用于文物维修保护的资金增

加一倍半，这件事重若千钧，非同小可。这一方面表明了党和国家对文物事业的高度关心和重视，另一方面也给我们文物部门提出了一项紧迫课题和庄严任务。这将是建国四十多年来最大规模的一次文物抢救维修，也是一项功在千秋、惠及子孙的历史性工程。

怎样用好这笔钱，怎样圆满完成这项重大的工程，是这次会议的主要议题，也是国家文物局今后的主要工作。我局已经决定调整内部机构，在裁并一个处的同时增设一个处，并配备得力干部，专门负责文物保护单位的抢救维修工作。其他各有关处室和局里的领导力量也将作相应的调整和加强。为了实现这项工程的民主决策和科学管理，保证维修工程的质量和效益，我局将聘请著名中外的文物保护专家（包括古建、科技、考古），作为这项工程的技术顾问，从立项、勘测、设计，到施工、检查、验收，都充分听取他们的意见。我们希望与会代表能在以下几点上与我们取得共识：

第一，国家的资金投向，只能是突出重点，着眼抢救，分轻重缓急逐年按项分配，决不能搞"全面开花"，到处"撒胡椒面"。立项补助的主要依据，应是文物自身价值的高低和损坏程度如何，当然也要适当考虑社会政治影响和综合效益，并在条件大体相同的情况下给老、少、边、穷地区一些政策倾斜。

第二，维修保护文物古迹，必须严格遵守"修旧如旧""不改变文物原状"的原则。对原有的旧材料、旧构件应尽量加以使用，对那些即使不能保持原有功能的有价值的旧物，也应选取一部分镶嵌在显眼的部位，以满足人们的怀古之情。对那些已经荡然无存，又没有科学记录资料可依的建筑遗址，原则上不再复建。如果因为经费增加，头脑发热，不经审批乱修乱建，把文物古迹弄得花花哨哨，面目全非，这不但无功，反而有过，这一点必须提请注意。

第三，中央的资金，主要用于全国重点文物保护单位；对重要的省级文物保护单位的维修保护，在地方财政可以承担一部分或大部分经费的情况下，可以酌情给予补助；县市级文物保护单位的维修经费，除特殊情况外，都应由地方财政解决。此外，省和市县人民政府还要对全国新近普查出来的35万处文物古迹进行认真地论证、筛选，将其中的一部分分别公布为省级和县市级文物保护单位。从这几方面的繁重任务来看，地方财政用于文物保护事业的经费，不仅不能因为中央资金的增加而有所减少，恰恰相反，正应该以中央为榜样，作大幅度的增加。否则，就无法从整体上改变文物保护事业的面貌。

第四，文物保护事业是全民族全社会的事业。在中央和地方财政实在无力承担文物保护经费的地方，可以根据需要和可能，发动群众和社会各界自愿集资、捐助。这样做不仅可以解决部分文物保护资金问题，更有利于增强全民的文物保护意识，促进社会主义精神文明建设。

第五，和大规模的文物抢救保护任务相比，全国的文物保护技术力量和施工力量都显得非常薄弱。再考虑到长江三峡工程一旦上马，还要集中大批专家和技术人员投入文物的抢救保护，更有捉襟见肘之感。因此我们从现在起就必须对全国各地的专家和技术人员、施工队伍按先急后缓的原则，统一调配使用，希望各地各方顾全大局，通力协作，共赴艰难。

第六，要充分地利用一切符合文物保护原则的、传统的和现代的科学技术成果，为抢救维修、保护工程服务。维修保护工程涉及多种学科，包括文物、考古、历史、民俗、美术、建筑、化学、物理、水文、地质，环境保护甚至动植物学等等。我们面前的未知领域还相当多，还有许多科学技术难题至今国内外尚未解决。我们必须抓紧安排研究课题的攻关与合作研究，抓紧科技成果的应用、推广，为整个文物抢救、保护工程开路。

第七，要把"八五"文物抢救维修保护工程当作培养队伍的演练场、大学校。在工作质量上，要坚持高标准严要求，兢兢业业，一丝不苟。在工作作风上，要提倡雷厉风行，艰苦奋斗，勤俭节约。在工作纪律上，要强调令行禁止，遵纪守法，廉洁奉公。坚决不搞"关系"项目、"人情"项目，坚决杜绝贪污、受贿等腐败行为的发生。请国家计委、财政部、审计署和各级纪检、监察部门加强监督、检查，请各地人民政府和文物部门的同志协助我局搞好廉政建设，保证这项重大工程在高效、廉洁的工作环境里出色地完成。

在抢救维修工作中，我们要求各职能部门都要把重要的资料以文字和影像形式妥善收集和保存下来，作为一份科学档案传之后世，我们也将把每项工程维修前后的变化对比情况，编辑出版一套图文并茂的书刊，向社会各界作汇报。

"八五"期间文物抢救维修工作，仅仅是我局拟订的文物事业"八五"计划和十年规划的一个重要组成部分，其余各项内容，请大家参阅会议文件，并加以讨论，定稿后将成为全国各地制订文物事业发展规划的依据。

（二）充分发挥博物馆的作用，扩大文物对外交流，增强文物事业自身发展的活力

文物工作的立足点是保护。保护的最终目的，是为了永续的弘扬与利用。通过弘扬与利用，把文物的价值、意义和文化内涵充分地揭示和展现出来，让广大人民群众深刻地认识到中华先民无穷的智慧与创造力，激扬起民族的自信心和自豪感，从而增强爱国主义思想和文物保护意识；与此同时，也让世界各国朋友有更多的机会、更多的方式鉴赏和研究中国的文物，加深他们对中国文物是人类共同文化遗产的认同，从而以浓厚的兴趣和自发的助力协同我们保护好中国的文物。这样，我国文物保护事业就能不断地增强自身发展的活力，实现保护与弘扬之间的良性循环，我们面临的很多困难和问题也就容易解决了。回顾改革开放十多年来的经历，我们有根据提出这样的设想；展望进一步改革开放的前景，我们对实现这个设想更具有信心。

博物馆在任何一个国家都属社会公益事业，都需要政府和社会的资金投入与全面扶持。博物馆事业的状况往往反映出一个国家的经济社会发展水平，甚至代表着国家的形象。我国博物馆有1400多座，属于文物部门的1075座，其中有馆无舍的"挂牌"博物馆占了一定数量，其余大部分由于经费拮据、人才缺乏、藏品不足、陈列不改旧观等等原因，观众稀少，举步维艰。我们希望各级政府能认真地研究一下博物馆建设的问题，从人员的配备、调整到经费、收藏，都能给予

支持，以启动它们的生机，发挥它们的作用。办好一个博物馆，等于办好一座学校，而且是一座没有假期，天天向男女老少甚至外国宾朋开放施教的学校。所以，把博物馆的建设摆到至少和教育事业相等的地位，不算过分的要求。

就博物馆自身来说，则应该认定一个真理：要求得到自身的生存和发展，必须向社会做出奉献；社会不会长期热心支持一项与它无关的事业。因此不论有多少困难，也应在现有条件和基础上，有一分热，发一分光，千方百计改进工作。要毫不动摇地把发挥社会教育功能作为博物馆的主要职责，坚持对广大群众和青少年进行爱国主义教育和革命传统教育，为社会主义精神文明建设做出贡献。要从自己的藏品特点和优势出发，在办好基本陈列的同时，组织内容多样的专题展览和临时展览，并通过宣传和广泛的社会联系工作，组织和吸引更多的观众。已经办得很好的博物馆，也要继续提高工作水平，并特别注意采用现代化的表现手段，增加文物展览的观赏性、参与性和操作性。在有条件的大型遗址博物馆和文物保护单位，还可以尝试"声与光"的表演活动。各级博物馆要以深化改革的精神推行以岗位责任制为中心的目标管理，形成责权利相结合的竞争机制，调动工作人员的积极性。在坚持社会效益第一的原则下，可以开展与业务有关的多种经营活动，获取更多的经济收益，用于事业发展。

为了摆脱博物馆事业的困境，还要坚决打破博物馆之间互相封锁的壁垒，广泛开展馆际之间的交流与合作，使我国博物馆的群体优势得以充分发挥。为了办好展览，博物馆之间可以相互借用或调剂藏品，也可以举办联展和互展；为了解决人才匮乏，研究工作薄弱的问题，大馆可以为小馆培训人员，小馆可以请大馆的专家、技术人员来馆讲学、指导，也可以举办学术讨论会，交流研究成果与工作经验。总之，相濡以沫，共渡难关，一定会有助于博物馆事业的自立与自强。

从事博物馆工作的同志，很辛苦、很困难。国家文物局过去对他们要求得多，帮助得少，没有尽到应尽的责任。今后，我们将加强对博物馆的调查研究和业务指导，在安全防范、维修、库房建设、文物征集，以及文物对外交流等方面，有计划、有重点地予以支持和照顾。

我们希望，经过三五年努力，全国能涌现一批水平堪称一流的"种子"博物馆，各自联系和带动一片中小型博物馆，到20世纪末，一个独具中国特色的社会主义博物馆体系将能在我国建立起来。

关于文物外事工作，过去十多年来已经有了很大的成绩，展望前景，更令人兴奋鼓舞。现在，有越来越多的国家兴起"中国文物热"；越来越多的热爱中国文物的外国朋友和友好团体，要求在文物展览、考古发掘、科学研究、文物出版、考察旅游、文物复制品经营等方面与我们进行合作；越来越多的国际组织、外国政府、友好人士和社团愿意参与中国的文物保护事业，为我们培养人才，捐助资金，提供技术设备。港、澳、台方面的爱国同胞在以上所说的这些方面，更为积极和热心，有些收藏家已将他们苦心收藏的珍贵文物捐献给祖国。我们越来越感到，文物的对外交流与合作，优势很大，潜力很大，它已经成为我国整个对外开放政策的重要组成部分，也是促进我国文物保护、发展我国文物事业的一个不可缺少的条件。

今后，我们将在维护我国主权和权益、确保文物安全的前提下，进一步扩大开放，通过各种渠道，各种方式，各种载体，让世界各国人民全面地、系统地、正确地了解和评价中国的历史文化，同时吸引他们与我们进行平等互利的合作，赢得更多的支持和援助。我们的出国文展，要适当提高展品档次，增加精品数量，对举办我国文展过于密集的国家和地区，要适当控制数量，提高质量，保持长盛不衰的热度和轰动的社会效应。与国外合作的方向，要较多地倾斜于文物保护科学技术方面，特别要侧重于重大科研课题和我方比较薄弱与落后的领域。对我方确实需要而又难以独自进行的考古调查与考古发掘项目，对享誉国外的文物胜迹的研究与保护项目，都应予以积极的考虑。对周边国家，要增加交往，扩大合作，还可以根据需要与可能，在一些国家举办我们的文物展览。对发展中国家特别是印度、埃及等文明古国，我们目前虽然限于财力一时不能互办大型文物展览，却应该加强专家、学者的互访，互相借鉴文物保护与管理工作的技术和经验。对港、澳、台同胞，文博界朋友和爱国社团，更应采取一些特殊政策，多给一些优惠和方便，运用文物交流去系结同是炎黄子孙的血缘纽带，这不但可以共同协力于文物保护，还有利于港、澳回归和完成和平统一祖国的伟业。

（三）以改革精神，加强对文物市场的有效管理

当前文物市场存在的主要问题是：依靠政策保护的国家文物商店，体制上统得过死，运营上发生故障，文物销售受到种种限制，文物收购也就缺乏资金和积极性，不少商店因为购销两难已经陷入困境；另一方面，文物黑市交易日趋活跃，非法商贩倒买倒卖文物，牟取暴利，珍贵文物每天都在流失境外。这两个方面的情况说明，我们的文物市场管理，实际上只管了自己的文物商店，捆住了自己的手脚；对文物黑市，尽管我们天天喊"打"喊"堵"，实际上既堵不住，也打不了，等于无效管理。这种"我死人活"的状况，年复一年，愈演愈烈，实在不能继续下去了。

有人怀念五六十年代的光景，想回到过去，恢复"天下太平"的秩序。这正如同想倒转历史和更换社会环境一样，只能是一种无望的空想。

有人主张彻底开放文物市场，把文物当作普通商品，什么人都可以经营。如果这样做，只会导致一场混乱，不仅国家的文物商店会被冲得稀里哗啦，连收藏在博物馆的文物恐怕也保不住了。何况，这种主张直接与《文物保护法》相抵触，没有任何可行性。

我们经过反复考虑，文物市场管理工作的改革，只能从实际出发，本着既积极又慎重的态度，在现行政策的大框架内进行。我们的着眼点是改善文物商店的经营管理，逐步解开管理体制和经营机制上的束缚和障碍，把文物的内销、外销和调剂的渠道开通，使文物商店有源源不断的资金和积极性来收购社会上的珍贵文物；与此同时大力宣传国家的文物流通政策，坚持对文物黑市交易的堵塞和打击。总而言之，开前门，堵后门，实行对文物市场的有效管理。

国家文物局已经决定，先选择一个突破口来逐步实行我们的改革。这就是：筹集一笔专项资

金，由"中国文物流通协调中心"选择若干地点，以合理并富有竞争力的价格集中收购一批"超限"的或价值较高的文物；这些从"虎口"夺回的文物，将一部分供博物馆收藏，一部分投入流通，内销、外销，待收回资金后再滚动扩大。我们希望各地文物商店也能这样做。对地方文物商店暂时无权外销"超限"文物的问题，目前已有权宜之计，以后还可以考虑逐步放权，使一些有条件的地方文物商店有权销售经国家允许的"超限"文物，从而在全国形成畅通的文物购销网。这样，再施以行政和法律手段，文物黑市交易将会逐渐被取缔和取代。

与此同时，我们还将研究如何积极参与国际市场问题，使国家允许外销的文物能获得最佳经济利益，同时以最有利的价格收回流失在国外的文物珍品。珍贵文物，特别是国宝级文物，往往是国魂民魂之所系，有些甚至已成为国家和民族的象征物。我们对这些珍贵文物只能当典守人，不能当"败家子"；只能着眼于保护，着力于回收，决不能急功近利，轻言"拍卖"。

（四）宣传贯彻《文物保护法》和《文物保护法实施细则》，全面加强文物工作的法制建设

今年是《文物保护法》颁布十周年。经过去年全国人大常委会修改和补充以后，《文物保护法》已经成为更有力的法律武器，并明确地赋予了文物管理部门以执法权。刚刚由国务院批准颁布的《文物保护法实施细则》，弥补了本法某些规定不够明确具体的不足，使多年来执法过程中遇到的问题都得到了妥当的解决。这些法律和法规文件，得来实在不易，是我们文物法制建设上取得的最令人鼓舞的成就。

会议之后，我们要抓住"十周年"这个有利的契机，立即在全国各地掀起宣传《文物保护法》的高潮，集中一定的人力、物力，协调配合各有关部门，广泛开展宣传日、宣传周、宣传月活动，充分利用广播电视报刊和组织文艺演出知识竞赛等多种多样的形式进行宣传教育，务必做到家喻户晓，老少皆知。为什么文物违法犯罪活动会形成一股风？为什么文物古迹到处遭到涂抹、刻画、破坏？为什么有人敢于"以言代法""以权代法"？说到底，是人们的法制观念不强，文物保护意识太差。真是把《文物保护法》宣传到家，把"保护祖国文物人人有责"的道理讲透，广大人民群众有了保护文物的意识和自觉性，文物管理工作就有了最重要的群众基础和舆论环境，很多问题都可以迎刃而解。

与宣传教育活动相配合，各地文物部门要配合公检法机关，抓住一些重大案件，严厉打击文物犯罪团伙，严惩一批罪行严重的首犯、惯犯，造成强大的声势，震慑犯罪分子，遏制犯罪活动。这对广大人民群众也是一种教育。

为了认真做好执法工作，要尽快建立健全执法机构。文物行政主管部门的工作人员、特别是领导机关的负责同志，要进一步增强法治观念，带头学法执法，提高依法行政、依法管理的能力。要加强法制队伍的建设，选拔和调配一批政治和业务素质较好、具有一定法律知识的干部，从事行政执法工作，并通过学习培训，不断提高他们的工作能力和工作水平，真正做到敢于执法，善于执法，文明执法。

全面加强文物工作的法制建设，把文物工作纳入法制轨道，是文物管理工作的根本大计，也是顺利完成我们这次会议所提出的各项任务的重要保证。

上述四项工作，不仅是当前和今后一个时期文物工作的重点，同时我们也希望以此启动文物工作全面改革开放的步伐。文物工作的改革开放，在很大程度上取决于各级领导的胆略胆识和精神状态。要提倡实事求是，创新实干，勇于探索；要改进作风，深入实际，少说空话，多办实事。对那些已经取得共识的工作，要尽快起步，坚决地抓，大胆地干；对新出现的矛盾和问题，要缜密地调查研究，多谋善断，开拓进取。对文物管理机构和管理体制上存在的问题，各级政府应从实际出发，根据本地区文物工作的需要加以充实或调整，而不必与国家文物局相比照。此外，各级领导还要特别注意抓好培养人才的问题。改革开放也好，维修保护也好，千秋大业，全在人为。在文物工作方向和任务确定以后，干部人才就是决定事业兴衰成败的关键。现在文博业务与管理人才的培养有很多有利条件：文物保护和收藏、研究单位自己可以办学；有关的高等院校可以依托；海外、国外也有很多渠道和机会可以为我们培养人才。各级领导和文博单位，都要把人才培养问题摆上重要日程，并做出切实可行的计划和安排。在关心和培养中青年干部的同时，要特别注意保护老专家，从生活、工作，到参加各种社会活动，都要给予妥善的照料，保障他们身体健康，心情愉快，为文物事业的发展和接班人的培养继续做出贡献。

同志们！我国的文物事业在党和国家的大力支持下，正以坚实的步伐向前迈进。形势大好，使命光荣，任务艰巨。一个百年难逢的机遇已经来到我们面前。我们相信，广大的文物工作者一定能够充分意识到党和人民的重托，勇敢地承担起时代赋予我们的使命，用自己的心血和智慧，为祖国神圣的文物保护事业建起一座历史性的丰碑！

李鹏致 1995 年全国文物工作会议的贺信 *

（1995 年 9 月 8 日）

值此全国文物工作会议召开之际，谨向大会表示热烈的祝贺！向辛勤耕耘在文博园地的全国文物工作者致以亲切的问候！

我国是一个有着悠久历史的文明古国，丰富多彩的文物史迹，蕴涵着中华民族文化的优良传统和无穷智慧，标示着中华民族对世界文明的卓越贡献，是海内外中华儿女引以为豪的宝贵财富。保护和利用好祖国文物，为社会主义服务，为人民服务并传之后世，是我们应尽的历史责任。

党和政府一贯重视文物工作。几十年来，特别是改革开放以来，国家为文物工作制定了一系列的法规、政策，投入了大量的人力、物力和财力，为文物事业的发展提供了保证。经过广大文物工作者和各有关方面的共同努力，文物工作取得了显著成绩。

目前，文物工作面临新的形势，工作任务很重。各级政府要给予应有的重视。各级文物部门要坚持"保护为主，抢救第一"的方针，坚持按照文物法规办事，坚持教育、引导人民群众自觉保护祖国文物，使文物事业在社会主义物质文明和精神文明建设中发挥更大的作用。

预祝大会圆满成功！

---

* 李鹏时任中共中央政治局常委、国务院总理。

李铁映在 1995 年全国文物工作会议上的讲话*

（1995 年 9 月 8 日）

今天，来自全国各地文物战线的代表和国务院有关部门、部分地方政府的负责同志再次聚会古都西安，共商新时期文物工作大计。李鹏总理特别给这次会议发来贺信，反映了党中央和国务院对文物工作的重视、支持和关心。

1992 年 5 月，在这里召开的全国文物工作会议，为我国文物保护事业确立了"保护为主，抢救第一"的方针。经过三年的实践，证明这个方针是完全正确的。回顾近年来的文物工作，如同其他各条战线一样，成绩是显著的。各级政府、文物行政管理部门和各有关部门，在贯彻落实《文物保护法》方面都做了大量卓有成效的工作。中央和地方财政在困难的情况下，增拨了文物保护经费。自 1992 年到现在，国家合计拨给各地文物保护经费 38300 万元，安排维修、保护、考古发掘项目 1162 项，其中大型工程 303 项。维修保护了布达拉宫、敦煌莫高窟、克孜尔千佛洞、清东陵、清西陵、云冈石窟、避暑山庄等一大批亟待抢救的古建筑；保护了燕下都遗址、辽上京遗址等受自然或人为损坏比较严重的大型遗址；对阳陵、彭头山遗址、汉梁王墓群等重要遗址进行了抢救性发掘。此外，还拨付给博物馆和文物收藏单位 9700 万元，修建和完善了 218 项文物库房和保护设施。通过各有关部门的协作努力，还有效地遏制了全国范围内大规模的盗掘、走私文物的犯罪活动。

几年来，全国 5 万余名文物工作者，特别是长年累月坚守在文物保护第一线的同志们，包括公安、海关、工商等部门的同志们，一直在非常艰苦的条件下辛勤工作，默默奉献，有的甚至在与犯罪分子搏斗中献出了自己宝贵的生命。在这里，我代表党中央、国务院向文物战线的同志们，致以诚挚的问候和崇高的敬意！

社会主义市场经济体制的建立，是一场深刻的历史变革，涉及经济、社会发展的各个领域。文物工作是社会发展的一个有机组成部分，必须适应社会主义市场经济的客观要求。当前，大规模经济建设和建立社会主义市场经济体制的历史任务，对文物工作带来了新的冲击和挑战，也带来了新的课题和机遇。这就要求文物战线上的同志们，特别是各级政府的领导同志，认真学习邓

---

* 原题为《有效保护、合理利用、加强管理》。

小平同志建设有中国特色社会主义理论，按照党的十四届三中全会决定精神，从更高的角度、更宽的视野去研究在社会主义市场经济体制的建立过程中，文物工作所面临的主要问题，开创文物工作的新局面。要特别注意处理好三个关系，即文物保护与大规模经济建设的关系，文物保护与人民群众切身利益的关系，文物管理体制与社会主义市场经济体制的关系。

为了做好新时期的文物工作，必须进一步强调和坚持"保护为主，抢救第一"的方针。现在的问题是，许多地方还没有真正落实好这一方针。在有些地方，盗掘文物、走私文物猖獗，经济建设中破坏文物的状况比较严重，文物市场管理也存在混乱现象。因此，一定要继续坚定不移地贯彻落实好"保护为主，抢救第一"的方针。

结合文物工作面临的新形势、新问题，在总结几年来文物工作经验教训的基础上，这次会议提出了"有效保护，合理利用，加强管理"，作为新时期贯彻"八字方针"的重要任务和指导思想。保护和利用是文物工作的两项根本任务。

保护是为了利用，合理利用才能更好地实现有效地保护。只有做到"有效保护，合理利用，加强管理"，才能在建立社会主义市场经济体制的过程中，把"保护为主，抢救第一"落到实处。为了全面贯彻这一方针，国务院准备下发关于新时期加强文物工作的文件。这个文件从开始调研、起草至今已时近一年，在征求各方意见的基础上数易其稿，为了更好地集思广益，这次会议再次发给大家征求意见。在这里，我想着重就有效保护、合理利用和加强管理等几个问题，讲一点意见。

一、关于有效保护

我国文物蕴藏极为丰富，大到古文化遗址、历史文化名城，小到古钱币，分布在 960 多万平方公里的土地上，仅仅依靠国家出资和几万名文物工作者来保护，是远远不够的。只有改革由国家包下来的文物保护管理体制，建立适应社会主义市场经济要求的，以国家保护为主，同时动员全社会保护文物的体制，才能从根本上改变文物遭受损坏、破坏和走私流失的状况，实现有效保护。

关于国家保护。对文物进行保护首先是国家的责任。这个责任不仅要由中央政府来承担，也是各级地方政府的职能、责任和一项重要工作。各级文物部门，要在各级政府领导下对保护文物的工作切实担负起责任。近年来，尽管国家对文物的投入有所增加，但经费不足的问题还十分严重。要随着经济发展，逐年增加国家的投入。要确定国家对重点文物保护、维修的拨款办法，提高规范性和透明度。地方政府守土有责，也要逐步增加一些预算。国家的责任还不仅体现在拨款上，而要综合协调地运用法律、经济、行政等手段，并动员各种社会力量来实现这一任务。

《文物保护法》是改革开放以来我国较早公布的专项法律，是我国文物保护事业走上法制轨道的标志，并在实践中发挥了应有的作用。要进一步加强对《文物保护法》及有关法规的宣传和实施，真正做到有法必依、执法必严、违法必究。在《文物保护法》受到侵害的时候要勇于斗争，要有寸土必争、寸土不让的精神。要运用舆论手段，提高全民的文物保护意识，让广大人民群众自觉投身于文物保护事业，形成人人爱护文物的良好社会风尚。

随着时间的推移，情况的变化，像所有的法律一样，《文物保护法》也存在着进一步补充、完善的问题。我们应该根据十多年来文物保护的实践和文物工作的特殊规律，按照建立社会主义市场经济体制的要求，在深入调查研究、广泛征求意见的基础上，尽快提出修正案。这种补充完善不是松动，而是要更加严密。各地要结合当地的实际情况，进一步补充、完善地方性法规。对全国重点文物保护单位中的大遗址、古墓葬群、大型石窟寺和古建筑群体，要根据需要分别制定专项保护法规。

各级人民政府对文物工作的领导，是国家保护的最重要体现，是国家职责的体现。要把文物保护纳入当地经济和社会发展计划，纳入城乡建设规划，纳入财政预算，纳入体制改革，纳入领导责任制。文物工作是一项长期工作，不是一朝一夕可以完成的临时工作。因此，特别要加强规划工作。已确定和即将公布的全国重点文物保护单位，以及全国历史文化名城，都要尽快制定出总体规划。目前，首先要与制定"九五"计划结合起来，把一些重大文物项目确定为重大文物工程纳入发展计划。三峡地区地上近400处、地下800多处文物的保护问题，国家已纳入三峡总体工程中解决，要继续抓紧落实。随着经济发展和现代科学技术的发展，要高度重视运用高新技术保护文物、修复文物，加强科学研究工作。要确保文物建筑维修和考古发掘的质量和科学水平。"九五"期间，要集中一些财力、人力和物力，在一些城市建立起现代科技手段武装的文物科技中心、资料中心和研究中心。

各级人民政府和有关部门，要本着既有利于经济建设和提高人民群众生活水平，又有利于文物保护的原则，妥善处理实际工作中出现的矛盾和问题。应该承认，大规模经济建设特别是城市建设与文物保护工作存在着矛盾。但是矛盾是可以转化的，只要我们注意正确处理好两者关系，就可以变挑战为机遇，使大规模经济建设时期成为发现文物最多、保护文物最有效的时期。

当前，各级政府特别要努力抓好大遗址的保护工作。要充分认识到这项工作的重大意义，全面规划，采取法律形式进行保护。在建设项目涉及重要遗址的情况下，必须会同文物行政管理部门，共同确定保护措施。同时，还要充分考虑当地群众的切身利益，调整产业结构，发展园林、旅游、文化等项事业，提高大遗址地区群众的生产、生活水平。

关于社会保护。国家保护与社会保护是完全一致的。国家保护文物的责任之一，就是要动员全社会的力量，调动各类社会组织（包括企业法人、基金会和基层社团）和广大群众保护文物的积极性。《文物保护法》早已作出规定："一切机关、组织和个人都有保护文物的义务"。应该指出，中华民族五千年的辉煌历史，不仅为后人留下了巨大的物质财富，还留下了宝贵的精神财富。每一个中国人都是受益者，既有享用的权利，也有保护的义务。我们要把中华民族长期形成的热爱文物、保护文物的优良传统很好地继承和发扬下去。要鼓励全社会包括海外侨胞、港澳同胞，采取赞助、捐助等多种形式支持与参与文物保护。有关部门要支持、指导社会和民间的文物保护，并制定相应的政策、条例。

近年来，愈来愈多的部门、单位和个人重视起文物和文物保护。仅从可移动文物来讲，许多经济建设部门、企业乃至部队建立了反映自己行业历史的博物馆，收藏、展示了不少珍贵文物，涉及农业、交通、纺织、矿冶、机械、军事、酿酒、造纸、制药、航空等方方面面。有些企业不惜重金购买了一批珍贵文物，有的还买回流失在境外的文物。许多文物爱好者，也跻身于收藏家的行列。社会保护文物的现状表明，我国对文物实施全民保护有着深厚的社会基础。但是，也有些同志还认识不到动员全社会参与文物保护事业的必要性和重要性；从法规方面看对民间保护文物的权利和义务还缺乏明确的界定和指导；在有关政策和管理措施方面也跟不上去。社会保护，应该是在国家的法律允许的范围内，在主管部门的指导和监督下，最广泛地动员各行各业和人民群众，以各种形式自觉履行保护文物的义务，防止和制止文物的损坏、破坏和走私流失。

要彻底改变一些地方存在的政府保护文物，一些不法分子盗掘、破坏文物而群众却无能为力的现象。一切文物建筑、古墓葬所在地，当地群众都应建立组织，制定乡规民约，自觉地保护文物。要使他们认识到，文物的保护和他们的利益是一致的，一切破坏行为不仅是违法的，也是破坏群众的自身利益。

二、关于合理利用

我们所讲的"利用"，主要是指在充分肯定文物所拥有的科学、艺术和历史价值的基础上，发挥其文化教育作用、借鉴作用和科学研究作用。每个国家和民族都有自己独特的文化传统，而且这些文化传统往往成为人们为维护民族独立和争取解放而斗争的精神支柱。在一定意义上说，文物是民族文化的象征，是民族历史的载体和物证。中国的文物，博大精深、辉煌灿烂、源远流长、传统优秀，是中华民族历史创造的结晶。我国的文物不仅属于中国，也属于全人类。总之，文物对于正确认识中华民族的发展历史，继承和发扬优秀传统，增强民族自信心和凝聚力，有着不可替代的作用。大量的文物还具有伟大的艺术价值，是古代科学技术遗产的宝库，还为考察历史上自然环境和生态变化提供了丰富的研究资料。文物的保护和利用是辩证统一关系。任何形式的利用，都必须以有效保护为前提和基础。只有利用好文物的科学、艺术和历史价值，让人们有机会接触文物，认识文物，培养对文物的感情和兴趣，才能增强人们的文物保护意识，把保护文物变为自觉的行动。同时，也只有保护好文物，才能谈得上利用。我国的文物包含着大量科学的、历史的、艺术的知识和信息，也是一部特殊的史书和百科全书。我们必须建立这样一种概念，什么时候、什么情况下都必须保护好、利用好文物。破坏文物的蠢事再也不能做了。我相信，我们的子孙后代会更聪明，会更好地保护和利用文物。

文物的合理利用具有巨大的社会效益和经济效益。社会效益是第一位的，也是长期的，没有社会效益就没有经济效益。各级政府既要把文物的利用作为一项优势资源进行开发，同时要防止追求短期经济效益的一些做法。各类文物的展览、复制、租借要有严格的审批手续，要有科学的保护手段，绝不能搞破坏性的利用。

谈到文物的合理利用时，还必须正确看待、高度重视文物的流通问题。境内合法的文物流通，主要是为了发现和收购珍贵文物，调剂余缺，国家从中所得的经济收益是很有限的，而且只能用于珍贵文物的收购或文物保护事业。文物的合法外销也必须坚持"少出高汇、细水长流"的方针，还可以用销售文物所得建立基金，专门用于抢救收购流失在海外的"国宝"。

目前，我们一方面拥有三十五万处文物古迹和上千万件文物藏品，另一方面又拥有十二亿需要先人文化遗产滋养的中华儿女和无数对中华文明崇拜热爱的海外人士，我们"利用"的天地非常广阔。关于文物的利用方式各地文物部门已摸索出不少行之有效的经验。例如陕西的秦始皇陵兵马俑，应该说是一个典型代表。1974年兵马俑发现以后，由于国家和地方的共同重视和努力，已先后发掘了一、二、三号兵马俑坑，建成了举世闻名的大型遗址博物馆，并被联合国教科文组织列入世界文化遗产项目，成为对外开放和宣传中国古代文明的重要窗口。15年来，秦俑馆已接待中外游人2000余万人，经费也实现了良性循环。除了开辟旅游参观点、举办展览、进行国际合作交流外，还可以组织专题旅游，举办有关文物知识的培训和竞赛，模拟考古发掘，出版有关文物的书籍、图册和音像制品，制作文物的复制品、仿制品，利用文物的图案、纹饰开发各种纪念品，等等。应该说，文物的合理利用是一篇大文章。这个文章现在才刚刚破题，还大有潜力，大有可为。我们要注意总结经验，制定规划，坚持长期保护、长期建设、长期利用。在有效保护的条件下，大胆探索合理利用的各种形式，包括学习、借鉴国外的一些行之有效的形式。可以相信，在各级政府的直接参与和指导下，关心文物、热爱文物的专业干部和广大群众，今后还会从实践中开拓出更加广阔的合理利用途径。

三、关于加强管理

加强对文物的管理，是我们一贯强调的方针。只有严格管理，才可能实现有效保护、合理利用。

（一）深化文物管理体制改革

各级人民政府要积极探索建立适应新时期要求，促进文物事业发展的管理体制，协调文物与旅游、城建、文化、园林、宗教等部门的关系，加强文物保护的政府机构和职能。在划清中央与地方各级政府的财权和事权过程中，各级政府要明确列出并逐步增加文物工作预算，切实负起职责。政府部门要集中精力研究文物保护的大政方针，建立健全各项规章制度，总结、推广典型经验。像陕西、河南、河北、山西、山东、北京等文物大省，重点市县应建立由主管领导担任负责人的文物管理委员会。国家重点文物保护单位也要根据各自情况和发展要求，成立专门的保护委员会，制定专项保护法规，做好规划，建立严格的责任制。实践证明，西安市临潼地区已建立的文物工作领导小组，效果是好的。

要明确文物的产权归属。《文物保护法》规定：我国境内地下、内水和领海中遗存的一切文物，属于国家所有。国家机关、部队、全民所有制企业、事业组织收藏的文物，属于国家所有。在查处盗掘、走私等违法活动中依法没收、追缴的文物也属于国家。这些文物既不是地方所有，也不是部门所有，更不是具体管理部门所有。法门寺的佛指舍利，是国宝。它既不是法门寺的，也不是陕西的，而是国家的，是按国家法律规定，实行管理的。这一点一定要十分清楚。有些等级文物，即便是个人所有，国家还有监管权，要妥善保管，不得损坏和随意流出境外。各级文物行政管理部门要加强自身的建设，特别要加强领导班子建设。重点文物保护地区的党委、政府，一定要采取措施，调整、加强文物部门的领导力量。文博单位内部的管理体制改革也应进一步深化。截至 1994 年底，全国已有各种类型文博单位 3150 个。对于那些缺乏生机和活力，人浮于事，制度不健全，责任不落实，管理漏洞很多的单位，必须下决心整顿。要探索文博单位内部管理体制的改革，建立竞争机制，引进人才和资金，加强内部的管理，增强其生机和活力。

（二）加强人才培养，提高队伍素质

要注意保护专家。文物专家也是国家的宝贵财富。以文物鉴定专门人才为例，就需要亲自从观察大量文物真品和赝品中寻找感觉，需要长时间的理论探索和经验积累，还需要前辈专家对精微把握之处的真传亲授才能造就。我多次说过，文物专家本身就是"国宝"。要尊重他们的意见，努力改善他们的工作、生活条件，充分发挥他们的作用。据了解，国家文物鉴定委员会近两年就有好几位老专家相继谢世。尽快把这些老专家的绝技继承下来，也是"保护、抢救"的重要内容之一。

解决文物工作队伍的青黄不接问题也是当务之急。要采取多种方式培养造就一批对文物工作无限热爱、钟情奉献的跨世纪优秀人才。文物系统各级各类专门人才的培养，除了利用学校教育和部门专业培训外，还有许多特殊的途径。要尽快确定一批专家技师，建立师承制度，通过给老专家当助手、当学徒，进行重点培养，形成新的学术带头人队伍。在加快培养各级各类专门人才的同时，特别要加强科技队伍和科研机构的建设，并注意培养一批兼晓行政管理、经济管理、现代科技，以及外语等知识的复合型人才。全面提高人员的素质，要有一个规划，逐步提高文博单位专业人员的比例。文物系统内部的人事制度也要改革，进文博单位的人要经过培训。不称职的人要调出或培训后再上岗。

（三）加强文物市场管理

文物市场问题，是社会各界关注的热点之一。从保护我国文物和弘扬中华文明的良好愿望出发，各界人士各抒己见，献计献策。有不同意见是好事，大家都来关心，这是我们搞好文物市场管理的社会基础。

首先，必须承认文物市场的存在有其客观必然性。但市场一定要有法治和管理。没有法律规范的文物市场，弊端很多，还会出现文物黑市。这次会议上拿出了一个《文物市场管理条例（征求意见稿）》，希望大家能认真讨论，使其尽快完善，然后上报国务院审议。

其次，文物拍卖必须按照国家有关法律规定实施，国家文物局要建立健全严格的审批制度。目前，一是要坚持国家文物局对文物拍卖实行"直管专营"的原则。二是文物拍卖公司的利润所得主要应用于文物的保护。第三，现有的文物经营单位，要根据社会主义市场经济体制的要求，深化内部管理体制改革，使其事业单位实行企业管理，按照建立现代企业制度的要求，明确改革的任务和目标。第四，文物行政管理部门应会同公安、工商等有关部门，采取有力措施，全面整顿文物市场，取缔地下文物黑市和无照经营。要用今年下半年到明年上半年一年的时间集中开展这项工作，以求迅速见到成效。尤其是对一些规模较大的有文物上市的旧货市场要进行整顿，不能使其成为销赃、走私文物的场所。文物市场是一个特殊的市场，要求管理人员具备一定的文物知识，应尽快建立一支作风正、业务精的文物市场管理队伍。

（四）坚决严厉打击文物犯罪活动

这个问题我每参观一处文物，每开一次有关文物方面的会议都要讲，这次也不例外。在肯定文物保护工作所取得成绩的同时，必须正视这样一个事实：目前地上地下文物遭受破坏的现象仍在不断发生，盗掘和走私文物等违法犯罪活动在一些地方仍没有得到有效的遏制，我们面临的形势依然非常严峻。据海关总署统计，1991 年至 1994 年，从海关共查获走私文物达 4.6万件。这些文物是从哪里来的？恐怕大多数是从盗掘古墓的犯罪分子那里来的。而且，实际盗掘文物的数量还远不止上述这个数字。面对这伙猖狂的犯罪分子，我们必须严厉打击，绝不能心慈手软！

最近破获的山西侯马市两个文物犯罪团伙的典型案例，带给我们的教训是沉痛、深刻的。这说明打击文物犯罪活动是一项长期艰苦的斗争。各级政府一定要负起责任来。事实证明，只要各级人民政府重视，有关部门通力合作，严格按照刑法补充规定进行惩处，就没有刹不下去的歪风邪气，就没有破不了的疑难案件。问题是有一些领导干部，认识不到自己所肩负的职责，对文物犯罪活动熟视无睹，有的还带头破坏，把盗掘文物的犯罪活动看成群众致富的门路，这是绝对不能容许的。更有甚者，一些部门、单位和个人，为了自身的利益，搞以罚代刑，这无异于姑息养奸，放虎归山，从某种意义上讲，无异于同流合污。

还有一个没收、追缴文物的移交问题。公安、海关、工商行政管理部门在查处违法犯罪活动中依法没收、追缴了大批珍贵文物，保护了国有资产，赢得了全国人民的尊敬和赞扬，功不可没。这部分文物属国家所有，应无偿移交文物行政管理部门妥善保管。如不尽快移交，久拖不决，造成损坏，也是一种法人犯法。1992 年颁布的文物保护法实施细则规定，"移交办法由国家文物局会同有关部门制定"。国家文物局已做了一些工作。下一步请财政部牵头尽快落实，这实际上是一个对国有资产的处理问题。

四、加强对革命文物的保护、利用和管理

在这里，我还要特别强调一下对革命文物的保护问题。我国是一个富有革命传统的国家，革

命遗址、建筑物、纪念物和可移动的革命文物极为丰富，遍布全国各地。历史是不能割断的，今天的中国是昨天中国的发展，今天的历史是昨天历史的延续。作为历史的见证，革命文物有着无可替代的重要作用。

我们说的革命文物，是指从鸦片战争以来，经过旧民主主义革命，新民主主义革命，社会主义革命和社会主义建设这几个历史时期所遗留下来的文物。建国以来的文物如何征集、保护，这个问题也已提上了议事日程，要很好地加以研究。现代文物与我们现实生活非常贴近，所以，它们不仅具有文化方面的含义，而且包含着丰富的政治、经济、军事和社会生活各方面的信息，闪烁着浓烈的时代气息和感情色彩。在今天，这些文物无论在进行国情教育、爱国主义教育、革命传统教育方面，还是在社会政治生活、外交工作和历史科学研究方面，都有着重大意义。在纪念抗日战争胜利五十周年的活动中，我们广大群众，特别是青少年从抗日战争纪念地、纪念馆中，受到了一次非常深刻的教育。像南京日军大屠杀旧址、"731"细菌工厂旧址等也应保护起来。这对于揭露日军的侵略罪行，回击日本少数不承认侵略，拒不谢罪的顽固分子，也可以发挥重要作用。

怎样保护好这些现代文物呢？

第一，要做好普查，制定保护规划。

对文物普查，已经做了大量工作。没有做完的，要继续调查清楚。调查清楚了的，要制定好保护规划。要区别不同情况，列入各级文物保护单位；不能列入保护单位的，也要树立纪念标志，说明此地曾经发生过什么事件，给人一种历史感。革命旧址的保护，一定要制定好保护规划。江泽民同志最近指出：要"正确处理现代化建设与保留古迹及革命纪念地的关系"。正确处理的首要一条，就是要做好规划。

第二，做好革命文物的征集工作。

我到过不少革命纪念地参观，室内除了一些照片外，实物很少。实物是最有力的证据，也是最生动，最直观的材料，必须花大力气进行征集。征集，就是一种保护，也是一种抢救。要支持和鼓励更多地征集各类革命文物。另外，还要抓紧抢救收购流散在社会上的重要革命文物。

第三，积极进行革命旧址的恢复和建设。

在保护革命旧址的同时，要在尊重历史、维护原貌的前提下，根据条件与可能，搞一些建设。周总理曾经指出，革命历史遗址要"有物可看，有事可说，有据可查"。现在有很多非常重要的历史事件和革命纪念地虽然有事可说，有据可查，但无物可看了。我们这一代就有一个历史使命，将其恢复和建设起来。搞建设，还可以革命旧址为中心，辅之以展览室、纪念碑、纪念亭，搞好绿化，建设道路，美化环境，不仅使参观者受到教育，也可在优美的环境中得到休息。这样做，与不改变文物原貌的原则不矛盾。像狼牙山五壮士战斗过的地方，如果不搞点环境建设、纪念设施，仍旧是那么一个自然状态，就发挥不了作用，而且还会逐渐被人们淡忘。

第四，要充分发挥革命文物的作用。

要充分发挥革命文物的社会教育功能，要把各类革命旧址和纪念馆办成社会教育基地。还要积极探索新的建设、保护和利用的路子。不仅要发挥革命文物的教育、纪念作用，还要与园林、旅游结合，与各种文化、经济活动结合，发挥其多方面的社会效益。社会作用越大，经济效益就可以得到补偿。总之，我们这一代必须保护好革命文物。

同志们！我们的祖先给我们留下了一笔辉煌灿烂、令世人仰慕的宝贵文化遗产，并历经了无数磨难才传到现在，不能让这些遗产在我们这一代人手中毁坏失传，否则，我们将成为中华民族历史上的罪人，愧对自己的祖先。通过这次会议，我们都要增强抓好文物工作的紧迫感、危机感，切实担负起这一历史重任。会议结束后，请同志们回去很好地向各级政府作专题汇报、传达。有关部门要制定计划，贯彻、落实好会议精神。党中央、国务院一直对文物保护工作予以高度的重视，社会主义市场经济体制的建立又给文物工作带来了前所未有的机遇和挑战。让我们紧紧团结在以江泽民同志为核心的党中央周围，振奋精神，解放思想，实事求是，勇于实践，努力开拓文物事业的新局面！

刘奇葆在 1995 年全国文物工作会议上的讲话 *

（1995 年 9 月 11 日）

全国文物工作会议今天就要闭幕了。占祥同志还要对这次大会作总结。遵照铁映同志的要求，我在这里作个发言。经过几天的大会和分组讨论，大家一致认为，这次全国文物工作会议是继 1992 年全国文物工作会议以后又一个重要的会议。李鹏总理的贺信和铁映同志的重要讲话，进一步明确了今后一个时期做好文物工作的方向和任务，也体现了党和国家对文物工作的高度重视和一贯支持。德勤同志的工作报告很全面，对文物部门的工作做了安排。会议期间，大家交流经验，畅所欲言，结合文物工作面临的新形势、新问题，进行分析，研究对策，也对各级政府如何进一步做好文物工作提出了许多好的设想和建议。会后，在充分吸取大家意见的基础上，国务院关于新时期加强文物工作的文件，经修改审定后，争取尽快下发实施。

现在，文物工作的方针政策已经明确，目标任务已经制定，重要的是从上到下、方方面面都要抓好贯彻落实。

一、要摆上位置

会议确定要建立与社会主义市场经济要求相适应的文物保护管理体制，即以国家保护为主，同时动员全社会保护文物的体制。因此，对文物进行保护首先是国家的责任，是中央政府和地方各级政府的职责。各级政府的领导同志要充分认识自己肩负的职责，要认识到当前做好文物工作的重要性和紧迫性，不断增强文物保护的意识和责任心，按照李鹏总理的要求给予应有的重视，把这项工作摆上日程，认真研究，精心部署。各级政府要切实加强对文物工作的宏观管理，指导和督促文物部门开展工作，帮助文物部门解决实际困难，真正做到守土有责。

二、要形成合力

文物工作涉及的部门比较多，需要有关方面共同来做。各部门都要自觉从既有利于经济建设、又有利于文物保护的全局出发，互相支持，形成合力。要形成合力，前提是要统一认识。每一个部门都有自己的主要职责和业务范围，有的部门对自己的工作领域可能了如指掌，但对文物工作也许了解不深，有的甚至认为保护文物会妨碍部门工作，看不到保护和利用文物在两个文明建设

---

* 原题为《摆上位置　形成合力　抓好落实》。刘奇葆时任国务院副秘书长。

中的作用。各级文物部门要向全社会、向其他部门做好文物保护的宣传工作。各有关部门的负责同志要认真学习党和国家关于文物的方针、政策、法律、法规，充分认识文物事业在社会发展中的作用，正确处理好自己管理的业务工作与做好文物保护工作的关系，不要因急功近利给我们的后辈留下无可挽回的遗憾。要形成合力，基础是要依法办事。几十年来，特别是改革开放以来，我们国家颁布了一系列有关文物的法律、法规。这些法律、法规是做好文物工作和处理各种与文物有关问题的行动准则。各部门在工作中涉及文物问题，首先要有法的意识，要依法办事。现在的问题是一些地方和单位有法不依，甚至一些政府部门、企事业单位法人也违法、犯法。各级政府和文物部门，一定要学会运用法律武器开展工作，司法部门要严格执法，坚决保护文物。要进一步完善文物法规，为文物保护提供强有力的法律保障。

要形成合力，关键是要行动上互相配合。各有关部门要在政府的统一领导下，认真研究并提出处理好经济建设、群众生活与文物保护关系的措施和办法，建立健全涉及文物保护的各种工程建设项目的特殊审批制度，明确建设、旅游等部门保护文物的责任和义务。在打击盗掘、盗窃和走私文物等文物犯罪活动中，公安、工商、海关、检察院、法院、文物等部门，要加强沟通，互相配合，提高查处工作效率，加大打击力度。在文物保护工作中，要逐步形成这样一种局面，即文物部门主动汇报，争取支持；政府领导高度重视，给予帮助；有关部门主动到位，积极配合，共同承担起文物保护的重任。

三、要抓好落实

这次会议在坚持"保护为主，抢救第一"八字方针的基础上，又提出了"有效保护，合理利用，加强管理"作为新时期文物保护工作的重要任务和指导思想；提出了建立与社会主义市场经济要求相适应的文物保护管理新体制；提出了要处理好文物保护与大规模经济建设的关系、文物保护与人民群众切身利益的关系、文物管理体制与社会主义市场经济体制的关系的新要求；进一步明确了文物保护工作的"五纳入"；强调了对革命文物保护、利用和管理的问题，等等。这些重要的工作思路和精神，体现了党和国家对新时期文物保护工作的要求，各级政府和有关部门，要结合实际，抓好落实。

一是要抓组织落实。目前，文物保护管理机构与文物保护任务还不完全适应。各级政府要重视文物保护管理机构的建设，完善文物保护管理部门的职能，充分发挥他们的作用。要重视文博队伍的建设，培养和充实文物保护的力量，关心文物工作者的工作和生活。要帮助文博单位探索内部管理机制的改革，增强文物部门的活力。文物相对集中的省、市、县要建立由主管领导担任组长的文物管理委员会，加强领导和协调。

二是要抓责任落实。责任明确，既能减少扯皮，又有利于加强合作，工作就会做得扎实。要把文物保护的责任逐项分解，落实到省、地（市）、县（区），落实到部门和单位，落实到人头。要把文物保护工作做得好坏作为对有关负责人的任期目标和政绩考核的一项内容。对不重视文物保护或只顾本部门、本单位利益造成文物损失的责任者，要严肃处理，严重的要依法惩办。

三是要抓工作落实。大家一致认为，把文物保护纳入当地经济和社会发展计划，纳入城乡建设规划，纳入财政预算，纳入体制改革，纳入领导责任制，是做好文物保护工作的重要措施。这次会议之后抓落实的一个重要任务，就是要把"五纳入"落到实处。各级政府要把文物保护工作作为本地社会经济发展的一项重要内容，认真对待，切实做到五纳入。各级文物部门要抓紧制定规划，研究措施，扎扎实实干工作，认认真真抓落实，通过贯彻这次会议精神，把文物工作推上一个新的台阶。

高占祥在 1995 年全国文物工作会议上的讲话 *

（1995 年 9 月 11 日）

历时五天的全国文物工作会议今天就要圆满结束，我们这次会议，是在党中央、国务院领导同志的直接关心和指导下召开的。李鹏总理给大会发来了贺信，这是对全国广大文物工作者极大鼓舞和鞭策。李铁映同志在会上作了重要讲话，要求我们继续贯彻"保护为主，抢救第一"的方针，并且提出要把"有效保护，合理利用，加强管理"作为新时期文物工作的重要任务和指导思想。这对我们在新形势下进一步做好文物工作，具有重要的指导意义。张德勤同志代表国家文物局作了工作报告，代表们认为这个报告是实事求是的，对成绩的估价和对问题的分析是切合实际的，对下一步文物工作做出了具体安排。刘奇葆同志刚才做了《摆上位置，形成合力，抓好落实》的重要讲话，这个讲话对于如何贯彻和落实好这次会议精神具有指导意义，正可谓"好雨知时节，当春乃发生。"陕西、河南、山西等省及西安市在大会上介绍了他们开展文物工作的经验和体会。会议还认真讨论了《国务院关于新时期加强文物工作的通知》和《文物市场管理条例》等文件的征求意见稿。代表们结合本地区、本单位的实际，畅所欲言，集思广益，发表了很多很好的意见和建议。

通过认真学习李鹏总理的贺信和李铁映同志的重要讲话，通过认真热烈地讨论会议有关文件，代表们普遍反映，要以这次全国文物工作会议为新的起点，从更高的角度、更宽的视野去探求做好新时期文物工作的新思路，去解决文物工作遇到的新矛盾和新问题，努力开拓文物的新局面。

现在，新时期文物工作的大政方针已经确定，文物工作的目标已经明确，文物工作的具体任务已经部署，摆在我们面前的任务是认真宣传、贯彻、落实这次会议的精神，把这次会议的精神真正落到实处，这是我们能否开创新时期文物工作新局面的关键。

如何把这次会议精神真正落到实处，是我们每个与会者都需认真思索、认真研究、认真回答的一个问题。这个问题解决好了，我们文物工作就会别开生面；这个问题解决不好，就会"讲在会议上，写在文件上，挂在口头上"。因此，各地都要认认真真研究一下"如何把会议精神落

---

* 原题为《务实求实　开拓进取把全国文物工作会议精神落到实处》。高占祥时任文化部常务副部长。

到实处"的问题。我觉得，要把全国文物工作会议精神真正落到实处，就要牢牢抓住以下六个环节。

一、要把会议精神落到实处，就要认真贯彻执行李鹏总理关于各级政府要重视文物工作的重要指示

李鹏总理在《给全国文物工作会议的贺信》中明确指出：对文物工作"各级政府要给予应有的重视，"要求各级文物部门要做到"三坚持"："坚持'保护为主，抢救第一'的方针，坚持依照文物法规办事，坚持教育和引导人民群众自觉地保护祖国文物。"充分体现了党中央、国务院对文物工作的高度重视。各级政府从上到下都重视文物工作，这是搞好文物工作最重要的保证。因此，我们要把李鹏同志的指示，传达到各级政府领导者当中去，落实到文物管理的实际工作中去。在讨论这一问题时，有的同志说，各级政府要落实好李鹏总理这一指示，必须做到"四到位"：思想到位，经费到位、责任到位、工作到位。其中最重要的是思想到位，即各级领导同志特别是第一把手要增强搞好文物保护工作的紧迫感和危机感，强化自己的历史责任感，做守土有责、忠于职守的卫士，不做愧对祖先、愧对子孙的罪人。同时，还要做到责任到位，并把这一条作为考核干部政绩的内容之一。只有领导者的思想认识和工作责任到了位，才能有助于经费到位和工作到位。陕西省在大遗址保护和打击文物犯罪方面，依靠当地各级政府，层层签订责任状，收到了很好的效果。安徽三年内计划完成 100 个文物保护项目，每项都与当地政府签订责任状，保证了项目如期实施。

总之，我们要把这次会议精神落到实处，首要的一环就是通过贯彻李鹏总理关于各级政府要重视文物工作的指示，强化政府对文物管理的职能，加强对文物工作的领导，推动文物事业的发展。

二、要把会议精神落到实处，就要大力宣传贯彻铁映同志提出的新时期文物工作的指导思想

李铁映同志在会上作了题为《有效保护，合理利用，加强管理》的重要讲话，是我们这出"长安大戏"的主题曲。这十二个字，即是新时期文物工作进一步贯彻"保护为主，抢救第一"八字方针的重要任务，也是开创文物工作新局面的重要指导思想。铁映同志在讲话中，对有效保护、合理利用和加强管理的内涵及其相互关系，做了深刻、辩证的阐述，提出了适应社会主义市场经济体制和文物保护特殊规律的新思路、新措施、新对策。同志们在讨论中说，这十二个字是在"八字方针"基础上的新发展，我们要结合新时期文物工作的实际，进一步认真学习和领会铁映同志的报告精神，并使之贯彻到文物工作的实践中去。

许多代表对铁映同志讲话中强调要加强革命文物的保护、利用和管理问题十分赞成。同志们认为，这个问题的提出有着极强的针对性和现实意义。现在，有的青年不知道林则徐是谁，不知道中国共产党领导中国人民推翻的"三座大山"是指什么。当有人问到一个学生推倒的是哪三座大山时，竟然回答是太行山、王屋山和阎锡山。代表们呼吁，如果不加强爱国主义和革命传统教

育，将会导致灾难性后果。这方面，充分利用近现代革命文物进行革命传统教育和爱国主义教育，具有十分重要的意义和不可替代的作用。

三、要把会议精神落到实处，就要在落实文物工作"五纳入"这个新思路上下功夫

李铁映同志在调查研究的基础上，提出文物工作的"五纳入"，即"要把文物保护纳入当地经济和社会发展计划，纳入城乡建设规划，纳入财政预算，纳入体制改革，纳入领导责任制"。这"五纳入"是在社会主义市场经济条件下提高文物保护总体水平的重要保证，是推动文物事业发展的重大举措，是新时期做好文物工作的一个法宝，也是检验各级政府是否对文物工作给予应有重视的具体标志。代表们兴奋地说："只要做到了'五纳入'，文物工作就算做好了一大半儿！""只要落实了'五纳入'，文物工作就会大改观。"陕西省的实践就说明了这一点，陕西省政府为落实"五纳入"制定了《关于全面实施文物保护"五纳入"的决定》，省人大将"五纳入"的内容写进了《陕西省文物保护条例》，使"五纳入"的要求具有法律约束力。西安市人民政府逐项抓了"五纳入"的落实，使"五纳入"条条都落到实处，有力地提高了文物保护工作的水平。因此，我们要求各地，这次会议之后要认真研究如何切实做到"五纳入"，提出落实"五纳入"的具体内容和具体措施，及时报送文化部和国家文物局，汇总后向国务院报告。

四、要把会议精神落到实处，就要加强同有关部门协作协调，形成共同推动文物事业发展的合力

多年来的实践证明，要搞好文物工作，必须要依靠有关部门的通力合作、配合协调。奇葆同志刚才讲到文物工作涉及的部门比较多，需要有关方面共同来做。各部门都要自觉从既有利于经济建设、又有利于文物保护的全局出发考虑问题，互相支持，形成合力。我们文物部门要积极主动地同有关部门加强沟通，把有关部门的部门行为变成有机的、具有文物行政管理整体效应的政府行为。同时，我们还要争取社会各界的广泛支持，把推行文物保护的政府意志变成为全社会自觉遵守文物保护法规的社会行为，形成政府同社会之间的合力。政府有关部门之间的合力、政府同社会之间的合力，是新时期做好文物工作的重要力量源泉。

五、要把会议精神落到实处，就要抓紧制定好文物事业"九五"计划和明年文物工作的具体计划

今年是"八五"规划的最后一年。国家文物局和各地都要抓紧拟定文物事业"九五"计划，争取尽早上报审批。只有有了规划，才能根据整体安排去分步实施，才有条件去争取"五纳入"。各地要尽快制定"九五"期间文物维修保护、文物库房建设的具体年度规划，于明年一季度末或二季度初报送国家文物局，以便直拨经费的综合平衡。

根据铁映同志强调的动员社会力量保护文物的精神，大家要认真研究一下除国家财政拨款之外如何广开文物保护经费的来源问题：譬如自我经营积累、经营收入提成、实行税利返还、开展有偿服务、鼓励企业资助、引导海外赞助、设立文保基金等等。国家文物局准备申请设立文物保护基金，部里支持这一动议。要搞好文物的保护与利用，一是要靠强化法律的力量，二是要靠强化经济的保障，只有把这两者结合起来，才能施行有效保护和合理利用。

六、要把会议精神落到实处，就要认真准备开好本地区的文物工作会议

各位代表回去之后，要认真向各地党委和政府做一次汇报。作为文物行政管理部门，要认真做好汇报的准备工作，同时要结合当地实际，提出当前迫切需要解决的主要问题及建议方案，提供给当地党委和政府作为决策参考，力争切切实实地解决一些实际问题。

在汇报的基础上，各地应考虑在适当时机召开文物工作会议，邀请政府有关部门和专家参加，利用政府的行政力量，贯彻落实这次全国文物工作会议的精神，使这次会议提出的主要任务落到实处。各地的文物工作会议，要开出信心来，开出干劲来，开出成果来。根据铁映同志的意见，要把这次会议的精神传达到县级，以便用会议的精神统一大家的思想和行动。

各地应与新闻单位合作，积极宣传我们文物工作的意义和成绩，告诉群众目前尚存的困难，动员社会各界爱护、保护好祖国的文物，要逐步形成人人爱护文物、人人保护文物的良好的社会新风尚。

关于当前文物事业需要着重抓好的几项具体工作，张德勤同志代表国家文物局所作的工作报告中已经很清楚地归纳为十点。这个工作报告是经过文化部党组通过的，请各地文化部门、文物部门在工作中贯彻实施。这就需要我们有一种好的精神状态，迎着困难去开创事业；有一种好的工作态度，兢兢业业地去开展工作；有一种好的工作作风，扎扎实实地去办实事。这样，才能把这次文物工作会议的精神落到实处，才能实现铁映同志提出的任务和目标"开拓文物事业的新局面"！

以上我所讲的六点意见，概括起来说，就是要在继续贯彻八字方针的基础上，抓住六个环节，即落实李鹏总理重要指示，贯彻十二字指导思想，落实五个纳入，形成有效合力，做好"九五"计划，开好文物工作会议。

同志们，在这次会议结束的时候，我们要特别指出，这次会议之所以开得圆满成功，这台文物保护的"长安大戏"之所以唱得有声有色，有个重要原因就是陕西省以及西安市领导的热心支持，为这台大戏搭建了一个很好的舞台，为此我们再次表示诚挚的谢意。

张德勤在 1995 年全国文物工作会议的工作报告*

(1995 年 9 月 11 日)

我代表国家文物局向会议做工作报告。

这次全国文物工作会议，是在中共中央政治局委员、国务委员李铁映同志亲自倡议和指导下，在文化部党组领导下召开的，是继 1992 年会议之后全国文物部门同志共商新时期文物工作大计的又一次盛会。

李铁映同志刚刚发表的"有效保护，合理利用，加强管理"的重要讲话，是做好新时期文物工作的指导性文件，我们热烈拥护。铁映同志提出的各项任务与要求，我们将认真研究，一一落实。

这次全国文物工作会议，主要任务是要在邓小平同志建设有中国特色的社会主义理论指引下，认真研究新时期文物工作面临的新形势和新问题，讨论《国务院关于新时期进一步加强文物工作的通知（征求意见）》，进一步贯彻落实"保护为主，抢救第一"的方针，把我国的文物事业变成全民的事业，探索新时期文物保护工作的新思路、新体制、新措施。

报告分为三个部分：第一部分是对一九九二年以来文物工作的回顾；第二部分是分析研究新时期文物工作面临的形势和任务；第三部分是当前要着重抓好的几项工作。

一、1992 年以来文物工作的回顾

1992 年 5 月我们曾在西安召开了全国文物工作会议，确定"保护为主，抢救第一"的方针，中央财政大幅度增加了文物保护直拨经费。从那次会议到现在的三年多时间里，文物工作取得了显著的进步和发展。仅简要列举以下几点：

第一，全国各地根据 1992 年会议精神，坚决贯彻"保护为主，抢救第一"的方针，相应地增加文物保护经费，在全国范围内开展了建国以来空前规模的文物抢救维修工作。

在这段时间里，中央直拨文物保护经费总计近 4 亿元，抢救维修了 616 个项目，并对各地地市级以上文物博物馆单位新建、改建的 218 个文物库房给予了经费补助。全国重点文物保护单位濒临危险的状况有了很大的改善。西藏布达拉宫、清东陵和西陵、天津蓟县独乐寺、浙江天一阁

---

* 报告原题为《保护为主 抢救第一 开创新时期全民保护文物的新格局》。

等享誉中外的古建筑得到妥善的维修保护，在国内外产生了深远的影响。

第二，文物考古调查、发掘和科学研究工作成绩显著。

大规模文物考古调查、勘探、发掘以及文物地图集和信息资料的编制，为中国文明起源、形成和发展的研究提供了丰富翔实的资料，为提高我国的社会科学研究水平，加强我们统一多民族国家的凝聚力做出独特的贡献。秦始皇陵兵马俑二号坑、汤山旧石器时代遗址、西安隋灞桥遗址等重大考古发掘引起海内外广泛关注。为配合长江三峡建设进行的淹没区大规模考古调查与试掘工作推进顺利，为配合三峡工程的文物抢救保护工作奠定了基础。

第三，国务院去年初审定公布了第三批国家级历史文化名城，现在又正在审定第四批全国重点文物保护单位。我国的国家级历史文化名城达到九十九座，全国重点文物保护单位将达到一千处。前不久，联合国教科文组织又把拉萨布达拉宫、承德避暑山庄及周围寺庙、曲阜孔庙孔林孔府和武当山古建筑群列入《世界遗产名录》，使我国列入世界文化遗产的项目增加到十一处。

第四，全国各级文物博物馆大力贯彻落实《爱国主义教育实施纲要》，发挥自身优势，为社会主义精神文明建设做出了新贡献。

博物馆新馆建设和旧馆改造工作方兴未艾，投巨资兴建的上海博物馆新馆、河南博物馆新馆已基本建成。西藏自治区的第一座博物馆即将动工兴建。全国文物部门所属的各种类型博物馆的总数，已由 1991 年的 1075 座，发展到 1161 座。在坚持"保护、弘扬"主旋律的同时，许多文物博物馆单位通过各种渠道和途径争取社会对文物保护的投资，开展了与主业相关的多种经营创收活动，增强了自身的生机与活力。

第五，馆藏文物安全防范工作得到加强，文物被盗案件自 1989 年以来逐年下降。

去年馆藏文物被盗案发生了 30 起，比前一年又下降了 21%。今年上半年发案率继续呈现下降趋势。与此同时，各地文物部门积极配合公安、工商、海关和检察院、法院，组织专门力量，严厉打击盗掘、盗窃和走私文物等各种犯罪活动，从重、从严、从快地惩处了一批文物犯罪的主犯、首犯、累犯。特别是山西省一举打掉盘踞侯马达十年之久，具有明显黑社会性质的侯林山、郭秉霖两个文物犯罪集团；湖北荆门市处决了多次盗掘古墓葬，盗毁战国女尸的郭孝平等罪大恶极的文物犯罪分子，在全国引起了很大的震动。

第六，文物法制建设进一步加强。一批与《文物保护法》及其实施细则相配套的文物法规、规章和政策性规定相继出台，进一步健全和完善了我国的文物法规体系。各地较好地完成了"二五"普法规划制定的各项任务。文物行政执法工作水平有所提高，初步建立了一支专门的文物行政执法队伍。

第七，进一步推行了文物流通领域的改革，文物市场出现了繁荣景象。

随着国内文物收藏的不断升温，文物经营单位逐步扭转了文物只向外销的局面，开始实现面向广大人民群众以内销为主的转变。国家文物局会同工商、公安、海关等部门联合印发了《关于加强文物市场管理的通知》，共同组建了文物市场管理协调小组。同时，还组建审定了 17 个国家文物出境鉴定站，加强了文物市场和文物出境的管理，特别是对旧货市场的监管。

近年来我们尽力加强了珍贵文物的抢救性收购，并从海外收回一批具有重要历史、科学、艺术价值的文物，在这方面上海博物馆做得最为出色。

第八，专业干部的培训工作取得了明显成效。

1992 年以来，我局委托北京大学、复旦大学、南京大学等八所高等院校与文物专家相结合共同培养了 200 多名硕士研究生等不同层次的文物保护科技人才。此外还配合文物抢救保护维修工作举办了各类高层次培训班，与联合国教科文组织合作邀请外籍专家举办了多起文物保护技术研讨班；选派了一批优秀专业人员出国深造，为解决高精人才短缺做了有益的工作。

第九，我国改革开放的日益扩大和深入，有力推动了文物对外交流与合作，增进了国际社会对中国文物保护事业的了解，密切了与世界各国人民的友好联系。

1992 年以来，共组织文物出国展览 150 起，"中国古代人与神展览""中国西藏珍宝展""兵马俑及金缕玉衣展览"等文物展览在境外引起轰动。文物展览的收入至少达 1500 万美元。

与此同时，我们与日本、意大利、美国、德国等签订了一系列协议，利用外国资金和技术设备，建立了陕西文物保护修复中心，开展了敦煌莫高窟、云冈石窟以及陕西大明宫遗址、新疆交河故城等文物的合作保护，1992 年以来，利用无偿外国援助资金合计 1300 万美元以上。

近年来，两岸文物交流日益增多。去年 11 月，我文物代表团赴台访问取得圆满成功。香港、澳门和身在异国的许多爱国人士也纷纷加入保护祖国文物的行列，对祖国的文物保护事业提供了有益的帮助。

综观以上各项成绩，加上改革开放以来的发展变化，可以看到：我国的文物事业已经取得了长足的进步，面貌发生了很大变化，全民族的文物意识显著增强，各级政府和社会各界对文物保护工作日益关注，文物工作的社会地位不断提高，国内外的影响日益扩大，文物事业已经成为我们这样一个有着五千年历史的文明古国逐步走向现代化的整体事业的重要组成部分，在建设有中国特色的社会主义伟大事业中显示出巨大的优势和无可替代的作用。

文物工作的这些成绩，是在党中央、国务院领导下取得的，是国务院各有关部门支持、协作的结果，也是对全国的文物工作者不畏艰辛、不怕困难、团结奋战、努力工作的回报。这是值得大家欣慰的。

二、新时期文物工作面临的形势和任务

要说明这个问题，有两个方面的情况需要辩证地加以分析。一个是文物工作自身存在的问题和困难，另一个是迅速发展变化的社会大环境、大形势。从文物工作自身情况看，在取得诸多成绩的同时，令人不安的问题盗掘、盗窃、倒卖、走私和破坏文物的违法犯罪活动仍然很多；困扰文物事业发展的难题经费不足、人才短缺、管理机构不健全等等依然存在。

从社会大环境来说，两年前党的十四届三中全会发布了《中共中央关于建立社会主义市场经济体制若干问题的决定》，我国开始由计划经济向社会主义市场经济转轨的历史性转折。这一场历史性的变革，给人们的思想观念、行为意识乃至整个经济和社会生活带来了深刻的变化。这一方面给文物工作的进一步深化改革和扩大开放带来了前所未有的机遇，同时也带来了一系列挑战。

在建立健全社会主义市场经济的过程中，如何相应地建立起文物管理工作的新机制，进一步贯彻"保护为主，抢救第一"的方针，适应形势，把握机遇，趋利避害，解决文物工作中的一个个问题，克服一个个困难，把文物事业继续推向前进，就是我们面临的形势和任务。

去年4月，在李铁映同志的倡导下和带领下，文化部与国家文物局、建设部、公安部、国家工商局等部门共同组成文物保护调研工作组，并邀请了全国人大、全国政协的同志参加，分赴陕西、河南两个文物大省，对文物保护存在的问题进行了深层次的调查研究。铁映同志听取汇报以后，又亲自赴陕西、河南现场办公，共同研究探讨和协调解决在新时期文物保护工作中遇到的若干重大问题。

今年6月，国家文物局又召集18个省、自治区、直辖市文物部门的负责同志和有关专家，在北京召开了"新时期如何做好文物工作理论研讨会"，对当前的文物工作进行了讨论。

这次印发大家的《国务院关于新时期进一步加强文物工作的通知（征求意见稿）》，就是在做了这些调查研究和探讨的基础上产生的。经这次全国文物工作会议讨论，由国务院发布之后，我们将遵照执行，开创新时期文物工作的新格局。

在这个文件发布以前，我们不能犹豫等待，裹足不前，而应当本着实事求是，一切从实际出发的态度，按照李铁映同志提出的要求，扎扎实实地做好新时期的文物工作。

各地从事文物工作的同志对形势的分析都有很多真知灼见，也有一些不尽相同的认识。但在总体认识上，大多数同志都强调指出，我国的文物保护事业同各项事业一样，是在克服种种矛盾和困难的过程中前进的，我们所遇到的矛盾和困扰，都是在前进过程中产生的，需要在事业发展的新生长点上研究解决。

譬如说：文物保护经费短缺一直是每次文物工作会议的最集中的话题。"八五"期间国家在财政极其困难、一些地区甚至开不出工资的情况下，大幅度增加了文物事业经费，再加上另外安排的西藏布达拉宫、承德避暑山庄等专项维修经费，兴建新河南博物馆、西藏博物馆等的专项基建经费，以及各地人民政府拨付和追加的保护经费，算总账国家已投资十多亿元人民币。这对于我们这个劳动生产率还不高、人民温饱尚未完全解决的发展中国家，应该说是很不容易的。国家的这些投入，相对缓解了一些珍贵文物迫在眉睫的抢救保护的经费需求，为"先救命、后治病"提供了起码的物质基础，赢得了宝贵的时间。

文物安全问题是警钟长鸣的一个老问题，在艺术品盗窃活动日益团伙化、国际化和作案手段现代化的今天，令世界各国博物馆和警方都为此伤透脑筋。我们的博物馆在防范硬件还很落后的情况下，强化管理法规，增强责任意识，夙夜警戒，死看硬守，创造了发案率连年下降的佳绩，实属来之不易。

文物保护管理机构与保护任务不适应的问题各地已呼吁多年。近年来，文物工作的重要与繁杂已为更多的领导同志所理解。在国家机关大幅度精兵简政的大背景下，从国务院批准的国家文物局的"三定"方案，到各地纷纷保留、充实、新建文物局或加强文化厅文物处，都体现了各级党政领导和人大、政协对文物保护的深爱厚望。

人才培养也是老问题。经过多年来多方面的持续努力，不仅我们自己培养的文物保护、考古研究博士生、硕士生活跃在文物工作第一线已屡见不鲜，连一些县的文物单位都有许多文博专业的本科生、大专生，这在过去是难以想象的。这样的例证还可以列举很多，之所以在这里特别加以强调，是想说明我们应该学会全面地分析形势。一些主要矛盾和问题，不仅前几次文物工作会议提出来，可以设想，今后的文物工作会议仍然有可能继续提出。关键在于虽然谈论的是同一题目，但矛盾的条件、焦点却会不断改变，我们绝不是在同一原点踏步反复。我们充分认识已经实实在在取得的进展，不仅仅是为了肯定党和政府的努力，肯定文物部门同志的贡献，更重要的是冷静、客观地评估矛盾的转化进程，寻找促进转化的症结，为今后向更好的方向转化创造条件。

当然，并不是所有的矛盾和问题都会自然随着时代的步伐自行缓解，有些在新的形势下还可能演变得异常尖锐。其中最令人瞩目的，是大规模基本建设中对文物的破坏，以及盗掘、盗窃、倒卖、走私文物等违法犯罪活动的猖獗。大规模基本建设与文物保护的矛盾，建国以来就有。过去在计划经济条件下，通过统筹规划，预先勘探发掘，做到"既有利于文物保护，又有利于生产建设"，的确有过不少成功的范例。但是改革开放以来，中国的经济列车以使世界瞩目的高速度持续运行，外国人惊呼整个中国就像是一个大建筑工地。恰恰中国又是一个文明古国，在一些古城古都，古遗址、古墓葬密集得"无卧牛之地"。不难想象，在这样的情势下，文物保护面临的局面是何等严峻。盗掘、盗窃、倒卖、走私文物的违法犯罪活动猖獗，并不只是文物部门才遇到的孤立现象，它同贩毒、贩黄以及其他恶性犯罪活动一样，都是少数不法之徒在暴利欲念驱使下最野蛮、最疯狂的犯罪活动，在市场经济刚刚建立、尚未完善之时，表现得尤为触目惊心。

如果再认真分析一下，为什么这两方面的破坏文物的活动会发展到这样大的规模，而且屡禁不止呢？对经济利益的追逐固然是一个基本的动因，还要看到一个更深层的问题，即受我国目前的国民经济和社会发展水平制约，整个国民素质的提高还有待时日。我国还有几亿文盲，还有几千万人没有解决温饱，让每一位国民都理解文物在他的生活中的意义，实在还任重而道远。即使是在受过高等教育的人们中，在各级领导干部中，要想使大家在发展经济的高负荷、快节奏奔忙中，有暇顾及历史文化，温习一下祖先给我们留下的博大精深、美轮美奂的遗产，可能目前还被多数人视为一种奢侈。作为守土一方的"父母官"，眼睛难免会集中盯住发展经济的硬指标，盯住眼下父老乡亲的米袋子和菜篮子，一时顾不上考虑理应留给子子孙孙的那份千金不易的财富。

按照我国国民经济和社会发展所提出的战略目标，要十多亿人民在精神和物质生活质量普遍达到中等发达国家的水准，至少还要经过半个多世纪的时间，需要几代人的努力。作为国家社会发展中的任何一项专门事业，都不可能脱离这个大环境、大背景。我们强调指出这一点，不是泄大家的气，而是希望大家充分认识我们所面临问题的长期性、艰巨性、复杂性。这样，就不会因为目前遇到的种种困难、困扰和不尽如人意之事而苦恼灰心。我们需要的是古人所讲的"锲而不舍"的那种精神，只要是对文物保护有利的事，不计锱铢，日积月累，从眼前做起，从自己做起，集小获为大获，积小胜为大胜。每过几年回过头看看，如果国家典藏的珍贵文物光彩依然，保护文物的队伍逐步壮大，保护文物的意识流布更广，我们就可以无愧地说，我们是有所作为的，没有辱没历史的使命。

总之，我们既然选择了文物保护这项高尚事业为终身职业，就得走上一条漫长的艰难之路，做好打持久战的思想准备。悲观失望是不可取的，一蹴而就是不可能的。我们不仅自己打持久战，更重要的是动员千千万万人参与到这场旷日持久的伟大进军中，把本来就属于社会的文物保护事业融于社会，嫁接到社会的各个层面。可以预见，全民重视文物保护之日，也就是我们伟大的祖国真正繁荣富强之时。

三、当前要着重抓好的几项工作

国家文物局遵照最近一段时期国务院领导同志对文物工作的一系列重要指示，经文化部党组同意，提出了当前和今后一个时期要着重抓好的几项工作。

（一）认真学习邓小平同志建设有中国特色社会主义理论，学习党的十四届三中全会作出的《中共中央关于建立社会主义市场经济体制若干问题的决定》

通过学习，认清我国社会主义事业前进的方向，认清不断发展变化的客观社会环境，认清文物事业在改革开放和现代化建设中的地位和作用，找到文物管理工作的新思路、新途径、新方法。

文物工作专业性很强，具有自己的特殊规律，不能照搬照套市场经济管理工作的一般做法。但是特殊性寓于普遍性之中，必然要受到普遍性的制约和影响。为了提高我们执行党的基本路线的自觉性，为了解放思想、更新观念，建立适应社会主义市场经济体制的文物管理工作体制，我们必须把学习摆在第一位。

学习要理论联系实际，提倡调查研究，积极探索，开拓进取，对于探索中的问题，特别是一时还看不准、吃不透的问题，要多谋善断，不要轻率为之。在正确理论指引下，不断地试点和总结，再试点、再总结，是我们学习的主要途径。

（二）努力调动一切积极因素，逐步形成国家保护与社会保护、全民保护相结合的文物保护新格局

我国是公有制为基础的社会主义国家，国家所有的文物是一项极为重要的国家资产，同时也

是中华民族最可珍视的精神遗产。在我国新旧体制交替转换时期，文物工作自身的特殊规律决定，文物保护仍应以国家保护为主。国家保护为主，是指各级人民政府运用法律的、行政的、经济的手段切实保障对珍贵文物的重点保护。

当前，国家保护为主主要是切实保证党和国家对文物保护的方针政策和法律法规的贯彻实施，强化文物部门和其他有关部门的职能作用，加强对文物保护工作全局的宏观调控。同时，要做好李铁映同志提出的"五纳入"，即把文物保护纳入经济和社会发展规划，纳入财政预算，纳入城乡建设规划，纳入体制改革，纳入各级领导责任制，"五纳入"是新时期强化各级人民政府保护文物的责任和义务的重大举措。文物主管部门要在各级政府的领导下，协助有关部门，切实把"五纳入"一项一项地落到实处。

我国文物保护的任务十分繁重，完全依靠国家有限的财力、物力和文物部门有限的力量直接承担下来是不可能的。无论从保护和弘扬的任一角度来说，我们都需要想方设法最大限度地让包括各行各业在内的企事业单位、社会团体和广大人民群众参与到文物事业当中来。这项工作对文物管理工作者来说，是一种责任；对社会各界和人民群众来说，是一种义务，也是一种权利。社会主义市场经济体制的建立，为我们运用经济规律和市场机制调动全社会、全民的力量共同保护文物，逐步建立全民保护的新体制，开拓了广阔的领域。

文物部门要善于鼓励和引导社会各个方面的力量参与文物保护，特别是充分利用各自的优势广泛吸收社会资金，共同承担文物保护的责任。近年来，北京市文物局在处理维修与使用、投资与受益的关系方面做了一些探索，吸引社会各界参与文物保护事业，取得了一定成效。南京城墙的维修，动员了全市人民的力量，收回几百万块旧城砖，并在"每人捐献一元钱"的号召下，募捐了大笔资金。辽宁义县为了维修奉国寺，县里的四套领导班子发动群众，顺利解决了居民搬迁和维修经费问题。类似的例证不知凡几，说明文物保护要依靠全民全社会不是一句空话，而是经过努力可以实现的目标，也是对全民全社会进行爱国主义教育的有效途径之一。

为广泛动员社会力量，多方筹措和集中文物部门的分散资金，国家文物局准备尽快设立文物保护基金。建议各省、自治区、直辖市文物管理部门在政府的统一领导下也分别设立文物保护基金。资金主要来源是文物部门的纳税返还资金、经营文物所获收入提成、文物保护单位使用补偿资金、境内外捐资赞助等，对人民群众集资保护文物，要在符合国家有关规定，不增加群众负担的前提下，积极加以鼓励和引导，文物部门要善于调动人民群众的积极性，激发他们的热情，要像搞"希望工程"那样，把文物保护的困难如实地告诉人民，争取群众的理解和支持。同时，要在基层广泛建立各种形式的群众文物保护组织，把文物保护置于最广泛的群众基础之上。文物保护基金分别由国家文物局和省、自治区、直辖市文物管理部门依法筹集，集中管理，用于文物保护和博物馆建设。

（三）继续抓好文物的抢救和保护

1992年以来，在全国范围内开展的大规模的抢救维修和保护取得了很大的成绩。但应该看到，抢救和保护濒危文物的任务仍然是艰巨和繁重的。今年是"八五"计划的最后一年，各地文物部门在对"八五"期间维修保护工作进行全面总结和科学评估的基础上，要尽快制定"九五"期间文物维修保护和文物库房建设的规划，至迟应在明年第二季度前制定完毕，并报送国家文物局，以便我们对中央直拨经费的计划使用综合平衡，及早立项。大遗址的保护是当前亟待解决的问题，根据铁映同志的多次指示精神，当前加强大遗址的保护，主要是加强保护大遗址重大意义的宣传，引导人民群众加以珍惜和爱护，加强保护管理的力度，切实解决当地城乡建设发展和群众生活问题。第一，落实大遗址保护的责任。遗址所在地的各级政府应加强对大遗址保护工作的领导，并把它作为对当地政府主要负责同志的任期目标和政绩考核的主要内容之一。第二，动员和依靠人民群众参与保护，同时要切实重视群众生产、生活中的实际困难和问题，尽量减轻群众负担，对涉及群众当前切身利益的问题，要采取措施及时解决，给予必要的政策性补偿。第三，加强大遗址保护的立法，依据国家现行的文物法规，结合大遗址保护的不同情况，制定内容更具体、操作性更强、更有针对性的单项法规，依法对大遗址进行保护。第四，加强大遗址内涵揭示的基础工作，划定大遗址保护范围，制定大遗址保护规划，国家文物局目前正会同有关部门制定大遗址保护工程计划方案，准备报送国务院审批。各地文物部门也应尽快制定规划，按程序报批，及早公布关于历史文化名城的保护以及文物保护的基础工作，国家文物局准备尽快会同建设部制定历史文化名城保护条例，并召开专门会议研究名城的保护问题。在国务院将公布第四批五百处全国重点文物保护单位后，各地文物部门要立即着手按国保单位的保护要求，做好"四有"工作。

（四）加强领导和协调，进一步组织好配合长江三峡水利工程的文物保护和抢救工作

长江三峡水利工程举世瞩目，淹没区的文物保护和抢救工作任务艰巨。当前，由全国三十多个科研单位、数百名文物工作者奋力投入的文物保护规划工作正在紧张进行。从规划的初步成果预见，配合三峡工程的文物保护和考古发掘，对加深认识人类起源和中华民族文明起源、发展具有重大意义，根据三峡工程进度，留给文物保护和抢救工作的时间只有十年多一点，在这样的时限内能否完成地上地下 1208 处文物抢救工作，把损失减少到最低限度，压力很大，且为国内外舆论所关注。我们一定要继续努力抓紧完成文物保护规划工作。并争取早日列入三峡工程总体规划，同时抓紧安排实施工作，抢救首批被淹文物古迹。要紧紧依靠四川、湖北两省及有关地方政府和库区人民群众，加强与工程建设移民部门的协调联系，继续组织和动员全国有关科技精英力量支援保护规划实施工作。今后工作中遇到的所有重大问题和重要情况，将及时向"三建委"和国务院汇报。

（五）加强博物馆建设，进一步发挥文物作用

在建立社会主义市场经济体制的新的历史时期，不管社会环境发生怎样的变化，博物馆收藏、研究文物和发挥社会教育功能的性质不能变。这是博物馆存在的自身价值，失去它，就失去了博物馆事业。

当前，各级各类博物馆要把贯彻落实中共中央印发的《爱国主义教育实施纲要》作为首要任务，按照这个主旋律调整陈列内容，强化陈列主题，整治环境氛围，提高服务质量。要继续开展全国优秀爱国主义教育基地的评比工作，对现有五百多个爱国主义教育基地的基础设施进行必要的改善和提高，逐年增加爱国主义教育基地的数量。

要进一步深化博物馆陈列工作的改革，各级各类博物馆要注重对文化市场现状和发展趋势的调查研究，根据时代的要求和人民群众对文化产品的需求，充分发挥自身的优势，举办各种内容丰富、形式多样的展览。要改变"我有什么样的文物就办什么样的展览"的思维模式，多从"群众需要什么样的展览"来考虑和设计自己的工作，要把文物展览当作一个文化产品投入市场，接受文化市场的检验，在市场检验中不断提高陈列展览的水平。尚未开放的文物保护单位要创造条件，尽快开放，用门票收入和其他服务性收入补充经费的短缺。

要改进对博物馆的管理工作，加强重点博物馆建设和馆藏珍贵文物的保护工作。国家文物局准备根据全国各博物馆的情况，分期分批确定一批国家级博物馆报国务院审批，使它们对全国各级各类博物馆起指导和示范作用，各省、自治区、直辖市文物行政管理部门可以根据自己的情况，分别确定一批重点馆。在保证重点，办好现有全民所有制博物馆的同时，要调动社会各方面的力量包括个人的力量，兴办多种类型不同的所有制形式的博物馆。

关于博物馆等文物收藏单位的参考品如何投入流通领域的问题，国家文物局准备研究制定界定标准，经文化部报国务院审批，在界定标准未颁布前，此项工作暂不进擅自销售自己收藏的文物。

（六）进一步深化文物流通领域的改革

深化文物流通领域的改革，主要目的有四点：第一，国家运用经济手段征集珍贵文物；第二，运用商品经济规律，适应人民群众日益增长的对文物鉴赏收藏的需求，动员社会力量和人民群众保护文物；第三，积累资金，支持文物博物馆事业的发展；第四，取缔和打击文物的非法流通和地下交易，防止珍贵文物外流。国家文物局向这次会议提交了《文物市场管理条例》的征求意见稿，希望同志们提出建议和意见，会后，我们将根据会议提出的意见，进一步修改补充，会同有关部门尽快报国务院审批。

自从我们实行文物市场以内销为主的改革措施以来，市场上传来一个新的讯息：先富裕起来的一部分人购买文物的潜力很大，中国的艺术品价值大大提高，百年来流失国外的文物开始出现回流。这个趋势的发展前景如何？我们要继续观察、深入分析，但不论如何，我们都将继续坚持文物对外销售从严把关、严禁出土文物上市的方针，继续尝试扩大文物内销业务，"藏文物于民"。这对文物市场健康发展，促进文物回流，普及文物知识和文物保护意识，提高国民文化素质，进行爱国主义教育，都是有积极意义的。

（七）积极开展文物对外交流与合作

新时期我国改革开放的步伐进一步加快，全方位、多层次、多形式的开放格局，为广泛开展文物对外交流与合作提供了越来越多的机遇。

我们将继续坚持"以我为主""对我有利"的方针，积极开展工作。全面规划文物对外交流与合作的工作，严格遵守报批程序，对举办中国文物展览比较频繁和密集的国家与地区，适当控制数量，积极开展对第三世界国家和周边国家的交往与合作，稳妥、审慎地扩大与外国合作的考古考察、合作考古发掘和文物古迹的合作保护研究，较多地侧重于文物保护与科学技术方面的合作，特别是我们比较薄弱和落后的领域，要积极寻求国际组织、友好国家、友好团体和友好人士对我国文物保护事业的支持和赞助，吸取更多的外部资金，用于文物保护。

（八）切实加强队伍的思想建设和业务建设

长期实践证明，文物队伍是一支好的队伍，富有自甘清苦、埋头苦干、敬业乐群、无私奉献的精神，同时也应看到，我们所处的社会环境发生了很大变化，商品经济的负面效应和种种不正之风也会侵蚀我们的队伍。违法乱纪、贪污腐化、监守自盗虽然仅仅发生在极少数人身上，足以引起我们的警惕。一定要注意抓好队伍的思想建设，要对广大干部职工经常进行职业道德的教育，进行党纪、政纪、法纪的教育。同时还要把文博队伍的业务建设放在重要的议事日程，干部培训工作要从普及性的短训班逐步向正规化、高层次的馆校结合方面发展，向文物修复、文物鉴定、文物保护科技、古建维修等专业技术方面倾斜。要继续加强与高等院校的联合办学，发挥大学现有的教学优势和文物博物馆单位老专家的导师作用，搞好高层技术人才的培养，办好各种类型的专业技术培训班和岗位培训工作，有计划地加强与外国专业技术人员的交流，加强专家、学者的互访，选派优秀的中青年科技人员到外国学习进修，培养一批跨世纪的高精人才，造就一支具有世界水平的文物保护专家队伍和其他各类专门人才齐备的队伍。

（九）进一步加强文物工作的法制建设，加大打击文物犯罪活动的力度

根据铁映同志的要求，国家文物局要在调查研究的基础上，按照立法程序，修改、完善文物保护的有关法规。各地也要结合当地的实际情况，对本辖区文物保护的有关法规加以补充和完善，对现行法规进行修改、完善和新的法规的制定，要从两个方面加以把握。第一，要把深化文物工作的改革贯穿法规建设的始终。第二，要有利于推动全民全社会共同参与文物保护，逐步建立适应社会主义市场经济体制的全民保护的新体制，用法律引导、推进和保障文物工作改革的顺利进行。法规的修改、补充和新法规的制订，要加强与主管部门的立法机关联系，力求规范化、科学化。

要大力宣传《文物保护法》，抓好"二五"普法规划的实施和"三五"期间普法规划的制定。当前，要着力抓好对政府部门和企事业单位法人违法行为和违法案件的处理。目前对政府行为和法人行为违法的处理难度很大。各地文物部门要切实加强法制队伍的建设，要学会运用法律武器依法追究责任者和当事人的行政和法律责任。密切配合司法机关起诉、仲裁和审判的工作，支持和鼓励文物管理人员对违法行为进行不懈的斗争，聘请常年律师和法律顾问，维护文物部门的正当权益。

对我们与盗掘、盗窃和走私文物等犯罪活动进行斗争的长期性、艰巨性要有充分的估计和准备，在政府的统一领导下，密切与公安、海关和工商等部门的配合与协作，加大打击力度和深度，对大案要案的处理结果，文物部门要大张旗鼓地宣传，教育群众，震慑犯罪分子。要提高长期防范的意识，对公安部门与文物部门联合设立的公安派出机构，文物部门要在经费、装备等方面切实给予保障。在大遗址、大型陵墓区、边远地区以及博物馆和文物保护单位内及其周围地区，要与公安部门和当地政权机关配合，普遍建立群众性的联防组织，净化社会环境，加强文物保护的综合治理。

（十）加强对文物知识、法规的宣传普及，让文物事业植根生长于全民全社会

我国的文物古迹数量浩瀚，博大精深，蕴含着极为丰富的知识和信息，专家也只能精其某一局部，不可能通知通晓。文物保护的法律、法规、规章和各种规定、办法、规范、标准，繁多、精细而又相互衔接，文物行政管理人员也未必能尽道其详。

但是，要使全社会都关心文物，保护文物，就必须首先使大家认识文物、理解文物，使人民大众享有"知情权"。应该提倡我们的专家，我们的管理人员，用尽量浅显、生动的方式告诉社会各界，珍贵的国宝具有哪些历史、科学、艺术价值，每年的考古新发现都帮助我们解答了哪些千古之谜；告诉社会各界，政府为保护文物都付出了哪些努力，我们日常遇到与文物有关的事项必须遵守哪些规定；还要告诉社会各界，我们在保护文物中还有哪些困难需要大家伸手帮一把，哪些项目需要雪中送炭，哪些项目可以锦上添花等等。特别是对于青少年一代，要想方设法创造种种兴趣盎然的活动，使他们有条件从小耳濡目染，受到中华优秀传统文化的熏陶。

要充分借助现代媒体的导向力和感染力，像宣传"质量万里行""环保世纪行"那样，有计划地组织一些规模大、层次高、覆盖面广的专题宣传活动，不断加深公众对文物和文物保护的印象，强化文物保护管理行业的整体形象。我们各级文物行政管理部门的同志，特别是负责同志，都肩负向党政领导宣传，向兄弟部门宣传、向海内外各界人士宣传的责任，肩负建立良好社会公共关系的责任。很多事例说明，凡是文物工作搞得富有生气的单位，都有一个共同点，就是善于做宣传工作，善于广交朋友，动之以情，晓之以理，自然得道多助。如果我们文物战线的每个同志，都能自觉地在这方面发挥自己特有的专长和影响，我们保护文物的声音就会愈来愈洪亮，力量就会愈来愈强大。

各位代表，我国正处在新的伟大历史变革时期，全民族、全社会的共同努力将为文物事业开拓更加广阔的发展前景，时代提供了繁荣文物事业的机遇，我们必须牢牢把握。历史只给了我们一种选择，就是在克服困难中前进。李鹏总理给全国文物工作会议的贺信，给我们增添了巨大的鼓舞力量。让我们继续坚持"保护为主，抢救第一"的方针，继续贯彻《文物保护法》，探索新思路，拿出新办法，为开拓新时期全民保护文物的宏伟事业共同奋斗！

李鹏给 1997 年全国革命文物工作会议的贺信

（1997 年 8 月 1 日）

欣闻全国革命文物工作会议在江西南昌召开，我谨向大会表示热烈的祝贺，并向勤奋工作在革命文物战线的同志们致以亲切的问候。

我国是一个有着光辉革命历史的国家。丰富的革命文物，凝聚着中华民族和中国共产党人的伟大革命精神，是前人留给我们的宝贵历史遗产和精神财富。重视革命文物保护，充分运用革命文物对广大干部群众进行教育，是我们党的优良传统。新时期的革命文物工作要坚持以马列主义、毛泽东思想和邓小平建设有中国特色社会主义理论为指导，坚持为社会主义服务、为人民服务的方向，运用文物展示爱国志士和革命先烈的英雄业绩，反映中国共产党领导中国人民英勇奋斗的历史，激励全国人民投身改革开放和现代化建设的伟大事业。革命文物工作者要以坚定的政治立场和高度的社会责任感，创造性地做好本职工作，完成党和人民交给自己的光荣任务，为社会主义精神文明建设做出应有的贡献。

李铁映在1997年全国革命文物工作会议上的讲话[*]

（1997年8月1日）

同志们：

在全国革命文物工作会议于南昌召开之际，我代表国务院对会议表示祝贺，向长期从事革命文物工作的同志们表示亲切的问候。

革命文物事业是在老一辈无产阶级革命家的关心支持下逐步发展起来的。在党中央、国务院的关怀下，全国革命博物馆、纪念馆已有300余座，各级革命文物保护单位近8000处，革命烈士陵园纪念性设施等7000余个，仅文博系统就收藏有革命文物40余万件。江西井冈山、陕西延安、河北西柏坡、广东虎门等地的一大批革命纪念地和革命纪念建筑，得到了妥善的保护维修。中国革命博物馆、中国人民抗日战争纪念馆、延安革命纪念馆、南京雨花台、上海龙华烈士纪念馆等有着重大影响的革命纪念馆的建设，取得显著的成绩。"红岩魂""近代中国""留法勤工俭学展览""洗雪百年国耻，喜庆香港回归"等陈列展览，吸引了众多观众，产生了很好的社会影响，革命文物工作在社会主义精神文明建设中发挥着越来越重要的作用。

在肯定成绩的同时，也应看到，有些地方和部门对新形势下革命文物工作重大意义的认识不足；革命文物保护管理的体制，不能适应社会主义市场经济体制建立过程中不断发生的形势变化，革命文物的保护和利用工作存在不少薄弱环节，当前和今后一个时期革命文物工作的任务繁重，深化改革的工作艰巨。

一、充分认识革命文物工作在社会主义精神文明建设中的特殊地位

我国是一个有着光辉革命历史和富于光荣革命传统的国家。遍布全国的革命文物，是我国各族人民反帝、反封建英勇革命斗争的历史遗存，是中国共产党领导的新民主主义革命以及社会主义革命和建设的历史见证，是中华民族最可珍视的革命历史遗产。

革命文物深刻的内涵，直接体现了中华民族和中国共产党人热爱祖国、抵御外侮、捍卫独立、维护统一的伟大爱国主义精神；追求真理、无私奉献、勇于牺牲、战斗不止的革命英雄主义精神；自尊自信、自立自强、励精图治、奋发向上的艰苦奋斗精神，一个半世纪以来遗存的革命文物凝

---

* 原题为《努力开创革命文物工作的新局面》。

聚着中华民族五千年生存、奋斗、发展过程中形成的伟大民族精神，是中华民族之魂，是中华民族最宝贵的精神财富。

革命文物有着直观、形象、真实可信的形式特点；有着与党和人民血肉相连、情感相系的巨大精神优势；有着鲜明的思想性、时代性和群众性，革命文物的这些特点决定了它在社会主义精神文明建设中有着无可替代的特殊地位。

过去，无论是在战争年代还是社会主义革命和建设时期，以"井冈山精神""长征精神""延安精神""红岩精神""大庆精神"等为代表的中国共产党人的伟大革命精神，曾经鼓舞和激励整整几代人以巨大的热情为新民主主义革命的胜利以及社会主义革命和建设的宏伟事业努力奋斗。在新的历史时期，更需要运用革命文物在全社会广泛开展爱国主义、社会主义和革命传统教育，真正做到长期保护，长期利用，惠及子孙，为振奋民族精神，凝聚民族力量，激励人民群众投身社会主义现代化建设提供强大的精神动力。

二、充分利用，积极建设，加强保护

最近，江泽民同志为中国人民抗日战争纪念馆题词："高举爱国主义旗帜，以史育人；弘扬中华民族精神，振兴祖国。"李鹏同志为平津战役纪念馆题词："加强革命传统教育，激发爱国爱党热情。"革命文物的利用就是要坚持"以史育人"，对人民群众，特别是广大青少年进行深入持久的爱国主义、社会主义和革命传统的教育。

人民群众需要好的精神食粮。问题在于我们能否用最好的方式向人民群众提供更多更好的展览。革命文物展览要树立精品意识，实施精品战略。推出精品展览，立意要新，品位要高，内容要真实感人，陈列展览手段要新颖生动，包括运用高科技的手段。我们的一些大馆，要起龙头作用，发挥自己的藏品优势、人才优势、馆舍优势，不断推出文物精品展览。

革命文物工作是一项极富特色的群众教育工作。要努力优化环境氛围，面向观众，特别是面向青少年，为他们提供热情周到、优质高效的服务。要努力与教育部门、共青团组织和社会团体建立长期的联系，办好各种类型的教育基地，有计划地组织大中小学生游览瞻仰和参观学习，与学校的教学内容密切结合起来。这要作为学校思想政治教育和德育的重要内容，对大中小学师生有组织的参观活动要实行免费。

对革命文物要积极征集、整理史籍，逐步建设，充分利用。发挥革命文物的作用，要"有物、有事、有据、有址"。"有物"就是要有文物可看，无物可看就缺乏说服力。对革命文物的征集要有紧迫感，征集也是保护，也是一种抢救。我们这一代人不能造成我们曾经亲身经历过的许多历史事件和我们熟悉的革命历史人物的文物空白。"有事""有据"就是要有真实的史实和可靠的依据，这就要加强对革命文物史料的搜集、整理、研究。"有址"就是要先把那些已经濒临毁坏的革命文物保护起来，然后逐步加以建设。对已"无物可看"的地方，要竖立纪念标志，供人们凭吊追思。要做好革命文物普查工作，制定保护规划。我们不少著名的烈士陵园，也要建设陈列馆、室，展示烈士们的英雄业绩。要抓好保护革命文物的法制建设。对中共一大会议会址、"八七会议"会址、南昌起义纪念地、井冈山革命根据地、瑞金中华苏维埃中央政府所在地、遵义会议会址、延安革命纪念地、西柏坡中共中央所在地、重庆八路军办事处等，这样重要的革命纪念地和革命纪念建筑要制定专项法规，依法加以保护。

革命文物主要依靠国家保护，这是我国的社会主义制度和基本国情决定的。但我国极为丰富的革命文物，仅靠国家保护是不够的，还要广泛动员全社会参与保护。社会主义市场经济体制的建立，对革命文物形成国家保护为主并动员全社会参与保护的新体制提供了历史机遇。要解放思想、锐意改革，努力探索建立新体制的思路和举措。我多次强调，要用改革的办法解决文物工作特别是革命文物工作面临的新情况。1995年全国文物工作会议结束后，我专程去延安召开现场办公会，研究延安革命纪念地的保护和利用问题。为了达到"长期保护"和"长期利用"的目的，决定建立延安革命纪念地保护基金，这个基金主要由社会捐助组成。总之，一切有利于革命文物的保护和弘扬利用的形式和方法，都可以进行积极的探索和试验。

三、建设"专职、兼职、志愿者"三结合的革命文物工作队伍

加强队伍的建设是革命文物工作体制改革的重要内容。这支队伍应当由三部分人员组成，一部分是专职人员，包括管理人员、专业人员，另一部分是兼职人员，第三部分是社会志愿人员。兼职人员和志愿人员可以有参加过革命战争的老同志。这些老同志亲身经历了艰苦卓绝的革命斗争，对党对人民有着深厚的感情。请他们讲述自己亲身经历的革命斗争，会使我们举办的陈列展览更加具有感染力和说服力。兼职、志愿人员也可以是在职或退休的教师、干部、近现代史研究人员和理论工作者。他们的参与可以大大提高革命文物群众工作、宣传讲解和研究工作的水平。同时，要广泛地吸收大中专学校的学生参与组织观众和讲解工作，使革命文物工作具有更广泛的群众性，真正变为全社会的事业。

革命文物工作是一项政治性、思想性很强的工作，我希望从事革命文物工作的同志们，要加强对马列主义、毛泽东思想，特别是邓小平建设有中国特色社会主义理论的学习。运用辩证唯物主义和历史唯物主义的立场、观点、方法，研究我国近现代历史和我们党的历史。要以强烈的使命感和责任感，努力提高队伍的业务素质和职业道德水平，通过馆校结合，提高业务水平，勤奋工作，奉献社会。

四、各级党委、政府要切实加强革命文物工作的领导

保护和利用革命文物首先是各级党委、政府义不容辞的政治责任和历史责任。各级党委、政府要高度重视革命文物工作，把革命文物保护作为社会主义精神文明建设的重要内容，列入工作日程，按照《国务院关于加强和改善文物工作的通知》的要求，纳入当地经济社会发展规划，纳入城乡建设规划，纳入财政预算，纳入体制改革，纳入各级领导责任制。要贯彻《中共中央关于加强社会主义精神文明建设若干重要问题的决议》，对政府兴办的革命博物馆、纪念馆等公益性事

业单位，应切实给予经费保证。革命文物多在财政比较困难的老少边穷地区，对这些地区革命文物的保护要加大投入，给予必要的政策扶持和财政支持。

革命文物工作是一项全社会的工作，要统筹安排、协调和组织好各方面的力量。各级宣传、教育、民族、文化、文物、财政等部门和工会、共青团、妇联等团体，要在各级党委、政府的统一领导下，加强配合，相互支持，共同推动革命文物工作的开展。

各级党委、政府要在近期内抓好一批保护、建设、改革、展示的试点单位，注意总结他们的经验和做法，及时推广示范。要务实求实，切实抓出成效。

同志们，党的十五大即将胜利召开，我们国家的社会主义建设将进入一个更加辉煌灿烂的发展阶段，革命文物工作将面临更好的机遇，肩负更重大的任务。全国革命文物工作者要高举邓小平建设有中国特色社会主义理论伟大旗帜，紧密团结在以江泽民同志为核心的党中央周围，抓住机遇，改革进取，开拓革命文物工作的新局面。

张文彬在1997年全国文物局长会议上的工作报告*

（1997年1月16日）

这次会议是在深入学习贯彻《中共中央关于加强社会主义精神文明建设若干重要问题的决议》，加强社会主义精神文明建设，进一步繁荣和发展文物事业的形势下召开的。会议的主要任务是，贯彻落实党的十四届六中全会精神和国务院《关于新时期加强文物工作的通知》，部署《中国文物博物馆事业"九五"计划及2010年远景目标纲要》的实施，以及1997年的文博工作；共同研讨在今年的工作中如何坚持社会主义精神文明建设的方针，适应建立社会主义市场经济体制的要求，遵循文博工作自身发展的规律，开创文博工作的新局面。

一、西安全国文物工作会议一年来的工作回顾

党的十四届三中全会以后，随着我国社会主义市场经济体制的建立，文物工作进入了一个新的历史发展时期。在中央和国务院领导同志的亲切关怀下，1995年在西安召开了全国文物工作会议，中共中央政治局委员、国务委员李铁映同志在会上作了重要讲话，这次会议确定要继续坚定不移地贯彻"保护为主，抢救第一"的方针，提出了"有效保护，合理利用，加强管理"的指导思想，对新时期文物工作的开展有着十分重要的指导意义。这次会议以后，全国文物战线的同志们深入贯彻落实会议的精神，努力完成会议部署的各项工作任务，取得了显著成绩。

（一）各级党委、政府高度重视全国文物工作会议精神的贯彻落实

去年以来，各地党委、政府十分重视西安全国文物工作会议精神的贯彻落实，认真听取了文物部门的工作汇报，进一步加强了对文物工作的领导和支持。大多数省（自治区、直辖市）人民政府相继召开了文物工作会议，结合当地文物工作实际，部署贯彻落实会议精神。各地把铁映同志提出的"五纳入"作为贯彻会议精神的重点，进行了专题研究。不少省（自治区、直辖市）人民政府印发了在本地区实施"五纳入"的文件，使这项工作落到了实处。

在国务院和铁映同志的直接领导和关心下，国务院将在近期印发《关于新时期加强文物工作的通知》。《通知》是新时期文物工作重要的指导性文件。铁映同志非常关心全国文物工作会议精神的贯彻落实，先后到陕西、山西、山东、新疆等地视察，作了许多重要指示和讲话，有力地推

---

* 原题为《在党的十四届六中全会〈决议〉指引下开创新时期文物工作新局面》。张文彬时任国家文物局局长。

动了文物工作的开展。在（刘）忠德、（刘）奇葆同志的陪同下，铁映同志还专门视察了北京故宫博物院的工作，对故宫博物院的安全保护和管理工作提出了具体的要求。我局正组织力量逐项落实铁映同志的重要指示。

全国人大非常关心当前的文物工作，组织部分人大常委考察了宁夏、新疆等地的文物保护情况。全国政协教科文卫体委员会也在继钱伟长副主席亲自考察三峡文物之后，又组织部分常委、委员考察了山西的文物工作。全国人大、全国政协专门委员会还分别听取了我局关于《文物保护法》实施情况的汇报，对文物保护工作提出了很好的意见和建议。

（二）全国文博工作者深入学习贯彻《决议》，进一步明确了文博工作的方向

党的十四届六中全会《决议》发表后，我局及时印发了关于学习贯彻《决议》的通知和实施意见。局党组集中时间，结合文博工作实际，反复学习了《决议》，同时组织司局级干部、机关处级干部和全体干部职工集中进行学习，举办了局直属单位负责同志参加的研讨班。各地文博单位也在党委的统一领导下组织了认真深入的学习。通过对《决议》的学习，认识到努力实现《决议》作出的重要战略部署和提出的各项工作任务，是文博系统全体工作者的光荣历史使命，明确了新形势下加强精神文明建设的指导思想、目标任务和工作方针，提高了贯彻执行《决议》的自觉性。各级文博单位根据自己的工作实际，制定了开展精神文明建设的具体措施。

（三）"有效保护，合理利用，加强管理"，取得了丰硕成果

1996年，我局继续组织了"八五"期间文物抢救维修项目的实施，并制定了《文物事业"九五"抢救、维修、保护计划》。国务院有关部委对文物的抢救保护工作给予了很大支持。"九五"期间中央安排的文物抢救保护资金从"八五"期间的每年一亿三千万元，增加到一亿五千五百万元。整个"九五"期间中央计划安排的资金在原有基础上总计将增加八千五百万元。1996年安排文物博物馆维修保护项目390项，对一批重要的古建筑抢救维修工程项目进行了验收。我局与广东省委、省政府遵照李鹏总理的指示，制定了虎门炮台旧址的保护规划，预计将于1997年香港回归前完成。根据铁映同志的指示，制定了陕西延安革命旧址保护规划，并开始逐步实施。制定了配合三峡水库工程、黄河小浪底水库工程等国家大型基本建设项目的文物保护计划，开展了抢救性的考古调查和发掘工作。河南偃师商城东北隅城墙等遗迹的发现，为"夏商周断代工程"提供了重要资料。湖南省长沙市走马楼三国孙吴纪年简牍的发现是本世纪又一重大考古发现，具有重要历史文献价值。此外，在四川丰都烟墩堡旧石器时代遗址，孟津妯娌和成都平原新石器时代遗址，以及辽宁北票鲜卑贵族墓地、青海都兰吐谷浑墓葬群、安徽省巢湖市放王岗汉墓、四川省华蓥市宋代安丙墓、山东省青州市龙兴寺大型佛教造像窖藏等重大考古新发现均令人瞩目。《中国文物报》正在组织评选1996年的"十大考古新发现"，不久将在该报公布。每一次重大考古新发现，都会推动整个考古工作和历史学研究的新发展。今后将把这项工作制度化、规范化。最近，在北京王府井地区发现了一处两万年前的旧石器时代晚期遗址，对于研究北京地区的古人类从洞穴走

向平原的情况具有重要学术价值，已引起社会各界广泛关注。近日河南新郑也发现了一批郑国青铜器，是新郑自1923年以来的最重要的发现。馆藏文物保护得到了进一步加强。中国历史博物馆、中国革命博物馆等一级风险单位完成了技防工程，实现了一级安全防护。去年全国馆藏文物失盗案件发案率明显下降。

1996年，全国各级各类文博单位为社会提供五千多个陈列展览，观众达到一亿人次以上。"近代中国""红岩魂""敦煌艺术展""鲁迅生平展"等一批精品的推出，引起了社会的广泛关注，产生了强烈的轰动效应。具有世界先进水平的上海博物馆新馆正式对外开放，为探索新时期博物馆现代化建设和管理开创了一条新途径。文物宣传出版工作取得丰硕成果，《西藏档案荟萃》等大型文物图书获得中宣部设立的"五个一工程"奖和新闻出版署图书奖。去年组织的赴国外展出的"中国古代文物展""中国帝王陵墓展""辽代陈国公主墓展""丝绸之路文物展"等大型展览，向世界人民介绍了我国光辉灿烂的古代历史文化，展示了改革开放以来我国文物保护事业取得的巨大成就，受到各国人民和友好人士的高度赞赏；江泽民主席在出访德国期间，在德国总统陪同下观看了我们正在德举办的"中国古代文明展"，对展览给予了肯定的评价。

1996年，我局制定了《中国文物博物馆事业"九五"计划及2010年远景目标纲要》，对"九五"期间文博事业的发展作了全面规划，并提出了2010年的奋斗目标。去年还着力抓了文物法制法规建设工作，起草了《文物拍卖管理办法》《关于依法没收、追缴文物的移交办法》《文物事业单位财务管理办法》《国家重点文物保护专项补助经费使用管理办法》等规章草案。开展了大遗址保护规划的调查研究。继续开展了馆藏一级文物和革命文物的鉴定确认。配合有关部门开展了文物拍卖管理和旧货市场的监管物品的管理工作。总之，过去的一年，全国文博战线的同志们认真落实全国文物工作会议精神和会议部署的各项任务，团结进取、扎实工作，取得了显著成绩，文物工作的社会影响不断扩大，社会地位日益提高，发展前景更加光明。这些成绩的取得，是同党中央、国务院的领导和亲切关怀分不开的；是同全国人大、全国政协的关怀和支持分不开的；也是同各级党委、政府重视文物工作，加强对文物工作的领导分不开的；是同中央和地方有关部门大力支持，特别是文化部党组的直接领导与支持分不开的。我谨代表国家文物局向一贯重视、支持文博工作的各级领导、各有关部门和全国文博战线广大干部职工表示衷心的感谢和慰问。

二、深入学习领会《决议》精神，明确促进社会主义精神文明建设是文博工作的根本任务

党的十四届六中全会通过的《中共中央关于加强社会主义精神文明建设若干重要问题的决议》，是我国社会主义精神文明建设的纲领性文件，具有重大的现实意义和深远的历史意义。目前，各级文博单位正在党委的统一领导下，组织广大党员和干部认真学习《决议》。在学习贯彻《决议》的过程中，要充分认识和把握以下几个方面：

（一）文博工作必须服从和服务于社会主义物质文明和精神文明建设的大局

《决议》为我国文博事业的健康发展指明了方向，提供了前所未有的历史机遇，展现了光辉灿烂的前景。文博战线的全体同志要充分认清形势，把握全局，增强大局意识、责任意识，用《决议》统一思想，提高认识，增强信心。当前，加强精神文明建设的良好氛围正在形成和发展，我们一定要珍惜机遇，抓住机遇，扎扎实实地推动六中全会精神的贯彻落实。

要使文博系统的全体同志都真正认识到，服从和服务于两个文明建设的大局，就必须切实做到文博系统的一切工作都要以是否有利于两个文明建设为出发点和归宿。同时也要清醒地认识到，文博事业只有紧紧围绕以经济建设为中心，促进物质文明和精神文明建设这个根本任务，才能求得自身的进一步发展。历史和现实反复证明，精神文明建设的萎缩往往导致文博事业的停滞不前。近年来，一些地方忽视精神文明建设，一手比较硬，一手比较软，片面地追求局部的、眼前的经济利益，削弱了文物保护工作，使祖国珍贵的历史文化遗产被破坏、被损毁，最终也影响到当地经济建设的发展和社会进步，教训是深刻的。我们也看到，不少地方的领导重视精神文明建设，文博工作的地位不断提高，文博工作发挥出的社会教育作用日益显著。不少文物博物馆单位陆续推出的一大批精品展览，吸引了大量的观众，获得了社会的好评，开始摆脱那种"门前冷落车马稀"的景象。事实告诉我们，文博工作只有深深地植根于两个文明建设的伟大事业中，真正承担起精神文明建设的光荣责任，才能赢得最广泛的社会认同，获得最广阔的发展空间。

（二）文物事业在精神文明建设中具有特殊地位和重要作用

我国极为丰富的文物古迹是进行精神文明建设的宝贵资源。我国是一个有着五千年文明历史的古国，在漫长的历史岁月中，我们的祖先以自己勤劳的双手和卓越的智慧，创造了辉煌灿烂的古代文明，留下了极为丰富的历史文物。鸦片战争以来，无数仁人志士和革命先烈，为反抗帝国主义列强的侵略，争取民族独立与解放，为新中国的繁荣与富强，前赴后继，英勇奋斗，创下了辉煌的业绩，留下了大量的革命文物。运用祖国珍贵的历史文化遗产，充分发挥文物的作用，对于正确认识中华民族的发展历史，继承和发扬民族优秀历史文化传统，振奋民族精神，增强民族凝聚力，激发全国人民开拓进取、自强不息的奋斗精神，有着重要的作用和意义。

文物在促进物质文明和精神文明建设中具有特殊的优势。众多的历史文物和革命文物，是一部物化了的中华民族的生存史、奋斗史和发展史。文物作为历史的物质遗存，具有的直观、形象、具体的特点，具有真实、直接、生动的感染力，是其他任何一种教育手段所不能替代的。同时，文物为社会主义文化建设乃至中华民族精神的延续提供了丰富的营养。任何形态的现代文明都不可能是凭空产生的，都是在汲取优秀历史文化的基础上发展起来的。没有继承就没有发展，脱离了优秀历史文化的基础，现代精神文明只能是无本之木、无源之水。文物蕴涵着极其丰富的历史和文化信息，具有巨大的历史价值和文化价值，对于今天研究和总结我国丰厚历史文化遗产的精髓，继承、借鉴和发扬源远流长的优秀历史文化传统，促进建设有中国特色的社会主义文化建设，有着不可替代的重要作用。

社会主义精神文明建设的内容极为丰富，为文物的利用开辟了广阔的天地。按照《决议》所确定的指导思想，文物利用要密切结合形势，把爱国主义教育、革命传统教育和社会主义教育始终作为主旋律，紧紧围绕江泽民同志提出的"以科学的理论武装人，以正确的舆论引导人，以高尚的精神塑造人，以优秀的作品鼓舞人"的四项主要任务，强化文博工作自身的主题。文物利用要弘扬中华民族的传统美德，诸如维护统一、热爱祖国、勤劳勇敢、威武不屈、艰苦奋斗、自强不息的精神，重视道德修养、追求人格至善的精神以及崇文重教、尊师重道的精神等等。要善于从文物所反映和体现的优秀传统文化中摄取有益的成分，充分运用文物对广大人民群众，特别是青少年进行理想、信念和高尚情操的教育，加强以为人民服务为核心的社会主义道德建设。

文物利用要力求做到形式和内容的完美统一。文博事业和文博工作能否适应新形势的需要，能否在建设精神文明的过程中取得预期的效果，关键在于文博工作要探索出适应时代要求的、符合精神文明建设需要的、富于吸引力和感染力的新路子和有效形式。要用创造性的劳动，创作更贴近社会、贴近群众、贴近青少年的生动教材，运用丰富多彩的形式，特别要注意运用现代科技手段和新颖的艺术表现手法，深化教育主题。要在文博战线上树立精品意识，实施"精品工程"，满足人民群众对文化生活的不断增长和提高的精神需求。

（三）文博工作要始终把社会效益放在首位

社会主义市场经济体制的建立与完善，为文博事业的发展注入了新的活力，提供了新的契机，也提出了新的挑战。文博工作既面临着艰巨的改革任务，又必须切实加强自身的建设。一个时期以来，一些地方和部门的领导在工作中，存在着忽视思想教育、忽视精神文明建设的现象。有的文博单位在商品经济浪潮中，片面地追求眼前的、局部的利益，脱离了本职业务，出现了诸如在烈士陵园、博物馆等爱国主义教育基地办歌舞厅、夜总会、娱乐城等怪现象；有的地方摒弃自己的文化优势，盲目投入大量的资金搞一些假古董、假文物；有的文博单位把展览场地出租搞服装展销、家具展销等商业活动；更有个别地方，居然在经济利益的驱动下，搞一些封建迷信、低级趣味的东西，造成了极为恶劣的政治影响。也有一些革命纪念馆周围的环境氛围遭到了人为的破坏，需要尽快采取措施，综合治理，恢复原貌、原状、原有氛围。还有一些单位，违背文博工作自身规律，盲目地照搬经济领域改革的一些做法，影响和削弱了本职业务工作。凡此种种，都偏离了文博工作的正确方向，必须尽快扭转和纠正。《决议》指出："任何时候都不能以牺牲精神文明为代价换取经济一时的发展。"各级文物主管部门和文博单位要根据社会主义精神文明建设的要求，端正文博工作的方向，坚持为人民服务、为社会主义服务的方向，坚持精神文明建设与物质文明建设协调发展，正确处理社会效益和经济效益的关系，始终把社会效益放在首位。在举办各类重要展览活动的过程中，要适当组织多种形式的纪念会、报告会、研讨会以及讲座，扩大社会影响，通过科学开发，切实收到"合理利用"的效果。要创造和形成有利于把社会效益放在首位的环境和条件，努力在社会效益和经济效益的结合点上寻找文博工作改革的突破点。文博单位开展的各种经营活动，要努力做到社会效益与经济效益的最佳结合，增强文博单位自身发展的活力。对于文博单位存在的实际困难，各级文物主管部门也要切实给予关心、帮助和扶持。

（四）把贯彻落实国务院《关于新时期加强文物工作的通知》作为贯彻落实《决议》的重要内容

国务院即将印发的《关于新时期加强文物工作的通知》，是改革开放以来文物工作基本经验的总结，适应社会主义市场经济体制的要求，遵循文物工作自身的规律，提出了新时期文物工作的方针政策、指导思想和工作任务。根据《决议》的要求明确指出了如何在以经济建设为中心条件下，在改革开放和社会主义市场经济条件下，进一步做好文物工作的重大方针问题，是党的十四届六中全会通过的《中共中央关于加强社会主义精神文明建设若干重要问题的决议》在文博系统的贯彻更加具体化，更具操作性，我们必须认真贯彻执行。

保护文物是关系我们国家和民族长远利益的千秋事业。文物保护事业作为全社会、全民族的公益性事业，是衡量公民思想道德修养、科学教育水平、民主法制观念的重要标准之一。文物保护事业已经成为国家主权独立、民族团结、经济繁荣、文化发达的一个显著标志，成为国家和民族整体形象的重要构成因素。加强文物保护是精神文明建设的重要内容。《通知》要求我们继续贯彻"保护为主、抢救第一"的方针和"有效保护、合理利用、加强管理"的指导思想，这是被实践证明了的正确方针和指导思想。为此，我们要以高度的责任感做到"有效保护"，以科学的态度做到"合理利用"，以严格执法做到"加强管理"。当前我国文物保护工作存在着一定的问题和困难，这些问题和困难说明，我国文物保护的现状与《决议》和《通知》提出的精神文明建设的要求还不相适应，也与我国作为一个历史悠久、文物众多的文物大国的地位不相适应。我们相信，随着《决议》和《通知》的贯彻落实，将会逐步改变这种不相适应的状况，以对国家、对民族、对历史高度负责的态度，把文物保护工作提高到一个新的水平。

《通知》提出的建立有中国特色的社会主义文物保护体制，是新时期加强文物保护工作的重大举措。新体制的核心是实现铁映同志提出的"五纳入"，这是新时期文物保护工作的重要保障。《决议》为"五纳入"的实施提供了难得的历史机遇。各级文物主管部门和文博单位要以学习贯彻《通知》为契机，积极争取各级人民政府对文物工作的领导和支持，逐项落实"五纳入"的具体内容。广大群众中蕴藏着不可低估的文物保护的动力，我们要把提高全民的文物保护意识作为文博系统促进社会主义精神文明建设的重要任务，广泛宣传《文物保护法》，普及文物和文物保护知识，激发广大人民群众保护文物的荣誉感和使命感，唤起民众自觉投身文物保护事业，形成人人爱护文物的良好社会风尚。最近北京市文物局开展的"爱北京城，捐城墙砖"活动，在社会上产生了良好反响，出现了许多动人的事迹，人民群众文物保护意识大大增强了。"文物保护，也要重在群众参与"，北京的经验，值得各地借鉴。

三、1997 年主要工作的部署

这次会议向同志们印发了《文物博物馆事业"九五"计划和 2010 年远景目标纲要》和《国家文物局 1997 年工作要点》，对中长期文博工作计划提出了明确要求，对今年的工作进行了部署，我这里着重就今年主要工作的要求谈几点意见：

（一）充分发挥文物在弘扬优秀民族传统文化、促进物质文明和精神文明建设中的作用，切实抓出实效

当前，要把学习贯彻十四届六中全会《决议》和江泽民总书记重要讲话精神作为头等大事来抓。今年，我局将举办各省、自治区、直辖市文物局、文管会的领导同志参加的研讨班，组织大家集中一段时间学习《决议》和《通知》。贯彻《决议》和《通知》提出的各项工作任务，首先要领导重视，狠抓落实。各级文物主管部门和文博单位的领导班子要切实明确具体的领导责任，明确分工，加强合作，形成合力。要抓好具体规划的制定和落实。根据精神文明重在建设、重在投入的方针，把长远规划和近期任务结合起来，逐步加以实施，务求取得实效。投入要突出重点，统筹安排。要办实事，见实效。

贯彻落实《决议》和《通知》，利用文物促进精神文明建设的目标、任务、措施必须具体化。我局今年上半年要召开博物馆陈列展览工作座谈会，在全国文博系统组织实施"精品工程"。今年将由我局组织协调，由中国历史博物馆举办"中国古代科技文物展"；配合香港回归赴港举办"中国历史文物精华展"；在香港回归前夕与国家档案局、档案馆联合举办"香港的过去、现在和未来大型图片文物展"；为迎接党的十五大的召开，由我局组织协调举办"近年来重大考古发现汇报展"，与文化部、新闻出版署等部门联合举办"中国印刷术发明展"。并着手积极筹备迎接新中国成立五十周年大型文物展览。各地也要根据"五个一工程"的要求，推出自己的精品佳作。根据《爱国主义教育纲要》的要求，更进一步充实井冈山、延安、西柏坡等革命纪念馆和沈阳"九一八"事变纪念馆、北京中国抗日战争纪念馆、日军在南京大屠杀等纪念馆的陈展内容，建议各地每年都要举行纪念活动，使其真正成为爱国主义、革命传统教育和反抗帝国主义侵略的教育基地。我局将从今年开始每年举行一次全国十大展览精品的评比。要进一步优化环境氛围，为社会提供优质高效、热情周到的服务，最大限度地组织和吸引观众。根据《决议》的要求，全国文博系统要在全行业开展精神文明单位的创建活动。文博单位是精神文明建设的窗口，首先自身要树立起文明单位的良好形象。要注重抓好文博单位的群众教育工作，加强讲解员队伍的培养和建设，鼓励和吸收大专院校的学生及社会志愿人员参加讲解与群众教育工作，为观众特别是青少年提供深入浅出的讲解。要继续加强爱国主义教育基地和重点博物馆的建设，在地方党委和政府的支持下，要在年度计划中设法安排一定的资金，用于基础设施建设和陈列展览条件的改善。我局也将在征得财政部同意的情况下，逐年增加在这方面的资金投入。要积极争取中国历史博物馆的改建、扩建列入国家项目，着手进行国家博物馆的前期准备工作。支持新建、扩建的省级博物馆

的建设。

文物出版和文物宣传工作要坚持正确的舆论导向，弘扬精神文明建设的主旋律。要充分利用新闻传播媒介，形成开拓型、外向型的宣传格局。进一步加强文物出版工作，提高文物图书质量，积极推出一批优秀的图书和影视作品，广泛宣传文物博物馆工作的成绩和重大文物考古新发现。今年内我局将与中国教育电视台联合推出《走进博物馆》电视专题片，以专栏形式全面介绍全国各级各类博物馆。各省、自治区、直辖市及计划单列市的文物部门也可考虑通过影视、书刊向社会广泛介绍所辖地区的文物古迹。

（二）抓好《中国文物博物馆事业"九五"计划及 2010 年远景目标纲要》的实施

去年，我局在深入调查研究和听取各方面意见的基础上，制定了《中国文物博物馆事业"九五"计划及 2010 年远景目标纲要》。《纲要》实事求是地估计了我国文物事业的现状，提出了"九五"期间文物事业发展的指导思想和方针。《纲要》既积极进取、锐意开拓，又瞻前顾后、留有余地，明确了"九五"计划期间文博工作的基本任务和主要奋斗目标，描绘和展望了 2010 年文物事业发展的远景蓝图。《纲要》是我国"九五"期间文物事业发展的主要依据。《纲要》的实现将使我国的文物事业有一个较大的发展，为下一世纪文博事业的发展奠定坚实的基础。

今年是实施《纲要》具有关键性的一年。为了保证《纲要》的实施和"九五"奋斗目标的完成，各地文物部门要根据《纲要》，从自己的实际情况出发，制定"九五"计划和 2010 年远景目标纲要。已经制定的，要依据《决议》和国务院《通知》，以及我局印发的《纲要》进行必要的补充和完善。《纲要》的实施要依靠各级文物部门、各级文博单位和全国文博工作者的共同努力。这次会议以后，《纲要》将印发到基层文博单位，使广大文博工作者都能够明确自己的任务和责任，做好本职工作，为实现《纲要》贡献智慧和力量。

（三）进一步加强文物法制建设

社会主义市场经济是一定意义上的法制经济。我国市场经济体制的建立，迫切要求以法律规范和保障文物事业的发展。加强文物法制建设，健全和完善文物法规体系是新时期文物工作的重要任务。《文物保护法》公布十几年来，对我国文物保护事业的发展发挥了重大作用。随着形势的发展，特别是市场经济体制的建立，文物保护工作的社会环境发生了很大的变化，文物管理工作面临许多新的情况和新的问题，全国人大要求我们尽快修订和完善《文物保护法》。因此，《文物保护法》的修订完善，已经提到日程上来。今年上半年要做好修订完善《文物保护法》草案的准备工作，经文化部同意后报请国务院审批并提请全国人大常委会审议。今年，要尽快出台一批文博工作急需的、立法条件比较成熟的法规，研究制定《博物馆管理条例》《考古发掘管理条例》《文物市场管理条例》，会同有关部门制定《历史文化名城管理条例》等法规，修改和完善一批规章制度。遵照国务院领导同志的指示意见，对一些特别重要的大型古文化遗址、古墓葬群、石窟寺、古建筑群体、近现代纪念建筑等，要根据保护管理工作的不同需要，分类制定保护管理的专项法规。今年内先选择五到十处大型全国重点文物保护单位，进行制定专项法规的试点工作。

要加强文物行政执法，强化执法力度，特别是要抓住法人违法的典型案例，依法追究当事人的行政和法律责任。要通过新闻媒介坚决揭露和抨击严重破坏文物的行为和案件，对文物保护工作进行广泛的舆论监督和社会监督。文物部门的工作人员，特别是领导干部，要有责任在身、当仁不让的精神，敢于与破坏文物的行为做不懈的斗争，善于运用法律手段维护和保障文物部门的正当权益。

要继续严厉打击盗掘古墓葬、盗窃馆藏文物和走私文物的犯罪活动，配合公安、工商、海关和司法机关加大打击的力度和深度，把打击文物犯罪作为社会治安综合治理的内容，对那些罪大恶极的文物犯罪分子，要坚决予以惩处，严惩不贷。去年，遵照国务院领导同志的有关批示，我局进行了追索英国苏格兰场查扣的走私中国文物的工作。1994年夏，英国警方在两个英国港口截获了7卡车共计6000多件走私文物，其中大部分为中国文物，随即通告了中国驻英使馆。在国家文物局依法严正交涉下，这批文物的绝大部分后来回到了国内。这项工作事关我国主权和我国文物保护工作的对外形象，一定要力争在今年内有所突破。

（四）继续做好文物的抢救保护工作

要继续按计划有重点地抢救维修部分全国重点文物保护单位和省级文物保护单位。集中力量继续完成"八五"期间立项和开工的重点维修工程，组织做好30余项重点工程的竣工验收。今年我局将尽早安排中央的直拨经费，从全国重点文物保护单位中选择100余处亟待抢救保护的项目进行审查立项。抓好第四批全国重点文物保护单位公布后的"四有"（保护范围、保护标志、保护档案、保护组织）工作。各地要把已公布为各级文物保护单位的"四有"工作作为今年基础工作的重点，切实加以落实。国家文物局将组织力量进行检查。同时要抓紧组织和落实国家级历史文化名城及部分省级历史文化名城的保护规划。继续与联合国教科文组织和日本政府合作开展陕西大明宫遗址的保护。积极参与柬埔寨吴哥古迹的保护工作。

过去曾一度对革命文物的保护重视不够，欠账较多。这是必须改变的一个薄弱环节。要提高对保护革命文物的现实意义和历史意义的认识，切实重视革命文物的保护，制定革命文物保护的五年规划，逐步加大革命文物保护的投入。特别要加强对陕西延安、江西瑞金和井冈山等革命旧址的抢救维修，保护革命旧址的环境特色。进一步加强革命文物的征集、整理和研究。同时，要把对我国社会主义革命和建设时期文物保护提到日程，要有紧迫感，下决心确定一批具有重大意义的纪念性建筑列为文物保护单位，也要注重加强对这一时期文物的征集和保护。

要加强对边疆和少数民族地区的文物保护。做好这项工作，对我们这样一个多民族统一的国家有着重大意义。今年，我局将在调查研究的基础上召开一次边疆和少数民族文物保护工作座谈会，研究如何加强这方面的工作。从今年起，在整个"九五"时期对边疆和少数民族地区文物保护要加大投入的力度，在政策上也要给以倾斜和扶持。

要搞好对大遗址调查、勘探工作的指导，选择试点，制定保护规划。今年要选择二至三处大遗址保护比较好的典型，总结成功经验，逐步在全国推广。在三建委的统一领导下，督促检查三峡文物保护工作。配合有关部门做好"夏商周断代工程"的考古工作。同时要配合城市基本建设和旧城改造工程，搞好城市考古工作。继续抓好航空考古和水下考古的试点。

要提高对运用现代科技进行文物保护的紧迫性和重要性的认识，改变在这方面重视和投入不够的状况。事实上，自然力对文物的威胁每时每刻都在发生。我们要运用文物教育今人，要把文物保护好传续给子孙后代，不下大力气抓好文物的科技保护是不行的。这方面一是各级文物管理部门要加大投入；二是要加强与科技部门的合作，充分调动专家和工程技术人员的积极性，吸收他们广泛参与文物保护的科学技术研究工作；三是要加强国际合作，吸收国外的先进经验。今年我局要召开文物科技成果展览暨文物科技成果推广会，确定一批重点攻关项目，组织全国文物科技保护力量，并吸收社会力量联合攻关。要尽快扭转文博系统信息资料统计、利用等工作的落后状况，着手组织编制文物博物馆信息资料数据库，为在全国文物博物馆单位使用电脑进行数据化、信息化管理打好基础。

要加强博物馆安全防范和馆藏文物的征集、保护。要认真学习江泽民同志《责任重于泰山》一文提出的"'隐患险于明火'，'防范胜于救灾'，'责任重于泰山'"三句话，作为我们消防安全工作的指导方针，摆正消防安全与文物保护和文物业务工作的关系，要把学习江泽民同志这篇文章同学习铁映同志在故宫博物院的重要讲话结合起来，确保文物安全，万无一失。切实抓好文博单位的消防安全工作，继续做好对一级风险单位安全技术防范报警工程的设计审批和竣工验收，力争在"九五"计划的后四年中达到每年有约 10 个一级风险单位实现一级防护达标。继续抓好文物库房的建设，加强文物征集工作。我局将从今年开始，支持重点博物馆的文物征集工作，对珍贵文物的征集给予适当的经费补助。

（五）加强和改善文物市场管理

今年文物市场的管理工作，要先行抓好对文物拍卖的管理和旧货市场的监管。今年 1 月 1 日《拍卖法》已正式实施，在《文物拍卖管理办法》出台前，我局已先行制定下发了《关于加强文物拍卖标的鉴定管理通知》，作为过渡性措施，完善与《拍卖法》实施相配套的管理程序，审定、核准和监督检查文物拍卖人资格和文物拍卖标的鉴定、许可。要重申出土文物、依法没收追缴的文物、国有文物收藏单位的文物藏品、国有文物经营单位收存的一级和二级文物不得作为文物标的拍卖。对具有特别重要的历史、科学、艺术价值的文物，要在一定范围内定向拍卖，避免珍贵文物的流失。要配合工商、公安部门规范和整顿文物市场，强化旧货市场监管工作。妥善解决好执法机关依法追缴、罚没文物的移交问题。

为搞好文物商店的改革，我局今年将召开全国文物商店工作会议，重点是要深入研究深化改革，加强管理，端正经营方针，规范经营渠道，做到社会效益和经济效益的最佳结合；表彰一批多年来为博物馆提供过珍贵文物和为文物保护积累资金的文物商店。

面对当前社会上兴起的收藏热潮，要逐步开展对民间收藏文物的管理，研究探讨民间收藏文物的指导、登记、监督和自律问题。建立珍贵文物专项收购资金，开拓资金来源，用于征集民间和海外的珍贵文物或博物馆稀缺的文物。

（六）深化文物事业单位的改革

去年下半年，中央办公厅、国务院办公厅印发了《关于事业单位机构改革的意见》。根据文件精神，我局今年将把直属单位机构改革作为工作的重点，结合我局直属单位的具体情况，积极试点，改革对直属单位的管理方式，逐步建立起适应社会主义市场经济体制需要和符合文物事业单位自身发展规律、充满生机与活力的管理体制、运行机制和自我约束机制。

去年9月，国务院印发了《关于进一步完善文化经济政策的若干规定》，在加大各级财政对文物事业投入力度的同时，对拓宽文物事业资金投入渠道，逐步形成适应社会主义市场经济要求的筹资机制和多渠道投资体制，有着十分积极的作用。各级文物行政管理部门要认真研究文件的有关规定，积极主动地用好用足中央、国务院给予我们的优惠文化经济政策，开动脑筋，多方面、多渠道地吸收资金，用于文物保护事业。

今年在做好以上几项主要工作的同时，还要抓好文物的对外交流与合作工作。针对这项工作，提出三点要求：第一，要进一步加强宏观调控，按照"以我为主，对我有利，主动出击，依法办事，严格报批，统一管理"的原则，抓好文物对外交流展览与合作工作的管理；第二，要积极参与文物、博物馆国际合作交流和有关会议，介绍我国文物、博物馆工作成就，维护国家尊严，挫败西方制造"一中一台""两个中国"的图谋；第三，要进一步总结文物对外交流工作的经验，根据我国总体外交斗争和进一步扩大对外开放的需要，充分运用我国的文物优势，弘扬中华民族优秀的历史文化，团结广大海外华人，增进和扩大与各国人民的友谊，让中国走向世界，让世界进一步了解中国。

四、建立一支政治强、业务精、作风正的高素质的文博队伍

党的十四届六中全会通过的《决议》指出："按照政治强、业务精、作风正的要求，造就一支高素质的宣传思想文化教育队伍，是建设社会主义精神文明的迫切需要。"长期以来，全国文博队伍坚持正确的政治方向，坚定不移地贯彻执行党中央、国务院确定的文博工作的方针和指导思想，团结奋斗，积极进取，立足本职，勤奋工作，为文物事业的发展做出了重要贡献。但是，也应看到，改革开放以来，特别是市场经济的不断发展，使我们这支队伍所处的社会环境发生了很大的变化。社会精神生活方面存在的道德失范、拜金主义、享乐主义、个人主义等不良倾向，也在侵蚀着文博队伍。

最近几年在少数文博单位内出现的监守自盗、贪污受贿、玩忽职守、以权谋私以及充当掮客倒卖牟利等现象，虽然发生在极个别的干部职工甚至是领导干部身上，却是令人痛心的，不能不引起我们足够的警惕。我们还应看到，少数文博干部缺乏全心全意为人民服务的精神，讲名利、摆阔气；缺乏艰苦奋斗的精神，贪图安逸和享乐；缺乏敬业精神和事业心、责任感；极少数文博单位，组织涣散、思想混乱、纪律松弛、制度不严，最近几年连续发生问题。这样一种状况，这样一种精神状态，是难以胜任党和人民赋予我们的神圣使命的。在新的历史时期，进一步加强文博干部队伍建设，全面提高文博干部的政治思想素质和业务素质，造就一支政治强、业务精、作风正的高素质的符合时代要求的文博队伍，已经成为一项紧迫的任务。

（一）要继续提高文博队伍的政治思想素质

首先要抓好队伍的理论学习，特别是领导干部政治理论的学习，用马列主义、毛泽东思想和邓小平建设有中国特色社会主义理论教育、武装干部职工。其次，要联系工作实际和思想实际进行学习，树立正确的世界观、人生观和价值观，树立全心全意为人民服务的精神。第三，要对广大干部职工进行政纪、法纪的教育，文博工作者要成为遵纪守法的模范。

（二）要努力提高文博队伍的业务素质

文物事业的发展需要一支具备较高业务素质的文博干部队伍。全面提高文博队伍的业务素质，首先要抓好对现有文博干部的岗位培训工作。各级文博单位都要根据开展业务工作的需要制定培训规划。今年我局准备制定颁布《文物系统干部培训规程》，逐步建立和完善文博系统干部教育培训制度。在北京、上海等地设立文博干部短期培训教学点，充分利用馆藏文物和专家培养优秀人才。我局今年还计划在抓好原定出版教材工作的同时，组织编写具有较强针对性、实用性、科学性的文博干部培训工作急需的教材。其次，继续委托北京大学等高校以"馆校结合""校内教授与校外专家相结合"等方式培养断层严重的专业人才，以及硕士生、博士生。选派优秀专业骨干参加国际合作的高层次培训和出国留学深造。要发挥文博界老专家的作用，加强对文物保护传统技艺的整理、挖掘。建立师承制度，制定文物鉴定、古建维修、字画装裱等专门技术考核标准，解决上述专业人员职级待遇问题。第三，要提高文博干部的管理素质和管理技能，逐步把现代科学技术和设备用于管理工作。搞好传统经验与现代科技的有机结合，通过培训使文博干部掌握电脑统计、分析等现代化办公手段，提高办公自动化水平和办事效率。总之，要在文博系统中形成尊重知识、尊重人才的良好氛围，善于发现和培养年轻的业务尖子，为年轻专业人员的成长创造必要的条件，鼓励文博单位接受高等院校培养的高层次文博人才，支持优秀人才建功立业。

（三）要切实转变文博队伍的思想作风工作作风

要下大力气抓好对干部职工队伍献身文物事业精神的教育和职业道德的教育。我们文博工作者是教育者，是人类灵魂的工程师，要懂得"教育者首先要受教育"的道理。严肃神圣的文博事业需要高素质的干部职工队伍，没有良好的思想作风和工作作风，这支高素质的队伍是难以建立起来的。因此，发扬党的优良传统，转变思想作风和工作作风，廉洁自律，扶正祛邪，弘扬正气，优质高效，对树立文博工作的良好形象，是至关重要的。最近，我局制定印发了《国家文物局机关工作人员守则》，还将制定下发《文物工作者行为准则》，各级文博单位要组织干部职工认真学习，用《守则》和《准则》严格规范自己的行为，自重、自省、自警、自励，努力把自己培养成一名具有高尚情操的文博工作者。尤其是作为一名文博工作者，应自觉做到个人不收藏、买卖文物或充当文物交易中的掮客，这是我们的职业道德中最起码的一条准则。我们要在全国各级文博单位中大力提倡立足本职、建功立业、敬业乐群、奉献社会的精神，形成讲学习、讲政治、讲团结、讲正气、讲纪律、讲奉献的浓厚风气。

去年下半年，我局开始进行落实"三定"方案，实行公务员制度的工作。遵照文化部党组和（刘）忠德同志提出的"学习、团结、务实"的方针，加强机关的思想作风建设、组织建设、业务建设和后勤建设。半年多来，在全局同志的共同努力下，国家文物局的各项工作进展顺利。全局呈现出积极、健康、团结、进取、向上的新气象。国家文物局"三定"方案的落实，体现了党中央、国务院及文化部党组对文博工作的关怀和重视，将对全国文博工作起到有力的推动作用。我们相信，在十四届六中全会《决议》精神鼓舞下，国家文物局机关的面貌一定会有一个大的改变。我们会努力做出表率，树立起与国家机关身份相称的良好形象。我也真诚地希望同志们理解、支持和帮助我们的工作，并请同志们予以批评监督。

同志们，党的十四届六中全会的召开，为社会主义精神文明建设和文物事业的发展提供了难得的历史机遇，让我们在以江泽民同志为核心的党中央领导下，把握大局，再接再厉，同心同德，开拓前进，以优异的成绩迎接香港顺利回归和党的十五大的胜利召开。

张文彬在 1997 年全国革命文物工作会议上的工作报告 *

（1997 年 8 月 7 日）

同志们：

正值全国人民隆重纪念中国人民解放军建军七十周年之际，我们在"八一"起义爆发地南昌召开全国革命文物工作会议，有着十分重要的意义。这次会议是在中共中央政治局委员、国务委员李铁映同志亲自倡议和关怀下，在文化部党组指导下召开的，是全国文物战线的同志们第一次全面商讨革命文物工作大计的盛会。我代表国家文物局，向一贯重视、支持革命文物工作的各级党委、政府和有关部门表示崇高的敬意，向辛勤耕耘在革命文物工作园地的广大干部职工致以亲切的问候。

这次会议的主要任务是，高举邓小平建设有中国特色社会主义理论的伟大旗帜，贯彻落实《中共中央关于加强社会主义精神文明建设若干重要问题的决议》和《国务院关于加强和改善文物工作的通知》，总结近十年革命文物工作经验，研究新时期革命文物工作面临的形势和任务，讨论审议《中国革命文物和革命纪念馆事业"九五"计划纲要（征求意见稿）》和《关于加强革命文物工作的意见（征求意见稿）》，部署当前和今后的革命文物工作，开创革命文物工作的新局面，以优异成绩迎接党的十五大召开。

一、革命文物工作的历史回顾

革命文物包括自 1840 年鸦片战争以来，中国近现代史上历次革命斗争的遗址、遗物和纪念性建筑物、著名人物故居等，是我国文物宝库的重要组成部分，是中华民族最可宝贵的精神财富。革命文物作为革命历史的实物见证，饱含着党和人民的真挚情感，真实、生动地记述了我国人民一百多年来，经过艰苦卓绝、不屈不挠的斗争，取得最终解放这一漫长曲折而又可歌可泣的光辉历程，对于纪念和宣传无数爱国志士、革命先烈的英雄业绩，向广大群众和青少年进行爱国主义、社会主义和革命传统教育，鼓舞全民族振兴中华的坚强斗志，具有十分重要的作用。

（一）党和政府一贯重视革命文物工作

党中央、国务院对革命文物工作历来十分重视。毛泽东、周恩来、刘少奇、朱德、陈云、邓

---

* 原题为《增强使命感、弘扬主旋律，努力开创革命文物工作新局面》。

小平等老一辈无产阶级革命家无论在革命战争年代，还是在和平建设时期，都对革命文物工作始终予以高度重视，作出过许多重要指示。党的十一届三中全会后，以邓小平同志为核心的党的第二代领导集体，坚持马克思主义、毛泽东思想，坚持实事求是的思想路线，经过拨乱反正，恢复历史的本来面目，使革命文物工作重新回到健康发展的轨道。以江泽民同志为核心的党的第三代领导集体，高举邓小平建设有中国特色社会主义理论的伟大旗帜，坚持走有中国特色社会主义道路，对新形势下的革命文物工作提出了明确的要求，进一步指明了革命文物工作在新的历史条件下的发展方向。

早在革命战争年代，我们党就开始在瑞金、延安等革命根据地着手筹建革命博物馆，开展革命文物史料的征集和展出，用于宣传革命者的奋斗业绩，向广大红色战士和人民群众进行政治思想和革命传统教育。

1949 年 9 月，中国人民政治协商会议第一届全体会议决定，在首都天安门广场建立人民英雄纪念碑。此后不久，全国各地陆续建立了一批烈士陵园、革命纪念室、纪念碑等纪念设施。1950 年 3 月，中央决定在北京成立中央革命博物馆筹备处，同时指示"各大行政区或省市如条件具备时，亦可筹设地方革命博物馆，或在原有博物馆内筹设革命文物陈列室"；同年 6 月，中央人民政府发布《征集革命文物令》，并派遣慰问团赴老区慰问人民群众，征集革命文物史料，取得了丰硕成果。

此后四十多年来，各级人民政府又相继对从鸦片战争到辛亥革命，从五四运动到解放战争时期的大批革命遗址、纪念建筑物核定公布为各级文物保护单位，建立了一系列革命博物馆、纪念馆，犹如一幅幅波澜壮阔的历史画卷，从不同侧面展现了我国人民一百多年来的革命斗争历程。

从 50 年代初到 60 年代中期，是革命文物和革命纪念馆事业奠定基础、形成规模的阶段。统计资料显示，1951 年全国革命纪念馆仅有 3 所，1957 年增加到 23 所，约占当年全国博物馆总数（72 所）的 32%，基本形成了一个独立的门类；在 1961 年国务院公布的 180 处第一批全国重点文物保护单位中，革命遗址、纪念建筑物达 33 处；到 1964 年，依托于有关革命旧址而建立的革命纪念馆总数增加到 64 所。

党的十一届三中全会后，经过拨乱反正，贯彻党中央实事求是的思想路线，革命文物工作重新出现了生机勃勃、健康发展的新局面。特别是最近几年，在改革开放和建立社会主义市场经济体制的新形势下，党中央、国务院比以往任何时候都更加强调"两手抓，两手都要硬"的方针，更加重视发挥革命文物教育人、鼓舞人的作用。邓小平同志多次强调要用中国的历史（特别是近现代史）教育青年，教育人民，使之成为"四有"公民。江泽民总书记在视察中国革命博物馆和中国人民抗日战争纪念馆时，发表了热情洋溢的讲话，并致函李铁映等同志，作出对青少年学生开展中国近代史、现代史和国情教育的重要指示。今年 5 月 26 日，江总书记专门为中国人民抗日战争纪念馆二期工程竣工题词："高举爱国主义旗帜，以史育人；弘扬中华民族精神，振兴祖国。"

日前刚刚开馆的平津战役纪念馆，其建设方案和陈列内容也是经中央研究后报请江总书记亲自审定的。李鹏总理十分重视革命纪念地的保护和建设，对延安革命根据地、虎门炮台的保护以及国际友谊博物馆的建设等重点项目，或作出重要批示，或亲临现场指导。就在我们这次会议召开前夕，李鹏总理于7月18日参观贵州息烽集中营旧址革命纪念馆，对当地同志发表了重要讲话，要求做好保护、管理工作，进一步弘扬革命先烈的斗争精神。中共中央政治局委员、中央书记处书记丁关根同志在视察中国革命博物馆时，对革命博物馆的性质、任务也作了明确指示。中共中央政治局委员、国务委员李铁映同志在几次会议讲话中都高度评价了革命文物的价值和作用，反复强调加强革命文物的保护、利用和管理，曾召集中央和陕西省有关部门的同志赴延安现场办公，协调解决有关延安文物保护和城市发展中的重大问题，并对南京侵华日军南京大屠杀遇难同胞纪念馆、淮安周恩来纪念馆，以及虎门销烟池与虎门炮台旧址等的文物保护和长远发展问题，做了深入考察，发表了重要的指导性意见。这次会议前夕李铁映同志又主持召开会议作了重要指示。所有这些，都为我们做好革命文物工作指明了方向，鼓舞了斗志，必将对我们继续开创革命文物工作的新局面产生重要而深远的影响。

截至1996年年底，各地革命遗址、纪念建筑物中的全国重点文物保护单位达到134处，省级文物保护单位934处，县级文物保护单位7000余处；全国文物系统管理的革命博物馆、纪念馆约300所，馆藏革命文物40多万件，每年举办陈列展览约900个，接待观众4000多万人次。这些革命纪念地和纪念馆，在全国范围内初步形成了一个革命史迹网络，比较系统地展示和反映了中国革命的历史进程，在两个文明建设中发挥了巨大的作用。

（二）以保护促弘扬，革命文物工作取得了显著成绩

在党中央、国务院的关怀下，自1992年起，中央财政安排的文物保护直拨经费在每年原有五千万元的基础上增加到年均一亿三千万元，地方各级财政也相应大幅度地增加了文物保护专项投入。全国文物部门开展了新中国成立以来规模空前的文物维修保护工作，其中虎门销烟池与虎门炮台旧址、井冈山革命根据地、遵义会议会址以及延安、西柏坡等一大批列入全国重点文物保护单位的革命纪念地得到妥善的抢救维修，濒于危险的状况有了很大缓解；中国革命博物馆、延安革命纪念馆、中国人民抗日战争纪念馆、翠亨孙中山故居纪念馆等一批具有重大影响的革命纪念馆有效地改善了展厅、库房和安全报警等基础设施，大力加强了文物保护的基础工作。截至1997年上半年，我局组织的馆藏一级革命文物鉴定确认专家组，对全国19个省、市、自治区279个文博单位的馆藏一级革命文物进行了巡回鉴定，共确认国家一级文物4035件。

——全国各级革命博物馆、纪念馆发挥文物优势，修改基本陈列，举办富有教育意义的巡回展览，在社会各界特别是广大青少年当中产生了巨大反响。中国革命博物馆的《近代中国》陈列，中国人民抗日战争纪念馆配合二期工程改陈的《抗日战争史》陈列，北京鲁迅博物馆的《鲁迅生平》陈列，重庆歌乐山烈士陵园的《红岩魂》展览，南京侵华日军南京大屠杀遇难同胞纪念馆的

《金陵祭》展览，中国革命博物馆展出的《洗雪百年国耻喜庆香港回归》和《国旗在我心中》大型展览等，无不以高品位的思想教育内容、高质量的展陈设计制作、全方位的宣传服务工作，感染和吸引了大批青少年学生和各界观众，引起了社会的广泛关注，产生了强烈的轰动效应和巨大的教育作用。

——各地革命博物馆、纪念馆大力贯彻落实党中央发布的《爱国主义教育实施纲要》，发挥教育基地作用，为社会主义精神文明建设做出了积极贡献。他们依托于有关革命纪念地，制定基地建设规划，与当地宣传、教育部门和共青团组织建立经常联系，配合重大历史纪念日，充分利用自身优势，采取优待参观、培训义务讲解员、送展上门、举办冬夏令营、有奖征文、知识竞赛等丰富多彩的教育形式，积极宣传党的基本路线，弘扬爱国主义和革命传统，使越来越多的青少年学生和人民群众通过纪念馆的实物课堂受到了热爱党、热爱社会主义祖国的生动教育。在我局1993 至 1996 年连续四年评比表彰的 100 处全国文物系统优秀爱国主义教育基地中，革命纪念馆就有 44 处。此外，仅全国文物系统管理的革命旧址、纪念馆就有五六十家单位分别被中宣部列入"全国 100 家爱国主义教育示范基地"名单和被国家教委、文化部公布为"全国中小学爱国主义教育基地"。

总之，革命文物工作在党和政府的一贯重视和支持下，从无到有，从少到多，从小到大，取得了很大的发展，在两个文明建设中发挥出日益重要的作用。这些成绩是在党中央、国务院正确领导和亲切关怀下取得的，是文化部党组支持的结果；是各级政府、各有关部门重视革命文物工作、切实加强领导的结果；是人民群众广泛参与和积极支持的结果；也是全国革命文物工作者长期努力，不畏艰辛，团结奋斗的结果。

二、新时期革命文物工作面临的形势和任务

革命文物工作是整个文物工作中十分重要的组成部分，其工作内容、工作性质具有很强的政治性、思想性、群众性和时代性，工作中需要更加注意树立大局意识，自觉服从和服务于党和国家的中心任务。当前，要充分认识和把握以下几个问题：

（一）革命文物工作必须服从和服务于社会主义精神文明建设大局

在发展经济、加快物质文明建设步伐的同时，党中央高度重视社会主义精神文明建设，多次强调坚持两手抓，两手都要硬，绝不能以削弱乃至牺牲精神文明为代价换取经济的一时发展。党的十四届六中全会通过的《中共中央关于加强社会主义精神文明建设若干重要问题的决议》，强调社会主义精神文明建设"要继承和发扬民族优秀文化传统和党的优良传统，吸收和借鉴人类社会的一切文明成果"，并且把政府兴办的博物馆、革命纪念馆和国家公布的重点文物保护单位作为社会主义思想道德和文化建设的组成部分，确定其为公益性事业单位，由各级政府提供经费保证。《决议》是指导新时期社会主义精神文明建设的纲领性文件，为包括革命文物工作在内的我国文博事业指明了原则、任务和方向，提供了前所未有的发展机遇。

从事革命文物工作的全体同志，不仅要加强学习，认清形势，把握大局，用《决议》统一思想，而且要结合本地区、本单位的工作实际，充分认识和把握革命文物所蕴含的特殊历史价值和巨大的精神力量，以高度的历史责任感保护好革命文物，以强烈的现实使命感宣传好革命文物，把服从和服务于精神文明建设大局，为社会主义物质文明建设提供精神动力，贯穿于新时期革命文物工作的始终，使中华民族百多年斗争历史凝聚成的革命传统深入人心，代代相传，激励人们为实现建设有中国特色社会主义的宏伟大业而努力奋斗。

（二）革命文物工作在社会主义精神文明建设中具有十分重要的地位和作用

自 1840 年鸦片战争以来，我国各族人民为了反抗帝国主义的侵略和国内反动派的压迫，进行了前仆后继、艰苦卓绝的斗争，在中国共产党的领导下取得了最终胜利，开创了社会主义革命和社会主义建设的新纪元。这场斗争时间之漫长，经历之艰辛，牺牲之巨大，均为世界历史上所罕见，给我们留下了异常丰富而又感人至深的革命文物。

相比而言，革命文物与一般历史文物在基本属性和社会功能方面既有同一性，又有一定的差别。二者的共同点在于，同为传承历史信息的载体，都是中华民族优秀历史文化和优良传统的凝聚和物化，都能起到启迪后人的作用；二者的主要差别表现在：革命文物较之历史文物更加贴近时代，贴近生活，"闪烁着浓烈的时代气息和感情色彩"，更容易被当代听得到，看得见，摸得着，因而在实物教育中具备了更加生动直观、形象鲜明和感人至深的突出功效。

革命文物在爱国主义和革命传统教育中无可替代的价值和作用，要求我们要以高度的政治责任感、思想敏锐性和对党对人民无限忠诚的真情实感，切实保护好、利用好各类革命遗址、纪念建筑和馆藏革命文物，通过陈列展示，不遗余力地向广大人民群众和青少年进行中国近代史、现代史和基本国情的教育，进行"没有共产党，就没有新中国"的教育，进行"只有社会主义才能救中国""只有社会主义才能发展中国"的教育，进行邓小平同志倡导的"五种革命精神"的教育，为革命传统发扬光大、世代相传，为培养有理想、有道德、有文化、有纪律的一代代社会主义新人，为促进社会主义精神文明建设做出应有的贡献。

（三）正确认识革命文物工作面临的困难和问题

在肯定革命文物工作在社会主义精神文明建设中的重要作用和成绩的同时，我们还应当看到，我国革命文物和革命纪念馆事业的发展，同党的宣传思想工作的要求，同建设有中国特色社会主义现代化事业和人民群众的需要还不适应，工作中还存在着一些比较突出的困难和问题。主要表现在：

——长期以来，革命文物的保护和利用在一些地方和一些部门得不到应有的重视和支持，影响和制约了革命文物和革命纪念馆事业的发展。

——革命旧址维修保护工作长期滞后，"四有"基础工作亟待加强。一方面是革命旧址的抢救维修经费严重不足，另一方面是有限的经费投入得不到科学、合理的使用。

——革命文物保护与经济建设特别是同人民群众渴望致富的矛盾突出，导致一些具有重要历史价值和纪念意义的革命旧址、纪念地的环境风貌受到不同程度的威胁和破坏。

——革命文物的普查、征集工作困难重重；社会主义革命和社会主义建设时期的典型文物，长期未能得到有计划有目的的征集与保护，毁坏和流失比较严重。

——由于历史原因，革命纪念馆的内容布局和地区分布多在老、少、边、穷地区，因而与经济发达地区差距明显，不少革命纪念馆地理位置偏僻，交通不便，基础设施陈旧。

——革命文物藏品鉴定、研究和陈列方面后继乏人，革命文物工作专业队伍的整体数量和政治、业务素质有待提高。

同志们，上述困难和问题虽然在一定程度上影响了革命文物工作的开展，但我们坚信，在邓小平建设有中国特色社会主义理论指引下，只要我们按照党的十四届六中全会精神和《国务院关于加强和改善文物工作的通知》的要求，加强管理，深化改革，开拓创新，就可以对业已存在的问题区别情况，逐步加以解决，使全国革命文物工作在现有基础上加快前进步伐，取得更大的成绩。

三、当前和今后一个时期革命文物工作的重点任务

当前革命文物工作的基本任务，是要紧紧围绕全党全国工作的大局，在党的十四届六中全会决议的指引下，继续抓好爱国主义、社会主义、革命传统教育，培养热爱党、热爱祖国、热爱人民的崇高品德；继续抓好国情教育，发扬团结奋进、艰苦奋斗、艰苦创业精神。在当前和今后一个时期，革命文物工作有以下六个方面的重要任务：

（一）树立精品意识，实施精品战略

革命博物馆、纪念馆（地）的陈列展览，必须始终坚持为人民服务、为社会主义服务的方向，"高举爱国主义旗帜，以史育人；弘扬中华民族精神，振兴祖国"，把向广大群众和青少年提供宝贵的精神食粮作为义不容辞的历史责任，坚持社会效益第一的原则，以主题鲜明，形式新颖，富有思想性和现实针对性的高品位的陈列展览去教育和感染观众，激发广大人民群众爱国、爱党热情。

当前革命博物馆、纪念馆和纪念地宣传教育的重点，要紧紧围绕党中央提出的宣传工作方针和六中全会决议，一是继续抓好爱国主义革命传统教育；二是继续抓好国情教育；三是继续抓好讲政治、讲学习、讲正气教育。

我局已把实施陈列展览精品工程作为今后的一项重点工作，制订了有关实施办法。希望各地文物部门和革命纪念馆，紧紧围绕党的十四届六中全会《决议》和国务院《通知》所提出的基本任务和要求，组织开展具有重要教育意义、突出体现各自特点的革命历史纪念活动和陈列展览，为广大群众和青少年提供优质高效的服务。

（二）认真做好《中国革命文物和革命纪念馆事业"九五"计划纲要》的实施工作

去年年底至今年上半年，我局在开展调查研究和听取各方面意见的基础上，起草了《中国革命文物和革命纪念馆事业"九五"计划纲要》。这份《纲要》较为客观地分析了我国革命文物工作

的基本状况，提出了"九五"期间革命文物和革命纪念馆事业发展的指导思想和奋斗目标。

从现在算起，距离"九五"期末还有三年多时间。要在这样短的时间内完成《纲要》所确定的目标和任务，工作十分艰巨。各省、市、自治区文物部门，要结合本地区的实际情况，制订相应的落实计划和措施，为实现革命文物工作"九五"计划而努力。

（三）落实"五纳入"，进一步加强革命文物的抢救保护工作

针对建立社会主义市场经济体制过程中整个文物工作面临的新情况和新问题，李铁映同志多次强调，要把文物保护纳入经济和社会发展计划，纳入城乡建设规划，纳入财政预算，纳入体制改革，纳入各级领导责任制；逐步建立适应社会主义市场经济体制要求、遵循文物工作自身规律、国家保护为主并动员全社会参与的文物保护新体制。今年3月30日，国务院印发的《关于加强和改善文物工作的通知》（下简称《通知》）进一步明确了这方面的工作要求。尽管"五纳入"的核心是强调各级政府对本辖区的文物保护守土有责，但能不能真正把"五纳入"落到实处，关键还是要看我们各级文物部门的工作能否真正到位。

第一，要落实国务院《通知》中关于各级政府对本辖区文物保护守土有责的要求，通过扎实细致的工作，使革命文物所在地的各级政府认识到自身应担负的保护责任，切实加强领导，尤其要使当地政府的主要负责同志自觉地把文物保护工作作为自己的任期目标和政绩考核的主要内容。

第二，要调动全社会的力量，动员和依靠人民群众参与保护革命文物，加强保护革命文物重大意义的宣传，争取全社会的关心和支持。要注意建立和完善群众性保护组织，充分发挥他们的作用；对保护革命旧址过程中给当地群众生产、生活带来的实际困难和问题，要设法给予必要的政策性补偿，尽可能减轻他们的负担。此外，还可以设法与中央和地方的有关部门，以及目前健在的革命老同志或已故老同志们的亲属、子女建立密切联系，请他们对革命战争年代的党中央旧址，中央军委旧址，财政金融、邮电通信、后勤、民政、卫生、教育等部门的旧址进行对口支援，帮助文物部门做好保护工作。譬如，新华社等单位就拨专款维修保护了瑞金的"红色中华通讯社"旧址，并将其作为本部门干部职工的教育基地，这些做法和经验很值得借鉴。

第三，加强革命文物保护的立法和执法。对大型革命旧址群要制定专项保护法规和长远保护规划，报请当地人民政府公布实施；对列入全国重点文物保护单位特别是刚刚公布不久的第四批国保单位的革命旧址、近现代重要史迹和代表性建筑，要尽快完善"四有"工作；对有可能给革命旧址及其环境风貌造成破坏和影响的建设项目，必须严格禁止兴建；对已经造成破坏和影响的，要依法追究主管部门和建设单位领导的责任，并坚决予以拆除。

第四，根据当前革命文物保护的实际情况，对革命文物的征集和维修、保护在经费上要给予一定倾斜，切实增加资金投入。我局在今后国家重点文物保护专项补助的项目、资金安排中，将适度增加对革命文物和革命纪念馆的投入。在地方的文物保护经费中，也要加大对革命文物的投入。

与此同时，必须加强对革命文物保护经费投入的总体规划和政策指导，避免不必要的盲目投

入和资金浪费。为了确保国家重点文物保护专项经费中有关革命文物保护的资金得到科学、合理的使用，我局将要求各地文物行政管理部门，以省为单位，对全国重点文物保护单位中的革命旧址、纪念建筑物制定保护规划，列报项目，经我局综合平衡，确定重点。凡由我局确定的重点项目，均将作实地勘察和严格的维修保护方案评审，采取一次性大修补助的办法给予经费支持。大修后的项目 5 ～ 10 年内中央财政一般不再安排维修补助经费，日常维护和小修小补费用，主要由地方自行解决。

（四）继续做好革命文物征集、保护、管理基础工作

弄清文物的历史沿革和内涵价值，对其进行规范有序地管理，是做好文物保护工作，发挥其社会效益的基本条件。当前在革命文物保护基础工作中，要着重抓好以下几个方面：

第一，加强和完善革命旧址的两个"四有"工作。请各地文物部门进一步抓紧本辖区革命旧址两个"四有"工作的部署和落实，我局将对部分省区国保单位和重要省保单位革命旧址的"四有"工作情况进行抽查。

第二，继续做好馆藏革命文物的清库、登记、建档工作。我局 1989 年印发《关于馆藏文物清库、登记、建档工作的意见》和 1993 年组织开展全国一级革命文物（近现代历史文物）鉴定确认工作以来，各地文物部门和革命纪念馆对此项工作给予了应有的重视，在清仓查库、摸清家底的基础上，抓紧开展了藏品的登账、编目和鉴定、建档工作，取得了一定的成绩。但也暴露了不少管理中的问题，特别是不少单位的藏品，原始情节、流传经历等背景材料不甚清楚，导致文物价值难以确定；还有的单位文物账册、卡片、档案的填写很不规范，给研究和利用带来了困难。各级文物行政管理部门要进一步加强这方面的管理，抓紧抓好革命文物藏品的鉴定、建档工作。我局将力争"九五"末期或稍长一段时间内编制完成《全国一级革命文物藏品总目录》，各省、自治区、直辖市文物行政管理部门也要抓紧本辖区二、三级革命文物藏品的鉴定确认工作，并加强电脑化管理，切实提高管理水平。

第三，大力加强对珍贵革命文物史料的调查、征集工作，特别要针对以往征集、保护工作中的薄弱环节，增强思想重视程度和经费投入力度，加强对社会上散存的旧民主主义革命时期、新民主主义革命时期、社会主义革命和建设时期文物，改革开放以来，社会主义现代化建设时期的文物，以及反映近代以来中国社会变革和进步的政治、军事、经济、文化、科技、教育、外交等各方面实物、文献的征集、保护、研究和宣传。

（五）搞好爱国主义教育基地建设，提高宣传服务水平

党的十四届六中全会《决议》明确提出了社会主义精神文明重在建设的原则。国务院《通知》要求："确定一批有重大影响的革命博物馆、纪念馆（地），由各级人民政府给予必要的经费支持，逐步建成基础设施完备的爱国主义教育基地。"我们要认真总结今年来各地革命纪念馆在贯彻落实《爱国主义教育实施纲要》，开展爱国主义和革命传统教育中的成绩和经验，把搞好爱国主义教育

基地建设作为新时期加强革命文物工作的着力点，以改革的精神探索新形势下教育基地建设的新思路、新方法，力争做到基地教育内容、形式和效果的和谐统一，积极推进和深化与各级教育部门、群众团体的工作联系，最大限度地组织和吸引观众。被公布为教育基地的革命纪念馆（地），要对学校师生有组织的参观活动免费开放，对机关、部队、厂矿、学校等举办党团活动给予参观优惠，对残疾人和离休老干部实行免费接待。基地开放中要特别重视充实展陈内容，优化环境氛围，抓好讲解宣传，提高服务水平。我局将努力争取财政部和国家计委的同意，设立并逐步增加专项资金，用于改善教育基地的基础设施和展陈条件；编辑出版介绍全国重点革命纪念馆（地）的普及性读物；今年10月份还将举行全国文物系统博物馆、纪念馆优秀讲解员参加的讲解比赛，希望各地文物部门精心组织，认真选拔，赛出成绩，赛出水平。

（六）加强革命文物工作队伍建设，提高革命文物工作水平

根据党的十四届六中全会决议和国务院《通知》的精神，结合文博战线的实际，中宣部副部长、文化部部长刘忠德同志在今年年初召开的全国文物局长会议上，强调要建立一支政治强、业务精、作风正的高素质的文博队伍，得到了全体文博工作者的一致赞同。

"教育者首先要教育自己"。我们从事革命文物工作的每一个单位、每一位同志，都担负着继承、弘扬党和人民光荣传统的神圣使命，工作的性质和责任要求我们必须加强自身队伍建设，全面提高政治思想和业务素质，立足本职，率先垂范，把革命文物保护好、利用好，更好地教育群众，鼓舞群众。

首先，要抓好队伍的理论学习，提高政治思想素质。要用马列主义、毛泽东思想和邓小平建设有中国特色的社会主义理论武装广大干部职工。要联系实际，进行党纪、政纪、法纪和职业道德教育，讲学习，讲政治，讲正气，树立正确的世界观、人生观和价值观，树立艰苦奋斗、全心全意为人民服务的精神。现阶段要突出抓好职业道德教育，对照我局印发的《中国文物博物馆工作人员职业道德准则》，规范行为，提高素养，做无愧于时代、无愧于党和人民重托的革命文物工作者。

其次，要加强队伍的业务建设。革命文物工作，从某种意义上讲是一项政治性很强的宣传思想工作。做好这项工作，要求我们除了要拥有一定的文博专业和近现代史、党史知识之外，还必须深刻认识、把握党和国家在特定历史时期的中心任务，具备较高的理论素养和政策水平。我局和省级文物行政管理部门要通过举办不定期的革命文物和革命纪念馆业务培训班，帮助一些一线工作的同志学习提高管理知识和政策理论水平，并在实践中加以锻炼，培养造就一支德才兼备、堪当重任的革命文物工作专业队伍。

最后，要转变工作作风，树立服务意识。革命纪念馆是文博战线作为精神文明建设窗口行业的排头兵，其服务对象往往涉及全社会的方方面面，具有十分广泛的群众性。我们要在社会教育活动中转变以往等客上门式的传统做法，制定服务公约，完善规章制度，事事处处为观众着想，

向社会提供热情周到的服务，带头树立起社会公益性事业单位的良好形象。

最近，铁映同志又着重指出，"加强队伍建设是革命文物工作体制改革的重要内容。这支队伍由三部分人组成，一是专职人员，二是兼职人员，三是社会志愿人员"。建设一支专、兼、志的革命文物工作队伍，不仅是体制改革的必然要求，而且也是社会的要求，人民群众的要求，只有走改革的路，我们才能够克服当前革命博物馆、纪念馆门前冷落，人员经费、事业发展面临的各项困难，也才能更广泛吸引广大群众积极参与革命博物馆、纪念馆的建设和革命纪念地的保护工作中去，从而充分发挥革命文物工作的作用，推进社会主义精神文明的发展，为社会主义现代化建设提供强大精神动力。

同志们，在党的十四届六中全会精神指引下，全党全社会关心、重视社会主义精神文明建设，切实加强思想道德教育和文化领域工作的新局面正在逐步形成。我们相信，在以江泽民同志为核心的党中央领导下，在各级党委、政府的直接领导和积极支持下，在中央宣传部、党史研究室、文献研究室的指导和民政部、文化部、工、青、妇等有关部门的支持下，通过这次会议的广泛交流和认真探讨，以及会后的狠抓落实、勤奋工作，全国革命文物工作一定会取得更好的成绩，为党的十五大胜利召开献上一份厚礼，为两个文明建设做出更大的贡献！

张文彬在 1997 年全国考古工作汇报会上的讲话 *

（1997 年 11 月 3 日）

各位专家学者、同志们：

　　1997 年全国考古工作汇报会今天开幕了！首先，请允许我代表国家文物局向与会代表，并通过你们向艰苦奋斗、辛勤耕耘在第一线的考古工作者表示亲切的问候，向今天到会的各位考古界的前辈和专家们表示热烈的欢迎，向为召开这次会议付出辛劳的贵州省文化厅的同志们表示衷心的感谢！

　　这次汇报会的任务是，认真学习江泽民总书记在十五大的报告精神，高举邓小平理论的伟大旗帜，贯彻落实《国务院关于加强和改善文物工作的通知》，总结交流两年多来的考古工作情况，研讨当前我国考古工作面临的形势和任务，讨论并审议《考古发掘管理办法（征求意见稿）》和《考古发掘品移交管理办法（征求意见稿）》，部署今后两年和本世纪最后几年的考古工作，迎接新世纪。

一、两年来考古工作取得重大进展，科学水平显著提高

　　全国考古工作汇报会是一项多年坚持下来的很好的制度：从 1995 年石家庄全国考古工作汇报会以来，广大考古工作者发扬实事求是、严谨认真、艰苦奋斗、团结协作的精神，坚持"保护为主，抢救第一"的方针，在加强对古遗址、古墓葬保护的同时，积极配合国家的经济建设，进行了大量细致的考古发掘工作，取得了一系列丰硕成果。最近在中国历史博物馆举办的"全国考古新发现精品展"中的许多文物，都是这几年我们考古工作中发现的一些精品。展出之后，在海内外产生了强烈的反响。

　　（一）配合经济建设开展考古工作取得重大进展

　　几年来，我们始终把配合国家经济建设进行的考古工作，作为我们的中心任务，特别是在配合三峡水库、黄河小浪底水库、莲花水库、杭甬高速公路、宁沪高速公路等国家重点工程开展的考古发掘工作中，取得了很大成绩。在三峡工程淹没区文物调查、勘探、发掘工作的基础上，1995 年，由中国历史博物馆、中国文物研究所组成的三峡工程库区文物保护规划组，安排湖北、四川两省文物部门进行了三峡工程移民迁建区的文物调查工作。在此基础上，规划组于 1996 年 6 月完成并上报了《长江三峡工程淹没及迁建区文物古迹保护规划报告》，三峡工程淹没及迁建区内

---

* 原题为《统一认识、加强管理，迎接考古工作新世纪》。

确定有文物点1282处，其中地下文物829处、地面文物453处。1996年10月9日，国务院副总理邹家华、国务委员李铁映主持会议，研究三峡工程建设中文物保护工作有关问题，会议明确了各部门的职责和任务。整个三峡库区的文物保护工作在三建委的统一领导下来进行，国家文物局负责协调组织。为做好三峡工程文物抢救保护工作，今年湖北省、重庆市都分别召开了三峡文物保护工作会议，同参加三峡文物抢救保护工作的业务单位草签了协议，落实了具体实施项目。为配合小浪底水库工程的顺利开展，河南、山西两省文物部门及有关大专院校和科研单位，也进行了较大规模的抢救性考古发掘工作。在配合城乡建设进行的抢救性考古发掘工作中，也同样取得了巨大成绩。特别是青州龙兴寺佛教造像窖藏、广州南越国宫署遗址、杭州南宋太庙遗址的发掘以及长沙三国吴纪年简牍的发现，都引起了世人的瞩目。

（二）考古科研工作水平不断提高，考古学科建设得到加强

近年来，各地文物考古部门在努力完成配合基本建设考古任务的同时，努力通过课题研究促进和提高考古科研水平。江西万年仙人洞和吊桶环遗址、湖南道县玉蟾岩遗址、四川成都平原史前古城址群、河南郑州小双桥遗址、山东长清仙人台墓地、山东长清西汉济北王陵、辽宁北票喇嘛洞墓地等发掘和研究工作都获得了重大成果。夏商周断代工程课题研究中考古发掘的成果，为课题的研究提供了许多重要资料，澄清了一些悬而未决的疑案。李铁映、宋健同志提出的夏商周考古断代研究，是世界瞩目的一项重点工程，这项工作开展以来，在中国社会科学院考古研究所、历史研究所、北京大学和有关的省份都分别建立了课题组，这些研究主要是依赖于考古发掘的成果。为配合这项工程，各地方包括中国社会科学院考古研究所在内也都进行了一些重点发掘和研究。铁映同志和宋健同志今年在北戴河听取了专家组的汇报，对夏商周断代研究工程的进展，表示满意。此外，在现代技术和科学手段应用于考古研究以及航空考古、水下考古方面也进行了许多尝试性工作。我们的工作是过去工作的继续，也为以后的考古工作奠定了良好的基础。

二、认真贯彻"保护为主，抢救第一"的方针，坚持考古发掘以配合国家经济建设为主的工作方向

在我国现阶段，经济建设是全党、全国工作的中心，随着经济的发展，基本建设项目的增多，需要进行的考古发掘工作将越来越多，对考古工作的要求也会越来越高。因此，我们要从服务于全党和全国中心工作的高度，来认识配合基本建设进行考古工作的重要性，把配合基本建设的考古工作，作为我们参与社会主义物质文明建设的一种重要途径和方式。每一个考古机构，每一名考古工作者，都要充分理解并深入贯彻"保护为主，抢救第一"的方针，牢固树立在配合国家经济建设工作中做好考古工作的思想。《国务院关于加强和改善文物工作的通知》中明确指出："考古发掘坚持以配合基本建设为主，特别要做好大型基本建设项目的考古勘探、调查、发掘工作。为科学研究而进行的考古发掘，要充分考虑保护工作的需要，加强统一管理，严格审批制度。"为贯彻《国务院关于加强和改善文物工作的通知》精神，做好配合基本建设的考古工作，要特别注

意以下几个方面的问题。

（一）考古发掘必须树立"保护为主"的意识

在某种意义上说，任何形式或目的考古发掘都是对古代遗址和遗迹的一种破坏，我们强调保护意识，就是要把发掘造成的破坏降低到最小限度，从而最大限度地发挥考古发掘在遗址保护方面的积极作用。因此，在考古发掘立项和审批时，都必须首先考虑保护问题。如果发掘工作不是从保护的角度出发，没有保护的措施和条件，发掘以后不能得到有效的科学保护的话，那么我们就不能主动去进行发掘，因为这是我们现在的国情所不允许的。我们还没有那样的经济条件，还没有那样的科学技术的保护条件，那么我们宁可现在先保护下来，待我们的子孙后代去进行发掘。对此，希望各级文物主管部门和考古研究机构的负责同志要充分理解并严格把关。对于保存较好的古文化遗址和重点保护的大型遗址，各地要抓紧保护方案的制订。50 年代、60 年代初时王冶秋同志强调，对大遗址的保护要有保护的范围、有保护的标志、有保护的组织、有保护的档案。每一处文物保护单位是不是已经做到了"四有"，从检查情况看，现在还没有完全做到，我们要抓紧做好这个基础工作。在保护范围内进行的考古发掘必须是保护工作需要的，要严格执行国务院《通知》精神，对帝王陵寝暂不进行主动发掘，对于那些单纯为开发旅游或补充馆藏品的发掘也要严加禁止。文物考古工作者要树立保护的意识，要积极主动宣传《文物保护法》，坚决同那些破坏文物的犯罪行为做坚决的斗争，自觉地成为文物保护的坚强卫士。有些部门的考古人员错误地认为只有"考古"是自己的事情，至于那些盗窃、走私文物的犯罪行为则是别人管的事情，这样的认识是不对的。我们应该从对民族文化遗产高度负责的态度出发，不仅要搞好考古发掘研究，同时也要积极主动宣传《文物保护法》，对群众进行宣传教育，还要同违法犯罪行为做斗争。如果大家都行动起来，就会在社会上产生大的影响。如果我们采取"事不关己，高高挂起"的自由主义态度，则是完全错误的，也是与一个文物考古工作者的称号不相符的。

（二）配合基本建设的考古发掘工作要有科研意识，科学、合理地安排考古课题研究

在抢救性、保护性考古工作中，要增强科学性、计划性、主动性，即强调工作水平、强调发掘质量、强调工作程序。配合基本建设的考古调查和发掘存在着时间紧、任务重等特点，有其自身的规律性。如何认识它的规律性，如何把配合基建项目的考古发掘与学术研究有机结合起来，是提高考古工作水平的关键。多年的实践证明，在配合基建的考古发掘中是完全可以出课题、出成果的，许多考古研究的热点、难点问题，都是通过配合基建的考古发掘才取得重要突破或得以解决的。比如山东省文物考古研究所通过配合基建，在解决鲁北地区的新石器早期文化问题研究上有了较大的突破。河北省文物研究所通过配合基建的考古发掘，也对历史上悬而未决的春秋时期的"邢国"有了较为清楚的认识。我们应清醒地认识到，配合基建的考古工作是进行学术研究的重要途径，两者的关系是互相促进、相辅相成的。但现在有的地方文物部门，特别是有的省级文物考古研究所的一些同志，却在认识上将两者对立起来，认为配合基建工作难出成果，影响科

研，这是不正确的。说老实话，能像今天这样从事考古工作，应该是我们这一代考古工作者的幸运和光荣。大规模的基本建设给我们考古工作者创造了大有作为的广阔天地，是发挥我们聪明才智的机会。另一方面，在配合基建的考古工作中，有没有强烈的科研意识，不仅在很大程度上影响到考古工作的质量，而且也在一定程度上反映出发掘单位或发掘者学识水平的高低、学术视野的宽窄。所以，每一个考古发掘单位都要重视这个问题，要努力把配合基本建设的每一项考古工作都纳入学术课题中，即使不能很快解决某些学术问题，但至少要通过资料的积累，对某些学术问题产生新的认识，从而推动学术研究的进步。

（三）积极做好大型基本建设项目的考古工作，促进经济、政治、文化协调发展

国家重点工程，如长江三峡水库、黄河小浪底水库、南水北调等工程，都是直接关系到国家经济发展和人民生活水平提高的基本建设。我们考古工作者应该通过积极努力做好配合工程的考古发掘，为社会主义物质文明和精神文明建设做出贡献。在这里我想特别强调一下三峡文物抢救保护工作，三峡工程所涉及的文物抢救保护工作是有史以来最大规模的文物保护工程。面临着时间紧、任务重、面积大、地域广、文物门类多，保护方法复杂等很多困难和问题，要我们以不怕困难的精神，按照"重点保护、重点发掘"的原则，认真做好三峡库区文物保护和考古发掘工作，以完成历史赋予我们的光荣任务。三峡工程即将大江截流，众多考古工作者对此做出了巨大的贡献，借今天的机会，我对辛勤参加这项工作并为此做出贡献的同志们表示深切感谢！三峡工程大江截流之后，我们还有大量的工作要做，而且也要抓紧时间去完成。

（四）要努力做好城市考古工作，迎接文化建设高潮的到来

在大规模的城市现代化建设中，机遇与挑战并存，困难与希望同在。我们必须抓准时机，转变观念，采取多方面的综合措施，化被动为主动，做好城市考古工作。从现状看，各地的发展水平不一，有些地方，如广州、成都、镇江等地做得比较好，其中一条突出的经验就是文物管理部门参与城市建设项目的审批，这就使文物考古部门可以较好地掌握城市建设发展情况，及时安排考古发掘工作。我们认为，在历史文物比较丰富的城市，特别是历史文化名城，都要推广这一成功的经验。按照《国务院关于加强和改善文物工作的通知》要求，文物部门或者是文化部门要参加到城市规划审批当中去，积极主动做好城市考古工作。城市考古工作有一个特点，就是工作周期长，发掘面积小，获得成果慢，是一项十分艰苦细致的工作，这就要求我们考古研究单位能够以长远的眼光、从宏观的角度考虑问题，设计学术课题，逐步积累资料，争取在学术上有所创新，有所突破。今年在长沙召开关于走马楼三国吴纪年简牍保护论证会时，宿白先生曾把近几年来长沙市的一些重要发现联系起来，分析秦汉时期长沙郡的位置所在，勾画出了秦汉时期长沙郡的平面图。这就是带着学术研究的眼光考虑城市考古问题，只有这样才能使我们的工作具有主动性、计划性。如果没有明确的目的，只是为清理而清理，为发掘而发掘，我们的工作质量和发掘水平是不可能提高的。

（五）树立服务的意识，注意协调好各个方面的关系，确保工作顺利开展

配合基本建设的考古工作涉及方方面面，只有妥善处理好与上级领导部门的关系，与基建单位的关系，与地方政府和基层文物部门的关系，才能取得方方面面的理解、信任、支持与配合，才能确保工作的顺利进行。这其中最重要的是向领导同志做好宣传，取得他们的支持和领导。对于我们文物部门来说，在配合基建的考古发掘中，要树立服务意识，即为经济建设服务的意识，为精神文明建设服务的意识。对于地县的基层文物管理部门，我们不仅要做好组织协调指导工作，还要从积极扶持地方队伍建设和学科建设的角度出发，切实帮助他们解决一两个实际问题，使那里的保护水平、科研水平跃上一个台阶。

三、加强考古管理工作，促进考古事业发展

加强管理是考古事业发展的基础和保证，实践证明，在考古事业发展过程中，哪个阶段的管理工作加强了，上去了，哪个阶段的事业发展就快，水平就高。这次提交大会讨论的《考古发掘管理办法（征求意见稿）》和《考古发掘品移交管理办法（征求意见稿）》就是为进一步加强、完善和规范考古管理工作而制订的。在这里我强调四个方面的问题：

（一）必须进一步严格执行考古发掘审批和汇报程序

自《文物保护法》公布之后，国家文物局加强了考古发掘项目审批制度，这些年的执行情况是好的。这一制度不仅规范了考古管理工作，使我们得以掌握全国考古工作的重点、布局、进度和发掘成果，也为我们制定工作规划，把握学科发展方向，完善规章制度等等方面提供了重要依据。但我们也必须指出，近年来不依法报批的现象有所抬头，在某些地区甚至相当严重。有些地方以时间紧迫、情况紧急为由事先不报，而事后又不补报，甚至有些省文物考古研究所也错误地认为，只要不向国家文物局申请经费，就不必填报《考古发掘申请书》。我们现在每年统计上来的发掘项目不过五六百项，但实际发掘数量却远大于此，说明在申报工作中漏洞很多。与申请制度相比，汇报制度更是执行不力。这里我再强调一下，年度考古发掘项目结束后，发掘单位要及时将发掘经过、收获和成果向省、自治区、直辖市文物管理部门和国家文物局报告。项目全部完成后，要提交专门的结项报告，报告中要有对加强保护工作的意见或建议。对于重要的考古发掘项目，或在发掘过程中有重要发现，更要及时报告，以便及时解决保护和发掘工作中的问题。目前，有些重要发现，未经上级主管部门同意就擅自通过传媒发布消息，是不恰当的。今后凡有重大发现，必须报经省、自治区、直辖市文物管理部门和国家文物局同意后，才能对外发布。在《考古发掘管理办法（征求意见稿）》中对项目的申请和汇报制度都有明确的规定，希望大家能认真讨论、进一步完善，争取早日出台。

（二）要继续加强考古领队资格审定、优秀田野考古奖评定和田野考古工作质量检查等项工作

考古学是一门实事求是、严谨求实的科学，因此，考古调查、发掘和研究必须树立精品意识，实施精品工程。高质量、高水平的发掘对进行科学探索和研究是至关重要的，而考古领队则具有

举足轻重的作用。领队负责制是具有中国特色的考古管理工作的重要内容，领队水平的高低直接影响发掘的质量、发掘水平的高低，同时也在一定程度上影响到中国考古事业的发展水平。《考古发掘管理办法（征求意见稿）》对领队资格的审定更加规范，对于领队人员不仅有学历、经历、能力条件规定，而且对其工作业绩也提出具体要求。将来公布实施之后，我们要重新组织登记发证，使领队制度更加完善。优秀田野考古奖的评定工作也是促进考古水平提高的好办法，各地方要认真抓好推荐和初评工作，真正发挥这一奖项的积极作用。

（三）要加强出土文物、标本、资料的管理和报告编写工作

关于考古发掘出土文物的移交，《文物保护法》早有明确规定，考古发掘出土的文物，同馆藏文物一样属于可移动的国有资产。国有资产的所有权属于国家，任何地方政府和单位都只是根据法律、法规进行使用和管理，对文物的处置权只能由国务院或者国务院授权的国家文物局，根据法律的规定进行处理。任何单位、个人都无权擅自处置。国家文物局受国务院的委托管理这方面的事务，负有管理国家历史文化遗产的重任。现在有许多重要资料，甚至文物都由个人保管，被视为自己的私有财产，这不论对学术研究，还是对文物安全都是不利的。大家要以国有资产神圣不可侵犯的高度责任感，统一思想认识，根据国家对国有资产的法规、馆藏文物及考古发掘品管理和使用的规定，制订和完善有关制度，把发掘出土文物资料的移交问题解决好。对于多年来积压资料的整理和出版，已经是一个逢会必讲的问题。我们大家要认识到这一工作的重要性、紧迫性，从加强文物保护工作的大局高度予以重视，要按《国务院关于加强和改善文物工作的通知》要求，在发掘结束后三年内，必须写出发掘报告。考古报告的整理和出版严重滞后，这是长期存在于我们文物、考古界的普遍问题，采取这样的措施是针对过去多年的经验教训而提出的。有的考古发掘很重要，但到现在几十年过去了，报告却没有下文。许多重要的发掘，由于时间拖得太长，资料乱了，报告写不出来，造成了很大的损失。只发掘不整理资料，实质上与破坏文物无异。最近我们对1979年以来考古项目的资料整理情况进行了调查，结果不容乐观。1990年以来评选的70多项十大发现，目前报告整理完成的不到五六项。所以，我们必须采取具体措施扭转这种情况。这次会议讨论的《考古发掘管理办法（征求意见稿）》提出了一些措施，我看是很好的。另外，我们也争取在国家文物局设立专项的整理出版经费，对重点发掘报告的出版给予补助，争取在短时间内扭转当前的被动局面。另一方面，应把考古发掘报告和研究报告分开考虑，发掘报告是科学的报告，但着重是资料性的报告，当然它有科研的成果在里面。发掘报告主要是原原本本地把发掘情况客观、公正、准确、实事求是地报告给学术界，让大家来共同研究。如果因为自己要进行研究而迟迟不能完成发掘报告，实际上是变相地垄断资料，是一种对专业极端不负责任的表现，必须坚决反对，给予严肃批评教育。大的项目发掘完之后，应该由专人集中精力把报告完成，发掘结束之后到发掘报告写出，三年的时间应该是可以的，这是国务院规定的时限，必须执行。在资料整理方面，关键在年度报告，每一个年度，也就是每一阶段的成果要首先报道出来，

有了一个阶段的成果，大的项目结束之后，三年之内写成报告是可以完成的。有人担心年度报告发表后会影响到最后的发掘报告成果，我说不会影响，即使是最后的成果和原来第一阶段的认识有差异也不要紧，因为科学成果是不断的实践检验过程，新的发现证实了原来不大准确的地方，这也是完全允许的。总之，希望我们每一个发掘单位对过去发掘工作资料要进行及早安排报告编写工作，这是形势与任务的要求。在发掘资料没有整理完成时，有关部门不要再给原承担发掘任务的同志安排新的考古发掘项目，应该相信其他人员也能担负起新的工作。

（四）要进一步加强涉外合作考古工作的管理

自 1991 年国务院批准颁布《考古涉外工作管理办法》以来，我们对涉外合作考古工作进行了一些尝试，特别是近两年，一些考古研究单位分别与美国、加拿大、法国、日本等国家进行了各种形式的合作研究。总的看，这些合作项目大部分获得了成功，为我们今后进一步开展对外合作研究工作取得了很多成功的经验，但也有个别项目出现了一些问题，其间既有我们国内单位方面的原因，也有境外机构不履行协议的因素。综合起来看，目前涉外合作考古存在的问题是：1. 我们的学者缺乏国际合作的经验，或者书生气过重，不能自觉地坚持"以我为主、对我有利、为我所用"的原则。特别表现在双方签订合作协议书时，不够细致、严谨，甚至有走过场、形式主义的现象，留下了一些对我不利的疏漏；2. 在协议书的实施中，不能严格按双方协议书操作，甚至超出国家批准的合作内容；3. 在合作结束后不抓紧资料的整理工作，也不向国家文物局汇报，造成了合作的外方机构或个人单方面抢先发表发掘报告，或为追求轰动效应，不顾事实，片面夸大发掘成果及外方单位的作用，造成我方被动；4. 我们的一些机构或学者对双方合作项目缺乏全身心的投入，对承担的任务不能及时完成，在学术方面，外方常常是有备而来，我们则是仓促应战，对一些学术问题缺乏充分研究；5. 甚至有个别单位，钱、权合作，拿了钱，得了设备，就"完事大吉"，完全背离了"合作"的意义。所有这些，对我们都是不利的。有些情况也是不允许存在下去的。我们总结以往涉外合作考古工作存在的问题，目的是今后更好地开展这项工作。应该看到，随着我国经济的发展和对外交往的增多，在考古学研究方面，我们与国外的合作将会越来越多，这就要求我们的工作越来越规范。我们要通过对外合作培养一批高水平的国际学者，在将来条件成熟时，我们也要组织专家到国外去进行联合考古发掘工作。因此，在今后的涉外合作中，我们既要逐渐熟悉和适应国际合作的规范，同时更要坚持"以我为主，对我有利"的原则，牢固树立主权意识、知识产权意识、文物保护意识。在设置合作项目方面，要在选题方面下功夫，在项目平衡上不搞"一刀切"，但也绝不能一哄而上。

四、丰富中国考古学体系的结构和层次，加快学科发展步伐

今天的中国考古学研究，取得了令世人瞩目的巨大成就。如何使考古学获得更为强劲的后续力，使它成为我国社会主义文化事业建设中不可或缺的重要内容，是我们每一个考古工作者所肩负的历史重任，为此，我们要努力丰富中国考古学的结构和层次，开拓考古学研究的新领域，重点做好以下几个方面的工作，使它在深度和广度方面获得更大、更快的发展。

（一）加强考古学理论、方法的研究和探索

考古学是揭示人类文明进步的科研工作，也是开展文物保护的基础工作，必须努力提高科研工作水平，提高工作质量，以继续发挥其在文物保护事业中的先导和支柱作用。传统的、被实践证明是正确的考古学理论和方法要继续坚持，新的考古学理论和方法也要认真对待。要鼓励和支持将新的方法、新的手段、新的技术引入考古学，但同时也要注意与中国考古学的实际相结合，在这一点上，老一辈考古学家做出了许多有益的探索，为我们树立了很好的榜样。不久前去世的著名考古学家苏秉琦先生的区系类型学说，对于我们研究中华文明的起源及其发展道路、中华民族的起源、形成、发展是很有启发的。这些见解为我们学术研究的深入，开阔了视野，开辟了新路，我们应该给予高度的重视。总之，只有加强考古学理论、方法的研究和探索，才能使中国考古学研究的内涵更为丰富，考古学理论体系更加充实、更加完善、更具科学性。

（二）积极应用现代科学技术，提倡跨学科联合研究

随着社会的现代化和科学技术的飞速发展，考古学研究的各个环节都应该引入相应的自然科学知识和先进技术，但目前我们并未将这些新知识、新技术应用、推广开来，这在客观上阻碍或迟缓了考古学科前进的步伐。因此，应用现代自然科学知识和科技成果，开展跨学科联合研究，多层次多方位探索、揭示古代文明的进步过程，增加中国考古学的科技含量，使它在相关学科中获得更多的支撑和生长点，已成为影响今后考古工作水平和成果的一个关键。国家文物局准备加大这方面的工作力度，选择以下方面作为突破口：要以航空考古和地球物理勘探为考古学调查和测量方面的重点，加大这方面的投入；要积极推进计算机技术在考古学研究领域中的应用，使考古资料的整理、分析、记录、保存等工作更加快捷、准确、科学；要加强对各类出土文物标本的分析、测试和年代测定工作，加强对出土文物的科学保护工作，特别是提高发掘现场文物保护的科技水平。总之，在这一方面我们还有许多可供开拓的研究领域，希望各地能根据本地实际，选择其中有推广应用价值的一两个项目作为突破口，以促进整个考古学研究水平的提高。

（三）鼓励和支持地区间的重点项目联合攻关，提倡相邻行政区域对同一古代文化区域的协同研究

考古学的发展，要强调协作意识，省市之间也应建立合作项目。目前我国的考古学研究似乎对与境外考古机构的合作重视有加，而缺少国内不同省市之间的合作，这是不正常的现象。前一阶段我们进行了如夏商周断代工程研究、中华文明起源研究、环渤海考古学研究、楚文化研究、苏鲁豫皖考古学研究等重点项目，但基本做法还是各干各的，并没有真正成为联合组队、共同攻关的合作研究。今后，国家文物局将在政策上、经费上向合作项目倾斜，积极地支持、协调和引导不同部门、不同机构、不同单位之间的合作。近年来，东北地区、西南地区坚持定期召开交流、协调会议，就共同关心的学术问题进行研究和探讨，国家文物局对此表示满意和赞赏。

（四）加强边疆地区的考古学研究

边疆地区的考古学研究工作难度较大，既要考虑边疆地区与中原地区的文化关系问题，又要考虑与周边其他国家或地区的文化关系，同时又涉及政治、民族、宗教、对外关系等敏感问题，因此，我们应当本着实事求是的原则，少说多做，扎扎实实地做好学科的基础研究工作，妥善处理好政治与科学研究的关系，历史与现实的关系。同时，我们也要加强对周边国家古代文物的研究工作，这也是我们做好边疆地区考古学研究的一个重要方面。这几年，东北地区在深入做好边疆地区考古研究方面做了一些有益的尝试，可望在学科研究方面获得较大的收获。

（五）要重视考古学成果的普及、宣传工作

在学科研究中，第一位的当然是提高学术研究的水平，这是毋庸置疑的。但是任何一种学科，都需要大众的理解和支持，都需要对大众的物质生活和精神生活产生影响、发挥作用，否则就失去了存在和发展的根基。考古学也不例外，也存在着一个贴近大众，在大众当中宣传、普及文物考古常识的问题。我们现在考古报告只印两千本至三千本，而且是写给我们这些专业人员看的。如果单单依靠这些报告，我们怎样走近群众，让社会认识我们？而失去了群众的了解和支持，我们的事业又怎能充满活力地向前发展？所以，一个真正热爱考古事业的人，不仅应该努力使自己成为科学研究的专家，而且应该努力使自己成为文物考古工作的宣传家。中国古代文明源远流长，博大精深，为人类文明做出了重大贡献，把无比丰富的文物史迹所蕴含的民族智慧、民族创造、民族精神、民族文化的优良传统，用通俗的语言，生动有趣的文字，给予科学的阐释，向社会介绍新的考古成果，宣传我们的考古学家在建设有中国特色社会主义文化事业中做出的贡献，从而促进全社会都来关心、支持文物考古工作，提高全民的文物保护意识，推动我国文物事业的发展，这应是我们每一位考古工作者的社会责任。我们提倡在研究、撰写学术论文、发掘报告的同时，也能写一些科普文章和论著，现在有些同志已经做了有益的工作，还望有更多的同志参加到这项工作中来。这是关系到我们文物考古事业的群众基础和未来发展的一个问题，让人民群众正确地看待、关心我们文物事业的一个重要方面。最近，我们发了一个通知，希望各地能提供每年的重要考古发现的资料，汇编成册，这也是一种很好的宣传形式，希望大家能够支持。

五、加强队伍建设，培养跨世纪人才

我国的文物考古工作队伍，已经具有了相当大的规模和一定水平，但随着我国经济建设的迅猛发展，我们的考古工作量势必要大大增加，况且我们还有许多未开垦的处女地需要探索，许多发掘还未及时整理研究，综合研究还不够深入，所以，我们面临的队伍建设和人才培养的任务仍然十分艰巨。在迎接21世纪到来的历史时期，进一步加强文物考古队伍建设，培养一支政治强、业务精、作风正、理论和实践相结合、适应新世纪考古工作的科学研究队伍，已经成为决定我们事业成败的关键。

首先要重视理论学习。没有正确的、科学的理论指导，就无法做好各项工作。我们学习理论，就是要学立场、学观点、学方法。用这种立场、观点、方法来指导我们的考古工作。要大力提高专业人员的政治素质，使他们自觉地坚持马列主义的世界观和认识论，从实际出发，实事求是地研究、分析、处理问题，指导我们的学术研究，保证中国考古学的健康发展。

其次，要树立良好的职业道德，十四届六中全会决议要求把加强思想道德建设，作为提高全民族道德水准的一个重要任务来抓。职业道德是思想道德建设的核心，一个时期以来，由于教育不力，纪律松弛，加上市场经济的负面影响，拜金主义、极端个人主义和利己主义的抬头，在文物队伍里出现了不少问题，甚至有人走上犯罪的道路。盗窃文物的现象有的是我们管理不善，有的是队伍中的自身蛀虫监守自盗，所以在文物队伍中加强职业道德建设是当务之急。国家文物局今年4月颁发了《中国文物博物馆工作人员职业道德准则》，再次重申文博、考古工作者个人不得收藏买卖文物的规定，严禁利用职权在考古发掘、文物征集和收购文物当中为自己或亲朋好友收留文物，严禁将属于国家所有的文物当成礼品送给领导、其他单位或个人。《准则》是纪律性的规定，我们每一位文物战线的工作人员都要严格遵守，把老一辈的良好的职业道德，一代一代传下去，发扬光大，以保持我们这支队伍的纯洁性。

第三，要努力提高业务素质。文物考古工作毕竟是一项业务性极强的工作，它要求每一位工作人员都必须具备较高的业务素质。如何提高文物考古队伍的业务水平，我看有两条基本途径：一是通过岗位培训（大学毕业以后还有个继续教育并提高的问题），提高现有文物考古人员的业务素质，改善专业人员的知识结构，或者通过委托高等学校培训一批高层次的专业人才；二是给年轻人压担子、压任务，让他们承担或参与一些重要发掘或学术研究的组织工作，通过多做田野工作，在实践中提高他们的业务能力，培养一批跨世纪的学科带头人。此外，我们建议社会科学院、科学院以及各省、市、自治区文物考古研究所的发掘和研究工作，要积极地吸收地方文物部门的同志参加，帮助地方培养人才，提高整个文物考古系统工作人员的业务素质。在人才培养方面，我们还应该大力提倡艰苦奋斗、团结进取、一丝不苟的工作作风，发扬严谨认真、实事求是的学风，培养德才兼备的优秀人才。

我们正处在世纪之交，我们正从事着一个承前启后、继往开来、弘扬中华民族文化传统的伟大的事业，我们的工作是大有希望的。本世纪以来，特别是新中国成立以后，中国考古学取得了辉煌的成就。考古学在20世纪所取得的辉煌成就，是其他学科所不能相比的。正是中国考古学的发展推动了中国历史学的发展，使我们对中华文明历史的认识大大深化了一步，我们现在可以说，中华民族具有五千年的文明，与西亚、北非文明一样的古老，而且是源远流长，博大精深，灿烂辉煌。我们不仅要有繁荣的经济，而且要有繁荣的文化，随着经济建设高潮的到来，必然迎来一个文化建设的高潮。同时随着中国的经济、政治的发展，一个有中国特色的社会主义文化必将以崭新的姿态和辉煌走向世界。

张文彬在 1997 年全国文物外事工作会议上的讲话*

（1997 年 12 月 9 日）

这次会议的主要任务就是在邓小平理论和十五大精神的指导下，回顾总结 1992 年以来的文物对外交流与合作工作，进一步分析和认识文物对外交流与合作工作面临的形势，明确文物对外交流与合作工作的方针和政策，部署当前和今后一个时期文物对外交流与合作工作的主要任务，进一步推进文物对外交流与合作工作，创造更好的外部环境和外部条件，促进文物事业和建设有中国特色社会主义文化事业的繁荣。

一、1992 年以来文物对外交流与合作工作的回顾

1992 年党的十四大以来的五年，我国的外交工作取得了巨大的成就，我国的国际地位日益提高，在国际事务中发挥着越来越重要的作用；社会主义市场经济体制的逐步建立和改革开放的日益深入，使文物事业进入了一个新的历史发展时期，取得了显著的成绩。我国外交工作的胜利和文物事业的发展带动文物对外交流与合作工作空前活跃，有力地配合了我国的外交工作，宣传了我国文物事业取得的巨大成就和我国文物保护工作的方针、政策，弘扬了我国悠久的历史文化，促进了我国人民与世界各国人民之间的了解和友谊。文物对外交流与合作工作不断向更深的层次和更宽广的领域扩展，展现出更加美好的前景。

（一）五年来文物对外交流与合作工作取得了显著的成绩

五年来，出国文物展览的数量逐年递增，内容更加丰富多彩。1992 年以来，我国分别在美国、日本、法国、英国、德国、意大利、瑞士、韩国、阿根廷、加拿大、澳大利亚、新加坡、丹麦等二十多个国家和中国香港、澳门、台湾等地区举办各种专题的文物展览 150 余项，其中，大型的展览有赴日本的"楼兰文物展"，赴意大利的"中国西藏珍宝展""秦始皇陵兵马俑展""中国黄河文明展"，赴美国的"中国帝王陵墓展"，赴德国、瑞士、英国、丹麦的《中国古代文物展》。中国文物展览每到一国、每赴一地就在当地掀起一股"中国热"。外国政要、各界知名人士出席展览开幕式，人们争相前往观看，他们为璀璨的中国古代文明的伟大成就所感染，为展览的宏大气势和摄人心魄的艺术魅力所倾倒。展览显现出祖国的日益强大，民族的日益昌盛，在海外华人中引起

---

* 原题为《积极开展文物对外交流与合作，促进我国文物事业的繁荣》。

了心灵上的强烈撞击和情感上的巨大激荡，对他们产生了巨大的感召力、凝聚力和向心力。文物出国展览在产生显著社会效益的同时，也带来了可观的经济效益。1992年以来的文物出国展览为国家获得了1500万美元的收益，有力地支持了文物事业的建设和发展。

我国的文物保护事业越来越得到世界的关注，获得了国际社会友好国家政府、民间团体以及外国友好人士的广泛理解和支持。1992年以来，接受的援助资金已达2000多万美元。通过联合国教科文组织利用日本政府信托基金的援助对新疆交河故城和陕西西安大明宫含元殿遗址进行的保护，日本政府援建的敦煌文物保护中心，陕西省与德国合作开展的秦始皇兵马俑和彬县大佛保护维修，与美国盖蒂保护研究所合作进行的敦煌莫高窟、云冈石窟的保护研究，由陕西与意大利政府合作进行的陕西文物保护中心建设等合作和援助项目。通过这些合作项目，新技术、新材料、先进设备和大量资金的引进，促进了我国文物科学技术保护的进步和发展，沟通了与世界文物保护科技界的信息和联系，提高了文物保护科技队伍的业务素质。

《中华人民共和国涉外考古管理办法》公布后，我国考古工作的合作考察、勘探、发掘开始起步，并取得了初步的成绩。例如，江西考古研究所与美国安德沃考古研究基金会合作进行的江西万年县仙人洞遗址的调查发掘，辽宁省文物考古研究所同日本考古学研究会对大连王山头积石墓、阜新市南梁遗址的合作考察研究，中德、中日对新疆尼雅文化遗址的考察研究，中日对南海沉船的合作调查，中国和澳大利亚合作进行的福建连江定海白礁沉船遗址的发掘等。这些合作项目对人类起源与发展、农业起源与发展、文明起源与发展等考古学的重大课题进行了深入的考察和研究，促进了考古学理论和方法的研究。水下考古、环境考古的合作开展，丰富了中国考古学的内容，扩大了我国考古工作的领域，开阔了我国考古工作的视野。

我国各级各类的博物馆已经和世界几十个国家的几百座博物馆建立了良好的业务联系。馆际人员交往日益频繁，学术交流活动十分活跃。一大批合作出版、合作拍摄的大型文物图书、文物影视作品广泛地介绍了我国优秀的历史文化成果。促进流失国外的祖国文物回归的工作也取得一定成绩，19世纪流失海外的颐和园宝云阁十扇铜窗、天坛鎏金铜编钟等的回归在海内外产生了积极的影响。在我国对外文物政策的感召下，不少著名的中国文物收藏家将收藏的文物赠送给国内博物馆，在一定程度上弥补了国内博物馆收藏的空白。

五年来，我国与一些主要的文物保护国际组织开展了进一步的合作和交流。1997年3月7日，我国加入了《国际统一私法协会关于被盗或者非法出口文物的公约》。这是一部关于在国际范围内归还和返还被盗或者非法出口文物的重要法律文件，在国际上引起广泛关注，并受到文物出口国的一致好评。这个公约的制定和实施，将有力地打击全球范围内的文物走私活动，进一步遏制我国文物非法出口的势头。我国还进一步实施《保护世界自然与文化遗产公约》，世界遗产的申报工作正在得到更有效地开展，列入《世界遗产名录》的文物保护单位的管理工作也逐步与公约的要求靠拢。我国参与了"促使非法贩运文物归还其原属国政府间委员会"的有关工作，并在一些会议上批评了少数国家纵容本国文物走私分子非法贩运别国文物的做法，受到了许多国际组织和国家的好评。我国与联合国教科文组织、国际博物馆协会、国际古迹遗址理事会、国际文化财产保护与修复研究中心、国际刑警组织、世界海关组织、国际统一私法协会等机构在文物保护方面的合作也正在得到进一步的开展，并在这些机构中有效地遏制了台湾当局制造"两个中国""一中一台"等分裂祖国的行径。

（二）存在的主要问题

在看到成绩的同时，也要看到存在的问题。近年来各地开展对外文物交流与合作工作的积极性很高。但也存在不少问题，如：个别单位不按程序和权限报批就私自和国外团体或个人搞合作发掘，未经批准就将未对外发表的材料与国外搞合作研究，不经批准就自行组织联合考察参观，有的单位不按批准的范围擅自扩大或变相扩大合作内容或延长合作期限，出国文物展览近年来不断发生损坏文物事件，甚至隐匿不报；文物图书的合作出版和文物影视作品的合作拍摄损害我方合法权益的现象时有发生。产生这些问题的主要原因是：

1. 文物对外交流与合作内容还不广泛，发展还不平衡。文物交流合作的内容、项目、方式不仅包括对外展览，而且应该包括科技保护合作、涉外考古合作、学术交流合作、人才互访交流等等方面。这方面的工作，还有待统一规划，逐步进行。

2. 文物对外交流与合作缺乏有效宏观调控和集中统一管理。在这个问题上，首先我们要做自我批评。虽然，文物对外交流与合作是一种双向的、对等的、互利的活动，不可能完全按照我们的意愿进行。但我们对国外对中国文物展览的需求，对国外与我国进行文物交流与合作的需求和意愿缺乏深入细致的调查研究，对我国文物保护的需要也缺乏主动的介绍和宣传，存在着一定的盲目性和被动性。

3. 文物对外交流与合作的法制建设比较薄弱，对已有的规定执行不力，有章不循，有法不依，有令不行，有禁不止，严重影响了文物对外交流与合作工作的正常秩序。目前，文物对外交流与合作活动的协议书的制定存在不少问题。有些协议书内容简单笼统，没有对合作双方的权利义务做出具体规定，达不到签订协议书的目的，形式上走过场；有的协议在形式和内容的要求上不符合法律规范，本身就不具有法律效力，一旦出现争议得不到法律的保护；还有的协议对权益的种类和意外事件防范处理规定不够，这也反映了我们对有些项目的研究和思考不够。

4. 片面追求局部的和眼前的利益。近年来，少数地方和单位在局部和眼前利益的驱动下，超越权限，不经报批就与外方开展交流活动，有些项目的谈判几近与外方达成协议才向国家文物局或省、自治区、直辖市文物行政管理部门报告，给工作造成很大被动。极少数单位和个人甚至为达到出国等目的，不顾国家利益，擅自向外方做出承诺，严重违反了外事纪律。

5. 文物主权意识和文物知识产权意识淡薄。随着文物对外交流与合作工作的不断扩展，我们遇到一些新的情况和问题，确实存在着的国际交流与合作经验不足，对国际惯例的通常做法不了解等情况。但必须看到，有些同志缺乏从政治的高度认识文物对外交流与合作工作，文物主权意识、文物知识产权意识淡薄，无原则地同意外方的不合理要求，从而严重损害了我们的合法权益。

6. 工作责任感和文物安全意识不强。最近几年，出国文物展览不断发生损坏文物的情况，有的相当严重，给国家造成不可挽回的损失。出国文物的包装简陋草率，有的连最基本的安全运输条件都不具备，极少数的文物出国随展人员甚至把随展看作是旅游观光，而忘记了肩负的任务；出国文物的保护管理没有严格要求，对文物的保管状况不甚了了，在索赔谈判中往往造成我们的被动。

文物对外交流与合作事业取得的成绩，是在党中央、国务院确定的文物工作方针和原则的指引下，在文化部党组和国家文物局的领导下，经过文物外事工作战线的同志们积极努力、勤奋工作取得的，充分肯定文物对外交流与合作工作的成绩，才能使我们更加满怀信心地面对未来。之所以存在一些问题，主要是我们对中央确定的方针和中央领导同志指示学习领会不够造成的。对这些存在的问题我们要认真地总结经验教训，只有这样才能使我们以坚定的步伐，推进文物对外交流与合作工作沿着健康的轨道发展。

二、文物对外交流与合作工作面临的形势

（一）改革开放的日益深化扩大，为文物对外交流与合作事业的发展提供了前所未有的历史机遇

党的十一届三中全会以来，经过近二十年的改革开放，我国已经逐步形成了以东部沿海地区、长江沿岸地区、周边地区和以省会城市为中心的全方位、多层次、多形式的开放格局。这样一个对外开放的格局，为各地开展文物对外交流与合作工作创造了更好的社会环境，人们思想观念的进步也为文物对外交流与合作工作的开展提供了更加深刻的思想基础。改革开放的过程，实际也是一个坚持解放思想、实事求是、大胆探索、日益创新的过程。对外开放是我国的一项基本国策，文物事业的扩大开放，加强交流与合作，也是国家对外开放工作的重要组成部分。我国文物保护事业已经具备的实力和作为文物大国的优势地位，加强了我们在文物对外交流与合作中平等对话的主导地位。经过多年的努力，我们与许多国际组织、友好国家政府、民间友好团体建立了良好的关系。只要我们坚持原则立场，采取更加灵活、更加多样的方式和渠道，是可以酝酿和提供更多的交流与合作的机遇的。同时，现代社会信息量的不断加大，也将会使外部世界更多地了解我国文物保护事业的现状，更多地了解我们的意愿和需求，平等互利的交流与合作的机会将会越来越多。

（二）我国极其丰富的文物资源使文物对外交流与合作工作有着独特的优势

江泽民总书记今年 11 月访美期间，在美国哈佛大学的演讲中说："现实中国是历史中国的发展，中国是一个有五千年历史的国家，从历史文化了解和认识中国，是一个重要的视角。"让世界了解中国，文物对外交流与合作工作是大有可为的。我国是一个有着五千年文明历史的多民族的统一国家，各民族人民在几千年绵延不断的历史进程中共同创造了中华民族辉煌的古代文明，保

存在地上地下的文物极为丰富。这是发展文物对外交流与合作事业的重要条件和巨大优势。目前，我国已公布的全国重点文物保护单位 750 处，省、自治区、直辖市级文物保护单位 7000 处以上，全国历史文化名城 99 座，长城、故宫、敦煌莫高窟、秦始皇陵、北京周口店猿人遗址等 14 处历史文物遗迹和自然景观已为联合国教科文组织列入世界遗产名录。我国文物考古不断取得重大发现，继曾侯乙墓、中山王墓、马王堆汉墓、秦始皇兵马俑发掘取得重大成果之后，近年来三星堆遗址、法门寺地宫、青州龙兴寺佛教造像窖藏、长沙走马楼三国孙吴纪年简牍等稀世文物珍品发掘出土，为世界所瞩目。我国各种类型的博物馆已发展到 1800 余个，特别是上海博物馆、陕西历史博物馆新馆、西藏博物馆等大型现代化博物馆的建成，标志着我国博物馆建设达到了一个新的水平。这些博物馆内容充实、布局合理，文物藏品已达一千多万件，不少文物精品著称于世。特别是由于我国历史悠久、地域广阔、民族众多，文物更具有极其多样的形式和极为丰富的内容，有着博大精深的内涵和独特的审美价值，其所显示的历史价值具有重大的现实意义。中华古代文明与世界著名的古埃及文明、古巴比伦文明、古印度文明曾经在人类文明史上交相辉映，所不同的是唯独中华古代文明绵延不断持续发展，为人类文明的进步做出了巨大的贡献，中华古代文明发展史更为世界瞩目。我们有理由感到自豪、感到自信。充分认识我国文物的优势，才能更加坚定进一步做好文物对外交流与合作工作的信心。

（三）保护人类历史文化遗产已经成为世界发展的潮流和各国人民的共识

我国的文物事业取得了巨大成就，我们有着显著的优势，但不可否认我国文物事业也面临着巨大的挑战和各种各样的困难。我国文物分布范围异常广大，绝大多数古代建筑是木质结构，古遗址也多为土质，石质文物历经千年，极易受风雨侵蚀，保护维修的难度很大。世界范围内的气候变化，地震、洪水、台风等自然灾害加剧了对文物的破坏。现代工业排放的废水、废气、有毒物质以及工业酸雨、粉尘等严重威胁着文物的安全。大量馆藏的丝织品、纸制品、漆木制品等文物的保护技术尚不过关。当前文物保护的科学技术问题，不仅我国尚未解决，也是世界各国面临的重大问题。面对浩繁艰巨的保护工作，我们常感力不从心。资金经费短缺、科技力量不足、设施简陋落后等问题严重地困扰着我们。

保护好祖国珍贵的历史文化遗产是民族的千秋事业，是我们这一代人责无旁贷的历史责任，我们自己的事情首先靠我们自己做好，这是毋庸置疑的。但在充分维护国家主权尊严和利益的前提下，适当地取得友好国家和人士的援助和支持，也是必要的。当今世界，经济高速发展，物质财富急剧增加，人民生活日益提高，在整个人类实现现代化的过程中，人们开始重新审视人类过去的历史以及在这一历史过程中形成的人类的历史文化遗产。珍视、保护和继承历史文化遗产已经成为世界各国人民的共识和当今世界发展的潮流。我国作为著称于世的文明古国，她的文物保护事业理所当然地受到了全世界的关注，越来越多的人关心、支持我国的文物保护事业。保护中国文物已经成为全世界保护和拯救人类历史文化遗产事业的重要组成部分。基于这样一种共识，我国的文物保护事业是可以超越社会制度和意识形态的差异，与世界各国寻求共同利益的汇合点，不断扩大，共同发展的。

江泽民总书记在党的十五大报告中说："我国文化的发展不能离开人类文明的共同成果。"事实上，中华民族优秀历史文化在其几千年演进形成的过程中，正是在不断吸收世界各民族文化营养的基础上，兼收并蓄发展起来的。应该说，一个自尊、自信、自强、自立的民族是不会也不应该拒绝外国的先进文明成果和善意的合作及援助的。我国文物对外交流与合作工作的实践证明，在充分利用自己已有的物质技术条件和文物保护实践经验的基础上，获取一定的资金和外援，引进先进的技术和设备，培养高级技术人才，对加强文物保护工作是有益的。

三、文物对外交流与合作工作的方针和政策

（一）必须坚定不移地以邓小平理论为指导，服从和服务于国家总体外交方针和文物事业发展的需要

文物对外交流与合作工作必须牢固树立大局意识，坚持服从和服务于国家的外交方针和文物事业发展的需要。文物对外交流与合作事业是国家整体外交事业的组成部分，必须坚持邓小平外交思想，为我国始终不渝奉行的和平自主的外交路线服务。文物对外交流与合作工作的经验和教训告诫我们，不讲政治，不讲大局，就有可能在文物对外交流与合作中偏离方向。近些年来，有些国家和某些居心叵测的人企图利用文物在我国边疆地区做文章，以学术交流、联合考察、合作研究等名义歪曲历史，甚至危害我国的领土主权、祖国统一和民族团结，这必须引起我们的警惕。我们在文物外事工作中必须坚持我国外交方针、政策及一贯原则和立场。我们不把我们的观点强加于人，但要充分利用文物揭示我国作为多民族统一国家发展的历史事实，特别要注意在实际工作中，不致因我们的工作失误疏漏给那些别有用心的人以可乘之机。

作为我国文物事业重要组成部分的文物对外交流与合作工作，也必须服从和服务于文物事业发展的需要，必须坚定不移地在文物外事工作中贯彻"保护为主，抢救第一"的方针和"有效保护，合理利用，加强管理"的原则。一切对外合作与交流的项目，都必须有利于我国文物的保护和利用，有利于文物事业的建设和发展，有利于增强文物单位自身发展的生机与活力。

文物外事工作讲政治，还要牢固地树立文物主权意识、文物知识产权意识和文物安全意识。文物主权实际上也是国家主权的一种具体体现。文物知识产权凝聚着中华民族的聪明才智和伟大创造精神，凝聚着中华民族对自身历史文化的深刻认识，它同样是一种极具价值的文化财产。如何保护和利用文物知识产权，发挥它现实的和潜在的社会效益和经济效益是市场经济条件下我们面临的一个重大课题。过去对文物安全的理解是比较狭窄的，在文物外事工作实践的过程中，我们的认识也在不断深化。外事工作中的文物安全，不仅仅是文物是否丢失和损坏的问题，在一定意义上包含着捍卫文物主权和保护文物知识产权的问题。在出国文物展览、文物科学技术合作研究、合作考古调查、勘探和发掘、文物合作出版、合作拍摄、文物信息资料交流等工作中，都有保护

文物安全的问题。牢固地树立文物安全的意识，才能自觉地维护文物的主权和安全。

（二）必须坚持"以我为主，对我有利"的原则

我国的文物对外交流与合作事业是建立在平等互利基础上的，在维护主权和权益，保障文物安全的前提下，通过多种渠道、多种形式、多种载体，让世界各国人民全面系统地了解中国的历史文化，同时通过交流与合作吸取各国各民族文化有益的营养，从而丰富和发展有中国特色的社会主义文化。遵照这样的原则，我们欢迎一切热心中国文物保护事业的国家、团体和个人关心和支持我国的文物保护事业，同时分享中华民族珍贵的历史文化遗产及其研究成果。这就表明了我国的文物事业是开放的，为一切友好的国家、团体和个人提供了支持、参与中国文物保护事业的机遇。但是，我们必须坚持"以我为主，对我有利"的原则，这是建立在充分自尊以及对未来文物对外交流与合作充满信心的基础上的。"以我为主"就是在一切合作与交流中维护我方的主体地位，坚定不移地维护国家主权和合法利益；"对我有利"就是对外文物交流与合作都要从我国文物事业建设发展的需要与可能出发，把原则性和灵活性结合起来，争取和选择最佳的合作对象和合作条件，获取最好的社会效益和经济效益。实践证明，只有坚持这个原则，才能真正取得与我合作的外方的充分尊重、理解和信任。

（三）必须遵循我国的法律法规，严格依法办事

文物对外交流与合作活动必须严格遵守有关的法律法规。在文物对外交流与合作活动中发生的一切行为都必须符合法律法规的规范，文物对外交流与合作的法律法规是文物外事工作方针原则和政策的法律化、具体化，是方针和政策的体现。这些法律法规对双方的权力和责任都作出了明确的规定，我们的主权和权益得到了具体体现，并在实施过程中得到实现，同时也对外方的行为做出了严格的规范。这些法律法规是繁荣文物对外交流与合作事业，推进和扩展文物对外交流与合作事业的必要保证。当前要特别提出，对外交流与合作活动要切实加强统一管理，严格按程序办事，严格按程序报批。在外事交往活动中，任何单位都不能超越自己的权限，任何个人都不得擅自向外方做出承诺。在文物对外交流与合作活动中根据有关法律和规定起草、签署合作协议并在实施过程中严格执行，是依法开展活动的关键之一。任何一项文物对外交流与合作活动，都必须有具体明确的协议书加以规范，否则，法律就形同空文，交流与合作就不可能得到正常的开展。主管部门的审查和批准，是协议书生效的重要一环。未经主管部门批准，文物对外交流与合作活动的协议书是无效的，由此而开展的任何项目都是违反规定的，都是有损于我国的文物保护事业。这里还应该重申一点，经主管部门批准的协议书不能擅自修改，在项目实施过程中必须得到不折不扣的执行。

四、当前要着重抓好的几项工作

（一）加强文物对外交流与合作工作的宏观管理和法制建设

加强宏观管理，首先要抓好文物对外交流与合作工作的法制建设。今年7月，国家文物局印发了《文物出国（境）展览管理规定（试行）》，这个管理规定是在总结二十多年举办文物出国展

览实践经验的基础上制定的，阐述了文物出国展览的目的和意义，对文物出国展览组织者的资格认定、项目的申报程序和审批权限、展览人员的派出等，都作出了明确的规定。这个规定还附有文物出国（境）展览协议的规范性文本。印发后各方面的反映是好的，执行情况也是好的，这说明了加强制度建设是实现文物对外交流与合作工作宏观管理的最基本、最有效的手段。这次会议向同志们印发了《文物博物馆系统捐赠管理规定》《文物出国（境）展览随展人员守则》《文物博物馆系统出国留学研修人员管理规定》《文物博物馆系统人员出国讲学管理规定》等文件的征求意见稿，希望同志们提出意见。目的是要对文物对外交流与合作工作的各个方面陆续出台一些规定，用法规、制度规范保障文物对外交流与合作事业的健康发展。

要加强监督和检查。特别是对那些正在实施中的文物交流与合作项目，主管部门要定期对项目实施的情况进行检查，对项目实施过程中出现的问题及时地研究解决。文物对外交流与合作项目直接关系着各方的切身利益，每一个协议的执行都要从我国文物事业的大局出发，以高度的政治责任感去维护国家的权益。同时，要讲信义和诚意，履行我们应尽的责任和义务，树立我们的良好形象。针对目前文物对外合作工作中出现的一些问题，今后各级文物部门和博物馆未经批准，不得与国外商谈冠名权、商标、专利权和珍贵文物复制权的转让、拍卖（有价、有偿转让）或变相拍卖的所谓委托代理甚至独家代理。

加强宏观管理。文物对外交流与合作工作要在调查研究的基础上，制定好短期计划和中长期规划。国家文物局准备在明年上半年对这项工作进行一次深入的调查研究，并在听取各方面意见的基础上，制定文物对外交流与合作的中长期规划，进一步明确文物对外交流与合作工作的方针、原则和主要的奋斗目标。这个规划的制定要依靠各级文物行政管理部门和有关的文物博物馆单位的共同努力，希望同志们能够献计献策，帮助我们制定好这个规划。省、自治区、直辖市文物行政管理部门也要根据自己的实际情况制定本地区的工作规划。同时要在宏观管住的情况下，充分发挥文博单位的优势，不失时机地抓住机遇，扩大与国外文博界的了解和交往。

（二）积极、稳妥、审慎地开展与外国的合作考古调查、发掘和文物古迹的保护研究

随着我国文物事业的不断发展和改革开放的不断深入，文物对外合作将日趋活跃，这对我国文物事业的发展是有利的。我们欢迎一切友好国家、团体参与我国的文物保护事业，同时要积极、稳妥、审慎地加以把握，循序渐进地加以发展。要根据轻重缓急，有重点地加以开展。主要侧重于考古新技术、新方法的运用、文物科学技术保护的重大科研课题、先进设备的引进、高精技术人员的培养。

自1992年以来，我国的涉外考古工作，大多数合作项目是成功的，为今后的工作积累了经验，但也存在一些问题。在今后的涉外考古工作中，既要尽快熟悉和适应国际合作的规范，更要坚持"以我为主，对我有利"的原则，牢固树立文物主权意识、文物知识产权意识和文物保护意识。合作项目要在选题上下功夫。从目前的情况看，每年以安排12个大中型涉外考古项目为宜，

在与外方进行的联合调查和考古发掘中，我方合作单位必须要有与外方实力相当的学术力量参加。对某些地区的涉外考古暂不进行。我们不仅要通过合作，培养一批具有国际水平的专家，还要逐步地走出去，参与国外的考古发掘工作。

对与国际组织、友好国家、团体合作进行的文物保护单位的保护、维修科研项目，要按协议积极地加以推进。特别要提出的是，对引进或接受援助的技术设备，要尽快学会操作和运用，目前引进设备利用率低和"闲置"的情况必须改变。要注重利用现代技术手段广泛收集各种信息资料，密切跟踪文物保护最新技术的发展，追踪当今世界在考古等领域的最新研究成果，提高对外交流与合作工作的目的性和科学决策水平。

（三）进一步做好文物出国展览工作

文物出国展览是最直接、最有效地向世界各国人民介绍我国优秀历史文化传统和改革开放以来我国文物事业建设成就的形式。二十多年来，我们在文物出国展览工作上取得了丰富的经验，进一步搞好出国展览有着良好的基础。当前，文物出国展览要抓好三个方面的工作。

第一，要对出国文物展览实施有效的宏观调控。近些年来，国内和国外要求举办中国文物展览不断升温，但也出现了一些国家和地区展览密度过大、相互撞车，文物展览质量不高、展览效果不佳的情况。因此，从总体上讲，文物出国展览要加强宣传、提高质量、扩大视野、合理布局。根据我国外交工作和进一步扩大开放的需要，根据文物事业发展的需要，确定重点项目，保证重点项目的实施。同时要扩大我国文物展览的覆盖面，尽可能地争取在第三世界国家、周边国家多举办一些文物展览。到这些国家的展览要根据不同情况，灵活对待，不能把钱看得过重，要把眼光放得更远一些，珍重我国人民与这些国家人民长期建立起来的深厚感情和友谊。

第二，文物出国展览也要树立精品意识，实施精品工程，保持我国文物出国展览的长盛不衰和轰动的社会效应。大型文物精品展览的选择要根据所赴国家人民的审美趣味和审美取向有的放矢地确定，与外方密切配合，加强宣传的力度。大型文物精品展览的外方承办单位，应该是实力雄厚、资信可靠、对我友好的。大型精品展览，每年控制在12个，并要报请国务院审批。

第三，要切实加强出国展览文物的安全。展览协议要对文物的安全保卫做出切实的规定，并在执行过程中加强监督。对展品的包装运输要精心操作，保证万无一失，尽可能采用先进的包装技术和包装材料。展品在双方交接的过程中，工作一定要仔细，以避免一旦发生事故可能产生的责任纠纷。对因意外发生文物破损时，在分清责任的基础上，要按协议进行索赔，绝不允许掺入任何其他因素，对损害国家利益的行为要追究行政责任和刑事责任。

（四）把大型博物馆和知名度较高的文物保护单位建设成我国文物事业对外开放的窗口和基地

新中国成立以来，特别是改革开放以来的20年，我国已建设了一批大型博物馆，我国不少的全国重点文物保护单位享誉中外。进一步扩大这些博物馆和全国重点文物保护单位的对外开放，是我国对外文物交流与合作工作的重要组成部分，也将会使我国对外文物交流与合作工作有更加广阔的发展空间。要努力配合我国外交工作的需要，出色地做好外国国家领导人和政要贵宾的接待工作，外交接待的礼仪要规范化，逐步优化环境氛围，提高接待质量，树立我国文物博物馆事业的良好形象，扩大对外影响。要注重提高陈列展览的品位和质量，采用先进的文物展示手段，强化陈列主题。

要加强我国博物馆界与世界各国博物馆界的广泛联系，特别是一些在国外声誉很高的博物馆。加强学者专家的互访，活跃学术交流，学习国外先进的管理经验，积极开展馆藏文物科学保护的共同研究。要在维护我国权益的前提下，积极进行合作出版、合作拍摄，抓好一批优秀的大型文物图书及影视作品的合作出版制作。

（五）进一步加强与国际组织的广泛联系，积极寻求友好国家政府、友好团体和个人对我国文物保护事业的理解支持和帮助

加强与国际组织的广泛联系，是进一步确定我国在这些组织机构中的主权地位，促使我国文物保护工作逐步走向世界，树立我国文物保护工作形象的重要工作。要对国际文物博物馆组织和机构的情况进行广泛深入的了解。我们过去这方面的工作比较薄弱，使我们失去了一些机遇，要把这项工作真正提到日程上来。同时要充分发挥中国博物馆学会、中国文物科技保护协会、中国考古学会等社团组织的作用。

对我国文物保护事业中存在的困难，要实事求是地加以介绍，以更加多样的渠道、更加灵活的方式吸取外部资助。对支持和赞助我国文物保护事业的，要根据国家的有关规定给予表彰和一定的优惠政策。这次会议向代表们印发了"中国文物基金会"和"中华文物交流协会"章程修改草案，国家文物局对"中国文物基金会"和"中华文物交流协会"进行了调整和充实。对基金的管理，包括各地对外国友好团体和个人以及海外华人、台港澳同胞的赞助款一定要加强管理。要遵循自愿捐赠和尊重捐赠者意愿的原则，不允许用我们不可能履行的承诺和违背国家有关政策和法律规定的所谓优惠条件来换取捐助。对捐资赞助者的资金要有明确的交代，除了用于文物博物馆事业的建设和发展，绝不允许挪作他用。我们一定要取信于人。

近年来，海外向国内博物馆捐赠文物逐年增加，对接受捐赠的文物一定要加强保护管理。据了解，有极个别的文物、博物馆单位接受了友好人士捐赠的文物，当捐赠人回来要求再看一看时，竟然冷言相拒，甚至根本找不到了，造成极为恶劣的政治影响。我们也可以看到，有的博物馆对捐赠的文物不但给予极为妥善的保管，而且在陈列展览时用中外文标明捐赠人的名字，以志永久的纪念。不要小看这样一个标牌，它表明了我们的致谢之情和敬意。这也说明，文物外事工作是一项细致入微的工作，一言一行都关系到我国文物工作的声誉。

（六）建立一支高素质的文物外事工作队伍

文物对外交流与合作工作的开展，需要一支高素质的队伍。从总体上看，文物系统的外事工作队伍是比较好的，长期以来，坚持正确的政治方向，积极进取、勤奋工作，为文物事业的发展

做出了积极的贡献。在新的形势下，进一步加强外事工作队伍的思想建设、作风建设，提高业务素质，是当前文物外事工作的一项重要任务。

首先要抓好队伍的思想建设，加强对马列主义、毛泽东思想和邓小平理论的学习，加强对十五大精神的学习。要结合外事工作的实际，加深对文物工作方针和指导原则的领会，树立正确的世界观、人生观和价值观。要教育每一个外事工作人员讲政治、讲原则、讲大局，时时处处注意维护国家的尊严和权益。

第二，要特别注重加强外事队伍的作风建设。要高标准、严要求，要自重、自尊、自爱、自强，做一个一身正气、堂堂正正的外事工作者。要模范地执行《国家文物局机关工作人员守则》和《中国文物、博物馆工作者行为道德准则》。要注重自身人格的修养，对于一个外事工作者来说，人格的修养尤为重要。只有真诚地热爱祖国，忠诚于党和人民的事业，不为任何利益所动，不为任何压力屈服，才具备真正的人格魅力和人格力量，得到别人的尊重。

第三，要努力提高外事工作者的业务素质。外事工作者要熟悉自身从事的工作，要努力成为熟悉外事工作、兼晓文博工作业务、懂得外语的复合型人才。要抓好对在职外事干部的培训工作，制订培训计划，选择和确定好培训的教材。外事工作者也要学习一些法律基础知识，例如学习《合同法》《国际法》《知识产权法》等的基本原理，对文物保护的国际公约和其他国际文件，也要舍得花气力去研究。

同志们，这次会议还要交流各地开展文物对外交流与合作工作的情况，请外交部、国务院台办、港澳办等单位有关方面的负责同志作报告，这都给我们提供了很好的学习机会。我希望通过这次会议，在邓小平理论和党的十五大精神指引下，在全国文物外事工作者的共同努力下，开创文物对外交流与合作事业的新局面！

张文彬在 1998 年全国文物局长会议上的工作报告*

（1998 年 2 月 17 日）

同志们：

这次全国文物局长会议的任务是，在邓小平理论和党的十五大精神指引下，认真贯彻落实《国务院关于加强和改善文物工作的通知》和中共中央办公厅、国务院办公厅转发的中宣部等六部委《关于加强革命文物工作的意见》提出的方针政策和各项工作任务，把握方向，坚持改革，狠抓落实，开拓进取，进一步规划文物事业在 21 世纪初的发展目标，研究、推进和深化文物工作改革开放的举措，全面部署 1998 年工作，迎接新世纪。

一、关于 1997 年的工作回顾

（一）党中央和国务院高度重视文物工作，进一步明确了新时期文物工作的方针和政策

1997 年 3 月 30 日，国务院印发了《关于加强和改善文物工作的通知》，从理论和实践的结合上全面、科学、客观地估计了文物工作面临的形势，深刻分析了文物工作存在的主要矛盾和主要问题，进一步明确了文物工作的方针和原则，提出了当前和今后一个时期文物工作的主要任务，是我国建立社会主义市场经济体制时期文物工作的纲领性文件，具有重大的指导意义。以江泽民同志为核心的党的第三代领导集体十分重视文物工作，江泽民、李鹏、乔石、李瑞环、朱镕基以及李铁映等党中央和国务院领导同志多次视察文物工作，对文物工作提出了许多重要的指示和意见。江总书记专门为中国人民抗日战争纪念馆二期工程竣工题词："高举爱国主义旗帜，以史育人；弘扬中华民族精神，振兴祖国。"全国革命文物工作会议期间，李鹏总理专门给会议写来贺信，铁映同志发表了重要的书面讲话。中共中央办公厅、国务院办公厅转发了中宣部等六部委《关于加强革命文物工作的意见》。江总书记在党的十五大报告中对文物工作提出新的更高的要求，极大地鼓舞了全国的文物工作者。去年 10 月，李鹏总理、铁映同志亲自视察了故宫博物院的工作，对故宫的保护给予了极大的关注。在去年年底召开的全国文物外事工作会议期间，铁映同志在百忙中亲切接见了与会代表，发表了重要讲话。去年 11 月，铁映同志又亲自率领中国政府文化代表团到意大利、希腊、埃及访问考察，一路对文物工作作了许多重要的指示。一年来，党中央和国务院

---

* 原题为《在邓小平理论和党的十五大精神指引下，把握方向，坚持改革，狠抓落实，开拓进取，把文物工作提高到一个新的水平》。

领导同志多次对文物工作做出批示和指示，这些批示和指示广泛涉及文物事业的各项工作，使我们加深了对新时期文物工作方针政策的理解，提高了贯彻执行的自觉性，更增强了我们的使命感和责任感。去年，地方各级党委和政府进一步加强了对文物工作的领导和支持，"五纳入"的工作逐步取得实质性的进展。

（二）文物、博物馆工作在社会主义两个文明建设中发挥了积极的作用

1997年，全国各级各类文物、博物馆单位为社会提供了各种类型的文物展览6000余个，观众达1.5亿人次以上。精品工程的实施极大地提高了各级文物、博物馆单位的精品意识。中国历史博物馆、中国革命博物馆、中国文物交流中心和国际友谊博物馆相继举办的"全国考古新发现精品展""中国留法勤工俭学运动展""洗雪百年国耻喜庆香港回归展""中国古代科技文物展""国际珍贵礼品展"等展览吸引了大批观众。在香港举办的《中国历史文物精华展》开幕以来，受到了广大香港同胞的热烈欢迎。这些展览有力地配合了香港回归的庆祝活动和党的十五大精神的宣传，以高品位的思想教育内容、高质量的展陈设计制作，弘扬了爱国主义、革命传统和社会主义教育的主题，产生了积极的社会教育作用。去年组织的赴国外展出的"秦兵马俑展""紫禁城文物展""成吉思汗故乡文物展"等50个出国（境）展览向世界各国人民介绍了我国光辉灿烂的历史文化，展示了改革开放以来我国文物事业取得的巨大成就。全国文物系统讲解员讲解比赛的举办，促进了新形势下博物馆宣传教育工作的开展。

根据铁映同志的指示，我局和中央电视台合作摄制的大型电视专题片《中华文明（暂名）》，在做了大量调研和前期准备工作的基础上，已开始进入脚本编撰和开机试拍阶段。与中国教育电视台联合摄制的电视系列片《走进博物馆》，将在今年年初播放第一批节目。一年来，文物、博物馆研究工作也取得了新的进展。文物图书出版工作狠抓管理，负重前进，成效显著。中国文物研究所编撰、文物出版社出版的《西藏布达拉宫（上、下）》荣获中宣部"五个一工程"奖，《吐鲁番出土文书（四）》获国家图书提名奖。全国文物系统和局各直属单位研究人员有许多重要论文、论著在各级文物刊物上发表或出版，有力地推动了文物、博物馆的学术研究工作。

（三）考古工作和文物的抢救保护取得了显著的成绩

在1997年，我局继续组织协调有关文物考古单位参加长江三峡库区、黄河小浪底工程的文物保护工作，参加了中央组织的三峡工程大江截流前的验收工作。加强了对考古工作的组织管理和检查指导，全年共审批考古项目460多项，其中配合基本建设和抢救性发掘项目371项，广州南越王宫署御苑遗迹、广西邕宁顶狮山遗址、浙江绍兴印山墓葬、陕西商州市东龙山遗址、湖南湘阴古窑址等处的发掘取得重大成果，其中最有价值的被评为1997年全国十大考古新发现。组织专家对重要项目，如秦始皇兵马俑2号坑、偃师商城等的发掘工作进行了现场指导。对南京明故宫、郑州商城等重大遗迹的保护工作进行了专项调查。审批了中山舰出水后的保护方案。实施文物抢

救维护工程 413 项，共安排中央文物保护专项补助经费 1.19 亿元，其中 80% 用于全国重点文物保护单位的维修保护，100 万元以上的大型项目 22 个。边疆地区文物、近现代革命文物的保护维修项目明显增加，经费安排比例有显著的提高，使井冈山、瑞金、延安、蓟县独乐寺大悲阁、西藏阿里古格遗址群等一大批革命纪念地的革命文物和文物古迹得到了妥善的保护。1997 年，我局组织全国 18 个省、市文物行政管理部门和文物单位对西藏的文物保护工作进行了考察，开始逐步实施对西藏地区文物保护工作的对口支援。会同建设部审定了一批历史文化名城、风景名胜区和全国文物保护单位的总体规划或专业规划。向联合国教科文组织申请将我国著名文物古迹列入《世界遗产名录》的工作有了新的进展，平遥古城、丽江古城和苏州古典园林列入世界遗产名录，使我国列入世界遗产名录的古迹达到 17 处。去年，我们颁发了 1996 年度国家文物局科技进步奖，组织了 1997 年度科技进步奖的评审工作和向国家科委申报国家科技进步奖的评奖申报工作。国家文物档案数据库的建设和利用国际互联网络宣传介绍我国文物事业的工作已经开始启动。进一步加强了文物安全技术防范工作，对上海博物馆、首都博物馆安全技术防范报警工程、故宫地库二期工程的消防工程进行了验收，审批了西藏自治区博物馆、故宫地库二期工程等 11 个一级风险单位的安全技术防范报警工程方案，对部分全国重点文物保护单位的古建消防设施和基本情况进行了调查了解。在 1997 年，文物被盗案件呈现出上升的趋势，特别是盗窃石刻文物的犯罪活动一度十分猖獗，为遏制这一势头的发展，我局与公安部联合召开了保护田野石刻造像打击文物犯罪电话会议，先后印发了《关于严厉打击盗窃露天不可移动文物活动的紧急通知》和《关于加强田野石刻文物安全的紧急通知》，在短期内破获了一批重大的破坏田野石刻造像的恶性案件，严惩了其中的首恶分子。

（四）进一步规范了文物流通秩序

为进一步规范文物拍卖市场，我局着重加强了对文物拍卖标的的鉴定审批工作，对超限文物采取了严格的禁拍、定向拍卖或禁止出境等措施，防止珍贵文物的流失。对文物出境鉴定标准的修改进行了准备工作。调整、登记了全国文物出境鉴定机构，培训考核了部分出境鉴定管理人员。与公安、海关、工商等部门密切配合，严厉打击文物走私犯罪活动，加强了配合海关稽查文物走私的工作，配合公安部，在山东、上海、陕西、山西、北京等地进行了涉案文物的鉴定工作。积极与有关部门配合，开展对走私到海外的珍贵文物依法进行追索工作并取得进展。依法对通过香港走私到美国西雅图海关四集装箱"中国文物"和原港英政府移交的走私文物进行鉴定，并妥善做了处理。对长达四年的英人文物走私案，经我多方努力，据理交涉，已迫使货主承认我方的所有权，目前正在办理交接手续，启运回国。这一历史积案的解决，沉重打击了文物走私犯罪活动。

（五）切实加强了文物法制建设和建章立制工作

随着我国改革开放的日益深入和现代化建设的发展，文物工作面临许多新情况、新问题，需要法律适时做出调整和规范。为做好《文物保护法》的修订，我局先后邀请全国人大教科文卫委员会和国务院法制局的同志进行联合调研。为借鉴外国立法和管理经验，赴法国和英国进行了考察。多次召开不同类型和层次的座谈会，研究确定《文物保护法》修订的指导思想和原则以及修订内容框架，修订草案先后征求了全国各省、自治区、直辖市文物管理部门的意见，《文物保护法（修订草案）》现已报请国务院审批。《刑法》修订和《建筑法（草案）》起草过程中，我局积极向全国人大法工委提出修改意见，使新《刑法》对文物犯罪量刑种类和量刑幅度做了重大调整，加大了打击文物犯罪的力度。《建筑法》规定，古建筑维修由文物部门另行制定管理办法，为国家文物行政管理部门实施行业管理提供了有力的法律依据。为正确处理整顿建设项目收费与加强文物保护工作的关系，我局积极反映各地文物部门的意见后，国家计委、财政部经请示国务院同意，印发了《关于建设项目涉及的考古调查与勘探费问题的通知》，重申了《中华人民共和国文物保护法》的有关规定，明确了建设项目收费与保护工作及有关费用的关系。去年 5 月，我国正式加入了《关于被盗或非法出口文物的公约》，对我国与其他国家加强国际合作打击文物盗窃、走私犯罪活动提供了有利的条件。1997 年，我局正式印发了《中国文物博物馆事业"九五"计划及 2010 年远景目标纲要》《中国革命文物和革命纪念馆事业"九五"计划纲要》，颁布了《中国文物博物馆工作人员职业道德准则》；颁发了《文物出国（境）管理办法》《文物事业单位财务制度》；草拟了《考古发掘管理办法》《考古发掘品移交管理办法》《中国博物馆管理条例》《文物拍摄管理办法》《文物复制管理办法》《古建筑维修保护管理办法》《全国重点文物保护单位专项经费使用管理办法》等法规。同时，进一步加强了国家文物局机关的建章立制工作，使机关的党务、政务、事务工作有章可循。根据国家"三五"普法规划（"三五"普法规划即中央宣传部、司法部关于在公民中开展法制宣传教育的第三个五年规划，从 1996 年开始实施，到 2000 年结束），进一步加强了《文物保护法》的宣传，召开了纪念《文物保护法》颁布十五周年座谈会，各地也相继组织了《文物保护法》的宣传周、宣传月活动，收到了较好的社会效果。

1997 年，我们做了大量的工作，取得了一定的成绩，但我们也应该看到，以党中央、国务院对文物工作的要求和广大人民群众不断提高的文化精神需求来衡量，我们还有很大的差距，尚有许多工作没有做好，更有大量工作需要去做。只有实事求是地看待我们工作中的成绩和不足，才能够增强我们进一步做好工作的信心，才能按照党中央和国务院的要求，按照人民群众的希望，在新的一年朝着既定的目标开创文物工作新的局面。

二、从我国国情出发，坚定不移地贯彻文物工作的方针和原则

以邓小平理论为指导，进一步学习领会江泽民总书记在十五大报告中对社会主义初级阶段理论的深刻阐述，充分认识文物工作在社会主义初级阶段的现状，认识文物工作在建设有中国特色社会主义文化中的地位和作用，进一步明确文物工作方针和原则，对当前和今后相当长历史时期文物工作的开展有着特殊重要的意义。

（一）实事求是地认识我国社会主义初级阶段文物事业的现状

准确把握和认识社会主义初级阶段我国文物事业的现状，首先要充分认识我国社会主义初级阶段的长期性和不可逾越性。经过四十多年特别是党的十一届三中全会以来的艰苦奋斗，我国生产力发展水平和综合国力有了很大提高，但总的来说，我国人口多、底子薄、地区发展不平衡、生产力不发达的状况没有根本改变，社会主义制度还不完善，社会主义市场经济体制还不成熟，社会主义民主法制建设还不够健全，封建主义、资本主义腐朽思想和小生产习惯势力还有广泛影响。基于这样一个基本国情，我们必须保持清醒头脑，想问题，办事情，制定规定，研究方针政策，必须实事求是，从实际出发。分析我国社会主义初级阶段文物事业的现状，大体可以概括为几个特点：

第一，我国是著称于世的文明古国，有着丰厚的历史文化遗产和优秀的历史文化传统，对整个人类社会的发展与进步起过巨大的推动作用。正是由于我国具有这样一个特殊的国情，文物事业的建设和发展才成为我国两个文明建设成就的重要标志之一。通过文物的保护和利用，弘扬、继承和传续中华民族优秀的历史文化传统，为有中国特色社会主义文化建设提供有益的借鉴和丰富的营养，使中华民族在实现现代化的历史进程中，不断发扬光大本民族优秀的文化传统和道德素质，在全社会形成共同理想和精神支柱，在建设有中国特色社会主义事业中有着重要的意义。

第二，新中国成立以来，特别是我国实行改革开放以来的20年，文物事业取得了巨大的成就，文物工作的社会影响不断扩大，文物工作的社会地位日益提高，文物事业已经具有相当的规模和较好的基础，在有中国特色社会主义文化建设事业中发挥着越来越重要的作用，为下一世纪文物事业的发展奠定了一定的基础。

第三，我国作为仍处于社会主义初级阶段的发展中国家，文物事业的基础工作比较薄弱，文物管理工作仍然处在一个较低的水平，文物保护工作中的科技含量不高，地区间的文物保护工作发展不平衡，文物事业经费的投入不足，机构建设和队伍素质不能适应文物事业迅速发展的需要，人们的法制观念和文物保护意识还比较淡薄，缺乏良好的文物保护的社会环境和法律环境。

第四，在相当长的一段时期内，文物保护与经济建设的矛盾、文物保护与群众生产生活的矛盾依然存在，协调和解决这些矛盾的难度很大。盗掘、盗窃、走私文物等违法犯罪活动严重威胁文物的安全。工业现代化带来的负面效应和自然力对文物的破坏随着自然生态环境的变化日趋严重。文物工作机遇与挑战并存、希望与困难同在，正确处理好文物保护与经济建设的关系、文物保护与群众生产生活利益的关系、文物事业发展中社会效益和经济效益的关系，从而处理好改革、发展、稳定的关系，建立与社会主义市场经济相适应的文物保护新体制，是社会主义初级阶段文物事业建设和发展过程中面临的最艰巨、最具挑战性的问题。

第五，从总体上看，当前文物事业的发展状况仍然与我们这样一个有着五千年文明历史的文物大国的地位不相适应，与社会主义现代化建设事业的迅速发展不相适应，与广大人民群众日益增长的精神文化需求不相适应，我国文物事业的建设和发展仍然任重而道远。

（二）"保护为主，抢救第一"和"有效保护，合理利用，加强管理"是社会主义初级阶段我国文物工作必须坚持的方针和原则

党中央和国务院在几年以前就提出了"保护为主，抢救第一"和"有效保护，合理利用，加强管理"的方针和原则。通过实践经验的总结，我们更深刻地体会到这个方针和原则的提出是极富远见、极其科学的，对相当长时期社会主义初级阶段的文物工作是完全适用的。这个方针和原则不仅为社会主义初级阶段我国文物工作的现状所决定，与社会主义市场经济要求相适应，也是完全符合文物工作自身规律的。如何认识文物工作自身规律，可否从以下三点加以把握。

第一，文物工作的规律首先是由文物的根本属性所决定的。祖国文物（包括近现代文物）作为中华民族的历史文化遗产，是我们祖先创造的物质文明和精神文明的遗存，它具有不可再生、不可替代的根本属性，文物破坏了也就不复存在了，文物的任何复制都不是原有意义上的文物。历史遗存的文物总量是有限的，特定历史范畴的文物，随着时间的推移，其数量又是在不断减少的。我们对祖国地上地下极为丰富的文物的总量难以做出很确切的估计，文物的发现客观上往往存在着不可预测性，这一方面决定了文物保护工作必须要有科学的预见性，要有超前的保护意识；另一方面，要求不断提高文物工作的科学决策水平，特别是诸如对大型帝王陵墓的发掘等重大文物保护问题，不允许决策的失误，决策失误带来的后果，将是无法挽回的。当然，用马克思主义发展的观点看，在现代物质文明和精神文明发展过程中，我们又在不断地创造着新的文明，今天人类文明的结晶，也必然会成为未来人类历史文化遗产的精华。但作为文物，其不可再生的属性是确定无疑的。

第二，文物不可再生的根本属性，决定了加强文物保护是文物工作的首要的出发点和文物事业各项工作的物质基础。文物如果不复存在，文物事业的可持续发展也就丧失了物质基础。文物的保护和利用是一个循环往复的过程，合理利用文物，充分发挥文物的作用，必须有一个前提条件，那就是对文物的有效保护，只有如此，才能使文物的保护工作具有最根本的现实意义和历史意义。

第三，文物是历史信息的物质载体，不仅有着多种多样的遗存形式，而且有着丰富的内涵，涉及政治、经济、文化、教育、科学、军事、宗教、民族等各个方面，对其内涵的认识也不是一次可以完成的，这就决定了文物工作是一项综合性的、多学科的、专业连续性很强的工作。文物保护工作又是一项系统的庞大的社会工程，涉及社会的方方面面，是接续着子孙后代的千秋事业，所以，文物工作不仅有着重大的现实意义，而且有更加深远的历史意义。我们这一代人肩负着保护祖国珍贵历史文化遗产的历史重任，这就要求每一个文物工作者要以对党和人民高度负责的精神，努力增强历史的责任感和使命感。

这次会议以后要通过对邓小平理论的深入学习，使全国的文物工作者深入了解社会主义初级阶段我国文物工作的现状，明白为什么在社会主义初级阶段文物工作必须坚持"保护为主，抢救

第一"和"有效保护，合理利用，加强管理"的方针和原则，而不是别的方针和原则，从而提高全国文物工作者贯彻执行这个方针和原则的自觉性和坚定性。

（三）以党在社会主义初级阶段的基本路线为指导，进一步明确社会主义初级阶段文物工作的奋斗目标

江泽民同志在十五大报告中指出，在社会主义初级阶段"社会的主要矛盾是人民日益增长的物质文化需要与落后的社会生产之间的矛盾，这个主要矛盾贯穿我国社会主义初级阶段的整个过程和社会生活的各个方面"。因此，文物工作的根本任务和奋斗目标，就是使文物事业的建设和发展在 21 世纪中叶时与我国这样一个有着五千年悠久历史的文明大国的地位相适应，与我国经济和社会主义的发展水平相适应，与广大人民群众日益增长的精神文化需求相适应。具体说来，在 21 世纪的中叶，我国幅员辽阔的国土上分布极为广泛的地上地下文物得到妥善的保护和管理；文物科学技术水平较好地解决了面临的一系列重大的保护课题，具有先进的、现代技术和传统技术高度结合的技术设备和技术力量；建设成了具有中国特色的博物馆体系，一批博物馆的收藏、保管、科学研究、陈列展览、宣传教育工作达到世界一流水平，享誉中外；人民群众的文物保护意识和文物法制观念大大提高，保护文物成为全体人民的良好的道德素质，文物保护事业具备了更广泛更深厚的社会基础；建立了"有法可依、有法必依、执法必严、违法必究"的法律秩序。

要实现这个目标，社会主义初级阶段的文物工作，必须坚持邓小平理论和党的基本路线的指导地位；坚持服从和服务于经济建设的中心；坚持为人民服务、为社会主义服务的方向；坚持社会效益放在首位，努力实现社会效益与经济效益的统一；坚持"保护为主，抢救第一"的方针和"有效保护，合理利用，加强管理"的原则。

三、解放思想，开拓进取，不断探索和推进文物工作的改革向纵深发展

（一）不断探索和推进文物工作的改革是时代对文物工作的要求

党的十一届三中全会以来，文物工作取得了长足的进展，为适应社会主义市场经济体制的建立，文物工作的改革进行了一些探索和尝试，但从总体上讲，文物工作的改革要进一步加快步伐。党的十五大胜利召开，把邓小平理论确定为我们党的指导思想，为文物工作的改革提供了前所未有的历史机遇。我国改革开放 20 年以来，政治、经济、社会生活发生了深刻的变化，这就要求我们在邓小平理论的指导下，解放思想，更新观念，特别是打破主观认识上和传统认识上的束缚，既坚持文物工作的方针和原则，又勇于探索文物工作在社会主义市场经济条件下的新的思路和新的举措。文物工作不同现实生活的生动发展有机地联系起来，不去实事求是地研究解决面临的许多重大的实际问题，就不可能获得一个较快的发展速度，就不可能获得可持续发展的生机和活力。特别是 1998 年，是全面贯彻落实党的十五大提出的各项工作任务的关键一年，又是党的十一届三中全会召开二十周年。我们一定要抓住这个机遇而不可丧失机遇，一定要勇于开拓进取而不可因循守旧。我希望同志们加强对文物工作理论的研究，特别是要着重

解决影响和制约文物事业发展的主要矛盾，加强文物工作改革的研究和探索，在全国文物系统形成生动活泼的改革局面。

（二）以建立国家保护为主同时动员全社会保护的新体制为重点，全面推进文物事业各项工作的改革

在社会主义初级阶段，从我国国情的实际出发，文物保护仍然主要由国家投入，这是我国社会主义公有制的经济基础决定的，但是，我国的文物十分丰富，而经济又不够发达，文物保护不可能全部由国家包揽下来。在新体制的建立过程中，各级文物行政管理部门要在当地党委和政府的领导下，积极推进"五纳入"的落实。同时，要对社会各个方面如何参与文物保护的方式方法进行探索，运用精神的包括经济方面的优惠政策调动和保持全社会参与文物保护的持之不断的热情和积极性。随着人们保护意识的不断提高，社会各个方面和人民群众参与文物保护的精神动力也不断增强。同时对参与文物保护的单位和个人，要按照他们贡献的大小和投入的多少给予必要的表彰和奖励。文物工作既要坚持把社会效益放在首位，又要尊重客观经济规律，这是不矛盾的，只要能够采取有效的方式和方法，是可以获得社会效益和经济效益的最佳结合的。

文物工作的改革，不仅要尽快适应国家各项制度的改革，同时要积极推进自身工作的改革。当前，要着力推进文物事业、企业单位的各项内部管理制度的改革，贯彻责、权、利相结合的原则，使他们能够根据自身的特点，从实际出发，逐步建立和完善能够形成良性循环的运行机制，增强自身发展的生机与活力。文物事业、企业单位的改革要把人事制度的改革作为重点，逐步实行聘用、聘任制，改变行政管理人员和专业技术人员比例不合理、优秀人才难以脱颖而出、人浮于事、奖罚不明、吃大锅饭等情况。同时要采取切实措施，妥善解决未聘人员的实际问题。

根据国家财政拨款制度的改革，文物事业单位开始实行"核定收支、定额或定向补助、超支不补、节余留用"的制度。要努力适应国家财政拨款制度的这一重大改革，同时积极发展文物"三产"，增收节支，开源节流。坚持国家重点文物保护专项经费是补助性经费的原则，各地应积极落实地方配套资金。同时加强监管，确保中央和地方资金及时到位，并按规定用途专款专用，按资金使用范围合理确定各项开支标准。加强对专项经费使用的检查监督，包括财务审计、编报决算以及大型项目的竣工验收，并适当引入社会中介机构审计，行政手段与经济手段并用，提高资金使用效益，使有限的资金充分发挥作用。

要加强和旅游、园林等部门的协调合作。文物是旅游事业发展的宝贵资源，加强文物保护是旅游事业可持续发展的物质基础之一，文物保护和旅游事业的协调发展和相互促进，有利于两个文明建设，有利于综合国力的增长。各地在文物和旅游结合的问题上，要解决好文物利用过程中如何有效保护的问题，促使自身事业获得发展。

要抓住当前的有利时机，进一步完善和落实文物事业的有关经济政策，为文物事业的改革和发展提供必要的物质基础和政策保障。依靠各级党委和政府，会同计划、财政和税务等有关部门，

落实放到书名号内《关于进一步完善文化经济政策的若干规定》和"对文化事业的投入增长幅度不低于财政收入增长幅度"的政策，加强文物基础设施建设，充分发挥文化经济政策的作用。

（三）文物工作的改革要有利于文物的保护，有利于发挥文物作用，满足广大人民群众日益增长的文化需求，有利于调动广大文博职工的积极性和创造性，增强文博单位自身发展的活力

文物工作的改革涉及文物事业各项工作的方方面面，改革工作既要解放思想、开阔思路、大胆探索、积极试验，及时总结推广好的经验和做法；又要找准切入点，有序进行，循序渐进，少走弯路，重大的改革政策和改革措施要严格履行报批手续。各级文物行政管理部门的领导，要把文物工作的改革列入重要的议事日程，切实加强对改革工作的领导，对来自基层单位的改革要求，要热情支持和帮助，对群众的首创精神要积极给予引导，把握改革工作的主动权。

文物工作改革的总体要求是，一手抓繁荣发展，增强活力；一手抓法制建设，加强管理。文物工作的各项改革，不能以削弱文物的保护为代价，越是改革，越是要加强文物的保护。要通过改革，使文物工作能够更加适应社会主义文化市场的需求和发展趋势，向人民、向社会奉献更多更好的精神食粮。要通过改革，逐步摆脱文物博物馆单位财政负担比较重、自我发展与自我需要脱节、缺乏竞争力的状况，使文物博物馆单位获得自我发展的内在动力和必要的物质基础。总之，是否有利于文物保护，是否有利于发挥文物作用、满足广大人民群众日益增长的文化需求，是否有利于调动广大文博职工的积极性和创造性、增强文博单位自身发展的活力，是衡量文物工作改革利弊得失的客观标准，是文物工作改革的根本出发点和归宿点。

四、关于 1998 年主要工作的部署

这次会议已经向同志们印发了《国家文物局 1998 年工作要点》，关于文物工作的改革在工作报告的第三部分我已着重谈过。这里我就今年主要工作的要求谈几点意见。

（一）大力加强文物工作的法制建设，提高依法管理，依法行政的水平

今年要把《文物保护法》的修订作为文物立法工作的重点，在《文物保护法（修订草案）》报送国务院之后，配合国务院法制局和全国人大法工委做好修改过程中的协调工作，加快《文物保护法（修订草案）》在国务院、全国人大两级的审议进度，促使新的《文物保护法》早日出台。随着我国社会主义市场经济的迅速发展，迫切需要以法律、法规规范保障文物事业的发展，要加快《文物市场管理办法》《博物馆条例》《文物拍摄管理办法》《文物复制管理办法》《国家重点文物保护专项补助经费使用管理办法》以及有关涉外工作法规的制定颁布和修改完善工作。我局还将指导有关省、市文物主管部门，对一些大型的全国重点文物保护单位，分类制定专项法规。加强和有关文物保护方面的国际组织的联系，争取制定双边协议，积极研究同有关国家制定打击非法走私贩运文物活动，签署双边协议的法律问题，争取有所突破。

各级文物行政管理部门要努力提高依法行政、依法管理的能力。文物、博物馆单位要增强运用法律武器依法维护文物部门权益的能力，对破坏文物的案件，特别是法人的违法案件，要掌握

运用法律规定，通过有效的诉讼工作，给予打击和制裁。要逐步建立文物工作"有法可依，有法必依，执法必严，违法必究"的法律环境和法律秩序，各级文物行政管理部门要树立法制的观念，对那些通过行政手段难以协调解决的问题，要正确运用国家法律，行使执法权力。要进一步加强国家有关文物保护法律法规的宣传，充分利用新闻媒体抨击和揭露破坏文物的行为，发挥社会舆论的监督作用。要大力宣传普及文物和文物保护方面的知识和常识，把"人人热爱祖国文物，人人保护祖国文物"作为公民社会公德和道德素质培育的内容，在全社会逐步形成珍惜祖国文物的良好社会氛围。

（二）充分发挥文物、博物馆工作在社会主义精神文明建设中的作用

要把革命文物工作放在突出位置抓紧抓好。中共中央办公厅、国务院办公厅转发的中宣部等六部委《关于加强革命文物工作的通知》，是改革开放以来印发的第一个关于全面加强革命文物工作的重要文件，对新时期的革命文物工作有着重大的指导意义，要把这个文件的学习贯彻与去年召开的全国革命文物工作会议部署的各项工作任务结合起来。

今年下半年，我局准备在陕西延安召开部分省市革命文物工作座谈会，这次会议将总结和交流一年来开展革命文物工作的情况，对我局起草的《革命纪念馆工作试行条例》的修改草案征求意见，进一步推动全国革命文物工作的开展。要遵照铁映同志关于建立专职、兼职、志愿者三结合的革命文物工作队伍的指示，研究具体解决办法，通过试点进行积极的尝试。同时，要与有关部门会商，对逐步实行革命纪念馆（地）定期免费向学校师生开放的问题拿出具体实施办法。

今年第一季度，要完成 1997 年度全国文物展览"十大陈列精品"的评审表彰工作。今年还要筹办好"周恩来一百周年诞辰""刘少奇一百周年诞辰""戊戌变法一百周年"等文物展览。为1999 年新中国建立五十周年庆典做好新中国五十周年文物事业辉煌成就展的陈列大纲、文物选调工作，推动陈列展览精品工程的实施。今后，各地举办较大型的文物陈列展览应向我局及时通报，以便我局能够比较好地掌握全国举办文物展览的情况，组织和协调好文物、博物馆单位特别是大中型博物馆之间的协调配合，搞好联合展览和巡回展览。要加强对文物展览的宣传工作，把大型精品展览作为社会文化生活的热点加以推出。为加强宣传的力度和解决经费的不足，可以考虑与效益较好的企业单位联合，争取那些投入较大的展览在取得较好社会效益的同时，也能够取得相应的经济效益。要加强重点博物馆的建设。中国革命博物馆和中国历史博物馆的扩建工程，目前我局正在向有关部门积极争取，在国务院批准立项后，力争 1998 年动工。希望各地也积极争取地方政府的支持，搞好博物馆基础设施的改造和建设。大型博物馆在加强基础设施建设的同时，要努力提高保管、陈列、研究、教育、宣传工作的综合水平，使我国的大型博物馆能够逐步步入世界一流博物馆的行列。要积极支持有关部门、各行各业企事业单位兴办各种类型的专题博物馆，逐步丰富我国博物馆的品类。加强文物博物馆科学研究工作。过去对文物藏品和博物馆的研究取得了一定成绩，但还不能适应当前形势发展的需要。对文物藏品要继续深入研究其历史、艺术、

科学价值，探索高水平的学术研究文章，办好已有的馆刊、院刊、所刊。同时要加大科技保护研究。中国文物研究所要全面规划，抓住重点，发挥优势，多出成果。要建立科研项目责任制，中央与地方、文物部门和社会科技力量协作联合攻关。博物馆如何在新形势下发挥藏品、教育、科研功能，也要积极探索。

（三）加强文物抢救维修和保护管理基础性工作

今年准备从 750 处全国重点文物保护单位中选择部分重点，从省、自治区、直辖市级文物保护单位中选择若干处，经过审查立项，重点维修。要在本世纪末基本解决全国重点文物保护单位的保护问题，使第一、二、三批全国重点文物保护单位基本无险情，使第四批全国重点文物保护单位紧迫的保护问题逐步解决。为加强经费预算的审批和管理，提高拨付资金的使用效益，我局将加强 100 万元以上大型项目的经费预审，严格规定资金使用范围，合理确定各项开支标准。

要抓好全国考古工作汇报会确定的近期内文物考古工作任务的落实。要按照"重点保护，重点发掘"的原则继续组织和协调、配合好长江三峡工程、黄河小浪底水库、南水北调工程、新疆油田开发的文物保护和考古工作。对有代表性的大型古迹、遗址群体的整体保护工作，要有针对性地解决好保护范围内群众的生产生活问题和其他矛盾比较突出问题。

积极配合夏商周断代工程，做好考古发掘和标本取样工作。夏商周断代工程自 1996 年 5 月正式启动以来，通过多学科交叉研究，已取得重要的阶段性成果。这是国家支持、有关单位和专家参与、人文社会科学与自然科学结合、科研项目与人才培养相结合的重大科研课题，我局理应积极配合，大力支持。各省、市文物局和有关部门都要做好相应工作，保证断代工程的顺利实施。

今年，要花大气力抓好文物保护的基础性工作，加强文物保护科学技术的研究和对重大文物保护科学技术的课题和项目的联合攻关。基础性工作主要还包括有：各级文物保护单位的"四有"（有保护范围，有保护标志，有保护档案，有保护机构）工作；文物安全保卫基础设施的建设；《中国文物地图集总册》的编写和第五批全国重点文物保护单位的申报遴选工作；考古发掘资料的整理出版；馆藏文物建档工作的科学化、规范化。国家文物数据库的工作已经开始启动。我局计划今年上半年向全国文物系统，包括向文物系统以外的文物博物馆单位颁布藏品分类标准，各地要按照颁布的标准分期分批报送数据资料，今年上半年还将在国际互联网络上开通"中国文物"站点，为在全国实现电子计算机数据化、信息化、网络化管理打下基础。

今年上半年，我局将与国家民委在北京召开全国少数民族文物工作会议，研究《关于加强少数民族文物保护工作的意见》，进一步明确少数民族文物保护工作的方针、政策和任务，继续加大对少数民族文物保护工作的投入和支持。

（四）加强文物流通秩序的管理

1997 年 1 月 1 日，《拍卖法》正式实施以来，文物拍卖市场的发展很快，据不完全统计，全国已有专营或兼营的拍卖文物的公司 100 余家，对文物拍卖标的依法管理的工作量日益加大，已经成为当前文物市场管理的重点。要依据《拍卖法》和我局印发的《关于进一步加强文物拍卖标的鉴定许可管理工作的通知》和后来续发的补充通知，依法审核拍卖人文物拍卖资格，依法审定文物拍卖标的的鉴定许可工作，对通知规定的严禁出境文物要坚决依法禁拍，同时要改革和完善鉴定核准程序。目前，我局正在起草制定《国家文物鉴定委员会委员聘任资格管理办法》和《文物鉴定委员（文物出境责任鉴定员）资格管理办法》，要规范各级文物鉴定机构和人员的职责范围，对文物出境鉴定人员进行考核，实行持证上岗和年检制度，博物馆和文物研究部门的文物藏品未经国家文物局同意并报请国务院批准，严禁以礼品赠送或投放市场换取资金，一经发现，要追究领导责任和当事人的法律责任。

加强对宗教寺院部门文物的管理、登记工作，会商宗教部门制定寺院文物管理办法，使寺院文物管理纳入法制轨道。同时要逐步开展对民间收藏文物的管理，对民间收藏文物的登记工作要选择几个地方进行试点。要加强民间收藏组织的管理，使他们成为文物管理部门的助手，搞好对民间收藏文物的监督和自律，运用精神和物质的表彰、奖励办法，征集收藏在民间的文物，特别是珍贵文物。对那些向博物馆捐献文物的单位、团体和个人，在充分尊重他们意愿的前提下，要加以宣传。国家将制定颁布《遗产法》，文物部门要积极参与这个法的起草制定工作。

（五）进一步加强文物安全工作，打击文物犯罪活动

要加强古建筑、博物馆消防基础设施建设，逐步完善消防供水设施。进一步推动《文物系统博物馆风险等级和安全防护级别的规定》达标工作，促进规定的落实；加强保卫队伍的建设，提高保卫人员素质，使文物安全工作从人防、物防、技防逐步有所改善。与公、检、法、海关、工商等部门密切合作，严厉打击文物犯罪活动。

针对目前分散在田野露天文物失盗、破坏严重的情况，要采取设立专人、组织群众保护和经严格审批集中保管等解决办法，防止失盗和损坏。据了解，海外珍贵艺术品走私市场对我国早期石刻造像的需求增加，刺激了国内外犯罪分子相互勾结，犯罪活动日趋猖獗。这要引起我们的足够警惕。

要继续与公安、工商、海关等部门加强联系，依法对旧货市场实施监管，严厉打击非法经营和走私文物的犯罪活动。对那些未经批准建立的黑市交易场所要坚决依法取缔。

（六）积极开展文物对外交流与合作工作，提高文物工作对外开放水平

在文物外事工作中，要把增强文物主权意识、文物知识产权意识、文物安全意识的教育作为重点。教育工作要包括对国家法律以及国际法基础知识的学习，同时要注重抓好外事工作队伍的思想建设，高标准、严要求，教育每一个外事工作人员讲政治，讲原则，讲大局，时时处处注意维护国家的尊严和权益。

在文物的对外交流与合作工作中，要坚决贯彻"以我为主，对我有利"的原则，加强与国外合作项目的监督和检查。加强宏观管理，在调查研究的基础上制定文物对外交流与合作工作的短期计划和中长期规划。积极、稳妥、审慎地开展与外国的合作调查、发掘和文物古迹的保护。合

作考古调查、发掘项目、文物古迹的合作保护项目，要根据我国文物保护工作的需要与可能，充分论证，适量安排。文物出国展览要加强宣传、提高质量、扩大视野、合理布局，抓好展览协议文本的起草、协商、签署等关键环节，坚决杜绝出国展览文物破损事件的发生，今后再发生因我方工作人员失职造成文物破损的事件，要依法追究责任。

进一步加强与国际组织的广泛联系，积极寻求友好国家政府、友好团体和个人对我国文物保护事业的支持和帮助，加强非官方机构的民间渠道的交流与合作，学者专家的互访，活跃学术交流，有计划地组织安排优秀中青年业务人员和管理人员到国外参观学习，从我国文物博物馆单位的管理实际出发，学习和引进国外先进的管理经验。

（七）加强文物宣传工作，增强全民文物保护意识，不断提高社会文明程度

有中国特色的社会主义文化，具有鲜明的时代性和民族性、群众性、科学性。继承和发扬民族优秀文化和革命文化传统，这是文物工作者义不容辞的责任。我们一定要充分发挥文物工作独特优势，办好《中国文物报》《文物月刊》和《文物天地》等刊物，坚持正确舆论导向，办出自己的特色，交流文博工作经验，扩大社会影响。要抓好文物图书、音像制品的出版工作，切实落实十五大报告中提出的"加强管理，优化结构，提高质量"的方针。实现由规模数量型向质量效益型的转化，加强普及性精品的出书力度，抓好五十周年国庆献礼图书的策划、出版工作。文物出版社等出版单位要有计划地出版几套大型精品文物图书，今年我局与中央电视台联合摄制的大型系列电视专题片《中华文明》将全面进入实拍制作阶段，这是一部党中央、国务院领导同志和社会各界十分关注的电视专题片，是向新中国成立五十周年献礼的重点影视工程，希望各地文物行政管理部门给予大力支持，提供方便和条件。《走进博物馆》《全国重点文物保护单位》等电视片的拍摄，也希望各级文物、博物馆单位积极支持和协助。

（八）坚持党对文物工作的领导，加强文物部门党的思想、组织和作风建设

党的十五大提出了党的建设新的伟大工程总目标，全国文物系统的各级党组织必须围绕实现这个总的目标，全面加强党的思想、组织和作风建设，要把思想建设放在首位，用邓小平理论武装全体党员，把全国文物工作者的思想认识统一到十五大精神上来，把全国文物工作者的工作热情凝聚到贯彻十五大精神上来。

要切实把全国文物系统的各级领导班子建设成为坚决贯彻党的基本路线、全心全意为人民服务、具有领导现代化能力的领导集体，建设成为能够带领广大文物工作者坚持文物工作的基本方针和指导原则，不断深化文物工作的改革，开创文物工作新局面的团结坚强的领导集体。要按照革命化、年轻化、知识化、专业化的方针和德才兼备的原则，把群众公认的坚决执行党的路线、工作实绩突出、清正廉洁的干部及时选拔到领导岗位上来，抓紧做好培养和选拔能够跨世纪担负领导文物工作重任的年轻干部。

要结合文物工作的特点，注重对党员干部的党性教育和党性修养的培育。坚持全心全意为人

民服务的宗旨。讲学习、讲政治、讲正气、讲团结、讲奉献，努力提高政治和业务素质；发扬长期以来文物干部立足本职、艰苦奋斗、甘于清贫、敬业乐群、奉献社会的优良传统；发挥责任在身、当仁不让、勇于同各种破坏文物的行为进行坚决斗争的大无畏精神。加强廉政建设，党员干部特别是党员领导干部要率先垂范，遵纪守法，坚决贯彻执行中共中央、中央纪委颁布的各项纪律规定、《通知》和国务院公布的《国家公务员暂行条例》，模范执行《中国文物博物馆人员职业道德准则》和《国家文物局机关工作人员守则》，以及其他各项规章制度，当好人民的公仆。同时，要自觉地接受监督，正确行使人民赋予的权力，从自身做起，从身边做起，反腐倡廉，坚决抵制腐朽思想的侵蚀，与腐败现象进行坚决的斗争，保持文物系统党的队伍的纯洁性和先进性。

同志们，1998年的文物工作艰巨而繁重，1998年的文物工作充满机遇和希望，让我们高举邓小平理论伟大旗帜，在以江泽民同志为核心的党中央领导下，把握方向，狠抓落实，坚持改革，开拓进取，努力开创文物工作的新局面！

张文彬在 1999 年全国文物局长会议上的工作报告 *

（1999 年 2 月 8 日）

同志们：

这次全国文物局长会议是一次十分重要的会议。会议将认真学习江泽民总书记等中央领导同志的重要讲话和党的十五届三中全会精神，总结一年来文物工作取得的主要成绩和基本经验，在党的十五大精神指引下，在文化部的领导下，以邓小平理论为指导，坚持党中央、国务院确定的文物工作方针和原则，继续推进文物工作改革，进一步加强宏观管理，加强法制建设，提高队伍素质，提高基础工作水平，以优异的工作成绩迎接新中国成立五十周年。

一、1998 年的工作回顾和改革开放二十年来文物事业的进步与发展

1998 年，在我们党和国家发展历史上，是经受严峻考验并取得辉煌胜利的一年。在这一年里，全国广大文物工作者结合文物工作实际，深入学习邓小平理论，贯彻落实国务院《关于加强和改善文物工作的通知》提出的各项要求，把握方向、坚持改革、狠抓落实、开拓进取，使各项工作迈上了新台阶。

（一）文物保护抢救工作取得显著成绩

遵循"保护为主，抢救第一"的文物工作方针，加大了文物抢救维修工作的力度，全年安排下拨了两批国家重点文物专项补助经费和文物保护设施建设投资经费 1.45 亿元，其中 70％用于国保单位，新有 20 余项重点文物保护维修工程启动。天坛、颐和园被联合国教科文组织列为世界遗产名录。《中国文物地图集》陕西分册也于年底出版。1998 年夏季，长江、嫩江、松花江流域遭受特大洪涝灾害，灾区的广大文物工作者积极贯彻落实我局发出的《关于加强洪涝灾区文物抢救保护工作的紧急通知》精神，奋力抗洪，使文物的损失降低到最低程度。灾后，我局积极组织对受灾情况进行调查了解，增大了用于抗洪救灾中的文物保护抢救维修工作的专项补助经费。

（二）考古工作取得新成果

在全年审核的 460 余项考古发掘申请中，陕西秦始皇陵、汉阳陵、浙江慈溪上林湖越窑遗址等考古发掘项目取得重要收获。三峡文物保护规划已通过专家论证，湖北省、重庆市三峡文物抢

---

* 原题为《高举旗帜，把握方向，扎实工作，团结奋进，继续努力开创文物工作新局面》。

救保护工作已全面展开。贯彻中央领导同志关于重视边疆历史文物工作的指示精神，召开了"东北地区文物考古工作座谈会"，西藏阿里地区文物抢救保护工程取得阶段性成果，对新疆文物工作状况进行了初步调查研究。西沙北礁水下文物抢救保护工作获得重大成果。

（三）充分发挥博物馆在精神文明建设中的作用

实施精品战略，推出一批精品展览，"人民的好总理——纪念周恩来一百周年诞辰展览""纪念刘少奇百年诞辰展览""历史的丰碑——纪念党的十一届三中全会二十周年展览"等获得成功，在社会上引起好评。各省市也相继推出一批好的展览。完成了 1997 年度全国文物系统十大陈列展览精品的评审表彰活动。召开了以抗日战争史纪念馆为主题的部分省市革命纪念馆工作座谈会，印发了《国家文物局关于加强革命文物和近现代重要史迹保护的基础工作的意见》。全国重点文物保护单位中 50 余处革命旧址的维修工作全面展开。

（四）文物安全工作取得显著成绩

认真贯彻落实江泽民总书记和李岚清副总理关于加强防火安全工作的重要指示，国家文物局就文物防火安全发出一系列通知并多次进行检查。各地在加强日常工作的同时，进行检查。各地在加强日常防范工作的同时，重点打击盗窃文物团伙，使前一阶段盗窃田野石刻文物的歪风得到有效遏制。在国务院领导同志的高度重视和外交、公安、司法、财政、海关等有关部门的共同努力和支持下，通过外交途径和法律手段，以及我方对文物所有权主张的严正立场和坚定态度，首次成功追回走私到英国的三千余件我国文物，并与海关总署、公安部联合举办了"打击文物走私成果展览"。我局与联合国教科文组织和海关总署、公安部等联合举办"打击文物非法交易和走私研讨班"。

（五）文物法制、法规建设取得新的进展

《文物保护法》修订稿在征求了全国文物系统和有关部委的意见后，已上报国务院法制办公室。颁发了《考古发掘管理办法》《考古发掘品移交办法》《文物复制管理办法》等行政规章。

（六）民族文物工作得到重视和加强

国家文物局和国家民委一起召开了少数民族文物工作会议，印发了《关于加强少数民族文物工作的意见》。从 1998 年起加大了民族文物保护经费的投入。

（七）文物对外交流与合作不断拓展

为落实国务院领导同志关于文物外展工作的重要批示精神，我局召开了"全国部分省市文物外展工作座谈会"，总结了近年来文物外展工作中的成绩和存在问题。对已发布的《文物出国（境）展览管理办法》等法规文件进行了修订完善，印发了《文物、博物馆单位接受国外及港、澳、台同胞捐赠管理暂行规定》。在美国、西班牙举办的"中华五千年文明艺术展"获得成功，近 100 万观众参观了展览。我国参加的国际社会对柬埔寨吴哥古迹的保护工程开始实施。

（八）机构改革进展顺利，事业单位改革正在积极制订或论证改革方案根据国务院《关于国家文物局职能配置、内设机构和人员编制的规定》，我局进行了机构改革工作。内设司室由 4 个精简到 3 个，处级机构由 19 个精简到 12 个，局机关人员精简了 33%。在国务院和文化部的正确领导下，各司处干部顾全大局，各直属单位大力支持，做到思想不散，秩序不乱，工作正常运转，使机构改革按预定部署圆满完成。与此同时，积极做好文物系统事业单位改革的准备工作，确定了中国历史博物馆等单位作为改革试点。历史博物馆拟订了改革总体工作方案和 16 个配套文件。我局将与人事部一起表彰全国文物系统 30 个先进集体和 20 名先进个人。

当我们高兴地回顾 1998 年的工作成果时，就不能不想到新中国成立后，在党和政府的关心和支持下，一代又一代文物工作者呕心沥血，造就了今天文物事业获得可喜成就的丰碑；就不能不想到改革开放二十年来，国家的政治稳定和经济繁荣，直接促进了文物事业发生了令人瞩目的巨大变化。1978 年，党的十一届三中全会确定了改革开放的基本路线，使社会主义中国从此走上了改革与发展的正确道路，全国广大文物工作者抓住机遇，迎接挑战，坚定不移地执行文物工作的基本方针和指导原则，积极探索文物工作在社会主义市场经济条件下的新思路、新举措。二十年来，我国的文物工作取得了巨大成就，为文物事业的持续发展奠定了扎实的基础。

（一）党中央、国务院一贯重视文物工作，为文物保护工作明确了方针和原则

1979 年邓小平同志就曾指出，"'古为今用'，就是吸取古代文化遗产中有益的、精华的成分，与新时代特征相结合，为反映现实服务。"江泽民同志在党的十五大工作报告中强调："要重视科学、历史、文化的遗产和革命文物的保护"。他还指出："现实中国是历史中国的发展。中国是一个有着五千年历史的国家，从历史文化来了解和认识中国，是一个重要的视角。"1992 年在西安召开的全国文物工作会议上，李瑞环同志代表党中央、国务院提出了"保护为主，抢救第一"的工作方针，此后，国务院又进一步提出了"有效保护，合理利用，加强管理"的工作原则。1997 年 3 月，国务院发布了《关于加强和改善文物工作的通知》，明确提出"要努力建立适应社会主义市场经济体制要求、遵循文物工作自身规律、国家保护为主并动员全社会参与的文物保护体制"。1998 年 1 月，中央办公厅、国务院办公厅转发了中宣部等六部委《关于加强革命文物工作的意见》。《通知》和《意见》为新时期文物工作指明了正确方向，提出了运用历史文物和革命文物进行爱国主义、革命传统教育的光荣任务。全国人大和全国政协也多次检查、指导文物保护工作。国务院各有关部门以及地方各级党委、政府也不断加强对文物工作的领导和支持，全社会正在形成保护祖国文物的良好社会氛围。国家的政治稳定和经济繁荣是文物事业赖以生存和进步的基本前提，各级政府对文物事业的关心和重视是我们开展工作的根本保障，人民群众对精神文化日益增多的需求，成为我们做好文物工作的强大动力。

（二）我国源远流长、博大精深的古代文明为世界所仅见，丰富的文物为我国文物工作者提供了发挥聪明才智和创造力的广阔天地

二十年里，通过全国广大文物工作者的辛勤奋斗和不懈努力，我国文物保护工作获得了长足进展。据我们掌握的资料，1978 年全国文物经费只有 2780 多万元，其中博物馆 1860 万元，文物维修费 428 万元，考古发掘费只有 74 万元。改革开放以后，国家开始较大幅度地提高了文物保护经费，从 1992 年起，仅中央文物保护专项补助经费每年达到 1.3 亿元。全国各级政府对文物博物馆事业的投入也有较多增长。1997 年，全国共有 25 亿多的经费投入于文物保护事业，其中各级文物保护单位维修经费达 3 亿多元；考古发掘经费更增到 5000 多万元。1978 年，全国只有 721 个文物保护和管理机构，13000 多名工作人员，收藏保管文物 680 万件。至 1997 年，全国文物保护和管理机构有 3412 个，有 20 个省（自治区、直辖市）设立了文物局，工作人员增长到 6 万 3 千多人，其中有大专以上学历者近万人，有 2000 名高级研究人员。全国文物、博物馆系统的馆藏文物标本有将近 1200 万件。所有这些数字记载了全国广大文物工作者无私的奉献和辛勤的脚步，记载了共和国文物事业的发展历程，更记载了作为世界文明古国之一的中国正在尽快加入文物保护先进国家的行列。

（三）文物法制建设取得重大进展，以《文物保护法》为核心的法规体系得到丰富和完善

1982 年第五届全国人民代表大会常务委员会第 25 次会议通过并颁布了《中华人民共和国文物保护法》，标志着我国文物保护管理工作进一步纳入法制化轨道。此后，国家相继颁布了《文物保护法实施细则》《中华人民共和国水下文物保护管理条例》《中华人民共和国考古涉外工作管理办法》等行政法规。各级人大和地方政府还结合本地实际制定了专项的文物保护法规，在各个层面上推动了我国文物保护法制化的进程。当前已初步形成的以《文物保护法》为核心、有关行政法规为骨干、地方文物法规相配套的我国文物保护法规体系，为实现党中央、国务院提出的"依法治国，建设社会主义法治国家"的伟大目标，为在市场经济条件下依法行政、依法管理，为做好现阶段我国文物工作奠定了坚实的基础。

（四）各项基础工作获得较大发展，文物保护抢救维修工作全面展开

目前我国已知的地上地下不可移动文物有近 40 万处，全国重点文物保护单位 750 处，省级文物保护单位近 7000 处，县级重点文物保护单位近 6 万处。1982 年以来国务院相继公布了 3 批国家级历史文化名城 99 座。自我国加入《保护世界文化和自然遗产公约》以来的十多年里，我国已有 21 处遗产被列入世界遗产名录，总数达到世界第四位。在 750 处全国重点文物保护单位中，约有 90% 已经完成了"四有"工作。1992 年以来，我国历史上最大规模的文物保护抢救维修工程全面展开。到 20 世纪末，全国重点文物保护单位基本无险情的目标有望实现。

（五）中国考古学研究体系为文物保护工作提供了理论和方法上的科学依据

考古工作与文物保护工作相互促进，共同发展。一大批掌握考古学理论和技能的专家成为文物保护工作的中坚。各地考古工作者积极配合国家基本建设和城市建设项目开展考古工作，取得一系列重大成果。文物保护工作的显著成就也促进了考古学理论、方法、技术手段及考古学研究

的更大进步。边疆考古课题也逐步得到开展。航空考古、水下考古已具备一定的工作水平。现代科学技术在考古研究上的应用更加广泛。《中华人民共和国考古涉外工作管理办法》的发布和实施，标志着中国考古学界向世界敞开大门。中国考古学地位日益提高，已经成为我国在国际学术研究领域中的先进学科之一。

（六）博物馆事业蓬勃发展，基础设施建设明显改善

1949 年，全国只有博物馆 21 所，1978 年达到 349 所，截至 1997 年末，全国仅文物（文化）系统管理的博物馆就有 1274 所，拥有文物藏品 900 多万件，其中一级品 4 万多件。1997 年举办陈列展览 7500 个，接待观众 9000 万人次。博物馆在数量不断增加的同时，种类也日益丰富，规模不断扩大，分布更加广泛，业务活动水平也有了很大提高，一些代表国家先进水平的博物馆已经开始进入国际一流博物馆的行列。

（七）文物保护工作中的科技含量不断增大，现代科技手段被广泛应用到文物保护事业当中，国际文物科技交流日渐增多

截至 1998 年年底，共有 110 项科研成果获文化部、国家文物局文物科技进步奖。其中 7 项获得国家科技奖。这些科研成果覆盖文物保护领域各个方面，有些项目已经达到或接近世界先进水平。近期开通的"中国文物网站"、正在进行的"全国文物信息管理系统"以及各地有计划开展的各类分析研究和资料信息库系统的开发工作，显示了现代科学技术在文物工作中的强大生命力。

（八）文物对外交流工作空前活跃，向世界各国人民介绍了中华文明光辉灿烂的历史文化，展示了文物保护事业的巨大成就，为世界了解中国、认识中国提供了重要视角

20 世纪前半叶，我们只有两个小规模的文物展览出国，新中国成立后的前 20 年，也只有屈指可数的几个展览到东欧等地展出。自 1972 年起，在周恩来总理倡导下，中国文物开始作为对外文化交流的重要使者走出国门，引起世界瞩目。据初步统计，自 80 年代以来，我们共在境外举办了 1000 个文物展览，参观人数达近亿人次。其中"伟大的青铜器时代""中国古代珍宝展""秦兵马俑展""中国帝王陵墓展"在美、英、德、日等国家受到了高度赞誉。同时，我们还采取与国外合作出版文物书籍、合作拍摄影视作品等多种形式，全面介绍中国的文物和文物保护工作。我国的文物保护事业得到了越来越多的来自国际社会的支持，接受了一批援助或合作项目。一批流失海外的文物也得以回归祖国。

与此同时，我们还加强了同香港特别行政区和澳门、台湾的文化交流工作。香港回归祖国后，我们举办的"中国历史文物精华展""天工开物——中国古代科技文物展"和"周恩来总理百年诞辰展"受到港、澳同胞的热诚欢迎。在台北举办的"秦兵马俑和金缕玉衣展"获得圆满成功。这些展览对实现"和平统一，一国两制"，弘扬中华文化起到积极作用。

综上所述，文物工作能取得这样大的成绩主要是由于党中央、国务院为文物工作确定了正确的方针政策并得到认真贯彻的结果；是改革开放以来社会经济稳定增长，直接促进了文物事业发

展的结果；也是全国文物工作者在各级党委、政府领导下艰苦奋斗、扎实工作的结果。在此我代表国家文物局向全国文博战线上的全体职工、各位专家、技术人员和他们的家属表示崇高的敬意和感谢！

在看到成绩的同时，我们也清醒地看到，前进中还存在不少问题和困难。这些问题主要是：文物工作如何尽快适应社会主义市场经济体制的逐步建立和完善；文物、博物馆发展水平与整个国民经济和社会发展不相适应，经费投入与实际需要仍有很大差距；文物保护与经济建设的矛盾仍很突出，文物遭到盗掘、盗窃破坏的情况还很严重，特别是法人违法的情况时有发生；对于市场经济条件下文物流通领域发生的变化，我们各方面的准备不足，措施不力；文物保护设施的硬件建设和科技保护水平仍然不尽如人意；文物、博物馆队伍的整体素质亟待提高。所有这些问题都需要全国的广大文物工作者认真思考，采取有力措施，逐步加以解决。

二、关于当前需要研究和解决的几个问题

为了全面促进文物工作在 21 世纪获得更大的发展，我们必须着重解决影响和制约文物事业发展的主要矛盾，及时发现并逐步解决社会主义市场经济条件下文物工作出现的新情况、新问题，勇于探索文物工作新体制下的新思路和新举措。下面，我就当前大家比较关心的问题提出几点看法，与大家共同研究。

（一）始终坚持文物工作的方针和原则

党中央、国务院在几年以前就提出了"保护为主，抢救第一"的方针和"有效保护，合理利用，加强管理"的原则。通过广大文物工作者的共同努力，这一方针和原则已经贯穿于文物工作的各个方面。几年来文物工作的实践证明，这一方针和原则的提出是极富远见、极其科学的，它不仅完全符合我国文物工作的自身规律，与社会主义市场经济的要求相适应，更是由我国当前处于社会主义初级阶段的现状所决定的。

我们必须承认现阶段文物事业的基础仍然比较薄弱，文物管理工作仍然处于一个较低的水平，文物干部队伍素质仍然不能适应文物事业快速发展的需要。我们必须正视在相当长的一个历史阶段内，文物保护与经济建设的矛盾依然存在，文物事业发展中社会效益和经济效益之间的矛盾依然存在，文物工作与社会主义市场经济体制之间不相协调的矛盾依然存在。正确认识和准确把握文物工作的现状和主要矛盾，深刻领会社会主义初级阶段是一个长期的历史发展进程，是文物工作必须始终坚持"保护为主，抢救第一"方针和"有效保护，合理利用，加强管理"原则的根本出发点。

始终坚持"保护为主，抢救第一"方针和"有效保护，合理利用，加强管理"原则不动摇，要求我们高度认识文物事业在社会主义建设事业中的重要地位。文物事业在建设社会主义精神文明和有中国特色社会主义文化事业中占有特殊地位，有着不可替代的作用。改革开放二十年来，经济建设迅猛发展，极大地推动了文物工作的进步和发展，为文物工作奠定了坚实的物质基础。

做好文物保护工作，对经济建设的发展同样具有极大的促进作用。当前我们就是要进一步树立并强化服从和服务于经济建设这一中心工作的意识，本着既有利于文物保护，又有利于经济建设和提高人民群众生活水平的原则，积极参与到与文物工作有关的国家经济建设当中去，当前特别要做好配合国家扩大内需的经济和社会发展项目中的文物保护工作。

始终坚持"保护为主，抢救第一"方针和"有效保护，合理利用，加强管理"原则不动摇，要求我们深入贯彻《国务院关于加强和改善文物工作的通知》精神，"努力建立适应社会主义市场经济体制要求、遵循文物工作自身规律、国家保护为主并动员全社会参与的文物保护体制"。这个体制的核心内容是要逐步实现"五纳入"，即要把文物保护纳入当地经济和社会发展计划，纳入城乡建设规划，纳入财政预算，纳入体制改革，纳入各级领导责任制。这是新形势下文物事业发展的客观需要，是加强和改善文物工作的根本措施。我们应当承认，在全国范围内"五纳入"并没有得到完全落实，有些地方甚至有相当大的差距。这就要求我们各级文物部门首先要认识到"五纳入"的重要性，把握机遇，以责任在身、当仁不让、守土有责的精神，积极争取各级政府对文物工作的关心和支持，履行自己光荣而神圣的职责。在当前的"五纳入"工作中，要特别注意做好大遗址的保护工作，加大科学研究和规划制定工作的力度，并将遗址保护规划纳入到当地城乡建设计划和社会发展规划。要抓紧制订大遗址保护的专项法规或规章，依法加强管理工作。同时要正确处理大遗址保护与当地群众生产生活的关系，积极探索建立大遗址保护的新体制。

始终坚持"保护为主，抢救第一"方针和"有效保护，合理利用，加强管理"原则不动摇，要求我们坚持为人民服务、为社会主义服务的方向，坚持社会效益放在首位，努力实现社会效益和经济效益的最佳结合。我们强调文物工作具有鲜明的时代性和民族性、群众性、科学性，反对把文物保护作为社会上一小部分人的事业，要通过各种形式，争取越来越多的人民大众热爱祖国文物，关心祖国文物，参与到祖国的文物保护事业中来。我们要逐步增强自身发展的生机与活力，建立和完善能够良性循环的运行机制，反对片面追求经济利益的倾向，防止出现新的混迹于文物界的唯利是图的商人。我们鼓励对文物的本体及外延进行尽可能的合理利用、反对恶性开发，竭泽而渔，甚至以不惜牺牲文物为代价的所谓充分利用。我们支持在社会主义市场经济不断发展和完善的过程中，逐步寻找和摸索文物工作社会效益和经济效益的最佳结合点，反对急功近利、一蹴而就、急于求成的短期行为。我们重申文物工作有其自身的规律和特有的属性，反对把经济领域中的某种商业行为生搬硬套在文物保护工作中来。总之，文物工作的根本立足点在于始终坚持"保护为主，抢救第一"方针和"有效保护，合理利用，加强管理"原则，任何认识上的模糊、理解上的偏差都会造成行动上的背离，必然会给文物带来无可挽回的损失。

（二）关于推进博物馆事业的社会化发展

社会主义市场经济体制的建立和完善，为博物馆事业的发展提供了新的契机，注入了新的活力。在新旧体制转折过程中，原有的博物馆管理体制和运行机制表现出很大的不适应，面临着一些新矛盾、新问题。主要表现在：人民群众日益增长的精神文化需求与博物馆管理水平不高、陈列展览手段陈旧单调、社会服务功能不健全的矛盾；博物馆的社会效益高标准要求与经济效益低收入的矛盾。要解决这些矛盾，首先要进行博物馆内部的自身改革。只有从社会主义市场经济发展的实际需要出发，把握博物馆工作的自身规律，不断满足人民群众日益增长的精神文化生活的需求，多办好的精品展览，把最好的精神产品奉献给人民，实现社会效益和经济效益的正确结合。其次，博物馆要走以国家兴办为主并鼓励全社会参与兴办、逐步推进并最终实现博物馆事业社会化的路子。博物馆是代表一个国家、一个地区文明程度的，不以营利为目的的公益性事业单位，同时，它也是提高国民素质的教育部门。一方面，博物馆保管着数以千万计和难以估价的国有文化财产，国家有责任对其提供应有的扶持和保障。各级政府财政应按照文化、教育事业同国民经济和社会协调发展的原则，切实保证并逐步增加对博物馆的资金投入，真正为博物馆创造一种把社会效益放在第一位的宽松环境。另一方面，根据社会主义市场经济条件和精神文明建设的要求，属于公益性事业的博物馆需要政府和社会共同扶持，国家在有重点地保证对国有博物馆经费投入的同时，制定和实施一些新的文化经济政策，鼓励和支持社会力量捐助博物馆事业，逐步提高博物馆事业的社会化水平。

一要抓紧制订出台《中华人民共和国博物馆管理条例》，在《条例》施行和逐步完善的基础上，出台《博物馆法》，建立、健全博物馆登记管理制度，严格新建博物馆的标准和审批程序，规范博物馆的行为，提高博物馆的法制化管理水平。

二要研究开展对全国博物馆行业的宏观调控和分类指导。在国有博物馆中，应通过严格评估，确定重点，着力扶持代表国家水平和形象的重点博物馆，办好一批能够在某领域、某行业起到重要示范和龙头作用的骨干型博物馆，鼓励发展各种科技类、产业类博物馆，以及能够填补空白、符合时代需要、具有鲜明特色的各类专题博物馆；对经过评估、不能达到标准的"挂牌馆"应进行整顿。与此同时，要本着积极扶持、加强管理的原则，严格登记审批，主动提供帮助，有效地促进和引导集体、个人兴办各具特色的民办博物馆，使博物馆事业逐步发展为全社会的事业，实现以国有博物馆为主体、民办博物馆为补充，社会历史类博物馆与各类行业性、专题性博物馆协调发展，多彩多姿、争奇斗艳的繁荣景象。

三要从保证博物馆发挥其应有社会作用的实际需要出发，进一步理顺博物馆的资金来源渠道。现有的国有博物馆和被公布为爱国主义教育基地的革命历史纪念馆，应由各级政府提供经费保证。由于目前绝大多数国有博物馆缺乏足额经费保证，在确保文物藏品不受损害，正常的陈列、科研和教育工作不受影响的前提下，应允许并支持它们开展一些经营创收活动。可将后勤保障、展览制作和一部分观众服务职能剥离出去，组建经济实体，逐步增加产出，弥补事业经费之不足。

这里应该强调的是：1. 文物是历史的、民族的文化遗产，是社会文明和民族精神的物化载体，国家所有的文物绝不等同于一般的国有资产，也不是一般意义上的经济资源，既不能简单地用金钱计算其经济价值，更不允许将国有文物估价后转移为经营资本或与其他资产合并入股、捆绑上市。2. 博物馆必须遵循自身规律，必须把社会效益放在第一位，观众服务项目和其他经营所得是为了弥补经费不足，更好地提高社会效益。国外许多博物馆开展的经营创收活动和企业兴办的博物馆，也大多采取这一做法。3. 博物馆无论是国有的，还是集体的、私有的，根本任务都是为了报效社会、服务社会，任何混淆性质，把博物馆办成企业，或冒用博物馆的招牌去追求营利和发财的行为，都是不允许的。4. 民办博物馆的藏品必须来源于合法途径，任何违反《文物保护法》等法律法规，私自收购、出售出土文物的行为，必须依法禁止。5. 各级各类博物馆之间调拨、交换馆藏文物，也必须按规定严格履行报批手续；未经批准，任何单位或个人不得调取文物藏品和私自收购、销售赠送出土文物及馆藏文物，一经发现要依法依纪严肃查处。

（三）关于市场经济体制下的文物流通

文物因其自身所存在的历史、科学、艺术价值而被人们欣赏和收藏，凡是政策允许进入流通领域的文物具备商品的特性，也是不争的客观事实。新中国成立以前的文物流通基本处于无序状态，造成了大量文物的流失和破坏。据不完全统计，仅中国历代书画一项散佚国外的即达 2 万余件。新中国成立以后，我国政府在全国有计划地建立了各级文物商店，从事文物征集和销售活动。1974 年，国务院决定将文物经营统一由文物部门管理，并将外贸商业部门多年积存的几百万件文物移交文物部门。

近年来，随着人们生活水平的逐步提高和对文物热情的增长，越来越多的人开始参与文物的收藏和转让活动，流通领域中对文物的需求量大大增加；同时由于文物流通领域出现了多头管理、多头兴办、多形式、多流向等情况，国有文物经营单位普遍货源不足，经营不善，难以发挥在流通领域的主渠道作用，有的甚至已经到了难以为继的地步。应当指出的是，当初国家建立文物商店并由文化部门统一归口管理的目的，就是为了更好地保护文物，防止珍贵文物流失，这是完全必要和完全正确的。现在文物商店的生存与发展遇到了严峻的挑战，与它原有的计划经济色彩有关，也与目前文物流通领域存在的相对混乱局面有关。面对困难，我们不能怨天尤人，更不能灰心丧气，要通过经营方式、管理体制等方面的改革，通过整顿文物流通秩序，努力改变被动局面。

整顿文物流通秩序，首要的是正确分析形势，统一认识，而目前恰好是在这一点上存在较多的分歧，甚至是争论。我们认为，文物流通领域更需要贯彻执行"保护为主，抢救第一"的文物工作方针和"有效保护，合理利用，加强管理"的原则。文物流通的目的就是满足广大人民群众日益增长的精神文化需求，同时使文物得到有效的保护。自古以来，我国就有官方收藏文物和民间收藏文物两种基本形式，需要指出的是，历史上出现的藏宝于民是同当时战乱频仍、社会动荡的局势有关。新中国成立以后，一批热爱祖国文化、热心保护文化遗产的收藏家，将他们在旧中国不惜倾家荡产收购、保护的一些珍贵文物捐献给国家，奉献于社会，留下了他们光辉的名字。从一定意义上说，民间收藏的传统对丰厚社会文化的底蕴、陶冶人们的情操起到了积极的作用，从客观上看，收藏于民间的文物，既不乏珍品，又大多得到了妥善的保护。如果引导有方，这些民间收藏将成为我国文物宝库中的重要组成部分，为社会主义精神文明建设发挥积极作用。因此，我们从不反对民间收藏，我们反对的是各种非法交易。当前，"古玩城""旧货市场"上非法交易文物的现象十分严重。在文物拍卖活动中，也有拍卖出土文物、馆藏文物的情况。凡此种种，都提示我们要尽快建立适应新情况的法规，加强文物流通领域的管理。

加强文物流通领域的管理，重点要放在加强文物市场和文物拍卖的管理上。凡政策允许流通的文物，按国际惯例要逐步建立民间收藏文物的鉴定、登记、过户制度，并受法律保护。国家和省市文物行政管理部门及其文物鉴定机构要按照《文物保护法》《拍卖法》有关规定，严格审批拍卖人的文物拍卖资格，对不具备拍卖文物资格的拍卖人，坚决严禁其拍卖文物；文物部门要加强对文物拍卖标的的鉴定审批工作，建立严格的鉴定审批责任制度，法律法规禁止买卖的文物不得作为拍卖标的进入拍卖市场。对流传在社会上具有特别重要历史、科学、艺术价值的文物，要严格控制拍卖范围，坚持向博物馆定向拍卖。国家对公民出售个人所有的传世珍贵文物必须具有优先购买权。

（四）关于文物保护与旅游开发

旅游业在各国的经济发展和国际交流中发挥着重要作用，中国是世界上旅游业发展速度最快的国家之一。作为一个有着五千年历史的文明古国，我国拥有十分丰富、独特的历史文化遗产，这是我们引以为豪的宝贵资源和精神财富，也是世人了解中国、认识中国的一个重要途径。大量具有历史、艺术、科学价值的文物对海内外旅游者有着极强的吸引力，许多重要文物古迹，如长城、故宫、兵马俑等，因其独特性和唯一性而更加令人神往。文物古迹的开发利用，大大促进了当地旅游业和经济的迅速发展，成为当地旅游业和经济发展的重要基础条件之一。山东曲阜、河北承德、陕西临潼以及全国相当多旅游业发达的地区，都是以文物古迹为依托，大力发展基础设施和服务设施建设，既带动了当地经济的发展，也增加了当地群众的就业机会，可以说，文物在中国旅游业发展以及社会主义物质文明和精神文明建设中占有非常重要的地位，而且正在发挥越来越大的作用。

同时，旅游业的发展使人们对文物保护的认识进一步提高，增强了人们保护文物的自觉性，推动了文物的有效保护。随着旅游者的增多，文物古迹景点的财政收入也有所增加，为文物保护、维修筹集了一定资金。所以，在市场经济条件下，文物保护和利用与旅游开发是完全可以有机结合、协调发展的。

但是，我们也应看到，目前文物保护与旅游开发之间仍存在着一些矛盾。主要问题是：一些人只重视旅游的经济功能，不重视旅游的文化功能、社会功能和环境功能，热衷于假古董和人造历史文物景观，恶性开发使文物古迹的环境风貌，甚至是文物本体受到破坏；一些人认为文物保护是文物部门的事，只想着如何加大旅游开发，不愿参与文物及环境保护工作。这些看法和做法是片面的、错误的。

正确处理市场经济条件下文物保护与旅游开发的关系，必须遵循文物工作的基本规律，坚持文物工作的基本方针和原则。只有有效地保护文物，才能谈到文物的合理利用和适度开发。我们在加强文物保护的前提下，要积极研究、探索文物合理利用的最佳途径，以有利于旅游业的持续发展。要注重对文物本体和周边环境的长久保护，反对急功近利、恶性开发。旅游业经营者、旅游者都有责任与义务保护文物及其环境，应自觉选择有利于文物保护的旅游开发形式，采取各种措施限制因过度开发对文物及其环境造成的影响和破坏。应充分重视文物在旅游业发展中的重要作用，应将一定比例的旅游收入投到文物及环境保护设施的建设、运转和维护上来，共同做好文物保护工作。要充分认识文物在旅游业发展中的重要作用，增强保护文物的自觉性和积极性，加大对文物保护的投入，以保证文物的有效保护和可持续利用。

最近，有些地方的风景区准备将景区内的部分资产经营权作为股本与旅游公司实行"强强联合，捆绑上市"，对此我们认为是不妥当的。我们知道，国家风景名胜区主要由两大要素构成，即自然遗产和文化遗址，有些风景名胜区更是以全国重点文物保护单位为主要组成部分。历史和自然遗产是属于全民的、国家的，乃至全人类的，不仅为当代人所享用，更是留给子孙后代的宝贵财富，任何部门只有尽心保护的责任，而无权把自己管辖范围内的这部分财富仅仅当作本地区、本部门的经济资产去处理。这种历史文化遗产和自然遗产的特殊性，绝不同于一个企业那么单纯，所以，套用企业或商业经营的模式、管理方式，去处理文物事业单位发展中的问题，将会偏离正确方向，因此，我们一定要采取慎重态度。

正确处理市场经济条件下的文物保护与旅游开发的关系，要注重充分开发旅游的文化功能、社会功能和环境功能，要注重提高旅游文化的品位，弘扬和发展中国传统文化的精粹，注重文物本体及其人文和自然环境的可持续性整体保护和展示，将文物的特有价值和内涵充分体现出来。总之，文物与旅游，两者密切相关，只有互相扶持，才能协调发展。

三、关于1999年工作的总体要求和工作重点

1999年是我国历史上具有特殊意义的一年。在这一年里，我们将热烈庆祝新中国成立五十周年，迎来澳门回归祖国，迎来新的世纪。党中央对今年工作提出的指导方针是："统一思想、坚定信心、抓住机遇、知难而进、团结一致、艰苦奋斗。"根据中央的指导方针和文化部的明确要求，局党组结合文博工作实际进行了认真研究，提出了《国家文物局1999年工作要点》，已发给大家。我这里主要讲一下今年工作的总体要求和工作重点。

1999年全国文博工作的指导思想和总体要求是：高举邓小平理论伟大旗帜，紧密团结在以江泽民同志为核心的党中央周围，深入贯彻党的十五大精神，坚持为人民服务、为社会主义服务、为全党全国工作大局服务的方向，继续贯彻执行党中央、国务院确定的文物工作方针和原则，把文物工作着力点放在加强宏观管理、加强法制建设、提高基础工作水平、提高队伍素质上，为新

世纪文物工作的更大发展奠定一个扎实的基础。概括起来，就是高举旗帜，统一思想，坚持改革，稳步发展，扎实工作，团结奋进，努力开创文博工作新局面。1999 年的主要工作是：

（一）高举邓小平理论伟大旗帜，加强文物工作理论研究

我国文物事业能不能在 21 世纪获得更大的发展，在很大的程度上取决于能否运用马列主义、毛泽东思想和邓小平理论分析研究文物工作中的问题，并在邓小平理论的指导下积极从事文物工作实践。我们要在充分调查研究的基础上，以建立国家保护为主同时动员全社会保护的新体制为重点，积极探索社会各个方面参与文物保护的方式方法。各级各地文物部门都要把加强文物工作研究作为今年的一项重要工作来抓，力争有一个较大的突破。

（二）牢牢把握改革与发展的前进方向，积极推进文物事业改革的进一步深入

根据党中央、国务院的统一部署，今年要开展地方政府机构和各级事业单位的改革工作。在这一事关文物保护大局的工作中，我们一定要把握文物博物馆事业发展的自身规律，从实际出发，通过改革保持队伍的稳定和发展，增强自身的生机与活力。在现行的管理体制中，凡被实践证明是成功的，就一定要坚持，尤其是各级文物主管部门，在完成宏观调控、职能转变的前提下，要通过改革得到进一步的加强。在改革的实践中，我们要注意一手抓改革，促进发展；一手抓稳定，保持繁荣，对于涉及文物事业全局利益的改革举措，一定要谨慎考虑，周密安排，逐步实施。对于一些影响重大、争议较多、事关大局的举措要反复研究论证，多方听取意见，必要时要履行报批手续。我局直属单位的改革也将于今年全面开展，要及时总结试点单位的改革经验，根据国务院、文化部的统一部署积极进行。

（三）大力加强文物工作的法制建设，提高依法管理，依法行政的水平

今年主要抓紧进行《文物保护法》修订的准备工作及有关行政法规草案的制订、申报工作。国务院法制办公室正力争今年上半年使《文物保护法（修订草案）》通过国务院报送全国人大常委会审议，我们要全力以赴做好有关配合工作。今年还将继续做好《博物馆管理条例》《历史文化名城管理条例》《罚没文物移交管理办法》等配套法规草案的论证、制订工作，同时积极参加有关文化遗产保护国际公约的制订及加入工作。各地文物行政主管部门要采取措施继续修订和完善地方性的文物保护法规。同时，要根据国务院通知的要求，对重要的全国重点文物保护单位和省级保护单位制定专项保护法规。

（四）加强文物抢救维修和保护管理基础性工作

今年内要全面落实 750 处全国重点文物保护单位的"四有"工作，继续开展"四有"资料库的建立等基础工作；抓紧进行第五批全国重点文物保护单位和世界遗产名录的申报遴选工作；召开文物地图集的编辑、出版工作表彰会，已通过初审的分册应在今年通过终审，尚未完成初稿的分册应限期完成。考古工作要重点做好配合国家经济建设和城市建设的勘探和发掘，特别是做好配合三峡工程和新疆油田开发工程的文物保护和考古工作。重点做好大遗址保护工作，继续抓好

良渚遗址、偃师商城遗址、汉长安城遗址、渤海上京遗址、安阳殷墟和隋唐洛阳城等大型遗址的保护规划和实施方案的制订工作。要做好文物流通领域的管理工作，加大管理力度，重视文物保护科学技术工作，加大对这方面的投入，加大对科研成果推广的力度。抓紧进行博物馆藏品管理软件系统的开发和推广。

（五）充分发挥文物工作和博物馆在社会主义精神文明建设中的作用，突出精品意识，不断推出内容丰富、形式新颖、弘扬时代主旋律的展览精品

今年，各地文物部门要紧紧围绕新中国成立五十周年和澳门回归祖国等重大活动，办好各项展览，宣传新中国建立以来的伟大成就。我局将重点抓好"全国文物事业五十年成就展""当代中国""澳门回归展"等展览工作。各省、市、自治区也要按党委和政府的要求做好新中国五十周年成就展等重大展览工作。同时，协调举办陈列展览项目交流洽谈会，继续评选1998年年度全国文物系统十大陈列展览精品，配合评选活动召开实施陈列展览精品学术研讨会。继续落实中办、国办转发的中宣部等六部委《关于加强革命文物工作的意见》和《国家文物局关于加强革命文物和近现代重要史迹保护的基础工作的意见》，各地要结合本地区实际，制订计划，认真实施。当前要狠抓革命文物的调查征集、保护收藏、依法管理等基础工作，应特别重视社会主义革命和建设时期包括改革开放二十年来文物的征集保护工作。我局将于今年下半年在河北西柏坡召开以解放战争史纪念馆工作为主题的第三次革命文物工作座谈会，交流革命文物工作的经验，推动革命文物工作开展。

（六）积极做好少数民族文物保护和边疆地区文物工作，去年我们同国家民委一起召开全国少数民族文物工作会议，印发了《纪要》和《加强少数民族文物工作的意见》

江泽民总书记在视察新疆交河故城遗址时指出："要通过加强对新疆历史文化的研究，摆事实，讲道理，用正确的历史文化观教育全区各族干部群众，特别要加强对青少年一代的教育。"这一指示对全国文物工作特别是边疆文物工作具有重大指导意义，为边疆文物工作指明了正确方向。我们一定要认真领会，贯彻落实。国家文物局将重点同新疆、西藏和东北三省一起，制订规划，协调力量，力争今、明两年取得阶段性成果，为加强民族团结、维护祖国统一做出贡献。

（七）时刻把文物安全工作放到重要位置抓紧抓好，进一步加强与公安、海关、工商等部门的合作，严厉打击文物走私、盗窃、盗掘等违法犯罪活动

继续贯彻落实中央领导同志关于加强文物保护单位与古建筑安全工作的重要指示，做到思想到位、组织到位、措施到位。加强文物保卫队伍建设，提高保卫人员素质，提高防范能力，使文物安全工作在人防、物防、技防等各个方面都有较大程度的改善和加强。进一步推动《文物系统博物馆风险等级和安全防护级别的规定》达标工作，促进规定的落实。

（八）进一步加强与国际组织的广泛联系，提高我国文物事业在国际上的地位并发挥应有的作用

认真研究文物出国（境）展览工作，及时解决工作中出现的问题。继续把增强文物主权意识、

文物知识产权意识、文物安全意识的教育作为重点，坚决贯彻"以我为主，对我有利"的原则，积极、稳妥、审慎地开展对外合作项目。制订文物对外交流与合作的工作规划和具体工作方案，加强与国外合作项目的监督和检查，提高文物工作对外开放水平。

（九）加强文物宣传出版工作

在喜事连台的今年，我们要抓住时机，紧密配合中央确定的中心工作，充分发挥文物部门的自身优势，依靠新闻媒体等宣传机构，努力做好文物宣传工作。组织国内新闻单位进行一次大规模的文物宣传报道活动。办好《中国文物报》和《文物》《文物天地》等报刊。抓好文物图书、音像制品的出版发行工作，在抓好精品系列和专业学术成果结集出版的同时，注意普及专业知识读物的编写出版。要紧紧抓住国庆五十周年这一契机，组织一批精品出版物。

（十）加强文物干部队伍和专业人才队伍的建设，按照党的十五大提出的努力提高干部队伍素质的要求，建立一支高素质的文博干部队伍

积极响应江泽民同志的号召，在全国文物系统大兴勤奋学习之风。要充分利用已建立的中国文物博物馆学院的优势培养一批多层次、高素质的文博专业工作者，并进一步加强文博干部的在职培训，逐步建立和完善培训制度，继续办好各种类型的专业培训班。1999年拟举办全国文物系统文物局长、馆长、所长和业务骨干研讨班和培训班，提高业务素质和管理水平。进一步发挥国家文物局专家组和老专家的积极作用，鼓励和支持中青年专家尽快成长。初步建立文物系统人才管理系统。坚持党对文物工作的领导，充实和加强直属事业单位领导班子建设。开展以"三讲"为中心的党性、党风教育，加强党的思想、组织和作风建设。切实履行职责，转变工作作风，抓好基础工作，提高工作效率，加强廉政建设，纠正不正之风。继续贯彻执行《中国文物博物馆工作人员职业道德准则》和《国家文物局机关工作人员守则》，开展做一个名实相副的文物工作者和人民满意的优秀公务员活动。

同志们，当今世界正发生重大转折，我国也正在经历着深刻的历史变革。我们期待已久的21世纪即将来临。世纪之交的文物工作艰巨而繁重，同时也充满了机遇和希望。作为肩负着历史重任的文物工作者，一定要增强急迫感、使命感、责任感，一定要讲学习、讲政治、讲正气，高举旗帜，统一思想，扎实工作，团结奋进，以新的精神面貌抓住新的机遇，迎接新的挑战，创造新的业绩，迎接新中国建立五十周年。

张文彬在 1998~1999 年度全国考古工作
汇报会上的讲话*

（1999 年 12 月 3 日）

各位专家、各位代表，同志们：

全国考古工作汇报会今天开幕了！首先，请允许我代表国家文物局向与会代表，并通过你们向全国的考古工作者表示亲切问候，向特邀参加会议的考古学界的各位专家学者表示热烈欢迎，向前来指导会议的重庆市领导以及为召开这次大会付出辛劳的重庆市文化局、文物局的同志们表示衷心的感谢！同时，我也借此机会代表国家文物局和与会全体代表，对重庆市大足石刻被联合国教科文组织列入《世界遗产名录》表示热烈的祝贺！

一、近年来全国考古工作取得的成果和存在的若干问题

1997 年 11 月 3 日至 7 日，国家文物局在贵阳召开了 1995～1997 年度全国考古工作汇报会。两年来，全国广大考古工作者坚持"保护为主，抢救第一"的文物工作方针，认真贯彻落实《国务院关于加强和改善文物工作的通知》要求，发扬实事求是、严谨求实、艰苦奋斗、团结协作的精神，在积极配合国家经济建设做好考古工作的同时，进行了大量学术研究工作，取得了较大成绩，突出表现在以下几个方面：

（一）考古管理工作的法制化建设进一步加强

1998 年我局颁布了《考古发掘管理办法》和《考古发掘品移交办法（试行）》，并发布了《关于认真贯彻〈中华人民共和国考古涉外工作管理办法〉的通知》。同年年底，国家文物局组织开展了全国考古发掘工地检查活动。今年，根据有关法规，国家文物局还组织了考古发掘领队资格和田野考古奖的评议、评审工作。

（二）配合基本建设开展的考古工作取得一系列成果

做好配合基本建设的文物考古工作多年来是我们工作的一个中心任务，两年来各省、区、市在配合基本建设方面都取得了相当丰厚的收获。特别是在三峡库区考古工作中，重庆云阳李家坝、忠县中坝、哨棚嘴、崖脚、万州中坝子、湖北秭归东门头等遗址的发掘，对认识三峡地区以及西

---

* 原题为《认清形势，抓住机遇，团结进取，做好新世纪的考古工作》。

南地区的古代历史发展和考古学文化面貌都提供了重要资料，在学术研究上也有许多突破。在黄河小浪底水库考古工作中，盐东汉代漕运建筑基址的发现和发掘，为研究汉代黄河漕运制度增添了新的资料。其他成果还有很多，各地同志们将在这次会议上交流，我这里就不一一列举了。

（三）学术性主动发掘获得重要突破，科研水平进一步提高

在"夏商周断代工程"的考古发掘项目方面，我们重点在河南偃师尸乡沟商城宫城、郑州商城宫殿区、郑州小双桥、河北邢台东先贤、陕西商州东龙山等遗址进行了发掘和研究，取得了可喜的成果，为"夏商周断代工程"提供了许多重要资料和科学依据。此外，这两年，我局还着重抓了边疆考古课题工作，在新疆、西藏、黑龙江、吉林、内蒙古、广西等地进行的调查、勘探和发掘工作，都有重要发现。西沙群岛水下文物抢救性发掘工作的顺利完成，说明我国水下考古工作正逐步由近海推向远海。

（四）涉外考古工作平稳推进

两年来，涉外考古合作也取得了新的进展，例如内蒙古自治区考古研究所与美国匹兹堡大学关于内蒙古东部青铜时代遗址研究、北京大学与美国加州大学关于中国古代盐业研究、湖南省考古研究所与日本国际文化研究中心关于澧阳平原古遗址环境研究开展的合作等，都有新的收获，在合作形式和内容上也更加丰富多样。这里我还要特别提到的是，这两年，内地许多单位，如中国社会科学院考古研究所、中国历史博物馆、广东省文物考古研究所、广西壮族自治区文物工作队等还应香港古物古迹办事处的邀请，赴港开展了一系列的考古调查（包括水下考古调查）和发掘工作，取得了许多重要发现。中国文物研究所还开展了支援柬埔寨吴哥古迹保护的考古工作，目前进展顺利。

总之，两年来的考古工作成绩不少。但是，我们也应看到，多年来的考古工作还存在一些问题和不足，文物考古事业单位还面临着严峻的挑战。具体说来，主要有以下三个方面：

（一）从总体上看，考古管理工作相对粗放、疏阔的状况没有大的改变

文物工作特别是考古工作的法制化建设起步是比较早的。从新中国成立之初中央政府发布的有关法令，到1982年颁布的《中华人民共和国文物保护法》，以及这两年发布的《考古发掘管理办法》等一系列的法律法规，说明我们已经初步形成了一个具有中国特色的考古管理工作的法制、法规体系。现在的主要问题是，已有的法律、法规还存在这样或那样不尽完善之处；同时，不少单位在执行现有法律法规方面还缺乏认真负责的态度，还没有坚决依照有关法律、法规办事。例如《考古发掘品移交办法》已经试行了两年，情况很不理想，有些考古研究单位仍未按规定移交。又比如虽然《文物保护法》和《文物保护法实施细则》中对配合建设工程进行考古工作的审批、经费来源等都有原则的规定，但在很多省市都缺少可实际操作的具体措施。在很多地方，文物部门都无法参与建设项目的前期立项论证，常常是工程要上马或已经开工了，文物部门才知道。按照《文物保护法》的规定，文物考古部门应该提前到位，参与这个基本建设工程的立项论证，同

时考虑考古发掘问题，但现在往往是基本建设工程已经进行，我们才知道，才去同建设部门交涉研究发掘的问题，不是有计划有准备地进行考古发掘，而是匆忙上马，造成了很多文物和遗址的损失。在考古勘探、发掘的取费标准上更是五花八门，可谓八仙过海、各显其能。国家文物局、财政部、国家计委和物价局 1990 年颁布了《考古调查、勘探、发掘经费预算定额管理办法》，但各地在执行方面还存在不少阻力；另一方面，这个《办法》发布已经十年，我们没有对它做过适当的调整和修改。其他工程部门的定额标准，都是随着市场的变化在不断调整，甚至每年都有新的定额标准。由于我们不能随着经济和物价变化及时调整有关预算定额标准，所以在向工程或计划部门争取考古经费时就吃了哑巴亏。

从微观上看，我们许多文物考古研究所在制度建设上存在较大漏洞，普遍存在着内部管理水平不高的问题。据我了解，许多的文物考古单位都存在或者是不同程度地存在个人保存国家文物、占用文物资料和公用器材的不良现象；有的人将考古发掘出土文物长期个人保管，既不登记造册，也不向有关单位移交；有的人将考古发掘资料和文物资料，包括因工作岗位而获取的文物照片、底片、拓片等长期占用，甚至视为己有，有人甚至出卖照片以牟利；有的人已经离退休多年或者工作变动多年，但对个人保存占用的文物资料和公用器材仍然不做清退移交。这些不良现象的存在，使国家文物和珍贵资料处于严重失控状态。去年陕西省文物局下发了《关于在行业形象塑造活动中限期清缴由个人保存、占用的文物、资料和公用器材的紧急通知》后，仅陕西省考古研究所个人上交的各类文物就多达 41300 件，其中一级文物 14 件，二级文物 44 件，三级文物 141 件，清缴的各类资料 4000 余套，拓片 1047 件，照片近 13 万张。这是多么惊人的数字。这是我们文物考古部门存在的严重不正之风。陕西省文物局抓这项工作，做得很好，其他各省也同样存在这方面的问题，也要进行一次认真的清理。这个问题形成并长期得不到解决的主要原因，是内部管理混乱，规章制度不健全，或是把规章制度束之高阁，不去严肃认真执行，我今天这样大声疾呼，就是希望引起各个考古部门的高度重视，进行认真清理。此外，一些地方文物部门成立的少数勘探公司为了各自的利益，相互拆台，搞不正当的价位竞争，严重地破坏了现在的管理体制。有的甚至以营利为目的，不负责任。勘探工作不能与考古工作相衔接，拿了钱就了事，工作粗枝大叶，草率行事，错误百出，这种做法严重败坏了文物部门的形象和声誉，被新闻媒体曝光后，让人感到无地自容。还有个别单位由于放松了内部管理，最终酿成极大恶果。今年，在陕西、河南两省就发生了发掘工地塌方事故，造成了人员伤亡，这是多年来都没有发生的事故，我们感到非常痛心。

《国务院关于加强和改善文物工作的通知》明确提出要建立与社会主义市场经济体制相适应的文物保护新体制。所谓适应社会主义市场经济体制，就是要加强法制建设，建立一套科学、规范、完整的、适应社会主义市场经济体制的管理制度。在这一方面，国家文物局和各省、市、自治区文物管理部门及其文物考古研究所都还要做大量相关工作。这里，我要特别讲一讲加强涉外考古工作规范化管理的问题。1997 年在贵阳召开的全国考古工作汇报会上，我们曾经指出了对外合作考古工作存在的五个方面的问题。针对这些问题，1998 年我局又颁发了《关于认真贯彻〈中华人民共和国考古涉外工作管理办法〉的通知》，要求在涉外合作中一定要牢固树立主权意识、知识产权意识和文物保护意识，坚持"以我为主，对我有利"的原则，强调要严格依照有关法规开展涉外工作，同时对《办法》中的一些操作程序和要求进行具体说明。总体来看，这两年来进行的一些合作项目是成功的，一些问题也得到了不同程度上的纠正，有所改进。但是，违规的现象还时有发生，有的可以说是严重违规。例如，最近云南省文物考古研究所在未经国家批准的情况下，擅自开展对外合作，这是十分不应该的。外事无小事，我们再次重申在没有批准的情况下进行对外合作是违规的行为。我们有个别人，受了外国人的一点小恩小惠，就心甘情愿地为他们当向导、当参谋，哪怕做出有损于国家和民族利益的事情，也在所不惜。这样的行为，不仅让中国人引以为耻，连外国人也不会领情，甚至人家还挖苦、嘲讽同他们一起工作的中方机构和人员。今后，随着我国经济的发展和对外交流的增多，在考古学研究方面，我们与外国人合作的机会将会越来越多，如果不切实坚持"以我为主，对我有利"的原则，不加强外事纪律观念，势必会造成越来越多的混乱，从而完全违背了我们开展涉外考古工作的初衷。

（二）考古工作中的现代科技含量尚待进一步提高

现代科学技术的飞速发展，为多角度、多层面进行考古学研究提供了广阔的空间。从一定的意义上说，考古学也是开展多学科综合研究最为成熟的领域。近年来，一些考古研究机构通过地球物理方法，用遥感技术和探地雷达手段开展的考古遗址调查和勘探，使田野考古的规模、质量和效率得到提高。一些自然科学的研究机构与考古工作者合作，采用浮选法、硅酸体、孢粉分析等技术开展对古代农业起源与发展、古代居民的食物结构等方面的研究，通过分析遗传基因方法研究古代族群等，拓宽了考古学的研究领域，丰富了中国考古学的内容。此外，计算机技术在考古学研究领域中的应用，使考古学资料的整理、分析、记录、保存等工作变得快捷、准确、科学。考古学自诞生之日起，就是在同各学科的相互渗透、交叉之中成长起来的。考古学就是人文社会科学同自然科学结合起来的一门科学，在其发展过程中，科学、技术的发展对考古学有很大的影响，对提高我们的工作起了积极的作用。但目前由于客观条件和主观认识的限制，我们并未将这些新技术、新知识推广开来。我们现在大部分的考古工作获取资料的手段还比较落后，对遗址的认识主要是靠大面积的发掘来实现。最近我同几位学者交换意见，他们认为目前我们的发掘工作过于粗放，由于发掘者的认识和技术手段的限制，在发掘同平方米单位内获取的学术信息量远远低于国际水平。在一本中国学者同日本学者合作编写的学术报告集里，其中我国学者撰写的仅仅是一篇数千字的发掘简报，而其余皆为日方学者所撰写，内容涉及环境、植物、动物以及微生物等若干方面。从这个例子就可以清楚地看到，我国现阶段的考古发掘工作所获得的古代信息量与世界先进国家的距离是相当大的。目前省级文物考古研究机构的计算机配备还很不到位，许多地方计算机的应用还没有走出"打字机"阶段。大部分省市考古研究所缺少开展自然科学研究或文物保护技术的实验室，几乎所有研究所都不重视对技术室人力和财力的投入。因此，我国考古工作的现代化历程还相当艰巨。我们应千方百计地弥补在这一方面存在的不足，积极提倡跨学科的联合研究，提高考古发掘获取的古代信息量，从不同层次和方位为探索、揭示古代社会发展历史进程提供科学的依据。另外，我们各省市的文物考古研究所，要加强科学实验室的建设与投入，做好遗迹、遗物的科学保护工作，同时，有条件的实验室还应积极开展对各类出土标本的分析、测试工作。国家文物局也将有计划地扶持一些重点省、市考古实验室，使其成为带动一个区域的中心实验室。

（三）适应社会主义市场经济的文物考古科研机构的新体制尚未形成

由于种种原因，我们现在的考古研究所和其他文博单位一样，在体制方面存在很多不适应新情况、新形势的问题，不少单位人浮于事。文物考古研究所真正能下田野或参与一线工作的人员占不到总数的一半，有的甚至不到三分之一，后勤和行政人员过多，成为合理调整人员结构及事业发展必须解决的问题。在分配制度等方面也存在许多不合理现象。今年8月20日，中共中央、国务院作出了关于发展高新技术产业的决定，国家科技部要求各部门所属的科研单位实行转轨，改变现行体制，其基本思路和要求是调整结构、分流人员、减人增效。在这样的大趋势面前，像文物考古研究所这样的单位，应当如何定位，又如何进行改革，是摆在我们面前的一个紧迫的问题。文物考古研究所具有某种特殊性，但这种特殊性并不能成为不搞改革的理由，也不能成为推迟改革的借口，要清醒地看到，国家推动事业单位改革的大趋势是坚定不移的，各地应把这个问题列入重要议事日程。

二、关于本世纪我国考古工作的几点初步认识

刚才，我用了较多的篇幅着重谈了当前考古工作中存在的问题。这主要是因为我们正面临着如何在新的世纪抓住机遇、争取较大发展的光荣使命和繁重任务，因此我们特别需要对当前工作有一个清醒的认识和冷静的分析，也特别需要对我国考古工作以往的历程和经验进行总结，以明确今后工作的重点和步骤。最近二十年来，我国的考古工作在各个方面都取得了长足的进步，取得了很大成绩。如果把这些进步和成绩放置在本世纪以来我国考古事业的发展历程中去回顾和考察，必将会进一步增强我们在下一世纪取得更大进步的信心和勇气。

正如大家所知，中国的田野考古学作为一门独立的学科是在近代由西方传入的，它与中国人民反帝反封建的斗争以及科学、民主的思潮有着密切的联系。1949年之前，以李济、梁思永先生为代表的一批学者为中国考古学的形成奠定了基础。新中国成立后，考古事业步入一个崭新的阶段。经过几代考古工作者的不断努力，中国考古学取得了很大的成绩。大量的考古发现和考古研究成果，极大地丰富了人们对于中国历史发展进程的认识，极大地激发了人们的民族自豪感和自信心，为实现中华民族的伟大复兴提供了精神动力、智力支持，为推动社会主义物质文明和精神文明建设做出了重要贡献。回顾本世纪我国考古事业的发展历程，我们可以得出以

下几点认识：

（一）悠久历史、源远流长的文化是中国考古工作得以发展的深厚基础

众所周知，从很早时期起，我国就有了人类的生存与活动。今年在纪念北京猿人发现七十周年时，我就说，中国旧石器时代考古成绩斐然，从200万前的巫山人、元谋人算起，一直到1万年前的北京王府井人，都可以排出发展次序，一直排到与新石器时代相衔接。生活在这块幅员辽阔的国土上的各族人民，共同开发、建设了我们美丽的河山和家园，并在相当长的历史时期内保持了国家的统一、社会的发展、文化的繁荣、科技的进步，为世界文明的形成与发展做出了重大贡献，这就是我们的民族自豪感。从世界范围来看，几大文明古国只有中华文明这样源远流长、绵延不断。我国地上、地下保存了许多珍贵的文物古迹，从而为考古工作者施展才华提供了深厚的基础和广阔的天地。

（二）党和政府对保护祖国优秀历史文化遗产的重视以及稳定发展的社会环境是开展考古工作的根本前提

中国是一个重视历史研究的国度，也有着悠久的重视保护文物的优良传统。中国共产党和中国政府继承并发扬光大了这个传统。新中国成立前后，毛泽东和周恩来等老一辈革命家就十分重视保护祖国文化遗产。在战争年代里，毛泽东和周恩来就派军管会代表向梁思成先生询问北京市的古建筑保护问题。甚至在"文革"期间，我们还发掘了河北满城汉墓、湖南长沙马王堆汉墓，举办了出土文物展览。改革开放以来，党的第二代领导核心邓小平同志十分关心和重视文物事业，党和政府确立了"保护为主，抢救第一"和"有效保护，合理利用，加强管理"的文物工作方针和原则，明确了文物、考古事业在社会主义现代化建设当中的地位和作用。党的十四届三中全会以来，以江泽民同志为核心的党的第三代领导集体，也十分重视文物保护工作，并有多次重要指示。江泽民同志在党的十五大报告中指出，要"重视科学、历史、文化的遗产和革命文物的保护"。朱镕基总理在政府工作报告中也强调了要重视保护文物。最近，中央召开了十五届四中全会和五中全会，四中全会讲的是改革的问题，五中全会对当前国内外政治经济形势及国家的经济工作做了精辟的总结，强调要坚持以经济建设为中心，保持和平发展和大局的稳定，实施西部大开发战略，这就为我们考古工作创造了机会、条件。党和政府的高度重视，加上我国长期保持了和平、稳定、发展的社会环境，都是考古工作赖以生存和发展的根本前提。

（三）国家大规模的经济建设是推动考古工作不断发展的基本动力

和平、稳定、发展的社会环境和经济建设的发展，是人文社会科学发展的基础，特别是国家大规模的经济建设的开展，在客观上成为推动考古事业前进的基本动力。新中国成立以来，我国经济建设的几次高潮，也同样是考古事业快速发展的时期。从1953年实施的我国国民经济第一个五年计划起到1966年"文化大革命"开始前，伴随着国民经济的恢复和大规模基本建设工程在全国各地的广泛开展，考古事业不论是在队伍建设上还是在学术研究上都得到了迅速发展，一系列

重要的考古发现和学术研究成果，如新石器时代的西安半坡遗址、河南陕县庙底沟与三里桥遗址、商周时期的三门峡上村岭虢国墓地、洛阳中州路东周墓葬以及洛阳烧沟汉墓等等，都反映了这一时期考古工作的重要成就。党的十一届三中全会以来的二十多年的考古工作所取得的重大成果，更加充分地说明了大规模的经济建设是推动考古工作前进的基本前提。因此早在50年代后期，国家就确定了"重点保护、重点发掘，既对基本建设有利，又对文物保护有利"的方针，也就是通常说的"两重、两利"方针，几十年来的实践证明了这个方针是正确的。1997年3月国务院发布的《关于加强和改善文物工作的通知》进一步明确指出"考古发掘坚持以配合基本建设为主，特别要做好大型基本建设项目的考古勘探、调查、发掘工作"，是完全符合我们的国情和当前考古工作的实际的。

（四）充分发挥政府的主导作用，切实加强管理，是考古工作顺利进行的关键环节

在政府的制约和指导下进行考古工作，这是我国考古事业发展历程中的一个非常突出的现象。从1921年安特生等人在周口店和仰韶村的发掘算起到新中国成立五十年，政府对于考古发掘的管理从来都没有改变过。我国法律规定地下水下埋藏文物一律归国家所有，因此考古发掘从一定意义上来说，就是政府行为。加强对考古发掘的控制和管理，是国家权力和意志的体现。事实也证明，凡是考古工作进展顺利、成果丰硕的时期，都是政府对考古发掘管理比较严格、比较有力的时期。在当前的历史条件下，政府对考古发掘的控制和管理，不是要削弱，而是要加强，对此大家务必要有个清醒的认识。

（五）加强队伍建设、重视人才培养是考古事业持续发展的重要保障

1949年以前，我国从事考古工作的人员不过区区几十人。新中国成立以后不久，为了适应大规模经济建设的发展，解决当时考古工作力量薄弱和专业人员缺乏的问题，文物局和中国科学院考古研究所以及北京大学联合举办了四期考古人员训练班，共培训341人。以后又从1972年开始先后在北京大学、吉林大学、西北大学、四川大学、郑州大学、南京大学、山东大学、厦门大学、武汉大学等13所大专院校设置了考古专业。几十年来，我国培养了大批考古专门人才，为考古事业的可持续发展提供了重要的人才保证。

（六）不断扩大对外合作，是我国考古事业自身发展的内在需要和必然方向

田野考古学作为一门独立的学科，是近代由西方传入中国的。从这个意义上说，我国的考古工作从一开始起就具有涉外合作考古的特点，并摸索出一些成功经验和做法。1949年以前，最有影响的两项中外合作考古工作，一是1927年由美国洛克菲勒基金会资助中国地质调查所与协和医学院合作对北京周口店遗址的发掘研究，另一项也是1927年开始的中国学术团体协会与瑞典地理学家斯文赫定合作进行中瑞西北科学考察。这两项合作，双方都签署了合作研究协议书。内容包括项目的研究宗旨、经费来源及使用方法，参加人员的学术分工以及发掘采集品的归属和资料的发表。从这两份协议书可以看到，我们的前辈学者在处理中外合作项目时，既能坚持原则、维护

国家权益，又能尊重外国专家的意见。比如中国地质调查所与北京协和医院签订的协议书中规定：所采集到的标本归中国地质调查所所有，在不运出中国的前提下，由北京协和医学院保管，以供研究之用，在调查中意外发现的历史时期的任何文物，将交给适当的中国博物馆。在资料成果发表上也有明确规定。这种在合作中把文物主权观念、知识产权观念放在一个相当重要位置的意识和做法，很值得我们学习、借鉴。新中国成立后，我们向苏联学习了一些考古学的理论和方法，对我们有很多启示和教益。改革开放以来，我国的考古研究机构先后与美、加、法、英、德、日、澳等国的大学和考古研究机构开展了不同形式的合作研究，领域涉及人类起源、农业起源、文明起源、环境考古、文物保护等许多方面。在这些领域，我们应主动邀请国内外著名专家进行联合攻关。从一定意义上说，如此重大的学术问题，无论是其资料还是其结论，都具有相当大的开放性。只有加强协作与联合，实行开放式的研究，我们才可能更容易接近历史的客观事实，才可能写出真实的历史。也只有这样，中国考古学才能够真正被国际考古学界所了解和接受，真正成为世界考古学体系当中的有机组成部分，并发挥其特殊的作用。

三、当前和今后一个时期的重点工作

21 世纪的钟声即将敲响。在这辞旧迎新的时刻，我们回顾历史，重新审视考古工作的现状和存在的问题，是为了把明天的考古工作做得更好。应当说，我们多年来已明确的考古发掘工作必须坚持以配合基本建设为主的工作方向在短时间内不会改变，在没有做好充分准备之前，暂时不主动发掘帝王陵寝的工作原则也不会改变。国家文物局也将采取有效措施，进一步加强考古管理工作，特别是涉外合作考古工作。我们认为，中国考古学和考古工作走向 21 世纪的过程就是在科学的规范管理下，全面走向现代化和走向世界的过程。在这个过程当中，我们要做好以下几个方面工作。

（一）认真做好文物考古科研机构的改革工作

当前我国正处在由计划经济向社会主义市场经济转变的重要时期，这个转变可以说在社会主义发展史上具有划时代的意义，它将对当前社会生活、思想文化产生巨大的影响，文物考古事业也不例外。按照社会主义市场经济体制要求和经济社会发展的总体需要，遵循文物考古工作的自身规律，正确认识文物考古工作的社会定位，是我们每一位同志都应该认真思考的问题。我们如果不能积极地适应当前社会历史环境的变化，考古事业不要说发展，就是生存也将会发生危机，这是当前考古工作面临的最大挑战。当然，我们常常说挑战与机遇并存，困难与希望同在，文物考古科研机构和其他社会公益性科研机构一样，面临着转制的压力和进行改革的种种困难。在这种情况下，我们首先要看到光明和有利条件，要有充分的信心和足够的勇气。随着我国经济的发展，基本建设和基础建设投入的不断加大，需要进行的考古发掘工作将越来越多，这就为文物考古事业的发展提供了新的机遇。如三峡水利工程就为重庆、湖北的文物考古工作带来了一个难得的发展机遇。我们应抓准时机，转变观念，采取多方面综合措施，做好配合基本建设的考古工作。

改革开放以来的实践证明，哪个地方配合基本建设的考古工作做得好，哪个地方的文物考古事业就得到发展，研究人员的学术水平以及工作条件也得到了提高和改善。河北、河南、山东、陕西等省市的文物考古研究所，在做好配合基本建设考古工作方面，都有许多成功的经验。可以说他们的工作已初步地适应了当前社会主义市场经济的发展要求，寻找到了一条文物考古研究所的发展之路，而且也为地方的两个文明建设做出了自己的贡献。在这次会议上，我们希望大家能够交流这一方面的经验，进一步提高对配合基本建设考古工作重要性的认识。

我们还要看到，改革开放和社会主义市场经济体制的建立，不仅为考古事业的发展提供了难得的机遇，而且为考古研究机构的体制改革提供了一个良好的外部环境。国家提出的事业单位人事制度改革思路及相应的措施，无疑为文物考古机构的改革和发展提供了新的机遇。国家文物局将根据职权范围，做好调查研究，根据国家关于事业单位改革的总体要求，完善1986年颁布试行的《省、自治区、直辖市文物考古研究所工作条例》，各省、自治区、直辖市也应根据自己的实际情况，花大力气，集中时间和精力，积极审慎地做好文物考古研究所的改革工作，使我们的文物考古研究所获得新的生机与活力。我们将向中央有关部门提出建议，对各省考古研究所所长、博物馆馆长任职条件提出要求。新中国成立已经五十年了，对于省所所长和省馆馆长应该有明确的标准，应该有一个资格的认定，这也是法制化和改革的必然要求。

（二）继续努力做好配合基本建设的考古工作

党中央、国务院在几年前对文物工作提出了"保护为主、抢救第一"的方针，在当前考古发掘工作必须坚持以配合基本建设为主，特别是要做好三峡水库、小浪底水库以及国家在基础设施建设和西部大开发战略工程的考古勘探、调查、发掘工作，这是一个空前的大好机遇。各级文物考古研究机构，在工作安排、人员配备等方面都须优先保证配合基本建设的考古工作，要避免在配合基本建设的发掘项目上投入人员力量不足或过于分散，使发掘、清理工作因赶工期而质量低劣、粗制滥造。要加强在抢救性、保护性考古工作中的计划性、科学性和主动性，要树立配合基本建设的课题意识，通过配合基本建设中的考古工作来解决我们学术研究的热点、难点问题，这是我们中国考古工作的特色。要强调省级文物考古研究所的文物工作队的性质，我们各个文物考古研究所的前身一般都是文物工作队，后来并入博物馆。改革开放以来，由于工作发展又分出来建立考古研究所，这是我国考古事业发展的一个标志，在提高学术研究水平、培养人才方面起到了极大的作用。性质与任务仍主要是文物保护工作队的性质。我们认为对于各地的文物考古研究所，必须把文物保护工作放在第一位，脱离了这一点，就丧失了生存的基础和发展的条件。文物保护是政府行为，省级文物考古研究所要执行省政府交给的任务，要及时、主动地承担起配合基本建设的任务。各个省考古研究所课题的设置要尽可能从文物保护出发，同配合经济建设的考古工作相结合，这一点请各位所长特别注意。

（三）加强大遗址的保护工作

在我国众多的古遗址、古墓葬中，代表和反映文明起源、国家和民族形成与发展的大型古遗址和古墓葬具有特别重要的意义。但由于种种原因，这些大遗址的保护工作长期处于被动和不力状况，成为文物工作中的一个老大难问题。因此，我们必须要加强对大遗址的考古研究工作，为保护提供充分的科学资料。在当前扩大内需、拉动经济增长的形势下，许多地方将发展旅游特别是利用大遗址的知名度，把文物旅游列为重点发展项目，对此，我们文物考古部门应积极地加以引导，在对遗址全面调查和勘探的基础上，要认真地做好保护规划。文物与旅游是相互促进的，文物是旅游的一个重要资源和基础，文物保护则是旅游业可持续发展的重要条件。我们主张合理利用，而且希望通过合理利用促进保护抢救，促进已有的考古成果的转化，引导人们对遗址游览、观赏和保护的兴趣。我局已正式向国家计委提出了建设国家大遗址保护展示园区的设想，希望国家计委将大遗址保护展示工程列入"十五"计划。这就要求考古工作者做好有关资料工作，积极地先行一步，各有关单位要更加主动地做一些考古工作，参与遗址保护规划的设计工作。这是我们考古研究机构的义务，也是我们的责任。

（四）加强边疆和民族地区的考古研究

边疆地区由于其地域较大，问题复杂，工作条件较差，从事考古工作的专业人员较少，长期以来是我们考古工作的一个薄弱点。当然，我们也要充分肯定边疆和少数民族地区文物考古工作者多年来所取得的成就。1998年江泽民总书记在视察新疆交河故城遗址时，提出"要通过加强对新疆历史文化的研究，摆事实、讲道理，用正确的历史文化观念教育全区各族干部群众，特别是要加强对青少年一代的教育"；江泽民同志还要求："要将对于研究东西文化交流、丝绸之路历史、中亚文明史以及中国古代城市建筑、宗教、艺术等具有重要价值的这些文物保护好。"江总书记的指示对全国文物工作，特别是边疆地区文物考古工作具有重要的指导意义，为做好边疆地区的文物考古工作指明了方向。我们要认真领会，贯彻落实。我们要采取积极有效的措施，加强边疆地区的文物保护和考古研究工作。国家文物局将设立边疆考古研究基金，以课题制引导支持这一领域的研究。同时我们还将重点同新疆、西藏和东北三省一起，制订有关研究和保护规划，协调力量进行联合攻关，争取能在近期内取得一批高质量的研究成果，以填补我国学者在这一领域的一些空白，为加强民族团结、维护祖国统一做出我们应有的贡献。

（五）狠抓队伍建设，培养优良学风

为适应大规模基本建设工程和学科发展的需要，我们必须在深化改革的基础上，迅速壮大、充实、提高文物考古队伍，努力培养一批政治强、业务精、作风正、理论和实践相结合、适应新世纪考古工作的优秀人才。21世纪初的中国考古学能否赶上世界水平，人才的培养是关键性的问题，我们必须努力抓好这一具有关系全局意义的工作。在这里我想特别对各省市自治区的文物考古所所长说几句话。我注意到，最近几年来，一大批中青年业务骨干走上了领导岗位，这是非常可喜的事情。你们未来的路很长，肩上的担子很重，如何做到有所作为，不负众望，不辱使命，在我看来，要特别注意坚持讲学习、讲政治、讲正气，把"三讲"作为自己人生的追求，具体讲来有这样几点：一是要重视理论学习，大力提高自己运用马克思主义理论、观点、方法分析问题和解决问题的能力，提高政治素质，学会从政治上观察和处理问题；二是在工作中要讲正气，一个国家干部和一个学术工作者，特别是担负一定责任的所长，都应当发扬一种大公无私、服从大局、艰苦奋斗、廉洁奉公、谦虚谨慎、实事求是的精神，要弘扬正气，反对歪风邪气，要模范地遵守国家文物局颁发的《中国文物博物馆工作人员职业道德准则》，学习和继承老一辈考古学家严谨求实、无私奉献的优良传统，坚决反对目前文物考古队伍中存在的各种不良风气；三是要养成实事求是、勤奋严谨的优良学风，少一点应酬，多花一点时间努力学习专业知识，学习国外考古方面的宝贵经验，学习现代科学技术知识；四是要在治所上多下功夫，要立足长远，要舍得把有限的资金投入到人才培养和实验室等基础设施的建设上，不要忙于换车子、换房子，要把精力集中到研究所的基础工作建设和科研水平上。

同志们，21世纪即将来临，文物考古工作任务艰巨而繁重，同时也充满了机遇和希望。作为跨世纪的文物考古工作者，我们要增强紧迫感、使命感和责任感，一定要认清形势，抓住机遇，团结进取，迎接中国考古新世纪的到来。

张文彬在 2000 年全国文物局长会议上的工作报告*

(2000 年 2 月 23 日)

同志们：

这次会议将认真学习江泽民总书记等中央领导同志最近发表的一系列重要讲话和中央经济工作会议、全国宣传部长会议精神，总结 1999 年的文物工作，部署今年的工作重点。现在，我代表国家文物局向会议作工作报告。

一、关于 1999 年文物工作的回顾

1999 年是我国文物博物馆事业继续贯彻党的十五大精神，全面落实《国务院关于加强和改善文物工作的通知》所提出的各项任务的一年。广大文物工作者高举邓小平理论伟大旗帜，统一思想，坚持改革，稳步发展，扎实工作，团结奋进，基本完成了年度任务并达到预期目标。

（一）国家文物局和一些地方文物部门认真开展了以"讲学习、讲政治、讲正气"为主要内容的党性党风教育，初步达到了中央提出的"思想上有明显提高，政治上有明显进步，作风上有明显转变，纪律上有明显增强"的要求。

（二）进一步加大改革力度，在建立文物保护新体制方面进行了有益的尝试。许多地方在落实文物保护工作"五纳入"方面取得了显著进展。

（三）博物馆、纪念馆的宣传教育功能得到充分显示。一年来，各地博物馆、纪念馆精心设计，精心组织，精心制作，相继推出了一大批主题鲜明、富有思想性和现实针对性的优秀展览，引起社会各界广泛关注，产生了特殊的教育作用。特别是庆祝新中国成立五十周年和澳门回归祖国，举办的"中国文物事业 50 年成就展""澳门回归展""故宫博物院 50 年入藏文物展"和各地推出的一批重要的文物展览，产生了较好的社会效益。由国家文物局和博物馆学会、中国文物报社联合举办了"十大陈列展览精品"评选表彰及学术研讨活动和"陈列展览项目交流洽谈会"等。西藏自治区博物馆及各地一批各具特色的博物馆落成开放，进一步丰富了我国博物馆体系。

（四）文物保护管理和基础工作进一步加强。全国重点文物保护单位的"四有"落实工作取得很大进展。故宫筒子河治理、西藏阿里地区文物抢救保护等一批重点工程已基本完成。配合基

---

* 原题为《深化改革，加强管理，努力把蓬勃发展富有活力的文物博物馆事业带入二十一世纪》。

建开展的田野考古和边疆考古有计划、有步骤地稳步推进并取得新的重要学术成果。我局召开了1998～1999年度全国考古工作汇报会和文物出境鉴定管理工作座谈会。文物科技保护取得一批重要成果。对三峡文物保护规划的审批进行了督促和协调，并检查了库区考古发掘和文物安全工作。重庆大足石刻和福建武夷山两处申报世界遗产项目成功。在西柏坡召开了革命纪念馆工作座谈会，我国革命文物保护工作有了新的进展。

（五）文物法律法规体系继续完善。《文物保护法》的修订工作取得进展。我局与财政部、公安部、海关总署、国家工商局等部门联合下发了《依法没收、追缴文物的移交办法》。完成了《文物保护工程管理办法》《博物馆管理条例》《博物馆登记暂行办法》《文物影视拍摄管理办法》等行政法规的起草工作。

（六）与香港、澳门特别行政区和台湾地区的交流进一步扩大。赴台湾的"四川三星堆文物展""汉代文物展"，以及赴澳门和香港的专题文物展览备受当地人民欢迎。由香港中国文物保护基金会援助的复建故宫建福宫花园工程即将开工。

（七）国际合作与交流进一步加强。经全国人大常委会审议通过，我国加入了《关于武装冲突情况下保护文化财产国际公约》。至此，我国已成为有关文化遗产保护的全部四个国际公约的缔约国。赴美国的"中国考古黄金时代展览"、赴英国的"陕西文物精华展"获得巨大成功。我国参加的柬埔寨吴哥窟保护修复工程按计划进行。

（八）文物宣传出版工作得到加强，《中国文物报》坚持正确的政治方向和办报方针，为文博事业的团结、稳定和改革做了大量有效的宣传工作。一批文物专业学术著作和普及读物相继出版，其中《中国青铜器全集》《郭店楚墓竹简》荣获国家图书一等奖，《文物》月刊获得首届国家期刊奖。组织实施"文物保护世纪行"宣传报道活动，在社会上产生了广泛影响。

二、关于当前文物博物馆事业需要注意研究和解决的三个问题

长期的实践表明，文博事业是建设有中国特色社会主义文化事业的重要组成部分，是凝聚和激励全国各族人民的重要力量，是衡量综合国力的标志之一，具有很强的政治性、思想性、群众性和时代性，在弘扬民族文化，振奋民族精神，凝聚民族力量，实现民族复兴的伟大事业中，具有不可替代的作用。我们一定要高举邓小平理论的伟大旗帜，始终坚持"保护为主，抢救第一"的方针和"有效保护，合理利用，加强管理"的原则，不断推进和深化文博事业的改革，努力建立与社会主义市场经济体制相适应的文物保护新体制，在服务于两个文明建设中再立新功。

（一）深入贯彻《国务院关于加强和改善文物工作的通知》精神，努力建立文物保护新体制

《国务院关于加强和改善文物工作的通知》明确提出，要努力建立适应社会主义市场经济体制要求，遵循文物工作自身规律，国家保护为主并动员全社会参与的文物保护体制。

国家保护为主是文物保护新体制的主要内容，其核心是"五纳入"。在当前建立新体制的过程中，国家保护为主应当主要体现在以下几个方面：

——不断完善文物保护政策法规体系，使文物保护工作真正做到有法可依。除努力做好《文物保护法》的修订工作外，各级文物部门应协助各级立法机关抓紧制定一批实际工作中迫切需要的行政规章、地方法规和专项法规。

——切实加大执法力度，严厉打击文物犯罪行为。当前工作的重点是打击盗窃、盗掘、走私文物的非法行为和日益突出的法人违法问题。文物部门应积极配合执法部门进行执法检查，或与公安、司法、工商、海关等部门建立文物执法检查联席会议制度。

——进一步加强文物管理机构建设。北京、陕西、新疆等地在政府机构改革工作中加强文物管理机构及上海、辽宁、河南、湖南等地设立文物管理委员会的做法，值得各地在改革实践中借鉴。

——抓住当前正在制订中央及各地方社会经济发展"十五"计划的有利时机，在"十五"期间增加中央财政和地方财政的文物保护经费。

建立文物保护新体制的另一个重要方面是要广泛动员全社会参与文物保护。社会参与文物保护不仅可以弥补国家文物保护经费的不足，更重要的是可以增强广大人民群众参与文物保护的意识，有助于调动和保护全社会参与文物保护的热情和积极性。动员全社会参与文物保护工作首先是以"国家保护为主"为前提的，只有这样，才能创造出一个有利于吸引社会各方面参与文物保护工作的良好环境。其次是以法制建设的不断完善为基础的，在社会参与多形式、多层次、多渠道的情况下，只有国家逐步完善法规和政策体系，才能保证社会参与的规范化、系统化。为推动社会参与工作健康、有序地进行，文物部门当前需要着力做好如下几项工作：一是配合国家有关部门抓紧研究制订鼓励和引导社会资金投入文物保护和博物馆事业的法规和政策；二是广泛吸收境内外的捐资赞助等，各地方可在政府的统一领导下分别设立专项文物保护基金；三是积极引入市场机制，鼓励社会力量参与文物维修、布展改陈、科技保护及学术研究等方面的竞争；四是建立专职、兼职和志愿者三结合的文物保护制度，充分发挥群众性保护组织的积极作用；五是在完善法规的前提下，积极引导社会力量兴办各具特色的博物馆；六是积极动员舆论宣传部门，广泛宣传《文物保护法》，鼓励民众自觉投身于文物保护事业；七是注意做好对领导机关、执法部门和城市规划、建设部门的文物保护宣传工作，取得这些部门领导和群众的理解、关心和支持；八是加大文物知识的普及力度，出版一批普及读物，要特别注意在青少年中开展文物知识普及教育。

总之，建立文物保护新体制，是贯彻落实党的文物工作方针和原则的长期奋斗目标。在这个过程中，势必会遇到许多新情况、新问题。我们既要解放思想，又要审慎行事，要牢牢坚持邓小平理论和党的基本路线的指导地位，牢牢坚持把社会效益放在文物工作首位的原则，牢牢坚持为人民服务、为社会主义建设服务的根本方向，这是我们建立新体制的根本立足点。

（二）推进文物博物馆事业改革的基本思路和需要注意的几个问题

在去年的"三讲"教育中，国家文物局党组面对当前文博工作的现状及存在的主要问题，做了认真分析，清醒地认识到当前文博事业的改革步伐已相对滞后于经济领域和社会其他领域的改革，一些制约文博事业发展的深层次问题已经到了迫切需要解决的时候。要解决这些困难和问题，只能通过改革的方式，用改革的办法。事业单位深化改革的指导思想和总体目标是：以邓小平理论为指导，坚持社会主义精神文明建设的指导方针和文物工作的方针原则，遵循文物工作自身规律，以满足人民群众日益增长的精神文化需求，培育"四有"公民，建设面向现代化，面向世界、面向未来的，民族的、科学的、大众的社会主义文化为目的，建立和完善适应社会主义市场经济体制要求的充满生机与活力的管理体制、运行机制和自我约束机制，努力增强文博单位的综合实力和竞争能力，更好地为人民服务，为社会主义服务。深化改革的基本思路是：1. 坚持政事分开，建立国家文物行政管理部门与事业单位的新型关系。根据事业单位性质、地位、作用、规模、社会效益、经济效益等综合指标，确定新的等级规格，并建立动态管理系统。2. 根据事业单位不同情况，分类进行改革。通过调整、转制、合并的办法建立健全符合自身特点的良性运行机制。3. 实行后勤服务社会化，为事业单位的改革、发展创造宽松环境。文博事业单位深化改革的核心内容是建立适应社会主义市场经济条件下的管理体制和运行机制，提高依法管理的水平，提高文博工作服务两个文明建设的质量。

——理顺领导体制，加强直属事业单位领导班子和专业技术人员队伍建设。为加强博物馆（院、所）学术研究力量和人才培养，成立并健全馆（院、所）学术委员会，为馆（院、所）学术、业务活动提供决策咨询。

——在管理体制上，根据改革的需要和单位的实际，合理调整、设置内设机构，建立务实、简便、高效的运转机制。对不同性质的内设机构要有科学的定岗定员和明确的职责划分，采取不同的管理方式，实行管理目标责任制。

——在用人制度上，全面推广和完善聘用制度。事业单位自主用人，人员自主择业，引进竞争激励机制，实行岗位聘任管理制度，按需上岗，竞聘上岗。建立公开、平等、竞争、择优的用人机制。在职称管理上，实行评聘分开，允许"低职高聘、高职低聘、只评不聘"。

——在分配制度上，扩大事业单位收入分配自主权，实行档案工资和岗位工资相结合的制度，实施效益工资，合理拉开差距，解决长期存在的平均主义大锅饭问题，切实做到注重业绩、按劳分配、优劳优酬。

——在拨款方式上，实施项目经费补贴和奖励制，发挥经济杠杆对馆（院、所）业务活动的调控作用，鼓励馆（院、所）多出业务精品。

在深化事业单位改革的进程中，需要注意处理好以下几个问题：

1. 正确认识和把握改革、发展、稳定三者之间的关系，大胆进行改革。改革就要冒风险，但最大风险就是不改革。只有大胆而坚决地实行改革，才有可能从根本上解决制约文博事业发展的问题，才会换来真正的、长久的稳定和更大的发展。

2. 正确认识和把握文博单位的性质，坚持文博改革的正确方向。文博事业单位的改革必须在坚持文物工作的方针、原则，坚持文博事业公益性质的前提下进行。在我国，以保护祖国文化遗产、弘扬民族传统文化、提高全民思想道德和文化素质为己任的文博单位，是无可争辩的公益性文化事业单位，必须坚持社会效益为一切活动的唯一准则。在文博事业改革中，一定要坚持其公益性，各级政府应给予文博单位必需的优惠待遇和经费保证。

3. 正确认识和把握文博单位之间的差异性，坚持调查研究，分类指导。文博单位门类不尽相同，情况比较复杂。因此，在直属事业单位改革中，要深入调查研究，从实际出发，审慎决策。各单位要结合本单位的实际情况制订改革方案，付诸实施。

（三）贯彻中央关于西部大开发的战略部署，推动西部地区文物保护工作全面发展

最近，党中央、国务院作出了实施西部大开发的战略部署，实施这一重大战略决策，具有重要的政治意义和经济意义。

西部地区是中华文明的重要发祥地之一，历史上就是多民族聚居的地区，各族人民在这块广袤的土地上共同创造了光辉灿烂的古代文化，为多民族统一国家的形成和发展做出了重大的贡献，留下了许多珍贵的文化遗产。为了保护这些珍贵的文化遗产，国家和地方各级政府投入了大量的人力、物力、财力，几代文物工作者做出了艰苦的努力，使西部的文物保护工作取得了很大成绩。同时，我们也应该清醒地看到，西部地区文物保护工作存在着许多问题和困难，要解决这些问题，又在很大程度上依赖于西部地区社会经济与文化的发展。所以我们说，中央决定实施西部开发战略，也为西部文物事业的发展提供了难得的机遇。

做好西部大开发中的文物工作，首先要摆正西部大开发与文物工作的关系。应该明确，西部地区的文物工作是西部大开发的有机组成部分，做好这项工作，是各级政府和每一个文物工作者义不容辞的责任。西部地区的文物工作者要加大对外开放的力度，欢迎其他地区文博界同行到西部帮助开展文物保护工作。同时，全国文物系统要响应党中央、国务院的号召，对西部地区在人才、技术、资金等方面给予无私的援助。国家文物局党组将根据党中央、国务院的统一部署，认真研究支持西部地区文物博物馆事业发展的计划和措施。第二，要处理好文物保护与经济建设的关系，从而为广大文物、考古工作者提供更为广阔的用武之地，促进文物博物馆事业的发展；同样，保护利用好西部地区具有丰厚历史底蕴、独特文化内涵的文物，也可为西部地区的社会与经济发展以及精神文明建设做出贡献。文物部门要有前瞻性和预见性，变被动为主动，提前介入规划的调查论证工作，积极主动参与有关建设规划方案的制定，并根据国家西部大开发的总体部署，做好文物保护规划、计划，将其纳入西部大开发的总体规划或专项规划。要抓紧做好各项基础工作，及时、准确地向建设单位提供本地文物资料，协助做好各项建设工程的选址，并认真做好配合工作的文物保护、考古调查和发掘工作。第三，要高度重视文物的合理利用，着重处理好文物保护与发展旅游的关系。西部大开发的一个重要内容是旅游产业的开发，众多的文物古迹是西部旅游业的重要基础，必须坚持文物工作的方针和原则，使文物保护与旅游业相辅相成，相互促进，

优势互补，协调发展。第四，要处理好文物保护与宗教的关系。西部地区是多民族聚居和宗教寺院较为集中的地方，信教群众较多，各级文物保护单位中有许多著名宗教寺院，其中一些宗教寺院保存着大量的珍贵文物。各级文物部门的同志一定要积极向广大信教群众、宗教界人士宣传国家保护文物的法规政策，引导其按照《文物保护法》的要求使用、保护宗教文物。

在这里，我要特别强调的是，在迎接西部大开发建设高潮到来的时候，我们每一位文物工作者都要有主人翁的意识、建设者的姿态，要积极、主动、热情地为西部开发献计献策，努力防止和避免旁观者心态和追求狭隘的行业利益的倾向。既要算经济账，更要算政治账。我们相信，只要我们本着一切从实际出发，一切对历史负责的态度去工作，就一定能够得到有关领导和部门的重视和支持。

三、关于 2000 年工作安排

2000 年文物工作总的指导思想是：高举旗帜，服务大局，解放思想，深化改革，加强管理，狠抓落实，振奋精神，团结奋进。今年，我们将主要做好以下工作：

（一）坚持"三讲"精神，认真搞好"回头看"活动，深入整改，巩固和扩大"三讲"教育成果。坚持党对文物工作的领导，进一步充实和加强直属事业单位领导班子建设。今年我局将组织召开第二次邓小平理论与文物工作研讨会。上半年我局在京直属单位的"三讲"教育工作将全面展开，各地文博事业单位的"三讲"工作也会陆续进行，各级文物主管部门要加强领导，精心部署，确保"三讲"教育取得实效，为文物事业的改革、发展、稳定提供精神动力和政治保证。

（二）继续深化文博事业的改革，加强管理，建立监督制约机制。我局将依据"三讲"整改方案，把加强宏观管理，转变工作方式，改进机关作风，提高工作效率作为一项重要工作来抓，真正把国家文物局建设成为廉洁、勤政、务实、高效的国家机关。同时加大改革力度，在对全国文博系统的改革给予支持的同时，重点做好直属事业单位中国历史博物馆、中国文物研究所、中国文物交流中心、中国文物流通协调中心的改革工作。

（三）坚持文物工作的基本方针和原则，圆满完成文博事业"九五"计划中提出的各项奋斗目标，制订文博事业"十五"发展规划。完成第五批全国重点文物保护单位的遴选申报。抓紧重点大遗址保护法规和专项法规的制定，开展大遗址保护展示园区的建设试点工程。继续做好配合三峡工程、新疆油田开发工程等考古发掘和文物保护工作。筹备召开全国革命文物工作座谈会，全面系统总结近年来革命文物工作的经验和成绩。

（四）根据中央统一部署，做好西部大开发中文物保护的规划等准备工作，我局将于上半年召开西部地区文物保护工作座谈会，专题研究做好西部大开发中的文物保护工作。

（五）继续推进博物馆、纪念馆陈列展览精品工程的实施，重点抓好中国历史博物馆改陈和专题展览，抓好中国革命博物馆《当代中国》展览，力争在建党八十周年的时候推出全新的展览。积极抓好纪念敦煌藏经洞文物发现 100 周年的展览及各项活动。筹备召开全国博物馆工作会议，促进馆际业务、学术交流。积极做好国家博物馆基本建设的立项和其他准备工作。

（六）加强文物法制建设，完善法规体系，促进文物工作的依法行政和依法管理。重中之重的工作是《文物保护法》的修订，争取今年报请国务院提交全国人大审议。第二项重点工作是协助全国人大和全国政协做好《文物保护法》执法情况的检查。此外，我局今年还准备陆续发布一系列部门行政规章，各地方要把拟制重点大遗址保护规划和专项法规作为重要工作列入日程。

（七）加强文物保护科研工作，增大文物博物馆工作的科技含量。这方面有四项重点工作，一是制订好"十五"文物保护科技规划，二是召开全国文博科技教育工作座谈会，三是在博物馆藏品信息管理系统的开发、使用方面取得进展，四是建立文物科技保护基金和学术著作出版基金。

（八）文物外事工作要根据国家的总体外交方针和部署，充分发挥文物出国展览的重要作用，重点做好赴日"中国国宝展""世界四大文明——中国文明展"和赴法"中国考古精品展"的筹备工作。今年我局将颁布《禁止出国（境）文物展览目录清单》，并与建设部、联合国教科文组织、世界银行共同筹备召开"文物保护与城市建设"国际研讨会。

（九）进一步加强文物安全与保卫工作，文物安全是文物工作和博物馆事业的头等大事。我们要按照岚清同志的指示，"千方百计保证文物安全"。今年将重点贯彻落实《文物系统博物馆风险等级和安全防护级别的规定》。同时，将争取设立打击文物犯罪活动的奖励基金。

（十）加强政治思想教育工作，努力提高干部队伍素质。今年我局仍将主要依靠北大文博学院开展干部的专业培训工作。要继续在广大文博干部中开展以"讲文明，树新风"为主要内容的精神文明创建活动，开展以"优质服务，优良秩序，优美环境"为主要内容的创建文明单位活动。发挥文博行业优势，努力进行爱国主义、社会主义、集体主义和艰苦创业精神的教育，真正提高职工的思想道德和科学文化素质，促进文博事业的不断繁荣与发展。

当前，我们正处在世纪之交、千年更替的重要历史时刻，面对新形势、新变化，迫切需要我们自觉地研究和思考面向新世纪如何做好文物工作的战略性问题。我们一定要高举邓小平理论的伟大旗帜，紧密团结在以江泽民同志为核心的党中央周围，坚持文物工作的正确方向，强化基础，深化改革；总结过去，规划未来，把握大局，求真务实，同心同德，埋头苦干，努力把蓬勃发展、富有活力的文物博物馆事业带入21世纪。

张文彬在2000年全国博物馆工作会议上的工作报告*

（2000年10月12日）

同志们：

在全国人民满怀信心迎接21世纪，全面推进有中国特色社会主义伟大事业的重要时刻，我们在首都北京召开全国博物馆工作会议，有着十分重要的意义。这次会议是在党中央、国务院领导同志的关怀和文化部党组的指导下召开的，是全国各行业、各系统博物馆的同志共同商讨博物馆事业大计的盛会。刚才，孙家正部长作了重要讲话，对于开创新世纪博物馆工作的新局面提出了明确要求，我们一定要认真学习，贯彻落实。

这次会议的主要任务是，高举邓小平理论的伟大旗帜，学习贯彻党的十五届五中全会精神，按照江泽民总书记关于"三个代表"的重要思想和关于文化工作的重要指示精神，回顾新中国成立以来特别是改革开放以来博物馆事业的发展历程；研究世纪之交博物馆工作面临的机遇和挑战；总结、交流1997年以来各地加强革命文物和革命纪念馆工作的情况，探讨社会主义市场经济条件下博物馆、纪念馆改革与发展的新思路；提出新时期博物馆工作的主要目标和任务。

一、我国博物馆事业的历史和现状

博物馆作为保护、展示历史文化遗产和人类环境物证的文化教育机构，是一个国家、一个民族宣传其文明成就和发展水平的重要窗口。在我国，博物馆是文化教育事业的重要组成部分，其主要任务是征集、保护文物和标本，开展科学研究，举办陈列展览，传播历史和科学文化知识，对广大群众进行爱国主义、社会主义和革命传统教育，提高全民族的科学文化和思想道德水平，增强民族自信心和凝聚力，为建设有中国特色社会主义的伟大事业提供智力支持和精神动力。

（一）在党和政府的重视和关怀下，经过半个世纪的不懈努力，博物馆事业取得了显著成绩

我国博物馆事业已有近百年的历史。自1905年张謇创建中国第一所博物馆——南通博物苑和1912年成立北京古物陈列所之后起，到1949年新中国建立前夕，近半个世纪全国博物馆仅保留21所。不仅数量少，馆舍差，而且陈列水平较低，没有多少观众，反映了当时中国正处在半殖民地半封建社会，经济、文化十分落后的状况。新中国成立以来，党和政府高度重视博物馆事业。

---

* 原题为《加强管理，深化改革，开创博物馆事业的新局面》。

毛泽东、邓小平、江泽民等三代中央领导同志多次前往文物古迹、博物馆参观视察，对博物馆工作给予重要指示和巨大关怀。毛泽东同志1958年视察安徽省博物馆时指出："一个省的主要城市，都应该有这样的博物馆。人民认识自己的历史和创造力量，是一件很要紧的事情。"邓小平同志十分强调在做好经济工作的同时，切实加强宣传思想工作和精神文明建设。进入90年代以来，党中央、国务院制定了"保护为主，抢救第一"和"有效保护，合理利用，加强管理"的文物工作方针和原则；江泽民等中央领导同志多次视察文物博物馆单位，亲自解决有关文物保护和博物馆建设的重大问题，非常关注国家博物馆建设的立项和前期工作，极大地促进了文物博物馆事业的发展。江泽民同志更明确要求博物馆要"高举爱国主义旗帜，以史育人；弘扬中华民族精神，振兴祖国"，坚持不懈地对广大群众特别是对青少年进行中国近代史、现代史及国情教育，充分发挥文物史迹对增强民族自尊、自信、自强精神的价值和作用，为新时期博物馆工作指出了明确方向。

50年来，祖国博物馆事业走过了不平凡的历史进程，特别是改革开放以来，伴随各项事业的繁荣进步，博物馆事业焕发出新的生机和活力，形成了健康发展的新局面。

1. 博物馆建设具备了一定规模并形成了比较完整的体系。一是博物馆的数量大幅度增长，仅文物系统的博物馆就由1978年的349所发展到1999年的1374所；若加上其他部门和民间兴办的博物馆，全国博物馆总数已达到2000所左右。二是博物馆的门类日益丰富，综合类、社会历史类、革命史类、艺术类、自然类、地矿类、科技类、产业类、民族民俗类等多种类型博物馆竞相辉映。三是博物馆的办馆主体多元化，文物部门与其他行业、部门办馆日趋普遍，同时出现了集体和个人兴办的博物馆。四是博物馆的地域分布更加广泛，以往博物馆基础相对薄弱的西部12个省区，目前拥有各类博物馆400多所，改变了过去博物馆过多集中在东部和中部一些大中城市的不平衡局面。五是上海博物馆、河南博物院、陕西历史博物馆、南京博物院艺术陈列馆、中国科技馆二期陈列大楼等一批现代化博物馆新馆的建成开放，为各地区、各部门新建、扩建博物馆树立了样板，缩短了我国博物馆与世界发达国家博物馆的差距。

2. 博物馆藏品保管工作的规范化和现代化水平日益提高。仅全国文物系统博物馆的藏品即达930多万件，与其他系统博物馆的藏品合计约有1200多万件。各博物馆根据《文物保护法》《博物馆藏品管理办法》的有关规定，建立了规范的藏品管理制度，系统开展了藏品登记、鉴定和建档工作，尝试进行藏品的电脑数据库管理；落实《博物馆安全保卫工作规定》和博物馆按风险等级完善防护设施的达标工作；继承我国传统的文物修复、保护技术，运用多种科学方法和现代技术手段，对金属、纸张、漆木、丝织类文物和动植物标本进行有效保护，其中有不少藏品保护技术在国际上处于领先地位。

3. 博物馆界涌现了一大批高水平的专业人才和研究成果。70年代末期以前，博物馆专业人员主要是来自高校考古、历史、美术等专业的毕业生，也有不少岗位自学成才。进入80年代以来，一些博物馆专业的毕业生，包括部分硕士生和博士生，充实到各级各类博物馆，使博物馆的知识、人才结构趋于合理。国家文物局与北京大学联合兴办的中国文物博物馆学院自1998年起开始招生，已显示出较大的发展潜力。各博物馆以及80年代初成立的中国博物馆学会、中国自然科学博物馆协会和其他学术团体，积极参与国际博协和国际上其他专业机构的学术交流与合作，组织专业人才培训，开展学术研讨，先后出版数十种学术刊物、博物馆学论著和多学科、多门类的研究成果，使中国博物馆事业在世界文化、学术领域享有较高地位和声望。

4. 博物馆的社会功能日益显著。全国博物馆每年举办各类陈列展览8000多个，接待国内外观众1.5亿人次。陈列展览的主题内容、表现形式、科技含量和艺术感染力都有了很大提高。1997年实施陈列展览精品工程以来，涌现出一大批引起社会广泛关注和反响的展览精品。各地博物馆积极配合我国外交和对外经济、文化交流，每年赴国外及港、澳、台地区举办展览三四十个。全国有近千所博物馆、纪念馆被确定为爱国主义教育基地。

5. 博物馆馆际联合、走向社会，扩展了发展空间。歌乐山革命纪念馆、延安革命纪念馆、辽沈战役纪念馆等，近年来坚持以"阵地战"为主。西柏坡纪念馆、国际友谊博物馆等，注重面向社会，举办多种形式的巡回展览，走向"阵地战"与"运动战"并重，取得了良好的社会效益和经济效益，得到了社会的普遍好评。辽沈战役纪念馆与淮海、平津战役纪念馆联合举办"新中国从这里走来——三大战役"大型巡回展览，巡展中还请老首长、老战士到现场与讲解人员一起宣讲当年战斗情景，引起强烈反响。实践证明，这种馆际联合，有利于变每个博物馆的馆藏、技术为多个博物馆的群体优势。国家文物局1999年在杭州举办的馆际展览交流洽谈会，也为促进馆际联合、馆际交流做了有益的尝试。

6. 博物馆基础设施建设以国家投资为主，社会资助为辅，改变了博物馆资金来源渠道的单一模式。上海博物馆各专题馆的内部陈列得到了社会各界人士包括港台人士和海外人士赞助。中国历史博物馆与山东青州博物馆联合举办的"青州佛教石刻艺术展"，得到北京华观公司的赞助。南京博物馆新馆同样得到社会赞助。这都说明，博物馆正是在为社会服务的过程中得到了社会的重视和支持。

7. 博物馆更加注重科技投入，充分运用现代技术，使陈列展览水平得到了普遍提高。许多博物馆已经在这方面进行了积极尝试，借鉴和运用新技术、新工艺、新材料为陈列展览服务，并取得了良好的效果。上海博物馆、南京博物院、中国科学技术馆、广东孙中山故居纪念馆等单位的陈列即是运用现代技术手段的典型代表。

8. 博物馆日益体现以人为本的精神，注重营造高雅的人文环境与优美的生态环境，强化服务意识，以优美环境、优秀展览和优质服务奉献观众，博物馆不仅是人民群众获取知识、接受美的熏陶的重要场所，而且日益成为公众文化休闲与旅游消费的上佳选择。

回顾新中国博物馆事业50年来，特别是改革开放20年来的前进历程，我们由衷地感到：是党和政府的高度重视，为博物馆事业的发展提供了前所未有的空间和机遇。历史充分说明，博物馆事业的兴衰与国家、民族的命运息息相关，没有国家的独立、民族的团结、政治的稳定、经济和社会的繁荣与发展，就不可能有文化事业的进步，不可能有博物馆事业的进步。因此，博物馆工作必须始终坚持为人民服务、为社会主义服务的根本方针，坚持中国先进文化的前进方向；必须始终坚持社会效益第一的原则，必须以满足人民群众日益增长的精神文化需求为根本目的。唯有如此，才能在社会进步的大潮中跟上时代的步伐，取得自身的发展。同时，我们也深切感到，建设好博物馆，充分发挥博物馆的社会功能，是保护、弘扬祖国历史文化和自然遗产，展示国家或本地区、本民族优秀文化文明成果的最佳手段，也是提高全民族科学文化素质的有效途径。

（二）博物馆在建设有中国特色社会主义的伟大事业中具有十分重要的地位和作用

我国是一个统一的多民族国家，各时期、各地区、各民族在自然生态和社会发展状况方面，既有同一性，又有各自的特点，这些特点构成了建设多种类型博物馆的基本条件，也为博物馆发挥其社会作用开辟了广阔的空间。

从整个人类社会的发展历史看，一系列重大的社会变革往往离不开文化变革所提供的舆论支持和先导作用。在建设有中国特色社会主义的伟大进程中，我们同样离不开文化事业所提供的强大精神动力和智力支持。党的十五大明确提出了全面建设有中国特色社会主义政治、经济、文化的奋斗目标。江泽民同志在十五大报告中指出："有中国特色社会主义文化是凝聚和激励全国各族人民的重要力量，是综合国力的重要标志。它渊源于中华五千年文明史，又植根于有中国特色社会主义的实践，具有鲜明的时代特点；它反映我国社会主义经济和政治的基本特征，又对经济和政治的发展起巨大的促进作用。"博物馆是有中国特色社会主义文化建设的重要组成部分，在提高民族思想道德素质，为经济发展和社会进步提供历史经验和培育"四有"公民方面，具有重要地位和独特作用。

今年年初以来，江泽民同志就加强新时期党的建设提出了"三个代表"的重要思想，强调只要我们党始终成为中国先进生产力的发展要求、中国先进文化的前进方向、中国广大人民的根本利益的忠实代表，就将永远立于不败之地，永远得到全国各族人民的衷心拥护并带领人民不断前进；他还特别指明，始终做到"三个代表"是我们党的立党之本、执政之基、力量之源，推进党的思想建设、政治建设、组织建设和作风建设，都应贯彻"三个代表"重要思想的要求。江泽民同志的重要论述对于做好新时期文物博物馆工作同样具有重大现实指导意义。我们各级文物部门和博物馆在全面贯彻落实"三个代表"重要思想的过程中，一定要始终把握和积极实践"代表中国先进文化的前进方向"的要求，继承和发扬我国优秀的历史文化传统，吸收借鉴世界一切优秀文化成果，坚持古为今用、洋为中用，开拓进取，推陈出新，为创造和繁荣有中国特色社会主义的文化贡献力量。各博物馆、纪念馆要以马列主义、毛泽东思想和邓小平理论为指导，遵照江泽民同志提出的"以科学的理论武装人，以正确的舆论引导人，以高尚的精神塑造人，以优秀的作品鼓舞人"的要求，努力提高陈列展览水平，改进为广大观众特别是青少年观众服务的质量，充分发挥思想文化教育阵地的作用，突出抓好理想、信念和科学、文化的教育，鼓舞人民群众为建设有中国特色社会主义而奋斗。

（三）正确认识新时期博物馆工作面临的困难和挑战

在肯定博物馆事业发展成就的同时，我们还应当看到，当前我国博物馆事业的总体水平还不高，同一个有着五千年文明历史的东方大国的地位，同建设有中国特色社会主义事业的需要还不适应。工作中还存在些比较突出的困难和问题，譬如：人民群众日益增长的精神文化需求与博物馆数量不足、设施简陋、陈列展览陈旧单调、服务功能不够完善的矛盾；博物馆在计划经济体制下形成的生存、发展模式与社会主义市场经济体制不相适应的矛盾；博物馆提高发展水平与经费短缺的矛盾；博物馆加快发展与管理工作相对滞后的矛盾；与经济领域和其他行业相比，博物馆管理体制和运行机制、经费的筹措和使用、用人制度和分配制度、专业队伍建设和高新技术的应用等，改革步伐相对滞后。这些困难和问题虽然在一定程度上制约了博物馆事业的发展，但我们坚信，在邓小平理论和党的方针、路线的指引下，只要我们认真贯彻江泽民同志提出的"三个代表"的重要思想，按照党中央、国务院关于加强社会主义精神文明建设和改进思想政治工作的要求，加强管理，深化改革，求真务实，开拓进取，就一定能够正确面对存在的困难和挑战，逐步解决前进中的矛盾和问题，使全国博物馆工作在现有基础上加快前进步伐，取得更大的成绩。

二、当前深化博物馆改革的几个问题

（一）加强博物馆管理，深化博物馆事业改革的现实性和紧迫性

从总体结构看，我国博物馆长期存在三个突出问题。一是办馆主体单一，全国博物馆绝大多数是国家主办，分别由各级政府部门负责兴办和管理，社会办博物馆（包括国有企业、集体企业、私有企业、社会团体和个人兴办的博物馆，不含居民家庭收藏馆）只是在近几年刚刚萌芽，经过审批、注册者多集中在北京、上海、广东、云南、重庆等几个省市，总数不超过20所。博物馆目前的社会化水平还很低。二是由于我国历史悠久，文物丰富，具有重视历史文化的传统，所以全国博物馆有70%属于历史文化类，2/3集中在文物部门管理，具有行业特点的专业博物馆为数不多，直接服务于科学技术和经济建设的博物馆更是寥寥无几，与中央确定的以经济建设为中心，加快科技进步和科教兴国的战略部署不相适应。三是数量和质量不够协调，单从数量来看，一个12亿多人口的国家仅有博物馆2000所，平均约60万人才拥有1所博物馆，与世界发达国家平均10万甚至一两万人拥有1所博物馆相比，差距十分明显；而从我国目前经济实力和各地经济、社会发展不平衡的现实出发，大量兴建博物馆又是不可能的，在现有的2000所博物馆中，能够像近年来新建、改建的上海博物馆、河南博物院、南京博物院、中国科技馆等达到现代化设备、展示和服务水平的博物馆还很少，社会功能不健全的"挂牌馆"仍然存在。因此，追求数量与提高质量并举，避免千人一面和重复建设，发展、完善具有专题特色和自身优势的博物馆，应当成为今后博物馆事业展的方向。

从博物馆的法制建设和依法管理看，国家对博物馆主要通过行政手段进行管理，缺少完备的法律制约和政策保障。《中华人民共和国文物保护法》只对博物馆馆藏文物的管理做了法律规定，国家文物局以往颁布《省、市、自治区博物馆工作条例》等一系列行政规章，不仅法律效力有限，而且很不适应社会主义市场经济条件下变化了的新形势。目前尚未出台一部完整的行政法规——《博物馆管理条例》（已几经讨论修改），更没有一部完备的《中华人民共和国博物馆法》，博物馆的法律地位、办馆条件、开放标准、审批登记、奖惩制度，以及应享受的公益事业基金支持、服务项目收入和接受捐助的减免税优待等，都没有客观明确、及时到位规定。

从目前博物馆的运转情况看，我国各级各类博物馆基本上是在计划经济体制下建立起来的，其生存条件、机构编制、管理体制、运行机制、用人制度、分配办法等，由政府部门统包统管，缺乏创新和活力。在当前市场经济条件下，绝大多数博物馆仍在沿袭这些做法，生存、发展步履维艰。据统计，1999年末全国文物系统1374所博物馆共有从业人员33164人，当年总支出为13亿元，其中藏品征集、保护、陈列和研究出版等业务支出2.8亿元（占21.7%），而"人头费"支出6亿元（占46.1%）。可以说博物馆现有经费支出中，养人头的成分多，干事业的成分少，这种倒挂状态必须在事业单位改革中加以扭转，否则有限的投入始终与不尽合理支出相矛盾，增加经费也不能有效地促进事业发展。

因此，按照社会主义市场经济体制的要求，加强博物馆的法制建设，依法管理，加大博物馆改革的力度，已成为推动我国博物馆事业发展的一项紧迫任务。

（二）健全法制，积极扶持，促进博物馆事业的社会化发展

博物馆是一种文化特色十分突出，不以营利为目的的公益性事业单位。在我国发展社会主义市场经济的新形势下，博物馆固有的文化性、群众性、标志性和特殊的教育功能仍然是十分突出的。

一方面，博物馆保管和展示着大量珍贵的文化和自然遗产，所承担的是文化科学教育等方面的任务，政府有责任对其进行必要的扶持。党的十四届六中全会《决议》把政府兴办的博物馆、革命纪念馆确定为公益事业单位，要求各级财政对其提供经费保证。需要特别指出的是，在我国社会主义初级阶段的经济、社会发展水平下，博物馆建设主要还是政府行为，因而需要通过制定相关法律、政策，使各级政府明确博物馆是具有显著社会效益并能促进经济、社会得到持续发展的事业，强调政府部门的主导作用，按照公益事业同国民经济和社会协调发展的要求，切实保证并逐步增加政府财政对博物馆的资金投入，真正为博物馆创造能够把社会效益放在第一位的宽松条件。

另一方面，博物馆作为公益事业，其主要职能是为社会服务，绝不能以营利为目的。这就需要政府与社会共同扶持，全民受益。单纯依靠国家财政拨款维持和发展博物馆事业的做法已不可能长久持续下去。这就决定了政府要在有重点地保证对国有博物馆经费投入的同时，实施新的文化经济政策，鼓励社会力量捐助博物馆事业，并确立社会兴办博物馆的法律地位及相关政策保障，

正确引导和规范博物馆的社会行为，逐步提高博物馆的社会化水平。

我们认为，博物馆事业社会化的基本内涵应该包括：坚持为社会主义两个文明建设服务的正确方向；健全法制和依法管理；建立、健全政策保障和激励机制；办馆主体的多元化；经费来源的多渠道；内部管理的自我约束和事业发展的自主性等。博物馆事业社会化的总体要求是：从我国改革开放和现代化建设特别是精神文明建设的需要出发，建立适应社会主义市场经济体制要求，遵循博物馆事业自身规律，以国家兴办为主体并鼓励全社会参与兴办，充满生机与活力的博物馆管理体制和运行机制。随着博物馆事业社会化水平的逐步提高，政府部门大力扶持，社会力量积极参与，国有博物馆居主导地位，民办博物馆作为补充的崭新格局将会形成和发展，有中国特色社会主义博物馆的行业体系也将日臻完备。

为促进博物馆事业的社会化发展，必须加强对各级各类博物馆的宏观调控和分类指导。在国有博物馆中，应着力扶持一部分代表国家水平和形象的大型博物馆；办好一批省、市级骨干型博物馆；鼓励发展各种科技类、产业类博物馆，以及能够填补空白、符合时代需要、具有个性特色的各类专题博物馆；对经过评估、不能达标的"挂牌馆"和确实不符合社会需要的博物馆，要下决心进行整顿和撤并。与此同时，要本着积极扶持、加强管理的原则，有效地促进和引导社会团体、个人兴办各具特色的民办专题博物馆，使博物馆事业逐步发展为全社会的事业。但这里必须强调指出：第一，我们是社会主义国家，建设的是有中国特色社会主义政治、经济、文化，必须坚持先进文化的前进方向和"二为"方针。第二，国有文物藏品绝不等同于一般的国有资产，既不能用金钱来计算其经济价值，更不允许任何地方擅自将国有文物估价后转移为经营资本或与其他资产合并入股、捆绑上市。第三，兴办博物馆必须遵循博物馆的自身规律，必须把社会效益放在第一位，经营所得只能用于事业发展，更好地提高社会效益。第四，博物馆即使有门票、旅游纪念品等经营所得，也只能实现一定程度的"以文补文"，根本无法做到完全意义的"以文养文"。博物馆无论是国有的，还是集体的、私有的，根本任务都是为了报效社会、服务社会，任何混淆性质，把博物馆办成企业，或冒用博物馆的招牌去追求营利和发财的行为，都是不允许的。

（三）转变观念，加快改革，建设充满生机与活力的博物馆

21世纪即将到来，经济建设的发展，科学技术的进步，时刻在向人们展现新的机遇，带来新的挑战。博物馆要想在社会前进的大潮中立足，就必须勇敢地面对挑战，把握难得的机遇，在改革中寻求发展，在发展中不断壮大。

首先，各博物馆要进一步解放思想，转变观念，促进自身功能和办馆指导思想的改革，实现办馆模式由传统的封闭型向现代的开放型转变。

——要贯彻以经济建设为中心、积极为当地经济、社会发展服务的新思路和新办法。在办馆指导思想上必须明确，博物馆就是要解决如何与当地政府和广大群众的需要相协调的问题，最大限度地发挥博物馆的社会作用。

——要牢固树立"自强得助""有为才能有位"的思想意识。一项事业在为社会做出奉献后，必然会得到社会的关心和回报。反之，政府、社会不会长期重视和扶持那些不能为其带来利益的事业，这样的事业注定会逐步萎缩。博物馆作为公益事业，必须体现自身的公益性，增强全心全意为观众服务的意识，为社会进步多做贡献。

——要打破保守的、封闭的、坐等的、无所作为的传统习惯，改变长期固有的思维定式，要千方百计发挥好已有的优势，挖掘出潜在的能量，使自身功能得到最大限度的扩展和延伸。

其次，要根据中组部、人事部《关于加快推进事业单位人事制度改革的意见》和国家出台的其他改革政策，结合博物馆事业的特点及各单位的实际，选准改革的突破点，采取行之有效的改革措施。

一是改革领导体制和运行机制。

——政事分开，简政放权。核心是建立行政管理部门与博物馆的新型关系。博物馆的上级主管部门对博物馆实行政策引导和宏观调控，管好领导班子，做好协调服务，监管国有文物藏品和其他国有资产，充分尊重博物馆的独立法人地位，给博物馆更多的自主权，避免过多的行政干预。应逐步取消博物馆的行政级别，根据其规模、性质、地位、作用、社会效益、经济效益等综合指标，确定新的等级规格，实行分类管理和动态管理。

——实行行政领导人（馆、院长）负责制。在坚持党管干部原则，严格干部管理权限的前提下，引入竞争机制，改革博物馆领导人员的选拔任用和监督方式，可推行任前"公示制"，采取直接聘任、招标聘任、推选聘任、委任等多种任用形式；加强和完善年度考核和任期目标完成情况的考核，并将考核结果与任用、奖惩挂钩。

——根据改革的需要，结合各馆实际，调整、设置合理的内设机构，建立简便、高效的运转机制。对不同性质的内设机构要有明确的职责划分，采取不同的管理方式，实行管理目标责任制。

——逐步推进博物馆后勤服务的社会化。大型博物馆的后勤部门要在搞好本单位后勤保障的前提下，积极开拓社会服务领域，逐步实行单独核算、自收自支、自负盈亏，发展壮大为面向社会的独立经济实体。

二是改革财务制度。

——重视博物馆的社会实践，在坚持社会效益的前提下，注重成本核算、市场开拓，真正实现以文为本，文经互补，多出人才，多出成果。

——按照我国财政支出改革和保障公共支出的政策要求，今后博物馆的行政主管部门将根据政府财政预算情况，对博物馆实行新的项目预算管理，预算项目将主要包括定额包干经费、奖励经费、专项补助经费。

三是改革用人制度。

——全面推行聘用制度，引入竞争机制。对单位原有固定身份的人员可实行"老人老办法"，采取竞争上岗、转岗、待岗培训、临时工岗位安置等多种方式妥善安置；对新进人员实行公开考试、招聘。

——建立符合博物馆工作性质和特点的岗位管理制度，合理设置岗位，明确不同岗位的职责、权利和任职条件，打破行政职务、专业技术职务终身制，实现由身份管理向岗位管理的转变。对管理岗位，实行职员制；对工勤岗位，实行合同制；对专业技术岗位，实行专业技术职务聘任。按照评聘分开、强化聘任的原则，可以低职高聘、高职低聘、只评不聘，逐步实现专业技术职务聘任和岗位聘用的统一。

四是改革分配制度。

——建立灵活有效的分配激励机制。博物馆要根据"效率优先，兼顾公平"的原则，将职工的工资收入与岗位职责、工作业绩、实际贡献以及成果转化中产生的社会效益和经济效益直接挂钩。积极探索按劳分配与生产要素参与分配的办法和途径，切实拉开收入档次和差距，充分体现多劳多得，优劳优酬，逐步形成重实绩、重贡献，向优秀人才和关键岗位倾斜的分配激励机制。

根据国务院确定的职责，国家文物局是全国文物博物馆事业的管理部门。目前我局正在研究制定文物博物馆事业"十五"发展规划，组织修改《文物保护法》，起草《博物馆管理条例》及博物馆登记注册办法，并向中央提出了一系列保证文博事业繁荣发展的政策建议。希望各地博物馆，特别是其他管理部门和其他行业博物馆的同志多提宝贵意见和建议，共同为加强博物馆事业的管理和改革献计献策。

三、新时期博物馆建设的重点任务

从 2001 年起我国将实施新世纪的第一个五年发展规划——"十五"发展计划。伴随经济、社会的全面进步，博物馆事业也将进入全新的发展阶段。

"十五"期间博物馆事业的总体目标是：建立和发展以国家级博物馆为龙头，省级博物馆为骨干，以国有博物馆为主体、民办博物馆为补充，各地方、各行业和各种所有制博物馆协调发展的博物馆体系；加强宏观调控和依法管理，完善现有博物馆的社会功能，重点发展各具特色的专题博物馆，加大扶持中西部博物馆建设，改善博物馆的地区分布和品类布局；推广高新技术和先进设备，突出精品意识和服务意识，提高博物馆基础设施、藏品保护，陈列展示和社会教育的现代化水平。

——做好国家博物馆建设前期准备工作；新建、扩建一批重点省市博物馆。到"十五"末期，争取使全国博物馆总数达到 2300 所。

——继续开展馆藏三级以上文物的鉴定、建档工作。力争完成全国博物馆一级文物档案和总目的编制工作。

——按年度计划，分别将书画、青铜器、漆木器、丝织品、杂项等五大类濒危的珍贵文物藏品确定为保护重点，逐步进行抢救性保护。全面完成一级风险博物馆的安全防范达标工作。

——全国博物馆每年推出陈列展览 8000 个以上，年观众量达到 1.5 亿人次以上。全国博物馆每年评选 10 个陈列展览精品。

新时期博物馆工作的重点任务是：

（一）强化精品意识，为公众提供优秀陈列展览

陈列展览是博物馆业务工作的中心环节。国家文物局 1997 年实施陈列展览精品工程以来，各级党委、政府和有关部门抓博物馆陈列展览精品的力度明显加大，各级各类博物馆、纪念馆陈列展览的精品意识明显增强，展览水平明显提高。面对社会主义市场经济的新形势，陈列展览工作要进一步唱响主旋律，打好主动仗。我们必须研究建筑与陈列、内容与形式、设计与制作、管理与服务、观众与环境的和谐统一，力求营造最佳展示效果。陈列展览精品奖已在文物系统评选三年，对提高陈列展览水平起到了很好的促进作用，我局将考虑依托中国博物馆学会、中国自然科学博物馆协会、中国文物报，认真总结过去的评选工作，进一步完善评奖制度，逐步将评奖范围扩大至全国各行各业博物馆，力求体现全国博物馆陈列展览的最高水平。

（二）继续做好文物和标本的征集、保护、管理等基础工作

文物、标本是国家宝贵的科学文化财富，是博物馆开展各项业务活动的物质基础。各地文物部门和博物馆这些年来逐步开展了清仓查库、摸清家底和文物藏品的登账、编目、鉴定和建档工作，取得了很大成绩。少数博物馆也暴露出藏品底数不清，等级不分，无案可查，管理混乱，文物账册、卡片、档案的填写很不规范等问题。要依据《中华人民共和国文物保护法》《中华人民共和国文物保护法实施细则》《博物馆藏品管理办法》《文物藏品定级标准》等法律法规及国家文物局印发的《关于馆藏文物清库、登记、建档工作的意见》，努力推动全国博物馆文物藏品征集、保管工作的规范化、制度化和现代化建设。

要进一步提高对藏品保管工作重要性的认识，克服抓保管工作吃力不讨好的畏难情绪，切实抓紧抓好馆藏文物的清库、登记、鉴定、建档工作。在认真总结 1992 年以来开展的馆藏一级历史文物和一级革命文物鉴定确认工作的基础上，国家文物局将编制《全国一级文物藏品总目录》《全国一级革命文物藏品总目录》。各地也要在 5 年时间内彻底完成博物馆藏品清单、三级以上藏品的鉴定、建档工作，其中一级品档案要以省为单位统一报送国家文物局。要设法改善库房条件，确保珍贵文物藏品。要加快藏品电脑数据库和信息化管理的步伐。我局正在研究制定"十五"文博事业信息化建设规划，即将颁布博物馆藏品信息录入和管理统一标准，希望各地博物馆抓紧完善藏品管理的各项基础工作，切实提高藏品的信息化管理水平。

不断丰富藏品，是博物馆可持续发展的重要保证。博物馆不仅要积极做好考古发掘部门等单位的文物移交接收，而且要主动出击，面向社会，大力加强对文物史料的调查、征集工作，特别要针对以往征集、保护工作中的薄弱环节，增强思想重视程度和经费投入力度，努力拓宽藏品征

集范围，实施有计划的征集和收藏。特别是征集少数民族文物、民俗文物、反映近现代及当代中国社会变革和进步的各方面实物、文献等，都应予以足够的重视和加强。

（三）努力发挥博物馆的宣传教育作用，为社会和人民提供优质服务

博物馆是社会科学文化教育的重要承担者，是公众的社会大学。宣传教育是博物馆、纪念馆的重要职能之一。宣传教育工作要增强政治敏锐性和政治鉴别力，善于从政治的高度、从全局和战略的高度去认识和把握问题，始终坚持服从和服务于党的中心工作，真正把博物馆办成名副其实的精神文明建设阵地和窗口，办成实施科教兴国战略的重要设施，绝不允许利用博物馆宣传封建迷信，散布歪理邪说，进行各种伪科学、反科学的活动。要把编写规范的文字介绍和讲解词作为一项严肃的工作，努力做到科学、准确、生动。所有的讲解员都要经过认真的选拔和严格的培训。要努力探索多种行之有效的宣传教育手段。如动员社会力量参与博物馆宣传工作队伍，建立一支"专职、兼职、志愿者"三结合的宣教工作队伍，有效地促进博物馆事业的发展。延安革命纪念馆、西柏坡纪念馆的讲解员采用讲解、表演相结合的方式，宣讲延安精神、西柏坡精神；重庆歌乐山革命纪念馆用报告展演的方式，宣讲红岩精神，拉近了历史与现实、理想与情感、讲解员与观众的距离，极富表现力和感染力。

要认真总结近年来博物馆、纪念馆在贯彻落实《爱国主义教育实施纲要》、开展爱国主义和革命传统教育中的成绩和经验，以改革的精神探索新形势下爱国主义教育基地建设的新思路、新方法。要注意发挥教育基地的整体效应，实现基地资源共享，促进相互交流。

必须强化服务意识，改进服务观念，以优质服务吸引观众。把满足社会和观众的需要作为博物馆宣传教育工作的出发点。随着教育体制改革的深化，为青少年服务成为博物馆宣传教育工作的重中之重。要认真学习贯彻江总书记关于青少年学生素质教育的重要指示，发挥博物馆的独特优势，注重结合青少年特点，寓教于乐，设计参与性强的活动项目。随着老龄化社会的到来，应大力挖掘老年观众参观的潜力。假日经济的蓬勃发展，为充分发挥博物馆的宣传教育功能提供了契机。各博物馆、纪念馆要采取积极主动的态度，在调查研究的基础上大力推出体现自身特色优势的宣传教育参观服务项目，适应假日经济发展的需要。

（四）要切实做好博物馆安全保卫工作，保障文物和观众的安全

近一段时间以来，全国范围内安全生产形势相当严峻，一些文物博物馆单位也相继发生多起火灾、文物被盗、受损等恶性事故。1999年9月，河北省博物馆调整陈列，工作人员未按操作规程办事，致使一件汉代玻璃耳杯滑落摔碎；2000年2月，湖北省博物馆编钟馆展柜玻璃坠落，砸伤柜内文物。我们要从这些事故中认真吸取教训，引以为鉴。要把安全放在各项工作的首位，牢固树立起安全第一的思想，狠抓落实，做到思想认识到位，安全措施到位，人员组织到位，确保国家文物安全。对玩忽职守造成损失的，要依法追究责任，严肃查处。要健全安全保卫制度，落实安全责任制，经常进行安全检查，发现问题及时整改，切实消除隐患。要依据《博物馆安全保

卫工作规定》和《博物馆风险等级和安全防护级别的规定》等规章的要求，进一步完善博物馆库房和展厅的安全设施，提高防火、防盗水平。新建博物馆的安全技术防范工程要与基建工程同时考虑，同步进行，所需经费要纳入基建预算项目之中。

（五）加强博物馆的科学研究、人才培养和队伍建设

科学研究不仅是博物馆的重要职能之一，也是提高博物馆工作水平的前提和基础。与其他科研机构相比，博物馆的科学研究有其特殊优势，就是依托丰富的藏品。这些年来，一些博物馆经过努力，科学研究工作取得了很大成绩。譬如，敦煌研究院注重科学规划，实行科学保护，既注意运用传统工艺和手段，又重视先进科学技术；积极开展对外交流，培养了一批中青年学者，取得了一大批科研成果，使敦煌石窟的整体保护水平始终处于国内领先地位，编著20多种普及敦煌学知识、宣传敦煌文化的通俗读本，为宣传普及文物考古知识的基础性工作做出了贡献。但我国博物馆的科学研究就其整体而言，仍然相当薄弱，任重而道远。

要进一步提高对博物馆科学研究工作重要性的认识。加强领导和规划，努力推进博物馆在文物学、历史学、考古学、博物馆学、管理学以及相关学科和专题研究领域中的科学研究，充分发挥博物馆藏品和人才的群体优势，培养一批学科带头人和科研骨干，造就一支高水平科研队伍。通过积极开展对博物馆业务工作的理论和实践的探索，以更高层次的学术成果、更高水平的业务活动，确立博物馆工作在整个文化、学术界的重要地位和影响，促进全国博物馆事业迈上新台阶。

要重视博物馆的队伍建设，全面提高政治思想和业务素质，建设一支政治强、作风正、业务精的博物馆工作队伍。现阶段要突出抓好职业道德教育，对照《中国文物博物馆工作人员职业道德准则》，规范行为，提高素养，做无愧于时代、无愧于党和人民重托的博物馆工作者。日前查处的井冈山革命博物馆部分工作人员侵吞门票款的事件，我们要时时引以为戒。要进一步加强干部、职工队伍的思想政治工作，加强法制教育，讲学习，讲政治，讲正气，树立爱岗敬业、大公无私的良好风气；同时要制订、完善并严格执行各项管理规章制度，加强监督管理，防止类似事件再次发生。

四、加强近现代文物抢救保护工作，充分发挥革命文物和革命纪念馆的社会作用

革命文物和近现代文物是一百多年来中华民族、中国共产党人前仆后继、艰苦奋斗的实物见证，是弥足珍贵的精神财富。江泽民总书记在党的十五大报告中强调"重视科学、历史、文化的遗产和革命文物的保护"。1998年1月中共中央办公厅、国务院办公厅转发中宣部等六部委《关于加强革命文物工作的意见》。1997年国家文物局在南昌召开全国革命文物工作会议，1998年、1999年又连续在延安、西柏坡召开以抗日战争史和解放战争史为题材的部分省市革命纪念馆工作座谈会，研究和部署革命文物和近现代文物工作。这次会上，一个重要议题就是对近年来革命文物和近代文物进行回顾，重点审议国家文物局专家组《1993～2000年一级革命文物鉴定确认工作总结》和《近现代文物征集参考范围》《近现代一级文物鉴定参考标准》两个草案，特别就加强

社会主义时期文物工作进行研究和部署。

近年来，各地革命文物和近现代文物工作水平大有提高。许多省市召开了革命文物工作会议，制定和正在实施革命文物工作规划。有关博物馆、纪念馆大力修缮革命旧址，征集革命文物和近现代文物，结合运用革命文物和近现代文物推出陈列展览，为社会提供优秀的精神食粮。在人口集中的大城市，如北京的中国革命博物馆、中国人民抗日战争纪念馆、中国人民革命军事博物馆，十分善于把握重大历史纪念题材，配合形势发展，推出一系列拥有鲜明主题和丰富文物、图片的陈列展览，掀起了一次次革命文物宣传的热潮；为庆祝中华人民共和国成立五十周年，重庆市博物馆于 1999 年 6 月在中国革命博物馆举办了"为了共和国的诞生——革命英烈事迹展"，有力地配合了以"讲学习、讲政治、讲正气"为主要内容的党性、党风教育，备受社会关注，反响极其强烈。

革命文物和近现代文物工作虽然已经取得了显著成绩，但离党的要求、人民的要求还存在距离。我们要适应时代需要，不断改革创新。

第一，提高认识，切实贯彻落实"保护为主，抢救第一"和"有效保护，合理利用，加强管理"的文物工作方针和原则，把革命文物和近现代文物工作抓紧抓好。革命文物和近现代文物是我国文物宝库的重要组成部分，与历史文物一样是祖国优秀的文化遗产。要站在对历史负责、对子孙后代负责的高度看待革命文物和近现代文物工作，真正改变目前这项工作在一些地区和部门得不到应有的重视和支持的局面。要加强研究和宣传，克服对于革命文物和近现代文物的狭隘理解，全面推进革命文物和近现代文物的保护、利用和管理。

第二，采取有效措施，狠抓调查征集、保护收藏、依法管理等基础工作，努力提高革命文物和近现代文物的保护和利用水平。为有效指导各地革命文物和近现代文物保护、管理工作，我局将充分吸收各位代表对《近现代文物征集参考范围》《近现代一级文物鉴定参考标准》两个征求意见稿的修改意见，修订完善并尽快发布施行。

当前特别要加强我国社会主义时期文物保护征集工作。1999 年是新中国成立五十周年，许多博物馆、纪念馆抓住机遇，举办反映社会主义革命和建设五十年发展历史和成就的展览宣传活动，努力征集保护了大批社会主义时期文物，填补了馆藏空白。四川省博物馆"收藏二十世纪的四川"活动，丹东抗美援朝纪念馆从境内外征集抗美援朝文物，河南省"继往开来·百年文物征集"活动，湖南省的社会主义时期文物征集、宣传工作尤其有声有色，成效卓著。但总体看来，对社会主义时期文物的征集保护还有许多工作要做。我们要深入广泛地开展有关社会主义时期文物的宣传活动，开展有关社会主义时期文物保护、宣传工作的科学研究，对社会主义时期文物的范畴、现状、管理办法展开深入探讨，掌握其特殊规律，制定相应的规章制度，逐步实现社会主义时期文物保护工作的规范化和科学化。

第三，要进一步加强和完善各级革命文物保护单位和革命纪念地的保护利用管理工作。切实做好已被公布为全国重点文物保护单位的革命旧址的"四有"工作。对旧址的维修保护必须严格按程序报批，遵循"不改变文物原状"的原则，"整旧如旧"。对具有重大影响和纪念意义的旧址群，要继续做好专项保护法规的制定、发布和实施工作。对于反映社会主义革命和建设成就，具有重大纪念意义的建筑物，也要按照《文物保护法》的有关规定，及时调查、登记并确定为相应级别的文物保护单位，在城乡规划和建设中加以妥善保护。

同志们，我们一定要高举邓小平理论的伟大旗帜，紧密团结在以江泽民同志为核心的党中央周围，进一步增强博物馆改革与发展的责任感和紧迫感，总结过去，规划未来，解放思想，实事求是，勇于创新，开拓进取，勇敢地面对前进中的困难和挑战，把一个蓬勃发展、富有生机与活力的博物馆事业带入 21 世纪，为建设富强、民主、文明的社会主义国家，实现中华民族的伟大复兴做出更大贡献！

张文彬在 2001 年全国文物外事工作会议上的讲话*

（2001 年 3 月 20 日）

同志们：

由于今年计划召开全国文物工作会议，年初例行召开的全国文物局长会议就不再开了，借这次召开全国文物外事工作会议之际，我代表国家文物局简要回顾一下 2000 年的文物博物馆工作，同时谈一下对 2001 年工作的总体部署和安排，以保证今年工作的顺利开展。

一、关于 2000 年工作的回顾

2000 年，全国文物博物馆系统以邓小平理论和江泽民总书记"三个代表"的重要思想为指导，按照年初召开的全国文物局长工作会议的总体部署，高举旗帜，服务大局，解放思想，深化改革，加强管理，狠抓落实，振奋精神，团结奋进，较好地完成了 2000 年计划开展的各项工作。

（一）国家文物局"三讲"风气和调研风气明显加强。一年来按照中央的统一部署，积极开展了"三讲"教育"回头看"活动。通过"三讲"教育和"回头看"活动，机关的思想面貌和工作作风有了明显的转变，在人员编制少、任务重、超负荷运转的情况下，团结一致地完成了 2000 年工作任务。同时，按照中央部署，局各直属单位和全国各级文博单位也开展了"三讲"教育活动。通过"三讲"教育，全国文物博物馆系统广大干部职工的思想水平有了明显提高，工作作风有了明显转变，爱岗敬业精神有了明显增强。我们相信，在今后的文物工作实践中，"三讲"教育的成果将得到进一步体现。

（二）改革稳步启动，力度逐步加大。我局正式启动对直属事业单位的改革。各地也都相继开展了政府机构改革和事业单位改革，通过改革，相当一些地方的省级文物行政管理部门，如北京、山西、新疆、河北、河南、湖北、湖南、西藏等或扩大了机构，或增加了人员，充分说明了各级政府在机构改革中对文物工作的重视程度。

（三）认真贯彻落实国务院办公厅《关于西部大开发中加强文物保护和管理工作的通知》精

---

* 原题为《认清形势、把握机遇，深化改革、开拓创新，进一步推进我国文物博物馆事业改革的新发展》。

神，及时部署了西部大开发中的文物保护工作。在国务院发布《关于西部大开发中加强文物保护和管理工作的通知》后，我局及时召开西部文物工作会议，提出了八条贯彻落实措施。配合三峡工程建设委员会对三峡工程文物保护工作也有所加强。全国有几十支队伍、几百名文物工作人员会战三峡，新中国成立以来最大规模的文物保护工程正进入攻坚阶段。

（四）贯彻落实江泽民同志关于加强思想政治工作的指示精神，召开了全国博物馆工作会议，提出博物馆工作要加强管理，深化改革，调整结构，合理布局，充分发挥博物馆的宣传教育作用的构想。对新时期博物馆工作、革命文物和纪念馆工作做了部署。继续推进博物馆、纪念馆陈列精品工程的实施。

（五）召开了全国文物博物馆科技教育研讨会，全面总结了新中国成立以来特别是改革开放以来，文物博物馆科技教育工作成绩，探讨了目前面临的困难和问题，研究了文物博物馆科技教育工作"十五"规划。发布了《文物科研项目开题及经费管理办法》和《文物科学技术成果鉴定办法》《全国文物、博物馆系统人文社会科学重点研究课题管理暂行办法》。

（六）加强法制建设，在国务院法制办的主持下，《文物保护法》的修订工作正按计划进行。制订了《文物博物馆事业"十五"发展规划和2010年远景目标》。积极制定了有关部门规章，去年出台的部门行政规章明显增多，极大地提高了行业管理水平。全国人大、全国政协到河南、陕西、山西、福建等地开展《文物保护法》执法检查和对文物工作的视察，彭珮云、何鲁丽、许嘉璐副委员长和张思卿副主席对文物工作都作了重要指示，全国人大、全国政协教科文卫委员会也对文物工作进行了专门检查，这是历年所没有的。

（七）加大文物保护宣传的力度，扩大了文物工作在社会上的影响。文化部、甘肃省政府和我局共同举行了纪念百年敦煌活动，在社会上引起了很大反响。我局组织的第二次"文物保护世纪行"活动也取得了良好效果。各新闻媒体对文物保护的宣传报道比往年有明显增多。更为突出的是，广大群众关心文物保护、制止文物破坏的事例明显增多，表明文物保护新体制的建立工作已经取得成效。

（八）新中国成立以来，最大规模的文物抢救保护工程取得阶段性成果，基本达到了前三批全国重点文物保护单位无险情的目标。今年就审查批复了156项文物保护单位的保护规划和工作方案。今年我国又有四项申报世界遗产成功，目前我国世界遗产项目已达到27项。完成第五批全国重点文物保护单位的申报遴选工作。

（九）打击文物盗窃、走私犯罪活动取得显著成绩。青海都兰、内蒙古赤峰等地曾经十分严重的盗墓活动有所遏制；贯彻落实《文物系统博物馆风险等和安全防护级别的规定》，馆藏文物的安全防范能力得到明显增强。加大了追索走私出境文物的工作力度。

（十）文物外事活动、对外文化交流活动取得明显成效。全年共有46个赴外展览项目（其中18个为赴港澳台地区展览项目）。参与了联合国教科文组织拟订《水下文化财产保护公约》的起草工作。成功举办了"中国文化遗产保护和城市发展"国际会议，会议发表了《北京共识》宣言。在美国、日本、法国等举办的文物展览获得极大成功。引进了"墨西哥玛雅文化展"。

2000年文物博物馆工作所取得的成就，离不开党中央、国务院的高度重视，离不开各级政府所做的大量工作，也离不开全国广大人民群众对文物工作的关心和支持，更离不开文物、博物馆广大干部职工的顽强拼搏和辛勤努力，在此，我代表国家文物局向长年奋斗在文物、博物馆工作第一线的文博职工表示深切的慰问和衷心的感谢。

二、关于当前文物工作中需要强调和注意把握的几个问题

2001年文物工作的指导思想是：高举邓小平理论的伟大旗帜，进一步深入学习、贯彻江泽民同志"三个代表"的重要思想，落实李岚清副总理听取国家文物局工作汇报会议的各项任务，紧紧围绕经济建设这个中心，服务于全党、全国工作大局，服务于两个文明建设，认清形势，把握大局，深化改革，加强管理，再接再厉，团结奋斗，在新的世纪里迈好第一步。在今年的工作中，需要特别强调和把握以下几个问题：

（一）深入学习和努力实践江泽民同志"三个代表"重要思想，全面认识文物工作在两个文明建设中的重要地位和作用，始终不渝地坚持中国先进文化的前进方向

"三个代表"的重要思想，是以江泽民同志为核心的党中央站在世纪交替的历史高度，着眼我国改革开放和社会主义现代化建设全局，总结建党80年来，特别是新中国成立以来党的基本经验，继承历史，立足现实，前瞻未来所作出的精辟论断。这是我们立党之本，建政之基，力量之源，也是指导文博工作的指南。文物博物馆事业作为社会主义精神文明建设和文化事业的重要组成部分，如何认真学习领会和正确贯彻落实"三个代表"的重要思想，如何坚持先进文化的前进方向，关系到文物事业能否在社会主义市场经济条件下健康、持续、稳定发展；关系到文物工作能否适应经济全球化和高新技术迅猛发展的客观要求；关系到文物工作能否在世纪之交东西方文化相互激荡的情况下抓住机遇，迎接挑战；关系到文物工作能否始终代表中国先进文化前进方向的历史进程中发挥应有的作用；关系到文物工作者能否在代表中国最广大人民根本利益的实践中，履行职责，完成党和人民交给我们的任务。因此，深入贯彻落实"三个代表"的重要思想，不仅是文物博物馆事业今后一个时期的工作重点，而且要体现在文物博物馆工作的方方面面。我们必须从实践"三个代表"重要思想的高度认识文物工作的重要性，始终以强烈的责任感对待自己所从事的文物工作，加强文物工作的大局意识、政治意识、责任意识，使文博系统的广大干部职工真正成为政治坚定、熟悉业务、爱岗敬业、忠于职守的文物保护的行家，不要做迷失方向、忽视全局、庸庸碌碌的事务主义者。

文物在社会主义先进文化建设中具有特殊的优势。众多的历史文物和革命文物，是一部物化了的中华民族的生存史、奋斗史和发展史。文物作为历史的物质遗存，具有直观、形象、具体的特点以及真实、直接、生动的感染力和说服力。五千年来，中华民族在创造了高度文明的同时，

也留下了丰富的文物古迹，这些文物古迹是中华民族不可再生、不能替代的宝贵财富，是我们历史悠久、文化灿烂这一基本国情的重要物证，同时也是我们进行社会主义物质文明建设和精神文明建设的珍贵资源和特殊优势。科学利用这些资源和优势展示中华民族在漫长的历史进程中所拥有的强大凝聚力、创造力和生命力，帮助人民群众认识自己的悠久历史和优良传统，增强民族自信心，激发爱国热情，提高思想道德素质和科学文化水平，建设社会主义精神文明，是文物工作的首要任务。坚定不移地贯彻党的为人民服务、为社会主义服务的方向，弘扬主旋律，打好主动仗，我们就能始终代表中国先进文化的前进方向，在中华民族伟大复兴事业中占有一席之地。虽然近年来，全社会对文物保护的认识有了较大的提高，但当前在文物工作中出现的问题，究其根本，还是与不能正确认识文物的巨大价值与文物事业在建设有中国特色社会主义事业的特殊地位和作用有关。因此，以"三个代表"重要思想为指导，全面正确理解、深入宣传文物的巨大价值及特殊作用仍然是摆在我们面前的一个重要任务。

江泽民同志十分重视弘扬民族优秀文化传统和思想道德建设。最近，他又强调指出，要把依法治国与以德治国紧密结合起来，大力推进社会主义精神文明建设。这一重要思想是江泽民同志对我们党治国基本方略的新概括、新发展，具有十分重大的理论意义和实践意义。正像江泽民同志所阐述的那样，中华民族在漫长的历史发展进程中，形成了卓越的民族精神和优秀的道德观念，有着十分广阔和丰厚的内容，这些都是中华民族性格、精神、文化传统的精髓所在，是提高全民族文明修养的道德根基。岚清同志最近在听取国家文物局工作汇报时也指出："文物工作水平是体现中华民族文化整体素质的重要标志，要从讲政治的高度，给予充分重视。"我们一定要在各级党委和政府的领导和支持下，从社会主义初级阶段的实际出发，坚持邓小平理论和党的基本路线的指导地位，坚持服从和服务于经济建设的中心，坚持"二为"方向，坚持"保护为主，抢救第一"的方针和"有效保护，合理利用，加强管理"的原则，高扬起爱国主义和革命传统教育这两面光辉的旗帜，为建设有中国特色的社会主义文化和社会主义精神文明做出新的贡献。

（二）以发展为主题，以结构调整为主线，以体制创新和深化改革为动力，深入研究并努力发展具有中国特色的博物馆文化

从广义上说，文化是人类社会历史发展进程中创造的物质财富和精神财富的总和。博物馆则是对两个文明财富的展示、收藏、教育和研究的集中体现，我们倡导的博物馆文化必须代表着社会主义先进文化前进方向，是鼓舞、激励、教育群众的阵地之一。先进的博物馆文化使人们扩大知识领域、满足审美享受、培养生活情趣、陶冶身心健康，进而使博物馆成为学生的第二课堂，成为人的终身学校、文化的圣地、科学的讲堂，它的活动已经渗透到教育、科学、文化、旅游、环境保护等各项事业当中，对弘扬民族传统文化、传播现代科学知识、提高人民群众思想道德素质具有十分重要的作用。党中央，国务院十分重视博物馆文化在社会主义建设事业中的重要地位和作用，毛泽东、邓小平、江泽民等党和国家领导人多次视察博物馆，发表了许多重要指示。朱

镕基总理在最近《关于国家文物局工作汇报纪要》上批示"国家博物馆的筹建希望加快",李岚清副总理更对发展博物馆文化作出了明确的指示。我们在实际工作中一定要深刻领会中央领导同志的指示精神,研究博物馆文化的内涵,坚持把发展作为主题,把结构调整作为主线,把体制创新和深化改革作为动力,以满足人民群众物质和精神文化的需求的为根本出发点,努力发展具有中国特色的博物馆文化。

具有中国特色的博物馆文化应有以下特点:第一,必须坚持先进文化的前进方向和"二为"方针,坚持把社会效益放在首位,强调博物馆文化所固有的公益性、群众性、标志性和特殊的社会教育功能;第二,逐步建成以国家级博物馆为龙头、省级博物馆为骨干,以国有博物馆为主干、民办博物馆为补充,各地方、各行业和各种所有制博物馆协调发展的事业体系;第三,具有布局合理、种类齐全、各具特色、丰富多彩的各类专题博物馆,以满足人民群众对精神文化的不同需求;第四,具有主题突出、观点鲜明、传播科学、倡导文明、手段先进、手法新颖的高水平的陈列展览;第五,充分体现当代社会科学文化教育水平,发挥精神文明建设阵地和科教兴国战略窗口的重要作用,以人为本,寓教于乐,具有优质的服务意识和服务功能。

努力发展博物馆文化,需要我们进一步健全和完善博物馆法规体系,严格按照各项规章制度实施有效管理。当前,要落实《文物博物馆事业"十五"发展规划和2010年远景目标》中的各项部署,进一步丰富博物馆发展体系,加强宏观调控,完善现有博物馆的社会功能,重点发展各具特色的专题博物馆,改善博物馆的地区分布和品类布局。提高博物馆基础设施、藏品保管、陈列展示和社会教育的现代化水平,使博物馆真正成为宣传科学理论、传播先进文化、提高道德水准、引导人们奋进的思想文化阵地。

努力发展博物馆文化,需要我们不断深化和促进博物馆事业的改革。需要我们进一步解放思想,转变观念,促进自身功能的延展,端正办馆指导思想。当前博物馆改革的突破口是以人事制度改革为核心,深化博物馆领导体制和运行机制的改革,以此推动财务制度、用人机制和分配制度的全面改革。其次,要研究博物馆自身的经营服务机制,扩大博物馆资金来源,争取社会广泛支持。总之,要通过改革,充分体现博物馆的公益性,遵循自身规律,最大限度地发挥博物馆的社会作用。

努力发展博物馆文化,需要我们不断加强对各级各类博物的宏观调控和分类指导。重点扶持一部分代表国家水平和形象的国有大型博物馆,办好一批省、市级骨干型博物馆,鼓励发展各种科技类、产业类的行业博物馆,以及能够填补空白、符合时代需要、具有个性特色的专题博物馆,支持和引导企业和民间兴办各具特色的民办专题博物馆。

努力发展博物馆文化,需要我们按照江泽民同志提出的"以科学的理论武装人,以正确的舆论引导人,以高尚的精神塑造人,以优秀的作品鼓舞人"的要求,强化精品意识,提高陈列展览水平,改进为广大观众特别是青少年观众服务的质量,充分发挥思想文化教育阵地的作用,突出抓好理想信念和科学文化的教育，努力提高广大人民群众的思想道德水平。

（三）坚持"保护为主，抢救第一"的方针和"有效保护，合理利用，加强管理"的原则，充分发挥文物工作在社会主义经济建设中的重要作用

在社会主义市场经济条件下如何做好文物工作，特别是如何充分发挥文物工作在社会主义经济建设中的重要作用，是我们近年来一直在思考并努力实践着的问题。《国务院关于加强和改善文物工作的通知》总结了改革开放以来文物工作的基本经验，科学地把文物工作面临的新情况和新问题归纳为三个关系，即文物保护与经济建设的关系，文物工作的社会效益与经济效益的关系，文物工作与社会主义市场经济体制的关系，并明确指出妥善处理好这三个关系是当前文物工作亟待解决的重要问题。实践证明，文物工作不仅在社会主义精神文明建设中发挥了巨大的作用，在社会物质文明建设中同样发挥了巨大的、无可替代的作用。

文物不仅是代表着一个民族的灵魂，同时也是一个国家综合国力的标志之一。在这一点上，我们不能局限于传统观念上的文化意义，而是要把文化看作经济和社会发展的动力和源泉之一。文化遗产保护不仅是精神文明的体现，而且能提高一个地区公众生活质量，代表着一个地区的文明形象。我们必须承认，文化遗产是一个地区经济和社会发展的有机组成部分，在为当地经济活动创造良好环境的同时，也同样可以为当地发展带来财政收入。这也是当今各国重视文物保护和博物馆文化的原因之一。毋庸讳言，在利用文物资源促进国民经济发展，特别是促进当地旅游业发展的过程中，我们主张一定要遵循文物工作的基本规律，坚持文物工作的基本方针和原则。只有有效地、最大限度地保护文物，才能谈到文物的合理利用和适度开发；只有在加强文物保护的同时，积极研究、探索文物合理利用的最佳途径，才能保证旅游开发的可持续发展；只有充分认识到文物在旅游业发展中的重要作用，增强保护文物的自觉性和积极性，加大对文物资源的保护与投入，才能促进旅游业的发展与繁荣。

文物在我国经济发展中所发挥的重要作用是有目共睹的。第一，作为世界上四大文明古国之一的我国，文物旅游已经成为旅游经济的重要支柱，中国的旅游资源大部分是以文物为核心内容的各类博物馆、纪念馆和名胜古迹。利用文物资源，吸引海内外游客，是发展我国旅游业的一大特色和优势。许多文物丰富的地区，如首都北京、陕西西安、河北承德、山东曲阜、山西平遥、云南丽江、甘肃敦煌等，都是依靠得天独厚的文物资源发展了当地经济，提高了人民的生活水平。我们无法想象如果没有明清故宫，没有八达岭，没有颐和园、天坛、北海、十三陵等等名胜古迹，每年还会有成百上千万的游客从世界各地赶到北京吗？即使我们还缺乏具体的统计数字，但仍然可以肯定地说，在国家旅游业所产生的经济效益中，文物旅游收益应该是占了相当大的比重。第二，文化遗产是国有资产的属性不容置疑。我们所保护的文物，同样也是保护了属于国家的国有资产，这部分资产如果以经济价值来衡量，一定是一个天文数字。参照近年来国内外文物拍卖市场上中国文物的成交价格，仅文物部门管理的45000多件馆藏一级文物就无法计算，如果再加上

其他级别和其他部门管理的文物以及不可移动文物，特别是目前750处全国重点文物保护单位的文物价值、固定资产和无形资产等，其经济价值就更不可估量。我们保护文物的目的之一是传之后世永续保存，再考虑到增值因素，我们将给我们的后代保存一大笔精神和物质财富。第三，文物保护有力地促进了地方的经济发展，所带来的无形资产效应更是不可忽视，全国许多地方在依托文物资源大力发展地方旅游事业的同时，更为看重的是文物所带来的无形资产效应。正是西安帝王陵寝、敦煌莫高窟、云冈、龙门石窟、平遥、丽江古城等地的文物景观，带动了当地交通、商贸等乃至第三产业的发展，扩大了就业门路，增加了财政税收，改善了人民生活状况，为当地经济和社会的协调发展做出了自己的贡献。近年来许多地方政府积极将本地的文物保护单位申报为世界文化遗产，所考虑更多的就是由此而带来的无形资产效应和经济效益，这是我们必须承认的。第四，保护文物资源就是保护生产力。有关经济文化的最新研究成果表明，文化也是生产力，保护文化遗产的目的之一是提高人们的思想道德素质，丰富人们的精神文化生活，从这一点上看，保护文化遗产也是促进生产力提高的重要内容。特别是在当前国际社会普遍关注资源生态和环境建设这一关系到人类生存条件的重大问题的情况下，维护文化生态平衡，保护文化遗产，对丰富人们的精神生活，保持社会的稳定，促进生产力发展，保证经济持续稳定增长，至关重要。我们绝不能以牺牲文化遗产、损害文物资源为代价，换取某一地方经济上短暂的、局部的、有限的所谓发展。因此，保护包括文物资源在内的文化生态环境，就是保护生产力；改善文化生态环境，就是发展生产力；破坏文化生态环境，就是破坏生产力。

最近，山东曲阜、江苏徐州等地连续发生严重与罕见的文物毁坏事件，引起了社会的极大关注。这些事件的发生虽然有一定的偶然性，但究其原因，由于文物保护管理体制的变更所带来的片面强调利用、强调经济效益，忽视保护和管理，保护和使用脱节是造成文物损失的深层因素。在所谓"所有权和经营权分离"的名义下，有些地方擅自改变文物保护单位的管理体制，将所谓经营权转移到旅游企业开发经营，甚至将文物的开发经营权向国内外进行招标承包。事实已经表明，在已经实施"所有权和经营权分离"的文物单位中，普遍出现的问题是：1.掌握文物景点经营权的旅游公司从事着文物管理工作，原有的文物保护机构名存实亡，或无法行使文物管理职能，或成为旅游公司的附属机构，仅拥有所谓"监督权"；2.掌握文物管理大权的经营者缺乏保护文物的责任心和使命感，更缺乏文物保护的法律知识和专业知识；3.在上述前提下，经济效益成为景点经营部门的首要追求目标。由此，我们完全有理由认为，这种做法是错误的。第一，这种做法明显不符合《中华人民共和国文物保护法》的有关规定。《文物保护法》规定："中华人民共和国境内地下、内水和领海中遗存的一切文物，属于国家所有。"因此，文物的所有权是十分明确而毋庸置疑的。同时，《文物保护法》对文物管理权的规定也是十分明确的，要求各级政府的文物保护管理机构负责管理本行政区内的文物工作。所谓文物的经营权，不过是用经济领域中的经营概念置换文物工作中的管理概念，实际上，不是将经营权从所有权中剥离出来，而是将文物管理部门的管理权剥夺到旅游企业去进行经营。这样做，于情、于理、于法都是难以站住脚的，在国际上也是没有先例的，同我国政府签署的有关文化遗产保护的国际公约也是相悖的。第二，文物保护工作遵循的是"保护为主，抢救第一"的方针和"有效保护，合理利用，加强管理"的原则，必须坚持把社会效益放在首位。将文物保护单位交由旅游企业经营，经营者所追求的终极目标和唯一目的必然是经济效益，必然最大限度地榨取文物保护单位中的经济成分，进而实现利润的最大化。要求以获取最大利润为目的的企业保护文物并永续利用的愿望只能寄希望于经营者的知识结构、道德水准和对文物保护重要性的认识程度，而制度上的弊病是无可回避的。第三，文物的所有权性质决定了其是属于全民族的，国家的，乃至全人类的，也是留给子孙后代的宝贵财富，同时也决定了文物的国有资产性质。国家已有明确规定，因文物向社会开放所产生的经济效益只能用于文物保护本身，将文物保护单位交由企业经营的结果，必然是经营者获取经营所得，使本来属于国家的这部分收益流失到企业经营者的腰包，导致又一种形式的国有资产流失，使本来十分有限的文物保护资金更加捉襟见肘。第四，管理体制的变化决定其管理方法和管理模式随之发生变化，必然有悖文物工作的自身规律，受到损失的无疑是文物或者是文物工作本身。第五，一些地方片面理解旅游经济，将旅游经济等同于"门票收入"，认为掌握了景点的经营权甚至掌握了门票收入就掌握了地方的旅游经济。然而，现代化的旅游经济是有众多因素构成的，一般可包括吃、住、行、游、购、娱、疗养、通讯和金融服务等多个方面，门票在旅游收入中所占的比重很小，单纯依靠门票收入来拉动地方旅游经济增长是不可能的。同时文物景点的门票价格并不完全由市场进行调节，它必须服从于文物保护工作的实际需要，服从于满足人民群众精神文化生活的根本目的，那些试图通过门票来提高当地旅游经济的做法在理论上站不住脚，在实践中也是行不通的。第六，由各级人民政府文物行政管理部门根据《文物保护法》，代表政府对文物实施保护管理的体制，长期以来，特别是经过改革开放二十年的实践，证明是完全符合我国国情并行之有效的。文物经营权的易手，将会使多年形成的全国文物保护系统消弭于无形，文物行政管理机构代表国家施行对文物的保护管理将不复存在，最终将使文物事业几十年的成果毁于一旦，其后果和所造成的国际影响将不堪设想。因此，我们坚决反对在所谓"旅游资源所有权和经营权分离"的名义下，将文物管理权转移为旅游企业经营权的做法。与此同时，我们强调，文化、文物部门也要解放思想、更新观念，深化改革、开拓创新。要积极引导文博单位，充分利用本地区文化遗址的特殊优势，展示遗址所含的丰富内涵，开发各具特色的旅游产品，树立服务意识，提高工作质量，取得社会效益和经济效益双丰收。

（四）以公布第五批全国重点文物保护单位为契机，加强基础工作，推进管理水平的提高

根据国务院的统一安排，第五批全国重点文物保护单位将在国务院审定后公布。我们要抓住机遇，以此在全国范围内开展有关文物保护单位"四有"工作和文物工作"五纳入"的评比、检查。大力开展文物基础工作建设，今年要着重进行以下几个方面的工作：

——继续了解并掌握我国现存可移动文物和不可移动文物的现状，以廓清我国文物资源的数量、分布和保存状况。重点是对馆藏文物全面建立登记制度，做到物、账、卡完整、准确、齐备并能相互对应，对文物考古研究所、文物保护管理所收藏的可移动文物也要进行登记。以全面掌握我国可移动文物的基本情况，国家文物局将发布《博物馆登记管理暂行办法》《馆藏文物保护条件标准》等可移动文物的登记管理制度，各地方也要积极开展馆藏文物登记备案工作，组织好馆藏珍贵文物保护修复及有关项目的申报和评审。

——继续做好文物保护单位的"四有"工作。在对前四批全国重点文物保护单位"四有"工作的基础上，完善第五批全国重点文物保护的"四有"工作。国家文物局将制订《全国重点文物保护单位管理办法》《中国世界文化遗产保护管理办法》《文物保护单位开放管理办法》等针对不可移动文物保护的管理规章，并依此对保护单位的"四有"工作进行一次全面的检查，通过检查评比，表彰一批"四有"工作先进单位。

——文物保护新体制的核心内容是"五纳入"，即要把文物保护纳入当地经济和社会发展计划，纳入城乡建设计划，纳入财政预算，纳入体制改革，纳入各级领导责任制。对于"五纳入"工作，许多地方已经取得了成功的经验，工作得到了很大的进展，适时开展对"五纳入"工作的检查，对于推动整个事业的发展是极为重要的。通过检查评比，我们将提出一批"五纳入"工作取得成绩的地方上报国务院，建议由国务院作出表彰的决定。

——进行文物博物馆事业信息化建设并逐步实行文物资源数字化行业管理网络化，利用互联网搜集和传播准确、权威和丰富的文化遗产信息，是增强文博事业综合实力，实施"十五"文博发展规划的重要保证，是文物博物馆事业发展的必由之路。根据多年来文物博物馆系统对电子信息系统研究的不断深入，我们认为，国家文物信息资料库建设的条件已经成熟，必须适时开展工作。我们将根据财政部关于建立国家文物信息资料库专项经费的安排情况，计划用23年的时间，建成全国文物信息资料库。国家文物局将设立国家文物资料信息库工作领导小组和专门机构积极开展这项工作，同时要求各地文物行政管理部门能按照国家文物局的统一部署，按时完成各项任务。

——加强队伍建设，加大文物博物馆事业人才培养的工作力度。在拟订《全国文物博物馆事业教育培训工作"十五"规划》的基础上，抓紧建设文物博物馆科技人才信息库；继续与北京大学办好中国文物博物馆学院，抓紧培养一批实际工作中迫切需要的人才；努力吸收文物保护先进国家的成功经验，选送优秀人才出国培训进修。总之，我们一定要抓住机遇，采取各种有效途径，为新世纪文物保护工作的飞跃做好人才储备，奠定人才基础。

（五）完善并健全文物法规体系，加强依法管理文物博物馆事业工作

近二十年的实施情况表明，《文物保护法》基本符合我国文物保护工作实际，对我国的文物保护工作发挥了巨大的积极作用。客观地讲，没有《文物保护法》，我国的文物保护事业就不可能

取得今天这样的成就。但是，我们必须承认，在执行《文物保护法》的过程中，我们遇到了许多问题，这其中既有法律本身在法体、法理、法语等方面不是十分严谨，领会理解方面存在障碍的问题，也存在有法不依，执法不严，法人违法、以言代法等执行不力的问题，更为主要的是由于《文物保护法》制订时间较早，社会主义市场经济体制建立过程中出现的一些新的问题在法律中缺乏有效和科学的界定，使我们在实践中难以及时制止和处理各种违法行为，影响了法律效力的发挥，在征得全国人大常委会原则同意与国务院的统一部署下，《文物保护法》的修订工作正在抓紧进行。关于《文物保护法》修改的具体建议，我们已于 1998 年经文化部审议后上报国务院，目前正在国务院法制办研究作进一步修改。按照工作计划，今年我们将积极配合国务院法制办做好法律的进一步研究修改工作，争取按国务院立法计划在年内由国务院上报全国人大审议。

在配合全国人大、国务院法制办做好《文物保护法》修订工作的同时，我们将积极做好与《文物保护法》相配套的法规体系的补充和完善工作。首先我们将整理目前已经形成的行政法规和法规性文件，在此基础上制订立法计划，构建有关文物保护和博物馆事业的法规体系框架，在今后的工作中逐步补充完善。今年将重点制订、修改和出台一批文物保护管理部门行政规章和法规性文件。各地也要做好配合当地人大的文物立法工作，同时要制订符合本地特点的行政规章，特别要抓好各个文物保护单位的管理条例的制定工作。我们希望各地能首先开展关于我国各个世界文化遗产项目保护条例的制订工作。在加强文物保护法制建设的同时，还必须始终注意把法制建设与道德建设紧密结合起来，把依法治国与以德治国紧密结合起来。在文物工作实践中，一方面要遵照《文物保护法》和国务院关于文物保护的各项法规，依法管理；另一方面要大力宣传保护文化遗产的重大意义，形成全社会保护文物、人人有责的良好道德风尚。同时要注意加强自身思想道德建设和责任意识。发展文物博物馆事业，需要用马克思主义唯物论的观点、科学的方法和客观的标准，认真研究和掌握文物工作的基本规律，引导、帮助群众领略真善美，摒弃假恶丑。我们要充分发挥文物博物馆事业自身优势，高扬爱国主义和革命传统教育两面光辉的旗帜，坚决反对以各种借口造假文物、搞假古董，哗众取宠、穿凿附会，宣扬神妖鬼怪、封建迷信和因果报应等低级趣味。我们展示、弘扬的是中华民族优秀的文化传统和道德修养，反对蛊惑人心、破坏稳定的歪理邪说；我们鼓励对文物施行科学、合理的利用，反对注重短期行为，追求眼前利益，过度开发，竭泽而渔，造成对文物本体的过度开发，甚至造成破坏的事件发生。

（六）加强文物博物馆职工队伍的思想作风建设特别是职业道德建设

国务院《关于加强和改善文物工作的通知》中明确"要努力建立适应社会主义市场经济体制要求，遵循文物工作自身规律、国家保护为主并动员全社会共同参与的文物保护体制"。经过几年的努力，我们已经深切体会到新体制下文物博物馆事业所获得的长足进展，同时我们也清醒地认识到，与世界上文物保护先进国家相比，我们这样一个有着五千年文明历史的文物大国目前还不是一个文物保护强国，文物博物馆事业的总体水平不能满足我国人民日益增长的物质文化和精神文化的需求，文物博物馆事业的发展步伐还不能完全跟上时代前进的步伐。解决这些问题，依靠党中央、国务院的高度重视，依靠各级政府的全力支持，依靠全社会广大人民群众的共同参与，更为重要的是建立一支思想好、业务精、作风正的高水平、高素质的文物博物馆干部职工队伍。"济大事人为本"，千秋大业重在人为。随着我国社会主义市场经济体制的建立，文物博物馆工作进入了一个新的发展阶段，加强对专业人才的培养，建立一支高水平、高素质的文博干部队伍，是当前工作中的一项紧迫任务。特别是在当前市场经济大潮的冲击下，更要高度重视文博队伍的思想作风建设特别是职业道德建设。长期的实践证明，我们的文博队伍的基本素质是好的，总体水平是高的。广大文博工作者坚持正确的方向，"寂寞案头"，"铁心修志"，自甘清苦，无私奉献，为祖国的文物博物馆事业做出了巨大的贡献，博得了广大人民群众的爱戴和尊敬。但也应该清醒地看到，近年来，文博干部队伍中的个别人经不起资产阶级腐朽思想的侵蚀，已经堕落成我们这个队伍中的败类。在前两年揭露出的江西井冈山革命博物馆工作人员非法侵吞门票款的丑闻之后，最近又有山西、湖北、新疆等地发生贪赃枉法、监守自盗等恶劣案件。这严重玷污了文物博物馆工作者的声誉，在社会上造成了十分恶劣的影响，我们一定要高度重视，引以为戒。广大文博工作者，一定要加强政治理论学习，树立正确的人生观、世界观和价值观，树立全心全意为人民服务的思想，自觉、模范地遵守和执行国家有关法律、法规和方针、政策。要树立崇高的职业道德，爱岗敬业，无私奉献，认真履行文博工作者的职责，自觉遵守《中国文物博物馆工作人员职业道德准则》。要把上述要求作为文博工作者起码的纪律性和道德准则，做不到这些，就不适宜在这条战线工作。要加强监督机制，赏罚分明，对于利用职权和工作之便谋取私利、严重违法乱纪者要坚决查处，并清除出文博队伍。对无私奉献、成绩卓著者要表彰，树立典型，扶正祛邪，真正锻造一支政治强、业务精、作风正的文博干部队伍，为文物博物馆事业的繁荣发展做出应有的贡献。

三、关于 2001 年的工作

今年 1 月 5 日，中共中央政治局常委、国务院副总理李岚清同志召集会议，专门听取国家文物局关于"十五"期间文物工作有关问题的汇报。会议确定：1. 进一步建立并完善与社会主义市场经济体制相适应的文物保护体制。重申"保护为主，抢救第一"和"有效保护，合理利用，加强管理"的文物工作方针和原则，抓紧做好《文物保护法》的修订工作。2. 同意建立文物保护部际协调会议制度，研究协调相关部门协商仍不能取得一致意见的重要问题。3. 增加经费投入，拓宽投资渠道。国家要继续增加文物保护经费的投入，国家计委、财政部要尽量支持增加中央财政的文物保护专项经费问题。要研究制定政策，拓宽重点文物保护项目的筹资渠道。4. 要大力发展博物馆文化。5. 做好建设国家博物馆的准备工作，"十五"期间完成前期筹备工作，"十一五"期间正式开工建设。6. 要进一步加强文物市场管理，有条件地允许文物进入市场流通，并规范文物的市场运作行为。7. 原则同意公布第五批全国重点文物保护单位。

对于会议确定的各项工作任务，我们已经制订了相应的工作计划，现正在逐项落实过程中。

同时，我们要抓住这次会议的机遇，抓紧开展 2001 年的工作，争取在以下十个方面有较大收获：

（一）坚持文物工作的方针和原则，加强文物工作理论研究，促进改革深入发展。注重理论与实践相结合，深入调查研究，努力探讨文博工作实践中的重点、热点、难点问题。召开第三次"邓小平理论与文物工作"研讨会，研究和探讨深化文物事业体制改革、规范文物流通秩序等迫切需要解决的理论问题。建立国家文物工作部际协调会议制度。努力加大政府对文物保护的经费投入，同时研究通过多渠道、多途径筹集资金，解决文物保护经费来源问题。正确处理文物保护与利用的辩证关系，在强调和确保文物国家所有权的同时，积极探索合理利用文物的多种形式，以调动全社会广泛参与保护文物的积极性。

（二）筹备召开全国文物工作会议。会议的主要任务是，以第五批国保单位公布为契机，全面总结、回顾各级文物保护单位的保护、管理工作所取得的经验与教训，深入探讨和研究新世纪建立与市场经济体制相适应的文物保护新体制，以及文物保护单位管理工作重点需要解决的问题。

（三）继续落实国务院办公厅《关于西部大开发中加强文物保护和管理工作的通知》和国家文物局西部文物工作会议精神，重点抓好西部重点工程如三峡工程、南水北调、西气东输以及新修铁路、公路等工程的文物保护。召开第二次文物系统援藏工作会议，按照江泽民总书记和李岚清副总理的指示，做好西藏文物特别是布达拉宫的保护工作。

（四）做好国家博物馆建设工程的前期筹备工作。建设一个代表国家形象的博物馆已得到中央的明确支持。在"十五"期间要做好各项前期工作，包括选址、拆迁、设计、招投标、评选等工作，争取在"十一五"计划时正式开工建设。

（五）筹备召开"文物保护工程管理工作会议"，制定相关制度，转变文物保护工程方案审核方式。指导各省制订 2001 年文物保护项目计划。在抓好重点维修工程项目设计的同时，加强文物保护工程施工质量的监理制度。

（六）抓好大遗址保护规划的制订和大遗址保护展示项目的试点工作。召开 2001 年全国考古工作汇报会。做好 2001 年考古领队资格评议和优秀考古工地评审工作。

（七）努力适应社会主义市场经济需要，规范文物流通秩序，有条件地允许文物进入市场流通。严厉打击各种文物违法犯罪活动，严禁各种文物制假、贩假行为。筹备召开文物监管品流通管理座谈会。

（八）始终要把文物安全工作放在突出的重要位置，提高警觉，严密防范各种突发事件，并事先制订各种防范预案。对重要的开放场所，要切实保证文物安全。当前，尤其要加强对田野石刻、寺庙文物的安全防范。继续抓紧《文物系统博物馆风险等级和安全防护级别的规定》的落实达标工作，建立打击文物犯罪工作联席会议制度，积极配合有关部门协调打击文物犯罪活动。

（九）努力发展博物馆文化，重视对广大青少年的教育。积极开展馆际文物展览的交流活动，鼓励合法民间收藏物的展示及交流。以繁荣博物馆文化和提倡博物馆特色化、多样化为目标，实施精品工程，提高陈列展览的科学水平。改进十大陈列展览精品评选工作，在全国范围内评选2000年度十大陈列精品奖。继续召开博物馆陈列展览项目洽谈会，促进馆际业务、学术、管理工作的交流。积极配合各级党组织做好纪念中国共产党成立八十周年的各项纪念活动。组织协调中国历史博物馆的"西藏文物精华展"，中国革命博物馆的"纪念中国共产党成立80周年展览"等大型展览和北京鲁迅博物馆举办的鲁迅先生一百二十周年诞辰纪念活动。

（十）巩固外事工作成果，提高对外交流水平。完成与美国政府签订关于对美国进口中国文物实施限制的双边协议及有关后续工作。做好赴德国的以山东青州龙兴寺佛教造像为主的石刻艺术展览的筹备工作；举办"古代埃及文物展"。开展2003年联合国教科文组织世界遗产委员会全会和2005年国际古迹遗址理事会（ICMOS）第十四届大会的先期筹备工作。

同志们，新的世纪，新的一年，新的任务，全国文物博物馆工作者要在以江泽民同志为核心的党中央领导下，高举邓小平理论的伟大旗帜，大力弘扬为实现社会主义现代化而不懈奋斗的解放思想、实事求是，紧跟时代、勇于创新，知难而进、一往无前，艰苦奋斗、务求实效，淡泊名利、无私奉献的精神，抓住机遇，乘势而上，勇于改革，开拓进取，以强烈的事业心和高度的责任感，勤勤恳恳，扎扎实实地做好每项工作，以新的工作成果迈入新世纪。

李岚清在 2002 年全国文物工作会议上的讲话 *

（2002 年 12 月 20 日）

这次会议是在全党全国人民认真学习贯彻党的十六大精神的形势下召开的新世纪第一次全国文物工作会议。会议的主要任务是以邓小平理论和"三个代表"重要思想为指导，认真贯彻党的十六大精神，研究部署新的《中华人民共和国文物保护法》的实施工作。开好这次会议，对于做好当前和今后一个时期的文物工作，进一步开创新世纪新阶段文物保护事业新局面具有十分重要的意义。昨天，孙家正同志和单霁翔同志分别作了工作报告，公安部、建设部、海关总署、工商总局、旅游局的负责同志讲了话。他们的讲话我事先看过了，都赞成。刚才，山西省、河南省、湖南省、西藏自治区、陕西省的负责同志在分会场分别发了言，讲得都很好。这里，我再强调几点意见。

一、充分认识加强文物工作的重大意义

做好任何一项工作，首先都要充分认识它的重要意义，这是一个永恒的命题。我觉得，在全面建设小康社会新的历史时期，针对我国文物工作的现状，更有强调的必要。我国是世界四大文明古国之一。在漫长的历史岁月，我们的祖先用勤劳和智慧创造了辉煌灿烂的中华文明，给子孙后代留下了丰富的文化遗产。党中央、国务院十分重视文物保护事业的发展，为此作出了一系列重大决策和部署，我国文物工作取得了很大成绩。全国文物保护管理机构和研究机构基本建立，具有较高政治素质和业务素质的文物专业队伍基本形成，文物保护的法律框架体系基本确立，广大干部群众的文物保护意识有了明显提高，中央和地方对文物保护的财政投入有较大幅度增长，一大批重要的文物古迹得到有效保护，配合基本建设的考古工作也取得了突出成绩。目前，我国已知的地上地下不可移动文物近 40 万处。其中全国重点文物保护单位 1269 处。长城、故宫等 28 处文物古迹和自然遗产被列入《世界遗产名录》。全国有博物馆 2000 余座，拥有馆藏可移动文物约 1200 万件，其中一级文物 63000 余件。每年举办各类文物展览 8000 个，接待国内外观众 1.5 亿人次。每年赴国外和港澳台地区举办各类文物展览 30 余个，产生了广泛的积极影响。长期以来，全国广大文物工作者以对历史负责、对人民负责的精神，兢兢业业、任劳任怨、尽职尽责，

---

* 讲话原题为《努力开创文物工作新局面》。李岚清时任国务院副总理。

为保护祖国的宝贵文物，倾注了大量心血和智慧。这里，我向大家表示衷心的感谢和诚挚的慰问。

在充分肯定成绩的同时，我们也要清醒地看到，当前文物工作还存在着许多亟待解决的问题。一些地方保护文物舍不得投入，却热衷于修建假文物；有的地方片面追求经济效益，对文物古迹进行掠夺式开发；在基本建设特别是城市改造中，破坏历史文化名城、拆毁历史文化街区和村镇、毁坏文物建筑的法人违法事件还时有发生；盗窃馆藏文物、盗掘古墓葬、走私文物的犯罪活动屡禁不止，一些地方日趋严重，致使大量古遗址、古墓葬遭到严重破坏，许多珍贵文物流失境外等等。这些问题不能不引起我们的高度重视。

党的十六大确立了今后20年全面建设小康社会的奋斗目标，对经济、政治、文化、国防和军队建设、祖国统一、外交以及党的建设各方面的工作作出了全面部署，为党和国家事业的发展指明了前进方向，也为文物保护事业的发展提出了新的更高要求。我们必须从全面贯彻"三个代表"重要思想的高度，从全面建设小康社会，开创中国特色社会主义事业新局面的全局出发，充分认识新世纪新阶段加强文物工作的重要意义，与时俱进，开拓创新，加快我国文物事业的发展。

加强文物工作，有利于继承和弘扬中华民族优秀文化，增强民族凝聚力。在漫长历史进程中遗留下来的众多历史文物和革命文物，是一部物化了的中华民族发展史。文物作为历史的物质遗存，是源远流长的中国历史的重要见证，是光辉灿烂的中华文化的重要载体，是维系中华民族团结统一的精神纽带。最近，考古工作者在湖南里耶发现了战国至秦汉时期的古城遗址，挖掘出36万余枚秦代简牍，都是当时的官署档案，内容涉及通邮、军备、算术、记事等当时社会生活的各个方面，对于研究我国古代历史和文化特别是秦代的历史和文化，具有重大意义。在5000多年的发展历程中，中华民族形成了以爱国主义为核心的团结统一、爱好和平、勤劳勇敢、自强不息的伟大民族精神，这种精神在丰富多彩的历史文物中得到了生动体现。加强对文物的保护、利用和管理，对于传承中华民族的优秀传统文化，发展当代中国的先进文化，对于弘扬和培育民族精神，增强民族自尊心和自豪感，增强中华民族的凝聚力和创造力，对于加强同世界各国的文化交流，扩大中华文明的国际影响，都能够发挥独特的重要作用。特别需要强调的是，许多历史文物是国家对文物所在的地域、水域、海域拥有主权的铁证。做好对我国境内地下、内水和领海中特别是西藏、新疆、台湾、南沙群岛等地区文物的考古发掘和科学研究，对于反对民族分裂、巩固民族团结，反对外国势力干涉中国统一和台湾分裂势力搞"台湾独立"、捍卫国家主权和领土完整，具有非常重大的意义。

加强文物工作，有利于推动科技进步，促进经济发展。早在公元前2500年，中国人就开始了仰观天文、俯察地理的活动，产生了许多杰出的科学家和能工巧匠，在天文历法、地理学、数学、医药学等许多领域，为人类做出了独特的贡献。众所周知，我国有造纸、火药、印刷术、指南针这四大发明。有的学者提出，我国还有中医中药、雕版印刷、赤道坐标、十进位制等重大发明，对人类的科技和文化进步都起到了不可估量的作用。文物是我们祖先智慧的结晶，反映着不同历史时期科学技术发展的成就，具有重要的科学价值。加强文物工作，能够深入探究文物中凝结的科学原理和高超的工艺技术，使现代科学技术的发展从中得到有益的启示。文物在我国经济发展中所起的重要作用也是有目共睹的。遍布全国各地的历史文物已经成为发展我国旅游业的宝贵资源，在国家旅游业所产生的经济效益中，文物旅游收益占了相当大的比重，成为旅游经济的重要支柱。许多地区依靠得天独厚的文物资源，发展了当地经济。正是北京长城故宫、西安秦始皇陵兵马俑、敦煌莫高窟、平遥和丽江古城等文物景观，带动了当地交通、商贸和旅游业的发展，扩大了就业，增加了税收，有力地促进了当地经济和社会的协调发展。

加强文物工作，有利于满足人民群众精神文化需求，提高全民族素质。文物对广大人民群众特别是青少年一代具有巨大的吸引力和感召力，很多文物保护单位同时也是爱国主义教育的重要基地。随着我国现代化建设的发展，人民生活总体上达到小康水平，欣赏历史文物，游览名胜古迹，已经成为人们精神生活的一种追求。登临岳阳楼，自然就会使人们想起范仲淹"先天下之忧而忧，后天下之乐而乐"的千古名言。游览长城和故宫，自然就会使人们对中国的悠久历史和灿烂文化发出由衷的赞叹。加强文物工作，合理利用好文物，不但能使广大群众充分感受中国传统文化的魅力，提高科学文化素质，而且还能使他们陶冶情操，增强艺术鉴赏力，丰富精神生活，提高思想道德素质。

总之，文物是我们进行社会主义物质文明和精神文明建设的宝贵资源。各级政府和广大文物工作者要本着对历史负责、对人民负责、对子孙后代负责的精神，做好新世纪新阶段的文物工作。

二、全面完整准确地理解和执行文物工作方针

今年10月全国人大常委会修订通过的《文物保护法》，总结了1982年《文物保护法》公布实施以来文物工作的实践经验，对社会主义市场经济条件下文物的保护、利用和管理等问题进行了规范，对当前文物工作的热点、难点问题作出了正确的回答，是我国文物事业在法制化轨道上继续向前发展的里程碑。这次修改《文物保护法》的一个重要成果，就是确立了文物工作的方针，即"保护为主、抢救第一、合理利用、加强管理"。这个方针是贯穿文物保护法的一条主线，也是指导新时期文物工作的基本准则。"保护为主"是这个方针的核心，就是要把文物保护作为文物工作的中心任务。"抢救第一"是做好文物工作的前提，强调要把抢救文物放在文物保护工作的首要位置。"合理利用"就是要在确保文物安全和永久保存的前提下，正确发挥文物在经济和社会发展中的重要作用。"加强管理"是做好文物保护工作的关键，是实现文物有效保护和合理利用的基本保障。文物工作的十六字方针是一个互相联系、不可分割的有机整体，彼此间的关系是辩证的。我们要全面、完整、准确地理解这个方针，把思想统一到这个方针上来，保证这个方针得到认真全面有效的贯彻落实。

第一，要在有效保护的前提下实现对文物的合理利用。文物是祖先留给我们的珍贵遗产，是绝对不可再生的宝贵文化资源。我们这代人必须把它保护好，留给子孙后代，并要让子孙后代永

远把它保护好。如果保护不好，上对不起祖宗，下对不起子孙。在任何时候，任何情况下，都要坚持"保护为主"，都必须把文物本体及其原生环境的保护和保存放在主要位置，这是文物事业得以存在和发展的基础，是文物工作安身立命的基石。保护文物和利用文物是相辅相成的。只有有效地保护好文物，才能为合理利用创造必要的前提，而合理的利用又能促进对文物的有效保护。大量事实说明，合理利用文物不仅不妨碍文物的保护，而且有利于促进保护。

许多文物特别是历史建筑不利用就很难保护。在利用文物方面，要有科学的态度，既不能只讲保护、不讲利用，也不能急功近利、竭泽而渔，关键是利用要合理。我们必须在坚持文物工作社会效益第一的前提下，努力争取社会效益和经济效益的统一，反对那种不惜以牺牲文物为代价、片面追求经济利益的倾向，坚决克服在这个问题上出现的吃祖宗饭、断子孙路的功利主义短期行为。对于那些一时还不具备"合理利用"条件的文物，也必须先设法将它保护起来，避免自然和人为的损害。例如秦始皇陵，暂时还不能发掘。就要建设遗址公园，进行有效保护，以防止在陵区盗掘破坏。

第二，要通过加强管理实现对文物的有效保护和合理利用。加强管理是有效保护和合理利用文物的基本保障。要确定合理利用文物的内涵、途径、手段和办法，制止各种对文物不协调、不合理的利用，遏制对文物不择手段的滥用、破坏，杜绝掠夺和破坏性开发、毁灭性拆建，努力实现文物的永久保护、永续利用。各级政府尤其是文物部门要按照《文物保护法》的要求，加强对文物的管理，提高科学管理水平。一些地方对文物乱堆乱放、缺乏管理；一些地方文物古迹很好，但周边环境却很差，乱建滥造，像个集贸市场，很不协调，必须加强综合治理，尽快改变这种现象。长城是人类历史上最伟大的建筑工程之一，是勤劳勇敢的中华民族的象征，是著名的世界文化遗产。小平同志曾发出号召：爱我中华，修我长城。但是近年来，由于人为破坏、管理不力和自然侵蚀等多种原因，长城的安全面临相当严重的威胁，加强保护已经刻不容缓。要加快有关法律法规建设，大力加强对长城的保护和管理。严禁无序、过度、破坏性地开发利用。文物保护工程的建设不能搞独家垄断，因为垄断既不能保证工期，更不能保证质量。要按照社会主义市场经济的要求去办，在取得文物保护工程资质证书的单位中招投标。要签订实施合同和责任书．施工中要有工程监理，严格实行项目责任制，确保工程质量。这里我要强调，近年来，有些地方将文物保护单位交旅游企业去经营，这种做法是错误的，也是违反《文物保护法》的。旅游公司可以组织游客参观文物古迹，提高经济效益，但不能把国有文物保护单位作为企业资产去赚钱。否则，势必会影响文物的保护，甚至会造成文物的破坏，从长远看也不利于旅游业的持续发展。文物管理部门进行文物保护的投资和费用应列入财政预算，由政府拨款，文物管理部门的合法收入应上缴国库，实行收支两条线管理，政府对还款收入只能用于加强和改善文物保护和管理，不得挪作他用。

第三，要注重基本建设中的文物保护。在加快城市更新改造和城镇化进程、实施西部大开发、加强基础设施建设的形势下，如何正确处理文物保护与基本建设的关系，是一个十分突出的问题。各级政府、有关部门和单位，必须本着既要有利于经济建设，也要有利于文物保护的原则，坚持在保护文物的前提下进行基本建设和生产建设，在基本建设和生产建设的过程中注重文物保护，能避开的尽量避开，实在不能避开的，要想办法保护好，努力实现文物保护事业和经济建设的协调发展。建设工程涉及文物保护的，要事先征求文物行政部门的同意。大中型基本建设项目在立项前必须按国际惯例进行考古调查、勘探，并把它作为前期环境评估报告的重要内容之一。文物部门要增强紧迫感，积极主动地配合国家基本建设，做好文物抢救工作。当前，特别要配合做好三峡水库、西气东输、南水北调、青藏铁路等大型基本建设工程的考古调查、勘探、发掘和保护工作。在城市建设和土地开发利用中，对文物埋藏密集区也要做好前期考古调查、勘探、发掘和保护工作，并结合城市改造，进一步改善文物古迹的周边环境。要依据《文物保护法》，抓紧制定《历史文化名城保护条例》和《历史文化街区、村镇保护条例》，加强对城乡建设的规划和管理，保护好历史文化名城和历史文化街区、村镇。

第四，要健全完善文物管理体制和运行机制。在我国进行改革开放和现代化建设、发展社会主义市场经济的新形势下，文物的经济价值日益显现出来。《文物保护法》规定，在一定条件下、一定范围内文物可以进行交换、购买、销售、拍卖、流通。对于国有馆藏文物的调拨、交换、借用，可以给予合理补偿；民间收藏文物可以依照《文物保护法》和即将公布的《文物保护法实施条例》进行购买、销售、拍卖。我们要按照《文物保护法》的要求，进一步深化改革，逐步建立起适应社会主义市场经济体制要求、遵循文物工作自身规律、以国家保护为主并鼓励全社会广泛参与保护、充满生机与活力的文物管理体制和运行机制。

第五，要采用现代科技手段加强文物保护。文物保护是一门科学性和技术性极强的学问。在文物保护工作中，如何把运用传统工艺和采用现代科技成果统一起来，是一个十分重要的课题。一方面，文物保护特别是对古建筑的维修保护，必须尊重历史，充分运用优秀传统技术、材料、工艺，严格遵守"不改变文物原状"的原则。另一方面，时代在前进，科技在发展，文物保护技术也要与时俱进。当今时代的文物保护不能一味只讲传统技术、材料和工艺，而要充分吸收现代科学技术发展的最新成果，合理地采用新技术、新材料、新工艺来解决文物保护方面的疑难问题。比如，西藏传统建筑使用"阿嘎土"作为隔水材料，但现在由于环境、气候变化，西藏地区雨量增大，防水性能较差的"阿嘎土"就不适用了。如果现在完全使用过去用的建筑材料，只附用传统工艺、技术，可能维修后还会漏水。使用新材料、新技术、新工艺与保持文物原貌并不冲突，在传统的技术不可能解决保护中存在的问题时，使用新材料、新工艺和新技术，也是国际上一个通行的做法。当然，采用这种做法既要积极也要审慎，要注意与传统工艺相结合，避免因使用不当而对文物本体或环境造成不可弥补的破坏，对一些具有特殊价值的古建筑更应该慎之又慎。以前对古建筑的维修保护有个说法，叫"整旧如旧"。我认为，这个"旧"不应是指陈旧、破破烂烂，而是指恢复原貌，还文物的本来面目。把古建筑改头换面是不对的，弄得面目全非更是错误的，但"蓬头垢面"也是不行的。即使是随着岁月流逝原貌已不可能恢复的遗址，也应经过充分论证，加以修整，在保护的同时，增强可观赏性。要根据文物工作的实际需要，抓紧筹建文物保护中心、研究中心、信息中心和古建研究中心，推进文物保护的技术研究、理论研究、信息共享和古建筑的维护，通过文物系统和科研机构、高等院校的共建，实现优势互补。要充分采用现代信息技术手段，提高文物保护，利用和管理的现代化水平。要把专业研究与人才培养结合起来，抓紧培养一批有真才实学、甘愿献身文物保护事业的专业人才，保证文物事业的发展后继有人。文物是一门综合学科，学术观点上可以不同，我们也提倡百家争鸣。但在文物工作中，我们只能依法办事，不能因学术上的争论而影响工作的正常开展。

三、切实加强对文物工作的领导

新的《文物保护法》已经公布，党中央、国务院关于文物工作的方针任务已经明确，做好今后的文物工作，关键在于加强领导，狠抓落实。

一是要进一步统一思想认识。文物保护的水平，体现了一个国家、一个民族的文化素质和文明程度。不重视文化遗产保护工作，是没有文化、缺少文化素养的表现。保护文物是全体公民义不容辞的责任。各级党委、政府要把思想统一到文物保护法上来，高度重视文物工作，提高文物保护意识，充分认识做好文物工作的重要性和紧迫性，切实承担起保护文物的责任，要按照1997年《国务院关于加强和改善文物工作的通知》（国发〔1997〕13号）精神，把文物保护纳入当地经济和社会发展计划、城乡建设规划、财政预算、体制改革、各级领导责任制。继续加大文物保护的投入，少说空话，多干实事，杜绝造假。对急需进行的文物保护和抢修工作要及时作出决策，对涉及许多部门的问题，党政负责同志要亲自出面，搞好协调。文物是人民群众创造出来的，也要依靠人民群众来保护。要进一步形成政府加强领导、各部门密切配合、广大群众积极参与的文物保护工作新格局。

二是要认真做好文物保护的基础性工作。把文物工作的家底摸清楚，做到心中有数，这是做好新时期文物工作的基础。要深入调查全国不可移动文物和馆藏可移动文物的数量、分布和保护的基本状况，建立文物档案，增强保护工作的针对性、有效性和科学性。对全国重点文物的保护维修，要按轻重缓急排列出优先顺序：按规划滚动式推出。大型的古遗址、古墓葬和古建筑群要先制定好保护规划，分步实施。各地对本辖区重要的省级文物保护单位的保护也要提出规划，安排专项资金分步实施。要深入调查全国文物单位、机构和文物工作队伍的基本状况，区别情况、分门别类，推进文物系统事业单位的改革，进一步建立健全文物工作机构，提高文物工作队伍的思想道德素质和业务素质。要深入了解和掌握新时期文物工作出现的新情况新问题，按照国务院的要求，全面清理已经形成的行政法规和法规性文件，积极做好与《文物保护法》相配套的法规体系的补充和完善工作。

要大力加强博物馆建设。博物馆要健全规章制度，提高管理水平，确保馆藏文物的安全，充分发挥收藏、研究、展示文物的职能。要制定政策措施，鼓励社会各界力量兴办各种综合性或专题性的博物馆，发展博物馆事业。

三是要依法打击各种文物犯罪活动。各级政府的领导和文物系统的干部职工要带头认真学习、严格执行《文物保护法》，研究和解决本地区文物工作当前存在突出问题，坚决制止各种人为原因造成的文物损毁和破坏。对于拆毁真文物、兴造假古董和大型假文物的错误做法，必须认真检查，坚决纠正。当前，非法经营文物特别是出土文物的现象相当严重。公安、工商、经贸、海关、文物等有关部门，要联合行动，标本兼治，防治结合，大力整顿和规范文物市场秩序，加大对各种文物犯罪活动的打击力度，重点是打击非法买卖出土文物。对各种文物犯罪分子都要依法严加惩处，特别是对那些内外勾结，疯狂盗窃文物、盗掘古墓葬、走私国家文物的犯罪团伙和走私集团，要依法严惩不贷。要把《文物保护法》作为全民普法教育的一项重要内容，进一步提高各级政府和广大人民群众的文物保护意识，形成"保护文物，人人有责"的良好社会风尚。

做好文物工作是历史赋予我们的光荣使命。让我们在以胡锦涛同志为总书记的党中央领导下，认真学习贯彻党的十六大精神，高举邓小平理论伟大旗帜，全面贯彻"三个代表"重要思想，严格执行《文物保护法》，继往开来，与时俱进，努力开创我国文物保护事业的新局面，为中国特色社会主义建设做出新的更大贡献。

孙家正在 2002 年全国文物工作会议上的讲话*

（2002 年 12 月 25 日）

在全党全国深入学习贯彻党的十六大精神，全面建设小康社会，加快推进社会主义现代化新的发展阶段，国务院批准召开了全国文物工作会议。各省、自治区、直辖市的领导同志、中央有关部门的负责同志与文物战线的同志们聚集一堂，共商新时期繁荣发展文物事业的大计，充分体现了党中央、国务院对文化建设特别是文物工作的高度重视和巨大关怀，标志着文物工作作为政府行为进一步纳入了政府工作的重要议程。我谨代表文化部和全体文化、文物工作者，向同志们表示热烈欢迎，衷心感谢大家对文物工作的关心和支持！

1995 年全国文物工作会议以来，在党的文物工作方针指引下，依靠中央有关部门和各地党委、政府的重视与支持，经过文物部门广大干部职工的共同努力，文物博物馆事业取得了显著成就。这次会议是跨入新世纪以来的第一次全国文物工作会议，将极大地推动新时期文物工作的长足发展。

当前，文物工作面临着非常好的发展机遇。党的十六大全面规划了新世纪新阶段中国特色社会主义现代化事业的宏伟蓝图，确定了全面建设小康社会的宏伟目标，指明了文物博物馆事业在社会主义现代化建设中的重要地位和作用。全国人大常委会修订、颁布了新的《中华人民共和国文物保护法》。国务院建立了文物工作部际协调会议制度。中央有关部门提出了新时期贯彻《文物保护法》和进一步做好文物保护"五纳入"的实施意见。党中央、国务院领导同志对这次会议给予了极大关注。岚清同志将发表重要讲话，对文物工作提出指导性意见。希望大家认真领会，集思广益，共同为开创文物工作新局面献计献策。

下面，我就贯彻党的十六大精神和江泽民同志"三个代表"重要思想的要求，统一思想，振奋精神，做好新时期的文物工作，讲一点意见，供同志们参考。

一、认真学习贯彻十六大精神，增强做好新时期文物工作的使命感和责任感

党的十六大确立了"三个代表"重要思想的指导地位，提出了全面建设小康社会的奋斗目标，对建设中国特色社会主义经济、政治、文化和加强党的建设等各项工作做出了全面部署。江泽民同志在党的十六大报告中指出，全面建设小康社会，必须大力发展社会主义文化，建设社会主义

---

* 孙家正时任文化部部长。

精神文明。我们一定要认真学习、深刻领会十六大精神，充分认识文物事业在构建当代中国先进文化中的重要地位和作用，充分认识积极推进文物保护和博物馆建设的创新实践，对于弘扬和培育民族精神，不断增强人们的精神力量，促进中华民族的伟大复兴的重大而深远的意义，进一步增强做好新时期文物工作的使命感和责任感。

随着经济全球化、政治多极化的曲折发展，当今世界各种思想文化的相互激荡也日趋激烈。发达国家凭借其经济实力、高新技术和营销网络，不遗余力地加强文化的渗透和扩张。面对这一严峻形势，发展中国家普遍认识到保护、发展本土文化的极端重要性和现实紧迫性，积极倡导对文化多样性的保护和弘扬，大力增强国民对自身民族文化的认同感、归属感和自豪感。中国是一个拥有优秀民族传统和辉煌历史文化的发展中国家，博大精深的民族文化遗产作为全民族的宝贵财富，既是我们历史悠久、文化灿烂这一基本国情的重要载体，也是我们进行社会主义物质文明和精神文明建设的珍贵资源和特殊优势。保护好祖国珍贵文化遗产，通过展示与普及，充分发挥其社会教育功能，使之成为凝聚民族力量的强大精神纽带和激发爱国热忱的力量源泉，激励全民族以博大的胸怀面对世界，把握未来，更加积极地投身振兴中华的伟大事业。近几年来，江泽民同志一再谈到我国的综合国力包括经济实力、军事实力和民族凝聚力，并强调指出，要把弘扬民族精神和增强民族凝聚力作为文化建设的一个极为重要的任务，使广大人民在建设有中国特色社会主义的征途上，始终保持奋发有为、昂扬向上的精神状态。我们必须充分认识我国文物事业在当代国际文化和综合国力激烈竞争中的突出价值和作用，担当起弘扬民族精神、凝聚民族力量的神圣使命，为加快我国社会主义现代化建设做出应有的贡献。

按照党的十六大作出的总体部署，21世纪头一二十年，我国将进入全面建设小康社会，加快推进社会主义现代化新的发展阶段，我们党将团结和带领全国各族人民，实现推进现代化建设、完成祖国统一、维护世界和平与促进共同发展的历史任务。在这一极具历史意义的战略机遇期，随着改革开放和经济建设高潮的到来，中国特色社会主义的政治文明和精神文明建设将获得空前的发展，人民群众的精神文化需求将持续高涨，坚持先进文化的前进方向，大力建设和繁荣社会主义文化，不断丰富人们的精神世界，不断增强人们的精神力量，为改革开放和现代化建设的健康发展提供有力的思想保证和良好的舆论环境，将成为全国文化工作者必须承担的一项重大历史性课题。机不可失，时不我待。广大文物工作者一定要提高对新世纪新阶段文物事业发展战略机遇期的认识，从全局性和战略性的高度，认真分析和把握新时期文物事业面临的形势和任务，高举邓小平理论伟大旗帜，按照"三个代表"的要求改进我们的各项工作，努力开创文物事业繁荣发展的新局面。

当前，我国正处在由计划经济向社会主义市场经济的重大转轨期，文物工作既面临着快速发展的大好机遇，又面临着复杂而艰巨的形势。从世界各国发展的经验看，越是在市场经济条件下，越要加强政府对文物的抢救、保护和管理。改革开放和经济的快速发展，一方面能够为文化、文物工作提供更好的基础和条件；另一方面，经济的快速发展，大面积的城乡开发和建设，也使文化遗产的保护面临着复杂的情况和艰巨的任务。比如城市建设，一些地区的城市建设忽视历史遗存，忽视民族的地域的特征，片面追求面貌焕然一新，结果使其悠久的历史失却了记忆，鲜明个性失去特征。保护文物就是保持我们与祖先联系、沟通的渠道，就是保护中华民族的文化根基。时代在发展，形势在变化，文物工作一定要适应新形势、新要求，积极创建新体制、新成绩。

二、坚持以"三个代表"的要求统领文化建设，充分发挥文物工作对构建当代中国先进文化的突出价值和作用

党的十六大把"三个代表"的重要思想确定为党必须长期坚持的指导思想，要求我们以"三个代表"统领文化建设。我们要深刻认识"三个代表"重要思想集中反映了新的历史条件下人民群众对我党各项工作的新要求，自觉对照"三个代表"的要求，坚持先进文化的前进方向，结合新世纪新阶段文物工作面临的新形势、新任务，加强和改进文物、博物馆的各项工作。

（一）全面贯彻"三个代表"的要求，坚持先进文化的前进方向，需要我们大力保护和继承祖国优秀传统文化，培育和弘扬民族精神。

我国是一个有着悠久历史和灿烂文化的文明古国。在漫长的历史进程中，我们的先人创造了连绵不断、世罕其匹的中华文明，为人类的文明与进步做出了不可磨灭的贡献，形成了独树一帜的卓越民族精神和优秀传统文化。

现实中国是历史中国的发展。民族优秀传统文化是我们建设当代中国先进文化的根基和依托，是凝聚民族和发展民族，并使之立于世界之林的精神支柱。在整个文化事业中，文物工作与民族优秀文化传统的关系最为紧密，它承担着保护民族文化遗产、弘扬民族精神的重要职责。做好新时期的文物工作，一要坚持马列主义、毛泽东思想、邓小平理论和"三个代表"重要思想的指导地位，全面贯彻江泽民同志关于"大力发展面向现代化、面向世界、面向未来的，民族的科学的大众的社会主义文化"的科学论述，加强文物保护，充分发挥文物见证历史、弘扬传统的独特功能，为改革开放和现代化建设提供强大的精神动力和智力支持；二要坚持继承优秀传统文化与弘扬时代精神相结合的原则，科学分析传统文化的丰厚内涵，准确把握传统文化的精髓实质，使优秀传统文化融会到当代文化创新的实践中来，成为中国特色社会主义文化的重要内容；三要坚持解放思想、实事求是的思想路线，弘扬与时俱进的精神，不断适应新情况，研究新问题，提出新思路，开拓新境界，在改革中求发展，在发展中求创新，切实加强和推进文物事业的自身建设。

（二）全面贯彻"三个代表"的要求，坚持先进文化的前进方向，要求我们坚持党的文物工作方针，坚持社会效益第一的原则，努力把文物事业发展成为政府支持为主、群众广泛参与、社会贡献率高的公共事业。

文物事业作为保护、研究和展示文化遗产的社会公益事业，具有十分显著的文化性、群众性和标志性，在文化、科学、教育等领域发挥着独特的社会功能。在我国加快推进现代化建设，社会主义市场经济体制逐步完善和深入发展的新形势下，一方面必须进一步明确文博工作作为文化教育事业的社会公益属性，强调它是一项能够促进经济、社会持续发展的事业，各级政府必须对其提供经费保证和法律、政策的扶持，为其创造有利于把社会效益放在首位的良好条件；另一方面，又要适应社会主义市场经济体制的要求，深化改革，加强管理，不断增强自身发展的活力。

新时期的文物工作，要把贯彻落实"保护为主、抢救第一、合理利用、加强管理"的文物工作方针，建立政府主导、社会参与的文物工作新体制，作为繁荣发展有中国特色社会主义文物事业的长期奋斗目标。各级文物部门要牢牢坚持以"三个代表"的要求总揽全局，牢牢坚持为人民服务、为社会主义服务的根本方向，牢牢坚持党的文物工作方针，不断研究新情况，解决新问题，寻求新突破，开创新局面。要认真调查研究近年来各地的创新实践和典型经验，提出进一步确立新体制、推动"五纳入"的具体措施和方法。要切实承担起政府部门对博物馆行业的主导职责，集中力量在大城市和一些重点城市规划建设好一批代表国家或地区文明形象的大中型、骨干型博物馆；继续发展和完善综合性、历史性博物馆，注重建设符合时代需要的、具有行业代表性和鲜明个性特色的各类专题博物馆。与此同时，要本着积极扶持、加强管理的原则，制定相关法规，完善保障措施，有效地促进和引导社会团体、公民个人兴办品类各异、独具特色的民办专题博物馆，逐步促进博物馆的社会化发展，使文博事业真正成为全社会的共同事业。

（三）全面贯彻"三个代表"的要求，坚持先进文化的前进方向，要求我们密切关注新世纪新阶段我国文物工作所处社会环境发生的深刻变化，大力提高各类文博单位的服务水平。

在我国加快推进改革开放和现代化建设新的历史进程中，物质生活水平的不断提高，现代科学技术和传播手段的日新月异，将使公众的知识领域和审美情趣进一步扩展。一方面，广大群众对文博领域各类精神产品的内容和形式将提出更高的要求；另一方面，社会各界将更加关注文博单位的参观环境和相关服务。但从当前的总体情况看，我们各级各类文博单位推出的参观、服务项目还不够丰富，还缺乏应有的吸引力和感召力，与时代的要求、与人民群众的要求还有一定的差距。我们要努力适应时代潮流，不断推出精心的策划与选题、新颖的形式与手段、优质的环境与接待，以全新的工作理念和传播方式面向社会，以更具吸引力和感染力的精神产品奉献大众。

首先，要紧紧把握时代脉搏。各类陈列展览及出版物、宣传品要充分体现文物工作的先进性、文化性和群众性，选题要准，立意要新，要引起广大群众的关注与共鸣。

其次，要大力提高精品意识。面向公众的开放、服务项目，要深入挖掘文物的丰富内涵，反映最新研究成果，提高学术文化含量，满足公众对精品文化的精神需求。

第三，要在展示艺术和表现手法上寻求新的探索和突破，注重高新技术和材料的合理运用，实现思想性与艺术性、科学性与观赏性、教育性与趣味性的完美结合，努力打造公众喜闻乐见的文化品牌。

第四，要改进展览的参观组织和讲解咨询，针对不同职业、不同年龄、不同文化层次和不同文化背景的各类观众，提供热情周到、细致入微的接待服务，使参观文物、博物馆成为广大群众精神文化生活的追求和时尚。

三、全面贯彻《文物保护法》，保证和促进文物事业的健康发展

《文物保护法》是文物工作的大法，是文物工作统一认识的基本依据，是规范政府、社会团体和公民行为的法律准绳。全面地贯彻执行《文物保护法》是文物事业健康发展的根本保证。当前，要突出抓好《文物保护法》的宣传贯彻，大力倡导和树立保护文物人人有责的思想观念，使保护文物成为全社会的道德规范和法律准绳，成为每个公民的精神素质。要加大执法力度，依法打击盗窃、走私、破坏文物的犯罪行为。要全面理解和贯彻"保护为主、抢救第一、合理利用、加强管理"的文物工作方针。保护是前提。抢救是当务之急。科学合理的利用，文物的价值才能得以体现，同时也有利于文物的保护。关键在于加强管理。我们要妥善处理文物抢救、保护与经济、社会发展需要的关系，积极探索保护前提下的利用，科学、合理地发挥文物对弘扬中华文化的重要作用。要坚持保护与利用的良性互动，树立文物资源有效保护与合理利用的发展理念，坚持反对和防止不顾文物及其环境的客观承受力，不顾长远发展需要的盲目利用和恶性开发，促进文物事业可持续发展。要通过深化改革，加强管理，提高文物工作的整体水平。要在继续加强各类不可移动文物和馆藏文物、标本的管理，改善保护、展示条件的基础上，进一步扩展文物的工作视野，积极开展对民间文物收藏品和非无物质形态文化遗产的登记、管理，促进合法的民间收藏物向公众展示和开放；抓紧对一些濒临灭绝的民族艺术、民间绝技、民俗文化等遗产进行抢救和保护。要实行更多的优惠和鼓励，加强对少数民族文物保护、宣传工作的指导和扶持，做好对西部少数民族地区文物、博物馆工作的对口支援。

同志们，这次全国文物工作会议是在党的十六大精神指引下召开的，必将全面推动新时期文物事业的繁荣与发展。我们一定要以党的十六大精神为指针，紧紧抓住正在面临的重要战略机遇期，努力实践"三个代表"重要思想，深入贯彻"保护为主、抢救第一、合理利用、加强管理"的方针，与时俱进，大胆创新，不断取得文物工作的新成就，为建设中国特色社会主义的伟大事业做出更大贡献！

单霁翔在 2002 年全国文物工作会议上的工作报告

（2002 年 12 月 19 日）

现在，我代表国家文物局向会议作工作报告。报告共分两个部分：一、七年来工作的回顾与体会；二、本世纪头十年的工作要点与基本思路。

一、1995 年以来文物工作的回顾和体会

1995 年西安全国文物工作会议之后的七年来，我国经济持续快速健康发展，国家繁荣稳定，人民安居乐业，为文物事业的发展提供了前所未有的机遇。

七年来，文物保护工作实现了前所未有的发展，社会效益和经济效益显著增强。我国的世界遗产总数达到了 28 处，居于世界前列。1996 年以来国务院先后公布 770 处全国重点文物保护单位，超过了新中国成立后四十多年所公布的总和，总数达到 1269 处。各省、自治区、直辖市人民政府和市、县级人民政府也分别公布了新的省、市县级文物保护单位。据不完全统计，我国已公布的省级文物保护单位 7000 多处，市县级文物保护单位 60000 余处；文物保护单位"四有"建设、馆藏文物建档和全国文博单位基本情况普查等基础性工作扎实推进；包括西藏布达拉宫、天津独乐寺、青海瞿昙寺、河北隆兴寺大悲阁在内的一批新中国成立以来较大的文物保护工程陆续完成，基本实现了前四批全国重点文物保护单位没有大的险情的目标；故宫、洛阳龙门石窟、大同云冈石窟等一批重点文物保护单位进行了大规模整治，使周边环境得到明显改善；开展了有史以来规模最大的配合黄河小浪底水库、长江三峡水利工程建设等国家大型基本建设项目的文物保护工程；国家历史文化名城、全国重点文物保护单位以及大遗址保护规划的编制和实施工作明显加强，当城市规划和工程建设与文物保护之间出现矛盾时，一些重点建设项目及时修改规划设计，使广州南越王宫署、杭州良渚遗址、黑龙江阿城金代宫殿、青海民和马厂塬等一批重要遗址得到妥善保护；配合国家经济建设而开展的考古工作不断取得重大成果，如湖南湘西里耶秦简、成都金沙商周遗址、西安安伽墓等发现，极大地推动了对我国古代历史和文化的认识；包括边疆考古、水下考古、航空遥感考古在内的考古学术研究进展加快；全国各类博物馆的数量已达到 2000 余座，每年推出陈列展览 8000 多个，接待国内外观众 1.5 亿人次；新建的上海博物馆、河南博物院、西藏博物馆、青海省博物馆、福建博物院等现代化程度较高，提升了我国博物馆的综合水平；召开了全国革命文物工作会议和全国少数民族文物

工作会议，中共中央办公厅和国务院办公厅转发了《中共中央宣传部、国家教委、民政部、文化部、国家文物局、共青团中央关于加强革命文物工作的意见》，国家民委和国家文物局联合下发了《关于加强少数民族文物工作的意见》，促进了革命文物和少数民族文物保护工作的深入开展。

七年来，文物法制建设不断加强，初步形成了以《中华人民共和国文物保护法》为核心，以专项法规、部门规章和地方法规为骨干的文物保护法规体系。1982 年公布实施的《文物保护法》是我国文物保护事业的第一部法律，在保护祖国文化遗产方面发挥了巨大作用。今年 10 月，全国人大常委会审议通过了《文物保护法》修订案，为新世纪我国文物工作的开展提供了更加有力的法律保障。各级人大、政府着力加强文物保护法规体系建设，出台了一批具有很强针对性和操作性的行政规章和地方法规，初步营造了依法决策、依法管理的文物保护法律环境。此外，我国还加入了与文化遗产保护有关的四个国际公约。各级人民政府及相关职能部门加强了依法行政的力度，在充分发挥文物行政部门执法作用的同时，组建了各种形式的文物执法队伍，依法处理违反法律、违背文物工作规律、造成文物破坏的行为。稳步推进文物系统博物馆风险等级达标工作，文物安全保卫工作得到了进一步加强。公安、海关、工商等部门会同各级文物部门，破获了一批走私、盗窃、盗掘文物的案件，有力地打击了违法犯罪分子的嚣张气焰，并依据国际公约多次成功追索被走私出境的中国文物。

七年来，各级党委、人大、政府和政协对文物工作关心、重视的程度普遍提高，按照党中央、国务院关于文物保护"五纳入"工作的统一部署，将文物保护纳入当地经济和社会发展计划，纳入城乡建设规划，纳入财政预算，纳入体制改革，纳入各级领导责任制，不断提升文物工作的社会地位和文物事业的整体水平。文物保护经费增长较快，中央财政用于文物保护的专项补助经费从 1995 年的 1.29 亿元增加至 2002 年的 2.76 亿元；各级地方政府普遍设立了文物保护专项资金，用于文物事业的经费逐年有所增加，"九五"期间的投入达到 19.6 亿元。北京市政府于 2000 年出台了"三年 3.3 亿元文物抢救修缮计划"，并将于 2003～2008 年每年再投入 1.2 亿元用于文物保护。山西省在机构改革中不仅加强了省级文物行政部门，而且在所有的地市都设立了文物管理机构。湖南省委、省政府大力推进"五纳入"，有效改善和加强了全省的文物工作。同时，社会各界支持、参与文物保护的积极性日益高涨。各行各业的专家、学者为文物保护事业献计献策，提供了大量的智力和技术支持。中国博物馆学会、中国文物学会等社会团体积极参与文物、博物馆工作，获得了良好的社会反响。全国各地活跃着数以万计的业余文物保护员队伍，为保护文物安全做出了很大贡献。新闻媒体积极报道文物工作的新进展、新成就，抨击破坏文物的违法行为，有效地提高了全社会的文物保护意识。广大人民群众和海内外有关人士以多种形式参与文物保护，文物工作的社会环境进一步改善。实践表明，以国家保护为主，动员全社会共同参与的文物保护新体制已初步形成，并显示出旺盛的生命力。

七年来，全国广大文物、博物馆工作者不仅精心守护着我国40余万处不可移动文物和1200万件馆藏文物，还十分注重发挥文物在经济建设和文化建设中的重要作用。文博单位的开放、管理水平明显提高，在利用文物资源促进经济发展方面，发挥了积极作用。一些文物丰富地区，如北京、西安、承德、曲阜、平遥、丽江等，以及一些著名的文物博物馆单位，如故宫博物院、敦煌研究院、秦始皇兵马俑博物馆等，都已成为我国在海内外旅游市场具有较大影响和较强竞争力的文物旅游城市和景区。七年来，文物工作在促进与推动我国对外交往方面也发挥了巨大的作用，文物领域的国际交流与合作不断扩大与加深，政府间的合作继续加强，一百多个中国文物展览亮相世界，向世界人民介绍了博大精深的中国古代文化，展现了改革开放给中国带来的深刻变化。积极探索多种国际合作形式，与多个国际组织和学术机构共同开展文物保护与科学研究，参与了联合国援助柬埔寨吴哥窟保护维修项目，在国际舞台上展示了我国文物保护工作的实力和水平。

七年来，文物考古学术和文物保护技术研究稳步发展，一大批重点学术课题取得突破，夏商周断代工程取得阶段性重大成果，中华文明探源课题进展顺利，许多高水平的文物考古科研成果发表出版。文物事业信息化建设开端良好，国家文物局发布了《全国文物博物馆事业信息化建设"十五"规划》，以故宫博物院、上海博物馆、河南博物院为代表的一批文物博物馆单位在信息化建设方面取得进展。一批有关古建筑、石窟保护维修、馆藏文物和重要出土文物保护等技术难题得到解决，现代科学技术在文物保护工作中发挥着越来越大的作用。

七年来，文物队伍建设取得明显进展。尽管全国文物系统仅有七万余人，大多数单位的工作和生活条件还十分艰苦，但是这支队伍始终保持艰苦奋斗、淡泊名利、无私奉献的光荣传统，讲学习、讲政治、讲正气，遵守《中国文物博物馆工作者职业道德准则》，表现出高度政治觉悟、良好思想品德、较强业务素质、优良工作作风，已经成为堪当文物事业发展重任的生力军。

在充分肯定成绩的同时，我们也清醒地认识到，目前我国文物事业发展的总体水平与我们文明古国、文物大国的地位不相适应，与我们面临的文物保护、管理、利用的繁重任务不相适应，与人民群众日益增长的物质文化和精神文化需要不相适应。

一方面，各类文物遭受破坏的情况还相当严重。一是经济建设与文物保护的矛盾仍然突出，或在进行基本建设时有法不依，破坏古遗址、古墓葬等文物古迹；或在旧城改造和城市化建设中忽视文物保护，拆毁有价值的文物建筑和历史街区，导致一些历史文化名城丧失传统风貌和特色，有的重要历史文化街区、村镇名存实亡。二是一些地区在发展旅游和地方经济的过程中，忽视国家整体利益和长远需要，或热衷于在世界遗产地、文物保护单位的保护范围内进行缺乏历史根据的复建和新建；或违背文物工作规律，擅自改变文物管理体制，将国有文物的管理权和经营权转移给企业，引发许多不良后果。三是个别政府部门和法人违法的行为屡禁不止，有法不依、执法不严、以言代法、以罚代刑的现象尤为突出。四是盗掘古遗址、古墓葬和盗窃、走私珍贵文物的犯罪案件居高不下，境内外团伙相互勾结，犯罪手法趋于集团化、智能化、暴力化，造成文物的严重损毁和流失。

另一方面，在文物工作的一些问题上还存在着认识上的误区和理解上的偏差，在一定程度上制约了文物工作的健康发展。一是文物保护新体制的建设还不够完善，"五纳入"工作没有得到深入落实，文物保护的法规体系建设还亟待加强。二是一些地方文物行政部门和文物保护机构不健全，经费严重不足，设施落后，影响了文物保护工作的有效开展。三是文物保护的各项基础工作仍很薄弱，文物的登记建档工作还不够完备，"四有"工作尚未全面完成，仍有相当数量的文物保护单位没有制定保护规划。

二、20世纪头十年的工作要点与基本思路

新世纪头十年文物工作的指导思想和总体目标是：以邓小平理论和"三个代表"重要思想总揽全局，紧紧围绕党的十六大确定的全面建设小康社会必须大力发展先进文化的战略部署，坚持"保护为主、抢救第一、合理利用、加强管理"的文物工作方针，深入贯彻执行《文物保护法》，抓住机遇、开拓创新，扎实工作、奋发图强，不断增强文物事业的发展活力，为把我国建设成为世界文物保护强国而奋斗。

（一）深入贯彻文物工作方针，不断推进文物事业的健康发展

党中央、国务院从我国处在社会主义初级阶段的基本国情出发，提出了新时期的文物工作方针是"保护为主、抢救第一、合理利用、加强管理"，新修订的《文物保护法》又将这一方针以法律的形式予以明确。这一方针最大限度地保留了原方针和原则的科学内涵，符合新时期文物工作形势的变化和发展，体现出对文物工作改革创新、与时俱进的时代要求，是科学的、富有远见和创造性的。在今后相当长的时期内，我国文物工作必须全面地、完整地、坚定不移地坚持"保护为主、抢救第一、合理利用、加强管理"的方针，推进新时期的文物保护工作。

"保护为主"强调了文物工作的根本任务。要求各级人民政府应当重视文物保护，正确处理经济建设、社会发展与文物保护的关系，确保文物安全。同时也要求文物工作在任何时候、任何情况下，都必须把文物本体及其原生环境的保护和保存放在首位，这是文物事业得以存在和发展的基础，是文物工作安身立命的基石，也是国际社会关于文化遗产保护的通则。在当前情况下，我们要着重加强文物保护工作的理论研究，要解放思想，更新观念，加强对文物保护基础理论、管理体制、维修原则、基本方法的研究，深化对文物工作热点、难点、重点问题的研究，在实践中探讨传统工艺和现代科学技术相结合的最佳途径。

"抢救第一"表明了文物保护时不我待的紧迫感。要求我们充分认识到在当前社会经济还不甚发达、基本建设突飞猛进的时期，是文物工作较为艰苦、任务最为艰巨的时期。强调把抢救放在文物保护工作的首位，就是要引起人们对文物保护工作面临严峻形势的高度重视，从而动员各级政府和全社会都来关心和支持文物的保护和抢救，同时也要求文物部门合理规划，统一部署，抓

住重点，急事先办，把有限的力量集中起来，解决当前存在的迫切需要解决的突出问题。在强调"抢救第一"的同时，应当注意两个问题：一是要做好工作规划，抢救第一不是仓促行事、临时突击，而是要纳入到我们的工作规划当中，要理清工作中的轻重缓急，做好文物工作的各项规划，还要将这些规划纳入到当地社会发展计划和城乡建设规划当中；二是要注意日常维护，不能片面强调大修而忽视岁修，岁修做得好，不仅可以节约有限的人力物力，还可以避免大修给文物带来的伤筋动骨，延缓文物的衰老。

"合理利用"要求各级文物部门充分认识到文物本身所具有的文化教育作用、鉴古知今作用和科学研究作用，要善于利用文物资源的独特优势展示中华民族在漫长的历史进程中所形成的强大凝聚力、创造力和生命力，帮助人民群众认识自己的悠久历史和优良传统，增强民族自信心，激发爱国热情，提高思想道德素质和科学文化水平，促进人的全面发展。我们要尽可能多地把得到有效保护的各类文物向社会推出，充分发挥文物对促进中外文化交流、推动旅游和社会经济发展等的积极作用。对于不可移动文物，在确保文物不受损害的前提下，可以采取多种方式发挥作用，促进相关产业发展。对于可移动文物，也要在确保文物安全的前提下，通过陈列展览供广大群众观赏。我们不赞成将文物"藏在深闺人未识"，进而造成博物馆"门前冷落车马稀"的现象，同时也不赞成过度开发、竭泽而渔的做法，在扩大开放、利用的同时，也要考虑文物的脆弱性，研究文物开放利用的合理方式并确定文物承受能力的界限，保证文物利用的合理、规范、有序。

"加强管理"是实现文物有效保护和合理利用的根本保证。从当前的工作实际出发，"加强管理"的主要内涵，一是继续深化文物管理体制改革，加强文物保护的机构建设和职能配置；二是大力推进依法管理、依法行政，健全执法队伍，加大执法力度；三是加强对文物保护工作的政策研究，制订更加科学、合理、严密、完善的规章、制度、政策和规划，不断提高管理水平，完善工作机制；四是增加文物保护、管理工作中的科技含量，充分利用现代科技成果与手段，提高文物建档、保管、保护、展览、信息传播和科学研究水平；五是要积极普及文物知识，宣传文物的历史、科学、艺术价值及其重要作用，提高全民族的文物保护意识，努力完善国家保护为主、动员全社会共同参与文物保护的新体制。

"保护为主、抢救第一、合理利用、加强管理"的文物工作方针，坚持既有利于文物保护、又有利于经济建设和提高人民群众生活水平的原则，坚持文物工作必须服从和服务于社会主义物质文明、政治文明、精神文明建设的原则，坚持社会效益放在首位，努力实现社会效益和经济效益统一的原则。文物工作方针所阐述的科学内涵，既强调了文物工作的重点所在，又突出了文物工作各个方面的辩证关系，符合我国社会主义初级阶段的基本国情，符合文物工作的自身规律和客观实际，为我们做好新时期的文物工作提供了强大的思想武器和坚实的理论依据。

（二）深入贯彻《文物保护法》，进一步加强文物保护法规体系建设，以法律手段规范和加强文物工作

社会主义市场经济条件下的文物保护工作，必须依法开展。尤其在今天，我国的文物保护工作比以往任何时候都更加需要用法律的手段进行规范和加强。《文物保护法》的修订和颁布实施，为文物保护工作提供了更加充分和完备的法律保障，同时要求广大文物工作者必须在实际工作中深入贯彻，坚决执行。

深入贯彻《文物保护法》，首先要求我们把认识统一到《文物保护法》上来，把行为规范到《文物保护法》上来。我们注意到，这次会议之前，许多地方大张旗鼓地开展了对新修订的《文物保护法》的深入宣传，取得了很大成效。但是还不够，希望各地高度重视，结合对党的十六大精神的学习，更加深入地开展《文物保护法》的学习宣传活动。要通过扎扎实实的学习，使广大人民群众能够了解《文物保护法》的基本精神，各级领导干部能够熟悉《文物保护法》的原则要求，各级文物部门的同志能够精通《文物保护法》的内容和各项规定。各级文物行政部门要进一步明确岗位职责，正确履行法律赋予的权力与责任，真正做到有法可依、有法必依，执法必严、违法必究，保证文物工作健康有序发展。

深入贯彻《文物保护法》，要求我们构筑完整的文物保护法规体系，要抓紧做好修订和完善现行的文物法规工作。这次提交会议讨论的《文物保护法实施条例》表明修订现行文物法规的工作已经开始。今后我们还要陆续开展一系列条例、办法、规定和标准等部门规章和法规性文件的起草和制定工作，从更为宏观的层面对文物保护的各项工作进行规范和协调。希望各地文物部门及时向当地党委、人大和政府进行汇报，适时组织力量，对本地区制订的相关法规性文件进行一次清理检查。要根据新修订的《文物保护法》所确立的原则和制度，结合本地区实际情况，对现行各类文物法规作出修订和完善。

深入贯彻《文物保护法》，要求我们对照《文物保护法》的各项规定，对本地区的文物工作进行一次系统检查，对不符合法律规范的各种行为必须及时纠正。新修订的《文物保护法》由原来的33条扩展为80条，在适用性、可操作性等方面都较原法更为明确，在更大范围内规范了文物保护的各种行为，各地文物部门要结合当地文物工作实际，逐条对照检查，及时将工作纳入到法制的轨道上。这次修订的一个重点是更加明确了文物行政部门的行政执法主体地位，进一步加强了文物部门的相关执法权力。各地文物部门要及时请示当地政府，对文物行政执法工作做出部署，安排专门力量加强这方面的工作，同时要准确理解，适度掌握，规范行为，文明执法，要注意协调与公安、工商、海关、城乡建设规划、旅游、宗教等部门之间的关系，充分发挥各个职能部门在文物保护工作中的重要作用，共同把《文物保护法》的贯彻工作做好。

深入贯彻《文物保护法》，要求对文物保护工作切实做到"五纳入"。进一步做好文物保护"五纳入"工作，是新世纪文物事业发展的关键所在。新修订的《文物保护法》将一个时期以来工

作实践中行之有效的"五纳入"上升为法律规范，使我们做好"五纳入"工作有了法律保障，必将极大地促进这项工作的深入进行。这次会议提请大家讨论拟由中央编办、国家计委、财政部、建设部、文化部、国家税务总局、国家文物局等部门联合发布的《关于进一步做好文物保护"五纳入"的通知》。这个通知，是在全面总结"五纳入"工作开展五年来情况的基础上，客观分析工作中取得的成绩和存在的问题，提出进一步做好文物保护"五纳入"工作的具体要求和措施。国家文物局还考虑制订《文物保护"五纳入"工作规范》，将"五纳入"的各项工作指标定性定量，使地方政府在工作实践中有所遵循，更具可操作性。同时，各地在"五纳入"的工作实践中取得了许多好的经验，涌现了不少好的典型，我们将采取一定形式对"五纳入"工作的先进地区进行表彰和奖励。

（三）深入贯彻《文物事业"十五"发展规划和 2015 年远景目标纲要》，努力实现规划纲要提出的各项工作目标

去年底，国家文物局发布了《文物事业"十五"发展规划和 2015 年远景目标纲要》，提出了"十五"期间文物工作的指导方针和原则、总体发展战略、事业发展的重点项目及指标，部署了一些重点加强的基础工作，明确了保障规划实施的法律和政策措施。当前关键是要认真抓好规划纲要的实施和落实，有计划、有步骤地实现文物事业各个领域的发展目标。我们将在随后召开的全国文物局长会议上具体部署有关工作。在这里，我着重谈一下基本思路。

1. 大力抓好基础工作。要尽快摸清我国现存不可移动文物和可移动文物的现状，以全面掌握我国文物资源的数量、分布和保存状况。用两到三年的时间完成 1269 处全国重点文物保护单位的"四有"工作和国家一级文物藏品档案的建立工作。要加强信息化建设，进一步完善文物档案信息的采集、管理和利用制度，充分发挥文物档案在文物保护工作中的积极作用。继续做好《中国文物地图集》的编辑出版工作，力争在"十五"期间完成这一跨世纪工程。继续推进全国文博单位基本情况普查和文物保护项目管理系统建设，提高文物管理、保护等工作的科技含量。

2. 要加快机构建设和改革步伐，加强文博队伍建设。通过推进机构和人事制度改革、体制创新等措施，营造人才脱颖而出的环境，吸引人才并留住人才。要采取适当方式对各地各级文物局长、博物馆馆长、文物保管所所长、考古所所长等进行岗位培训，使他们能够适应新时期的岗位职责，更好地推动文博事业的发展。要选拔任用优秀的中青年业务骨干和学术带头人到关键的工作岗位上。同时要不遗余力地加强人才的培养，逐步实施资质认定、持证上岗的管理方式，培养一批专业水平高、管理能力强的复合型人才。要继续与北京大学文博学院、中国社会科学院考古研究所等高等院校和科研院所合作培养实际工作中迫切需要的各类专门人才。要抓紧建设文物、博物馆科技、管理人才信息库，提高人才资源的配置效率。在中国文物研究所和中国文物信息咨询中心的基础上，组建文物理论研究中心、文物科技保护中心、古建筑维修

研究中心和文物信息资料中心等符合文物保护事业要求的，按照新型管理模式运作的文物保护科研机构，提倡面向社会、跨学科的合作研究，建立开放、流动、竞争、协调的运行机制。总之，为了做好新世纪的文物工作，我们必须建立一支思想好、作风硬、业务精、管理强的高素质人才队伍。

3. 重点抓好北京故宫、山西应县木塔、大同云冈石窟以及西藏布达拉宫二期、罗布林卡、萨迦寺等一批重大文物保护抢救维修项目。同时，要建立健全文物保护工程设计、施工、监理等资质审查和相关管理制度。继续贯彻国务院办公厅《关于西部大开发中加强文物保护和管理工作的通知》精神，落实国家文物局西部文物工作会议部署的各项任务。重点抓好配合三峡工程、南水北调、西气东输、青藏铁路等重点工程的文物保护项目。继续大力开展革命文物和少数民族文物的保护工作。

4. 大力发展博物馆文化。提倡博物馆特色化、多样化，进一步完善以国有博物馆为主体、民办博物馆为补充，各地方、各行业和各种所有制博物馆协调发展的事业体系。继续推进国家博物馆建设，在"十五"期间完成北京、天津、四川、重庆、湖北等省级博物馆新馆建设，积极支持财政、邮电、铁道等行业博物馆以及国际友谊、民族生态等特色博物馆的建设，大力推进博物馆改革，充分发挥博物馆在文物收藏、保护、研究和信息传播等方面的作用，以满足人民群众对精神文化的不同需求。积极开展馆际间文物展览的交流活动，鼓励民间合法收藏文物的展示。提高陈列展览的科学艺术水平，为社会奉献更好的文化产品和精神食粮。

5. 正确引导和规范民间合法收藏文物的行为，适应社会主义市场经济需要，有条件地允许文物进入市场流通。正确处理国家保护和民间收藏的关系，对国有文物在强调和确保国家所有权的同时，积极探索社会参与文物保护的形式，调动全社会了解文物、爱护文物和广泛参与文物保护工作的积极性。严厉打击各种文物制假、贩假行为和各种文物违法犯罪活动，规范文物流通秩序，加强文物市场管理。

6. 加强文物的国际合作与交流工作。进一步加强与各国政府在文物保护方面的合作与交往，密切与相关国际组织的联系，积极参与文化遗产保护的国际行动，履行我国加入的相关国际公约的责任与义务。继续进行世界文化遗产的申报，以此推动和提高我国文物工作的管理水平。通过对外展览、人员交流及科学技术合作等方式，扩大文物工作的国际交流，增强世界对中华民族优秀文化遗产和中国文物保护事业的认识和了解，进一步提高我国作为文物保护大国在国际文化遗产保护、研究以及国际合作中的地位。精心筹备好在我国举办的2003年第27届世界遗产委员会年会和2005年第15届国际古迹遗址理事会大会。

7. 始终把文物安全工作放在各项工作的首位。各文物单位的主要负责人是文物安全工作的第一责任人。对重要的文物开放场所，要事先制订安全预案，严密防范各种突发事件，切实保证文物安全。当前，尤其要加强对田野石刻、寺庙文物的安全防范。继续抓紧《文物系统博物馆风险等级和安全防护级别的规定》的落实达标工作。文物犯罪案件多发地区要建立打击文物犯罪工作联席会议制度，文物部门要积极配合有关部门打击文物犯罪活动。

8. 进一步加强文物工作的理论研究。文物工作的政策性、科学性、社会性都很强，面对不断发展与变化的形势，我们必须认真研究文物工作面临的新情况和新问题，以理论创新推动制度创新、科技创新和机制创新。要大兴调查研究之风，进一步提高基础研究和学术研究水平，加强理论、政策、规划、管理和应用等方面的研究，勇敢面对文物工作中的难点和热点问题，不断探索和实践推动文物工作持续发展的新思路和新方法。

单霁翔在 2002 年全国文物局长会议上的工作报告

（2002 年 12 月 21 日）

全国文物工作会议于昨天刚刚闭幕，我们就在这里召开全国文物局长会议。会议主要内容是部署贯彻落实全国文物工作会议精神，研究 2003 年文物工作的具体安排。

刚刚召开的全国文物工作会议是由国务院召开的全国文物工作会议，这是继 1992 年、1995 年全国文物工作会议之后的历史上的第三次会议，也是第一次在北京召开的专门研究新世纪新阶段文物工作的盛会。这次会议全面总结了 1995 年以来文物工作的成就和经验，认真学习了"保护为主、抢救第一、合理利用、加强管理"的文物工作方针和新修订的《文物保护法》。各级政府和相关部门的代表聚集一起，分析了当前文物工作面临的新形势和新问题，研究新对策，筹划未来文博事业发展大计。这次全国文物工作会议必将对今后相当长一段时间的文物工作产生积极的、深远的影响。

2003 年是我们落实全国文物工作会议精神、全面实现文物工作"十五"规划的各项目标、推动文物事业持续健康发展的关键一年。面对国际国内的大好形势，我们应该保持清醒的头脑，善于分析和观察，认清工作中的薄弱环节，采取恰当的措施，借东风乘势而上，努力工作，为文物事业的长远健康发展打下一个坚实良好的基础。围绕这个目标，国家文物局对 2003 年的工作要点做了全面部署，将在会后很快印发给大家。这里我着重就 2003 年需要加强的重点工作和具体措施谈几点意见。

第一，深入贯彻落实"保护为主、抢救第一、合理利用、加强管理"的文物工作方针和《文物保护法》。我们要把认识统一到新的文物工作方针和《文物保护法》上来，把行为规范到新的文物工作方针和《文物保护法》上来。及时组织力量根据新《文物保护法》所确立的原则和制度对现有的相关规章制度和文物工作进行一次集中清理。以《文物保护法实施条例》的修订为核心，重点抓好与《文物保护法》相配套的法规体系的补充和完善工作，确定轻重缓急、任务分工和工作日程，分步实施，分期完成。加快《博物馆管理条例》《长城保护管理条例》等的起草工作，力争短期内颁布实施。积极开展《世界遗产保护管理条例》《博物馆登记管理办法》《文物经营管理办法》等规章制定的前期调研和准备工作，尽快启动立法程序，构筑更加完善的文物法律法规体系，用法律来指导和规范文物工作，提高依法行政的能力。

第二，大力推进基础工作和文物事业的基本建设。进一步推进和完善各级文物保护单位"四有"工作。稳步、规范地推进馆藏一级文物建档工作，启动二、三级文物建档工作。重点做好《考古调查、勘探、发掘定额预算管理办法》《水下文物保护管理条例》《田野考古奖励办法》《考古涉外工作管理办法》等规章的修订工作，继续推进考古资料的整理发表和移交工作，深入开展考古调查工作，召开考古调查与聚落考古座谈会。完成"馆藏文物腐蚀损失调查"工作与保护对策研究。继续做好并逐步推广我局与财政部的"文物调查与数据库建设试点工作"。扎扎实实推进全国文博单位基本情况普查、文物保护项目管理系统建设工作。加强大遗址保护规划编制工作，召开大遗址保护规划座谈会。

第三，进一步提高文物工作的标准化、规范化、信息化程度与科技含量。完成《博物馆藏品文物信息指标体系规范》《文物保护单位信息指标体系规范（试行）》的起草修订工作。会同国家标准化管理委员会审定发布《文物藏品代码与条码》国家标准。制定《文物信息化数字化资源管理办法》。发布《国家文物局关于加强和改善文物保护科技工作的意见》。召开全国文物博物馆信息化工作会议，推进文物信息化工程建设。

第四，加强文物保护工程管理，制订《文物保护单位管理办法》《文物保护工程施工资质管理办法》《文物保护工程施工资质分级标准》，召开文物保护维修工程座谈会，进一步完善文物保护项目审核制度。继续积极组织协调配合三峡水库、南水北调、西气东输、青藏铁路以及其他跨省重点建设工程的文物抢救发掘和保护工作。重点抓好西藏三大重点文物保护工程、山西应县木塔、云冈石窟保护、北京故宫等重点文物保护维修工程。

第五，大力发展博物馆文化。坚持先进文化的正确方向，充分发挥博物馆在文物收藏、保护、科研方面的主力军作用和教育功能。制定《博物馆藏品管理办法》《文物修复管理办法》等规章。召开全国馆藏文物保护工作座谈会。积极向社会推出各种类型的陈列展览，继续实施陈列展览精品工程，向公众提供优秀的文化产品和精神食粮，做好第五届博物馆陈列展览精品评选活动。

第六，加强对民间收藏活动和流散文物的引导与管理。继续深入开展整顿和规范文物市场秩序工作，做好文物经营、拍卖和出境的鉴定审核许可工作。加快制定《文物鉴定管理办法》《文物拍卖管理办法》《文物复仿制品经营管理办法》。开展文物商店体制改革的调研工作。召开文物流通管理工作会议。协调有关部门做好征集珍贵文物和接收境外索回文物工作。

第七，继续做好《世界遗产名录》档案工作和申报规范化工作，以申报促进文物保护和管理水平的提高，推动地方政府在环境整治、保护规划落实以及专项法规建设等方面的工作力度。积极推进"高句丽王城、王陵及贵族墓葬"的世界遗产申报工作。加强与相关国际组织间的联系和沟通，筹备成立中国古迹遗址保护管理协会。筹备和开好在我国江苏苏州市召开的世界遗产委员会第二十七届会议工作。

第八，进一步加强文物安全工作。继续推进文物风险单位风险等级达标工作并完成第三批一级风险单位的审核确定。完成公安部标准化委员会下达的《建筑安全防范工程技术规范》的起草并尽快发布。加大安全防范工程建设和管理的力度，会同公安部对文物安全防范和重点发案区进行调研，并对部分省重点文物案件进行布置侦破的配合和协调工作。联合公安部等有关部门联合召开打击文物犯罪工作协调会议，进一步遏制盗窃、盗掘文物犯罪活动。

第九，进一步扩大文物工作的国际合作与交流。加强对国际组织和国际会议的研究、参与，认真筹备并开好将在我国举办的国际会议，继续加强与国外文物博物馆界的合作，协调、组织、安排我涉外文物展览及来华文物展览。加强外事工作计划、外事法规建设和外事纪律管理力度，提高我国文物工作在国际上的影响和地位。

开放要有新局面，发展要有新思路，改革要有新突破，工作要有新举措。为了更好地完成2003年的工作计划，切实做好上述各项工作，应当加强以下几个方面的保障措施：

第一，进一步转变思想观念和工作作风，树立加强基础理论研究、加强基本建设、做好基础工作、规划工作和计划财务工作，抓住重点难点，抓宏观管理的工作思路，为全面完成文物工作的"十五"规划和文物事业的长远发展奠定坚实基础。面对不断发展与变化的新形势，要正确认识文物工作面临的新情况和新问题，加强文物工作基础理论和热点难点重点问题的研究，通过扎扎实实的学术研究、理论研究、政策研究、管理研究和应用研究，不断探索、发现解决文物工作中新情况、新问题的对策和难点、重点问题的办法和措施。要勇于实践推动文物事业持续发展的新思路和新方法，将经过调查研究、认真思考、充分论证的认识、结论和行之有效的做法，上升到工作计划、保护规划和规章制度甚至法律法规。对分布范围很大并和当地发展经济及改善人民群众生活等密切相关的世界文化遗产、大遗址、历史文化名城、历史街区、古建筑等大型不可移动文物，要在对其历史、科学、艺术、文化及社会经济等价值进行系统研究和综合评估的基础上，认真研究进行开放利用的合理方式以及文物承受能力的限度，制定对其进行保护与利用的长远规划并纳入到适当的社会发展计划当中。通过规划工作正确处理好文物保护与经济建设、旅游开发的关系，保证文物利用的合理、有序。进一步做好计划财务工作。要把计划财务工作作为一项重要工作，由各单位各部门的主要领导亲自来抓，通过编制科学合理的工作计划来争取财政支持，整合调配人财物等相关资源并提高各项工作的质量和效益。进一步规范和加强部门和项目预算的编制工作，提高预算编制质量。

第二，要加强文物博物馆队伍建设，加快机构建设和体制改革的步伐。高素质的人才队伍是文物博物馆事业发展的核心动力，良好的管理运作机制是做好上述各项工作制度保障。为了切实加强和推进这方面的工作，国家文物局正在加紧组建文物保护研究中心、文物科技保护中心、古建筑维修研究中心和文物信息资料中心。要通过推进机构改革、体制创新等措施，建立开放、流动、竞争、规范、协调的事业运行机制。进一步加强文物事业的队伍建设，充分发挥人才的作用，营造人才脱颖而出的环境，吸引人才并留住人才。要逐步引进一些了解世界前沿、精通业务、熟练掌握现代科技和管理手段的高层次人才来加强我们的文物博物馆队伍。加强文物博物馆人才培养和文物保护修复传统技艺的传承工作，逐步形成文物博物馆专业的人才梯队。要大胆选拔中青年业务骨干和学术带头人到关键的工作岗位上。要逐步确立资质认定、持证上岗的管理思路，并采取适当方式对各级文物局长、处长、文管所长、博物馆馆长、考古所长等进行岗位培训、轮训，使他们具有更加全面的素质与合理的知识结构。要不断提高文物博物馆从业人员的思想情操与职业道德水准，使他们爱岗敬业，乐于奉献，自觉甘当祖国文化遗产的守护神，绝不允许再出现像湖北荆门博物馆王必胜这样的监守自盗的文物败类。我们要把文物博物馆人才队伍的建设当作一项长期的、艰巨的、系统的基础工作，坚持不懈地进行下去。要逐步造就一批思想好、作风硬、懂业务、会管理的复合型人才，推动文物博物馆事业的持续健康发展。

第三，在我们的各项工作中，都要始终把文物安全工作放在各项工作的首位，牢牢树立文物安全的观念。文物安全是文物工作安身立命的根本，保护文物安全"责任重于泰山"，文物出了问题，其他一切工作都将无从谈起。因此我们必须警钟长鸣，时刻严防，毫不放松，不能有丝毫马虎，不能出任何问题。要进一步加强各级文物单位的安全防范制度，对重要的开放场所，要事先制订安全预案，严密防范各种突发事件，切实保证文物安全。当前，尤其要加强对古遗址、古墓葬、田野石刻、寺庙文物的安全防范。文物犯罪案件多发地区要建立打击文物犯罪工作联席会议制度，文物部门要积极配合有关部门打击文物犯罪活动。

第四，要结合全国文物工作会议精神的贯彻落实和《文物保护法》的学习宣传普及，进一步加强文物宣传工作。要开展几次大规模的、有针对性的、成效显著的文物宣传活动。要将文物宣传工作列入日常的工作计划当中，从经费、人员和工作安排方面予以保证。要充分利用图书、报纸、杂志、广播、电视、互联网等媒体，利用展览、讲座、会议及举办各种活动等形式，开展面向社会和公众的宣传，提高全社会的文物保护意识，深化和完善社会参与文物保护新体制，为文物事业营造一个良好的法律和社会环境氛围。要加强面向世界的宣传，让世界了解中国优秀的文化遗产，关心和爱护中国优秀的文化遗产，使文化遗产成为文化交流、理解沟通的信使，成为向世界展示中国的窗口。

单霁翔在 2003 年全国文物安全工作会议上的报告

（2003 年 10 月 25 日）

今天，国家文物局和公安部三局联合召开全国文物安全工作会议，会议主题是：认真学习贯彻"保护为主、抢救第一、合理利用、加强管理"的文物工作方针，交流探讨新时期加强文物安全防范和行政执法工作的经验和思路。这次会议是新《文物保护法》颁布以来的第一次全国文物安全工作会议。我们还荣幸地邀请到海关总署、国家工商总局、国家宗教事务管理局等单位的有关领导参加。

文物安全工作是文物工作的生命线，没有文物安全保障，其他工作将一事无成。在改革开放的新形势下，文物安全工作面临许多新问题，新情况，文物安全形势仍很严峻。这次会议将向各位代表通报近年来全国文物安全形势和违反《文物保护法》的有关典型行政违法案件，交流各地加强文物安全、行政执法工作、打击文物犯罪工作的经验，进一步探索新时期加强文物安全保卫、行政执法和打击文物犯罪工作的新思路。下面，我谈几点意见。

一、五年来文物安全工作的回顾

在"保护为主、抢救第一、合理利用、加强管理"的文物工作方针指导下，在各级政府的重视下，在公安、海关、工商等部门的大力配合下，经过文物博物馆系统广大职工的共同努力，文物安全工作得到了进一步加强。文物保护单位加快了消防基础设施建设速度，博物馆的人防、物防、技防条件逐步得到了改善和加强，馆藏文物被盗案件逐年下降，文物安全工作取得了一定的成绩。

总结各地文物安全工作的经验主要有以下几条：

（一）各地大力宣传《文物保护法》取得了显著成效

新修订的《文物保护法》及其实施细则颁布以来，各地采取不同形式进行了深入学习和宣传。通过宣传，各级政府对文物保护工作更加重视，并将此项工作提到政府的重要议事日程。各级领导和广大民众的文物保护意识也得到增强，逐步形成"保护文物，人人有责"的良好社会风尚。今年 2 月 16 日，一伙盗墓分子拟盗掘陕西省西安市雁塔区马腾空粮库内的古墓，由于当地民众及时举报，在当地公安机关的精心组织和布控下，当场抓获正在盗掘古墓的 8 名犯罪分子。国家文物局及各地文物部门每年都收到大量关于盗窃文物、盗掘古墓葬、倒卖文物和破坏文物保护单位，或者在文物保护单位范围内非法建设等违法、违章事件的举报，这些都说明，群众性的文物保护意识已蔚然兴起。

（二）文物安全工作得到各级领导的高度重视

领导重视是做好文物安全工作的重要保证。近年来，面对文物安全的严峻形势，各级领导把文物安全工作提到重要议事日程，许多省、市领导亲自检查指导文物安全工作。如北京市政府主管文物工作的领导与各区县领导签订文物安全责任书；陕西、河南省政府主管文物工作的领导经常深入基层检查文物安全工作，对文物安全工作提出具体意见和明确要求。实践证明，只要哪个地区、哪个部门领导对文物安全工作从思想上重视，工作上支持，物力、财力上给予保证，文物安全工作就搞得好，文物违法犯罪活动就能够得到有效遏制。

（三）各地公安、海关、工商等部门对文物安全工作更加重视

各级公安、海关、工商等部门每年都破获一大批盗窃、走私文物，盗掘古墓葬及非法倒卖文物案件，为保护我国文化遗产做出了重大的贡献。1994年6月20日，河北省曲阳县五代王处直墓中的石雕被盗后，即经香港走私到美国。2000年2月，国家文物局得知美国克里斯蒂拍卖行拟于3月21日在纽约拍卖的消息后，即商请公安部与国家文物局通过外交、国际刑警组织途径交涉，并通过美国法律程序争取美方于2001年4月将该文物交还我方。长期以来，各级公安、海关、工商等部门不辞劳苦，甚至冒着生命危险与盗窃、走私、倒卖文物犯罪分子进行不懈的斗争，有力地打击了文物犯罪分子的嚣张气焰，给国家挽回了巨大损失，为保护国家文物做出了自己的贡献。事实说明，公安、海关、工商等执法部门的高度重视和强有力的措施是文物安全工作的基本保障。

（四）加强保卫机构建设，健全规章制度，加大执法力度

加强保卫机构的建设是做好文物安全工作的组织保证。新修订的《文物保护法》为文物工作的开展提供了更加有力的法律保障。各级政府及相关职能部门加强了依法行政的力度，在充分发挥文物行政部门执法作用的同时，探索建立了不同形式的文物执法队伍，依法处理违反法律、违背文物工作规律、造成文物破坏的行为。稳步推进文物系统博物馆风险等级达标工作，文物安全保卫工作得到了进一步加强。近年来，各文物博物馆单位基本建立了相应的保卫机构，设置了专职保卫人员，保卫力量逐步加强。过去我们曾经提出过博物馆保卫人员比例应达到职工总人数的10%以上，根据目前文物安全的严峻形势，这个比例并不高，按照这一要求，目前绝大部分博物馆的安全工作在组织上有了基本保障。

健全规章制度，严格执行各项规章制度是保证文物安全的重要环节。各文物博物馆单位在实践中总结制定出行之有效的安全制度和措施，不断加以补充完善，在促进文物安全工作中发挥了重要作用。如北京、天津、山西、陕西、河南等省（市）文物局对本地区文物安全制度进行归纳总结，统一修改制订了文物安全规章汇编，并下发到每一个文物博物馆单位，使文物安

全制度更加规范化。事实证明，只要我们的制度健全，工作到位，持之以恒地执行，文物安全就有保障。

（五）加强安全技术防范设施的建设

随着科学技术的发展，现代化的监控报警系统已进入文物安全防范领域。1992 年，国家文物局和公安部制订了《文物系统博物馆风险等级和安全防护级别的规定》行业标准，使文物系统技术防范走上了规范化、法制化的轨道。根据《风险等级》规定，国家文物局与公安部共审定了三批共 1371 处一级风险单位。近年来，国家文物局与公安部狠抓了落实《风险等级》达标工作。据国家文物局调查，第一、二批 100 个一级风险单位中，有近 70% 的单位已达标。二、三级风险单位已有 40% 的单位已达标，文物安全防范措施和科技手段得到明显的改善和加强。2001 年 3 月 31 日，一盗窃分子以观众身份到陕西省三原县博物馆购票参观后，潜入展厅藏匿，晚 10 时左右，拟盗窃文物时，报警器及时报警，犯罪分子被值班人员当场抓获。2001 年 11 月 4 日，一盗窃分子窜入北京白塔寺文管所行窃时，也是由于报警器及时报警，被值班人员当场抓获。近年来，全国文物系统由于报警器的作用，当场抓获盗窃分子，或使盗窃未能得逞的案例有 30 多起，说明安全技术防范工作已在打击文物犯罪工作中发挥了重要作用。

二、文物安全工作面临的形势和任务

在充分肯定文物安全工作取得成绩的同时，我们也应清醒地看到，犯罪分子受经济利益的驱动，不择手段，铤而走险，不惜损害国家和民族的利益，猖狂地进行文物犯罪活动，盗窃文物、盗掘古墓葬的情况仍然存在；有的地方在基本建设特别是城市改造中，破坏历史文化遗迹，毁坏文物建筑的违法事件还时有发生，文物安全形势相当严峻，不容乐观。

根据近年来各地上报的文物案件分析，主要有以下特点：

（一）馆藏文物安全形势依然严峻，文物系统内部人员盗窃、倒卖馆藏文物案件突出

近年来，馆藏文物被盗情况虽然有所好转，但是只要我们的安全工作稍有疏忽，犯罪分子就会趁机作案。据各地上报的文物案件统计，1998 ～ 2002 年全国发生文物被盗案件 199 起（不含盗掘古墓、倒卖文物和走私文物案件），丢失文物 2029 件。有的案件还呈现出丢失数量多、级别高的特点。2002 年 4 月 18 日，甘肃省古浪县博物馆文物库房被盗，丢失文物 79 件。其中二级文物 3 件，三级文物 50 件。

近年来，文物单位由于自身管理存在漏洞或制度不完善等问题，出现文物单位内部人员监守自盗或内外勾结盗窃文物的案件。据统计，自 1998 年以来，文物系统内部发生 8 起盗窃、倒卖馆藏文物案件，涉案文物达 268 件。河北省承德市外八庙文物管理处原保管部主任李海涛，自 1990 年至 2002 年 11 月的 12 年时间里，利用职务之便，盗窃贩卖国家珍贵文物 158 件。作案持续时间之长，盗窃文物数量之多是历史上罕见的，性质十分恶劣，给我们的教训也十分深刻。

（二）石刻造像、寺庙文物被盗案件仍很突出，暴力案件时有发生

自 1996 年以来，全国石刻造像、寺庙文物被盗案件比较突出。由于馆藏文物从人防、物防、技防方面加强了防范，盗窃馆藏文物难度大，犯罪分子不易下手，而石刻造像大部分分布在田野、山区，点多、面广、分散，人防、物防条件差，又不具备技防条件，是文物安全工作的薄弱部位，又是犯罪分子盗窃的对象。有些寺庙文物防范条件较差，"四有"工作不落实，无人看管。所以犯罪分子将石刻造像、寺庙文物作为盗窃的重要目标。1996 年以来，全国石刻造像、寺庙文物被盗 252 起，占发案总数的 67.7%。

文物暴力犯罪案件时有发生。自 1996 年以来，发生捆绑、殴打值班人员盗窃文物的案件 56 起，有 4 名保卫人员被犯罪分子杀害，2 名被打伤致残。2002 年 7 月 28 日上午 11 时至 12 时，一伙歹徒以观众身份进入新疆伊犁州博物馆，在光天化日之下用消防器打死值班人员，抢走文物 8 件。犯罪性质之恶劣，令人愤慨。2003 年 7 月 16 日晚 11 时，几名盗窃分子窜入山西省忻州市繁峙县全国重点文物保护单位岩山寺，将警犬打死，把两名文物保护员捆绑，用胶布把嘴封住，抢走 3 尊金代泥塑佛像，气焰十分嚣张。

（三）盗掘古墓葬犯罪活动屡禁不止

在文物走私活动的暴利驱使下，少数不法之徒不惜铤而走险，野蛮疯狂地盗掘古墓葬，有些地方出现了长期从事盗墓活动的"专业户"。流动作案，大部分盗墓分子是团伙作案，他们使用现代化的交通、通信工具，采取爆炸的方式进行盗墓活动，使一大批具有珍贵历史价值的古墓葬遭到浩劫。近年来，河北、山西、内蒙古、辽宁、吉林、黑龙江、河南、湖北、江西、青海、新疆、陕西等十几个省（区）均发生过盗掘古墓葬案件，尤其是湖北荆州、江西景德镇、青海都兰、新疆楼兰等地的古墓葬遭到长时间大规模的盗掘。

2001 年 4 月 29 日，河南省三门峡市公安部门破获了一起特大盗掘古墓案件。一伙犯罪分子自 2000 年下半年起，在三门峡湖滨车站租用水电站闲置库房，以存放化肥为名义，用近一年的时间，向全国重点文物保护单位虢国墓地打了一条长 400、高 1.2、宽 0.7 米的地道，盗掘了三座古墓。据犯罪分子交代，共盗掘文物千余件。经过当地公安部门努力，此案已经侦破，抓获 20 名犯罪分子，缴获文物 178 件。

1998 年以来，盗墓分子借旧城改造之际，租用民房和店铺，雇用一些民工，对江西省景德镇"御窑厂遗址"进行盗掘犯罪活动，致使御窑厂遗址遭到严重破坏，甚至在市政府办公楼下进行盗掘，造成市政府办公楼变成危房。经当地公安部门进行专项打击，抓获犯罪嫌疑人 61 人，缴获古瓷修复件 150 件，散片古瓷件 53 箱，散片瓷 111 箱。

此外，新疆罗布地区营盘、楼兰古城、米兰古城等全国重点文物保护单位被盗掘情况也相当严重，一些古墓被挖成几米深的大坑，棺板拆的七零八落，尸骨散落墓旁路边，惨不忍睹。当地公安和文物部门虽然进行多次打击，但是盗掘的嚣张气焰仍未得到有效遏制。

（四）违犯《文物保护法》违法、违章事件时有发生

近年来，基本建设与文物保护的矛盾相当突出，各种违犯《文物保护法》在文物保护单位的保护范围内违法建设、破坏文物的事件时有发生。2001年4月，四川省乐山东方佛都旅游开发股份有限公司违犯《文物保护法》及有关规定，在没有履行审批手续的情况下，擅自在全国重点文物保护单位——麻浩崖墓保护范围内，仿造阿富汗已毁"巴米扬大佛"就是一个典型的案例。一些地方片面追求经济效益，擅自改变文物保护单位的管理体制，对本应由政府实施保护管理的文物保护单位转移到企业开发经营，由于不能正确处理保护和利用的关系，对文物造成不可挽回的损失和恶劣影响。今年1月19日，世界文化遗产地湖北省武当山遇真宫大殿发生火灾，烧毁建筑面积236平方米。引起国内外文物博物馆界和社会各界的广泛关注。

（五）文物博物馆单位、古建筑防火工作任务艰巨

据各地上报的火灾情况统计，自1998年以来，文物博物馆单位、古建筑火灾有上升的趋势，文物保护单位、博物馆发生火灾24起，烧毁大殿6座，一般古建筑110多间；损毁文物537件。火灾的特点是：电气火灾突出，占发生火灾总数的29.4%。人为纵火大幅度上升，占火灾总数的17%。非文物系统使用管理的文物保护单位火灾较多，占发生火灾总数的25%。

三、关于进一步做好文物安全工作的几点意见

市场经济体制的建立和完善，给文物工作注入了生机和活力。但是我们必须清醒地认识到，文物安全工作仍然面临着不容忽视的严峻态势。依法打击各种文物犯罪活动，确保文物安全的工作仍需不断得到加强。各级政府领导和文物系统干部职工要认真学习、严格执行《宪法》和《文物保护法》赋予的职责，研究和切实解决本地区文物工作存在的突出问题，坚决制止各种人为原因造成的文物损毁和破坏行为，把文物受损降低到最低程度。

（一）认真落实《文物保护法》，把加强文物行政执法工作作为加强安全工作的新的切入点

新修订的《文物保护法》确定了"保护为主、抢救第一、合理利用、加强管理"的文物工作方针，规定了县级以上文物行政部门的行政执法职责有7条30项。

文物行政执法工作是文物保护工作中的一项重要工作，是一项长期的任务，各级领导要予以高度重视，常抓不懈。各级文物行政部门要认真贯彻落实《文物保护法》的有关规定，在县级以上文物行政部门建立文物行政执法机构，暂不具备条件的要设立专职文物行政执法人员，承担起《文物保护法》赋予文物行政部门的行政执法责任。国家文物局已向各地下发《关于进一步加强文物行政执法工作的通知》，对文物行政执法工作机构建设、加大执法力度，落实执法责任制、规范执法程序、建立健全执法监督机制等提出了明确要求。

根据国家文物局通知的要求，全国许多省级文物行政部门成立了文物行政执法机构，依法承担行政执法的职责和任务，对擅自在文物保护单位的保护范围内非法进行建设工程或者爆破、钻探、挖掘等作业、擅自修缮、迁移、拆除不可移动文物、擅自改变国有文物保护单位的用途等各

类违法行为进行监督、检查和处罚。

为了进一步推动省级文物行政执法专职机构建设，提高执法效率和快速反应能力，国家文物局决定为省级文物行政部门已建立的行政执法机构配备行政执法督察专用车辆，第一批配发的车辆很快就能到位。这里我要强调一点，各级文物行政部门应尽可能对文物执法队伍建设和配置必要的装备给予更多的关心和重视，尽可能予以保障。与此同时，文物行政执法人员应具有良好的政治素质，掌握一定的法律、法规和文物博物馆专业知识。各地应加强对文物行政执法人员进行培训的工作，做到人员持证上岗，办事有法可依。各级文物行政执法部门要建立执法责任制，制定规章制度，明确岗位责任，使文物违法事件做到早发现、早制止、早处理。

（二）严格各项规章制度，提高文物安全意识，坚持依法管理

文物安全工作是各级文物部门和每一个文物工作者的首要职责，一定要做到思想到位、组织到位、制度到位、责任到位。要在全体职工中广泛、持久地进行文物安全教育，强化安全意识，使每一位职工树立文物安全的使命感、危机感和紧迫感，提高广大干部职工自觉关心文物安全的责任心。安全保卫人员更要牢牢掌握法律武器，对犯罪要依法严惩，对工作要依法办事，对自己要奉公守法，要用法律的武器保护文物安全，要使文物安全工作走上法制化的轨道。

文物部门在工作实践中制定了一套行之有效的管理制度和措施，这是文物工作多年来积累经验教训的结晶，是做好文物安全工作的制度保证，要持之以恒，不能放松。同时，也要结合新的形势认真总结，并加以补充完善，使之更加严密。但是有的文物博物馆单位将制度写在纸上，挂在墙上，并没有真正落到实处。有的文物收藏单位藏品档案不健全，不向上级文物行政部门备案；有的单位非保管人员进入文物库房不登记；交接班不检查清点；夜间值班不巡逻检查，个别单位文物丢失以后，长时间没有发现，待发现丢失后，连什么时间丢失的都不知道。这些问题的出现，表明文物安全制度建设应始终做到表里如一，贯彻始终。不能只做表面文章。有了一个好的制度，还要靠扎实的工作去落实。不落实制度，高枕无忧，马放南山，必然后患无穷，安全工作和规章制度必然形同虚设，这是我们从事这项工作的一大忌，绝不能重复地犯这种错误。今后，各级文物主管部门对所属单位藏品建档、备案工作，制度建立和执行制度情况要作一次检查。凡是藏品档案不健全和未按规定向上级文物行政管理部门申报备案的，要限期完成；制度不完善的要完善，有制度执行不严格的要督促改正，要用规章制度来统一思想，规范行动，严明纪律，扎扎实实地做好文物安全工作。

（三）加强安全保卫机构建设，提高安全保卫人员的政治素质和业务素质

建立健全安全保卫机构，是做好文物安全工作的组织保证。近年来，各地文物安全保卫机构建设有所加强，队伍逐步壮大。但是，也有一些单位行政执法没有机构，保卫力量严重不足，有的单位甚至把保卫组织和专职保卫干部撤掉了，致使文物安全保卫工作无人抓。有的单位将老、弱、病、残或把从其他岗位下来不适宜做安全保卫工作的人安排在保卫工作岗位上，这种情况与

当前文物安全形势和任务极不适应，应迅速纠正。实践证明，凡设立保卫机构或专职保卫人员的单位，安全工作就抓得细，保卫工作就搞得好。反之，未设立保卫机构或专职保卫人员的单位，安全工作抓得就不尽如人意。我们要以贯彻落实《文物保护法》为契机，建立和完善文物安全保卫机构。要造就一支政治性强，业务精通，作风正派，工作负责，勇于奉献，年富力强的执法和安全保卫队伍。保卫人员责任大，任务重，风险大，工作辛苦，相对待遇较低，尽管如此，他们依然兢兢业业，忠于职守。要重视保卫队伍建设就要主动、热情地关心他们的生活，为他们解决工作和生活中的实际问题，调动他们的工作积极性，确保这支队伍稳定，具有战斗力。形势的发展，对文物安全保卫人员的业务素质有了更高的要求，提高文物安全保卫人员的业务素质、技术素质迫在眉睫，各级文物行政部门要进一步重视对保卫人员业务培训，提高他们的业务水平和工作能力，以适应新形势的要求。

（四）加强安全防范基础设施建设，提高防范能力

1. 进一步落实《风险等级》，提高技术防范能力

"科技创安"已是时代的要求，利用科学技术提高文物系统自身的防范能力，加大文物安全保卫工作的科技含量，是文物安全的重要工作之一。近年来，随着科学技术的发展，技术防范已在文物博物馆单位广泛使用，许多单位都安装了防火、防盗报警控制设备，并已在文物工作中显示出了其特有的功效。

目前，部分省市已经完成了一级风险单位落实《风险等级》的达标任务，如一级风险单位较多的北京、浙江、河南、陕西、上海等省市，落实《风险等级》达标工作进展较快。浙江省一、二、三级风险单位已全部完成达标任务。但是也有部分省行动不快，甚至有的省尚未启动一级风险单位达标工作。二、三级风险单位已达标的单位只占40%。公安部和国家文物局曾多次下发文件，要求在2002年底完成达标任务，自2003年起，没有达标的单位不得展出珍贵文物，没有报警设备的单位不得展出文物；不具备保管条件单位的珍贵文物，由省级文物行政部门指定到具备保管条件的单位代为保管。

各地应于近期内对辖区落实《风险等级》达标工作进行检查，对不达标单位要限期达标。对拒不执行规定，造成文物被盗、被损的，要追究有关负责人的责任。对非文物部门使用和管理文物单位的文物，文物、公安部门也要行使监督、检查的责任。各地要对此项工作进行认真检查，并按公安部和国家文物局要求做出安排，确保文物安全。

2. 加强消防基础设施建设，确保文物建筑安全

防火工作是文物安全工作重中之重，各级文物部门应把防火工作作为头等大事来抓，认真学习贯彻《中华人民共和国消防法》和公安部61号令，把防火工作纳入重要议事日程，提高广大职工的防火意识，把安全防火工作的重点放在预防为主上。各单位要健全消防管理机构，加强消防安全管理，完善防火制度，落实逐级防火责任制，切实做到制度到位，措施到位，责任到人。

要加大消防基础设施建设，健全消防设施。凡是使用文物古建筑的部门、单位要健全避雷、消防供水设施。古建筑维修时，要把消防设施建设列入维修方案之中。

各单位要加强用火、用电管理，对电气线路进行检查，对年久失修的电气线路要进行改造，防止由于电线老化短路引起火灾事故。尤其是世界文化遗产地和全国重点文物保护单位，近期，要对出租房屋进行清理，凡是承租单位的使用经营性质对文物安全有威胁的，要一律退租。其他出租单位在签订出租合同的同时，也要签订安全合同，明确责任。各级文物部门要加强安全防火检查，及时消除火险隐患，做好防火、防盗、防自然灾害预案，定期进行演练，确保文物建筑的安全。

（五）加强执法力度，严厉打击文物犯罪活动

当前盗窃文物、盗掘古墓葬、走私文物犯罪活动相当猖獗，各级文物、公安等部门要对当前文物犯罪的严重性有充分的认识，切实加大打击文物犯罪活动的力度。各级文物部门要主动配合公安、海关、工商等部门，打击文物犯罪活动。在盗窃文物、盗掘古墓、走私文物较严重的重点地区，要按照《国务院关于加强和改善文物工作的通知》（国发〔1997〕13号）精神，设立专门的公安派出机构，实行警民群防群治，使盗窃文物、盗掘古墓、走私文物犯罪案件得到有效遏制。

这次会议时间短，内容多，希望与会代表集中精力，广泛交流，充分发表意见。我相信，通过大家的集思广益，一定会对今后的文物安全工作产生积极的影响。保护国家文化遗产是历史赋予我们的神圣使命，我们所做的工作意义深远，我们的责任重于泰山。因此，我们要坚持"预防为主，打防并举"的方针，加强防范，严厉打击，切实采取有效措施，把文物安全工作提高到一个新的水平，为保护国家的文化遗产做出我们的贡献。

单霁翔在2003年全国文物局长会议上的工作报告*

（2003 年 12 月 25 日）

现在我代表国家文物局作会议工作报告。

第一部分　关于 2003 年的文物工作

一、全面落实全国文物工作会议确定的四项基础工作

文物法制建设、文物保护单位"四有"档案备案和博物馆藏品建档、人才培养、文物安全工作是去年全国文物工作会议和文物局长会议确定的四项具有全局性影响的基础工作。广大文物、博物馆工作者以此为重点，踏踏实实开展工作，取得了阶段性成果。

（一）加快文物法制建设步伐

为了更好地贯彻落实新修订的《文物保护法》，在全国人大和国务院有关部门的关心指导下，国家文物局加大文物保护法规体系研究工作力度，制定了工作规划，明确了完善文物保护法规体系的具体内容和目标，加快了建章立制工作。在抗击非典的关键时期，国务院第 8 次常务会议审议通过了《文物保护法实施条例》，有力地推动了《文物保护法》的贯彻落实。孙家正部长签发部长令，公布实施《文物保护工程管理办法》。国家文物局制定了《文物保护工程勘察设计资质管理办法》《文物保护工程施工资质管理办法》《文物拍卖管理暂行规定》《文物保护科学和技术研究课题管理办法》等一系列规章性文件。

全国各地也相继制定了一批地方性文物保护专项法规，如《江苏省文物保护条例》《北京市长城保护管理办法》《甘肃敦煌莫高窟保护条例》《承德避暑山庄及周围寺庙保护管理条例》等。

（二）开展全国重点文物保护单位"四有"档案备案和国有馆藏一级文物建立档案、编制总目录工作

国家文物局成立了全国重点文物保护单位记录档案备案工作领导小组和项目实施小组，编制、发布了《全国重点文物保护单位记录档案备案工作实施方案》《全国重点文物保护单位记录档案工作规范》和《全国重点文物保护单位记录档案著录说明》。相关数据库软件开发工作进展顺利。各

---

* 原题为《做好新时期文物工作，关键是狠抓落实》。

地全面开展了第一批至第四批全国重点文物保护单位的记录档案报送和整理、归档工作。

成立了国有馆藏一级文物建立档案项目领导小组，组建了项目办公室。发布了《关于抓紧报送国家一级文物藏品档案建设及保护项目规划和经费预算的通知》。截至目前，山西、辽宁、河南、甘肃的试点工作基本完成。

（三）加快文博队伍人才培养工作

培养文博队伍人才，提升文博队伍素质是确保文物保护各项工作顺利开展的基本条件。今年重点开展了资格认定、持证上岗、职称评审、公务员培训、专家信息系统建设等五项工作。国家文物局与北京大学合办的中国文物博物馆学院教学楼落成并投入使用。全国省级文博干部专业管理培训工作顺利开展。首期省级文物局局长、博物馆馆长、考古所所长、古建所所长4个培训班顺利结业。田野考古培训班、古陶瓷修复培训班、文物保护维修工程培训班、全国重点文物保护单位记录档案备案工作培训班等相继举办。培训了一大批业务骨干，交流了工作经验，文物保护专业干部队伍素质得到增强。

积极推进文物保护科研工作。文物保护科研课题管理工作进一步规范化。文物保护事业科技发展战略与规划研究、文物保护与中华文明探源研究、全国文物调查及数据库管理系统建设项目、全行业信息化发展规划、馆藏文物腐蚀调查等重点科研项目全面启动。

（四）进一步加强文物安全工作

2003年，各地进一步重视并加强了文物安全工作。国家文物局发布了《2002年全国文物案件和火灾事故情况的通报》《关于进一步加强安全生产工作的紧急通知》《关于对世界文化遗产地、全国重点文物保护单位消防设施现状进行调查的通知》，要求各地加强文物安全工作。认真总结了湖北武当山遇真宫特大火灾事故教训，对12省市21处世界文化遗产地进行了安全检查。与公安部联合召开全国文物安全工作会议，分析当前文物安全工作形势，对加强文物安全、文物行政执法和打击文物犯罪等工作进行了部署。与公安部联合审定了第三批一级风险单位，目前，第一、二批一级风险单位达标率已达64%。建立了文物安全防范专家库。研究利用高新科技手段开展田野石刻、古墓葬的安全防范工作。

国家文物局还下发了《关于进一步加强文物行政执法工作的通知》，各地加强了执法机构建设，已有11个省市建立了专门的文物执法机构。国家文物局为已建立的省级文物执法机构配备了执法督察专用车辆。各级文物行政部门继续配合公安、海关等部门，严厉打击文物犯罪活动，破获了一批案件。

二、努力完成文物保护各项重点工作

（一）世界文化遗产保护工作稳步推进

在对全国世界文化遗产地进行检查的基础上，向国务院上报了《关于世界文化遗产地保护管理情况的调查报告》，受到国务院领导同志的高度重视。国家文物局认真落实国务院领导同志指示精神，协助国务院研究室组织 11 个中央部委局进行了世界文化遗产地保护管理专题调研，遵照国务院领导同志对调研报告的批示，起草并上报了"关于加强我国世界文化遗产保护管理工作的意见"。

积极开展了高句丽遗迹申报世界文化遗产的前期工作，圆满完成了第 27 届世界遗产委员会大会的相关任务和国际专家的评估考察。北京明十三陵、南京明孝陵申报世界文化遗产扩展项目取得成功。

向世界遗产中心递交了 9 处世界文化遗产监测工作报告，配合世界遗产中心进行了北京故宫周围历史文化街区、西藏布达拉宫历史建筑群等世界遗产的监测工作。

（二）切实做好大遗址保护和考古研究工作

继续开展三峡工程、南水北调、西气东输、青藏铁路等国家重点工程中的文物保护和考古工作。三峡工程文物保护抢救工作取得重大阶段性成果，完成了对湖北省、重庆市涉及三峡二期工程中文物保护工作的验收。国家文物局文物保护司被国务院三峡工程建设委员会评为"三峡工程建设先进集体"。

召开了全国考古工作汇报会，研究部署了今后一段时期内的考古工作。召开了中外合作区域考古调查工作会，进一步推进了涉外考古工作的顺利开展。航空、水下考古等专题考古项目取得了重要进展。通过科学发掘，又有一批重大考古发现面世，极大地丰富了考古学资料研究体系，进一步拓展了我国考古学研究领域。

举办了文物保护单位保护规划研讨班。批复了《吐鲁番地区文物保护与旅游发展规划》《渤海国上京龙泉府遗址保护规划》《甘肃省秦安县大地湾遗址保护规划》等大遗址保护规划。制订了陕西秦始皇陵、福建万寿岩、安徽蒙城尉迟寺等 10 余项大遗址保护规划。批准实施了陕西汉阳陵、江苏徐州狮子山楚王墓、北京圆明园含经堂等 40 余项重点遗址保护方案。

（三）有计划地实施重点文物保护维修工程

西藏布达拉宫二期、萨迦寺、罗布林卡三大工程进展顺利。积极编制了北京故宫维修总体规划，武英殿维修工程按计划进行。山西云冈石窟防水保护及整治工程正式启动实施。

（四）博物馆工作取得新进展

召开了全国馆藏文物保护管理工作座谈会，总结了近年来馆藏文物保护管理工作的成绩和经验，统一了思想认识，明确了下一阶段的工作任务。

充分发挥博物馆的宣传教育功能，促进博物馆工作贴近实际、贴近生活、贴近群众，博物馆陈列展览水平进一步提高。第五届陈列展览十大精品评选活动圆满完成。中国的世界文化遗产展、红岩魂展演、晋唐宋元书画国宝展、承德避暑山庄 300 年特展、古埃及国宝展等文物精品展览，引起了社会的广泛关注。

推进近现代文物和革命文物的保护管理工作。发布了《近现代文物征集参考标准》《近现代文物征集参考范围》等规范性文件。

省级以上大型博物馆建设明显加快。首都博物馆、天津博物馆、辽宁省博物馆、山西省博物馆、重庆中国三峡博物馆、中国财政博物馆、中国铁道博物馆等一批大型博物馆建设项目进展顺利。

（五）进一步规范社会文物工作

整顿和规范文物市场秩序，依法加强文物市场管理，继续推动全国开展整顿规范文物市场第二阶段的工作。开办了文物拍卖专业知识人员培训班，为文物拍卖企业实行许可制度做了准备工作。

促进境外文物回流。通过政府间合作，依法从美国索回珍贵的西汉陶俑。国家博物馆、北京自然博物馆、北京大学赛克勒博物馆等接收了一批境外回流文物。在国家有关执法部门的大力支持下，积极开展罚没文物的移交工作，日前天津海关向文物部门移交了文物近9000件。

征集了《研山铭》《出师颂》《淳化阁帖》等一批珍贵文物。国家设立了重点珍贵文物征集专项经费。

（六）推进文物对外交流工作

文物对外交流工作进一步向高水平和深层次发展。积极参加世界遗产委员会第二十七次会议、国际古迹遗址理事会第十四次大会、国际文化财产保护与修复研究中心第二十三次大会、世界考古大会、水下文物保护公约亚太地区会议等国际会议，广交朋友，主动做好相关工作。我国在国际文物保护组织中发挥着越来越重要的作用。

成功组织了40余项对外文物展览项目。在法国举办的中法文化年重点项目三星堆文物展、孔子文物展，以及在美国举办的雪域藏珍文物展，在巴西举办的故宫精品展、陕西文物展等获得巨大成功。

援助柬埔寨保护吴哥窟古迹项目取得阶段性进展，我国承担的吴哥窟周萨神殿保护修复工程受到柬埔寨政府和有关国际组织专家的赞同。日本政府文化援助项目中的新疆库木吐拉千佛洞、西安大明宫、河南龙门石窟保护工作进展顺利。开展了与意大利合作的文物保护修复培训、与法国国家遗产学院联合举办博物馆馆长培训班项目。

三、加强宏观管理，各项保障工作得到落实

为了更好地完成2003年的工作计划，切实做好上述各项工作，以下几个方面的保障措施得到了加强：

各级文物行政部门深入学习贯彻《行政许可法》，努力做到科学决策，依法行政。按照国务院关于清理和整顿行政审批工作的具体部署，逐步明确文物保护管理工作中各类行政审批事项的程序和权限。经国务院批准，国家文物局行政审批事项由109项精简为61项。

文物工作得到国务院各部门的充分重视和积极支持。中央编办、发展改革委、财政部、建设部、文化部、国家税务总局、国家文物局等七部委联合下发了《关于进一步做好文物保护"五纳入"的通知》；中共中央宣传部与文化部、国家文物局联合发布了《关于进一步加强博物馆

宣传展示和社会服务的通知》；文化部、国家文物局、公安部、国土资源部、建设部、国家环境保护总局、国家旅游局联合发布了《关于进一步加强长城保护管理工作的通知》；国家文物局与国土资源部联合发布了《关于进一步明确古生物化石保护管理工作的通知》；与水利部联合发布了《关于做好南水北调东、中线工程文物保护工作的通知》；与中国教科文全委会联合发布了《关于加强世界文化遗产预备名单申报工作的通知》；与建设部联合公布了第一批历史文化名镇（村）。

国家重点文物保护专项补助经费有所增加，保证了重点文物保护工程顺利实施。科学合理地做好 2004 年度文物事业发展财政预算，努力增加文物事业发展经费。开展了利用国债资金拓宽文物保护资金来源等政策研究并取得了阶段性成果。

全国文物、博物馆机构基本情况普查工作基本完成，为文物保护各项工作的进一步开展奠定了坚实基础。

为了更广泛地宣传新修订的《文物保护法》，组织编写了《文物保护法实施指南》《中国文物年鉴》。组成了由全国人大法工委、教科文委、国务院法制办等部门有关同志参加的文物保护法宣讲团。文化部、国家文物局共同表彰了"全国文物工作先进县"。开展了"文物保护好新闻"评选活动。

加快文物事业改革步伐。中国文物研究所被列入中央文化体制改革试点单位之一，《中国文物研究所科研体制改革方案》已经中央文化体制改革试点工作领导小组批准，进入编制配套方案和实施前准备阶段，将为今后进一步做好国家公益性文化事业单位和文化科研单位体制改革工作积累经验。

加强组织建设和机构建设。国家文物局党组制定了《国家文物局工作规则》《国家文物局关于实行党风廉政责任制的规定》，对部分内设机构进行了调整，进一步明确了局机关各司室工作职能，完成了局机关部分司处级领导岗位的竞争上岗工作。启动了直属事业单位部分领导干部的公开选拔工作。

在看到以上成绩的同时，我们也清醒地认识到文物工作仍然面临着许多亟待解决的问题。这些问题事关文物事业能否健康发展的大局，必须充分重视，积极面对，下决心加以解决。归纳起来主要有以下几方面：

（一）《文物保护法》尚未得到充分地贯彻执行

目前，文物工作的实际与《文物保护法》的要求还有一定差距，各地区对于《文物保护法》的学习、贯彻、落实仍不平衡。一些地方对文物保护"五纳入"的落实尚未到位，文物保护管理机构相对薄弱，文物保护经费投入与实际需求尚有较大差距。长期以来，妨碍文物事业发展的管理体制问题仍然没有得到有效解决。一些地方违反《文物保护法》的规定，有法不依、执法不力的现象屡禁不止，擅自改变文物保护单位管理体制的事件仍时有发生，法人违法的现象十分突出。

（二）文物安全形势依然严峻

文物安全事故时有发生。虽然馆藏、寺庙文物被盗案件比去年同期下降 67%，但古墓葬被盗案件上升 63%。火灾事故次数与去年同期持平，但烧毁文物古建筑级别较高，损毁程度严重。

文物行政执法能力有待提高。相当多的地方文物执法机构不健全，难以承担《文物保护法》赋予的行政执法职责。

（三）文物博物馆事业管理水平总体上亟待提高

当前，我国社会改革不断深化，发展日益迅猛。文物博物馆工作面临的问题日趋复杂，社会各界对我们的工作愈发关注。一些地方文物、博物馆工作管理水平不高，已成为妨碍文物博物馆事业健康发展，各项工作迟缓于时代要求的原因之一。不注意学习借鉴先进的思想方法和工作成果，不注意鼓励发挥各类人才的智力优势，不注意掌握利用先进的科学技术，文物博物馆事业就不可能取得长足的进步。

（四）文物队伍素质有待进一步提高

作为知识密集型行业的文物博物馆系统，全国 7 万余从业人员中，具有中级以上专业技术职务者仅为 1 万余人。许多文博单位专业人才匮乏、人才结构不合理，难以承担日益繁重的文物保护任务。文物博物馆系统的极少数人员丧失职业道德，贪赃枉法、监守自盗，走上了违法犯罪的道路。湖北、河北、新疆等地文物部门相继出现恶性案件，暴露出文物队伍素质建设亟待加强。

回顾一年来的文物工作，我们深深地体会到：

——搞好新时期文物工作，必须要坚持文物法制建设，不断完善文物保护法规体系，充分运用法律手段，依法管理、依法行政，有效解决文物工作中的各种难点问题，以保证文物事业得到健康有序发展。

——搞好新时期文物工作，必须要加强各级政府对文物工作的领导，加深各有关部门对文物工作重要性的认识，不断提高全社会文物保护的意识，不断增强广大群众保护文物的自觉性，使文物工作的社会地位不断得到提升，以保证文物事业能够获得更为广泛的群众基础。

——搞好新时期文物工作，必须要紧跟时代步伐，坚持解放思想，实事求是，与时俱进，改革创新，改变被动、消极、守旧的工作方式，在大力做好各项基础工作的同时，善于吸纳先进管理经验，引入高新科学技术，以保证文物事业适应时代要求。

——搞好新时期文物工作，必须要坚持求真务实的工作作风、循序渐进的工作方法、实事求是的工作态度，不搞形式主义，防止好大喜功，以保证文物工作扎扎实实、积极稳妥地向前推进。

——搞好新时期文物工作，必须要时刻把文物安全工作放在首位，严防死守，警钟长鸣。积极采取有效措施，切实加强执法督察工作，以保证文物工作各项方针政策得到充分贯彻执行。

——搞好新时期文物工作，必须要不断加强队伍建设，调整文博人才结构，优化文博人才资源配置。重视职业道德建设，坚持遵纪守法、爱岗敬业、艰苦奋斗、无私奉献的作风，以保证建立一支政治坚定、业务精湛、作风过硬、廉洁奉公的文博干部队伍。

第二部分　关于 2004 年的工作安排

一、深入学习宣传贯彻《文物保护法》

各级文物行政部门要继续采取多种形式，深入宣传普及《文物保护法》及其《实施条例》，使广大人民群众能够了解《文物保护法》的基本精神，各级领导干部能够熟悉《文物保护法》的原则要求，各级文物部门的同志能够精通《文物保护法》的内容和各项规定，努力创造全社会支持文物工作的良好氛围。继续开展"文物保护先进县"评选工作。启动文物、博物馆系统"国家荣典制度"，授予的文物事业做出重要贡献的先进个人以荣誉称号。

进一步丰富和完善文物保护法规体系。加强相关法规规章的立法调研，科学合理地进行各类规范性文件的起草工作，提高立法质量。贯彻《行政许可法》，清理、规范文物行政审批事项。启动文物保护和博物馆行业标准化建设。做好《长城保护管理条例》《世界遗产保护条例》《博物馆管理暂行办法》《文物保护单位开放管理办法》《馆藏文物保护管理办法》《文物保护单位保护规划编制审批办法》《文物流通管理办法》《文物出入境管理办法》等重点法规的起草工作。

进一步加强文物执法工作。制定《文物行政执法程序》《文物安全保卫工作管理规定》。认真研究行政执法体制，明确执法范围和程序，规范行政执法行为，切实加大文物执法督察工作力度。

二、全面推进文物事业各项基础工作

继续进行前四批全国重点文物保护单位档案和国有文物收藏单位馆藏一级文物建档工作，推广试点成功经验，全面启动第五批全国重点文物保护单位"四有"档案建设工作。开展第六批全国重点文物保护单位的推荐、遴选工作。

落实全国人才工作会议精神，促进文博系统人才队伍建设。要把文博人才工作作为促进事业发展的根本出发点，紧紧抓住培养、吸收、用好人才三个环节，加快文博人才结构调整，优化人才资源配置，努力把各类优秀人才集聚到文博事业中来。要完善文博系统专业技术职务评定制度。继续加大教育培训力度，扩大专业技术培训范围，举办省级专业管理干部培训班。

大力加强文物安全工作。建立文物安全防范系统和突发事件应急系统，堵塞漏洞，消除隐患。继续推进文物风险单位风险等级达标工作，努力实现第一、二批一级风险单位达标率达到85%，启动第三批一级风险单位落实风险等级达标工作。

三、努力加强博物馆宣传展示和社会服务工作

贯彻落实中宣部、文化部、国家文物局《关于博物馆进一步加强宣传展示和社会服务工作的通知》。组织对近年来博物馆建设情况和存在问题的专题调研，促进各地抓紧研究制定陈列展览中长期规划和年度实施计划，积极探索建立符合市场经济体制要求、充满生机和活力的新型博物馆管理体制、运行机制和运作模式。召开博物馆进一步加强宣传展示和社会服务工作会议。组织好

馆藏文物管理、博物馆发展战略规划等课题研究。

以河南博物院为试点，促进博物馆展览工作进一步贴近实际、贴近生活、贴近群众，推动各级各类博物馆提高展示水平。展览的创意、设计、制作及宣传推广都要引进新理念，尝试新模式，运用新技术，增加博物馆展览的文化内涵和科技含量，向社会推出一批专业性、学术性和知识性、趣味性、观赏性有机结合的高水平的陈列展览。要强化博物馆服务意识，面向社会，主动融入社区建设，把社会的需要和观众的需要作为博物馆工作的出发点和落脚点。把"三贴近"作为衡量博物馆工作成效的重要尺度。

四、切实做好文物保护重点工作

加强重点文物保护维修工程中的管理工作。完善文物保护工程的各类资质评审和考核制度，规范资质评审程序。落实一批大型文物保护单位保护规划的编制、审批工作。继续进行西藏布达拉宫二期、罗布林卡、萨迦寺三大维修工程、山西应县木塔、云冈石窟、北京故宫等重点维修工程项目。

加强世界文化遗产工作。贯彻国务院关于加强我国世界文化遗产保护管理工作的意见，着重理顺世界文化遗产管理体制。协助有关部门做好第28届世界遗产委员会大会的筹备工作，确保高句丽遗迹申报世界文化遗产工作顺利进行。做好澳门历史建筑、殷墟、渤海国等项目申报世界文化遗产的前期准备工作。完成我国世界文化遗产预备清单的遴选工作。筹备召开世界文化遗产工作会议。

推动大遗址保护规划的制定工作。召开大遗址保护规划工作会议。以北京周口店猿人遗址、浙江良渚遗址、吉林和龙西古城遗址、陕西秦始皇陵、湖南里耶古城等大遗址的保护规划编制工作为重点，有计划地开展大遗址保护规划的制定工作。

进一步加强考古工作。继续做好长江三峡、南水北调等国家重点建设项目中的考古发掘工作。加大考古工作中的科技含量，开展内蒙古等地区的航空考古调查。举办第三期全国水下考古培训班。

五、大力推动科技创新和体制改革

加强文物保护科学技术工作。召开全国文物保护科学技术工作会议，举办文化遗产保护科学和技术成果展及文化遗产保护科学和技术中长期发展战略论坛。积极开展文物保护事业发展战略研究、文物保护与中华文明探源研究、馆藏文物腐蚀调查、文化遗产保护科学和技术发展战略与规划研究、博物馆发展与立法研究、中国数字博物馆研究等重点科研课题项目。加快文物、博物馆行业信息化建设。召开全国文博信息化工作会议，制定《文物保护信息化发展规划纲要》，加快开发以文物保护单位资源库、世界文化遗产资源库和博物馆资源库为主要内容的"全国文物、博物馆信息管理系统"。筹备中国数字博物馆工程。

根据《文物事业"十五"规划及2015年远景目标纲要》，深入研究文物博物馆事业在全面建设小康社会中的重要地位和积极作用。组织编制未来五至十年文物保护项目及经费需求的总体规划，争取"十一五"期间我国文物保护经费在总体上有所增加。启动编制文物博物馆事业发展第十一个五年计划。

六、继续扩大文物对外交流与合作

继续做好文物对外交流工作，努力提高我国在世界文物保护领域中的地位。加大对柬埔寨吴哥窟援修项目的工作力度。组织开展赴巴基斯坦的合作考古工作。重组中国文物交流中心，加大规范、协调文物对外交流工作力度。确保中法文化年重点项目"康熙大帝展""神圣的山峰展"以及赴美国"汉唐文明展"、赴日本"中国国宝展"的成功举办。

加大与国际组织和文物保护先进国家的交流与合作。办好国际古迹遗址理事会执行局会议。积极筹备国际古迹遗址理事会第十五次大会。与国际文化财产保护与修复研究中心合作开展文博专业管理干部和专业技术人员培训。召开全国文物外事工作会议。

胡锦涛致第 28 届世界遗产委员会会议的贺词 *

（2004 年 6 月 26 日）

值此第 28 届世界遗产委员会会议在中国苏州举行之际，我谨代表中国政府和中国人民，并以我个人的名义，向会议表示热烈的祝贺！向与会的各国代表团表示诚挚的欢迎！

在漫长的历史进程中，人类社会留下了丰富的文化遗产，大自然也造就了旖旎的风光。世界各国都有自己独特的文化和自然遗产，它们不仅是各国、各民族的宝贵财富，也是全人类的宝贵财富。由于历史的变迁和人类活动的影响，不少珍贵的文化和自然遗产受到岁月的侵蚀或遭到人为的破坏，有的已濒临危险。加强世界遗产保护已成为国际社会刻不容缓的任务。这是历史赋予我们的崇高责任，也是实现人类文明延续和可持续发展的必然要求。

保护世界遗产，是造福人类的千秋功业。1972 年联合国教科文组织通过的《保护世界文化和自然遗产公约》，对保护世界遗产具有重要的指导作用。各国都应认真履行这一公约，在平等和相互尊重的基础上，相互借鉴，取长补短，更好地保护人类的共同遗产。

中国政府高度重视保护文化和自然遗产，将继续弘扬中华民族的优秀文化，保护生态环境，扩大国际合作，保证文化和自然遗产的充分保护和适度利用，进一步促进人与自然和谐发展。

多样性是世界文明的一个基本特征。人类历史发展的过程，就是各种文明不断交流、融合创新的过程。加强文明对话，有利于各国、各民族的相互了解和相互学习，有利于促进世界和平与发展的崇高事业。我们期待着联合国教科文组织在促进文明交流方面发挥更大作用。我相信，在各国代表团共同努力下，这次会议必将取得成功，为发展人类丰富多彩的文明做出积极贡献。

祝各位代表在中国过得愉快。

---

* 胡锦涛时任中共中央总书记、国家主席。

单霁翔在 2004 年全国文物外事工作会议上的报告

(2004 年 8 月 18 日)

自 2001 年在杭州召开的全国文物外事工作会议以来,全国文物系统积极配合我国外交大局,促进文物外事工作不断获得进步。文物外事工作在我国文物保护事业中发挥着越来越重要的作用。为总结三年来文物外事工作取得成绩并解决存在的问题,部署今后一个时期文物外事工作的主要任务,我代表国家文物局作工作报告。

一、过去三年文物外事工作取得的成绩和存在的主要问题

近年来,文物外事工作的内容不断丰富,范围不断扩大,项目不断增多,所取得的成绩主要表现在以下几个方面:

1. 各级文物部门更加注重在中国走向世界、世界了解中国的过程中发挥独特作用。文物外事工作呈现多层次、多渠道、多形式的全方位发展势头。文物外事工作的法规体系建设得到加强,管理方式得以改进。加强了对涉外科研项目的规划和协调,加强了宏观管理的力度。发挥文物对外交流与合作在专业人才培训方面的特殊作用。

2. 加强了与各国政府之间的交流与合作,积极参与国际文化遗产保护领域的重要事务。在国际文化遗产保护领域的影响不断扩大,地位不断提升。三年来,在双边文化交流协定中,有关文物、博物馆和考古方面的合作条款愈加明确、具体和充实。顺利开展与法国、希腊、葡萄牙、拉脱维亚、澳大利亚、柬埔寨、阿富汗、埃及、肯尼亚、坦桑尼亚等国家有关部门之间的交往与合作。与秘鲁、美国、澳大利亚、英国、印度、希腊等国家政府有关部门就共同打击文物走私达成合作协议或意向。与意大利、日本等国政府在文物保护领域开展的援助项目进展顺利。与柬埔寨政府签署了两国"关于合作保护吴哥窟的谅解备忘",与巴基斯坦考古局签署了有关合作考古的协议,各项工作均在落实之中。

3. 与有关国际组织和民间机构的合作得到加强。第 28 届联合国教科文组织世界遗产委员会会议在苏州成功召开。会议顺利通过了我国高句丽史迹及有关扩展项目列入世界遗产名录。2002年,国际博物馆协会亚太地区第七次会议在上海召开,签署了《上海宪章》。2004 年,国际古迹遗址理事会执行委员会会议和亚太地区会议在北京成功召开。我国代表在国际博物馆协会、国际文化财产保护与修复研究中心等国际组织和机构中担任了重要职务。我国在国际文化遗产保护事务中占有更为主动的地位。促进世界银行、美国盖蒂研究所、美国梅隆基金会、亚欧基金会、世界遗产基金会等机构与我国博物馆和考古科研机构开展了卓有成效的合作。2004 年，中国首届博物馆及相关产品与技术博览会的成功举办，标志着市场经营理念已经开始在我国博物馆建设和发展中发挥影响，受到了世界博物馆界广泛关注。

4. 作为对外文化交流中最受欢迎、影响最大、最具特色的活动，文物展览的质量、数量和组织水平不断提高。注重出境文物展览的宏观调控和整体规划，精心组织筹划重要展览活动和精品展览项目。展览组织工作从追求展览数量转向更加重视展览质量和学术水平。赴巴西"永恒的中国——五千年文明展"、赴美国"雪域藏珍——中国西藏文物展"有力地配合了重要外交活动并取得巨大成功。在努力实施"走出去"战略的同时，"引进来"的工作得到加强，各地博物馆相继组织了来自意大利、日本、希腊、法国、巴西等国家的文物展览，公众反响热烈。

5. 积极参与国家重要的对外文化交流活动。由中法两国领导人亲自倡导、在法国举办的"中国文化年"是迄今为止我国规模最大的对外文化交流活动。"神圣的山峰展""中国四川省出土文物展""康熙时期艺术展"和"孔子文化展"获得巨大成功。法国总统希拉克多次参观上述展览并给予高度评价。展览引起轰动，其影响超越法国国界，扩大到整个欧洲，观众总计近 100 万人次。展览期间，中国考古学者首次在法国最高学术机构——法兰西学院作学术报告，引起了法国学术界的广泛关注和高度评价。

6. 涉外文物保护技术和科研工作得到加强。合作项目不断增多，合作形式更加多样，研究水平有所提高。一些文物保护技术合作项目取得了世界领先的科技成果。中德合作保护秦俑彩绘、中美合作保护敦煌莫高窟等项目取得了突破性进展。我国在考古研究领域取得的成就为国际考古界所关注，与我合作开展考古研究的国家不断增加。与德国、瑞士、美国、英国、加拿大、日本等国家进行的合作考古研究项目不断深入。

7. 与香港、澳门特别行政区和台湾地区的合作交流工作卓有成效。加强了与香港、澳门特别行政区政府之间的联系，在文物保护领域的合作不断深入。内地考古机构多年来一直为香港、澳门的考古发掘工作提供技术和人员方面的援助。互相交换举办文物展览，人员互访、学术交流的数量和质量呈上升趋势。多年以来，香港、澳门与内地紧密合作，打击文物走私等违法犯罪活动，为阻止中国文物非法流失做出了不懈努力，并已将多批非法流失的文物返还内地。香港、澳门积极参与有关文化遗产保护国际组织的活动，2003 年在香港举办的"国际水下考古研讨会"取得良好效果。澳门的世界文化遗产申报工作进展顺利。与台湾文物、博物馆界开展的各种交流活动有力反击了"台湾当局"推行的"去中国化"的"台独"企图。内地博物馆赴台举办的"秦兵马俑展""唐代文物大展""佛指舍利赴台供奉瞻礼"和"妈祖文物展"等展览在台湾引起轰动，增强了台湾公众对中华文化的认同感，加深了对海峡两岸文化同宗、同源的理解。选派内地文化遗产保护专家、学者前往台湾开展交流活动，通过讲座和学术研讨会加深两岸民众对中华文化的理解和热爱。邀请台湾有关人员来内地访问，考察有关博物馆和考古遗址，文化遗产成为联结海峡两岸民众情感的重要纽带。

8. 国际合作打击文物犯罪成效显著。海关、公安等部门加大打击文物犯罪力度，对西安阳陵等几起非法被盗流失文物进行了成功追索。瑞典、美国、加拿大、墨西哥、英国、澳大利亚、新西兰等国家多次通报我流失文物的情况。我国也向有关国家通报他国文物非法流入我国境内的有关情况。

回顾三年来文物外事工作，我们深深体会到国家强大、民族昌盛是文物外事工作的坚实基础，改革开放、兼收并蓄是文物外事工作的根本前提，悠久的历史、灿烂的文化是文物外事工作的丰富内涵，服务大局、面向世界是文物外事工作的基本原则，业务过硬、作风优良的人才队伍是文物外事工作的有力保证。

在总结经验的同时，我们清醒地认识到工作中存在的一些问题，束缚和限制了文物对外交流与合作的扩大和发展：

1. 文物外事法规体系还不够完善，文物外事工作中还存在着一些制度缺失的环节，新修订的《文物保护法》及其实施条例的有关规定尚未在现行文物外事规章中得到体现。一些单位在开展文物外事工作中还存在着有法不依、执法不严情况，甚至违规操作，给文物安全带来隐患。

2. 文物外事工作的主动性、计划性和前瞻性有待加强，配合外交政策、对外文化交流大局的工作水平需要进一步提高。一些文物博物馆单位在开展文物对外合作的过程中，还存在着只顾眼前利益、局部利益的现象，缺乏大局意识和长远发展计划。

3. 文物外事工作管理水平有待提高，在开展对外合作项目过程中，重立项、轻管理，有审批、无监督的现象普遍存在。

4. 尚未形成一支适应新形势要求的高素质外事人才队伍。亟待培养一批熟悉文物外事法规、掌握专业知识、精通外语的复合型人才。

二、今后一个时期文物外事工作的总体思路和主要任务

（一）总体思路

1. 做好文物外事工作，要求我们进一步完善文物外事工作法规体系，制定中长期发展规划，有计划、有步骤地了解和借鉴其他国家在文化遗产保护方面的先进管理经验和科学技术。要增强对外开放的力度，尽快改变国内文物博物馆界相对封闭的状况，通过积极开展对外合作，认清差距，汲取经验，努力使我国早日成为世界文物保护强国。

2. 做好文物外事工作，要求我们提高认识，深刻理解文物外事工作在我国整体外交工作中所发挥的独特作用，充分发挥文物工作特点，在工作实践中强化大局意识、主权意识和文物安全意识，以维护国家利益和确保文物安全为工作的基本原则。

3. 做好文物外事工作，要求我们在继续加大"引进来"工作力度的同时，积极实施"走出去"战略，进一步发挥我国在国际文物保护工作中的作用。

4. 做好文物外事工作，要求我们加强宏观管理和整体调控，提高对外合作的层次和学术水

平，重视合作效果。

5. 做好文物外事工作，要求我们大力加强人才队伍建设，要通过各种方法、各种渠道加强文物外事队伍培训工作。在开展文物对外合作项目过程中，有目的地在实际工作中培养人才、锻炼队伍。

6. 做好文物外事工作，要求我们重视基础建设。要健全文物外事工作程序，强化文物外事资料的收集和整理，加强文物外事工作信息化建设，全面提升文物外事工作的管理水平。

（二）今后一个时期文物外事工作的主要任务

1. 加大建章立制和依法管理工作力度

严格执行新修订的《文物保护法》及其实施条例和《行政许可法》等相关法规，加强文物外事工作有关的法规建设，依法开展文物对外合作工作。严格规范对外文物展览工作。严格按照外事规定审批、管理出访团组。

2. 支持、引导和规范对外文物交流项目

进一步加强与各国政府间的合作。今后一段时期内，继续重点开展与法国、意大利、德国、英国、美国等文化遗产保护先进国家的交流与合作；扩大与日本、韩国、巴基斯坦、印度、阿富汗、越南等周边国家在文化遗产保护领域的合作范围和合作深度；同时加大与亚洲、非洲和美洲的发展中国家交流力度。

作为世界有关文化遗产保护四个公约缔约国和三大国际组织成员国，我国将继续遵守有关国际公约和规定，在世界文化遗产保护事业中履行职责，发挥应有的作用。加强与国际博物馆协会、国际古迹遗址理事会、世界遗产中心、罗马文物保护修复中心、美国盖蒂基金会、美国梅隆基金会等国际组织和民间机构的联系与合作。

加强和完善我国世界文化遗产的申报和管理工作。扩大与国际世界文化遗产保护机构的沟通和交流，鼓励并支持我国世界文化遗产管理机构积极参与世界文化遗产保护活动。

2005 年，将有千余名来自世界各国的文化遗产保护人士云集西安，参加由我国首次举办的国际古迹遗址理事会第十五届大会。这次会议将对推动世界文化遗产保护工作产生积极影响。我们要集中力量，全力办好这次会议。

3. 加强宏观管理，规范操作程序

组织对外文物展览仍将是开展文物外事工作的重要形式，需要进一步加强管理，注重实效，提高对外文物展览的组织和学术研究水平。本次会议拟讨论修订的《文物出境展览管理规定》，就是希望进一步加强宏观管理，规范操作程序，促进对外文物展览工作持续、健康、有序地发展。

要继续做好中法文化年有关文物展览的后续工作。协助组织"法国文化年"在中国的有关活动。实施品牌战略，策划对外文物展览精品工程。保证赴美国、英国、日本、德国等国家和香港等地区的大型文物展览筹备工作如期完成。对中、小型对外文物展览的政治性、学术水平要有严格要求。防止文物展览过多、过滥、质量差、学术水平低的现象发生。鼓励国内文物博物馆单位在条件具备时组织更多国外优秀文物展览来华展出。组织"古代印度文明展"等重要文物展在国内的巡展工作。在实施中应逐步引进先进运作机制，采纳有效管理措施，注重社会效益。

4. 加强对涉外考古研究项目和文物保护维修项目的管理。加快"走出去"实施文化遗产保护合作项目的步伐

继续积极开展涉外考古工作，特别要加强边疆和周边国家及地区的考古工作。对已确定的合作项目实施目标管理，使合作项目更具针对性，更有利于发挥我方的主动性。对需要外方参与或给予技术支持的重点文物保护项目，应考虑通过国际公开招标方式确定外方合作伙伴的可能性。确保已批准的涉外考古合作项目的实施完成，保证与瑞士、美国、日本、德国等国家有关科研机构在山东、山西、河北、陕西、青海、新疆等省、自治区合作开展的考古发掘项目正常进行。要重视公布出版有关合作发掘的研究成果。鼓励、支持各地文物保护技术科研机构开展对外合作，提倡在文物保护领域通过国际合作开展科学技术创新，推广应用新技术、新手段和新方法。继续做好已开展的文物保护援外项目。启动援助柬埔寨吴哥窟文物保护二期工程，筹备赴巴基斯坦等周边国家开展的考古发掘、研究和文物保护修复项目，逐步扩大我国在世界文化遗产保护领域的影响。

5. 大力开展博物馆领域对外合作工作，促进我国博物馆建设和管理水平的提高

我国博物馆正迈入一个高速发展阶段，与国际博物馆界的全面接轨已成必然，差距正在逐渐缩小。广泛开展博物馆间的国际合作必将促进我国更多博物馆早日步入世界先进博物馆行列。推动我国文物博物馆机构与美国大都会博物馆、英国大英博物馆、法国卢浮宫博物馆等世界著名博物馆间开展合作交流。要系统研究国际重要博物馆的管理体制和运行机制，促进我国博物馆事业的发展。

6. 通过不同渠道，更多了解我国文物流失海外的情况，坚决打击文物走私活动

开展专门课题研究，通过我驻外使、领馆，国外友好人士、机构等多种渠道了解我国流失文物的基本分布情况，逐步建立专门档案。按照有关国际公约，继续与相关国家开展更密切合作，坚决打击国际的文物走私活动。

7. 继续做好与香港、澳门特别行政区和台湾地区的合作交流，加强内地文物博物馆机构与三地之间的人员和学术往来

继续加强与香港、澳门特区政府有关部门合作，选派内地专家参与支持两地的考古发掘和研究工作，鼓励两地有关部门和专家参与有关国际组织和机构的活动，支持并指导澳门申报世界文化遗产的工作，促进两地博物馆与内地博物馆的交流。继续保持与台湾文物博物馆界的密切联系，按程序审核报批两岸互访团组，鼓励两岸文物博物馆专家互访，保证两岸已签订交流项目的正常实施。

保护文化遗产已成为全人类的共同行为，也是历史赋予我们的使命，文物对外合作前景无限，大有作为。我们要努力贯彻实施《文物保护法》，在更广泛的领域中，提高文物外事工作水平，促进对外文化交流向纵深发展，为我国文物博物馆事业的蓬勃发展做出更大贡献。

单霁翔在 2004 年全国文物保护科技工作会议上的报告*

（2004 年 9 月 24 日）

在国家制定中长期科学和技术发展规划的重要时刻，我国文化遗产保护与传承迎来难得的历史机遇。今天，我们聚集一堂，在首都北京召开第一次全国文物保护科技工作会议。这次会议的主题是，回顾新中国文物科技工作取得的成就与经验，遵循国家文物保护事业和科技发展的总体要求，确定文物科技发展思路和中长期发展规划，部署"十五"末至"十一五"期间的工作，开创文物科技工作新局面，为把我国建设成为文物保护强国奠定坚实基础。

一、新中国文物保护科技工作的回顾

新中国成立以来，文物科技不断进步，已经初步建立了一批科研机构，形成了专门队伍和有效运行机制，完成了许多具有重要影响的科学研究和应用项目，为文物事业发展做出了突出贡献。

新中国成立初期，根据国家建设和文物保护的需要，文物科技工作者继承和发展传统保护修复技术，抢救了大批有价值的文物。三门峡库区文物调查与抢救、山西芮城永乐宫搬迁、陕西汉中十三品石刻搬迁和唐墓壁画揭取与保护等。

20 世纪六七十年代，国家制定了"1963～1972 年文物保护科学技术发展规划"，成立了文物保护科学技术研究所，各地文物博物馆单位也相继建立了文物保护实验室，同时积极开展文物科技的国际交流。一批老一辈的科技专家投身文物保护事业，为文物科技发展奠定了良好的基础。一系列重大的考古新发现极大促进了文物科技工作。1972 年长沙马王堆汉墓发掘与出土文物的保护，首次集中全国最高水平的考古与科技专家联合攻关，攻克了许多科技难题，完成了对帛画、简牍、丝织品、漆器的提取和保护，成为当时全国文物工作中的一大亮点。

改革开放，迎来科学的春天，文物科技工作突飞猛进。特别是实施科教兴国战略以来，国家加强了宏观管理，加大了经费投入，文物科技工作得到进一步加强和快速发展。国家文物局 1996 年专门设立科技教育处，后来又发布了科技成果应用指南，编制了文物科技"十五"规划。2003 年，为进一步适应文物科技和信息化发展的需要，专门设立了科技信息处。同时，地方文物部门

---

* 原题为《全面落实科学发展观　开创文物保护科技工作新局面》。

也加强了文物科技的管理和投入。

新中国成立以来，通过继承传统、积极引进、消化吸收、不断壮大，实现了我国文物科技工作的长足发展，文物工作的科技含量不断提高，取得了显著成绩，主要表现在：

（一）建立了一批文物保护的研究机构和人才培养基地，培养了大批专门人才

中国社会科学院、中国科学院、中国工程院、中国建筑设计研究院、中国城市规划研究院、中国文物研究所、故宫博物院、中国国家博物馆、敦煌研究院、西安文物保护修复中心、上海博物馆、南京博物院、湖北省博物馆等研究机构，发挥着越来越大的作用。北京大学、清华大学、复旦大学、兰州大学、吉林大学、东南大学、中山大学、四川大学、西北大学、南开大学、同济大学、天津大学、中国科学技术大学、北京科技大学、西安交通大学等高等院校，培养了大批专业人才。

（二）文物科技法规建设和管理工作不断加强，投入加大

新修订的《中华人民共和国文物保护法》及其《实施条例》，对文物科技作出明确规定。国家文物局依法今年陆续颁布了《文物保护科学和技术研究课题管理办法》《文物保护科学和技术研究课题招标评标暂行办法》《文物保护科学和技术创新奖励（试行）》等管理规章。设立了国家文物局科研课题管理办公室，为文物科技工作的健康发展提供了保证。最近，又发布了《历史文化遗产保护领域科学和技术研究课题指南（2004~2005）》，积极推动了科研、保护与管理工作的有机结合。科研经费投入逐年增长。"九五"期间，国家用于文物保护科研经费由"八五"期间的每年30万元增加到2000年的450万元；"十五"期间继续增加到2004年的900万元。

（三）文物科技进步显著，科研成果成为文物保护事业的重要支撑

广大文物科技工作者勇于实践，刻苦攻关，取得了一系列令人瞩目的科研成果，产生了显著的社会效益和经济效益。在大批文物科技成果中，有8项获得国家科技奖励，118项获得文化部、国家文物局科技进步奖、文物保护科学和技术创新奖。

1. 现代科技的引进和应用，拓展了文物科学研究领域。元素成分分析技术，碳十四、热释光等测年技术，电阻率法、电磁法和卫星定位等现代勘测技术，为文物本体、考古勘探等研究提供了新手段。

2. 馆藏文物保存、修复技术取得了重要进步。在秦始皇陵铜车马修复、秦俑彩绘保护、法门寺出土丝织品保护、饱水简牍和漆木器脱水保护、纸质文物保护、出土铁器脱盐保护等方面，现代科技都发挥了突出的作用。

3. 不可移动文物保护科技水平不断提高。西藏布达拉宫保护工程，敦煌石窟保护和壁画修复，蓟县独乐寺维修工程，三峡工程文物保护规划研究与实施等，特别是近年来，在大型遗址保护中进一步探索将考古、规划、环境、地质、化学、物理等多种科学和技术综合运用，取得了重要成果。中国古迹遗址保护协会研究制订的《中国文物古迹保护准则》，标志着中国文化遗产保护理念开始走向成熟。

4. 博物馆注重引进和合理运用现代科学技术。博物馆建设与各项业务活动的科技含量不断增

加，有效提升了藏品保护、陈列展示、信息传播和社会服务的整体水平。"九五"以来新建的上海博物馆、中国科技馆、南京博物院艺术陈列馆等，设施先进，管理科学，功能完善，成果丰硕，备受社会关注。今年"5·18"国际博物馆日，在中国农业博物馆举办的博物馆技术与相关产品博览会，是一次很好的检阅。

5. 科技手段在文物安全防范工作中发挥了重要作用。博物馆、文物保护单位利用科学技术加强防范工作，收到了明显的效果。1994年以来，秦始皇兵马俑博物馆、沈阳故宫博物院等30多个单位，借助技术防范设施，抓获了盗窃犯罪分子，保护了文物。

6. 信息化建设初见成效。各地文物博物馆单位的数字化、信息化工作相继开展，藏品信息管理系统逐步得到使用，国家科技专项"中国珍贵文物数据库"顺利完成，文物调查及数据库管理系统建设项目的试点目标基本实现，一批文物博物馆网站先后开通，中国文化遗产展示中心（中国数字博物馆）立项工作业已启动。

（四）文物保护科技体系不断完善

随着国家科技体制改革的不断深入，文物科技体制改革也已启动。中国文物研究所作为文化体制改革试点单位，已初步完成改革，正在向文物科技发展的中心平台迈进。各有关科研机构、高等院校正在形成一批区域性、专题性的科技中心，有效地发挥着科技支撑和辐射、带动作用。以国家力量为主导、社会各界积极参与的文物科技发展新格局正在形成。

（五）国际合作交流加强，范围进一步拓展

迄今为止，我国已经与联合国教科文组织，以及欧美、日本、柬埔寨等30余个国家和地区开展了文物科技合作。通过交流，不仅利用国际科技资源推动了我国文物科技的进步，也向世界展示了我国的文物科技成就，扩大了国际影响。

回顾新中国成立以来，特别是最近十年来的文物科技工作，我们有以下五点体会：

一是落实科教兴国战略，贯彻文物工作方针，是推动文物科技健康发展的前提；二是坚持现代科技与传统技艺相结合，重视和组织多学科联合攻关，是文物科技取得重要成果的动力；三是加强科技基础条件建设和人才培养，加大科技投入，是文物科技获得较快进步的基础；四是实施制度创新，形成"开发、竞争、流动、协调"的运行机制，是优化发展环境、提高创新能力的根本保障；五是积极开展国际合作，是文物科技实现跨越式发展的有效途径。

二、提高认识，进一步重视科技工作

我国文物科技工作虽然取得了一些令人振奋的成绩，但是面对当代科技发展和文物保护领域出现的新趋势，与世界上一些发达国家相比，与国内其他行业的发展水平相比，还有差距，主要表现在以下几个方面：

一是科技意识普遍淡薄，科技进步相对缓慢。在文物的调查、发掘、保护、研究、展示和传播中，存在忽视科学技术合理运用的倾向；一些实用技术仅停留在一般性应用层面，缺少创新和发展；高技术的引进和利用更是滞后，文物科技的发展已经远远不能适应文物事业的需求。

二是基础研究不足，发展战略研究不够，规划工作滞后。考古学理论方法与文化遗产保护基础理论研究相对滞后，相关学科建设推进缓慢。基础性研究、理论性课题的申报、立项严重不足；在配合、参与国家重大项目方面，缺乏全局性、主动性和竞争意识。长期以来，对文物科技的理解比较狭窄，缺乏战略意识和规划意识，难以确定重点领域、优先主题和凝练重大专项。

三是科研基础条件薄弱，专业人才匮乏。科技研发、推广的机构总量不足，全国仅有十多个成规模的文物保护科研实验室，而且存在布局不尽合理，技术力量分散，先进设备缺乏，资源利用率低，管理机制落后等问题。科技队伍薄弱，从业人员素质不高。学术带头和高层次、高水平的研究人员特别匮乏。

四是应用技术的研发与推广明显滞后。文物保护技术主要是应用技术，用以解决实际问题。目前困扰文物调查、发掘、维修、展示、管理的许多关键问题，仍未能找到合理的解决方法。而已有的有限成果由于诸多原因，得不到有效推广利用。如漆木器的脱水保护技术基本成熟，可以推广运用，但是实际上，有的单位大量漆木器浸泡在水中已达 50 年之久。

五是文物科技投入不足。国家财政用于文物科研的专项经费近几年虽然有了较大幅度的增长，但是各地明显滞后，目前只有两个省设立了科研专项经费。相对于文物保护的需求，特别是可持续发展的需求，仍有较大差距。

上述差距反映了文物科技方面的一些深层次问题。

一是适应市场经济和科技发展规律的科技体制还没有完全建立起来。体制、机制等方面还存在阻碍文物科技发展的因素，制约了文物科技的进步，影响了文物事业的发展。

二是从事高水平创新工作的理念尚未树立，整体创新能力还不够强。尤其是具有原创性成果不多，关键技术创新成果不多，重大的集成技术成果不多，能够实现产业化、规模化的成果更少。在推动学科交叉、更新与结构调整，整合各研究机构的内外优势，选择重点创新领域、创新方向和组织实施重大创新项目等方面，还有待于进一步加强。

三是科技管理滞后。绝大部分省、自治区、直辖市没有专门的科技管理职能部门，甚至没有专人负责。科技标准和评价体系不健全，重复立项、不按时结项或草率结项等现象时有发生。激励、奖励机制尚待完善。

四是在人才的队伍结构、有序流动、组织优化机制等方面，亟待进一步完善。优秀的创新人才、管理型人才和基础型科研人员，都需要进一步加大引进、培养和组织的力度，特别是要努力完善梯队建设，锻炼和培养学术带头人。

五是对科技工作重要性认识严重不足，我们认为这是最重要的一点。关于"科学技术是第一生产力"的科学论断，在文物保护行业仍然存在着认识上的较大差距。

当今世界，科学技术的发展突飞猛进，科技进步成为增强综合国力的决定因素。我国进入新世纪的第一个五年计划，国家将促进科技进步和创新，作为国民经济和社会发展的重要任务，摆到突出的战略位置。文物保护事业必须顺应时代要求，紧紧依靠科技进步，充分利用科学技术获取前进的动力。

从历史上看，人们对知识、科技的认识经历了一个逐步深化的过程。从 16 世纪培根"知识就是力量"的论断，到 19 世纪马克思关于"科学技术是生产力"的思想，再到 1988 年邓小平关于"科学技术是第一生产力"的理论，以及联合国 1996 年提出的"知识经济"概念，表明人类对科学技术重要性的认识达到了一个前所未有的高度。凡是善于运用第一生产力的行业、部门，发展的就好一些，快一些；凡是不注重运用第一生产力的行业、部门，发展的就差一些，慢一些。例如新闻出版业借助激光照排新技术加速了信息与知识传播，并形成了庞大的产业；广播电视部门依靠卫星通信这一现代科技手段，在两年时间内就实现了广播电视村村通；图书馆引进信息技术，解放了人工查询等烦琐工作的束缚，引发了数字图书馆的构建；文物博物馆单位配备安全防范系统，提高了文物安全管理效能；水下考古、航空考古、沙漠考古等扩展了文物工作的领域，都是借鉴和运用相关科学技术的结果。

科技进步与创新是文物事业发展的必由之路。新技术革命与经济全球化，给我国的科技进步带来全新的机遇与挑战，也为文物保护提供了更为广泛的科技支持。我们一定要以长远的眼光，从实现中华民族伟大复兴的高度，深刻认识科学技术对文物保护事业的巨大促进作用。一方面要加强科学思想的培养，树立科学的发展观。通过努力学习，增强科学意识，形成科学的精神、科学的理念和科学的态度，运用科学方法促进科学技术同文物保护更加广泛、深入的结合，推动文物保护的科技进步与创新，最终促进文物保护工作的开展。另一方面，在技术层面上，要更加注重开发和运用现代科学技术，提高工作的科技含量。

三、明确指导思想与目标任务，推进科技进步，建立和完善文物保护的科技支撑体系

科学发展观是准确把握世界发展趋势，总结改革开放二十多年的经验，与时俱进，对现代化建设指导思想的新发展。贯彻科学发展观，积极应对文物科技工作面临的机遇与挑战，以科技创新和科技进步全面促进文物事业的发展，是时代对文物科技工作的迫切要求。

今后一个时期文物科技工作的指导思想是：牢固树立科学发展观，贯彻文物工作方针和科技工作方针，实现理论创新、体制创新和科技创新，以科技进步支撑文物保护事业的发展，为全面建设小康社会服务。

今后一个时期文物科技工作的总体目标是：遵循国家科技发展和文物保护的总体思路，明确文物科技主攻方向，以解决重大战略性和瓶颈问题为突破口，跟踪现代科技发展前沿，加大实用技术的研发和推广力度，优化科研力量布局，构筑行业创新体系，开创文物保护的新局面。

今后一个时期文物科技工作的主要任务是：

（一）运用高新技术开展文物科学调查，全面掌握文物资源状况在建立科学规范的文物调查评估登记体系的前提下，进行文物资源的科学调查，全面、系统地掌握资源总体状况，为文物保护奠定科学有据的工作基础。采用空间探测、水下考古调查等高新技术手段，拓展文物调查范围，提高调查效率。推进碳十四、热释光等现代分析检测技术的应用，加强文物测年和真伪鉴别技术的研究。利用信息技术，深入开展科学化、规范化的文物建档登记工作。目前，正在开展的全国重点文物保护单位的"四有"档案建设工作和国家一级文物藏品档案的建档工作，都运用了信息技术，旨在建立科学、规范的档案。这是我们系统掌握文物总体资源的两项重要基础工作。

（二）开展重大文化遗产地的综合保护研究，提高遗产地的整体保护水平

对于面临盗掘破坏和城镇化建设的影响、反映中华文明起源与鼎盛时期的重要文化遗产地，特别是世界文化遗产地和省级以上文物保护单位，抓紧开展保护理念与途径、综合保护规划等基础研究，实施综合保护示范项目，为实现整体性抢救保护提供有效对策。与建设部门相比，我们在世界文化遗产地和省级以上文物保护单位的保护规划编制和审批工作，还比较落后，在这方面迫切需要进一步加强。针对文化遗产地监测及安全预警等突出问题，以安全体系建设为切入点，实施动态管理与监测系统工程，提高预防风险能力和安全防范能力。

（三）加强文物保存与修复的基础研究，实施关键技术攻关

开展科学保存修复理论研究。通过现代尖端无损微损分析技术、材料科学和环境科学的应用研究，解决文物保存与修复中的关键技术问题。在重大文物保护项目的实施中，运用文物科技基础研究的新成果，积极应用高新技术，改进适用的传统技术，加强文物保护的原创技术和集成技术攻关。在古建筑的木材保护、石质文物防风化、大型饱水漆木器保护、纺织品的保护、金属特别是铁质文物保护、土遗址保护、壁画岩画保护、博物馆藏品保存环境控制、考古发掘现场出土文物的提取保护和实验室保护等方面，力求取得重大突破，形成一批具有广泛推广价值的共性技术。

（四）利用信息技术和现代传播技术，发展博物馆文化，增强国民对文化遗产价值的认知

充分运用信息技术和现代传播技术，拓展博物馆现代化建设理念，提高文物展示和传播水平，推动博物馆工作贴近实际、贴近生活、贴近群众。发挥博物馆的文物保护、研究和社会教育作用，强化博物馆在构建学习型社会和消除信息鸿沟方面的重要地位。为使博物馆文化得到进一步延伸，在文物信息资源数字化的基础上，开展文物虚拟现实技术研究，实施中国文化遗产展示中心项目。明天开幕的"历史文化遗产保护科学和技术成果展"，就有虚拟现实技术应用于文物展示的初步成果。

（五）构筑文物科技基础条件平台，营造文物科技发展良好环境

按照《2004～2010年国家科技基础条件平台建设纲要》，初步建成适应文物科技创新和事业发展的科技基础条件支撑环境；形成以共享机制为核心的管理体制，与平台建设和发展相适应的

科研机构体系。整合以中国文物研究所为代表的国家文物科研机构、地方文物科研单位和有关高等院校的科研基础资源，建设一批行业重点科研基地；加强文物科技信息服务能力，建立文物科技数据资源库、文献库，为广大文物科研人员提供更加开放、高度共享的科技资源。

（六）完善行业标准体系

通过开展技术标准研究和标准化工作，不断完善文物保护标准体系，实现文物保护、研究、利用和管理等方面的质量与安全的技术控制。目前这方面的进展比较缓慢，能够成为国家标准的还没有。我们一定要下定决心，加快行业标准体系的建设步伐。争取在明年年初，依托中国文物研究所及有关科研机构，完成文物保护行业专业标准化委员会的组建，启动基础标准、通用标准、专业标准的制定工作。遵循稳步发展、分步实施、急用先行的原则，首先开展涉及不可移动文物、可移动文物、文物调查与考古发掘、博物馆、信息化等五个方面的一批相关标准制定工作。国家文物局一再强调，要依靠全国的科研力量，依靠高等院校、科研院所已有的科研力量，搭建研究和制定文物行业技术标准的平台，在各个方面同步开展相关工作。

（七）促进科技成果转化应用

科技成果推广应用是文物保护科技工作的关键环节。要进一步完善科技成果的评价办法，逐步建立科技成果的准入制度。要把宣传推广工作和成果的鉴定、结项、评奖结合起来，开展有关成果评价的学术研讨活动，通报重要成果的有关情况，促进科研成果的宣传推广。大力发展科技中介服务机构，加快促进科技成果应用的产业化步伐。以明年召开的国际古迹遗址理事会第15届大会为契机，加大《中国文物古迹保护准则》等成果的宣传和推广应用力度。要在现有成果基础上，以漆木器脱水保护为突破，充分发挥国家和地方两个积极性，先试点、后推广，先局部、后整体，探索有利于科技成果推广应用的模式。

在明确上述主要任务的基础上，当前需要抓紧做好的几项重点工作：

一是规划编制工作。制定国家中长期科技发展规划，是根据世界科技发展新趋势和我国全面建设小康社会的迫切要求，作出的一项重大战略决策。按照国家中长期科技发展规划工作的总体部署，在前期开展历史文化遗产保护领域中长期科学和技术发展战略研究的基础上，要进一步总结和提炼，完成历史文化遗产领域科学和技术中长期发展规划纲要的编制，同时要开展文物科技发展"十一五"规划编制工作。国家文物局已委托中国文物研究所牵头，联合有关地方及科研机构，共同开展这项工作，希望大家给予大力支持和协助。本次会议印发了规划纲要草案，期望各位专家、代表以求真务实的态度，提出建设性意见。各地文物行政部门也要按照《文物保护法实施条例》的规定，尽快制定区域文物科技发展"十一五"规划。

二是凝练重大专项。重大科技专项以解决文物保护的战略性和瓶颈问题为目标，具有局部带动整体的作用。凝练重大科技专项，既是前期战略研究工作的深入和细化，又是规划纲要编制的重要基础，也是国家制定科技计划和国家文物局组织实施的重要依据。各地文物部门和有关单位，要在已实施的科研项目、已取得的科技成果基础上，突出重点，总结经验，抓好做好重大科技专项的立项研究。目前我们面临的诸多难题，例如应县木塔的保护、大运河遗迹的保护，以及有机质地、铁质文物的保护等，都涉及很多重大科学问题和关键技术，需要组织多学科力量开展研究。要先做好项目的选题、方案的顶层设计和队伍组织。

三是抓紧重点科技任务的落实。目前，一些重大专项和课题的实施已经进入攻关阶段，例如正在开展的"文物保护技术与中华文明探源预研究""湖南简牍保护""馆藏文物腐蚀损失调查""文物调查及数据库建设试点"等重点项目，以及即将开展的"中华文明探源工程"，有关单位和地方要本着高度负责的精神，对部署的各项工作一抓到底，真正抓出成效。此外，各地文物部门要继续加大对文物科技专项和课题的管理力度，做好协调、监督和检查工作。

四、坚持创新，加强保障

（一）树立创新意识，开展创新实践

科技的本质就是不断探索，不断创新。事业要发展，就必须坚持和实践理论创新、体制创新、科技创新。

理论创新。我们认为包括两个层次。一是指导思想的创新。指导思想经历了日趋完善和丰富的过程，仍在实践中不断发展。文物科技工作的指导思想同样不是教条，只有与时俱进，才能富有针对性和活力。二是文物科技自身的理论创新。作为文物科技工作者，更应注重从战略的高度理解理论创新的意义，引导和鼓励文物保护理论的创新。特别要敏锐把握学科前沿和行业需求，不断拓宽研究领域。从某种意义上说，学科的前沿也就是时代的前沿，现实的前沿。一定要以科学发展观为指导，直面国内外形势发展的新趋势和新问题，做出科学的理论回应。

体制创新。目前，文物科技体制改革处在起步阶段，需进一步解放思想，加快体制创新步伐，建立起充满活力的文物科技体制。这个体制，应该是促进文物事业发展的体制，是具有科学决策机制、良好激励机制和有效管理机制的体制，是能够促进科技资源优化配置的体制。其中最关键的是要适应文物保护事业的需求，更好地解决文物科技与文物事业发展脱节、资源配置不合理、效率较低、人员流失和队伍不稳定等问题，调动广大文物科技工作者的积极性，改善他们的待遇，使他们在文物科技主战场上发挥更大的作用。

科技创新。科学技术是人类对客观规律的认识和把握，无论在什么领域，只要重视科技创新，事业就能进步，综合实力就会增强。科技创新是文物科技发展的必然要求。应突破传统观念，要与高新技术结合，要有创新意识。文物科技工作者是文物保护领域推进科技创新的主体，负有义不容辞的责任，要当好科技创新的表率。同时，各级领导要从文物科技发展的战略高度，重视科技创新工作，为本部门本地区的科技创新创造良好的条件。

（二）完善管理，优化发展环境

国家文物局将在调查研究的基础上采取措施，加大对科技工作的管理力度。

一是从基础抓起，加强立项的科学性。在课题管理方面，依靠专家学者、行政管理部门和科研课题承担单位，完善课题的招标、阶段检查、中期评估、随时抽查、结项验收等工作，努力实现动态跟踪和绩效管理。特别是在课题实施中，要注重课题管理的规范化、实施的程序化、研究的科学化、评价的民主化，以及在保障知识产权前提下的课题信息公开化。二是大力开展评先奖优，鼓励创新。今年，第一届文物保护科学和技术创新奖已经评出，这是国家对多年来从事文物科学技术工作，在文物科研方面有重要发明创造或者其他重要贡献的单位和个人的表彰奖励。国家文物局将进一步完善评奖制度，继续开展评奖工作。

省级文物行政部门设有科技管理机构的，要进一步加强建设；尚未设立机构的，应做到专人负责，把科技管理工作落到实处。要切实帮助基层科技机构和人员解决实际问题。要建立包括各地和各类科技成果的科技信息及相关动态数据库，使文物科技项目、科研课题的申报和管理更加公开透明，成果推广更加方便易行。

（三）树立人才资源是第一资源的思想，加强队伍建设

科技发展，以人为本。要完善相关政策，把培养和造就优秀人才，调动广大科技人员创新、创业积极性作为科技工作的首要目标，逐步建立适应文物科技发展的层次清晰、梯队合理的人才体系。争取在未来十年到二十年，培养出若干在中国甚至在世界有影响的科技专家。

要寻求多种途径建立和完善人才培养模式，一是通过科技项目引进人才，培养人才；二是与高等院校紧密合作，争取开设更多的文物科技专业，通过学历教育造就人才；三是通过加强在职培训，提高文物保护从业人员的科技实践能力和研究水平；四是与国家相关科研院所，以及国际知名文化遗产保护机构，建立交流互访制度，提升高层次人才的培养档次。

（四）切实加大文物科技的经费投入

首先要积极争取各级财政对文物科技工作给予经费倾斜。其次要善于多途径拓展经费来源，例如通过抓保护项目中关键技术的应用，编制好项目建议书，争取国家和地方财政的支持；在某些高新技术的开发方面，吸纳社会资金和社会研究力量；运用专利技术、成熟技术的推广，获取研究经费，实现滚动式发展。

（五）加大宣传力度，普及文物保护的科技知识

要利用各种媒体广泛开展文物科技知识和相关政策法规的宣传，树立文物保护科学意识，弘扬科学精神和创新精神，形成创新氛围。

一要做好各级领导的宣传，这是关键；只有各级领导从思想上树立科学保护文物的意识，才有可能重视文物的科学保护。二要做好文物科技人员的宣传，这是重点；只有科技人员的责任感增强，才有可能迸发出创造力，多出成果、出好成果。三要做好群众的宣传，这是基础；只有群众的文物科技意识提高了，科学技术的研究、应用才有不竭的源泉。

（六）充分发挥群众组织、学术团体的作用，调动各种社会力量的积极性

　　文物科技是公益性事业，除了主要依靠国家的力量外，还要充分发挥群众组织、学术团体和各种社会力量的作用，增强社会参与性。科技项目的设立、实施、验收以及管理全过程，可以邀请他们参与咨询、评议、监督，提高科学性。

　　在全面建设小康社会的伟大历史进程中，文物科技工作者肩负着光荣而神圣的历史使命。让我们团结进取，奋发努力，不断创新，力争取得更大的进步，创造出新的业绩，为文物保护的崇高事业，为国家富强、民众幸福和中华民族的伟大复兴做出应有的贡献。

单霁翔在 2004 年全国文物局长会议上的工作报告

(2004 年 12 月 20 日)

一、2004 年文物工作情况

（一）深入学习，依法行政，加强法制建设和宏观政策研究，进一步宣传贯彻落实《文物保护法》

1. 认真学习胡锦涛主席致第 28 届世界遗产委员会会议的贺词，就科学发展观与文物工作等重大理论问题进行了深入研讨，并将学习体会形成理论，用以指导工作实践。

2. 依法行政，贯彻实施《行政许可法》，规范文物行政许可工作。按照国务院的部署，本着立足于《文物保护法》，规范于《行政许可法》的原则，加强以规范行政许可工作为主要内容的制度建设，制定了《国家文物局行政许可项目说明》，保证了行政许可工作有序进行。

3. 加快政策研究工作步伐。深入调查研究，重点组织基础性政策研究项目，为文物事业可持续发展打好基础。

完成世界文化遗产管理体制的调研工作。由国务院研究室牵头，国家文物局协调，有关部委参与调研形成的《关于加强我国世界文化遗产保护管理工作的意见》，已经国务院同意并由国务院办公厅转发，成为第一个关于世界文化遗产保护管理工作的规范性文件。

《文物工作对国民经济和社会发展贡献率研究》课题进展顺利。该课题是多学科、跨领域的综合性研究课题，经广泛征求意见，制订了课题研究规划方案，开展了第一阶段研究工作。

以加强博物馆陈列展示和社会服务为主题的《我国博物馆建设现状研究》基础性调研工作启动。课题组已就加强博物馆展示宣传和社会服务工作提出了若干政策性建议。

着手编制《文物博物馆事业"十一五"发展规划》，已完成了规划大纲基本思路并报送国家发展改革委。《文物保护项目及经费"十一五"规划》的编制工作也进展顺利。

4. 加强立法工作。发布了《文物保护行业标准管理办法》《全国重点文物保护单位保护规划编制审批办法》《文物保护科学和技术研究课题管理办法》《国家文物局突发事件应急工作管理办法》等规范性文件。

《长城保护管理条例》已经文化部部务会议通过拟上报国务院，《文物行政处罚程序暂行规定》已经文化部部务会议通过发布，已完成《博物馆管理条例》《文物档案管理办法》等起草工作。

各地文物行政部门也高度重视文物立法工作，积极对国家文物局的立法项目提出建议和意见，并主动争取地方人大和政府对立法工作的支持。北京市人大常委会发布了《北京市实施〈中华人民共和国文物保护法〉办法》，四川省人大常委会发布了《阆中古城保护条例》等。

5. 加强文物保护宣传工作。召开了全国文物宣传教育工作会议，进一步明确了今后一个时期文物宣传工作的总体思路和主要任务，对切实加强文物宣传工作的领导和加快队伍建设作出部署。

编辑出版了第一部《中国文物年鉴》（2003年）。完成了征集"中国文物保护标志"的第一阶段评选工作。举办了"文物保护宣传大型公益演出"活动。系列片《中华文明》完成了后八集的拍摄工作。开展了评选表彰第二批全国文物工作先进县活动。

随着《文物保护法》宣传工作的不断深入，广大民众的文物保护意识不断提高，继陕西省眉县农民群众发现珍贵文物主动报告文物部门的事迹在社会上广为传诵以来，又涌现出一批人民群众自发保护文物的先进事迹。

今年7月下旬，贵州省黎平县全国重点文物保护单位地坪风雨桥被特大山洪冲垮。当地政府和村民怀着对历史文化遗产保护的强烈责任感，奋战五天五夜，抢救回73%的建筑构件，保证了今后修复工作得以开展。

国家文物局组织新闻媒体对此事迹进行了集中宣传报道。文化部、国家文物局授予贵州省黎平县地坪乡"文物保护特别奖"，并颁发奖金20万元。

各地围绕今年国际博物馆日的主题开展了丰富多彩的活动，得到了社会的广泛关注。内地和港澳地区百余家博物馆参加了"2004博物馆及相关产品与技术博览会"，同时举办了"2004北京博物馆馆长论坛"。

（二）突出重点，扎实做好文物保护各项基础工作

1. 加强全国重点文物保护单位记录档案备案工作和馆藏文物一级品的建档工作

加强全国重点文物保护单位记录档案备案工作和馆藏文物一级品的建档工作是2003年启动的重点基础工作之一。在各级文物行政部门的共同努力下，各类档案建设工作正在有序进行。

发布了《全国重点文物保护单位记录档案备案工作规范》。完成了第一到第四批全国重点文物保护单位档案备案工作，第五批全国重点文物保护单位的档案备案工作已开始运作。全国重点文物保护单位保护维修现状调研和分析工作已进入数据采集阶段。

开展全国重点文物保护单位资料汇总和全国县（市）级以上文物保护单位的资料收集工作。出版了《全国重点文物保护单位》，做好出版《全国县（市）级以上文物保护单位名录》的准备工作。

国有馆藏一级文物建立档案工作进展顺利。截至目前，全国已有22个省（区、市）和部分国家部委直属博物馆报送了一级文物档案32676份。

"文物调查及数据库管理系统建设"项目试点工作进展顺利。在颁布《博物馆藏品信息指标体

系规范（试行）》和《博物馆藏品二维影像技术规范（试行）》的基础上，已完成《博物馆藏品信息指标著录规范》编制工作。

2004 年 8 月，国家文物数据中心实现与河南省文物数据中心网络的连通，在安全保密的基础上，可以实时浏览省级数据中心文物数据。国家文物数据中心与其他试点省份的连通将于年底以前实现。

2. 推动文物保护管理机构建设，强化文物安全执法工作

云南、浙江、内蒙古、江苏等省、自治区成立了文物局，有 22 个省级文物行政部门设置了文物行政执法机构。不少县级以上文物行政执法机构得到充实，文物执法队伍逐步健全。全国有807 个县级以上文物行政部门成立了文物行政执法机构，有专兼职执法人员 4279 人。

召开了全国文物行政执法工作交流会，分析文物行政执法工作面临的新形势、新问题，提出了进一步加强文物行政执法工作的意见。国家文物局先后为 21 个省级文物行政部门的文物行政执法机构配发了执法督察车。

加强了田野文物的技术防范设备研制工作。采用地震监测、声控等技术应用于田野石刻、古墓葬的防盗工作，研究成果通过了公安部安全与警用电子产品检测中心的检测。

推进《文物系统博物馆风险等级和安全防护级别的规定》的落实工作。第一、第二批一级风险单位有 70% 已经达标，第三批一级风险单位也开始制定达标方案。

与公安部、国家旅游局、国家宗教局联合开展古建筑消防安全专项检查工作，并对北京、山西、西藏等 9 个省、自治区、直辖市进行了消防专项整治督察，消除了一批安全隐患，完善了一批古建筑消防设施，并向国务院做出报告。

加大与相关部门联合打击文物犯罪工作力度。侦破了一批盗掘古墓葬、盗窃文物案件。安徽"3·25"特大盗掘、倒卖、走私文物案被侦破，抓获境内外犯罪嫌疑人 30 余名，追缴各类文物417 件，并已全部移交博物馆收藏。

3. 世界文化遗产保护管理工作取得新进展

在党中央国务院直接领导下，圆满完成了第 28 届世界遗产委员会会议的有关工作任务。我国高句丽世界文化遗产申报项目和清代沈阳故宫、盛京三陵扩展项目顺利通过审议，列入《世界遗产名录》。

按照国务院办公厅转发的《关于加强我国世界文化遗产保护管理工作的意见》，对今后一个时期的世界文化遗产保护管理工作进行了部署，对世界文化遗产地管理机构负责人进行了培训。完成了中国世界文化遗产预备清单报送资料的汇总整理。

澳门历史建筑群申报世界遗产工作顺利通过了国际专家的考察评估。安阳殷墟申报世界遗产的环境整治和遗产展示工作稳步推进，为明年的专家考察评估进行了充分的准备。

4. 加强不可移动文物的维修和保护管理工作

召开了第一次全国文物保护工程汇报会。会议听取了各省级文物行政部门的工作汇报；就文物保护工程计划安排、文物保护工程资质、文物保护工程施工监理等方面的问题进行了认真研讨。

完善了文物保护工程资质认证、管理工作程序。颁发了第一批文物保护工程勘察设计单位和施工单位的资质证书，对首批个人从业资格进行了审核，近期将发布获得者名单。

西藏布达拉宫、罗布林卡、萨迦寺三大重点文物保护工程进展顺利。完成故宫总体保护规划大纲并上报国务院。故宫中轴线两侧、午门等文物建筑维修方案开始实施。进一步完善山西应县木塔保护维修工程方案。完成了云冈石窟保护工程的水文地质勘查，进入方案设计阶段。

柬埔寨吴哥窟周萨神殿保护工程顺利进行，工程进度和质量得到了柬埔寨政府及国际同行的好评。与柬埔寨政府签署了关于进一步合作保护吴哥窟的谅解备忘录。

启动第六批全国重点文物保护单位申报遴选工作。各省、自治区、直辖市文物行政部门高度重视申报项目的预审和申报材料的报送，目前正在进行汇总和初审工作。

5. 重视大遗址保护规划编制

召开了全国大遗址保护规划现场研讨会。会议以现场考察研讨的形式，交流大遗址保护规划编制方面的经验，研讨进一步加强大遗址保护规划编制工作的目标和任务。

批复了陕西大明宫遗址、湖南里耶遗址、安徽凌家滩遗址、湖北放鹰台遗址、江苏龟山汉墓等一批保护规划和河北元中都遗址、陕西半坡遗址等20余项保护工程方案。启动了28处旧石器时代遗址保护现状调查和30处重点大遗址保护规划纲要的编制工作。

启动丝绸之路（新疆段）重点文物抢救保护工作。新疆维吾尔自治区文物局编报了丝绸之路（新疆段）重点文物抢救保护计划。根据国务院领导指示，国家财政将在五年内安排4亿元用于新疆丝绸之路重点文物抢救保护工程。

开展渤海国遗迹文物保护工作。由国家发展和改革委员会牵头制定的保护工作方案已报经国务院同意，并合理确定了保护资金规模。

6. 做好配合国家重点建设工程的文物保护和考古工作

三峡工程有关考古发掘项目继续进行，与国务院三峡工程建设委员会联合印发了《关于进一步做好三峡库区文物保护工作的通知》。白鹤梁石刻原址水下保护工程等项目顺利实施。

与发展改革委、水利部、国务院南水北调办公室联合成立了南水北调工程文物保护工作协调小组。在全面勘查和专家论证的基础上，完成了南水北调工程（东、中线）沿线各省文物保护方案，已开工地段文物保护工程进入实施阶段。

针对丹江口库区文物抢救和保护工作因经费拖欠致使前期工作缓慢等情况，会同有关部门赴实地调查研究提出要求，并向国务院作出报告。国务院领导明确要求各有关部门和地方政府大力支持南水北调工程的文物保护工作。

提高考古工作的宏观管理水平，积极引导考古工作者树立科研意识，课题意识。陕西岐山周公庙遗址、湖北郧西黄龙洞遗址、浙江余姚田螺山遗址等获得重要考古发现。

陕西、吉林、辽宁、河南、内蒙古、上海等地加大考古资料整理力度，出版了《北周安伽墓》《唐惠庄太子墓》《高句丽王陵》《丸都山城》《五女山城》《禹州瓦店》《白音长汗》《马桥》等一批重要的考古发掘报告。

向国务院报送了《关于进一步加强我国水下考古工作的报告》并得到批准，组织专家开始编制南海海域水下文化遗产保护和考古工作规划。开展了南海1号南宋沉船的第5次探摸工作和东山岛沉船的发掘工作。

开展了与瑞士合作发掘山东临朐白龙寺遗址、与美国合作进行中国水稻起源考古学研究等涉外考古调查、发掘项目。积极筹备赴巴基斯坦考古工作。

7. 加强未成年人思想道德建设，坚持"三贴近"原则，加强博物馆宣传展示和社会服务工作

贯彻全国加强和改进未成年人思想道德建设工作会议精神，印发《关于贯彻全国加强和改进未成年人思想道德建设工作会议精神的意见》和《关于加强文物系统爱国主义教育基地免费开放和建立辅导员队伍的通知》等文件。与文化部联合发出《关于公共文化设施向未成年人等社会群体免费开放的通知》等文件，各地博物馆、纪念馆根据自身特点制订措施，已免费接待未成年观众一千多万人次。

按照博物馆"三贴近"试点工作的部署，河南博物院已编制了《河南博物院全面提升工程项目规划》，启动了基本陈列调整工作。广东省形成中心辐射、分级多节点的动态博物馆陈列展览协作交流网络。

中国财税博物馆、辽宁省博物馆、天津博物馆落成并向公众开放。一批省级博物馆加快建设步伐，首都博物馆、山西博物馆、重庆中国三峡博物馆等大型博物馆将于近期向公众开放。

8. 加强文物流通领域管理，促进海外珍贵文物回流

建立了文物拍卖许可准入制度。遵循严格管理、稳步发展、分类经营、优存劣汰的整体布局原则，严格对全国申报的126家拍卖企业进行了审核，依法批准了其中的88家，颁发了文物拍卖许可证。

召开了全国文物商店管理工作座谈会。针对文物商店面临的新情况新问题，提出了稳步推进国有文物商店改革的要求和原则。积极开展征集国家重点珍贵文物工作。

与外交部、文化部共同向我驻外使、领馆发出《关于请协助提供留存境外珍贵文物信息的函》。在国家有关部门和驻外使、领馆的协助下，征集了一批珍贵文物。

加强文物出入境的管理工作。密切配合公安、工商、海关等部门，严厉打击文物走私、倒卖等犯罪活动。北京、广东、浙江等地海关，共截获3批走私文物和古生物化石1700多件。组织鉴定涉案文物共2万余件，办理司法部门移交文物1400余件。

9. 积极配合我国外交工作大局，扩大文物对外交流与合作

召开全国文物外事工作会议，总结了近年来文物外事工作所取得的成绩，提出了加大文物外事规章制度建设，加强宏观管理和整体调控，规范对外文物交流项目的总体思路。

加强了与各国和有关国际组织之间的交流与合作。积极参与国际有关文化遗产保护重要问题的探讨和行动。我国在国际文化遗产保护领域的地位和作用不断提高。

加强了与各国政府间的文物交流项目。与意大利、法国、阿富汗、印度等国家政府有关部门开展合作。与美国、澳大利亚、英国、秘鲁、印度、希腊、坦桑尼亚、肯尼亚等国家政府及有关部门达成合作协议或意向。

与有关国际组织和民间机构的合作得到拓展和加强。在北京召开国际古迹遗址理事会执委会会议和亚太地区会议。我国文物保护机构与世界银行、美国盖蒂研究所、梅隆基金会、亚欧基金会等机构开展了更加深入的交流与合作。

文物出境展览的质量、数量和组织水平不断提高。中法文化年"康熙时期艺术展""神圣的山峰展"等文物展览受到法国公众热烈欢迎。全年赴境外的文物展览达 40 余项。成功举办了赴美国"走向盛唐展"、赴日本"中国国宝展"、赴阿根廷"上海博物馆青铜器展"、赴台湾地区"康雍乾盛代精华展"等一批大型展览，文物出境展览的质量、数量和组织水平不断提高。

（三）大力推进教育培训工作，提高科技工作水平，强化事业经费预算管理，为文物保护工作提供有力保障

1. 文物科技信息工作取得新进展

召开全国文物保护科技工作会议。会议回顾了新中国成立五十五年来文物科技工作所取得的成绩，重点部署了今后的工作。同时举办的"历史文化遗产保护的科学和技术成果展"，全面展示了我国在历史文化遗产保护科学和技术方面取得的成就。

经国家标准化管理委员会批准，确定了文物保护行业标准归口管理范围。编制完成了《筹建全国文物保护标准化技术委员会建议书》。

对近年来开展的国家文物局科研课题项目进行总结，其中大部分完成了结题验收。完成"中国数字博物馆研究""博物馆发展规划与立法研究"等 9 项重点科研课题。"馆藏文物腐蚀损失调查""湖南简牍保护""中国世界文化遗产地动态管理信息和预警系统"等重点科研项目按计划顺利进行。

确定敦煌研究院、湖北省博物馆、秦始皇兵马俑博物馆 3 个单位为首批国家文物局重点科研基地。拟订文物科技成果推广应用管理办法，确定以漆木器脱水保护、白蚁防治等科研成果为推广应用重点，探索推广应用科技成果的工作模式。

2. 文物事业单位改革进一步深化

认真抓好全国文化体制改革试点单位中国文物研究所的改革工作，以人事制度、分配制度的改革推进管理体制和工作机制的创新，建设代表国家水平、与世界文物保护和高新技术接轨的科

研机构，努力实现多出成果、多出人才的目标。目前已经取得阶段性成果。

国家文物局面向全国文物系统公开招聘直属单位领导干部，各地有 18 名干部报名应聘，有 4 位同志走上了工作岗位。

3. 大力推进教育培训工作

继续举办省级文物局局长、博物馆馆长、考古所所长、古建所所长和世界文化遗产地的保护管理机构专业管理干部培训班，培训了一批高级管理干部。同时还举办了西部和少数民族地区文博干部培训班。

继续开展全国文博系统各类专业技术培训，举办了第三期水下考古培训班、第二期全国古建筑保护培训班（北方班）、西藏地区文物鉴定建档培训班、全国馆藏近现代文物保管专业培训班等。

在举办各类培训班的基础上，逐步推行持证上岗制度。已经有 182 位同志获得国家文物局颁发的岗位资格证书。

全国文物系统的各个社团充分发挥自身优势，积极开展工作。中国文物学会、中国博物馆学会、中国收藏家协会等社团开展的学术研究、宣传和培训活动，在文博行业和社会公众中取得良好反响，中国古迹遗址保护协会成功举办了会员大会，中国同泽书画研究院被评为全国先进民间组织并受到民政部的表彰。

（四）计划财务工作得到强化

规范和完善部门预算编报工作。完成 2005 年年度部门预算。举办了部门预算培训班。对云南省、安徽省的文物维修专项经费使用情况进行了检查。

进一步完善了文物统计制度。完成了全国文化文物统计年报资料汇总编印及发布工作，对统计资料进行研究分析。完成了文物机构普查数据二次开发工作。

在充分肯定成绩的同时，我们也清醒地认识到，虽然文物保护的法律体系正在逐步形成，但法律的执行力度和对违法现象的处罚力度与法律要求有很大距离，一些多年遗留的问题也没有得到有效解决。

第一，文物安全形势依然严峻，盗窃、盗掘、走私文物和火灾案件时有发生。根据各地上报的案件资料统计，今年发生的 36 起馆藏文物、寺庙文物、田野石刻被盗案件中，只有 7 起被侦破，破案率不足 20%。城市化进程中文物遭到损害的事件屡见不鲜，法人违法的现象比较突出，一些违法事件没有依法得到严肃处理。

第二，擅自改变文物保护单位管理体制的行为并未从根本上得到纠正。在《文物保护法》公布实施以及国务院办公厅转发九部委《关于加强我国世界文化遗产保护管理工作的意见》之后，一些世界文化遗产地和全国重点文物保护单位仍然没有理顺管理体制。

第三，加强文物保护管理机构建设迫在眉睫。文物保护管理机构少、级别低、队伍薄弱的状况没有得到很大改变，相当多的地方尚未建立专门的行政执法队伍，难以适应日益繁重的文物保护任务，难以使《文物保护法》得到更加深入的贯彻执行。

第四，文物保护的科技水平和科研成果转化力度有待提高。基础理论研究严重不足、科技研发推广意识薄弱、科研力量分散、先进设备缺乏、资源利用率低下、管理机制落后等问题仍然困扰着文物保护科技事业的发展，使文物科技工作对文物保护事业的贡献率不高。

第五，文物保护规划制定、文物维修工程、馆藏文物修复等工作的课题研究意识亟待加强。不注重对这些重要工作的学术研究资料整理及成果积累，既不利于这些工作本身的深入开展，不利于工作成果的推广应用，不利于全社会对文物保护工作的关心和了解，也不利于管理部门的监督检查。

二、2004 年的工作体会

（一）国家的高度重视和正确领导是做好文物工作的根本保证。只有深入贯彻执行文物工作方针，坚持各级政府对文物工作的领导，依靠各有关部门对文物工作的支持，才能保证文物事业始终沿着正确的方向健康发展。

（二）牢固树立和落实科学发展观，是每一个文物工作者的神圣职责和光荣任务。只有紧紧抓住国家综合国力全面提高，社会经济可持续协调发展的大好时机，一方面脚踏实地地做好各项基础工作，一方面着力研究带有全局性、前瞻性、战略性的重大问题，才能保证祖国的文化遗产得到持久永续的保护和传承。

（三）依法行政，加强执政能力建设，提高管理水平，是做好文物保护工作的根本保障。只有坚持文物法制建设，不断丰富和完善文物保护法规体系，加大执法力度，才能扭转当前文物安全形势严峻的被动局面，使文物得到有效保护和合理利用。

（四）增强广大民众保护文物的自觉性，是做好文物工作最为坚实的社会基础。只有不断加大文物工作方针和《文物保护法》的宣传力度，提高全社会的文物保护意识，紧紧依靠广大人民群众的力量，才能和全体人民群众一道共同保护好中华民族的珍贵遗产。

三、2005 年的工作任务

2005 年，全国文物系统广大干部职工要用科学发展观指导文物工作，全面完成"十五"规划的各项工作任务，科学筹划"十一五"规划的工作重点，把加强执政能力建设融入各项工作实践，为文物事业的繁荣发展奠定坚实基础。

把加强执政能力建设融入各项工作实践，就要求文物事业必须遵循社会经济发展的规律，进一步树立文物事业是综合国力的重要组成部分，保护文物就是提高先进生产力的观念，正确处理好文物保护工作与经济建设、城乡基本建设的关系，卓有成效地开展工作。

把加强执政能力建设融入各项工作实践，就要求文物事业作为先进文化建设的重要组成部分，应致力于弘扬民族精神，全面提高人的素质，通过对文物的保护、研究、展示，不断丰富人们的精神世界，促进人们思想道德和科学文化素质的提高。

把加强执政能力建设融入各项工作实践，就要求文物事业从代表广大民众的根本利益出发，保护好优秀民族文化遗产，并将其千秋万代传承下去，在坚持国家保护为主的前提下，广泛动员全社会、全体民众参与文物保护工作，推进文物事业的可持续发展。

（一）认真制定事业发展规划，加强基础理论研究，完善法律体系，加强宣传工作

1. 认真制定国家《文物博物馆事业"十一五"发展规划》

2006～2010 年是文物博物馆事业发展的关键时期。认真制定国家《文物博物馆事业"十一五"发展规划》关系到文物工作方针能否落到实处，关系到文物事业各个领域的发展目标能否实现，关系到文物工作能否获得较快发展。各级文物部门必须高度重视，认真调查研究，共同做好规划的编制工作。

在《"十一五"文物事业发展规划思路》的基础上，规划的编制必须坚持文物工作方针和各项原则，严格遵循《文物保护法》的各项规定，明确文物事业总体发展的方向和思路，筹划总体发展战略、事业发展的重点项目及指标，部署需要重点加强的基础工作，确定保障规划实施的法律和政策措施，强化文物保护在促进社会、经济发展中的贡献和作用。

在规划编制过程中，要深刻认识全面建设小康社会的发展趋势，重点分析城市化进程中文物保护面临的严峻形势，充分反映国家和全社会对提高文物保护水平的要求，努力使规划成为全面贯彻落实科学发展观的规划，成为促进文物事业全面协调可持续发展的规划。规划编制工作要充分发扬民主，提高规划的预见性、科学性和指导性。

2. 加强文物工作的基础理论研究

在抓好各项基础工作的同时，要以科学发展观为指导，针对文物工作面临的新形势、新任务，着力研究带有全局性、前瞻性、战略性的重大理论问题，重点做好《文物工作对国民经济贡献率研究》《城市化进程中的文化遗产保护研究》《文物保护单位的开放和利用研究》等理论研究工作。

3. 健全和完善文物保护法规体系

依照《文物保护法》的要求，根据文物事业发展的实际需要，制定文物立法工作计划，加快立法步伐，确保立法质量。公布并实施行政法规《长城保护管理条例》和部门规章《文物行政处罚程序规定》，完成行政法规《博物馆管理条例》和《水下文物保护条例》的起草工作。

各地要根据修订后的《文物保护法》，结合本地文物保护工作的实际，协助各级人大和政府修订或起草本地区文物保护实施条例。对世界文化遗产地和较大型的文物保护单位，也要根据加强保护工作的实际需要，制定专门的管理办法。

4. 加强文物宣传工作，营造良好舆论氛围

以《文物保护法》的宣传为核心，认真做好文物保护领域重大事件、重要活动的宣传报道和舆论引导工作。建立新闻发布制度，及时向社会通报文物工作的进展情况。继续组织新闻媒体开展大规模的文物保护宣传活动，做好"文物保护好新闻"的评选工作和"中国文物保护标志"征集工作。

（二）加强文物安全工作

完善对全国重点文物保护单位的管理，全面推进世界文化遗产保护管理工作，继续做好大遗址保护规划编制工作、配合国家重点建设工程的文物保护工作和文物维修管理工作，进一步规范社会文物管理工作，促进文物对外交流与合作。

1. 加强文物安全工作

制定《文博单位安全管理制度》，继续推动风险等级达标工作，做到第一、第二批一级风险单位的达标率为90%以上，第三批一级风险单位的达标率为30%以上。推广田野石刻、古墓葬安全防范新技术试点成功经验，扩大试点单位范围，公布一批破坏文物大案要案的处理情况。

各级文物行政部门要认真贯彻《行政许可法》，牢固树立依法行政的观念，加强行政执法检查，严格规范执法程序，维护《文物保护法》的权威，认真履行神圣职责，切实解决有法不依、执法不严的问题，敢于坚持原则，旗帜鲜明地与破坏文物的违法犯罪行为作坚决的斗争。

2. 完成全国重点文物保护单位记录档案备案工作和国有馆藏一级文物建档工作

在全面总结第一批至第四批全国重点文物保护单位记录档案备案工作成功经验的基础上，完成第五批全国重点文物保护单位记录档案备案工作。

完成国有馆藏一级文物建档工作，编制《全国馆藏一级文物总目录》。加强文物调查数据库系统建设，继续开展馆藏文物数据采集工作。

3. 完成第六批全国重点文物保护单位评审上报工作

组织专家对各省、自治区、直辖市申报全国重点文物保护单位的材料进行审核，及时上报。必要时根据保护需要，选择具有重大历史、艺术、科学价值的不可移动文物，直接确定为全国重点文物保护单位，报国务院核定公布。

4. 全面推进世界文化遗产保护管理工作

落实国务院办公厅转发9部委《关于加强我国世界文化遗产保护管理工作的意见》，明确各项具体工作任务和目标。通过国家文物保护部际联席会议，协调解决世界文化遗产保护和管理中的重大问题，提升世界文化遗产的管理层次。制定《世界文化遗产保护管理条例》，加快世界文化遗产的地方立法和世界文化遗产地保护规划制定工作，提高世界文化遗产保护的科学技术含量，建立世界文化遗产管理信息库和动态管理系统、预警系统。建立世界文化遗产保护专家咨询制度，充分发挥专家咨询在世界文化遗产保护管理工作中的重要作用。

建立国家世界文化遗产保护监测巡视制度，对世界文化遗产的保护状况定期进行周密的专业检查、审议和评估，对于在世界文化遗产保护和管理工作中存在的问题和隐患认真进行分析和梳理，及时予以解决。

开展对世界文化遗产保护管理人员的培训和资质认证工作。逐步实行世界文化遗产保护管理人员持证上岗制度，世界文化遗产保护管理机构的主要负责人应接受系统培训，并取得国家文物局颁发的资格证书。

对世界文化遗产地的经营权转让或抵押给个人、社会团体或企业作为资产经营的，应限期改正。同时世界文化遗产保护范围内的经营项目应实行特许经营，并将有偿出让的收入用于世界文化遗产的保护。

加强世界文化遗产保护管理的宣传教育，向社会公众普及世界文化遗产保护的理念和知识。特别要加强青少年世界文化遗产教育，专门制定世界文化遗产青少年教育计划，为世界文化遗产保护事业的长远发展奠定坚实的基础。

继续做好世界文化遗产申报工作。及时制定世界文化遗产申报规划，按照世界遗产委员会的相应保护标准，重新设定《中国世界文化遗产预备名单》，新的世界文化遗产提名应在列入预备名单的文化遗产中产生，同时对预备名单实行动态管理，以改变重申报、轻管理的状况。

5. 继续做好大遗址保护规划编制工作

积极把握国家财政增加对大遗址保护投入的契机，推广大遗址保护所取得的成功经验，按照《全国重点文物保护单位保护规划编制要求》，进一步强化大遗址保护规划编制工作。重点做好丝绸之路（新疆段）等30处重点大遗址保护规划纲要的编制工作。

做好渤海国遗迹保护工程、南海海域水下文化遗产保护工程、大运河文化遗产保护工程等重点项目。强化考古发掘管理工作，启动考古发掘电子审批系统，组织召开全国考古工作汇报会，并评选田野考古奖。

6. 继续做好配合国家重点建设工程的文物保护和考古工作

重点开展南水北调工程中的文物保护工作。落实协调小组第一次会议的各项部署，做好已开工项目的文物抢救工程。进一步做好三峡库区文物保护，完成白鹤梁石刻原址水下保护工程等重点项目，总结并验收三峡库区考古发掘和地面文物保护的成果。

7. 加强文物维修管理工作，做好重点文物保护维修工程

继续完善文物保护维修的法规体系建设，根据当前文物保护维修管理工作的需要，制定《文物保护工程监理管理办法》，实施监理单位资质认证制度，同时制定《文物保护工程招投标管理办法》，全面加强文物保护工程的管理工作。

按照《长城保护工程总体工作方案》组织实施长城保护工程。继续做好西藏布达拉宫、罗布林卡、萨迦寺三大重点文物保护维修工程，充实工程技术力量，加强质量管理力度。进一步做好北京故宫、山西应县木塔、云冈石窟的维修方案设计工作，并实施保护工程。

8. 坚持"三贴近"原则，进一步提高文物工作的社会服务水平

充分发挥博物馆在未成年人思想道德建设中的独特作用，继续搞好博物馆、纪念馆等对未成年人免费开放工作。积极支持河南博物院的"三贴近"试点工作。

制定《博物馆馆藏环境达标规范》，确保馆藏文物的科学保存。推进中国文化遗产展示中心的

筹备工作。协调组织"纪念抗日战争胜利 60 周年""纪念陈云同志诞辰 100 周年""纪念郑和下西洋 600 周年"等大型展览项目。办好第六届全国博物馆"十大陈列展览精品"评选活动。

9. 加强社会文物管理，引导和规范文物流通

加强文物进出境、文物鉴定、文物拍卖资质等方面的政策研究和基础调查工作，依法规范文物拍卖企业的经营行为。继续对各地文物进出境审核机构鉴定人员进行培训和考核。继续开展国家重点珍贵文物专项征集工作，努力完成一批具有重大价值和影响的文物征集项目。

10. 促进文物对外交流与合作

充分发挥文物外事工作在我国整体外交大局中的独特作用，努力提高文物工作对外开放的水平，增强开展国际合作的能力，在对外工作中强化大局意识、主权意识和文物安全意识，以维护国家利益和确保文物安全作为工作的基本原则。

完善文物外事工作法规体系，制定中长期发展规划，有计划、有步骤地了解和借鉴其他国家在文物保护方面的先进管理经验和科学技术。支持各地文物保护科研机构开展对外合作，通过国际合作实现科学技术创新，推广应用新技术、新手段和新方法。

加快"走出去"实施文化遗产保护合作项目的步伐。继续搞好柬埔寨吴哥窟周萨神庙文物保护工程的同时，考察下一步的援助项目。落实赴巴基斯坦、阿富汗和蒙古等国家开展的合作项目。办好在我国西安召开的国际古迹遗址理事会第 15 届大会。

进一步加强与各国政府间的合作。继续重点开展与文化遗产保护先进国家的交流与合作；扩大与周边国家在文化遗产保护领域的合作范围和合作深度；同时加大与亚洲、非洲和美洲的发展中国家的交流力度。

对外文物展览要实施品牌战略，策划精品工程，加强管理，注重实效，提高组织水平和学术研究水平，防止对外文物展览过多、过滥、质量差、学术水平低的现象发生。

（三）加大对保护工作的投入，大力推动科技发展，深化事业单位改革，加强队伍建设

1. 加大对文物保护工作的投入，加强文物保护经费的管理

完成"文物保护项目及经费'十一五'专项规划"的编制工作，积极争取有利于文物事业发展的经济政策和资金支持。巩固预算编制成果，强化项目经费执行能力，提高资金使用效率，逐步建立文物保护专项经费跟踪监督年报制度。

2. 大力推动文物保护科技发展

成立全国文物保护标准化技术委员会，组织开展文物保护行业标准的编制工作。继续开展重点科研基地的遴选工作，加强对重点科研课题的管理，开展建立文物科技成果推广应用示范单位的试点工作。加强文物保护规划制定、文物维修工程、馆藏文物修复等方面的科学研究工作。

3. 深化文物事业单位改革

以发展为主题，始终坚持把社会效益放在首位，通过深化人事制度和分配制度的改革，创新

管理体制和运行机制,调动文物工作者的积极性,多出成果,多出精品,多出人才,满足广大民众的精神文化需求,促进人的全面发展。

4. 加强文物博物馆事业干部队伍建设

在扩大文博干部队伍的同时,着重做好改善队伍结构和提高队伍素质工作。继续举办省级文物机构和世界文化遗产地保护管理机构负责人培训班,逐渐将培训对象扩大到省会城市、历史文化名城的文物机构负责人。各地也要积极创造条件,逐步培训县级以上文物机构负责人。

要牢固树立正确政绩观,大兴求真务实之风,大兴调查研究之风,深入实际、深入基层,及时发现新情况,认真解决新问题,各项工作都要经得起实践检验、群众检验和历史检验,健全工作督察制度,各项工作都要抓落实,认真改进会风、文风,坚决反对形式主义、反对做表面文章。

文物工作在全面建设小康社会的伟大进程中发挥着巨大作用。我们要在 2005 年的工作中,不断增强做好文物工作的自觉性和坚定性,树立和落实科学发展观,增强推进文物事业全面、协调可持续发展的使命感和责任感,不断解决文物事业发展道路上遇到的新情况、新问题,把握大局,突出重点,扎扎实实地推进文物工作。

单霁翔在 2005 年全国文物局长会议上的工作报告

（2005 年 12 月 18 日）

　　2002 年、2003 年和 2004 年的全国文物局长会议，努力贯彻全国文物工作会议的精神，把落实全国文物工作会议确定的工作目标和各项任务，作为各年度工作计划分期完成。三年来，全国文物工作者聚精会神抓基础，齐心协力求发展，在以往取得成绩的基础上，各方面又取得了新的进展。

一、法制工作进一步得到重视，建章立制进程明显加快

　　全国文物工作会议召开前夕颁布实施的《中华人民共和国文物保护法》，为新时期文物事业的发展奠定了坚实的法律基础。三年来，在国务院、文化部以及地方各级人大、政府的大力支持下，国家文物局和全国各地文物行政部门进一步加大了文物法制建设力度，文物保护的建章立制进程明显加快。

　　1.《中华人民共和国文物保护法》颁布实施后，国家文物局迅速组织力量，配合国家立法部门研究修订《文物保护法实施条例》并由国务院公布施行，保证了《文物保护法》更好地贯彻落实，为新时期文物事业的发展提供了更为坚实的法律保障。

　　2. 文物保护维修工程是文物工作重要而又繁重的一个领域，亟待加强规范化管理。根据《文物保护法实施条例》所确定的管理制度，积极开展了文物保护工程规范化管理的研究工作，在较短的时间里完成了《文物保护工程管理办法》的起草和颁布实施。该办法的颁布实施，使文物保护维修工程的管理运营有了基本的法律制度可循。

　　3. 加强文物行政执法工作，是确保法律法规得以贯彻执行的关键。在总结各地文物行政执法经验和强化部门指导的原则下，今年 1 月由国家文物局颁布实施了《文物行政处罚程序暂行规定》。该规定的颁布实施，为县级以上各级文物行政部门处理文物违法行为提供了明确的执法工作程序和依据。

　　4. 各地文物行政部门根据当地文物工作实际，积极推动地方文物立法工作。《北京市实施〈中华人民共和国文物保护法〉办法》《江苏省文物保护条例》等一批地方性法规和《甘肃省敦煌莫高窟保护条例》《河北省承德避暑山庄及周围寺庙保护管理条例》等专项立法成果陆续出台。

　　5. 根据上位法的要求和文物管理工作的实际需要，抓紧制定了《文物保护工程勘察设计资质管理办法》《文物保护工程施工资质管理办法》《全国重点文物保护单位保护规划编制审批办法》

《文物保护科学和技术研究课题管理办法》《文物保护行业标准管理办法》和《文物拍卖管理暂行规定》《文物出境展览管理规定》《近现代一级文物藏品定级标准》等30余项规范性文件和管理规定。文物保护的各项工作逐步纳入制度化、规范化的轨道。

6. 在充分开展前期调查研究的基础上，目前有一批法规和规章制度正在积极研究起草。《长城保护条例》草案已报请国务院法制办审议，《博物馆管理办法》将以部门规章的形式颁布实施。《考古发掘管理办法》《水下文物保护条例》等法规的修订工作也在加紧进行。

二、各项基础核查工作得到夯实，保护状况调查工作全面铺开

摸清文物资源家底，对不可移动文物和馆藏文物的分布及保护状况进行调查核实，加强文物档案和数据库建设，是文物工作非常重要的基础性工作之一。经过全国文物工作者的共同努力，各项基础调查工作取得实效。

1. 全国重点文物保护单位记录档案建档备案工作基本完成。这是《文物保护法》对省级政府及其文物行政部门提出的明确要求，也是全国重点文物保护单位得到科学保护的重要前提。这项工作完善了全国重点文物保护单位记录档案建档备案工作的技术规范，同时也培养建立了一支具有较高专业素养的建档备案工作队伍。

2. 全国馆藏一级文物建档备案工作取得显著成果。建立国家一级文物藏品档案，是国家加强对博物馆一级文物藏品管理的重要法律制度。经过三年攻关，全国馆藏一级文物建档备案工作已经完成，配合这项工作而积极开展的"全国一级文物档案建档备案相关标准""全国一级文物藏品认定工作意见""非国有系统文物收藏单位一级文物藏品建档备案工作情况调研报告"等相关研究工作也取得了一定进展。

3. 文物调查及数据库管理系统建设项目试点工作圆满结束。试点地区山西、河南、甘肃、辽宁四省基本摸清了馆藏文物家底，并在其他省份启动了推广工作。通过这项工作，搭建起了国家和试点省的文博信息专网，组建了稳定的信息化人才队伍，初步实现了文物数据的动态管理和资源共享，摸索出了文博信息资源建设和管理的有效模式。

4. 全国馆藏文物腐蚀损失调查工作基本完成。这项旨在全面调查我国馆藏文物由于环境因素造成的腐蚀损失情况的调查成果，加强了文物科技成果的推广力度，明确了馆藏文物保护科技经费的投入方向。馆藏文物抢救性保护和预防性保护模式并重的工作方式正在形成。

5. 全国重点文物保护单位保护维修情况调查工作进展顺利。初步掌握了一至五批全国重点文物保护单位的保护维修的基本状况。这项工作将全面掌握全国重点文物保护单位的保护维修基本情况，建立动态信息监测系统，并为文物保护项目安排及专项经费的有效使用等提供了决策依据。

三、人才队伍建设进一步得到加强，科技信息工作积极开展

（一）人才队伍建设关系到文物工作的成败和事业的兴衰

各级文物行政部门认真贯彻实施人才强国战略，着眼人才总量的增长和人才素养的提高，大

力加强人才资源开发和能力建设，树立大教育、大培训的观念，在文物博物馆行业逐步推行持证上岗制度，加大对重点人才特别是中青年学科带头人和高层次复合型领导人才的培养力度。国家文物局成立人事教育司，加强了对这项工作的领导和管理。

1. 岗位培训工作得到切实加强。连续三年举办的全国省级文物局局长、博物馆馆长、文物考古所所长、古建所所长专业管理干部培训班，有近 300 名学员获得了高级文物博物馆专业管理干部岗位资格证书。按照国务院办公厅转发《关于加强我国世界文化遗产保护管理工作的意见》的要求，举办了两期世界文化遗产保护管理机构负责人培训班，培训人员 143 人。在东北地区举办了两期高句丽遗址管理干部和业务人员培训班，培训人员 107 人。

2. 专业化人才培训工作成果显著。陆续举办的古建筑维修、考古发掘、文物保护规划、文物出境鉴定、文物安全保卫、博物馆藏品保管、科技成果推广等专业培训班，培养了一批专业技术骨干，在事业发展的各个领域发挥了重要作用。

3. 多渠道联合办学的教育培训模式逐步成熟。与北京大学联合设立的中国文物博物馆学院在学历教育和干部培训中发挥了重要作用。各地文物部门加强了与高等院校和科研单位的合作，走联合办学道路。在高等院校建立考古培训基地和古建筑保护维修培训基地的探索工作也取得初步成效。

4. 中外合作培训专业人才工作持续开展。与联合国教科文组织等国际组织和意大利、法国、美国、澳大利亚等国家合作进行了富有成效的人才培训合作项目，数百名专业人员从中直接受益，一些文物保护国际先进管理方法和保护理念引入中国。

（二）文物保护科学和技术工作进一步加强，对行业的支撑、引领作用初步显现

1. 文物保护科学和技术成果丰硕。国家"十五"重点科技攻关项目"文物保护技术与中华文明探源预研究"的顺利完成，解决了大木构件原址保护、金属器、纺织品保护等多项技术难题。众多科技成果获得省部级以上奖励，"秦俑彩绘保护"获 2004 年度国家科技进步二等奖，前剂量饱和指数法测定瓷器热释光年代、集安高句丽遗产地保护规划和工程、敦煌石窟保护和壁画修复、蓟县独乐寺维修工程等 18 项成果获国家文物局文物保护科学和技术创新奖。

2. 科技成果在文物保护中的应用得到重视。以湖北漆木器脱水保护为试点的科技成果推广工作初见成效，文物保护科技成果推广应用网的开通、出土竹木漆器科技保护科技成果推广应用培训班的举办、漆木器脱水保护科技示范项目的实施，为文物保护科技成果推广应用模式的建立，进行了有益的探索和尝试。

四、文物安全工作进一步摆到重要位置，文物安全保障长效机制初步建立

文物安全工作是文物工作的基本出发点，文物事业的健康发展必须建立在保证文物安全的基础之上。随着国家经济建设的快速发展，工程建设、环境污染、文物犯罪三大因素使祖国文物频频遭受破坏和损毁，一些不可移动文物和馆藏文物存在着巨大的安全隐患。为此，三年来大力推进文物安全保障工作，积极探索建立文物安全保障的长效机制。

1. 馆藏文物安全防范工作得到加强。辽宁博物馆、天津博物馆、山西博物院、重庆中国三峡博物馆、新疆博物馆等一批重点博物馆相继落成，使大量珍贵文物的保管条件得到了改善。博物馆藏品保存环境达标试点工作完成。《文物系统博物馆风险等级和安全防护级别》达标工作正在继续推进，列入第一、二批一级风险单位的博物馆90%实现达标，列入第三批一级风险单位的博物馆30%实现达标。

2. 各级文物行政执法机构逐步建立和健全。国家文物局于今年经中编办批准，成立政策法规司，内设政策研究处、法规处和执法督察处。各地也相继成立文物行政执法机构或设置专职行政执法人员。比如山西运城市十三个区县全部成立了专门的文物行政执法机构。全国文物系统行政执法力度得到加强。今年，由国家文物局组织，请省级文物行政部门负责人带队的4个文物行政执法督察组，深入到8个省督察文物行政执法工作，取得了明显成效。进一步维护了法律的尊严。

3. 盗掘、走私文物等违法犯罪活动得到进一步打击。通过加强与公安、海关、工商等部门的合作，防范和打击文物领域犯罪活动的力度不断加大，协调配合所发挥的效能明显提高。针对田野石刻、古墓葬被盗的严峻形势，组织研制了防止田野文物被盗的技术防范监控设施，并开始在部分全国重点文物保护单位试运行，效果良好。加强打击国际文物犯罪活动的单、双边及多边合作，与美国、意大利等有关部门商议签署打击文物走私双边协定事宜正在进一步深入进行。

五、不可移动文物保护工作稳步推进，重点领域工作成效显著

1. 大遗址保护工作全面启动。在历年工作的基础上，围绕规划编制、法制建设、标准制定、本体保护、科技攻关及安防体系建设等各个环节，保护工作得到了切实加强。从今年起，财政部设立了每年2.5亿元的大遗址保护专项资金。36处大遗址保护的规划纲要已经编制完成。

2. 文物维修保护工作力度明显加大，管理制度逐步系统化、科学化。95项全国重点文物保护单位的保护规划编制工作得到了重点安排，消除前5批全国重点文物保护单位重大险情隐患的工作也在积极进行。文物保护工程勘察设计和施工资质的评审工作有序开展，已有100余家单位获得了文物保护工程资质资格证书。第六批全国重点文物保护单位的遴选工作顺利完成并已上报国务院。

3. 南水北调工程等国家重大基本建设项目中的文物保护工程稳步实施。南水北调工程目前已经启动的中、东线工程经过七个省、直辖市，一期工程共涉及文物点788处。经与水利部门反复协调，在规划设计中尽量避开了重要的不可移动文物，对难以避开的地面文物将采取迁移等保护措施。对地下文物将在全面勘探的基础上进行考古发掘，计划发掘面积超过160万平方米。45项控制性文物保护项目已进入全面实施阶段。

4. 世界文化遗产申报工作捷报频传。明清皇家陵寝扩展项目、高句丽遗址、澳门历史建筑群等项目相继被评选通过，列入《世界遗产名录》。第28届世界遗产委员会会议和国际古迹遗址理事会第15届会议分别在我国苏州和西安顺利召开，提升了我国在国际文化遗产保护领域中的国际地位，推动了我国文物事业的全面发展。

5. 考古资料整理步伐加快。在各省文物局和有关单位的共同努力下，考古资料整理和报告出版工作取得了重大进展，据初步统计共出版考古报告 100 余部，远远超过了"九五"期间的数量。陕西、浙江、湖北、河南、内蒙古等省区取得的成绩较为突出。

六、社会服务意识进一步形成，文物工作社会效益明显提高

文物工作的立足点之一，是充分发挥文物的社会教育作用，服从和服务于国家建设和广大民众对精神文化的需要。全社会文物保护意识的提高，极大地推动文物事业的发展。三年来，各级各类博物馆和其他文物开放单位积极落实"三贴近"的时代要求，在发挥文化普及功能、强化社会服务方面做出了重要贡献。

1. 博物馆社会服务功能显著增强，年陈列展览数量增长到近 1 万个，观众增长到 1 亿 5 千万人次以上。"晋唐宋元书画国宝展""承德避暑山庄 300 年特展""古埃及国宝展"等文物精品展览，引起了社会的广泛关注。配合纪念抗日战争胜利 60 周年举办的系列展览活动，极大激发了爱国热情，提升了民族感情。各地博物馆根据自身特点，更新服务理念，改善服务措施，免费接待未成年观众两千多万人次，为加强青少年爱国主义教育做出了突出成绩。陈列展览的主题内容、表现形式、科技含量和艺术感染力都有了很大提高。

2. 不断推出具有民族优秀文化底蕴，体现文物博物馆个性风格的特色文化活动，大幅度提升文物事业的社会贡献率和影响力。两年一届的全国博物馆十大陈列展览精品评选活动，上百家博物馆的网络体系，中国博物馆事业百年纪念庆典，每一年度的"5·18"国际博物馆日纪念宣传，2010 年国际博物馆协会大会的积极申办等，彰显了博物馆的文化魅力，架设了祖国传统文化与广大公众心灵沟通的桥梁。

3. 积极配合我国外交工作。每年赴国外及港、澳、台地区举办展览达 40 余项，赴巴西"永恒的中国——五千年文明展"、赴美国"雪域藏珍——中国西藏文物展"、赴日本"走向盛唐展"和"中法文化年"活动重要项目"神圣的山峰展""中国四川省出土文物展""康熙时期艺术展""孔子文化展"等展览获得巨大成功。

4. 以《文物保护法》的宣传为核心，文物保护领域重大事件、重要活动的宣传报道和舆论引导工作取得了显著成绩。"中国文化遗产"保护标志正式启用，中国文化遗产保护公益歌曲的面世，受到广大文物工作者的欢迎和喜爱。国家设立"文化遗产日"的工作正在积极推进。重大文物新闻发布制度正在逐步完善。广大民众热爱文物，自觉保护文物的意识不断提高。

过去的三年，我国的经济实力、综合国力和国际地位显著提高。反思我们的工作，与经济社会的快速发展还有距离，与文物事业改革和创新的要求还有距离，与文物工作更好地融入全面建设小康社会大局的要求还有距离。我们在充分肯定成绩的同时，有许多问题必须认真总结。

1. 文物保护基础工作依然薄弱。要改变这种状况，需要我们以更加扎实细致的工作方法和作风，切实加强专业知识的学习，研究和探索在新的历史条件下文物工作带有普遍规律性的问题，

采取有力措施改变基础工作薄弱的不利局面。我们打下的基础牢固与否，关系到文物安全隐患能否排除，关系到文物事业能否得到全面科学的发展。

2. 法律所确立的各项具体制度依然没有得到全面的贯彻执行，有法不依、执法不严的现象普遍存在。要改变这种状况，需要我们更加严肃认真地全面执行《文物保护法》，把法律的各项规定和要求，转化为我们自觉的行动。依法治国是基本国策，依法保护文物是文物事业发展的必由之路。我们每一个文物工作者对此都必须有更加明确的认识。

3. 文物工作科技含量依然不足，明显阻碍了事业的迅速发展。要改变这种状况，需要我们把更多更新的科技成果，系统运用到文物保护的各个领域。当务之急是要系统整理文物科技研究的各项具体成果，加强对科技成果的认识，善于发现科技成果推动文物事业发展的着力点。

4. 文物标准化工作依然明显滞后，严重妨碍了文物事业的科学化发展。要改变这种状况，需要各级文物行政部门加强学习，逐步改变工作方法，狠抓标准化工作的制度建设，把标准化建设引入文物保护的各个环节。

5. 文物保护管理体制上的障碍依然存在。要改变这种状况，需要各级文物行政部门投入更多的精力。《文物保护法》明确了各级政府及主管部门的权力、义务和相关体制。文物工作管理体制亟待加强和完善已经成为全社会和各级政府的共识。我们要善于抓住机遇，以高度负责的态度和卓有成效的工作，积极推动文物保护管理体制的进一步完善。

6. 文物事业高素质人才依然缺乏。要改变这种状况，需要我们以更大的投入、更宽广的视野去培养人才发现人才。要重视在工作实践中培养和发现人才，知人善任，把优秀人才放到更为重要更为关键的岗位去锻炼，充分发挥作用。要制定各种优惠政策，培养和吸引一批专业人才补充到文物工作队伍中来，不断优化队伍结构，增强事业发展的活力与后劲。

过去的三年，全国文物工作者在社会各界的理解、支持和帮助下，在文物保护工作的各个领域取得了显著成绩。大家都非常辛苦，感人的事迹很多，特别是我们广大的基层文物工作者，工作条件很差，机构小、人员少，经费捉襟见肘，在同犯罪分子做斗争时，还经常遭遇生命危险。所以我们取得的这些令人瞩目的成绩，是大家超常规努力工作得来的。我们大家的辛苦是值得的，因为我们是在为保护中华文明而努力拼搏。借此机会，我代表国家文物局，向大家表示诚挚的感谢和崇高的敬意。

2005年，我们工作所取得的成效是明显的。在这一年，我们的机构建设得到了加强，《文物保护法》所赋予我们的各项职能得到更好地贯彻落实；在这一年，我们的经费投入得到了加强，国家财政等有关部门的大力支持使我们的一些尚未实施的文物保护重大工程得以安排和部署；在这一年，我们的文物行政执法检查力度得到了加强，一些破坏文物的违法案件受到严肃查处，《文物保护法》的权威得到了维护；在这一年，我们的文物保护宣传工作也得到了加强，形成更为良好的文物保护社会环境和氛围；在这一年，我们的思想素质也得到了加强，进一步提升了队伍的凝聚力和战斗力。

当前，我们正处在共同筹划"十一五"发展大计的重要历史时刻。国民经济和社会发展即将进入"十一五"时期。这一时期，我国经济社会发展进入新阶段，居民消费结构逐步升级，产业结构调整和城镇化进程加快；劳动力资源丰富、国民储蓄率较高，基础设施不断完善，科技教育具有较好基础；市场经济体制逐步完善，社会政治保持长期稳定；随着改革开放和对外交往的日益拓展，国际社会将更加关注我国的文化遗产保护事业。这些都为文物事业持续发展创造了有利条件，也对我们的工作提出了更高要求。城镇化进程加快，基础设施不断完善，引发的基本建设与文物保护的矛盾将更加突出，我们地上地下文物保护工作的任务将更加繁重；居民收入提高，消费结构逐步升级，广大民众参与支持文化遗产保护的热情将更为高涨，我们的各项社会服务工作在深度和广度上都将面临新的挑战；产业结构调整加快，更多的行业和不同所有制性质的机构将把目光投入文化遗产保护和利用的领域，我们的依法管理、综合调控能力，以及快速掌握新技术新方法的能力，都必须要有更大提高。

应该说，本世纪头二十年是我国文物事业发展的重要战略机遇期，"十一五"时期尤为关键。我们必须紧紧抓住机遇，应对各种挑战。要深入贯彻《文物保护法》和"保护为主、抢救第一、合理利用、加强管理"的工作方针，进一步加大文物执法力度，推进文物工作法制化、制度化、规范化。要继续大力加强文物保护基础工作，认真落实各项保护制度，加大科技含量，推动信息化和标准化建设，确保文物安全；要切实高度重视并积极完善文物保护管理体制，加快人才培养，争取投入更多的人力、物力和财力用于文物事业的发展；要切实重视博物馆的建设，更加充分发挥文物在弘扬民族精神、促进国家统一、增强炎黄子孙自豪感、增进国际尊重和了解等方面的重要作用；要严厉打击各类破坏文物的违法犯罪活动，充实力量，完善责任，对因决策失误，玩忽职守造成文物损失的要加大执法力度，严惩不贷。

为实现上述"十一五"期间的主要工作目标，我们必须争分夺秒抓紧工作，切实完成以下各项任务：

——认真组织、深入开展文物普查工作，对应当纳入但尚未纳入《文物保护法》保护范围的地上地下不可移动文物，应全部予以登记、公布，并根据其文物价值核定公布为各级文物保护单位。

——全面开展文物调查及数据库管理系统建设工作。在总结试点工作经验的基础上，积极争取国家和地方财政的大力支持，统筹安排，分省推进，逐步建立并运行全国的动态文物数据库管理系统，进一步完善文物博物馆信息资源建设和管理的有效模式，基本实现文物数据的动态管理和资源共享。

——加大文物保护单位的保护管理工作力度。"十一五"期间，努力完成各级文物保护单位的"四有"工作，争取全国重点文物保护单位的总量有较大增加。建立和完善石窟寺与石刻、古民居村落保存现状的科学评估体系，编制区域性总体保护规划，并在此基础上实施重点保护项目。进一步加强对大昭寺、扎什伦布寺、塔尔寺、应县木塔等具有重大影响的文物维修保护工程的管理。元代以前早期木构建筑总体维修保护工程要全面开展。

——建立大遗址保护和利用的良性互动模式，建设好汉长安城、大明宫、隋唐洛阳城等一批重点大遗址保护展示园区。对长城进行全面调查和测绘，收集、整理、出版有关资料，编制长城保护总体规划，对重点地段实施抢险加固。开展运河沿岸的文物古迹调查、勘探、测绘工作，编制大运河文物保护规划，启动部分抢救性保护工程。稳步实施丝绸之路（新疆段）保护工程。

——积极配合国家海洋开发战略，加强水下文物的调查保护工作。完成沿海地区和近海海域水下文物普查工作，重点开展西沙群岛海域水下文物及与海上丝绸之路相关的调查发掘工作；建设南海水下文化遗产博物馆、南海水下文化遗产保护研究中心。

——继续加强世界文化遗产保护管理工作。建立健全世界文化遗产申报预备清单制度，加强申报工作。"十一五"期间要理顺世界文化遗产地的管理体制，建立并完善监测巡视制度和专家咨询制度。对明清帝王陵寝、云冈石窟、武当山古建筑群、敦煌莫高窟、大足石刻、平遥古城等世界文化遗产地实施综合保护试点工作。

——建成与中华文明和综合国力相适应的博物馆体系。全国博物馆总数力争达到2600座以上，每个地级以上中心城市要拥有一座功能健全的博物馆，逐步实现每个少数民族拥有一座以上的民族、民俗博物馆。实施博物馆展示提升工程，强化和提高博物馆的社会服务功能，强化馆藏文物和非物质文化遗产的收集、整理和研究工作。进一步完善国有博物馆减免费开放服务制度。

——加强对博物馆藏品保护和管理工作力度。建立全国国有博物馆馆藏珍贵文物总目录。保护修复各类馆藏一级文物2万件，馆藏二级文物4万件，重要出土文物1万余件。制定相关技术标准和规范，开展修复资格认证体系建设。开展博物馆文物保存环境标准化建设工作。

——依法严格规范文物流通秩序，坚决打击文物非法交易和走私行为。强化对文物市场的监管力度，启动社会文物登记试点工作，逐步建立民间收藏文物登记制度。组织开展全国民间收藏文物鉴定认证管理工作。健全文物鉴定审核机构，完善文物出入境许可制度。

——加强科学和技术研究，提高文物保护科技含量。国家文物局重点科研基地达到10～15个，并以此为依托，进一步加强科技攻关，特别是要推动跨行业、跨部门的联合攻关。促进科技成果推广应用，组建一批科技成果推广应用示范基地。着力在脆弱易损文物的主要病害综合研究、高新技术在文物保护中的应用研究、文物保存环境综合研究以及博物馆文化产品研发等领域实施重点突破。

——加大人才培养和队伍建设。强化学历教育和继续教育相结合的培训机制，加强人才培养的国际交流与合作。建立文物保护资格认定和持证上岗制度，并开展与资质、资格认定工作相结合的人才培训模式。

——强化科学管理和规范管理。全面推进规划和项目库管理，建立跟踪监督机制，推进项目绩效考评体系建设。实施专项经费的"阳光工程"，增强决策的科学性、公开性和透明度，提高专项资金的使用效率。

2006年是"十一五"的开局之年。明年工作的成败，直接关系到"十一五"文物事业能否顺利发展。我们要团结一致、振奋精神、以更加务实的态度，更加坚定的意志，更加扎实的工作，着力完成好以下几项主要任务：

——认真贯彻落实《国务院关于加强文化遗产保护的通知》的精神和各项要求。《通知》强调了保护文物的重要性和紧迫性，明确了加强文物保护的指导思想、基本方针和总体目标，要求我们着力解决文物保护面临的突出问题，明确责任，切实加强对文物保护工作的领导。这是我国全面建设小康社会的关键时期，国务院关于文物工作的又一纲领性文件。各级文物行政部门要认真组织学习，深刻领会精神，确保《通知》各项要求的进一步落实。

——根据《国家文物事业"十一五"发展规划》，认真组织编制各地区文物工作的具体规划。地方各级文物行政部门要依照这个规划的要求，结合本地区实际，突出基础工作，着眼文物事业科学发展，研究确定具体的工作目标和任务。

——认真贯彻执行《国务院办公厅关于推行行政执法责任制的若干意见》的各项要求。行政执法责任制是规范和监督行政执法活动的一项重要制度。我们要充分认识推行行政执法责任制的重要意义，严格依法界定执法职责，建立健全行政执法评议考核机制，认真落实行政执法责任。各级文物行政部门的主要负责人要切实加强推行行政执法责任制的组织和领导工作。

——认真学习宣传和贯彻执行《博物馆管理办法》，建立健全博物馆管理体制。《博物馆管理办法》是规范博物馆管理的重要规章文件，是博物馆事业发展的迫切要求。各级文物行政部门要充分认识到这部规章的重要意义和作用，认真组织学习，严格依照这部规章的各项规定，开展博物馆管理工作。启动博物馆评估定级试点工作，促进行业自律和规范管理。继续推进馆藏一级文物建档备案工作。扎实开展博物馆保存环境达标建设项目。

——依法完成第六批全国重点文物保护单位的"四有"工作。各省级文物行政部门要集中力量、加强领导，严格按照《文物保护法实施条例》规定，自第六批全国重点文物保护单位核定公布之日起一年内，报请省、自治区、直辖市人民政府划定保护范围、作出标志说明，建立记录档案，设置专门机构或指定专人负责管理，并争取全面完成一至六批全国重点文物保护单位记录档案的备案工作。

——全面铺开以全国馆藏珍贵文物和全国重点文物保护单位为重点的国家文物基础数据库建设。初步完成以国家文物数据中心为核心、以全国文物信息网络系统为基础、以文物信息安全体系为保障的文物信息基础设施建设。以基本信息资料数字化为基础，深入研究如何在考古发掘、大遗址保护、世界文化遗产保护及文物保护工程等方面应用信息化成果。

——启动"文物保护关键技术研究与开发"科技攻关项目，开展文物保护标准体系建设研究，制定文物保护标准研究，制订计划，完成历史文化遗产保护领域科技平台和文物保护科技成果推广网的升级工作。

——协调、组织好全国考古研究机构支援南水北调工程抢救性考古发掘工作。南水北调一期工程即将全面开工建设，时间紧迫，工程所涉及文物保护工作面多地广，任务繁重。全国文物系统上下要统一部署，形成合力，重点抓好文物保护管理专门机构的落实、考古勘探发掘的组织实施等管理制度的建立，确保南水北调工程中的各项文物保护工作健康有序地开展。

——大力推进大遗址保护的政策研究和管理工作。开展大遗址保护与遗址所在地社会经济发展相协调的基本策略研究。编制完成 64 处大遗址总体保护规划纲要，初步建成 2～3 个重点大遗址保护和展示园区，组织实施 8～10 处重点大遗址保护示范项目。

通过全国文物工作者的共同努力，我们已基本顺利地实现了国家"十五"计划中所规划完成的各项目标，为落实"十一五"规划制定的各项任务打下了良好的基础。我们要进一步深刻认识在新的历史时代文物工作出现的新情况、新问题，重视并研究文物工作自身不断发展的规律和特点，大胆探索前进，勇于自主创新，发挥我们的聪明才智去创造性地工作，确保文物保护各项任务的顺利落实，推进文物事业的健康发展。我们希望全国广大文物工作者要以更加高效的工作和顽强拼搏的精神状态，牢固树立爱岗敬业、淡泊名利、服务群众、奉献社会的精神，牢记全心全意为人民服务的宗旨，坚定信念，提高信心，把握主动，奋进有为，实现工作质量进一步提高，队伍素质进一步提高，管理效率进一步提高的工作目标。我们要在确保文物安全的前提下，紧紧抓住国家推动经济、社会全面、协调、可持续发展的大好时机，善于抓住文物工作新的着力点，善于把握全面建设小康社会的战略机遇，推动文物事业科学发展。在未来的五年里，中国的文物事业将有着广阔的发展空间，我们将用一项项经得起历史检验的工作去充填勾画好的蓝图。中国文化遗产保护将在世界获得更多地关注和支持，我们将由此跻身为文化遗产保护的强国。

孙家正在 2006 年全国世界文化遗产工作会议上的讲话*

（2006 年 12 月 18 日）

各位专家，各位代表，各位同志：

30 年前，联合国教科文组织正式成立了世界遗产委员会，20 年前，我国政府正式向联合国教科文组织提出了世界遗产的申报项目。今天，我们在这里召开我国有史以来第一次的世界文化遗产工作会议，由于时间的巧合，使这次会议自然带有纪念性的隆重和热烈，但是召开这次会议的初衷和最主要的原因并不是为了纪念，而是由这项工作的极端重要性决定的。

20 年来，中国的世界遗产事业从无到有、从小到大，走过了一条艰辛而辉煌的道路。目前，我国已经拥有 33 处世界遗产，其中文化遗产 24 处，在世界遗产的保护、监测、管理、利用等方面取得了令人瞩目的丰硕成果。这是党中央、国务院高度重视的结果，是国家有关部门与各地各级党委、政府积极谋划、通力合作的结果，更是各地广大干部、群众和专业人员团结奋斗、辛勤努力的结果。为此，请允许我以文化部和国家文物局的名义，向所有关心、支持中国世界文化遗产工作的各个部门、各级领导，向各个世界文化遗产地的广大干部群众和文物工作者，致以衷心的感谢和崇高的敬意！联合国教科文组织及世界遗产委员会多年来关心我国的世界遗产保护工作，给予很多指导，我们也向他们致以真诚的感谢和敬意！

这次会议的主要任务，是在"三个代表"重要思想和科学发展观的指导下、围绕建设和谐社会、发展社会主义先进文化的主题，重点研究、部署加强中国世界文化遗产管理的工作。简而言之，会议的中心议题就是：如何以世界一流的管理保护好世界一流的遗产，并以世界文化遗产的管理和服务为标杆，促进和带动我国整个文物管理工作的水平迈上一个新台阶。

一、提高对世界文化遗产工作的认识，确保中国世界文化遗产得到"充分保护和适度利用"

世界文化遗产，是人类物质文化遗产中最可珍贵、最可观赏的代表群体，是人类历史、科学、文化、艺术宝库中的精华，是全世界人民共同的财富。珍惜并保护世界文化遗产，不仅密切关联着

---

* 原题为《世界文化遗产的保护是文物工作的重中之重》。

全人类的过去和现在，更与整个人类社会的未来发展密切相连。中国的世界文化遗产，是中华民族悠久历史、灿烂文化和非凡创造力的集中体现，是中华民族灿烂文明和丰富多彩的文化遗产的代表，既是中华民族祖先创造的成就，也是当今中国文明发展综合实力的表现；是中华民族独立于世界民族之林的精神根基和文化支柱，也是中国人民对全世界人民的丰厚贡献。珍惜并保护中国的世界文化遗产，不仅对于增强我们的民族自信心、自豪感和对民族文化的认同感与归属感，培育我们的民族精神和爱国主义品格，促进我国经济、社会、文化的全面、协调、可持续发展，建设社会主义先进文化，构建社会主义和谐社会具有重要意义，同时也是我们对整个国际社会、对全世界人民做出的庄严承诺和神圣义务，在维护和保持人类文明与文化的多样性，丰富人类文化生活、滋润精神家园，促进世界和平方面具有不可替代的重要作用。正因如此，胡锦涛主席才在写给第18届世界遗产委员会大会的致辞中说："保护世界遗产，是造福人类的千秋功业"，并向国际社会郑重表示："中国政府高度重视保护文化和自然遗产……保证文化和自然遗产的充分保护和适度利用"。

为此，我们必须进一步提高对中国世界文化遗产工作的认识，更加自觉和坚定地把这项工作放在文化事业建设的重要地位，更加全面和坚决地贯彻落实《中华人民共和国文物保护法》和"保护为主，抢救第一，合理利用，加强管理"的方针。2005年底，国务院发布了《关于加强文化遗产保护的通知》，明确提出了加强文化遗产保护的指导思想、基本方针、总体目标和亟待开展的各项工作，这是指导和规范我国新时期包括世界文化遗产在内的文化遗产保护工作的纲领性文件，各地文化、文物部门和各世界文化遗产地的同志们，都必须认真学习，努力贯彻落实。虽然我国现行文物法规当中还缺少直接针对世界文化遗产的具体条款，虽然世界文化遗产的概念与内涵和我国的文物保护单位之间还不能简单地对接起来，但是我国遗产保护的实践充分证明，文物法的基本精神以及党和国家文物工作的方针，完全适用于世界文化遗产领域。世界文化遗产的特性与各级文物保护单位的本质是相同又相通的。在中国，世界文化遗产的申报和保护工作明白无误地包括在我们现行的文物保护体制之内，中国的世界文化遗产保护工作是文物工作的重中之重。没有文物工作的基础，申报世界文化遗产几乎就无从做起。同时也要看到，申报世界文化遗产又反过来在很大程度上提高了人民群众对文物保护的自觉性，在很大程度上提高了各级政府对文物保护的重视，在很大程度上带动了我国的文物保护工作。

我们说这次会议不仅重要而且紧迫，是因为目前在世界文化遗产工作中确实存在着"重申报、轻管理，重开发、轻保护"的倾向，确实存在着某种"建设性破坏"和过度的开发。我们十分感谢地方政府和人民群众为成功申报世界文化遗产所做出的艰苦努力。我们也完全理解地方政府和人民群众希望通过成功申报世界文化遗产提高当地知名度、刺激和带动当地经济发展的美好愿望，但是必须指出，如果我们的认识仅仅停留在这样的一个层面，那就谈不上真正的文化的自觉，而是一种功利主义掩盖下的更加有害的文化愚昧！一些地方由于不能正确理解申报世界文化遗产的真实和全部的意义，在申报之前大动干戈，申报之后就将这项工作抛到脑后；还有的则是在申报成功之后热衷于大兴土木搞建设、大张旗鼓搞开发，而对遗产保护急需的管理、规划、抢救、修缮、展示乃至安全保卫工作则漠不关心，甚至掉以轻心。这是十分令人不安的。一个地区拥有世界文化遗产，不仅是一份荣耀，更是一份责任。作为当地政府，一是要从体制和力量上加强世界文化遗产单位的管理；二是要加大对世界文化遗产保护的投入；三是教育民众，协调各方珍惜、爱护这些文化遗产；四是要加大执法力度，保护文化遗产的安全。近几年，在有的世界文化遗产地曾经发生过一些事故，各地要引以为戒。武当山遇真宫的焚毁、大足石刻的接连被盗以及一些遗产地因过度旅游开发而对遗产本体和环境形成的种种威胁已经证明，凡是忽视保护和管理的遗产地，不仅遗产本身的安全得不到保障，而且其经济和旅游业的可持续发展也都将面临难以为继的严峻形势。总之，世界遗产濒危名录的制度设计以及发生在国内外的一些前车之鉴，都要求我们必须深刻反省，警钟长鸣。

二、深入挖掘中国世界文化遗产的厚重的人文精神和丰富的文化内涵，不断提高中国世界文化遗产管理的质量和水平

文化遗产之所以珍贵，是因为它们无一不在诉说着我们民族的伟大和文明的灿烂，体现着我们的民族精神和意志。对中国人民来说，这是一笔宝贵的精神财富；对当代中国社会来说，是一种重要的精神力量，是现代化建设的重要的思想、文化支撑。世界文化遗产地和博物馆一样，都是利用文化遗产对广大人民群众进行思想、文化、历史、艺术和科学知识等方面教育的重要场所。保护好这些珍贵的文化遗产、充分发挥其教化作用，为提高民族素质和构建和谐社会的现实服务，这是我们文化遗产工作的根本使命和职责。我国的世界文化遗产，大多具有十分厚重而富于表现力的物质文化资源和非物质文化资源。总起来看，世界文化遗产地的宣传、展示和服务也是比较好的。但是如果以"世界一流的遗产，世界一流的保护、管理和服务"作为标准来衡量，差距显而易见。现在一些世界文化遗产地的宣传、展示，往往缺乏历史的深度和科学的严谨，缺乏生动的细节和艺术的表现；或是为招揽游客而随意编造，形同儿戏，表面上的热闹有余而对遗产人文精神和文化内涵的揭示、说明不足，或是见物不见人，或是见人而不见其精神，或是人、物两不见。既不能感动人，也不能愉悦人，教育人也就无从谈起。

造成这种情况的原因是多方面的。其中，思想认识上的误区和对宣传展示工作的忽视最为主要。一些同志不明白，如果我们只注重了对物质文化遗产物质层面的保护而忽视了对其精神层面的研究、整理、分析、评介、展示、宣扬；如果我们只能让人看到遗产的表面和外部形态而不能使人了解其内在的精神实质和珍贵价值，那就不仅仅是我们工作的失职和不力，而且还会影响到我国文化遗产在现实社会的意义和价值，影响到我们民族文化的传承，影响到我们当代文明与文化的建设。我们必须严肃地看待这个问题，正确对待尊重历史和服务现实的关系，正确处理加强保护与合理利用的关系，既坚定不移地担当悠久历史的守护者，又努力成为新文化的建设者。

为此，我们一定要进一步解放思想，用创新的思维去开拓局面。要看到当前工作中的差距，更要看到我们的巨大潜力，把更多的人力、物力、财力用于对文化遗产的研究、宣传、展示之上，为广大人民群众特别是青少年提供更多、更好的精神食粮，提供更为优质和周到的服务。总之，要善于运用我们丰富的传统文化资源，为建设当今适应时代需要的和谐文化添砖加瓦。

三、遵守世界文化遗产管理的国际准则，履行作为成员国的义务和承诺，同时积极探索、总结具有中国特色的文化遗产保护、管理、利用工作的规律、标准、措施和办法，为丰富和推进全球的世界遗产事业做出我们的贡献

世界遗产是全人类的事业，围绕着世界遗产保护而形成的一些理念、观点、技术甚至规章和传统，是全世界文化遗产工作者智慧的结晶，不仅具有较为完善的体系和较强的先进性，同时也具有广泛的适用性和普遍的指导意义。中国的世界遗产不能脱离国际准则的规范和指导。我们每一处世界文化遗产地的保护、管理和利用工作，都必须要放在国际准则之下考量，必须经受得住国际社会的检验，必须符合国际规则的要求。同时，我们要虚心学习、借鉴世界其他国家在遗产保护、管理、利用方面的经验、技术和方法，不断提高我们的管理水平和保护水平。所有世界文化遗产单位都应该成为在我国文化遗产保护工作中具有样板和示范作用的首善之区。

众所周知，世界遗产事业的最初设计和提出，主要是在总结西方文化遗产保护管理实践的基础上完成的，它的发展与完善也曾经主要由西方国家所主导、所推动。但是随着世界遗产事业在全球的推广，情况在逐渐发生变化。今天的世界遗产事业已经是一个具有全球性的、开放的、与时俱进的综合系统。有关世界遗产的基本理念、观点、技术等等，都不是一成不变的；它们产生于丰富的实践之中，又需要在不同文化背景、不同自然环境、不同技术传统和不同遗产类型的应用过程中不断被检验、被证明、被修正、被丰富，从而衍生和变化出新的、更具有时代气息和地域特点的，更有针对性也更符合实际的新内容。我们中国是世界遗产大国，我们在尊重国际通行的规则、标准的同时，也应该尊重我们自己的历史和实践。我们的经验包括两个部分，一是适合中国国情的做法，已被实践证明是正确的，虽不符合某些国际标准，也不应轻易抛弃而照搬国外一套；二是我们有些做法具有普遍意义的，应该积极向国际社会介绍。例如，2004年，我们在第28届世界遗产大会上通过了旨在呼吁国际社会和世界各国更加重视青年人在世界遗产保护中的作用，加强针对青年人的世界遗产保护教育的《苏州宣言》；今年夏天，安阳殷墟被列入世界遗产名录之后，现任世界遗产委员会主席对此给予高度评价，认为殷墟这类重要历史和考古遗址的列入，突破了陈规，丰富了世界文化遗产的多样性。

我们要善于发现并把握世界遗产事业发展的规律，随着我国世界文化遗产事业的稳步发展，力争在世界遗产的基础理论和技术手段方面，在管理模式和经营方式方面，都能够有所创新、有所贡献。当前，可以从对我国世界遗产工作实践和经验教训的回顾、总结入手，探讨关于世界文化遗产的基础理论、观念和专业技术研究的问题，逐步形成具有世界水平和中国特色的世界遗产学科。在这个方面，我希望国家文物局发挥更加积极主动的作用。各位专家，各位代表，各位同志：中国作为一个政治大国和文化大国，正在国际事务中发挥着越来越大的影响和作用。中国的世界遗产事业已经走过了辉煌灿烂的二十年。作为一个举世公认的文化遗产大国，我们已经较好地履行了为全人类保护好珍贵文化遗产的职责并受到国际社会的普遍好评。在未来的岁月里，作为一个举世公认的文化遗产大国，我们既要更好地履行保护的职责，同时还要承担起不断丰富和推进全球世界遗产事业的责任。需要说明的是，我国世界文化遗产已申报成功的是 24 处。由于现行申报规则的限制，实际上我国可以称得上世界文化遗产的，远远不止这些，今后还会逐年增加，但毕竟数量有限。我们的全国重点文物保护单位中有许多是够得上世界一流的，我们都应该努力创造世界一流的管理。我毫不怀疑，我们有这样的勇气和自觉，更有这样的实力和能力！我也毫不怀疑，中国的世界文化遗产事业乃至整个文物事业，必将迎来又一个更加辉煌灿烂、更加美好的二十年，真正发挥出一个文化遗产大国的积极影响和建设性作用，为全人类的和平、进步与发展做出更大的贡献！

在今天的会议结束之后，国家文物局还要召开第三次文物普查工作会议、全国文物工作先进县表彰大会和 2006 年全国文物局长会议。霁翔同志和文物局的领导们希望我参加，我也很想参加。但是因为我另有公务安排，无法分身。所以，请大家允许我借用今天的讲坛，再讲上几句。

首先，我代表文化部，热烈祝贺北京市石景山区等 36 个单位荣获"全国文物工作先进县"的光荣称号。希望各个单位珍惜荣誉，再接再厉，继续努力做好文物工作，真正发挥先进的示范和带头作用。同时，我也希望国家文物局认真总结评选全国文物工作先进县工作的经验，把这项工作做得更好。

即将开始的第三次全国文物普查，是一次重要的国力资源调查。国务院领导同志对此非常重视，财政部对此非常支持。我们正在争取由国务院或是国办就第三次文物普查发一个通知。国家文物局已经做了大量的准备工作，我希望准备工作还要再细一点，把复杂和困难的情况考虑得充分一点，把标准和规范制定得科学一点，把普查培训工作做得扎实一点。各省市自治区的同志回去后要向党委、政府做一个专门的汇报，请求党委、政府在普查机构、队伍特别是经费上给予支持和保障。我相信，在中央有关部门和各省市自治区政府的领导和支持下，经过全国文物工作者几年的努力，我们一定能够胜利完成预定的任务。

2006 年，在党中央、国务院的领导下，文物局党组带领全局和全国文物系统的干部职工，认真学习贯彻落实科学发展观，积极探索文物、博物馆工作为建设和谐社会和社会主义先进文化服务的新思路、新举措、新方法，在行政执法、文物保护、考古发掘、博物馆建设和展示宣传、对外文化交流等各个方面都取得了很大成绩。对此，党中央和国务院领导同志是满意的，文化部是满意的。霁翔同志在会议上将有一个很好的工作报告，他的意见，我都同意。这里，我衷心预祝会议圆满成功。

马上就是 2007 年元旦，在这辞旧迎新之际，我代表文化部，并以我个人的名义，向在座的各位并通过你们，向全国文物系统的同志们，致以新年的问候！祝大家新年快乐、阖家幸福，工作顺利！祝我们的文物事业取得新的、更大的成就！

单霁翔在 2006 年全国文物局长会议上的工作报告

（2006 年 12 月 19 日）

今天，我们在这里召开全国文物局长会议，我代表国家文物局作工作报告。

第一部分 关于 2006 年的文物工作回顾

一、认真抓好国务院《通知》精神贯彻落实

《通知》对文化遗产保护未来 10 年的总体目标做出了科学规划，对文化遗产保护工作开启新局面具有重要的现实意义。为协调文化遗产保护中的重大事项，推进文化遗产保护事业更好地发展，国家成立了由国务院各有关部门组成的文化遗产保护领导小组。国家文物局召开贯彻落实国务院《通知》精神的座谈会，文化部孙家正部长出席会议并做了重要讲话。与会代表共同学习文件精神，共商落实文化遗产保护工作的大计。

全国文物系统精心部署，统筹安排，切实把学习贯彻国务院《通知》精神落到实处。各级文物部门积极贯彻《通知》要求，采取一系列具体措施积极推进各项工作目标的实现。湖南、山西、陕西、甘肃等地出台《关于进一步加强文化遗产保护的意见》；河南、河北、辽宁、新疆、云南、宁夏等省（区）级人民政府分别召开全省（区）文物工作会议和文物局长会议，作出具体部署。

根据国务院《通知》要求，各地积极推动建立文化遗产保护领导机构，并在安全保障、考核机制、机构设置、经费支持等方面有新举措。山西省将文物安全工作纳入社会治安综合治理范畴；浙江省杭州市、江苏省苏州市等地将文化遗产保护纳入干部考核体系；河南、内蒙古等省（区）推动市县一级设立文物行政部门和行政执法机构。一些地区开始从城市建设费中划出一定比例作为专项文化遗产保护经费。

二、扎实开展文化遗产保护各项基础工作

（一）文化遗产保护法规体系建设进一步完善

《长城保护条例》于 2006 年 12 月 1 日起施行。这项法规的制定，不仅是长城保护工作中的一件大事，而且是我国文化遗产法规体系建设中的一件大事。作为我国首次为单项文化遗产保护进行立法的开创性实践，一方面，使长城保护管理工作的各个方面有了明确的法律依据；另一方面，必将推动其他各类文化遗产保护专项法规的立法进程。

今年以来，部门行政规章《古人类化石和古脊椎动物化石保护管理办法》《世界文化遗产保护管理办法》的公布实施，使古人类化石保护和世界文化遗产保护工作有法可依。各地文物行政部门根据工作实际，积极推动立法工作，地方性法规和规章相继出台。陕西省修订通过《陕西省文物保护条例》、四川省审议通过《四川省〈中华人民共和国文物保护法〉实施办法》，江苏省颁布实施《江苏省非物质文化遗产保护条例》等。

（二）文化遗产行政执法督察工作进一步加强

在各级政府的高度关注和支持下，各地文物行政部门积极开展上一年度行政执法督察中重点专项督察案件的整改和复查工作，使各项违法案件得到依法处理和纠正。福建省福州市认真汲取教训，不但对全国重点文物保护单位乌塔周边违法建设进行纠正，而且举一反三，加强全市文化遗产保护工作，在三坊七巷历史文化街区等保护工作中，严格依法办事，解决历史遗留问题。

继续开展2006年度行政执法督察工作，由有关省文物行政部门的负责人带队，对北京、重庆、河南、内蒙古、安徽、广东、贵州、宁夏等地进行专项督察。将广教寺双塔违法建设案件、大足石刻作为企业资产经营案件、大王庙石刻文物遭破坏案件、库伦三寺保护范围内违法建设案件等列为重点专项督察案件。会同各省级政府督促有关地方政府彻底纠正违法行为，制定整改方案并付诸实施。

全面加强文物安全工作。通过与公安、海关、工商等部门密切合作，防范和打击各类文物犯罪活动的力度不断加大。陕西省周密部署打击文物犯罪专项行动；河南三门峡市、江苏徐州市开展了"古墓保卫战"等打击盗掘古墓葬专项活动。继续推进《文物系统风险等级和安全防护级别》达标工作，馆藏文物保存环境达标试点工作进展顺利。

辽宁、江西、浙江、江苏等省文物行政部门举办文物行政执法培训班。各级文物保护单位实行目标化管理，文物安全风险大大降低。山西忻州各级政府部门逐级签订文物安全责任状，吕梁地区实行文物安全一票否决制，河南省巩义市面向社会公开招聘年龄45岁以下的宋陵保护员80名，江苏省苏州市成立了由200名市民组成的古城保护志愿者队伍，所有这些都使文物安全得到进一步保障。

（三）文化遗产资源调查建档工作进一步开展

在全国重点文物保护单位记录档案备案、全国博物馆一级文物藏品建档、全国重点文物保护单位保护状况调研和全国馆藏文物腐蚀损失调查等四项工作取得阶段性成果后，全国文化遗产资源调查建档工作继续深入开展。文物调查及数据库管理系统建设进展顺利。河北、浙江、广西、陕西、四川5省馆藏文物的数据采集工作有序推进。继续开展第六批全国重点文物保护单位记录档案备案工作。

为了全面掌握不可移动文物的数量、分布、特征、保存现状、环境状况等基本情况，以利于科学制定保护政策和规划，提高保护管理整体水平，增强全民文化遗产保护意识，经报请国务院批准，部署开展第三次全国文物普查。发布《关于做好第三次全国文物普查准备工作的通知》，要求各地做好动员，落实条件，组织培训。启动第三次全国文物普查试点工作，在河南省、内蒙古自治区、宁波市开展的试点工作取得积极成效。

（四）文化遗产保护人才队伍建设进一步推动

继续举办第四期省级文物局局长、省级考古所所长和省级博物馆馆长培训班，举办第三期世界文化遗产保护管理机构负责人培训班。在湖北省依托武汉大学和华中师范大学进行了地市级文博管理干部培训试点工作。在实践基础上，依托四所高等院校完成了《地市级文博管理干部培训试行大纲》，将在近期颁布施行，用以指导全国地市级文博管理干部培训工作。

国家文物局在吉林省举办东北三省全国重点文物保护单位管理机构负责人培训班，积累开展行业培训的经验。陕西省文物局与陕西省委组织部联合举办了文化遗产保护重点市县主管书记、市长培训班，拓宽了文博培训工作的领域，有利于提高领导干部文化遗产保护法制意识，落实文化遗产保护的各项措施和领导责任制，抵制法人违法行为。国家文物局转发了陕西省的培训总结，将这一经验向全国推广。

涉外培训工作呈现多元发展的态势。中日合作丝绸之路沿线文物保护修复技术人员培训进展顺利。根据与意大利文化遗产部的协议，国家文物局机关派出5名工作人员赴意大利研修学习。与法国国家遗产学院就进一步开展培训合作达成共识。在中国文物研究所举办的"亚非国家文物保护管理研修班"，有15个国家23名文化遗产管理官员参加了培训，扩大了与这些国家在文化遗产保护领域的交流。

（五）文化遗产保护领域科技工作进一步展开

国家文物局编制印发《文化遗产保护科学和技术发展"十一五"规划》，提出行业科技发展的基本思路、指导思想和工作原则。修改完善了7项行业科研管理规范，文化遗产保护行业科研管理体系基本形成。积极推进文化遗产保护标准化建设，成立全国文物保护标准化技术委员会，启动了5项国家标准和19项行业标准的研究制订工作。

贯彻落实全国科学技术大会精神，对开展文化遗产保护科技自主创新工作提出要求。完成"指南针计划——中国古代发明创造的价值挖掘与展示"可行性研究和项目实施前期准备工作。加大重大科技专项的凝练力度，"文化遗产保护关键技术研究""中华文明探源工程（2）"等4个项目被批准列入国家科技支撑计划项目，获得资助经费逾亿元，同比增长17倍。

狠抓科研管理工作，完成13项国家文物局重点科技专项的年度检查、39项科研课题的中期评估、116项科研课题的结项验收，课题结题率由原有的31%增至87%。行业科技工作得到认可。美国盖蒂研究所阿格纽先生被我国授予2006年度国际科技合作奖；敦煌研究院文物保护研究所苏伯民副所长被授予"2006年中国青年科技奖"。国家文物局博物馆司在全国科学技术大会上，被授予国家科技奖励工作先进集体称号。

（六）文化遗产保护财政专项经费进一步增长

积极争取财政部、发展改革委等部门的支持，中央财政文物保护专项补助经费今年再度大幅度提升，达到 7.2 亿元，同比增长 35%。同时，狠抓文物保护"十一五"专项规划编制及项目库建设工作，特别是争取全国重点文物保护单位专项补助经费、大遗址保护经费、第三次全国文物普查项目补助地方经费，以及抢救性文物保护设施建设经费的工作取得了实效。

地方财政安排的保护资金也有明显增长。北京市"十五"以来一直保持较高的财政投入；浙江省文物保护专项补助资金从 2003 年的 1000 万元增加到 2006 年的 2500 万元，并新增 800 万元大遗址保护专项经费；辽宁省的文物保护专项经费由每年 200 万元增加到 1000 万元；广州市两年来投入近亿元用于文物保护维修。

专项经费管理工作得到进一步加强。完成了专项经费年报和"十五"期间专项经费使用情况联合检查工作。财务部门积极发挥财务会计工作对主要业务工作的支持和服务作用，在加强日常财务管理工作的同时，着重开展和做好部门预算执行的监督和通报工作。同时，在国家文物局系统开展财务检查工作，进一步促进了直属单位的财务管理，对局机关各部门严格按照各项规定执行预算起到了促进作用。

三、稳步推进文化遗产保护各项重点工作

（一）不可移动文物保护成效显著

1. 集中力量开展基本建设中的文物保护

围绕完成三峡水库三期蓄水做好库区文物保护工作。南水北调东、中线一期工程计划实施文物保护项目 160 余处，共有 52 支考古队伍参与考古发掘工作。与发展改革委共同开展课题研究，对《考古调查、勘探、发掘经费预算定额管理办法》进行修改。发布《关于进一步加强基本建设中文物保护工作的意见》，规范工作程序，确保文物安全。

2. 大力推进大遗址保护总体规划的实施

以编制保护规划、制定规范标准和推进保护展示示范项目的实施为重点，启动了《"十一五"期间大遗址保护总体规划》和第二批 64 处国家重点大遗址规划纲要的编制工作，偃师商城等 20 余项大遗址保护规划得到批准。大力推进丝绸之路（新疆段）、西安地区大遗址、洛阳地区大遗址、渤海遗迹、大运河等重点示范项目的实施。配合财政部对陕西省大遗址保护工作和项目进行了调研和检查。

3. 核准公布第六批全国重点文物保护单位

今年 5 月，国务院发布通知，正式公布了第六批 1080 处全国重点文物保护单位。第六批全国重点文物保护单位数量多、内涵十分丰富，注重体现文化遗产体系的完整性。其中包括一些反映我国民族、民俗和近现代历史的文化遗产。国家文物局及时组织召开专题座谈会，讨论如何进一步加强文物保护单位管理工作。开展第六批全国重点文物保护单位保护状况调查，制定保护方案。

4. 正式启动长城资源调查和保护维修工程

根据国务院批准的《2005～2014年"长城保护工程"总体工作方案》，正式启动长城保护工程。组织编制《长城保护总体规划》；制定《长城资源调查工作规范》《长城测量技术方案》等一系列标准规范；在河北、甘肃试点工作的基础上，全面展开长城调查工作；与国家测绘局签署协议，正式启动长城地理信息资源调查工程；山海关长城等保护维修工程正式开工。

5. 重点实施元代以前早期建筑保护维修工程

从今年起开始实施山西晋东南和陕西韩城元代以前早期建筑保护维修工程。项目顺利实施将使我国半数以上的元代以前早期建筑得到有效保护，尤其对我国传统木结构建筑的保护具有重大意义和深远影响。国家文物局和山西省人民政府召开应县木塔维修方案专家论证会，提出了在整体保护维修方案确定、实施以前，认真制订现状加固方案的工作思路，为下一步的保护工作明确了方向。

6. 科学组织重点维修工程

集中力量推进《国家"十一五"时期文化发展规划纲要》中确定的重点文化遗产保护工程。加快制定、审批相关的保护规划，为保护工程提供科学依据和指导。抓紧开展存在险情隐患的全国重点文物保护单位的保护维修工作，力争在"十一五"期间实现一至六批全国重点文物保护单位无重大险情隐患。积极组织指导受灾文物保护单位抢险救灾工作。

7. 高度重视世界文化遗产的保护与管理工作

河南安阳殷墟成功列入《世界遗产名录》。继续开展后续申报项目前期工作，启动丝绸之路跨国联合申报世界遗产计划，达成中国与中亚国家联合申报行动纲领。召开全国世界文化遗产工作会议，落实《世界文化遗产保护管理办法》，建立世界文化遗产监测巡视机制和专家咨询机制。启动重新设定我国世界文化遗产预备名单工作，克服"重申报、轻管理"的倾向。

8. 深入研究新时期文化遗产保护的新趋势

2006年4月，召开中国工业遗产保护论坛，形成《无锡建议》，有效推动了全国各地工业遗产的保护。2006年5月，与联合国教科文组织、世界银行和建设部共同召开第2届"文化遗产保护与可持续发展"国际会议，会议通过的《绍兴宣言》，强调城市化加速进程和旅游业快速发展的形势下，加强文化遗产保护的重要性及应采取的各项措施。

（二）积极履行服务社会的各项职能

1. 全面促进博物馆的持续建设与健康发展

今年以来，北京首都博物馆、山西省博物院、湖北省博物馆、中国闽台缘博物馆、江苏苏州博物馆等竣工开放，广东省博物馆、四川省博物馆、安徽省博物馆等开工建设，表明重点博物馆建设进一步持续快速发展，大量珍贵文物的保管条件得到了改善。中国妇女儿童博物馆、中国文字博物馆等的筹备建设，将使博物馆体系更加完善。

2. 努力落实博物馆工作"三贴近"的社会要求

积极推进河南博物院"三贴近"试点工作。努力实践服务社会,满足人民群众文化生活需要的办馆宗旨,取得较好的社会反响。全国各级各类博物馆举办展览近万个,接待观众1.5亿人次。其中文物系统博物馆全年举办展览7000多个,接待观众1.2亿人次,接待未成年观众3200多万人次。"纪念中国工农红军长征胜利70周年展览"举办近两个月,观众达到201万人次,社会反响强烈。

3. 积极组织博物馆展示服务的提升工程

组织博物馆采用最新科技成果提升陈列展览的科技含量。编制完成《县级博物馆展示服务提升工程"十一五"规划》及《县级博物馆展示服务提升工作规程》。组织开展博物馆评估定级试点工作。积极引导各级政府加大对博物馆在藏品保管环境、科学研究和陈列展览方面的关注和支持。相继在北京市、浙江省、四川省等地区启动全国博物馆评估定级试点。

4. 突出优势探索具有文化底蕴的特色活动

各地博物馆、纪念馆结合实际,积极开展"5·18"国际博物馆日活动。围绕"博物馆与青少年"的主题,积极探索,突出优势,推出具有民族优秀文化底蕴的特色文化活动,架设起祖国传统文化与广大公众心灵沟通的桥梁。中国博物馆事业积极融入国际社会,受到国际博物馆界同行的认可和尊重。

5. 切实加强对社会文物的行业规范管理

加强文物进出境管理,修改完善《文物进出境审核管理办法》《文物出境审核标准》,起草《民间收藏文物鉴定管理办法》。召开全国文物进出境管理工作会议,加强对进出境审核机构的管理。对2004、2005年取得《文物拍卖许可证》的企业审核换发《文物拍卖许可证》,检查企业合法经营情况,企业积极主动申报,自觉接受文物拍卖的审核管理。

6. 积极争取流失海外珍贵文物回归祖国

充分发挥国家专项资金的带动作用,重点珍贵文物征集工作取得重要进展。举办"国家重点珍贵文物征集成果"展览,取得社会良好反响。通过多种渠道继续积极争取流失海外文物回流。"国之重器"商代子龙鼎等,相继征集成功,入藏国有文物收藏单位。

(三)深入开展文化遗产保护规划和理论研究

编制完成《国家文物事业"十一五"发展规划》,科学分析、深入研究文化遗产事业所面临的形势、问题和任务,正确引导文化遗产事业的发展方向,全面提升保护管理工作的整体水平,促进文化遗产事业的可持续发展。启动"文物事业与中国经济社会发展"课题研究。开展博物馆免费开放和社会服务、不可移动文物保护与管理等专题研究。

召开了全国文物局长座谈会,深入研讨文化遗产保护工作所面临的形势,进一步明确中心工作和主要任务。协助全国政协调查组对社会主义新农村建设中的文化遗产保护情况进行专题调研。

召开"全国博物馆建设与发展座谈会",在如何把握时代机遇,促进博物馆建设从数量增长转变为质量提高方面进一步统一思想。第三次全国文化文物援藏工作会议的召开,有力地支持了西藏地区文化遗产保护工作。

（四）积极配合外交大局开展文化遗产对外交流

在胡锦涛主席、温家宝总理和相关国家领导人的见证下,国家文物局分别与阿富汗和印度的文化遗产部门签署了《关于合作保护文化遗产谅解备忘录》。与意大利文化遗产主管部门签署了《关于合作建立中意文化遗产保护中心的谅解备忘录》,启动了中意文化遗产中心合作项目。国家文物局与越南文化遗产局签署了《关于文化遗产保护合作谅解备忘录》。

通过对外实施文物修复援助项目扩大我国在文化遗产保护领域的国际影响。在温家宝总理和洪森首相的见证下,国家文物局与柬埔寨文物局签署了关于保护吴哥古迹二期项目的协议。国家文物局并与蒙古国相关部门签署援助工程协议,启动博格达汗宫门前区维修工程。赴肯尼亚开展了"肯尼亚出土的中国古代瓷器调查与研究"和中肯合作水下考古项目的前期准备工作。

积极扩展与各国文化遗产部门以及国际组织的合作。经国务院授权,国家文物局分别与意大利文化遗产部、印度文化部签署了关于防止盗窃、盗掘和非法进出境文物的政府间双边协定。经过艰苦申办,国际博物馆协会第22届会员代表大会,将于2010年在我国上海举行,有关筹备工作已经启动。国际古迹遗址理事会国际保护中心在陕西西安成立,将对我国文化遗产保护规划、研究和培训活动产生深远影响。

积极推动中、外文化遗产展览交流。不断提高出国、出境展览和来华展览水平。赴德国的"西藏文物展"等受到广泛好评。故宫博物院举办的俄罗斯"克里姆林宫珍品展"、首都博物馆举办的"大英博物馆250年藏品展"等深受观众欢迎,"古代印度瑰宝展"来华展出的筹备工作进展顺利,"走向盛唐展"的归国汇报展览取得圆满成功。

（五）努力扩大文化遗产保护事业的社会宣传

各级文物行政部门高度重视第一个"文化遗产日"的纪念活动,各地博物馆、文物保护单位围绕"保护文化遗产,守护精神家园"主题,开展形式多样、丰富多彩的活动。据统计,全国约有600万人参与了当天的各项活动。与中央电视台合作举办的"中国记忆——文化遗产日特别节目",在4个小时的直播时间内,央视网络在线人数超过5万,网页访问超过50万人次。

集中宣传报道文化遗产保护一线的先进典型。组织在京主要媒体记者专题采访南水北调等工程中的文化遗产保护工作,通过大量翔实报道,不但展现了一线文物工作者的时代风采,而且宣传了文化遗产保护工作在社会经济发展中的重要作用。陕西省扶风县连续涌现保护国家珍贵文物的农民群体,表现出强烈的文化遗产保护意识和高尚情操,受到各级政府和文物行政部门的奖励和大力宣传。

以文物保护法的宣传为核心,围绕文物保护重大事件、重要活动的宣传工作取得积极成效。

举办了首届文化遗产动漫大赛活动，得到社会各界的广泛关注与支持。邀请驻华外交官参与文化遗产地绿化和参观活动，介绍我国文化遗产保护状况、我国政府和广大民众为保护文化遗产所付出的努力及取得的成就。组织"驻华外交官走进中国文化遗产活动"，邀请驻华外交官参观湖南省博物馆和考古发掘现场，给他们留下了深刻印象。

结合"文化遗产日"的宣传开展了表彰活动，文物系统 70 名先进个人受到表彰，倡议设立"文化遗产日"的 11 位专家被授予"文物保护特别奖"。开展"郑振铎—王冶秋基金"文物保护奖活动，表彰了西部基层 12 个先进集体和 40 名先进个人。继续开展"文物工作先进县"表彰活动，全国 36 个县区被文化部、国家文物局授予"文物工作先进县"荣誉称号。积极争取与人事部联合表彰文化遗产保护先进集体和个人。

在肯定成绩的同时，我们必须清醒地认识到，当前文物工作的总体水平仍与我国作为文明古国、文物大国的地位不相适应，与经济社会的发展进程不相适应，与人民群众日益增长的物质文明和精神文明需求不相适应。

1. 基础工作依然薄弱。法规体系尚待完善；专项法规、技术规范、管理制度缺失较多；行业的国家标准制定工作相对滞后。家底不清，基础数据不准的情况尚未根本转变。文物藏品保管条件较为落后，一些博物馆、文物收藏单位的库房面积不足，保存设施短缺，不具备应有的藏品保护环境。

2. 由于监管机制薄弱，致使在文物保护专项经费使用管理方面，出现了资金支出不合理、项目执行不及时、实施程序不规范等问题。由于在文化遗产保护工程管理方面，存在重审批、轻管理等薄弱环节，致使质量监督体系不健全，从业人员的素质和整体水平滞后于发展需要。

3. 科研水平不高，课题意识不强，成果推广不够。文物保护工程实践与科研课题结合不够紧密，重工程轻研究的现象普遍存在。文物建筑修缮报告和科研成果整理出版工作相对滞后，清理积压考古报告工作需要继续加强。在文物本体保护难题面前，科研成果的普及应用亟待提高。

4. 文物保护经费与实际需要仍有较大差距。近年来，文物保护经费虽然有所增长，但是由于我国历史悠久，文化遗存丰富，历史欠账过多，以及资金渠道单一，缺乏必要的配套政策等原因，致使文物保护经费远远不能满足实际需要，严重影响工作开展，成为制约文物事业发展的瓶颈。

5. 一些开放的文物保护单位和博物馆在面向社会、服务群众、普及文化等方面，与"三贴近"的要求和公众的需要还有较大的差距。在新馆建设过程中缺乏主导作用，在陈列展示方面缺乏互动性、趣味性、观赏性，在管理方面缺乏科学规范，在服务方面缺乏主动性。

6. 安全形势仍然严峻。破坏和损毁文物的事件屡见不鲜，违法建设、盗掘古墓葬、盗窃馆藏文物、文物非法交易等行为屡禁不止。文物犯罪活动集团化、智能化、暴力化趋势加剧。一些地方在"旧城改造"工程中，对历史文化街区实施"推平头"式拆迁；在文物保护单位建设控制地带内兴建高层建筑，使历史环境风貌遭到严重破坏。

第二部分　关于 2007 年重点工作的安排

（一）健全文化遗产法规体系。完成《博物馆条例》草案的起草工作并上报国务院；制定并颁布《文物保护工程招投标管理办法》；修改并颁布《水下文化遗产保护管理办法》；修订《考古发掘管理办法》；研究并起草《文化遗产影响评价条例》；颁布实施《文物进出境审核管理办法》。召开全国文物法制工作会议。

（二）加强文化遗产理论研究。贯彻落实《国家"十一五"时期文化发展规划纲要》和《国家文物事业"十一五"发展规划》；继续开展"文物事业与中国经济社会发展"课题研究，形成指导事业发展的基本思路和理论体系；召开东亚地区文物建筑修缮保护国际研讨会。联合建设部召开城市文化研讨会。

（三）加大行政执法督察力度。除了继续组织对违法案件的行政执法督察工作之外，还要着重开展对基础工作项目实施、资金使用等情况的执法检查。

（四）重视人才培养和队伍建设。继续举办省级文博专业管理干部培训班，扩大地市级文博管理干部培训的试点范围。开展全国重点文物保护单位管理机构负责人培训，配合第三次全国文物普查开展相关培训。推进涉外合作培训项目的积极开展。

（五）推进文化遗产科技工作。贯彻落实《文化遗产保护科学和技术发展"十一五"规划》，加强重点项目的凝练与可行性研究工作。抓紧组织实施文化遗产保护关键技术、中华文明探源等国家科技支撑计划项目。遴选公布第三批国家文物局重点科研基地。切实加强文化遗产保护相关技术标准规范的研究、起草，初步形成具有行业特色的标准规范体系。

（六）积极开展第三次全国文物普查工作。各地应在建立文物普查工作领导机构，组建普查基本队伍，制订普查工作计划，开展普查人员培训和推广普查试点经验的基础上，创新工作理念、工作方式和技术手段，力争在明年全面展开实地调查。

（七）继续做好三峡水库工程、南水北调工程、川气东送工程等大型基本建设项目中的文化遗产保护工作。组织三峡库区考古发掘和地面文物保护工程的检查验收。做好南水北调工程沿线第二批控制性项目的实施。积极开展福建沿海水下考古调查，实施"南海一号"沉船整体打捞。

（八）继续做好大遗址保护。重点做好丝绸之路（新疆段）、西安片区、洛阳片区等重点大遗址保护工程和大运河文化遗产前期调查、勘探及保护规划编制，启动并完成一批大遗址保护规划。完善长城调查标准、规范和工作程序，为高质量全面完成长城调查打下坚实基础。完成明代长城调查，尽早公布测绘数据。

（九）规范文物保护工程管理。建立和完善文物保护工程管理体系。规范文物保护工程的招投标活动；加强对工程的监理；加强工程监督检查力度。建立健全文物保护工程资质管理。规范全国重点文物保护单位保护范围、建设控制地带的划定工作。

（十）做好山海关长城、山西晋东南及陕西韩城地区元代以前早期建筑、青海塔尔寺等保护维修项目；推进应县木塔维修保护工作进程；开展西藏十大工程的相关前期准备工作。

（十一）加强世界文化遗产管理。重点建立世界文化遗产的监测机制。完善世界文化遗产专家咨询机制，加强对遗产地保护管理的监督指导，不断提升管理水平。开展预备名单动态管理，将列入预备名单的遗产地纳入世界文化遗产监测管理系统。继续做好世界遗产申报工作。

（十二）加强博物馆行业管理，制定全国博物馆评估定级标准和工作方案。发布《博物馆建设用地指标》、组织编制《博物馆建设标准》。协调支持中国国家博物馆、中国妇女儿童博物馆、中国文字博物馆等重点博物馆的建设。召开全国革命文物工作座谈会，加大革命文物保护利用工作力度。

（十三）继续推进博物馆"三贴近"及展示服务提升项目。充分发挥省级博物馆的示范作用，继续推动县市级博物馆展陈水平提升。举办第七届全国博物馆陈列展览精品评选表彰活动，协调迎奥运系列展览筹备工作，组织好"5·18"国际博物馆日活动。

继续推动馆藏文物保护。修订《全国馆藏珍贵文物保护"十一五"规划》，争取中央和地方加大对馆藏文物保护力度。继续推进文物调查及数据库管理系统建设项目，组织非文物系统的国有博物馆馆藏一级文物的建档备案工作，提高馆藏文物的保护管理水平。

（十四）继续加强文物市场管理。加强文物拍卖标的审核，重点检查有无出土文物进入拍卖市场。国家文物局将在各地审核的基础上实行复核，对存在问题的企业及负责审核的文物鉴定部门实行黄牌警告制度，对屡次出现问题的企业吊销《文物拍卖许可证》。加强文物进出境管理，健全文物进出境审核机构。

（十五）加强文化遗产宣传工作。认真总结各地第一个文化遗产日的成功经验，开展好第二个文化遗产日活动。充分发挥社会各界保护文化遗产的积极性，实施文化遗产保护全民动员。与人事部联合评选表彰全国文物系统先进集体和先进工作者。

（十六）加强文化遗产领域的国际合作。落实与各国政府或文化遗产部门签署协议中的合作项目。启动中意文化遗产中心建设。继续配合国家外交大局，积极开展与相关国家签署有关文化遗产保护的双边协定。配合国家友好年，举办各项文物展览及相关活动。继续做好与有关国际组织的合作项目。完成蒙古国博格达汗宫门前区维修保护工程；推进柬埔寨吴哥窟二期保护工程的准备工作。

在新的一年里，我国文化遗产事业的发展前景更为广阔，我们的任务更加光荣而艰巨。我们要进一步增强责任感、使命感和紧迫感，以严谨的作风、扎实的工作、顽强的精神，实现文化遗产保护工作水平的全面提高。

单霁翔在 2007 年全国文物法制工作会议上的报告

（2007 年 10 月 28 日）

修订后的《中华人民共和国文物保护法》公布施行已经五年了。我们召开全国文物法制工作会议，目的是总结五年来文物法制工作的经验，提出今后开展此项工作的思路和重点。报告共分两个部分：一是五年来主要工作的回顾，二是今后五年的工作思路。

一、五年来主要工作的回顾

（一）着重加强了立法工作，法律体系框架初步形成

《中华人民共和国文物保护法》修订实施后，文化遗产立法工作得到全面加强，由法律、行政法规、部门规章、地方性法规、规划和标准构成的文化遗产法律体系框架已经初步形成。

——修订后的《中华人民共和国文物保护法》和国务院公布实施的《中华人民共和国文物保护法实施条例》，第一次以法律的形式明确了文物工作方针，更加明确了各级文物行政部门的权力和责任；文物保护单位制度更加完善；历史文化名城、街区和村镇，被确立了与文物保护单位同等重要的法律地位；文物保护单位以外的不可移动文物，也有了明确的法律地位。地下埋藏的文物受到了严格保护，考古发掘工作得到了更加科学有效的规范和管理。馆藏文物的法律地位，以及文物收藏单位和主管部门对馆藏文物的保护责任，有了具体明确的规定。民间收藏文物的权利与责任，作为文物保护的重要内容得到了严格界定；文物市场也得到了规范。文物出境许可制度有了进一步发展，文物进出境审核机构的法律地位得到了进一步明确和提升。对破坏文物的违法和犯罪行为，《文物保护法》和《文物保护法实施条例》也规定了更为具体的预防和惩戒措施。

——为加强对长城的保护，规范长城的利用行为，国务院在 2006 年公布实施了《长城保护条例》。《长城保护条例》明确了长城保护管理的范围和方法，将长城各段纳入省级以上文物保护单位的保护体系，规定任何单位或者个人进行工程建设都不得拆除、穿越、迁移长城。条例中规定的专家咨询制度和总体规划制度作为文化遗产保护的重要措施开始写入国务院的条例，义务保护员制度得到了发展，旅游容量指标控制也开始成为法定的重要保护措施。《长城保护条例》的制定，也为今后大运河保护和丝绸之路保护等的专项立法工作积累了经验。

——部门规章涉及范围基本覆盖文化遗产保护领域各个重要方面：《文物保护工程管理办法》使保护工程的概念和种类有了明确界定，保护工程管理各个方面的工作有了具体要求，资质管理

制度得到了发展；《文物行政处罚程序暂行规定》使行政执法工作程序有了具体和明确的规定，为行政执法工作的顺利开展提供了条件；《博物馆管理办法》使博物馆的性质、机构、展示与服务等规定成为法定要求；《古人类化石和古脊椎动物化石保护管理办法》使古人类化石和古脊椎动物化石的保护管理工作全面纳入了文物保护管理工作的法律体系；《世界文化遗产保护管理办法》使国际保护文化遗产的先进经验在国内立法中得到了进一步体现，保护规划制度、专家咨询制度、监测巡视制度和警示名单制度作为基本制度也开始写入法律并得以发展；《文物进出境审核管理办法》使文物进出境审核机构的性质、任务和工作程序得到了具体规定，文物出境审核范围得到了进一步明确，文物出境许可制度得到了进一步完善。

——地方性法规也较好地推动了当地事业的发展。二十余部由地方立法机构制定的地方性法规，已经成为中国文化遗产法律体系的重要组成部分。《江苏省文物保护条例》《浙江省文物保护管理条例》等各项规定，使国家立法的原则和要求与当地实际需求有了很好的结合。《北京历史文化名城保护条例》的公布实施，使社会各界共同保护北京历史城区有了具体的法律依据。

——大批全国重点文物保护单位和世界文化遗产地保护规划的陆续编制公布，也使法律规定与具体管理目标有了紧密结合。以推动技术应用和规范管理为目标，重点将实际工作规范和先进科技成果转化为行业标准，逐步建立行业质量认证和准入制度。国家文物局制定并发布了《文物保护行业标准管理办法》，并出台了《文物出境审核标准》《全国重点文物保护单位保护规划编制要求》等行业标准。

上述立法成果来之不易。在国务院领导同志的直接关心和国务院法制办的直接参与下，新《文物保护法》实施后半年，国务院就公布实施了《中华人民共和国文物保护法实施条例》。起草《长城保护条例》的数年时间里，立法必要性问题曾经存在争议。从简单适用《文物保护法》规定的不可移动文物保护措施，到丰富文物保护单位制度的内涵，到绝对禁止对长城的拆除、穿越和迁移，到规范对长城的利用行为，《长城保护条例》已经凸显了制定的必要性，长城保护的理念得到了极大发展，长城保护的力度得到了极大加强。部门规章的逐项出台，是文物系统精诚合作共谋事业发展的成果，也是大家努力学习共同提高的过程。

（二）高度重视行政执法工作，大力开展执法督察

在大力加强立法工作的同时，行政执法工作受到高度重视，各级文物行政部门把执法和执法督察工作作为重要的工作内容认真组织开展，逐步实现制度化、规范化，查处了一批违法案件，锻炼了队伍，提高了工作质量。

——行政执法机构得到加强。2003年国家文物局设立执法督察处，2005年又设置了政策法规司，并下发通知要求各地成立相应机构，加强执法工作。目前，全国各地已有省级文物行政执法专兼职机构30个，国家文物局还陆续为这些机构配发了行政执法督察专用车。

根据我们掌握的情况，全国各地现行执法机构体制，主要有三种形式：一是由省级文物行政

部门管理的，具备独立法人资格的文物行政执法体制。如北京市和浙江省在当地政府的支持下，分别设置了文物执法大队。二是省级文物行政部门内设专职行政执法督察机构，同时推动和发展有条件的地、县级文物行政执法机构、队伍建设。三是省级文物行政部门内设挂牌机构或与省文化市场执法总队合署办公。此外，在上海、重庆两地，将文物行政执法的职能纳入到文化市场综合执法机构当中。

一些地区的行政执法工作发展迅速。在浙江全省，67%的市、县已设立了文物行政执法机构，11个设区的市均经当地编委批准设立了专职文物行政执法机构，全省文物行政执法机构网络体系已初步形成。

——制度建设和规范化管理得到改善。为规范行政执法工作，落实执法岗位责任制，国家文物局于2005年1月发布了《文物行政处罚程序暂行规定》。这是文物执法人员的操作规程和行动指南，能够保证违法事件得到正确处理，保障公民、法人的合法权益不受侵害。《文物行政处罚程序暂行规定》的发布实施，标志着我们的行政执法工作已经纳入规范化管理的轨道。自2004年起各级文物行政部门陆续举办了多期行政执法培训班，逾1500人次参加了培训。培训活动与持证上岗、年检考核等工作有机结合，明确了岗位职责，全面提升了队伍素质。国家文物局还通过举办行政处罚案卷评比活动和建立行政执法信息系统等手段，进一步强化了行政执法工作的制度化、规范化管理。

——全国范围的行政执法专项督察工作成效明显。为贯彻执行国务院《全面推进依法行政实施纲要》，国家文物局每年在全国系统开展了文物行政执法专项督察工作。在各地充分自查的基础上，国家文物局派出由省级文物行政部门主要负责同志任组长，有局领导参加的督察组实地督察。督察工作巩固了各地的执法成果，对一些地方存在的问题提出明确的整改意见，并对数起恶性违法事件采取了坚决而果断的措施。通过对福建省福州市乌塔保护范围内违法建设事件等的处理，纠正了违法行为，还促使当地政府高度重视文化遗产工作。每年开展全国范围行政执法专项督察工作，对我们大家是学习的过程，是发现问题、解决问题的过程，是提高工作水平的过程，也是面向社会宣传法律的过程。我们要坚持严格执法、公正执法、和谐执法。

（三）加强依法行政能力建设，促进了文化遗产事业的健康发展

法制建设取得初步成绩，提高了文化遗产工作依法行政的能力，加强了对各项工作的管理，改善了文化遗产事业发展的外部环境，在全面建设小康社会的进程中文化遗产工作的贡献率有所提高。

——依法行政的能力有所加强。通过积极贯彻实施《行政许可法》和《文物保护法》等法律法规，各级文物行政部门依法行政的意识和能力有了很大提高，工作程序和工作内容也得到了进一步明确。《国家文物局工作规则》《国家文物局行政许可管理办法》和《国家文物局机关行政许可过错责任追究暂行办法》等数十项规范性文件的陆续出台，进一步规范了我们的行政管理工作。

《国家文物局突发事件应急工作管理办法》的实施，也使我们在建立健全预警和应急机制，应对突发事件和风险能力方面有了加强。在完善决策机制方面，公众参与的热情正在提高，专家认证的程序正在完善，行政部门的责任制正在逐步落实。

——依法管理的水平有所提高。世界文化遗产和全国重点文物保护单位保护规划的编制工作和实施工作进展顺利。各级文物行政管理部门高度重视依法划定保护范围和建设控制地带，设立必要的保护管理机构，明确保护责任主体，建立健全保护管理制度，不可移动文物保护的基础工作得到加强。重大建设工程中的文化遗产保护工作也得到了改进和完善。一大批涉及文化遗产保护事项的基本建设项目，依法在项目批准前征求了文物行政部门的意见并落实了文化遗产保护措施。重点文物维修工程通过切实加强管理，排除了重大文物险情，加强了对重要濒危文物的保护，提高了工程质量。馆藏文物保护工作依法加强了对藏品的登记、建档和安全管理，逐步落实了藏品丢失、损毁的责任追究制。文物流通市场依法得到清理整顿。各地严格把握文物流通市场准入条件，规范文物经营和民间文物收藏行为，确保了文物市场的健康发展。文物商店销售文物、文物拍卖企业拍卖文物的审核备案工作得到了加强。通过严格执行文物出入境审核监管制度，加强鉴定机构队伍建设，进一步防止了珍贵文物的流失。在公安和司法部门的积极配合下，许多破坏文化遗产的违法犯罪行为得到了严惩。

——依法促进事业发展的力量有所增加。近年来事业发展的许多新实践，得到了法制工作的有力促进。大遗址保护是我们工作的重点和难点，编制和实施保护规划尤为关键。国家文物局通过不断加强规划制定和实施方面的制度建设工作，逐步使保护规划具有更大的科学性权威性。在城市化加速进程中妥善保护工业遗产，在新农村建设中加强对乡土建筑的抢救，是我们工作的重要任务。我们在加强呼吁和政策引导的同时，充分运用文物保护单位制度、世界文化遗产项目申报制度、历史文化名镇名村制度、规划制度、执法检查制度等综合手段，努力提高工业遗产和乡土建筑的保护成效。为使博物馆更好地融入社会，各地进行了不懈的努力。《博物馆管理办法》在《立法法》允许的范围内提供了最大程度的支持和保障。通过完善文物出境鉴定标准等，少数民族文化传统保护的力度也有了明显加强。为完善我国的世界文化遗产保护体系，《世界文化遗产保护管理办法》《中国世界文化遗产监测巡视管理办法》和《中国世界文化遗产专家咨询管理办法》进行了有益的尝试。中国世界文化遗产预备名单制度的设立，也使世界文化遗产工作的效能得到了更大的发挥。

——全社会依法保护文化遗产的意识有所强化。各级人大和政协高度重视文化遗产事业，组织了多种形式的执法调研和考察活动，极大地推动了各级政府对文化遗产工作的支持。在各地广泛开展的"文化遗产日"等宣传教育活动中，广大民众了解了《文物保护法》的基本内容，许多干部也基本掌握了《文物保护法》的主要规定。电视、报纸等媒体不断加大对文化遗产事业的关注力度，通过以案说法等形式，法律的许多具体规定逐步深入人心。近年来，各级文物行政部门加大对先进事迹的表彰力度。受表彰的先进个人、先进集体和先进县在依法保护文化遗产方面做出了突出贡献。这样的表彰工作，也在更大范围内激励社会各界以法律为准绳积极参与文化遗产事业。

在充分肯定法制工作各个领域取得成绩的同时，我们必须清楚地看到，事业发展对法制工作提出的需求还没有得到满足，法制工作各领域的现状离法治政府的目标还有不小距离。我们要认真分析研究法制工作的需求，认真总结我们的薄弱环节和领域，及时加强和改进工作。

（一）文化遗产事业的顺利发展需要全社会的广泛参与，法制宣传教育工作需要加强

文化遗产得到全面保护，文化遗产保护的成果服务于小康社会的全面建设，是我们的工作目标。无论是文化遗产的保护，还是发挥文化遗产的作用，都离不开社会各界的广泛参与和支持。社会各界参与文化遗产事业，需要普遍遵循法律法规，需要积极支持国家确定的工作方针，需要充分了解行政部门的工作计划并给予帮助和监督。目前，我们的法制宣传教育工作不能满足社会各界的这些需要。

各级文物行政部门对法制宣传教育工作重要性的认识有待提高。这项工作的好坏直接关系到我们事业的兴衰，关系到我们各项基础工作和重点工程能否真正扎实开展并充分发挥社会效益，关系到公众和各级政府对我们事业的认知度和满意度。各级文物行政部门制度化、规范化开展法制宣传教育工作的水平也有待提高。这项工作应当成为我们日常的重要工作并加强管理，保障人员和工作经费，避免形式简单和内容空泛。

（二）文化遗产事业的顺利发展需要各级文物行政部门进一步增强法律意识，适用法律的能力需要加强

文化遗产事业的顺利发展，首先需要文物行政部门是一个法治的政府部门。管理体制要行为规范、运转协调、公正透明、廉洁高效；执法体制要权责明确、行为规范、监督有效、保障有力，决策机制要科学化、民主化、规范化。文化遗产事业的顺利发展，还需要文物行政部门充分运用现行法律法规的各项规定，设定管理制度，提出防范措施，鼓励依法保护文化遗产，制裁违法行为。各级文物行政部门具备较强的法律意识，是我们加强能力建设、保障事业发展的重要环节。目前，我们的工作现状离法治政府的要求还有不小距离，法律的力量也还没有得到充分发挥。

各级文物行政部门对增强法律意识重要性的认识有待提高。法治社会，行政管理的工作内容和工作程序由法律确定，判断是非和解决纠纷的标准也由法律确定。我们必须更加自觉地学习法律，更加自觉地用法律的具体规定指导我们的工作方法，明确我们的工作目标。各级文物行政部门执行法律的监督制度和责任追究制度有待健全。行政管理部门不严格守法，不仅使我们的事业受到严重影响，政府的形象也会受到严重损害。各级文物行政部门熟练运用法律武器的能力有待加强。规范社会行为、引导社会力量，应当综合发挥法律法规的效能，使其真正成为促进我们事业发展的强大推进器。各级文物行政部门的执法工作也有待完善。行政部门工作人员的工作就是

执行法律的各项规定，执法工作应当是我们每个人工作的重要组成部分。我们需要进一步建立健全制度，使执法工作成为各级文物行政管理部门最基本的工作内容，规范有序地开展。

（三）文化遗产事业的顺利发展需要更强有力的法律保障，法律体系建设工作需要加强

2005年12月国务院发出的《关于加强文化遗产保护的通知》强调，要通过采取有效措施，使文化遗产保护得到全面加强。到2010年，要初步建立比较完备的文化遗产保护制度，文化遗产保护状况得到明显改善。到2015年，要基本形成较为完善的文化遗产保护体系，文化遗产得到全面有效保护。"通知"要求，要加强法律法规建设，推进文化遗产保护的法制化、制度化和规范化。

健全的法律体系，应当全面保护各种类型的文化遗产，应当充分保障文化遗产发挥作用，应当及时引导社会力量投入文化遗产事业。目前，我们对中国文化遗产保存状况的调查研究有待深化，对非国有文化遗产保护方法的调查研究有待深化，对文化遗产事业在国家政治、经济和社会发展进程中发挥巨大作用的调查研究有待深化，对动员全社会共同参与文化遗产事业的调查研究有待深化。我们的立法程序和立法方法也还有待完善，计划性不强，调查研究不深入，前瞻性不够。各级文物行政部门应当积极探索，勇于实践，善于归纳总结，在工作中学习研究提高，逐步更新我们的立法理念，提高立法方法，完善法律体系。

国家文物局将于近期开展下列题目的调研工作：中国特色文化遗产事业的实践与探索；文化遗产保护资金渠道与管理问题研究；文化遗产保护法规体系研究；新时期文化遗产资源调查及成果应用研究；博物馆纳入国民教育体系研究；文化遗产事业人才队伍现状、问题及对策研究。

二、今后五年的工作思路

（一）认真学习，加强研究，实现思想和工作多方面的转变

为适应全面建设小康社会的新形势和依法治国的进程，2004年3月国务院印发了《全面推进依法行政实施纲要》。《纲要》确立了建设法治政府的目标，明确规定了十年内全面推进依法行政的指导思想和具体目标、基本原则和要求、主要任务和措施，是进一步加强我国法制建设的重要政策文件。我们要结合文化遗产事业的实际，进一步认真学习文件精神，在思想和工作多方面实现转变：

——学习法律方面，实现从号召动员向自觉努力的转变。每一个文物工作者必须精通相关的法律法规，这是新时期开展工作的基本条件，为此我们要建立起严格的学习制度和考核制度。

——遵守法律方面，实现从消极被动向积极主动的转变。法律体现了事业发展的规律性，也是国家意志的表现，遵守法律是最基本的工作态度和工作方法，为此我们要建立起严格的考评制度和督察制度。

——管理方式方面，实现从经验性业务指导向标准化制度管理的转变。行政管理工作的基本方式就是依法设定管理制度并对制度的落实情况进行监督检查，为此我们要采取措施强化管理意

识，完善制度建设。

——决策机制方面，实现从简单化、片面化向公众参与、专家认证和政府决定相结合的转变。只有完善的决策机制才能保证决策科学化民主化，为此我们要明确公众参与的形式，公开专家论证的程序和方法，落实决策责任制。

——行政执法方面，实现从权责不清、以督察带动执法，向落实责任制的转变。只有明确权属，明确岗位责任，才能使执法工作精细化，督察工作更有成效，为此我们要分解执法职权，确定执法责任，建立健全行政执法评议考核机制。

——立法方法方面，实现从注重部门权益、解决眼前问题，向注重公开化、前瞻性的转变。只有紧跟时代步伐，把握事业发展趋势，重点关注文化遗产领域的拓展和门类的丰富，立法成果才能解决实际问题，才能在重数量和速度的同时提高立法质量，为此我们要完善立法程序，善于发现由于制度缺失而产生的问题，善于从基层从社会征求立法意见。

（二）切实加强管理，实现各工作环节的制度化规范化

文物工作"保护为主、抢救第一、合理利用、加强管理"方针的落实，关键还是加强管理。加强管理的最有效手段，是实现各个工作环节的制度化规范化，明确部门和岗位职责、工作程序。我们要按照文化遗产事业发展的统一部署，优先加强以下环节的制度化规范化工作：

——人才队伍建设方面，要在加强各类培训工作的同时，适当提高行业准入标准，大力推行并完善持证上岗制度、聘用制度和岗位管理制度，建立适应市场配置人力资源的机制，用制度保障优秀人才脱颖而出，消除人才流动的体制性障碍。

——科技进步方面，大力完善制度保障，打破落后的体制壁垒，在技术研发、人才培养、基地建设、装备升级、机制创新等方面综合统筹，解决面临的重点、难点和瓶颈问题。

——群众参与文化遗产事业方面，大力健全制度保障，提供政策措施，发展完善各类群众组织和社会团体，明确工作方法和目标，确保社会与政府之间联系渠道的有效通畅。

——文化遗产安全保障机制方面，大力完善行政执法制度、应急保障制度、监管制度和责任追究制度等，改善文化遗产的生存环境，使风险及时化解，使违法违规行为得到及时纠正。

——文化遗产资源调查方面，进一步完善制度，确保资源调查工作立足于抢救性保护，立足于保护理念的进步和视野的拓展，立足于文化遗产事业的长远发展；还要进一步健全制度，促使各级政府的文化遗产意识有较大提高，全社会参与的程度有较大提高。

——行政管理工作方面，进一步贯彻落实《行政许可法》等法律法规，进一步依照文物保护法律法规规范管理方法，不断完善现有的规章制度，不断加强对各项工作制度落实情况的监督检查，严格落实岗位责任制。

（三）紧密联系实际，实现法律框架体系的丰富和完善

法治社会，评定是非、解决纠纷的根本标准是法律。文化遗产事业各领域的工作，只有赋予

了相应的法律地位，才能得到真正的保障。我们必须紧紧配合文化遗产事业的发展，理论联系实际，认真借鉴国际文化遗产保护的先进经验，加强立法工作，努力在机构设置和经费投入等的量化规定方面有所突破，实现法律框架体系的丰富和完善：

——制定文物认定标准和办法并报国务院批准。这是《文物保护法》的明确规定。我们要认真总结文化遗产事业近年来发展的新成果，在扎实调查研究的基础上，抓紧制定，确保各类文物得到全面保护。

——制定行政法规《博物馆条例》。该条例草案稿即将报送国务院。制定《博物馆条例》的目的，就是要明确博物馆的法律地位，明晰博物馆的权利和义务，为博物馆在小康社会建设进程中发挥重要作用提供法律保障。国务院法制办在审议该草案稿的过程中，还需要我们开展大量工作。我们要积极配合，努力使该条例早日出台，为制定《博物馆法》奠定基础。

——专项立法保护京杭大运河和丝绸之路。这两处文化遗产项目的保护方法和措施具有很大的特殊性。借鉴长城保护专项立法的成功经验，充分发挥文物保护单位制度的权威性，通过保护规划制度使特殊的保护措施具有法律约束力，协调各级政府和各有关部门在京杭大运河和丝绸之路保护工作中的分工和合作，将世界文化遗产的保护管理方法更好地在有关工作中得到体现，这些需要我们大家认真研究，明确需求，建立制度。

——制定行政法规《文物保护单位管理条例》和《世界文化遗产管理条例》。各级文物保护单位是中华文化遗产的核心组成部分。我们要充分依靠《中华人民共和国文物保护法》和《中华人民共和国文物保护法实施条例》奠定的基础，充分吸纳近年来的立法经验，通过制定行政法规《文物保护单位管理条例》，进一步丰富文物保护单位制度的内涵，大力发展文物保护单位的管理理念，强化管理措施。世界文化遗产是国际文化遗产保护先进经验在国内有效推广的重要方法。我们要在《世界文化遗产保护管理办法》的基础上，通过制定行政法规《世界文化遗产管理条例》使国际文化遗产保护先进经验更有效地适应我国国情，使我国的世界文化遗产保护管理经验更好地服务于国际的人类文化遗产保护事业。

——编定国家文化遗产保护规划。这一规划应当遵循文物工作方针，立足我国文化遗产资源的特点和现状，立足于当代经济、政治、文化、社会对文化遗产事业的发展需求，提出具有基础性、战略性和前瞻性的规划目标。

——大力加强保护规划和保护标准的制定工作。规划和标准的编制实施，能够使法律的各项规定在具体工作中得到定性定量的落实。通过法定程序制定公布的文物保护规划和标准，具有法律效力，是法律体系的重要组成部分。当前十分紧迫的任务，是完成全国重点文物保护单位的规划编制工作，以及直接与文物本体保护有关的标准化制定工作。编制保护规划的目的，是为了使文物本体及其相关的环境得到有效保护，并充分发挥社会作用，促进区域社会、经济、文化和环境的协调发展。保护规划的实施，有利于保护文物本体的真实性及其环境风貌，有利于指导管理机构的日常管理工作，有利于规范和统筹安排保护范围、建设控制地带内的各类建设活动。

（四）继续加强行政执法工作，建立文化遗产安全保障长效机制

文物行政执法是法律赋予文物行政部门的职责，既是一项长期的日常性工作，更是一项艰巨的任务，是检验文物行政部门能力建设的最重要内容。面对当前文化遗产安全的严峻形势，各级文物行政部门必须坚持有法必依、执法必严、违法必究的原则，维护和捍卫法律尊严，竭尽全力保护文化遗产。必须敢于处理日益突出的法人违法事件，坚决依法办事，不怕碰硬、不畏强权，切实履行职责；要不断完善并严格执行执法程序、制度，在严厉打击破坏文化遗产的违法行为同时，重点追究因决策失误、玩忽职守，造成文化遗产破坏、被盗或流失的责任单位和责任人的法律责任；必须加强文化遗产安全状况的监控，透明公开、快速反应，严肃处理各类文化遗产违法案件，继续督察重大违法案件办理。国家文物局将继续开展联合执法督察活动，并作为一项制度长期坚持下去。必须加强文物行政管理机构和执法队伍建设，建立行政执法责任制，做到执法有保障、有权必有责、用权受监督、违法受追究；要加强执法人员队伍建设，将持证上岗、年检考核与人员培训有机结合，提高执政能力和执法水平。必须建立有效的监督制度，接受社会公众和舆论监督，依靠当地政府和广大群众，深入基层发现问题、解决问题，提高执法水平；同时要积极探索行政执法绩效评估机制和整改机制，逐步推进文物行政执法工作的规范化和程序化。必须建立联合执法的长效机制，加强执法信息交流，加强与公安、监察、检察、工商、海关、建设、规划、环境等部门的联系沟通，构建文物行政执法动态网络。

单霁翔在 2007 年全国文物局长会议上的工作报告

（2007 年 12 月 20 日）

一、关于过去五年的工作

过去的五年，是我国改革开放和全面建设小康社会取得重大进展的五年，也是文化遗产事业取得显著成绩的五年。文化遗产事业作为一项功在当代、利在千秋、惠及亿万民众的事业，得到全社会的广泛关注和大力支持，得到人民群众的积极投入和热情参与，文物工作者的积极性得到进一步调动，创造性得到进一步发挥，文化遗产事业迎来快速发展时期。

（一）五年来，文化遗产事业的各项基础工作实现新突破

——法规制度建设明显加快。自 2002 年 10 月全国人大常委会颁布新修订的《文物保护法》以来，国务院颁布了《文物保护法实施条例》和《长城保护条例》，文化部、国家文物局颁布 6 个部门规章和 30 余个规范性文件。一大批地方性法规陆续出台。以《文物保护法》为核心的法律法规体系框架已经初步形成，文化遗产事业正在步入法制化、规范化的轨道。文物保护机构逐步健全。目前全国已有 24 个省（自治区、直辖市）成立了副厅（局）级以上的文物局，已有省级文物行政执法专兼职机构 30 个。执法力度逐步加大，执法程序进一步规范，文物执法专项督察工作初见成效，依法行政能力不断提高。

——文物资源调查建档工作成效显著。第一至五批全国重点文物保护单位记录档案备案基本完成，全国博物馆一级文物藏品建档、全国重点文物保护单位保护状况调研和全国馆藏文物腐蚀损失调查等工作取得了阶段性成果。文物调查及数据库管理系统建设项目试点工作继续推进。自今年起，第三次全国文物普查工作全面展开，国务院召开第三次全国文物普查电视电话会议，对普查工作进行了部署动员，普查机构建设进展顺利，普查试点、培训和宣传工作稳步铺开，第二阶段的实地调查工作已经起步。

——文化遗产保护科技水平有所提高。编制《文化遗产保护科学和技术发展"十一五"规划》，开展中长期科技发展规划战略研究，组织重大科技攻关项目，设立国家文物局重点科研基地。积极推进文化遗产保护标准化建设，《文物保护单位标志》等 2 项国家标准和《古代壁画调查规范》等 9 项行业标准即将出台。成立中国文化遗产研究院。文化遗产保护科研取得进步，1 项科研成果获国家科技进步二等奖，40 余项获得省部级以上奖励。文化遗产保护科研跨学科合作更加密切，

国际合作进一步深入。

——人才队伍建设扎实推进。落实人才强国战略，着眼于人才总量的增长和人才素质的提高，大力加强人才资源能力建设。连续五年举办全国省级文物局局长、博物馆馆长、文物考古所所长、古建所所长专业管理干部培训班，400多名领导干部获得了岗位资格证书。举办全国重点文物保护单位、世界文化遗产保护管理机构负责人培训班。教育培训工作正在向地市级文博单位管理干部和全国重点文物保护单位管理干部深入，持证上岗制度逐步展开。大教育、大培训观念进一步强化，多渠道联合办学的教育培训模式日趋成熟。

——文物安全防范工作得到加强。博物馆建设兴起高潮，大量珍贵文物的保管条件得到改善。博物馆藏品保存环境达标试点工作取得进展。文物系统博物馆风险等级和安全防护级别达标工作继续推进。田野文物技术防范设备研制工作初见成效。一批古建筑消防安全设施得到完善。文物安全保障长效机制初步建立。防范和打击文物领域犯罪活动的力度不断加大，进一步遏制文物走私、犯罪活动。

（二）五年来，不可移动文物保护工作迈出新步伐

——文物保护力度明显加大。2006年5月，国务院核定公布了第六批全国重点文物保护单位1080处，全国重点文物保护单位总数达到2351处。文物保护维修规范化制度化建设成效明显。西藏三大重点文物保护主体工程进入收尾阶段，故宫午门和中轴线两侧文物建筑的维修工程已经启动，山西应县木塔保护维修工程方案深入论证，云冈石窟保护工程进入方案设计阶段。一批重点文物保护单位得到保护修缮，周边环境明显改善。元代以前早期建筑保护维修工程紧张实施。

——考古工作扎实推进。西气东输、青藏铁路等国家重点工程的考古工作圆满完成。三峡工程考古工作已接近尾声。南水北调工程文物保护工作进展顺利。文明探源、人类起源、农业起源、区域调查、边疆和城市考古、航空和遥感考古等课题研究顺利开展。大遗址保护中的考古工作成果瞩目。考古资料整理和出版工作取得了重大进展，据初步统计五年间共出版考古报告200余部。水下文物保护工作取得长足进展，"碗礁Ⅰ号""华光礁Ⅰ号"和"南海Ⅰ号"等沉船遗址的抢救性发掘工作引起社会广泛关注。

——文化遗产保护领域不断拓展。国家层面保护工业遗产的行动开始启动。保护乡土建筑纳入新农村建设的总体规划。有代表性的近现代建筑、"老字号"文化遗产保护工作积极推进。会同建设部设立"历史文化名镇"和"历史文化名村"制度，先后公布三批共150余处国家历史文化名村、名镇。线性文化遗产、文化景观、文化线路等各类型文化遗产保护工作全面实施。

——大遗址保护全面启动。制定实施《"十一五"期间大遗址保护总体规划》，设立大遗址保护国家项目库，完成100处国家重点大遗址规划纲要的编制工作。设立大遗址保护专项资金。"长城保护工程"总体工作方案业经国务院批准并进入全面实施阶段。高句丽遗址、殷墟遗址、大明

宫遗址等大遗址保护项目取得积极成效。丝绸之路（新疆段）、西安大遗址片区、洛阳大遗址片区、大运河等重点示范项目稳步实施。

——世界文化遗产保护卓有成效。世界文化遗产申报工作捷报频传，2003年至2007年，我国每年申报世界文化遗产均获成功。目前我国已经拥有35处世界遗产，其中文化遗产25处、文化与自然双重遗产4处。《世界文化遗产保护管理办法》《中国世界文化遗产监测巡视管理办法》《中国世界文化遗产专家咨询管理办法》相继颁布实施，世界文化遗产保护体系日趋完善。召开全国世界文化遗产工作会议。完成《中国世界文化遗产预备名单》重设工作，一批体现世界文化遗产类型平衡性和多样性的文化遗产进入预备名单。

（三）五年来，博物馆服务社会功能跃上新台阶

——博物馆体系日臻完善。一批国家重点博物馆相继落成，截至2006年年末，全国文物系统有博物馆1617个，比2002年增加106个。包括其他部门和民间兴办的博物馆在内，全国博物馆总数目前已超过2400个。各级各类博物馆每年举办展览近万个，接待观众1.5亿人次。博物馆的门类日益丰富，地域分布更加广泛，体现不同行业特点的专题博物馆快速增长，社会力量兴办的博物馆日渐增多，初步形成门类丰富、特色鲜明的博物馆发展新格局。

——展示服务功能逐步提升。各地博物馆积极探索展示艺术和表现手法，注重馆藏珍品的完美组合，注重高新技术和材料的合理利用，使基本陈列和专题展览的主题内容、科技含量和艺术感染力都有较大提高。编制完成《县级博物馆展示服务提升工程"十一五"规划》及工作规程。组织开展博物馆评估定级试点工作。

——各类特色活动亮点纷呈。各地博物馆积极创新工作思路，突出自身优势，坚持内容与形式的有机统一，推出具有民族优秀文化底蕴，体现特色风格的活动。两年一届的全国博物馆十大陈列展览精品评选、中国博物馆事业百年庆典、5·18国际博物馆日等富有特色活动，彰显了博物馆的文化魅力，架设了博物馆与公众沟通的桥梁。

——"三贴近"要求深入人心。全国博物馆积极融入社会，更新服务理念，强化服务意识，充实服务内容，努力实践服务社会、满足人民群众文化生活需要的办馆宗旨。积极推进"三贴近"试点工作。推进博物馆逐步向社会免费开放。探索建立博物馆纳入国民教育体系的长效机制。全国有1000多个博物馆、纪念馆被确定为爱国主义、科学普及等方面教育基地，每年接待未成年观众3200多万人次。博物馆正在成为传播先进文化、普及科学知识、树立社会正气、塑造美好心灵的生动课堂。

——社会文物管理力度加大。文物进出境法规制度建设取得重要进展，文物进出境审核机构文物行政执法性质得以明确，管理进一步加强，文物流失得到有效遏制。规范文物市场，完善文物拍卖标的复核备案制度，强化文物特别是出土文物进入流通领域的监控，加强文物拍卖企业资质管理，开展文物拍卖企业从业人员资格考核工作，促进民间文物收藏健康发展。通过多渠道

争取非法流失境外文物的回归，五年来利用中央财政专项资金共征集回归珍贵文物 207 件，举办"国家重点珍贵文物征集成果展"，彰显国家重视文物保护征集的力度和决心。

（四）五年来，文化遗产保护的宣传工作展现新气象

——文物法制宣传工作不断深化。各级文物部门通过形式多样的活动，积极开展文物法制宣传工作，将《文物保护法》纳入全民普法规划，纳入国家全面推进依法行政实施纲要。由全国人大法工委、教科文委、国务院法制办等部门组织的《文物保护法》宣讲团，深入各地开展宣讲活动，编写《文物保护法实施指南》。举办《文物保护法》知识竞赛、宣传月（周）和"文物保护好新闻"评选等活动。召开全国文物法制工作会议、《文物保护法》实施五周年座谈会，促进全社会依法保护文化遗产意识的提高。

——文化遗产保护宣传活动特色鲜明。设立重大新闻发布制度，启用中国文化遗产标志，推广文化遗产保护公益歌曲。各级文物部门抓住开展"文化遗产日"活动的契机，大张旗鼓开展丰富多彩的宣传活动，组织各新闻媒体加强宣传报道，中央电视台"文化遗产日"特别直播节目赢得社会广泛关注。"文化遗产日"正在成为人民共享文化遗产保护成果、弘扬民族精神、传承中华文明的节日。

——先进表彰活动卓有成效。五年来，国家文物局对不断涌现的保护文化遗产先进典型给予积极的表彰和奖励。已有 165 个县区被授予"全国文物工作先进县"，近 400 个先进单位和个人受到各种形式的表彰。一批批文物专家学者、基层文物工作者和朴实的农民群体光荣地走上领奖台，获得荣誉和奖励。先进典型的示范作用得到有效发挥，"文化遗产人人保护、保护成果人人共享"的社会氛围正在形成。

（五）五年来，文化遗产对外交流工作拓展新空间

——切实推进政府间交流与合作。国家文物局分别与印度、韩国、阿富汗、柬埔寨、意大利和越南等国的文化遗产部门签署关于文化遗产保护合作谅解备忘录。与意大利、秘鲁、印度、菲律宾等国签署政府间《防止盗窃、盗掘和非法进出境文物的政府间双边协定》。我国文物工作者走出国门，开展了柬埔寨吴哥窟保护维修、蒙古国博格达汗宫保护维修，与肯尼亚合作考古研究等援外项目，获得有关国家政府和国际组织的高度评价。中意文化遗产保护中心合作项目取得阶段性成果，面向亚非国家举办的文化遗产保护培训项目持续开展，涉外合作研究和培训项目不断增多，合作水平不断提高。

——积极参与国际组织相关活动。成功承办第 28 届世界遗产大会、第 15 届国际古迹遗址理事会、第二届文化遗产保护与可持续利用国际会议、东亚地区文物建筑保护理念与实践国际研讨会、城市文化国际研讨会等重要国际会议；陆续形成《苏州宣言》《西安宣言》《绍兴共识》《北京文件》《城市文化北京宣言》等国际文件，表明我国在国际文化遗产保护领域中越来越发挥出重要的作用。成功获得 2010 年国际博物馆协会第 22 届会员代表大会主办权。国际古迹遗址理事会国

际保护中心在西安成立。我国代表通过竞选担任国际古迹遗址理事会副主席、国际博物馆协会亚太地区副主席、国际文化财产保护与修复中心理事等职务，提高了我国在国际组织中的地位和影响。

——文物出、入境展览成为亮点。五年有 300 多个文物展览走向世界，中国文物作为"外交使者""国家名片"密切配合国家外交大局，发挥了突出作用。在中法文化年、中意文化年、中俄国家年等重大外事活动中，文物展览宣传中华文明，展示中国的发展和繁荣昌盛，在各国产生良好反响。过去五年，我国接待了来自各个国家和地区的 70 多个文物展览，拓宽了广大民众了解世界历史文化的渠道。

二、关于 2008 年主要工作安排

2008 年，是改革开放三十周年，是实现《国务院关于加强文化遗产保护的通知》提出的"到 2010 年，初步建立比较完备的文化遗产保护制度，文化遗产保护状况得到明显改善"总体目标的关键一年。我们要紧紧抓住牵动全局的重点工作，多做打基础、利长远的实事，不断提高推进文化遗产事业科学发展的能力。

（一）深入开展调查研究工作

大兴调查研究之风，着力研究新时期新形势文化遗产事业遇到的新情况新问题，探索解决问题的新思路新措施，总结基层文化遗产保护实践的经验和做法。在这次会议上，我们印发了国家文物局机关和直属单位的一批调研文章，和大家一同探讨，也是推动这项工作深入开展，提高运用科学理论分析和解决实际问题能力。通过各级文物部门的共同努力，取得一批调研成果，使我们对文化遗产事业所处环境的认识更加清醒，发展思路更加清晰，各项工作更加务实。

（二）大力推进第三次全国文物普查工作

第三次全国文物普查工作已经有了一个良好的起步。第二阶段田野调查工作是关键，存在普查类别多、地域范围广、环境条件差、工作难度大等诸多困难。要以高度的事业心责任感和科学严谨的态度，扎扎实实做好这个阶段的工作，严格遵循标准规范，确保数据采集质量，全面摸清我国不可移动文物的基本情况，并培养锻炼一批业务骨干。同时继续做好长城资源调查工作，确保 2008 年年底公布明长城测量数据。启动第七批全国重点文物保护单位的申报遴选工作。

（三）加强文物法制建设

重点推动《博物馆条例》《文物保护单位管理条例》《文物认定标准和办法》的立法工作；出台《文物建筑消防技术规范》等一批国家标准和行业标准，大力推动不可移动文物，特别是世界文化遗产保护规划编制工作，完成 5 ～ 10 处大遗址总体保护规划编制。强化和改善文物执法体制，继续开展文物执法督察，努力推动基层文物保护单位、博物馆认真落实各项法规的规定和要求，夯实基础工作，提高依法执政的能力。继续针对重点违法案件和专项资金使用情况，开展文物行政执法专项督察工作，促进《文物系统博物馆风险等级和安全防护级别的规定》的落实，建立健全文化遗产安全保障有效机制。

（四）加强文物保护工程管理

规范文物保护工程的招投标活动，加大工程监理、检查力度。做好重点文物建筑的修缮、维护工作。推进故宫、山西晋东南及陕西韩城地区早期建筑、青海塔尔寺等保护维修项目；启动西藏九大维修工程。抓好应县木塔、山海关等重大文化遗产保护工程的实施。做好文物保护工程竣工总结和报告出版工作。结合国家新农村建设部署，做好乡土建筑保护规划的编制和实施工作。

（五）抓好考古和大遗址保护工作

健全考古工作法规体系，做好《田野考古工作规程》的试点、推广工作。做好南水北调工程、三峡工程、川气东送等大型基本建设工程中的文物保护和考古工作。控制对重要都城遗址中心区重要遗存的发掘。推动边疆考古、中外合作考古、航空考古工作。做好东南沿海水下考古调查和重点沉船勘探和抢救发掘。建设一批大遗址保护和展示示范园区。开展西安、洛阳和新疆等重要大遗址保护项目的中期检查评估工作。探索大遗址保护和利用良性互动模式，实现社会效益、经济效益和生态效益的最佳结合。

（六）加强世界文化遗产管理

争取福建土楼成功申报世界文化遗产；做好2009年嵩山历史建筑群和五台山申报项目国际检查和评估的准备工作；深化与相关国家和国际组织在丝绸之路申报世界文化遗产等项目的合作；抓紧与日本、韩国、越南等国合作开展彩画保护比较研究。加强世界文化遗产预备名单的动态管理，完善世界文化遗产保护管理监测机制，重点实施平遥古城、云冈石窟和大足石刻等世界文化遗产的监测管理。加强对国际关注的故宫、天坛、颐和园、布达拉宫历史建筑群、丽江古城等世界文化遗产保护状况的反应性监测工作。

（七）加强对博物馆全行业的管理和指导

落实博物馆登记和年检制度，加强对国有、民办博物馆的分类管理和指导，开展工业遗产博物馆规划编制和试点工作，全面启动全国范围内的博物馆分类定级工作。探索建立文化遗产保护纳入国民教育体系的长效机制，探索博物馆多渠道的投入机制，加强中小博物馆发展战略研究，继续推进博物馆"三贴近"及展示服务提升项目。做好迎奥运系列展览筹备工作，组织好5·18国际博物馆日活动，举办第三届博物馆及相关技术与产品博览会，抓好"中国四大发明展"等2008年北京奥运会相关项目。

（八）积极推进博物馆向社会免费开放

要按照"分类实施，区别对待，重点扶持"的原则，着力做好试点省和相关博物馆的免费开放工作。深入开展免费开放的调查研究，认真总结已免费开放博物馆的做法和经验，研究制定免费开放的相关制度。适时召开博物馆免费开放试点省工作会议，部署全国博物馆免费开放试点工作。鼓励和支持其他各级各类博物馆采取多种方式向社会免费开放。

（九）进一步规范社会文物管理

贯彻落实《文物进出境审核管理办法》，严格执行《文物出境审核标准》，对全国文物进出境审核机构进行资质认证。未建立文物进出境审核机构的省市要积极创造条件，加快机构建设步伐。加强文物进出境审核人员培养，实施文物出境责任鉴定员标准规范的考核制度。推进文物进出境管理的数字化系统建设。加强文物市场管理，以实施民间收藏文物鉴定资格制度为突破口，推动成立行业协会，对民间文物鉴定人员及鉴定机构进行资格管理，满足公众文物鉴定需求。

（十）加强文化遗产保护科技工作

以理论创新、体制创新和成果转化为重点，提升文化遗产保护科技水平，提高科技创新能力。继续加强科技支撑计划项目管理。做好国家科技重点专项"中华文化遗产保护技术研究与开发"的立项布局和组织实施工作。完善"文化遗产保护领域大型仪器设备共享平台建设"等若干国家科技基础条件平台建设项目的立项可行性研究工作。建设可移动保护修复科学数据共享平台。组织完成"指南针计划"各专题的可行性研究。

（十一）加强文物保护宣传教育工作

深入宣传普及《文物保护法》，开展文物保护法制宣传教育。组织好 2008 年"文化遗产日"活动，充分发挥社会各界保护文化遗产的积极性，增强全民文化遗产保护意识，提高宣传组织能力。积极宣传免费开放博物馆的做法和经验。加强信息化建设，推进文博行业信息公开，构建传输快捷、覆盖广泛的文化遗产传播体系。

（十二）加强教育培训工作

继续举办省级博物馆管理干部培训班，推进地市级文博管理干部培训。开展全国重点文物保护单位保护管理机构负责人、文物出境鉴定站站长培训。探索文物保护修复职业技术教育、在职培训与资格资质工作相结合的有效途径。做好涉外教育培训工作，办好中意、中法、中日韩合作培训项目。加强人才队伍建设，提高队伍整体素质。

（十三）加强对外合作交流工作

健全外事工作法规体系，加强政策研究，完善管理程序，制定文物外事工作的中、长期发展规划。积极推进与更多的国家签署《防止盗窃、盗掘和非法进出境文物的协定》。适时启动与越南、菲律宾、印度尼西亚等国家开展的有关文化遗产保护合作项目。继续加强与有关政府和非政府国际组织的交流与合作，进一步发挥我国在国际组织中的影响力，拓宽交流合作领域，提高国际交往能力。鼓励中外文博机构在人员、展览和学术等方面的交流。做好国际博物馆协会第 22 届大会的有关筹备组织工作。

文化遗产事业任重而道远，我们肩负的使命神圣而光荣。我们一定要居安思危、增强忧患意识，一定要戒骄戒躁、艰苦奋斗，一定要刻苦学习、埋头苦干，一定要加强团结、顾全大局，紧跟时代前进步伐，谱写我国文化遗产事业新的篇章。

单霁翔在 2008 年全国文物局长会议上的工作报告*

(2008 年 12 月 22 日)

一、关于 2008 年的工作

2008 年，全国文物系统深入学习贯彻党的十七大精神，全面落实科学发展观，坚决按照党中央、国务院的战略部署，忠于职守、勇挑重担，万众一心、沉着应对，不仅取得了抗震救灾的阶段性胜利，精心组织了文物系统迎奥运工作，而且出色地完成了各项重点工作，保持了文化遗产事业持续发展的良好势头。

（一）周密组织文物系统抗震救灾工作

四川汶川特大地震对众多珍贵文化遗产造成了前所未有的破坏。在党中央、国务院的坚强领导下，全国文物系统组织开展了一场救援速度最快、动员范围最广、投入力量最大的灾后文化遗产抢救保护行动。

迅速反应，及时展开文化遗产灾后规划工作。地震发生后，全国文物系统以灾情为最高命令、以救灾为神圣使命，紧急动员、迅速行动。在第一时间，国家文物局和震区文物行政部门迅速启动应急机制；在第一时间，深入灾区第一线直接指挥协调文物保护工作；在第一时间，震区各文物、博物馆单位启动应急预案，开展自救工作。抗震救灾期间，国家文物局共先后召开会议 17 次，发文、办理上级批示等 102 件，争取设立紧急抢险专项经费 3000 万元，在最短的时间内完成涵盖灾区各省、120 余万字的专项规划和评估报告。《文物抢救保护修复专项规划》被纳入《国家汶川地震灾后重建规划》，文化遗产保护的内容被纳入国家《汶川地震灾后恢复重建条例》。

广泛动员，开展文物系统对口支援工作。面对特大地震灾害，全国文物系统风雨同舟、和衷共济，充分发扬全国一盘棋的大团结大协作精神。文物系统各级党组织和广大党员倾力支持、守望相助。广大干部职工奉献爱心、捐款捐物，向灾区人民伸出援助之手；广大党员争先恐后、慷慨解囊，自发向党组织交纳特殊党费；一批具有甲级资质的文物保护工程勘察设计单位，以及 12 家国家文物局重点科研基地，向灾区文博单位开展科技援助；首批 83 家国家一级博物馆集体倡议，帮助灾区博物馆修复文物、恢复展览。组织召开全国文物系统支援地震灾区文物抢救保护工

---

* 报告原题为《全面贯彻落实科学发展观　开创文化遗产事业新局面》。

作会议，积极开展文物系统对口支援工作，开展文物系统抗震救灾先进集体、先进个人评选表彰活动，鼓舞和坚定灾区文物工作者夺取抗震救灾斗争胜利的勇气和信心。

科学规划，快速启动灾后文化遗产抢救修复工程。灾后文化遗产保护是鼓舞灾区人民重建家园信心的重要举措。6月30日，启动都江堰古建筑群抢救修复工程；7月15日，启动理县桃坪羌族碉楼与村寨抢救修复工程；10月13日，启动马尔康松岗直波碉楼抢救保护工程；彭州领报修院、新都宝光寺、罗江庞统祠墓等10余个文物抢救保护项目正有序推进。此外，组织开展5·12地震遗址博物馆的前期研究，推动建立地震遗址博物馆；协调编制茂县羌族博物馆重建规划，开展羌族文化遗产保护等。这对于恢复城市功能、促进经济社会发展、振奋灾区群众重建家园的信心，具有重要作用。

（二）精心筹办文物系统迎奥运活动

举办一届有特色、高水平的奥运会、残奥会，既是中国人民对国际社会的郑重承诺，也是包括文物战线在内的全国各条战线的重要任务。文物系统秉承人文奥运的理念，发挥文化遗产的独特优势，精心组织文物系统迎奥运活动。

加大文物保护力度，实现平安奥运的目标。为迎接奥运，北京、天津、上海、青岛、沈阳、秦皇岛等奥运举办城市的文物部门制定迎奥运文物保护计划，加大了文物保护和修缮力度，扩大了文物保护单位开放的范围；开展无障碍设施改造，不断改善服务。召开迎奥运文物安全工作会议，会同公安部对奥运举办城市进行安全检查。指导督促相关文物、博物馆单位完善技防、消防基础设施，制定突发事件应急预案。开展相关培训，提高安全意识和突发事件应急处置能力。

精心筹备各项展览，营造浓郁的文化氛围。积极支持和协调各有关文博单位加强文物资源的整合共享，全力提供专业指导和服务；全国各相关文物部门讲大局、讲风格，密切协作，确保各项迎奥运展览活动圆满成功。奥运期间，仅北京地区博物馆推出各类迎奥运文物展览140余项。"奇迹天工——中国古代发明创造文物展""中国记忆——5000年文明瑰宝展"和"世界瑰宝——中华人民共和国外交礼品特展"等一批展览获得较大反响，中国文物交流中心等单位和个人获得奥运会、残奥会文化活动先进集体、先进个人荣誉称号。

做好对外宣传工作，热情为媒体提供优质服务。根据迎奥运新闻宣传计划，国家文物局先后在2008北京国际新闻中心和人民网直播现场，开展两场新闻发布会、一场网上采访。在奥组委成立媒体"一站式"服务办公室，为37个国家72家媒体和记者提供了热情、周到、细致的服务，完成奥运期间文物拍摄审批近160件。一些文物、博物馆单位为媒体采访和报道开启了绿色通道。

（三）扎实开展第三次全国文物普查

今年以来，全国文物系统根据第三次全国文物普查的总体安排，认真落实既定的工作目标和各项任务。9月22日，中央政治局委员、国务委员、国务院第三次全国文物普查领导小组组长刘延东同志主持召开了国务院第三次全国文物普查领导小组第二次（扩大）会议，充分体现了党中央国务院对文物普查的高度重视，推动了各方面工作。

各级政府责任到位，成员单位积极参与。国务院第三次全国文物普查领导小组增补中央党史研究室为成员单位，组织督察组对黑龙江、吉林、辽宁、贵州、云南5省文物普查进展情况进行联合督查。我们召开"全国文物系统深入学习实践科学发展观座谈会暨第三次全国文物普查办公室主任工作会议"，全面落实国务院普查领导小组会议精神。截至12月初，有26个省区市召开本地区文物普查领导小组会议，有17个省区市逐级签订文物普查政府责任书。

第一阶段任务顺利完成，各项工作组织有序。全国省、市、县三级普遍成立了文物普查工作机构，参与文物普查工作人员超过4.1万人，其中一线普查队员2.47万人；2008年度全国文物普查经费到位4.85亿元，一线普查队员野外补助等问题得到明显改善；文物普查培训工作广泛开展，全国培训各类人员累计6.96万人次。

第二阶段工作全面推进，实地调查成果丰硕。截至11月初，全国有2587个县级行政区域启动了实地调查，启动率达到90.4%；已调查登记不可移动文物21.3万处，其中新发现13万多处，复查约8.3万处，全国实地调查覆盖率达到34.6%；全国有206个县级行政区域已经率先完成田野工作。完成普查标准规范与专用软件修订工作，开展全国地市级文物普查队长冬季轮训。

宣传动员卓有成效，社会参与热情日益高涨。国家文物局今年两次组织中央新闻媒体走进普查第一线，举办"第三次全国文物普查摄影图片展""第三次全国文物普查征文"等活动；各级普查机构联合广大新闻媒体，通过举办展览、开通热线、招募志愿者、散发宣传品等方式，大力宣传文物普查知识、阶段性成果和广大文物普查工作者的精神风貌。

（四）稳步推进博物馆免费开放

在中央领导同志的亲切关怀下，经过中宣部、财政部、文化部和国家文物局的统筹谋划和精心组织，年初联合印发了《关于全国博物馆、纪念馆向社会免费开放工作的通知》，我局召开免费开放工作会议，开展免费开放工作调研。目前，免费开放工作正按既定计划稳步推进，取得阶段性成果。

试点工作有序开展，经费保障逐步落实。自今年3月至11月30日，除西藏、海南外，其余29个省份列入2008年向社会免费开放试点名单的500座博物馆中，已有494座陆续实现了免费开放，另有521座博物馆主动向社会免费开放。自2008年6月5日起，财政部分三批下达地方免费开放试点博物馆专项补助资金9.7852亿元，截至9月30日，已基本下达到试点博物馆。

观众人数大幅度提升，社会效益明显提高。自2008年3月至11月底，免费开放的博物馆接待观众已突破1亿人次，其中试点博物馆接待近6200万人次，为去年同期的2～3倍。当前试点博物馆观众量已从免费开放之初的"爆棚""井喷"，回落到常态。

内部管理不断完善，展陈服务水平有所提高。各博物馆通过制定免费开放管理办法，公布服务项目，明确参观要求等，引导观众有序参观。开展免费开放调研，创新体制机制。加强内部机构调整，提高博物馆的运行效率。探索展示艺术和表现手法，适当调整基本陈列，不断推出优秀的展览。开展免费开放安全检查，确保观众和文物安全。

（五）认真做好其他重点工作

法规制度建设卓有成效，执法力度逐步加大。国务院颁布《历史文化名城名镇名村保护条例》。《博物馆条例（草案稿）》已上报国务院，并向社会征求意见。《文物认定管理办法》《文物保护单位保护管理办法》取得进展。开展东北、华北、西北、华东、中南、西南等6片区文物消防安全督察、免费开放安全检查，完成奥运举办城市文物安全工作。开展全国文物系统安全大检查，对全国31个省份2741个县级以上行政区域的文物安全工作现状，以及2351处全国重点文物保护单位、421座重点博物馆的安全保卫情况进行了较为系统的检查摸底。督办文物行政违法案件百余起。执法程序进一步规范，文物执法专项督察工作初见成效。

重大文物保护工程取得进展，第七批全国重点文物保护单位申报前期工作进展顺利，申报标准和信息采集标准制订工作已经完成，将于近期印发。西藏三大工程文物建筑主体维修工程完成，九大维修工程开始实施。应县木塔现状加固、监测保护方案深化工作正式展开。晋东南早期建筑保护工程的试点和实施工作稳步推进。涉台文物保护前期工作进展顺利。河北鸡鸣驿城保护工程全面启动。召开全国文物保护工程经验交流会。《文物保护工程审批管理暂行规定》颁布，并在部分省（市）试行。

考古工作继续推进，大遗址保护成绩斐然。完成三峡工程田野考古发掘任务。稳步实施南水北调、川气东送、西气东输二线、京沪高铁等大型工程中的考古和文物保护工作。组织沿海相关地区开展水下文物普查工作。推进中肯、中蒙合作考古项目；加强与日本、美国等专业考古科研机构的交流与合作。召开全国大遗址保护工作现场会，推广大遗址保护"无锡经验"；召开西安大遗址保护高峰论坛，形成《大遗址保护西安共识》。继续做好丝绸之路（新疆段）、西安片区和洛阳片区、大运河等重点大遗址保护和展示重点项目。

世界遗产工作有序开展，长城资源调查卓有成效。福建土楼申报世界文化遗产成功，丝绸之路沙漠线路联合申遗、大运河保护与申遗、杭州西湖文化景观申遗准备工作等顺利推进；完成明长城资源调查工作和山海关长城工程。举办东亚地区木结构彩画保护国际研讨会，形成了《东亚地区彩画保护与修复的北京备忘录》。

博物馆评估定级工作全面启动，社会文物管理力度加大。正式启动博物馆评估定级工作，公布首批国家一级博物馆83家；指导中国博物馆学会完成改选换届工作。规范文物市场，加强文物进出境审核，开展文物进出境责任鉴定员考核工作和文物进出境审核机构核查工作。首次集中审批了申请增加第一类文物拍卖资质的拍卖企业。成功追索非法流失到丹麦的中国文物156件。

行业科技成果显著，教育培训工作扎实推进。"中华文明探源工程"等4项文化遗产保护领域国家科技支撑计划重点项目取得丰硕成果，顺利通过中期验收。"指南针计划"取得阶段性成果。

开展可移动文物保护管理体系建设，加强重点科研基地的规范管理。颁布首批9项行业标准。开展省、地（市）文博管理干部和全国重点文物保护单位保护管理机构负责人培训，配合第三次全国文物普查、汶川地震灾区文物保护工作等举办培训10批次，促进了相关工作的开展。

宣传和调研工作持续开展，信息公开全面铺开。组织中央媒体，围绕文物普查、免费开放和文物系统抗震救灾等开展系列宣传活动。周密组织"文化遗产日"活动，大力营造"文化遗产人人保护，保护成果人人共享"的生动局面。完成贯彻党的十七大精神专题调研、改革开放30周年专题调研。依托专业机构完成2008年文化遗产蓝皮书和公众参与文化遗产保护状况等调研。开展全国文物先进县调研，召开首届全国文物工作先进县（市）长论坛。各地文物部门围绕重点工作，结合工作实际，开展系列调研活动。加强文物系统信息化建设，主动公开文化遗产保护相关信息，推进文物行政部门工作信息化、公开化和规范化，促进政府职能转变。

外事工作深入开展，对外交流与合作富有成效。政府间的交流与合作不断深化，与智利、斯里兰卡、塞浦路斯、委内瑞拉签署了防止盗窃、盗掘和非法进出境文物的双边协定，与希腊、哥伦比亚签署了部门间意向书。与国际组织的合作关系不断加强。出入境文物展览水平和质量不断提高。驻华使节、外交官走进中国文化遗产活动富有成效。召开国家文物局文物外事工作座谈会，加大外事人员培训力度，文物外事工作更加规范。

在充分肯定成绩的同时，我们也要清醒地看到，文化遗产事业的法规体系还不健全，文物安全形势依然严峻；基本建设与文化遗产保护的矛盾突出，文物保护任务十分艰巨；人才队伍整体素质不高，科技成果推广转化不够；经费投入与实际需求尚有较大差距，全社会对文化遗产事业重要地位和作用的认识有待提高等。我们要保持清醒头脑，增强忧患意识，以强烈的责任感和紧迫感，扎扎实实地做好各项工作。

二、关于2009年的工作思路

正确认识和把握文化遗产事业发展面临的形势，历来是我们想问题、定规划、做决策的重要前提和依据。经过改革开放三十年的发展和进步，文化遗产事业已站在一个新的历史起点上。必须把文化遗产事业放到改革开放和国家现代化建设的大背景、大环境中去考察、去把握。从总体上看，我们要把握以下几个方面的大背景：

——科学发展提出了新要求。科学发展观是发展中国文化遗产事业必须始终坚持和贯彻的重大战略思想。要求文化遗产事业更加重视全面发展，更加重视协调发展，更加重视可持续发展。要结合学习实践科学发展观活动，对发展经济和改善人民生活给予更多的关注，正确处理文化遗产保护与当地民众发展生产、改善生活的关系，做到统筹兼顾，相得益彰；要增强发展的协调性，妥善处理各种利益关系，充分调动各方面积极因素，在科学保护抢救和管理的前提下合理利用，兼顾整体利益和局部利益、长远利益和当前利益、行业利益和地区利益、社会效益和经济效益；要顺应工业化、信息化、城镇化、市场化、国际化深入发展的趋势，把文化遗产事业融入国家改革开放和发展的洪流之中，努力营造有利于文化遗产事业发展的和谐环境，使文化遗产保护成为全社会的共同行动，促进文化遗产事业全面协调可持续发展。

——人民群众有了新期待。随着国家经济发展、社会进步和物质生活的改善，人民群众求知、求乐、求美、求参与、求健康的愿望更加强烈，文化消费的需求日趋旺盛并呈现多样化态势，文化遗产已走进广大民众的生活。人们迅速增长的多层次、多样化、多方面的文化需求，为繁荣发展文化遗产事业提供了内在需求和强大动力。要坚持以人为本，充分尊重人民群众的主体地位和主动精神，使人民群众在参与文化遗产保护上"各尽其能"，在共享文化遗产保护成果上"各得其利"，动员亿万群众共同保护这份丰富的资源；要倾听群众呼声、体察人民意愿、顺应群众需求，为人民提供丰富的精神食粮，保障人民群众的基本文化权益；要通过文化遗产保护，改善城乡的生态环境、保持浓厚的文化环境、创造美好的宜居环境，使文化遗产保护成果更好地惠及民众、普及民生；要在有效保护的前提下，更加合理地利用文化遗产资源，发挥文化遗产多方面的功能，为社会发展、经济建设和人民生活服务。

——综合国力提供了新保障。改革开放三十年来，我国经济社会进入新的发展阶段，国家综合国力特别是经济实力的大幅提升，社会繁荣进步，文物保护经费投入逐年加大，社会参与热情日益高涨，为文化遗产保护提供了坚实的物质保障和社会基础，为文化遗产事业发展开辟了更为广阔的前景。这要求我们抓住机遇，以文化遗产事业发展的新成果，争取文物保护经费增长途径；要进一步完善经费投入体制机制，努力构建文物保护经费持续稳定增长的保障制度；要按照"五纳入"的要求，推动各级政府加大文物保护经费投入力度；要拓展社会资金渠道，研究制定社会资金有效进入文物保护领域的政策措施，推动文化遗产事业发展。

——扩大开放赋予了新任务。当今时代，文化越来越成为民族凝聚力和创造力的重要源泉，越来越成为国际综合国力竞争的重要因素。随着综合国力不断增强，国际地位日益提高，我国已经从国际经济、政治秩序被动适应者逐步转变为国际重大事务的主要参与者。这要求我们以更加宽阔的视野来把握国际文化遗产保护领域发展趋势，加强文化遗产保护的国际交流与合作；要掌握对外开放的主动权，树立世界眼光，加强战略思维，承担更重要的任务。中国文化遗产事业不仅要顺应世界文化遗产发展潮流，而且要对世界文化的兴盛发展有所作为、有所贡献，增强中华文化的吸引力和感召力。

文化遗产事业历来是与国家经济社会发展紧密联系、相互促进、共同发展的。面对当今世界文化相互激荡的大潮，面对国家发展和人民生活改善对文化遗产发展的要求，面对社会文化生活多样活跃的态势，文化遗产事业必须走既切合国情又符合时代要求的发展道路：

——在发展方向上，要始终坚持先进文化的前进方向，加大文化遗产保护力度，构建科学有效的文化遗产保护体系，繁荣发展我国文化遗产事业，实现由文化遗产大国到文化遗产强国的转变。

——在发展目的上，要始终坚持以人为本，把文化遗产保护与满足人民群众基本文化需求、提高人们生活质量结合起来，丰富人民群众精神文化生活，让人民共享文化遗产保护成果，保障人民群众基本文化权益。

——在发展思路上，要始终坚持把文化遗产事业纳入国家经济社会发展大局，融入世界文化发展进步潮流，置于党和国家工作总体布局中来谋划、来推进，不断提升中国文化遗产事业的可持续发展能力、自主创新能力和国际影响力。

——在发展动力上，要始终坚持改革创新，适应社会主义市场经济发展要求，强化政府主导、动员社会参与、民众共享共建，建设科学有效的文化遗产管理体制、完善的法律法规体系，形成充满生机活力的体制机制、科学的发展模式。

——在发展力量上，要始终充分尊重人民群众的主体地位和主动精神，研究制定发挥人民主体作用的政策措施，拓展社会参与文化遗产保护的渠道，调动广大民众和社会各方面的主动性、积极性和创造性。

——在发展依托上，要始终坚持把基础工作摆到更加突出的位置，着眼于新形势下基础工作的标准和要求的新变化，着眼于基础工作的长期性和艰巨性，加大文物法制建设、摸清文物家底、文物人才培养和文物安全保障等基础工作的力度。

当前，国家改革发展进入关键时期，国际金融危机愈演愈烈，对全球实体经济的冲击将进一步扩大，我国经济平稳较快发展受到严峻挑战。最近召开的中央经济工作会议，全面深刻分析了当前国际国内经济形势，明确具体提出了明年经济工作的总体要求和重点任务。近期，又果断实施积极的财政政策和适度宽松的货币政策，采取一系列进一步扩大内需、促进经济增长的政策措施，全力保护经济平稳较快发展。这对于统一全党认识、凝聚全国力量、协调各方行动，继续坚定不移地推进改革开放和社会主义现代化建设，促进经济社会又好又快发展，具有十分重要的意义。

2009年，是新中国成立60周年，是文化遗产事业在新的起点上继往开来、再创辉煌的关键一年。国务院《关于加强文化遗产保护的通知》提出的新时期文化遗产保护第一步目标是，"通过采取有效措施，文化遗产保护得到全面加强。到2010年，初步建立比较完备的文化遗产保护制度，文化遗产保护状况得到明显改善"。做好明年的工作，对于落实国务院《通知》提出的目标至关重要。

（一）进一步推进第三次全国文物普查，深化博物馆免费开放工作

认真落实国务院第三次全国文物普查领导小组第二次（扩大）会议精神，充分认识普查工作的重要性和紧迫性，增强责任感和使命感。要加强组织领导、落实责任，关注普查一线、确保普查的进度与质量；要进一步争取普查经费、深化协调合作，加强宣传动员、解决好新发现文物保护问题。实地文物调查阶段是文物普查的中心环节和关键性步骤，目前文物普查已进入攻坚阶段，

除四川等部分受自然灾害影响特别严重地区外，各省、自治区、直辖市到2009年底要基本完成实地调查工作。继续推进博物馆免费开放工作。建立多部门合作的长效机制，出台博物馆体制机制创新的指导性文件；与财政部协商制定2009年全国博物馆免费开放总体工作方案，与地方政府共建国家级博物馆；建立免费开放博物馆的质量评估体系；进一步完善配套制度措施，做好经费保障，加强依法管理和监督。

（二）加强文物法规制度建设，加大文物执法督察力度

围绕国务院《通知》"初步建立比较完备的文化遗产保护制度"的目标，出台《博物馆条例》《文物认定管理办法》《文物保护单位保护管理办法》。开展《水下文物保护管理条例》的修订工作。起草《大运河保护管理办法》《国家文化遗址公园保护管理办法》。出台一批国家标准和行业标准，推动世界文化遗产保护规划编制工作。启动制定《国家文物事业"十二五"规划》的相关工作。落实党中央、国务院领导同志重要批示，借鉴国外文化遗产监管模式，探索设立国家文化遗产督察制度。继续在全国开展文物行政执法专项督察活动，对第三次全国文物普查、博物馆免费开放、世界文化遗产、全国重点文物保护单位和重点博物馆，以及文物违法案件和文物保护专项资金管理使用情况等进行专项督察。

（三）加强文物保护和考古工作，推进大遗址保护和世界遗产工作

切实做好农村文物、历史文化名镇名村保护。开展第七批全国重点文物保护单位的申报遴选工作。继续做好地震灾区文物修复和保护，加强藏羌民族文化、文化遗产的抢救保护工作。完善工程方案审批程序，稳步有序扩大审批权下放范围，进一步完善工程资质管理制度，推动文物保护工程管理规范和标准建设。推进西藏九大维修工程、涉台文物保护工程，以及故宫、晋东南及陕西韩城地区早期建筑、青海塔尔寺、鸡鸣驿城保护工程等重大维修工程项目。做好柬埔寨吴哥窟二期工程的前期准备。配合相关部门和单位协调做好南水北调、川气东送、西气东输二线、京沪高速铁路等国家大型基本建设中的文物保护工作。组织协调有关单位做好"南海Ⅰ号"沉船考古和保护，以及沿海地区水下文物普查工作。积极推进大遗址保护工作，开展长城、大运河、丝绸之路（中国段）和西安大遗址片区、洛阳大遗址片区等"三线两片"文化遗产保护，做好早期长城资源调查和数据库开发建设，以及长城重点地段的保护和修缮。完成丝绸之路中国段总文本编制工作，推动与中亚国家联合申报丝绸之路世界文化遗产项目的合作。继续做好大足石刻千手观音、云冈石窟窟顶防渗等重点工程。进一步推进世界文化遗产的监测工作。

（四）继续对博物馆实施全行业的管理和指导，进一步规范社会文物管理

继续推进馆藏文物调查及数据库管理系统建设项目，摸清全国珍贵馆藏文物家底。启动博物馆发展战略规划研究。充分运用信息网络技术，丰富博物馆文化传播手段，提升展示水平和社会服务功能。继续完善博物馆质量认证体系，建立社会评价制度。颁布《博物馆陈列展览设计施工资质管理办法》，启动第一批博物馆陈列展览设计施工资质认证工作。指导中国博物馆学会做好

2010 年国际博协大会的筹备工作。完成《民间收藏文物鉴定管理办法》《文物经营者职业道德》起草工作。建立完善多部门密切协作的文物追索工作机制。推动流失文物数据库建设，适时对有关流失文物提出追索要求。进一步规范文物市场及民间收藏文物的管理，推进在全国各省会城市建立文物进出境审核机构。

（五）提高科技保护水平，推进教育培训工作

开展行业科技和信息化"十二五"规划的可行性研究，完成第二批行业标准的审核发布和"中华文明探源工程"等 4 项文化遗产保护领域国家科技支撑计划重点项目的结项验收工作，积极推动项目的滚动实施，加强科研成果的转化、推广和展示、宣传工作。启动文化遗产保护领域科研联合体建设，开展文物保护科技创新奖的评审工作。推动《灾后文化遗产抢救保护综合信息平台》等的研发工作，继续推进"指南针计划""中国数字博物馆"试点工作。充分发挥国家级科研机构的骨干作用，社会优质科研力量的协同作用，高等院校的生力军作用，市场在科技资源配置中的基础作用，形成开放、流动、竞争、协作的文化遗产保护科技创新体系。落实全国教育培训工作精神，召开全国文物教育培训工作会议；继续推进地市文博管理干部和全国重点文物保护单位保护管理机构负责人培训，2009 年完成 75%（23 个省区市）的阶段性任务；开展"基层文博管理干部师资培训"试点工作，研究制定相关标准；配合重点工作开展培训项目，推进各类专业技术培训和涉外培训。

（六）推动对外交流与合作，提高宣传和信息化水平

积极配合国家外交大局，开展文化遗产对外交流活动。做好与相关国家文化遗产保护协议和禁止文物非法进出境协定的签署工作；推动国际文化遗产科技合作，深化馆际交流。做好文物系统图书、报刊和音像制品的出版发行，增强品牌意识、精品意识、时效意识、主动意识，处理好专业性与普及性的关系，丰富表现形式，扩大中国文化遗产的社会影响力和国际传播力。做好新中国成立 60 周年纪念活动和 2009 年"文化遗产日"活动；表彰从事文博工作 60 年的老专家、老同志，开展文物工作先进县表彰活动；围绕重点工作和难点问题，开展系列调研和宣传工作。推进文物系统信息化建设，发展行业信息技术，完善信息基础设施，加强信息资源的整合、利用、共享和管理，建立科学有效的信息服务体系和方便快捷的信息传播体系。

回望过去，倍感欢欣鼓舞；展望未来，更觉责任重大。新时期新阶段，是我国经济社会发展的重要战略机遇期，也是我国文化遗产事业大有希望的重要发展期。形势喜人，形势逼人。让我们解放思想、开拓创新，再接再厉、奋发有为，信心百倍地开拓文化遗产事业的美好未来。

单霁翔在 2009 年全国文物局长会议上的工作报告[*]

（2009 年 12 月 22 日）

在全国人民仍然沉浸在新中国 60 华诞的喜悦里，在全国文物系统以饱满的热情开启中国文化遗产事业新航程的过程中，我们召开 2009 年全国文物局长会议。

一、关于 2009 年的工作

今年是新世纪以来我国经济发展最为困难的一年。世界经济形势险象环生，国际金融危机持续扩散蔓延，我国经济发展受到严重冲击。面对严峻复杂的形势，党中央、国务院审时度势，及时制定实施了一系列保持经济平稳较快发展的政策措施。这为文化遗产事业发展提供了新的机遇，也对文化遗产保护提出了更高的要求。中央领导同志多次对文化遗产保护作出重要批示，亲临文物博物馆单位指导工作，体现了党中央、国务院对文化遗产保护工作的高度重视和充分肯定。国家加大文物保护经费投入，2009 年中央财政文物保护专项补助经费达 48.6 亿元，是 2008 年的 1.93 倍。全国文物系统高举旗帜、围绕大局、服务人民、改革创新，紧紧围绕党中央、国务院关于保增长、保民生、保稳定的一系列决策部署，履行职责，扎实工作，文化遗产事业的各项工作取得重要进展。

一年来，我们紧紧抓住牵动文化遗产事业发展全局的重点工作，集中抓了几件大事。

——我们隆重庆祝新中国成立 60 周年。庆祝新中国成立 60 周年，是今年党和国家政治生活中的一件大事，也是举国上下普天同庆的一件喜事。全国文物系统充分发挥文物博物馆单位的作用，广泛开展形式新颖、内容丰富、主题突出、特色鲜明的纪念活动，营造隆重、喜庆、祥和的节日氛围。开展新中国成立 60 周年表彰活动，文化部、国家文物局授予 21 名文博领域的老专家"中国文物博物馆事业杰出人物"荣誉称号。国家文物局向一批长期从事文物博物馆工作的同志颁发"文物博物馆工作 60 年"和"文物博物馆工作 30 年"荣誉证书。各地普遍开展了中国文化遗产事业 60 年专题调研和展示、表彰活动，总结成功经验，展示文化遗产事业的发展成就和广大文物工作者的精神面貌，展望文化遗产事业的美好前景，凝聚力量，鼓舞士气，坚定信心，在文物系统内形成参与国庆、奉献国庆的生动局面。

——我们稳步推进第三次全国文物普查。今年以来，第三次全国文物普查工作的力度明显加

---

* 报告题原为《锐意进取　扎实工作　努力谱写文化遗产事业新的篇章》。

大。各级领导深入一线督促指导，多方协作势头良好，普查经费落实到位，实地调查成绩喜人。截至 2009 年 12 月 15 日，中央和地方各级财政累计已投入文物普查经费 10.43 亿元，全国各级文物普查机构共投入人员 4.7 万余人；全国实地文物调查启动率为 99.7%，完成率为 95.8%；全国共调查登记不可移动文物 89.2 万处，其中新发现 65.17 万处，复查 24.03 万处。各地积极加强质量控制，及时做好新发现文物的保护。河南、四川等及时把新发现文物点公布为相应级别的文物保护单位。西藏、四川等积极克服地理环境、自然灾害等不利影响。江苏、浙江积极开展对西部地区的帮扶工作。新疆与国家博物馆联合开展遥感及航空技术应用，提高了普查的覆盖率。工业遗产、20 世纪遗产、乡土建筑、文化景观等新型文化遗产在普查中得到充分重视，山东、浙江、福建、海南等水下文物普查取得阶段性成果。各地积极开展实地文物普查阶段的验收工作，做好普查转段准备。

——我们进一步深化博物馆免费开放。在全国文物系统和社会各方面的共同努力下，2009 年全国免费开放博物馆纪念馆总数达到 1447 个，约占文化文物部门归口管理博物馆纪念馆和全国爱国主义教育示范基地总数的 76%。2009 年中央财政安排免费开放专项经费 20 亿元，重点补助地方博物馆纪念馆免费开放所需资金，鼓励改善陈列布展和举办临时展览，支持重点博物馆纪念馆提升服务能力。

——我们扎实开展震后文化遗产抢救保护。随着中央震后文化遗产抢救保护经费逐渐到位，震后文化遗产抢救保护工作进入全面实施阶段。截至 2009 年 10 月，灾后文物抢救保护项目资金到位 22 亿元，灾后实施的文化遗产保护项目进展顺利。已编制、评审了极重灾区的各类文物保护工程方案 170 多个；完成文物保护单位抢救维修保护项目储备 100 项，占国家规划项目 153 项的 65.36%。开工项目 56 个，完成不可移动文物修复工程 12 个。积极开展藏羌民族文化遗产的保护。茂县羌族博物馆新馆、北川羌族民俗博物馆建设工程正式开工建设。加强灾后重建工作的监督和指导。召开震后文物抢救保护工程动员及专家座谈会、灾后文物抢救保护专家组全体会议，研究部署第 3 批对口技术援助工作等。开展云南省姚安震后文物保护，龙华寺古建筑群抢修工程已进入实施阶段。

——我们积极做好文物安全工作。国家出台关于加强文物安全的一系列重要举措。在最近一轮的国务院机构调整中，国家文物局作为加强部门，增设了督察司。根据党中央、国务院领导同志批示精神，国务院办公厅协调中央编办、公安部、财政部、文化部、文物局等部门，形成《关于进一步加强文物安全工作的意见和建议》，由我局牵头研究加强文物安全工作的政策措施，继续深入开展文物安全大检查，开展区域性专项打击盗窃、盗掘、走私、破坏文物的违法犯罪活动。文化部、国家文物局印发《关于加强文物行政执法机构建设的通知》，要求推进、加强文物行政执法机构与队伍建设。从 2009 年起，"国家重点文物保护专项补助经费"中用于解决全国重点文物保护单位防火设施和重点博物馆防盗设施的费用，从 4500 万元增加到 9000 万元，投入翻了一番，为文物安全工作打下了较好的基础。

一年来，我们着眼长远、立足发展，扎实做好文化遗产保护的各项基础工作。

——文化遗产法律法规体系进一步完善。今年10月，《文物认定管理暂行办法》开始施行。该《办法》的出台，是落实《文物保护法》的又一重要举措，是我国文化遗产法制建设的又一重要成果，使具有历史、艺术、科学价值的文化资源及时认定为文物并得到依法保护，有利于提高社会公众文化遗产保护意识，强化文物部门的责任。积极与国务院法制办等相关部门沟通，推进《博物馆条例》尽快出台。开展大运河保护立法调研，加快《大运河文化遗产保护管理条例》的起草步伐。加强各类标准、规范的制订工作，《古建筑防雷工程施工资质管理办法》《古建筑防雷工程勘察设计资质管理办法》等已完成审核，即将颁布施行。积极推动保护规划的编制工作，开展文物保护标准体系研究。

——文物资源调查建档工作积极推进。以第三次全国文物普查为契机，积极探索普查成果的转化和应用工作，把普查成果与基本建设、城乡规划、旧城改造、新农村建设相衔接，使普查成果最大限度地服务社会、惠及民众；把普查工作与第七批全国重点文物保护单位申报工作结合起来，一些重要发现被列入申报项目。长城资源调查取得阶段性成果，明长城调查已完成主要任务，基本摸清明长城家底。经国务院同意，我局和国家测绘局正式公布明长城总长度为8851.8千米，第一次全面掌握了明长城的现存状况，为划定保护范围和建设控制地带、编制保护规划和修缮方案等提供了支撑。召开长城资源调查工作会议，部署推进秦汉及其他时代长城资源调查工作。继续推进馆藏文物调查及数据库管理系统建设项目，摸清全国珍贵馆藏文物家底。

——文物科技工作卓有成效。全面推进"指南针计划"专项，会同中宣部、教育部、科技部、财政部、文化部等10部门成立"指南针计划"专项领导小组，印发《关于全面推进"指南针计划——中国古代发明创造的价值挖掘与展示"专项的意见》。完成专项项目库建设，试点项目进展顺利。8部门建立"中华文明探源工程"部际联席会议制度，《中华文明探源及相关文物保护关键技术研究》科技项目顺利通过专家立项评审，设立《中华文明探源工程成果转化与普及专项》，会同文化部、科技部、财政部成功举办"早期中国——中华文明起源展"，出版《中华文明探源工程文集》。《石质文物保护关键技术研究》被批准列入国家科技支撑计划重点项目。11项文化遗产保护领域国家科技支撑计划重点课题通过结项验收，研发新技术、新产品、新装置55项，获得专利和知识产权63项，制定技术标准（草案）28项，培养博士、硕士研究生240名，发表论文342篇，出版专著15部。加强文化遗产保护科技创新体系建设，召开国家文物局重点科研基地运行管理座谈会，经科技部批准，依托敦煌研究院成立国家古代壁画保护工程技术研究中心，依托西安文物保护修复中心成立科技部文物保护国际科技合作基地。加强体制机制创新，启动文化遗产保护领域创新联盟建设试点工作，"陶质彩绘文物保护技术创新联盟"正式成立，"国家文化遗产保护科技区域创新联盟"试点项目建设方案编制完成。积极参与国家标准化体系建设工程，组织开展文物保护标准体系研究，41项标准列入国家标准制修订计划，完成21项行业标准的培训、宣传工作。加强可移动文物保护管理，研究制定《馆藏文物保护修复管理办法（送审稿）》，研发《可移动文物保护修复综合管理信息系统》，开展《馆藏文物保护技术手册》系列丛书和《馆藏文物修复报告》编撰和出版工作。组织开展科技、信息化、标准化"十二五"规划的前期调研，凝练重点领域和优先主题。

——人才队伍建设势头良好。配合重点文物保护工程开展西藏文物保护、博物馆免费开放、大运河保护与申遗、新疆坎儿井保护等专项培训。地市文博管理干部培训、全国重点文物保护单位保护管理机构负责人培训全面展开，已有三分之二省份文博工作骨干接受了系统的业务培训。博物馆藏品保护与修复中长期培训计划、博物馆人员文物鉴定中长期培训计划相继展开。配合中组部和中央党校举办文化遗产保护专题研修班，47个文化遗产保护重点城市的分管书记和市长参加了研修。与ICCROM等国际组织在人才培养方面的合作得到加强，举办了博物馆藏品预防性保护等相关研修和培训。河南等省市文物部门也在省委组织部门的支持下举办了文化遗产保护县市长培训班。

——文物安全保障机制初步建立。在国务院领导同志的关心下，设立由国家文物局牵头、公安部等有关部门参加的部际联席会议制度，探索建立文物安全工作的长效机制。召开全国文物安全与执法督察工作会议，总结经验，分析问题，明确任务，与公安部联合部署开展"全国重点地区打击文物犯罪专项行动"和"全国文物单位消防安全大检查"。继续开展2009年文物行政执法专项督察。与国家旅游局等部门联合开展规范全国宗教旅游场所燃香活动，查处和督办长沙"12·29"特大团伙盗墓案、法门寺临展文物未按期撤展归库案件、宣城广教寺双塔违法建设案件、大同云冈石窟违法建设案件、呼和浩特秦汉长城遭破坏案件，以及天津、南京涉及历史文化名城和文化遗产保护等重大违法犯罪案件。推进执法队伍建设，提高执法能力。

一年来，我们周密部署、精心组织，稳步推进文化遗产保护的其他各项重点工作。

——重大文物保护项目进展顺利。西藏三大文物保护工程顺利竣工。投资约5.7亿元的西藏"十一五"重点文物保护工程进入全面实施阶段。山西南部早期建筑维修项目有序开展，完成43处保护规划和74处维修方案的编制工作。应县木塔监测系统、现状信息采集系统均已建成，全面养护工程顺利进行。开展第七批全国重点文物保护单位申报标准和信息采集标准的制订和修订工作。召开湘鄂赣三省革命文物保存现状调研工作座谈会，编制《湘鄂赣三省革命文物保护规划》，开展革命文物保护试点工作。福州三坊七巷、昙石山遗址、施琅宅祠墓等涉台文物保护工程扎实开展。举办全国工业遗产保护利用现场会，推动工业遗产的保护和利用。加强历史文化名镇名村的调研和管理。柬埔寨吴哥窟援外二期工程——茶胶寺维修保护工程深入论证。积极推动文物保护工程审批管理方式改革，扩大试点工作范围。

——考古和大遗址保护工作稳步开展。南水北调东、中线初设阶段文物保护方案业经批复，核定投资 5.3 亿元，文物保护资金纳入年度投资计划，有效保障了考古工作的开展。水下考古机构建设取得进展，国家水下文化遗产保护中心正式挂牌成立。"南海Ⅰ号""华光礁Ⅰ号""南澳Ⅰ号"等水下考古和文物保护工作有序开展。大遗址保护积极推进，先后组织召开"良渚论坛""洛阳高峰论坛"，指导地方政府开展大遗址保护工作。探索建设"国家考古遗址公园"，制定《国家考古遗址公园管理办法》和《国家考古遗址公园评定细则》，促进大遗址的保护、展示与利用。良渚、牛河梁、大明宫、隋唐洛阳城等考古遗址公园建设陆续启动。扬州宋夹城考古遗址公园建成开放。

——世界遗产事业扎实推进。五台山作为文化景观列入《世界遗产名录》，嵩山历史建筑群和杭州西湖申遗文本编制工作抓紧进行。稳步推进丝绸之路申遗项目，召开丝路跨国申遗协调委员会第一次会议。大运河保护和申遗取得重大进展，建立省部际会商小组，开展大运河遗产资源调查，基本完成地市级保护规划的编制工作，省级保护规划的编制工作抓紧进行。元上都遗址、云南红河哈尼梯田等申报项目进入实质性操作阶段。加强世界文化遗产申报项目储备，形成每年有 2～3 个条件较为成熟储备项目的竞争态势。加强世界遗产的监测管理和制度建设，召开震后文化遗产保护国际研讨会，举办文化线路遗产保护无锡论坛。

——博物馆事业成效显著。在中央领导同志的直接关心下，中国文字博物馆开馆。李长春同志先后九次就中国文字博物馆建设作出重要批示，体现了党和国家对博物馆事业的高度重视。国家有关部委和各有关省份在工程建设、文物征集、陈列布展和资金等方面给予大力支持，充分体现了团结协作精神。据初步统计，目前全国博物馆总数已达 2900 家，其中文物系统博物馆为 1904 家。开展二、三级博物馆评估定级工作，公布国家二级博物馆 171 个、国家三级博物馆 288 个。目前，国家一二三级博物馆共 542 个，约占全国博物馆总数的 18.7%。推进博物馆体制机制创新试点，按照稳定支持、动态调整和定期评估的原则，启动中央地方共建国家级重点博物馆工作，8 家博物馆被确定为首批中央地方共建博物馆，3 家博物馆被确定为培育对象。开展民办博物馆专题调研，召开全国民办博物馆工作座谈会，推动民办博物馆建设。目前，文物部门登记注册的民办博物馆为 386 个，占全国博物馆总数的 13.3%。协调 2010 年国际博协大会的筹备工作，举办"国际文博合作项目协调人"培训班、国际遗址博物馆馆长河姆渡峰会和执委会会议。开展第八届全国博物馆十大陈列展览精品评选。协调举办庆祝新中国成立 60 周年全国文化遗产保护宣传讲解大赛。

——社会文物管理力度加大。启动文物进出境审核信息管理系统建设，创新文物进出境审核管理手段。制定《文物进出境责任鉴定员管理办法》，规范文物进出境审核管理。先后举办玉器类、杂项类和青藏地区文物进出境审核鉴定培训班。推进文物进出境审核管理机构建设。做好流失境外文物追索的宣传和引导工作，推动流失文物数据库建设。加强文物拍卖资质管理，规范文物拍卖市场秩序。开展文物拍卖企业专业人员聘用试点工作，完善文物拍卖相关制度。为支持博物馆建设和展陈工作，将国家征集的 8 件珍贵青铜器移交中国文字博物馆收藏；宋代耀州窑瓷器 1 件交由陕西省耀州窑博物馆代藏；"陈独秀等致胡适信札" 13 通交由人民大学博物馆代藏，较好地发挥国家征集重点珍贵文物的作用。

——文物外事工作持续开展。在相关部门的大力支持下，经过 11 年的艰苦谈判，2009 年初，我国与美国签署防止进口中国文物的谅解备忘录；与土耳其、埃塞俄比亚、澳大利亚签署了相关协定或备忘录。目前，我国已经与 12 个国家签署打击文物盗窃、盗掘和非法进出境双边协定或谅解备忘录。中国文化遗产研究院与德国考古研究院签署《关于考古与文化遗产保护合作的谅解备忘录》。"大三国志展""中国古代帝王珍宝展""丝绸之路展""华夏瑰宝展""西藏文化艺术与考古展"等受到有关方面的高度关注，取得较好的宣传效果。积极创新中外博物馆合作模式，举办"秦汉—罗马文明展"。对台文物交流迈出步伐，"丝路传奇——新疆文物大展""微笑的俑——汉景帝的地下王国展"引起较好反响。

——宣传和表彰工作日趋活跃。设立文化遗产日主场城市活动机制，开创了文化遗产日宣传工作新模式。北京国子监街等 10 个历史文化街区荣膺首批"中国历史文化名街"称号；"首届大学生文化遗产保护知识大赛""全国工业遗产保护利用上海现场会"等产生较好影响。"国际古迹遗址日""国际博物馆日""2009 中国记忆"文化遗产日大型电视直播等宣传行动获得较好效果。山东的"文化遗产大篷车"进农村进社区、山西的"十大文物景点"公众网络评选、四川的文化遗产公益歌曲演唱会、广东的"我与恐龙的约会"等，拉近了民众与文化遗产的距离。北京通州区等 36 个县（市、区）获 2009 年"全国文物工作先进县"称号，西藏布达拉宫二期保护维修工程指挥部获 2009 年"文物保护特别奖"。

以上这些工作的开展和各项成绩的取得，是文化部党组正确领导、大力支持的结果，是各级文物行政部门锐意进取、共同奋斗的结果，是全国广大文物工作者辛勤耕耘、扎实工作的结果，是国家各相关部门积极支持、真诚帮助的结果，是文物系统老领导老专家热情指导、倾心奉献的结果，在此我们表示衷心的感谢！

在总结工作的同时，我们也清醒地认识到，文化遗产保护的基础工作依然薄弱；基本建设与文化遗产保护的矛盾依然突出；文物保护机构和队伍还不健全；文物安全形势依然严峻；经费投入与文化遗产保护的实际需求尚有较大差距。随着文物保护范围的扩大和文物数量的增加，文化遗产保护的任务更加繁重。我们仍要增强忧患意识，认清形势，扎实做好工作，不辜负党和人民的信任和期望。

二、当前文化遗产保护需要认真研究和关注的几个问题

新中国成立 60 年特别是改革开放以来，在一代又一代的文物工作者的不懈努力下，我国文化遗产事业始终与国家共命运、与时代同进步，始终融汇于实现国家富强、人民幸福、文化繁荣、社会进步的历史进程，在自身发展、融入社会、改善民生等方面取得了历史性的成就。

新中国成立之初，老一辈文物保护工作者为保护和抢救文化遗产，辛勤耕耘，历经坎坷，在一张白纸上描绘了中国文化遗产事业的蓝图。党的十一届三中全会后，广大文物工作者以责任在身、当仁不让的精神投入文化遗产保护，维护文化遗产尊严，积极投入物质文明和精神文明建设，开拓了文化遗产事业发展新的局面。党的十六大以来，我们牢牢把握新时期文化遗产工作呈现的一系列阶段性特点，顺应时代发展，坚持以人为本，体现群众意愿，积极融入国家经济社会发展洪流，勇于承担社会责任，推动文化遗产保护成果惠及民众，取得较好的综合效益。

回顾新中国特别是改革开放以来文化遗产保护的实践，我们可以清楚地看到，什么时候文化遗产的尊严得到维护、文化遗产的功能得到发挥、广大民众得到文化遗产保护带来的实惠，文化遗产事业就顺利发展。否则，我们的事业就遭到挫折。在深入学习实践科学发展观活动中，通过广泛的学习和深入的调研，我们在这个问题上进一步统一了思想、达成了共识，进一步明确了新时期文化遗产事业为什么要发展、怎样发展和发展为了谁、依靠谁等带有根本性的问题。

（一）关于维护文化遗产尊严

我们强调维护文化遗产尊严，就是要解决文化遗产为什么要保护、为什么要发展等问题。文化遗产是国家形象的基本元素和主要标志之一。一个民族的文化遗产，凝聚着这个民族对世界和生命的历史认识和现实感受，积淀着这个民族最深层的精神追求和行为准则，承载着民族的认同感和自豪感，是一个民族的"根"和"魂"。从这方面来说，维护文化遗产尊严，就是守护一个国家和民族过去的辉煌、今天的资源、未来的希望，就是守护自己的精神家园。文化遗产是国家软实力的重要组成部分，代表着国家的形象、民族的形象。人们观察、了解、认识一个国家，往往首先从文化上着眼。文化遗产是一个国家突出的文化标记，是这个国家的文化象征。在当代，参观历史文化遗址或博物馆，已成为外国领导人国事访问中的必选项目和重要内容。这既是对文化遗产的尊重，更是对这个国家和民族的尊重。从这方面来说，维护文化遗产的尊严就是维护国家的尊严和民族的尊严。

长期以来，人们往往对文化遗产的价值重视不够，当人们为摆脱贫困，全力谋求经济发展的时候，往往忽视文化遗产保护，忽视人的精神家园建设，致使一些文化遗产蓬头垢面、破烂不堪，有的甚至濒于消失，被一些目光短视的单位和部门视为经济发展的绊脚石。由于缺乏有效的规划和保护，一些文化遗产地被视为环境整治的死角，很多居住于其中的群众由于长期以来受到文化遗产保护要求的限制，生活水平无法得到有效改善，和居住在控制区外的人差距越来越大。同时，受环境污染、地质灾害、风雨剥蚀、生物侵害等影响，许多文化遗产在各种人为和自然因素的破坏下，面目全非，丧失应有的尊严。

维护文化遗产的尊严，是新时期广大文物工作者义不容辞的职责。今天，文化遗产的尊严能否得到维护，已成为国际社会评价国民素质和国家软实力的重要指标之一。要用世界的眼光、历史的眼光和发展的眼光，深刻认识文化遗产的价值，认识文化遗产保护的历史意义和现实意义，通过文化遗产保护和传承，把丰厚的文化遗产资源，转化为国家的软实力和影响力。要切实贯彻落实党和国家的文物工作方针，处理好保护与发展的关系，使文化遗产保护成为促进经济发展、改善民生的积极因素，真正体现出文化遗产的价值，树立文化遗产的尊严。要对文化遗产心存敬畏。文化遗产是人民群众勤劳和智慧的结晶，承载着特殊的历史记忆和民族情感，它属于前人，也属于今人，更属于后人。要本着对国家、对民族、对历史、对子孙后代高度负责的态度来保护文化遗产，守土有责、寸土必争，切实担当起自己的神圣职责。总之，要通过文化遗产保护，维护文化遗产应有的尊严，让文化遗产成为城乡最美的地方，成为城乡最有品位的文化空间，成为城乡发展的动力、资源和宝贵财富，成为国家和民族的骄傲。

（二）关于文化遗产保护融入经济社会发展

我们强调文化遗产保护融入经济社会发展，就是要解决文化遗产事业怎么发展的问题。这既是文化遗产事业承担社会责任、促进自身发展的积极举措，也是实现文化遗产尊严、确保文化遗产保护成果惠及民众的主要途径。这些年来，我们提出文化遗产保护要成为促进经济社会发展的积极力量，推进文化遗产保护融入城市发展、融入社区生活、融入经济建设和新农村建设，保护文物本体及其周边环境，带动了周边城乡建设，提高了群众生活水平，改善了当地的生态环境和人文环境。一些城市的文化遗产保护，实现了旧城区的有机更新，推进了城市经济社会的全面发展，也带动了城市的产业转型，优化城市空间格局和资源配置，促进旅游、文化等相关产业的发展，为区域经济发展提供新的增长点。文化遗产保护对建设城市文化，彰显城市魅力，保持文化多样性的积极作用也逐步显现。越来越多的人认识到，文化遗产不再是经济社会发展的包袱，而是社会发展无可替代的重要财富，是城乡可持续发展的资本和动力。

当前，要进一步探索和研究文化遗产保护融入社会、促进发展等问题。要把文化遗产保护与当地经济社会发展相结合，依法把文物保护纳入当地经济社会发展规划，建设工程选址尽可能避开不可移动文物，文化遗产保护纳入城乡总体规划，妥善处理文化遗产保护与城乡建设的矛盾。要把文化遗产保护与当地群众生活水平提高相结合，充分认识和理解群众对发展经济、改善生活的热切愿望，加强文化遗产保护范围内的基础设施建设，改善周边恶劣环境和居民生活条件，对于民众仍在居住的古民居、乡土建筑的保护维修给予更多的关注。要把文化遗产保护与当地城乡基本建设相结合，挖掘和展示城市所蕴藏的独特的历史文化内涵，着力保护古村落的格局风貌、保持地域文化特色。要把文化遗产保护与当地环境改善相结合，在文物保护与管理工作中，不仅要注重对文物本体的保护，还应当关注文物所依存生态环境、人文环境的保护，促进区域全面协调可持续发展。要认真总结文化遗产保护融入经济社会发展的成功经验，积极探索文化遗产保护融入经济社会发展的长效机制，加强文化遗产的宣传和普及工作，主动争取全社会各方面对文化遗产保护的理解和支持，在思想认识上取得共识，在工作上相互配合，善于从各种利益的结合点上考虑问题，使文化遗产保护得到各级政府的重视和支持，得到广大群众的赞赏和拥护，得到社会各界认可和肯定，努力营造文化遗产保护与经济建设和谐共融、协调发展、互利双赢的新局面。

（三）关于文化遗产保护成果惠及民众

我们强调文化遗产保护成果惠及民众，就是要解决文化遗产发展为了谁、依靠谁的问题。这既是实现文化遗产价值、赢得社会尊重的现实需求，也是文化遗产保护的根本目的。这些年来，我们深刻认识到文化遗产植根于特定的人文和自然环境，与当地民众有着天然的历史、文化和情感联系，这种联系已经成为文化遗产价值体系中不可分割的组成部分，忽视和割断文化遗产与民众的历史渊源和联系必将损害文化遗产的自身价值，甚至危及其存在的基础。因此，我们在强调各级政府保护文化遗产职责的同时，大力推动文化遗产保护成果更多地惠及民众，大力支持人民群众参与文化遗产保护的积极行动，大力弘扬广大民众自觉保护文化遗产的奉献精神。但是，我们也要看到，在实际工作中，还存在着忽视民众参与和分享文化遗产保护的权利，忽视重建民众与文化遗产之间情感联系，由此造成民众与文化遗产之间距离感加大、亲近感弱化的现象。

人民群众是文化遗产的主人，是文化遗产事业发展的丰厚土壤和源头活水。文化遗产保护只有做到发展为了人民、发展依靠人民、发展由人民共享，才能保持蓬勃的生机和旺盛的活力，才能产生巨大的感召力。今天，我们应以新的观念对待文化遗产事业的发展，把"人文关怀""培育情感"作为文化遗产保护工作的重要内容，积极倡导民众是文化遗产保护的依靠者和受益人的理念，着力解决执政为民意识淡薄、对民生问题关注不足、保障人民基本文化权益不够等问题。

要进一步强化人民群众的主体地位。坚持国家保护为主的主导地位与发挥人民保护的主体作用相结合的原则，大力宣传和动员人民群众参与文化遗产保护的全社会行动，研究制定发挥人民主体地位和作用的政策措施，拓展社会参与文化遗产保护的渠道，发挥社会组织的作用，不断为文化遗产事业的发展凝聚人心、增添力量。要进一步强化广大民众与文化遗产之间的情感和关联。无论是在文物保护修缮和考古发掘等工程中，在博物馆建设和陈列展示等工作中，还是在历史文化街区和历史文化村镇的保护事业中，都要时时处处对人民群众满怀深情，都应该积极取得广大民众，特别是当地居民的理解和参与，以获得人民群众倾心、持久地支持。要进一步强化以人为本。坚持有利于文化遗产保护、有利于传统技艺的传承、有利于惠及民众的原则，了解国情、社情、民情，保障民众的知情权、参与权和受益权，使人民群众在参与文化遗产保护上"各尽其能"，在共享文化遗产保护成果上"各得其利"，关注民生、重视民生、保障民生，使我们的政策、措施更加符合实际，符合人民群众现实利益和长远利益，努力使文化遗产保护成为民心工程、民意工程、民生工程。

三、关于 2010 年的主要工作

2010 年，是全面落实文物事业"十一五"规划的各项重点任务，以及科学编制"十二五"文化遗产事业发展规划的重要一年，也是实现《国务院关于加强文化遗产保护的通知》提出的"到 2010 年，初步建立比较完备的文化遗产保护制度，文化遗产保护状况得到明显改善"这个新时期文化遗产保护第一个阶段性目标的最后一年。从世界经济形势看，世界经济全面复苏曲折漫长，仍然有诸多不确定因素；从国家当前发展形势来看，我国经济增长明显下滑态势得到有效遏制，但经济回升的基础还不牢固；从文化遗产事业发展面临的形势来看，文化遗产保护日益得到党和国家高度重视，各级党委政府大力支持，社会积极参与，文化遗产保护日益融汇国家经济社会发展，经济和社会效益显著增强。我们要着眼国家经济社会发展大局，立足自身发展实际，认清形势，坚定信心，扎扎实实做好各项工作。

（一）认真开展文物博物馆事业发展战略研究，做好"十二五"规划编制工作

2010年是"十二五"规划编制年。坚持规划先行，开展文物博物馆事业发展战略研究，编制好事业发展中长期规划，是事关文化遗产保护能否抓住机遇，实现科学发展的一件大事。全国文物系统要站在事业发展全局的高度，充分认识做好"十二五"规划编制工作的重要性，扎实做好规划编制的各项工作。规划的编制要充分体现科学发展的思想，深化对一些全局性、战略性的重大问题研究，从解决文化遗产保护的突出矛盾和问题入手，明确文化遗产保护规划的思路，提出相应的措施，努力争取一批重大项目纳入各级政府的"十二五"规划。

最近，各地已就"十二五"规划进行了前期调研，要在现有工作的基础上，着重做好以下几方面的工作：一是要做好文化遗产事业"十一五"规划的总结和评估，系统分析各项目标、指标的完成情况，重点任务的完成情况，实事求是地肯定成绩，分析问题，为"十二五"规划编制提供研究基础。二是把握文化遗产事业发展"十二五"规划的指导思想和基本原则，从有利于融入社会，有利于改善民生，有利于可持续发展等方面来综合研究和分析。三是要把握"十二五"规划的重点。规划编制要根据党中央、国务院有关文化遗产事业的要求，综合考虑"十二五"时期文物博物馆事业发展面临的形势和阶段性特征，明确目标指标、重大工程和重点项目、重大改革和政策举措等。要突出文物保护的基础建设工作，突出重大文物险情的抢救，突出重要濒危文物的保护。四是要突出前瞻性和可操作性。前瞻性就是要有战略眼光，谋求文化遗产事业的全面协调可持续发展，把文化遗产保护放到国家经济社会发展的大格局中来思考和谋划；可操作性就是要使文化遗产事业发展规划真正成为指导行动的指南，切实符合自身发展的实际。五是要结合"十二五"规划编制工作，科学分析和谋划好明年的工作思路，确保"十一五"规划各项既定目标圆满完成。

（二）切实把基础工作提高到战略地位，提高文化遗产事业的持续发展能力

"基础牢，则事业兴"。基础工作是文化遗产事业的基本依托。做好文化遗产保护的基础工作，是确保工作连续性和质量的必要条件，是实现各项工作全面协调可持续发展的重要前提，是检验文物行政部门管理能力和综合素质的重要标志。这些年来，我们着眼基础工作的长期性、艰巨性，把基础工作作为一项重要工作来抓，取得了令人瞩目的成绩，推动了文化遗产事业的繁荣和发展。但是由于历史欠账较多，专项法规、管理制度、技术规范、行业标准、科技和队伍建设、安全防

范等方面仍有较多缺失，文物保护单位"四有"工作形势不容乐观，馆藏文物档案和数据库建设仍需不懈推进。当前，仍然有相当一部分第一至六批国保单位"四有"不到位。国保单位"四有"现状尚且如此，省保、县保单位状况更令人担忧；随着第三次全国文物普查工作的深入，将有一大批新发现的文物纳入保护领域，"四有"工作形势更为严峻。

基础工作的薄弱和相关基础信息的缺失，加大了分析、判断文化遗产保护形势的难度，使得我们难以准确提出有针对性和可操作性的保护规划和政策，不利于文化遗产事业的协调发展和长远发展。全国文物系统必须把基础工作摆到更加突出的位置，认真分析和查找存在的问题和薄弱环节，着眼于形势的变化和事业的发展，进一步加大力度，切实把基础工作抓紧抓好。文物调查数据库管理系统建设项目自2001年启动以来，取得了试点和推广成效，2010年将进入收官阶段，各省文物部门要积极协调项目承办单位中国文物信息咨询中心，抓好实施层面的组织协调，务必按期完成三级以上馆藏文物珍品的数据采集、报送和复核、整理工作，基本完成实现廓清全国馆藏文物家底的预期目标。

（三）进一步加大工作力度，扎实开展第三次全国文物普查

按照国务院的统一部署，2009年底以前要完成实地文物调查工作，2010年进入第三阶段，即资料整理工作。目前，实地文物调查工作基本完成，验收工作已全面铺开。各地要把验收工作当成明年上半年的重要任务来抓。要按照统一部署，合理分工，做好验收时间表，避免出现扎堆验收的现象，确保在明年4月底之前完成各省的验收工作，12月底完成省级整体验收工作。各地要逐县开展验收，县域行政单元验收合格后，方可转入第三阶段的工作。

要提早做好转段的准备工作，制定第三阶段工作计划和经费预算，尽早召开转段工作会议，开展相关培训，做好普查资料的整理和数据库建设。要认真开展数据误差率抽样检测，在各省验收工作结束后，国家文物局将抽取3%～5%的乡镇为样本，开展质量抽查（本次抽样检测的各种数据，专门用于文物普查整体数据误差率的测定。不会影响到各省上报数据的最终结果）。要加强普查资料档案管理，严格执行《第三次全国文物普查资料档案管理规定》，指派专人负责，特别是涉密档案更应严格管理，签订责任书，确保普查档案的完整性和安全性。要加强普查成果的保护和应用，对于新发现文物点，各级文物部门要主动提请当地政府及时公布为相应级别的文物保护单位。在第七批全国重点文物保护单位的申报中，要关注普查中的重要发现。要拓宽普查工作思路，探索普查成果的应用。要加强普查成果特别是新型文化遗产的宣传，通过召开新闻发布会，举办普查成果展览等活动，提高全社会文化遗产保护意识。

（四）积极推进文物立法工作，加强文物执法督察和安全机制建设

要进一步统筹兼顾，制定好切实可行的立法规划，明确中长期内的立法重点。推动《博物馆条例》立法进程，争取于2010年出台。加快《中华人民共和国水下文物保护管理条例》《大运河文化遗产保护管理条例》《世界文化遗产保护管理条例》《文物保护单位保护管理办法》的修订制

订工作。加强文物安全的制度和标准建设，制定文物违法案件和安全事故核查处理办法、文物行政执法巡查办法与检查规程，试行"文物行政执法与安全情况公告制度"，会同公安部等部门联合发布《文物建筑消防安全管理规则》。开展《文物系统博物馆安全防范工程设计规范》修订工作，研究起草文物建筑防火类标准规范。

完成"全国文物安全部际联席会议"组建工作，召开联席会议。继续开展文物行政执法专项督察工作。与公安部门联合部署开展"全国文物单位消防安全大检查""全国重点地区打击文物犯罪专项行动"，以山西、内蒙古、安徽、山东、河南、湖北、陕西、甘肃、青海等省（区）为重点，集中打击盗掘古墓葬等文物犯罪行为。举办打击文物犯罪专题展览。开展文物建筑防雷工程勘察设计与施工资质评定工作，开展文物系统第四批一级风险单位核定、公布工作。举办文物执法督察和安全监管培训班、文物安全防护工程方案审核培训班。

需要特别强调的是，各地要按照文化部和国家文物局联合下发的《关于加强文物行政执法机构建设的通知》要求，积极会同有关部门，加强文物行政执法机构和队伍建设。省级文物行政部门应内设专司文物行政执法督察的机构，有条件的地区要成立独立的文物行政执法队伍。各市县有独立文物局的，应内设专司文物行政执法督察的机构，并建立健全由文物局管理的文物行政执法队伍。特别是文物资源集中、丰富的地区，必须建立专职文物行政执法队伍。尚未设立独立文物局的市县，应在人民政府承担文物保护工作的部门内设专司文物行政执法督察的机构，或者成立专职文物行政执法队伍。今后，国家文物局将把先进评比与文物安全和执法督察工作挂钩，建立奖惩联动机制。对于发生重大安全事故和严重违法案件的，将减少经费投入，并首先查处和追究文物行政执法机构不健全的责任。

（五）稳步推进重大文物保护工程和考古工作，进一步加强世界遗产的申报和管理

做好第七批全国重点文物保护单位的评审工作，2010年底前形成推荐名单上报国务院。稳步推进震后文化遗产抢救保护工作和藏羌民族文化遗产保护。继续推进西藏"十一五"重点文物保护、山西南部早期建筑保护、涉台文物保护等重点工程的实施。进一步完善文物保护工程资质体系建设，加强个人资质的培训与管理工作。加强文物保护工程管理，推动工程报告编写出版工作。

继续推进南水北调工程考古和文物保护工作，加强对西气东输二线、高速铁路、高速公路等国家重点基础设施建设考古工作的管理，保证工作质量。加强水下考古和文物普查，推动"南海Ⅰ号""华光礁Ⅰ号""南澳Ⅰ号"等水下考古和文物保护工作。做好考古单位资料整理、出版、利用工作，加大发掘出土文物移交博物馆的工作力度，促进考古工作成果的社会化和公众化。继续推进西安片区、洛阳片区、丝绸之路新疆段、大运河、长城、良渚遗址、牛河梁遗址等大遗址保护项目。开展大遗址卫星遥感技术动态监测。加强国家考古遗址公园相关建设工作，加大指导和协调力度，根据《国家考古遗址公园管理办法》确定一批具有示范意义的国家考古遗址公园，推动大遗址保护向纵深发展。

进一步理顺世界遗产申报工作机制，出台《世界文化遗产申报项目审核管理规定》,《中国世界文化遗产预备名单管理办法》。启动《中国世界文化遗产预备名单》重设工作。推进登封"天地之中"历史建筑群等重点项目申报工作，做好西湖、丝绸之路、哈尼梯田、元上都的申报准备工作，完成大运河遗产地各级保护规划编制和国保单位、世界遗产申报点遴选工作。完成秦汉和其他时代长城资源调查田野工作。建立长城资源调查信息系统。开展世界文化遗产定期监测工作，完善监测巡视制度。

（六）深化博物馆免费开放工作，进一步加强社会文物的管理

精心筹备和确保成功举办2010年国际博协第22届大会。深化博物馆免费开放。召开全国博物馆工作会议。启动博物馆纳入学校教育体系试点，建立馆校合作的长效机制；推进博物馆进社区与数字博物馆建设。努力完成文物调查及数据库管理系统建设项目，在2010年要完成数据采集任务。推进中央地方共建国家级重点博物馆，开展国家一级博物馆年度运行评价。认真落实七部委《关于促进民办博物馆发展的意见》，推动民办博物馆健康发展。开展博物馆发展战略研究和调研，着力抓好博物馆的基础理论研究。以免费开放为契机，推进博物馆体制机制创新。按照中央关于文化体制改革的要求，构建公益目标明确、投入机制完善、监管制度健全、治理结构规范、微观运行高效的博物馆管理体制和内部运行机制。深化人事和分配制度改革，健全评价机制。加强博物馆文化产品开发。要用好两种资源、两个市场，实施"走出去"战略，提升我国博物馆的国际地位。

加强文物进出境审核管理的信息化建设，启动文物进出境审核信息管理试点工作。颁布《文物进出境责任鉴定员管理办法》，继续开展责任鉴定员专业培训。继续做好流失境外文物追索相关工作。启动流失文物调查及数据库建设。加强文物拍卖资质管理，继续开展文物拍卖许可证年审，举办文物拍卖企业专业人员考试，颁布《文物拍卖许可证年检管理办法》，探索建立和规范文物鉴定社会服务准入制度。

（七）进一步加大文化遗产保护科技工作力度，做好教育培训工作

开展文化遗产保护科技、信息化、标准化"十二五"规划的研究制定工作，明确重点领域、优先主题，凝练重大专项；组织召开全国文化遗产保护科技工作会；开展文物保护科学和技术创新奖的申报和评审工作，加强成果的转化与普及；做好"指南针计划""中华文明探源与相关文物保护关键技术研究""中华文明探源工程成果转化与普及""石质文物保护关键技术研究"等重大科技项目的组织实施工作；加强文化遗产保护科技创新体系建设，组织开展第四批行业重点科研基地的遴选工作，做好专业性创新联盟和区域创新联盟试点工作；完成文物保护标准体系框架编制，促进国家科技支撑计划项目形成的先进、适用成果向标准转化，强化标准的执行力度；推进行业信息化建设，研究制定《文物博物馆行业信息系统建设管理办法》；继续做好馆藏文物保护管理工作，开展《可移动文物保护修复综合管理信息系统》应用培训，启动可移动文物保护修复

人员资格认定工作。

围绕加强文化遗产保护能力建设开展教育培训工作，努力提高文化遗产保护队伍的整体素质。基本完成地市文博管理干部培训和全国重点文物保护单位保护管理机构负责人培训。继续配合全局重点工作开展专项培训，举办茶马古道文物保护、民族文物保护等专题培训班。积极创造条件，加强西部地区文博人才培养工作。逐步推行领导干部持证上岗制度，加强培训大纲编制和教材编撰工作，规范培训管理。

（八）积极推动对外交流与合作，深入开展文化遗产宣传工作

加大与相关国家商签政府间防止盗窃、盗掘和非法进出境文物协定的力度。推动与发达国家，特别是中国文物非法流向目的地国之间文化遗产保护双边协定的签署。适时启动与越南、菲律宾、印度尼西亚等国家开展有关文化遗产保护合作项目。鼓励中外文博机构在人员、展览和学术等方面的交流。加强涉外文化遗产保护管理和专业人员培训。进一步开展文物对外展览。办好第二届海峡两岸文化遗产保护论坛和赴台"西藏文物展"。研究、制定文物外事工作的中长期发展规划。改善文物来华展览管理，理顺文物对外交流与合作的审批与管理工作。组织 2010 年国际古迹遗址日、国际博物馆日和中国文化遗产日活动，办好文化遗产日主场城市活动，完善主场城市申办机制。加大有关文物对外宣传和涉藏宣传工作力度，办好重大文物保护和考古工程的新闻发布和宣传工作。

李长春为 2010 年中国文化遗产日撰文[*]

（2010 年 06 月 12 日）

今年 6 月 12 日，是我国第五个文化遗产日。文化遗产日的设立，充分体现了我们党和国家对保护、发展文化遗产的高度重视，对于弘扬中华民族优秀传统文化、激发人民群众参与保护、发展文化遗产的热情，发挥了积极的推动作用。借此机会，我代表党中央、国务院，向为我国文化遗产事业做出重要贡献的老一辈文化遗产工作者致以崇高敬意，向全国广大文化遗产工作者表示诚挚问候，向关心和支持文化遗产事业发展的社会各界表示衷心感谢！

在我国 5000 年文明史中，勤劳智慧的中华民族创造了光辉灿烂的历史文化，留下了灿若群星、独具特色的文化遗产。这些珍贵的文化遗产是我们民族悠久历史的见证，是民族智慧的结晶、民族精神的象征，是民族生命力和创造力的重要体现，也是人类文明的瑰宝。保护好、传承好、利用好、发展好这些文化遗产，对于继承和发扬中华民族优秀传统文化，弘扬以爱国主义为核心的民族精神和以改革创新为核心的时代精神，维护国家统一和民族团结，推动社会主义文化大发展大繁荣，促进国际文化交流和人类共同发展，具有十分重要的意义。

党和国家历来高度重视对文化遗产的保护、发展工作。党的十六大以来，以胡锦涛同志为总书记的党中央从弘扬中华文化、发展社会主义先进文化的高度，将保护、发展文化遗产放到更加重要的位置，强调"扶持对重要文化遗产和优秀民间艺术的保护工作"。2005 年 12 月，国务院确定每年 6 月的第二个星期六为我国的"文化遗产日"。党的十七大进一步从中国特色社会主义事业"四位一体"总体布局的高度，提出兴起社会主义文化建设新高潮、推动社会主义文化大发展大繁荣的战略任务，突出强调弘扬中华文化、建设中华民族共有精神家园的重要性，强调"加强对各民族文化的挖掘和保护，重视文物和非物质文化遗产保护"。几年来，党和国家制定出台了一系列关于文化遗产保护的重大政策措施，修正《中华人民共和国文物保护法》、公布施行《长城保护条例》、印发《关于加强文化遗产保护的通知》和《关于加强我国非物质文化遗产保护工作的意见》等一系列法律法规和重要文件，不断加大对文化遗产事业的投入。各地区各部门认真贯彻中央决策部署，采取有效措施，扎实推进各项工作，文化遗产事业呈现蓬勃发展的可喜局面。主要表现

---

* 文章发表在《人民日报》，标题为《保护发展文化遗产　建设共有精神家园》。李长春时任中共中央政治局常委、中央精神文明建设指导委员会主任。

在：文化遗产事业的基础工作进一步夯实，文化遗产保护能力建设明显加强；基本建设中的文物保护工作扎实推进，一批重要文物得到有效保护；博物馆事业蓬勃发展，免费开放工作取得明显进展，公共文化服务水平不断提高；非物质文化遗产保护卓有成效，逐步推向深入；对外交流与合作成绩斐然，有力推动了中华文化走向世界；文化遗产保护理念逐步深入人心，全社会积极参与势头方兴未艾。总之，文化遗产事业在保护中传承、在开拓中前进，有效发挥了咨政育人、传承文明、普及知识、丰富生活的作用，为提高全民族思想道德素质和科学文化素质，扩大中外文化交流，增强中华文化国际影响力做出了重要贡献。

当前，党和国家各项事业发展站在了一个新的历史起点上，我国社会主义文化建设面临着进一步繁荣发展的良好机遇。加快文化遗产保护和发展的步伐，是深入贯彻落实科学发展观、促进经济社会又好又快发展的迫切需要，是弘扬中华民族优秀传统文化、传播社会主义先进文化、推动社会主义文化大发展大繁荣的迫切需要，是满足人民群众日益增长的精神文化需求、提高全民族思想道德素质和科学文化素质的迫切需要，是增进民族团结、维护国家统一和社会稳定的迫切需要，是提高国家文化软实力、增强中华文化国际影响力的迫切需要，是维护世界文化多样性和创造性、促进人类共同发展的迫切需要。必须清醒地认识到，与全面建设小康社会的新要求相比，与人民群众日益旺盛的精神文化需求相比，与传承中华文明的事业需要相比，保护、发展文化遗产的任务依然十分繁重。我们必须充分认识文化遗产事业面临的新形势新任务，自觉肩负起历史和时代赋予我们的神圣职责，坚持服务于党和国家工作大局，坚持"保护为主、抢救第一、合理利用、加强管理"的文物工作方针和"保护为主、抢救第一、合理利用、传承发展"的非物质文化遗产工作方针，坚持以人为本、服务群众，坚持与时俱进、开拓创新，加快推进文化遗产强国建设，在新的起点上推动文化遗产事业实现新的跨越。

第一，围绕中心、服务大局，不断提高文化遗产事业对促进经济社会发展的贡献。经济社会发展是保护、发展文化遗产的基础和前提，保护、发展文化遗产是经济社会发展的重要内容和有力支撑。加强文化遗产的保护和发展，对于改善生态环境、优化城乡面貌、彰显地域魅力、促进经济社会发展，具有重要作用。特别是文化遗产作为文化产业和旅游产业的重要资源，在培育国民经济新的增长点、带动现代服务业发展等方面发挥着不可替代的作用，对促进经济增长、加快经济发展方式转变的贡献越来越大。要把保护、发展文化遗产与促进经济发展结合起来，合理利用文化遗产的宝贵资源，加快发展文化产业，积极开发旅游业，打造国内外知名的文化和旅游品牌，提高衍生产品和配套服务质量，使文化遗产成为促进经济发展的新亮点。要把保护、发展文化遗产与城乡建设结合起来，既加强对文化遗产的抢救保护，又充分展示城乡蕴藏的独特历史文化内涵，并在新的历史条件下不断丰富和发展，增强城乡的吸引力和影响力。要把保护、发展文化遗产与改善环境结合起来，不仅注重对文化遗产本体的保护，还要关注对文化遗产依存的生态环境的保护，通过国家考古遗址公园、文化生态保护区建设等模式，既实现对文化遗产的整体性保护，又为人民群众创造良好的生活环境。

第二，突出思想内涵、强化教育功能，充分发挥文化遗产在开展爱国主义教育方面的重要作用。文化遗产承载着中华民族的辉煌历史，铭刻着中华民族的伟大创造，是弘扬优秀传统文化、开展爱国主义教育的重要载体。要把保护、发展文化遗产与开展群众性爱国主义教育相结合，充分利用文化遗产丰富的历史和革命文化资源，不断赋予其新的时代内涵，生动展示中华民族丰富的历史文化遗产和灿烂的文明进步成就，展示中国人民在中国共产党领导下创造美好生活、实现中华民族伟大复兴的艰辛历程和辉煌成就，弘扬以爱国主义为核心的民族精神和以改革创新为核心的时代精神，不断激发全社会的爱国热情和民族自尊心、自信心、自豪感。要把保护、发展文化遗产与开展民族团结宣传教育相结合，深入发掘自古以来各民族友好交往、相互融合的重要史实，充分反映中华民族大家庭血脉相连、血浓于水的深厚情感，反映新中国成立 60 多年来民族地区繁荣发展的生动实践，切实增强各民族的认同感和凝聚力、向心力，共同维护民族团结的大好局面。要把保护、发展文化遗产与弘扬传统文化、传播先进文化相结合，深入挖掘文化遗产的文化内涵，通过丰富的展品、高品位的展览，以及各种形式的群众性节日活动和文化遗产进校园、进社区等活动，使更多的群众增长知识、愉悦身心、陶冶情操、升华情怀。要把保护、发展文化遗产与加强青少年教育相结合，进一步密切文化遗产单位与学校的联系，建立文化遗产保护发展与学校教育、课外活动和社会实践的有机衔接，寓教于乐，寓教于游，使文化遗产成为提高青少年综合素质的重要渠道。要把保护、发展文化遗产与开展红色旅游相结合，深入挖掘文化遗产中的红色文物、红色文艺等资源，拓展红色旅游的内容，丰富红色旅游的思想内涵，创新展陈和服务方式，不断增强红色旅游的吸引力和感染力。

第三，以人为本、关注民生，推动文化遗产保护成果最大限度地惠及全体人民，丰富人民群众精神文化生活。人民群众是文化遗产的所有者、鉴赏者和传承者。文化遗产保护必须紧紧依靠人民群众，文化遗产保护成果必须惠及全体人民，这是实现文化遗产价值的现实需要，也是保护、发展文化遗产的根本目的。要把保障人民基本文化权益摆在文化遗产工作的首要位置，加大对公共博物馆、大遗址保护项目、重要文化遗产展览等的投入，实施重大文化遗产工程，向全社会提供更多优质便捷的公共文化鉴赏服务。要进一步深化博物馆免费开放工作，各类博物馆、纪念馆、展览馆、烈士陵园等爱国主义教育基地，对青少年学生集体参观一律实行免票，强化服务意识，完善服务设施，充实服务内容，改进服务方式，把专业性和知识性、学术性和趣味性、科学性和观赏性有机结合起来，不断提高服务群众的能力和水平。要始终关注民生、改善民生、保障民生，无论在文化遗产考古发掘和保护修缮中，还是在历史文化街区和村镇的保护建设中，都要实现好、维护好、发展好最广大人民的根本利益，着力改善群众居住和生活条件，激发人民群众参与文化遗产保护的积极性、主动性、创造性，使文化遗产保护事业为民造福。

第四，深化改革、开拓创新，始终保持我国文化遗产事业的生机和活力。改革创新是加快我国文化遗产事业发展的强大动力。要大力推进观念创新，妥善处理文化遗产保护、传承、利用、发展的关系，既要保护、传承好文化遗产，又要利用、发展好文化遗产，在保护、传承的基础上充分利用、发展，通过利用、发展促进保护、传承。要大力推进科技创新，充分运用现代科学技术研究和修缮文化遗产，破解古代发明创造和工艺成果，提高文化遗产保护的科技水平。要大力推进展示方法创新，注重介绍文化遗产发掘过程、历史背景、相关历史人物故事等信息，注重再现传统生产技术和工艺流程，注重运用声光电等现代科技手段提高震撼力和视觉效果，注重增强参与性、互动性、体验性和趣味性，帮助人们深入了解和亲身体验中华文明的丰富内涵和独特魅力。要大力推进传播手段创新，积极推动文化遗产数字化，开设网上展览，特别是借助全国文化信息资源共享工程、校园网络和远程教育网络，使文化遗产辐射城镇、农村学校和边远地区，扩大文化遗产的影响力。要大力推进保护和传承方式创新，对具有重大历史价值的文化遗产，都要按照中央的要求，与经济建设、政治建设、文化建设、社会建设紧密地结合起来，对于有市场前景的，鼓励在国家政策支持下进入市场，特别是和发展旅游业紧密结合，开发文化产品，拓展服务项目，在与产业和市场的结合中实现传承和可持续发展，在参与创造物质财富和精神财富的实践中焕发新的生机和活力。这是最积极、最有效、最有利于文化遗产可持续发展的保护和传承方式。

第五，促进交流、走向世界，不断提高中华文化的国际影响力。国与国之间文化遗产展览交流是传播历史文化的重要途径，是展示国家形象、提高文化软实力的有效手段。要积极配合国家外交大局，扩大和深化人文交流与合作，推动与更多国家签署政府间文化遗产保护双边协定，开展更有深度和实质性内容的合作。要坚持"走出去"与"请进来"相结合，加强与国外文化遗产部门的交流合作，扩大对外文化遗产展览交流，加大展览宣传推介力度，向世界人民展示我国辉煌灿烂的文明成就与和平和谐的文化理念，增进世界各国人民对中华文化的了解，真正使文化遗产展览成为"中国走向世界、世界了解中国"的重要窗口。要以更加开阔的视野，汲取世界文化遗产保护、发展的有益成果，更好地推动我国文化遗产事业繁荣发展。要巩固和发展我国与相关国际组织和民间机构的关系，积极参与国际文化遗产保护行动和相关国际公约的制定，增强我国在国际文化遗产保护领域的话语权。

第六，加强领导、形成合力，努力营造全社会参与保护、发展文化遗产事业的良好环境。文化遗产事业作为文化建设的重要组成部分，是全社会的共同事业，必须充分调动各方面的积极性，努力形成文化遗产保护的强大合力和长效机制。各级党委政府要高度重视文化遗产事业的发展，充分认识文化遗产事业在经济社会发展中的重要地位和作用，切实把文化遗产保护、发展摆上更加突出的位置，纳入党委和政府的重要议事日程，纳入经济社会发展总体规划，纳入科学发展考核评价体系，与经济社会各领域工作一同部署、一同推进、一同督查，确保文化遗产工作的各项任务落到实处。要加大保护、发展文化遗产的投入力度，完善文化遗产保护经费增长机制，健全公共博物馆等文化设施免费开放的财政保障机制。宣传思想文化战线特别是各级文化、文物部门，要进一步增强加快文化遗产事业发展的责任感紧迫感，从本地区经济社会发展全局出发，理清发展思路，谋划发展战略，实施重大工程，更好地发挥文化遗产事业对推动经济社会发展的积极作用。要统筹规划博物馆发展布局，有条件的县可以根据本地资源优势，结合重大考古发现和文物保护需求，建设遗址博物馆，地市级中心城市重点建设特色性博物馆，省一级城市重点建设综合性博物馆，省会城市博物馆和省级博物馆要各有侧重，形成特色鲜明、布局合理的博物馆体系。要按照属地管理原则，落实文化遗产保护和管理责任，依法实施文化遗产保护和管理，切实加强文物安全防范设施建设、文物执法机构和队伍建设，确保文物安全和文化遗产事业有序发展。要加强文化遗产工作队伍建设，努力造就一批知识渊博、品质优秀、甘于奉献的专门型人才，一批敢于创新、善于创新的创新型人才，一批熟悉和掌握古代科技知识和传统工艺的专业型人才，一批善于运用现代科技手段保护和利用文化遗产的科技型人才，一批熟悉文化遗产工作、懂经营善管理的复合型人才，一批历史文化知识丰富、具有世界眼光、熟悉外语的外向型人才。要完善和落实社会力量捐赠公益性文化事业的政策措施，研究制定社会资金进入文化遗产保护领域的相关规定，鼓励引导更多社会资金投入文化遗产保护事业。要加强宣传普及工作，广泛介绍文化遗产知识，增强公民依法保护意识，积极培养文化遗产保护志愿者。营造保护文化遗产人人有责、文化遗产保护成果人人共享的社会环境，形成有利于文化遗产保护的舆论氛围。

文化遗产工作责任重大，使命光荣。希望广大文化遗产工作者坚持以邓小平理论和"三个代表"重要思想为指导，深入贯彻落实科学发展观，倍加珍惜我国文化遗产事业面临的大好机遇，开拓进取，奋发有为，努力开创文化遗产事业新局面，为推动社会主义文化大发展大繁荣，提高国家文化软实力，全面建设小康社会做出新的更大贡献。

单霁翔在 2010 年大遗址保护工作会议上的报告

（2010 年 11 月 18 日）

今天，我们在天府之国四川成都召开大遗址保护工作会议，举行首批国家考古遗址公园授牌仪式，邀请各省文物部门和相关大遗址保护管理机构的代表共同见证首批国家考古遗址公园授牌的历史时刻；同时，也利用这次机会，一起总结大遗址保护的成功经验，探讨当前大遗址保护和考古遗址公园建设工作面临的问题，进一步明确考古遗址公园的定位，研究健全相关管理体制机制的有效措施，寻找适合我国国情和现实需要的大遗址考古、研究、保护、展示、利用手段与模式，在"十二五"期间全面推进大遗址保护和考古遗址公园建设工作。下面，我主要谈三个方面的意见：

一、我国大遗址保护工作的回顾

2005 年国家正式设立大遗址保护专项资金，启动大遗址保护工程。在各有关部门的大力协作下，在地方各级政府的全力支持下，在广大民众的积极参与下，我国大遗址保护工作蓬勃开展，《国家文物事业"十一五"发展规划》的相关内容以及《"十一五"期间大遗址保护总体规划》确定的目标与任务圆满完成，成果丰硕。

第一，初步建立了大遗址保护管理体系。颁布实施了《长城保护条例》，积极研究制定《大运河文化遗产保护条例》，颁行了秦始皇陵、隋唐洛阳城、渤海上京龙泉府等多处遗址的地方性专项管理法规，河南省政府还专门下发了《关于加强大遗址保护工作的通知》，为大遗址的保护提供了法律和政策保障。国家文物局与国家旅游局、国家测绘局、中国科学院等部门进一步加强了沟通合作，并与湖北、陕西、甘肃、四川等省政府签署了共建大遗址片区的协议，积极探索建立新的大遗址保护工作模式；全国文物安全工作部际联席会议制度的建立，大运河沿线城市联盟、省部际会商制度的建立，洛阳大遗址保护办公室、杭州良渚遗址管理区管理委员会的成立，在大遗址保护管理体制方面做出了有益的探索，并取得了良好的效果；有关"大遗址保护特区"的思路也逐步明确。各类培训班的举办切实提高了大遗址保护管理人员的业务水平和管理水平，为大遗址保护储备了人才队伍。国家文物局相继公布了 16 家文化遗产保护科研基地，授予了 4 批 200 余家单位文物保护工程甲级、一级资质，在承担繁重的大遗址保护任务中，考古、规划、保护、科技等方面的机构和人员也得到了全面锻炼。

第二，扎实推进了大遗址保护各项基础工作。积极开展大遗址考古工作，进一步探清了一批重要大遗址的布局和内涵,出版了一批重要考古发掘报告,收集了100处重要大遗址航片卫片,为大遗址保护提供了科学依据;与国家测绘局联合开展了长城资源调查工作,正式发布明长城测绘数据,并建成运行长城信息数据库;大遗址保护关键技术研究等取得较大突破,空间信息技术、环境监测技术、数字复原展示技术等一批重要科技手段在大遗址保护工作中广泛应用,不断提高大遗址保护水平;在《"十一五"国家重要大遗址保护规划纲要》的框架下,已编制完成秦始皇陵、隋唐洛阳城、汉长安城、大明宫等50余处重要大遗址保护总体规划,并积极推动大运河地市级、省级和国家级保护规划的编制工作,为大遗址保护工作的全面开展提供了科学的保障。

第三,组织实施了一批具有示范意义的大遗址保护展示工程,初步构建了中国大遗址保护的格局。通过国家与地方的集中强投入,实施了一批重要大遗址保护展示项目,得到国际社会和国内各界的肯定,社会效益、经济效益和生态效益逐步彰显。其中,高句丽王城、王陵和贵族墓葬以及安阳殷墟先后被联合国教科文组织列入《世界遗产名录》,为大规模抢救保护和利用大遗址提供了成功范例;大运河保护与申遗工作、丝绸之路跨国联合申遗工作持续推进;大明宫、隋唐洛阳城遗址的保护与环境整治、城市经济发展紧密结合,充分发挥了大遗址保护对地方经济发展的促进作用;殷墟遗址博物馆、良渚博物院、金沙博物馆、鸿山遗址博物馆等一批高水平的遗址博物馆相继建成,汉阳陵、秦始皇陵、鸿山等大遗址保护示范园区初具规模,国家考古遗址公园的战略决策得以成功实践,并在当地经济社会发展中发挥了积极的效益;"三线(长城、丝绸之路、大运河)两片(西安、洛阳)"为核心、100处大遗址为重要节点的保护格局初步形成,为全面扭转大遗址保护的被动局面打下了坚实基础。

第四,不断更新和拓展大遗址保护理念。在开展大遗址保护工作的过程中,特别是洛阳和无锡现场会的顺利召开,西安高峰论坛、良渚高峰论坛和洛阳高峰论坛的成功举办,大遗址的社会认知和影响力不断提升,地方政府和广大民众保护大遗址的信心和决心明显增强。大遗址保护和考古遗址公园建设引发了我们对于新时期文化遗产保护工作做什么、怎么做、为谁做这些根本问题的深刻思考。在总结国际国内文化遗产保护理念和实践的基础上,结合中国文化遗产保护的实际情况,先后形成了《中国文物古迹保护准则》、ICOMOS十五届大会文件《西安宣言》、城市文化国际研讨会暨第二届城市规划国际论坛《城市文化北京宣言》,以及《大遗址保护西安共识》《关于建设考古遗址公园的良渚共识》和《大遗址保护洛阳宣言》,逐渐形成了大遗址保护的自身特色,并引起了国际社会的广泛关注。大遗址保护工作的持续推动和引领,对我国文化遗产保护理论体系的日趋成熟做出了贡献。

通过多年来的工作,我国大遗址保护工作已经奠定了良好的开局。大遗址重新找回了自己的尊严,它所承载的中华文明已不仅仅是教科书中冰冷呆板、毫无生气的文字,而变成可以亲近、可以感知、可以触摸的现实存在,逐渐成为一个城市最具吸引力和代表性的文化标志。大遗址保护工作已经成为中国文化遗产保护领域的热点,逐渐成为各级政府和社会各界关注的焦点。我们深刻体会到，大遗址保护不仅是一项文化工程，更是一项民生工程；大遗址保护不仅是实施国家区域发展战略的重要举措，更是在维护我国文化安全，提升文化软实力方面发挥着重要作用。

二、从大遗址保护到考古遗址公园建设

近年来，区域发展规划已成为促进我国经济发展的重要依托，区域经济发展正以前所未有的密集度跃升至国家战略层面。大遗址作为区域内特殊的文化资源，有着不可替代的独特性和唯一性，正逐渐成为地方区域经济实力的一个新的增长点。同时，城市化进程、新农村建设不断加快，高速铁路、公路、大型水库等国家大型基本建设项目纷纷上马，大遗址的生存空间不断被挤压和蚕食，生存环境日益恶化。随着物质生活水平的提高，民众在精神文化生活上有了更高的需求，对身边大遗址的命运越来越关注，要求参与大遗址保护工作的热情越来越高。面对大遗址保护工作的新形势，国家文物局提出建设"考古遗址公园"的保护理念，以更开阔的视野，从区域发展的角度统筹解决大遗址保护与利用、保护与发展的问题。

考古遗址公园是基于考古遗址本体及其环境的保护与展示，融合了教育、科研、游览、休闲等多项功能的城市公共文化空间。在许多国家，考古遗址公园已经被实践检验证明是一种切实有效并已日趋成熟的大型考古遗址保护和利用模式。在我国，从 20 世纪 80 年代国务院批准北京建设圆明园遗址公园，到 2003 年国家发展改革委、国家文物局批复秦始皇陵遗址公园建设项目，我们一直在探索遗址公园的保护管理模式。考古遗址公园是遗址公园的延伸和发展，是大遗址保护工作发展到一定阶段，中国考古学和文化遗产保护相关理论研究和实践经验积累到一定程度后自然选择的结果，也是目前在我国城市建成区和城乡接合处最具现实意义和操作性的一种大型考古遗址保护途径，是在新时期大力创新文化遗产保护理念的重要体现。

为了进一步指导各地依法开展考古遗址公园建设工作，国家文物局印发了《国家考古遗址公园管理办法（试行）》，逐步构建国家考古遗址公园管理体系，并于今年组织开展了国家考古遗址公园评定工作，共有 19 个省（区、市）、74 个项目申请参加了此次评定。经过初审、现场考察评分、专家投票评定，共有 12 个项目入选国家考古遗址公园名单、23 个项目入选国家考古遗址公园立项名单。这次国家考古遗址公园评定工作，既是一次对前一时期大遗址保护和考古遗址公园建设成果的检验，也是对当前实际工作情况的一次全面调研，为我们了解、掌握各地考古遗址公园建设、管理、运营等各方面情况提供了第一手资料，让我们能够更好地研究、解决大遗址保护和考古遗址公园建设中面临的实际问题。

首次评出的 12 家国家考古遗址公园集中展现了我国大遗址保护、展示和利用的不同案例，也生动呈现了考古遗址公园理念形成、发展、逐渐成熟的过程。从圆明园、周口店、秦始皇陵的起步，到集安高句丽、殷墟的试点；从金沙、三星堆、汉阳陵的探索，到大明宫、隋唐洛阳城的全面启动，再到良渚、鸿山的规划实施，通过建立考古遗址公园整体保护大型考古遗址的方式，逐渐得到人们的关注和认可。圆明园遗址的断壁残垣让民众对中华民族遭受的屈辱和苦难感同身受，

激发出爱国热情和民族自尊心；秦始皇陵、汉阳陵、金沙、三星堆、周口店遗址以发掘现场展示的方式使民众置身古代文明之中，亲身感受到中华文明的灿烂辉煌和气势恢宏；大明宫、隋唐洛阳城遗址在周边环境整治上的突出成效，为全面展示中华文明鼎盛时期的繁华景象奠定了坚实基础；集安高句丽、殷墟遗址从更加广阔的区域和空间内统筹规划遗址保护、展示和利用，形成了良好的规模效应；良渚、鸿山遗址结合区域社会经济发展规划，在寸土寸金的余杭和无锡地区将规模宏大的遗址保护下来，并大力依托遗址发展特色经济，取得了良好的综合效益。

国家考古遗址公园不仅仅立足于文化资源保护，国民教育，更承担着构建经济社会发展与遗产保护和谐关系的重任。虽然仅仅是一个考古遗址公园，但是其引领作用、杠杆作用已经展现。金沙国家考古遗址公园的建设，促成"金沙第四商圈"的出现，使城市获得了新的发展空间与机遇；良渚、鸿山国家考古遗址公园协调了遗产保护与城市发展、新农村建设的关系，使美丽的人居环境、"田园城市"的梦想开始呈现；大明宫、隋唐洛阳城国家考古遗址公园助力了城市转型，改善了城市环境，并重塑了城市品格。这些都让我们看到考古遗址公园作为城市这一巨大有机体的一部分，所焕发出的无限生命力。这是我们抓住了社会经济发展规律，并运用科学理论解决问题的结果。考古遗址公园不仅仅是一块绿地，更是跃动着城市发展脉搏的心脏，它承载着城市的历史，也萌动着它的未来。它不仅仅属于考古学家，文物保护工作者，更是当地民众生活中不可缺少的部分，伴随着每个人的成长，成为几代人共同的记忆与回望，成为城市最美丽的文化景观。文化遗产保护，不是经济社会发展的包袱，而是城市发展新的契机与动力。

12家国家考古遗址公园建设的实践证明：建设考古遗址公园有利于揭示遗址价值，实现整体保护；有利于推动考古学和文化遗产保护学科发展，创新保护展示理念；有利于整合文化遗产资源，突出城市文化特色；有利于促进经济社会发展，改善民众现实生活和城市环境，动员社会各界参与文化遗产保护。建设考古遗址公园是全面贯彻落实文物工作方针，积极探索具有中国特色文化遗产保护之路的重要举措，是将文化遗产保护做大做强的一种有效方式，更是文化遗产保护由部门行为上升为国家战略的一次有益尝试。

三、存在问题和思考

此次国家考古遗址公园评定工作，让我们看到了大遗址保护和考古遗址公园发展的美好前景，令我们信心百倍，备受鼓舞。但是，大遗址保护特别是考古遗址公园建设是实践先于理论，在实际工作中不可避免地出现一些问题，突出表现在：

第一，思想尚未统一，对大遗址保护和考古遗址公园建设的一些理论问题，如为什么建设考古遗址公园、什么样的遗址适合建设考古遗址公园、如何建设考古遗址公园、考古遗址公园的定位等尚有争议，认识仍然模糊。

第二，管理体制不畅，相关制度亟待建立和完善，一些地方在实施保护和建设项目时出现了违规建设，甚至造成了遗址遭受破坏等违法事件，严重违背了大遗址保护的初衷。

第三，展示和利用手段单一，或缺乏突破和创新，相互照搬照套，难以突出遗址特色；或片面追求保护、展示设施的与众不同，建设大体量的所谓标志性建筑，喧宾夺主，影响了展示设施与遗址本体和周边环境的协调统一。

第四，考古和研究工作滞后，个别大遗址保护工程特别是考古遗址公园建设工程，没有为考古工作预留足够的时间和空间，限制了对遗址价值的深入研究，进而也影响到大遗址保护工作的顺利开展。

这些大遗址保护，特别是考古遗址公园建设中存在的问题，前一段时间一些专家在不同场合曾提出过，我们也曾组织专门会议听取专家们的意见和建议。出现这些问题都是前进中的问题、发展中的问题。当前，大遗址保护和考古遗址公园建设已进入了一个关键时期，更需要我们高度重视，加强研究，深入思考，积极面对；更需要我们统一思想，进一步提高认识，进一步加强管理和引导，迎难而上，妥善解决上述问题。建设高水平、高标准的考古遗址公园，确保大遗址保护工作健康、有序的发展必须积极处理好两个关系，坚持三个原则。

第一，大遗址保护与考古遗址公园建设的关系。遗址保护是考古遗址公园建设的基础。结合大遗址保护开展的考古、研究、规划编制工作，以及相关环境整治、保护、展示工程等，都为考古遗址公园建设的顺利开展创造了良好的条件，保证建设工作水到渠成。建设考古遗址公园是大遗址保护的一种有效模式，它以更加多样有效的手段和方式诠释遗址的内涵与价值，有力推动大遗址保护、展示和利用成果的社会化和公众化。但是，考古遗址公园并非大遗址保护的唯一模式。它不是万能良药，有其适用性和局限性，需要因地制宜，绝不能一哄而上；它更不是游乐场和主题公园，需要以保护为前提，科学展示遗址自身独特的文化内涵和历史价值。我们既要积极推动各地将符合条件的大遗址建设成为考古遗址公园，提高大遗址保护、展示和利用水平，充分发挥大遗址特有的社会价值和综合效益；同时，也要扎实推进大遗址保护的各项基础工作，不断研究、探索其他保护途径，丰富大遗址展示和利用手段，避免商业化、低俗化，以不同方式让那些暂不具备条件或不适宜建设考古遗址公园的重要大遗址得到有效保护，全面推动大遗址保护工作向纵深发展。

第二，大遗址保护与遗址合理利用、可持续发展的关系。确保遗址本体及其背景环境的真实性、完整性，是大遗址保护工作的根本所在，也是遗址合理利用与可持续发展的首要前提。在任何时候、任何情况下都要将"保护"放在第一位，坚持"保护为主"的方针不动摇。在实施大遗址保护工程、建设考古遗址公园时，要始终贯彻"保护"理念，不能以牺牲遗址为代价来谋求眼前利益，更不能以掠夺式开发来谋求一时的短暂发展，这是我们工作的"红线"。合理利用又是实现遗址有效保护、可持续发展的有力支撑。通过多种方式、多种模式对遗址进行展示利用，深入发掘遗址的价值与内涵，充分发挥大遗址保护对改善生态环境、优化城市面貌、促进经济发展的积极作用，调动地方政府的主动性，激发社会各界的责任心和使命感，让人们亲近遗址、敬重遗址，从而为大遗址保护工作的顺利开展创造良好的社会氛围。新的时代精神和公众需求要求大遗址保护不能自说自话，必须围绕中心，服务大局，这就需要我们与时俱进，不断解放思想，不断开拓创新，变被动的保护为主动的保护和积极的发展，在坚持"保护为主"的前提下，更加充分地考虑地方区域发展和各种不同利益群体的合理诉求，通过区域内环境整治、产业结构调整和土地置换等多种途径，合理利用文化资源，提高城市综合竞争力，构筑经济建设与文化遗产保护双赢的局面。

为处理好这两个关系，我们必须坚持三个原则。

首先，坚持考古和规划先行的原则。扎实的考古工作和科学的保护规划是大遗址保护工作的基础，也是建设具有特色的考古遗址公园的前提。考古与规划的水平直接影响到大遗址的保护水平、展示水平和服务水平，以及今后大遗址保护的可持续发展。要坚持考古先行，在开展保护和建设工程前必须进行考古工作，最大限度地提取历史信息，将考古工作贯穿于大遗址保护的始终，为相关工作的开展提供科学依据。要坚持研究先行，不断加强考古研究、保护展示理论和技术研究，充分揭示遗址本身所承载的文化内涵，为大遗址"量身定制"符合自身特点的保护措施和展示手段，形成考古遗址公园的特色。要坚持规划先行，结合遗址自身保存现状和文化价值，编制具有较强针对性、操作性和前瞻性的保护规划和考古遗址公园规划，科学指导大遗址保护和考古遗址公园建设的各项工作，发挥大遗址保护工作的综合效益。

其次，坚持尊重科学的原则。大遗址保护工作要科学阐释遗址价值，采用多种方式吸引民众更好地理解遗址、保护遗址。要坚持科学保护，以确保遗址本体和周边环境的真实性与完整性为首要条件，加强技术创新，充分听取专家和各方面的意见，真正做到保护的科学化和决策的民主化，最大限度地降低保护工程和建设项目对遗址的扰动和影响。要坚持科学展示，考古遗址公园建设不是展示点越多越好，也不是将展示点搞得越花哨越好，而是以能反映遗址的规模、性质、特点、地位为目标，要突出遗址感，服从特定保护的需要，要不断提升展示水平和品位，不能媚俗，避免单纯追求建筑风格的新、奇、特，避免"挂羊头卖狗肉"。要坚持科学管理，不断研究、探索、创新大遗址保护的管理模式，建立健全法律法规、规章制度和行业标准，加强监督，使大遗址保护和考古遗址公园建设走上法制化、规范化轨道，以科学的管理促进保护工作。

第三，坚持把社会效益放在首位的原则。大遗址保护是实现文化遗产保护成果社会化、公众化的有效途径之一。要坚持惠及民众，积极指导和引导当地居民参与大遗址保护和考古遗址公园建设工作，充分体现服务性和公益性，不断向全社会提供更多高质量、高水平的公共文化服务。要坚持惠及子孙后代，为后人保护好祖先留下的珍贵历史文化遗产，通过形式多样、生动活泼的展示项目，让广大青少年更好地了解历史、了解传统文化，让大遗址保护展示园区、遗址博物馆和考古遗址公园成为青少年教育的第二课堂和文化遗产传承基地。要坚持惠及学科发展，结合大遗址保护和考古遗址公园建设开展专门的考古和研究工作，通过具有针对性和前瞻性课题，积极开展多学科、跨学科合作攻关，加强科技研发，不断提高学科发展水平。

　　"十一五"为我国大遗址保护工作奠定了良好的开局，但是我国大遗址保护面临的形势依然严峻，大遗址保护管理体系尚未健全完善，大遗址展示和利用方式仍然单一，相关科学研究尚需加强，各项基础工作仍需推进，人才队伍仍显不足，大遗址保护工作依然任重道远。在"十二五"期间，我们将着力推动大遗址保护由部门行为变成国家战略、由政府行为上升为全民行动，继续推进大遗址考古、研究、规划等各项基础工作，以大遗址保护展示工程和考古遗址公园建设为主要内容，加强管理，突出政府在大遗址保护过程中的主导作用，力争建立以五片（西安片区、洛阳片区、荆州片区、成都片区、曲阜片区）、四线（长城、大运河、丝绸之路、茶马古道）、一圈（边疆和海疆）为重点、150处重要大遗址为支撑的我国大遗址保护新格局；稳步推动考古遗址公园建设和国家考古遗址公园评定工作，建设一批、完善一批、发展一批、储备一批，进一步促进大遗址保护融入经济社会发展，推动大遗址保护成果为全民所共享，为中华五千年悠久历史得以不断传承和延续，让祖先创造的辉煌文明得到应有的尊重和敬仰！

单霁翔在 2010 年全国文物局长会议上的工作报告[*]

（2010 年 12 月 21 日）

一、关于国务院《通知》和"十一五"规划的落实情况

2005 年，《国务院关于加强文化遗产保护的通知》对新时期我国文化遗产事业发展进行全面部署，提出"到 2010 年，初步建立比较完备的文化遗产保护制度，文化遗产保护状况得到明显改善"的阶段性目标。五年来，全国文物系统以强烈的使命感、责任感，积极投身文化遗产保护实践，为传承中华文明，推动经济社会发展做出了卓越贡献。

这五年，是文化遗产事业取得重大进展的五年。全国文物系统深入贯彻落实科学发展观，牢牢把握新时期文化遗产工作面临的新机遇新特点，顺应时代发展，体现人民意愿，立足自身实际，承担社会责任，在融入经济社会发展、推动保护成果惠及民众等方面，取得了令人鼓舞的重大成就。我们全面贯彻国务院《通知》精神，制定《国家文物事业发展"十一五"规划》，研究部署、细化落实《通知》提出的目标和任务，基本实现了《通知》确立的阶段性目标和"十一五"期间的各项任务。

五年来，我们坚持把基础工作摆在突出的战略位置，文化遗产事业的持续发展能力不断增强。

——落实依法治国基本方略，文化遗产法规制度日趋完备。国务院颁布《长城保护条例》《历史文化名城名镇名村保护条例》，文化部、国家文物局出台 30 余个部门规章和规范性文件；基本形成以《文物保护法》为核心，以行政法规为支撑，以部门规章、地方性法规、地方政府规章、各种规范性文件和行业标准规范为基础的文物保护法律法规体系。提高立法质量，推进依法行政。文物保护单位、世界文化遗产、历史文化名城名镇名村、博物馆管理制度进一步完善；考古、文物保护工程、文物拍卖、文物进出境责任鉴定等从业资质资格制度进一步规范。文物保护工作正日益步入法制化、科学化、制度化可持续发展轨道。

——全面启动摸清家底工作，文物资源调查积极推进。第三次全国文物普查全面铺开，已经完成实地文物调查阶段整体验收。国务院先后召开 3 次会议，研究部署普查工作；各成员单位积极参与，全国文物部门全力推进，普查工作取得阶段性成果。截至 2010 年 12 月中旬，中央和地

---

* 报告原题为《立足升起点　谋划新发展　推动文化遗产事业实现新的跨越》。

方各级财政累计投入文物普查经费 12.03 亿元，全国 2800 多个县域基本单元全部完成实地文物调查工作，调查登记不可移动文物 80 余万处。全国长城资源调查田野工作全部完成，初步建成长城资源信息系统。大运河文化遗产资源调查工作圆满完成，登记大运河文化遗产点段 1000 余处。沿海文物调查进展顺利，已发现 200 余处水下文物点、70 处沉船遗址。文物调查及数据库管理系统建设项目、全国文物系统馆藏一级文物登录和二、三级文物备案圆满完成。

——实施科技支撑战略，文化遗产保护科技实现跨越式发展。实施 6 项国家科技支撑计划项目，"中华文明探源工程（二）"业经科技部结项验收，举办"早期中国——中华文明探源工程成果展"，"文化遗产保护关键技术研究"等项目顺利结项，取得了一批具有自主知识产权的研究成果。"指南针计划"专项进展顺利。举办"奇迹天工——中国古代发明创造文物展"。建立 17 家国家文物局重点科研基地。颁布实施 6 项国家标准和 33 项行业标准。以体制机制创新为先导，构建跨行业、跨学科、高效和务实的创新体系。与中科院探索建立文化遗产保护技术创新平台，与中国科协开展文物保护科研和普及战略合作，成立陶质彩绘文物保护技术创新联盟，文化遗产保护科技创新体系和标准化体系初步建立。

——落实人才强国战略，人才培养和队伍建设势头良好。牢固树立人才资源是第一资源的观念，加大培训力度。五年全国共开展各级各类培训 400 余次，参训人员约 2.5 万人次。完成新疆、安徽、江西、吉林、辽宁等 27 个省份地市文博管理干部培训和"国保"单位保护管理机构负责人培训。第三次全国文物普查培训、世界文化遗产保护与管理培训等及时开展，促进相关业务工作的开展。各类专业技术培训稳步开展，逐渐形成规模。涉外培训取得重要成果。大教育、大培训观念进一步强化，多渠道联合办学和培训的模式逐步形成。

——确立文物安全"生命线"地位，文物安全督察工作有序开展。国务院批准国家文物局设立督察司，建立了由文化部、公安部等 10 部门参加的"全国文物安全工作部际联席会议"。国家文物局建立并实施文物安全与执法督察公示公告制度。连续五年开展行政执法专项督察。开展全国文物系统安全大检查。与公安部、住房和城乡建设部等联合督办湖南长沙"12·29"特大团伙盗墓案，天津、南京城市改造破坏文物事件，直接督察山西大同云冈石窟、福建福州乌塔、内蒙古库伦三寺违法建设等数十起重大文物违法、犯罪案件。与公安部门联合开展"全国重点地区打击文物犯罪专项行动"，侦破文物案件 541 起，打掉犯罪团伙 71 个，抓获犯罪嫌疑人 787 人，追缴文物 2366 件。举办全国重点地区打击文物犯罪专项行动成果展。推进执法机构和队伍建设，全面开展文物行政执法培训，提高执法能力。

五年来，我们扎实开展重大文化遗产抢救保护和考古工程，有效保护文化遗产、传承中华文明。

——重大文化遗产保护工程进展顺利。国务院核定公布第六批全国重点文物保护单位 1081 处，全国重点文物保护单位达 2352 处。开展第七批全国重点文物保护单位的遴选和评审工作。国务院公布历史文化名城 9 座，建设部和国家文物局公布历史文化名镇名村 328 处，文化部和国家文物局公布历史文化名街 20 处。西藏布达拉宫、罗布林卡、萨迦寺三大重点文物保护主体修缮工程竣工，并启动西藏"十一五"重点文物保护工程。开展山西南部早期建筑、涉台文物、鸡鸣驿城、承德避暑山庄和外八庙等重点文物维修保护工程。加强近现代重要史迹保护，开展湘鄂赣三省革命文物保护试点工作。

——灾后文化遗产抢救保护有序开展。文物保护被纳入国家《汶川地震灾后恢复重建条例》。《四川省文物抢救保护修复规划》被纳入国家《汶川地震灾后恢复重建公共服务设计建设专项规划》，其中列入文物抢救保护项目 245 项，中央基金安排文物抢救保护专项资金 25.1 亿元。积极开展藏羌民族文化遗产的保护。建设茂县羌族博物馆新馆、北川羌族民俗博物馆。世界文化遗产都江堰古建筑群灾后抢救保护工程竣工。云南姚安龙华寺古建筑群文物本体保护主体工程基本完成。开展玉树震后文化遗产保护工程。

——考古和大遗址保护工作扎实推进。三峡文物保护工程规划内项目已基本完成并通过验收。南水北调工程文物保护第一、二批控制性项目顺利实施。南水北调东、中线初设阶段文物保护方案业经批复，已累计完成考古发掘面积 100 余万平方米。白鹤梁水下文物保护工程，"南海 I 号""华光礁 I 号"等水下考古项目成功实施。国家水下文化遗产保护中心正式挂牌成立。初步建成一批大遗址保护展示示范园区。以西安片区、洛阳片区和长城、丝绸之路、大运河等"两片三线"为代表的大遗址保护格局初步确立。探索建设"国家考古遗址公园"，良渚、牛河梁、大明宫、隋唐洛阳城等考古遗址公园初步建成。公布首批 12 家国家考古遗址公园。

——世界文化遗产工作卓有成效。安阳殷墟、开平碉楼与村落、福建土楼、山西五台山、河南登封天地之中历史建筑群等先后被列入《世界遗产名录》。截至目前，我国共有世界遗产 40 项，其中世界文化遗产 28 项，世界文化与自然混合遗产 4 项，世界自然遗产 8 项。重设《中国世界文化遗产预备名单》，颁布《世界文化遗产保护管理办法》《中国世界文化遗产监测巡视管理办法》《中国世界文化遗产专家咨询管理办法》等。加大世界遗产监测巡视力度，初步建立国家、省、市三级监测巡视体系。丝绸之路跨国联合申遗有序推进，大运河保护和申遗工作全面启动。

五年来，我们不断推进博物馆建设和免费开放工作，大力提高公共文化服务能力和水平。

——博物馆体系日臻完善。全国博物馆总数达到 3020 个，其中文物系统博物馆为 2252 个。新建、扩建重点博物馆 200 余座。中国国家博物馆扩建工程即将竣工；首都博物馆、中国文字博物馆、中国妇女儿童博物馆、中国科技馆、山东博物馆等新建、扩建项目竣工开放；安徽省博物馆、河南省博物院等建设持续推进。博物馆门类日益丰富，办馆主体呈多元化，社会力量兴办的博物馆日渐增多，经文物部门注册登记的民办博物馆达 328 个。初步形成门类丰富、特色鲜明、分布广泛的博物馆发展新格局。

——免费开放取得重大突破。2008 年初，按照中央部署，全国博物馆免费开放全面启动。中央财政每年安排免费开放专项经费 20 亿元。截至 2009 年底，全国免费开放博物馆纪念馆总数达到 1743 个，约占文化文物部门归口管理博物馆纪念馆和全国爱国主义教育示范基地总数的 77%；2008～2009 年，接待观众 8.2 亿人次，平均观众量比免费开放前增长 50%，使广大人民群众在博物馆的知识殿堂中实现了前所未有的文化体验。免费开放加快了博物馆融入社会的步伐，博物馆的文化辐射力和社会关注度得到空前提高，公共文化服务能力和社会效益得到进一步增强。

——管理水平逐步提升。博物馆评估定级工作全面启动，公布 83 个国家一级博物馆、171 个二级博物馆和 288 个三级博物馆，约占全国博物馆总数的 18%。推进博物馆体制机制创新试点，8 家博物馆被确定为首批中央地方共建博物馆，3 家博物馆被确定为培育对象。对国家一级博物馆运行状况进行了初步评估，为掌握博物馆绩效、实施动态管理积累了经验。全国文物、博物馆单位收藏文物达到 2710.8 万件（套）；新建 100 余个文物中心库房，试点单位绵阳博物馆文物中心库房在汶川大地震中发挥了重要作用。

——社会效益显著增强。落实"三贴近"要求，全国博物馆积极融入社会，更新服务理念，充实服务内容，创新展示方法，基本陈列和专题展览的主题内容、科技含量和艺术感染力显著提升。启动县级博物馆展示服务水平提升工程。推动博物馆纳入国民教育体系。全国博物馆每年举办陈列展览近万个。"中国记忆""长江文明"等迎奥运展览取得良好社会效益。全国博物馆十大陈列展览精品评选，博物馆进社区、进校园等特色活动持续开展，彰显了博物馆的文化魅力。生态博物馆、社区博物馆、数字博物馆等新型博物馆实践积极开展。

——社会文物管理力度加大。颁布《文物出境审核标准》《文物进出境审核管理办法》，启动实施全国文物进出境审核信息共享工程。全国文物进出境审核机构达 16 个。文物出境数量大幅下降，临时进境的回流文物数量年均增长 10%，2009 年达 2 万余件，其中大部分留在境内。文物拍卖经营资质行政审批、文物拍卖许可证年审、文物拍卖标的备案工作得到加强。国家投入珍贵文物征集经费，征集商代子龙鼎等重要文物 1 万余件。成功开展多次影响较大的文物追索行动，追回流失境外中国文物 3 千余件。

五年来，我们坚持"走出去""请进来"，不断提高中国文化遗产的国际影响力。

——政府间交流与合作不断深化。"十一五"期间，先后与 12 个国家签署了关于防止盗窃、盗掘和非法进出境文化财产协定或谅解备忘录，并在信息交流、成果共享、人员培训、文物返还等方面取得实质性的合作成果。开展柬埔寨吴哥窟、蒙古国博格达汗宫保护维修和肯尼亚合作考古、研究等项目。开展面向非洲、亚洲及阿拉伯地区文物保护人员培训。完成美国梅隆基金会、盖蒂保护研究所、中意、中法、中日韩合作等培训项目。驻华使节、外交官走近中国文化遗产活动富有成效，对外合作与交流呈现多层次、多渠道、全方位的发展势头。

——与国际组织的合作日趋活跃。积极参与国际文化遗产保护工作交流。举办文化遗产保护与可持续发展国际会议、东亚地区文物建筑保护理念与实践国际研讨会、城市文化国际研讨会、东亚地区木结构彩画保护国际研讨会等国际会议，成功承办国际博协第22届大会，陆续形成《绍兴共识》《北京文件》《北京宣言》《北京备忘录》《上海宣言》等国际文件。国际古迹遗址理事会国际保护中心在西安成立。我国代表通过竞选担任国际古迹遗址理事会、国际博物馆协会、国际文化财产保护与修复研究中心等领导职务。中外文化遗产保护理念的交流与融合，增强了中国在国际文化遗产保护领域的话语权，进一步丰富了国际文化遗产保护理论。

——文物出、入境展览和交流亮点纷呈。"十一五"期间，出入境文物展览约400项，平均每年达80项，展览的水平和质量不断提高，学术水平逐步提升。"中国元代艺术展""大三国志展""中国古代帝王珍宝展""丝绸之路展""华夏瑰宝展""西藏文化艺术与考古展""秦汉—罗马文明展"等对传播中华文化、促进国际人文交流发挥了重要作用。与港澳台地区文化遗产交流形式多样、亮点频出，"丝绸之路大展""微笑的俑——汉景帝的地下王国展"等对台文物展览引起良好反响。中意文化年、中俄国家年等重大外事活动中，文物展览作为"外交使者""国家名片"密切配合国家外交大局，成为中华文化的承载者、传播者。

五年来，我们不断创新体制机制，努力开创政府主导、社会参与的文化遗产保护新局面。

——统筹力量，构建社会各方面共襄文化遗产事业的新格局。"十一五"期间，全国文物事业经费从2006年的37.6亿元增加到2009年的97.9亿元；中央专项补助经费从2006年的7.65亿元增加到2010年的47.3亿元。建立健全党委统一领导、文物部门主要负责、各部门齐抓共管、社会各方面共同参与的工作机制。各地将文化遗产保护纳入省委党组中心组学习重要内容，纳入党委和政府的重要议事日程，纳入经济社会发展总体规划，与经济社会各领域工作一同部署、一同推进。引导文物系统社会组织开阔视野、拓展业务，积极承担社会责任。推进文物报刊、图书和音像制品的出版发行，丰富文物工作的表现形式和传播形式。文化遗产保护志愿者队伍建设日趋活跃，逐步成为推动文化遗产事业发展的重要生力军。

——形成合力，探索文化遗产保护共建合作的新机制。为整合中央和地方在政策、技术和资金等方面的优势和力量，国家文物局分别与国家测绘局、国家旅游局、国家海洋局签署战略合作框架协议；与湖北、浙江、陕西、甘肃、四川等省人民政府签署文化遗产保护共建协议，通过部门共建、省局合作，充分发挥各地区各部门保护文化遗产的积极性和创造性。

——促进共赢，开创大遗址保护带动区域经济社会发展的新模式。围绕大遗址保护和利用，召开大遗址所在地人民政府参加的"高峰论坛"，交流大遗址保护带动区域经济社会发展的做法和经验，达到了统一思想的目的。支持西安、集安、安阳、无锡、成都等城市建设大明宫、高句丽、殷墟、鸿山、金沙等国家考古遗址公园，在深化改革，探索建立适应社会主义市场经济体制要求、遵循文物工作自身规律、国家保护为主并动员全社会参与的文物保护体制，促进发展、惠及民生等方面迈出了坚实的步伐。

——营造氛围，持续开展文化遗产宣传和普及活动。自我国文化遗产日设立以来，以文物保护法为核心的宣传活动日趋活跃。启用中国文化遗产标志，推广中国文化遗产保护公益歌曲，成功组织杭州、苏州文化遗产日主场城市活动。国际古迹遗址日、国际博物馆日等活动精彩纷呈。设立重大新闻发布制度，召开新闻发布会、通气会等100余次。多次邀请中央媒体深入南水北调、"三普"工作一线采访报道。"中国记忆"文化遗产日电视直播、安徽黄山文化遗产日主场活动、重庆文化遗产宣传月活动等拉近了民众与文化遗产的距离。108个县区荣获"全国文物工作先进县"，502个先进集体和先进个人得到表彰，156个单位和个人获得文化遗产日活动组织奖；分别向从事文物、博物馆工作60年、30年的5800多名同志颁发荣誉证书；一批批文物专家学者、基层文物工作者和"护宝"农民走上光荣的领奖台，先进典型的示范作用得到有效发挥，文化遗产人人保护、保护成果人人共享的氛围初步形成。

五年来，我们深入贯彻落实科学发展观，围绕中国特色社会主义总体布局、党和国家文化建设的战略部署，坚决执行《中华人民共和国文物保护法》，认真贯彻文物工作方针，认真落实各级领导交办的每一项重要指示，以人为本，开拓创新，推动文化遗产事业全面协调可持续发展。

五年来，我们努力把科学发展观的要求转化为文化遗产事业发展的正确思路、政策措施和体制机制，不断探索新形势下文化遗产工作的特点和规律，凝聚全国文物工作者的集体智慧，鼓励和支持各地文物部门不懈探索，积累了许多成功做法和宝贵经验。我们深深体会到：

——必须持续开展文化遗产资源调查工作。要继续加大文物立法、资源调查、人才培养和文物安全工作力度，发展规划优先安排基础工作，经费投入优先保障基础工作，公共资源优先满足基础工作。要在全面摸清不可移动文物家底的基础上，进一步开展国有可移动文物普查，从根本上廓清全国文化遗产家底。

——必须深化博物馆免费开放工作。要始终坚持博物馆的公益属性，创新博物馆文化传播的内容、形式和手段，完善博物馆免费开放机制，创新管理运行模式，强化内部激励机制，建立绩效评估制度，着力研究博物馆从业人员准入制度等政策问题，努力解决运行机制滞后、内部管理不顺、绩效考评和激励意识不强、展示和服务水平不高等问题。

——必须推进大遗址保护和国家考古遗址公园建设。要按照"本体保护好、环境整治好、社会发展好、生活改善好"的标准，进一步推进大遗址保护和国家考古遗址公园建设，使考古遗址在新时期受到当地政府和社会各界的应有重视，更加拥有尊严。要积极探索建立文化遗产保护与经济社会协调发展、和谐共融、互利多赢的长效机制。

——必须坚持科技创新。要进一步加强文化遗产科技的研究、应用和推广，掌握一批文化遗产保护的共性技术和关键技术，解决热点、难点和瓶颈问题。积极应用现代科学技术挖掘、传承和改良文化遗产保护的传统工艺和技术。加强现代信息网络技术在文化遗产保护、展示、传播、传承和管理中的应用。

——必须不断加大教育培训工作力度。要紧紧围绕文化遗产事业科学发展的需求，落实大规模培训干部、大幅度提高干部队伍素质的战略任务，以提高培训质量为主线，创新体制机制为重点，努力形成多层次、多渠道、大规模的文博教育培训工作新格局，为文化遗产事业科学发展提供智力支持和人才保证。

——必须时刻把文物安全放在首位。要从人员机构、政策法规、体制机制、规划措施、技术设备和宣传教育等各个方面增加行政资源，努力构建政府统一领导、职能部门各尽其责、文物部门有效监管、文物单位全面负责、人民群众积极参与的长效机制，确保文物安全。

我们还要清醒地认识到，在文物安全形势依然严峻的同时，还存在管理体制和机制创新问题，机构设置和队伍建设问题，经费投入和管理水平问题，博物馆建设和服务质量问题。对此要予以高度重视，在"十二五"时期认真加以解决。

二、关于"十二五"时期文化遗产事业的发展思路

今年初以来，按照国家文物局的统一部署，全国文物系统组织精干力量，开展"十二五"规划的编制工作。在深入调研，广泛征求各有关方面意见的基础上，形成《国家文物事业发展"十二五"规划》（建议稿），今天将向大会作规划编制说明，并提交本次大会的会议代表讨论。

"十二五"时期，是全面建设小康社会的关键时期，是落实科学发展观、加快转变经济发展方式的攻坚时期，是实现文化遗产事业跨越发展的关键时期。世情、国情将继续发生深刻变化，我国经济社会发展呈现出新的阶段性特征，文化遗产事业也面临新的发展形势。

——纵览世界，文化已成为国家核心竞争力的重要因素。随着世界多极化、经济全球化的深入发展和科学技术的日新月异，文化与经济、政治相互交融，与科技的结合日益紧密。今天谁占据了文化发展的制高点，谁拥有了强大的文化软实力，谁就能在激烈的国际竞争中赢得主动。快速变化的形势，迫切要求我们对中华民族几千年的优秀文化传统再学习、再思考、再认识，充分发挥我国文化遗产丰厚的资源优势，维护国家利益和文化安全，提高国家文化软实力，增强中华文化国际影响力，尽快蓄积与我国经济社会发展和国际地位相适应的文化优势。

——着眼国情，文化遗产事业在经济社会发展中的作用日益凸显。随着中国特色社会主义事业的全面推进，文化遗产保护的综合效益不断增强，在保障人民基本文化权益方面的作用越来越明显。文化遗产事业发展潜力大、科技融合性强、资源消耗低、环境污染少、文化品位高，是转变经济发展方式、推动经济社会发展的重要着力点，已经成为社会共识。全面建设小康社会既需要殷实富足的物质生活，更需要健康向上的精神生活。这迫切需要发挥文化遗产引领社会、教育人民、推动发展的功能。

——审视自身，文化遗产事业面临机遇与挑战并存的局面。我国文化遗产事业在保护利用中传承、在开拓创新中前进，初步建立了比较完备的文化遗产保护制度，初步形成了适应我国文化遗产资源分布和类型特点的保护管理体制，初步掌握了文化遗产保护和利用的基本规律，初步探索了一条中国特色文化遗产保护道路，努力开创工作新局面。党和国家高度重视，综合国力持续

增强，投入逐步加大，人民精神文化需求快速增长，文化体制改革深入推进，全社会参与文化遗产保护的热情日益高涨。所有这些，都为文化遗产事业发展提供了持久动力。可以预见，未来五年，我国文化遗产事业将继续保持持续发展的良好态势。

同时也要看到，制约和影响文化遗产事业发展的矛盾和问题依然突出。与全面建设小康社会的新要求相比，与人民群众日益旺盛的精神文化需求相比，与传承中华文明的事业需要相比，我们的工作依然艰巨，我们的任务依然繁重。这迫切要求我们认清形势，理清思路，更加奋发有为地推进文化遗产事业实现新的跨越。

五年是一个历史单元，也是一个新的起点。"十二五"时期，我国文化遗产事业发展要围绕国务院《通知》提出的"到 2015 年，基本形成较为完善的文化遗产保护体系，具有历史、文化和科学价值的文化遗产得到全面有效保护；保护文化遗产深入人心，成为全社会的自觉行动"这个第二个阶段性目标，基本建立以下十个体系：

——中国特色、世界接轨的文化遗产理论体系。发挥理论先导作用，加强文化遗产工作的基础理论研究、应用理论研究、发展战略研究，探索文化遗产有效保护、合理利用、传承发展的规律，引领当代我国文化遗产保护实践，推进中外文化遗产理念融合，丰富国际文化遗产保护理论，始终保持我国文化遗产事业的蓬勃生机和旺盛活力。

——科学完备、保障有力的文化遗产法律体系。提高立法质量，增强法律法规的针对性、实效性和操作性。重视法律法规实施，弘扬法治精神，强化法治意识，坚持依法行政。基本实现文化遗产保护和利用的有法可依、有法必依、执法必严、违法必究，实现法律实施与法律体系构建的协调发展。

——责权明晰、效能统一的文化遗产管理体系。按照属地管理、分级管理、权责一致、监管到位的原则，明确中央和地方政府文化遗产保护管理的责任、权利和义务。加强国家文物行政部门政策引导、法规制定、宏观管理和执法督察职责，加强地方各级政府及文物部门统筹协调、实施监管职责。

——联动响应、监管到位的文化遗产安全体系。发挥全国文物安全工作部际联席会议作用，推动文物安全联防联控。完善文物安全重大事项决策机制和联合执法督察机制。加强文物行政执法机构，提升执法能力；规范文物行政执法监督，提高执法质量；完善文物行政执法机制，提升执法效能。

——特色鲜明、布局合理的博物馆体系。构建以中央地方共建国家级博物馆和国家一二三级博物馆为骨干、以国有博物馆为主体、民办博物馆为补充的博物馆体系。推动博物馆发展从"数量增长"走向"质量提升"、从"馆舍天地"走向"大千世界"，成为公共文化服务的核心阵地。

——政府主导、惠及全民的文化遗产公共文化服务体系。按照体现公益性、基本性、均等性、便利性的要求，基本建成文化遗产公共文化服务体系。创新服务方式，拓展服务空间，丰富服务内容，增强服务效益。鼓励社会力量参与文化遗产公共文化服务体系建设。

——结构合理、素质全面的文化遗产人才队伍体系。充分发挥人才队伍建设的基础性、战略性作用，造就知识渊博、品质优秀、甘于奉献的专门型人才；善于运用现代科学技术手段保护和利用的科技型人才；熟悉文化遗产工作、善于管理的复合型人才；具有世界眼光、熟悉国际保护理念的外向型人才。

——重点突破、支撑发展的文化遗产科技创新体系。完善科技组织体系、技术研发体系、成果推广体系，搭建科技基础条件共享平台。实施文物保护重大科技攻关工程和可移动文物保护工程，全面提升文化遗产行业的科技支撑能力。建立科学合理的综合评价体系和科研机构开放合作的运行机制。

——多方协力、共建共享的文化遗产社会参与体系。吸引、支持广大民众参与文化遗产保护，形成广大民众在履行文化遗产保护义务上各尽其能、在共享文化遗产保护成果上各得其利的生动局面。鼓励社会力量参与文化遗产保护工作，建立健全公众参与机制，完善文化遗产信息公开制度。

——传输便捷、覆盖广泛的文化遗产传播体系。提高文化遗产展陈水平，拓展传播渠道，丰富传播手段，扩大覆盖面和渗透力。推动中华文化"走出去"，积极参与国际文化竞争，增强中国文化软实力。推动文化遗产与现代数字、网络技术结合，使高新技术成为传播中华文化的重要手段。

蓝图绘就，重在落实。"十二五"时期，要按照国务院《通知》要求，着眼于国家经济社会发展，结合我国文化遗产事业发展实际，着力理清以下几个方面的问题：

第一，在融入经济社会发展上要有新突破。围绕中心、服务大局，不断提高文化遗产事业对促进经济社会发展的贡献。要把文化遗产保护与促进经济发展结合起来，合理利用文化遗产资源，使文化遗产成为促进经济发展的新亮点。要把文化遗产保护与城乡建设结合起来，既加强对文化遗产的抢救保护，又充分展示城乡蕴藏的独特历史文化内涵。要把文化遗产保护与改善环境结合起来，不仅注重对文化遗产本体的保护，还要关注对文化遗产依存的生态环境的保护，通过国家考古遗址公园建设等模式，既实现对文化遗产的整体性保护，又为人民群众创造良好的生活环境。

第二，在保障人民群众基本文化权益上要有新举措。切实坚持政府主导，加大投入力度，体现文化遗产工作的"公益性、基本性、均等性、便利性"。要把保障人民基本文化权益摆在文化遗产工作的首要位置，加大对大遗址保护项目、公共博物馆和重要展览等的投入，向全社会提供更多优质便捷的公共文化服务。要进一步深化博物馆免费开放工作，不断提高服务群众的能力和水平。要始终关注民生、改善民生、保障民生，无论在文化遗产考古发掘和保护修缮中，还是在历史文化街区和村镇的保护建设中，都要实现好、维护好、发展好最广大人民的根本利益，着力改善群众居住和生活条件，激发人民群众参与文化遗产保护的积极性、主动性、创造性，使文化遗产事业为民造福。

第三，在引导全社会参与文化遗产保护上要有新途径。推动各级政府切实把文化遗产保护摆到更加突出的位置，确保文化遗产工作的各项任务落到实处。要加大投入力度，完善文化遗产保护经费增长机制，健全公共博物馆免费开放的财政保障机制。要按照属地管理原则，明确文物保护主体责任，切实加强文物安全防范设施建设、文物执法机构和队伍建设，确保文化遗产事业健康有序发展。要完善和落实社会力量捐赠公益性文化事业的政策措施，研究制定社会资金进入文化遗产保护领域的相关规定，鼓励引导更多社会资金投入文化遗产事业。要加强宣传普及工作，增强公民依法保护意识，积极培育文化遗产保护志愿者。要建立完善文物保护员制度，加强群防群治，充分发挥广大群众保护文化遗产安全的积极性、主动性，营造文化遗产保护人人有责、文化遗产保护成果人人共享的社会环境。

第四，在提高文化遗产保护能力上要有新进展。要加强文化遗产保护基础理论研究，发挥理论的先导作用。进一步夯实文化遗产事业的基础工作，完善法律法规、摸清文物家底、优化人才队伍、确保文物安全。要理清发展思路，谋划发展战略，实施重大工程，提高保护和管理水平。要大力推进观念创新、科技创新、展示方法创新、传播手段创新、保护和传承方式创新。全面提升文化遗产管理的精细化、规范化和信息化水平。提高依法行政能力、宏观管理能力、公共文化服务能力。

第五，在提高中华文化国际影响力上要打开新局面。积极配合国家外交大局，扩大和深化人文交流与合作，推动与更多国家签署政府间文化遗产保护双边协定，开展更有深度和实质性内容的合作。要坚持"走出去"与"请进来"相结合，加强与国外文化遗产部门的交流合作，扩大对外文化遗产展览交流，加大展览宣传推介力度，真正使文化遗产展览成为"中国走向世界、世界了解中国"的重要窗口。要以更加开阔的视野，汲取世界文化遗产保护、发展的有益成果，更好地推动我国文化遗产事业繁荣发展。要巩固和发展我国与相关国际组织和民间机构的关系，积极参与国际文化遗产保护行动和相关国际公约的制定，增强我国在国际文化遗产保护领域的话语权。

三、关于 2011 年重点工作

2010 年，是两个五年规划的交替点，"十一五"规划基本完成，"十二五"规划即将展开。在这承前启后的历史节点，文化遗产事业发展迎来了新的历史契机。今年以来，全国文物系统树立机遇意识、发展意识，锐意进取、扎实工作，文化遗产事业保持了持续发展的良好势头：以中央决策部署指导规划编制工作，为"十二五"时期文物事业发展开篇布局；稳步推进重大文物保护工程，持续开展震后文物抢救保护工作；加强考古项目管理，积极开展大遗址保护工作；世界遗产工作有序开展，完成长城资源调查田野工作；免费开放工作进一步深化，国际博物馆协会大会成功举办；规范文物市场管理，加强文物进出境审核；文物安全机制逐步健全，执法督察力度加大；文化遗产保护科技成绩斐然，教育培训工作不断加强；对外交流与合作富有成效，文物法制和宣传工作持续开展。

2011 年，是落实国务院《通知》第二个阶段性目标的第一年，做好明年的文化遗产工作，对于"十二五"开好局、起好步，具有十分重要的意义。要正确把握当前文化遗产工作的新变化新特点，以科学发展为主题，认清形势，坚定信心，扎扎实实做好各项工作。

（一）认真落实中央决策部署，全面完成"十二五"规划编制工作

各地要抓紧编制文物事业"十二五"规划，要根据国务院《通知》提出的第二个阶段性目标，细化任务，分步落实。要积极向各级政府、相关部门和社会公众介绍文化遗产事业发展情况和面临的形势，尽可能地把文物事业发展规划的重要指标和任务，纳入当地经济社会发展规划和各部门规划，进一步争取政策、争取资源、争取支持，为文化遗产事业与经济社会同步协调发展创造更好的条件。

（二）完成第三次全国文物普查，推进重大文物保护和考古、世界文化遗产工作

召开第三次全国文物普查总结暨表彰大会、普查成果新闻发布会，2011 年底向全社会公布普查数据。做好全国不可移动文物名录的出版，开展"普查百大新发现"评选活动。继续做好第七批"国保"单位评选工作，于 2011 年上半年形成推荐名单上报国务院。继续稳步推进四川、青海震后文化遗产抢救保护工作。做好西藏重点文物保护、山西南部早期建筑保护、涉台文物保护等重点工程。做好援柬二期茶胶寺、中共六大会址修复等涉外文物保护工程。加强文物保护工程的管理，开展优秀文物保护工程评选工作。

继续做好南水北调、西气东输等大型建设工程中的文物保护和考古工作，加强考古管理。积极开展沿海地区水下文物重点调查工作，组织有关单位做好"南澳Ⅰ号""南海Ⅰ号"和"华光礁Ⅰ号"沉船的考古和保护工作。组织第六期全国水下考古专业人员培训。与国家海洋局联合开展水下文化遗产保护人员培训，促进海洋部门与文物部门的合作。组织召开全国考古工作会，组织评审全国十大考古新发现，组织评审国家文物局田野考古奖。召开大遗址保护高峰论坛。推动建立五片、四线、一圈为重点，150 处重要大遗址为支撑的我国大遗址保护新格局。

参加第 35 届世界遗产委员会会议和第 17 届国际古迹遗址理事会大会，做好"杭州西湖文化景观"项目申报工作。指导遗产地做好元上都遗址的申报文本编制、文物保护、展示和接待国际专家现场考察评估等准备工作。开展《中国世界文化遗产预备名单》重设工作。推进丝绸之路申遗，适时召开丝绸之路申遗相关国际会议。启动世界文化遗产管理动态信息和监测预警系统建设试点工作，推动建立世界文化遗产年度报告制度。推进明清皇家建筑保护工程和中国大型石窟寺保护工程。基本完成明长城"四有"工作。完善长城资源信息系统。召开世界文化遗产保护管理座谈会。举办中国加入《世界遗产公约》25 周年庆祝活动。

（三）加强博物馆建设和免费开放工作，做好社会文物管理

编制《中国博物馆事业中长期发展纲要》，召开全国博物馆工作会议。制定博物馆章程、理事

会组织规则。制定《中央地方共建国家级博物馆运行评估办法》，推进共建博物馆体制机制创新试点。开展国家一级博物馆评估认定和年度运行评估。制定免费开放博物馆绩效考评机制。开展民办博物馆帮扶试点。开展国有可移动文物普查前期准备，做好立项申请。做好出入境文物展览的审批、管理，深化中外博物馆文化交流。开展第九届全国博物馆十大陈列展览精品评选。

制定《文物拍卖图录标注规范》《文物拍卖暂行规定》，加大文物市场行政执法力度。探索文物鉴定资质资格管理模式。完善文物进出境审核信息管理系统。积极支持相关省份设立文物进出境审核机构。积极参与国际组织促进文物返还的国际合作，建立完善国内各有关部门共同参与、快速反应的文物追索工作机制，有重点地开展重要流失文物追索工作。全面推进中国流失海外文物调查。

（四）加强文物保护科技工作，推动教育培训工作

制定发布《国家文物保护科学和技术发展"十二五"规划》。做好"十二五"期间重大科技项目的项目凝练、发布、评审和立项工作。做好指南针计划、中华文明探源工程、石质文物保护关键技术等项目的组织管理工作。做好科研成果的宣传和转化。开展可移动文物保护修复工作调研。

继续举办省级文博管理干部培训班，着力做好县级文物行政部门负责人大规模调训工作，加强各类专业技术人员培训。与 ICCROM 合作举办中国和亚太地区世界文化遗产监测培训项目。开展国家考古遗址公园保护管理、水下文化遗产保护等专题培训。加强文博教育培训基础工作，构建文博教育培训的长效机制。

（五）加强文物立法工作，推进文物安全机制建设和执法督察

继续推动《博物馆条例》《大运河文化遗产保护条例》立法进程，推进《中华人民共和国水下文物保护管理条例》修订工作，发布《文物保护单位保护管理办法》《馆藏文物修复管理办法》；研究起草《世界文化遗产保护管理条例（草案）》等。

召开全国文物安全工作部际联席会议第二次会议，与各部门联合下发关于加强文物安全工作的指导意见。启动"全国文物安全综合管理实验区"研究和试点工作。正式施行文物行政执法与安全监管公示公告制度。开展全国重点文物保护单位文物安全责任人建档备案工作。修订完善文物安全领域规章制度与标准规范，举办文物安全防护设施建设工程培训班。开展沿海水下文化遗产安全防范监控试点。协调公安部开展新一轮打击文物犯罪专项行动。开展文物单位消防安全专项检查。

推动地方文物执法机构建设和队伍提升。继续加大重大文物违法案件督办督察力度。加强执法督察基础理论研究和制度建设。出台"十二五"文物行政执法人员培训大纲，编制执法培训配套教材，开展大范围执法人员和历史文化名城城乡规划督察员培训工作。加强文物违法案例研究，建设案例数据库，继续编辑出版《文物行政执法案例选编分析》。推行文物安全与行政执法巡查工作，建立执法巡查档案，努力实现预防为主、关口前移。

（六）深化对外交流与合作，深入开展文化遗产宣传工作

推动与英国、法国、瑞士、日本等中国文物非法流向目的国签署防止盗窃、盗掘和非法进出境文物协定，加快与柬埔寨、墨西哥等签署防止盗窃、盗掘和非法进出境文物协定。加大做好对台、涉藏、涉疆等方面的文物展览工作力度。做好意大利"秦汉—罗马文明展"、印度"中国古代瑰宝展"，积极参加意大利、印度、澳大利亚、土耳其等国的文化年活动。

组织 2010 年国际古迹遗址日、国际博物馆日和中国文化遗产日活动，办好文化遗产日主场城市活动，完善主场城市申办机制。做好文化遗产保护新闻发布和宣传工作。召开全国文化遗产新闻宣传工作会议。提高舆情监测、研判和公共危机应对管理能力，营造良好发展氛围。

蔡武在 2011 年全国文物局长会议上的讲话 *

（2011 年 12 月 25 日）

在全党全国深入学习贯彻党的十七届六中全会精神、谋划文化强国建设宏图之际，我们在这里召开全国文物局长会议。首先，我代表文化部党组对会议的召开表示热烈的祝贺！向长期以来关心支持文物事业发展的国家各有关部委和社会各界表示衷心的感谢！向辛勤工作在文物战线上的广大文物工作者致以崇高的敬意和诚挚的问候！

今年是我国文化发展史上极为重要的一年。最近召开的党的十七届六中全会是在中国共产党成立 90 周年之际，在我国进入全面建设小康社会的关键时期和深化改革开放、加快转变经济发展方式的攻坚时期召开的一次极为重要的会议。全会专题研究文化改革发展问题，审议通过了《中共中央关于深化文化体制改革推动社会主义文化大发展大繁荣若干重大问题的决定》。这在我们党的历史上还是第一次。《决定》强调，我们要坚持中国特色社会主义文化发展道路，努力建设社会主义文化强国，这是新世纪新阶段我们党不断推进理论创新和实践创新的又一重要成果，充分表明了我们党在文化建设理论和实践上更加成熟、更加自信。党的十七届六中全会是我国文化发展史上又一具有里程碑意义的大事。《决定》指出，优秀传统文化凝聚着中华民族自强不息的精神追求和历久弥新的精神财富，是发展社会主义先进文化的深厚基础，是建设中华民族共有精神家园的重要支撑。全国文物系统要认真学习、深刻领会六中全会精神，切实认识文物工作的重要地位和作用，切实把握文物事业发展的形势，切实认清肩负的历史责任，勇于担当保护发展文化遗产的光荣使命。下面，我讲几点意见。

一、充分认识文物工作的重要地位和作用

文化是民族的血脉，是人民的精神家园。而文物事业是中国特色社会主义文化事业的重要组成部分，承担着维护民族文化基本元素，保护利用、普及弘扬祖国传统文化的重任，在党和国家大局中占有十分重要的地位。随着世界多极化、经济全球化深入发展，科学技术日新月异，各种思想文化交流交融交锋更加频繁，文化在综合国力竞争中的地位和作用更加凸显，维护国家文化安全任务更加艰巨，增强国家文化软实力和中华文化国际影响力要求更加紧迫，文物工作日益发

＊ 讲话原题为《立足新起点谋求新发展　努力开创文物事业新局面》。蔡武时任文化部部长。

挥出独特的价值和功能。我们必须深刻认识到：

——文物工作与推动科学发展、促进社会和谐密不可分。全面建设小康社会，既要让人民过上殷实富足的物质生活，又要让人民享有健康丰富的文化生活。当前，文化建设不仅对经济增长的直接贡献越来越大，而且对提升经济发展质量的作用日益突出。文物工作既是推动经济社会发展的重要手段，也是社会文明进步的内在要求，是建设和谐社会的重要内容。特别是在大规模经济建设中，我们既要竭尽全力加强文物保护，又要充分挖掘和展示城乡文物的文化内涵，努力创造与经济蓬勃发展相得益彰的文化生态环境。这既是经济社会全面协调可持续发展的客观需要，也是全面建设社会主义和谐社会的必然要求。

——文物工作与增强国家实力、提高国民素质密不可分。一个国家的强盛，不仅要有强大的经济实力，还要有文化的繁荣发展。人民越富足，对文化生活的追求就越高；国家越强盛，对国民素质的提升要求就越高。我国是文化遗产大国，拥有丰富的文化遗产资源，要通过有效保护和合理利用，提高文物工作的影响力和感召力，增强我国的文化软实力。《决定》强调要加强对优秀传统文化思想价值的挖掘和阐发，我们要将文化遗产所蕴含的深刻内涵，融入社会主义核心价值体系建设，传承中华优秀传统文化，建设中华民族共有精神家园，使文物事业成为全体人民树立共同理想、弘扬民族精神和时代精神的文化力量。

——文物工作与维护民族团结、实现祖国统一密不可分。我国是一个统一的多民族国家，中华文化是各民族共同创造的多元一体的灿烂文化。在几千年的历史长河中，中华民族形成了追求国家统一、维护民族团结的价值观。近代以降，在这种价值观的感召下，各族人民携手抵御外侮，共同维护中华民族的利益和尊严。存在于祖国各地的大量历史文化遗存，是全国各民族团结发展、共同进步的历史见证，也是海峡两岸人民同祖同根、血肉相连的情感纽带。保护好、传承好这份珍贵的文物资源，对加强中华民族的民族认同感、一个中国的国家认同感，维护中华民族团结、实现祖国统一，具有不可替代的作用。

——文物工作与维护国家主权、捍卫领土完整密不可分。我们祖先遗留下来的大量珍贵文化遗产，是中华民族世世代代辛勤耕耘、上下求索的结晶，是华夏儿女在流淌着中华血脉的土地上生活繁衍的忠实记录，也是历朝历代中央政权实行有效管辖、昭示国家主权的铮铮铁证。加强对历史文物的有效保护、合理利用和科学研究工作，以无可辩驳的史料和文物史迹揭示我国历史上的版图、疆域、海域等事实，为维护国家主权、捍卫领土完整做不懈的斗争，这不仅是一份文化责任，更是一份重大的政治责任。

二、正确把握文物工作面临的形势

党和国家历来高度重视文物工作。党的十六大以来，以胡锦涛同志为总书记的党中央从弘扬中华文化、发展社会主义先进文化的高度，将文物工作放到更加重要的位置。2005年12月，国务院确定每年6月的第二个星期六为我国的"文化遗产日"。党的十七大从中国特色社会主义事业

"四位一体"总体布局的高度，提出"两大一新"的战略任务。党的十七届六中全会进一步为文物工作指明了方向。中央领导同志多次对文物工作作出重要批示，多次亲临文物、博物馆单位指导工作。2010年6月，中央政治局常委李长春同志在《人民日报》发表《保护发展文化遗产建设共有精神家园》重要文章，站在党和国家事业发展全局的战略高度，对文化遗产保护工作进行了全面论述，系统总结了历史经验，深刻分析了文化遗产保护面临的形势和情况，深刻阐述了在科学发展观指引下形成的新的文化遗产保护理念，明确阐述了新时期我国文化遗产保护工作的指导思想、战略任务、工作方针、政策措施，对今后一个时期文化遗产保护工作进行了总体部署，提出明确要求，是我们很长一段时期里文物保护的纲领性文件。国家制定出台了一系列关于文物保护的重大政策措施。修正《中华人民共和国文物保护法》、公布施行《长城保护条例》和《历史文化名城名镇名村保护条例》、印发《关于加强文化遗产保护的通知》等一系列法律法规和重要文件。国家逐年加大文物保护经费投入，"十一五"期间，仅中央文物保护专项经费就达1402亿元，是"十五"期间近10倍；2011年，中央文物保护专项经费达96亿元，为文物事业发展提供了强有力的支撑。

近年来，全国文物系统牢固树立机遇意识、改革意识、发展意识，坚决贯彻党中央、国务院的决策部署，自觉、主动服从服务于党和国家工作大局，履职尽责、敢于担当，扎实工作、奋发有为，文物事业发展取得了可喜的成就。第三次全国文物普查圆满完成，调查登记不可移动文物近77万处；全国免费开放博物馆达1804家，4年接待观众达17亿人次；都江堰古建筑群等震后文物抢救保护工程顺利完工，一大批藏羌文化遗产得到有效保护；西藏三大重点文物保护工程圆满完成；对口援疆文物保护工程持续开展；馆藏文物保护水平稳步提升，初步分级构建了全国馆藏文物修复网络；积极做好文物安全工作，努力建立文物安全工作长效机制。文物保护基础工作卓有成效，重大文物保护项目进展顺利，考古和大遗址保护工作稳步开展，世界遗产事业扎实推进，博物馆建设成效显著，社会文物管理力度加大，文物科技工作实现跨越式发展，文物外事工作持续开展，文物宣传工作日趋活跃，全社会积极参与文物保护势头方兴未艾。文物系统积极向各级党委政府、相关部门和社会公众介绍文物事业发展情况和面临的形势，制定切实可行的项目规划，在争取国家和各方面对文物工作政策和经费支持等方面卓有成效。在近年来的国务院机构调整中，国家文物局作为加强部门，先后增设了政策法规司、督察司。

今天文物保护事业越来越成为中国特色社会主义文化建设的重要组成部分，越来越成为继承和弘扬中华民族传统文化，提高国家文化软实力，建设中华民族共有精神家园的重要方面；越来越成为教育人民、引领社会、推动发展的重要因素；越来越成为满足人民群众多样化、多方面精神文化需求的重要资源；越来越成为全社会高度关注、关切、关心的热门领域。

这些年来，在单霁翔同志和文物局党组的直接领导下，文物局和全国文物系统的工作，无论是事业发展、机构建设、服务水平，还是队伍建设都取得了显著的成就；在深化改革、创新体制机制方面取得显著进展；在坚持解放思想、与时俱进、转变观念、转变作风方面取得显著成果，形成了科学求实、锐意进取、严谨细致、开拓创新、团结奋进的好作风。

实践证明，广大文物工作者对祖国文化遗产有真情挚爱，对文物工作有担当奉献，对文物事业有坚守追求，是一支可亲可敬、大有作为的队伍，是一支党和人民完全可以信赖的队伍。

同志们，越是形势好的时候，越要保持清醒头脑。在看到成绩的同时，我们也要清醒地认识到，当前文物工作是在世界多极化加速演进、经济全球化深入发展、科技进步日新月异、人才竞争日趋激烈的形势下进行的，是在我国全面建设小康社会的背景下进行的，是在我国加速工业化、城镇化、信息化、国际化的进程中进行的，是在深化文化体制改革、推动社会主义文化大发展大繁荣的过程中进行的。伴随着世情、国情的发展变化，文物事业发展既具备诸多有利条件，也面临一系列新情况新问题，甚至面临一些深层次的矛盾，文物工作依然任重道远。与经济社会全面发展的要求相比，与推动科学发展、促进社会和谐的要求相比，与急剧变化的国际形势提出的要求相比，与人民群众对文物工作的期待相比，文物工作依然存在着不小的差距。可以说，我国文物事业既进入了加速发展的"黄金机遇期"，也进入了压力不断累积、形势依然严峻的"矛盾凸显期"。我们必须树立忧患意识，切实增强责任感和紧迫感，抓住机遇，积极谋划，在改革创新中破解难题，在科学发展中提升水平，努力开创文物事业新局面。

三、切实用党的十七届六中全会精神指导文物工作

坚持中国特色社会主义文化发展道路，努力建设社会主义文化强国，是《决定》贯彻始终的鲜明主题，也是全会的一个重大贡献和突出亮点。《决定》强调要以科学发展为主题，以建设社会主义核心价值体系为根本任务，以满足人民精神文化需求为出发点和落脚点，以改革创新为动力，推动文化大发展大繁荣，科学回答了我国文化建设中一系列带有方向性、根本性和战略性的重大问题，也指明了文物工作的方向和路径，明确了文物事业发展的历史任务。我们要始终把文物事业放到党和国家工作全局中来认识来推动，在实践中坚持文物保护与经济社会建设相结合、依法保护与科学保护相结合、保护抢救与利用管理相结合、政府主导与社会参与相结合，推动文物事业科学发展，探索中国特色文物事业发展道路，促进文化强国建设。

——要坚持以科学发展为主题，不断提高文物事业对促进经济社会发展的贡献。经济社会发展是保护文化遗产的基础和前提，保护文化遗产是经济社会发展的重要内容和有力支撑。要坚定不移地贯彻执行《文物保护法》和"保护为主、抢救第一、合理利用、加强管理"的文物工作方针，依法保护文化遗产，正确处理文物保护与经济建设的关系，推动重大文物保护工程实施，关注对文物依存的生态环境的保护，挖掘文物所蕴含的优秀文化思想价值内涵，展示独特的历史文化、地域文化、民族文化，为人民群众创造良好的文化环境，使优秀传统文化成为鼓舞人民前进的精神力量。要切实贯彻六中全会决定中关于"建设优秀传统文化传承体系"的要求，用系统的思维、系统的方法来开展工作。要合理利用珍贵的文物资源，加快文物保护利用与文化产业和旅

游业的结合，提高衍生产品和配套服务质量，使文物保护成为促进经济社会发展的新亮点。要抓住和用好我国发展的重要战略机遇期，围绕经济建设这一中心，自觉把推动文物事业科学发展作为深入贯彻落实科学发展观的重要举措，构建优秀传统文化传承体系，为建设文化强国而努力奋斗。

——要坚持把社会主义核心价值体系建设作为根本任务，充分发挥文物事业在社会主义核心价值体系建设中的不可替代作用。社会主义核心价值体系根植于中华民族五千年文明的沃土之中。博大精深的文化遗产见证了中华文明源远流长、一脉相承、连绵不断，展示了中国共产党领导全国各族人民进行革命、建设和改革开放，实现中华民族伟大复兴的艰辛历程和辉煌成就，是爱国主义精神、民族精神、时代精神的重要载体，为社会主义核心价值体系建设提供了丰富的物质资源和精神营养，是在全党全社会形成统一指导思想、共同理想信念、强大精神力量、基本道德规范的生动教材。我们要坚决贯彻六中全会决定中强调的"坚持保护利用、普及、弘扬并重，加强对优秀传统文化思想价值的挖掘和阐发"，把文物保护融入社会主义核心价值体系建设，与传播先进文化相结合，深入挖掘、展示、宣传文物中所凝聚的丰富内涵，使人民感受教育启迪、陶冶思想情操、充实精神世界，为巩固全党全国各族人民团结奋斗的共同思想道德基础做出贡献。

——要坚持以人为本、惠及民生，让人民充分享受文物保护成果。中华文化是人民创造的，人民群众是文物工作的主人，文物保护必须紧紧依靠人民，文物保护成果必须惠及人民。这既是实现文物价值、赢得社会尊重的现实需求，也是建设文化强国的出发点和落脚点。要充分发挥人民在文物保护中的主体地位，拓展社会参与支持文物保护的渠道；强化广大民众与文物之间的情感和关联，无论在文物保护修缮、考古发掘、博物馆建设，还是在历史文化名城名镇名村名街的保护中，积极取得广大民众的理解、参与和支持，努力使文物保护工程与改善人民物质文化生活紧密结合，成为民意工程、民生工程、民心工程。加强博物馆建设，健全博物馆体系，进一步推动免费开放工作，提升陈列、管理和服务水平，向全社会提供更多优质便捷的公共文化鉴赏服务，保障人民基本文化权益。要在全社会大力宣传和普及文物鉴赏知识，提高人们的审美素养。

——要坚持深化改革、开拓创新，构建有利于文物事业科学发展的体制机制。进入新世纪以来，文物保护领域不断拓宽，文物保护理论和实践不断创新。要继续坚持深化改革，推进体制创新，转变政府职能，总结文物保护实践中形成的"强化政府主导、动员社会参与、民众共建共享"的经验，努力建立适应社会主义市场经济体制要求、遵循文物工作自身规律、国家保护为主并动员全社会参与的文物保护体制。要推进理论创新，认真总结文物保护实践中积累的新经验，加强文物保护与博物馆法规制度建设，研究探索适应我国国情、顺应时代要求、符合文物工作规律的中国特色文物事业发展道路，规划文化强国建设中的文物事业发展战略目标和举措。要大力推进科技创新，积极构建文物界与科技界协同创新的新体制，整合社会优质科研资源，吸收借鉴国际先进经验，着力突破文物保护领域的重点、难点、瓶颈问题，加大科技成果的推广力度。要扩大对外开放，积极举办对外文物展览，加强国际文物保护领域的交流与合作，增强中华文化在世界的感召力和影响力。

——要坚持加强文物工作队伍建设，树立良好的行业作风。推进文物事业科学发展，实现由文物大国向文物强国转变，队伍是基础，人才是关键。要加大人才培训力度，着力做好基层文物行政部门负责人培训、文博专业技术人员培训、行政执法人员培训、重大项目专项培训、西部和少数民族地区文博干部培训，提高队伍的整体素质。要充分发挥人才队伍建设的基础性、战略性作用，创造优秀人才脱颖而出的环境，培养造就一批高层次的领军人物和高素质的专门型人才、科技型人才、复合型人才、国际化人才，提高推进文物事业科学发展的能力。要加强职业道德建设和行业作风建设，教育引导干部职工自觉践行社会主义核心价值体系，严格遵守《中国文物博物馆工作者职业道德准则》，增强社会责任感；坚定理想信念、严格依法行政，弘扬科学精神、恪守职业道德，坚持艰苦奋斗、厉行廉洁自律，共同营造风清气正、和谐奋进的良好氛围。

四、努力开创文物工作新局面

当前我国文物事业已站在新的起点上，明年党的十八大将隆重召开，也是纪念《文物保护法》颁布 30 周年、修订 10 周年。我们要把深入学习全面贯彻六中全会精神，与落实党中央、国务院关于加强文物工作的一系列重要指示结合起来，与"十二五"规划确立的目标和任务结合起来，与文物事业科学发展结合起来，自觉用全会精神武装头脑、指导实践、推动发展，迈出建设文化强国的坚实步伐。

——要立足新起点，进一步把基础工作放在战略位置。基础工作是文化遗产事业的基本依托，是实现文化遗产事业全面协调可持续发展的重要前提。自 2002 年以来，全国文物系统把基础工作作为一项战略任务来抓，取得了令人瞩目的成绩，推动了文物事业的繁荣发展。要着眼基础工作的长期性、艰巨性、复杂性，继续把基础工作作为一项战略任务常抓不懈。要牢固树立海洋意识，大力加强水下考古、海洋考古和文物保护事业。要加强文物保护法律体系建设，进一步做好文物资源调查，推动国有可移动文物普查。要加强文物执法督察和安全监管，健全各级文物行政执法机构，推行文物安全与执法巡查制度，完善全国文物安全工作部际联席会议制度，实施文物平安工程，严厉打击文物违法犯罪行为。要加强文博人才队伍建设，创新人才培养模式，加大人才培养力度。

——要顺应新期待，大力促进公共文化服务体系建设。博物馆是保障人民群众基本文化权益的重要阵地。要加大博物馆建设力度，大力推进生态博物馆、社区博物馆、数字博物馆等新形态博物馆建设，引导、规范和扶持民办博物馆发展，着力构建以中央地方共建国家级博物馆为龙头，国家一二三级博物馆和重点行业博物馆为骨干，国有博物馆为主体，民办博物馆为补充的博物馆体系。要进一步深化博物馆免费开放工作，始终坚持公益属性，创新博物馆文化传播的内容、形式和手段，完善博物馆免费开放机制，创新管理运行模式，强化内部激励机制，建立绩效评估制度，努力解决运行机制滞后、内部管理不顺、绩效考评和激励意识不强、展示和服务水平不高等问题。

——要谋求新发展，努力创新文化遗产保护传承体系。近年来，文物系统在融入经济社会、促进自身发展、传承中华文明等方面，进行了一系列理论创新和实践探索。通过与国家相关部门和地方政府签署战略合作框架和共建协议，调动了各部门各地区文物保护的积极性和创造性。启动国家考古遗址公园建设，通过政府主导、部门协作、社会参与、市场运作的方式，较好地解决了国家考古遗址公园可持续发展问题。要按照"本体保护好、环境整治好、社会发展好、生活改善好"的标准，探索建立文物保护与经济社会协调发展、和谐共融、互利多赢的长效机制。重大项目、重点工程是文物保护、成果惠民、文化传承的重要载体，是带动文物事业发展、发挥文物价值和作用的重要举措。要紧紧围绕"十二五"时期确立的任务和目标，启动和实施一批具有示范效应和引领作用的重大文物保护工程，为传承文明、服务社会、促进发展做出重要贡献。

——要凝聚新共识，努力营造文物工作的良好氛围。文物保护关乎文化传承、惠及人民群众、利在子孙后代，需要全社会的共同努力，离不开社会各方面的理解和支持。要加强宣传普及工作，广泛介绍文物保护知识，增强公民依法保护意识，积极培养文物保护志愿者。要组织好文化遗产日、国际博物馆日、国际古迹遗址日系列宣传活动，实施文化遗产知识宣传普及工程，营造保护文物人人有责、文物保护成果人人共享的社会环境，形成有利于文物保护的舆论氛围。要按照属地管理原则，落实文物保护和管理责任，依法实施文物保护和管理，切实加强文物安全防范设施建设、文物执法机构和队伍建设，确保文物安全和文物事业有序发展。要完善和落实社会力量捐赠公益性事业的政策措施，研究制定社会资金进入文物保护领域的相关规定，鼓励引导更多社会资金投入文物事业，努力形成文物工作的强大合力和长效机制。

——要寻求新突破，切实抓好近期的重点工作。文物工作千头万绪，要善于抓住主要矛盾和关键环节，重点突破，带动全局。2012年，全国人大常委会将组织开展文物执法检查，这是全国人大常委会首次在全国范围内开展《文物保护法》执法检查。要以这次执法检查为契机，积极配合全国人大做好相关工作，督促地方各级政府和文物部门依法落实文物保护责任，推动有关部门适时启动《文物保护法》修订工作。要加快《博物馆条例》《文物认定评估管理条例》立法进程。要抓好第三次全国文物普查的收尾工作，做好普查资源的利用和共享。要抓好全国文物工作会议的筹备工作，以召开这次会议为契机，深化调研工作，争取报请国务院出台关于加强新时期文物工作的政策性文件，着力解决当前文物保护管理工作中存在的突出问题。

同志们，中国特色社会主义文化欣欣向荣、前景广阔，广大文物工作者使命光荣、大有作为。让我们紧密团结在以胡锦涛同志为总书记的党中央周围，以邓小平理论和"三个代表"重要思想为指导，深入贯彻落实科学发展观，开拓创新、锐意进取、奋发有为，为迎接党的十八大胜利召开，为推动社会主义文化大发展大繁荣、建设社会主义文化强国做出新的更大贡献！

单霁翔在 2011 年全国文物局长会议上的工作报告*

（2011 年 12 月 25 日）

在全国上下深入学习贯彻党的十七届六中全会精神，开启社会主义文化强国建设伟大进程的新形势下，我们召开全国文物局长会议。这次会议的主题是：认真学习十七届六中全会精神，深入贯彻落实科学发展观，总结工作，凝心聚力，共同开创文化遗产事业繁荣发展新局面。

一、深入学习贯彻党的十七届六中全会精神

党的十七届六中全会是在全面建设小康社会关键时期和文化改革发展重要阶段召开的一次十分重要的会议。全会审议通过的《中共中央关于深化文化体制改革推动社会主义文化大发展大繁荣若干重大问题的决定》，全面总结了我们党领导文化建设的成就和经验，深刻分析了文化改革发展面临的形势和任务，提出了新形势下文化改革发展的指导思想、目标任务和政策措施，描绘了建设社会主义文化强国的宏伟蓝图，是新时期推进我国文化改革发展的行动纲领，为文化遗产事业改革发展指明了方向。

学习好、宣传好、贯彻好六中全会精神，是当前全党政治生活中的一件大事，也是全国文物系统的首要政治任务。各级文物部门要通过学习，深刻领会《决定》的精神实质，切实把思想和行动统一到全会的决策部署上来，统一到《决定》的贯彻落实上来，不断推进文物工作的理论创新和实践探索。

党的十六大以来，以胡锦涛同志为总书记的党中央高度重视文化遗产事业改革发展。中央领导同志多次亲临文物博物馆单位考察、调研，并对文物保护政策法规、重大工程、灾后重建，以及博物馆建设、对外交流等作出重要指示、批示。党和国家出台了一系列有关文化遗产保护的决策部署和重大措施。2002 年，《文物保护法》修订颁布，确立了"保护为主、抢救第一、合理利用、加强管理"的文物工作方针。2005 年，国务院印发《关于加强文化遗产保护的通知》，明确提出我国文化遗产保护的指导思想、基本方针和总体目标。2010 年，中共中央政治局常委李长春同志发表《保护发展文化遗产建设共有精神家园》的重要文章，提出加快推进文化遗产强国建设的目标任务。党的十七届六中全会《决定》中进一步明确提出建设优秀传统文化传承体系，强调

---

* 原题为《深入学习贯彻十七届六中全会精神　不断开拓文化遗产事业繁荣发展新局面》。

要全面认识祖国传统文化，坚持保护利用、普及弘扬并重，加强对优秀传统文化思想价值的挖掘和阐发，加强国家重大文化和自然遗产地、重点文物保护单位、历史文化名城名镇名村保护建设，使优秀传统文化成为新时代鼓舞人民前进的精神力量。

围绕党中央、国务院一系列重大决策部署，全国文物系统牢固树立责任意识、机遇意识、改革意识和发展意识，以邓小平理论和"三个代表"重要思想为指导，深入贯彻落实科学发展观。在文化遗产事业的地位和作用上，我们明确提出文化遗产事业与维护国家主权、捍卫领土完整密不可分，与维护民族团结、实现祖国统一密不可分，与推动科学发展、促进社会和谐密不可分，与增强综合国力、提高国民素质密不可分。文化遗产必须拥有尊严，文化遗产事业必须融入经济社会发展，必须努力成为促进国民经济又好又快发展的积极力量，成为推动社会主义文化大发展大繁荣的积极力量，成为保障人民共享发展成果的积极力量，成为建设创新型国家的积极力量，成为增强中华文化国际影响力的积极力量。

在文化遗产保护理念上，我们深入贯彻落实国务院《关于加强文化遗产保护的通知》，借鉴国际文化遗产领域丰富理论成果，不断拓展文物保护的空间尺度和时间维度，积极推动文化遗产范畴、类型和保护理念的探索与创新。围绕文化遗产保护依靠谁、为了谁等根本性问题，明确提出文化遗产保护必须依靠最广大人民群众，文化遗产保护成果必须惠及民生。所有文化遗产保护工程，都必须与城乡建设和发展、新农村建设相结合，必须按照遵循"文物本体保护好、周边环境整治好、经济社会发展好、人民生活改善好"的基本标准目标要求，努力使其成为民生工程、民心工程。积极落实中央关于博物馆向全社会免费开放的决策部署，始终把满足人民群众基本文化需求、保障人民群众基本文化权益作为博物馆一切工作的出发点和落脚点，不断提升博物馆公共文化服务水平。

在工作实践中，我们坚定不移地贯彻落实党中央关于推动社会主义文化大发展大繁荣的一系列决策部署，扎实推进文物法制建设、文物安全、文物资源调查、科技支撑与文物法制建设、人才队伍建设、文物安全等各项基础工作。围绕大遗址保护和国家考古遗址公园建设、水下文化遗产保护，文化援藏、援疆，灾后文化遗产抢救性保护和馆藏文物修复与保护，大力推动文化遗产保护体制机制创新、文化遗产保护科技创新，大力推动文化遗产保护人才队伍建设和对外交流合作。我们不断加强管理，坚持依法行政，切实履行职责，持续加大项目储备和项目管理，强化跟踪问效和执法督察，大力推进"阳光工程"和制度建设，大力推进政务公开和信息公开。

在各级党委、政府的高度重视和大力支持下，在全社会的广泛关注和踊跃参与下，经过全国文物系统的不懈努力和积极探索，我们逐步走出了一条中国特色文化遗产事业发展道路。一是基本形成了政府主导作用与人民群众主体地位相结合的文化遗产保护体制，各级人民政府保护发展文化遗产的责任意识、主动意识显著增强，全社会参与文化遗产保护、传承的积极性不断高涨。

二是对外文物展览和面向世界的文化遗产交流与合作日益活跃，我国在国际文化遗产领域的地位和作用显著提升，有力地彰显了中华文化的国际影响力和感召力。三是各级财政用于文物保护的资金投入大幅增长，文物保护基础设施得到显著改善，各类文物濒危、损毁的被动局面大大扭转；博物馆数量大幅增加，设施、设备和展示、服务水平日益提高，通过向全社会免费开放，为广大公众提供了前所未有的文化享受。文物工作为传承优秀传统文化、建设共有精神家园、增强国家软实力、促进经济社会发展做出了重要贡献。

回顾历程，我们无比自豪；面向未来，我们充满信心。推动文化遗产事业繁荣发展，实现建设文化遗产强国梦想目标，我们必须坚持党的领导，坚定不移地贯彻落实党的十七届六中全会精神，用全会精神统领我们的思想，指导我们的行动，不断增强责任感和紧迫感，不断提高自觉性和创造性。

一要以科学发展为主题，始终把文化遗产事业放到党和国家工作大局中来认识，放到社会主义文化强国建设的伟大进程中来推动。坚持文化遗产保护与经济社会建设相结合，依法保护与科学保护相结合，有效保护与合理利用相结合，政府主导与社会参与相结合，走出一条中国特色文化遗产事业发展道路。

二要保护利用、普及弘扬并重，充分发挥文化遗产的独特价值作用。大力推进公共文化服务体系和优秀传统文化传承体系建设，保障人民群众基本文化权益，保障人民充分享受文化遗产保护成果。大力弘扬民族精神和时代精神，努力发挥文化遗产事业在文化建设、经济建设、政治建设、社会建设和生态文明建设中的积极作用。

三要改革创新，紧密联系工作实际，以不断强化文化遗产事业的促进公益事业发展属性、激发各类文博单位的生机与活力为目标，充分发挥政府主导、社会力量参与的作用，加快构建有利于文化遗产事业科学发展的体制机制，加快发展文化遗产保护科学技术，加快培养造就一支德才兼备、锐意创新、结构合理、规模宏大的人才队伍。

二、关于 2011 年的工作

2011 年是"十二五"规划的开局之年，是党和国家对文化建设做出深入研究和重大部署的重要一年。在党中央、国务院的坚强领导下，我们严格执行《文物保护法》，正确把握文物工作的新情况新特点，紧紧围绕文化遗产事业科学发展主题和文物事业科学发展主题，精心谋划，扎实工作，以令人欣喜的业绩和丰富多彩的活动隆重庆祝中国共产党建党 90 周年、纪念辛亥革命 100 周年，实现了"十二五"良好开局，各项工作在新的起点上又取得了新的成绩、实现新的发展佳绩。

（一）第三次全国文物普查圆满完成

在国务院的重视和领导下，在普查领导小组的精心组织和安排下，经过全国近 5 万名普查人员历时五年的艰辛工作，第三次全国文物普查各项任务圆满完成。五年来，普查人员战严寒、斗酷暑，共调查登记各类不可移动文物近 77 万处。一大批具有重要历史、艺术、科学价值的工业遗产、乡土建筑、20 世纪遗产、文化线路、文化景观等新型文化遗产在普查中得到充分重视。水下文化遗产第一次被列入普查范围，信息技术、遥感技术第一次被应用于普查之中。第三次全国文物普查不仅使国家准确掌握进一步廓清了全国不可移动文物的资源状况，摸清了国情国力，而且培养和造就了一支高素质的人才队伍，极大地广泛地宣传普及了文化遗产保护政策和文物保护知识。第三次全国文物普查是全国文物系统干部职工的大发动、大协作，是文化遗产保护的大宣传、大实践，其重大的价值和意义将随着时间的推移不断显现。

在第三次全国文物普查圆满完成的同时，第七批全国重点文物保护单位遴选、长城资源调查、国有可移动文物普查试点工作扎实推进，也取得了显著的阶段性成果。

（二）文物保护基础工作成效显著

——谋篇布局，规划先行。《国家文物博物馆事业发展"十二五"规划》及专项规划、地方规划编制完成并发布实施，进一步明确了主题主线，凝练了目标任务、重大工程、政策措施，规划必将对促进文化遗产事业繁荣发展产生重要指导作用。

——政策法规建设深入推进。围绕文物法制建设和围绕文物法制建设和文物工作存在中的突出问题，我们积极会同国务院相关部门，深入 20 多个省市和 200 多个文物博物馆单位开展调研，形成了大遗址保护和国家考古遗址公园建设、免费开放条件下全面提升博物馆整体水平、《文物保护法》实施情况等专题报告，提出了有关政策性意见和建议，得到了中央领导同志的高度重视和明确批示。我们积极配合国务院法制办加快《博物馆条例》立法进程，积极研究起草《大运河遗产保护条例》《文物认定评估管理条例》，不断推动建立健全文物法制体系建立健全。

——文物安全防范不断加强。我们加强依法行政，加大执法力度，对全国重点文物保护单位和遗址类博物馆内开展经营性活动情况进行拉网式检查，及时出台了《关于国有文物保护单位经营性活动管理的规定（试行）》。联合公安部开展了"2011 打击文物犯罪专项行动"，依托陕西省公安厅建立了"全国文物犯罪信息中心"，打击文物犯罪不断向纵深发展。联合国家海洋局部署了我国管辖海域内文化遗产联合执法工作。联合公安、海洋、气象等部门，开展了"全国博物馆安全专项检查""全国重点文物保护单位防雷安全专项检查""打击海域水下文化遗产盗掘专项调研"。文物安全监管与行政执法制度建设、标准体系建设和防范设施建设进一步加强。全年轮训全国文物执法与安全监管人员近 2000 人次，督办各类案件 60 起，挂牌督办重大文物犯罪案件 21 起，依法严厉惩处了一批违法犯罪分子，严肃查处了一批文物安全责任事故。

——人才队伍建设稳步推进。结合重点工作，我们首次启动了全国县级文物行政部门负责人培训项目，组织来自全国 408 个县的文物行政部门负责同志集中学习文物保护法律和业务管理知识。与 ICCROM 合作举办了世界文化遗产监测管理国际研修班，与国家海洋局联合举办了水下文化遗产保护研修班。与公安及其他部门合作举办了世界文化遗产安全管理、军队营区文物保护管理、文物保护与修复、文物鉴定培训班等。我们首次对全国民办博物馆馆长进行了培训，将民办博物馆人才培养纳入队伍建设范畴。通过培训不仅为提高广大文博干部的政策理论水平和专业能力提供了可能，而且为加快文化遗产干部队伍专业化、年轻化、知识化开辟了广阔渠道。

（三）不可移动文物保护扎实推进

——文物保护重大工程成效明显。西藏重点文物、山西南部早期建筑、涉台文物等重点文物保护工程，四川、青海、云南等灾后文物抢救保护工程扎实推进。都江堰古建筑群、藏羌碉楼等237项汶川灾后文物抢救保护工程顺利竣工完成。首钢工业遗产、蜀道文化线路等新型文化遗产保护调研，国家历史文化名城名镇名村检查评估工作成效明显。宜兴、嘉兴、中山、蓬莱、太原、会理等城市被国务院公布为国家历史文化名城。

——考古与水下文化遗产保护积极推进。基本建设中的考古协调管理机制不断创新，与国家海洋局、中国石油天然气集团公司等部门间的合作日益加强。南水北调、三峡工程等国家大型基本建设中的考古和文物保护工作有序开展。中俄合作开展了旅顺俄罗斯沉船调查。国家水下文化遗产保护武汉基地、福建基地挂牌成立，"南海Ｉ号"沉船考古发掘与文物保护引人瞩目。水下考古调查全面启动，水下考古工作船获准立项。郑州商城、隋唐洛阳城、汉长安城、楚纪南城、长沙铜官窑等大遗址保护和考古遗址公园建设持续开展。局、省共建汉长安城国家大遗址保护特区工作会议、大遗址保护荆州高峰论坛如期成功召开，在"科学保护大遗址，全民共建惠民生"的口号下，文化遗产与人、与城市、与自然的和谐日益成为各级政府的共识和目标。

——世界文化遗产工作成果丰硕。承德避暑山庄及周围寺庙保护工程全面展开，嘉峪关文物保护工程正式启动，大足石刻千手观音像抢救性保护修复、高句丽壁画墓保护等重点工程取得突破性进展。杭州西湖文化景观成功列入《世界遗产名录》，成为我国第41处世界遗产，第29处世界文化遗产。元上都遗址、哈尼梯田、大运河、丝绸之路申遗工作，和中国世界文化遗产监测巡视、监测预警体系建设稳步推进。

（四）博物馆与公共文化服务体系建设再掀高潮

——博物馆事业日益繁荣，免费开放持续推进。目前，全国博物馆总数达到3415座，2011年年增博物馆395座。免费开放博物馆总数达到1804座，年接待观众5.2亿人次，新核定公布免费开放博物馆361座。博物馆展览数量、展览质量不断提高，博物馆观众稳步增长，大中小学生及农民工等城镇低收入群体参观博物馆人数明显上升。中国国家博物馆改扩建完成并免费向公众开放。安徽省博物馆等一批综合性博物馆，中国消防博物馆等一批行业性博物馆建成开放。高校博物馆、民办博物馆蓬勃发展。安吉生态博物馆、福州三坊七巷社区博物馆等新形态博物馆建设方兴未艾。博物馆展陈内容更加丰富，服务质量全面提升，涌现出一批深得公众喜爱的精品佳作。

——文化遗产保护科技水平不断提升。我们积极争取"十二五"国家科技计划和基金支持，11个项目50余项课题被列入国家科技计划备选项目库，5个项目20项课题获准立项，项目来源实现了由单一向全面的重要转变。积极推动与中国科学院的全方位战略合作，不断优化科技创新联盟建设机制。多渠道入手，加大科技成果推广，推动"指南针计划"实施。瞄准国家战略需求，加快实现物联网技术与文化遗产领域的对接，加快推进国际标准化，组织成立文化遗产保护技术标准化委员会。分级构建全国性修复网络，从技术、装备、团队三个方面着力提升馆藏文物保护能力。

——社会文物管理进一步加强。严格文物拍卖标的审核制度，召开文物拍卖工作座谈会，引导支持中国拍卖行业协会制定并发布《中国文物艺术品拍卖企业自律公约》。强化文物进出境审核管理，修改完善文物进出境审核信息系统，筹备"文物进出境管理六十周年成果展"。积极推进流失海外中国文物调查及追索，成功促成美国返还走私中国文物14件。完成了芮伯壶等一批珍贵文物的征集。针对拍卖市场上出现的文物"拍假""假拍"现象以及收藏品鉴定问题，我们主动会同商务部、国家工商总局、海关总署等部门对古玩旧货市场开展调研，提出规范整顿和促进发展方案。

（五）文物对外交流与宣传工作成绩斐然

——政府间交流与合作不断加强。中蒙签署《关于防止盗窃、盗掘和非法进出境文化财产的协定》，中墨、中柬达成签署意向。中罗签署《关于开展文化遗产领域交流合作的共同声明》。成功与秘鲁共和国文化部、苏格兰政府签署了关于在文化遗产保护及项目合作方面谅解备忘录或联合声明。文物追索、文物保护援外工程稳步推进。文物对外展览密切配合国家外交工作，成为中外"文化年""交流年"等双边活动亮点。与台、港、澳文化交流成效显著，第三届海峡两岸文化遗产保护论坛在台湾成功举办，"山水合璧——黄公望与富春山居图特展"引起岛内民众热烈反响，观众人数逾70万人次。与香港、澳门交流合作机制进一步深化，签署关于深化文化遗产领域交流与合作协议书或谅解备忘录。

——宣传工作不断拓展。山东济宁文化遗产日主场城市活动、辽宁沈阳国际博物馆日主场城市活动引人瞩目。西藏和平解放60周年文化遗产保护成就主题宣传，大遗址保护和国家考古遗址公园建设、博物馆免费开放、水下文化遗产保护"十一五"成就专题宣传，汶川震后文物抢救保护、打击文物犯罪专项行动成果宣传等异彩纷呈。文物法制宣传和文化遗产知识普及工作稳步推进，大型历史文化纪录片"南海Ⅰ号"受到观众好评。召开全国文物宣传工作座谈会，推进文物宣传工作制度化建设，逐步形成协同联动、信息共享的宣传工作机制。

——创先争优活动有力推进。按照中央部署，文物系统各级党组织深入开展创先争优活动，不断加强党的思想建设、组织建设、作风建设、制度建设和反腐倡廉建设。认真组织党员干部学习胡锦涛同志"七一"重要讲话，学习中国共产党历史，学习党的理论创新成果，大力推动学习型党组织建设。组织党员干部积极开展向杨善洲同志学习活动，重温入党誓词，重温党的历史，增强党性修养和作风养成，用实际行动和扎实的工作成效体现创先争优活动成果。大力推进党务公开、政务公开，不断加强部门和行业作风建设，努力营造风清气正、团结和谐、奋发向上的良好工作氛围。

同志们，这些成绩的取得，离不开党中央、国务院关于文化遗产工作的一系列重大决策部署，离不开文化部党组的正确领导，离不开各相关部门的大力支持、真诚帮助，离不开各级文物部门的锐意进取、共同奋斗，离不开全国广大文物工作者的积极探索、扎实工作，离不开文物系统老领导老专家的热情指导、倾心奉献，在此我们表示衷心的感谢！

在总结成绩的同时，我们也清醒地看到，当前文物工作中还存在着不少突出的矛盾和问题。譬如：文物保护基础工作依然薄弱，安全形势仍然严峻；法律法规尚不完善，法律意识淡薄，责任意识不强；文物管理机构不健全，人员编制严重短缺；体制机制僵化，人员素质参差不齐等，难以适应文化遗产事业发展的新要求。

同时我们还要看到，我国正处于全面建设小康社会的关键时期和深化改革开放、加快转变经济发展方式的攻坚时期，文化遗产事业发展过程中显现的一些矛盾和问题，既有存在于发展过程中的阶段性问题，也有相伴而生的长期性问题。改革越是深化，越容易触及矛盾；事业越是发展，越容易暴露问题，这是事物发展的必然规律。我们必须始终坚持正确的指导思想，防止偏离方向；始终坚持文物工作方针，防止急功近利；始终坚定不移地履行文物部门职责，防止推诿扯皮；始终保持清醒的认识，防止头脑过热。坚持不懈地把发展作为第一要务，把改革作为强大动力，大胆破解工作中的问题，化解前进中的矛盾。

三、关于2012年的主要任务

2012年是《文物保护法》颁布30周年、修订10周年，《保护世界文化和自然遗产公约》诞生40周年，是实施"十二五"规划承上启下的重要一年，全国人民将喜迎党的十八大召开的重要一年。纵观形势，世界经济增长放缓，各类风险明显增多，我国经济发展中不平衡、不协调、不可持续的矛盾和问题仍很突出，文化领域正在发生广泛而深刻的变革，文化遗产事业发展既具备许多有利条件，也面临一些新情况新问题。

面对复杂多变的国际国内情况，我们必须按照党的十七届六中全会部署，贯彻中央经济工作会议精神，把握好"稳中求进"的总基调，紧紧抓住科学发展这一主题，牢牢把握保障和改善民生这一根本，切实用好我国加快文化改革发展、建设社会主义文化强国的重要战略机遇期，找准推进文化遗产事业发展的重点、难点和突破点，以全力夯实基础工作，全国结合本地区、本部门的工作实际，提高工作质量，加强能力建设为着力点，坚定信心，统筹谋划，不断开创文化遗产事业繁荣发展新局面。

（一）深入学习贯彻十七届六中全会精神，全面落实《决定》对文物工作提出的任务要求。按照《决定》的部署和要求，紧密联系"十二五"规划的实施，加紧制定推动本部门、本地区文化遗产事业发展的具体方案和政策措施。紧密联系工作实际，着力研究和解决新形势下文化遗产事业遇到的新情况新问题。认真落实深化文化体制改革、分类推进事业单位改革的要求，积极争取有利于文化遗产事业发展的改革措施、体制机制。深入调查研究，积极筹备召开全国文物工作会议，努力把学习贯彻党的十七届六中全会精神的成果转化为推动改革发展的指导思想、具体举措和实际行动。

（二）大力推进文物法制建设，不断提高文物安全水平。全力配合全国人大常委会做好《文物保护法》执法检查工作，着力提高现行法规的适用效力。重点推进《博物馆条例》《文物认定评估管理条例》立法进程，修订完善《水下文物保护管理条例》，起草世界文化遗产保护管理专项法规，积极推动建立博物馆从业人员准入和人员资质资格制度、文物评估资质资格制度。加强与公安、建设等部门联合，充分发挥"全国文物安全工作部际联席会议"作用，全面实施文物安全与执法督察公示公告制度。加强行政执法队伍建设和制度建设，开展"文物安全综合管理实验区"试点，实施博物馆风险等级达标、田野文物和水下文物安防设施建设工程，不断提高文物博物馆单位安全防范能力。加强部门协同，建立健全打击文物犯罪长效机制，开展我国管辖海域内联合执法专项行动，依法查处和严厉打击各种文物违法犯罪行为。

（三）大力加强重点文物保护工程管理，积极开展世界遗产监测。巩固第三次全国文物普查成果，及时向全社会公布各地普查登记的不可移动文物信息，加强各级文物保护单位的核定、保护与管理。进一步规范文物保护工程管理，确保各项重点工程按规划要求及时、有序开展。报请国务院核定公布第七批全国重点文物保护单位。继续做好西藏重点文物保护、山西南部早期建筑保护、涉台文物保护等重点工程。做好承德避暑山庄及周围寺庙、嘉峪关、大足石刻等世界文化遗产保护工程。加强部门协作，进一步做好历史文化名城名镇名村保护和红色旅游工作。加强世界文化遗产管理，完成长城量测和数据公布，完成中国世界文化遗产预备名单更新工作。重点推动元上都、哈尼梯田、大运河、丝绸之路等项目申报世界文化遗产。召开世界文化遗产工作会议，颁布实施世界文化遗产监测预警体系建设总体规划，开展相关监测试点和信息系统开发。

（四）做好考古和大遗址保护工作，大力推动国家考古遗址公园建设。加强考古管理，组织开展考古发掘资质资格评审。继续做好重大基本建设工程中的各项考古工作。做好南海基地、西沙工作站建设，水下考古工作船建造，"南海Ⅰ号""南澳Ⅰ号"水下考古和出水文物保护工作。开展海南、广东、福建、浙江、山东、辽宁等重点海域专项调查，宁波小白礁沉船遗址水下考古发掘。大力推进西安、洛阳、荆州、成都、郑州、曲阜大遗址保护片区和汉长安城、扬州城、老司城等国家考古遗址公园建设。

（五）进一步深化博物馆免费开放，不断提升博物馆整体水平。开展博物馆免费开放工作调研，制定博物馆免费开放绩效考评办法和博物馆开放服务工作指南。制定中央地方共建国家级博物馆运行评估办法，开展中央地方共建国家级博物馆年度运行评估，国家一级博物馆评估认定和运行评估，提升博物馆质量。加强行业博物馆和民办博物馆发展指导，推进生态（社区）博物馆示范点建设。强化博物馆藏品保护、展示，完成国有可移动文物普查试点，做好普查全面启动前期准备。

（六）大力加强文化遗产保护科技创新，不断提高文物保护科技水平。以体制创新、成果转化为重点，积极促进文化遗产保护科技领域协同创新，进一步整合社会优质科技资源，推动与中科院战略合作项目落地。继续推动国家科技计划项目立项与组织实施。稳步推进"中华文明探源工程"和"指南针计划"。完善行业标准体系，加快行业信息化进程。

（七）强化市场监管，进一步规范社会文物管理。加强文物市场管理和制度建设，开展文物拍卖标的网上申报审核试点。研究和推进古玩旧货市场的规范管理，探索国有文物商店改革举措。加强文物进出境管理，推广完善文物进出境审核信息系统，举办"文物进出境管理六十周年成果展"，做好流失海外中国文物调查和追索工作。

（八）大力加强人才队伍建设，不断拓展文物宣传领域。实施人才培训计划，大力提升文物保护管理能力。加强专业人才培训，着力造就一批文物工作领军人才和复合型人才。深入开展基层文物博物馆单位管理干部、专业人员及行政执法人员培训，不断提高基层文物保护管理整体水平。大力推动省、市和文物保护重点区县文物行政管理机构建设，建立健全文物保护机构和保护队伍。完善文物博物馆行业定期新闻发布制度和重要事件新闻发布制度，围绕贯彻党的十七届六中全会精神和党的十八大精神，充分利用文化遗产日、国际博物馆日、国际古迹遗址日等节庆，深入开展文物保护法规、文化遗产保护成就宣传，推动实施文化遗产知识宣传普及工程。建立文物博物馆舆情监测机制，壮大文物宣传队伍，提高宣传水平，引导社会力量参与文化遗产保护。

（九）加强对外交流合作，不断提升国际影响力。加强政府间的交流与合作，加大与中国文物非法流向目的国商签防止盗窃、盗掘和非法进出境文物协定的力度，力争与英、法等发达国家商签打击文物走私协定，与墨西哥、柬埔寨等发展中国家签署双边协定。推进援助柬埔寨二期茶胶寺等援外文物保护工程。实施中华文明展示工程，创新文化走出去模式，策划和推出一批主题鲜明、具有代表性的文物展览。积极参与文化遗产领域的国际事务，与有关国际组织和民间机构开展合作。鼓励各地文博机构与台港澳地区开展文化遗产领域的交流与合作，充分利用文化遗产资源优势赴台港澳举办文物展览，增强台港澳同胞对中华文化同根同源的理解和认同，不断提高民族凝聚力、向心力。

同志们，党的十七届六中全会吹响了建设社会主义文化强国的时代号角，指明了文化遗产事业的前进方向。让我们紧密团结在以胡锦涛同志为总书记的党中央周围，深入贯彻落实科学发展观，同心协力，扎实工作，不断推动文化遗产事业繁荣发展，以优异成绩迎接党的十八大胜利召开。

蔡武在 2012 年贯彻全国文物工作会议精神座谈会上的讲话

(2012 年 7 月 10 日)

全国文物工作会议刚刚闭幕，我们及时召开座谈会，学习贯彻党中央、国务院领导同志的重要讲话和全国文物工作会议精神，统一思想，动员部署，努力开创文物工作新局面，以优异成绩迎接党的十八大胜利召开。

全国文物工作会议认真贯彻党的十七届六中全会精神，紧紧围绕全面推进文物保护利用和传承发展、努力为文化遗产强国建设做贡献这个主题，总结经验、分析形势、规划未来，是一次承前启后、继往开来的会议，是一次团结、求实、鼓劲的会议。

党中央、国务院对这次会议高度重视。中共中央政治局常委李长春，中共中央政治局委员、国务委员刘延东，全国人大常委会副委员长路甬祥，全国政协副主席郑万通等领导同志亲切会见了会议代表。长春同志发表了重要讲话，充分肯定了党的十六大以来文物事业取得的显著成就，明确提出了坚持中国特色文物事业发展道路、建设文化遗产强国的战略目标和总体要求；强调一是要坚持围绕中心、服务大局，二是要坚持保护利用、普及弘扬并重，三是要坚持以人为本、服务人民，四是要坚持促进交流、走向世界，五是要坚持深化改革、创新机制。延东同志出席会议并发表了《继往开来 改革创新 全面推进文物保护利用和传承发展》的重要讲话，科学概括了十年来文物事业的辉煌历程，深刻阐述了建设文化遗产强国的奋斗目标，全面部署了新时期文物工作的基本要求和重点任务。我们一定要认真学习、深刻领会。

同志们围绕学习理解中央领导同志的重要讲话、贯彻落实会议精神、推进文物工作提出了很多很好的意见建议。通过这次会议，广大文物工作者深受教育、倍感振奋，进一步明确了发展文物事业的目标任务，进一步坚定了做好文物工作的信心决心。

下面，我就贯彻中央领导同志的重要讲话和全国文物工作会议精神，推进文物事业科学发展讲三点意见。

一、全面准确把握全国文物工作会议精神

这次会议是在我国全面建设小康社会、加快推进社会主义现代化建设的关键时期，在深化文化体制改革、推动社会主义文化大发展大繁荣的重要阶段，在推动文物事业加速发展的关键时刻召开的重要会议，对当前和长远工作指明了方向，提供了遵循。

（一）深刻总结，客观评价文物事业发展的巨大成就

中央领导同志的重要讲话，对十年来文物工作取得的成就及其对经济社会发展做出的贡献给予了充分肯定，这既是中央对广大文物工作者负重拼搏、开拓进取所取得的显著成绩的赞许和鼓励，又是对文物系统坚持科学发展、加速发展的期望和鞭策。这些成绩是在党中央、国务院的坚强领导下取得的，是文物战线全体同志深入贯彻落实科学发展观，坚持以人为本，以解放思想、实事求是、与时俱进为指导，以改革创新为动力，以全面、协调、可持续发展为目标，在经历各种风险挑战和重大考验的情况下取得的。实践证明，广大文物工作者对祖国文化遗产有真情挚爱，对文物工作有担当奉献，对文物事业有坚守追求，是一支党和人民值得信赖、大有作为的队伍。2008年全国文物系统及时有效地组织开展了一场救援速度最快、动员范围最广、投入力量最多的汶川震后文物抢救保护行动，有力支援了灾区人民重建家园，这就是很好的例证。

（二）提高认识，切实增强发展文物事业的责任感和紧迫感

中央领导同志的重要讲话，科学分析了加快文物事业发展的重大意义，着重强调了要把围绕中心、服务大局作为文物工作的主线，把保护利用、传承发展作为文物工作的主题，把服务社会、推动发展作为文物事业的使命，把人民群众共享文物保护成果作为文物事业的宗旨；准确判断了文物事业正处于加速发展的"黄金机遇期"和保护压力继续加大、保护形势依然严峻的"矛盾凸显期"，面临着不少新情况新问题新挑战，压力依然巨大，责任依然重大，任务依然艰巨。广大文物工作者要准确把握我国经济社会发展新要求，准确把握当今时代文化发展新趋势，准确把握各族人民精神文化生活新期待，勇于担当保护文物的使命和责任。

2010年长春同志在第五个文化遗产日发表《保护发展文化遗产建设共有精神家园》的重要文章，第一次提出加快推进文化遗产强国建设的战略思想。延东同志的重要讲话，明确要求切实肩负起建设文化遗产强国的历史责任。会议提出要加快建设与我国深厚文化底蕴和丰富文物资源相匹配、与中国特色社会主义事业总体布局相适应、与中国特色社会主义文化强国目标相承接的文化遗产强国，符合世界文明古国、文物资源大国的实际，符合党和国家事业的发展要求，符合全国人民的共同呼声和广大文物工作者的共同愿望。这是着眼于推动我国文物事业长远发展、实现中华民族伟大复兴的重大战略，是解决文物事业突出问题的客观需要，是顺应当今时代特征、事关我国经济社会发展全局的战略抉择。可以说，建设文化遗产强国，表明了我们党和国家高度的文化自觉和文化自信。

（三）把握规律，严格遵循文物工作的基本方针

延东同志的重要讲话，在总结文物工作生动实践的基础上，凝练了指导文物事业发展的基本经

验，就是"五个坚持"：一是坚持高举旗帜，围绕大局，全面贯彻落实科学发展观，这是文物工作的指导思想；二是坚持"保护为主、抢救第一、合理利用、加强管理"的文物工作方针，正确处理保护与利用的关系，这是文物工作的根本要求；三是坚持文物事业的公益属性，发挥政府的主导作用，正确处理文物保护事业与利用文物资源开发相关产业的关系，这是文物工作的根本性质；四是坚持服务社会、惠及民生，这是文物工作的根本目的；五是坚持改革创新，这是文物工作的根本动力。"五个坚持"，既是对文物工作规律的深刻把握，也是今后文物工作一以贯之的基本要求。

（四）凝聚合力，明确全社会保护文物的共同责任

延东同志的重要讲话，提出了文物保护，全民有责。人民是文物资源的创造者，也是使用者，更是保护者。全体人民的支持与理解，是文物事业赖以存在和发展的决定性力量。我们一定要按照延东同志的要求，切实增强各级政府和全社会保护文物的责任，努力建立适应社会主义市场经济体制要求、遵循文物工作自身规律、国家保护为主并动员全社会参与的文物保护体制，最大限度地动员和凝聚各方力量参与文物保护和利用，不断提高文物工作科学化、社会化水平。

（五）抓住关键，落实文物工作的重点任务

延东同志的重要讲话，围绕文物工作的突出问题，从六个方面对做好新时期文物工作做了全面部署：一要进一步落实文物保护责任，切实把文物工作摆到更加突出位置；二要进一步推进文物保护重点工作，切实提高文物安全防范能力；三要进一步发挥文物资源优势，更多更好地服务社会、促进发展、惠及民生；四要进一步完善政策法规体系，努力营造有利于文物事业科学发展的良好环境；五要进一步健全机构和队伍，全面加强能力建设；六要进一步增强全民文物保护意识，宣传引导全社会共同参与文物保护。这些重大举措，明确了新时期文物工作的重点任务，突出了改革创新的关键环节，既立足当前，又着眼长远，对推进新时期文物工作、努力建设文化遗产强国具有重大指导意义。

二、扎实推进文化遗产强国建设

全面推进文物保护利用和传承发展、努力为文化遗产强国建设作贡献，既是中央领导同志的重要讲话的鲜明主题和核心内容，也是全国文物工作会议的突出亮点和重大贡献。我们要把推动新时期文物工作创新发展和文化遗产强国建设，与贯彻党的十七届六中全会精神结合起来，与落实党中央、国务院关于加强文物工作的一系列重要指示结合起来，与实施"十二五"规划的目标任务结合起来，用会议精神武装头脑、指导实践、推动发展。

中央领导同志对破解事关文物事业长远发展的责任落实、队伍建设、能力提升等深层次问题提出了明确要求。国家文物局和地方各级文物部门一定要按照中央领导同志的重要指示，协调、配合有关部门抓好落实。

（一）建立基础工作长效机制，提升文物保护能力

基础工作是实现文物事业科学发展的重要前提。要着眼文物基础工作的长期性、艰巨性、复杂

性，继续把基础工作作为一项重要任务常抓不懈。要以文物立法、文物资源调查登记、文物人才培养和文物安全保障为重点，建立文物保护基础工作的长效机制。发展规划要优先安排基础工作，财政资金要优先保障基础工作，公共资源要优先满足基础工作。健全文物保护管理机构，加大国家公共财政投入，加强文物保护基础设施建设。要把文物人才队伍建设作为基础工程，抓紧培养高层次领军人才和关键领域的实用技术人才、紧缺人才，制定实施基层文物人才队伍建设规划，加快造就一支德才兼备、结构合理的高素质文物人才队伍。要坚持眼睛向下、重心下移，把更多的资源投向基层，把更多的项目放在基层，把更多的服务延伸到基层，不断打牢事业发展的根基。

（二）创新文物保护传承体系，建设中华民族共有精神家园

2005年，国务院《关于加强文化遗产保护的通知》提出了文化遗产事业"两步走"的发展目标，强调了"2010年目标"是以初步建立比较完备的文化遗产保护制度为主要目标；强调了"2015年目标"是以基本形成较为完善的文化遗产保护体系为主要目标。2011年，党的十七届六中全会，提出了建设优秀传统文化传承体系。要努力构建好文物保护体系，显著改善文物保护状况，切实维护国家文化安全；努力构建好文物传承体系，深入挖掘文物资源价值，建设中华民族共有精神家园。

近年来，文物系统在传承文明、服务社会、促进发展等方面，进行了一系列理论创新和实践探索。要建立文物保护与经济社会协调发展、和谐共融、互利多赢的长效机制。要推进大遗址保护与国家考古遗址公园建设，通过政府主导、部门协作、社会参与、市场运作的方式，较好地解决大遗址的可持续发展问题。要实施好南水北调、西气东输等基本建设工程中的文物抢救保护工程。要加强中国世界文化遗产监测中心和世界文化遗产地监测中心建设，为世界文化遗产监测管理提供技术支持。要建设好国家水下文化遗产保护中心和保护基地，开展好水下文物调查保护工作，为捍卫海洋权益和国家主权提供历史佐证。

（三）深化博物馆免费开放，保障人民基本文化权益

博物馆是开展公共文化服务的主要场所，是实现人民基本文化权益的重要阵地。要加大博物馆建设力度，着力构建以中央地方共建国家级博物馆为龙头、国家一二三级博物馆和重点行业博物馆为骨干、国有博物馆为主体、民办博物馆为补充的博物馆体系，推进生态博物馆、社区博物馆、数字博物馆等新形态博物馆建设，引导、规范和扶持民办博物馆发展。进一步完善博物馆免费开放机制，逐步将国有行业类博物馆以及符合条件的民办博物馆纳入国家政策支持的免费开放范围。创新博物馆文化传播的内容、形式和手段，创新管理运行模式，建立绩效评估制度，强化内部激励机制，提供更多优质便捷的文物鉴赏服务。健全博物馆馆际交流、陈列展览项目交流合作、藏品开放工作制度，建立博物馆藏品共享平台和藏品利用激励机制，建立以国家一级博物馆为核心的博物馆专业协作网络，激发基层博物馆的活力。加强文物博物馆领域公共文化服务基础设施建设，完善公共文化服务网络，拓展公共文化服务范围，提供更多免费或优惠的基本公共文化服务。加强社会文

物管理，规范文物流通秩序，提高文物科学鉴定水平，引导民间文物收藏行为。

（四）拓展文物利用途径，不断提高文物事业对促进发展、惠及民生的贡献

当前，文化越来越成为民族凝聚力和创造力的重要源泉，越来越成为综合国力竞争的重要因素，越来越成为经济社会发展的重要支撑，丰富精神文化生活越来越成为我国人民的热切愿望。要推动文物事业日益融入经济社会发展大局，拓展文物传承利用途径，促进具有市场前景的文物资源在与产业与市场的结合中实现传承发展，使文物保护利用成为促进经济社会发展、优化城乡面貌、彰显地域魅力、改善生态环境、提高人民生活质量的重要内容。这是最积极、最有效、最有利于文物可持续发展的保护传承方式。要积极鼓励和支持各地依托文物资源发展文物旅游及相关产业，提供特色文化服务，使文物保护成为促进区域经济发展的新亮点。要把重大文物保护工程与城乡建设、与改善人民生活结合起来，展示独特的历史文化、地域文化、民族文化，努力使文物保护工程成为民生工程和惠民工程，为人民群众创造良好的文化条件和生活环境。要把文物保护与社会主义核心价值体系建设结合起来，深入挖掘、展示、宣传蕴含文物之中的宝贵精神财富，使人民感受教育启迪、陶冶思想情操、充实精神世界。要把文物保护与提高中华文化的国际影响力结合起来，开展多渠道多形式多层次对外文物交流与合作，推出更多具有中国特色、中国风格、中国气派的对外文物展览，既充分展现中华优秀传统文化内涵、当代中国价值观念和文物工作的最新成果，又努力符合国外受众的思维方式、审美特点和接受习惯，做到中国内涵、国际表达。

今天，我们欣喜地看到，文化遗产事业越来越成为全社会关注和参与的热门领域。这是好事情，也是文化遗产事业获得大发展的社会基础。但是必须清醒地认识到，在文化遗产保护和利用这股热潮中，争名逐利的浮躁，造假卖假的盛行，奇谈谬论的流传，投机炒作的喧嚣，诚信操守的缺失，伪专家的满天飞等等，可谓是"虚火"旺盛、乱象横生。若听之任之，恶性发展，必将严重损害文化遗产行业的信誉和形象。人民群众对此反映强烈，各级领导对此高度关切。因此，要善于运用宣传手段推动实际工作，从整治和改善舆论环境入手，着力提高舆论引导能力；要从提高对文化遗产的认知水平、鉴赏水平和审美能力入手，深入开展广泛、持久、全面的文化遗产宣传教育行动，普及文化遗产的科学知识，倡导文化遗产保护的正确理念；要从积极推进行业作风建设入手，加强行业自律，恪尽职业操守，为文化遗产工作提供良好的舆论支持、社会环境和文化条件。

（五）周密实施"十二五"规划，确保实现发展目标

加快实施"十二五"规划，是全面推进文物保护利用和传承发展、努力建设文化遗产强国的重要手段和现实途径。要以加强文物保护和传承能力建设为切入点，推动"十二五"规划成为编制专项规划、制定年度计划、核准重大项目、安排财政预算、制定文物政策措施的基本依据，有效提升规划执行力。要实施好《国家"十二五"时期文化改革发展规划纲要》和《国家文物博物馆事业发展"十二五"规划》等专项规划，按照"十二五"规划目标任务分解落实方案的要

求，以规划目标管理为中心，落实目标责任，明确进度安排，做到规划任务有执行主体，经费投入有保障渠道，任务完成有绩效考核。要加强年度计划对规划的衔接，各级文物部门要围绕规划的总体目标和重点任务，细化年度任务，制定工作方案，落实责任制。要加快制定规划实施绩效评价考核办法，建立规划实施动态监测评估和定期通报制度，定期通报规划实施情况特别是约束性指标的完成情况。《国家文物博物馆事业发展"十二五"规划》提出的五项约束性指标即 5 个"100%"，这就是强制性的"硬任务"，要确保完成。要加快实施一批具有示范效应的重大文物保护工程，支撑引领规划实施工作。

（六）切实抓好今年重点工作，迎接党的十八大胜利召开

文物工作千头万绪，要善于抓住主要矛盾和关键环节，重点突破，带动全局。要以全国人大常委会开展的《文物保护法》执法检查为契机，全面落实好全国人大常委会提出的各项意见建议，切实解决问题、推动发展。要加快《博物馆条例》《水下文物保护管理条例》的立法进程。要以全国文物工作会议为契机，积极研究报请国务院出台关于加强新时期文物工作的政策性文件。开展"文物安全综合管理实验区"试点工作，推动实施博物馆风险等级达标、田野文物和水下文物安防设施建设工程。要以预防和打击水下文物犯罪为重点，开展我国管辖海域内联合执法专项行动。加快报请国务院核定公布第七批全国重点文物保护单位，完善全国重点文物保护单位保护管理基础工作。全面启动国有可移动文物普查，推进"中华文明探源工程"和"指南针计划"专项，举办好"文物进出境管理 60 周年成果展"。

三、努力提高文物部门依法行政能力

建设文化遗产强国，是一个需要不懈奋斗、不断创造的历史过程。全面推进新时期文物工作，努力建设文化遗产强国，关键取决于我们依法行政的能力和水平，关键取决于我们工作的推进力度和落实程度，关键取决于我们的精神状态和工作作风。

（一）转变职能，创新管理

随着改革开放的不断推进，随着社会环境的不断变化，政府由"办文物事业"向"管文物事业"转变已经成为必然。要加快政府职能转变，推动文物行政部门由"办文物事业"向"管文物事业"、由微观管理向宏观管理、由部门管理向行业管理、由重管理向管理服务并重转变，强化政策调节、社会管理、公共服务的功能。要发挥国家文物局的宏观指导、政策引导、法规规范、执法督察和搭建平台的作用。要改革文物行政审批制度，简化审批程序，下放审批权限，提高审批效率。要综合运用法律、行政、经济、科技等手段提高文物管理效能，大力提升文物管理的精细化、规范化和信息化水平。要落实文物、博物馆单位的主体责任，加强日常管理、巡护、监测和保养。要完善检查评估机制和督察办法，重点督察文物事业发展举措是否落实到位、重大项目是否科学合理、资金使用是否规范有效、工程质量是否安全合格。要及时主动向社会公开文物事业和重大项目情况，接受社会监督。

（二）完善机制，协调配合

建立健全党政领导、部门指导、各方配合、社会参与的工作机制和法律保障，统筹力量，形成合力，构建社会各方面共襄共建文物事业的工作格局。要继续大力争取发展改革、财政部门对文物行业的重大项目立项和公共财政资金投入的支持。近年来，国家文物局在争取重大项目立项和公共财政资金投入方面很有成效，希望继续加以坚持与拓展。要推动建立国家文物督察制度，加强由文化部、公安部、国家文物局等16部门参加的"全国文物安全工作部际联席会议"的统筹协调作用，建好和用好"全国文物犯罪信息中心"，推动更多省份建立文物安全工作厅（局）际联席会议制度，全面实施文物安全与执法督察公示公告制度。要整合中央和地方在政策、技术和资金等方面的优势和力量，创新部门共建、省局合作模式，落实与有关部委、地方人民政府签署的文物保护共建协议。要发挥科技支撑作用，加快现代科学技术在文物博物馆领域的推广运用，建立国家文物信息中心，加强中国文化遗产研究院、国家工程技术研究中心、国家文物局重点科研基地和科技创新联盟建设，协同攻关重大文物保护关键技术和瓶颈问题。要加快推进大运河保护和申遗工作，更好发挥大运河保护和申遗部际会商小组及大运河申遗城市联盟的作用。要继续组织好丝绸之路跨国系列申遗工作，争取中国跨境联合申遗成功。要在我国与15个国家签署关于防止盗窃、盗掘和非法进出境文化财产双边协定的基础上，加强信息交流、成果共享、人员培训、文物返还等方面的合作。

（三）项目带动，示范引领

重大项目是文物保护、成果惠民、文化传承的重要载体，是带动文物事业发展、发挥文物价值作用的重要举措。要实施好一批关系全局、意义深远、带动作用强的重大项目，以重大项目促保护、促利用、促发展。《国家文物博物馆事业发展"十二五"规划》提出23个重大项目，这是突破当前文物工作重点难点的有力抓手。要加强重大项目的组织管理，通过全程检查指导和跟踪服务，落实工作力量和工作经费，明确进度要求和考核指标，提升项目质量和综合效益。随着近年来文物系统的国家公共财政投入大幅度加速增长，重大项目数量也大幅度快速增加，坚持项目实施与运行管理并重很关键。要加强重大项目实施与人才能力建设的有机衔接，将科研基地建设、人才培养、技术标准、知识产权纳入重大项目的绩效考核指标，积极引进创新团队、青年人才、社会人才、海外人才参与国家重大文物科技计划项目和重点文物保护工程。要建立健全文物保护经费使用绩效评估制度，严格管理项目资金，使每一个重大项目都成为质量工程、惠民工程和阳光工程。要加强中央财政文物保护专项资金支持与各省、自治区、直辖市文物事业发展预期绩效的对接，推动将文物保护专项资金使用绩效纳入文物保护责任目标管理制度建设。

（四）真抓实干，务求实效

文物系统历来具有求真务实、真抓实干的好传统，要继续大力弘扬这种好做法，正确处理好长远目标与阶段性任务的关系，努力把从中央到地方为推进文物事业跨越发展提出的好原则、好思路、好政策转变为可操作的工作措施，把目标任务转变为实实在在的工作项目，在抓实、抓细、抓具体上下功夫。要深入开展调查研究，不断总结实践经验，积极研究新情况新问题，把工作着力点真正放到研究解决文物事业发展中的重大问题上，真正放到研究解决惠及民生中的紧迫问题上，落到实处、落到基层。去年，国家文物局围绕全国文物工作会议筹备工作开展的关于免费开放条件下全面提升博物馆水平、关于促进国家考古遗址公园可持续发展的调研，很好地支撑了中央决策。要加强文物行业作风建设，教育引导广大文物工作者自觉践行社会主义核心价值体系，遵守职业道德准则，增强社会责任感。

（五）加强宣传，营造氛围

各级文物部门要切实宣传好这次会议精神，广泛开展内容丰富、形式多样的主题宣传教育活动，组织好文化遗产日、国际博物馆日、国际古迹遗址日系列宣传活动，努力营造保护文物人人有责、文物保护成果人人共享的社会环境。要实施好文化遗产知识宣传普及工程，通过文物知识进机关、进校园、进社区、进农村、进厂矿、进军营活动，扩大文化遗产知识宣传普及工程试点县范围，增强公民依法保护意识，培养文物保护志愿者。这次全国文物工作会议受到表彰的全国文物系统50个先进集体、30名先进工作者，是近年来文物战线涌现的杰出代表。各级文物部门要善于发现典型、总结典型、弘扬典型，使文物工作先进典型的事迹广为人知、深入人心；充分发挥文物工作先进典型的示范作用，带动各级党委政府和社会各方面积极支持、热情参与文物事业。

2012年是党的十八大胜利召开的喜庆之年，是实施"十二五"规划承上启下的重要一年，是贯彻党的十七届六中全会精神和全国文物工作会议精神的关键一年。要紧紧抓住党的十八大胜利召开的有利契机，全面把握今年文物工作的新形势新任务新要求，牢牢把握迎接十八大、学习十八大、宣传十八大、贯彻十八大这个全年工作的重中之重，努力营造文物系统抓机遇、谋发展、促跨越的浓厚氛围，始终保持积极向上、蓬勃发展的良好态势，为党的十八大胜利召开凝聚强大的精神力量、创造良好的社会环境。

同志们：潮平两岸阔，风正一帆悬。中国特色文物事业发展道路已经开辟，文化遗产强国的嘹亮号角已经吹响。广大文物工作者使命光荣、大有作为。让我们紧密团结在以胡锦涛同志为总书记的党中央周围，以邓小平理论和"三个代表"重要思想为指导，深入贯彻落实科学发展观，开拓创新，奋发进取，努力开创新时期文物工作新局面，积极为文化遗产强国建设做出新贡献，以优异成绩迎接党的十八大胜利召开！

2046

励小捷在贯彻全国文物工作会议精神座谈会上的讲话*

（2012 年 7 月 10 日）

我就文物系统贯彻全国文物工作会议精神，做好今年下半年的重点工作，强调几点意见。

一、关于全国文物工作会议精神的传达贯彻

各级文物行政部门、各地文博单位要把学习宣传、贯彻落实全国文物工作会议精神作为当前和今后一个时期的中心任务切实抓紧抓好，在全系统迅速掀起学习贯彻的热潮，进一步凝聚共识、统一思想。国家文物局很快印发《关于深入学习贯彻全国文物工作会议精神的通知》。各地文物部门要按照通知要求，立即组织领导班子成员和全体干部职工学习全国文物工作会议精神，尽快制订方案，抓好贯彻落实，特别要向党委、政府做好汇报，适时召开有关会议，研究出台具体措施，把有关精神部署传达到基层，落实到实际工作当中。国家文物局机关各司室要在学习贯彻会议精神上"走在前、做表率"，加快研究制定会议提出的有关政策举措和工作要求的具体落实意见，做好局内的任务分解，主动跟进、主动协调、主动督查、主动服务。各有关文博单位和行业组织要结合各自业务工作落实会议要求，充分发挥决策智囊、协调平台和行业自律作用。

二、关于对面临形势和工作把握的几点看法

改革开放以来特别是党的十六大以来，中国特色社会主义伟大事业正在波澜壮阔地向前发展。在这样一个时代背景下，我国文物事业发展已实现历史性跨越，站在一个新的历史起点上，正处于历史上最好的发展时期。同时，我们必须清醒地认识到，新时期文物工作是在我国加速工业化、信息化、城镇化的历程中进行的，是在历史欠账较多、基础工作薄弱的情况下进行的，我国文物事业的发展与经济社会发展水平相比、与世界文明古国应有地位相比、与党和人民对文物工作的新期待相比，还不完全适应，具体表现为：

一是面对文物保护与城乡建设之间长期存在的矛盾，我们的执法能力还不完全适应。第三次全国文物普查发现消失的四万处不可移动文物中，有一半以上是由于各类建设行为毁掉的。50 万元最高限额的行政处罚制止不了房地产开发的利益冲动。一些政府主导的开发项目与文物保护发

---

* 励小捷时任文化部副部长、国家文物局局长。

生冲突时，同级文物部门很无奈。

二是面对文物工作领域不断扩大、工作任务日益繁重的新形势，我们的工作方式还不完全适应。第三次全国文物普查登记的不可移动文物比第二次全国文物普查增长两倍多，达到近77万处；第七批"国保"待国务院核定公布后，全国重点文物保护单位总数将接近翻番，达到4000处以上。近年来文物保护投入连年大幅度增长，2011年中央财政文物保护经费投入超过了"十一五"的总和。这对于长期过惯苦日子的文物系统来说是大好事。可是，这么大的事业盘子，这么大的经费规模，使得文物部门批项目、审方案的传统工作方式显得很不适应，上上下下只能把主要精力放在报项目、批经费上，夜以继日，不堪重负。这就影响到许多我们该做的事情没有精力去做，即使是项目安排也难以避免出现整体性不强、失之于散的问题。

三是面对人民群众精神文化需求日益增长、对文物的社会关注度越来越高的新情况，我们的宏观管理还不完全适应。由管系统内到管全社会，是文物工作面临的一个新挑战。文物流通领域的乱象丛生，鉴定评估的管理缺失，文物景点的规范经营和民办博物馆的扶持发展等，都是需要从宏观上研究解决的新问题。

四是面对党和国家对文物保护利用、传承发展的新要求，我们的人才队伍建设还不完全适应。目前国家文物局的编制仍是20世纪80年代初的水平，全国各级文物行政部门总数约为7000人，管理着近77万处不可移动文物；全国3000多万件馆藏文物中，有病害的占到近一半，而全国从事这一行当的修复人员仅有2000人；不可移动文物中彩绘、壁画和石质文物修复人员更为短缺。

面对上述种种不适应的突出问题，要求我们必须以科学发展观为指导，围绕建设文化遗产强国的目标，按照党中央、国务院对文物工作的部署和要求，遵循文物工作的规律，在总体把握上更加注重更新观念，更加注重转变职能，更加注重制度设计，更加注重加强管理。当前，特别要做好以下几件事情：

一是进一步明确中央与地方的事权关系。在原有试点基础上，适当扩大地方审批项目的权限和范围，调动地方的积极性，同时明确各级地方政府的责任。

二是进一步开放市场。通过招投标的方式，引入第三方包括市场主体、社会机构和专家团队共同参与规划、技术方案、预算、评估的制定与审核，充分利用社会力量和市场资源提高项目工作的质量与效率。在这些基础工作基本到位后，要实行项目申报和审批的时限管理。

三是进一步健全文物博物馆行业标准体系，完善督查考评机制。引入第三方，政府需要制定技术标准和程序规范。尽管文物工作的特殊性增加了这项工作的困难，但我们已经有了一定的基础，必须下决心做下去。与此同时，还要完善督查考评机制，检查项目执行、经费使用情况，对项目绩效进行考核评估。这样，抓住两头，放开中间，就能够使我们的工作更主动更自如，就能够以更多的精力抓好全局工作的指导。

四是进一步完善社会文物管理、鼓励社会参与、文博人才培养等方面的一系列制度与政策，切实加强现有法律法规的执行。

以上几件事情，并不是半年内就能够完成的，但越是利长远、打基础的工作就越要尽快着手去做，同时也要搞好整体谋划，区别轻重难易，有步骤地展开。

三、关于下半年的重点任务

今年上半年，我们办好了两件大事：一是配合全国人大常委会圆满完成文物保护法执法检查工作；二是筹备召开了全国文物工作会议。办成了一件"喜事"：元上都遗址"申遗"成功。回应了"两项社会关切"：一是联合有关部门，研究出台规范引导文物流通、加强对文物鉴定类广播电视节目管理的文件；二是表彰全国文物系统先进典型，修订公布文博职业道德准则。各项工作进展顺利，总体态势良好。

做好下半年的工作，就是要深入贯彻党的十七届六中全会精神和全国文物工作会议的部署，继续落实好国家文物局2012年工作要点确定的各项重点任务。

一是全面启动国有可移动文物普查。按照国务院统一部署，建立领导机构，完善工作机制，培训专业队伍，搞好动员部署，为我国首次国有可移动文物普查开好头、起好步。这次普查是对文博基础工作和能力建设的一次全面考验，各地文物部门务必高度重视，精心组织实施。

二是联系有关部门，筹备召开《文物保护法》颁布30周年暨修订10周年座谈会，研究落实全国人大常委会在文物保护法执法检查中提出的重要意见和建议，推动有关法律法规的修订完善。

三是继续做好文物安全防范工作。与有关部门联合发布《关于加强和改进文物安全工作的指导意见》。在十八大前开展文物安全隐患排查整治专项行动。召开全国文物安全工作部际联席会议第三次会议。

四是报请国务院核定公布第七批全国重点文物保护单位。做好第三次全国文物普查成果转化和利用工作，督促、检查各地抓紧公布不可移动文物名录，推动各地核定公布文物保护单位。

五是扎实推进文物保护重点工程，召开文物保护工程会议。完成南海水下考古基地建设、水下考古工作船设计建造的前期工作，开工建设西沙工作站。启动第二批国家考古遗址公园立项工作。8月上旬，专题研究部署全国文物系统对口支援西藏和四川、云南、甘肃、青海四省藏区文物保护工作。

六是更新公布《中国世界文化遗产预备名单》，召开世界文化遗产工作会议，承办国际古迹遗址理事会顾问委员会会议和科学理事会会议。组织哈尼梯田"申遗"项目的国际专家考察评估。督促落实好大运河、丝绸之路"申遗"点段的保护管理工作。

七是组织开展全国文博人才队伍建设专题调研，摸清人才状况，明确基本需求，拓宽培养渠道，搞活用人机制，纳入职业大典，开辟成长通道。完成县级文物行政部门负责人、行政执法人员和安全监管人员年度培训任务。深化与中国科学院战略合作关系，落实文物科技合作项目。与有关部门合作修订颁布《博物馆建筑设计规范》，加快博物馆建设标准编制工作。

八是落实有关文件部署，抓好社会文物流通领域管理和职业道德建设。规范文物拍卖标的审核，建立文物拍卖企业诚信档案。配合做好文物鉴定类广播电视节目监督管理。会商有关部门，出台规范古玩旧货市场管理的政策措施。发挥行业协会作用，完善宣传、监督措施，切实践行文博职业道德准则。要高度重视文物工作的正面宣传，持续不断地宣传文物工作的

励小捷在 2012 年全国世界文化遗产
工作会议上的讲话*

（2012 年 11 月 17 日）

在党的十八大刚刚胜利闭幕，全党、全国人民满怀喜悦迈向全面建成小康社会新征程之际，国家文物局在京召开全国世界文化遗产工作会议，有关部委、相关省级文物行政部门、遗产地保护管理机构和专业机构的代表共聚一堂，学习贯彻党的十八大精神，隆重庆祝《保护世界文化和自然遗产公约》40 周年，在全面回顾、总结"十一五"工作的基础上，进一步研究部署"十二五"和今后一段时期我国世界文化遗产工作。

在此，我代表文化部、国家文物局向出席会议的各位代表和新闻媒体的朋友们表示热烈的欢迎，向长期以来辛勤工作在世界文化遗产保护一线的工作人员和支持、参与保护工作的各界人士致以衷心的感谢！

今天，我主要讲三方面内容。

一、我国世界文化遗产事业的发展

1972 年 11 月 16 日，联合国教科文组织通过了《保护世界文化和自然遗产公约》，开启了影响深远的世界遗产事业。40 年来，世界遗产以集体保护和传承全人类共有遗产为宗旨，逐渐形成了一整套较为成熟的遗产保护管理的科学体系，有力地促进了各缔约国的遗产保护和相关的国际合作，推动了遗产保护理念在全世界的广泛传播，使一大批珍贵遗产免遭自然和人为损害，得到了各国政府和民众的支持。保护世界遗产，已经成为推动文明对话与交流，维护文化和生态多样性，促进世界和平、进步与发展的浩荡潮流。

我国于 1985 年加入公约以来，世界遗产事业发展迅速，目前已有世界遗产 43 项，其中文化遗产 30 项，文化和自然混合遗产 4 项。保护世界文化遗产，不仅是弘扬中华文化、建设中华民族共有精神家园的重要内容，也是造福人类的千秋功业。多年来，国家文物局一直高度重视和积极推进世界文化遗产保护工作，并于 2006 年 12 月召开了首次世界文化遗产工作会议，明确提出世界文化遗产的保护是文物工作的重中之重，世界一流的遗产要有世界一流的保护、管理和服务。

---

* 原题为《保护世界遗产　促进可持续发展》。

各级文物部门和遗产地按照国家部署，积极推进世界文化遗产的申报、保护、管理和服务工作，取得了令人瞩目的成绩。

（一）申遗项目连获成功。在世界遗产申报要求日益严苛的形势下，我国连续 10 年成功申报世界文化遗产，涉及文化景观、乡土建筑、历史城区、考古遗址、历史建筑群等多种类型，分布于 10 个省、自治区、直辖市和澳门特别行政区。其中 6 个省、自治区和澳门特别行政区实现了世界文化遗产零的突破，促进了我国世界文化遗产在品类和地域上的协调发展。我们通过深入研究和耐心沟通，以国际化语言来阐释中国的传统宇宙观、价值观和审美观，使"天地之中"、西湖十景这样东方色彩强烈的文化元素，在长期以西方文化语境为主流的国际组织中，赢得了理解和尊重。

（二）基础工作得到加强。长城、大运河遗产资源调查和认定工作全面完成。调查认定分布于 15 个省、自治区、直辖市的长城遗产 43721 处，历代长城总长度 21196.18 千米，认定 8 省市大运河河道和遗产点 1154 项，及时开展了相关的"四有"基础工作。2/3 以上的世界文化遗产地启动了保护规划编制和修订工作。在特区政府和各利益相关方的多轮协商和共同努力下，澳门历史城区保护规划编制工作有效推进。国家文物局会同中编办等有关部门，多次组织世界文化遗产调研工作，开展了遗产地经济、社区和可持续发展等重大课题研究，对相关的保护管理体制和发展模式等提出了重要的政策建议。

（三）保护状况不断改善。在中央财政的支持下，故宫、山海关和西藏地区等重大文物保护工程的实施，极大地改善了文化遗产的保护状况。承德避暑山庄及周围寺庙、嘉峪关文化遗产保护工程全面展开。大足石刻千手观音造像、高句丽壁画等抢救性保护工程组织开展了多学科、跨领域的联合攻关，在关键技术上取得了重大突破。都江堰等遗产地在遭受严重自然灾害后，迅速展开文物抢救保护工作，得到了社会各界和国际组织的高度评价。各地实施的环境整治工程有效改善了世界遗产的环境景观。南京市投资 40 多亿元，完成了明孝陵周边整治工程，兑现了申遗时的国际承诺，提升了城市文化品位。北京市投资 3.2 亿元，修建了八达岭过境路，极大地优化了遗产区环境。

（四）监测工作初具规模。国家文物局多次召开世界文化遗产监测工作会议，根据亚太地区世界遗产第二轮定期报告工作要求，组织完成了回顾性突出普遍价值声明、基础信息填报、地图提交等工作，并指导各遗产地进一步明确监测需求，理清工作思路，完善档案信息。同时，组织专家开展监测巡视，积极推进相关的试点工作。敦煌莫高窟、苏州古典园林、杭州西湖等遗产地开展的监测预警工作在保护管理中发挥了重要作用。目前，我国世界文化遗产监测管理已初步形成了国家、省、遗产地三级监测和两级巡视的工作机制。

（五）管理机制不断创新。我们充分借鉴世界遗产的工作规则，颁布了《世界文化遗产申报项目审核管理规定》，更新《中国世界文化遗产预备名单》，严格按照国际标准和程序来遴选预备名单和申遗项目，实现与国际接轨。进一步深化有关国家、主管部门、地方政府和利益相关者之间的遗产保护合作机制。国家文物局与有关部门密切合作，在长城资源调查等工作中充分利用空间信息等科技手段，极大地丰富了工作成果。由文化部、国家文物局牵头，13个相关部委和8个省市人民政府组成了大运河保护和申遗省部际会商小组，通过会商机制凝聚工作共识，共同协调解决重大问题，发挥了重要作用。大运河沿线35个城市建立了联合申遗工作机构，共同签署了《关于保护大运河遗产的联合协定》。国家文物局和哈萨克斯坦、吉尔吉斯斯坦主管部门共同设立了部长级协调委员会及其工作组、秘书处，协调推进中、哈、吉三国"丝绸之路：起始段和天山廊道的路网"申报项目，为我国跨国申遗合作积累了实践经验。

（六）服务发展作用显现。世界文化遗产地的服务水平有所提高。敦煌研究院从预约、展览、游线、讲解、流量控制等多方面做好游客服务工作，被世界遗产委员会作为世界遗产旅游管理的最佳案例。世界文化遗产在带动旅游等相关产业、促进当地经济社会发展方面的作用进一步增强。如平遥县旅游业对于世界文化遗产的依赖度高达93.67%，曲阜"三孔"遗产保护与带动旅游收入的投入产出比超过了1：100。世界文化遗产保护、整治工程和相关产业的发展，不仅改善了居民的居住环境，也增加了就业岗位和收入。仅2008年世界遗产带动的承德市相关产业就新增就业岗位超过3万个，皖南古村落农民年纯收入中旅游业收入占到75%以上。世界文化遗产日益成为当地经济社会发展不可或缺的推动力。

（七）国际合作走向深入。我国与联合国教科文组织、国际古迹遗址理事会、国际文化财产保护与修复研究中心等国际组织和有关国家建立了密切的合作关系。国家文物局多次举办高规格的国际研讨会，阐释我国世界文化遗产的保护理念和申报项目的突出普遍价值，并形成了关于东亚地区文物建筑和彩画保护的《北京文件》《北京备忘录》和《世界遗产地可持续性旅游发展准则》等具有重要影响力的国际文件。故宫、龙门石窟等多处遗产地开展的国际合作成果丰硕。今年，我们又成功举办了2012年国际古迹遗址理事会顾问委员会和执行委员会会议，中央政治局委员、国务委员刘延东同志亲自出席了开幕式并作重要讲话，进一步扩大了我国在国际文化遗产保护领域中的影响力和话语权。

二、世界文化遗产事业的机遇和挑战

"十二五"以来，随着我国文化建设掀起前所未有的新高潮，文化遗产保护的重要作用日益凸显，我国世界文化遗产事业迎来了历史性的发展机遇，进入了一个发展的"战略机遇期"。

从国家层面看，党中央、国务院高度重视文化遗产保护，作出了一系列推动文物工作发展的重大决策。去年10月，党的十七届六中全会作出了深化文化体制改革、推动社会主义文化大发展大繁荣的战略部署。今年7月召开的全国文物工作会议明确提出了坚持中国特色文物事业发展道路、建设文化遗产强国的战略目标，全面部署了新时期文物工作的基本要求和重点任务。党的十八大再次提出了加强文化遗产保护的工作任务。这就为文物事业特别是世界文化遗产工作营造了前所未有的良好发展环境。

从地方层面看，各地申报和保护世界文化遗产的积极性持续高涨。越来越多的地方将申报世界文化遗产作为加强文化遗产保护、带动当地文化建设和经济社会发展的重要机遇，作为惠及广大人民群众的民生工程、民心工程，列入地方党委、政府的施政纲要和工作规划，下决心解决了一批长期困扰遗产保护的老大难问题，极大地提升了当地的文化遗产保护水平。

从国际环境看，国际组织对中国文化遗产的保护模式给予了充分认可。我们在学习借鉴世界遗产保护体系的同时，也在积极探索一条具有中国特色的文化遗产保护道路，在某些方面甚至达到了世界先进水平，赢得了国际同行的肯定和赞誉。国际古迹遗址理事会有关人士曾多次表示，中国文化遗产事业发展如此之快，工作开展如此之好，现在应该是全世界学习中国的时候了。

从工作基础看，我们在世界文化遗产工作中积累了丰富的实践经验。经过多年的不懈努力，我们已经掌握了世界文化遗产申报和保护管理的相关要求，形成了一整套行之有效的工作机制，并在实践中培养、造就了一批热爱世界遗产工作、熟悉世界遗产规则、精通世界遗产业务的专家队伍，成为推动世界文化遗产事业发展的中坚力量。

从保障措施看，世界文化遗产的机构建设和经费投入进一步加强。国家文物局设立了世界文化遗产司，在中国文化遗产研究院设立了中国世界文化遗产监测中心。多处遗产地也设立了监测中心，加强了相关的人员配置。经费投入大幅增长。2011年仅中央投入的遗产保护和环境整治资金就达12.1亿元，比2010年净增长10倍，为世界文化遗产保护提供了有力的经费支持。与此同时，随着事业的发展和国内外形势的变化，世界文化遗产工作中也出现了一些新情况、新问题，面临着新的挑战。

一是联合申报项目增多。在限额制的影响下，跨地区甚至跨国的联合申报项目越来越多。这种"打捆"申报方式虽然能够充分利用申报名额，提高申报效率，但也加大了协调工作难度，对相关地区、部门之间的沟通协商提出了很高的要求。特别是联合申报项目的每一个遗产点都必须完全符合世界遗产申报的要求，增加了项目"一损俱损"的风险。

二是申报条件更加苛刻。世界遗产委员会对于世界遗产申报项目的审核日益严格，并对没有世界遗产或世界遗产数量少的国家倾斜，而对于中国这样的世界遗产大国的申报条件则极为苛刻。小到一张图纸、一个单词的微细瑕疵，都有可能成为阻碍申报的理由。由于我国已不是世界遗产委员会的委员国，当前的申遗形势尤其严峻。

三是保护机制尚需完善。文化景观、文化线路、活化遗产等新型文化遗产与传统范畴的文物相比，其构成要素和文化价值更加丰富、复杂，难以完全适用原有的文物保护体制。如西湖十景的保护就无法套用文物保护方法。民众参与遗产保护和分享保护成果的力度明显不足，需要探索更加有效的保障和激励机制。

四是安全形势仍然严峻。由于历史欠账原因，世界文化遗产的重大病害和险情隐患尚未消除，部分遗产地尚未完成安防、消防和防雷等工程，防范自然灾害和人为破坏的压力很大。个别遗产地的安全意识淡薄，管理流于形式，安全工作存在严重漏洞，发生了多起文物被盗、被毁案件，必须引起我们的高度警惕。

五是监测管理水平不高。一些遗产地对于监测工作的意义和作用认识不足，甚至认为监测发现的问题会妨碍遗产地的发展建设，在监测工作上不愿投入。监测手段单一，范围有限，信息化程度较低，难以充分发挥及时预警和服务保护管理的重要作用。

六是能力建设亟待加强。遗产地保护管理机构层级偏低、能力偏弱，在县一级表现得尤为突出。由于管理机构的自身条件限制，人员队伍总量不足，专业结构不合理，也难以培养和吸引高层次专业人才和复合型人才，对世界文化遗产工作的长远发展造成了不利影响。

总的来看，我国世界文化遗产事业经过20多年的发展，已经具备了较好的工作基础，当前的形势尤其令人鼓舞，为加快发展创造了极为有利的条件。同时，我们也必须正视当前存在的问题和挑战，有针对性地采取措施，改进工作，变被动为主动，化压力为动力，为世界文化遗产事业开创更加广阔的局面。

三、提升保护管理水平，实现可持续发展

在庆祝《世界遗产公约》40周年之际，我们也必须认真思考，如何为人类的遗产保护事业勾画出更加清晰的发展与未来。联合国教科文组织将《世界遗产公约》40周年庆祝活动的主题定为"世界遗产与可持续发展：当地社区的作用"，表明可持续发展仍然是世界遗产走向未来的基石。

可持续发展目标的实现，必须以完善的保护管理为前提。今年7月，国务院领导同志作出重要批示："要在继续做好申遗的同时，把工作重点放到遗产保护的基础性工作和提升管理水平上。"这就为世界文化遗产事业的发展指明了方向。

在"十二五"和今后一段时期，我们要坚持以可持续发展为目标，以改革为动力，以遗产保护和监测管理为抓手，重点做好以下七个方面的工作。

（一）夯实保护基础工作。在"十二五"时期基本完成世界文化遗产地基础数据库建设和病害调查，准确掌握和科学评估保护现状。在此基础上，全面启动世界文化遗产保护规划的编制和修订工作，统筹考虑遗产保护管理的多方面需求，确保规划的权威性和可操作性。国家文物局和各省级文物部门要将保护规划作为世界文化遗产重大项目立项、审批和经费安排的主要依据，加强规划实施情况的跟踪考评和专项督查。

世界文化遗产本体保护要按照"最小干预"原则，以日常巡查养护和岁修等"小修小补"为主。只有做好这些文物保护最基础又是最重要的工作，做到及时发现，随时修补，才能以最小代价控制和消除险情，防止小病拖成大病。确实存在严重险情的，要按照保护规划要求，组织实施抢救性文物保护工程。在"十二五"时期重点推进长城、明清皇家建筑、石窟寺保护维修工作，全面完成承德避暑山庄及周围寺庙、嘉峪关等文物保护工程，基本消除世界文化遗产的重大险情。

在世界文化遗产地坚持最严格的安全防范制度，把文物安全作为时刻不能放松的高压线，做到不留情面，不留死角，不留隐患。在"十二五"期间基本完成世界文化遗产地安防、消防和防雷设施建设。坚持人防、物防、技防相结合，以人为首要因素。强化全员安全意识，将文物安全作为所有保护管理人员的共同责任，使安全链条上的每个环节都能发挥出100%的作用。坚持协同作战，发挥地方政府和有关职能部门的关键作用，加强各方面的协调配合，使文物安全工作成为遗产地优先保障的平安工程。

（二）建设监测预警体系。国家文物局已经组织编制了《中国世界文化遗产监测预警体系建设规划》和监测指标，将在本次会议上进行讨论。在"十二五"期间要制定相关的制度规范，完成工程技术研发和信息系统建设，培养专业人才队伍，初步建成中国世界文化遗产监测预警的框架体系；增强世界文化遗产保护管理的预见性和科学性，实现遗产地的信息化、规范化、精细化和智能化管理。

各地要将监测工作作为加强世界文化遗产保护管理的重要抓手，根据本地区的实际情况，进一步明确世界文化遗产监测在近期和远期的主要目标和工作任务，按照量力而行、先易后难、重点推进、分步实施的原则，找准监测工作的需求和重点，积极开展监测工作试点。中国世界文化遗产监测中心要组织研发世界文化遗产监测的动态信息和预警系统以及相关的技术标准、规范，协调遗产地开展试点工作，并提供技术指导和专业咨询，充分发挥国家中心和总平台的重要作用。

（三）完善管理工作机制。适应世界文化遗产发展的新形势，探索建立跨区域、跨部门的文化遗产保护协作机制。通过协商制定专项保护法规和规划，规范遗产保护、监测、展示、标识等技术要求，设立会商协调机构，协调统一各地区、各部门的保护行动，促进文化遗产特别是长城、大运河、丝绸之路等涉及地域广阔的超大型遗产的整体保护。

完善活化遗产的利用和维护机制。对于仍在使用的运河遗产、古民居、古村落、历史城镇等，要兼顾其保护要求和使用功能，在不影响遗产价值和景观风貌的前提下，允许对内部装饰等非核心要素做出适度改变。通过文化遗产的功能延续和更新利用，维系与当地民众生产生活和文化情感的密切联系，保持文化遗产持续发展演进的活力。

建立社会参与遗产保护管理的长效机制。在世界文化遗产重大事项的论证和决策过程中，充分听取各方利益相关者尤其是当地社区和民众的意见。引导和发挥好社区组织和群众性保护团体的积极作用，通过村规民约和社区管理，实现民众在文化遗产保护方面的自我约束、自觉参与和自主管理。

建立公平合理的收益分配和补偿机制。世界文化遗产的门票、旅游等经营收入，应当反哺于遗产保护和改善当地民众的居住、交通、基础设施状况。对因遗产保护受到发展限制的民众予以合理的经济补偿，并通过特许经营、贴息贷款、技能培训等方式，优先保障其参与旅游经营等权利，使民众从中受益，成为遗产保护的坚定支持者和强大后盾。

（四）提升展示服务水平。构建以世界文化遗产突出普遍价值为核心的遗产展示和标识系统，通过多层次、多角度、多空间的展示方式，将遗产本体、文化背景和环境风貌展示融为一体，准确、清晰地阐释遗产的价值和文化内涵。充分利用数字影像、虚拟实景体验等新技术手段，采取"虚实结合"的办法，增强遗产展示的体验性、参与性和趣味性，为公众提供愉悦的精神享受。

增强公众服务意识，贯彻以人为本的服务理念。针对不同群体的文化需求特点，提供个性化、差异化的公共文化服务产品。坚持文化遗产保护的公益性原则，保障全体公众平等、便利地分享文化遗产资源，不允许在遗产区内设立仅供少数人享用和牟利的特权场所。扶持当地传统的手工业和商业经营活动，挖掘和保护非物质文化遗产资源，发展具有地方特色的文化产业和文化产品，维护世界文化遗产的原生环境和文化氛围，带动和促进遗产地的经济发展和民生改善。

（五）提高申报工作质量。国家文物局今天将公布更新的《中国世界文化遗产预备名单》，进一步优化预备名单项目的价值、类型和地域分布，并建立警示和除名制度，实行动态管理。重点支持大运河、丝绸之路等在世界范围内具有重大影响的申报项目，彰显中华文化为人类文明所做出的杰出贡献，展现我国政府保护文化遗产的决心和成效，带动沿线地区文化遗产保护工作的全面发展。

坚持专家咨询制度。充分发挥中国古迹遗址保护协会、中国世界文化遗产专家委员会等专业机构和专家的咨询作用，为世界文化遗产申报项目的评估、审核和保护管理提供有力的智力支持。

（六）加强国际对话交流。既按国际规则办事，又增加我国话语权。要准确把握国际组织关于世界文化遗产申报和保护管理的工作程序、要求和发展趋势，并在我国的工作实践中灵活运用，实现与国际接轨。善于利用申报上游协助（ICOMOS等专业机构对缔约国申遗项目的前期准备工作提供指导）、文本预审、重大项目备案等国际规则，借助国际组织的专业资源优势，为我国世界文化遗产工作提供重要的咨询意见。

同时，充分利用国际会议、专家考察等方式，与国际同行进行平等的对话交流，既充满自信又轻松自如地从专业角度阐释我国世界文化遗产的价值、特色和保护理念、方法，增进国际组织对中国文化遗产和保护实践的理解与认同。积极参与国际组织关于世界遗产的重大理论研究和规则修订工作，在世界遗产领域发出中国声音，推介中国经验，维护中国权益，树立负责任的遗产大国形象，为世界遗产事业发展做出中国的贡献。

（七）推进保护能力建设。在坚持属地管理，落实地方人民政府保护管理职责的同时，加强国家和省级文物行政部门对世界文化遗产的指导、巡视和督查工作。鼓励地方政府适当提升世界文化遗产保护管理机构的层级，或者采取与职能部门共建共管等方式，利用各自的资源优势，在政策、资金、人才、技术等方面对世界文化遗产予以重点倾斜，增强其保护管理的协调力和执行力。

高度重视人才队伍建设，建立科学的人才使用和激励机制。各遗产地要注重挖掘内部潜力，充分信任和放手使用专业技术人员，在政策、待遇、保障等方面明确向一线的专业人员倾斜。用好用活现有人才，适当引进急需人才，优化人员结构，多渠道推进人才队伍建设。同时，中国世界文化遗产监测中心、各省级文物行政部门和遗产地要加大对专业人员的培训力度，并与遗产地的重点工作和重大文物保护项目紧密结合起来，使其在实践中提高专业技能，增长知识才干，迅速成长为业务骨干和学术带头人。

40年前，《保护世界文化和自然遗产公约》开创了保护人类遗产、谋求可持续发展的伟大事业。今天，中国作为世界遗产大国，正在走出一条传承历史文化，促进经济发展，改善人民生活的科学发展之路！我们各级文物部门、各遗产地的同志们，都要以党的十八大精神为指引，紧紧抓住当前的历史机遇，保护好、利用好、发展好我国的世界文化遗产，为守护中华民族的文化根基，推动人类社会的可持续发展做出新的贡献！

励小捷在 2012 年全国文物保护工程会上的讲话*

（2012 年 12 月 19 日）

今天，我们相聚古城太原，召开两年一次的全国文物保护工程会，系统总结"十二五"开局两年来我国文物保护工程的经验成就，全面谋划未来一段时期我国文物保护工程的发展蓝图。

2012 年是我国文化遗产事业发展进程中具有里程碑意义的一年。这一年不仅是《保护世界文化和自然遗产公约》颁布 40 周年、《文物保护法》颁布 30 周年，而且召开了对我们事业产生重大影响的全国文物工作会议。这次工程会的召开，又恰逢党的十八大胜利闭幕、全党全国掀起学习贯彻党的十八大精神高潮之际，必将对推动我国文化遗产事业的科学发展产生重要影响。下面，我就贯彻十八大精神，全面提升文物保护工程管理水平，谈几点意见：

一、认清形势发展，注重更新管理观念

当前，我国文化遗产事业进入一个全新的发展时期。文化遗产事业的保护对象不断增加，保护范围不断扩大，保护任务日益加重，国家对文物保护经费的投入也在连年大幅度增长，文化遗产事业迎来了历史性的发展机遇。同时，随着我国工业化、信息化、城镇化、国际化进程不断推进，文化遗产保护也面临着前所未有的挑战和压力。文物保护工程的价值作用、外围环境、自身发展也相应发生了很大变化。这些都对新时期文物保护工程管理提出了新的更高要求。对此，我们应有清醒认识，自觉更新管理观念，及时调整保护思路。

（一）进一步认识文物保护工程的价值作用。如何认识文物保护工程的定位、价值和作用，直接影响着我们文物保护工作的决策思路和管理水平。文物保护工程是保护我国优秀文化遗产和悠久灿烂文明的主要手段，对于促进优秀传统文化传承体系和社会主义文化强国建设，对于展示我国文化遗产保护实力和文化影响力，具有极为重要的意义和不可替代的作用。近年来，我们实施的一批重点文物保护工程，如：以西藏"十一五""十二五"重点文物保护工程为代表的援藏文物保护工程，以延安革命旧址、井冈山革命旧址等为代表的革命文物保护工程，以西安片区、洛阳片区和丝绸之路新疆段等为代表的大遗址保护工程，涉台文物保护工程，四川震后文物抢救保护工程，元以前早期建筑保护工程，援柬涉外文物保护工程等，深受广大群众和各族人民的拥护，

---

* 原题为《锐意进取　开拓创新　在新形势下全面推进文物保护工程事业发展》。

得到国内外专家学者的肯定。各级文物行政管理部门要结合十八大精神的学习，站在历史和民族的高度，进一步提高对文物保护工程重要性的认识和思考，自觉地将文物保护工程的实施与促进优秀传统文化传承体系建设联系起来，与服务文化大发展大繁荣大局联系起来，进一步增强围绕大局、服务大局的自觉性，增强推动文物保护工程改革发展的紧迫性，努力实现文物保护工程与时代齐发展、和社会共进步。

（二）进一步认识与文物保护工程密切相关的各种重要关系。当前，中央对文物保护利用、传承发展提出了一系列新的要求，我们要深刻学习、认真领会。文物保护工程已不仅仅限于文物部门和工程项目，而是涉及方方面面。要全面认识并处理好抢救保护与合理利用、保护利用与传承发展、依法保护与科学保护、政府主导与社会参与、文物系统与其他部门及地方之间的重要关系。这些关系直接影响和制约文物保护工程的实施。必须统筹协调，做到各种关系相互结合，逐步建立遵守文物保护政策法规、遵循文物工作自身规律，保护利用统筹兼顾、并重共赢，政府为主、社会参与、部门指导、各方配合，融入经济社会、促进自身发展的文物保护机制，有效推动文物保护工程顺利开展。

（三）进一步认识文物保护工程自身的变化。近年来，随着文化遗产保护事业的不断发展，文物保护工程也发生着多方面的变化。工程规模不断扩大，复杂程度不断加深，质量技术标准不断提高，保护内容不断丰富，保护方法不断改进，保护要求日益严格，广大人民群众对文物保护工程的关注程度和社会参与程度也越来越高。这些都对工程管理提出了新的更高要求，成为各级文物行政管理部门必须面对的现实任务。需要对我们的保护思路、管理理念及时调整，对我们的管理方法、监督措施及时改革，才能跟上文物保护工程事业自身的发展需要，才能使我们的保护工作实现较为彻底的改观。

二、加强宏观管理，注重职能转变

十八大报告明确提出，要"推动政府职能向创造良好发展环境、提供优质公共服务、维护社会公平正义转变"，要"深化审批制度改革，继续简政放权"。推动职能转变，加强宏观管理，不仅是十八大对我们提出的要求，也是我们当前自身工作发展的内在要求。随着改革开放的不断推进，随着社会环境的不断变化，加快政府职能转变，推动文物行政管理部门由"办文物事业"向"管文物事业"、由微观管理向宏观管理、由部门管理向行业管理、由偏重管理向管理服务并重转变，强化政策调节、社会管理、公共服务的功能，已经成为必然选择。

随着文化遗产事业的不断发展，不可移动文物和文物保护单位的数量急剧增加，我们现行的文物保护工程管理模式存在的问题日益凸现，审批程序烦琐、周期过长、效率不高等现象十分明显。各级文物管理部门夜以继日，不堪重负，许多该做的事情却没有精力去做。作为政府管理部门，我们需要加强宏观指导、政策引导、法规规范、执法督察和搭建平台。要简化工程方案审批程序，提高审批效率；要综合运用法律、行政、经济、科技等手段提高工程管理效能，大力提升工程管理水平；要完善工程检查、评估和监管机制，重点检查重大工程项目是否科学合理、保护资金使用是否规范有效、工程质量是否安全合格、工程管理举措是否落实到位；要转变保护管理思路，加强预防性保护，落实文物保护管理单位的主体责任，加强日常管理、巡护、监测和保养，由被动维修转为主动保护，由事后抢险转为提前预防。

为此，今年我局文物保护与考古司启动了文物保护工程方案审批方式改革的研究工作。改革的主要思路，是坚持"责权统一"的原则，探索将文物保护工程方案审批分为行政审批与技术审批两个层次，引进第三方独立审核机制，进一步明确中央与地方各自的事权关系，行政审批与技术审批的权责关系。相关成果和初步思路将在这次工程会上提出来，供大家讨论、提出意见。这次审批方式的改革，是从微观管理到宏观管理的转变，是从政事不分到责权明确的转变，是从关注个案的审批到重视全局布设的转变。我们的最终目的，不仅要实现文物保护工程管理模式的改革，而且要把这项改革的成果扩大到文物工作的其他方面，按照十八大的有关要求，坚持改革创新，不断提高文物管理工作的整体水平。各地也要逐步转变观念，提高工程管理中的服务意识，创新管理方式，提高管理效能，努力为行业发展创造良好环境。

三、完善体制机制，注重制度标准建设

十八大报告提出，要"构建系统完备、科学规范、运行有效的制度体系，使各方面制度更加成熟更加定型"。文物保护工程是一项科学保护工作，需要遵从科学规律。同时也是一项管理工作，必须坚持依法保护。目前，我国文物保护工程的保护管理法律法规体系虽已初步建立，但还不够完善。要实现真正的职能转变，完善体制机制，必须进一步加强与文物保护工程有关的各项制度标准建设，规范管理程序，落实管理责任。

（一）及时完善现有法律规章，出台配套管理制度。《文物保护法》《文物保护工程管理办法》等法律法规，与文物保护工程管理模式、审批方式改革关系密切。由于制定时间较长，一些法规内容、管理程序已经滞后于快速发展的文物保护工程实践，需尽快启动相关法规制度的修订工作，对其不够科学完善的地方、不适应保护工程实践的内容，进行必要的修改、调整，将改革思路体现出来，以促进审批改革工作开展，实现管理方式的转变。

审批改革工作的开展，需要研究、制定多方面的配套管理制度。在工程管理方面，对目前相对薄弱的立项、检查、验收这三个重要环节，需要进一步明确相关管理程序和办法。在资金投入方面，要进一步完善保护经费保障体系建设，在坚持中央政府投入为主的同时，地方也要切实履行责任，加大对文物保护经费的投入。在社会参与方面，针对保护资金投入渠道不断丰富等新情况，研究落实社会力量、普通民众参与文物保护工程的政策措施，研究制定鼓励社会力量进入文物保护工程领域的相关规定，鼓励引导更多社会资金投入保护工作。

（二）尽快制定保护工程相关技术标准规范。文物保护工程的改革、发展，离不开相关技术标准规范的制定。特别是引入第三方独立审核机制后，更加需要制定完善的技术标准加以规范和制

约。标准规范的制定，离不开对工程实践经验的总结，离不开文物保护理论的发展，离不开专业人才的培养。这些工作不是短时间内就能完成的，但我们已经有了一定的基础，必须下决心做下去。要结合文物保护工程的实施，从已经具有一定工作基础的工程定额、工程资料搜集整理、竣工报告编辑出版等着手，逐步积累经验，总结提炼，形成相应规范，并将规范范围逐步推广到工程各个主要环节。在这里要特别提出的是，各地也要结合地方工程实际情况，探索具有区域特色、符合地方实际、科学合理的地方工程标准、规范，为制定区域性、全国性的标准规范摸索经验、奠定基础。

四、着眼工程质量，注重加强工程管理

文物保护工程肩负的任务十分特殊，所保护的不是普通的房屋建筑，而是全民族历史悠久、传承有序的珍贵文化遗产，责任重大。如果不抓好工程质量这个前提，就上马大量的保护工程项目，将会导致保护性破坏，产生灾难性后果。如果片面追求经济效益，忽视文物保护工程的社会效益、公益属性，将会产生恶劣影响。有的涉藏、少数民族、民居村落等文物保护工程，稍有不慎，处理不当，工程质量问题就可能会演变成政治问题、民族问题、宗教问题。因此，我们必须真正以对国家、对历史、对人民高度负责的精神，切实抓好工程管理，切实重视工程质量，严守文物维修质量第一的宗旨，精心施工，妥善保护，使文化遗产得到永续传承。

要进一步加大工程检查、监管力度，加强工程组织管理，强化质量意识、安全意识，大力提升工程管理的水平和效率，确保工程质量和文物安全；要进一步规范工程资质、资格管理，强化对资质单位的工程质量管理要求，提高全行业的质量意识和整体水平，营造公平、有序、规范的文物保护工程市场环境；要进一步重视工程实施中的人才培养和标准规范制定工作，在提高工程水平和质量的同时，将人才培养和标准规范制定工作与工程实践有机结合起来；要进一步加强工程经费监督管理，让每一个文物保护工程项目在成为精品工程的同时，也成为健康工程、阳光工程。最后，要进一步抓好重大文物保护工程的实施，大力提升工程管理综合能力。重大文物保护工程是保护文物、成果惠民、传承文化的重要载体，是带动文物事业发展、发挥文物价值作用的重要举措，是提升工程管理水平、带动整个文物保护工程行业发展的重要途径。要紧紧围绕"十二五"时期确立的任务和目标，继续启动和实施一批关系全局、意义深远、具有示范效应和引领作用的重大文物保护工程、样板工程，为传承文明、服务社会、促进发展做出重要贡献！

回顾过去，我们的文物保护工程工作走过了一段辉煌历程，取得了令人瞩目的成就；展望未来，在全面建设社会主义文化强国的新征程中，将继续肩负着光荣而艰巨的历史使命。让我们全面贯彻落实十八大精神，紧紧抓住事业发展的重要战略机遇期，深入贯彻落实科学发展观，始终坚持文物工作方针，继往开来，改革创新，为我国文化遗产事业再上新台阶、为社会主义文化大发展大繁荣、为建设社会主义文化强国做出更大贡献！

蔡武在 2012 年全国文物局长会议上的讲话*

（2012 年 12 月 25 日）

在全党全国深入学习贯彻党的十八大精神的热潮中，我们在这里召开全国文物局长会议。我代表文化部党组，对会议的召开表示热烈的祝贺！向长期以来关心支持文物事业发展的国家各有关部委和社会各界表示衷心的感谢！向辛勤工作在文物战线上的广大文物工作者致以崇高的敬意和诚挚的问候！

2012 年对文物工作来说，是不平凡的一年。党的十八大胜利召开，提出了建设中华优秀传统文化传承体系的战略任务；"十二五"规划正式实施；《中华人民共和国文物保护法》颁布 30 周年暨修订 10 周年。党的十八大，提出了一系列新观点、新论断、新要求、新任务，描绘了在新的历史条件下全面建成小康社会、加快推进社会主义现代化、夺取中国特色社会主义新胜利的宏伟蓝图，作出了经济、政治、文化、社会、生态文明建设"五位一体"的战略布局，强调要坚持中国特色社会主义发展道路、建设社会主义文化强国。十一月二十九日，习近平总书记率新一届政治局常委和中央书记处同志参观"复兴之路"基本陈列，习总书记发表了语重心长的重要讲话，系统回顾了近代以来中国人民为实现民族复兴走过的历史进程，坚定宣示了实现中华民族伟大复兴"百年梦想"的决心信心，在全党全国产生了强烈反响。对我们文化战线来讲，意义尤为特殊。新一届党中央领导集体第一次公开集体活动选择在国家博物馆参观"复兴之路"，这既是对文化战线的高度重视和巨大支持，更深刻体现了我们党高度的文化自觉、文化自信，更彰显了文化建设在中华民族实现伟大复兴中的重要地位和作用。学习贯彻党的十八大精神，是当前和今后一个时期全党全国的首要政治任务。文物部门要认真学习、深刻领会党的十八大精神，充分认识文物工作在全面建成小康社会、实现中华民族伟大复兴中的重要地位和作用，切实把思想和行动统一到十八大精神上来，把智慧和力量凝聚到十八大提出的宏伟目标和各项任务上来，更加自觉地担负起保护传承文化遗产、建设社会主义文化强国的历史责任。

国家文物局和各地文物部门学习贯彻十八大精神，谋划新时期文物工作目标任务，工作抓得很紧，很扎实。小捷同志的报告我完全赞同。这里，我就如何以十八大精神为指导，推进文物事

---

* 原题为《立足新起点 开创新局面》。

业科学发展讲几点意见。

一、充分认识文化建设和文物事业在五位一体总布局中的重要地位和作用

十八大报告指出，在坚持以经济建设为中心的同时，必须始终把文化建设放在党和国家全局工作重要战略地位，坚持物质文明和精神文明两手抓，实行依法治国和以德治国相结合，促进文化事业和文化产业同发展，推动社会主义文化大发展大繁荣。深化文化体制改革，努力推进文化建设与经济建设、政治建设、社会建设、生态文明建设协调发展，以建设社会主义核心价值体系为根本任务，以满足人们精神文化需求为出发点和落脚点，大力弘扬民族精神和时代精神，全面提高公民道德素质，丰富人民精神文化生活，建设优秀传统文化传承体系，弘扬中华优秀传统文化，增强文化整体实力和竞争力，发展现代化、面向世界、面向未来的，民族的、科学的、大众的、社会主义文化，努力建设社会主义文化强国。这一段话，文字不长，但内涵极其丰富，是我们推进全面建成小康社会进程的文化纲领。

文物工作是社会主义文化事业的重要组成部分，是社会主义文化强国建设的重要支撑。加强文物保护、利用和管理，对于传承优秀传统文化、发展当代中国的先进文化，对于满足人民群众日益增长的精神文化需求、增强民族自尊心和自豪感，对于巩固民族团结、维护祖国统一、捍卫国家主权和领土完整，都具有十分重要的不可替代的意义。文物工作不仅直接贡献于文化建设，而且贡献于经济建设、政治建设、社会建设和生态文明建设。随着世界多极化、经济全球化的深入发展和科学技术的日新月异，文物作为国家和民族弥足珍贵的文化资源，日益成为经济社会发展的基础资源、战略资源，渗透到经济社会发展的方方面面。以文物为主要内涵的旅游产业、文化产业规模迅速扩大、产值快速增长。以北京故宫为例，2011年北京故宫接待观众1400万人次，比2002年的700万正好翻了一番，今年"十一"黄金周期间，故宫博物院单日接待人数最多时达到18.2万人次，创历史新高。文物对旅游产业的促进作用由此可见一斑。同时，文物作为人类社会进步的文明成果，在政治建设、社会建设进程中，无论是在政治体制改革、制度设计、廉政教育方面，还是在建立社会规范、推进道德建设、促进社会和谐等方面，都日益成为重要的镜鉴。绝大多数博物馆、纪念馆都可以成为爱国主义教育示范基地。文物作为国家历史文化的见证和民族精神的纽带，在维护国家安全、祖国统一，促进民族团结、社会稳定，弘扬先进文化，提升国民道德素养，激发国民爱国主义情怀，建设社会主义和谐社会等方面，日益成为中华民族伟大复兴的巨大精神动力。文物作为一种文化生态，在提升城市品位、改善城乡环境、推动生态文明建设方面，日益成为社会关注的新热点、新亮点。

从远古到现代，从蛮荒到文明，中华民族史上千千万万的文物，无不浸透着人民的创造与智慧，无不与人民的生产生活息息相关、血脉相连。我们只有满怀敬畏之心、感恩之情、自豪之意、奋进之志，全面审视和深刻认识文物的价值作用，准确把握我国经济社会发展的新要求，准确把握当今时代文化发展的新趋势，准确把握人民群众对文物工作的新期待，始终把文物工作放在全面建成小康社会、实现社会主义现代化和中华民族伟大复兴的伟大进程中来谋划、来推动，把文物工作融入中国特色社会主义事业五位一体总布局、总部署中，实现好、维护好、发展好最广大人民的根本利益，让更多的人民群众更充分地享受文化遗产保护成果、更广泛地参与文化遗产的保护利用和传承，才能真正实现文物的有效保护、合理利用、传承发展。

二、准确把握文物工作面临的新形势

当今世界正处在大发展大变革大调整时期，各种思想、文化交流交锋更加频繁，文化在综合国力竞争中的地位和作用更加凸显，维护国家文化安全任务更加艰巨，增强国家文化软实力、提高中华文化国际影响力更加紧迫。

党的十六大以来，我们高举中国特色社会主义伟大旗帜，全面贯彻落实科学发展观，推动文化建设、文物事业不断取得新成就，走出了一条中国特色社会主义文化发展道路，文物事业获得前所未有的蓬勃发展，有许多开拓创新，积累了丰富的新鲜经验。

特别是 2012 年，在党中央国务院的高度重视和亲切关怀下，文物界有"两件大事、两个文件"都是历史性的。一是全国文物工作会议时隔十年后再次召开。李长春同志亲切接见与会代表并发表重要讲话，刘延东同志出席会议并讲话。会议全面总结了党的十六大以来文物工作的创新实践和成功经验，深刻分析了当前文物工作面临的新形势新任务，鲜明提出全面推进文物保护利用和传承发展，建设与我国丰厚文化遗产资源相匹配、与社会主义文化大发展大繁荣相适应、与建设社会主义现代化国家目标相承接的文化遗产强国目标，对新时期文物工作作出了全面部署。二是全国人大常委会组成执法检查组深入北京、河北、浙江、江西、山东、河南、湖北、四川、甘肃、新疆等 10 个省市自治区，并委托 21 个省市自治区人大常委会开展了《文物保护法》颁布实施 30 年来第一次全国性执法检查。吴邦国委员长作出重要批示，明确要求督促、支持各级政府和有关国家机关依法履行职责，改进工作，加强管理，推动文物事业全面发展。两个文件分别是国务院印发的《关于开展第一次全国可移动文物普查的通知》和即将印发的《关于进一步做好旅游等开发建设活动中文物保护工作的意见》，对加强文物资源调查和文物保护利用工作提出明确要求。

"两件大事、两个文件"充分体现了党和国家对文物工作的高度重视，充分体现了文物工作在经济建设、政治建设、文化建设、社会建设和生态文明建设中的重要地位和重要作用，也反映出我们文物工作者主动进取、主动担当，发展文物事业，服务经济社会的文化自觉和文化自信。这两件大事、两个文件极大地推动了文物保护利用各项工作，进一步增强了各级政府依法履职和保护好、利用好、管理好文物的主动性、自觉性。总的来看，2012 年，文物系统广大干部职工开拓创新，求真务实，文物法制建设、文物保护重点工程、水下文化遗产保护、大遗址保护和国家考古遗址公园建设、世界遗产申报，以及博物馆公共文化服务、文物科技、人才培训、文物对外交流与合作等各项工作扎实推进、富有成效。

当然，我们也要看到，我国还处在社会主义初级阶段，新时期文物工作是在我国加速工业化、信息化、城镇化和农业现代化的进程中进行的，是在历史欠账较多、基础工作依然薄弱的情况下进行的，是在我们各方面体制机制还在改革之中、有待完善的环境中开展的。我国文物事业发展与经济社会发展水平相比、与世界文明古国应有地位相比、与党和人民对文物工作的新期待相比，还不完全适应。文物事业自身也需要不断适应新形势，继续解放思想，转变观念，深化改革，创新机制，激发活力和内在动力；需要加大投入，加强法制，壮大科技，提升能力。我们必须深刻警醒，牢固树立忧患意识、危机意识，以科学发展观为指导，以改革创新为动力，破解发展难题，努力开创文物事业新局面。

三、全面贯彻落实十八大精神，努力开创文物工作新局面

全面贯彻落实十八大精神，对我们文物战线来讲，最根本的是要始终高举中国特色社会主义伟大旗帜，坚持中国特色社会主义道路自信、理论自信、制度自信，准确把握全面建成小康社会的战略部署，加快建设与我国深厚文化底蕴和丰富文物资源相匹配、与中国特色社会主义事业总体布局相适应、与建设社会主义文化强国目标相衔接的文化遗产强国，全面推进文物保护利用和传承发展。最关键的是要坚持以科学发展观为指导，以改革创新为动力，深入贯彻"保护为主、抢救第一、合理利用、加强管理"的文物工作方针，着眼于服务社会、服务民生，把文物保护与社会主义核心价值体系建设结合起来，与社会主义精神文明建设结合起来，与全面建成小康社会结合起来，与提高中华文化的国际影响力结合起来，深入挖掘、展示、宣传蕴含在文物之中的宝贵精神财富。把重大文物保护工程与工业化、城镇化、信息化、农业现代化同步推进的"四化"进程结合起来，与改善城乡人民生活、提高生活质量和幸福指数结合起来，努力使文物保护工程成为民生工程、惠民工程。积极鼓励和支持各地依托文物资源发展文物旅游及相关产业，提供特色服务，使文物保护和利用成为促进区域经济发展的新亮点。

2013年，是贯彻落实党的十八大精神和全国文物工作会议部署的开局之年，也是全面实施"十二五"规划承前启后的关键之年。我们一定要按照中央的决策部署，紧紧抓住十八大精神和全国文物工作会议精神的贯彻落实，以提高文物工作质量和服务能力为中心，稳中求进，开拓创新，扎实开局，推动文物工作持续健康发展。所谓"稳"，就是要保持政策连续性，不改频道，不换节目，不折腾；所谓"进"，就是要改革创新，不断发展，在已有工作基础上取得新进展，新成绩。

一是要切实改进工作作风，加强领导班子建设。最近，中央政治局作出了关于改进工作作风、密切联系群众的八项规定，提出了一系列非常有针对性、可操作性的具体举措，重点是改进文风、会风、话风，规范调研、出访、参加活动等行为。这些都是人民群众所热切关注、期盼改进的问题，是影响我们推进科学发展的重要问题，是密切联系群众、克服官僚主义和形式主义要解决的迫切问题，是树立党和政府良好形象、提高公信力的重要方面，关系党和人民事业成败。各级文物部门特别是领导干部要深刻领会新一届中央领导集体的深谋远虑，学习中央领导同志率先垂范的榜样，紧密结合我们自己的工作实际，提出切实可行、有针对性，又实事求是的具体举措，加

以落实。从领导班子成员做起，从党员干部做起，坚持以人为本、执政为民，带头改进工作作风，带头深入基层调查研究，带头密切联系群众，带头解决实际问题。牢记习近平总书记"空谈误国、实干兴邦"的谆谆告诫，求真务实、真抓实干，以良好的党风政风凝聚和带领干部群众，奋力开创文物事业科学发展新局面，不断推进文物工作取得新进展、新成绩。

二是要研究确立到 2020 年文物事业发展的总体目标。党的十八大报告提出到 2020 年实现全面建成小康社会目标，五位一体布局中对文化建设的要求是：文化软实力显著增强。社会主义核心价值体系深入人心，公民文明素质和社会文明程度明显提高。文化产品更加丰富，公共文化服务体系基本建成，文化产业成为国民经济支柱性产业，中华文化走出去迈出更大步伐，社会主义文化强国建设基础更加坚实。文物事业作为文化强国建设的重要组成部分，我们的目标是什么，我们的文物保护、利用、管理应该达到一个什么样的水平，实现哪些具体目标，我们必须深入研究，进一步量化细化。

三是要围绕社会主义核心价值体系、优秀传统文化传承体系和公共文化服务体系建设，进一步加强文物保护利用，不断提升文物事业对经济社会发展的贡献。社会主义核心价值体系、优秀传统文化传承体系和公共文化服务体系建设是党的十八大报告扎实推进文化强国建设中的重要内容，也是文物工作必须肩负的历史责任。

要进一步加强文物保护，认真落实《文物保护法》，始终把文物安全放在文物工作的首位，认真履行政府保护文物的法定职责，建立健全文物安全责任制度和部门协作机制，加强督促检查，深入开展文物安全整治专项行动，确保文物安全。要巩固和转化第三次全国文物普查成果，精心组织开展好第一次全国可移动文物普查，切实摸清全国可移动文物资源家底。要继续实施重大文物保护维修工程，加强世界文化遗产、水下文化遗产和各级文物保护单位的保护管理，积极推进大遗址保护和国家考古遗址公园建设，进一步改善文物保护状况。

要进一步拓展文物利用途径，充分发挥文物资源服务社会、教育人民、促进发展的积极作用。继续深化博物馆免费开放，充分发挥文物的宣传教育功能，不断提升博物馆的展陈水平和公共服务水平；把文物保护利用与提升城市文化品位和城市形象相结合，与推动结构调整和转型升级相结合，积极推动文物资源在与产业和市场的结合中实现传承发展；不断创新工作理念、工作方式和体制机制，积极研究制定鼓励社会力量和社会资金参与文物保护利用的政策措施，大力发展文物旅游和特色文化产业，努力把文物资源优势转化为经济社会发展优势，让人民共享文物保护新成果。

四是要围绕改革创新，完善制度建设，不断优化文物保护管理的体制机制。要深化改革，在坚持文物博物馆事业公益性的前提下，积极推进建立博物馆理事会制度，吸纳社会公众参与博物馆事业；要按照中央事业单位分类改革的要求，积极推进以经营为主的事业单位转变体制机制；要以《文物保护法》为依据，结合社会需求，积极推进社会文物流通市场管理制度改革；要以转变职能、简政放权、提高效率为重点，积极推进文物行政管理部门的改革，由文物部门办文物事业向管文物事业转变，由只管直属文博单位向管理全社会转变，由微观管理向宏观管理、行业管理转变，综合运用法律、行政、经济、科技等手段提高文物管理效能。在总体把握上更加注重转变观念，更加注重制度设计，更加注重职能转变，更加注重加强管理。

要完善制度建设，抓紧研究制定与《文物保护法》配套的制度和标准，着力推进文物保护依法行政。要完善日常管理、巡护、监测和保养制度，落实文物、博物馆单位的主体责任；要完善监督检查和评估机制，重点督察文物事业发展举措是否落实到位、重大项目是否科学合理、资金使用是否规范有效、工程质量是否安全合格；要进一步完善博物馆免费开放绩效评估制度，健全博物馆馆际交流、陈列展览项目交流合作、藏品开放工作制度；要切实加强对文物市场的科学规范和有效管理，加大对文物领域违法犯罪行为的打击和惩治；要全面落实行政执法责任，完善程序，规范执法行为，进一步提升文物行政执法能力。

五是要加强人才队伍建设，为文物工作提供有力保障。人才是事业发展的根基，是全面推进文物保护利用传承发展的保障。从全国的情况看，我国文物数量、博物馆数量快速增长，世界文化遗产、文物保护单位、历史文化名城名镇名村大幅增加，文物抢救保护任务日益繁重，人民群众对文化产品质量和服务的要求更加迫切，而各级文物部门管理队伍和专业队伍却没有随之相应发生变化。文物行政机构不健全，人才总量不足，人员素质偏低，文博队伍结构不尽合理，文博专业教育与实际需求不相适应等问题，已经成为制约文物事业发展的严重瓶颈。对此，国家文物局高度重视，组织开展了专题调研，提出了一系列切实可行的对策建议。小捷同志、保华同志专门向部里进行了汇报，我们将与中央编办等有关方面进一步协调，争取有所突破。各级文物部门必须牢固树立人才资源是第一资源的观念，加快推进文博系统现有人才队伍结构优化和能力建设，加快研究制定有利于文物博物馆单位领军人才、专业技术人才、复合型管理人才健康成长和脱颖而出的体制机制，加大人才培训力度，为文物事业可持续发展集聚人才、培养人才、储备人才，切实提高推进文物事业科学发展的能力和服务社会的水平。

中国特色社会主义文化道路前途广阔、催人奋进，社会主义文化强国建设使命光荣、大有作为。让我们紧密团结在以习近平同志为总书记的党中央周围，以邓小平理论、"三个代表"重要思想和科学发展观为指导，求真务实，开拓创新，攻坚克难，努力做好2013年的各项工作，为推动社会主义文化大发展大繁荣、建设社会主义文化强国做出新的更大贡献！

励小捷在 2012 年全国文物局长会议上的工作报告*

（2012 年 12 月 25 日）

2012 年全国文物局长会议是在全党全国贯彻落实党的十八大精神，开启全面建成小康社会伟大进程的新形势下召开的一次重要会议。会议的主要任务是：学习贯彻党的十八大精神，以邓小平理论、"三个代表"重要思想、科学发展观为指导，总结工作，谋划未来，在新的历史起点上扎实推进文物事业科学发展。

现在，我代表国家文物局讲几点意见。

一、抓主抓重，稳健务实，全面完成 2012 年工作任务

2012 年，极不平凡，令人振奋。党的十八大，为党和国家各项事业发展绘制了宏伟蓝图，指明了前进方向。党和国家对文物工作更加重视和支持，胡锦涛主席视察援柬吴哥古迹茶胶寺保护修复工程，致信祝贺中国国家博物馆建馆 100 周年。十八大刚刚胜利闭幕，以习近平同志为总书记的新一届中央领导集体就前往中国国家博物馆参观《复兴之路》展览，宣示了实现中华民族伟大复兴"百年梦想"的决心和信心，这是对广大文博工作者最大的鼓励和鞭策。

这一年，全国文物系统认真贯彻党的十七届六中全会精神，紧紧把握稳中求进的工作总基调，按照文物事业"十二五"发展规划的部署，不铺新摊子，保持连续性，抓主抓重、稳健务实、改革创新、狠抓落实，着力提高工作质量和效益，全面完成各项工作任务，推进了文物事业加快发展的良好态势。

（一）进一步做好事关全局的重点工作

我们筹备召开了时隔十年再次召开的全国文物工作会议，李长春、刘延东等中央领导同志接见会议代表并发表重要讲话，会议提出了全面加强文物保护利用和传承发展、加快推进文化遗产强国建设的历史任务。各地、各部门贯彻落实全国文物工作会议精神，对文物工作更加重视，加大政策支持。北京、甘肃、重庆、四川、山东、广东等省（市）人民政府召开文物工作会议，政府主要领导同志讲话，从全局高度对文物工作提出新的要求，帮助解决经费和编制上的实际问题。

2012 年上半年，我们配合全国人大常委会开展了《文物保护法》执法检查。吴邦国委员长作

---

* 原题为《学习贯彻十八大精神　扎实推进文物事业科学精神》。

出批示：要求督促支持各级政府和有关国家机关依法履行职责，改进工作，加强管理，推动我国文物事业全面发展。执法检查组重点对 10 个省（区、市）开展了实地检查，委托 21 个省（区、市）人大常委会对本行政区域《文物保护法》的实施情况进行了执法检查。对检查中发现的问题，国家文物局和各有关部门进行认真整改，并将初步成果向人大常委会作了报告。

全国人大常委会组织的执法检查和国务院召开的全国文物工作会议这两件大事，乘贯彻六中全会精神、建设文化强国的东风，促进各地、各部门进一步形成了重视文物工作、加强文物工作的喜人形势，给全国文物系统以极大的鼓舞，成为 2012 年全国文物工作的一个鲜明亮点。

在文物部门特别是老专家的积极呼吁下，旅游开发中文物保护问题得到温家宝总理的重视。总理三次批示，要求文物、旅游等部门提出改进意见。目前，文件已完成起草并征求了部门意见，国务院即将印发。这个文件就文物保护单位的管理体制、旅游收入部分用于文物保护、文物保护单位用于旅游开发的审批和文物景点的游客承载量等问题，提出了明确的意见，是一个很有针对性的、管用的文件。这充分体现了国务院对文物工作的高度重视和大力支持。

在紧紧抓住基础性、全局性大事的同时，我们努力适应形势的发展变化，积极破解文物事业发展中的体制机制障碍和不平衡、不协调、不可持续的问题。国家文物局在调查研究的基础上，本着转变职能、加强管理的思路，从 2012 年下半年开始，组织开展了文博人才队伍建设、文物保护工程审批制度改革、绩效考评、文物行业标准体系建设等四项课题研究，取得了阶段性成果。急需人才培养的工作方案已经形成；项目审批有关文件在第五次文物保护工程会上讨论通过；绩效考核和标准体系建设的研究成果 2013 年 3 月可以完成。

针对社会关注的文物市场"乱象"，我们积极会同有关部门，制定了关于加强文物拍卖标的审核、文物鉴定类广播电视节目、古玩旧货市场文物经营活动管理等文件。及时叫停"十大名楼"联合申遗，妥善应对"遇真宫"抬升等网上舆论事件，履行社会管理职能的能力得到明显加强。

（二）进一步改善不可移动文物保护状况

第三次全国文物普查成果转化取得重要进展，21 个省（区、市）公布了 100%、3 个省公布了 90% 的不可移动文物名录。部分省（区、市）公布了一批省、市、县级文物保护单位。希望没有完成任务的省份进一步加大工作进度，确保完成。第七批全国重点文物保护单位推荐名单上报国务院审核。会同住房和城乡建设部开展历史文化名城名镇名村保护检查工作，提出城镇化进程中加强文物保护的措施。

——文物保护重点工程进展顺利。玉树灾后文物抢救保护工程基本完成；承德避暑山庄及周围寺庙、嘉峪关长城、山西南部早期建筑、应县木塔、涉台文物以及西藏、新疆等地区重点文物保护工程继续推进；山西彩塑壁画和中央苏区革命旧址保护工程启动实施。

——世界文化遗产工作再获佳绩。元上都遗址成功列入《世界遗产名录》。更新《中国世界文化遗产预备名单》，28 个省（区、市）和香港特别行政区的 45 项遗产入选。确定大运河和丝绸之路首批申遗名单。成立中国、哈萨克斯坦、吉尔吉斯斯坦丝绸之路协调委员会，签署三国联合申遗及协调保护管理协议。完成红河哈尼梯田的环境整治和国际专家的现场评估。完成长城资源调查并公布结果。

——考古及大遗址保护积极推进。配合南水北调、西气东输等重大基本建设中的考古发掘和文物保护成效显著，三峡工程消落区抢救性考古发掘项目陆续实施。中华文明探源、早期秦文化研究等重点课题相关考古工作不断深入，考古学术水平不断提高。实施 40 余项大遗址考古项目。以"六片、四线、一圈"为重点、150 处大遗址为支撑的大遗址保护格局初步形成并展开。西安成立汉长安城国家大遗址保护特区领导小组和管委会，湖南里耶古城、铜官窑国家考古遗址公园建成开放，大遗址保护综合效益逐步显现。

——水下文物保护取得新成效。组建国家文物局水下文化遗产保护中心。南海基地建设完成可研报告编制，选址已纳入海南先行先试区总体规划。我国第一艘水下考古工作船开工建造。完成"南海 I 号"考古发掘和文物保护方案制定。

（三）进一步提升博物馆建设和社会服务水平

——博物馆建设势头良好。全国博物馆总数达到 3589 个，其中国有博物馆 3054 个，民办博物馆 535 个。天津、河北、湖南、湖北等省（区、市）博物馆新馆及改扩建工程进展顺利。122 个地市级博物馆纳入《全国地市级公共文化设施建设规划》，项目建设进展顺利。

——博物馆行业管理更趋规范。17 家博物馆入选国家一级博物馆，全国一级博物馆总数达到 100 家。制定博物馆管理制度，完成国家一级博物馆运行评估。印发《民办博物馆章程示范文本》，总结推广国有博物馆对口帮扶民办博物馆试点经验。文物进出境管理、珍贵文物征集工作不断规范。

——可移动文物普查工作准备就绪。国务院印发《关于开展第一次全国可移动文物普查的通知》，制定了普查工作的实施方案，成立了领导小组和工作机构。陕西省、北京朝阳区、山东青岛市、中国人民解放军和武警部队等可移动文物普查试点取得积极成效。

——免费开放不断深化，社会服务不断拓宽。博物馆展陈数量显著增加，展陈水平明显提高，"元代青花瓷器特展""佛光里的神秘西藏"等一批优秀展览受到社会好评。推广博物馆免费开放十项最佳实践和全国最具创新力博物馆的做法，带动了博物馆展陈和管理水平提升。举办博物馆及相关产品与技术博览会、博物馆文化产品创意设计推介活动，在加快文化产业发展、满足多层次文化需求方面进行了积极尝试。

（四）进一步增强文物安全防范能力

——构建文物安全长效机制。强化部际协作，联合印发《关于加强和改进文物安全工作的指导意见》。深入推行文物安全公示公告制度，对重大文物案件和安全事故进行通报，对文物行政执法和安全监管情况进行公示。与公安部共同建立打击和防范文物犯罪联合长效工作机制。

——加强安全监管和设施建设。开展文物安全隐患排查整治专项行动，检查不可移动文物18.3万处、博物馆2329个，整改安全隐患2万余处。推进文物平安工程，启动255项文物安全设施建设工程，开展文物安全执法动态监管试点，全面部署田野文物安全防范工作。

——加强联合执法。与海关总署在13个省份开展打击文物走私专项行动，与国家海洋局在11个省份开展文化遗产联合执法巡航专项行动。推动全国文物犯罪信息中心与公安部DNA数据库进行对接，为防范打击文物犯罪提供技术支持。不断完善督察机制，制定《文物行政执法巡查档案范本》。国家文物局全年直接督办文物行政违法案件78起。

（五）进一步推进人才、科技和对外交流工作

——开展各类人才培训，理清队伍建设的总体思路。在全国范围开展文博人才队伍建设调研，研究《文物事业中长期人才需求规划》和《文博人才培养教育教学体系》。加强文博管理人才培训，完成六期共654名县级文物行政部门负责人和五期基层文物安全管理干部、文物行政执法人员的培训班。加强专业技术人才培训，举办新任考古领队、考古发掘项目电子审批系统、文物进出境责任鉴定员、可移动文物普查等培训班；加强技能人才培养，举办泥塑彩绘保护、近现代文物保护修复、出水文物保护、西藏壁画修复等培训班。

——促进文物保护与科技应用的融合。完成五项国家科技计划项目立项、两项国家科技计划项目验收，启动文物保护科技领域技术路线图预研究。推进与中科院的科技战略合作，组建文物保护领域物联网建设技术创新联盟。考古发掘现场移动实验室荣获国家科技进步二等奖。推进"指南针计划"专项实施，与上海市政府共建国家"指南针计划"专项青少年基地，与中国科协开展中国古代发明创造国家名录认定工作，举办"惠世天工"展览。

——对外交流合作持续拓展。政府间交流与合作更加深化，与墨西哥、哥伦比亚两国政府签署关于防止盗窃、盗掘和非法进出境文化财产的双边协定，签订双边协定的国家已达15个；与苏格兰文物局实施清东陵数字保存项目，与丹麦、摩洛哥、阿富汗文化部门签署合作协议；继续推进柬埔寨茶胶寺保护修复工程、肯尼亚考古项目等援外工程。与国际组织的合作更加密切，成功举办国际古迹遗址理事会顾问委员会和执行委员会会议，共享国际社会文化遗产保护经验，我国在国际文化遗产领域的话语权进一步增强；积极参与关于打击文化财产非法贩运的国际会议。文物出入境展览更加丰富，全年举办进出境展览76个，"华夏瑰宝展"成为中土文化年的一大亮点。与台港澳的交流与合作更加活跃，开展海峡两岸文物交流20年纪念活动，举办两岸文博专业人员交流研习活动，在台湾高雄市举办的"青州佛教造像展"观众突破70万人次，有力促进了两岸四地的文化认同。

（六）进一步夯实文物工作保障条件

——转变职能的改革深入推进。采取有力措施，优化文物保护工程审批程序，压缩审批时限，提高办事效率；扩大省级审批方案试点。地方文物部门积极跟进，山西省文物局将涉及文物工作

的行政审批由 18 项调减为 9 项。引入第三方机构，参与中央财政文物保护专项资金预算控制额度核审和重大项目绩效考评。中国文化遗产研究院组建北京国文琰文物保护发展有限公司。推进政务信息化建设。向海南省博物馆调拨 1000 余件文物。完成国家文物局直属事业单位的清理规范工作。

——文物法制和标准体系建设不断加强。公布施行《大运河遗产保护管理办法》，印发《大运河遗产展示与标识系统设计指导意见》。推进《博物馆条例》立法进程和《水下文物保护管理条例》修订。开展文物保护标准体系和文物安消防标准体系研究。修订《博物馆和文物保护单位安全防范系统技术要求》《全国博物馆评估办法》和《博物馆评估标准》。国家标准由 6 项增至 12 项，行业标准由 33 项增至 47 项。36 项国家标准和 40 项行业标准正在编制之中。

——文物保护经费实现较大幅度递增。在国家发改委、财政部等部门的大力支持下，中央财政文物保护专项资金达到 128 亿元，比 2011 年增长 30%；其中全国重点文物保护单位维修保护 41 亿元，博物馆免费开放 30 亿元，抢救性保护性设施建设 10 亿元。专项经费加大了对大遗址、申遗等项目的支持力度，对西藏、新疆等边疆、少数民族及贫困地区给予了更有力支持。地方文物保护经费投入也继续大幅增加，北京市由 1.5 亿元跃升至 10 亿元。湖南省投入各项文物保护资金 6 亿元，启动省级以上重点文物保护项目 42 个。陕西省全年安排文物安全经费 6700 万元。

——宣传工作主动性明显提高。"文化遗产日"郑州主场城市活动、"5·18 国际博物馆日"南宁主场城市活动、文化遗产保护无锡论坛影响广泛，以文博宣传活动为主轴的 4 月至 6 月全国性"文化遗产宣传季"品牌效应初步显现。文物知识宣传普及工程试点工作取得实效。围绕主题主线开展的"保护发展·成就辉煌"和文物系统先进典型等正面宣传收到良好的社会效果。

一年来，我们与有关部委的协作更加紧密，连续出台一系列加强文物保护的措施规定，进一步形成齐抓共管的工作格局。国家文物局的工作得到各地的全力支持，与海南、广西、江苏、福建、吉林等省（区）签署文物博物馆工作合作协议，推进了局省合作深度。文博系统的各行业协会和社会组织发挥了桥梁纽带作用，中央有关文博单位起到了骨干引领作用，国家文物局各直属单位坚持围绕中心、服务大局，在重点工作落实中发挥了不可替代的重要作用。

回顾 2012 年的工作成绩，令人鼓舞。这些成绩是在多年来奠定的良好基础上取得的，是各级文物部门开拓创新、真抓实干的结果，靠的是党中央、国务院的坚强领导，靠的是社会各界的通力支持，靠的是广大文物工作者的担当奉献，靠的是老领导老专家的真诚关心。在此，我谨代表国家文物局一并致以诚挚的感谢和崇高的敬意！

我们必须清醒看到，文物事业的发展既面临着难得的机遇，又面临着严峻的挑战。在文物家底基本廓清、文物总量大幅度增长的新格局下，我们担负的文物保护任务十分之繁重；在加快推进工业化、城镇化的形势下，我们承受的文物保护压力十分之巨大；在人民群众要求共享文物保护利用成果的新期待下，我们肩负的文物利用与传承的责任十分之重大。在工作中仍然存在着制度体系还不完善、宏观管理还不到位、服务意识不够强、工作效率比较低等问题。对这些新情况、新问题、新矛盾，我们要深入研究，长期关注，积极探索，努力把握在改革开放时代文物工作的规律。对于工作中存在的问题，我们要高度重视、认真解决。

二、稳中求进，开拓创新，扎实做好2013年的重点工作

2013年是全面贯彻落实十八大精神的开局之年，是实施"十二五"规划承前启后的关键一年，是为全面建成小康社会奠定坚实基础的重要一年。中央经济工作会议深刻分析了国际国内形势，提出了2013年经济工作的总体要求和主要任务，我们要结合文物工作实际认真落实。文物工作的基本思路是：以推动科学发展为主题，以转变管理方式、提升工作质量为主线，稳中求进，开拓创新，突出重点，扎实开局，为推动文化强国建设、实现经济社会发展目标做出新的贡献。

（一）抓实抓好重大项目，提升文物保护能力

文物保护重大项目是文物事业的重要支撑。重大项目花了我们大量精力，体现了我们工作的重要成果。要加强重大项目的管理，抓好项目储备、项目构成、项目审批、项目实施、项目检查和绩效评估等几个方面。第五次文物保护工程会刚刚开过，其他几个方面已作布置，我重点强调一下项目构成和项目检查评估问题。项目构成属于宏观管理范畴，是结构调整问题，具有整体性、稳定性、导向性。在项目构成的安排上，要考虑项目自身价值、濒危程度、利用空间等因素，还要考虑项目单位的执行能力以及不同地区、不同类型项目之间的兼顾平衡等问题。目前，财政部与国家文物局在文物保护专项使用上有一个大的切块。要在此基础上结合多年的经验，发现和把握规律，形成一个规范，有一个相对稳定的结构比例，每年根据情况变化做些调整。这样就能够增强项目工作的整体性和主动性，更好地发挥重大项目的导向作用和社会效益，也能够使国家局和地方局的工作进一步协调，提高地方项目前期准备的实效性，减少"跑部进京"现象。不仅文物保护项目，包括博物馆项目、安全项目等大宗投入都有一个构成问题，要进一步研究规范。项目检查和绩效评估是目前项目管理的一个薄弱环节，主要是因为有些文物保护项目周期较长而主管部门人手偏少。但无论如何，有布置没检查、有立项无结项都是不允许的。要制定一个多层次多形式、公平公正、简便易行的项目检查评估办法，评估结果要与项目资金安排挂钩。

要在文物维修保护、安消防设施达标、科技创新等领域实施一批关系全局、带动性强的重大项目。开展古村落、官式建筑样板工程和文物安全防护典范工程试点。开展山西南部早期建筑及彩塑壁画、涉台文物、重要石窟寺、重要革命旧址等文物保护工程和西藏、新疆重点文物保护工程。完成南水北调工程田野文物考古与保护工作，公布第二批国家考古遗址公园名单。水下考古工作船建造、国家水下文化遗产保护南海基地及西沙工作站建设取得实质性进展。力争红河哈尼梯田文化景观申遗成功，开展大运河和丝绸之路申遗项目的保护和环境整治工作，发布《中国世界文化遗产监测预警体系建设规划》。继续推进文博风险单位安防设施达标建设，建成一批古遗址、古墓葬、石窟寺防盗报警设施和古建筑防火、防雷设施。

（二）提高文物利用水平，丰富人民精神文化生活

我们要高度重视并认真做好文物资源合理利用、传承弘扬这篇大文章。与文物资源的数量质量相比，与各级政府财政的投入相比，我们这篇文章才刚刚破题，还有大量工作要做。推动文物保护利用与经济社会协调发展、互利共赢。规范引导依托文物资源发展旅游产业，提供公共服务，丰富博物馆文化产品。推进文物保护工程与工业化、信息化、城镇化、农业现代化进程有机结合，积极探索工业遗产、乡土建筑的保护利用方式。以大遗址保护和国家考古遗址公园建设为引领，通过政府主导、部门协作、社会参与、市场运作的方式，积极探索提升地域文化和民族文化层次、提高公民素质、优化城乡环境、改善人民生活的新模式。

继续深化博物馆免费开放，积极制定实施博物馆改革规划，创新管理体制和运行机制，改进服务方式，增强内生活力，提高运营效率，实现发展模式由封闭型向开放型转变。发挥中央地方共建国家级博物馆和国家一级博物馆的示范和帮扶作用，提高展陈质量和管理水平；公布第二批国家二级、三级博物馆名单；开展促进民办博物馆发展专题调研。推进博物馆文化与学校教育、国民教育的有机结合。构建全面多元的对外文物交流合作机制。继续做好援助柬埔寨、肯尼亚、缅甸、摩洛哥等文物保护项目；争取与欧盟有关国家签署防止盗窃、盗掘和非法进出境文化财产的双边协定；推出一批具有中国内涵、国际表达的对外文物展览。深化与台港澳地区的文物交流与合作，积极推动海峡两岸商签文物交流协议，举办两岸四地古迹活化再利用研讨会。

（三）全面开展第一次全国可移动文物普查，廓清文物家底和保存状况

文物工作属于资源依托型的工作，资源数量、保存状况是决定文物工作需求和发展方向的刚性依据。

全面开展第一次全国可移动文物普查是2013年工作的重中之重。这次普查，就是要全面掌握各类国有单位收藏保管可移动文物的总体情况，建立国有可移动文物登录机制，建立国有可移动文物管理服务信息平台，为科学管理、服务社会奠定基础。我们将报请国务院召开全国可移动文物普查领导小组第一次会议和全国电视电话会议。积极会同有关部门建立普查经费保障机制，建立运行普查信息登录和数据管理平台，摸清收藏保管有可移动文物的国有单位的分布状况。要充分利用馆藏文物已有数据，下功夫摸清文物系统外国有可移动文物的情况。对这项工作，各地务必高度重视，精心组织实施，在人财物上予以优先保障，为我国首次国有可移动文物普查开好头、起好步。同时，继续做好不可移动文物"三普"成果转化利用工作，结合国务院核定公布第七批全国重点文物保护单位名单，推动各地核定公布相应级别的文物保护单位。

（四）加强人才培养、科技创新，筑牢文物事业发展根基

人才和科技，是文物事业发展的两大基石，是能力建设的核心，其基础性、战略性和决定性作用十分突出。

要制定《文博人才工作中长期规划纲要》，初步形成文博人才培养的教育体系、教学框架。搭

建技能型人才培养平台，与相关高等院校、高职院校、科研基地联合培养文物修复、规划编制等急需人才。研究建立科学合理的文博职业制度，搭建人才成长通道。配合人力资源和社会保障部修订《中华人民共和国职业分类大典》中与文物行业相关的内容，研究建立文物修复师职业资格制度。紧紧围绕需求，继续办好文物行政和业务培训班。

深化文物保护科技领域技术路线图研究；继续推进中华文明探源工程、指南针计划等国家级重大科技项目；实施文物保护关键技术提升计划、基础研究推进计划、科技成果推广计划；重点支持文物风险预控、传统工艺科学化、保护修复专有装备和保护材料效果评价研究；着力开展先进适用技术成果的规模化应用；以973、科技支撑、文化科技创新工程等国家科技计划为载体，促进区域创新联盟、技术创新联盟和科研基地建设；深化文博单位与中国科学院系统、高等院校的协同创新，构建以需求为导向的创新研发链条，提升科技创新效率。

（五）推进改革创新，构建科学发展的体制机制

要以解决问题、推动发展为重点，逐步形成系统完备、科学规范、运行有效的制度体系。落实全国人大常委会建议，开展文物保护法修订前期研究。贯彻落实《国务院关于进一步做好旅游等开发建设活动中文物保护工作的意见》，明确责任，分解任务，制定措施，会同有关部门开展检查督导。按照中央部署，稳步推进文物系统事业单位分类改革。以文物宣传主题策划和品牌建设为载体，开展内容丰富、形式多样的文物法制和文博知识宣传普及活动。与主流媒体结合，重点搞一两个有影响力的文物宣传项目。

扎实推进标准制、修订工作。启动编制《文物保护工程设计方案编写规范》《博物馆陈列工程施工规范》《博物馆突发事件应急预案编制规范》《文物保护项目预算编制与控制数审核标准》等13个行业标准；修订文物保护工程北方定额标准。标准制定体系庞大，任务繁重，一定要以工作急需为重，要严格程序、反复论证，但不能没有时限、久拖不果。地方和有关单位要重视这项工作，结合实践多制定些地方标准或技术规范。

深化行政管理体制改革。着力推进转变职能、简政放权。按照责权相统一的原则，建立文物保护工程行政审批与技术核审相分离、分层次的审核制度，形成第三方机构独立承担技术核审工作机制。开展全覆盖的工作绩效考评，建立经费使用绩效考评制度、项目绩效考评制度，推动将重点工程质量和专项资金使用绩效纳入文物保护责任目标，把各项重点工作的落实纳入干部考核体系。绩效考评是对各项工作的一致要求，必须做到统一效能，防止重复交叉、标准不一。

切实履行社会文物管理职能。加强文物流通领域管理，配合有关部门开展文物拍卖市场治理。密切关注文物复仿制生产领域中的问题，配合有关部门加强监管，形成行业自律。研究制定社会力量和社会资本参与文物保护利用的优惠政策和具体措施，研究对非公有制文博单位人员评定职称、申报项目的政策。研究系统外文物保护单位和个人产权文物保护单位的保护、维修与管理使用政策。对于社会广泛关注的重大项目规划和法规规章，要依法进行公示，接受人民群众监督。

（六）改进工作作风，推动工作落实

新一届中央政治局强调责任担当，强调不辱使命，强调实干兴邦，提出改进工作作风、密切联系群众的八项规定，在党内外、国内外引起强烈反响和普遍好评。国家文物局召开党组中心组扩大会议，专题学习中央八项规定，在综合各司室意见的基础上，形成了《中共国家文物局党组关于落实〈十八届中央政治局关于改进工作作风、密切联系群众的八项规定〉的实施意见》。会议印发了这个文件，希望同志们提出意见并监督执行。

贯彻落实中央规定，领导机关和领导干部要率先垂范，要以作风建设为抓手，着力加强局司两级领导班子建设；要从文物工作的实际出发，把改进作风与转变职能、改善服务结合起来，扎扎实实解决一些地方和基层反应强烈、迫切需要解决的问题。比如，会议多是各地反映较大的一个问题。这次规定，全年请地方局主要领导参加的会议就两次，一次年末的局长会议，一次年中的局长座谈会。此外的会议再请局长参加必须经我批准，请副局长参加须经分管副局长批准；还决定尽快开通视频会议系统。各地文物部门、文博单位也要制定具体办法，认真贯彻落实中央规定精神；以好的作风保证繁重任务的完成，以好的作风促进领导班子和干部队伍建设。

三、全面落实科学发展观，整体谋划 2020 年文物事业发展的目标

布置了新一年的工作，再放开视野，讲一讲文物工作中长期的事情。

党的十八大，明确把科学发展观确立为全党必须长期坚持的指导思想。我们学习贯彻十八大精神，就是要以科学发展观为指导，努力实现在我国进入全面建成小康社会决定性阶段文物事业的科学发展，研究探索中国特色文物事业发展道路、理论和制度，全面开创文物工作新局面。

——更加自觉地坚持以发展为第一要义。改革开放三十多年来，从以经济建设为中心到更加注重发展的质量与效益，一脉相承。在中国特色社会主义伟大事业的实践中，发展的内涵不断丰富，发展的领域不断拓宽，发展的目标不断完善，但始终都没有离开发展这条主线。文物是不可再生的资源，我们不能生产文物，但以文物保护、利用和传承为己任的文物工作，同样要以发展为第一要义。这是因为，文物资源的规模在扩大，文物保护的标准在提高，人民群众的需求在增长。形势的发展、事业的开拓、人民的期待，都要求我们以发展为主题。对于文物工作来说，保护是发展的前提，利用是发展的动力，管理是发展的保障，传承是发展的目的，都是发展的有机组成部分，都是文物事业发展的主体。当然，讲发展也包括利用文物资源发展旅游和相关产业产品，但要以文物保护为前提，不能搞产业化和市场化。

——更加自觉地坚持以人为本的核心立场。文物工作要以服务人民为根本宗旨，实现文物保护利用成果由人民共享，保障人民文化权益，促进人的全面发展。要坚持文物事业的公益属性，尽可能地为人民群众提供均等、便利、全覆盖的文物博物馆公共服务。要维护文物资源共享的代际公平，关注当代人的民生需求，保护后代人的利用权利，在文物保护利用中传承文明，建设中华民族共有精神家园。

——更加自觉地坚持全面协调可持续发展的基本要求。科学发展观的全面、协调、可持续发展的基本要求，对于文物工作具有重要的指导性和突出的针对性。所谓"全面"，就是要全面贯彻和有效执行《文物保护法》，有法可依、有法必依、执法必严、违法必究；就是要全面理解和执行"保护为主、抢救第一、合理利用、加强管理"的文物工作方针，处理好保护与利用的关系。所谓"协调"，就是要努力做到体制机制与履行职责相协调、机构队伍与事业发展相协调、经费保障与文物保护需求相协调，着力解决文物事业发展中不平衡、不协调、不可持续的问题。所谓"可持续"，就是要实现好文物的可持续保护、文物的可持续利用和文物工作保障条件的可持续发展。

——更加自觉地坚持统筹兼顾的根本方法。正确认识和妥善处理文物事业和文物工作中的各种关系，包括协调好文物工作与经济社会发展的关系，文物系统与全社会的关系，国家局与地方局、国家文物局与中央其他部门的关系，宏观管理与微观管理、加强管理与改进服务的关系等。善于统筹使用紧缺资源，适度整合分散资源，兼顾各方面的利益诉求，兼顾各领域的发展需要，充分调动各方面积极性，增强工作的系统性、整体性和协同性。

党的十八大提出了全面建成小康社会的奋斗目标，并就此作出了战略部署。我们学习贯彻十八大精神，就是要围绕2020年这个时间节点，按照建设社会主义文化强国战略任务的要求，深刻分析文物事业发展面临的新形势，整体谋划2020年文物事业发展的目标任务。

我们需要研究对接十八大提出的到2020年全面建成小康社会的总体目标，思考谋划到2020年文物事业发展的目标任务。在全国文物工作会议上，刘延东同志提出：要加快建设与我国深厚文化底蕴和丰富文物资源相匹配、与中国特色社会主义事业总布局相适应、与建设文化强国目标相衔接的文化遗产强国。这一目标与党的十七届六中全会提出的建设文化强国目标的时间节点，都是到本世纪中叶，到2020年要为实现这一目标打下更加坚实的基础。那么这个更加坚实的基础应该是什么样的？我们应该分几个方面进行描述？这里，我们对2020年文物事业的发展目标作出一个初步概述，希望同志们充分讨论、深入研究。到2020年的目标是：文物资源状况全面廓清，文物安全防护设施基本达标，各级文物保护单位、馆藏文物得到科学管理和有效保护；法律制度和标准规范更加健全，人才队伍建设全面提升，科技支撑作用显著增强，经费投入增长机制不断完善；国有、民办有机结合，综合、专题门类优化，面向城乡、服务国民教育的博物馆体系基本完备；文物工作服务社会、惠及民生的作用充分发挥，为提高国家文化软实力、建设文化强国做出更大贡献。

实现2020年文物事业发展目标，要做哪些事情？我们可以就着力构建以下几个体系进行深入研究。

——文物保护与安全体系。坚持依法保护和科学保护，遵循文物保护规律，保护文物的真实性和完整性，保护文物的自然环境和人文环境。建立文物保护的长效机制，推进抢救性保护与预防性保护、文物保护规划与经济社会发展规划和城乡建设规划的有机结合。建成科学规范的文物保护项目管理制度，形成多类型、多渠道的文物展示利用制度，提高文物保护项目的质量和水平。应用高新技术，推广共性技术和关键技术，挖掘、改良和传承文物保护的传统工艺技术，突破文物保护的重大技术瓶颈。

文物督察制度基本建立，文物安全工作格局趋于完善，文物执法能力全面加强，文物违法犯罪案件和安全事故高发势头得到有效遏制。健全文物安全责任与防控机制，实行责任追究；建立文物防灾减灾机制，文物博物馆单位安全设施基本达标；建成文物安全与违法预警监管平台，加强日常执法巡查，提升监管效能；发挥全国文物安全工作部际联席会议制度作用，加强联合执法。

——社会服务体系。拓展文物利用传承途径，发挥文物资源的多重价值。挖掘、阐发和展示文物资源的丰富内涵，使之成为鼓舞人民前进的精神力量，为建设社会主义核心价值体系、全面提高公民思想道德素质作贡献。以保障和改善民生为重点，发展文物旅游及相关文化产业，提高人民生活质量，为推动经济社会发展作贡献。共建共享文物保护利用成果，深化博物馆免费开放，规范提升文物保护单位开放服务工作，丰富人民精神文化生活，为完善公共文化服务体系、构建优秀文化传承体系作贡献。积极配合国家外交大局，实施中华文明展示工程，推动中华文化走出去，为增强文化整体实力和竞争力作贡献。加强水下文化遗产考古和保护，维护国家海洋权益，助力海洋强国建设。

——法制、人才和经费保障体系。坚持用制度管权管事管人，基本实现文物保护利用的有法可依，实现制度构建与法律实施的协调发展。适应文物资源分布和类型特点，加强重点领域立法。提高文物部门依法行政能力，强化文物法律实施力度。推进行政管理体制改革，完善项目管理、资金管理、行业管理、社会文物管理制度，扩大政务公开，接受社会监督。健全文物保护技术标准、工作标准和基础标准，有效发挥标准在基础管理、工程实施和科技应用中的规范引领作用。

加快建设结构优化、素质过硬的文博人才队伍，做到人才多层次、培养有平台、使用有政策、成长有渠道。造就一批熟悉文物工作、懂经营善管理的复合型人才，一批善于运用现代科技手段保护利用文物的科技型人才，一批掌握传统工艺技术、具有操作经验的技能型人才，一批文博知识扎实、综合素质高、创新能力强的研究型人才。实施紧缺人才培养计划，扶持资助优秀中青年人才主持重大课题、领衔重点项目、实施重点工程，注重培养领军人才、修复人才、公共服务人才。健全文博机构资质准入制度、文博从业人员资格评价制度。推进文博专业培训在内容和方式上与重大项目、重点工程相衔接，促进文博高等教育和职业教育在学科建设、专业设置、课程设计上与文物事业需求相结合。

完善财政保障机制，将文物保护经费纳入公共财政预算项目，保证公共财政对文物保护投入的增长幅度高于财政经常性收入增长幅度，提高文物保护支出占公共财政支出的比重。完善投入方式，提高资金使用效益。研究支持非国有文物维修保护和民办博物馆发展的政策，鼓励各类文博机构提供公共文化服务。拓宽文物事业资金投入渠道，支持社会组织、机构、个人捐赠和参与兴办公益性文物事业，引入市场机制多渠道开发文博行业的文化创意产品和服务。

构建以上体系，既要借鉴国际先进经验，也要总结地方成功做法，同时又是开放的、与时俱进的。这既是任重道远的目标，也是现在需要着手开展的工作。我们准备从 2013 年初开始，把有关课题任务下达国家文物局各司室进行研究论证，再综合优化，上半年要完成 2020 年文物事业发展目标构建的任务。各地要支持这项工作，同时安排好本地区的目标研究工作。

同志们，在全面建成小康社会的新征程上，我们的责任更大、担子更重。我们必须进一步增强忧患意识、创新意识、宗旨意识和使命意识，以开拓进取的精神、昂扬向上的干劲和稳健务实的作风，以倍加坚定的自信、倍加深刻的警醒、倍加顽强的努力，讲实话、干实事，敢作为、勇担当，全面落实 2013 年各项工作任务，奋力谱写文物工作的新篇章。

蔡武在 2013 年全国文物安全工作部际联席会议第三次会议上的讲话

（2013 年 6 月 4 日）

刚才听了各成员单位的领导同志和有关负责同志对文物安全工作所发表的意见，以及国家文物局对贯彻落实国务院 63 号文件精神有关情况的汇报，虽然简单，但是内容深刻，非常全面。感觉到全国文物安全工作部际联席会议机制确实非常重要、非常必要，而且已经发挥了很好的作用，这个工作越来越显示出它的重要意义。文物工作、文化遗产工作概括起来有几个特点：一是全社会关注度极高，一个事件一经媒体报道立即成为社会关注的热点。二是涉及面广，牵动全局。文化遗产工作不仅牵涉经济社会发展、GDP、政绩，还涉及民生等一系列问题。三是文化遗产涉及精神领域，往往触及灵魂，触动感情。如圆明园兽首拍卖，本是一个很具体的问题，却牵涉民族感情、国家荣誉、外交关系等等。由这几个特点决定，文化遗产工作、文物安全工作看起来是个小事，实际上却是一件大事。按照党中央国务院的要求，建设优秀传统文化的传承体系，建设中华民族共有的精神家园，既有政治社会方面的问题，也有科学技术专业方面的问题，还有财政、经济、人文、精神、道德方面的问题，是全方位的、全局性的问题。

在全面深入贯彻落实党的十八大精神的开局之年召开全国文物安全工作部际联席会议第三次会议，我认为十分必要。在党的十八大精神指引下，研究和部署加强文物安全的措施和任务，把这项全社会关注、全体人民群众高度关注、牵动全局的、蕴含民族感情的重要工作部署好、落实好、监督好、完成好，这是我们的历史责任！

在此明确一下，文化部副部长、国家文物局局长励小捷同志为联席会议办公室主任，童明康同志为联席会议办公室副主任。刚才明康同志通报了各地贯彻落实《国务院关于进一步做好旅游等开发建设活动中文物保护工作的意见》的初步情况，简要回顾了 2012 年以来各单位围绕文物安全、加强联合执法方面开展的一系列工作，许多方面有所突破，许多问题得到解决。同志们在集中讨论 2013 年工作要点时，提出了很多非常好的意见，我们将认真吸收，在工作中落实好。

在新的历史时期，如何更好地发挥文物安全部际联席会议制度的积极作用，进一步做好文物安全工作，我谈两点意见。

一、认真审视和科学判断当前的形势和存在的困难

党的十八大进一步明确了中国特色社会主义经济、政治、文化、社会和生态文明建设五位一体的总体布局，对建设社会主义文化强国作出部署，加快建设社会主义文化强国的步伐。在今年的政府工作报告中，首次明确提出"把文化改革发展纳入经济社会发展总体规划，列入各级政府效能和领导干部政绩考核体系"。应该说无论从政策环境、社会氛围，还是从文化自身发展的角度来看，当前我国的文化建设都进入了历史上最好的发展时期。

概括起来，"最好的发展时期"有几个要点。一是在中国特色社会主义经济、政治、文化、社会和生态文明建设五位一体的总体布局中，文化占据着十分重要的位置。二是十七届六中全会的《决议》总结了过去10年来文化改革发展的历史经验，提出我们找到了一条中国特色社会主义文化发展道路，这是文化自觉的最为重要的基础。中国特色社会主义文化建设作为中国特色社会主义的重要内容，是题中应有之义。在将理论与实践相结合上，我们已经逐步体系化，从战略思想、战略部署、力量、格局、政策等方面形成了一整套完整的体系。三是从具体的政策措施上，十七届六中全会《决议》有两条，十八大报告有两条。六中全会主要讲投入，有两个硬指标，各级财政对文化事业的投入的增长幅度要高于同期财政收入的增长幅度，要逐步提高文化支出在财政支出中的比例。今年的政府工作报告提出，要把文化改革发展纳入经济社会发展总体规划，列入各级政府效能和领导干部政绩考核体系，这也是两条重大的方针，是针对文化建设进展的实际需要而强调的。正是由于上述这些内容，我们认为，文化建设进入了历史上最好的发展时期，面临着极好的机遇，也面临着尖锐的挑战。这些任务要贯彻落实好，不是一项简单的工作，需要我们不断地攻坚克难、开拓创新、坚持不懈、艰苦奋斗。

以习近平同志为总书记的新一届中央领导集体在2012年11月29日参观国家博物馆"复兴之路"基本陈列。在参观中，习近平总书记指出："现在，我们比历史上任何时期都更接近中华民族伟大复兴的目标，比历史上任何时期都更有信心、有能力实现这个目标。"他讲到两个百年，"一个是在党成立一百年时全面建成小康社会，一个是在新中国成立一百年时建成富强民主文明和谐的社会主义现代化国家"。中华民族的伟大复兴是当代中国人民的理想和追求，是一个鼓舞人心的目标和前景。为了这个目标和前景，我们要做好眼前的事，谋划长远的事，必须深入贯彻落实十八大精神，以事业发展为契机，不断夯实文物安全工作基础，切实担当起全面建成小康社会和实现中华民族伟大复兴中国梦进程中文化界应该承担的历史责任。从这个历史性、全局性的高度来看待我们的文化建设、文化遗产工作、文物安全工作，我们肩负着更大的责任和更光荣的使命。

（一）党中央国务院关于文物事业发展的安排和部署为做好文物安全工作奠定了良好的基础和保障

去年以来，在党中央国务院的高度重视和亲切关怀下，文物界有"两件大事、三个文件"。两件大事，一个是全国文物工作会议时隔十年后再次召开。时任中共中央政治局常委李长春同志亲切接见与会代表并发表重要讲话，时任中共中央政治局委员、国务委员刘延东同志出席会议并讲话。会议全面总结了党的十六大以来文物工作的创新实践和成功经验，深刻分析了当前文物工作面临的新形势新任务，鲜明提出全面推进文物保护利用和传承发展，建设与我国丰厚文化遗产资源相匹配、与社会主义文化大发展大繁荣相适应、与建设社会主义现代化国家目标相承接的文化遗产强国目标，对新时期文物工作作出了全面部署。另一个大事是全国人大常委会多位副委员长分别带队组成执法检查组深入北京、河北、浙江、江西、山东、河南、湖北、四川、甘肃、新疆等10个省、市、自治区，并委托21个省、市、自治区人大常委会开展了《文物保护法》颁布实施30年来第一次全国性的执法检查。吴邦国委员长作出重要批示，明确要求督促、支持各级政府和有关国家机关依法履行职责，改进工作，加强管理，推动文物事业全面发展。三个文件是国务院印发的《关于开展第一次全国可移动文物普查的通知》《关于进一步做好旅游等开发建设活动中文物保护工作的意见》和《关于核定并公布第七批全国重点文物保护单位的通知》，三个文件同时也是三件大事，非常有针对性。这些对进一步加强文物保护和利用工作提出了明确要求。

特别是《关于进一步做好旅游等开发建设活动中文物保护工作的意见》。针对文物利用中存在的问题，在文物部门特别是老专家的积极呼吁下，温家宝同志三次批示。2012年12月，国务院印发了《意见》，这是新时期中央加强和改进文物保护工作的一项重大举措，是正确处理文物保护与旅游等开发建设活动关系，确保文物安全，实现旅游业等可持续发展的重要的指导性、纲领性文件。《意见》指出了一些地方不能正确处理旅游等开发建设活动与文物保护之间的关系而出现的一系列问题，提出了新时期进一步做好旅游等开发建设活动中文物保护工作的八条意见，要求各地各有关部门严格遵守文物保护法律法规的具体要求，严格履行涉及文物的旅游等开发建设活动审批，合理确定文物旅游景区游客承载标准，加大对文物保护的投入，加强对文物旅游的指导和监管。特别考虑到在旅游等开发建设活动中，法人违法的情况较为突出，《意见》进一步明确了地方各级人民政府和相关部门的文物保护责任，要求在旅游等开发建设活动中确保文物安全，不断推动文物事业和旅游业健康有序发展。《意见》的重点在于不是强调要利用文物开展旅游等开发建设，而是要求在旅游等开发建设活动中强化文物保护。处理文物保护与各项工作的关系是非常重要的工作，要求我们必须全面的、辩证的处理，表现在传承与保护、继承与创新、开发与保护、经济效益和社会效益、满足人民群众的需求与做好文物保护等等相互对立而统一的各个方面。比如说故宫，今年春节，故宫日参观人数达到历史最高点，有18万人，而经过科学测算，故宫的最大日游客承载量是8万人，如何处理这个矛盾就是个难题。从多年的实践中，我们感到在新时期新的历史条件下，处理这些不断出现的各种复杂问题，如何把握好"度"，是对我们的政治智慧、执政能力和处理复杂问题的能力的重大考验。当前，在我国经济高速发展中，在我国社会剧烈转型中，从文化遗产工作角度看，文化遗产保护处于弱势地位，难以掌握主动权。鉴于此，《意见》

起草过程经过认真讨论、充分论证、上下沟通，最终形成一致的意见，就是要在旅游等经济开发建设活动中加强文化遗产保护的责任。但也不是反对经济开发。发展是硬道理，发展是解决问题的根本，但是发展必须是科学的、均衡的、可持续。要处理好各种关系，实现双赢，既促进经济开发，又促进文物保护；既保护好文物本体及其环境，又促使文化遗产在经济社会发展中发挥其应有的作用。

这一系列重大举措和文件，是新时期文物事业发展的方向和支撑，更是做好文物安全工作的推动力和保障力。

（二）文物执法督察与文物安全工作取得明显成效

近年来，在党中央国务院高度重视下，在各部门通力协作下，文物执法督察与安全工作不断深入，取得明显成效。

一是文物保护单位遭受破坏的情况有所改观。一个时期以来，各类建设开发活动与文物保护之间矛盾比较突出，各类文物破坏和违法建设活动屡禁不止，时常见诸报端。国家文物局会同各有关部门对其中侵害世界文化遗产和全国重点文物保护单位且社会影响恶劣、情节严重的案件进行了持续的督察督办，集中处理了一大批重大文物行政违法案件。通过这些案件的督察督办，显著提升了全社会的文物保护意识，增强了地方政府依法保护文物的认识，有效遏制了文物行政违法案件高发多发的势头。最为重要的是，原本有恃无恐的违法者不顾文物的级别和价值肆意乱为的现象得到改善。长期以来，我们坚持依法监管、依法治理，这是一个过程，法治本身需要完善，执法的力度和水平也需要完善。一个好的趋势是，近两年，省级以上文物保护单位本体及其周边环境遭受破坏的案例占总发案量比例同比明显下降。

二是文物执法能力显著增强。文物执法相较于其他行业的行政执法工作来讲起步较晚，近年来，在各部门支持下，文物执法快速发展。一方面，文物行政执法机构从无到有，从零星分布到普遍开花，取得明显成绩。省级执法督察机构从10年前只有1支队伍发展到2/3的省份有了专职执法督察机构或者队伍，文物资源丰富的市县也陆续成立了一批专职文物执法机构和队伍。另一方面，文物执法方式从以行政协调为主逐步向行政处罚转变，执法水平也得到显著增强。文物行政违法的一个特点就是法人违法现象突出。长期以来，许多文物违法案件主要依靠地方政府出面协调解决，随着文物行政执法工作的不断深入，依法定程序执法、依法追究法律责任、依法处罚逐渐成为地方政府和文物部门的自觉行为。

三是田野文物安全形势逐渐出现了一些可喜的变化。首先，重大案件发案率下降。从公安、海关、文物等各部门数据统计情况看，虽然案件总数未出现大的变化，但是重大案件发案情况有所好转，趋于平稳。其次，各部门重视程度显著提高。以公安机关为例，2012年，公安机关文物犯罪立案率达到了100%，破案率也有大幅度的提升。第三，各地区管理力度普遍加强。文物资源丰富地区普遍建立了文物安全联席会议机制，并将文物安全作为行政资源投入重点，陕西省近三年投入文物安全经费已近2亿元。第四，部分地区文物安全形势出现趋好态势。随着打击力度的加大，资源投入的增加，管护力度的加强，技防工程的实施，一些原本安全形势严峻的地区，正在成为犯罪分子不敢轻易涉足的"禁地"。上述变化的取得，是各部门、各地区协同努力的重要成果，说明我们"打防结合"的路线正确、措施有效。

（三）威胁文物安全的因素依然突出，困难依然存在

当前法人违法案件屡禁不止和田野文物屡遭盗窃盗掘仍然是威胁文物安全的两大重要因素。

一方面，法人违法发案量仍居高不下。

据统计，法人违法案件数量占年文物行政违法发案数量的比例常年居高不下，超过60%，且每年还以一定比例增长。在这些法人违法案件中，大部分是地方政府主导的"重大项目""民生工程"，这些项目的实施主体多为地方政府部门或地方政府下属的企业法人，具体实施过程中缺乏科学的文物保护论证，缺乏有效的文物保护规划措施，有的甚至不依照法律规定履行报批手续，擅自在文化遗产周边违法建设，严重破坏环境和历史风貌；在施工过程中片面追求施工效率，对于工程建设范围内的文物建筑和发现的古遗址古墓葬通常是直接拆除、直接破坏，致使一批历史文化遗产永久灭失；在开发建设中盲目追求经济利益，对文化遗产超负荷利用和破坏性开发，使文化遗产的真实性、完整性受到严重损害。类似事件屡见不鲜，不断成为社会热点。

造成上述局面的主要原因，一是一些地方、一些部门和单位的文物保护意识和依法办事的意识淡薄，存在不同程度的"重建设、轻保护"的错误认识。但从另一角度看，也是机制体制和不正确的政绩观造成的。二是发生违法行为后，对责任单位和责任人的处罚力度不够，惩治与教育效果不明显。在这个问题上，有时候我们的文物部门、文物执法部门处在劣势、弱势。在国家文物局直接督办的法人违法案件中，依法实施行政处罚的每年占比不超过20%，依法追究行政纪律责任和刑事责任的每年仅有两三起。相应的，即使一些文物违法案件得到了处理，但文物遭受破坏后难以挽救，损失不可估量，所以急需将"事后处理"尽快转变为"实时监督"和"事前监督"，以确保国家的有关规定能够得到落实、日常工作能够依法进行并有效降低发生文物违法行为的概率。文物是不可再生的，一旦破坏，不可复制，无法恢复，这是在文化遗产保护中一定要牢固树立的一个观念。所以，必须是实时监督，最好是事前做好保护措施。

另一方面，田野文物屡遭侵害，保护基础相对薄弱。

国家文物局接报的文物安全案件中盗掘古遗址、古墓葬，盗窃田野石刻、田野文物案件占比60%以上，田野文物仍然是当前犯罪分子侵害的首要对象。与此同时，一是地方政府主体责任尚需强化。大多数田野文物因不具备展示、开放条件，无法直接产生经济效益，一些地方政府对投入行政资源不积极。拿政绩观和行政责任做一个比较，在有限的任期内，一些能看到成果的、能短期产生效益的事情地方政府愿意做，而对于田野文物的保护，短期内可能不直接产生经济效益，所以投入不积极。二是田野文物保护队伍严重不足。相较于城市中的文物单位，古遗址、古墓葬、

石窟寺等田野文物往往地处偏隅，保护机构难以落实，保护经费难以保障，保护人员短缺。我们这么大的国土面积，有很多重要的墓葬，文物保护的协管员就是当地的村民，一个月仅二三百元补贴，由他们负责监管，保护力量确实太薄弱了。三是安全防范技术应用基础薄弱。与博物馆安防相比，田野文物的安防技术在 21 世纪初才开始实验，近年来才进入实施阶段，技术应用的种类有限，有些技术还不成熟，也没有普遍应用到田野文物保护上，造成大量案件不能被及时发现或时过境迁缺乏侦查条件。四是以文物安全为中心的工作机制尚待完善。文物安全仍未被摆到应有的位置，显得措施单一，手段有限。

二、抓主抓重，重点做好加强文物安全工作的主要任务

自 2010 年 5 月国务院批准建立全国文物安全部际联席会议制度至今已经 3 年。3 年来，联席会议制度内容不断扩充，任务不断明确，初步形成了以田野文物安全、水下文物安全、促进文物旅游协调发展和加强联合执法为主要框架的联席会议制度体系，为全面推动文物事业发展起到了积极的作用；3 年来，各成员单位群策群力、尽职尽责，紧密围绕联席会议制度内容，狠抓重点，务求实效，取得了突出的成绩和良好的效果，文物违法犯罪高发势头得到有效遏制，文物安全状况得到有效改善，文物管理秩序向好发展。

为进一步贯彻落实党中央、国务院对加强文物保护、确保文物安全提出的各项要求和意见，现阶段我们必须合力做好以下工作：

（一）科学谋划，全面促进文物保护与利用协调发展

文物的保护和利用是文物工作紧密相连无法分割的两个方面。首先，文化遗产之所以需要保护，是因为其具备的重大价值，使这些价值为当代所共享、为后世所继承是我们追求的目标。其次，保护作为基础和前提，应当对利用加以约束但又不仅仅是约束，更应当从利用的过程中使保护获得益处，进一步推动文物得到更好更妥善的保护。文物利用一方面要创造价值，更为重要的是文物利用必须是公益性质，符合公共利益，必须遵循文物保护的各项要求和原则理念，同时在利用过程中的收益还要反哺文物保护。

今年以来，各地在贯彻落实国务院《意见》中，已经开展了大量富有成效的工作。我们要按照国务院的安排部署，重点做好以下工作：一要总结经验把握规律，不断总结和宣传正确处理旅游等开发建设活动与文物保护的关系、推动文物保护与旅游全面协调可持续发展等方面好的做法和经验，摸索和掌握其中蕴含的规律和原则，逐步建立良好的管理秩序。刚才有同志建议要树立先进的典型，并加强引导，我觉得这个建议非常重要，这应该是我们一个主要的工作方法。因为我们都是在探索中逐步把握保护和利用的关系，找出规律性的东西。二要严格执行法律法规，严格依法审批，树立法律权威，不断增强一些地区和单位的法制意识和文物保护意识，强化科学论证和依法决策的自觉性和主动性。三要合理确定游客承载标准，根据景区自身实际，科学评估文物资源状况和游客数量，调节旅游旺季游客人数，创造宜人的旅游环境，时刻保障文物安全。四

要不断加大投入，一方面是加大政府投入，加强基础性建设，改善文物本体及其环境状况，另一方面是文物旅游的经营性收入要一定比例用于文物保护，经济效益和社会效益并举。五要加强指导与监管，改进工作方法，加强行业管理，完善机制体制，逐步建立标准化、规范化的管理模式和考核体系。六要落实责任、履行职责，做到政府领导、部门联动，各司其职、各负其责，对于滥用职权、玩忽职守、徇私舞弊，造成文物破坏、损毁的，要及时通报并依法追究责任。七要理顺文物景区管理体制，使文物景区开展各类活动既符合旅游开发需要，也符合文物保护客观规律，把决策、执行和管理置于部门监管和制度牢笼之内。八要纠正违法违规，重点整治将文物作为企业资产经营、违规交由企业经营、擅自拆除文物古迹和在文物周边进行违法建设等行为，同时依法追究相关责任单位和责任人的法律责任。

刚才明康同志介绍了前期各地贯彻落实情况，工作取得了明显成效，但依然存在一些问题。针对这些问题，近期国务院会组织实地督导工作，各有关部门要高度重视，参加督导工作的部门和同志更要按照安排，统一口径、统一步调，确保督导过程不走过场、不做样子，对于发现的问题要坚决依法处理、一追到底。

（二）进一步夯实文物安全基础工作，保障田野文物安全

古遗址、古墓葬、石窟寺和石刻依法属于国家所有，政府保护理所当然。机构不健全，人员编制少，经费难落实，保护能力弱，这些田野文物保护面临的普遍性难题，折射出的恰恰是地方政府文物保护工作的普遍性短板。2012年，在联席会议16个成员单位共同努力下，联合印发了《关于加强和改进文物安全工作的指导意见》，明确了今后一个时期文物安全工作的阶段性目标和工作要求。为将《意见》内容切实落到实处，我们还必须做好以下工作：

一是着力抓实基础性工作。要以国务院公布第七批全国重点文物保护单位为契机，督促地方各级政府完善各级文物保护单位"四有"工作，实现保护管理的日常化、规范化和制度化。要以点带面，不断强化各类不可移动文物特别是田野文物的安全防护，从实际出发，明确安全责任主体，落实安全管理措施，确保文物安全。在这次审定第七批国保名单过程中，我们深刻体会到各地政府特别是各省申请确定为第七批国保的积极性非常之高，但必须强调，申报进入名单的积极性和最后承担起保护它的责任是相统一的，进入名单后各级政府和文物部门更要承担保护的责任，同时要加大宣传力度，要从实际出发，明确安全责任主体，落实安全管理措施，确保文物安全。

二是合力破解关键性难点。田野文物安全难在哪里？关键还在无人看护。近年来各级政府文物安全投入逐年增加，但从经费结构看，对文物安全设施建设的投入占主体，人员看护、安全巡查等需由属地负担的日常经费尚缺乏必要保障。建议财政部、发改委的同志，在调查研究的基础上会同文物局对地方财政如何落实文物安全经费、优化支出结构提出具体意见，加强宏观指导，并予督促落实。

三是深化部门间执法协作。近年来打击文物犯罪成效显著，取得了阶段性成果。16部委《意

见》要求各部门建立严打、严防、严管、严治的长效机制，意在保持对文物违法犯罪活动的高压态势，露头就打，毫不手软，长效构建文物犯罪打击网。希望公安部、国家文物局继续落实防范、打击文物犯罪长效机制，不断取得新成果。希望海关总署和国家文物局在去年部署打击文物走私专项行动、举办成果展览、酝酿打击文物走私长效机制草案的基础上，进一步加强磨合，签署合作机制，协力加大对文物走私的打击力度。

四是持续推进文物平安工程。近年来，发改委、财政部对于文物安全工作给予了倾斜性的资金支持，全国重点文物保护单位的安全防护设施建设取得了巨大成效。特别是重点针对帝王陵寝、古墓群、石窟寺石刻实施的田野文物技防工程，普遍实现了"实施一项，平安一方"，投资回报显著。在中央带动下，地方财政对文物安全防护设施的投入也在逐年增加。这项工作，对提升田野文物安全防范能力至关重要，希望发改委、财政部等各个部门继续给予大力支持。在文物平安工程中比较有代表性的就是"平安故宫"工程，得到了党中央、国务院的高度重视，规划已经确定，目前已进入实施阶段，国务院多次开协调会，相关部门给予了大力支持。

（三）充分利用现代科学技术，强化文物执法与安全监测和预警能力

目前的文物安全监管水平较低、措施单一、手段落后，现代高科技管理手段还没有被广泛应用于文物执法督察与安全监管领域，针对威胁文物安全的因素预警能力完全不能满足现实需要。要力争在5年内初步建立集文物安全动态监测、执法督察预警和文物安全评价分析的全方位多角度的现代化应用系统。

一方面，考虑在国家层面，逐步建立高效、适用的文物安全与违法预警系统，有效降低文物违法行为和安全事故的发生概率。参考国土、建设、环保等系统的成功经验，充分利用现代高科技手段对世界文化遗产、全国重点文物保护单位进行实时监控。利用卫星遥感监测实现实时监控，有效提升预警的时效性、准确性。

另一方面，针对文物行政管理部门人员少、任务重、安全监管难度大的现实困难，充分研究利用物联网等技术手段，建立贯穿各级文物行政管理部门，覆盖重要文物、博物馆单位的文物安全监管平台，逐步实现对基层单位的远程即时监管，实现对执法行为的标准化、信息化管理，切实提升管理效能。可以在一定的范围内先搞试点，看看效果如何，再整体考虑。

这些工作希望发改、财政、科技等有关部门继续给予支持和帮助。

（四）多措并举，进一步加大对文物违法犯罪的惩治力度

李克强总理在国务院机构职能转变动员电视电话会议上指出，"该管的事必须管住管好""重拳方有效，重典才治乱，要让犯罪分子付出付不起的代价"。针对当前频发的各类文物破坏和盗窃盗掘等违法犯罪行为，加大惩治力度是加强文物安全工作最为有效的手段之一。具体来讲，需要重点加强两个方面。

一是进一步完善文物保护法律法规。2012年，全国人大常委会开展《文物保护法》执法检查

后指出，现行的《文物保护法》在执行过程中取得了良好效果，但其中一些规定还需要进一步修订完善，还有一些缺项漏项，如文物安全、文物利用等等。国家文物局已经启动了《文物保护法》的修订调研工作。重点对与形势不相适应的内容进行调整，对文物工作走在了前面而法律条款存在缺失的予以补充，对法律自身不完善的进行完善，将《文物保护法》与相关法律进一步衔接，与国际公约、联合国有关文件进一步接轨，与社会管理的趋势相适应，还要明确政府、社会、公众在文物保护中的权利与义务，改善政府"包打天下"的局面。希望法制办在修法调研和具体修法过程中继续给予支持，提供宝贵意见。

在法律修订的基础上，还要进一步完善相应配套的法规、规章、规范和标准，全方位地对履行文物保护的权利和义务做明确和富有操作性的规定，提出办法。

二是进一步加大执法力度和惩治力度。首先，各部门要各司其职、各负其责。对文物违法犯罪行为绝不姑息、绝不手软。对于重点领域和重大问题，要加强联合执法，合力解决突出问题。通过重视和解决重大案件，逐步建立机制和制度，全面维护法律的权威和尊严。其次，研究建立文物违法行为行政纪律责任的追究和监督机制。对于涉嫌破坏文物的国家工作人员要加强行政责任追究，要区别情况，根据严重程度，严肃追究相关责任人的行政纪律责任，涉嫌犯罪的要及时移交司法机关。再次，要推动和促进文物破坏的民事赔偿工作，增加违法犯罪分子的违法成本。希望各有关部门能够继续支持文物执法工作，齐心协力，共保文物安全。

同志们，加强文物保护、确保文物安全是建设优秀传统文化传承体系的核心内容，是建设社会主义核心价值体系的有效措施，更是服务五位一体总体布局的积极力量。文物安全工作不会一蹴而就，我们必须充分认识到它的长期性和艰巨性。在党中央、国务院的正确领导下，在国务院政府职能转变步伐不断加快的进程中，我们要找准问题，逐步破解，执法必严、违法必究，通过共同努力，让文化遗产真正地贴近人民群众生活，让文物保护理念真正深入人心，让拥有数千年深厚传统且仍充满活力的文化遗产为建设社会主义文化强国描绘出更加绚丽多彩的图画，为实现中华民族伟大复兴的中国梦贡献力量。

蔡武在2013年全国文物局长会议上的讲话

（2013年12月27日）

在全党全国深入学习贯彻党的十八届三中全会和习近平总书记系列重要讲话精神的热潮中，我们召开全国文物局长会议。在此，我代表文化部向辛勤工作在文物战线上的广大干部职工致以崇高敬意和诚挚问候！向长期以来关心支持文物事业发展的有关部委和社会各界表示衷心感谢！

党的十八届三中全会审议通过了《中共中央关于全面深化改革若干重大问题的决定》，对全面深化改革提出了系列新观点、新论断、新要求、新任务。关于文化体制改革，《决定》强调，要从完善文化管理体制、建立健全现代文化市场体系、构建现代公共文化服务体系、提高文化开放水平等四个方面推进文化体制机制创新，为文物事业改革发展指明了前进方向。中央城镇化工作会议强调要重视文化传承，延续城市历史文脉，发展有历史记忆、地域特色、民族特点的美丽城镇，为新型城镇化建设中的文物保护描绘了美好前景。全国文物系统要认真学习贯彻。

在即将过去的一年里，全国文物系统围绕学习贯彻党的十八大、十八届三中全会和习总书记系列重要讲话精神，结合深入开展的党的群众路线教育实践活动，认真谋划、锐意改革，抓主抓重、稳中求进，着力开创新局面、营造新风气，各项工作取得新的进展。一是抓改革，加快部门职能转变，积极推进文物保护项目审批机制改革，扩大政府购买服务，促进经营性事业单位转企改制。二是抓长远，研究制定了2020年文物事业发展目标体系，从管理体系、保护效果、社会作用、国际地位、政策保障等五个方面，提出了文物工作中长期发展目标任务。三是抓修法，开展文物保护法修订前期研究工作，围绕修法的热点、难点问题，深入开展调研和课题研究，明确修法思路和草案框架。四是抓普查，按照国务院的部署，进行广泛动员，落实普查经费，搞好人员培训，全面展开第一次全国可移动文物普查。五是抓利用，实施文物保护样板工程，开展古村落综合保护利用试点，探索保护与利用相统筹的管理模式；深化博物馆免费开放，充分发挥博物馆的社会教育功能。六是抓督查，落实国务院关于做好旅游等开发建设活动中文物保护的有关部署，依法纠正违法违规行为，一些文保单位管理体制得以理顺，部分历史遗留问题得到解决。七是抓作风，扎实开展党的群众路线教育实践活动，认真落实中央八项规定，集中整治"四风"，切实改进工作作风，狠抓年度重点工作落实，文物系统干部职工大局意识、改革意识、问题意识、服务意识显著增强，精神面貌为之一新。

当前，文物事业进入一个新的发展时期，机遇和挑战并存，希望和困难交织。一是世界多极化、经济全球化深入发展，各种思想文化交流交融交锋更加频繁，作为拥有丰富资源、占有广泛阵地的文物工作，在弘扬社会主义核心价值体系、传承优秀传统文化等方面应该发挥更大的作用。二是面对实施新型城镇化战略的新形势，全面落实"保护为主、抢救第一、合理利用、加强管理"的方针，文物工作承担着在保护中发展、在发展中保护的双重任务，既是机遇，也是考验。三是现有文物管理体系、管理能力与提高文物保护利用水平的要求不相适应，加强宏观管理、提高管理能力、加快职能转变势在必行。四是人民群众多层次、多样化的精神文化需求，对文物领域的公共文化服务提出了更高要求。我们要对面临的形势保持清醒的认识，在改革创新中破解难题，在科学发展中提升水平，切实肩负起历史赋予我们的使命。下面，我讲几点意见。

一、认真贯彻落实三中全会精神，准确把握文物系统改革创新的主基调

党的十八届三中全会是在我国改革发展关键历史时期召开的一次重要会议，专门研究改革问题并作出《决定》，以"两个一百年"为目标，发出了改革总动员令。贯彻落实三中全会精神，是今后一个时期全国文物系统的重要任务，是实现2020年文物事业发展目标的根本指针和基本遵循。

——要凝聚改革共识。改革由历史决定，大势所趋；改革由问题倒逼，不容回避。这不仅是发挥文物资源独特价值、增强社会服务功能的客观要求，也是文物系统全面深化改革、提高管理能力的自身需要。要充分认识文物系统深化改革的必要性、紧迫性、艰巨性，正视制约文物事业科学发展的深层次矛盾和问题，把深化改革作为一项战略任务常抓不懈。国家文物局要按照改革总体要求，加强改革顶层设计，统一谋划全国文物系统的改革思路和方案；地方文物行政部门要结合本地区实际，积极落实各项改革举措，做到思想统一、步调一致。

——要明确改革任务。全国文物系统要紧紧围绕三中全会提出的完善文化管理体制、建立健全现代文化市场体系、构建现代公共文化服务体系、提高文化开放水平等方面的要求，全面推进文物系统改革创新。要加快政府职能转变，推动文物行政部门由办文物向管文物、由管微观向管宏观、由管部门向管行业的转变，强化政策调节、社会管理、公共服务的功能，综合运用各种手段提高管理效能，大力提升管理精准化、规范化水平。要深入理解在经济改革中"发挥市场在资源配置中的决定性作用"的重要意义，研究在文物工作中如何更好地发挥市场机制的积极作用，逐步推进文物资源向社会有序开放，培育相应的社会组织和市场主体。文物系统改革要适应社会主义市场经济体制的要求，更要遵循文物工作的客观规律，始终坚持文物工作方针不动摇，做到守住底线、看住边界，坚持导向、守住阵地。

——要找准改革突破口。全面深化改革不能避重就轻，要抓住制约文物事业长远发展的基础性、体制性、根本性问题，进一步解放思想，转变观念，大胆探索，坚持整体推进和重点突破相结合。在国家文物局的各项业务工作中，文保项目的立项审批和预算安排，工作量最大，占用精力最多。因此，要以深化文保项目审批综合改革为突破口，进一步下放审批权限，建立行政审批与技术审核相分离、分层次的行政审批机制，克服和纠正重审批、轻管理，重布置、轻落实的现象，完善检查评估机制和督查办法，从体制机制上破解工作中的难题。要推进文博事业单位分类改革，特别是在博物馆理事会组建方面要调查研究、制定办法、作出安排。要继续加大文博人才培养力度，优化队伍结构，打破文博事业发展瓶颈。

二、顺应城镇化的新要求，切实保护好古城的历史文化价值

中央城镇化工作会议强调，要"提高历史文物保护水平"，"传承文化，发展有历史记忆、地域特色、民族特点的美丽城镇"，"保护和弘扬优秀传统文化，延续城市历史文脉"，"注意保留村庄原始风貌"，"让居民望得见山、看得见水、记得住乡愁"。我们一定要秉持正确的古城保护理念，切实保护好古城历史文化价值，结合文物工作实际，认真贯彻落实，把文物保护与城镇化建设结合起来，积极探索文物保护与新型城镇化协调发展之路。

——要坚持真实性保护。古城的真实性集中体现在古城蕴含的丰富历史文化价值，是古城赖以存在的客观基础，国务院《历史文化名城名镇名村保护条例》将真实性作为保护的首要原则。近年来，城镇化建设中的大拆大建、盲目发展和过度商业开发，使一些古城的传统街区和历史风貌遭受破坏，导致"千城一面""万楼一貌"。坚持真实性保护，最重要的是要保护好古城的历史文化价值，发掘好、保护好每个古城的特色。要加大执法督察力度，及时发现问题，提出整改措施，坚决纠正拆古建新、拆真建假行为，防止建设性破坏、过度商业化等问题。

——要坚持发展中保护。古城保护既要遵守文物保护的基本原则，又要遵从城镇化发展的一般规律。要在对古城历史文化遗存进行仔细甄别和准确认知的基础上，进行分层次、针对性保护。要坚持以人为本，对于正在使用的古民居，要充分考虑居民生活的便利性，根据不同情况分别提出保护措施。古城保护也要坚持集约使用土地的理念，该保的一定要保住，保下来的一定要用好，同时防止过度扩大保护区域、奢侈建设保护设施的问题。要鼓励支持古城所在地根据地域特点和资源禀赋，在确保文物安全的前提下，探索各具特色的古城保护新模式。

——要坚持整体性保护。古城是一个由多种要素共同组成的有机整体，既包括历史建筑、历史街区等物质文化遗产，也包括风土人情、生活习俗、传统记忆等非物质文化遗产，还包括古城依存的自然山水环境。因此，要统筹规划，做到整体保护，避免割裂古城内在的有机联系。要坚持物质文化遗产保护与非物质文化遗产保护相结合，实现传统文化生活的延续和古城文明的传承，还要切实回应当地居民改善生活居住条件的呼声，要坚持古城保护与依存环境保护相结合，实现人类生产生活与自然环境的和谐相处。

三、拓展文物资源的社会教育功能，为实现中华民族伟大复兴中国梦贡献力量

文物资源的社会教育功能来源于实物性与直观性、丰富性与愉悦性、开放性与多样性等特征。博大精深的中华文化遗产是爱国主义精神、民族精神、时代精神的重要载体，为社会主义核心价值体系建设提供了丰富的物质资源和精神营养，在传承弘扬优秀传统文化中发挥着不可替代的作用。要围绕坚持中国道路、弘扬中国精神、凝聚中国力量，充分彰显文物的历史、科学、艺术价

值，充分发挥文物资源凝聚人心、引领风尚，弘扬主旋律、传播正能量的重要作用，使人民感受教育启迪、陶冶思想情操、充实精神世界，为巩固全党全国人民团结奋斗的共同思想基础，实现"两个一百年"奋斗目标和中华民族伟大复兴中国梦做出贡献。

——要自觉参与社会主义核心价值体系建设。数量众多的文博单位是建设社会主义核心价值体系、传承优秀传统文化的重要窗口。传承优秀传统文化不是简单的"复古"，而是要深入挖掘文物资源中蕴含的深刻内涵，为社会主义核心价值体系建设提供历史智慧、现实参照，使优秀传统文化成为人们领悟、接受社会主义核心价值观的"催化剂"和"助推力"，同时也是"推陈出新"、促进传统文化现代化的一个过程。要加强博物馆和爱国主义教育基地建设，推出一批以爱国主义为核心、展现民族精神，以改革创新为核心、彰显时代精神的精品力作。要推动文物资源与经济建设、政治建设、文化建设、社会建设、生态文明建设和党的建设等各领域的深度融合，充分发挥文物资源在"六位一体"建设中的独特作用。

——要进一步提升文博单位公共文化服务水平。各级文博单位是保障人民群众基本文化权益的重要阵地，发挥公共文化服务功能是其社会责任的直接体现。要进一步深化博物馆免费开放工作，坚持公益属性，创新展陈内容和形式，创新管理运行模式，强化内部激励机制，不断提升博物馆的展陈水平和公共服务水平，向全社会提供更多优质便捷的公共文化鉴赏服务。要研究制定文博单位基本公共文化服务指标体系和绩效考核办法，促进基本公共文化服务标准化、均等化，为文博单位更好地服务社会提供制度保障。

——要进一步发挥文博单位的社会教育功能。如果说文物藏品是文博单位的"心脏"，那么发挥社会教育功能就是其"灵魂"。要立足公众多层次的精神文化需求，培育社会教育品牌，引领文博单位积极投身社会教育活动。要积极探索博物馆融入青少年教育工作的有效途径，会同教育部门研究将博物馆青少年教育举措贯彻到学校教育中，实现与学校教育、课外活动和社会实践的有机衔接，使博物馆成为提高青少年综合素质的重要课堂。要结合国民教育，增加博物馆的参与性、体验性项目，将专业性和知识性、学术性和趣味性、科学性和观赏性结合起来，为公众提高科学文化素养、实现自我价值创造条件，最大限度地发挥博物馆的教育资源优势。博物馆同时也是精神文明建设、思想道德教育的重要示范基地，要大力发展文博志愿者队伍，吸引更多的知识精英、社会知名人士、各方面的优秀人才担当志愿者，使文化志愿活动在全国蔚然成风。

四、切实履行文物部门职能，全面提高文物保护管理水平

文物保护管理水平的高低取决于文物部门的宏观管理能力、业务指导能力，取决于基础工作的重视程度，取决于重点工作的推进力度。在新的一年里，要大处着眼，抓好重点工作，更要着眼长远，夯实基础工作。

——要加快推进第一次全国可移动文物普查。可移动文物普查是我国在文化遗产领域开展的又一项重大国情国力调查。从前不久国家文物局开展的专项督查情况看，一些地方普查经费落实

不到位，普查进展缓慢，个别地方严重滞后，对此我们要高度重视，采取有力措施，切实加以解决。各级文物部门要严格按照国务院部署，落实普查责任，集中人力财力，确保普查进度，加强质量控制，规范有序地做好普查工作。

——要组织开展好文物保护法修订工作。全国人大常委会已将文物保护法修订列入五年立法规划，国家文物局开展一系列修法调研和课题研究，明确了修订重点。要在既有成果的基础上，进一步广泛听取各方面的意见建议，各级文物行政部门要认真研究本地区文物工作中存在的主要困难和问题，认真总结成功做法和有益经验，对于需要通过修法予以解决或确认的内容，要及时向国家文物局反映，以便统筹考虑。要更加细致地开展工作，注重质量、注重实效、注重可操作性，力争明年年底前形成修订草案并上报国务院。

——要不断完善文物安全工作长效机制。文物安全是文物工作的生命线，牵一发而动全身，任何时候都大意不得、放松不得。全国文物安全工作部际联席会议已经召开三次全体会议，为做好文物安全工作发挥了很好的作用。要继续完善部际联席会议机制，深化部门间执法协作，合力破解田野文物安全难题。要做好博物馆、文保单位风险等级界定，持续推进文物平安工程。要开展古城保护与利用中文物违法案件的专项督察，加大对涉及"国保"单位、世界文化遗产等重大文物违法案件督察督办力度，坚决遏制各种文物违法犯罪活动。

——要巩固深化党的群众路线教育实践活动成果，完善"务实、为民、清廉"长效机制。要针对文化文物工作中的"四风"问题，以建章立制为重点，全面整改，贯彻中央八项规定，贯彻中央关于厉行节约反对浪费条例，全面清理规章制度，清理整治办公用房、公务用车，严格管理出国出境活动，大幅压缩"三公"经费，整治文山会海，提高窗口单位便民利民服务水平。要巩固教育实践活动的积极成果，使之形成长效机制，使文物工作队伍始终保持良好的精神面貌、优良的传统作风、求真务实的工作态度，这是我们提高治理能力的关键。

党的十八届三中全会对全面深化改革的部署，为文物系统改革发展提出了要求，我们一定要更加紧密地团结在以习近平同志为总书记的党中央周围，继续发扬求真务实、真抓实干的作风，破除一切发展藩篱，坚定不移深化改革，扎实推进各项工作，为全面建成小康社会、建设社会主义文化强国、实现中华民族伟大复兴中国梦做出应有的贡献！

励小捷在 2013 年全国文物局长会议上的讲话

（2013 年 12 月 27 日）

2013 年全国文物局长会议的主要任务是学习贯彻党的十八届三中全会、中央经济工作会议和城镇化工作会议精神，总结工作，部署任务，推动文物事业的改革与发展。

刚才，蔡武部长作了重要讲话，我们要认真学习贯彻。下面，我讲几点意见。

一、2013 年文物工作回顾

2013 年是全面贯彻十八大精神的开局之年，也是落实全国文物工作会议精神的起步之年。习近平总书记、李克强总理和刘延东副总理分别就文化传承、文物保护作出重要批示，国务院召开第一次全国可移动文物普查电视电话会议，充分体现了党和国家对文物工作的高度重视。全国文物系统紧紧围绕十八大精神的贯彻落实和党中央、国务院的决策部署，自觉把握稳中求进的总基调，谋大事、抓重点，深化改革、加强管理，全面完成年度任务，各项工作取得新进展。

（一）积极推进行政审批制度改革

按照国务院部署，国家文物局在梳理现有行政审批事项、核实非行政许可类审批事项的基础上，制定 2013～2015 年行政审批事项精简计划。今年已取消由政府出资修缮的非国有国保单位转让、抵押或者改变用途审批，境外机构和团体拍摄文物审批，处理有关可移动文物或标本许可等3 项审批事项；下放考古发掘单位保留少量出土文物留作科研标本许可事项。

为提高行政审批效率，将国保单位维修及防雷项目立项审批与技术方案审核分开，引入市场主体承担技术方案审核任务；在保留立项审批的前提下，将国保单位防雷工程技术方案审核、馆藏珍贵文物保护修复项目方案审批和结项验收下放省级文物行政部门；将文物保护工程勘察设计、施工、监理甲级（一级）资质年检下放省级文物行政部门。

为加强文物保护工程、安消防工程的事中事后监管，制定了国保单位文物保护工程立项报告和设计文件编制、项目申报审批管理、防雷工程管理等 6 个规范性文件，为推进文物保护工程项目审批改革提供制度保障。省级文物行政部门为把下放、取消的审批项目接好管好，也制定了系列配套措施。

（二）全面展开第一次全国可移动文物普查

各地按照国务院的总体要求，进行动员部署，组建普查机构，落实普查经费，进行人员培训，宣传普查知识，各项工作稳步推进。国家文物局与教育部、民政部、财政部、文化部、新闻出版广电总局、国资委、档案局分别印发通知，推动普查开展；举办了5期普查骨干培训班。各地广泛开展省、市、县三级普查人员培训，全国完成1.5万余人次普查骨干培训，1.6万余名普查员持证上岗。中央本级和28个省份普查经费基本落实。初步摸清系统外国有单位文物收藏情况，约2%的国有单位收藏有文物。山西、陕西、河南、四川等省份提前开展文物信息采集。

（三）切实加强不可移动文物保护

今年3月，国务院核定公布第七批国保单位1943处，国保单位总数达到4295处。一些地方政府相继核定公布了新一批省级、市县级文物保护单位，更多文物资源纳入依法保护范围。扎实推进各项基础性工作，"三普"不可移动文物名录公布任务基本完成，第七批国保单位"四有"工作完成50%。统筹实施一批文物本体修缮、保护设施建设和环境整治项目，及时消除文物险情和重大安全隐患。会同住建部报请国务院将泰州、会泽、烟台、青州公布为国家历史文化名城，开展第六批中国历史文化名镇名村评定工作。

落实第四次全国对口支援新疆工作会议精神，部署新一轮文物援疆工作，加强与兵团文物工作对接，畅通兵团文物保护资金渠道。西藏27处重点文物保护工程开工建设，累计下达资金4.4亿元，完成投资3亿元。承德避暑山庄、山西南部早期建筑等重点工程继续推进，平安故宫工程全面启动，彩塑壁画保存状况调查和保存环境评估有序展开。全面推进灾后文物保护抢险工作，及时下拨雅安地震、延安特大洪涝、岷县和漳县地震灾后文物保护应急抢险经费，玉树灾后文物抢救保护工程圆满收官。公布第二批12个国家考古遗址公园名单、31个国家考古遗址公园立项名单，推动汉长安城国家大遗址保护特区建设。完成南水北调东中线一期工程沿线文物保护项目田野考古、丹江口库区文物抢救保护项目蓄水前验收。赴南沙海域开展首次远海水下考古调查和执法巡查，完成天津、河北、辽宁沿海海域和江西鄱阳湖老爷庙水域的水下文物调查。红河哈尼梯田文化景观成功申遗，我国世界遗产总数达到45项，位居世界第二。完成大运河和丝绸之路申遗项目的前期准备和国际专家现场评估，确定土司遗址为2015年申遗项目。印发《世界文化遗产申报工作规程（试行）》，进一步指导、规范世界文化遗产申报工作。开展文物保护样板工程和安徽呈坎村、河北鸡鸣驿村等6处古村落保护利用综合试点。围绕不同类型文化遗产的可持续利用，在无锡、天津分别举办文化遗产保护论坛、海峡两岸及港澳地区建筑遗产再利用研讨会，探寻文化遗产保护与利用的平衡发展之路。

（四）着力提升博物馆社会服务水平

博物馆发展势头良好，南京博物院、天津博物馆、河北省博物馆和辽宁省博物馆等新馆相继落成，一批地市级博物馆新建和改扩建工程进展顺利。全国博物馆达到3866个，其中国有博物馆3219个，民办博物馆647个。编制博物馆免费开放绩效考评办法，推广全国博物馆十大陈列展览精品。全国博物馆举办展览2.2万个，年接待观众5.6亿人次。完成国家一级博物馆年度运行评估，初步形成博物馆等级管理动态机制。启动浙江、湖南、四川3省的国家二、三级博物馆年度运行评估试点。浙江、安徽、福建、广西、贵州开展生态博物馆示范点建设评估，促进博物馆业态发展与文化遗产及其环境保护有机结合。扶持民办博物馆发展，印发《关于推进国有博物馆对口支援民办博物馆工作的意见》。配合印发《中央补助地方博物馆纪念馆免费开放专项资金管理暂行办法》，中央财政为民办博物馆安排奖励资金 1 亿元。

加大馆藏珍贵文物修复力度，完成 6000 余件馆藏濒危文物保护修复，启动 8000 余件馆藏文物保护修复。开展可移动文物保存环境监测与控制培训。加强文物市场监管，完善文物拍卖标的备案制度和文物拍卖企业资质评审机制。促成法国皮诺家族捐赠圆明园鼠首、兔首铜像，协调美国政府移交查扣文物运输回国。推动公安、海关罚没文物移交工作，接收北京海关移交罚没文物 1 万余件（套）。

（五）加强人才培训和科技支撑

举办全国县级文物行政部门负责人、文物安全管理人员、考古领队、纺织品和石质文物修复，以及博物馆展览策划和文物保护标准等 35 个专题培训班，培训学员达 2700 余人。创新技能型人才培养模式，委托北京建筑大学、陕西文物保护专修学院举办全国文物保护规划与工程勘察设计、古建彩画保护修复培训班。编制文博人才培养中长期规划纲要，启动文博人才培养教育教学体系研究。文物修复师、考古发掘技工职业获得国家职业分类大典专家委员会原则通过。

加强协同创新，推动敦煌研究院、秦始皇帝陵博物院等文博机构与中科院建立合作科研机构，与工信部建立文物保护与传承装备产业化和应用协作机制。开展第五批国家文物局重点科研基地遴选。继续推进指南针计划专项和中华文明探源工程。完成科技援藏工作调研。完成"十一五"国家科技支撑计划项目科技成果推广应用情况跟踪调查，科技成果转化率达到 44%。

（六）加强法制建设，完善制度体系

积极与全国人大、国务院立法机构沟通，将文物保护法修订列入全国人大五年立法规划和国务院立法工作计划。开展文物保护法修订前期研究，委托 7 省市文物部门开展修法调研，组织各方力量，完成文物保护补偿、文物影响评估、文物利用等 25 个涉及修法的课题研究，明确修法重点和草案框架。

加大文物保护标准制修订力度，组织完成文物保护标准体系框架构建，提出 2014 至 2016 年标准制修订计划；完成 3 项国家标准初审、16 项行业标准审核。发布《博物馆和文物保护单位安全防范系统要求》和《文物建筑防雷技术规范》，完成《馆藏文物保护修复工作量清单计价规范》研究，开展文物保护工程北方定额标准试点。

与财政部修订《国家重点文物保护专项补助资金管理办法》，扩大资金支持范围，对文物系统外和非国有国保单位给予适当补助。加强经费使用绩效管理，制定《专项补助资金预算绩效管理暂行办法》。中央财政文物保护专项补助资金达到 140 亿元，比上年增长 10%；其中，国家重点文物保护 70 亿元，博物馆免费开放 30 亿元。

围绕十八大提出的到 2020 年全面建成小康社会战略任务，制定 2020 年文物事业发展目标体系，从管理体系、保护效果、社会作用、国际地位、政策保障等 5 个方面构建事业发展中长期目标任务。组织完成"十二五"规划中期评估。成功举办咸阳文化遗产日主场城市、济南国际博物馆日主场城市和国际古迹遗址日活动。开展"寻找最美文物安全守护人"宣传活动和文物安全典型案例警示教育活动。做好文物信息公开和新闻发布工作，提高文物舆情监测、研判和网络事件处置能力，营造良好发展氛围。

（七）深化对外交流与合作

按照外联、外展、外援、外研四个方面统筹文物外事工作。与尼日利亚、瑞士和塞浦路斯签署关于防止盗窃、盗掘和非法进出境文化财产的政府间双边协定。与国际文化财产保护与修复研究中心签署联合培训合作协议。成功当选 1970 年公约首届附属委员会委员国，我国在国际文化遗产领域的影响力明显提升。国家博物馆举办列支敦士登王室珍藏展，土耳其首次来华举办安纳托利亚文明展，赴罗马尼亚、意大利、摩洛哥等举办华夏瑰宝展、中华文明系列展等，全年批复出入境展览 64 个。启动乌兹别克斯坦萨马尔罕古城和蒙古国辽代古塔修复援助项目，推进援柬二期茶胶寺修复工程。与台港澳地区的文物交流更加务实，举办第五届海峡两岸文化遗产保护论坛，"光照大千展"在台湾高雄引起良好反响。组织台湾青少年和中学教师中华历史文化研习营活动，支持澳门文物大使协会赴内地交流。

（八）扎实开展重点工作和文物安全专项督查

为督促落实年度重点工作，从 11 月起，国家文物局组成 5 个督查组，分赴 10 个省份开展以可移动文物普查、国保单位保护工程及专项补助资金使用和第七批国保单位"四有"工作落实情况为主要内容的专项督查。督查中发现一些省份市县级普查经费落实不到位、普查工作进展缓慢，文保工程开工率较低、资金使用不规范、文物保护与利用脱节，国保单位"四有"工作不规范等问题。其他省份围绕这三个方面也进行了自查，提交了自查报告。

为落实《国务院关于进一步做好旅游等开发建设活动中文物保护工作的意见》，各地对《意见》中提出的几个问题进行了自查自纠，28 个省级人民政府向国务院上报了检查情况，查明文物保护单位违法违规行为 126 起，完成整改的 59 起，明确整改措施的 67 起。国家文物局会同国家旅游局组成督查组，对四川、安徽、陕西、湖南等 11 个省份进行重点督导。通过督察，一些文物保护单位管理体制得到理顺，一些行政违法行为得到纠正，部分历史遗留问题得到解决。

召开全国文物安全工作部际联席会议，持续推进文物安全协调机制。指导北京、内蒙古、重庆、西藏、陕西开展区域性打击文物犯罪专项行动。部署文物系统文物安全大检查，发现并整改安全隐患 1 万余项。开展文物行政执法和安全监管平台试点。与最高人民法院、司法部联合开展文物犯罪司法解释修订、文物司法鉴定管理调研，与监察部建立文物违法行为行政追责工作联系机制。

按照党中央的部署，我们扎实开展党的群众路线教育实践活动。局党组认真征求意见建议，深入查摆"四风"方面存在的问题，提出努力方向和整改措施，加强制度建设。群众路线教育实践活动从整体上增强了国家文物局工作中的大局意识、改革意识、问题意识、服务意识和狠抓落实意识，为完成今年各项任务提供了重要的思想作风保证。

上述工作成绩的取得，靠的是党中央、国务院的坚强领导，靠的是各级党委政府、相关部门、社会各界的大力支持，靠的是全体文物工作者的辛勤工作。在此，我谨代表国家文物局致以衷心感谢！

二、2014年文物工作的总体把握

2014年是贯彻落实党的十八大和十八届三中全会精神的重要一年，是完成"十二五"规划的关键一年。文物系统改革与发展的任务十分繁重，既面临着难得的机遇，也面临着一系列困难和挑战。

党的十八大以来，以习近平同志为总书记的党中央把握大势、顺应民心，提出实现中华民族伟大复兴中国梦的宏伟目标，全国各族人民形成了坚持中国道路、振奋中国精神、凝聚中国力量的正能量，极大地激发了文物系统干部职工共筑中国梦的巨大热情；党中央、国务院按照宏观政策要稳、微观政策要活、社会政策要托底的思路，切实加强领导，保持调控定力，经济社会发展稳中有进、稳中向好，为文物事业持续健康发展提供了坚实的物质保障；三中全会部署了全面深化改革任务，提出了一系列新观点、新论断、新思路、新举措，为各个领域的改革指明了方向，在文物系统进一步形成了深化改革的共识；中央城镇化工作会议就实施新型城镇化战略作出全面部署，把文化传承作为城镇化建设的一项基本原则，把历史文化的保护与传承提到前所未有的高度，给文物事业发展带来了新的历史机遇；群众路线教育实践活动扎实开展，纠正"四风"方面的突出问题，促进了工作作风和思想作风的转变，文物系统干部职工精神更加焕发，工作更加务实，形成了改革创新、敢于担当的浓厚氛围。

同时，我们也清醒地认识到，我国的改革进入攻坚期和深水区，要冲破思想观念的障碍，突破利益固化的藩篱，难度相当之大；随着文物资源的增多、工作领域的拓展、社会需求的增长，要履职尽责、服务社会，任务相当之重；我们的工作中也存在着法规标准有缺失，职能转变不到位，执行能力不够强，管理体系不完善等问题，面临的难题相当之多。我们必须高度重视，深入研究，认真加以解决。

中央经济工作会议深刻分析了国际国内形势，提出了2014年经济工作的总体要求、主要任务，明确了明年工作总基调。按照这一要求，2014年文物工作的基本思路是：全面贯彻落实党的十八大和十八届三中全会精神，坚持稳中求进、改革创新的工作总基调，着力推进以项目审批制度综合改革为突破口的各项改革，着力增强以实施分类管理、精准管理为抓手的宏观管理能力，着力完善以文物保护法修订为核心的法规标准体系，着力提升以强化博物馆教育功能为重点的文博行业服务社会的水平，立足大局，因势而谋，应势而动，顺势而为，以奋发有为的精神状态全面推进各项工作。

三、全面深化文物系统改革

学习贯彻三中全会精神，就是要进一步增强深化改革的责任感和紧迫感，明确任务，突出重点，紧密结合文物工作的实际，确保改革取得实质性进展。

（一）充分认识深化文物系统改革的必要性

回顾35年的改革历程，文物事业一直是伴随着改革开放步伐前进的。1982年，是改革开放催生了文物保护法的颁布；1992年，改革春风再次吹遍祖国大地，也带来了文物保护专项资金首次突破亿元大关；对外开放使我国加入多个文化遗产国际组织和国际公约，不断增强国际话语权。毋庸置疑，改革开放给文物事业带来了新生和活力。

当前，体制机制障碍仍然制约着文物事业的发展，管理体系和管理能力也面临着严峻挑战，由此产生的种种问题，倒逼着我们必须以改革的思维破解难题、以改革的举措激发活力。深化改革既是全面建成小康社会的总体要求，也是文物事业自身发展的迫切需要。

必须看到，我们所处的不是一个守成的时代，不是已经万事俱备，不是可以坐享其成。那些观念保守、安于现状、满足于"小日子过得还不错"、不愿改革的观点，那些把改革与保护对立起来、认为一改就会影响保护、不敢改革的观点，显然是不正确的。尤其是抱住权力不放、固化部门利益的问题，不仅涉及思想观念，而且涉及利益调整。我们必须痛下决心，以壮士断腕的勇气突破改革的"雷区"。

（二）明确文物系统深化改革的主要任务

我们要认真贯彻三中全会精神，以深化改革统领全局工作，全面落实各项改革任务。

一要进一步简政放权。要减少审批事项，简化审批环节，提高审批效率，加强监管评估。要深化正在进行的文保工程项目、安消防和防雷工程项目审批制度改革。对纳入三年计划的行政审批事项要分年度如期推进。对基本建设考古、文保单位建控地带建设项目审批，资质资格认定以及文物拍卖标的备案等行政许可和非行政许可类审批事项，要纳入改革视野，逐项研究推进。对保留的行政审批事项要规范管理、提高效率、确保质量。对承担技术审核任务的第三方机构要规范合同关系，加强后续监管。抓紧制定相关技术标准，为第三方机构提供工作遵循。

二要推广政府购买服务。文物部门购买服务包括购买事务性服务和公共文化服务两个方面。这是确保文物部门集中精力抓宏观抓大事的重要保障，也是解决编制不足、人手不够等问题的有效措施。凡属事务性管理服务，原则上要逐步引入竞争机制，通过合同、委托、采购等方式向社会购买。文保项目方案和安消防工程技术审核、博物馆等级评估、资质资格年检、专项资金预算审核和绩效评估等属于事务性服务，要尽快制定向社会购买服务的目录，并建立健全购买服务机制和工作流程。关于购买公共文化服务，要按照公共文化服务标准化、均等化的要求，完善博物馆免费开放政策，研究提出新建公共博物馆享受免费开放补贴、保障农村群众特别是青少年文化鉴赏权益、将民办博物馆纳入公共文化服务采购范畴的政策建议。

要把购买服务落到实处，必须有符合条件的社会组织或市场主体来承接。要加快培育社会组织和市场主体，确定科学合理的准入条件，形成公平竞争的准入程序。鉴于目前适合承担文物工作事务服务的机构还不多，可适当降低准入门槛，吸引更多社会力量承担服务事项。鼓励文物系统经营性事业单位整体或部分剥离转企改制，作为第三方机构承担文物保护修复、咨询评估、信息服务等事项。去年组建的国文琰公司，今天揭牌的国文信公司，就是由事业单位部分剥离、组建的第三方机构。

三要切实履行部门管理职责。简政放权，就是要把该放的放到位，该管的管住管好。要看到，各级文物部门在履行宏观管理、制定规划和标准、提供公共服务、加强市场监管方面，既有不到位的问题，也有缺位的问题。要推动文物部门由办文物向管文物、由管微观向管宏观、由管脚下向管天下的转变。推进文物部门与其所属企事业单位理顺关系。要理顺中央和地方文物部门的事权关系，明晰各自责任，配套相应权利，发挥中央和地方两方面的积极性。要加强各级文物行政部门的效能建设，形成政令畅通、运转高效、协调有力的行政运转机制，确保各项工作落到基层、落到实处。

（三）文物系统深化改革要注意的几个问题

三中全会《决定》既阐释了全面深化改革的必要性和重要性，又强调了全面深化改革的复杂性和艰巨性，要求我们正确处理改革发展稳定的关系，胆子要大，步子要稳。贯彻好这一要求，对文物系统来说，要注意以下几个问题：

第一，把握文物系统改革的特点。一是基于文物是不可再生的宝贵资源，文物系统的各项改革措施必须有利于加强文物保护，而不能给文物保护带来负面影响。二是基于文物的多样性，文物系统的各项改革必须坚持因地制宜、分类指导，而不能一刀切、齐步走。三是基于文物事业的公益属性，文物系统的各项改革要始终把社会效益放在首位，让改革成果更多更好地惠及人民。四是基于文物工作分级负责、属地管理的体制，文物系统的改革必须充分听取地方和基层意见，注意保护和调动广大文博工作者的积极性、创造性。

第二，要慎重决策，大胆实施。任何一项改革决策要慎之又慎，发扬民主，达成共识，形成最大公约数。改革举措一经确定，就要明确目标、配置力量、落实责任、提出要求，以抓铁有痕、踏石留印的精神，切实抓出结果。

第三，要把顶层设计与摸着石头过河结合起来。改革要有整体谋划，增强协调性、关联性，不能零打碎敲、单兵冒进。同时，要允许试、提倡闯。对的继续坚持，不合适的改过来，不完善的加以完善。

文物系统的改革是一项长期任务，只有进行时，没有完成时。有些涉及改革的深层次问题还需要深入研究。比如，文物工作评价体系问题。三中全会提出，要纠正单纯以经济增长速度评定政绩的偏向，加大资源消耗、环境损害、生态效益等指标的权重。这对我们的启示是，我们虽然制定了2020年文物事业发展目标体系，但是还缺少年度考核评价指标，特别是尚未形成一个体现文物事业科学发展导向的、可考量的评价体系。再如，文物保护单位的确权问题。三中全会提出，要健全归属清晰、权责明确、保护严格、流转顺畅的现代产权制度。而文物产权的现实情况是，其中相当一部分文物部门管理的建筑类文物，产权登记在房管部门。一旦出现破坏文物的违法行为，承担保护责任的文物保护管理机构却不具备民事诉讼主体地位。诸如此类的问题，希望同志们认真思考，开展调研，提出建议。

四、做好新型城镇化中的文物保护工作

12月25日，我们在河北正定召开了古城保护现场会，会上我作了一个讲话。这里对主要观点和重点任务再作些强调。

（一）深刻认识传承文化在新型城镇化中的重要意义

中央城镇化工作会议，分析了城镇化的发展形势，明确了推进城镇化的指导思想、主要目标、基本原则和重点任务，并将传承文化作为新型城镇化必须把握的四项基本原则之一，要求提高历史文物保护水平，发展有历史记忆、地域特色、民族特点的美丽城镇，不能千城一面、万楼一貌。

中央城镇化工作会议，从战略和历史的高度深刻阐述了保护历史文化对于推进城镇化的重大意义，明确了传承文化、保护历史记忆是城镇化整体布局的重要组成部分，是实现城镇化发展目标的应有之义。讲话从根本上破解了以往古城保护与城镇化之间的种种矛盾，是做好新时期古城保护乃至文化遗产保护工作的行动指南和根本保证。我们深感提高历史文化保护水平责任之大、任务之重，一定要认真抓好贯彻落实。

文化是民族的血脉，文化是城市的灵魂。城市富含传统文化的历史记忆，又是承接现代文化和时代精神的重要载体。城市的历史记忆、地域特色和民族特点，反映着一方水土、一方民众的历史、社会和思想的变迁，建筑诗章、历史风貌、民族风情、市井民俗等传统文化，使得城市的记忆真实可触、家园多姿多彩。正是因为城市中有了文化的传承，才能让人们望得见历史的山水格局，留得下幽幽思乡之情。今天，我们讲的古城保护，对于推进新型城镇化战略无疑具有重要意义。

（二）树立正确的古城保护理念

保护古城的历史文化价值就是保护古城的根基，就是保护古城的未来。基于中华民族优秀传统文化的传承，基于社会主义核心价值体系的弘扬，基于人民群众世世代代的文化创造，要秉持正确的古城保护理念，切实保护好古城的历史文化价值，通过保护、利用和展示等途径，使之得到彰显和传承，这才是正确的古城保护发展之路。

一是坚持以人为本。要以人的生存需求、发展要求、公平诉求为导向，以和谐、包容、活力为目标，尊重公众对古城保护的知情权、参与权、监督权，不论是古城保护规划、古城保护改造

方案，还是商业开发项目，都应充分听取公众特别是当地居民意见。要注重改善社区生态环境，提高居民生活质量，让古城具有现代"装备"，让居民在古城中住得方便、住得舒心。要在保护古城的前提下，发展适宜产业，增加居民就业。要探索建立对古城文物建筑和历史建筑所有权人的补偿机制，让老百姓在履行保护古城义务的同时，切实享受到古城保护的实惠。

二是注重整体保护。坚持保护古城与保护生态相结合。我国古城的兴起原因多种多样，有因商埠而兴、有因府衙而建、有因防御而设，但有一个共同的特点，都是借鉴古人"天人合一"的思想，依托自然山水环境，尊重自然、顺应自然。所以保护古城，不应肆意破坏自然环境，不应主观臆造人工景观；而要保护好其所依托的自然生态环境，让古城融入自然环境之中，实现人类生产生活与自然环境的和谐相处。杭州与西湖"三面云山一面城"的关系，就是其中典范。坚持保护物质文化遗产与保护非物质文化遗产相结合。要保护历史文化遗存、历史街区等物质载体，也要传承风土人情、生活习俗、传统技艺等文化生态。要通过保护传承，使古城内原住民既有居住活动场所，又有生产生活技能，实现传统文化生活的延续和古城文明的传承。要避免割裂古城文化遗存保护与文化生态保护之间的内在联系，单纯强调对古城的开发利用，而忽略了对原生态的文化保护。坚持保护与发展相结合。古城虽然是一种特殊类型的城市，也应符合一般城市的发展要求。要在保护、发展间综合考量，取得平衡，实现在发展中保护、在保护中发展。不能因为发展就忽略了保护，那样的古城只会成为过度商业化的牺牲品；也不能只讲保护不讲发展，那样的保护也难以持续，最终将使古城失去生命力。

三是突出古城特色。古城特色是因其年代、地域、民族及其经济、文化等因素的不同而形成的，是古城历史文化价值的具体体现，也是一座古城区别于其他城市、区别于其他古城的重要特征。比如，北京以明清皇家建筑而闻名于世，苏州以其园林和城市水系而著称，歙县的特色在于粉墙黛瓦的徽派建筑与青山绿水融为一体。保护古城，一定要以敬畏祖先、尊重历史的态度，深入研究古城的历史文化价值，发掘和保护好每个古城自己的特色，而不能想当然地打造空头名片，在古城保护上搞单一模式的复制。在古城的开发利用上，也要防止开发模式雷同、商业布局雷同，甚至连销售的商品也雷同的现象。

四是遵循客观规律。古城的形成与变迁有其自身发展规律，是一个漫长的历史沉淀和文化积累过程。保护古城、传承文化不等于简单的复古，不等于古城规模的盲目扩大，不能脱离古城历史文化价值重塑古城辉煌。要尊重古城不同发展时期遗留下的重要历史记忆，进行分类保护。要通过古城保护，使公众能清晰地认知古城形成、发展的脉络，使古城的历史文脉得以延续和传承。古城保护不能一哄而上、急于求成，要循序渐进、顺势而为，保持足够的历史耐心。

五是体现城乡一体化的思想。城镇化是城乡协调发展的过程。作为有着几千年农耕文明历史的国家，可以说是农村的发展孕育了城市的形成。因此，在做好古城保护的同时，也要高度重视古镇古村的保护和发展。要按照城乡一体化的方针，把古城保护、古镇保护和古村落保护作为一个整体，用古城保护带动周边古镇古村落保护，形成三者相得益彰、协调发展的局面。推进城镇化不是把古镇、古村全都变成城市，不是把古民居全都变成楼群，而是要尽可能改善古镇、古村居民现有居住条件，再现"小桥流水人家""鸡犬之声相闻"的田园风光。

（三）认真履行古城保护的职责

做好古城保护工作，文物部门负有重要责任，要做好以下工作。

一是提升古城保护在文物工作中的地位。各级文物部门要进一步增强责任感和紧迫感，将古城保护工作放到文物工作的突出位置。要优先安排古城内的文物保护工程项目，加快保护规划和方案的审批，对古城保护给予更多资金支持。特别是对古城中濒危的和存在安全风险的文物建筑维修、安消防项目，要尽快编制方案，尽快安排。要制定完善古城保护中文保工程项目相关技术标准和规范，在总结试点的基础上，形成指导性文件。要以改革创新的精神，鼓励各地在古城保护利用上大胆探索、积累经验，通过古城保护工作带动辐射整个文物工作。

二是加强古城历史文化价值的研究。要开展古城文化遗产资源的全面普查，系统研究、理清古城历史发展脉络，充分发掘古城历史文化内涵和特色，全面客观地认识古城的历史文化价值和独特个性，正确定位古城的发展模式。要发挥牵头作用，吸纳各方面专业人才，加强与相关部门协作，对古城历史文化遗存进行仔细甄别和准确认知，在古城历史文化价值研究方面多出成果，为古城历史文化价值的传承提供历史依据和理论支撑。

三是科学编制规划。在充分研究认识古城历史文化价值的基础上，会同规划、国土、建设等部门共同制定古城保护规划。通过保护规划，明确古城保护原则和工作重点，合理划定保护区域，制定严格的保护措施和控制要求，确定古城空间发展方向。对保护范围和建控地带的确定，既要满足文物保护的需要，又要坚持节约使用土地的原则，兼顾必要性与可行性，实现古城保护与城市建设、居民生活改善的协调发展。注意加强古城保护规划、经济发展规划、土地利用规划、城市建设规划的统筹和衔接。

四是实行分层次、针对性保护。各级文物部门要针对古城内的文物保护单位、历史街区和古城整体格局的不同特点，统筹考虑点、线、面的保护，制定分层次、针对性的保护措施。特别是对仍在使用的古民居，要把居民生活的便利性作为制定保护措施的重要因素，根据不同情况分别提出整体保护、外观保护和局部保护的要求。要加强文物保护单位建控地带内建设项目的监管，切实保护好文物及其周边的环境风貌。文物部门要与规划、建设部门共同做好名城和历史街区的保护管理工作，保护好历史文化街区内各类历史文化遗存，保护好古城的历史格局、城市肌理、空间视廊。

五是认真履职，严格执法。要对破坏古城的违法行为采取更为严厉的惩罚措施。坚持执法必严、违法必究，及时发现问题，及时报告问题，及时提出整治措施。知情不报的，要追究文物部门的责任。对于文物本体的拆除与破坏、文物保护单位保护范围和建控地带内的违法建设、未经批准擅自改变国有文物保护单位用途等行为要坚决予以查处。要配合规划、建设、公安、消防等部门，共同做好与古城整体保护有关的各项监管。要通过修改文物保护法，进一步细化惩罚条则。

五、关于 2014 年重点工作

刚才讲的深化改革和新型城镇化中的文物保护工作，有对今后几年的要求，也有明年落实的任务。除此之外，2014 年还有几项重点工作需要强调。

（一）全面落实文保工程项目审批综合改革任务

文物保护工程是文物系统的主体业务之一，项目审批改革是文物系统改革的首要任务。经过一年的准备，项目审批改革的顶层设计已经完成，相关管理制度相继出台，已经具备全面铺开的条件。

这项改革的主要任务是：国家文物局全面负责国保单位工程项目立项审批，并按程序在 20 个工作日内批复，专家咨询环节也要明确时限；工程项目技术方案审批权限全部下放到省级文物部门；统一委托第三方评估机构独立承担技术方案审核；全面实行工程项目立项、技术方案网报网审；通过的技术方案，统一由第三方评估机构独立进行预算审核；由国家文物局、财政部共同确定每个项目的预算控制数。

这项改革的思路是：把住立项审批和预算安排两头，放开中间环节，实现行政审批与技术审核相分离，立项、技术、预算方案随报随审，提高审批效率。

各地文物部门要支持和配合改革。要搞好项目储备，不断充实项目库，提高入库项目质量；要搞好项目立项预审，认真把关，不能遗漏重要、急需项目，也不能单纯为了要钱滥竽充数；不得干扰第三方评估机构独立出具专业评审意见；要进一步放开市场，引入竞争机制，让更多符合条件的机构承担项目规划和方案编制工作。总之，要以文物保护工程项目审批综合改革为突破口，取得实效，积累经验，带动文物系统其他方面的改革。

（二）完成《文物保护法》修订草案起草工作

2014 年是《文物保护法》修订的攻坚年。在深入研究、充分吸纳各方意见建议的基础上，反复讨论、逐条推敲，完成《文物保护法》修订草案起草工作，力争年底向国务院正式呈报。要坚持开门立法，扩大社会各界参与文物立法途径，广泛征求各方面的意见建议。各地要积极研究本地区文物工作遇到的困难和问题，对需要通过立法予以解决或者确认的内容，及时向国家文物局反映。承担重点课题研究的省市要按时提交高质量的研究成果。加强与全国人大和国务院立法机构及有关部门的沟通，争取各方对修法工作的支持。

（三）加快推进第一次全国可移动文物普查

目前，全国还有一半以上的省份没有完成国有单位文物收藏情况调查，总体上亏了进度。尚未完成国有单位文物收藏情况调查的省份要加快进度，力争在 2014 年第一季度迎头赶上。已经完成的省份，要全面开展文物信息采集、登录。要制定可移动文物审核程序，完成对非文博单位申报文物的审核工作。运行全国可移动文物信息登录平台，将各类单位现有文物数据库数据批量导入信息平台。开放可移动文物信息服务系统，逐步向社会展示普查成果。全国可移动文物普查领导小组办公室要对进度缓慢的省份逐个督查指导。各省普查办要加强对本地区普查工作的组织领导。

（四）抓好世界文化遗产申报，推进文物保护重点工程

明年，大运河、丝绸之路申报世界文化遗产，这两个项目分量很重、意义很大，同时申遗、史无前例。各有关省份要高度重视，继续做好申遗相关工作。完成土司遗址文物保护、环境整治等申遗前期准备和迎检工作，召开哈尼梯田保护与展示国际研讨会，印发《中国世界文化遗产监测预警体系建设规划》。

推进应县木塔加固维修、芦山地震和延安洪涝灾后文物抢救保护、平安故宫等重点文物保护工程。推进呈坎村、黄田村和清西陵等文物保护样板工程，加强对古村落保护利用试点工作的指导。完成南水北调东中线一期工程文物抢救保护项目，开展大遗址保护项目检查及国家考古遗址公园运行评估。第一艘水下考古工作船将交付使用，要提早谋划首次远航巡查和西沙海域水下考古调查。加快南海基地建设工作，指导宁波、青岛、武汉基地建设。全面实施"南海Ⅰ号"考古发掘保护工程。

（五）深化博物馆免费开放，加强社会文物管理

出台《博物馆免费开放绩效考评办法》，会同有关部门研究完善博物馆免费开放补助资金政策。修订博物馆评估办法和标准，开展央地共建博物馆和国家二、三级博物馆运行评估，规范民办博物馆建设，提升中小型博物馆陈列展示水平。

开展民间收藏文物鉴定试点，开展文物科技检测鉴定研究与应用。完善服务监管措施，促进文物市场健康发展。健全文物拍卖标的审核标准，启动文物拍卖标的网上备案系统试点。完善文物进出境审核信息管理系统，实行全国文物进出境网上申报审核。

（六）统筹保护与利用，拓展服务社会的空间

统筹文物保护与利用，高度重视并充分发挥文物资源在传承优秀传统文化、弘扬社会主义核心价值观、满足群众精神文化需求中的作用。要将文物利用摆在更加突出的位置，贯穿文物工作的全过程。发挥博物馆的教育功能，深入挖掘和充分阐释文物资源的历史、文化价值，推动形成系列反映民族历史、展现民族精神的优秀展览，形成系列宣传爱国主义、彰显时代精神的精品力作。要促进博物馆与学校教育相结合，会同有关部门推动建立中小学生定期参观博物馆的长效机制。开展博物馆青少年教育功能提升试点，促进博物馆开辟适合青少年参与互动的场地或设施。大遗址和国家考古遗址公园要扩大开放，发展旅游，同时要发挥改善环境、惠及民生、促进发展的作用。发布乡土建筑、工业遗产、名人故居保护利用导则，探索形成不同类型文物资源的多种利用方式。完善基本建设考古勘探管理，服务国家重大基本建设项目。发展与文物相关的文化创

意产业，开发文物复仿制品等衍生产品，推出文物题材的影视精品和纪录片，应用移动网络、二维码、物联网等技术打造智慧博物馆，扩大信息消费。涉及产业的项目，要尊重和保护知识产权，引入市场主体，利用社会资金经营开发。

（七）加强人才队伍建设，增强科技支撑能力

发布《文博人才工作中长期规划纲要》，实施以加快培养四种急需人才为内容的"金鼎工程"，即文博领域领军人才、科技型专业技术人才、技能型职业技术人才、复合型管理人才。扩大培训数量，增加培训班次，优化梯次结构。加强与相关高校合作开展研究生等学历教育和专业培训，扩大与高职院校合作培养技能型人才规模。制定文物修复师、考古发掘技工和文物建筑修缮技工新增职业评价标准，推动纳入国家职业分类大典，初步建立文博技能型人才评价体系。

加强对国家科技计划的文博项目管理。稳步推进文物保护装备产业化及应用计划。实施文物保护科技优秀青年研究计划。探索建立实体研发组织与虚拟研发平台相结合的科技创新组织模式。继续推进与工信部、中科院等部门的科技协作。推动建立科技援藏工作机制。创新文物保护科技成果推广模式，逐步建立科技成果评价制度。完成国家文物局重点科研基地运行评估。

（八）加强行政执法督察，创新文物安全管理

开展古城保护中文物违法案件专项督察。加大重大文物违法犯罪案件督察督办力度。开展文物行政执法机制专项调研，推进执法监管领域信息技术应用试点。加强执法联动，完善文物违法犯罪案件行政责任、刑事责任、民事责任追究衔接机制；抓住典型案件，开展行政责任追究与社会监督。

出台文物建筑消防工程设计要求，修订博物馆、文物保护单位风险等级规定，调整一、二、三级风险单位界定标准；制定文物保护单位安全和文物博物馆单位安全技术防范系统的管理指南。以电气火灾防控、野外文物安全、博物馆安防监管为重点，组织先进适用技术的研发与推广，推动形成"管人、管设备、管系统"的综合安全监管模式。

（九）扩大对外交流合作，加强文物宣传工作

配合国家外交大局，举办好中法建交50周年、中坦建交50周年、中马建交40周年文物精品展。推动与有关国家商签防止盗窃、盗掘和非法进出境文物双边协定。举办好第四届文化财产返还国际专家大会，进一步形成文物返还的国际共识。做好赴台湾中小型文物展览、庆祝澳门回归15周年以及赴香港敦煌文物展。制定文物对外交流与合作重点项目奖励办法，支持地方文物外展项目。

组织以景德镇为主场城市的文化遗产日和国际博物馆日、国际古迹遗址日等活动。开通国家文物局官方微博，完善政府网站，加强信息公开，回应社会关切。指导《中国文物报》全新改版。改进网络舆情监测工作，及时妥善处置网络舆情事件。

（十）巩固群众路线教育实践活动成果，形成作风建设的常态化机制

　　紧紧抓住"四风"不放，已经纠治的防反弹，承诺解决的要兑现，新出现的问题不放过，把作风建设不断引向深入。认真执行《党政机关厉行节约反对浪费条例》等各项规定，进一步建立健全密切联系群众、加强作风建设的各项制度。深入基层调查研究，重视总结地方经验。进一步减少会议、文件和活动，提高工作效率和工作质量。集中精力狠抓落实，各项工作都要有布置、有检查、有评估、有结果。要把作风建设纳入机关建设、纳入工作任务、纳入考评体系，努力实现作风建设的常态化，为全面深化改革、推进各项工作提供有力保证。

　　同志们，让我们紧密团结在以习近平同志为总书记的党中央周围，牢固树立进取意识、机遇意识、责任意识，团结一致，扎实工作，全面落实2014年工作任务，奋力谱写文物事业改革发展的新篇章！

励小捷在 2014 年抗战文物保护利用工作
座谈会上的讲话

（2014 年 8 月 28 日）

在第一个中国抗日战争纪念日到来之际，国家文物局邀请各位来此，专门召开抗战文物保护利用工作座谈会，很有必要。刚才十几位同志发言，围绕抗战文物的保护利用工作介绍了各自的情况，其中有许多值得总结推广的经验。还有一些对今后工作的建议，我们的相关司室要认真研究，落实到今后的工作中去。下面我再讲三点意见。

一、深入理解抗战文物保护利用工作的重要意义

加强抗战文物的保护和利用是 2014 年文物工作的一个重点。2 月，人大常委会会议通过决议，将 9 月 3 日确定为中国人民抗日战争胜利纪念日，将 12 月 13 日确定为南京大屠杀死难者国家公祭日。国家文物局随即印发《关于加强抗日战争时期文物保护利用工作的通知》，要求各地做好抗战相关文物保护单位和纪念地、博物馆、纪念馆的资源梳理、保护修缮、开放利用、展示提升、学术研究和交流合作等项工作，为迎接今年首个纪念日和公祭日的到来，以及明年抗战胜利 70 周年的纪念活动做好充分准备。

抗日战争给中国社会留下了无法磨灭的历史烙印，其间保留下来的各类抗战文物是对这段历史最为真实和直观的见证，在我国文物资源的构成中占有重要地位。据统计，在全国重点文物保护单位中，与日军侵华战争和中国人民抗日斗争直接相关联的有 88 处，加上伪满时期的涉日文物以及与抗战有间接关联的共 186 处。除此之外，在各地的省、市、县级文物保护单位中，还有大量的抗战文物，数量远远多于国保单位。这些文物大致可分为罪证类、战争纪念地类和建筑设施类，具体形式多种多样，有监狱、尸骨坑、铁路、桥梁、地道、炮台、兵工厂、标语墙等等。充分保护和利用好这些抗战遗迹是我们当前一项重要任务，同时也是让文物发挥社会功能的必然要求。做好抗战文物保护利用工作的意义可以概括为以下三点：

一是印证历史。对于日本侵华战争，无论日本当局认不认账，如何在某些方面提出狡辩，文物是印证历史的铁证，无可辩驳。而就抗日战争来说，抗战文物同样是中国人民从屈辱中奋起反击、取得最终胜利的真实见证，需要保护好、存留好、利用好，使之成为世世代代永久保留下去

的民族记忆。

二是教育人民。抗日战争是一场全民战争，艰苦卓绝，中华民族同仇敌忾，为取得这场战争的胜利付出了巨大代价。同时抗日战争也是中国人民抗击帝国主义侵略第一次取得全面彻底胜利的民族解放战争，对增强全体国民，包括海外华人的民族自信心具有重大意义。通过抗战文物的保护和利用，再现国家这段苦难辉煌历程，可以极大地激发人民的爱国主义情感，是国民教育，特别是青少年教育过程中不可或缺的部分，要让后代永远牢记这段历史，这应当是一项长期延续不断的工作。

三是配合大局。日本政府要员连年祭拜靖国神社，否定侵华事实，我们的南京大屠杀死难同胞丛葬地、侵华日军第七三一部队旧址等抗战文物，充分揭露了日本帝国主义在华犯下的各种反人类罪行，是对日本政府无耻言行的有力反击，对于配合我国外交具有不可替代的作用。此外，抗战文物的保护和利用也有利于增进两岸关系，团结全世界华人。罪证类和战争纪念地这两种类型的抗战遗迹目前多数由文物部门负责管理，近年来陆续开展了文物保护修缮工程，修建了展示设施、场馆，设立了爱国主义教育和青少年教育基地，常年对公众免费开放，取得了良好的社会反响。建筑设施类抗战文物则有相当一部分现作为办公、学校、医院等实用，目前我们在努力促进这部分文物的利用，争取做到局部开放、限时开放，力求发挥它们的社会功能。

二、抗战文物保护利用工作取得阶段性成果

近一年来，各地文物部门和抗战文物单位的管理机构根据国家文物局《通知》精神，做了大量工作，各项举措紧锣密鼓，成效显著，充分显示出各地的重视和努力。近期抗战文物保护工作取得的成果主要体现在以下几方面：

（一）抗战文物保护利用工作得到各级政府高度重视

相对于其他时期、其他类型的文物古迹，抗战文物承载了更加深刻而强烈的社会情感，同时也被赋予了更加重要而明确的社会功能。各级政府对此给予高度重视，也得到了社会民众的普遍关注。举例来说，哈尔滨侵华日军第七三一部队旧址自被公布为全国重点文物保护单位以来，保护工作得到不断加强，先后制定了市级保护条例，公布实施了文物保护规划，进行了考古发掘，开展了周边环境整治，在学术研究方面取得重要成果，建成重要的爱国主义教育基地，接待了大批包括日本在内的各国参观者，在海内外产生了广泛的影响。2014年中央领导多次就旧址的修护作出重要批示，并先后前往旧址视察工作；中宣部主持召开保护申遗工作协调会；国家文物局派员赴实地调研、业务指导和执法督察工作；黑龙江省委、省政府召开专题会议部署相关工作。其他地方也有类似的情况，充分反映出抗战文物的保护利用工作已被普遍提上了各级政府的议事日程。

（二）抗战文物保护利用工作整体提速

按照国家文物局《通知》要求，各地文物部门迅速行动，在短时间内落实了一批抗战文物保护工程项目。其中昆仑关战役旧址、辽源矿工墓等前期勘察、测绘等基础工作较为完备，直接编

制上报了工程方案，并获得批复；其余如大云山三战三捷摩崖石刻、侵华日军东北要塞、侵华日军淮南罪证遗址等尚不具备条件的文保单位，则先行申报了工程立项，并将在年内完成工程方案的编制和报审工作。国家文物局在 2014 年国家文物保护专项经费中对上述项目均给予了重点倾斜，共安排了约 2.09 亿元资金，用于补助 46 个抗战文物保护规划编制、修缮抢险和展示利用项目，项目之多、支持力度之大是前所未有的。在各级文物部门的共同努力下，各地的抗战文物保护管理状况势必继续得到改善，利用水平得到进一步提升。据统计，2014 年年底前，全国将新增开放 29 个国保抗战文物点，新建 9 个抗战纪念馆、陈列馆，24 处抗战文物保护单位开放面积有所增加，55 处抗战文物点实现展陈提升。另有大批工程项目将于 2015 年竣工，届时全国的抗战文物保护利用水平将实现整体的提升。

（三）抗战文物展示利用工作呈现多样化趋势

各地在抗战文物的展示利用方面开展了形式多样的实践活动，除了原址展示、相关可移动文物陈列等传统方式，还配合时局举办各类主题展览、针对不同受众编撰或拍摄宣教材料、召开学术研讨会、接待重要来访、开辟红色旅游等。例如新四军军部旧址纪念馆通过对新四军廉政史料的充分挖掘整理，举办了新四军廉政史料展，同时建成全国廉政教育基地，使旧址成为广大党员干部接受廉政教育、加强党性锻炼、弘扬清风正气的重要阵地。长兴新四军苏浙军区旧址纪念馆为扩大宣教覆盖面，采取"走出去"的模式赴外宣传，主动送展览上学校、到部队、进社区，称誉为"爱国主义教育大篷车"。八路军武汉办事处与中小学联合培养红色文化小导游，举办暑期专题夏令营，在社区组织开展沙龙讲座，通过丰富多彩的活动拉近红色文物同广大市民的距离，使爱国主义教育深入人心。曾在二战期间关押了美国、英国、澳大利亚等 6 个国家 2000 多名战俘的沈阳二战盟军战俘营旧址，在建馆期间广泛联系各国的战俘老兵及其家属，征集了大量文物和资料文献，建成后还专门开辟场地供国际友人举办纪念活动。

在抗战文物展示利用途径的拓展和提升方面，各地纷纷采用了网络传播模式，各抗战纪念馆、陈列馆都建立了网站，有些还开发了手机终端浏览。南京大屠杀遇难同胞纪念馆开辟了公祭网，效果很好，值得各地借鉴。抗日战争这一主题牵动全民族的历史和情感，只要我们能够把宣传平台搭建好，对群众的吸引力和号召力是毋庸置疑的。因此，我们鼓励、提倡和支持各抗战文物单位充分利用先进的信息传播技术，拓展我们的宣传教育效果。

（四）抗战文物保护利用工作得到全社会的高度关注和支持

首先是参观人数激增。2014 年以来，各抗战纪念馆、陈列馆的参观人数大幅提升，相信随着首个抗战胜利纪念日的到来，9 月份定然要迎来一个新的参观高峰。其次是出现了抗战文物收藏热，民间力量参与展示，发挥重要作用。各地出现了许多抗战文物的民间捐赠，南京大屠杀死难同胞纪念馆、芷江中国人民抗日战争胜利受降纪念馆在海外的文物征集工作也得到了各地华人的积极响应，收效显著。前不久北京抗战纪念馆举办纪念活动，一些八路军老战士和国民党老兵现场捐赠了 150 多件抗战文物。云南腾冲的滇西抗战纪念馆，所有展品均来自同一个人的捐赠。上述情况充分说明了全社会对抗战文物保护利用工作的重视，也显现了我们文物工作吸引社会力量参与取得的成效。

三、进一步做好抗战文物保护利用工作的几点要求

（一）强化大局观念，增强服务意识

新时期抗战文物保护利用工作应当服从国家大局，配合中央的宏观部署，通过深化研究、拓展开放、提升展示和强化宣传等途径，进一步发挥国民教育和警示功能，为使全社会铭记历史，缅怀先烈，保持忧患意识，焕发爱国主义精神，实现中华民族伟大复兴的中国梦发挥应有的作用。与此同时，还应主动配合外交大局，为应对复杂多变的国际形势，反击日本政府否认和粉饰侵华罪行的言行，巩固国际反法西统一战线提供有力的支撑。各级文物部门和抗战文物保护管理机构要提高政治素养，时刻保持敏锐的洞察力，切实履行自身所承担的责任和义务。

2015 年是中国抗日战争胜利 70 周年，届时全国将举办一系列纪念活动，抗战文物保护单位将成为重要的场所和依托。各地要抓紧组织实施抗战文物保护维修工程项目，抓紧策划推出抗战文物专题展览和主题活动，继续扩大抗战文物向公众开放的范围，确保在 9 月 3 日和 12 月 13 日这两个时间节点发挥作用、产生影响。

（二）抓紧开展抗战文物保护和展示工程

随着第七批全国重点文物保护单位的公布，中央财政支持范围内的抗战文物数量有了显著提升，但相当一部分由于先期基础工作薄弱，保护利用工作推进还较为缓慢；有些文物点因保存状况不佳，尚不具备开放展示条件，个别甚至存在险情。为此，各地政府应当进一步强化文物部门职能，结合第三次全国文物普查后续工作，系统梳理抗战文物资源，抓紧编制方案，主动开展抗战文物保护利用工作。应设立专门机构负责文物保护工程项目的组织和招投标工作，简化相关审批程序，建立绿色通道，力争在 2015 年 9 月前完成一批抗战文物保护利用项目，特别是抢险维修工程项目，最大限度提高抗战文物的公众开放率。

此外，要同步开展抗战文物展示提升工程，要从优化展示环境、增加展示陈列的信息量、翔实度、启发性和震撼力等方面入手，进一步提升服务质量。国家文物局将在经费支持上对抗战文物保护工作给予重点倾斜。

抗战文物的展陈提升应当注重对文物历史文化内涵的研究、挖掘、整理和阐释，把功夫下到内容的扩展和深化上。抗战文物资源丰富，但文物不能主动讲述历史，所有的信息都需要文物工作者来研究和呈现。先进的展陈设备和技术手段对抗战文物的展陈固然能锦上添花，但如果内容空洞、残缺，或者存在偏颇，就无法起到传播正能量的作用。因此要深入研究，从文物的内涵、所代表的事件，到与当时社会大背景的关联，以及在整个抗日战争中的作用，都要做出深入阐释。此外，在真实反映战争残酷性的基础上，最终要将铭记历史、珍惜和平的理念传达给参观者，既

要让大家理解中国人民在战争中的巨大牺牲，也要突出体现中国人不可侮，誓死捍卫国家主权、民族尊严的精神力量。

（三）进一步推进尚未开放抗战文物的开放展示工作

除了国保单位，各地文物部门要抓住当前的契机，把省保、市县保中的抗战资源摸清，列入规划，制定保护维修、展示利用的工作计划。要将有价值的抗战文物保护好，有条件的要尽可能开放，但也要分清主次，突出重点。抗战文物的开放和展示要分层次，不一定都要建纪念馆。例如一些战斗遗址可以立牌加以标识和说明，又如一些其他单位使用中的抗战文物建筑，如果有条件可以收回，不能收回可以开放局部展示、限时展示。文物资源全社会共有，无论谁来管理和使用，都有责任和义务发挥文物的社会教育功能。在这方面我们已经有了好的例子。大同煤矿"万人坑"遗址纪念馆隶属于大同市矿务局，在文物部门的支持和协助下，依照文物保护原则开展了渗水治理、尸骸保护等工程项目，长期向公众开放。吉林长春伪满洲国综合法衙旧址长期以来一直由部队医院使用的，在文物部门的推动下，医院决定开辟局部文物展陈，目前正在抓紧对其中的"大法庭"旧址进行修缮和内部展陈设计，9月3日将正式开始长期对外开放。

最后，结合抗战文物的保护利用工作，谈谈文物工作服务大局的三点启示。文物工作要服从、服务大局，这是党和政府对我们的要求，也是文物工作者的责任，这一点已形成共识。但文物工作如何更好地服务大局、需要探索其自身的特殊性和规律性。第一，文物工作服务大局，要增强自觉性。对于文物部门而言，不能坐等上级下达配合大局的具体要求，必须依靠自身政治敏锐性和大局意识，抓住时代主题，发挥自身优势，主动寻找工作契机。要让整个社会在中心工作和全局工作上要看到文物部门的努力，在相关重要事件和重要时间节点上感受到文物部门的影响。只有这样，才能真正发挥服务大局的作用。

第二，文物工作要服务大局，必须提前谋划。以抗战文物保护利用工作来说，尽管我们的反应是敏锐的，但到目前依然还有很多事情来不及做，或尚未做好。这也是文物工作的一个特点，任何保护工程项目都必须履行相应的审批程序，工程实施也需要一定的时间周期。因此，文物工作服务大局，提前谋划、增强前瞻性非常重要。各地文物部门同样需要在局部服务大局，在配合地方性的重大事件和纪念活动上具备提前谋划的意识。

第三，文物工作要服务大局，需要整体联动。文物部门、文博单位在事关全局的大事上独自发力往往势单力孤，要发挥较大作用，需要上下联动。国家文物局要加强顶层设计和整体策划，遇事做好横向沟通、纵向协作，形成合力开展工作。只有这样，文物工作才能在推动经济社会发展方面发挥更大作用。

蔡武在 2014 年全国文物局长会议上的讲话

(2014 年 12 月 25 日)

　　在全党全国深入学习贯彻党的十八届三中、四中全会和习近平总书记系列重要讲话精神之际，国家文物局召开全国文物局长会议。在此，我代表文化部，向长期以来关心支持文物事业发展的国家各有关部委和社会各界表示衷心的感谢！向辛勤工作在文物战线上的广大文物工作者致以崇高的敬意和诚挚的问候！

　　十八大以来，以习近平同志为总书记的党中央作出了全面深化改革、全面推进依法治国等一系列重大决策部署，提出了实现两个一百年和中华民族伟大复兴中国梦的宏伟目标。习近平总书记就保护历史文化遗产、发挥文物资源作用、弘扬中华优秀传统文化发表了一系列重要讲话，为文物工作指明了方向。这充分表明我们党不仅是中华优秀传统文化的忠实传承者、弘扬者，而且是中华先进文化的倡导者、发展者。我们必须认真学习、深刻领会习近平总书记系列重要讲话精神，切实抓好贯彻落实。

　　近年来，全国文物系统紧紧围绕党和国家大政方针，稳中求进、改革创新，各项工作取得显著成效。在工作指导思想上，坚持围绕中心服务大局，把文物工作放到经济社会发展的大局中、放到"五位一体"建设的总体布局中来谋划、来推进，以开放的姿态、创新的精神，推动文物事业融入社会、惠及民生。在工作布局上，坚持以改革为统领，以项目审批制度改革为突破口，谋长远、抓大事，以点带面，点线面结合，带动文物工作的整体提升。在管理方式上，坚持宏观管理与精准管理相结合，加强基层基础工作，构筑务实管用的制度体系、标准体系，不断强化对项目和经费的管理与监督，用作风建设带动文物工作提质增效，文物事业呈现出良好发展态势。

　　盘点 2014 年的文物工作，亮点很多，最突出的有：一是大运河、丝绸之路成功申遗，两个项目一横一纵，地跨大半个中国，有力地呼应了"一带一路"国家战略。二是以文保工程项目审批综合改革为突破口的各项改革扎实推进，完成了国务院下达的取消下放行政审批事项的任务。三是与住建部、文化部、财政部联合启动中国传统村落保护项目，发挥文物工作优势，对 270 个国保省保集中成片的传统村落保护与利用专门作出部署，第一批 51 个传统村落保护工作全面铺开。四是首次召开文物合理利用工作交流会，认真研究提出让文物活起来的新举措。五是主动开展抗战文物保存状况排查，实施抗战文物保护修缮和展示工程。六是国家文物局水下文化遗产保护中心正式组建，我国首艘水下考古研究船下水。七是依法查处并曝光了一批文物违法案件，文物安全督察力度不断加大，赢得社会积极回应。八是"汉风——中国汉代文物展""法国名家美术作品展""丝绸之路"文物展以及"文物带你看中国"3D触控交互系统，为中外文化文物交流添华增彩，受到了党和国家领导人的充分肯定。

回顾一年取得的成绩，令人振奋和鼓舞。当然，也应当清醒地看到，在全面深化改革、推进依法治国，建设社会主义文化强国的伟大进程中，文物工作的任务依然繁重，全国文物系统要再接再厉、迎难而上、奋发有为，再创佳绩。下面，我谈几点意见。

一、深刻领会习近平总书记关于文化遗产保护重要讲话的丰富内涵

党的十八大以来，习近平总书记站在时代发展的战略高度，在各种重要会议、重大场合，以及视察文物、博物馆工作中，就保护历史文化遗产、发挥文物资源作用、传承优秀传统文化等方面发表了一系列重要讲话，提出了一系列新思想、新论断、新要求。这些重要论述，精辟阐明了文化建设的重大理论和实践问题，为新时期文化文物事业的科学发展提供了强大思想武器，指明了前进方向。

要深刻领会、充分认识优秀传统文化是实现中华民族伟大复兴中国梦的突出优势。习近平总书记在参观"复兴之路"展览时首次提出中华民族伟大复兴的中国梦。实现中国梦必须坚持中国道路、弘扬中国精神、凝聚中国力量。习近平总书记多次强调指出，中华优秀传统文化是中华民族的突出优势，中华民族伟大复兴需要以中华文化繁荣为条件，必须大力弘扬中华优秀传统文化。要系统梳理传统文化资源，让收藏在博物馆里的文物、陈列在广阔大地上的遗产、书写在古籍里的文字都"活"起来。要加强对中华优秀传统文化的阐发，对历史文化特别是先人传承下来的价值理念和道德规范，坚持古为今用、推陈出新，有鉴别地加以对待，有扬弃地予以继承，努力实现传统文化的创造性转化、创新性发展。

要深刻领会、充分认识保护历史文物的责任和使命。习近平总书记历来高度重视文化遗产保护，早在20世纪80年代担任正定县委书记时，就对文物保护不力现象提出严肃批评，指出对文物"我们保管不好，就是罪人，就会愧对后人"。在福建工作期间，习近平同志得知三明市万寿岩旧石器时代遗址面临被破坏的危险时，立即明确批示："保护历史文物是国家法律赋予每个人的责任，任何个人和单位都不能为了谋取眼前或局部利益而破坏全社会和后代的利益。"要求有关单位立即停止破坏行为，做好遗址保护工作。针对城市建筑文化缺失，一些地方和领导干部将文物保护当作城市发展的包袱，与经济发展对立起来的错误做法，习近平总书记鲜明指出："城市建筑贪大、媚洋、求怪等乱象由来已久，且有愈演愈烈之势，这是典型的缺乏文化自信的表现，也折射出一些领导干部扭曲的政绩观，要下决心进行治理。"强调"如果说以前无知情况下的不重视还可以原谅，那么现在有认识情况下的不重视，那就是意识问题、政绩观问题"。

要深刻领会、充分认识文物保护必须秉持的正确理念。习近平总书记在正定古城保护的批示中，明确指出要秉持正确的保护理念，切实保护好古城的历史文化价值。要提高历史文物保护水平，发展有历史记忆、地域特色、民族特点的美丽城镇，让居民望得见山、看得见水、记得住乡愁。强调传承文化不是要简单复古，必须同步保护和弘扬优秀传统文化，延续城市历史文脉，坚持修旧如旧，保留原貌，防止建设性破坏。

要深刻领会、充分认识文物资源在社会主义核心价值观教育中的作用。习近平总书记强调指出，培育和弘扬社会主义核心价值观必须立足中华优秀传统文化。中华民族有着5000多年的悠久历史和灿烂文化，而且中华文明从远古一直延续发展到今天，其中一个很重要的原因就是我们的民族有一脉相承的精神追求、精神特质、精神脉络。中华优秀传统文化传承着讲仁爱、重民本、守诚信、崇正义、尚和合、求大同的时代价值，为培育社会主义核心价值观提供了弥足珍贵的物质资源和历久弥新的精神财富，是涵养社会主义核心价值观的重要源泉。针对抗战遗址保护工作，习近平总书记强调指出，国家确立的抗战纪念设施和全国爱国主义教育示范基地，是激发爱国热情、凝聚人民力量、培育民族精神的重要场所，要高度重视，切实做好保护、利用工作，充分发挥其在加强爱国主义教育、培育社会主义核心价值观中的重要作用。

习近平总书记关于文化遗产保护的重要论述，思想深邃、内涵丰富，饱含着对中华优秀传统文化的深厚感情，充分体现了我们党对传承优秀传统文化、保护文化遗产的高度重视和鲜明立场。全国文物系统要精心部署，周密安排，把学习贯彻习近平总书记重要指示精神作为当前一项重大的政治任务，组织广大干部职工，认真学习领会，切实贯彻落实。

要切实增强文物保护的责任感、使命感。当前，我国正处在新型城镇化的关键时期，文物保护的任务十分繁重。要贯彻落实《文物保护法》，坚持"保护为主、抢救第一、合理利用、加强管理"的文物工作方针，坚持依法保护，科学保护，正确处理文物保护与经济社会发展的关系。各地要从本地区经济社会发展全局出发，按照属地管理的原则，依法落实文物保护管理责任，切实肩负起传承弘扬中华优秀传统文化的神圣使命。

要切实保护好文物的历史文化价值。遵循文物工作规律，遵循城镇化发展规律，既要保护好文物本体，又要保护好其所依托的自然生态环境；既保护好历史文化遗存、历史文化街区等物质载体，又传承好风土人情、生活习俗、传统技艺等非物质文化遗产。要制定科学的保护规划和方案，集中资金、集中人力，实施一批重点文物保护工程，排除重大文物险情，加强对重要濒危文物的保护，推动文物保护与经济社会发展相结合，推动文物保护与改善文物周边环境相结合，推动文物保护与改善民生相结合，努力实现在保护中发展、在发展中保护。

要加强合理利用，让文物活起来。加强博物馆和爱国主义教育基地建设，深入阐发文物蕴含的历史文化价值，盘活馆藏文物资源，精心策划推出一批展现民族精神、弘扬核心价值观的专题展览，吸引更多观众特别是青少年走进博物馆。要加强各类文物保护单位的开放利用，提升大遗址和国家考古遗址公园的展示教育功能，进一步提高文物、博物馆公共文化服务水平，让人们在休闲享受、文化熏陶的同时升华思想、陶冶情操。要加大新技术、新手段在文物展示中的应用，加快推进文物旅游、文化创意产业发展，开发适销对路的高品质文化产品，更好地满足人民群众的新期待、新要求。要积极配合国家外交大局，按照"讲好中国故事、传播好中国声音、阐释好中国特色"的要求，加强文物对外交流合作，进一步拓展文明交流互鉴的广度和深度。

二、贯彻四中全会精神，全面推进文物法治建设

党的十八届四中全会明确提出了全面推进依法治国的指导思想、总目标和基本原则，对建设法治国家、法治政府、法治社会作出了全面部署。《文物保护法》是文化领域第一部法律，文物系统在依法行政方面也有较好的基础，希望在贯彻落实四中全会精神、推进文物法治建设方面继续走在前列。

要进一步完善文物立法，大力推进文物法律制度体系建设。"建设中国特色社会主义法治体系，必须坚持立法先行，发挥立法的引领和推动作用"。《文物保护法》的修订要体现科学立法、民主立法的要求，符合宪法精神，反映人民意志。要完善公众参与机制，充分听取各方意见，引入第三方评估，防止部门利益主义。要增强法律法规的时效性、系统性、针对性、可操作性。要实现立法和改革决策相衔接，做到重大改革于法有据，主动适应改革和经济社会发展需要。对实践证明行之有效的改革措施，要及时上升为法律，对不适应改革要求的法律法规，要及时修改和废止。

要深入推进依法行政，努力提高科学决策水平。全面推进依法治国，关键是依法行政、科学决策。党的十八届四中全会《决定》明确指出，行政机关要坚持法定职责必须为、法无授权不可为原则，行政机关不得法外设定权力，没有法律法规依据不得作出减损公民、法人和其他组织合法权益或者增加其义务的决定。要加强监督体系建设，全面推进政务公开。行政机关必须决策公开、执行公开、管理公开、服务公开、结果公开，要将权力关进制度的笼子。要健全依法决策机制，把公众参与、专家论证、风险评估、合法性审查、集体讨论决定确定为重大行政决策法定程序，确保决策制度科学、程序正当、过程公开、责任明确，这是法治政府建设的明确任务。我们必须以高度的政治使命感、历史责任感，更加主动、更加自觉地践行依法行政的要求，依法履职、勇于负责、敢于担当，坚决纠正不作为、乱作为，坚决克服懒政、怠政，坚决惩处失职、渎职。

要积极适应改革要求，不断提升执法督察水平。《决定》对行政执法体制改革和行政执法行为规范，均做了明确表述。总的原则是"创新执法体制，完善执法程序，推进综合执法，严格执法责任"。改革方向是"强化中央政府必要的执法权""完善市县两级政府行政执法责任"，减少层次、整合队伍、提高效率。要积极完善文物行政执法，在改革中加强文物行政执法，推行综合执法。要将《决定》的最新精神贯彻到《文物保护法》的修订之中，进一步明确国家文物局和地方政府的行政执法权和监督检查权，进一步明确文物旅游综合执法队伍承担地方文物行政执法任务，进一步明确文物行政执法的程序、标准、责任。通过对重大文物违法案件的督察，在全社会营造

良好的文物行政执法环境。

要深入开展文物法治宣传教育，切实提高全社会保护文物的意识。法律的权威源自人民的内心拥护和真诚信仰，只有被人民内心拥护和真诚信仰的法律才会得到认真遵守。从近年来查处的文物违法案件看，很多违法行为的产生很大程度上是因为当事人对文物保护法律法规不了解造成的。因此，必须加大普法力度，落实"谁执法谁普法"的具体举措。文物系统的干部职工要带头学法、尊法、守法、用法，自觉养成依法办事的习惯。要发挥社会组织、基层社区和文物志愿者的作用，努力营造全民守法的良好社会氛围。

三、主动适应新常态，全面推动文物保护利用各项工作

今年的中央经济工作会议深刻分析了我国经济发展的阶段性特征，强调要坚持稳中求进的工作总基调，坚持以提高经济发展质量和效益为中心，主动适应经济发展新常态，狠抓改革攻坚，突出创新驱动，强化风险防控，加强民生保障。这是做好明年工作的指导和遵循。

所谓新常态，意味着我国经济进入了一个与过去30多年高速增长期不同的新阶段，呈现出以下明显特征。一是中高速。经济增速换挡，从过去10%以上的高速增长转为7%左右的中高速增长，这是新常态的最基本特征。二是优结构。经济结构不断优化升级，第三产业逐步成为产业主体，消费需求逐步成为需求主体，城乡区域差距逐步缩小，居民收入占比上升。三是新动力。经济发展将从要素驱动、投资驱动转向创新驱动，整个经济将向形态更高级、分工更复杂、结构更合理的阶段演化。

深刻认识新常态，主动适应新常态，对于我们准确把握新形势，做好2015年的文物工作至关重要。

我国经济发展进入新常态，并没有改变我国发展仍处于可以大有作为的重要战略机遇期的判断，没有改变我国经济发展总体向好的基本面，而是经济增长更趋平稳，增长动力更为多元。同样，文物工作仍然处在大有作为的重要战略机遇期。财政收入增幅收窄，但是对于教育、卫生、文化等民生领域的投入仍将加大，文物保护经费仍将稳定增长。消费结构发生变化，个性化、多样化消费渐成主流。民众在文物博物馆等方面的文化消费需求持续旺盛，给文化产业、文博创意产业发展带来更广阔的空间。基于互联网的大数据分析将会催生一系列新产品、新服务、新业态和新模式。以信息消费为代表的文物数字产品、智慧博物馆，将互联网信息技术与民众需求相结合，未来市场发展潜力巨大。

面对新形势、新常态，我们要抓住机遇、坚定信心，应势而变、顺势而为，努力做好2015年的工作。关于2015年的工作，励小捷同志还要作专门部署，他的讲话我已看过，完全赞同。在此，我提几点要求：

一要在深化改革上出实效。要全面落实国务院规范行政审批管理的要求，全面完成行政审批事项的取消下放任务，同时，要加强事中、事后监管，加强工作衔接。积极推进博物馆理事会制

度改革试点，培育社会组织，做好文博事业单位分类改革各项工作。

二要在保护利用上有创新。围绕纪念抗战胜利70周年，加大抗战文物保护力度，推出一批有影响力的主题展览。围绕新型城镇化建设，进一步做好传统村落整体保护利用。围绕弘扬优秀传统文化，推出一批彰显社会主义核心价值观的精品展览。

三要在文物安全和执法上下狠劲。加大文物执法督察力度，依法查处一批重大违法案件，坚决遏制法人违法高发势头。要切实加强古城镇、古村落中的文物消防安全，进一步落实各级政府的文物保护责任。

四要在服务"一带一路"战略上有作为。要做好丝绸之路沿线的文物保护利用工作，为推进沿线国家的互联互通提供更多的历史见证，注入丰富的文化内涵。要提早谋划海上丝绸之路申遗工作，做好国内有关文物点段的资源调查和保护工作，开展与海上丝绸之路有关的文物援外工程，与外交等部门共同协作，探索跨国申遗的有效途径。

五要在规划编制上早谋划。要按照国务院的统一部署，着眼文物事业发展的战略布局，深入研究，及早谋划，凝练重大项目，储备重大工程，提出重大政策，做好"十三五"规划的研究和编制工作。

文物工作责任重大、使命光荣。我们必须认真贯彻十八大，十八届三中、四中全会和习近平总书记系列重要讲话精神，按照中央经济工作会议的总体要求，坚持稳中求进的工作总基调，以更加饱满的精神状态、更加过硬的工作作风，履职尽责、勇于担当，为做好2015年工作、全面完成"十二五"规划的各项任务而不懈努力，谱写文物事业改革发展的新篇章。

励小捷在 2014 年全国文物局长会议上的工作报告

（2014 年 12 月 25 日）

这次全国文物局长会议的主要任务是学习贯彻党的十八届三中、四中全会和中央经济工作会议精神，总结 2014 年工作，部署 2015 年任务。

刚才，蔡武部长作了重要讲话，我们要认真学习领会，抓好贯彻落实。下面，我讲几点意见。

一、2014 年工作回顾

2014 年，全国文物系统广大干部职工坚决贯彻习近平总书记系列重要讲话精神，全面落实党中央、国务院的决策部署，坚持稳中求进、改革创新的工作总基调，抓主抓重，攻坚克难，圆满完成全年各项任务。

（一）坚决落实中央部署和习近平总书记重要指示

贯彻落实习近平总书记对正定古城、阜新万人坑遗址、侵华日军第七三一部队旧址、武汉中共中央机关旧址保护维修与展示利用的重要批示精神，及时赴现场调研，安排经费，编制方案，重点督办，狠抓落实。按照"秉持正确的古城保护理念，即切实保护好其历史文化价值"的批示要求，加快推进正定古城保护工程，实施 6 个文物本体保护项目和 9 个安消防项目，基本完成古城墙南门修复和周汉河综合整治工程。按照"务必抓紧进行维修，切实做好保护利用工作"的指示，制定阜新万人坑遗址 9 个保护维修方案，筹建死难矿工和抗暴青工遗骨陈列馆，实施岩土工程勘察及遗骨防潮防腐工程。按照"应加强修护工作"的指示，启动侵华日军第七三一部队旧址保护性修缮工程，开展旧址区域环境整治工作。按照"修旧如旧、保持原貌、防止建设性破坏"的指示，编制武汉中共中央机关旧址保护修缮和展示利用方案，完成旧址腾退工作，筹建旧址纪念馆，征集文物 5800 余件（套）。

全国人大公布设立中国人民抗日战争胜利纪念日和南京大屠杀死难者国家公祭日之后，国家文物局主动服务大局，及时印发《关于加强抗日战争时期文物保护利用工作的通知》，逐一排查 186 处国保抗战遗址状况，召开抗战文物保护利用工作座谈会，启动 46 项抗战文物保护修缮和展示利用工程，安排经费 2.1 亿元。全年新增国保抗战文物开放点 29 个，新建纪念馆陈列馆 9 个，实现展陈提升 55 处。各地也安排了一大批省保和市县保的抗战文物保护工程。

按照"望得见山、看得见水、记得住乡愁"的要求，统筹推进传统村落整体保护利用。召开国保省保集中成片中国传统村落整体保护利用工作会，对 270 个传统村落保护利用作出部署。发布实施方案及乡土建筑保护利用导则，既保持传统村落的完整性、真实性和延续性，又满足原住村民提升生活质量、改善居住条件的迫切要求。首批 51 个村落保护安排资金 7.1 亿元，以县为主的领导机构全部建立，保护发展规划全部提交，保护修缮工程和环境整治项目全面启动。

落实"一带一路"国家战略，丝绸之路跨国联合申遗项目圆满成功，相继举办"海上丝绸之路特展"和"丝绸之路"文物展，赴坦桑尼亚举办"中非海上丝绸之路历史文化展"。习近平主席在 APEC 会议期间，向各国来宾隆重推介"丝绸之路"文物展，称赞该展览生动体现了和平合作、开放包容、互学互鉴、互利共赢的丝绸之路精神。

（二）积极推进行政审批制度改革

按照国务院的部署，公布国家文物局文物行政审批事项新版目录。下放"境外机构和团体拍摄考古发掘现场审批""拍卖企业经营文物拍卖许可""外国公民、组织和国际组织参观未开放的文物点和考古发掘现场审批""国有文物收藏单位之间交换馆藏一级文物审批"等 4 项审批事项。将"拍卖企业经营文物拍卖许可"和"文物商店设立审批"调整为后置审批项目。会商国家林业局特设博物馆进口犀角类中国文物藏品许可事项。

文保工程项目审批改革取得成效，实现了立项审批和方案审核分开，引入了第三方审核技术方案，实行了网报网审，出台了系列管理办法，加强了事中事后监管。全年上报项目数为 3072 项、完成审批数 2553 项、项目安排数 2290 个、储备项目数 1734 个，国家重点文保专项补助资金安排 81 亿元，同比数值大幅度超过 2013 年。这项改革的初步成功，强化了全国文物系统的改革意识，缓解了项目管理的最大瓶颈制约，进一步明晰了央地之间、行政部门与中介机构之间的责权，起到了引领文物系统全面改革的作用。

按照分类实施、稳步推进的原则，做好博物馆的基本制度设计，编制博物馆理事会章程示范文本和指导意见，指导 4 个博物馆开展理事会建设试点。国家文物局制定向社会购买服务目录，全年政府采购项目 92 个，中标金额 8000 余万元。

（三）稳步提高文物工作法治水平

按照全国人大常委会立法规划和国务院立法工作计划，遵循"坚持方针、跟进时代、解决问题、确保质量"的思路，精心组织、扎实推进《文物保护法》修订工作。围绕修法中涉及的文物利用、社会参与、文物市场、文物保护补偿等 12 个课题，分赴 17 个省开展专题调研，为修法提供理论和实践依据。坚持开门立法、民主立法，广泛征求全国文物系统、地方有关部门和专家的意见，共收到反馈意见 2000 余条，在形成修法草案过程中进行了充分吸纳。目前，草案征求意见稿已分送国务院有关部门征求意见。

完善制度、标准和规范。制修订工程申报审批、咨询评估、可移动文物修复等 10 余项管理制度。发布 15 项文物保护行业标准，启动 19 项行业标准立项编制。修订文物行政处罚程序暂行规定，明确委托执法的合法性。配合最高人民法院完成文物犯罪刑事案件适用法律司法解释征求意见稿。地方政府不断强化文物安全责任制，湖南省将文物安全纳入地市级党委、政府的绩效考核内容，北京市开展文物违法行为责任追究试点。

切实加大文物执法力度，国家文物局全年督办文物违法案件64起，其中立案查处41起、责令改正31起、行政处罚31起、刑事处罚4起。侦破辽宁朝阳"11·26"红山文化遗址盗掘案，抓获犯罪嫌疑人78人。北京、吉林、陕西、四川等地方政府及文物部门对违法案件的处理高度重视、认真整改，西城区天宁寺塔保护范围违法建设案、长春东本愿寺保护范围违法建设案、洛南县城隍庙违法迁建案、平武县报恩寺建控地带违法建设案得到依法妥善处理。公开曝光徐州市韩桥煤矿旧址损毁案、阿尔山市阿尔山车站损毁案等8起法人违法典型案件，中央和地方媒体积极跟进，社会反响强烈，推动了案件解决，坚定了执法信心，提振了士气，起到了警示作用。实施不可移动文物执法卫星遥感监测项目，完成10个县域单元不可移动文物消失情况监测，提升技术监管能力。

（四）多措并举让文物活起来

首次召开全国文物合理利用工作交流会，推广经验，凝聚共识，研究部署文保单位开放、馆藏文物利用、文物精品展览、社会力量参与等工作。与教育部印发《关于中小学生利用博物馆开展社会实践的指导意见》，搭建中小学生社会实践活动平台。15个省份150余家博物馆开展完善博物馆青少年教育功能试点，推广博物馆青少年教育示范项目，出版博物馆教育项目示范案例。建成国家"指南针计划"上海青少年基地，弘扬中国古代发明创造成果。召开全国博物馆展览质量提升座谈会，制定提升博物馆展览质量、提高馆藏文物利用率的指导意见，完善国有馆藏文物资源共享机制。部分省份开展总馆长制探索，山西博物院为市县级博物馆完善基本陈列、输送临时展览，黑龙江省博物馆举办"一月一县"展览。面向全社会征集60个弘扬优秀传统文化、培育社会主义核心价值观主题展览项目，12个优秀展览项目纳入全国推广计划。举办博物馆及相关产品与技术博览会，306个文博机构和企业参展。举办第二届全国博物馆文化产品创意设计推介活动，一大批文博创意产品受到消费者欢迎。

配合重大外交活动，举办赴法"汉风——中国汉代文物展"和赴美"神秘的三星堆"文物展。"文物带你看中国"3D展示系统在哥本哈根、巴黎、老挝中国文化中心和法国吉美博物馆落地展示。续签中美限制进口中国文物谅解备忘录，与缅甸、法国签署关于促进文化遗产领域交流与培训合作协议。举办第四届文化财产返还国际专家大会，发布《敦煌宣言》。援柬茶胶寺、援蒙辽代古塔、援乌希瓦古城保护修复工程稳步推进。举办赴台"中国南方佛教艺术展"、赴港"敦煌文化与艺术大展"、赴澳"西周霸国文物特展"。台湾历史教师中华历史文化研习营赴陕西研修。

（五）切实加强文保项目和博物馆管理

西藏重点文物保护工程、山西南部早期建筑保护工程、延安革命遗址抢救保护修复工程中的

82 个项目完工，应县木塔严重倾斜部位和残损构件加固工程开工；赣南等原中央苏区革命遗址保护工程 16 个项目立项，170 余处维修方案获得批复。与公安部、住建部印发《关于加强历史文化名城名镇名村及文物建筑消防安全工作的指导意见》，启动文物消防安全百项工程。

水下文化遗产保护取得重大进展，组建国家文物局水下文化遗产保护中心，中国第一艘水下考古研究船下水首航，调查丹东一号甲午海战北洋水师沉没战舰。宁波基地建成使用，北海基地建设启动，南海基地完成勘察设计招标，南海基地西沙工作站开工。完成南水北调中线一期文物抢救保护项目和三峡工程文物保护初验工作。发布国家考古遗址公园评估导则，完成 12 家国家考古遗址公园评估。大运河、丝绸之路：长安—天山廊道的路网成功列入《世界遗产名录》，有序推进土司遗址、花山岩画申遗前期准备工作，启用中国世界文化遗产监测预警系统。举办哈尼梯田保护与展示国际研讨会，形成《关于梯田文化景观可持续发展红河倡议》。与住建部联合公布第六批中国历史文化名镇名村，开展首批中国历史文化街区认定工作。

全国博物馆总数达到 4165 家，其中新增博物馆 299 家。辽宁、云南、贵州、黑龙江等省级新馆积极筹备开馆，地市级博物馆建设项目完工 47 个、在建 14 个。开展央地共建博物馆运行评估和博物馆免费开放绩效考评；制定国家二、三级博物馆运行评估办法，指导各地完成 632 家国家二、三级博物馆运行评估。印发民办博物馆设立指导意见，规范民办博物馆发展。中央财政安排经费 6.6 亿元，实施一批可移动文物修复项目和 53 个博物馆藏品预防性保护项目；完成 8000 余件（套）珍贵文物和 2 万余枚简牍修复。

开展 7 家文博单位民间收藏文物鉴定试点，指导各地开展涉案文物鉴定工作。完成 345 家文物拍卖企业 60 余万件（套）拍卖标的备案，治理互联网违法拍卖文物活动。会同国家新闻出版广电总局治理一批文物鉴定类违法违规广播电视节目。组建国家文物进出境审核内蒙古、西藏管理处，联网运行文物进出境审核信息管理系统。国家文物局向中国国家博物馆划拨 11 件珍贵文物、与台湾佛陀纪念馆签署河北幽居寺流失佛像捐赠协议。上海海关向文物部门移交 1600 余件走私罚没文物，湖南省从境外成功征集商代青铜重器皿方罍器身。

（六）进一步夯实文物基础工作

在全国各地文物部门的共同努力、各级财政部门的大力支持、各行业主管部门的积极配合下，第一次全国可移动文物普查完成国有单位文物收藏情况摸底，普查对象涉及 20 个行业 100 多万家国有单位，其中收藏保管文物的国有单位约 1.53 万家，申报藏品近 4200 万件（套）。全面铺开文物认定工作，甘肃、宁夏、广西、陕西已完成文物认定工作。制定馆藏文物、出土（水）文物和馆藏自然类藏品登录规范，建成全国可移动文物信息登录平台，推进普查文物信息采集登录工作。建立检查督导、质量抽查和数据审验机制，狠抓进度管理和质量控制。

印发《全国文博人才发展中长期规划纲要》，启动文博人才培养"金鼎工程"。国家文物局举办 35 个主体班次，培训近 3000 人。注重基层文博管理人才培养，完成 5 期县级文物行政部门负责人培训班。注重青年科技人才培养，完成青年拔尖人才支持计划申报评审。与北京建筑大学完成文博类博士生招录工作。召开全国文物保护职业教育培训工作座谈会，建立文博职业教育联合培养机制，启动文博职业教育培训教材编写。遴选100余个国家文物局培训业务合作机构和9个文博人才培训基地。充实全国重点文物保护工程方案审核专家库，新增专家354名。

与中科院共同召开"文化遗产空间观测与认知"香山科学会议，研讨提出关于空间考古的六大科学问题。与工信部研发高精度多参数污染因子监测传感器，建设文物保护装备产业化及应用公共服务平台，实施第一批试点项目，近200家企业、高等院校、科研院所和文博单位参与，地方政府和企业投入资金8.1亿元。开展电气火灾智能防控系统、防爆安全检查系统、高原地区文物建筑灭火装备试点，提高文物安全装备水平。在科技部支持下，新增2项国家科技计划，完成5项国家科技计划和前四批行业重点科研基地运行评估，组建国家文物局重点科研基地西藏联合工作站。组织开展博物馆保存环境监控设备技术交流，提高基层博物馆预防性保护方案编制和项目实施能力。加强文物系统信息化建设顶层设计，编制数据资源目录。开展7家文物精品、展览精品的数字产品试点和6家智慧博物馆试点，推进信息技术应用。

举办文化遗产日、国际博物馆日和国际古迹遗址日活动；开通运行国家文物局官方微博，发布信息1000余条，粉丝总量突破10万，荣获人民网和新浪网十大党政机构微博影响力飞跃奖。组织协调主流媒体和网络媒体联合发力，成功进行大运河、丝绸之路成功申遗和抗战文物保护利用成果的专题宣传。建立每日舆情收集通报机制，提高文物舆情研判和网络事件处置能力。国家文物局官网改版上线，加大信息公开力度，开展文博政务服务。完成"十二五"规划中期评估，开展"十三五"规划前期研究，推进《中国文物志》编纂。

上述成绩的取得，得益于党中央、国务院的坚强领导，得益于各级党委政府、相关部门、社会各界的大力支持，得益于广大文物工作者的辛勤耕耘。在此，我谨代表国家文物局致以衷心感谢和崇高敬意！

也必须清醒看到，文物工作还存在一些问题。比如，一些地方一般不可移动文物消失现象比较严重，破坏文物的违法案件依然多发；文保、安保工程实施进度不理想，一些试点示范项目、样板工程推进不力；文物利用办法不多，服务社会、教育人民的作用远未充分发挥；审批制度改革还需进一步完善，事中事后监管亟待加强；一些基础性工作的进展情况，与既定目标要求还有很大差距。对这些问题，我们必须高度重视，采取切实措施，认真加以解决。

二、几点工作体会

总结今年的工作，回顾近几年的历程，展望下一个五年的发展，思考如何在经济发展新常态下做好文物工作，有许多认识、观念、经验、教训需要总结。概括起来，主要有四点体会：

（一）增强大局意识

文物系统的同志容易产生我们是个小系统、文物工作是业务性较强的工作、了解不了解大局与文物工作关系不大的认识，觉得增强大局意识是那些事关国计民生、事关社会稳定、事关意识形态部门的事。这种想法是不对的。文物工作尽管块头不大，但也是大局的一部分。大局是一种势，是一个场，对各个局部、各个系统都起着主导作用，局部不可能离开整体，每个系统都不可能脱离大局的影响。

"不谋全局者，不能谋一域。"只有对大局了然于胸，对大势洞幽烛微，才能因势而谋、应势而动、顺势而为，才能把文物工作做得更好。增强大局意识，要了解大局，把握大局。大局是历史的、发展的。当前，全党全国人民以全面建成小康社会为奋斗目标，以全面深化改革为内生动力，以全面推进依法治国为根本保障，努力实现中华民族伟大复兴中国梦，这就是我们一切工作的大局。增强大局意识，要主动围绕大局，自觉服务大局。立足本职，履行职责，发挥资源优势，自觉做好服务大局的工作；思维敏锐、善抓契机，适时做好服务大局的工作；统筹谋划、突出重点，主动把服务大局的工作作为各项业务工作的重中之重。我们今年抓的抗战文物保护利用、海上丝绸之路和丝绸之路文物展等工作，都是秉持了这样的理念。

文物工作要为大局更好地服务，需要在以下几个方面继续下功夫、出成果：一要为传承中华优秀传统文化、弘扬社会主义核心价值观服务。二要为建设公共文化服务体系、满足人民群众基本文化需求服务。三要为推进新型城镇化建设，传承历史文脉，保护好古城、古镇和传统村落服务。四要助力国家"一带一路"战略，为增强中华文化国际影响力、促进文明交流互鉴服务。

（二）增强开放意识

开放，是我们所处这个时代最鲜明的特征。经济全球化，促进了生产要素在全球范围的流动与配置；国内统一大市场的形成，有赖于地区与地区之间、系统与系统之间的开放；文化之所以丰富多样，也是因为它本身就具有极大的开放性和包容性。开放不仅仅是一种态势与格局，而且还是一种理念与心态。处在全面开放大格局中的文物工作，也必须是开放的。开放带来进步，封闭导致落后。

面对新形势、新任务、新使命，我们要树立开放的理念和心态，携手打造开放型文物工作的新格局。一要打开公共视野这扇窗。要树立文物资源是公共资源、文物部门是公共服务部门的理念，文物资源要依靠社会来保护，为全社会所利用，尽可能向公众开放，绝不允许成为服务于特定少数人的私人会所。据不完全统计，国保单位中三分之一左右是由文物系统之外的国家机关、企事业单位、部队使用的。在保留其现有功能的基础上，也应该充分发挥其公共文化资源的功能。二要打开合作共事这扇窗。文物工作虽然比较窄、比较专，但是仍然涉及方方面面，利益主体是多元的，有国有的，有集体的，有私人的；管理体制是多样的，有中央管的，有地方管的，有系统内的，有系统外的，文物工作已经大大突破传统的边界。做好文物工作离不开相关部门和系统的支持，同样离不开我们对其他部门和系统的配合，这已经成为一种常态。单打独斗是不现实的，"我的就是我的、井水不犯河水"的观念是不明智的，"有利的事就干、难办的事就推"的做法更是不可取的。做好文物工作，越来越多地需要合作共事、协同推进，越来越多地需要善协调、讲配合，照应各方关切，兼顾各方利益。这样做更有利于部门职责的履行和自身利益的体现。三要打开面向社会这扇窗。长期以来，我们是以管系统为主的，对文物的社会管理缺少顶层设计、缺乏实战能力。当然，随着改革深化，这种现象已经有所改观。比如，第一次全国可移动文物普查不仅普查博物馆的馆藏文物，而且登录各级国家机关、国有企事业单位、部队的文物，这是一个进步。全面深化改革，转变政府职能，必须开放视野，面向社会，简政放权，把政府该做的做好，该让社会干的事让社会干，该让企业干的事让企业干，真正实现由管微观到管宏观、由管脚下到管天下的转变。四要打开利用社会资源这扇窗。我们那么多事情要办，人手又这么少，经费又不足，怎么办？要履行政府职责，也要依靠社会力量。比如，要解决如何敞开大门、降低门槛、放宽准入的问题，让市场主体依法合规地进入文保工程、文物修复、展示利用、文博创意产品开发等领域。再如，要吸引社会力量参与文物保护，既要鼓励倡导对文物保护的无偿捐赠，又要允许社会资金在投入保护文物的同时，享有一定期限的使用权和经营权。文物事业的发展要把坚持政府主导与社会力量参与结合起来，这样才能真正把管天下的职责履行到位。这也是世界各文化遗产大国的通行做法。

（三）增强问题意识

党的十八大以来，习近平总书记多次强调增强问题意识，他指出，"改革是由问题倒逼而产生，又在不断解决问题中而深化"。增强问题意识，坚持问题导向，体现了我们党实事求是的思想路线、求真务实的工作作风和敢于担当的政治责任。

增强问题意识，必须有发现问题的敏锐、正视问题的勇气、解决问题的智慧和办法。问题是客观存在的，问题也是层出不穷的，旧问题解决了，还会出现新问题，我们的事业就是在解决问题中不断前进的。比如，经过"三普"，全国不可移动文物达到近77万处，比"二普"增长近一倍，解决了摸清家底的问题，但随之而来的是要承担起巨量文物的保护责任，特别是遏制住一般不可移动文物的消失，这又成为我们面临的新问题。再如，近年来博物馆建设快速发展，十年增长一倍，初步解决了博物馆设施严重不足的问题，但随之而来的是藏品不足、展陈单一、专业人才匮乏的新问题。所以说，问题的存在具有客观必然性，重要的是正视问题，不能回避问题，不能绕开问题走；不能害怕困难，对复杂棘手的问题搪塞敷衍、束之高阁；不能讲成绩沾沾自喜，谈问题避重就轻，担心问题讲多了、讲深了会否定工作。

解决问题首先要舍得用力气、下功夫，问题就是因为难解决才成为问题，一定要下大决心，敢于担当，不怕说三道四，不要过分爱惜自己的羽毛，而要聚焦目标，集中精力、集中力量、集中时间，研究实招，拿出办法，切实抓出结果，真正把问题解决掉。其次要抓主抓重，在面临众多问题，特别是新旧问题交织、急事难事叠加的情况下，要分清轻重缓急，抓住主要矛盾和主要方面，找准突破口，把握着力点，发挥以点带面、以少带多的辐射作用，收到牵一发动全身、动一子活全局的效果。解决问题还要着眼长远，一些大问题的根本解决有待时日，不可能毕其功于一役，不可能立见成效，应当具有"开山其必有我、功成不必在我"的胸怀，应当具有善谋善为、久久为功的韧性。

（四）增强创新意识

创新是新常态下经济发展的驱动力，也是文物事业发展的发动机。要推进体制机制创新，破除发展障碍，激发内生活力，调动社会各方面的积极性，让文物得到充分保护，让文物资源作用得到充分发挥。要推进工作方式的创新，利用信息技术，加强宏观管理，提高工作质量，拓展社会服务，努力实现治理能力现代化；要推进技术创新，大胆采用科学技术新成果，武装文物保护和博物馆的设施设备，解决土遗址、石质文物、彩塑壁画保护中的技术难题，提升古建筑维修和馆藏文物修复的技术水平，发扬文物保护传统技艺，逐步形成文博系统的技术创新体系。要推进学术创新，集成已有成果，开展跨学科研究，扩大国际交流，在考古、博物馆、文化遗产等领域形成中国学派，为事业发展提供理论与学术支撑。

实现这些领域的创新，关键在于观念创新。时代在发展，社会在进步，新的事物不断涌现，新的技术日新月异。在这样的时代背景下，任何因循守旧、固步自封的观念都会影响事业发展。要突破已有的思维定式和行为习惯的束缚，打破固有利益和门户之见的藩篱，自觉融入改革创新的潮流，自觉跟上时代前进的步伐。创新本身是一种探索，一开始不会很完美，鼓励创新就要宽容失败，少一点品头评足，多一点包容支持，在系统内为创新营造良好氛围。

三、2015年工作重点

党的十八大以来，习近平总书记站在党和国家发展战略全局的高度，深刻阐述了中华优秀传统文化的历史地位和时代价值，精辟分析了文化建设的重大理论和实践问题，多次就文物工作作出重要指示批示，充分体现了我们党对文物工作的高度重视，具有十分重要的针对性和指导性，为新时期文物事业发展指明了方向。近期，按照中办、中宣部的统一部署，中央主要媒体将对习近平总书记关于历史文物保护的重要指示精神进行重点宣传；国家文物局要召开专题座谈会，对学习贯彻作出安排。全国文物系统要深刻领会习近平总书记关于传承中华优秀传统文化的重要论述，坚决落实习近平总书记关于文物保护的重要指示，要将重要论述和重要指示精神作为2015年各项工作的基本遵循，带头学习，率先贯彻，切实保护好文物的历史文化价值，充分发挥好文物资源的积极作用。

2015年是全面完成"十二五"规划的收官之年，是全面深化改革的关键之年，也是全面推进依法治国的开局之年。中央经济工作会议深刻分析了国际国内形势，作出了我国经济发展进入新常态的重要判断，提出了2015年经济工作的总体要求和主要任务。我们要正确认识新常态、主动适应新常态，努力做好新常态下的文物工作。2015年文物工作的总体要求是全面贯彻党的十八大、十八届三中四中全会和中央经济工作会议精神，坚持稳中求进工作总基调，狠抓改革攻坚，提升法治水平，进一步加强管理，进一步夯实基础，进一步提高工作质量和效率，全面完成"十二五"规划的各项任务。

（一）全面推进文物法治建设

党的十八届四中全会通过的《中共中央关于全面推进依法治国若干重大问题的决定》，是全面推进法治国家、法治政府、法治社会一体建设的纲领性文件。全国文物系统要把学习贯彻四中全会精神作为贯穿文物工作的一项重要政治任务抓好抓实。

一要按照科学立法的要求，加快推进《文物保护法》修订进程，争取列入国务院一类立法计划。认真研究、积极吸取文物系统、相关部门、社会各界的意见建议，广泛凝聚社会共识。加强与立法机关和相关部门的沟通协调。对有利于文物保护、有利于事业发展的重要修改，要进一步提供依据和说明。对体现时代要求、有利于深化改革、能够解决现实问题的内容，要在修法中充分体现。配合最高人民法院、最高人民检察院出台关于文物犯罪的司法解释。要以工作急需为重，加快出台文物建筑预算定额、文物安全设施达标、可移动文物修复和预防性保护等系列技术标准。

二要按照依法行政的要求，全面履行部门职责，推进机构、职能、权限、程序、责任法定化；继续深化行政审批制度改革，做到各项审批有法律依据、各项审批监管要依法问效问责。健全行政事项内部决策程序。完善部门规章、规范性文件的合法性审查。

三要按照严格执法的要求，全面落实行政执法责任制，切实提高执法效能，依法惩处各类文物违法行为。加快建立权责明确、行为规范、监督有效、保障有力的违法行为查处机制，制定《文物行政违法案件督察督办管理办法》，完善文物行政执法督察方式。加强对地方文物部门行政执法的监督，开展省级文物行政执法工作评议试点。开展文物行政执法专项督察，及时曝光文物行政执法典型案件，发挥舆论监督和社会监督的作用。继续对重点区域文物消失情况进行卫星遥感监测，及时发现问题，制止违法行为。深化与中国海警局的执法合作，联合制定我管辖海域水下文物保护执法规程，适时开展联合执法专项行动。与公安部联合开展重点地区打击文物犯罪行动，对大案要案进行跟踪督办。

四要按照全民守法的要求，健全普法宣传教育机制，联合司法部开展《文物保护法》普法宣传，大力宣讲《文物保护法》的基本精神和主要条款。创新普法宣传方式，推出全媒体文物普法产品。落实"谁执法谁普法"的责任，国家文物局和地方文物部门要带头学法、模范守法、全员普法，同时要承担起向政府领导同志宣传普及《文物保护法》的职责。

（二）不断深化文物系统改革

深化文保工程项目审批机制综合改革。在文保工程项目实行网报网审的基础上，将文保工程、安消防工程、可移动文物修复项目集中到统一平台，实现网报网审、联网审批。为体现公平竞争的原则，分散集中审核的压力，承担文保工程技术方案审核的中介机构由 1 家增加至 4 家。任何一家都可以在全国范围承担技术方案审核，项目申请单位可自由选择。安消防技术方案审核总量相对较少，继续暂由 1 家审核。可移动文物修复技术方案审核继续暂由 1 家行业协会审核。

要按照国务院关于规范行政审批管理的要求，编制审批事项服务指南和内部业务手册，对申报材料的要求实行一次性告知，对申报材料实行一次性受理，对申报项目实行限时审核。国家文物局对行政审批事项全面实行一个窗口统一受理，普遍推行办理时限承诺制和受理单制度，对批准的事项要在 10 个工作日内向申请人送达批准文书。做好全程咨询服务，设立咨询热线电话，树立良好窗口形象。对中介机构承担的技术方案审核也要规定时限。对技术方案提出修改意见的，修改后再报备环节也要进一步简化。

完善第三方评估的行为规范和活动准则，建立失信惩罚机制，提高第三方评估的科学性、专业性和时效性，逐步做到权责利相统一、委托与监督相结合、绩效评估与购买服务相挂钩。支持文物行业协会在第三方咨询评估中发挥作用，增强自律性、透明度和公信力。健全专家评审咨询制度，细分专家门类，逐步建立信用评价体系，确保技术审核的公平、公正和公开。

发布博物馆理事会章程示范文本和指导意见，开展博物馆理事会制度建设区域试点。按照国务院部署，推进事业单位分类改革。下放馆藏一级文物的复制、拓印行政许可；公布国家文物局的责任清单和权力清单，修订《国家文物局工作规则》。

（三）努力拓展文物合理利用

围绕纪念中国人民抗日战争胜利 70 周年，全面推进抗战文物保护利用项目，在 186 处国保单位抗战文物中，凡是文物系统管理使用的国保单位抗战文物要在 2015 年 9 月前全部开放，文物系统外管理使用的大部分实现定期或局部展示开放。这件事要纳入对地方文物部门工作的督察事项。策划推出一批有影响力的抗战文物专题展览展示，组织开展参观教育活动。基本完成第一批 51 个国保、省保集中成片传统村落的保护利用项目，抓出一批有指导借鉴作用的示范案例，启动第二批国保、省保集中成片传统村落保护利用项目。在四部委公布的第三批传统村落中，遴选国保、省保集中成片传统村落。文物部门主抓的国保、省保集中成片传统村落要在民生改善、环境整治、产业培育等方面结果实、出经验，成为文物保护利用的典型，探索解决"空心村"和过度商业开发的症结问题。推进赣南原中央苏区等革命旧址保护利用工程，系统总结文物本体保护与环境整治、展示利用统筹实施的经验。研究制定文物合理利用的指导意见。推广名人故居、工业遗产、乡土建筑保护利用导则，开展工业遗产保护利用状况评估，制定开放类古建筑保护利用规程。

推广完善博物馆青少年教育试点经验和示范项目，与教育部门联合督察中小学生利用博物馆进行社会实践活动进展情况。建设博物馆青少年教育项目资源库，建立中小学生利用博物馆开展社会实践活动联席会议机制。开展全国博物馆精品展览展出季活动，推出 12 个彰显社会主义核心价值观的优秀展览。支持指导国家一级博物馆与基层博物馆建立借展、联展、巡展合作机制。指导中国博物馆协会开展"群众最喜爱的十大文博创意产品"和"最具影响力的十大文博创意产业示范单位"评选。

（四）加快实施重点文保工程

文物保护工程要加强统筹协调，重点引导，兼顾一般。重点推进石质文物保护、彩塑壁画修复、"一带一路"沿线文物保护项目。重点实施新疆、西藏、川滇甘青四省藏区国保单位保护维修工程。全面开展第七批国保单位重点文物抢修工程。总体部署茶马古道、万里茶道、蜀道的保护与展示。对上述重点项目，国家文物局将在项目审批、资金安排、技术支撑上予以倾斜。实施文物消防安全百项工程，建成一批古城古镇古村落防火设施和古墓葬防盗掘设施。加强日常养护和岁修，支持引导地方关注基础工作、关注日常工作，避免小病拖成大病、小修拖成大修。

开工建设南海基地，开展海上丝绸之路、西沙海域、山东沿海水下文物考古调查，做好"南海Ⅰ号"考古发掘和"丹东Ⅰ号"沉船调查。启动明清海防文物考古调查项目，完成三峡工程文物保护专项验收。做好土司遗址、花山岩画申遗工作，推进世界文化遗产监测预警国家平台和基础数据库建设，编制丝绸之路和大运河保护状况报告。会同住建部开展国家历史文化名城名镇名村及街区检查评估。

加强馆藏珍贵文物修复，提升文物修复技术装备水平，重点实施纺织品、漆木器、青铜器修复项目。重点扶持市县级博物馆预防性保护项目，改善基层博物馆藏品保存环境。发挥国家一级博物馆和国家文物局重点科研基地的技术优势，进行结对式传帮带，为国家二、三级博物馆和基层博物馆培养可移动文物修复力量。

实施重点文物保护工程，要坚持整体保护理念，推进抢救性保护与预防性保护、文物保护与文物安全、文物本体保护与周边环境整治相结合。要搞好项目储备，提高工程质量，确保工程进度，更好发挥重大项目的导向作用和综合效益。

（五）着力提升宏观管理能力

狠抓基础管理。国保单位的"四有"工作和规划编制及公布是依照法律、国务院文件设定的两项基础工作。按照规定要求，我们的任务还十分繁重。完成这两项任务，需要投入大量的人力物力。但是，只要是法律规定，只要是职责所在，我们就必须以抓铁有痕、踏石留印的精神坚定不移抓下去，不达目标不收兵。各省要根据进度情况，提出年度完成指标。2015年，完成第六至七批国保单位记录档案备案，建成国保单位综合管理系统，完成第七批国保单位保护范围和建控地带的公布任务；2016年下决心全面完成"四有"任务。力争3～5年时间，指导完成国保单位保护规划编制及公布工作。省保、市县保单位也要根据法律和地方条例的要求，切实做好相应的基础工作。

狠抓工程管理。要围绕招投标、开工、完工、验收四个关键环节，创新全程监管手段，完善项目实施程序，切实解决违背招投标规定、截留或挪用专项资金等问题。对价值大、影响广的国保单位试点项目和样板工程，国家文物局、省文物局必须抓在手上、深度介入，确保达到形成标准、推广经验的效果。制定文保和安全防护工程项目施工、监督、验收管理办法。

狠抓博物馆管理。国有博物馆要结合第一次全国可移动文物普查，加强藏品管理，完善建卡建档建账，做到底数清楚、账物相符。要拓展博物馆藏品征集范围，以经济社会发展物证征集收藏展示为重点，将体现乡土记忆、区域发展历程和地方民族民俗的物证纳入工作范围。开展民办博物馆运行评估，规范民办博物馆准入制度。

狠抓社会文物管理。健全民间收藏文物鉴定社会服务机制，提升文物鉴定中的科技含量。制定文物交易负面清单，实行文物拍卖标的网报网审，评估文物拍卖企业经营活动，逐步建立文物拍卖企业和购销企业的征信制度。协同有关部门规范文物、古玩和旧货市场秩序，整顿文物复仿制市场，打击贩卖出土文物、走私文物的违法行为。加强对海关特殊监管区域的文物进出境管理与服务。推动文物追索返还取得新成果。

狠抓资金管理。加强预算管理、定向调控、监管协同，提高中央财政专项资金使用绩效，发挥中央财政专项资金导向作用，该增的增，该减的减，把钱花在刀刃上；加强风险防控、信息公开、全程监督、技术防腐。要逐一排查历年已批项目，对 3 年以上未开工项目的沉淀资金试行按程序收回的措施，根据专项资金管理办法和文物保护需求另行申报。

（六）积极完善发展保障措施

2015 年是可移动文物普查的攻坚年，要加快普查信息登录进度，全面完成普查数据转换和批量导入，启用普查平台综合管理和社会服务功能。加强文物信息采集登录审核，建立普查数据在线抽样审核工作机制，对有现场审核需求的地区和新发现的重要文物开展实地审核。

整合科技创新平台，稳步推进文物保护装备产业化及应用计划，完成第二批申报项目遴选入库。组建文物保护装备联合实验室，指导文物保护装备产业园区建设。适应国家科技项目管理改革，做好国家科技计划项目的组织协调和第三方评估咨询。完成国家文物局重点科研基地运行评估。

加强文博人才队伍建设，切实解决人员短缺、机构萎缩、人才结构不合理等问题。持续推进人才培养"金鼎工程"，国家文物局全年举办 50 个培训主体班次，培训学员 3000 人。继续办好县级文物行政部门负责人、文物安全管理与执法督察人员培训班。与北京建筑大学、西北大学等高等院校启动文物系统在职人员学历教育首次招生工作。建成全国文博网络学院网站，制作文博名家精品教程。充分调动地方文物部门和相关院校的积极性，推动文博单位与职业院校的工作对接和深度合作，进一步扩大文博工程类实用职业技术人员培训规模，畅通技能人才进入文博行业的就业渠道。

拓展对外交流合作，"文物带你看中国"项目配发到海外中国文化中心，继续开展援外文物保护工程项目。努力促成 1970 年公约操作指南在第三届缔约国大会上通过，构建水下文化遗产国际交流平台。举办赴匈牙利"华夏瑰宝展"、赴斯里兰卡"海上丝绸之路展览"和赴港"汉代文物展"，赴台参加第二届海峡两岸及港澳地区文化遗产活化利用研讨会。

重点搞好习近平总书记关于历史文物保护重要指示精神的系列宣传活动。开展抗战胜利70周年和传统村落保护利用成果的专题宣传，策划推出文物宣传品牌。开通国家文物局官方微信，抓好国家文物局官网、官方微博运行。加强信息公开，回应社会关切。健全文物舆情收集、研判、通报机制，提高网络舆情处置能力。全面展开《中国文物志》编纂工作。举办文化遗产日、国际博物馆日和国际古迹遗址日活动。2015年文化遗产日要以文物保护成果展示为主题，文化遗产日重庆大足主场城市将举办全国文物保护成果展、大足石刻千手观音修复工程竣工仪式、石质文物保护修复研讨会和传统村落摄影比赛等系列活动。希望各地围绕这个主题组织好本地的相关活动。

编制"十三五"规划是2015年的一项重要任务。国家文物局和各省文物部门要按照国务院的统一部署，周密组织，提前谋划，研究设计"十三五"的发展目标和主要任务，研究提出一批事关全局、带动性强的重大项目、重大工程和重大政策，力争使文物事业发展规划纳入中央整体规划并与国家相关规划相衔接。

同志们，做好2015年工作，对全面完成"十二五"规划至关重要。让我们紧密团结在以习近平同志为总书记的党中央周围，以只争朝夕的干劲和善做善成的作风，扎扎实实把2015年的各项任务紧抓在手、落到实处。

励小捷在国家文物局纪念中国人民抗日战争胜利70周年推进抗战文物保护利用工作电视电话会议上的讲话

(2015 年 4 月 30 日)

今年是中国人民抗日战争暨世界反法西斯战争胜利 70 周年。我们今天召开电视电话会议，主要任务是贯彻落实中央关于举行中国人民抗日战争暨世界反法西斯战争胜利 70 周年纪念活动的通知精神，进一步推动抗战文物的保护利用工作。刚才四地代表围绕抗战文物的保护修缮和展示利用介绍了各自的情况，其中有许多值得总结的经验，希望各地学习借鉴。

2014 年 2 月，全国人大常委会通过决议，设立了中国人民抗日战争胜利纪念日和南京大屠杀死难同胞国家公祭日。国家文物局随即发出通知，要求各地抓紧开展抗战文物、博物馆、纪念场馆的调查摸底、保护修缮、开放利用和展示提升工作。各地文物部门和抗战文物管理机构按照通知要求迅速展开工作，经过一年多的努力，取得了阶段性的显著成效。

主要体现在以下几个方面：第一，安排并实施一批抗战文物的保护工程。国家文物局及时部署、重点倾斜，各地文物部门优先安排、抓紧实施。2014 年共安排了 2.5 亿元资金，用于 47 处抗战文物的保护修缮、展示提升和规划编制，包括侵华日军七三一部队旧址、阜新万人坑在内的大多数修缮项目实现了当年开工。今年，抗战文物有关项目的资金安排预计达到 3.9 亿元。截至目前，新增开放国保单位抗战文物点达到 40 余处。按照目前的工程进度，8 月底之前，全国 186 处抗战类国保单位中，113 处由文物系统管理使用的能够实现以新的面貌全部对外开放。省市保抗战文物中也将有一大批经过修葺和改善正式对外开放。第二，丰富和提升了展览、展示水平。一批以前只有遗址展示的纪念地新建了纪念馆和展示馆，一批博物馆中的原有抗战方面的基本陈列从内容到展示手段有了新的提升，一批过去没有抗战内容的博物馆新策划推出了这方面的临时展览。第三，组织了内容丰富、形式多样的纪念活动。根据各地文物部门上报的纪念抗日战争胜利 70 周年活动计划，28 个省共安排了 333 项以展览、展示为主的各类教育活动，体现了对可移动和不可移动、系统内和系统外、国有的和社会的抗战文物资源的充分利用，体现了省市县各级联动，文物部门与教育、档案、党史等各部门横向联合的开放姿态，体现了在文物利用上多样化、多形式的创新意识。总之，一年多来，通过全国文物系统的共同努力，抗战文物的整体保护状况得到了明显改善，教育功能得到了进一步发挥，为配合纪念中国人民抗日战争胜利70周年基本做好了准备。

我们的工作取得了阶段性的显著成效，但也还存在工作上的不平衡和思想认识上没完全到位的问题，特别需要指出的是，现在距离9月3日只有4个月时间了，时间紧迫，任务繁重，切不可满足现状，放松工作。据统计，全国各级抗战文物保存基本完好的占42%，存在局部残损的占45%；损坏严重或已无明显地上遗存的各占6.5%。国保单位中保存基本完好的占83%，随着文物级别的降低，保护状况也随之产生落差。从开放上看，抗战文物中一半以上实现了对公众开放，其中国保和省保单位开放率均接近80%，较低级别的抗战文物开放率相对较低。由于受产权、管理和使用权的限制，有近一半的抗战文物尚未发挥出应有的社会功能。由此可见，抗战文物在我国文物资源中占有重要地位，搞好抗战文物的保护和利用，是文物工作的一项长期任务，不是一两年内就能完成的。

接下来，我就做好下一阶段抗战文物保护利用工作提几点要求。

一、深刻领会中央精神，正确把握活动导向

抗日战争是中国近代史上的一个重要阶段，中国人民经过艰苦卓绝的奋战，付出了极为惨痛的代价，最终彻底击败了日本军国主义侵略者，取得了中国近代以来反抗外敌入侵的第一次完全胜利。隆重举行中国人民抗日战争暨世界反法西斯战争胜利70周年纪念活动，对于团结全党全军全国各族人民更加奋发有为地为实现中华民族伟大复兴的中国梦而奋斗具有重要意义。全国文物系统应当增强大局意识、政治意识、责任意识，立足部门职责，积极主动地配合开展相关工作。要按照中央要求，严守正确导向，以"铭记历史、缅怀先烈、珍爱和平、开创未来"为主题，正确把握前6年局部抗战和后8年全面抗战的关系，正确把握正面战场和敌后战场的关系，正确把握中国人民抗日战争与世界反法西斯战争、东方主战场与欧洲战场的关系。要着力宣传中国人民抗日战争在世界反法西斯战争中的重要地位，特别是中国付出的巨大民族牺牲，宣传以爱国主义为核心的伟大民族精神和中国共产党的中流砥柱作用，宣传全民族抗战是中国人民抗日战争胜利的重要法宝。要以此为指导，深入研究和发掘各类抗战文物的思想内涵和精神价值，深入浅出、以小见大地加以展示，回顾抗战历史，重现民族记忆，要让抗战文物、博物馆、纪念馆成为中国人民抗日战争胜利70周年纪念活动的重要载体，成为开展爱国主义教育的重要阵地。为确保导向正确，有关展览、展陈大纲要报地方党委或党委宣传部门审核，组织国际性的研讨和论坛，一定要按程序报批。最近中宣部印发了抗日战争若干问题的口径，希望各地各有关单位及时组织学习，在展览、解说中准确把握。

二、加快推进抗战文物保护工程，进一步扩大抗战文物对社会开放

实施抗战文物保护修缮工程，是配合抗战胜利70周年纪念活动，发挥抗战文物作用的前提。由于多种原因，抗战文物保护基础薄弱，历史欠账较多，抓住抗日战争胜利70周年的契机，争取加大各级财政对抗战文物保护的投入，整体提升保护水平，是各级文物部门应该具有的意识和责任。去年以来已实施的抗战文物保护项目应当抓紧时间，盯紧进度，倒排工期，日夜兼程，在确保工程质量的前提下，务必要在8月底前竣工，达到在纪念日和公祭日期间接待参观的要求。对于重点工程，省市文物局的主要负责同志，要一线指挥，及时协调解决工程中出现的问题。目前已完成立项并准备今年实施的文物保护工程，应当在6月份经费下达后，先行开展抢救性或重点部位的维修，简化程序，尽早开工，力争在8月底前实现局部开放，整体的对外开放也要在年底前实现。对于事关重大的工程项目，我局将组织开展督察工作。

此外，要进一步加强基础工作。各地文物部门应当结合第三次全国文物普查后续工作，完善各级文物保护单位中抗战文物的"四有"工作，将普查登记的各类抗战文物点纳入保护视野。通过加强日常管理与维护，使抗战文物保持良好状态，长期开放。同时应根据实际情况，适时开展提升重要抗战文物的保护级别工作，以便在资金、技术和管理等方面得到更大力度的支持。

三、抓紧做好抗战文物展示提升工作，进一步发挥抗战文物的教育功能

抗战文物类型丰富，展示工作需要在加强研究的基础上，紧紧围绕主题，深入挖掘文物的价值和内涵，及时将最新研究成果充实到展览当中去，提升展览的深度和广度。要突出地域特色、文物特点，见物见人，讲好抗战故事，避免千篇一律、千"展"一面。应当优化展示手段，鼓励使用先进的技术，使展示更具专业性和感染力。要注意改进展陈设施和手段，增强互动性和观众体验。抗战题材的展览和陈列，其主题的严肃性决定了展示手段须庄重朴实，应避免豪华与铺张，甚至娱乐化倾向。国家文物局委托中国文物报社正在编印《2015年中国抗战文物导览》，将选择收录部分重要的国、省保抗战文物，结合其在纪念日和公祭日期间的活动，向社会进行公开推介。《导览》将于6月份发布，随后寄送各省，免费向公众发放。各级博物馆的抗战展览目录也将在近期上网公布，以扩大影响，利于观众选择参观。

四、精心组织策划相关活动，为广大观众提供优质服务

首先要为中央在抗战纪念地和博物馆举行的纪念活动提供高质量的服务，确保万无一失。各省市有关博物馆、纪念地同样要全力以赴保证地方党委、政府举办的重要纪念活动。其次，抗战文物保护单位、博物馆、纪念馆应当加强与社会的广泛联系，努力延伸展示和宣传，做到"走出去、活起来"。文物部门要加强与其他部门、单位的联系，同学校、社区建立合作，面向各类群体开展多种形式的主题活动，例如举办流动展览，开辟学生第二课堂等，进一步拓宽展示渠道，扩大教育覆盖面。吉林、辽宁和黑龙江三省，由文物部门牵头成立了东三省抗战遗迹联盟，目前报名参加的单位已达105家，计划举办超过100场的各类活动，还将建立同盟网站。成员中不乏文物系统以外的抗战文物管理和使用单位，如大学、银行、医院等。吉林大学将首次开放其用于教学和办公的伪满交通部旧址等5处涉日文物建筑，一处部队医院还设立了对外开放月。目前，抗战文物中约有46.7%由文化文物部门主管，37.3%为其他党政机关（主要是所在地政府）主管。

这是一块不小的公共文化资源。希望各地借鉴东三省的做法，加强跨地区、跨单位合作，探索建立联动机制，促进系统外抗战和涉日文保单位的对外开放。

第三，2014年以来，随着抗战文物保护利用工作力度的不断加大，社会各界前往抗战。

文物、博物馆、纪念馆参观的人数也有了大幅度增加，到今年八、九月份将会形成一个新的高潮。面对新的情况，各级文保单位和各类博物馆应当抓紧研究对策，采取相应措施，改善参观环境，强化服务功能，扩大接待能力，做好讲解、咨询人员的培训，完善导览标识，检查落实各项安检、消防措施，做好突发情况的应急预案，努力实现软、硬件同步更新、升级，为70周年纪念活动做好充分准备。五、加强文物系统有关活动宣传，扩大文物保护工作社会影响各地文物部门要积极联系当地电视、广播、报纸、网站等媒体，主动发布相关信息和资料，包括已公布实施的保护规划、已开展的文物保护工程、已安排的各类活动和展览等，宣传抗战文物的历史价值和教育意义，宣传文物保护工作成果，宣传展览与陈列的主要内容，宣传活动效果和群众反映，扩大抗战文物保护利用工作的影响，反映文物工作主动服务中心、配合大局，为社会提供公共服务的良好形象。

去年以来，中央和地方的媒体针对抗战文物的宣传报道不断深入。目前，我局已同中央电视台、中央人民广播电台、人民日报等各大媒体策划了一些重点宣传项目，包括制作播出反映抗战文物精品故事的系列节目，有关人物访谈和介绍重要抗战遗迹的纪录片。涉及各地有关遗址和博物馆的，希望积极予以支持。

同志们，中国人民抗日战争是中国人民抗击外来侵略并取得全面胜利的伟大战争，举办中国人民抗日战争胜利70周年纪念活动是2015年党和国家的一件大事。全国文物系统要深入贯彻落实中央的有关部署和各项要求，发挥优势，积极作为，为纪念中国人民抗日战争胜利70周年做出应有的贡献。

刘玉珠在2016年全国文物工作会议上的工作报告[*]

（2016年4月11日）

在党中央、国务院的正确领导下，在各地、各有关部门和社会各界的大力支持下，全国文物系统深入贯彻党的十八大和十八届三中、四中、五中全会精神，稳中求进，改革创新，文物事业取得长足进步，文物工作取得显著成绩。

一是深入学习贯彻习近平总书记和李克强总理关于文物保护的重要论述，牢固树立正确的文物保护理念。党的十八大以来，习近平总书记就加强文物保护、传承中华优秀传统文化发表了系列重要论述。按照中宣部的统一部署，我们组织中央媒体集中开展了习近平总书记重视历史文物保护、弘扬中华优秀传统文化的主题宣传活动。李克强总理也十分重视文物工作，多次作出重要指示批示。习近平总书记和李克强总理的新思想、新观点、新论断日益深入人心，成为指导新时期文物事业发展的行动指南。刚才，刘延东副总理传达了习近平总书记和李克强总理的重要指示批示，这是对全国文物战线的亲切关怀和巨大鼓舞，更是对做好新时期文物工作的新要求，我们要坚决贯彻、全面落实。

二是各级党委政府对文物工作的重要性逐渐形成共识，支持力度持续加大。"十二五"时期特别是党的十八大以来，各级党委、政府尤其是领导干部对文物价值作用的认知显著提高，依法保护文物的意识明显增强；各级人大强化执法监督，人民政协积极建言献策；文物与外交、发改、教育、科技、工信、公安、财政、人社、国土、环保、住建、商务、文化、工商、旅游、宗教、海洋等部门的沟通协作进一步密切，政府主导、部门协作、社会参与的文物保护理念渐成共识。各级财政的投入稳步增长，"十二五"期间全国一般公共预算文物支出累计1404亿元，年均增长16.5%；其中中央财政文物支出累计607亿元，年均增长17.1%。

三是保护力度明显加大，文物保护状况显著改善。完成第三次全国文物普查，开展第一次全国可移动文物普查，文物资源状况基本摸清。实施平安故宫、承德避暑山庄、大足千手观音造像等一大批文物保护重点工程，全国重点文物保护单位保存状况良好，省级文物保护单位、市县级文物保护单位保存状况大为改善，一般不可移动文物保护得到加强。加强革命文物保护，实施延

---

* 原题为《稳中求进　改革创新　文物事业取得长足进步》。刘玉珠时任国家文物局局长。

安革命旧址群保护提升工程，开展赣南等原中央苏区革命旧址修缮保护工程，完成哈尔滨侵华日军第七三一部队遗址群、阜新万人坑遗址等抗战文物保护修缮和展示利用工程，支持革命老区振兴发展。以150处大遗址为支撑的大遗址保护格局基本形成，24个国家考古遗址公园建成开放，水下文物保护机构、装备建设和考古调查取得突破。中国世界文化遗产申报连续13年屡获佳绩，中国世界遗产总数已达48项，位居世界第二。

四是加强制度建设，落实文物执法责任。加大普法宣传力度，《文物保护法》和《文物保护法实施条例》《长城保护条例》等法律法规得到有效贯彻，文物保护管理监督职责得以落实。完成《文物保护法修订草案》起草工作，施行《博物馆条例》，发布《大运河遗产保护管理办法》。加强文物执法督察，建立文物违法举报中心，严肃查处重点案件，严厉打击文物犯罪，公开曝光、执纪问责。会同工商、商务、广电等部门规范文物市场和"鉴宝"类影视节目。

五是主动服务大局，文物工作在经济社会发展中的促进作用日益凸显。坚持做好三峡工程、南水北调、西气东输、高速铁路、高速公路等国家重大建设项目中的文物抢救保护工作，确保国家重点项目实施和地方经济建设发展。深入挖掘文物的历史内涵和时代价值，推出一批弘扬社会主义核心价值观的精品展陈，故宫石渠宝笈、南昌汉代海昏侯国等文物展览和数字敦煌、公众考古日益受到普通百姓特别是大中小学生的青睐。深化博物馆免费开放，完善博物馆青少年教育功能，推动博物馆教育进校园、进社区、到基层。围绕国家新型城镇化和美丽乡村建设，加大传统村落、特色村镇的整体格局和历史风貌保护力度，大运河、云南哈尼梯田、湖南铜官窑遗址公园、浙江松阳传统村落等文物资源越来越成为区域经济发展的"金色名片"、壮大旅游业的新动能。

"十三五"时期，我们要以深入贯彻落实习近平总书记、李克强总理的重要指示批示和刘延东副总理重要讲话精神为主线，以深入贯彻落实国务院《关于进一步加强文物工作的指导意见》为重点，全面落实这次会议部署，更加自觉主动地把文物工作放在经济社会发展大局中谋划推进。坚持"保护为主、抢救第一、合理利用、加强管理"的文物工作方针，进一步推动文物保护由注重抢救性保护为主向抢救性与预防性保护并重转变，推动由注重文物本体保护向文物本体与周边环境、文化生态的整体保护并重转变；加强长城保护，做好文物援藏援疆工作。坚持依法行政，把《文物保护法》修订好、执行好，进一步完善文物保护领域基础性制度体系和标准体系，加强层级监督，加大执法问责，依法履行文物保护责任。进一步发挥文物资源在弘扬社会主义核心价值观、构建中华优秀传统文化传承体系中的独特作用，阐发时代价值，守望精神家园，凝聚发展力量；启动"互联网＋中华文明"行动计划，利用市场机制和政府支持的方式，开发更多弘扬优秀传统文化的产品和服务，满足人民群众多样化需求，促进文化消费。进一步促进文博创意产业发展，完善支持企事业单位、博物馆开发文创产品的优惠政策和激励机制，打造文博创意品牌，培育新型文化业态，在拓展产业发展空间、提升文化消费品质方面实现新突破。坚持精准管理，分类制定保护方案、技术标准和管理举措，不断提高文物管理的针对性和有效性。坚持统筹兼顾，加强对文物事业发展"十三五"规划实施的组织、协调和督导，把加强制度建设、健全政策措施摆在突出位置，推动重大项目、重大工程和重大政策有序开展、取得实效，为传承中华优秀传统文化、全面建成小康社会做出新的更大贡献。

刘玉珠在 2016 年全国考古工作会上的讲话 *

（2016 年 10 月 11 日）

很高兴能与各位考古界的前辈、同仁会聚武汉，共同参加本次全国考古工作会。

这次会议的主题是深入学习贯彻落实习近平总书记关于文物工作的重要指示精神，认真总结经验，以问题为导向，准确定位考古工作的宗旨目标，准确把握考古工作的发展方向，系统梳理考古工作所面临的历史性任务，努力实现考古工作的新发展。

考古工作是文物事业的重要组成部分。党的十八大以来，习近平总书记站在实现中华民族伟大复兴中国梦的战略高度，就传承弘扬中华优秀传统文化和文物保护发表了一系列重要论述、作出重要指示批示。今年 3 月，习近平总书记对文物工作作出重要指示。他强调，文物承载灿烂文明，传承历史文化，维系民族精神，是老祖宗留给我们的宝贵遗产，是加强社会主义精神文明建设的深厚滋养。保护文物功在当代、利在千秋。各级文物部门要不辱使命，守土尽责，提高素质能力和依法管理水平，广泛动员社会力量参与，努力走出一条符合国情的文物保护利用之路，为实现"两个一百年"奋斗目标、实现中华民族伟大复兴的中国梦作出更大贡献。今年 7 月，习近平总书记再次就文物考古工作作出重要批示指出，要加强古代遗址的有效保护，有重点地进行系统考古发掘，不断加深对中华文明悠久历史和宝贵价值的认识。他还进一步强调，文物考古工作和世界遗产申报工作要有利于突出中华文明历史文化价值，有利于体现中华民族精神追求，有利于向世人展示全面真实的古代中国和现代中国。习近平总书记的重要批示，指出了考古与文物保护互为前提和基础的辩证关系，深刻阐明了文物考古工作在传承中华优秀传统文化、弘扬社会主义核心价值观、展现中华文化独特魅力、增强中华民族文化自信中的重要性和独特作用，更是为我们今后的文物考古工作提供了遵循。

"十二五"以来，特别是党的十八大以来，在党中央国务院对文物考古工作的高度重视下，在广大文物考古工作者的共同努力下，我们的文物考古工作可以说是成绩斐然，主要表现在以下五个方面：

一是基本建设考古有序开展，抢救保护了一大批重要文物遗存，有力地保障了重大建设项目

---

* 原题为《把握机遇　真抓实干　努力实现考古工作新发展》。

的顺利实施。三峡工程文物保护工作完美收官，南水北调中东线一期工程文物保护工作成效显著，特别是湖北省和其他相关省市文物部门在这两项世纪工程中组织得力，实现了工程建设与文物保护的双赢；北京城市副中心以考古新发现的潞河古城遗址和汉代墓葬为依托，建设考古遗址公园，展现了考古工作在当代经济社会发展中的独特作用。

二是考古研究工作稳步推进，涌现了一大批新的考古研究成果。中国科学院古脊椎动物与古人类研究所和河北省文物考古研究所领衔的泥河湾遗址考古工作取得长足进展。北京大学、中国社会科学院考古研究所领衔的中华文明探源工程取得阶段性重要成果，良渚、陶寺、石峁等大遗址的考古取得突破性进展，为实证中华民族五千多年文明史提供了更为丰富的依据、奠定了更为坚实的基础。在这些考古成果基础上所开展的大遗址展示利用、国家考古遗址公园建设等也进一步发挥了文物考古工作的社会效益，在带动区域发展、提供公共文化服务、展现中华文化独特魅力等方面作用突出。

三是水下考古工作跨越式发展，形势喜人。国家文物局水下文化遗产保护中心正式成立，北海基地设立，宁波基地建成使用，"中国考古01号"水下考古工作船建成启用，"南海Ⅰ号"有序发掘，"丹东一号"发现和确认，南海水下文化遗产调查取得阶段性成果，水下考古研究成果更是为海上丝绸之路中国史迹保护和申报世界文化遗产提供了强有力的支撑。这些都充分凸显了水下考古的独特魅力和在响应国家海洋战略、维护国家领土安全、建设"一带一路"等方面的重要作用。

四是科技考古不断深化，成为考古学科发展的重要推动力。中国社会科学院考古研究所、陕西省考古研究院开展的实验室考古取得显著成绩，展现出蓬勃生机和广阔前景，考古工作的能力和水平得到大大提升。测绘技术、遥感技术、现代信息技术等科技手段在考古领域广泛应用，以现代科学技术手段与传统考古工作相结合，多学科联合攻关、协同研究的创新研究机制与模式正在形成。江西南昌海昏侯墓的发掘，正是这方面的一个成功范例。

五是国际合作广泛开展，充分展现中国考古的水平和风采。近年来，高等院校、中央和地方科研机构充分利用自身优势，积极走出国门，开展国际合作，工作范围覆盖蒙古、哈萨克斯坦、吉尔吉斯斯坦、乌兹别克斯坦、塔吉克斯坦、印度、孟加拉国、尼泊尔、越南、老挝、柬埔寨，远到东非的肯尼亚和美洲的洪都拉斯。另外，国家文物局水下文化遗产保护中心和中国社会科学院考古所还分别与沙特、法国、希腊、埃及等国家达成了合作意向。前不久，国家文物局派出代表团深入缅甸蒲甘震区协调落实援助缅方联合考古与文物抢救性修复工作，受到缅方高度评价。今年6月，习近平总书记在对乌兹别克斯坦共和国进行国事访问时，百忙之中接见了在该国开展联合考古的我国考古队员代表，高度评价了中乌合作考古，极大地鼓舞了考古工作者的士气。

在总结成绩的同时，我们也应当清醒地看到，文物考古工作依然存在着一些不足。主要表现在：一是还未能体现习近平总书记关于考古工作的"三个有利于"的要求；二是考古工作还不能完全适应国家发展大局的新形势；三是中国考古"走出去"的计划性还不够强；四是文物保护意识尚有待进一步加强，公众考古和考古学普及工作还相当有限；五是基层一线考古工作的政策保障尚有不足，等等。

为解决这些问题，促进考古工作持续健康发展，我们应着力做好以下四个方面的工作，概括起来就是"四个服务"：

首先，要服务国家大局。根据习近平总书记批示要求，从理论上和实践上积极探索考古工作如何服务国家发展大局。要从提升中华民族文化自信的高度出发，充分认识到考古工作在实证中华五千多年文明中的基础性地位和作用，不断深化考古学的系统研究，高度重视多学科融合创新，围绕中华文明起源、形成和发展的重大课题开展学术攻关，推出一批具有世界影响力的研究成果。要从服务国家经济社会发展的大局出发，继续高度重视基本建设考古，不折不扣地做好当前及今后一段时期内与基本建设有关的抢救性考古发掘，确保地下文物遗存能够得到最大化的保护，确保建设工程顺利进行。要从服务"一带一路"等国家重大战略的高度出发，在继续"请进来"的同时积极"走出去"，广泛开展国际合作考古，展现中华文明的独特魅力，扩大中华文化国际影响力。前不久，国家文物局召开了文物保护援外工程与联合考古工作座谈会，外交部、财政部、商务部、教育部等相关单位都高度肯定联合考古的重要性，表示将积极予以支持。国家文物局将积极协调有关部门，全力支持各考古所、大学和科研院所等单位广泛开展国际合作考古与研究，在项目、经费和对外联络等方面提供有力保障。

其次，要服务文物保护。我们要围绕《国家文物事业发展"十三五"规划》和《大遗址保护"十三五"专项规划》所确定的总体目标和主要任务开展考古工作，进一步加强文物保护，坚持保护意识贯穿工作始终，做好各种保护预案，确保重要遗迹和出土文物的第一时间现场保护，为后续工作留出空间；更加积极地参与保护展示，优先围绕亟须解决的保护展示问题开展研究工作，通过组织实施一批重要考古研究项目，培育一批大遗址保护展示重点项目，为后续保护利用工作打好基础，提供支撑。在这方面，湖北、湖南、贵州三省土司遗址的考古、研究、保护和展示工作就给我们提供了很好的榜样。

第三，要服务社会公众。按照党中央国务院"让文物活起来"的工作要求，做好公众考古，不断将最新的考古研究成果以人民群众更喜闻乐见的形式传播出去。今年上半年在首都博物馆举办的海昏侯墓和殷墟妇好墓出土文物的展览引起了轰动，社会反响很好。本次会议又安排了7个公众考古讲座，也都是社会很关注的考古发现。同时，要积极参与文物保护展示，通过有效手段将文物内涵、价值和中华文化的优秀特质呈现出来，满足民众的文化需求。今年以来，国家文物局正在积极推进"互联网＋中华文明"行动计划，广大考古工作者也要积极参与其中。

第四，要服务基层一线。国家文物局将进一步转变作风，提高服务意识，加强顶层设计，一方面找准制约考古工作发展的关键问题，围绕考古单位机构建设、人员配备和职能定位，考古库房、实验室、修复中心和区域性考古整理基地建设，田野考古技术手段和装备设施规范等问题，积极出台相关办法、标准、规范等；另一方面，积极与其他相关部委进行沟通、协调，力争在基本建设考古第三方监理、成果发布和工作取费标准、田野考古人员津补贴、考古人才队伍培养等方面不断出台政策，切实保障文物考古工作的有序开展，以适应新形势新要求，发挥更大的综合效益。同时，国家文物局将在人才培养上进一步加大力度，广泛举办各类考古和文物保护培训班，尽量向一线工作人员倾斜。各地文物行政部门也要积极开展工作，努力为基层一线文物考古工作者创造更好的工作条件。

同志们，在以习近平为总书记的党中央的坚强领导下，我国的文物事业正面临着前所未有的历史机遇。国家文物局将充分发挥政府服务职能，根据考古工作的发展需要，在规划设计、政策措施、行业标准等方面加大工作力度，同时，希望广大考古工作者能够紧抓机遇、开拓进取，以更高的学术视野、更强的事业责任心和更积极的工作态度投入到新时期的文物考古工作中去，充分发挥主观能动性，为构建中华优秀传统文化传承体系，展现中华文明历史文化价值，体现中华民族精神追求，向世人展示全面真实的古代中国和现代中国贡献新的力量。

雒树刚在2016年全国文物科技工作会议上的讲话*

（2016年12月10日）

在全国深入学习贯彻十八届六中全会精神之际，国家文物局召开全国文物科技工作会议。在此，我代表文化部，对会议的召开表示热烈的祝贺！向长期以来关心支持文物事业发展和文物科技工作的国家各有关部委、中国科学院、中国工程院和中国社会科学院表示衷心的感谢！向长期辛勤工作在文物科技战线上的广大文物科技工作者致以崇高的敬意和诚挚的问候！

十八大以来，以习近平同志为核心的党中央提出了实现"两个一百年"和中华民族伟大复兴中国梦的宏伟目标。习近平总书记多次就文化建设作出重要讲话，他指出："一个国家、一个民族的强盛，总是以文化兴盛为支撑，中华民族伟大复兴需要以中华文化发展繁荣为条件。"

弘扬中华民族优秀传统文化是文化建设的根基，文物是优秀传统文化的重要载体。要讲清楚中华优秀传统文化的历史渊源、发展脉络、基本走向，就必须做好文物价值的认知和保护，真正让收藏在博物馆里的文物、陈列在广阔大地上的遗产、书写在古籍里的文字都活起来。要讲清楚中华文化的独特创造、价值理念、鲜明特色，增强文化自信和价值观自信，就必须做好文物价值的传播和利用，实现中华传统美德的创造性转化、创新性发展，把继承优秀传统文化又弘扬时代精神、立足本国又面向世界的当代中国文化创新成果传播出去。

习近平总书记指出："科技是国之利器，国家赖之以强，企业赖之以赢，人民生活赖之以好。中国要强，中国人民生活要好，必须有强大科技。"党的十八大提出实施创新驱动发展战略，强调科技创新是提高社会生产力和综合国力的战略支撑，必须摆在国家发展全局的核心位置。这是中央在新的发展阶段确立的立足全局、面向全球、聚焦关键、带动整体的国家重大发展战略。

科技创新是驱动文化建设的重要引擎，是保护历史文化遗产、发挥文物资源作用、弘扬中华优秀传统文化的战略支撑。当前，科技创新在文化建设全局和文物事业发展中已经占据了显著位置，文化与科技更加紧密地融合在一起。高新技术的发展和应用，在不断衍化出千姿百态的科技消费产品和服务的同时，也无时不在、无处不在地丰富、塑造和影响着人类物质文明和社会文化的内容与形态。科技创新已成为推动大众文化创新，影响和带动文化建设的重要力量。绿色、低

---

* 雒树刚时任文化部部长。

碳、可持续发展的先进文化理念，影响着新技术的开发应用和产品的发展方向；反过来，也正因为科技的支撑驱动，先进文化理念才能得以实现。科技与文化的相互促进、互为支撑、交替前行的发展特点和历史，为人类留下了丰富的文化遗产和资源。

"十二五"期间，全国文物系统紧紧围绕党和国家大政方针，稳中求进、改革创新。在科技部、工信部、财政部、国家自然科学基金委、国家标准委等有关部门的大力支持下，在文博单位、高校、科研院所，以及相关高新技术企业的共同努力下，文物科技工作快速发展，取得了重要进展。重点体现在4个方面：

第一，创新意识进一步提升。全行业深化了对科学研究和技术创新的认识，在重大文物保护工程和项目中，科研工作受到越来越多的重视，依靠科技创新解决问题的意识越来越明确。随着科技与文物工作的不断融合，文物事业的发展开始向依靠知识积累、技术进步和人员素质提升转变，科技创新更加深入地融入文物事业发展的方方面面，文物行业不断向知识密集型行业转型升级。

第二，科技攻关取得重点突破。近年来，文物科技工作坚持需求导向，以重大科研项目为依托，通过跨学科、跨领域、跨行业、跨部门的协同创新，突破了一批关键技术，填补了部分行业空白；形成了若干成套技术和系统解决方案，部分领域进入国际第一梯队；新技术革命的最新成果不断引入文物行业，实现了再创新；标准化战略稳步实施，初步形成支撑行业发展的技术标准群。经过几代科技工作者的共同努力，与国际文化遗产保护强国相比，我们已由过去的长期"跟跑"，进入"跟跑""并跑""领跑"三"跑"并存的新阶段，部分领域已由原来的"技术受援国"，转变为"技术输出国"。

第三，创新平台与人才团队建设取得重要进展。作为国家社会发展领域首个国家工程技术研究中心，"国家古代壁画和土遗址保护工程技术研究中心"顺利通过验收；国家文物局重点科研基地增至30家，科研基地总体布局基本形成；文博单位与高校、科研院所、相关企业建立了资源共享、风险与成本共担、优势互补的战略合作关系，据统计，国内211和985院校中有51个高校、中科院有21个研究所参与了行业科技创新工作；实施了"文物保护优秀青年研究计划"，助推青年科技领军人才和创新团队脱颖而出，促进了文物行业整体创新能力的提升。

第四，管理机制进一步完善。文物科技工作始终注重顶层设计，通过制定科技发展规划，聚焦了发展目标，明确了重点任务，强化了保障机制，确保了"十二五"时期文物科技工作的有序开展。通过进一步优化开放合作机制，充分发挥文博单位、高校、科研院所，以及高新技术企业等各类创新主体的资源优势，有效地改善了行业在基础研究、原始创新和技术产业化等方面的不足。进一步完善了创新环境，注重培育公开、公平、公正的竞争机制，鼓励创新成果和创新人才，形成了激励科技创新的价值导向和文化氛围，文物科技工作呈现良好发展态势。

可以说，在全行业的共同努力下，"十二五"文物科技工作扎实推进，在"十一五"的基础上，又迈上了一个新的台阶。

同志们，"十三五"时期，是我国全面建成小康社会的决胜阶段，也是向创新型国家行列迈进的冲刺阶段。我们必须充分认识文化建设在全面建成小康社会中的重要意义，正确把握文化建设对文物工作和科技创新的内在要求，深入贯彻落实《国务院关于进一步加强文物工作的指导意见》和《国家创新驱动发展战略纲要》，切实推动文物科技工作的可持续发展。

一是服务大局。要切实加强文物工作，始终把保护文物、传承优秀传统文化、建设共有精神家园作为文物工作服务大局的出发点和落脚点。坚持保护为主，统筹协调文物保护与经济发展、城乡建设、民生改善的关系，切实做到在保护中发展，在发展中保护。探索文物资源的拓展利用，深入挖掘和系统阐发文物所蕴含的文化内涵和时代价值，发挥好文物资源在传承和弘扬中华优秀传统文化、实现中华民族伟大复兴中国梦中的重要作用。

二是注重创新。要把创新摆在文化建设和文物博物馆事业发展的突出位置，解放思想、开放包容，以科技创新为基础和先导，统筹科技、制度、机制和管理创新，实现以科技创新为核心的全面创新。科学技术是支撑引领文博事业发展的核心动力，科技创新是提升事业发展水平的战略支撑，只有真正用好科学技术，坚持科技创新，才能赢得长远发展。文物领域开展科技创新，要遵循文博事业的发展规律和科技创新规律，破除思想和制度障碍，构建有利于创新的良好环境。要以人为本，尊重创新创造的价值，通过机制创新和制度创新，激发文博行业各类科技人才的积极性和创造性。要扩大开放合作，整合、配置好社会各类优质科技资源，落实不同创新主体的创新功能。

三是需求引领。要坚持目标导向和问题导向相统一、立足国内和全球视野相统筹，面向文博事业主战场，聚焦行业重大战略任务，集中精力、攻坚克难，实现文物科技工作从量的积累向质的提升的跃升转变。要明确"十三五"时期科技支撑发展的方向和重点，加强科学探索和技术攻关，使文物研究、保护、利用、管理相关科学技术体系更加完备，理论、技术、标准和装备水平进一步提升，利用科学技术解决实际问题的能力切实增强。

今天，参加会议的代表涵盖面很广，既有来自有关部委的分管同志，又有各省份文物系统的负责同志；既有德高望重的两院院士和文物系统老专家代表，又有活跃在文物保护科技工作一线的同志。这次会议的内容也很丰富，既是对已有工作的一个总结，同时也将就"十三五"期间文物保护科技工作进行研讨和部署。希望各位同志、各位代表履行好职责，认真开好会议，交流成绩、总结经验、分析问题、展望未来；为更好地开展文物科技工作贡献我们的智慧和力量。

刘玉珠在 2016 年全国文物科技工作会议上的讲话*

（2016 年 12 月 10 日）

今天，我们在这里召开全国文物科技工作会议。首先，我代表国家文物局，向从事文物科技工作的科学家、工程技术人员和管理人员致以崇高的敬意，向长期以来关心和支持文物科技工作的各级领导和同志们表示衷心的感谢。

本次会议的主要任务是贯彻落实党的十八大和十八届三中、四中、五中、六中全会精神，深入学习贯彻习近平总书记系列重要讲话精神，落实《国务院关于进一步加强文物工作的指导意见》和《国家创新驱动发展战略纲要》，总结经验、分析形势，研究部署"十三五"时期文物科技工作任务，推动文物科技工作的可持续发展。下面，我代表国家文物局谈几点意见。

一、"十二五"文物科技工作回顾与成效

"十二五"期间，文物科技工作坚持需求导向，围绕文物、博物馆事业的热点、难点和瓶颈问题，统筹推进各项工作，圆满完成"十二五"规划确定的主要目标和任务，取得显著成就。

（一）行业科技意识进一步增强。近年来，文物、博物馆行业通过不断扩大开放合作，引进了先进的科学理念、科学方法；通过技术创新，突破了一些过去始终难以解决的文物保护难题，并逐步推动着工作模式和管理模式的转变。与此同时，行业的整体科学素质和科技意识不断提升，在重大文物保护工程、馆藏文物保护修复、博物馆展陈设计等方面，开始有意识地加强科学研究和科技应用。从政府部门到基层文博单位，从管理人员到一线文物工作者，都对运用科技解决问题有了更加深刻的认识，科研主动性进一步增强，重视科技、依靠科技、发展科技的行业共识逐步形成。

（二）文物预防性保护科技取得实质性进展。"十二五"期间，文物保护工作从抢救性保护为主向抢救性与预防性保护并重转变。为加强科技支撑，部署实施了针对不同类型文物的预防性保护科研任务，并实施了一批科技示范工程。例如，敦煌研究院综合运用风险管理、游客承载量研究、环境监测等理论和方法研究成果，为莫高窟的预防性保护和应对旅游高峰期超大客流压力提供科技支撑；应用于遗址博物馆的气幕阻隔—辐射调控技术取得重要突破，得到了国际文化遗产保护界的高度评价。此外，馆藏文物保存环境监控系统解决方案进一步优化，在国内 45 家博物馆

---

* 原题为《落实创新驱动发展战略　谱写文物科技发展新篇章》。

投入使用。这些研究与实践成果的取得,为提升我国文物预防性保护能力奠定了扎实基础。

(三)文物保护修复共性、关键技术填补行业部分空白。针对脆弱易损文物,加强联合攻关,在出土文物现场提取、出水文物凝结物去除、糟朽丝织品的揭展与加固、壁画脱盐、石窟寺水源综合探查等技术研发方面,在建筑彩绘、糯米灰浆、木结构建筑保护传统工艺科学化等方面取得了实质性突破,填补了行业空白。同时,选择古代壁画、陶质彩绘文物、饱水漆木器保护和馆藏文物保存环境监测等研究基础较好、需求大的方向进行了重点培育,并将安全、适用的技术成果及时转化为技术标准。目前,上述领域的技术水平进入国际第一梯队,国际话语权得以加强。

(四)考古技术方法体系进一步发展创新。针对多维信息提取、识别、释读与现场应急保护等考古领域关键技术问题,加强多学科结合,探索从宏观、中观、微观等3个层面构建完善考古技术方法体系。天空地一体化遥感考古技术取得重要进展,初步建立了国内外首个遥感考古波谱数据库。通过文物出土现场保护移动实验室的示范应用,进一步优化了考古发掘现场快速检测、信息提取、应急保护、数字化记录与管理系统解决方案。脆弱彩绘文物无损提取、纺织品遗迹鉴别技术取得重要突破。碳十四测年、DNA分析、同位素分析、微量元素分析和金相分析等实验室考古技术快速发展,填补多项学术空白,北京大学碳十四测年实验室参加了国际实验室比对,位居世界前五位。国家文物局与科技部等部门共同建立部际联席会议制度,《中华文明探源工程》的实施,实证了中华文明五千多年历史绝非虚言,构建了人文社会科学与自然科学协同创新的研究范式。

(五)博物馆的智慧化建设取得试验性进展。针对转型期博物馆业务能力提升遭遇瓶颈的问题,与中国科学院合作,积极推动物联网、云计算、大数据、移动互联等新技术革命的创新成果,在文物、博物馆行业开展适用性研究。提出智慧博物馆建设发展模型;在智慧服务、智慧保护、智慧管理等方面形成一批系统解决方案;探索基于知识组织的元数据标准体系建设;组织物联网技术创新联盟,在广东省博物馆、苏州市博物馆等7家博物馆开展了智慧博物馆建设试点工作,取得良好效果。同时,针对博物馆与教育、旅游、工业设计等领域融合发展的科技支撑问题,进行了积极有益的尝试。

(六)文物保护专有装备产业化基础初步形成。针对文物保护装备适用性差、技术含量和集成度低等问题,国家文物局与工信部签署了《共同推进文物保护装备产业化及应用合作协议》,构建"制造商+用户""产品+服务"的产业发展模式,共推进16个系列、40项文物保护专有装备产业化及应用示范项目的实施,工信部总投入1.75亿元,有效带动企业配套投入20余亿元,已建成/改造生产线16条,开发新产品91种、芯片9种、传感器36种,转化科技成果65项,一批自主研发的文物保护装备在文博单位得到了示范应用。例如,中国航空规划设计研究总院有限公司研制的馆藏文物防震系统,在乐山金口河5.0级地震中有效保护了雅安博物馆馆藏文物;中国电科集团在布达拉宫实施的可移动文物预防性保护项目,验证了我国文物保护装备在高海拔、大温差环境下的高适应性和高可靠性。同时，积极推动产业集聚，在重庆设立首家文物保护装备产业基地。

（七）行业标准体系建设进一步深化。研究制定了行业标准体系框架，从源头上避免标准的缺失、交叉重复和冲突矛盾。"十二五"期间，共发布 48 项标准，另有 65 项标准立项；强化已颁标准的宣贯工作，累计培训人数超过 1000 人次。同时，认真落实国家标准化工作改革方案，对标龄满 5 年的 22 项标准进行复审；推进团体标准试点工作，已发布 21 项团体标准。在标准组织体系建设方面，先后设立了"全国文物保护标准化技术委员会文物保护专用设施分技术委员会"和"山西省文物保护标准化技术委员会"。积极推动国际标准化组织（ISO）文物保护标准化技术委员会筹建工作，会同国家标准委与欧盟文物保护标准化技术委员会等相关机构进行了沟通，初步达成共识。

（八）应用基础研究取得重要进展。针对文物保护领域基础研究薄弱，短板明显的问题，与国家自然科学基金委签署战略合作协议，建立联合工作机制。瞄准文物行业的基础性关键科学和技术前沿问题，围绕文物科学认知、科学保护、传承利用等研究领域，吸引和积聚全国范围的科学家开展基础科学研究；联合中国科学院、上海市科委，共同推动 973 重大项目《脆弱硅酸盐质文化遗产保护科学基础》的实施，在原位科学认知、无损分析检测、文物病害机理、保护效果评价等方面取得重要进展。

（九）科技成果推广应用进一步扩大。针对科技成果转化渠道不畅、效率不高等问题，通过技术培训、工程示范、专利实施许可、专利权转让和设立工作站等方式，积极推动重大科技成果的转化。土遗址保护、竹木漆器文物保护、馆藏文物保存环境调控、博物馆防震等一批科研成果应用于重点文物保护工程和可移动文物保护项目。据统计，"十一五"文物领域国家科技计划项目取得的 94 项应用技术类科研成果，成果转化率已达到 43.62%，明显高于国家科技成果转化的平均水平。

（十）科研平台与人才队伍建设成效显著。针对行业科技小队伍与大需求的矛盾，加强对国内外优质科技资源的整合，探索建立新型科技创新组织模式。国家文物局与中国科学院签署了全面战略合作协议，为文物界和科技界的强强联合提供了重要平台；与浙江省人民政府共建区域创新联盟取得实效，通过体制机制创新，创新资源得以合理配置，浙江省整体科技实力大幅提升。分领域建立了 23 个行业重点科研基地和 3 个专业技术创新联盟；各科研基地在全国设立了 35 家工作站；针对西藏文物特点，实施可移动文物保护科技援藏项目，指导相关科研基地设立联合工作站，建立了对口帮扶长效工作机制；国家古代壁画和土遗址保护工程技术研究中心在建设验收中被评为"优秀"。实施了"文物保护科技优秀青年研究计划"，一批优秀青年科技人才和创新团队脱颖而出。

同志们，回顾过去五年工作，特别是党的十八大以来，行业科技工作继续保持快速发展的势头。突破了一批关键技术，填补行业空白；形成了若干成套技术和系统解决方案，部分领域进入国际第一梯队；将新技术革命的最新成果引入本行业，进行了有益探索；行业科技基础条件有效改善，协同创新机制进一步优化；一批重大科研成果脱颖而出，行业整体创新能力进一步加强。上述成果的取得，得益于以习近平同志为核心的党中央为文物工作和科技创新确定的一系列正确发展理念，俞正声、刘云山、刘延东、马凯等中央领导同志，多次为文物科技创新作出专门批示，为文物科技创新工作指明了方向；得益于有关部门的大力支持，科技部、工信部、财政部、国家自然科学基金委、国家标准委等部门的相关负责同志，多次深入文物工作一线了解重大科技需求，推动联合工作机制的建立；得益于广大科技工作者甘于寂寞、顽强拼搏，围绕文物博物馆事业发展的重点、难点和瓶颈问题勇于实践、大胆创新。

二、正确把握新时期文物科技工作面临的机遇与挑战

今年上半年，国务院印发了《关于进一步加强文物工作的指导意见》，组织召开了全国文物工作会议，对"十三五"发展思路、工作目标和重点任务进行了全面部署，未来五年文物科技工作必须深入贯彻文件和会议精神，把握好"十三五"时期的阶段性特征，深入实施国家创新驱动发展战略，落实国家科技体制改革精神，不断开拓文物科技创新的新局面。

（一）准确把握文物工作在经济社会发展的新定位

党的十八大以来，习近平总书记相继在国际国内不同场合，就推动中华优秀传统文化传承和创新发表了一系列重要论述，多次就文物工作作出重要指示和批示。习近平总书记指示：文物承载灿烂文明，传承历史文化，维系民族精神，是老祖宗留给我们的宝贵遗产，是加强社会主义精神文明建设的深厚滋养。明确要求：要努力走出一条符合国情的文物保护利用之路，为实现"两个一百年"奋斗目标和中华民族伟大复兴的中国梦做出重要贡献。

这是党中央关于文物资源价值作用的新思考、新论断，是关于文物工作历史使命和时代使命的新认识、新要求，将文物资源、文物工作的重要性提到了前所未有的高度。文物是传承优秀传统文化、培育文化自信、提高国家文化软实力的不可再生的重要物质资源；也是调结构促发展、培育战略性新兴产业，实现经济社会全面、协调、可持续发展的重要战略性资源。文物工作不仅要为繁荣文化事业、涵养社会主义核心价值观做出贡献，也要为促进经济社会发展做出新的贡献。同时，文物作为"金色名片"，在配合外交大局、对外交流合作，特别是在为国家"一带一路"战略的实施，提供民心相通、文化包容的文化基础，将会发挥不可替代的作用。

（二）准确把握新时期文物保护利用的新需求

中央对文物工作的新要求、广大人民群众的新需求和文物保护利用的新理念，科技与文物工作融合的发展趋势，正推动文物事业进入新的历史发展阶段。具体体现在：

保护方面，正在从抢救性保护向抢救性保护与预防性保护并重，从文物本体保护向文物本体与周边环境的整体性保护转变；利用方面，在进一步强化公共文化服务供给的同时，文物与教育、

旅游、工业设计、文创、动漫、游戏、影视等领域融合发展，发展融合型文化产品将成为文物合理利用的新亮点；研究方面，对于文物多元价值的研究和认知受到越来越多的关注，基于价值的文物保护与利用在行业内得到广泛认同；管理方面，政府职能向简政放权、放管结合、优化服务转变，文物管理需要更加系统化、科学化、精细化，依靠法规强化管理、依靠规划引导管理、依靠标准规范管理、依靠技术手段辅助管理，成为文物管理的新趋势。阶段性需求的重大调整，必然要求与之配套的科技支撑体系进一步拓展与完善。

（三）准确把握文物博物馆事业可持续发展对科技创新的新要求

当前，文物量大、面广、种类多样、保存状况堪忧，大量文物急需保护、文物利用率亟待提高是现阶段文物工作的基本现状，城镇化进程的提速，进一步加大了文物保护利用的紧迫性。然而，不足 15 万人的行业从业人员与如此繁重的任务形成了巨大反差，考古工作者与推土机赛跑、修复人员与文物劣化赛跑已成为常态，解决这些突出问题，需综合施策，急需通过科技创新来提高工作效率。

同时，文物博物馆事业发展面临一些亟待突破的瓶颈问题：一是对于文物的价值认知能力有限，难以全面、系统挖掘和深刻阐释文物的多元价值，难以讲好"中国故事"；二是对于文物保护的能力有限，在濒危文物的抢救性保护和更大范围的文物预防性保护方面都有大量难题尚未突破，需求复杂而巨大，技术手段却十分有限、单一；三是对于优秀传统文化的传承能力有限，展示传播方法陈旧、形式雷同，事倍功半，难以满足广大人民群众日益增长的公共文化需求。急需通过创新管理理念和技术，突破装备革新，来提高文物保护利用的质量与效果。

从长远看，文物博物馆事业不仅在维系国家记忆、涵养社会主义核心价值观、彰显文化自信和扩大国家文化影响力等方面发挥更为重要的作用，也将在培育文化创意产业、促进产业结构调整方面具有极大的潜力和空间，急需通过科技创新与体制机制创新的"双轮驱动"来优化发展方式，进一步提高文物工作的公共服务能力，提升文物工作的影响力。

（四）准确把握创新驱动发展战略为文物科技创新带来的新机遇

党的十八大报告强调指出：科技创新是提升社会生产力和综合国力的战略支撑，必须摆在国家发展全局的核心位置。这是我们党放眼世界、立足全局、面向未来作出的重大战略决策。国家创新驱动发展战略各项政策的部署与实施，文物科技创新有望在更大的范围去调动人才、技术、资本等创新要素，协同解决重大科技问题的条件进一步优化；科技成果使用、处置和收益管理制度的进一步完善，文博单位、企业、科研院所、高校等创新主体的内生动力将进一步加强，科技人员的积极性、创造性将充分激发。同时，在全球新一轮科技革命的带动下，新理论、新方法、新技术、新材料层出不穷，为我们提供了大量可资借鉴的经验，文物科技创新迎来了重大的发展机遇。

我们也必须清醒地认识到，我国文物科技的总体发展水平与国际文化遗产强国相比，与国内其他行业相比仍有相当差距，科学技术与文物工作融合度不高，发挥的支撑和引领作用仍显不足。主要表现在认识不到位，战略研究滞后，学科体系不健全，技术供给总量偏低，创新成果转移扩散不力，科技人才队伍小而不强，科技投入不足，体制机制还存在不少弊端等方面。

三、把握重点、真抓实干，谱写文物科技发展新篇章

"十三五"期间，文物博物馆事业面临着稳步发展与保质增效的双重任务，面临着文物永续保存和文物合理利用的双重使命，面临着"代内公平、代际公平"的双重要求。经过几代人的不懈努力，文物科技已具备发力加速的基础，将进入从量的积累到质的提高的重要跃升期。未来5～10年，文物科技创新正孕育着新的群体性突破，机遇与挑战并存。做好"十三五"时期文物科技工作，应明确"十三五"期间的工作思路。

（一）提高科技与文物工作融合发展重要性的认识

"创新、协调、绿色、开放、共享"是中央在系统总结改革开放30多年发展实践确定的新的发展理念，"十三五"乃至未来更长时间，文物科技工作要与"五大发展理念"相结合，在工作中落到实处。

首先是融合。融合就是要把科技与文物工作有机结合起来。文物工作者要重视科学技术、用好科学技术，把科研融入文物保护利用的各个环节，通过技术和管理两种手段，解决好事业发展中的关键问题。另一方面，科技工作者要以文物工作的需要为科技创新的出发点和落脚点，通过科技进步，解决文物保护利用的热点、难点问题，丰富文物保护利用手段，实现文物有效保护与合理利用的目标。

其次是服务。科技要始终为解决实际问题服务，为文物事业的发展服务。要通过发展科技、使用科技，来实现科技对文物事业的支撑和引领作用。科技支撑，重在应用，要把科技创新和进步的成果转化为解决文物保护利用实际问题的有效手段，切实发挥科技工作实效。科技引领，就是以科技创新为驱动，带动文物事业发展的理念、机制、制度的全面创新，推动文物事业可持续发展。

最后是共享。要按照"文物保护成果人人共享"的要求，大力发展相关科学技术，提升公共文化服务能力。同时，在科研组织之间，加强文物系统内外、文博单位之间的信息共享、知识共享，通过信息和知识的加速流动，促进行业整体创新能力的提升。

（二）把握"十三五"文物科技工作重点

《国家"十三五"文化遗产保护与公共文化服务科技创新规划》明确提出，到2020年，要基本建成我国文物科技创新体系，在基础研究、重大关键技术、国产主要装备、标准体系建设等方面取得实质性突破。以技术创新体系建设为核心、组织创新体系建设为支撑、制度体系创新建设为保障的行业创新体系建设，是我们在总结实践经验的基础上确定的发展思路。未来很长一段时间，我们要坚持这一总体思路不变。同时，要充分考虑"十三五"时期文物科技发展的阶段

性特征，认清自身发展的优势和瓶颈，尽快适应新形势、新变化，把握好时代发展需要，抓住"十三五"文物科技工作的重点，有针对性地部署各项任务。

一是强化基础研究，补强发展短板。当前，基础研究相对滞后是制约文物科技发展的瓶颈问题之一，主要表现在三个方面：第一是文物保护利用的学科体系尚不明确，在专业人才培养和引进、跨机构跨学科交流合作等方面难以发挥学科体系的指引作用；第二是关于文物的价值认知、保护修复和传承利用的基础理论与方法论体系尚未形成，文物保护利用的实践活动缺乏有力的理论指导；第三是由于缺乏有效的研究方法和手段，文物病害形成机理、环境因素与病害的关系、保护材料对文物的影响评价等应用基础研究进展缓慢，阻碍了文物保护技术创新的发展。针对上述三个方面，要在"十三五"时期加大投入力度，重点部署一批相关基础研究任务，充分发挥高校、科研院所等优质社会科技资源在基础研究方面的优势，加强与文博单位的稳定性合作，争取在"十三五"末实现基础研究的突破性进展。

二是优中选优，重点支持前景广阔的技术创新深化提升。"十二五"期间，文物科技取得了许多创新性进展。这些技术创新中，一些需要进一步向纵深发展，通过进一步的应用研发，提高技术适用性；另一些则需要横向发展，通过有效的技术集成，形成文物保护利用的系统解决方案。"十三五"期间，我们要有侧重地选择一批需求量大、预期效益高且研究基础扎实的领域，予以重点支持、推动重点突破。例如，在预防性保护方面，要针对风险管理、文物本体微变化监测、文物本体稳定性评价、游客承载量研究等方面，扩大研究的广度和深度，提高适用性、拓展适用范围；在文物保护修复方面，要针对古代壁画、土遗址、石质、铁质、竹木漆器、丝织品等文物类型，在既有关键技术突破的基础上，加强系统解决方案的优化，提高保护修复效果；在文物传承利用方面，充分整合利用新一代信息网络技术、数字化与智能化技术，深化智慧博物馆建设，增强博物馆展示、教育和价值传播功能。

三是面向国家和战略需求，实施重大科技专项。实施重大科技专项是实现文物保护利用共性、关键技术突破，形成系统解决方案的有力手段。过去一年，我们在科技部的大力支持下，完成了国家重点研发计划"文化遗产保护关键技术研发与示范"专项凝练工作，专项涉及"中华文明探源工程""基于风险管理的文物预防性保护关键技术研发""智慧博物馆关键技术研发与示范"等19个重点项目，着力在攻克文物价值认知、保护修复和传承利用中面临的重点、难点和瓶颈问题方面取得新突破。与发改委、科技部、工信部、财政部通力合作，编制了《"互联网＋中华文明"三年行动计划》，行动计划通过鼓励各类市场主体，以市场需求为导向，以互联网创新成果为支撑，依托文物信息资源，重点实施"互联网＋文物教育"等"5+1"项目，着力在发展融合型文化产品、培育战略性新兴产业等方面实现新突破。与工信部密切配合，初步完成了《文物保护装备产业化及应用五年行动计划》的编制工作，行动计划将通过聚焦量大急需和国际突破，着力在夯实产业基础、做好公共服务、填补国内国际空白、文物保护技术装备走出去等方面实现新突破。

"十三五"期间，要做好上述重大科技专项的组织实施，确保实效。

四是着力推动科技成果转移转化，切实发挥科技创新的实用价值。促进科技成果转移转化是实施创新驱动发展战略的重要任务，也是加强科技与文物博物馆事业发展紧密结合的关键环节。"十三五"期间，要多措并举，推动文物保护科技成果的转移转化。在馆藏文物保存环境监测与调控、馆藏文物防震、遗产地风险预控，以及土遗址、壁画、木结构建筑、陶质彩绘文物、竹木漆器、出水文物等方面，实施一批科技创新成果应用示范工程，优先选择具备良好科研条件的博物馆、遗产地进行创新成果的实验性应用，对技术的安全性、有效性进行全面、科学、系统评价。加快重大科技创新成果向行业标准的转化，通过标准的贯彻执行，实现技术成果的扩散。同时，构建文物保护科技成果信息共享平台，加强科技成果数据资源开发利用。此外，要在文物保护科技成果转移转化的多元资金投入、人才队伍建设、市场化服务和激励机制等方面，探索符合文物博物馆行业特点的管理体制机制。

上述四项工作，是"十三五"科技工作的重中之重，我们要认真谋划、周密组织、准确发力、精耕细作，尽快拿出时间表和路线图、完善保障机制，扎实推进各项任务的落实。

（三）完善组织机制和制度保障

第一，加强组织体系建设，优化开放合作机制。

"十三五"期间，要继续推进行业科技创新组织体系建设。重点支持现有行业重点科研基地建设，使其不断做强做大，成为行业技术研发、人才培养、交流合作和成果转化中心，并重点培育1～2家机构进入国家重点实验室、国家工程技术研究中心序列。同时，选择研究基础扎实，具备发展潜力的文博单位、高校、科研院所和科技企业，给予重点引导和支持，使其尽快进入行业重点科研基地行列。

在此基础上，要继续坚持"不求所有、但求所用"的工作思路，以重点科研基地为核心，组建创新联盟和协同创新平台，将更多社会力量引入文博行业，促进人才、知识、技术等优质资源为我所用，形成协调一致、分工合作和紧密联系的良性机制和全社会参与文物科技创新的工作局面。

在国际合作方面，要充分把握文化遗产保护科技纳入《"一带一路"建设科技创新合作专项规划》的机遇，积极拓展文物科技领域的国际合作渠道，探索建立双边或多边国际科技合作机制；加强全球视野的谋划，组织开展国际科技合作项目，主持或参与国际和区域性合作研究，鼓励领域科学家在国际组织中担任重要职务；同时，加强与港、澳、台地区的科技合作，不断提升我国文物科技的国际地位和话语权。

第二，加强人才培养，统筹推进科技人才队伍建设。

"十三五"期间，要以培养文物科技领域急需紧缺的专门人才为主题，统筹推进人才队伍建设。一是通过与院校合作和项目带动，重点培养一批文物领域的战略科学家、复合型科技人才和科技管理专家，以及高素质的学术带头人，加快推进创新团队建设。要研究制定科技人才分类评价标准，把发展潜力和实际贡献作为考量的重点；同时，要建立创新导向的人才分配激励机制。二是注重人才的专业结构和年龄结构布局，兼顾不同学科领域科研人员的培养，兼顾科学家和工程技术人员的培养；要加强科技人才的梯队化布局，抓紧培养造就一批中青年科技专家，在任务委托、岗位聘任及职称聘任中，要打破论资排辈，大胆起用青年科技人才担当重任。三是要采取多种措施，吸引和凝聚一大批行业以外的科研人员，集全社会之合力快速充实文物保护科技人才队伍，共同为文物保护科技发展贡献力量。

第三，加大科技投入力度，完善科技投入机制。

科技投入是科技创新的物质基础，是科技工作可持续发展的重要前提和根本保障。要在"十一五"时期科技经费增长的基础上，进一步加大对文物科技的投入支持力度。一是要积极加强与科技部、工信部、财政部、国家自然科学基金委等有关部门的合作，使文物科技工作能够更多地纳入国家科技计划中去，为文物科技工作提供更有力的物质保障；二是在各类文物保护工程项目中，要进一步加大对前期研究、适用性评价和成果示范的投入比例，实施科技示范工程；三是各省市文物行政部门要把科技投入作为预算保障的重点，同时积极争取科技厅、财政厅等部门的支持；同时，积极争取社会资金的支持，形成多渠道、多元化的经费投入体系。

同志们，"十三五"是我国全面建成小康社会的决胜阶段，也是建设创新型国家的冲刺阶段。我们要准确把握文物工作在经济社会发展的新定位，准确把握新时期文物工作的新需求，准确把握文物博物馆事业可持续发展对科技创新的新要求，借好国家创新驱动发展的大势，着力解决制约文物科技发展的主要矛盾，推动文物博物馆事业全面、协调、可持续发展。科技创新是文物博物馆事业发展的"第一动力"，已成为推动我国从文物大国向文物保护利用强国转变的核心要素，科技兴则文物博物馆事业兴，科技强则文物博物馆事业强。我们坚信，在党中央、国务院的正确领导下，文物科技的明天将更加灿烂辉煌，文物科技的发展道路将越走越宽，将为文物博物馆事业的可持续发展做出更多、更大的贡献。

雒树刚在 2016 年全国文物局长会议上的讲话

(2016 年 12 月 23 日)

在全党全国深入学习贯彻党的十八届六中全会和习近平总书记系列重要讲话精神之际，国家文物局召开全国文物局长会议，总结 2016 年工作，部署 2017 年工作，非常及时，非常必要。

党的十八大以来，习近平总书记站在实现中华民族伟大复兴中国梦的高度，对传承中华优秀传统文化、培育社会主义核心价值观、增强国家文化软实力、坚定文化自信等作出一系列重要论述，提出许多新思想、新观点、新要求。他强调，一个国家、一个民族的强盛总是以文化兴盛为支撑，中华民族伟大复兴需要以中华文化发展繁荣为条件；一个国家的文化软实力从根本上说取决于其核心价值观的生命力、凝聚力、感召力，培育和弘扬社会主义核心价值观必须立足中华优秀传统文化；提高国家文化软实力，要努力展示中华文化独特魅力，把跨越时空、超越国度、富有永恒魅力、具有当代价值的文化精神弘扬起来，把继承优秀传统文化又弘扬时代精神、立足本国又面向世界的当代中国文化创新成果传播出去；文化自信是更基础、更广泛、更深厚的自信，是更基本、更深沉、更持久的力量，中国有坚定的道路自信、理论自信、制度自信，其本质是建立在 5000 多年文明传承基础上的文化自信。文物工作是文化建设的重要内容，文物工作者肩负着保护珍贵历史遗产、传承优秀传统文化、坚定全民族文化自信的神圣使命。我们一定要深入贯彻落实习近平总书记系列重要讲话精神，全面推动文物事业发展再上新台阶。

下面，我谈几点意见。

一、充分肯定 2016 年文物工作取得的成绩

2016 年，我国迈入"十三五"时期，步入全面建成小康社会决胜阶段，文物事业发展迎来了具有里程碑意义的一年。习近平总书记、李克强总理多次对文物工作作出重要指示批示；国务院印发《关于进一步加强文物工作的指导意见》(国发〔2016〕17 号)，召开全国文物工作会议；中央各部门和各级党委政府高度重视文物保护，全社会空前关注文物工作。一年来，全国文物系统深入贯彻落实中央领导同志重要指示批示精神，推动全国文物工作会议和国发 17 号文件精神的落实，凝心聚力，创新奋进，圆满完成了各项任务，突出表现在以下五个方面：

一是围绕中央巡视整改和"两学一做"学习教育，贯彻落实全面从严治党要求。国家文物局党组把巡视整改工作与"两学一做"学习教育结合起来，与学习贯彻习近平总书记关于文物工作

重要指示精神结合起来，与贯彻落实国发 17 号文件结合起来。针对巡视中发现的问题，出台了《关于加强革命文物工作的通知》《关于促进文物合理利用的若干意见》《文物拍卖管理办法》等政策性文件，采取一系列措施，有力地促进了党中央、国务院决策部署的贯彻执行。

二是加强行业宏观指导，实施重点文物保护项目。编制《国家文物事业发展"十三五"规划》，召开考古、文物援藏、文物援外、文物科技、革命文物、长征文物等领域全国性会议，明确"十三五"时期发展目标和思路。围绕建党 95 周年和红军长征胜利 80 周年，遴选推介优秀主题展览，推出"长征——红色记忆工程"。围绕《长城保护条例》实施 10 周年，加强长城保护制度建设，发布《中国长城保护报告》。将"海上丝绸之路·中国史迹"确定为 2018 年申遗项目，加快推进前期准备工作。推动京津冀协作开展长城、大运河、京张铁路遗存保护，加强北京城市副中心建设中的文物保护与考古工作。

三是强化文物督察，有力督促地方落实保护责任。部署"文物法人违法案件专项整治行动"，公开曝光典型案件。开展长城保护专项执法督察，公布《长城保护条例》实施情况报告，督促地方政府落实责任。针对重大文物安全违法案件约谈有关地方政府，以严肃处理和有效整改促使文物安全水平提升。文物消防安全被纳入国务院消防工作考核必查内容，有力推动了省级政府落实安全责任。重点督办四川眉山"江口沉银遗址"盗掘倒卖文物案、陕西淳化系列盗掘文物案、山西大规模盗割壁画案，坚持由打个案向打系列、打零散向打团伙、打环节向打链条转变，形成严打违法犯罪威慑力。

四是紧抓文创产品开发，切实让文物活起来。积极贯彻《关于推动文化文物单位文化创意产品开发的若干意见》，加紧编制《博物馆商业经营活动管理办法》，召开全国文博单位文创产品开发工作推进会，遴选 92 家单位试点开发文创产品，借助成都博物馆及相关产品与技术博览会、广州国际文博版权交易博览会等平台大力推介展示文创产品。五部委联合印发《"互联网＋中华文明"三年行动计划》，促进互联网创新成果与中华优秀传统文化传承深度融合。

五是扩大文物对外交流，树立负责任大国形象。文物对外交流合作纳入国家外交大局，习近平主席在乌兹别克斯坦接见中国援乌文物考古工作者代表，在秘鲁参观"华夏瑰宝秘鲁行"文物展，习近平主席、李克强总理、刘延东副总理分别见证中国与沙特、希腊、印尼签署文化遗产领域政府间合作文件。刘玉珠同志作为中国政府代表出席保护濒危文化遗产国际会议，代表中方提出四点建议。紧扣"一带一路"倡议，举办丝绸之路文化遗产国际论坛，与相关国家进行实质性磋商。对外文物保护与联合考古项目多点开花，基本覆盖我国周边国家。尼泊尔、缅甸震后文化遗产抢救保护得到受援国高度评价。

刘延东副总理前不久专门作出重要批示，这是对文物工作者的鼓舞和鞭策。在此，我代表文化部，向全国文物系统广大干部职工致以崇高敬意和诚挚问候！

二、牢牢把握当前文物事业发展面临的历史性机遇

2016 年，我到福建、江西、云南、陕西、新疆、上海等地调研时，先后走访了 20 多家文博单位，涉及革命历史纪念地、传统村落、古建筑、考古所、博物馆等，所到之处无不感受到各地党委政府贯彻落实党中央、国务院重大决策部署的坚定决心，各级文物部门"不待扬鞭自奋蹄"，文物保护利用工作成绩斐然，工作环境、精神面貌焕然一新，文物事业发展面临着前所未有的大好形势。

一是习近平总书记重要指示批示为文物事业发展指明了前进方向。党的十八大以来，习近平总书记对文物工作作出重要指示批示20多次，涉及文物工作的方方面面，思想深邃，内涵丰富，为新时期文物事业发展指明了方向、提供了遵循。"考古批示"是对考古工作实证中华五千年文明的高度肯定和殷切期待。"申遗批示"是对申遗工作的科学指导。"中国各类博物馆不仅是中国历史的保存者和记录者，也是当代中国人民为实现中华民族伟大复兴中国梦而奋斗的见证者和参与者。"这是对新时期博物馆事业发展定位的精辟阐释和深切厚望。习近平总书记为文物事业发展指明了方向，必将对加强文物工作产生深远影响。

二是中央总体部署为文物工作注入了强大动力。李克强总理两次主持召开国务院常务会议，研究部署文物工作。国务院印发《关于进一步加强文物工作的指导意见》，对文物工作进行系统、全面、科学部署，围绕当前文物工作中存在的突出问题，在落实责任、加强保护、拓展利用、严格执法等方面提出了有力举措。刘延东副总理出席全国文物工作会议并作重要讲话，明确了新时期文物工作的指导思想、目标任务、政策措施。国务院办公厅转发四部委《关于推动文化文物单位文化创意产品开发的若干意见》，提出"十三五"时期文博单位开发文化创意产品的目标，强力推动文物活起来。

三是中央各有关部门和地方党委政府强力支持，为文物工作提供了坚实保障。中央有关部门和省级党委政府对文物工作高度重视。《国民经济和社会发展第十三个五年规划纲要》将"传统文化和自然遗产保护传承"纳入文化重大工程，中宣部实施的中华优秀传统文化传承工程将文物工作作为重要篇章，中央文明办将文物工作相关指标纳入《全国文明城市测评体系》。2016年，有15个省份的党政一把手对文物工作作出批示，17个省级人民政府召开文物工作会议，15个省份以省级人民政府名义出台了国发17号文件实施意见，已有近20个省份将文物工作纳入地方领导班子和领导干部综合考核评价体系。

四是社会各界高度关注文物工作，对文物保护利用提出了新期待。社会各界对文物保护利用集中发表意见建议，比如针对《文物保护法修订草案》建言献策；普通公众对文化服务和产品需求更加旺盛，比如在首都博物馆举办的南昌汉代海昏侯国考古成果展3个多月接待观众超过42万人次；舆论对文物热点事件关注更加持久，比如辽宁绥中长城"遭抹平"被媒体聚焦；网友参与文物保护项目积极性很高，比如中国文物保护基金会发起的"保护长城，加我一个"公募项目广受好评。

在新的历史时期，文物工作在传承中华优秀传统文化、弘扬社会主义核心价值观方面的作用更加突出；在建设社会主义文化强国、统筹推进"五位一体"总体布局、协调推进"四个全面"战略布局中的地位更加重要；在满足人民群众精神文化生活需求、促进地方经济社会发展中的效果更加显著；在促进中华文化走出去、推动世界文明交流互鉴方面的优势更加凸显。

与此同时，文物工作仍然面临着一些新老困难和问题。党中央、国务院和省级党委、政府对文物工作越来越重视，但市县以下基层仍是文物保护的薄弱环节，还存在重视不够、基础不强、防范不力等问题；文物保护工作力度总体上越来越大，但是一些地方文物保护意识仍然淡薄，对文化遗产缺乏敬畏之心，文物违法案件依然屡禁不止，文物安全事故时有发生；文物保护基础条件总体上越来越好，但在协调推进文物保护利用与经济社会融合发展方面还有待加强；文物治理体系和治理能力还需完善，文物工作者依法行政水平尚需提高。这些都需要我们集中性、创造性、持续性地加以解决。

三、努力探索符合国情的文物保护利用之路

习近平总书记强调，要统筹好文物保护与经济社会发展，切实加大文物保护力度，推进文物合理适度利用，努力走出一条符合国情的文物保护利用之路。这是党中央赋予文物工作者的新要求、新任务，指明了新形势下文物事业改革发展的目标和方向，具有深远的历史意义和重大的现实意义。我们一定要全面贯彻、积极探索、扎实推进。

一是必须坚定文化自信，增强做好新时期文物工作的使命感、责任感。这是文物事业不断向前发展的前提要求。要始终坚信中华优秀传统文化是中华民族的突出优势，中华五千年的历史长河孕育出源远流长、绵延不绝的优秀传统文化，近代百年来上下求索造就了矢志不渝的革命文化和波澜壮阔的社会主义先进文化，它们积淀着中华民族最深层的精神追求，代表着中华民族独特的精神标识。习近平总书记指出：当今世界，要说哪个政党、哪个国家、哪个民族能够自信的话，那中国共产党、中华人民共和国、中华民族是最有理由自信的。同样，我们可以说，文物工作者最有理由坚定文化自信。要进一步增强使命感、责任感，坚持以问题为导向，以改革创新为动力，切实保护好、传承好祖先留下来的珍贵历史遗产。要努力将文物中蕴含的历史、艺术和科学价值完整地阐释出来，引导人们从文物宝库中萃取精华、汲取能量，引导人民树立和坚持正确的历史观、民族观、国家观、文化观，增强做中国人的骨气和底气。

二是必须完善责任体系，持续提升文物安全水平。这是文物工作安身立命的关键所在。要始终立足于政府主导办大事的国情，抓住当前各级党委政府高度关注文物工作的大好机遇，增强各级领导干部对文物的敬畏之心，树立保护文物也是政绩的科学理念。要进一步加大执法督察力度，让有责必问、问责必严成为新常态，积极促进督察成果深度转化，借助全国文明城市测评、社会治安综合治理考核、消防安全考核等评价体系，督促各级政府落实文物保护主体责任。要完善全国文物安全部际联席会议机制，以贯彻落实国发 17 号文件为契机，积极在经费投入、项目实施、打击犯罪、法制建设等方面拓展部门合作空间。各级文物行政部门要深化改革，转变职能，提高

履职尽责能力和依法行政水平。要加强能力建设，强化行业服务、管理和自律，加大机构队伍建设和人才培养力度。要不辱使命，守土尽责，全面加强文物安全防范能力建设，提高文博单位防灾减灾能力。

三是必须统筹保护利用，推动文物工作更好地融入经济社会发展。这是文物工作适应时代发展的核心要义。要始终坚持"保护为主、抢救第一、合理利用、加强管理"的方针，贯彻创新、协调、绿色、开放、共享的发展理念，努力实现在保护中发展、在发展中保护。要深入基层、立足国情，创新思路、突出重点，努力探索各类文物的保护利用新模式。在实施革命文物、古城、长城、大遗址、传统村落等文物保护项目时，要注意尊重文物保护规律，秉持正确理念，坚持规划先行，完善标准规范，努力实现文物优先保护和合理利用的平衡。要妥善处理文物保护与经济发展、城乡建设、人民群众生产生活的关系，促进文物事业与经济社会的和谐发展，坚决防止建设性、开发性、保护性和经营性破坏。要坚持立足于保、保用结合的科学理念，深入研究和挖掘文物价值内涵，促进文物资源与文博创意产品开发、旅游产业发展融合，充分利用信息、网络等现代科技，提供更多更好的公共文化服务和产品。要加大行业指导，允许有条件的地区在统筹文物保护利用方面大胆探索，先行先试，形成文物工作百花齐放的局面。

四是必须动员各方力量，努力形成全社会参与文物保护利用的新格局。这是文物工作发挥更大作用的有效手段。要始终注重发挥人民参与的政治优势，密切全社会与文物工作的有机联系，增强公众对于中华优秀传统文化传承的认同感、参与感、获得感、幸福感。要加强社会力量参与文物保护利用的顶层设计，为认领认养、捐资助修、义务看管、无偿捐赠、主动上交、公益诉讼等民间文保行为提供政策支持。要扩大文物资源的开放共享，加快文物领域"放管服"改革，大力推广政府和社会资本合作模式，积极培育文物保护社会组织，不断壮大文博志愿者队伍。要创新方式、因势利导，利用互联网等平台探索公益众筹等社会参与机制，拓展社会力量参与文物保护利用的新渠道。要充分发挥专家学者、社会团体、社会公众在文物公共政策制定中的作用，提高公众参与度、决策科学性。要善于利用国际古迹遗址日、国际博物馆日、中国文化遗产日等节庆活动，建立常态化、实效性的文化遗产普及传播机制，密切人民群众与文化遗产的联系。要加大政务公开和新闻发布力度，主动接受社会监督，及时回应社会关切，广泛凝聚社会共识。

五是必须配合国家大局，促进人类不同文明交流互鉴。这是文物工作发挥独特优势的必由之路。要始终围绕国家外交大局和祖国统一大业，着眼文物资源跨越时空、超越国度、富有永恒魅力、具有当代价值的特性，推动更多精品文物展览"走出去"，进一步发挥其"外交使者""国家名片"的作用，体现国家意志，讲好中国故事，不断提升我国文化软实力。要深化我国博物馆与国际知名博物馆交流合作，有计划地做好中国文物海外巡展，推动中华文明走向世界。要在"一带一路"战略指引下，紧抓重要国家、重要节点、重要事件，加强面向沿线国家的文物保护与考古合作，凸显我国与沿线国家地理相连、历史相通、文化相融。要依托国际论坛、国际博览会等平台，展现中国历史文化底蕴和保护研究成果，向世界传递文化遗产保护的中国声音。

　　同志们，文物工作责任重大、使命光荣、任重道远。我们要紧密团结在以习近平同志为核心的党中央周围，认真贯彻落实党的十八大和十八届三中、四中、五中、六中全会精神，认真贯彻习近平总书记系列重要讲话特别是关于文物工作的重要指示批示精神，以更加饱满的精神状态、更加过硬的工作作风，履职尽责、勇于担当，高质量完成2017年各项重点任务，以优异成绩迎接党的十九大胜利召开，为实现"两个一百年"奋斗目标和中华民族伟大复兴中国梦做出贡献！

刘玉珠在2016年全国文物局长会议上的工作报告*

（2016年12月23日）

今天，我们召开全国文物局长会议，主要任务是深入学习贯彻党的十八大和十八届三中、四中、五中、六中全会精神，落实习近平总书记关于文物工作重要指示批示精神，总结2016年工作，部署2017年任务，凝心聚力，改革创新，以实际行动迎接党的十九大胜利召开。

刚才，雒树刚部长作了重要讲话，对今年工作给予充分肯定，对明年工作提出明确要求。我们一定要认真贯彻落实。

一、2016年工作回顾

2016年，是我国文物事业发展极为重要的一年。党中央、国务院全面部署文物工作。习近平总书记对文物工作、考古及申遗、博物馆建设等作出重要指示批示，强调要树立保护文物也是政绩的科学理念，统筹好文物保护与经济社会发展，切实加大文物保护力度，推进文物合理适度利用，使文物保护成果更多惠及人民群众，广泛动员社会力量参与，努力走出一条符合国情的文物保护利用之路；要有重点地进行系统考古发掘，不断加深对中华文明悠久历史和宝贵价值的认识；申报世界文化遗产工作要统筹安排，有利于突出中华文明历史文化价值，有利于体现中华民族精神追求，有利于向世人展示全面真实的古代中国和现代中国；中国各类博物馆不仅是中国历史的保存者和记录者，也是当代中国人民为实现中华民族伟大复兴的中国梦而奋斗的见证者和参与者，要让博物馆的丰富馆藏都活起来。习近平总书记在乌兹别克斯坦塔什干接见援乌中国文物保护和考古专家团队，并明确强调中国文物援外项目为恢复丝绸之路历史风貌作出了重要努力；在秘鲁利马参观"天涯若比邻——华夏瑰宝秘鲁行"文物展。

李克强总理对文物工作作出重要批示，两次主持国务院常务会议研究文物工作。刘云山、张高丽和刘延东、刘奇葆、栗战书、杨晶等党中央、国务院领导同志对文物工作也作出重要批示。国务院出台《关于进一步加强文物工作的指导意见》，召开全国文物工作会议，对新时期文物工作进行全面部署。国办转发文化部、国家发展改革委、财政部、国家文物局《关于推动文化文物单位文化创意产品开发的若干意见》，国家文物局、国家发展改革委、科技部、工信部、财政部

---

* 原题为《凝心聚力 改革创新 努力开创文物工作新局面》。

联合印发《"互联网＋中华文明"三年行动计划》，科技部、文化部、国家文物局共同印发《国家"十三五"文化遗产保护与公共文化服务科技创新规划》，为文物工作创新发展提供了政策支撑。

全国文物系统认真贯彻习近平总书记重要指示批示精神，落实国务院《指导意见》和全国文物工作会议部署要求，抓主抓重、扎实工作，强化管理、改进作风，完成年度主要目标任务，实现"十三五"良好开局。

（一）坚决贯彻落实党中央、国务院决策部署

围绕学习贯彻习近平总书记系列重要指示批示精神，先后召开学习贯彻习近平总书记关于文物工作、考古及申遗、博物馆建设重要指示批示的全国文物系统座谈会，召开全国考古工作会议。组织中央媒体开展主题宣传活动，在《人民日报》《求是》等刊发学习文章，编印全国文物系统学习习近平总书记文物保护重要论述体会汇编。各地党委政府迅速掀起学习贯彻热潮，一些省份的省委常委会、省政府常务会进行专题学习与研究，河北、山西、内蒙古、江苏、安徽、江西、山东、河南、湖北、海南、重庆、四川、贵州、西藏、甘肃等15个省份的党委政府主要领导对文物工作作出批示、提出要求。各地文物部门组织广大文物工作者认真学习、深刻领会习近平总书记重要指示批示精神实质和丰富内涵，不断把学习贯彻引向深入。

围绕贯彻落实国务院《指导意见》和全国文物工作会议精神，制定任务分工方案，层层落实各项任务和进度安排；制定长城保护、革命文物保护、博物馆建设、文物合理利用、文创产品、文物执法等政策措施。会同中央文明办将文物工作纳入全国文明城市测评体系，会同公安部将文物消防安全纳入省级政府消防工作考核体系。地方党委政府切实履行文物保护主体责任，把文物工作列入重要议事日程，河北、山西、内蒙古、江苏、浙江、安徽、江西、山东、河南、湖北、广东、海南、重庆、四川、贵州、西藏、甘肃等17个省份召开全省（区、市）文物工作会议，河北、山西、内蒙古、黑龙江、江苏、安徽、山东、河南、湖北、广东、重庆、四川、云南、西藏、甘肃等15个省份印发关于进一步加强文物工作的实施意见；天津、山西、内蒙古、江苏、福建、江西、山东、湖南、广东、重庆、青海等11个省份的省级政府，或者市县政府将文物工作纳入考核体系，作为领导班子和领导干部综合考核评价的重要参考。

落实国务院"放管服"改革要求，取消考古发掘领队资格、文物进出境责任鉴定员2项职业资格许可事项和馆藏文物拍摄许可、考古发掘现场专题类直播类节目制作审批等7项中央指定地方实施文物行政许可事项；深化文物保护工程项目审批改革，指导各地制订项目年度计划，优化审批流程，规范审批行为，加强事中事后监管；发布《国有博物馆章程范本》，推进博物馆理事会建设试点。

贯彻十八届五中全会精神，编制实施"十三五"规划。国家记忆工程、"互联网＋中华文明"行动计划等纳入国家"十三五"规划纲要，编制《国家文物事业发展"十三五"规划》及大遗址保护、革命文物保护经费需求、信息化建设等专项规划。江苏、浙江、山东、四川、甘肃等印发

省级文物事业发展"十三五"规划。

按照国务院部署，完成第一次全国可移动文物普查。目前，全国可移动文物登录平台已登录国有文物藏品收藏单位 1 万余家、文物 6000 万件、照片 4000 万张，汇总馆藏纸质历史档案数据 8000 万卷／件，文物资源数据库和数字藏品档案系统基本形成。全国可移动文物登录网建成运行，普查成果展成功举办。

（二）坚定推进全面从严治党

认真学习贯彻十八届六中全会精神，扎实开展"两学一做"学习教育。国家文物局党组召开六中全会精神中心组学习扩大会，举办两期学习六中全会精神培训班，听取中央宣讲团辅导报告，集中学习党内政治生活若干准则、党内监督条例。举办专题党课、主题党日活动，组织党员干部到革命旧址和廉政教育基地参观学习，接受革命传统和反腐倡廉教育。制定"三会一课"实施意见，规范社会组织党建工作。

狠抓中央巡视反馈意见整改落实。按照整改要求，对巡视中发现的 3 方面 10 类问题细化分解，提出 137 项整改措施，严格整改标准，确保整改实效。公布巡视整改情况通报，接受社会监督。巡视整改工作初见成效，近期和中期 88 项整改任务全面完成，中长期整改事项有序推进。

切实加强党风廉政建设。修订国家文物局党组工作规则，印发落实党委主体责任和纪委监督责任的实施意见，将"两个责任"和"一岗双责"纳入领导班子和领导干部考核管理。强化廉政风险防控，坚决防止四风反弹，加强监督执纪问责，严肃查处一批违规违纪问题，努力打造风清气正的政治生态。

（三）不断提升文物保护水平

围绕贯彻落实习近平总书记系列重要讲话和关于文物保护重要指示批示精神，围绕国家重大战略实施，积极推进文物保护重大项目，在服务国家经济社会发展上取得新进展，在改善文物保护状况上取得新成效。

落实习近平总书记关于长城保护重要批示精神，拓展长城保护行动，制定《"十三五"长城保护工程总体工作方案》，建成长城资源管理信息系统，推进长城沿线省级规划编制。2015～2016 年累计安排中央财政专项资金 7 亿元，对长城保护修缮项目给予倾斜支持，加大长城保护工程排查监管力度，切实提高工程质量。吉林、黑龙江、河北、甘肃、宁夏全部划定公布长城保护区划。举办纪念《长城保护条例》颁布 10 周年系列活动，发布《中国长城保护报告》，成立京津冀长城保护联盟，开展长城保护公开课和"长城卫士"作品征集活动，普及长城保护知识。

贯彻习近平总书记在庆祝建党 95 周年大会和纪念红军长征胜利 80 周年大会上的重要讲话精神，印发《关于加强革命文物工作的通知》，召开革命文物工作座谈会和长征文物保护利用工作会议，对相关工作进行部署。延安革命旧址群保护提升工程、抗战文物保护修缮和展示利用工程成效明显，赣南等原中央苏区革命旧址保护利用工程全面实施，中央红军长征出发地、湘江战役、红军四渡赤水战役和会宁红军会师旧址等长征文物保护工程顺利推进。完成红军长征遗迹现状调查，开展长征文物保护专题宣传，出版长征文物保护阐释系列图书。

贯彻习近平总书记在推进"一带一路"建设工作座谈会上的重要讲话精神和"一带一路"国家战略，召开援外文物保护工程与联合考古工作座谈会；确定"海上丝绸之路·中国史迹"为2018年申遗项目，全力推进申遗文本编制、保护展示和环境整治，组建海丝保护和申遗中国城市联盟，举办海丝国际学术研讨会。落实京津冀协同发展和长江经济带国家战略，召开京津冀文物保护协调推进会，推进北京城市副中心文物保护与考古工作，启动冬奥会相关文物保护工程，实施京张铁路整体保护利用示范项目；开展长江中上游文明进程和长江下游区域文明模式专题研究，启动川渝石窟保护工程。

广西左江花山岩画文化景观成功申遗，中国世界遗产总数达到50项，位居世界第二。"丹东一号"沉船遗址水下考古调查获得重要发现。组织河套地区聚落与社会专题研究，推进二里头遗址博物馆建设，加强良渚、景德镇御窑厂和圆明园遗址保护展示。实施文物援藏保护工程、儒家文化建筑遗产保护展示工程和万里茶道文物资源保护研究，推进国保省保集中成片传统村落整体保护利用项目。中国文物保护基金会实施"拯救老屋"行动计划，开展长城保护公募活动和英国北洋水师水兵墓修缮公募项目。组织82家博物馆开展预防性保护工作，实施123项馆藏文物保护修复项目，抢救修复8000余件文物。

（四）多措并举让文物活起来

发挥博物馆教育功能。全国博物馆总数达到4692家，其中国有博物馆3582家、非国有博物馆1110家；免费开放博物馆4013家。开展第三批国家一级博物馆定级评估和国家一级博物馆运行评估工作，完成央地共建博物馆年度绩效评估。开展完善博物馆青少年教育功能提升示范项目，编写博物馆青少年教育工作指南，43家博物馆荣获全国公共文化设施开展学雷锋志愿服务首批示范单位。

发挥文物展览作用。推介10个纪念建党95周年和红军长征胜利80周年主题优秀展览。中国国家博物馆、军事博物馆举办的馆藏长征文物展和长征主题展，首都博物馆展出的南昌汉代海昏侯国考古成果展，引起广泛关注，取得良好反响。配合中拉文化年、中国—中东欧国家人文交流年、中卡文化年分别举办华夏瑰宝秘鲁行文物展、赴拉脱维亚丝路瑰宝展、赴卡塔尔华夏瑰宝展，举办沙特出土文物来华展和马来西亚海上丝绸之路来华展，为促进文明交流互鉴做出了积极贡献。

推进文创产品开发。印发《关于促进文物合理利用的若干意见》，召开促进文化文博单位文化创意产品开发座谈会，公布首批92家博物馆文创产品开发试点单位，完成编制《博物馆商业经营活动管理办法》。召开全国文博单位文化创意产品开发工作推进会，举办全国文博单位文化创意产品联展和第二届广州国际文物博物馆及版权交易博览会。举办第七届博物馆及相关产品与技术博览会，参展博物馆和企业近500家，创历史新高。

推动文物市场活跃有序发展。开展民间文物收藏和文物市场调研，召开关于民间合法收藏文物、文物市场与文物鉴定服务改革和文物拍卖管理工作座谈会，研究促进民间文物流通政策措施，印发《文物拍卖管理办法》。健全涉案文物鉴定管理制度，公布41家涉案文物鉴定评估机构，完成一批涉案文物鉴定工作。审核备案文物拍卖标的25万件／套，撤拍标的500余件／套，协调境外机构撤拍非法流失中国文物100余件。加强文物进出境审核管理，推广进出境文物电子标签，审核出境文物及复仿制品14万件／套，禁止出境文物1100余件／套。北京海关向北京市文物局移交罚没文物近1.8万件。

（五）切实加强文物执法督察和安全监管

开展执法督察行动。启动文物法人违法案件专项整治三年行动，严肃查处湖北红安七里坪革命旧址、黑龙江哈尔滨刘亚楼故居等一批法人违法案件并公开曝光，社会反响强烈，达到预期效果。开展为期3个月的长城执法专项督察，全面检查长城沿线省级政府和文物行政部门履行长城保护职责情况，督察结果上报国务院并反馈地方政府，向社会公开。成立京津冀文物执法协作体，实施京津冀长城执法联合巡查试点和陕西府谷明长城无人机遥感监测试点，向3436名长城保护员颁发工作证书和巡查制服。对长沙、南京两市20个县区不可移动文物进行卫星遥感整体监测，对20处省级以上文保单位的保护范围和建控地带进行试点监测。发挥"12359"文物违法举报热线作用，畅通社会监督渠道。

加大安全监管力度。开展文物建筑消防安全抽查暗访和隐患排查整治行动，检查文保单位1.8万余家，发现各类火灾隐患1.7万余项，已整改火灾隐患1.5万项。扎实推进文物平安工程，继续实施文物消防安全百项工程，开展文物建筑消防物联网远程监控试点。全年督办涉嫌文物违法犯罪事项和安全隐患事项216件，公开曝光一批违法犯罪典型案件和文物安全重大事故，约谈河北唐山和遵化、山西晋中和平遥、山东即墨、重庆南岸区等重大案件、事故发生地政府负责人。

加大打击文物犯罪力度。与公安部召开打击和防范文物犯罪工作研讨会议，全国公安机关文物犯罪立案数大幅增加；部署开展重点地区打击文物犯罪专项行动，联合督办河北清东陵连续被盗、四川眉山"5·1"特大盗掘倒卖文物、陕西淳化盗掘古墓葬等案件。两高公布的文物犯罪司法解释正式施行，与两高开展文物行政执法与刑事司法衔接机制研究。与中国海警局起草我国管辖海域文物执法工作办法及操作规程。

（六）持续拓展文物对外交流合作

加强与各国政府和国际组织合作。与沙特、希腊、印尼签署文化遗产领域政府间合作谅解备忘录，实施中国—东盟文博考古人才培训计划。"文物带你看中国"3D展示系统实现30个海外文化中心的全覆盖。国家文物局主要负责人首次作为中国政府代表出席保护濒危文化遗产国际会议，所提倡议受到与会各国积极响应。举办首届丝绸之路（敦煌）文化博览会丝绸之路文化遗产论坛，阐述中国文物保护理念和行动。与联合国教科文组织等共同举办国际博物馆高级别论坛，就博物馆社会责任、从业道德和技术标准展开讨论。

文物援外工作和境外合作考古项目稳步推进，成为文化领域"一带一路"建设的重要收获。援助蒙古辽代古塔抢险加固工程顺利完工，援助柬埔寨吴哥古迹茶胶寺、乌兹别克斯坦希瓦古城、尼泊尔加德满都九层神庙等保护项目有序推进，完成缅甸灾后蒲甘佛塔前期勘察评估。支持中国社会科学院考古所、故宫博物院、国家文物局水下文化遗产保护中心及陕西、湖南、云南相关文博机构在乌兹别克斯坦、印度、沙特、哈萨克斯坦、孟加拉国、老挝开展联合考古项目。

推动与港澳台文物交流合作。促成台湾佛光山收藏的河北幽居寺释迦牟尼佛首造像回归。举办两岸唐三彩暨低温釉陶学术研讨会和两岸唐三彩交流展，实现1949年运台文物首次来大陆展出。举办第七届海峡两岸文化遗产论坛，组织第三届台湾历史教师中华文化研习营。赴香港举办海上丝绸之路文物展。

（七）扎实做好文物保护基础工作

制度建设有新成果。制定《国家文物局贯彻落实〈法治政府建设实施纲要（2015～2020年）〉实施方案》，进一步完善《文物保护法》修订草案。出台《长城执法巡查办法》《长城保护员管理办法》《国保单位保护工程竣工验收暂行办法》，强化文物保护措施。修订《非国有博物馆设立标准》《非国有博物馆章程范本》，支持非国有博物馆发展。完成20项国家标准报审和12项行业标准制修订，颁布21项文物保护装备标准。

文物科技创新有新进步。召开全国文物科技工作会议，颁发文物保护科学和技术创新奖，落实创新驱动发展战略。实施国家科技支撑计划世界文化遗产地风险预控关键技术、文物数字化保护标准体系及关键标准研究与示范项目。新设7家国家文物局重点科研基地，支持浙江文物保护区域创新联盟、陶质彩绘文物保护和物联网建设技术创新联盟开展科技攻关。建设国家文物保护装备产业基地和协同工作平台，实施文物保护装备产业标准化示范项目。

深入实施文博人才培养"金鼎工程"。举办各级各类培训项目55个，培训各类人才3300人次。举办西藏、新疆生产建设兵团文博干部和西北、西南地区国保单位保护管理培训班，帮扶西部地区基层文博单位培养人才。完成全国文物与博物馆专业学位研究生教育指导委员会换届工作，实施高层次文博行业人才提升计划。4人入选文化部青年拔尖人才培养计划，编撰纸质、纺织文物保护概论，制作文博名家视听教程。

文物宣传工作主动性明显提高。成功举办国际博物馆日内蒙古博物院主会场活动、中国文化遗产日承德主场城市活动。围绕全国文物工作会议、长征文物保护、长城保护等开展系列主题宣传活动，加大新闻发布和信息公开力度，加强官网、微博、微信新媒体建设，主动回应社会关切，加强热点舆情监测，引导社会舆论，收到良好效果。

上述成绩的取得，得益于党中央、国务院的坚强领导，也得益于中央国家机关相关部门的大力支持，得益于各级党委政府的高度重视，得益于社会各界的广泛参与，更离不开广大文物工作者的辛勤付出。在此，我谨代表国家文物局表示衷心感谢！

必须清醒看到，当前文物工作还存在一些突出问题：对文物工作与经济社会发展关系的认识有待深化；一些法律法规和政策措施的落实还不到位；文物保护项目储备不足，部分文物保护工程实施进度不尽理想；一些地方一般不可移动文物消失势头尚未得到有效遏制，文物违法犯罪仍时有发生；让文物活起来的办法还不够多，文物资源的社会作用尚未充分发挥，促进民间文物收藏的政策措施尚不完备；文物系统改革还需深化，事中事后监管亟待加强，治理能力和水平有待提高。对此，我们必须切实增强忧患意识和担当意识，下更大力气加以解决。

二、2017 年工作任务

2017 年将召开党的十九大，这是党和国家政治生活中的一件大事。全国文物系统要以学习贯彻十九大精神为指引，坚持稳中求进工作总基调，认真抓好各项工作。2017 年文物工作的基本思路是：深入学习贯彻党的十九大和习近平总书记关于文物工作重要指示批示精神，全面落实国务院《指导意见》和全国文物工作会议精神，切实加大文物保护力度，让文物活起来落实落地，突出重点，克难攻坚，努力开创文物工作新局面。

（一）着力做好文物领域事关全局的重点工作

继续落实国务院《指导意见》，拓展深化中央巡视整改成果。要把《指导意见》贯彻落实与中央巡视整改落实结合起来，协同推进，形成合力。要对照国务院《指导意见》分工方案，进一步明确关键性政策举措和重大项目的牵头部门、完成时限和具体措施，加强督促检查，确保落实到位。要对中央巡视反馈意见的 49 项中长期整改措施，紧盯不放、跟踪问效、确保整改到位。坚持不懈贯彻执行中央八项规定，强化标本兼治，巩固整改成果，逐步建立全面从严治党和作风建设长效机制。要在文物登录制度、社会参与、将文物工作纳入政绩考核等方面总结经验、细化实化制度安排；在文物保护补偿办法、民间收藏等方面要加强调研、积极会商，尽快拿出实施方案，有条件的出台政策文件；在如何回答努力走出一条符合国情的文物保护利用之路方面，要组织力量、深入研究。

积极推进中华优秀传统文化传承工程。全面实施国家文物事业发展"十三五"规划，加强对重大项目和重大工程实施的组织、协调和督导。全面推进国家记忆工程，依托文物建筑、文化典籍等文物资源，通过体现中华优秀传统文化、革命文化和社会主义先进文化的代表性文物，建立全民共识的国家精神标识。全面开展"互联网＋中华文明"三年行动计划，按照有利于全社会参与文物保护、有利于提供多样化的文化产品与服务、有利于中华文明传播与弘扬的原则，遴选一批示范项目、示范基地，建设一批示范园区，构建双创服务体系，发挥中央财政资金的引导作用，调动文博单位、市场主体的积极性和创造性，促进文化消费。

深入推进文物领域"放管服"改革。优化文物行政审批工作，更新行政审批事项服务指南，加强事中事后监管。全面推行文物保护监督检查"双随机一公开"监管方式，完善国家文物局

"一库两清单一细则"。全面推进政务信息公开，加快文物部门决策、执行、管理、服务、结果公开和重点领域信息公开及共享。

全面总结第一次全国可移动文物普查。报请国务院核定公布普查数据和普查成果，召开普查总结表彰大会，表彰一批普查先进集体和个人。印发第一次全国可移动文物普查登录数据管理办法，编印普查工作报告和收藏单位名录，公布一批符合公开条件的普查数据，向社会公众提供查询服务。

（二）着力发挥文物保护重大项目的引领作用

全面实施长城保护计划。编制实施长城保护总体规划大纲和省级长城保护规划，印发长城保护维修工程规范性文件。实施一批长城修缮、抢险加固和保护设施建设项目，建设一批长城保护展示示范区。开展长城沿线基层保护管理机构负责人和长城保护员、长城志愿者培训。加强长城基础研究和长城精神宣传教育，组建国家级长城保护研究中心。

实施长征——红色记忆工程，全面提升革命文物保护展示水平。编制《长征文化线路保护专项总体规划》，指导地方政府提升长征文物保护等级，加强长征文物保护展示，开展长征文化线路红色旅游。结合纪念建军90周年、抗战全面爆发80周年系列活动，实施革命旧址保护修缮三年行动计划和馆藏革命文物修复计划，推出一批弘扬革命精神、彰显社会主义核心价值观的专题展览。

开展"考古中国"重大研究，全面推进大遗址保护。以良渚等遗址为重点，深入研究展现早期中华文明的多元一体格局；以殷墟等遗址为重点，深化夏商周考古工作，揭示早期中国整体面貌。以河套地区聚落与社会、长江中上游文明进程、长江下游区域文明模式研究为重点，继续推进区域文明化进程研究。指导西安、洛阳开展预防性考古工作，理清城市发展脉络，为城市历史研究和规划建设奠定科学基础。

启动第八批国保单位申报工作，制定申报方案和工作标准，重点关注革命文物、新中国成立以来重要文物及文化景观、文化线路、工业遗产等文物类型。

全面总结推广世界文化遗产保护管理经验，提升文物保护管理能力和水平。积极争取"鼓浪屿·历史国际社区"项目成功申遗，推进"海上丝绸之路·中国史迹"保护与申遗，加强良渚遗址申遗前期准备工作。举办中国首批世界文化遗产列入《世界遗产名录》30周年纪念活动。

加强可移动文物保护，开展馆藏珍贵文物病害分析与健康评估，完成一批馆藏珍贵文物和重要出土文物的保护修复项目，推进馆藏文物保存条件达标和标准化库房建设工程。开展2011—2016年度文物保护修复项目实施情况评估工作，完善文物藏品管理制度。

（三）着力拓展让文物活起来的途径

完善博物馆免费开放工作机制。积极会商中宣部、财政部，扩大补助范围，提高补助标准；开展2011—2016年度博物馆免费开放情况评估，出台博物馆免费开放绩效考评管理制度，探索对免费开放博物馆实行动态管理。推动博物馆青少年教育功能提升，建立博物馆青少年教育项目库，创建博物馆青少年教育活动项目品牌，扩展博物馆教育示范点建设。推进博物馆资源馆际交流共享机制建设，支持红军长征类博物馆成立全国专题博物馆联盟。

促进文物保护单位开放利用。完善古建筑开放利用规程，编制儒家文化建筑遗产保护利用导则，指导大遗址后续保护利用，提升古建筑、古遗址展示利用水平。出台近现代建筑保养维护工程技术规程、革命旧址和抗战文物保护利用导则，拓宽近现代文物展示利用方式。

鼓励社会力量参与。研究制定社会力量参与文物保护利用规范性文件。支持各方力量参与"互联网＋中华文明"三年行动计划，支持各类企业和机构利用文物资源进行文化产品创意开发，丰富文化供给。遴选第二批全国博物馆文创产品开发试点单位，将试点范围扩大至地市级博物馆。召开全国文博单位文化创意产品开发工作推进会，建设全国博物馆文化创意产品资源库和产品库。

扩大文物对外交流合作。加强与各国和国际文化遗产组织及机构合作。配合"一带一路"国家战略，继续做好援柬、援乌、援尼等文物保护修复项目，适时启动援缅文物抢救保护项目。做好涉外联合考古工作，主动设计面向中亚、南亚等周边国家的文物保护与合作考古项目。配合"海丝"申遗，策划赴意大利、德国、希腊"海丝"主题展览。配合纪念香港回归20周年活动，举办第三届海峡两岸及港澳地区文化遗产再利用研讨会。继续举办海峡两岸文化遗产论坛和台湾历史教师中华文化研习营，保持与台湾文化遗产领域机制性交流。

（四）着力提升文物工作管理水平

加强不可移动文物管理。完善文物保护工程管理体系，加大重点项目检查指导力度，提高文物保护工程质量；制修订国保单位保护规划编制要求、石窟寺安全稳定性评估技术导则、未定级不可移动文物保护管理导则。

加强博物馆管理。推进黑龙江、湖南、广西、西藏、新疆等省级博物馆提升改造工程及南海博物馆建设工程。实施边疆博物馆提升工程，改善市县级博物馆设施条件。开展第三批二、三级博物馆定级评估工作。印发关于进一步推动非国有博物馆可持续发展的指导意见，发布非国有博物馆法人财产权管理办法，建立非国有博物馆信息公开制度，将非国有博物馆纳入博物馆质量评价体系。印发2017～2019年文物保护标准制修订计划，发布12～15项行业标准。

强化社会文物管理。加强文物经营活动监管，建立文物经营主体信用信息公示系统和违法失信"黑名单"管理制度，督导查处违法违规经营行为。新设2～3家国家文物进出境审核管理机构，加强对自贸区、保税区的文物进出境管理与服务。制定涉案文物鉴定管理办法，编制文物鉴定规程、民间收藏文物鉴定管理办法。加强流失海外中国文物调查，充实流失海外文物数据库建设。

强化执法督察和安全监管。扎实推进文物法人违法案件专项整治三年行动，查处曝光一批法人违法典型案件。对部分长城沿线省份集中开展"再督察"，督促落实整改措施。开展全国省级文物行政执法情况评估和县域不可移动文物执法监测，组织国保单位执法监督在线巡查试点和区域性执法终端建设试点。继续实施文物平安工程,深入开展打击防范文物犯罪活动,建设中国被盗文物数据信息发布平台,不断完善高风险国保单位防火防盗防破坏设施。开展革命文物安全状况调研,启动全国文物安全大数据建设。

(五)着力加强文物保护能力建设

加强人才队伍建设。与相关部门共同印发加强文博人才工作的指导意见,召开全国文博人才工作座谈会。加强对文博类高等教育、职业教育的指导和支持,推动文博机构与高等院校搭建合作培养平台。支持社会力量参与文博人才培养,依托民办高校、中等职业技术学校和艺术学院,协同培养行业急需的勘探、修复、鉴定等技能型人才。加大革命老区、民族地区、边疆地区、贫困地区的基层文博人才培训力度。遴选第二批国家文物局文博人才培训基地,编制文物修复师职业相关标准。

加强文物科技创新。推动《文化遗产保护利用科技创新专项》列入国家重点研发计划。开展1~5批国家文物局重点科研基地运行情况评估,组建1~2家创新联盟,培育行业重点科研基地进入国家重点实验室和国家工程技术研究中心序列。加强科技成果分类评价的制度性设计。发布文物保护装备产业化及应用五年行动计划,编制政府采购文物保护装备自主创新产品目录、文物保护装备推荐性产品目录,实施一批重点项目和示范项目。

强化文物宣传引导。组织党的十八大以来文物工作成就系列报道。做好国际博物馆日全国主会场、中国文化遗产日主场城市活动。加大新闻发布和信息公开力度,加强网络舆情监测工作。打造文物系统网络新媒体矩阵,开展文博知识普及,推出以世界文化遗产为主题的文化遗产公开课,开展社会力量参与文物保护利用专题宣传活动。编纂《中国文物志》是全国文物系统的一项重要任务,各地要切实把文物志的编纂纳入年度重点工作,确保初稿编纂的全面完成。

加强和改进作风建设。全国文物系统要切实加强党的建设,牢固树立四个意识,构建全面从严治党长效机制。各级文物部门要提高大局意识、服务意识,加强能力建设,抓住事关全局的难点、热点问题深入实际开展调研,提出有针对性的对策建议。

三、对当前文物工作的几点思考

随着工业化、信息化、城镇化、农业现代化同步发展,我国的发展理念、社会结构、利益格局和消费需求正在发生深刻变化,文物工作也面临不少新情况、新问题。这些都需要我们积极思考、深入研究。

(一)文物工作要服务国家经济社会发展大局

文物工作是文化建设的重要组成部分,是"五位一体"总体布局和"四个全面"战略布局的重要内容,在党和国家的工作大局占有十分重要的地位。我们必须牢固树立高度自觉的大局意识,切实把文物工作放到党和国家工作大局中谋划与推进。

服务大局,在政治上必须坚决维护以习近平同志为核心的党中央权威,进一步增强"四个意识"特别是核心意识、看齐意识，进一步在思想上、政治上、行动上同党中央保持高度一致。全国文物系统要把坚决贯彻落实党中央决策部署作为一项重大政治责任，把习近平总书记系列重要讲话和重要指示批示精神作为做好文物工作的根本遵循，谋划在前，主动作为，把文物工作与地方经济社会发展结合起来，找准促进经济社会发展的着力点，找准文物事业改革发展的突破点，努力探索走出一条符合国情的文物保护利用之路。

服务大局，在工作上必须全面落实国务院《指导意见》和全国文物工作会议的部署要求。《指导意见》和全国文物工作会议提出了一整套符合实际、利于发展的政策举措，各地相继出台了具体实施意见。2017年是贯彻落实《指导意见》和全国文物工作会议精神的关键一年。各级文物部门要以深入学习贯彻习近平总书记重要指示精神为统领，针对《指导意见》和全国文物工作会议提出的任务要求，层层落实、一抓到底，确保各项任务落到实处、见到实效。

服务大局，在理念上必须促进文物保护成果更多惠及人民群众。无论是在文物修缮和考古发掘等项目中，还是在名城名镇、历史街区和传统村落等保护中，都要坚持以人为本，都要获得人民群众的理解、参与和支持，只有这样，我们各项工作才能推进更快、取得成效。要把文物保护与民生改善、扶贫攻坚相结合，对于仍在居住的传统民居、乡土建筑的保护维修给予更多支持；在做好文物本体保护的同时，还要科学划定文物保护区划，完善文物保护基础设施，改善文物周边环境和居民生活条件，让广大人民群众共享文物保护成果。

服务大局，必须在全社会形成保护文物是全社会的共同责任和公民的法律义务的共识。要让文物保护成果惠及全社会和广大民众，促使大家明白文物保护不仅是政府的事，而且是广大民众的事，是与每个人的利益密不可分的。2016年文物工作取得的成绩，关键是习近平总书记、李克强总理和中央领导同志的重视、关心和支持；关键是各级党委政府牢固树立核心意识、看齐意识，切实把文物工作摆上重要议事日程，主要领导听取专题汇报，专门研究文物工作，出台政策文件，这都是前所未有的。实践证明，只有充分发挥党委统揽全局、政府主导、社会参与的制度优势，才能做好新时期文物工作。

（二）做好文物合理利用，切实让文物活起来

近年来，我们在文物合理利用方面做了很多有益探索，但与党中央的要求、与人民群众的期待还有较大差距。贯彻落实好习近平总书记"让文物活起来"的重要指示是一项长期任务，不仅要在政策、机制上有所突破，而且要在管理、实践中有所创新。当前，我们在文物合理适度利用上已经形成共识，但是对如何切实让文物活起来还缺乏具体方法、工作标准、配套措施和有效途径，需要抓紧研究、大胆探索、勇于推进。

要深入挖掘文物资源的价值内涵。文物是不可再生的珍贵资源和精神财富，具有多重价值，能够在诸多方面发挥十分重要且不可替代的积极作用。一切利用都必须建立在对文物价值的深入研究、准确把握的基础之上，有利于增进公众对文物的正确认识和全面理解、促进文化遗产保护

传承，有利于突出中华文明历史文化价值，有利于体现中华民族精神追求，有利于向世人展示全面真实的古代中国和现代中国。要深入开展系统研究，不断加深对中华文明悠久历史和宝贵价值的认识，进一步阐发中华文明形成发展的历程、机制和特征。要依托文物资源所蕴含的文化内涵、道德滋养和时代价值，以通俗易懂、喜闻乐见的展示阐释方式，传承中华优秀传统文化，弘扬社会主义核心价值观，发挥公共文化服务功能，唤醒历史记忆，汲取精神能量，汇聚发展力量。

要进一步加大文物资源开放共享力度。开放是文物资源公益性的基本体现，也是文物为社会提供公共服务的主要形式，文物资源要让公众了解、为公众服务，文物合理利用要让公众参与。要用好用活第三次全国文物普查和第一次全国可移动文物普查数据，加强不可移动文物、考古发掘品、馆藏文物、文物展览、文物拍卖等数据资源开放，促进资源、创意、产品共享。要提高馆藏文物展示利用率，建立馆藏资源共享机制，打破博物馆地域、级别、属性限制，开展联展、巡展、借展，充实中小博物馆、非国有博物馆的基本陈列和专题陈列。各级文保单位要尽可能向公众开放，经保护修缮的文保单位应当具备开放展示条件，推动有条件的行政机关、企事业单位、军队管理使用的国有文保单位定期或部分对公众开放。各级文物部门要把开放工作纳入日程，把文物系统外、非国有文保单位的开放纳入管理视野。

要坚持分类指导、有序推进。文物合理利用问题十分复杂，因为文物类型多样，加之文物分布不平衡、地域和自然条件差异，决定了文物合理利用的方式、目标、程度都会有所不同。因此，必须分类施策、精准管理，探索不同类型文物合理利用的实现途径。各地要因地制宜、区别对待，进行差别化试点，大胆探索可复制、可推广的经验。各级文物部门要在理论研究和实践探索的基础上，制定完善文物合理利用的相关政策、制度、标准、规范，使文物合理利用工作积极稳妥地推进。

（三）规范引导民间收藏，支持非国有博物馆发展

当前，随着经济社会发展和文化消费需求增长，民间收藏文物活动已经成为社会关注的热点。2016 年，我们开展了文物市场和文物鉴定专题调研，召开了系列座谈会。通过调研发现，民间收藏和文物市场日趋活跃，但也存在一些不容忽视的问题：文物经营准入门槛过高，文物市场鱼龙混杂、诚信缺失，专业鉴定服务供给短缺，规范引导不到位等。

针对民间收藏热的持续升温，我们要研究借鉴国外民间文物收藏和文物市场管理经验和成功做法，探索适合我国国情的民间文物收藏和流通机制。要以满足公众基本文物收藏鉴赏需求为导向，以解决文物市场和文物鉴定服务不规范问题为突破口，一手抓鼓励，一手抓管理，进一步厘清政府与市场、企业、社会的关系，进一步营造健康有序、守信自律的文物流通环境。

要拓宽文物流通渠道，鼓励民间合法收藏文物，鼓励文物市场活跃有序发展。改革文物拍卖分类管理制度，准许文物拍卖企业全门类拍卖文物。放开互联网文物经营限制，支持取得资质的机构依法从事互联网文物经营活动。优化文物商店、文物拍卖企业从业条件，降低文物经营准入

门槛，扩大合法文物经营主体数量。

要增加文物鉴定服务的有效供给，支持更多国家进出境文物审核管理机构、涉案文物鉴定机构和文博单位面向社会提供专业化、常态化的社会文物鉴定服务。研究制定民间收藏文物鉴定管理制度，规范社会机构的文物鉴定行为，遏制虚假文物鉴定乱象。加强文物鉴定程序、技术标准、操作规程和科技手段的推广运用，不断提高鉴定标准化、规范化水平。发挥相关社会组织的作用，加强行业自律，净化发展环境。

要加强文物市场联合执法，建立多部门协作监管机制，推进综合监管，探索审慎监管；打击犯罪行为，整治违法行为，惩戒失信行为，查处虚假鉴定、恶意欺诈行为，建立文物市场守法信用记录制度。加强正面引导，提示风险、澄清是非，倡导理性收藏理念。

对于支持非国有博物馆的发展，各级文物部门要贯彻落实《博物馆条例》，将非国有博物馆纳入管理视野和公共文化服务体系，公平对待非国有博物馆，指导非国有博物馆建章立制、规范运行。鼓励非国有博物馆备案登记的文物公开展出，在不进入流通环节的前提下发挥文物资源的公共服务功能。

（四）统筹推进文物系统改革

党的十八届三中全会以来，我们围绕文物系统改革做了大量工作，特别是文物行政审批制度改革取得阶段性成果。但是也要看到，文物部门在转职能、提效能方面还有很大空间，还存在一些已出台改革措施尚未完全落实、相关措施不配套不协调等问题，文物系统深化改革任务仍然十分艰巨。对于文物系统深化改革来说，解放思想、提高认识是首要的。思想不解放，就很难增强改革的自觉性和主动性，很难找准改革突破的切入点，很难采取并推进突破性的改革举措。

要进一步深化"放管服"改革。加强放管结合是当务之急。国家文物局要加强对改革进展的督导，提高事中事后监管的针对性和有效性。地方文物部门特别是省局要熟悉承接的审批事项，完善实施细则，规范行使权力，提高服务质量。各级文物部门要推动规范化审批，提高审批效率，所有审批事项要有规范的标准，程序上简约、管理上精细、时限上明确。要研究进一步取消下放文物行政审批和行政许可项目，进一步明确文物部门的发展定位和职能定位，进一步规范文物部门的权力清单和责任清单。

要探索管理模式创新。改革的方向是清晰的，作为国务院文物行政主管部门，国家文物局的主要任务是管方向、管政策、管评价、管引导，应把有限力量和更多精力放在开展调查研究、完善法律政策、制定发展规划、立标准出规范、执法督察、示范引领上，文物保护工程项目审批范围应放在重大工程和示范项目上。地方文物部门特别是省局要发挥上传下达的中枢作用，提升管理能力，加强服务意识，激发文博单位的内在活力和支撑作用。各级文物部门要把加强制度建设、健全政策措施摆在突出位置，加快形成系统完备、科学规范、运行有效的文物保护利用制度体系。推动政务信息系统互联和公共数据共享，建设综合管理平台，充分发挥政务信息化和信息资源共享在深化改革、转变职能、创新管理中的重要作用。探索"互联网+"监管模式，畅通"社会共治"监管渠道，加强宏观管理，拓展社会服务，提高办事效率，提高工作质量，努力实现文物工作治理能力现代化。

（五）切实提高抓大事的能力

我国文物资源点多面广量大，文物工作具有特殊性、复杂性、紧迫性，具有自身发展规律。目前，我们的认知能力、管理能力有限，现有法规政策体系不完备，文物机构编制队伍势单力薄，保护责任和工作能力不匹配，这就要求我们从实际出发，区分责任，传导压力，提高各级文物部门的大局意识、责任意识和管理能力，调动各方积极性。国家文物局、省级文物局、市县文物保护管理机构和人员都要清晰了解自己的职责，切实负起责任，把工作做实做细，不能人人有责而人人不负责。国家文物局要抓的大事，首先是贯彻落实好党中央、国务院关于文物工作的决策部署和中央领导同志重要指示批示精神，当前重中之重就是如何进一步研究落实习近平总书记关于文物工作的重要指示批示精神，如何积极探索符合国情的文物保护利用之路，如何进一步贯彻落实全国文物工作会议精神和国务院《指导意见》。其次是切实落实好《文物保护法》《博物馆条例》《长城保护条例》等法律法规，不断探索建立完备的文物保护法规政策体系。第三是加强能力建设，提升管理水平，回应社会关切。省级文物局要抓的大事，一是依法履行文物行政管理职责，包括落实国家文物局的部署；二是根据省情确定管理思路和管理规划；三是抓好各项任务的落实。总之，文物工作做得好与不好，关键在省局。

同志们，努力走出一条符合国情的文物保护利用之路，责任重大、使命光荣。让我们紧密团结在以习近平同志为核心的党中央周围，紧紧围绕"五位一体"总体布局和"四个全面"战略布局，以锐意进取的精神、敢于担当的干劲和稳健务实的作风，全面推进2017年各项任务，奋力谱写文物工作新篇章，以优异成绩迎接党的十九大胜利召开。

雒树刚在第十二届全国人民代表大会常务委员会第三十一次会议上关于文化遗产工作情况的报告

（2017 年 12 月 23 日）

受国务院委托，我向全国人大常委会报告我国文化遗产工作有关情况，请审议。

文化遗产是指人类创造并遗留、流传下来的具有历史、艺术和科学价值的文化财富，包含物质文化遗产和非物质文化遗产两大类。

在 5000 多年历史进程中，中华民族创造了丰富多彩、弥足珍贵的文化遗产。这些文化遗产承载灿烂文明，传承历史文化，是中华民族的精神标识，是我们国家的文化名片，也是人类文明的瑰宝。保护好、传承好、利用好文化遗产，对于增进民族团结、凝聚人民力量、维护国家统一及社会稳定具有重大意义；对于培育巩固发展文化自信、建设中国特色社会主义文化、铸就中华文化新辉煌具有重大意义；对于满足人民日益增长的美好生活需要、推动经济社会发展、增强国家文化软实力具有重大意义；对于维护世界文化多样性和创造性、推动构建人类命运共同体具有重大意义。

党的十八大以来，以习近平同志为核心的党中央高度重视文化遗产工作。习近平总书记多次就保护弘扬中华优秀传统文化发表重要讲话，作出重要指示批示。党的十九大报告提出"加强文物保护利用和文化遗产保护传承"的任务。这些重要论述和决策部署，为我们做好文化遗产工作提供了根本遵循。

下面，我从三个方面汇报文化遗产工作有关情况。

一、我国文化遗产工作取得的成效

近年来，特别是党的十八大以来，国务院及有关部门深入贯彻落实中央决策部署，推动文化遗产工作取得了新进展：文化遗产工作体系已经基本形成，属地管理、分级负责的管理模式渐趋成熟，思路和理念更加清晰，法律法规和政策体系更加完善，保护利用传承发展水平不断提高，形成了中国经验；全社会关注程度极大提升，保护意识明显增强；文化遗产快速消失势头得到遏制，安全保障程度得到有效提升，重点文化遗产资源保护和传承状况明显改善，合理利用稳步推进。

文化遗产工作在传承中华优秀传统文化、弘扬社会主义核心价值观、提升国民素质和社会文明程度、服务经济社会发展、促进中外人文交流中的作用日益明显。具体开展了以下工作：

（一）加强立法、普法和执法，推动文化遗产工作在法治轨道上运行

深入贯彻依法治国方略，把法治建设作为推进文化遗产工作的重中之重。一是健全法律法规和政策体系。《中华人民共和国文物保护法》（以下简称《文物保护法》）和《中华人民共和国非物质文化遗产法》（以下简称《非物质文化遗产法》）为文化遗产工作提供了重要法律保障。国务院制定了《中华人民共和国文物保护法实施条例》《传统工艺美术保护条例》《历史文化名城名镇名村保护条例》《长城保护条例》《博物馆条例》等行政法规。文化部等部门颁布了一系列部门规章。绝大多数省（区、市）出台了关于文化遗产的地方性法规。与此同时，国家不断完善相关政策，出台了实施中华优秀传统文化传承发展工程、加强文物工作、强化文物安全工作、支持戏曲传承发展、振兴传统工艺、推动文化文物单位文化创意产品开发等方面的文件。

二是积极参与制定和履行相关国际公约。参与《保护非物质文化遗产公约》等国际公约制定，发出中国声音，贡献中国智慧。对于我国已经加入的相关国际公约，各有关部门切实履行相关义务，并按时提交履约报告。

三是加强普法宣传。把相关法律法规作为文化领域普法的重要内容，并结合文化和自然遗产日、国际博物馆日等主题活动加大宣传力度。

四是加强执法和执法监督。2012 年，配合全国人大常委会进行《文物保护法》执法检查。2016 年，文化部组织了《非物质文化遗产法》贯彻落实情况检查。文物等有关部门加大执法力度，多次开展专项行动。

（二）推进文化遗产资源普查，完善保护名录体系

为进一步摸清家底，明确保护重点，开展了以下几项工作。

一是开展文物普查。在第一次、第二次全国文物普查基础上，组织开展第三次全国文物普查和第一次全国可移动文物普查，两次普查登记不可移动文物近 76.7 万处、国有可移动文物约 1.08 亿件／套。目前，正在推进全国古籍普查登记、美术馆藏品普查、水下文化遗产调查，已取得阶段性成果。

二是开展第一次全国非物质文化遗产资源普查。该普查在 10 部民族民间文艺集成志书编纂出版工作基础上进行，历时 4 年，共投入人员 50 万人次，登记资源总量近 87 万项。此外，还完成了地方戏曲剧种普查。

三是分门别类建立保护名录。建立了多层级的文物和非物质文化遗产保护名录，国家、省级珍贵古籍和古籍重点保护单位名录，历史文化名城名镇名村名录和传统村落名录。目前，国务院公布了七批全国重点文物保护单位共 4296 家、四批国家级非遗代表性项目共 1372 项、五批国家珍贵古籍 12274 部、全国古籍重点保护单位 180 家、国家历史文化名城 133 座、文化部认定四批

国家级非遗代表性项目代表性传承人共 1986 人，住房和城乡建设部、国家文物局公布中国历史文化名镇 252 个、名村 276 个，住房和城乡建设部、文化部等七部门认定传统村落 4153 个。开展了中国重要农业文化遗产项目和中华老字号的认定工作，农业部认定中国重要农业文化遗产项目 91 个，商务部认定中华老字号 1128 家。

四是积极推动联合国教科文组织相关遗产名录申报工作。大运河、丝绸之路等项目被列入《世界遗产名录》，目前我国世界遗产总数达到 52 项，居世界第二。珠算、二十四节气、中医针灸等项目入选《人类非物质文化遗产代表作名录》，目前我国入选非物质文化遗产相关名录项目总数达 39 项，居世界第一。

（三）着力加大物质文化遗产保护力度，促进合理适度利用

国务院及有关部门坚决贯彻推动文物保护由抢救性保护为主向抢救性与预防性保护并重转变、由文物本体保护为主向文物本体与周边环境保护并重转变的文物工作理念，重点开展了以下工作。

一是加强不可移动文物保护。实施了平安故宫等一大批重点工程项目。进一步加强对长城、革命文物、大运河、大遗址的保护。二是加强可移动文物保护。五年来，累计完成可移动文物修复和博物馆藏品预防性保护项目 1000 余项，修复文物 4 万余件。

三是提升考古发掘保护能力。2013 年以来共实施考古发掘保护项目 3000 余个，取得重大发现。

四是着力加强文物安全工作。落实文物安全责任制，开展全国文物安全状况大排查和专项整治行动。持续加大文物违法犯罪打击力度。2013 年以来海关共查获非法进出境文物 1.2 万余件。

五是努力发挥文物资源促进经济社会发展、惠及民生的积极作用。启动"互联网＋中华文明"行动计划。全国博物馆每年举办展览 3 万多个，开展约 11 万次专题教育活动，2016 年参观人数约 9 亿人次。博物馆、图书馆、美术馆和文化馆（站）等策划推出一批精品展览展示活动，开发了一批优秀文化创意产品。许多重点文物保护单位和博物馆已成为地方旅游业发展的重要品牌和依托。

六是全面推开古籍保护工作。加强古籍修复中心建设，已累计修复古籍超过 270 万叶。

（四）以保护传承的实践、能力、环境为着力点，不断提升非物质文化遗产工作水平

见人见物见生活的工作理念逐步确立，相关保护工作机制不断健全。着重开展了以下工作。

一是不断完善管理制度。逐步建立代表性项目、代表性传承人、文化生态保护区等制度。

二是着力增强传承活力。中央和地方财政对代表性传承人传习活动给予补助。实施中国非物质文化遗产传承人群研修研习培训计划，已培训 4.8 万人次，扩大了传承队伍，提高了传承能力。

三是开展分类保护。实施《中国传统工艺振兴计划》，推动传统工艺在现代生活中得到新的广泛应用。实施中国传统节日振兴工程，精心组织重要节庆活动。鼓励各地发展特色文化产业，实现活态传承和经济发展双赢。实施中华老字号保护发展工程，努力提升传统产业质量水平。研究

口头传统和表演艺术类项目保护传承的系统政策措施。实施戏曲振兴工程，推动戏曲活起来、传下去、出精品、出名家。支持传统戏剧表演团体排演传统剧目。

四是对急需保护的非物质文化遗产项目和传承人进行抢救性保护。启动实施非物质文化遗产记录工程，目前已对 839 位国家级项目代表性传承人开展了抢救性记录。

五是对非物质文化遗产及其孕育发展的环境进行整体性保护。文化部设立了 21 个国家级文化生态保护实验区，各省（区、市）共设立了 146 个省级文化生态保护区，努力实现"遗产丰富、氛围浓厚、特色鲜明、民众受益"的建设目标。

（五）不断完善历史文化名城名镇名村和街区的保护机制，保护区域性历史风貌对历史文化名城名镇名村和街区的保护逐步迈入构建保护、传承、发展体系的新阶段。主要开展了以下工作。

一是持续加大历史文化名城名镇名村保护力度。推动入选名录的名城名镇名村按照相关规划要求努力保持传统风貌和地域特色。

二是加快推进历史文化街区划定和历史建筑确定。截至 2017 年 10 月底，共划定历史文化街区 743 片，确定历史建筑 1.66 万处。

三是实施中国传统村落保护工程。中央财政对列入名录的传统村落给予补助，目前已支持 3150 个村落。实施国家级和省级文物保护单位集中成片传统村落保护利用项目。目前，传统村落的生产生活条件明显改善，有的成为美丽宜居典范。

四是推进传统民居保护。建立传统建筑挂牌保护制度。组织田园建筑示范工作，带动一批建筑师、艺术家参与乡村建设。

五是强化风景名胜区的规划建设管控。做好风景名胜区规划与文物保护单位等规划的衔接，促进自然与文化遗产协同保护。

（六）多措并举推动文化遗产的研究阐释和宣传普及，使优秀传统文化更加深入人心注重从研究阐释和宣传普及环节发力，推动形成人人了解文化遗产、保护文化遗产的生动局面。

一是实施一批重点研究项目。中华文明探源等工程对中华文明起源和早期发展阶段进行了系统研究。考古中国、传统建筑技术、节日志、史诗百部工程等项目有序推进。

二是加强梳理阐发。推进古籍整理和影印出版。编纂《中华传统文化百部经典》等系列文化经典。

三是发展壮大文化遗产研究工作机构。目前，全国有文物科研机构 122 家，考古发掘资质单位 80 家。人文社科重点研究基地建设扎实推进。

四是积极组织宣传展示活动。举办国际博物馆日、文化和自然遗产日主场城市活动，每年覆盖受众上亿人次。五年来，全国开展非物质文化遗产展示宣传活动 32 万场次，受众 5.4 亿人次。中国成都国际非物质文化遗产节、中国非物质文化遗产博览会等节会注重面向基层、面向群众。系统深入地开展面向青少年的普及教育。推动优秀文化遗产内容进课程、进教材、进课堂，推进戏曲进校园。

五是利用各种媒体传播文化遗产知识和信息。报刊、广播、电视台、网站等推出《中国诗词大会》《致我们正在消逝的文化印记》《我在故宫修文物》《中国巧姑娘之黄道婆》《粉墨宝贝》等一批深受欢迎的节目、栏目。

六是鼓励社会力量参与。非国有博物馆占全国博物馆总数超过四分之一。社会各界捐献文物、给予资助的热情不断高涨。相关社会组织、志愿者队伍稳步壮大。

（七）积极推动对外和对港澳台文化遗产交流合作，努力扩大中华文化的凝聚力、影响力不断深化文化遗产领域对外和对港澳台交流合作，很多项目成为文明交流互鉴的亮丽名片。

一是加强政府间交流互动。在文物领域，与50个国家签署双边协定或合作谅解备忘录。成功与哈萨克斯坦、吉尔吉斯斯坦联合申报"丝绸之路"世界遗产。五年来，文物出境展览近300个、入境展览100多个。在非物质文化遗产领域，与蒙古等国联合申报人类非物质文化遗产代表作，与泰国、日本、英国开展交流。

二是深化"一带一路"国际交流。建设"一带一路"文化遗产长廊，成立丝绸之路国际博物馆联盟，举办丝绸之路（敦煌）国际文化博览会、丝绸之路国际艺术节等品牌活动。积极推进文物保护援外工程，成为文化外交的新亮点。

三是文化遗产对外展示传播渠道日益拓宽。我国已建成的35个海外中国文化中心和512个孔子学院多次举办文化遗产主题活动。

四是与国际组织的合作更加密切。积极参加并承办联合国教科文组织有关会议，参与创立濒危文化遗产国际保护基金。联合国教科文组织在我国设立了亚太地区世界遗产培训与研究中心和非物质文化遗产国际培训中心。

五是与港澳台地区的文化遗产领域交流增进了文化认同。故宫博物院支持香港筹建香港故宫文化博物馆，两岸非物质文化遗产月等活动成功举办。

（八）不断强化基础性工作，为文化遗产保护传承利用提供有力支撑着力加大经费、人才、科技等方面保障力度，夯实文化遗产工作基础。

一是不断增加财政投入。2013年以来，中央共安排文化遗产保护相关资金约656亿元，其中安排资金525.9亿元用于支持全国重点文物保护单位维修保护、中央级文博单位免费开放、非物质文化遗产保护等工作；中央预算内投资已安排130多亿元，用于支持地市级博物馆等公共文化设施、国家级文化和自然遗产保护利用设施、全国红色旅游经典景区基础设施等项目建设。各级地方政府也加大了投入。

二是持续加强人才队伍建设。加强文化遗产学科建设，目前相关本科专业点共有251个，在校生总数约3.6万人。许多高校的艺术类专业也培养了传统艺术传承发展人才。实施了文博人才培养"金鼎工程"和戏曲艺术人才培养"千人计划"。

三是建立健全相关协调和评估工作机制。分别建立了文物安全、古籍、非物质文化遗产等工作协调机制。努力建立健全文化遗产工作绩效评估制度。

四是文化遗产科技工作进入新阶段。建立了文物保护国家工程技术研究中心，设立了古籍、非物质文化遗产领域的文化部重点实验室。文物预防性保护科技取得进展，文物保护修复共性、关键技术填补部分行业空白，天空地一体化遥感考古等技术取得突破，技术标准群初步形成。

总体来说，文化遗产工作成效显著。这些成绩的取得，最根本的在于以习近平同志为核心的党中央的坚强领导，在于习近平新时代中国特色社会主义思想的科学指导。在具体工作中，我们努力做到：

一是坚持正确方向，高举中国特色社会主义伟大旗帜，牢牢把握社会主义先进文化前进方向。

二是坚持服务大局，自觉将文化遗产工作纳入党和国家工作大局来谋划和推动，主动服务中央重点工作和国家重大战略。

三是坚持科学态度，努力推动中华优秀传统文化创造性转化、创新性发展。四是坚持依法保护，完善文化遗产法律法规体系，推进贯彻落实。

五是坚持以人民为中心的发展思想，推动文化遗产保护利用融入人民群众生产生活，不断增强人民群众的参与感、认同感、获得感。

六是坚持改革创新，不断更新工作理念，完善管理体制机制，创新保护利用方式方法，提升文化遗产工作科学化水平。

二、当前文化遗产工作面临的形势

当前，中国特色社会主义进入新时代，文化遗产工作面临着前所未有的机遇，具有良好的外部条件：

一是党中央国务院高度重视，做出顶层设计，为文化遗产工作提供了根本遵循。

二是我国经济持续保持中高速增长，国家整体实力更加雄厚，为文化遗产工作提供了坚实的物质保障。

三是社会各界高度关注，保护意识不断增强，为文化遗产工作营造了良好的社会氛围。

四是高新技术快速发展，为文化遗产工作提供了新渠道、新手段。

与此同时，我们清醒地认识到，文化遗产工作面临着严峻的挑战：

一是工业化城镇化现代化加速推进，对一些古建筑、古遗址、工业遗产等文物的安全和一些非物质文化遗产的生存发展带来冲击，也对协调推进文化遗产工作与经济社会发展提出更高要求。

二是人民群众精神文化需求日益多元多样，了解保护弘扬中华优秀传统文化的意愿更加强烈，享有蕴含优秀传统文化内涵又具时代特征的优质文化产品的意愿更加强烈，对推动中华优秀传统文化创造性转化、创新性发展提出了更高要求。

三是我国文化遗产资源总量大、种类多、分布广，保护任务非常繁重，浩繁的资源与有限的保护利用传承发展能力的矛盾依然突出。

与新时代新要求新任务相比，文化遗产保护利用与传承发展工作存在的问题主要有：

一是对文化遗产的梳理和研究阐发有待加强。非国有文物等文化遗产状况尚未摸清。文化遗产统计制度不够健全。对文化遗产价值的挖掘还不够，对其蕴含的核心思想理念、传统美德、人文精神的研究阐释还不充分。

二是文物安全形势依然严峻。一些地方不可移动文物尤其是一般不可移动文物遭受破坏严重。一些地方在城乡建设中破坏文物本体和周边环境。文物遭受火灾、地震损害的危险依然存在。盗窃、盗掘文物的违法犯罪行为屡禁不止，打击任务依然很重。另外，传统村落自然衰败现象严重。一些馆藏文物和古籍、非物质文化遗产资料和实物的保存条件有待改善。对文物流通领域的监管有待进一步加强。

三是一些非物质文化遗产生存发展困难。由于自然和社会环境快速变化，一些非物质文化遗产找不到与现代生活的结合点，逐渐失去活力，面临消失危险。有的习俗失去传承发展空间，有的传统技艺后继乏人。

四是文化遗产工作与经济社会的融合有待加强。让文物和古籍资源"活"起来的水平有待提高，推动文化遗产资源创造性转化创新性发展的办法还不够多。有的文博机构展陈质量不高。一些地方传统村落保护水平低。

五是文化遗产保护管理的能力建设有待加强。法律法规和政策体系还不完善，一些地方对法律法规的贯彻落实不到位。现有机构和人员队伍与日益繁重的保护任务不相适应。保障机制不健全。社会力量参与的深度和有效性有待提高。科技的支撑作用没有充分发挥。

三、下一步文化遗产工作安排

做好文化遗产工作，功在当代，利在千秋。下一步，我们将全面贯彻落实党的十九大精神，以习近平新时代中国特色社会主义思想为指导，紧紧围绕统筹推进"五位一体"总体布局和协调推进"四个全面"战略布局，切实增强"四个意识"，坚定"四个自信"，落实新发展理念，以《文物保护法》《非物质文化遗产法》为遵循，按照《关于实施中华优秀传统文化传承发展工程的意见》部署，统筹好文化遗产保护与经济社会发展，在坚持保护的前提下推动文化遗产合理利用和传承发展，着力构建中华优秀传统文化传承体系，推动中华优秀传统文化创造性转化、创新性发展，为满足新时代人民群众的美好生活需要、建设社会主义文化强国、实现中华民族伟大复兴中国梦提供精神力量和文化支撑。重点抓好以下几个方面的工作：

（一）加强组织领导，完善工作机制，充分发挥政府和社会两方面的作用，推动形成有利于文化遗产保护利用和传承发展的工作格局

严格落实政府责任，将文化遗产工作列入重要议事日程。完善相关工作协调机制，在政策制定、项目实施、打击犯罪、法治建设等方面进一步形成工作合力。积极探索依托国家公园推进文

化遗产与自然遗产协同保护的有效机制。推进政府购买服务，优化政策环境，落实税收优惠政策，为社会力量参与提供支持引导。壮大文博志愿者队伍。鼓励社会力量看管不可移动文物。发挥专家学者在相关政策法规制定过程中的积极作用。

（二）切实加大文物保护力度，推进文物合理适度利用，使文物保护成果更多惠及人民群众，努力走出一条符合国情的文物保护利用之路

把文物安全放在首位，进一步落实责任，对不依法履行职责、决策失误、失职渎职导致文化遗产遭受损失的，依法追究直接责任人和有关领导责任。强化文物执法督察，严厉打击违法犯罪活动。

实施文物保护重大工程，加强革命文物和新中国成立以来的文物保护，加强长城、大运河和水下文物保护。

加强新型城镇化和新农村建设中的文物保护，强化历史文化名城、名镇、名村、街区和传统村落整体格局、历史风貌的保护。

继续推进文物资源普查，加强文物保护单位规划编制与实施，落实文物保护单位有保护范围、有保护标志、有记录档案、有保管机构的"四有"工作，完善尚未核定公布为文物保护单位的不可移动文物保护措施，建立文物保护单位保护管理状况评估制度。

多措并举让文物和古籍"活"起来，推出一批彰显社会主义核心价值观的陈列展览、影视节目和出版物，鼓励文化文物单位积极开发文化创意产品。

推动文物保护与公共服务、国民教育相结合，与全域旅游、产业发展相结合，与脱贫攻坚、民生改善相结合，让文物保护利用融入群众生产生活实践，让广大人民共享保护利用成果。

（三）切实贯彻"见人见物见生活"的理念，以保护传承的能力建设为着力点，全面提高非物质文化遗产保护传承水平

进一步探索非物质文化遗产各门类的保护传承和振兴措施，健全非物质文化遗产分类保护政策体系。保护传承环境，促进非物质文化遗产保护与经济社会协调发展。继续实施非物质文化遗产记录工程、非物质文化遗产传承人群研修研习培训计划等重大项目，不断增强传承活力。

全面实施传统工艺振兴计划，发掘和运用传统工艺的文化元素和理念，丰富题材和产品品种，提升设计与制作水平，满足人民消费需求，促进就业增收。推进国家级文化生态保护实验区建设。建立代表性项目、代表性传承人动态管理机制，完善非物质文化遗产保护重点工程和项目的绩效评估机制。

（四）加强法治教育和知识传播，创新宣传普及方式，提高全民保护意识，着力构建文化遗产可持续发展的良好生态

将文化遗产有关内容和法律法规进一步纳入全日制大中小学教学计划，纳入各级党校和行政学院教学计划。广泛利用各类媒体、公共机构宣传文化遗产保护理念，组织好文化和自然遗产日、

博物馆日活动，凝聚起全社会广泛共识。加强研究阐释，提升"围绕文化遗产，讲好中国故事"能力。探索构建常态化、专业化、全媒体文化遗产传播体系。

（五）持续深化文化遗产对外和对港澳台交流合作，展示中华文化魅力，不断提高国家文化软实力和中华文化影响力

推进与相关国际组织的深度合作，积极参与国际文化遗产保护事务，提高文化遗产国际公约履约水平。扩大与各国政府间文化遗产领域的交流互动，建立完善合作机制。服务外交大局，结合党和国家领导人重要外交活动、重大节庆、重大事件、重要会议等时间节点和中国文化年（节）等，举办有影响的文化遗产领域对外交流活动。

加强"一带一路"国际交流合作，联合申报联合国教科文组织相关遗产名录项目。建设"一带一路"文化遗产长廊，实施对外展览、援外文物保护和合作考古等项目，推进非物质文化遗产领域对外交流合作。加强与港澳台地区的交流合作，促进民族认同、文化认同、国家认同。

（六）扎实推进政策法规、教育、科技等相关工作，进一步完善文化遗产支撑保障体系

加强文化遗产保护利用和传承发展相关扶持政策的制定与实施。加大财政支持力度，完善投入机制，提升财政资金使用效益。将文化遗产专业人才培养纳入现代教育体系，加强学科建设和专业设置。引进和培养一批复合型人才，不断优化人才队伍结构。推动文化遗产工作与现代科技融合创新，促进现代信息技术应用，突破一批共性、关键、核心技术。

后 记

编修方志是我国悠久的历史文化传统，党和政府十分重视志书的编修工作。为贯彻习近平总书记"要在展览的同时高度重视修史修志"的指示精神，2014 年 7 月 21 日，国家文物局召开中国文物志编纂委员会第一次会议，正式启动《中国文物志》编纂工作。时任国家文物局局长励小捷指出，编纂《中国文物志》既是落实党中央、国务院关于志书编纂战略部署的具体举措，也是填补文物行业志书空白、促进文物事业发展的时代要求。

为保证编纂工作顺利开展，国家文物局将《中国文物志》编纂工作纳入《国家文物事业发展"十三五"规划》；成立中国文物志编纂委员会，由国家文物局局长任编纂委员会主任，副局长任副主任，机关各司室、各直属单位和省市自治区文物行政部门主要负责人，中国国家博物馆、故宫博物院、文化部恭王府博物馆、中国历史研究院考古研究所、北京大学考古文博学院负责人为编委会委员；聘请在世的国家文物局历任局长、顾问和中国国家博物馆馆长、故宫博物院院长为中国文物志编委会顾问；编纂委员会设立办公室，由分管局领导任主任，局办公室和政策法规司、文物出版社等单位主要负责同志任副主任，负责日常编纂管理工作。8 月 4 日，经局党组研究决定，聘请时任国家文物局党组副书记、副局长董保华任总编纂，主持全志编纂工作；聘请地方志专家田嘉、齐家璐为特邀专家，全程指导志书编纂工作；聘请张自成、李季、刘小和、董琦任副总编纂，后根据编纂工作需要，增聘黄元、乔梁、何洪任副总编纂，其中李季负责《文物管理编》《文物事业编》，刘小和、乔梁负责《不可移动文物编》，董琦负责《可移动文物编》，黄元负责《大事记》，何洪负责《人物传》《文献辑存》编纂工作，张自成协助总编纂负责日常管理保障工作。编委会办公室依托文物出版社人文图书编辑中心设立秘书处，由许海意负责，协助总编纂承担日常文秘等工作。

《中国文物志》编纂工作先后经历工作计划编制与篇目设置、开展资料收集与志稿撰写、组织统稿修改与审定工作三个阶段。2014～2015 年，编委会办公室建章立制，先后制定《〈中国文物志〉编纂出版项目管理办法》《〈中国文物志〉会议制度》《〈中国文物志〉项目调研、督办及差旅管理办法》等制度，保障编纂工作规范有序开展；根据志书"横分门类，事以类从"的体例要求，结合文物工作实际和行业特点，在广泛征求文博专家、志书专家意见的基础上，设计篇章节目，确定《总述》《大事记》《文物管理编》《文物事业编》《不可移动文物编》《可移动文物编》《人物传》文献辑存八大部类，明确主要记述内容；编制《〈中国文物志〉编纂工作手册》《〈中国文物志〉编纂项目实施方案》及《〈中国文物志〉行文通则》。2016～2021年，编委会办公室组织开展编纂工作，包括收集整理资料与集中撰稿工作，编制各篇《撰写说明》，审订初稿示例，作为撰稿工作的一般遵循；国家文物局直属单位、各省（自治区、直辖市）文物局、中国国家博物馆、故宫博物院、中国历史研究院考古研究所、中国科学院古脊椎动物与古人类动物研究所等参编单位根据要求承担撰写初稿、提供资料及配图工作。2019年，编纂工作进入审改阶段。文博专家负责专业内容，确保记述完整、重点突出、评价准确；方志专家负责规范行文、统一体例。几经审改后，志稿质量基本达到编辑出版要求。2021年3月1日，国家文物局召开《中国文物志》终审会，时任国家文物局党组书记、局长刘玉珠充分肯定编纂工作取得的成绩，指出编纂《中国文物志》是一项重大文化典籍工程，是国家文物局党组的重要决定；《中国文物志》编纂完成是全国文物系统共同参与、密切配合的结果；全体编纂人员付出了极大的辛苦努力，各有关部门及单位给予了有力的支持与配合。经过评议，全部志稿通过终审。2022年起，交由文物出版社开展编辑出版工作。

《中国文物志》编纂工作历时七年，由于各编记述内容不同、工作基础不同、具体要求不同，编纂方式和推进方法也不尽相同。为此，参编单位，特别是诸多专家和参编人员克服重重困难，通过不懈努力，终于完成了全部编纂任务。下面以各编为单位，以重要节点和难点为主要内容，简要回顾令人难忘的艰辛与收获。

《总述》是《中国文物志》的总纲，源于主体志，高于主体志，具有国家高度、时代背景、部门职责和行业特征，立足于中华文明进程记述文物资源价值，立足于依法行政记述文物管理工作，立足于经济社会发展记述文物事业成就，对全志有着总括内容、彰明因果、评量得失的作用。在总编纂董保华主持下，秘书处多次组织文博专家、方志专家研讨，吸取其他志书的优秀成果和撰写经验，深刻认识和把握文物工作普遍规律，基于其他各篇具体内容，明确了资源、管理、事业三部分的撰稿思路。由长期与国家文物局合作编写《文化遗产蓝皮书——中国文化遗产事业发展报告》的国务院发展研究中心研究员苏杨以及浙江大学博士研究生蒋凡承担资料收集和初稿撰写任务，形成28万字资料初稿。为避免与主体志的综述内容重复，总编纂确定秘书处胡奥千、王海东两位同志承担资源部分示例撰写任务，分别选择新石器时代、宋元时代文化艺术两部分作为撰写"文物资源"的总述示例内容；为了确定"文物管理""文物事业"的重大事件和重要节点，突出重要举措和重要成果，董保华、何洪、胡奥千、王海东在初稿的基础上，查阅多方面资料，汇集各领域专家意见，最终完成20万字总述送审稿。资源部分通过以物说史、以物证史，彰显中华文明进程；管理部分重点记述不同历史阶段文物管理工作的重点与成效；事业部分通过记述中国文物事业取得的成就，彰显文物工作在国民经济社会发展中的地位和作用。审稿过程中，国家文物局老领导、老同志、老专家纷纷以书面、电话、座谈等形式提供修改意见和资料。吕济民局长年过九旬，仍坚持通读并审改总述全文，提出 10 余条修改建议；张德勤、张文彬、单霁翔、励小捷局长和谢辰生顾问多次提出修改意见；闫振堂、马自树、彭卿云副局长均提出书面修改意见；李晓东同志着重审改了文物法律体系构建相关内容，认真核对史实，指出了 25 处存疑内容；夏燕月、刘庆柱、朱凤瀚、张廷皓、彭常新、王军、李耀申等专家分别在专业表述和价值阐述上提出了有重要价值的意见；李耀申同志重点审改总述的小序与结语，润饰文字、阐幽抉微，使文章增色不少。

《大事记》以编年体为主，纪事本末体为辅，纵向记录文博行业古今大事。2015 年，国家文物局政策法规司陈培军、王汉卫编制《大事记入志标准》，分 8 类 24 项，拟定事条入志标准、记述体例初稿，明确记述文物事业发展历程中的大事、要事，并收集以 1990～2009 年为例整理的大事、要事的事条，约 30 万字。2016 年，编委会办公室确定北京鲁迅博物馆马海亭同志承担资料收集工作，参照《中华人民共和国文物事业纪事（1949～1999）》，以《中国文物报》《中国文物事业 60 年》《春华秋实》《中国文物年鉴》等为资料来源，编成约 170 多万字资料长编。2017 年，副总编纂黄元修订完善入志事条标准，并参考《中华人民共和国大事记》《改革开放四十年大事记》编写方法，精简语句，突出要点、精准用语，十易其稿，完成约 49 万字的《大事记》志稿。审稿过程中，编委会各位顾问以及马自树、彭卿云、刘曙光、孟宪民、杨志军、彭常新、王军、李耀申等专家都提出颇具价值的修改意见。

《不可移动文物编》和《可移动文物编》荟萃我国珍贵文化遗产，传承民族历史记忆，是本志的精华所在。这两部分以文物调查成果、全国重点文物保护单位为基础。《不可移动文物编》主体部分为全国重点文物保护单位，分"古遗址""古墓葬""古建筑""石窟寺与石刻""近现代重要史迹和代表性建筑""世界文化遗产""历史文化名城名镇名村"七章，其中以前五章记述的全国重点文物保护单位为主体。2015 年，副总编纂刘小和负责编制《条目要素表》，明确资料提供基本内容；董保华、刘小和、田嘉、齐家璐一行专程到河南、甘肃两地，开展资料收集和初稿撰写试点工作调研，确定委托两地文物专家撰写"大地湾遗址""龙门石窟"等八篇样稿；秘书处在解析研讨的基础上编制初稿撰写说明，作为志稿撰写的基本遵循。其后，各地文物局根据《不可移动文物资料要素表和初稿示例》审订条目遴选、报送资料初稿并审核志稿，参与人员 200 余人。2016 年，针对各地资料与初稿内容参差不齐、质量不一问题，在时任北京市文物局舒小峰局长支持下，委托北京市文物局图书资料中心主任祁庆国组织承担稿件梳理工作。2018 年进入统稿阶段，副总编纂乔梁会同陈光、侯兆年、魏文斌、安莉等文博专家分别对各章稿件统稿修改，补充资料，核对史实，规范表述。其间，北京大学考古文博学院李崇峰教授修改的"麦积山石窟"条目、古建专家沈阳修改的"古建筑"章简述，完善了统稿示例，明显提升了相关章节的学术含量。夏燕月、信立祥、李裕群等文博专家对《不可移动文物编》相关章节提出了重要修改意见。尤其是兰州大学教授魏文斌，面向全国确定统稿团队，按照统稿示例和专家函审意见统改"石窟寺与石刻"章志稿；世界文化遗产专家郑军根据申遗资料撰写统改"世界文化遗产"章志稿，均表现出深厚的专业素养。

《可移动文物编》以馆藏一级文物和近年考古新发现的珍贵文物为基础，分"青铜器""陶瓷器""玉石器""金银器""书法绘画""石雕与文字石刻""甲骨简牍文献文书印信""钱币漆木器杂项""近现代文物""旧石器人类化石及文化遗存"十章，收录 3100 多条目。编纂工作得到中国国家博物馆吕章申、王春法两任馆长高度重视，以中国国家博物馆专家为主联系中国科学院古脊椎动物与古人类研究所、北京大学考古文博学院等单位专家组建了《可移动文物编》编纂团队。副总编纂董琦组织编制《可移动文物初稿示例和撰写说明》，带领 10 位专家组成的编纂团队有序开展撰稿工作，保障了初稿的基本质量。推进过程中注重发挥专家作用：北京大学教授朱凤瀚在整个编纂过程中不仅提出明确的指导性意见，并亲自修改重点内容；许忠陵、王宇信、夏燕月、肖贵洞、胡平生、赵超、杨晶、李凯等专家在条目内容完整、专业表述和价值记述等方面提出了多条重要修改意见。2018 年进入统稿阶段，编辑专家冯广裕、于采芑做了大量修改工作。中国国家博物馆王永红，不仅承担"石雕与文字石刻"章撰稿工作，还协助副总编纂做了大量组织与统稿工作；于成龙独立承担内容繁博的"甲骨简牍文献文书印信"章撰稿统稿工作，表现出攻坚克难的精神和独立的学术品格。

《文物管理编》《文物事业编》是编纂工作中的重点与难点。两部分独立设篇是行业类志书的创新之处。总编纂董保华、副总编纂李季先后组织数十次研讨，反复辩难推求，认为管理和事业两部分具有明显区别，应该分别设篇：《文物管理编》注重工作过程，设"管理机构""法治建设""重要会议""安全监管与行政执法""不可移动文物保护管理""可移动文物保护管理""博物馆管理""科技信息化标准化管理""文物保护经费管理与使用"九章，旨在通过重要工作事例，记述各时期重点工作的决策依据、执行主体、工作过程和管理成果，展现中国文物工作自身规律、文物理论政策的创新和文物工作改革实践的探索，反映中国文物管理工作的法治化、科学化、规范化进程；《文物事业编》反映事业发展、体现成就，设"文物事业发展规划""文物保护工程""考古工作""博物馆工作""科技与信息化标准化工作""国家文物局直属单位与社会组织""与港澳台地区文物交流合作""国际文物交流合作""教育培训工作""文物宣传工作"十章，通过记述文物事业发展过程中的重大事件、重要节点、重要人物和重要成果，体现出文物事业是中国特色社会主义事业的重要组成部分和在社会主义经济建设、政治建设、文化建设、社会建设、生态文明建设"五位一体"总体布局中的地位和作用，并根据国家文物局各司室职能、工作重点草拟节级设置和记述条目，后在局责任司室指导下根据专家意见不断修订完善。

　　《文物管理编》《文物事业编》资料由国家文物局档案室和各地文物部门提供；撰稿工作得到了国家文物局各直属单位的大力支持，纳入单位年度重点工作和绩效考核。各位撰稿人均是相关领域的业务骨干，但由于资料基础相对薄弱，加之缺少撰写经验，撰稿工作遇到极大的困难。为破解这一难题，总编纂董保华、副总编纂李季采取"对接研讨"方式，组织专家和撰稿人员逐章逐节反复讨论，通过编制撰写说明和初稿示例，明确要求，突出重点，规范体例，从根本上解决了撰稿难题。2016～2020年，总编纂就《文物管理编》《文物事业编》编写问题先后主持召开了95次专题研讨会，甚至到撰稿单位现场办公，以条目为单位明确体例、以节为单位确定内容、以章为单位进行调整，确保撰稿质量。其中，2017年上半年撰稿工作全面铺开之前，仅"博物馆机构"一章，在方志专家齐家璐指导下，先后组织中国国家博物馆、故宫博物院、北京鲁迅博物馆、首都博物馆、北京自然博物馆、中国人民抗日战争纪念馆六家试点单位专家开展6次研讨，明确博物馆等业务机构类条目的定性定位、历史沿革、目前状况等基本内容构成，文博专家李学良全程参与该章撰稿统稿工作。由于文物收藏单位性质复杂、多头管理，单独设章难以组织，故早期缺设"文物收藏单位"。总编纂董保华认为博物馆管理是文物工作中不可或缺的重要内容，提出增设"博物馆管理"章的建议，得到国家文物局博物馆司的充分肯定。针对其中"藏品管理""展览管理"撰写难点，在两年多时间里，总编纂率队先后赴上海博物馆、首都博物馆实地调查，多次研讨，力图厘清条目要点，完成撰写示例。由于种种原因没能写出理想的示例，正在举步维艰的时候，总编纂提出查阅故宫博物院郑欣淼、单霁翔两任院长组织开展的文物登记工作的总结报告。正是在单霁翔院长《博物馆藏品架起沟通的桥梁——来自故宫博物院文物普查的报告》中，清晰地提出藏品来源、藏品构成、藏品保管是藏品管理工作的基本构成，总编纂当即与娄伟副院长联系，确定请故宫博物院许凯同志撰写初稿示例。真可谓"山重水复疑无路，柳暗花明又一村"！为了解决"展览管理"初稿条目参差不齐的问题，则按基本陈列、原状陈列、临时展览、出境展览、进境展览类别各选一个最具代表性的事例，分别由中国国家博物馆王永红、故宫博物院王建涛、首都博物馆张杰、中国文物交流中心钱卫和樵鑫蕊承担撰写任务，经过讨论修改形成规范示例，为此项撰写工作全面开展给予了有力支持。

　　《文物管理编》《文物事业编》志稿约250万字。其中，陈同滨、乔梁、李春玲、郑军、彭蕾、刘爱河、叶倩等同志率先完成志稿，获得方志专家和文博专家一致认可，确定作为初稿示例，为其他撰稿人提供了宝贵经验。"文物保护经费管理"章专业性强，资料繁乱，专门借调南京博物院沈骞同志，承担撰稿工作；董保华、李季与国家文物局办公室及相关专家反复研讨形成初稿提纲与修改建议，沈骞同志几易其稿，终于将50万字繁杂资料梳理成章，较好地形成约5万字的初稿。中国社会科学院考古研究所研究员白云翔，对"重大考古发现"节编纂工作给予具体指导，遴选出167项具有重大价值和意义的考古发现，以点代面反映工作成就，并根据考古过程和价值影响分为长、中、短三类条目，平衡体量，有效推动撰稿工作。董保华、何洪协助李季对《文物管理》《文物事业》两编做了全面统改，乔梁完成了"重大考古发现"一节的统稿工作。彭常新、王军、李耀申、刘超英、柴晓明、许言、刘铭威等专家在审稿过程中，提出了很多有价值的修改意见。

《人物传》遵循生不立传的原则，收录在中国文物博物馆事业中做出重要贡献的已故人物。2015 年，在国家文物局人事司的指导下，编委会办公室经多次研讨，确定《人物传》入志人物标准和名单，收录 267 名重要人物。北京鲁迅博物馆撰稿团队在齐家璐老师指导下，撰写出 40 篇传记初稿。何洪在黄元协助下，反复研读修改稿件，编制《人物传》撰写说明，作为人物传记资料整理和初稿撰写的指南。各省（自治区、直辖市）文物局、中国国家博物馆、故宫博物院、中国历史研究院考古研究所、中国国家图书馆、北京大学、清华大学、复旦大学、吉林大学等单位负责撰写 227 名人物传记初稿。何洪以确凿事实为依据，以组织评价为标准，寓观点于记事之中，高质量地完成了全部统稿工作。

《文献辑存》主要收录与《中国文物志》主体志有关的重要文献及资料，包括法律、行政法规、地方性法规、中共中央国务院文件、部门文件、国家文物局文件、重要讲话等内容。在方志专家田嘉和国家文物局政策法规司的指导下，秘书处许海意、王海东完成《文献辑存收录标准》的编制和 300 余万字资料的收集工作。副总编纂何洪按照有关要求，补充了相关资料，对全文进行系统梳理和全面审核，并根据李晓东、彭常新、刘曙光、李耀申等专家的建议，增补了若干内容、规范了编纂方法，在文化和旅游部办公厅、国家文物局办公室等有关部门支持下，补充了新中国初期的重要资料。

《中国文物志》编纂工作历时七年，撰写任务十分艰巨。中国国家博物馆馆长吕章申、王春法，故宫博物院院长郑欣淼、单霁翔、王旭东在全力支持的同时，亲自修改稿件，及时反馈审核意见。特邀方志专家田嘉、齐家璐全程参与。田嘉在全志的筹备、撰稿、统稿、审稿工作阶段发挥了重要指导作用。齐家璐不辞劳苦，查阅群书，浏览资料，阐规则，订体例，调结构，理行文，答疑解惑，言传力行，七年如一日，在编纂工作各个方面、各个阶段发挥了关键作用。经他亲自修改的"大地湾遗址""后母戊鼎""长城专项督察""文物普查与调查""尼雅遗址考古发现""陶寺遗址考古发现""中国国家博物馆机构"等条目，成为保证编纂质量的重要示例；各编各章的指导更是不惮其繁乱细琐，仅单独反馈的修改意见就多达 40 余万字。方志专家王国庆带领秘书处胡奥千、沈骞、王海东完成《可移动文物编》大部分统稿，并独自承担《文物管理编》《文物事业编》全部统稿工作。方志专家王卫明、吕书红承担《不可移动文物编》统稿工作，颜小忠、苏炎灶、王雨亭等对《总述》《大事记》《文物管理编》《文物事业编》提出重要统改意见。

编纂工作始终在国家文物局有力领导下开展。励小捷、刘玉珠、李群三任局长先后主持志书编纂启动工作、编纂修改及终审工作和编辑出版工作；先后分管志书工作的董保华、顾玉才、关强三位副局长，兼任编纂委员会常务副主任和办公室主任，及时听取有关情况，审定工作方案，推动工作如期完成。局机关各司室履职尽责，从撰稿审稿人员推荐、资料收集整理到内容重点确定，再到稿件审核，提出明确意见；每次专题研讨会，各司同志亲临指导。政策法规司为主管司室，李耀申、朱晓东、陆琼等几任司长恪尽职守，在政策把关、执行程序和工作落实方面发挥了主导作用。文物出版社有限公司作为项目管理单位，社长张自成（编委会办公室常务副主任）召开社务会议，明确将志书编纂出版项目作为重点工作，专门以人文图书编辑中心为主体负责编纂委员会办公室秘书处日常工作，全程参与编纂例会、前期调研、项目推进、出版结项，为整个编纂工作给予了有力保障。副社长何洪、副总编辑刘铁巍先后分管编纂工作，在不同工作阶段，他们及时组织秘书处讨论具体方案，为落实各项工作发挥重要作用。编纂过程中，张自成社长自始至终参加每周例会，掌握进展情况，解决实际困难。文物出版社坚持规范管理，坚持勤俭办事，严格执行预决算制度，保障编纂工作依法合规顺利完成。

编纂团队秉持坚韧不拔、勇于担当的精神，同心协力、攻坚克难。总编纂董保华勤勉敬业，带领编纂团队积极探索，充分发挥每个人的作用，广泛听取各方面意见，形成集体智慧，理清编纂思路。副总编纂黄元、乔梁、刘小和、董琦、李季、何洪兢兢业业，发挥各自专业优势，对各篇内容进行统改和分纂。秘书处在许海意带领下，胡奥千、王海东、沈骞、周小玮、马莉萍等，克服时间紧、任务重、人员少等重重困难，完成了会议组织、资料图片收集整理、日常服务保障等大量工作；积极参与业务工作，参加各篇章撰写示例、撰写说明的起草和专题研讨。在攻克《总述》、信息化工作、博物馆藏品管理、重大考古发现、文物保护经费管理等撰写难点过程中，许海意和胡奥千、王海东不畏艰难、认真负责，经过不懈努力，很好地完成了颇有难度的总述示例撰写和重大考古发现条目修改任务。秘书处诸同志"谦虚谨慎、任劳任怨，勤奋学习、勇于担当"的优良作风，得到参编单位和众多领导、专家的一致好评。文物出版社编辑孙霞、张晓曦、孙漪娜、王媛等同志坚持出席编纂例会，听取专家意见、认真编辑稿件，为保证志书质量付出辛勤汗水。

《中国文物志》编纂工作还得到了中国历史研究院考古研究所所长陈星灿，北京大学考古文博学院两任院长杭侃、孙庆伟，中国科学院古脊椎动物与古人类研究所前副所长高星等人的大力支持，中国地方志指导小组办公室原书记田嘉给予全程指导。张德勤、张文彬、单霁翔、励小捷、谢辰生、郑欣淼、吕章申等顾问以及马自树、彭卿云、李晓东等老同志悉心评议，提出许多重要建议。

由于水平有限、时间紧迫，本志难免重复、疏漏、错讹之处，诚恳期望各界人士给予批评指正。

值此《中国文物志》出版之际，衷心感谢所有关心、支持、帮助编纂工作的各位专家、同志们、朋友们！与此同时，我们深切缅怀与世长辞的张德勤、张文彬、谢辰生顾问和齐家璐老师，他们为祖国的文物事业贡献了毕生精力，为《中国文物志》的诞生倾注了最后的心血。最后，我们由衷地希望通过这部记述中华民族悠久文化，伟大祖国宝贵遗产，文物工作艰辛历程，文物事业辉煌成就，新中国几代文物工作者忠于事业、无私奉献崇高精神的鸿篇巨制，为新时期文物事业谱写新的篇章，为实现中华民族伟大复兴做出应有的贡献！

《中国文物志》编纂委员会办公室

2023 年 5 月